Carsten Goehrke • Lebenswelten Sibiriens

Ich widme dieses Werk
meinen Enkelkindern
Fiona Seraina, Johanna, Liliane Valérie,
Mirjam, Sebastian und Sven Mats

Carsten Goehrke

# Lebenswelten Sibiriens

Aus Natur und Geschichte des Jenissei-Stromlandes

Informationen zum Verlagsprogramm:
www.chronos-verlag.ch

Umschlagbild Vorderseite: Der Jenissei bei Wereschtschagino (Foto: C. Goehrke)
Bild Titelseite: Der Jenissei unter dem Polarkreis (Foto: C. Goehrke)
Umschlagbild Rückseite: Der gestaute obere Jenissei bei Sajano-Schuschenskoje
(aus: Mironov, Lesnoe Krasnojar'e, 2010)

© 2016 Chronos Verlag, Zürich
ISBN 978-3-0340-1348-2

| ЕНИСЕЙ | DER JENISSEI |
|---|---|

| | |
|---|---|
| Вольнолюбивый, гордый Енисей – | Freiheitsliebender, stolzer Jenissei – |
| Дорога в Ледовитый океан: | Straße zum Eisigen Ozean: |
| Мимо лесов таежных и полей, | Vorbei an Taigawäldern und Feldern, |
| Всего, что понастроил здесь тиран. | An allem, was hier baute der Tyrann. |
| Тут лагеря, могилы и кресты. | Lauter Lager, Gräber und Kreuze. |
| А за колючкой вышки и посты. | Und hinter Stacheldraht Türme und Posten. |
| | |
| И многие десятки лет | Und viele Dutzende von Jahren |
| Над водами реки могучей, | Über den Wassern des mächtigen Stroms, |
| Широкий оставляя след, | Eine breite Spur hinterlassend, |
| Где мошкара, москиты тучей, | Unter Wolken von Beißfliegen und Mücken, |
| Трудились, гибли миллионы, | Schufteten und starben Millionen, |
| Но в тех просторах глохли стоны. | Doch in diesen Weiten verhallte ihr Stöhnen. |
| | |
| Уже давно, давно тирана нет, | Lange, schon lang ist weg der Tyrann, |
| А отзвуки неисчислимых бед | Doch der Nachhall unzählbaren Elends |
| Стоят у нас в ушах как гром небес. | Bleibt in unseren Ohren wie ein Donnergrollen. |
| Безвинным жертвам память отдавая, | Den unschuldigen Opfern zum Gedächtnis, |
| Не забывать былое призывая, | Ruft auf, das Vergangene nicht zu vergessen, |
| Застыл в безмолвии таежный лес. | Geronnen im Schweigen der dunklen Wälder. |

(garkavi, d. i. Anatolij Zusman, 2007; deutsch von mir – C. G.)

Karte 1: Das mittelsibirische Stromland im Relief

Ortsnamen und Eisenbahnlinien entsprechen dem Stand von 1955.

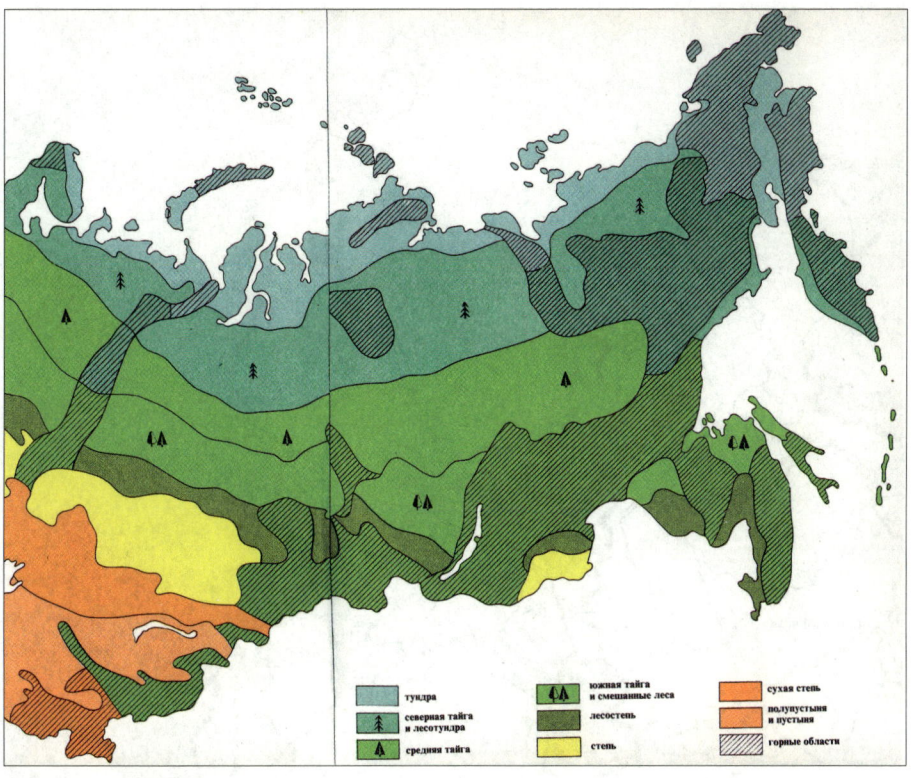

Karte 2: Die Vegetationszonen Sibiriens

Erläuterungen zu den Farbsignaturen (von oben nach unten): graublau: Tundra; dunkelgrün: Waldtundra und Nördliche Taiga; hellgrün: Taiga; braun: Waldsteppe; gelb: Steppe; schraffiert: Bergregionen.

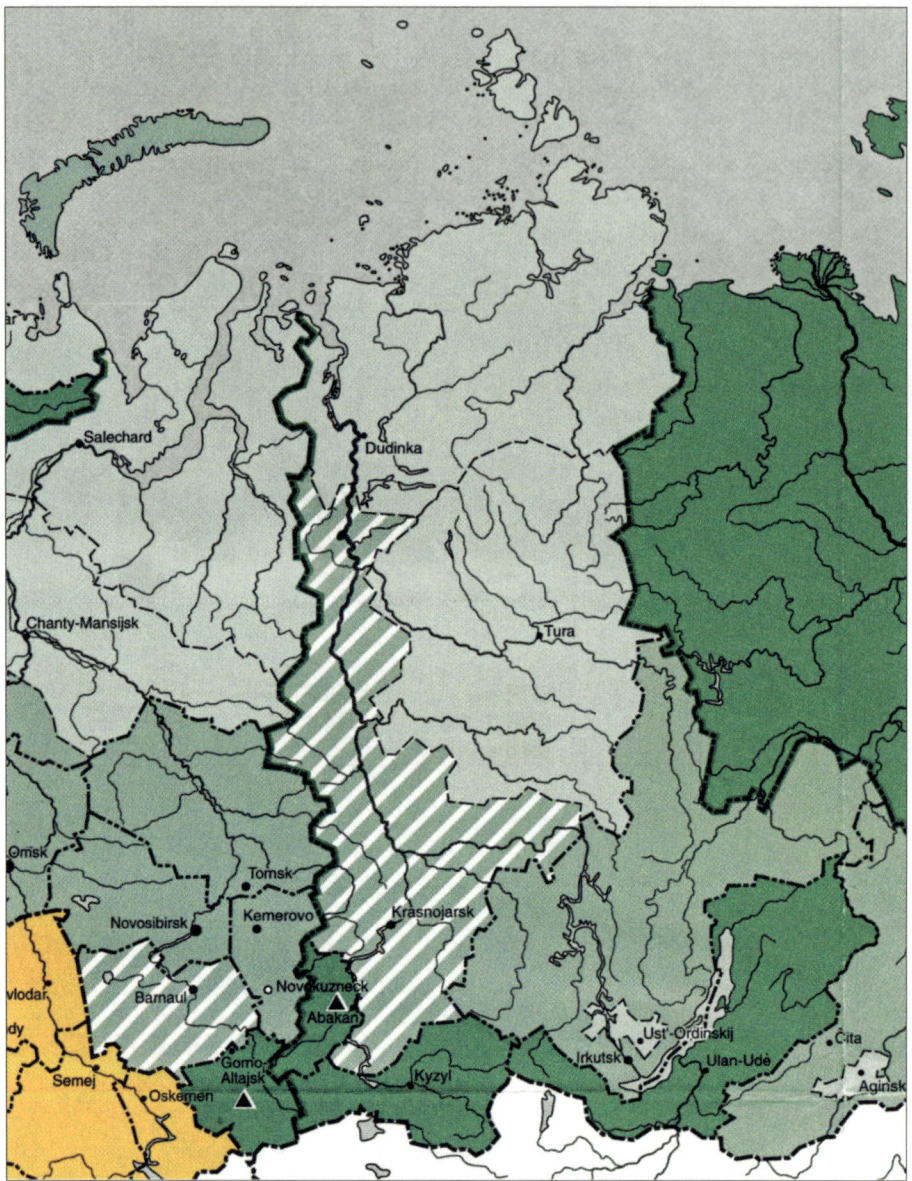

Karte 3: Der Krasnojarsker Krai in seinen Grenzen vor 2007

Erläuterung: Die breite grüne Linie markiert die Grenzen Mittelsibiriens. Der Krasnojarsker Krai umfasst davon den hellgrün getönten Norden (durch die gebrochene Linie in sich getrennt in die Autonome Region des Taimyr im Norden und die Autonome Region der Ewenken im Süden) und den weiß-grün schraffierten Südwesten (Krasnojarsker Krai im engeren Sinne). 2007 wurden diese drei Regionen zum Krasnojarsker Krai verschmolzen. Chakassien mit der Hauptstadt Abakan zählt historisch ebenfalls zum Krai, bildet heute aber eine eigene Republik, desgleichen Tywa (Tuwinien) mit der Hauptstadt Kysyl.

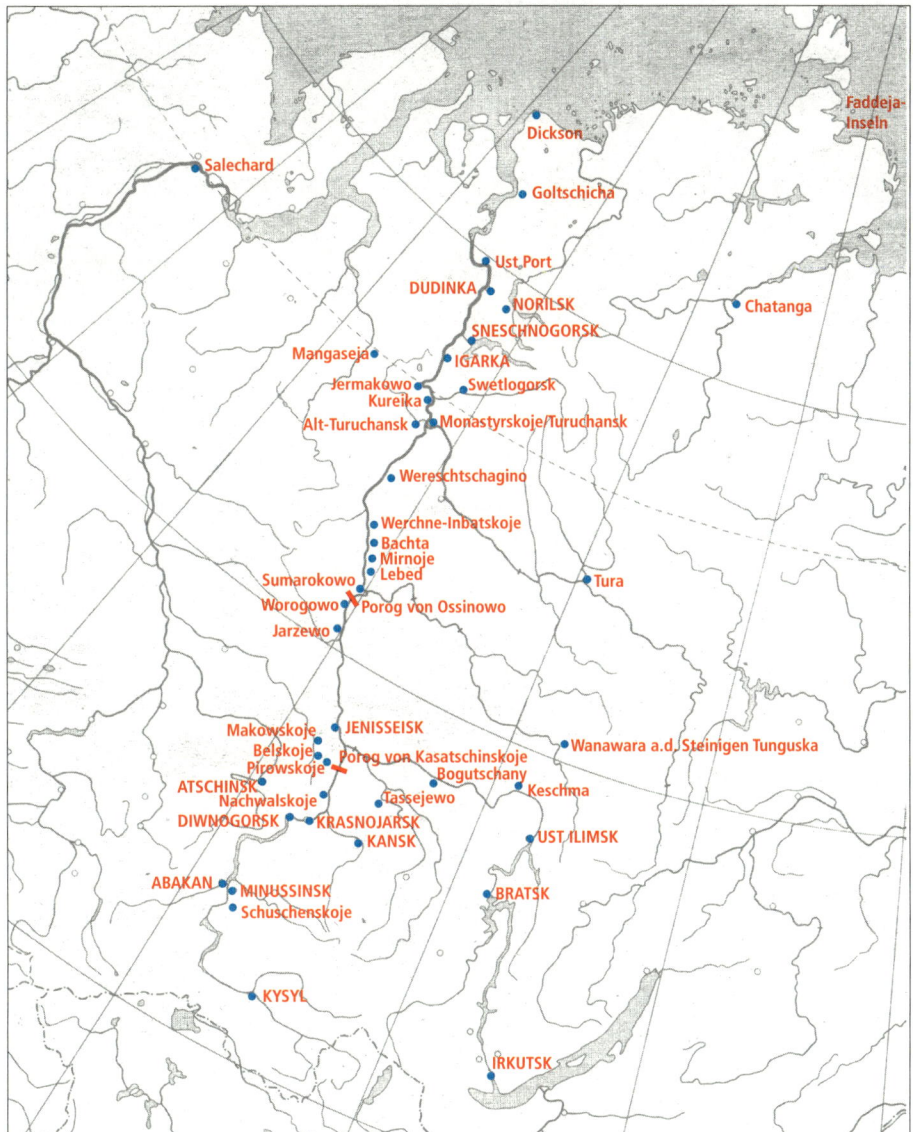

Karte 4: Mittelsibirisches Stromland: Im Buch häufig genannte Orte

# Inhaltsverzeichnis

Über dieses Buch 17

## Der Raum

### Der Strom 21
Der Jenissei im Wechsel der Jahreszeiten 21
Wie sichert man ein eingefrorenes Schiff? Protokoll einer
Überwinterung im Eis der Kureika (1876/77) 25
Flüsse und Namen 31
Winde und Wellen 34
Stromschwellen und Stromschnellen 35

### Das Stromland 43
Raumabgrenzungen – theoretische Modelle und historische Entwicklung 43
Zwischen Winterhoch und Sommertief – das Klima 46
    Klimafaktoren 46
    Stürme 48
    Die dunklen und die hellen Jahreszeiten 51
    Der versiegelte Boden 52
Landschaften zwischen Eismeer und Hochgebirge 53
    Die arktische Halbwüste 53
    Die Tundra 54
    Die Taiga 56
    Die Steppe 60
    Die Gebirgstaiga 61
Luftige Plagegeister 62
Feuerzeichen über der Steinigen Tunguska 64
Der Klimawandel und die Zukunft Sibiriens 67

### Entschleierung und Inbesitznahme 69
Der Eismeerküste entlang 69
    Die Erkundungsfahrten der Pomoren 70
    Auf den Spuren einer Schiffstragödie 73
    Das Ende der Pomorenfahrten 76
Der Wettlauf ums schwarze Gold 79
    Kosaken und Trapper 80
    «Wilder Osten» 89

Die Vermessung Sibiriens     94
    Die Akademie-Expeditionen     95
    Ein brennender Berg und fliegende Eichhörnchen     97
    Weiße Flecken     99

# Die Zarenzeit

## Lebensräume     103
Die Besiedelung     103
    Der unwirtliche Norden     104
    Die Kreise Jenisseisk und Krasnojarsk     109
Das Leben auf dem Lande     114
    Der Krai Turuchansk     114
    Die Taigabauern     119
    Mentalität und Werte     139
Das Leben in der Stadt     142
    Vom Fort zur Stadt – bauliche Gestaltung und Erscheinungsbild     142
    Das Bevölkerungsgewicht der Städte     148
    Stadtgesellschaft und Stadtgemeinde     149
    Von Alt- nach Neu-Turuchansk     155
    Jenisseisk – von der Metropole zur welkenden Schönheit     163
    Krasnojarsk – von der Garnisonstadt zum Athen Sibiriens     171
    Atschinsk, Kansk, Minussinsk – drei Landstädte im Aufwind     178
Das Leben der Altvölker     181
    Die Ethnien im Wandel der Zeit     183
    Das Leben und Wirtschaften der Altvölker     189
    Altvölker und Staatsmacht     198

## Wirtschaftsräume     207
Der Wald: Jagdgrund und Holzlieferant     207
Das Wasser: Die Jagd auf Wasservögel, Fische und Meersäuger     210
Der Boden     212
    Die Landwirtschaft     212
    Die Bodenschätze     215
    Die Entwicklung des Wirtschaftsraumes Jenissei
    im sibirischen Vergleich     226

## Verkehrsschneisen     227
Die Wasserwege     227
    Bevor das Dampfschiff erschien     227
    Eisstraßen     232
    Das Dampfschiffzeitalter bricht an     237
    Pioniere des Nördlichen Seeweges     243

| | |
|---|---:|
| Die Landwege | 248 |
|     Frühe Poststraßen | 249 |
|     Der Große Sibirische Trakt | 249 |
|     Eisenwege – die Transsibirische Eisenbahn | 255 |
|     Drähte | 258 |

**Staatsmacht und Gesellschaft**    259

| | |
|---|---:|
| Die Werkzeuge der Staatsmacht | 259 |
|     Die Staatsbürokratie | 259 |
|     Die Fäuste des Staates | 266 |
|     Die große Korruption | 269 |
| Widerstand und Opposition | 276 |
|     Die Unruhen vom Ende des 17. Jahrhunderts | 276 |
|     Die späte Formierung einer politischen Opposition | 278 |
|     Das sibirische Glücksrad der Fortuna – Politikerschicksale | 288 |
| Verschickt, verbannt, verfemt – der Staat schlägt zurück | 294 |
|     Das System der Verschickung (Ssylka) | 294 |
|     Unterwegs | 297 |
|     Der Adel | 298 |
|     Die Polen | 302 |
|     Die Sozialisten | 304 |
|     Bolschewistische Prominenz in Monastyrskoje | 307 |
|     Sozialbanditismus – der «Turuchansker Aufruhr» von 1908/09 | 315 |
|     Verbannungsalltag | 317 |
|     Flüchten? | 323 |
| Krieg, Revolution und Bürgerkrieg | 326 |
|     Die Ereignisse im Überblick | 327 |
|     Die Entwicklung im Gouvernement Jenissei | 328 |

# Die neue Zeit

**Staatsmacht und Gesellschaft**    344

| | |
|---|---:|
| Machtproben | 346 |
|     Bandenterror und Bauernkrieg | 346 |
|     Entkulakisierung, Entbauerung, Entnomadisierung und letzter Widerstand | 348 |
| Die Säulen der Sowjetmacht | 354 |
|     Die Kader | 354 |
|     Schwert und Schild der Partei | 358 |
|     Zerfall und Neukonsolidierung der Staatsmacht | 361 |
|     Wildost in Krasnojarsk | 362 |

**Wirtschaftsräume** 364
    Die Neue Ökonomische Politik in Sibirien 364
        Die Landwirtschaft 364
        Kleinbetriebe und Kustargewerbe 365
        GOËLRO und Elektrifizierung 366
        Die Nepmänner 367
    Die Zeit der Staatswirtschaft 367
        Die kollektivierte Landwirtschaft 368
        Ein Fischereikolchos (1950) 370
        Die Waldwirtschaft 372
        Die Anfänge der Industrialisierung des Krasnojarsker Krai 374
        Inseln der Industrialisierung – der erste Gigant: Norilsk 376
        Inseln der Industrialisierung – die TPK 381
        Die industrielle Sickerwanderung in Taiga und Tundra 388
        Die Industrialisierung – Segen und Fluch 389

**Verkehrsschneisen** 393
    Die Wasserwege 393
        Flotte, Häfen und Signalisation 393
        Tödlicher Jenissei 397
        Der Nördliche Seeweg 399
    Die Landwege 403
        Der Ausbau der Eisenbahn 403
        Die «tote Eisenbahn» 407
        Straßen 420
    Luftlinien 422
    Die Verkehrsschneisen im Vergleich 423

**Lebensräume** 425
    Das Leben auf dem Lande 425
        Die Übergangszeit 425
        Das Kolchosdorf 427
        Landflucht und Urbanisierung 434
        Unter der Last der neuen Freiheit 437
        Fluchtinseln 438
        Dörfer am Strom 441
        Bachta – ein Taigadorf im Zyklus der Jahreszeiten 450
    Die Altvölker 457
        Die Tundravölker 458
        Die Taigavölker 461
        Die Turkvölker 463
        Die Zukunft der Altvölker 464

| | |
|---|---:|
| Das Leben in der Stadt | 465 |
|     Krasnojarsk | 465 |
|     Atschinsk, Kansk, Minussinsk | 469 |
|     Die Städte am oberen Jenissei | 470 |
|     Jenisseisk | 471 |
|     Turuchansk | 473 |
|     Igarka | 474 |
|     Dudinka | 477 |
|     Norilsk | 479 |
| **Welten der Unfreiheit** | **487** |
|   Im Gulag Stalins | 487 |
|     Eine kurze Geschichte des Gulag | 487 |
|     Der «Archipel Gulag» des Krasnojarsker Krai | 490 |
|     Moloch Norillag | 493 |
|     Die «Republiken von Norilsk» … | 509 |
|     … und ihre Nachhuten | 519 |
|     Der Gulag nach dem GULAG | 520 |
|   Die «rote» Verschickung | 523 |
|     Rahmenbedingungen | 523 |
|     Die zwanziger Jahre | 524 |
|     Die düsteren Jahre | 524 |
|     Das Auslaufen der Zwangsverschickung | 532 |
|   Katorga und Ssylka – Rückblick und Vergleich | 533 |

## Das Jenissei-Stromland – Regionalprofil und Selbstwahrnehmung    535

| | |
|---|---:|
| **Quellen** | **539** |
| **Lebensschicksale am Jenissei** | **569** |
| **Zeitzeugen. Kurzbiographien** | **580** |
| Tabellen | 590 |
| Glossar | 597 |
| Abkürzungsverzeichnis | 601 |
| Bildnachweise | 603 |
| Bibliographie | 605 |
| Anmerkungen | 623 |
| Personen-, Orts- und Sachregister | 669 |

# Über dieses Buch

Auf Grund seiner gewaltigen Ausdehnung bildet Sibirien einen eigenen Subkontinent mit sehr unterschiedlichen Landschafts- und Wirtschaftszonen sowie einer Vielfalt von Ethnien und Kulturen. Einbändige Gesamtdarstellungen müssen notgedrungen abstrahieren und vermögen daher seine Natur und Geschichte nur in begrenztem Maße adäquat zu erfassen.[1] Das vorliegende Buch beschränkt sich auf einen regionalen Ausschnitt – das in der Mitte Sibiriens gelegene Flussbecken des Jenissei beziehungsweise die Verwaltungsregion von Krasnojarsk *(Krasnojarskij kraj)* –, welcher alle Landschaftstypen und historischen Phänomene Sibiriens repräsentativ abdeckt. Diese territoriale Beschränkung macht es möglich, Natur und Geschichte Sibiriens kleinräumiger und detaillierter nachzuzeichnen, denn das eigentliche Wesen und die Besonderheiten dieses faszinierenden Großraumes erschließen sich erst, wenn man die Entwicklung seiner Lebenswelten im einzelnen betrachtet.

Eigentlich geht es in diesem Buch um Natur und Geschichte eines Stromes – des Jenissei, genauer gesagt eines Stromlandes – des Jenisseibeckens. Dass Flüsse die Geschichtswissenschaft bisher sonderlich interessiert hätten, lässt sich nicht gerade behaupten.[2] Dabei sind gerade sie es, die in besonderem Maße die vielfältigsten historischen und geographischen Funktionen in sich bündeln. Seit Lucien Febvres klassischem Längsschnittporträt des Rheins weiß man, dass Ströme nicht nur trennen, sondern auch verbinden können und dass ihre Bilder im kollektiven Gedächtnis der Anwohner je nach Zeit und Nation wechselnden Konstruktionen unterliegen.[3] Febvre hat dies am Beispiel eines Stromes sichtbar machen wollen, der mehrere Staaten durchfließt und verschiedene Völker als Anrainer hat. Guido Hausmanns Längsschnittporträt der Wolga gilt einem Strom, der seit der Mitte des 16. Jahrhunderts von der Quelle bis zur Mündung das Territorium Russlands durchfließt und bei dem sich seit dieser Zeit daher die Frage nach Konstruktionen seiner Bedeutung für das kollektive Gedächtnis anders stellt. Hausmann konzentriert sich dabei auf die Wolga als «Erinnerungsort» in unterschiedlichen Zeiten und aus unterschiedlichen Erfahrungen und Perspektiven.[4] Natürlich konnte er die Wolga und das Wolga-Stromland nicht als eine eigene historische Raum-Entität analysieren, denn als Ganzes waren sie das nie in der Geschichte.

Anders steht es mit dem Jenissei. Auch er tritt erst seit seiner Inbesitznahme durch Russland in unser Blickfeld, aber im Unterschied zur Wolga hat sich das Stromland des Jenissei auf kolonialem Boden und unter spezifischen geographischen Rahmenbedingungen innerhalb Sibiriens zu einer eigenen territorialen und historisch wahrnehmbaren Entität entwickelt – seit 1822 dem G. Jenissei und seit 1934 eben dem Krasnojarsker Krai. Es wird zu fragen sein, inwieweit die damit verbundene kollektive Erfahrung über die bloße Konstruktion des Jenissei als eines Erinnerungsortes hinausreicht.

Eine umfassende und chronologische Gesamtdarstellung des Krasnojarsker Krai gibt es noch nicht. Einen Kurzüberblick vermittelt das Stichwort «Krasnojarskij kraj» in der Internet-Enzyklopädie Sibiriens.[5] Die vierbändige «Geschichte des Krasnojarsker Krai» behandelt ausschließlich die Themenbereiche Kultur, Bildung, Medizin und Sport, und auch dies nur für das 20. Jahrhundert.[6] Eine umfangreiche, ebenfalls vierbändige Prachtausgabe zur «Geschichte des Jenisseigebietes» befindet sich noch in Arbeit, ist aber ebenfalls systematisch gegliedert und wird vermutlich nur in elektronischer Version verfügbar sein.[7] Reichhaltiges statistisches Material zur Geschichte des Krai findet sich in den Anhängen mehrerer thematisch und zeitlich spezialisierter Monographien.[8]

Da dieses Buch nicht nur wissenschaftlich Interessierte, sondern auch breitere Kreise erreichen will, verwendet es bei russischen Namen und Begriffen die Dudentranskiption. Die im deutschsprachigen Raum gängige wissenschaftliche Transliteration kommt hingegen in Zitaten, Nachweisen russischer Titel und, wenn fallweise im Text, dann kursiv gesetzt zur Anwendung. Ein Anhang mit Quellentexten und einigen besonders berührenden Einzelschicksalen soll das Gesamtbild noch stärker verlebendigen.

Wenig bekannte russische Begriffe werden im Glossar erläutert, über wichtige Zeitzeugen orientieren alphabetisch geordnete Kurzbiographien. Sieben Tabellen gestatten eine schnelle Orientierung über historisch relevante Kennziffern. Es gibt ein Abkürzungsverzeichnis, ein Verzeichnis der Bild- und Kartennachweise, eine Bibliographie und ein Personen-, Orts- und Sachregister. Nur einmal zitierte Buch- oder Aufsatztitel minderer Bedeutung erscheinen nicht in der Bibliographie, sondern nur in den Anmerkungen.

Ältere deutschsprachige Quellentexte habe ich – wo aus Verständnisgründen nötig – sanft an die heutige Rechtschreibung angepasst.

Zweimal habe ich den Jenissei auf dem Passagierschiff *Anton Tschechow* selber bereist: im Spätsommer 1993 gemeinsam mit meiner Frau stromabwärts von Krasnojarsk bis Dudinka, im Spätsommer 2000 im Rahmen einer Exkursion der Universität Zürich von Ust-Port stromaufwärts bis Krasnojarsk mit teilweise anderen Zwischenstationen. Persönliche Reminiszenzen an Stationen dieser Reisen finden sich im Text kursiv abgesetzt.[9]

Alle Übersetzungen aus dem Altrussischen, Russischen, Belarusischen, Ukrainischen, Englischen und Französischen habe ich zu verantworten.

Zu danken habe ich für Hinweise zum Thema dieses Buches meinem kürzlich verstorbenen Zürcher Kollegen Werner Gabriel Zimmermann und meinem Bruder Klaus sowie für die sorgfältige und kritische Lektüre des Manuskripts meiner Frau Gisela.

Ein herzlicher Dank gilt ebenfalls dem bewährten Team vom Chronos Verlag: Walter Bossard für das sorgfältige Lektorat, Susanna Brupbacher Wild für die Ortsnamenkarte und ganz besonders dem Verlagsleiter, Hans-Rudolf Wiedmer, für die fruchtbare und vertrauensvolle Zusammenarbeit.

Redaktionsschluss war für mich der September 2015.

Da der Schweizerische Nationalfonds zur Förderung der wissenschaftlichen Forschung seit neuestem an Publikationen emeritierter Hochschullehrer keine Druckkostenzuschüsse mehr ausrichtet, musste dieses Buch weitgehend aus privaten Eigenmitteln finanziert werden.

**Der Raum**

# Der Strom

## Der Jenissei im Wechsel der Jahreszeiten

«Der Eisbruch am Jenissej bot ein gewaltiges Naturschauspiel ursprünglicher Gewalten. Wenn der Ruf ‹Das Eis bricht!› ertönte, verließ die gesamte Bevölkerung der Stadt ihre Arbeit und rannte zum Fluss. Zunächst wurde die Eismasse vom ansteigenden Wasser gehoben und brach donnernd vom Ufer los, dann begann sie sich langsam und ruckweise zu bewegen. Die Wassermengen, die vom Oberlauf des Flusses herabströmten, verstärkten den Druck, und mit gewaltigem Getöse, das meilenweit in die Tundra hinausdröhnte, begann sich das Eisfeld in große Schollen zu zerteilen, die sich hochkanteten und übereinanderwarfen, während das schäumende Wasser um sie herumbrodelte. Die Fluten stiegen schnell. Der Fluss stieg mehr als sechzehn Meter über sein normales Niveau, und an den Biegungen begannen die Eisblöcke aus dem Oberlauf sich am Ufer hochzuschieben. Die riesigen nachdrängenden Eisschollen türmten sich oft zu einer Höhe von dreißig bis vierzig Metern auf. Selbst die Flussufer, die den angreifenden Eismassen im Weg waren, mussten ihre Gestalt ändern, kein Hindernis schien die überwältigende Kraft hemmen zu können. Der Jenissej-Riese sprengte die Ketten des Winters.»[10] Für unseren Augenzeugen, den Finnen Unto Parvilahti, bildete dieses grandiose Naturspektakel der ersten Junitage einen der wenigen Lichtblicke in seinem bedrückenden Dasein, arbeitete er doch zu jenem Zeitpunkt – während der letzten Lebensjahre Stalins – als aus politischen Gründen Deportierter in der Hafenverwaltung von Dudinka am Unterlauf des Jenissei.

Dieses jährlich wiederkehrende Wirken der Naturgewalten rasiert Flussbett und vor allem Stromufer buchstäblich kahl (Abb. 51). «Während des Hochwassers im Vorsommer steigt der Fluss um 5 bis 10 Meter», schreibt der Polarforscher Fridtjof Nansen, «an der Mündung, wo er so breit ist, steigt er selbstverständlich nicht so hoch wie weiter aufwärts, wo sein Bett enger ist. Das mit stark beschleunigter Geschwindigkeit strömende Hochwasser untergräbt das Ufer beider Seiten, und Sand- und Tonschichten rutschen in den Fluss.

Um zu verstehen, wie stark die Erosionskraft eines Flusses mit der Geschwindigkeit steigt, muss man sich erinnern, dass die Fähigkeit des Wassers zum Forttragen von Steinen und Geschiebe mit der sechsten Potenz der Geschwindigkeit wächst. Also erhält ein Fluss, dessen Geschwindigkeit während der Flut auf das Doppelte steigt, eine vierundsechzigmal so große Fähigkeit zum Transport. […]

Durch dieses Untergraben und Abrutschen der Ufer entstehen steile Abhänge über dem durchschnittlich höchsten Wasserstand des Flusses, der sich längs des Ufers als waagerechte Linie scharf abzeichnet. Wo nicht vor kurzem ein Erdrutsch stattgefunden hat, ist der Abhang mit Gras und Moos überwachsen und weiter südwärts auch mit Gebüsch und kleinen Bäumen.

Unter dem scharfen Rand der Hochwassermarke besteht das Ufer hauptsächlich aus kahlem Sand und Kies, an einigen Stellen auch größeren Steinen; es zieht sich als glatter Abhang nach dem Wasser hinunter, dort führt gewöhnlich ein langsam abfallender Sandstrand in den Fluss hinein. In dieser Beziehung besteht jedoch ein großer Unterschied zwischen Ost- und Westufer. Das Ostufer ist gewöhnlich auffallend höher und steiler.»[11]

Die «Frühjahrsrasur» des Jenissei und seiner wasserreichen Nebenflüsse entwurzelt jedoch am waldreichen Ober- und Mittellauf auch die ufernahen Bäume, reißt sie mit, entrindet und entastet sie durch die Mahlwirkung des Treibeises und lagert bei nachlassender Fließgeschwindigkeit die Baumstrünke beidseits des Stromes an den Uferrändern ab, wo sie als silbrig glänzende Borte das Flussbett säumen. Den Einwohnern der Uferdörfer sowie den indigenen Tundrenvölkern dienen sie als willkommene Holzreserve zum Bauen und Heizen sowie für die Herstellung von Gebrauchsgegenständen. Einen Teil des Treibholzes trägt der Jenissei jedoch ins offene Meer hinaus, sobald sein Mündungstrichter sich vom Eis befreit hat.[12] Nordenskiöld fand im August 1878 in den Buchten der Dickson-Insel so viel Treibholz, «dass sich der Seefahrer dort ohne Schwierigkeit mit dem erforderlichen Brennmaterial versehen kann. Die Hauptmasse des Treibholzes, welches der Fluss herabführt, bleibt jedoch nicht an dessen eigenen Ufern liegen, sondern schwimmt in die See hinaus und treibt dort mit der Meeresströmung umher, bis das Holz soviel Wasser eingesaugt hat, dass es sinkt, oder bis es an die Ufer von Nowaja Semlja, der Nordküste Asiens, Spitzbergens oder vielleicht Grönlands geworfen wird.»[13] Dass dieser Prozess schon seit Jahrtausenden andauert, beweist auch das «Noahholz», dessen Bezeichnung auf die Arche Noah Bezug nimmt. Es handelt sich um fossiles Treibholz aus den Eismeerzuflüssen, welches nicht nur unter Sand- und Tonschichten hoch über der heutigen Küstenlinie der Halbinsel Taimyr begraben liegt, sondern sich auch weit im Landesinneren über die Tundra verstreut findet und damit alte Küstenlinien markiert. Middendorff, der dieses Phänomen 1843 ausgiebig untersucht hat, sieht darin einen Beweis dafür, dass die Eismeerküste sich seit der letzten Eiszeit gehoben habe und immer noch hebe. Er fand, dass das fossile Holz in getrocknetem Zustand der Braunkohle sehr ähnlich sei, beim Abbrennen aber nur eine schwache Flamme gebe oder gar nur glimme.[14]

Wo insbesondere die östlichen Nebenflüsse des Jenissei das Mittelsibirische Bergland in engen Canyons durchbrechen, polieren die stromab drängenden Eismassen beiderseits die Felswände; deren untere Partien heben sich mit ihren helleren Farben daher deutlich von den dunkleren, verwitterten Teilen oberhalb der Hochwassermarke ab (Abb. 14, Untere Tunguska). Als Daniel Gottlieb Messerschmidt 1723 die Untere Tunguska emportreidelte und unweit der Mündung die ersten Felsrücken passierte, fand er noch Ende Juni «auf beiden Seiten hohe Ufer mit Schwarzwald, unter welchen der Eistrieb des Frühjahrs einen immerwährenden Eisdamm, über 6 bis 7 Arschin hoch, aufgeworfen».[15] Erman beobachtete 1830 in Krasnojarsk, dass zwei Hochwasserwellen hintereinander gestaffelt den Jenissei hinabrollten: Das erste Frühjahrshochwasser *(snežnica)* meldete sich um den 21. Mai, bedingt durch die Schneeschmelze in den nächstgelegenen Teilen des Flusstales und der einmündenden Nebenflüsse. Das zweite Frühjahrshochwasser *(korennoj razliv)* erschien etwa einen Monat später, nachdem das Tauwetter auch das Sajanische Gebirge erreicht hatte.[16]

Was das Hochwasser an Geschiebe unsichtbar unter der Oberfläche fortträgt, ist gigantisch. Man hat berechnet, dass der Jahresdurchschnitt bei 13,2 Millionen Tonnen liegt.[17] Dies vermag auch zu erklären, warum nicht nur die Eisschollen an der Oberfläche, sondern auch die tieferen Wasserschichten eine solche Mahlwirkung erzeugen. Süßwassereintrag und Schwemmmaterial aus Ob und Jenissei machen sich bis weit in die sommerliche Karasee hinein bemerkbar. Nordenskiöld notierte am 4. August 1878 – bereits zwei Tage, bevor er mit der *Vega* den Mündungstrichter des Jenissei erreichte: «Schon gestern nahm der Salzgehalt im Wasser ab und der Tongehalt zu, und jetzt ist das Wasser nach Filtrierung beinahe trinkbar. Es hat eine gelbgraue Tonfarbe angenommen und ist fast undurchsichtig, so dass das Schiff in Tonschlamm zu segeln scheint.»[18]

Weil der Lauf des Jenissei vom Durchbruch durch das Sajangebirge an ziemlich geradlinig nordwärts strebt, schreitet der jahreszeitliche Wechsel von Vereisung und Eisaufbruch, welcher das Leben auf und an dem Strom prägt, dort relativ gleichmäßig voran. Der Eisaufbruch setzt am Oberlauf, wie schon erwähnt, Anfang April ein, erreicht die Mündung der Angara Ende April, Anfang Mai, die Mündung der Unteren Tunguska in der zweiten Maihälfte und den Anfang des Mündungsästuars bei Ust-Port um den 1. Juni; aber erst ab Mitte Juni haben die vom Jenissei mitgeführten wärmeren Wassermassen das Packeis in der Mündungsbucht so weit aufgelöst, dass der Hafen Port Dickson an der Küste der Karasee von Schiffen erreicht werden kann. Dort setzt dann von Norden her Anfang Oktober die Vereisung wieder ein, um zusammen mit dem Winter nach Süden fortzuschreiten; sie erreicht die Mündung der Unteren Tunguska Anfang, die der Angara Mitte November und lässt ab Ende November den gesamten Lauf des Jenissei unter einer bis zu anderthalb Meter mächtigen Eisschicht erstarren. Während die Vereisung die Zufahrt zum Jenissei vom Meer her im Jahresdurchschnitt an 240 Tagen blockiert,[19] bleibt der Schiffsverkehr auf dem Mittel- und Oberlauf etwas länger möglich.

Manchmal schiebt das stromabwärts drängende Frühjahrswasser das aufgebrochene Flusseis zu so hohen Barrieren zusammen, dass die dahinter aufgestauten Wassermassen weite Uferpartien überschwemmen. So geschah es im Frühjahr 1963 bei Igarka, wo Hafenanlagen, Teile der Stadt und der Flughafen unter Wasser standen. Man wusste sich nicht anders zu helfen als die Unterstützung der Luftwaffe anzufordern, der es gelang, durch den Abwurf schwerer Bomben eine Lücke in den Eiswall zu sprengen. Allerdings strömte dann das aufgestaute Wasser mit solcher Wucht zu Tal, dass es ein Kühlschiff mitriss und weit abseits des eigentlichen Stromes auf das Land warf. Es konnte erst zwei Jahre später geborgen werden.[20]

Maud D. Haviland, die ab Ende Juni 1914 in der Tundra bei Goltschicha am lang gestreckten Mündungstrichter des Jenissei ornithologische Studien betrieb, war hingerissen vom Farbenspiel, in welches die Mitternachtssonne die Eisblöcke beidseits des Stromes und die in der Bucht noch treibenden Packeisinseln tauchte: «Da war eine Wolke im Osten, welche die Sonne sich unter ihren Begleitern ausgesucht hatte, um sie mit Rosa zu übergießen, und jenseits der Eisbarriere in der Bucht fing das Wasser ihre Spiegelung auf und vervielfachte sie und gaukelte mit ihr und verherrlichte sie, bis der Strom wie ein Opal inmitten eines Schimmers von Silber und

Rosa da lag. Näher im Vordergrund beschien die Sonne das Eis so golden und sanft, dass man die Kälte der Luft und den Gedanken an Blumen und Wiesen ganz vergaß. Aber obgleich es noch keine Blumen beiderseits des Jenissei gab, konnte nichts das Leuchten des Eises übertreffen, wenn das Licht die Eisschollen übergoss und ihre Höhlen, Wälle und Zinnen aus Silber und Kupferspat enthüllte. Hier und dort brach ein großer Block, schmelzend nach des Tages Sonnenschein, mit großem Krachen wie ein gigantisch aufleuchtender Stern auseinander. Andere Platten waren bepudert mit einem zarten Geflecht aus Reif, wieder andere wirkten von dem endlosen Hin- und Herreiben wie von einem Steinmetz behauen, so dass ihre stumpfen Kanten weiß waren wie Marmor mit wundervollen grünen Adern. Und die Luft war voll der seltsamsten Laute der Welt. Es war ein eigentümliches Zischen und Knistern, nicht sehr laut, und doch so deutlich wie ein klagendes millionenfaches Wispern. Es war das Geräusch des schmelzenden Eises, erzeugt durch die kleineren Blöcke, wenn sie, einer nach dem anderen, zersplitterten und mit leichtem Klingen auf ihre Nachbarn fielen, sowie durch das Ächzen der großen Stücke, weil der Strom sie meerwärts zwang, dem nahenden Sommer voraus.»[21]

Sobald der Sommer in der arktischen Tundra vorangeschritten war, zeigte sich über dem lang gezogenen Ästuar des Jenissei ein optisches Phänomen, welches Maud Haviland an eine Fata Morgana gemahnte: «Wie auch immer das Wetter sein mag, scheinen eine entfernte Küstenlinie oder selbst ein Boot, das viele Werst weit weg ist, in der Luft zu schweben mit einem Streifen leuchtenden Wassers darunter. Ferner scheint selbst bei kaltem Wetter der ganze Horizont des Ästuars zu hüpfen und zu zittern wie von Hitze, so dass es völlig unmöglich ist, die Konturen eines entfernten Schiffs oder Strandes durch das Fernrohr genauer zu betrachten. Beide Phänomene verdanken sich vermutlich dem Faktum, dass das von Süden kommende Wasser wärmer ist als die arktische Luft. Infolgedessen wird eine dünne Luftschicht, welche mit der Oberfläche des Flusses unmittelbar in Berührung kommt, aufgeheizt; und weil sie eine andere Dichte aufweist als die kalte Luft darüber, spielt sie seltsame Streiche mit der Brechung des Lichts.»[22]

Der Jenissei steht mit 4287 Kilometern Länge nach Lena, Ob und Irtysch unter den sibirischen Strömen zwar nur an vierter Stelle, hat mit 2,58 Millionen Quadratkilometern aber nach dem Ob das zweitgrößte Einzugsgebiet und wälzt an seiner Mündung mit einem durchschnittlichen Abfluss von 19 800 Kubikmetern pro Sekunde die weitaus meisten Wassermassen in das Eismeer. Dies ist weniger die Folge der Schnee- und Eisschmelze im Hochgebirge des Sajan, welchem der Jenissei entspringt, sondern der Wasserzufuhr durch die mächtigen von Osten kommenden Nebenflüsse – der Angara, der Steinigen und der Unteren Tunguska. Allein die Angara, die den Abfluss des Baikalsees bildet und nach einem weiten, nordwärts führenden Bogen und 1800 Kilometern etwa 250 Kilometer nördlich Krasnojarsk in den Jenissei mündet, steuert fast ein Viertel der Wassermenge bei, die Untere Tunguska immer noch fast ein Fünftel.[23]

Im Vergleich mit den beiden anderen Riesenströmen Sibiriens – dem Ob im Westen und der Lena im Osten – zeigt der Jenissei eine ganz eigene Gestalt. Nacherleben kann man seine Metamorphosen von den Quellen bis zur Mündung in dem bildergesättigten Stromporträt, das einer seiner intimsten Kenner verfasst hat – der langjährige

Kapitän Iwan Bulawa.[24] Wie der Ob entspringt er dem zentralasiatischen Gebirgsriegel. Doch während der Ob sich als ausgesprochener Tieflandfluss in einem großen Bogen der Karasee entgegenwälzt und die Lena in einem gegenläufigen Bogen das Mittelsibirische Bergland vom Ostsibirischen Gebirgsland trennt, säumt der Jenissei in ziemlich geradlinigem Lauf die westliche Kante des Mittelsibirischen Berglandes, hat aber in seinem westlichen Einzugsgebiet Anteil am Westsibirischen Tiefland. Wie der Ob ufert der Jenissei in einen langgezogenen Mündungsschlauch aus; dieser ist mit gut 400 Kilometern aber nur knapp halb so lang. Die Lena hingegen verliert sich in einem riesigen, dicht verzweigten Mündungsdelta.

## Wie sichert man ein eingefrorenes Schiff? Protokoll einer Überwinterung im Eis der Kureika (1876/77)

Was könnte die Dynamik des Jenissei und seiner Nebenflüsse im Jahresgang besser veranschaulichen als das Protokoll einer Schiffsüberwinterung?

Die Dampfyacht *Thames*, mit welcher Kapitän Joseph Wiggins im Herbst 1876 nicht mehr rechtzeitig vom Jenissei nach England hatte zurückkehren können, blieb den Winter über in der Kureika liegen, unweit von deren Einmündung in den Jenissei. Wiggins selber kehrte auf dem Landweg nach England zurück, wollte im nachfolgenden Frühjahr aber rechtzeitig wieder an Bord sein, um das Schiff beim Auftauen der Kureika flottzumachen. Der Kaufmann und Ornithologe Henry Seebohm begleitete ihn. Ihm verdanken wir ausführliche Notizen darüber, wie und unter welchen Risiken das Schiff den Eisgang überstand. Wiggins und Seebohm erreichten das Schiff und seine Besatzung am 23. April 1877 und fanden alles wohlauf. Die Besatzung hatte sich in dem nahe gelegenen Haus des Bauernkaufmanns Turbow auf dem Hochufer der Kureika einquartiert und war wegen reichlicher Vorräte an Zitronen und getrocknetem Gemüse ohne Skorbuterkrankungen über den Winter gekommen.

«Die *Thames* lag unweit des Nordufers der Kureika vor Anker, an der Einmündung eines schmalen Flüsschens, in welches der Kapitän sein Schiff zu lenken im Sinn hatte, sobald das Wasser hoch genug steigen würde, um dies zu erlauben; dort hoffte er in Sicherheit warten zu können, bis der Eisgang vorüber sein würde. Auf der einen Seite des Schiffs befand sich das steile Flussufer von ungefähr hundert Fuß Höhe, welches mit Schnee bedeckt war außer an einzelnen Stellen, die zu steil waren, als dass Schnee liegen bleiben konnte.» (Textabb. 1) «Linkerhand erstreckte sich die Kureika, eine Meile breit; sie zog sich über vier oder fünf Meilen hin, bis eine plötzliche Biegung sie dem Blick entzog, während zur Rechten das Auge über die Schneefelder des Jenissei wanderte und man mit Hilfe eines Fernglases das Dörfchen Kureika etwa vier Meilen entfernt auf dem Gegenufer des großen Stromes ausmachen konnte.»[25]

«Dort wo die *Thames* vor Anker lag, war der Fluss gefroren bis auf den Grund, und der Kapitän befürchtete, dass, sobald das Wasser steigen würde, sie an dem Flussbett haften und anstatt mit dem Wasserspiegel emporzuschwimmen, voll Wasser laufen könnte. Das war durchaus keine eingebildete Gefahr, denn ich erinnere mich an einen Fall, der in der Petschora passierte. Das Schiff, das ich meine, schwamm tatsächlich auf, als das Wasser stieg, aber es verlor seinen Kiel, der auf dem Grund des Flusses festgefroren war. Die *Thames* war tatsächlich sehr festgefroren. Die untersten paar Fuß bestanden aus gefrorenem Schlamm, so solide wie Fels, und die Männer fanden es hart und ermüdend, diese vereiste Masse mit ihren Spitzhacken zu zerkleinern.»[26]

Anfang Mai begann die Sonne spürbar zu brennen und den Schnee oberflächlich aufzutauen, doch nachts gefror alles wieder. Der Fluss zeigte immer noch keine Regung. Am 9. Mai regnete es zum ersten Mal. Dass der Frühling nahte, sah Seebohm auch an den Zugvögeln, die am Himmel vorüberstrichen. Ab Mitte Mai begann der Fluss langsam zu steigen – ein Zeichen dafür, dass weiter südwärts das Tauwetter mit Macht eingesetzt hatte. 21. Mai: «Der Fluss stieg stetig. Als das Wasser zum ersten Mal auf die Matrosen herunterstürzte, welche das Eis unter der *Thames* weghackten, stieg es vier Fuß hoch gegenüber dem Schiffsbug.»[27] «Am 24. Mai wurde eine große Quelle an Sorgen von uns genommen. Als wir in der vorhergehenden Nacht uns in unsere Schlafkojen begaben, stand das Wasser am Schiffsbug bei elf Fuß. Um vier Uhr morgens wurden wir plötzlich durch eine Erschütterung wie bei einem Erdbeben geweckt. Wir sprangen aus unseren Kojen und sahen, dass das Schiff die Eisdecke durchbrochen und sich zu seiner Schwimmhöhe aufgerichtet hatte. Sein Bug zeigte aber nur acht Fuß, so dass es sich um drei Fuß gehoben haben musste. Das Achterschiff war jedoch unverändert, blieb also vermutlich auf Grund. [...] Der nächste Tag war sehr kalt mit nordwestlichem Wind und glitzerndem Sonnenschein. Der Fluss war so stark gestiegen, dass das Schiff hin und her schwang. Wir konnten beobachten, dass das Eis in Flussmitte nach und nach seine schwere Schneelast verlor und das Wasser vielerorts bis an die Oberfläche gedrungen war, wobei es große gräuliche Flecken hervorrief und dem Schnee ein mehr oder minder scheckiges Aussehen verlieh. Mit dem Ansteigen des Flusses wuchs er auch in die Breite. Außerhalb des schneebedeckten Eises in der Mitte entwickelte sich ein dünner, sich ständig ausweitender Streifen dünnen Schwarzeises als Landschaftsmerkmal. [...] Es gab keine Veränderungen während der nächsten drei Tage.»[28] 30. Mai: «Der Fluss stieg um drei bis vier Zoll während des Tages, fror aber wieder ebenso schnell wie er stieg.»[29]

«Am 1. Juni ereignete sich ein Umbruch im Eis. Während der Nacht hatte es so gut wie keinen Frost gegeben. Wir hatten Südwind, nicht sehr warm, aber die Sonne schien ungewöhnlich heiß. Als wir nach dem Frühstück die Kabine verließen, kamen wir gerade rechtzeitig, um mit anzusehen, wie sich plötzlich eine schmale Bergkette im unteren Winkel des Zusammenflusses von Kureika und Jenissei zu bilden begann. Der Fluss hatte sich während der Nacht merklich gehoben und der neu gebildete Streifen dünnen Eises auf beiden Seiten des Eises in der Mitte war breiter als je zuvor. Der von unten ständig einwirkende Druck hatte zur Folge, dass ein großes Eisfeld – etwa eine Meile lang und eine Drittel Meile breit, abbrach. Etwa die Hälfte der Masse fand einen Weg flussabwärts entlang dem neu gebildeten Streifen dünnen Eises und ließ offenes Wasser hinter sich zurück; die andere Hälfte drängte ungestüm an das Steilufer des Flusses und türmte sich – unwiderstehlich getrieben durch den Druck von hinten – zu einer niedrigen Bergkette auf, fünfzig bis sechzig Fuß hoch und höchst malerisch anzusehen. Riesige Eisblöcke, sechs Fuß dick und zwanzig Fuß lang, stellten sich mancherorts hoch. Andere zersplitterten in Bruchstücke wie zerbrochenes

Textabb. 1: Die eingefrorene *Thames* in der Kureika (1877)

Glas. Das eigentliche Eis auf dem Fluss schien nicht dicker als drei Fuß zu sein – so klar wie Glas und so blau wie ein italienischer Himmel. Darüber lag eine vier Fuß dicke Schicht weißen Eises. Dieses war hart wie Fels und war zweifellos entstanden durch die Überflutung der Schneedecke, als der Wasserspiegel stieg und durch das anschließende erneute Gefrieren. Zuoberst auf dem weißen Eis lagen etwa achtzehn Zoll hellen Schnees, der offensichtlich nie überflutet worden war. Alles blieb in *Statu quo* während des restlichen Tages. Der Fluss stieg weiterhin, aber langsam. Kapitän Wiggins erwartete keine plötzlichen Veränderungen und lachte über einige seiner Matrosen, die – alarmiert durch die Bildung der Eisberge – begannen, ihre Wertsachen vom Schiff an Land zu tragen.»[30]

«Um halb zehn suchten wir unsere Kojen auf, nachdem wir erstmals eine Ankerwache aufgestellt hatten für den Fall, dass sich irgendeine weitere Bewegung des Eises ereignen sollte. Wir waren gerade eingeschlafen, als wir plötzlich mit der Nachricht geweckt wurden, dass der Fluss sehr schnell im Steigen begriffen sei und das Eis aufzubrechen beginne. Wir kleideten uns unverzüglich an und gingen an Deck. Auf einmal hatte sich die Situation geklärt. Die Schneeschmelze weiter südlich entwickelte sich offensichtlich so rapide und der Fluss stieg mit einer derartigen Schnelligkeit, dass er begann, alle seine nördlichen Zuflüsse zu überschwemmen. Das war eine Wendung, auf die wir überhaupt nicht vorbereitet waren. Wir ankerten gegenüber der Einmündung eines kleinen Flüsschens, in welche der Kapitän sein Schiff hatte steuern wollen, wenn das Wasser hoch genug gestiegen war, um dieses Manöver zu vollführen. In diesem kleinen Flüsschen hoffte er den Eisgang in Sicherheit überstehen zu können. Innerhalb eines einzigen Augenblicks waren diese Pläne zunichte geworden. Der Eintritt in das Flüsschen lag vollkommen hoch und trocken. Eine starke Strömung hatte die Kureika erfasst. Kleine Eisschollen begannen sich von der Hauptmasse zu lösen und trieben im offenen Wasser aufwärts. In kurzer Zeit brach der gesamte Eiskörper der Kureika auf und begann sich flussaufwärts zu bewegen. Bis hin zum Jenissei war der Nebenstrom bald eine einzige Packeismasse und Eisschollen trieben mit einer Geschwindigkeit von drei Meilen die Stunde den Strom hinauf. Einige davon versetzten dem Schiff achtern ein paar hässliche Stöße und beschädigten das Ruder erheblich, aber wir hatten offenes Wasser unter uns und waren bald außerhalb des Eisdrucks mit, wie wir hofften, keinem irreparablen Schaden.

Währenddessen hatten wir so schnell wie möglich Dampf aufgesetzt, um für jeden Notfall gerüstet zu sein. Auf der anderen Seite des Flusses konnten wir einen Hafen erkennen, der uns völlige Sicherheit geboten hätte – ein langes Flüsschen, welches bereits voller Wasser war und noch dazu den Vorteil bot, dass es nicht auf der Prallseite des Flusses lag. Als wir genügend Dampf hatten, um die Maschine in Gang zu setzen, bemerkten wir zu unserem Entsetzen, dass das Eis, welches sich schon an uns vorbeigeschoben hatte, uns gegen das Ufer gequetscht hatte und dass nachfolgend das Wasser gefallen sein musste, denn wir lagen mit unserem Achterschiff nur noch höchstens zwei Fuß über Grund und unbeweglich wie ein Fels. Die Strömung ging immer noch flussaufwärts, und das Schiff gegen sie zu drehen war chancenlos. Eine Meile achtern von uns erhob sich die Kante des Jenissei-Eises. Man konnte nichts machen als zu warten.

Nach kurzer Zeit begann der Fluss erneut rapide anzusteigen und damit unsere Hoffnungen zunichte zu machen, in den sicheren Hafen zu schwimmen und zu dampfen, als wir plötzlich zu unserem Entsetzen entdeckten, dass das Eis auf dem Jenissei aufzubrechen begann und dass eine furchteinflößende Phalanx aus Eisschollen und Packeis mit hohem Tempo sich auf uns zu bewegte. Es prallte auf uns, zerschmetterte das Steuerruder, kehrte den Grund gegen das Achterschiff, quetschte das Schiff manchmal gegen das Ufer, so dass es stampfte und rollte, als wenn es in schwerer See läge, und umringte es manchmal mit kleinen Eisschollen, als ob diese es geradezu aus dem Wasser zu heben versuchten. Ein- oder zweimal begann eine Eisscholle die Schiffswand emporzuklettern wie eine Schlange. Einige Matrosen sprangen über Bord und kletterten über das Packeis an Land. Andere schleuderten ihr Hab und Gut zu den Kameraden am Ufer hinüber. Schließlich traf ein ungeheurer Eisschwall von unwiderstehlichem Gewicht das Schiff. Es gab keine Alternative als den Anker zu kappen und das Schiff mit dem Eis treiben zu lassen. Es trieb uns die Kureika aufwärts, während das Eis sich an uns entlangrollte, wirbelte und quetschte, wobei große Klumpen sich einer auf den anderen türmten. Auf diese Weise wurden wir rund eine Meile fortgetrieben, bis wir endlich in eine kleine Bucht gepresst wurden, eingekeilt zwischen Packeisblöcken [Textabb. 2]. Bald danach sank der Fluss um fünf oder sechs Fuß, die Strömung stockte, das Eis kam zum Stillstand und das Schiff mitsamt dem Packeis saß auf Grund. Das Schiff kam tapfer durch diese Zerreißprobe. Jedenfalls hatte es kein Wasser gemacht und es gab kein Anzeichen irgendeines Schadens mit Ausnahme des Ruders. Dieses war in Stücke zersplittert und jede Spur von ihm fortgetragen – ein Verlust, den zu reparieren es Wochen brauchen würde. [...]

Die Frage, der wir uns nun unmittelbar zu stellen hatten, war, was geschehen würde, wenn das Eis erneut in Bewegung geraten würde. Am wahrscheinlichsten schien es, dass das Schiff entweder auf eine Sandbank geworfen oder mit dem Eis ins Meer getrieben werden würde. Der Kapitän entschied, dass es am klügsten wäre, so

Textabb. 2: Die *Thames* im Treibeis der Kureika

DRIVING WITH THE ICE ON THE KUREIKA

viel Wertvolles aus ihm auszuladen als möglich und sich darauf vorzubereiten, es im schlimmsten Falle aufzugeben. Die Matrosen machten sich dementsprechend daran, die Ladung über die Brocken gestrandeter Eisschollen und Packeises hinweg an Land zu schaffen.»[31]

«Das Eis blieb ruhig bis Mitternacht, als plötzlich ein enormer Druck von oben einsetzte. Offensichtlich war das große Eisfeld nördlich der Kureika aufgebrochen, aber nicht in genügendem Maße, um den Druck als Ganzes zu vermindern. Das Wasser in der Kureika stieg wieder einmal rapide. Das immense Packeisfeld begann sich stromaufwärts in Bewegung zu setzen mit einer Geschwindigkeit von fünf bis sechs Knoten in der Stunde. Die *Thames* war bald wieder flott und wurde mit dem Eis den Strom hinaufgetragen, dabei das felsige Ufer entlanggestoßen und -gebumst und ihr Achtersteven so sehr nach unten gequetscht, dass sie begann, immer schneller Wasser zu machen. Am 3. Juni, um 9 Uhr an einem Sonntag, gingen alle Mann von Bord und standen als Zuschauer auf dem Steilufer. Der Strom stieg und fiel den Tag über, die Strömung stoppte manchmal, wurde manchmal wieder sehr schnell, und das unglückliche Schiff war gelegentlich flott, saß aber in der Regel fest. In der Nacht schien der Achtersteven wieder seine normale Lage eingenommen zu haben, und der unerschrockene Kapitän ging mit einem Teil seiner verängstigten Besatzung an Bord, und die Pumpen entfernten einen Teil des Wassers aus dem Laderaum. Die Chancen, dass das Schiff ein hoffnungsloses Wrack war, standen zehn zu eins, doch die Matrosen kämpften weiter bis zum Umfallen. Das Verwunderliche war, wo das ganze Eis, welches die Kureika aufwärtsgetrieben war, sich gestaut haben konnte. Ich schätzte, dass mindestens 50 000 Morgen Eis das Schiff passiert hatten.

Spät in der Nacht auf Montag, den 4. Juni, verschwand das Eis auf der Kureika nahezu vollständig. Wir setzten Dampf auf, und mit Hilfe von Seilen vom Ufer aus wurde die *Thames* in das kleine Flüsschen unterhalb des Hauses verholt, wo der Kapitän ursprünglich in Sicherheit hatte abwarten wollen, bis der Eisgang vorbei sein würde. Die Wintersaison war so streng gewesen, dass der Schnee, der eigentlich hätte schmelzen und den Fluss vor dem Eisaufbruch hätte anschwellen lassen sollen, immer noch auf dem Boden liegen blieb. Dies hatte zur Folge, dass der Eintritt in das Flüsschen hoch und trocken lag, als der große Umbruch einsetzte. Die *Thames* lief um zwei Uhr morgens in das Flüsschen ein. Gegen Mittag war das Wasser um fünf oder sechs Fuß gesunken und das Boot lag auf der Seite mit seinem Bug mindestens drei Fuß auf Grund. Dieses wiederholte plötzliche Abfallen des Wasserspiegels rührte zweifellos von Eisaufbrüchen weiter unterhalb im Fluss her, welche ihn aufstauten, bis der steigende Druck von hinten sich Bahn brach. Eine gewisse Vorstellung davon, wie stark dieser Druck gewesen sein muss, mag das Faktum illustrieren, dass ein Teil des Flusses von tausend Meilen Länge, der anfänglich zwei und am Ende sechs Meilen breit und von einer drei Fuß dicken Eisschicht bedeckt war, auf welcher noch sechs Fuß Schnee lagen, mit einer Tagesrate von hundert Meilen aufbrach. Vielerlei Umstände vermochten den Eisaufbruch vorübergehend zu stoppen – eine plötzliche Krümmung im Fluss, eine Inselgruppe oder ein Engpass, in welchem das Eis sich verkeilen konnte. Aber der Druck von hinten wuchs und wuchs. Obgleich der Fluss immer wieder für ein paar Stunden fiel, stieg er aufs Ganze gesehen eigentlich ständig und innerhalb von zehn Tagen stand er dort, wo wir uns postiert hatten, bei siebzig Fuß. Eine derartige Entfaltung unwiderstehlicher Kraft stellt selbst die Niagarafälle in den Schatten. Bei verschiedenen Gelegenheiten standen wir stundenlang auf dem Hochufer des Flusses, starr vor Staunen und starrten gebannt auf zwanzig oder dreißig Fuß hohe Eisberge, die mit einer Geschwindigkeit von zehn bis zwanzig Meilen die Stunde den Fluss hinuntergetrieben wurden.

Die Schlacht des Jenissei tobte volle vierzehn Tage, während deren die Kureika abwechselnd stieg und sank. Tausende von Morgen an Eis bewegten sich einige Stunden stromaufwärts, dann kehrte die Strömung, und sie schwammen wieder zurück. [...] Es war ein wundervoller Anblick, zu beobachten, wie diese Armeen abwechselnd vormarschierten und sich dann wieder zurückzogen. Manchmal verkeilten sich Packeis und Eisschollen so eng ineinander, dass es so aussah, als ob man über sie hinweg zum anderen Ufer klettern könnte. Zu anderen Zeiten gab es viel offenes Wasser und die Eisberge ‹kalbten›, wenn sie vorüberschwammen, mit einem Krachen und Aufspritzen, dass man es eine halbe Meile weit hören konnte. [...]

Als die vierzehntägige Schlacht geschlagen war, fand schließlich der endgültige Rückmarsch der geschlagenen Winterarmeen statt und weitere sieben Tage lang kam als Nachhut der großen arktischen Armee alles mögliche Lumpengesindel die Kureika herabgestromert – heruntergekommene und abgeschundene kleine Eisberge, schmutzige Eisschollen, die aussahen wie schwimmende Schlammklumpen und hinterher zottelnde Packeisreste im letzten Stadium der Auflösung.»[32]

Als am 8. Juni ein neuer Wasser- und Packeisschwall die Kureika aufwärtszuströmen begann, meinten die Einheimischen, dies sei der Rückstau des Eises der Unteren Tunguska, welches den Jenissei erreicht habe.[33] Wenn der Wasserspiegel vorübergehend wieder sank und das Heck des Schiffs trocken lag, versuchte der Schiffszimmermann das neue Heckruder, das er mittlerweile konstruiert hatte, zu befestigen.

Am 16. Juni traf das erste Dampfschiff aus Jenisseisk an der Kureikamündung ein. Dies war ein Zeichen dafür, dass der Jenissei stromaufwärts wieder schiffbar war.

Aber statt der Eisschollen brachte das Hochwasser nun vermehrt Treibholz mit sich. Am 29. Juni war die *Thames* fertig für die Weiterreise, und auch der Jenissei bis zur Mündung frei von Packeis. Das Schiff verließ die Kureika und dampfte in Begleitung des kleinen Schoners *Ibis* den Jenissei stromab in Richtung Dudinka. Etwa 110 Werst unterhalb der Kureikamündung geriet die *Thames* jedoch am folgenden Tag auf eine der vielen Sandbänke. Da der Spiegel des Jenissei bereits stark im Sinken begriffen war, begann ein eintägiger Wettlauf gegen die Zeit, um durch Leichtern der Ladung und Maschinenmanöver unter Volldampf das Schiff rechtzeitig wieder flottzumachen. Das gelang zwar schließlich, aber schon am nächsten Tag rannte sich die *Thames* nach einem missglückten Manöver unwiderruflich in Ufernähe fest und musste angesichts des stetig sinkenden Wasserstandes aufgegeben werden.[34] Alle Mühe, die man ein Dreivierteljahr lang aufgewendet hatte, um das Schiff über Winter, Eisgang und Hochwasser hinwegzuretten, erwies sich als vergeblich. Es war ausgerechnet die Schifffahrtssaison, die der *Thames* schließlich den Garaus machte.

## Flüsse und Namen

Wer zu Schiff auf dem Jenissei die Einmündung der Angara passiert, sieht sich von der erstaunlichen Weite dieses Stromes so überrascht, dass ihm unwillkürlich der Gedanke kommt, dieser müsse doch der Hauptstrom sein und nicht der Jenissei. Schon Reisende des 18. und 19. Jahrhunderts stellten sich diese Frage.[35] Johann Georg Gmelin, der von 1733 bis 1743 im Auftrag der Russländischen Akademie der Wissenschaften Sibirien bereiste, weist darauf hin, dass die Eingeborenen für den Jenissei oberhalb der Einmündung der Angara einen eigenen Namen verwendeten, nämlich Kem.[36] Johann Eberhard Fischer, der 1745 im Auftrag der Akademie auf der Angara unterwegs war, erklärt die Entscheidung der Russen, den gesamten Flusslauf von der Mongolei bis zur Mündung Jenissei zu nennen, wie folgt: Als die ersten Kosaken von der Ket her den Jenissei in der Gegend der späteren Stadt Jenisseisk erreichten, fragten sie die eingeborenen Tungusen nach dem Namen des Flusses. Diese nannten ihn Joandesi,[37] was von den Russen zu Jenissei verballhornt wurde. Da die Kosaken aber von der Einmündung der Angara zunächst nicht diese, sondern den Kem hinauffuhren, übertrugen sie den Namen Joandesi unrichtigerweise auch auf diesen Strom. Und als er erst einmal in den schriftlichen Rapporten fixiert war, ist es dabei geblieben.[38]

Dass nicht der obere und mittlere Jenissei der Hauptstrom ist, sondern – wie schon der Augenschein nahelegt – tatsächlich die Angara, beweisen die Messungen der Wassermengen: Während der Jenissei beim Zusammenfluss im Jahresmittel 3350 Kubikmeter pro Sekunde mitbringt, sind es bei der Angara 4530 Kubikmeter pro Sekunde – kein Wunder, da sie ja den einzigen Abfluss des riesigen Baikalsees bildet. Auch ist ihr Einzugsgebiet mit 1 040 000 Quadratkilometern mehr als doppelt so groß wie dasjenige des oberen und mittleren Jenissei (knapp 400 000 Quadratkilometer).[39] Gleichwohl ist die historische Entwicklung in ihrer räumlichen Organisation der russischen Namengebung gefolgt, weil – wie im folgenden Kapitel noch zu zeigen sein wird – die Flussachse des Jenissei in seiner heutigen Benennung sich als die am besten geeignete Kommunikationsbasis erwiesen hat.

Seinen Ursprung nimmt der Jenissei in Tuwinien, wo das östliche Sajangebirge zwei durch einen Bergriegel getrennte Hochlandbecken umschließt. Im nördlichen Becken entspringt der 605 km lange Große Jenissei (auf Tuwinisch *Bij-Chem*), im südlichen der Kleine Jenissei (auf Tuwinisch *Kaa-Chem*), der mit 563 km nur wenig kürzer ist. Einzelne Quellzuflüsse des Kleinen Jenissei entspringen in der Mongolei. Bei Tuwiniens Hauptstadt Kysyl vereinigen beide sich zum eigentlichen Jenissei (Abb. 1). Den Flusslauf des Jenissei pflegen Geographen und Hydrologen in drei Abschnitte einzuteilen: in den das Sajangebirge querenden Oberlauf von Kysyl bis zur Einmündung des Abakan (etwa 600 km); in den Mittellauf vom Abakan bis zur Einmündung der Angara (etwa 750 km), der beidseits immer noch von bergigem Relief geprägt ist; schließlich in den mit rund 2000 km Länge weitaus dominierenden Unterlauf von der Aufnahme der Angara bis zum Beginn des Ästuars bei Ust-Port.[40] Doch bis er auch noch den vergleichsweise schmalen Mündungsbusen hinter sich gelassen hat und das offene Meer erreicht, muss er nochmals 435 km zurücklegen. Im Oberlauf schwankt die Breite des Stromes zwischen 100 und 650 m, die Tiefe zwischen 4 und 12 m bei allerdings zahlreichen Untiefen. Der Mittellauf ist im Durchschnitt 500 m breit, der Unterlauf nach Aufnahme der Wasser der Angara 2,5 bis 5 km bei einer minimalen Wassertiefe von 5 bis 8,5 m und unterhalb von Dudinka von 20 bis 25 m; allerdings gibt es sogar dort zahlreiche Sandbänke, die für die Schifffahrt nicht ungefährlich sind. Das Erscheinungsbild des gesamten Unterlaufs wird geprägt von der Asymmetrie der Ufer: Das westliche Ufer ist niedrig und neigt zur Versumpfung, das östliche ist steil, streckenweise sogar felsig.[41] Diese Asymmetrie rührt daher, dass der untere Jenissei durch die Erdumdrehung an den kompakten Block des Mittelsibirischen Berglandes gedrückt wird.

Asymmetrisch bietet sich auch das Erscheinungsbild der Nebenflüsse des Jenissei dar (vgl. Tab. 1). Während die aus dem Mittelsibirischen Bergland von Osten einmündenden einen langen Weg hinter sich haben und viel Wasser führen, sind die westlichen Zuflüsse kurz und seicht, weil die niedrige Wasserscheide zum westsibirischen Tieflandbecken dem Jenissei recht nahe rückt. Eine Ausnahme bildet im Süden der Abakan, der im Sajangebirge entspringt und daher wasserreicher ist.

Als die ersten Russen zu Anfang des 17. Jahrhunderts von Westen her den Jenissei erreichten, gaben sie sich keine große Mühe, seinen größten östlichen Zubringerflüssen jeweils eigene Namen zu geben. Sie nannten sie alle drei einfach Tunguska – Tungusenfluss, nach dem größten indigenen Volk, das sie östlich des Jenissei in der Taiga vorfanden. Um sie voneinander zu unterscheiden, gaben sie dem südlichsten Zufluss den Namen «Obere», dem mittleren «Steinige» und dem nördlichsten «Untere» Tunguska.

Die Obere Tunguska – wie wir schon gesehen haben, von ihrer Wassermenge her eigentlich der Oberlauf des Jenissei – fließt aus dem Baikalsee zunächst auf zwei Dritteln ihres 1779 km langen Laufes nach Norden, um dann nach Westen abzuknicken und dem Jenissei zuzustreben. Allerdings nannten die Russen in früheren Zeiten nur den Unter- und Mittellauf von der Einmündung des Ilim an Tunguska, das Stück vom

Ilim aufwärts bis zum Baikalsee jedoch Angara.[42] Erst in sowjetischer Zeit hat sich der Name Angara für den gesamten Stromlauf eingebürgert. Herkunft und Bedeutung des Hydronyms sind umstritten. Herkömmlicherweise wird es auf das burjätische Anga (Bergschlucht) zurückgeführt.[43]

Der Name Steinige Tunguska scheint darauf hinzudeuten, dass dieser Flusslauf besonders reich an Steinen sei. Dem ist aber nicht so, er ist nicht steiniger als Obere und Untere Tunguska. Vielmehr handelt es sich um eine deutsche Fehlübersetzung des russischen *Podkamennaja Tunguska* – die Tunguska «unterhalb des Steins».[44] Mit «Stein» *(kamen')* bezeichneten die Russen früher einen Berg- oder Gebirgsrücken wie etwa den Ural. Die Bergschwelle, welche die «Steinige Tunguska» auf ihrem 1865 km langen Weg nach Westen durchbricht, erreicht kurz vor der Flussmündung in den Jenissei immerhin noch 200–300 m Höhe, während sie etwa 150 km flussaufwärts auf 700–800 m ansteigt. Der Fluss entspringt nur gut 100 km östlich des großen Angara-Knies auf 510 m und erreicht an der Mündung eine Meereshöhe von nur noch 27 m. Seine Wassermenge liegt weit hinter derjenigen der Angara zurück. Das Wasser stammt zu 60 Prozent aus der Schneeschmelze (daher liegt sein Höchststand im Mai und Juni), zu 24 Prozent aus Grund- und lediglich zu 16 Prozent aus Regenwasser.[45]

Wenn man vom Hochufer bei Turuchansk aus den Blick über die Mündung der Unteren Tunguska in den Jenissei schweifen lässt (Abb. 12), erblickt man eine breit dahingelagerte Wasserfläche, der man es nicht ansieht, dass sie nur einige Kilometer stromaufwärts aus einer Felsenenge hervorbricht. Als Johann Georg Gmelin 1739 dort weilte, fiel ihm die starke Strudelbildung an dieser Engstelle auf, welche die Schifffahrt nicht unerheblich beeinträchtigte.[46] In Länge und Wasserführung ist die Untere Tunguska nach der Angara der zweitgrößte Nebenfluss des Jenissei. Sie nimmt ihren Ursprung nur etwa 180 km südöstlich des großen Angara-Knies, um sich dann über viele hundert Kilometer durch das Mittelsibirische Bergland nordwärts zu bewegen. Dabei nähert sie sich dem Oberlauf der Lena streckenweise bis auf nur gut 25 km, so dass eine Zeit lang dort zwischen den Flussbecken von Unterer Tunguska und Lena eine Schleppstelle bestand.[47]

Zwischen Unterer Tunguska und der eigenen Mündung nimmt der Jenissei nur noch zwei größere östliche Zuflüsse auf – die Kureika und die Chantaika. Anders als Steinige und Untere Tunguska entspringen sie nicht im Mittelsibirischen Bergland, sondern auf über 700 m Höhe dem Hochplateau des Putoran-Massivs. Dementsprechend eilen sie in ihrem Oberlauf über zahlreiche Wasserfälle und Stromschnellen zu Tal. Nach Länge und Wasserführung liegen sie weit hinter den drei Tungusken zurück, erreichen aber an ihrer Mündung eine Breite von einem Kilometer. Trotz der vergleichsweise geringen Wassermenge hat man beide aufgestaut und in der Mitte der siebziger Jahre Flusskraftwerke in Betrieb genommen (an der Kureika die Kraftwerkstation Swetlogorsk, an der Chantaika die Kraftwerkstation Sneschnogorsk).[48]

Nicht zum eigentlichen Strombecken des Jenissei gehören, historisch jedoch ihm zugeordnet sind neben dem Taimyrfluss die Pjassina und die Chatanga. Beide entspringen ebenfalls dem Putoran-Massiv, münden aber direkt in die Karasee – die erste westlich, die zweite östlich der Halbinsel Taimyr. Die Pjassina[49] ist mit einem Gefälle von ganzen 28 Metern auf 818 Kilometern ein ausgesprochener Tieflandfluss. Mit einer mittleren Wasserführung von 2600 Kubikmetern pro Sekunde übertrifft sie die Kureika bei weitem. Das hängt damit zusammen, dass sich die späte Schneeschmelze ihres riesigen Einzugsgebietes über vier Monate (Juni bis September) verteilt.[50] Die nur 227 km lange Chatanga, deren Name wahrscheinlich dem Dolganischen entstammt und «Birkenfluss» bedeutet, neigt wegen eines Gefälles von lediglich einem Meter stark zur Versumpfung. Sie entspringt der Vereinigung zweier Gebirgsflüsse, die ihren Ursprung wiederum im Putoran-Massiv haben – dem über 1400 km langen Kotui und der Cheta. Daher wälzt die Chatanga in ihren über mehr als 400 km sich erstreckenden Mündungsbusen eine fast so große Wassermenge wie die Untere Tunguska.[51] Der Taimyrfluss durchschneidet das Byrrangagebirge und mündet ebenfalls in die Karasee.

## Winde und Wellen

Wegen ihrer raumgreifenden Wasseroberfläche reagiert nicht nur der Jenissei, sondern auch die Angara sehr anfällig auf das Aufkommen starker Winde. In Zeiten, wo der Strom vor allem Bootsverkehr kannte, konnte das nicht nur die Fahrzeuge vom Kurs abbringen, sondern sogar lebensgefährlich werden (vgl. auch Quellen 5.2 und 5.3). Das haben Johann Georg Gmelin und Gerhard Friedrich Müller mehrfach auf ihrer Forschungsreise von 1739 den Jenissei abwärts erlebt.

Am 29. Mai legten sie bei Sonnenuntergang von Jarzewo ab, konnten bis Mitternacht unter Segeln fahren, mussten dann aber rudern, weil der Wind sich gelegt hatte. Am Vormittag des 30. Mai erreichten sie die Dubtscheskaja oder Worogowa Sloboda. «Herr Prof. Müller hatte das Glück, an die Slobode zu kommen, entweder weil sein Fahrzeug leichter zu regieren war, oder weil die Arbeiter darauf besser arbeiteten, um dem Winde zu widerstehen, welcher uns gegen das rechte Ufer trieb. Wie ich schon an dem rechten Ufer war, so war es bei dem bis in den späten Abend anhaltenden Sturme keine Möglichkeit auf das linke Ufer zu kommen, auch nicht einmal in einem Kahne, weil die Wellen in dieser Gegend des Jenissei-Flusses schon so groß sind, dass sie auch auf die großen Fahrzeuge, in denen wir fuhren, eine ziemliche Wirkung taten. Ich sah bei dem gegenwärtigen Sturme merkliche Proben davon. Die Wellen trieben das Fahrzeug stark gegen das Land; und wann das Ufer, daran wir stunden, nicht sehr weiches Erdreich gewesen wäre, und ich nicht überdem das Fahrzeug mit vielen Stützen hätte verwahren lassen, so würde es große Stöße auszustehen gehabt, und viele Not gelitten haben.»[52]

Am 31. Mai ging es an der Steinigen Tunguska vorbei weiter stromabwärts. Der Wind stand günstig, so dass sie Segel setzen konnten. «Den 1sten Jun. Vormittags um neun Uhr, wurde der Wind heftig und uns zuwider, und trieb uns so stark an das rechte Ufer, dass wir, so viel sich auch die Arbeiter beflissen demselben nicht zu nahe zu kommen, dennoch gleichsam überwältigt, daran geworfen und gezwungen wurden, daselbst anzuhalten. Unser Lager war vier bis fünf Werste oberhalb des Flusses Bachta, der von eben dieser rechten Seite einfällt. Der Wind blies mit solcher Heftigkeit in einem fort, dass wir den ganzen Tag und eine ganze Nacht nicht von der Stelle kommen konnten. Ich wusste nicht das geringste von dem andern Fahrzeuge.»[53]

Schlimmer erging es 1655 dem Erzpriester Awwakum auf seinem Weg in die Verbannung nach Daurien. Im August nahm er die Etappe von Jenisseisk nach Irkutsk auf der Angara in Angriff. «Als wir nun von Jenisseisk abgefahren waren und uns auf dem großen Tunguska-Flusse befanden, da wurde mein Kahn vom Sturm fast zum Sinken gebracht: mitten auf dem Flusse füllte er sich ganz mit Wasser, und das Segel zerriss – nur das Schiffsdeck war noch nicht überflutet, alles andere stand schon unter Wasser. Mein Weib, das nicht einmal mehr ein Tuch um den Kopf hatte, konnte noch gerade die Kinder aufs Schiffsdeck schleppen; derweil stand ich mit dem Gesicht zum Himmel gewandt und schrie: ‹Herr Gott, rette Du uns! Herr hilf!› Und nach dem Willen Gottes trieb es uns zum Ufer. Vieles noch könnte ich davon erzählen! Von einem andern Kahn hatte es zwei Mann hinuntergespült, und sie ertranken im Wasser.»[54]

## Stromschwellen und Stromschnellen

Alle Flüsse des Krasnojarsker Krai sind im Oberlauf wegen starken Gefälles mit Stromschnellen gespickt, Angara und die beiden Tungusken, die zur Gänze im Bergland verlaufen, sogar noch kurz vor ihrer Mündung in den Jenissei. Die Sibirjaken unterscheiden dabei zwischen zwei Arten von Stromschnellen: zwischen einer Felsbank oder Stromschwelle, welche eine gewisse Stauwirkung hat und die Wassermassen in kleineren Kaskaden talwärts schickt *(porog)*, und einem Flussabschnitt mit beschleunigter, strudelnder und von Steinen durchsetzter Wasserführung *(šivera)*. Mit den Worten Hansteens: «Wegen der geringen Neigung geht der Fluss im Allgemeinen ruhig; wenn aber an einer einzelnen Stelle die Neigung größer wird, kann das Wasser die glatte Oberfläche nicht länger behalten; es beginnt zu strömen und fängt an zu wallen, sodass man sein Brausen hört. Dies nennen die Sibiriaken eine Schewerà (von einem Verbum: scheweliu, ich bewege oder schüttle mich). Ist die Neigung noch größer, sodass es mit größerem Wellenschlage und weißgipfeligen, schäumenden Wellen dahineilt, und mit einem Brausen, das in weiter Ferne vernehmbar ist, so wird es ein Porog genannt.»[55] Allerdings verschwimmt diese Unterscheidung häufig, wenn es um die Beschreibung realer Situationen geht. Weil die Ströme vor dem Eisenbahnzeitalter die wichtigsten Verkehrsträger Sibiriens waren, bildeten Stromschwellen und Stromschnellen Hemmnisse, welche eine Flussreise erschwerten, verzögerten und nicht selten nur unter Lebensgefahr zu passieren waren.

Im Mittelpunkt aller Beschreibungen gefährlicher Flusspassagen steht die Angara, einerseits weil sie bis zur Mitte des 18. Jahrhunderts die wichtigste Verkehrsverbindung zwischen Jenissei und Baikalsee bildete, andererseits weil sie mit den Bratsker Stromschwellen die größte Herausforderung an die Bootsführer stellte. Diese Stromschwellen, die 6 Werst unterhalb von Bratsk begannen, bildeten eine ganze hintereinandergestaffelte Kette aus quer verlaufenden Felsbarrieren, deren jede einen eigenen Namen führte. Stromabwärts kam zunächst der «Verkaterte» *(Pochmel'noj porog)*, dann folgten der «Trunkene» *(P'janoj porog)* und der «Ochse» *(Byk)*, danach die gefährlichste Stromschwelle, der «Padun», und den Schluss bildete der «Schamane» *(Šamanskoj porog)* (Textabb. 3). Das Brausen schon des ersten, des «Trunkenen», konnte man bis in das 6 Werst entfernte Bratsk hören.[56]

Einen anschaulichen Eindruck von einer Fahrt über die Bratsker Stromschwellen vermittelt das Tagebuch Christopher Hansteens, der sie im Mai 1829 beim ersten Frühjahrshochwasser befuhr. Er hatte in Irkutsk eine Barke gemietet, deren Besatzung aus dem Schiffer Popow und acht Matrosen bestand. Er startete in Irkutsk am 23. Mai und erreichte Balagansk am 31. des Monats.

«Wir hatten bisher beständig Gegenwind gehabt; den 4. Juni bekamen wir schönes Wetter und Südwind. Wir brachten daher an zwei kleinen Stangen drei Ragoscher oder Matten an, und segelten damit drei Stunden am Nachmittag. Den folgenden Nachmittag legten wir in Bratskoi an, wo wir die Nacht über liegen blieben, um einen Lotsen zu erwarten, der uns über die ersten vier Porogen: Pochmelie, Pianoi, Buyk und Padun führen sollte und von Padunskoi, 7 Meilen nördlich von Bratskoi, geholt werden musste. Die Namen der beiden ersten Porogen haben eine komische Bedeutung. Pochmelie bezeichnet das Übelbefinden (Katzenjammer), das man am Tage nach einem Rausche empfindet; Pianoi den Betrunkenen. Der Ursprung dieser Namen ist folgender: Jenisseisk ist eine weit ältere Stadt als Irkutsk. Ehe der Landweg zwischen diesen zwei Städten fertig war, führten die Kaufleute in Jenisseisk Korn und andere Waren nach Irkutsk den Fluss hinauf *gegen den Strom*. Der Transport war äußerst beschwerlich, besonders bei den Porogen. Man musste die Waren löschen, sie über die hohen Felsen tragen, welche die Ufer bilden, und mittels Schiffswinden das Fahrzeug die Porogen hinaufschleppen. Die vorletzte war Pianoi; wenn man über diese gekommen war, so waren die größten Beschwerden überstanden und man hielt einen Schmaus und trank sich einen tüchtigen Rausch. Den folgenden Tag kam man mit Kopfschmerzen zur Pochmelie. Jetzt geht man nur von Irkutsk nach Jenisseisk, oder weiter nach Turuchansk *mit dem Strome*; und am letzteren Orte wird das Fahrzeug zerschlagen oder zu Brennholz verwendet, da es sich nicht verlohnt, es gegen den Strom zurückzubringen. Aber die Namen haben sich erhalten.»[57]

«Die Vorbereitungen auf eine solche Talfahrt haben etwas Feierliches an sich. Wenn man dem Porog so nahe kommt, dass man sein Brausen hört und den Wellengang sieht, so kommandiert der Barkenführer, der beim Steuer oder dem langen Ruder am Hintersteven steht: ‹Sadites!› (setzt Euch), was bloß bedeutet, dass die Leute die Ruder hereinnehmen sollen. Darauf heißt es: ‹Molite Boga!› (betet zu Gott), worauf die ganze Mannschaft, welche nahe am Vordersteven steht und rudert, sich nach einem Obras [einer Ikone] umwendet, das unter dem Schuppen festgenagelt war und sich unter vielen Verbeugungen bekreuzt; zuletzt sagt der Schiffer mit lauter Stimme ein kurzes Gebet her. Nachdem so die Feier vollendet ist, ergreift die Mannschaft hurtig die Ruder, und es wird kommandiert: ‹Grebite silno!› (rudert kräftig), und alle Kräfte werden jetzt aufgeboten. Eine allgemeine Spannung tritt ein, welche in dem Maße zunimmt, als man sich dem Porog nähert. Der Lotse tritt auf den Vordersteven mit einem zusammengedrehten weißen Tuche, womit er dem hinten befindlichen Steuermanne Zeichen gibt, entweder mitten über dem Scheitel (‹geradezu›) zu halten, oder sich rechts oder links zu wenden; denn das Kommandowort kann vor dem Brau-

Textabb. 3: Stromschnellen der Angara: Der Große Schaman-Porog (Stich des 17. Jahrhunderts)

sen des Porog nicht gehört werden. Vier Mann sind am Hintersteven bei dem langen Ruder aufgestellt und spannen ihre ganze Aufmerksamkeit und alle ihre Kräfte an, um augenblicklich jedes Winkes gewärtig zu sein. Ist der Sturz sehr heftig, so werden noch ein paar Mann mit einem ähnlichen langen Ruder am Vordersteven angebracht, um das Fahrzeug mit Sicherheit im entscheidenden Augenblicke regieren zu können; denn die Kunst besteht darin, den Schiffskiel in derselben Richtung mit dem Strom zu halten. Endlich kommt man in die ersten Wellen; die gewöhnlichen Ruder werden hereingenommen; Alles steht in gespannter Erwartung; die Barke fängt an zu schaukeln, die Schnelligkeit wächst mit jeder Sekunde, das Gebrause nimmt zu, alle Sehnen werden angespannt, um sofort, auf des Lotsen Wink, bald nach links, bald nach rechts zu steuern; man ruft: ‹Silno! silno!› (kräftig, kräftig), im Fall das Fahrzeug nicht rasch genug wendet. Endlich beruhigt sich der Wellenschlag; der Lotse tritt vom Vordersteven herunter, trocknet den Schweiß, den ihm die Geistesanspannung ausgepresst hat, von seinem Gesicht und kommt mit einer Miene, welche die Freude über die überstandene Gefahr ausdrückt, zu dem Hauptpassagier, indem er auf Russisch sagt: ‹Ich wünsche Ihnen Glück, Ew. Hochwohlgeboren.› Darauf gratuliert er dem Schiffsführer am hintersten Ruder. Von allen Seiten hört man jetzt den Ruf: ‹Slawa teba Bogu!› (Gepriesen seist Du, Gott) und nun fangen alle Münder, die bisher schweigsam gewesen, plötzlich an, überzulaufen, und frohes Gelächter bricht, wie aus dem Sicherheitsventil eines Dampfkessels, von allen Seiten los. Es ist wirklich wie eine großartige Rutschpartie, mit einer solchen Maschine, zwanzig bis dreißig Menschen an Bord, zwischen ein paar lotrechten Felswänden (denn an solchen Stellen finden sich immer die Porogen), schaukelnd auf brausenden, schäumenden, erzürnten Wogen mit einer Geschwindigkeit, welche den schnellsten Lauf eines Pferdes übertrifft, vorbeizuschießen. Doch es ist keine Gefahr dabei, sobald der Fluss Wasser genug hat und im Porog keine Steine liegen.»[58]

6. Juni: «Nach neun Uhr Vormittags passierten wir Pochmelie und eine Stunde später Pianoi, immer mit den oben beschriebenen Feierlichkeiten verbunden. Von Bratskoi an wurde die Gegend höchst malerisch; an beiden Seiten des Flusses waren die hohen, fast senkrechten Felsen mit schönen Tannen auf dem Scheitel, und selbst hier und da auf den Hängen, bewachsen. Gegen zehn Uhr bekamen wir Buyk (der Ochse) zu Gesicht. Da dieser Porog wegen zwei großer Steine, zwischen welchen man fahren muss, gefährlich ist, so wollte ihn der Lotse dadurch vermeiden, dass er in einen Arm, welchen der Fluss bildet, hineinfuhr. Dieser aber hatte nicht Wasser genug, und die Folge war, dass wir um einviertelzwölf Uhr auf den Grund liefen. Der Wind wehte stark von Norden und das Schiff kehrte die breite Seite gegen den heftigen Strom, der es gewaltsam gegen den Grund drückte. Ich sah nicht ein, wie wir loskommen sollten; denn gegen die Macht des Stromes sind Menschenkräfte gering. Endlich kam ein Fischer aus der Nachbarschaft uns zu Hilfe und gab den Rat, die ganze Mannschaft auf einer kleinen Insel zu landen, um mit einem Tau zu ziehen. So machten wir uns endlich um Ein Uhr los und kamen nach einiger Zeit in die Nähe des vierten Porog, Padun (der Fall par excellence), wo wir das Schiff unter einen hohen Felsen am linken Ufer legten und das Brüllen des stürzenden Wassers vernahmen. Der Lotse und der Schiffer erklärten, dass dieser Porog wegen zwei großer Steine, die nur wenige Faden von einander lägen, zwischen welchen man hindurch fahren sollte, gefährlich sei; man müsse stilles Wetter abwarten, um sie zu sehen, und jetzt sei der Wind entgegen. Später am Nachmittag wurde ich ungeduldig über das lange Warten und schalt auf den Schiffer; er erwiderte aber ganz lakonisch, dass, wenn das Wetter viel besser als jetzt wäre, er doch nicht fahren könnte. Zu dieser Jahreszeit, hieß es, ist das Wasser im Padun niedrig; im Juli ist es so hoch, dass der Fall nicht gefährlich ist, dann gehen alle Kaufmannsbarken. Vor vier bis fünf Jahren war ein Prokastschik (Kaufmannsmandatar) zu dieser Jahreszeit mit einer Ladung von 400 Pfund Mehl hier angekommen, und als er acht Tage an derselben Stelle wie wir gelegen und auf gutes Wetter gewartet hatte, befahl er, dass man auf sein Risiko fahren sollte. Man fuhr, die Barke stieß auf den Grund und wurde nach und nach zerschlagen, das Mehl ging verloren, doch die Mannschaft, bestehend aus fünfzehn Mann, wurde gerettet. Dies schlagende Argument stopfte mir den Mund.»[59]

Am 7. Juni brach man auf zur Fahrt durch den Padun: «Still, mit gespannter Aufmerksamkeit und im Andenken an das Schicksal des Prokastschiks an derselben Stelle und zu derselben Jahreszeit, nähern wir uns dem Wasserfall; wir kommen an seinen vordersten weißschäumenden Rand und fangen an zu schaukeln und mit erhöhter Geschwindigkeit zu fahren. In diesem Augenblick stand die Sonne ganz hell am Himmel, die untere Hälfte vom Felsrand verborgen, und der Mond, fünf Tage nach Neumond, etwas höher wie eine Sichel. Nach wenigen Augenblicken scheuert die Barke gegen die Steine im Grunde und hält mitten im heftigsten Wellenschlag an; allgemeiner Schrecken; das Wasser arbeitet heftig gegen den großen feststehenden Gegenstand; Popow ruft: ‹Rudert! rudert stark!› Man fängt an, der Porog hilft mit, wir gleiten ein wenig und – nerrr, es scheuert, wir stehen wieder; gleiten wieder etwas und – stehen wieder. Endlich kommen wir zum dritten Mal los und schießen fort. Gleich nachher entsteht Uneinigkeit zwischen dem alten Lotsen auf dem Vordersteven und dem Schiffer auf dem Hintersteven; mitten im stärksten Fall will der Eine rechts, der Andere links. Diese Uneinigkeit im gefährlichsten Augenblick war beängstigend. Endlich lief der Schiffer zum Lotsen und schrie ihm heftig zu. Als er dann zu mir, der mit Schmerka am Hintersteven stand, zurückkam, zeigte er mit freudestrahlendem Gesicht auf den ersten großen schwarzen Steinblock, der an der rechten Seite an uns vorbeilief; bald nachher sahen wir den zweiten auf der linken Seite, beide ziemlich hoch über der Wasserfläche oder richtiger der Wellen. Als wir am letzteren vorbei waren, stieg der würdige Alte vom Vordersteven herab. Bleich war er gewesen, so lange er dort stand; jetzt wurde er plötzlich rot im Gesicht. Er kam zu mir, trocknete mit dem Signal-Handtuch den Schweiß vom Gesicht und die Tränen von den Augen und gratulierte. ‹Slawa teba Bogu!› erscholl es von allen Seiten; allgemeine Freude.»[60]

Am 9. Juni war dann schließlich der Schamane an der Reihe: «Die Fahrt über diesen Porog war ‹bloß zur Lust›; denn sie war ohne Gefahr. Von dem obersten Punkte aus sahen wir vor uns in gerader Linie, soweit das Auge reichte, den anderthalb Meilen langen Fall, ein Abhang von weißschäumenden Wellen, auf beiden Seiten von hohen schwarzen, lothrechten Felsenwänden eingeschlossen, nach oben ein Streifen blauen Himmels – ein Anblick, der an die erste Aussicht am Anfang der Krümmung erinnerte; ein montagne russe auf nassem Wege. Es war eine großartige Rutschbahn, gegen welche die Tivoli-Bahn in Kopenhagen ein Kinderspiel ist; die Geschwindigkeit so groß, wie durch einen Tunnel auf einer Eisenbahn.»[61] Als Hansteen am 19. Juni in Jeniseisk eintraf, hatte er für die Flussreise vier Wochen gebraucht.

So ungefährlich scheint die «Rutsche» über den Schamanen jedoch nicht gewesen zu sein, vor allem wenn Schiffe gegen die Strömung geschleppt werden mussten. 1630 benötigten 150 Mann zehn Tage, um drei entladene Kotschen über den Schamanski Porog zu zerren. Dabei zerschellten sechs Begleitboote, doch glücklicherweise war niemand ertrunken.[62] Als Adam Brand im Jahre 1693 den Schamanen passierte, sah er am Ufer jedoch Hunderte von Gedenkkreuzen.[63] Wie viele der Opfer umgekommen sein dürften, kann man bei Gmelin nachlesen: Beim Aufwärtstreideln könnten Unfälle passieren, wenn die Taue rissen oder sich verwickelten. An einzelnen Strombarrieren oder reißenden Stromschnellen müssten beim Aufwärtstreideln Teile der Ladung ausgeladen werden. An steilen Strecken sei es unmöglich, das Schiff mit Hand zu schleppen, sondern die Schleppseile würden um einen am Ufer eingerammten Rundbalken gewickelt, der mit Hand gedreht werde und das Boot so Zug um Zug hochzerre. Es könne aber passieren, dass das Schiff von der Gegenströmung so stark weggedrückt werde, dass der Windebalken aus der Verankerung schnelle und seine Bedienung erschlage. Das sehe man an den vielen Gedenkkreuzen an diesen Stellen. Berüchtigt sei vor allem die nur 2 Werst lange Kaschina Schiwera, für deren Bewältigung die Treidler bisweilen drei Tage benötigten.[64]

Heute würde es Wassersportler aller Länder dorthin treiben, um sich in die Stromschnellen der Angara stürzen zu können. Leider ist das nicht mehr möglich, denn seit dem Bau des Bratsker Flusskraftwerks in den Jahren 1961 bis 1967 schlummern der

«Verkaterte», der «Trunkene» und der Schamane tief unter dem Spiegel des Bratsker Stausees.[65]

Schiffbar ist der Jenissei eigentlich erst nach dem Durchbruch durch das Sajangebirge, etwa 80 km oberhalb der Einmündung des Abakan. Gerhard Friedrich Müller hat 1735 auf der Strecke von dort bis Krasnojarsk 32 Stromschwellen gezählt, die bis auf eine aber mit Flachbodenbooten *(doščaniki)* befahrbar seien.[66] Doch heutzutage kennt auch die Republik Tywa (Tuwinien) einen Schiffsverkehr, der auf dem Großen Jenissei etwa 150 km oberhalb seiner Vereinigung mit dem Kleinen Jenissei beginnt. Man glaubt es kaum, dass nicht nur kleine Passagier-, sondern auch Frachtschiffe bis zu 50 Tonnen sich ihren Weg durch die schäumenden Stromschnellen zu bahnen vermögen. Am Porog Chotun klinken sie sich bei der Bergfahrt in eine auf dem Grund verlegte Kette ein, die von einem Spezialschiff, einem Tujer, maschinell hochgewunden wird. Allerdings müssen Passagiere vor den stärksten Stromschnellen aussteigen und die Gefahrenstelle zu Fuß umgehen, während das Schiff sie leer durchquert.[67] Auf der Hauptverkehrsachse des Jenissei von Krasnojarsk bis zur Mündung stellen sich der Schiffbarkeit nur zwei Porogen in den Weg – der von Kasatschinskoje *(Kazačinskij porog)* und der von Ossinowo *(Osinovskij porog)*.

Die Kasatschinsker Schwelle quert den Jenissei knapp 50 km oberhalb der Angaramündung. Sie besteht auf einer Gesamtlänge von 2 Werst aus drei Stufen – dem «Falken» *(sokol)*, der als die gefährlichste gilt, dem «Jagdfalken» *(kreček)* und dem «Adler» *(orel)*.[68] Schon diese Namen zeigen, welchen Respekt die Schiffer in früheren Zeiten den Stromschwellen entgegengebracht haben. Müller meint, nur bei mittlerem Wasserstand sei der Porog für stromabwärts gehende Boote gefährlich. «Bei Niedrig- und bei Hochwasser ist er jedoch nicht schlecht zu befahren, weil das Wasser dort mit einem gewissen Gefälle strömt und das Flussbett außerdem an dieser Stelle aus großen Unterwassersteinen besteht, denen man bei Niedrigwasser ziemlich gut ausweichen kann und die bei Hochwasser für Schiffe hoch genug mit Wasser bedeckt sind.»[69]

Heutzutage ist die Fahrrinne durch den Porog mit Bojen ausgesteckt (Abb. 5). Man sieht bei der Passage beiderseits die Untiefen und Strudel im Wasser, doch selbst ein Vierdecker wie die *Anton Tschechow* vermag sich in die Fahrrinne einzufädeln, allerdings braucht es am Steuer dann höchste Konzentration, und der Kapitän erteilt persönlich die Ruderkommandos. Bei Gegenverkehr, Nacht und Nebel gehen die Schiffe vor Anker und warten die nächste Gelegenheit ab, um – von einem Tujer auf den Haken genommen – den Porog zu passieren.[70]

Als die gefährlichere Stromschnelle gilt aber der Porog von Ossinowo. Er ist dadurch entstanden, dass etwa 40 Kilometer oberhalb der Einmündung der Steinigen Tunguska in den Jenissei dieser den bereits erwähnten Ausläufer des Mittelsibirischen Berglandes durchbrechen muss (Abb. 8). Dort verengt der knapp drei Kilometer breite Strom seinen Lauf zwischen steilen, etwa dreißig Meter hohen Felswänden auf nur 740 Meter. Weil die ganze Wassermasse des Jenissei durch diese Schlucht (die «Schtscheki» von Ossinowo) hindurchgepresst werden muss, hat sie das Flussbett bis zu 40 Meter tief ausgeschürft. Dass eine große Insel (die Klosterinsel) und zwei Felsklippen das Fahrwasser noch zusätzlich teilen, stellt an die Kapitäne und Lotsen der Flussschiffe höchste Anforderungen.[71] Nummerierte Visierzeichen an den

Flussufern erlauben es ihnen, mit großer Präzision sich in die Fahrrinne einzufädeln, die durch eine eng gesteckte Abfolge verschiedenfarbiger Schwimmbojen das Schiff um Klippen und Felsbänke herumleitet, welche sich unter der Wasseroberfläche verbergen und bestenfalls durch Strudel auf sich aufmerksam machen. Die eigentlichen Stromschnellen beginnen bereits zwei Kilometer oberhalb der Schlucht, und sie sind noch gefährlicher als die Durchfahrt durch die Engstelle. Nun darf niemand mehr auf die Brücke, denn das Navigieren durch den mit Schwimmbojen gespickten Hindernisparcours erfordert höchste Konzentration. Der Kapitän gibt dem Steuermann am Ruder kurze, schnelle Kommandos: «Rechts!» – «Geradeaus!» – «Links!». Das Schiff schwingt mit der kurvenreichen Fahrstraße hin und her, dreht manchmal auf der Stelle, um einer jähen Wendung der Fahrrinne folgen zu können. Dann steht die vier Kilometer lange Durchfahrt durch die Schlucht an, bis das Brückenpersonal sich wieder entspannen kann.[72]

Wer die Passage wie der preußische Postmeister Johann Ludwig Wagner auf dem Weg in die Verbannung 1760 mit einem kleinen Kajütboot machen musste und noch nie etwas Derartiges erlebt hatte, empfand sie als eine Art Höllentrip: «Da wir mit dem Strome fuhren, so ging es ziemlich geschwinde vorwärts, bis wir an einen entsetzlich großen Felsengang kamen, wodurch der Jenissei hinfließt. Der Strom ist daselbst durch das Einpressen sehr heftig und reißend, so dass die größte Aufmerksamkeit nötig ist, um nicht an den Felsenstücken zu zerscheitern. Die Breite dieses Durchganges kann ohngefähr hundert Fuß betragen, die Länge desselben kann ich nicht anders als nach der Zeit unserer Durchfahrt schätzen; wir brachten bei einer Stunde darauf zu. Freilich hätten wir wohl geschwinder durchkommen können, wenn nicht so viele Felsenstücke im Wege gelegen wären, welche zum Teil aus dem Wasser hervorragten, weswegen acht Ruder beständig gegen den Strom arbeiten mussten, um das Schiff in seiner schnellen Fahrt aufzuhalten, und es nach der reinen Tiefe zu lenken.» Wagner muss von dieser Passage so traumatisiert gewesen sein, dass er in seiner Erinnerung viele Jahre später über der Schlucht ein Gewölbe imaginiert: «Die Durchfahrt war noch deswegen fürchterlich, weil oben an vielen Stellen, wo sich Öffnungen befanden, danebenstehende Stücke alle Augenblicke herabzustürzen drohten.» «Das Getöse des Stroms unter diesem Felsengewölbe ist fürchterlich, und wenn einer dem andern zurief, so gab es einen dumpfen Widerhall.» «An der rechten Seite lag eine größere Menge [Steine] neben einander, wovon mehrere zwei bis drei Fuß aus dem Wasser hervorragten; über diese kann ein Fußgänger, wiewohl mit Gefahr, bei niedrigem Wasser fortkommen. Ohne diese Veranstaltung der Natur würde es unmöglich sein, gegen den Strom an zu fahren. Die von Mangasea heraufkommenden Schiffe werden von Menschen, welche auf den rechter Hand liegenden Steinen gehen, an Stricken gezogen.»[73] Als er selber drei Jahre später nach der Freilassung auf dem Weg nach Jenisseisk den Porog gegen den Strom passieren musste, dauerte die Durchfahrt dementsprechend länger: «Das Segel konnte uns hier bei dem besten Winde nichts helfen. Alles musste teils an den Strick zum Ziehen, teils an die Ruder. Einen halben Tag und eine ganze Nacht mussten wir uns quälen, bis wir uns durcharbeiteten und wieder auf den freien Strom kamen. Unsere Fahrt war desto sicherer, da die Sonne nicht unterging.»[74]

Doch auch im Winter war die Passage der Schlucht nicht minder eindrucksvoll. Als Henry Seebohm sie im April 1877 auf der Schlittenreise zur Kureika durchmaß, war auch er der Meinung, dass dies der gefährlichste Teil der Fahrt gewesen sei: «Der Kanal ist tief und gewunden und die Strömung so reißend, dass selbst im strengsten Winter mancherorts offenes Wasser sichtbar ist. [...] Der starke Wind trieb den feinen Schnee in Wolken durch den Engpass hinab, und alles war in einen Dunst eingehüllt. Ein dünnes Band offenen Wassers kräuselte sich schwarz dahin, als wir vorbei passierten. Die Szenerie wirkte schön und wechselte ständig und erinnerte mich sehr stark an das Eiserne Tor an der Donau.»[75]

Nansen befuhr den Porog am 16. September 1913 an Bord des kleinen Regierungsmotorbootes *Omul*, und zwar gegen den Strom. Da Niedrigwasser herrschte und sein Gesichtsfeld nur etwa drei Meter über der Wasseroberfläche lag, spürte er Strömungen und Wallungen hautnah. «Je mehr wir uns, an der mitten im Fluss liegenden Insel Monastirskij vorbei, den Stromschnellen näherten, desto stärker wurde die Strömung. Nun öffnete sich die Schlucht, und die gewaltige Wassermasse glitt uns blank aus der Höhe entgegen. Ein großartiger Anblick! An den Vorsprüngen schäumte es wirbelnd vorbei, sonst aber war das Wasser infolge der starken Strömung überall glatt, nur hier und dort zeigten sich Strudel und Stromaugen aus aufsteigendem Wasser. Das Schiff erzitterte in der Strömung, als es sich unter den waldbekränzten schroffen Wänden vorwärts arbeitete. Wir benutzten nach Möglichkeit die Gegenströmung am Ufer; aber als wir über Monastirskij hinaus waren, mussten wir die Stromschnelle durchqueren, um nach der kleinen Insel auf der anderen Seite zu kommen. Es ging schräg über eine mächtig strömende Wassermasse hinüber. Schon wurde es dunkler. Über den hohen, schwarzen Wäldern auf beiden Seiten hingen schwere, drohende Wolken, und unter uns die unwiderstehlich dahinsausende Wassermasse. Man fühlte sich wehrlos in der Gewalt mächtiger Kräfte. Jenseits der kleinen im Flusse liegenden Insel glitten wir in das stillere Wasser einer Gegenströmung hinein; bald aber waren wir wieder draußen inmitten der Strömung, bis wir auf der andern Seite des Flusses unter Land kamen.»[76]

Aus der luftigen Höhe des Bootsdecks eines vierstöckigen Passagierschiffs wie der *Anton Tschechow* nimmt sich die Passage durch Stromschnellen und Schlucht vergleichsweise harmlos aus. Ich selber habe von dem Porog außer einer etwas bewegteren Wasseroberfläche nichts bemerkt, als ich ihn im Spätsommer 1993 stromabwärts und im Spätsommer 2000 stromaufwärts passierte. Schon Gmelin und Gerhard Friedrich Müller waren bei ihrer Passage am 31. Mai 1739 enttäuscht darüber, dass keinerlei Stromschnellen wahrnehmbar waren. Müller schreibt über den Porog von Ossinowo: «Wird grundlos ein porog genannt, weil er bei Hochwasser nicht im mindesten bemerkbar ist und man ihn bei Niedrigwasser ohne große Anstrengungen umgehen kann. In letzterem Falle hält man sich auf- wie abwärts am rechten Ufer, die gesamte Örtlichkeit des sogenannten porog ist ein Werst lang.»[77]

## Das Stromland

Lässt sich begründen, dass der Jenissei die zentrale Achse einer Großregion mit eigener naturräumlicher und territorialer Identität bildet – also ein Stromland?

### Raumabgrenzungen – theoretische Modelle und historische Entwicklung

Die meisten geographischen Großgliederungen Sibiriens unterscheiden nur ein West- und ein Ostsibirien und ziehen die Grenze zwischen beiden Großräumen ausgerechnet entlang des Jenissei.[78] Schon Peter Simon Pallas, 1772 unterwegs auf der Poststraße von Irkutsk nach Krasnojarsk, fand, dass der Jenissei die natürliche Grenze zwischen den beiden Statthalterschaften Tobolsk in West- und Irkutsk in Ostsibirien bilde, «wenn nicht das Tobolskische Gebiet zu viel dabei verlöre».[79] Lew Semjonowitsch Berg, der Autor des inzwischen klassisch gewordenen Standardwerks über die geographischen Zonen der Sowjetunion, erklärt dezidiert: «Der Jenissei bildet eine schroffe Grenze zwischen West- und Ostsibirien. Das gilt nicht nur für das Klima, sondern auch für die Vegetation, die Tierwelt, das Relief und dessen erdgeschichtliche Entwicklung.» Und: «Bis zum Jenissei unterscheidet sich die Natur im allgemeinen wenig von der großen russischen Ebene.»[80] Das lässt sich mit Klima-, Relief- und Vegetationskarten durchaus ein Stück weit erhärten.[81]

Es gibt aber daneben noch ein anderes Raumgliederungsmodell. Dieses schiebt zwischen West- und Ost- beziehungsweise Nordostsibirien noch ein Mittelsibirien ein, welches sich vom Jenissei bis ans Becken der Lena erstreckt.[82] Aber auch in diesem Falle dient der Jenissei lediglich der Abgrenzung gegen Westsibirien, wenngleich mit der Halbinsel Taimyr im Norden und dem Westen des Mittelsibirischen Berglandes schon ein großer Teil seines hydrographischen Einzugsgebietes in diesem Großraum enthalten ist.

Das Unbefriedigende an diesen Versuchen, von der Natur geschaffene Großräume zu definieren, besteht darin, dass sie alle Kriterien verwenden, welche sich primär an Oberflächengestalt und Klimafaktoren orientieren. Hinzu kommt, dass Klima- und Landschaftsgürtel vom europäischen Russland bis nach Sibirien weitgehend breitenparallel verlaufen und sich vertikal gegliederte Großräume nur unter Zuhilfenahme weiterer Faktoren aussondern lassen. Mit ausschließlich geographischen Kriterien lassen sich also Großräume nicht definieren, sondern es braucht zusätzliche, in der Regel historische, das heißt auf den Menschen bezogene Indikatoren. Es entspringt ja keinem Zufall, dass Kolonisierung und Erschließung Sibiriens seit dem Ende des 16. Jahrhunderts wegen der Unwirtlichkeit des Landes den Flüssen gefolgt sind. Gerade hier in Sibirien bewahrheitet sich die historische Erkenntnis, dass Flüsse eher verbinden als trennen. Die durch den Hauptstrom vorgegebene Flussachse bildet mit den in sie einmündenden Nebenflüssen ein hydrographisches Netzwerk, welches die innere Kommunikation sicherstellt und unterschiedliche Landschaftsräume miteinander verklammert. In diesem Sinne verläuft die historische Grenze zwischen Jenissei und Westsibirien nicht am Fluss selber wie in den geographischen Modellen, sondern längs der Wasserscheide seiner westlichen Zuflüsse. Abgesehen vom Gebirgsvorland im Süden, wo die Straßen- und seit dem Ende des 19. Jahrhunderts auch die Eisenbahnverbindungen west-östlich verlaufen und wo sich daher immer mehr Zuwanderer niedergelassen haben, konzentrieren sich in Taiga und Tundra nahezu sämtliche Siedlungen von der Stadt bis zum kleinsten Dorf auf das Netzwerk der Flüsse.[83]

Es brauchte allerdings eine lange Experimentierphase, bis die Einteilung Sibiriens in Verwaltungsbezirke diesen Gegebenheiten Rechnung trug. Seit den Verwaltungsreformen Peters des Großen (1708) war das Jenissei-Stromland zunächst der Wojewodschaft Tobolsk unterstellt, wurde 1724 als eigene Provinz verselbständigt, 1764 dem neu gegründeten G. Irkutsk zugeschlagen, 1784 seiner Eigenständigkeit wieder entkleidet und auf die drei Gouvernements Tobolsk, Irkutsk und Kolywan verteilt. Aber nicht für lange, denn 1797 kam das gesamte Jenisseibecken wieder zum G. Tobolsk und 1804 zum G. Tomsk. Als Graf Michail Speranski, 1819 zum Generalgouverneur Sibiriens ernannt, seinen Amtsbereich 1819 und 1820 bereiste, weilte er zweimal auch in Krasnojarsk. Durch einen Mitarbeiter ließ er nähere Informationen sammeln und kam nach persönlichem Augenschein und Lektüre der Unterlagen zu dem Schluss, dass das Jenissei-Stromland eine natürliche und zugleich auch ökonomische Einheit bilde, dass es daher aus der Unterstellung unter das G. Tomsk gelöst und im Zuge der anstehenden Verwaltungsreformen zu einem eigenen Gouvernement mit der Hauptstadt Krasnojarsk aufgewertet werden müsse. Dies geschah 1822.[84] Damit stimmten endlich Verwaltungsgliederung und geographische Gegebenheiten überein. Dass 1862 auch die russisch-orthodoxe Kirche diesem Beispiel folgte und aus dem Bistum Tomsk eine eigene Eparchie herauslöste, deren höchster Kleriker den Titel eines «Bischofs von Jenisseisk und Krasnojarsk» trug,[85] war nur konsequent.

Von den fünf Gouvernements, welche Sibirien im 19. und frühen 20. Jahrhundert untergliederten, war das G. Jenissei am striktesten auf ein Stromsystem ausgerichtet. Allerdings griff es nach Westen über die natürliche Wasserscheide des Jenisseibeckens hinaus und umfasste auch noch das Einzugsgebiet des Tas.[86] Als die Sowjetregierung 1925 das G. Jenissei auflöste, verlor das Jenisseibecken vorübergehend wieder seine eigene territoriale Verwaltungsfunktion. Sibirien wurde in drei administrative Großeinheiten unterteilt: das Gebiet *(oblast')* Ural, welches schon 1923 entstanden war und auch das untere und mittlere Becken des Ob umfasste; die Sibirische Region (Sibkrai), welche unter Einschluss des Jenisseibeckens von Omsk bis Irkutsk reichte (1925); und schließlich 1926 die Fernöstliche Region *(Dal'nevostočnyj kraj)*. Allerdings erwies sich diese Einteilung sehr bald als verwaltungstechnisch denkbar unpraktikabel. Daher zerlegte man bereits 1930 den Sibkrai in zwei Einheiten – in die West- und die Ostsibirische Region. Dabei wurde das Jenisseibecken zwischen beiden aufgeteilt. Dass dies der naturräumlichen Struktur zuwiderlief, merkte man ebenfalls sehr schnell und kehrte daher 1934 wieder zu einer administrativen Raumeinteilung zurück, welche sich am Stromland des Jenissei orientierte: Indem man die östlichen Verwaltungsbezirke der Westsibirischen und die westlichen der Ostsibirischen Region zusammenlegte und ihnen im Südwesten das 1930 gegründete Autonome Gebiet Chakassien sowie im Norden den Nationalen Bezirk *(okrug)* Taimyr und den Nationalen Bezirk der Ewenken hinzuschlug, entstand die Krasnojarsker Region *(Krasnojarskij kraj)*, deren Grenzen sich fast vollständig mit denen des früheren G. Jenissei decken. Dass dieses auf das Jenisseibecken ausgerichtete administrative Konstrukt über alle politischen Veränderungsprozesse hinweg bis zum heutigen Tag Bestand gehabt hat (Karte 3), spricht für die Bedeutung des Stromlandkonzeptes als Basis der regionalen Stabilität.[87]

Die RSFSR als größte Unionsrepublik der UdSSR kannte auf der nächsttieferen Verwaltungsstufe in der Regel nur das Gebiet *(oblast')* und dort, wo größere nichtrussische Minderheiten lebten, die autonomen Republiken dieser Titularnationen – in Ostsibirien etwa die Jakutische ASSR oder in Transbaikalien die Burjätische ASSR. In einigen Sonderfällen – bedingt durch die territoriale Größe, räumliche Geschlossenheit, eine eher periphere Lage und das Vorhandensein ethnischer Minderheiten – erhielten Großeinheiten der obersten Verwaltungsstufe die Bezeichnung *kraj* (Region oder Gau). Der Krasnojarsker Krai bildete den größten derartigen Sonderfall vor den 1938 gegründeten fernöstlichen Regionen Primorje und Chabarowsk sowie der Altai-Region.[88]

Dem Krasnojarsker Krai attachiert waren im Nordosten der Nationale Bezirk *(okrug)* der Ewenken mit dem Hauptort Tura an der Unteren Tunguska sowie der Nationale Bezirk der Dolganen und Nenzen (auch unter dem Regionalnamen Taimyr).[89] Beide Bezirke zusammen übertrafen an Fläche bei weitem den Kernraum des Krasnojarsker Krai (Karte 3), waren aber nur ganz dünn besiedelt. Das ursprünglich von turksprachigen Halbnomaden besiedelte Berg- und Steppenland südwestlich des oberen Jenissei mit dem Hauptort Abakan bildete auf einer höheren Stufe als die beiden Nationalen Bezirke im Norden das Autonome Gebiet Chakassien. Während Chakassien schon seit 1922 unter wechselnden Bezeichnungen eine gewisse regionale, 1930 nochmals aufgewertete Autonomie genossen hatte (von 1934 bis 1990 innerhalb des Krasnojarsker Krai), kamen die Ewenken, Dolganen und Nenzen erst 1930 zu ihrer Kulturautonomie, weil die Sowjetmacht sich davon bessere politische und wirtschaftliche Zugriffsmöglichkeiten auf die weniger entwickelten und zerstreut lebenden Nordvölker erhoffte.[90] Auf den 1. Januar 2007 wurden im Gefolge einer Volksabstimmung von 2005 die autonomen Bezirke der Ewenken und des Taimyr mit dem Krasnojarsker Krai verschmolzen, blieben aber in den alten Grenzen eigene Verwaltungseinheiten (Rayons/Landkreise). Chakassien vermochte 1990 die völlige Loslösung vom Krasnojarsker Krai durchzusetzen und genießt seit 1992 den Status einer eigenen Republik innerhalb der Russländischen Föderation.

Der solchermaßen geschrumpfte, in verwaltungstechnischer Hinsicht nunmehr aber homogene Krasnojarsker Krai erstreckt sich in seinem nördlichen Teil von Westen nach Osten über 1250 km, auf der Höhe der Transsibirischen Eisenbahn über 650 km und spannt sich in nördlicher Richtung über fast 3000 km. Mit 2 339 700 Quadratkilometern ist er nach der ostsibirischen Republik Sacha (dem früheren Jakutien) das der Fläche nach zweitgrößte «Föderationssubjekt» Russlands – mit allerdings ganzen 2,8 Millionen Einwohnern im Jahre 2011.[91]

Das Quellgebiet des Jenissei – Tuwinien – gehörte lange zum chinesischen Hoheitsgebiet und kam erst 1914 als Protektorat zum Zarenreich. Es wurde als Urjanchaisker Krai *(Urjanchajskij kraj)* dem G. Jenissei unterstellt und damit für einen verstärkten Zustrom russischer Siedler geöffnet; 1922 zählte die russische Kolonie 12 000 Personen – fast ausschließlich Bauern.[92] Im Zuge der Bestrebungen der Sowjetregierung, sich bei den Nationalitäten beliebt zu machen, gestand man dem Krai 1921 den Status einer unabhängigen «Volksrepublik Tannu-Tuwa» zu (seit 1926 «Tuwinische Volksrepublik»). Erst 1944 wurde das kleine Land offizieller Bestandteil der RSFSR, allerdings nur als «Tuwinisches Autonomes Gebiet». 1961 wurde es zur «Tuwinischen Autonomen Sowjetrepublik» *(Tuvinskaja ASSR)* aufgewertet. Diese erklärte am 12. Dezember 1991 als Sowjetrepublik Tuwa ihre Souveränität. Sie ist vollberechtigtes Mitglied der Russländischen Föderation und führt seit 1993 die offizielle Bezeichnung Republik Tywa.[93]

Gegenstand dieses Buches bilden also der Krasnojarsker Krai in seinen heutigen Grenzen sowie die beiden Republiken Chakassien und Tywa (früher Tuwinien, Tannu-Tuwa), welche ebenfalls zum Stromland des Jenissei zählen, aber heute dem Krasnojarsker Krai gleich geordnete Teile der Russländischen Föderation sind.

## Zwischen Winterhoch und Sommertief – das Klima

Mutter aller landschaftlichen Vielfalt auf unseren Kontinenten ist das Klima. Es wird geformt durch das unterschiedliche Zusammenwirken dreier Naturkräfte – der von den Erdpolen zum Äquator hin zunehmenden Intensität der Sonneneinstrahlung, den Druckunterschieden vor allem zwischen kontinentalen und maritimen Luftmassen sowie der Reliefstruktur der Erdoberfläche. Die beiden ersten Faktoren werden zudem reguliert durch die Jahreszeiten.[94]

### Klimafaktoren

Im Unterschied zum Westsibirischen Tieflandbecken gestaltet sich das Relief des Krasnojarsker Krai komplex (Karte 1). Während die Westflanke des Jenissei als niedrige und klimatisch kaum wirksame Höhenschwelle ausgebildet ist, begleitet den Strom an seiner Ostflanke ein stark gegliedertes Berg- und Hügelland, das an seiner Nordflanke im Putoran-Massiv Höhen von 1000–1500 Metern erreicht (Abb. 24). Der Putoran fällt dann nordwärts jäh ab in eine breite, von der Mündung des Jenissei nordostwärts bis zur Laptewsee sich hinziehende Niederung, welche von den Flusssystemen der Pjassina und der Chatanga durchströmt wird. Nördlich dieser Niederung erhebt sich dann nochmals das Gebirgssystem der Byrranga, welches die Halbinsel Taimyr beherrscht. Dies ist das Relief, auf welches der Jahresgang der Sonneneinstrahlung und der Luftdruckunterschiede einwirkt.

Die Intensität der Sonneneinstrahlung hängt nicht allein von der Breitenlage ab, sondern auch davon, inwieweit sie direkt einwirken kann oder auf diffusem Weg die Erdoberfläche erreicht. Dies gilt insbesondere für die nördlichen Regionen, wo der

Einfallswinkel der Strahlung sehr flach ist und diese wegen des längeren Weges durch die Atmosphäre an Intensität verliert. Hinzu kommen als weitere Faktoren der Jahresdurchschnitt der Bewölkung, die Dauer der Schneedecke und der Staubgehalt der Atmosphäre. Aus dem Zusammenwirken dieser Faktoren und der Breitenlage entspringt der Wärmehaushalt einer Region im Jahresdurchschnitt. Dementsprechend nimmt in Sibirien die direkte Einstrahlung von Norden nach Süden zu und die diffuse ab.

Der Jahresgang des Luftdrucks wird in Sibirien bestimmt durch ein stabiles kontinentales Kältehoch im Winter und ein Wärmetief im Sommer. «Das winterliche Kältehoch bildet sich infolge der starken Ausstrahlung über der Erd- und Schneeoberfläche Sibiriens aus, denn der Himmel ist in der meerfernen Lage relativ wolkenarm. Durch die ständige Absinkbewegung der Luft erreichen die unteren Luftschichten extreme Luftdruckwerte. […] In der Höhe erfolgt ein Ausgleich durch ein Höhentief. Dieses wiederum saugt arktische Luftmassen an, durch die eine abermalige Abkühlung erfolgt. Da die Luft wasserdampfarm ist, wird die Wolkenbildung erschwert; die Niederschläge reduzieren sich, und die relative Klarheit der Atmosphäre bleibt auch in den unteren, bodennahen Schichten erhalten. Die Herausbildung des Bodenhochs durch die langwellige Ausstrahlung und das Einströmen arktischer Kaltluftmassen in das darüber liegende Höhentief verstärken sich gegenseitig […]. Charakteristisch sind damit für diesen Raum also klare frostige, windstille Winter, die auch strenge Fröste noch erträglich machen, wenn der menschliche Körper ausreichend geschützt ist.»[95] Dieses stabile Kältehoch blockt das Vordringen feuchter Meeresluft von Westen her weitgehend ab, so dass Ausläufer nordatlantischer Zyklonen allenfalls den Jenissei und die Westhänge des Mittelsibirischen Berglandes erreichen.[96] Das Putoran-Massiv erhält von November bis März aber immer noch durchschnittlich 100–150 mm Niederschlag.[97] Wegen der geringen Niederschläge ist in Sibirien – abgesehen von exponierten Stellen – die Schneedecke nicht sehr mächtig, bleibt aber wegen des strengen Frostes den ganzen Winter über liegen.

Während des kurzen sibirischen Sommers tritt an die Stelle des kontinentalen Winterhochs ein Tief. Es entsteht dadurch, dass die stärkere Sonneneinstrahlung den Erdboden erwärmt und die bodennahen Luftschichten aufsteigen lässt. Dies hat zur Folge, dass feuchte Luftmassen aus dem Nordatlantik angesaugt werden, welche Sommerregen bringen. Allerdings nimmt die Wirkung dieser Zyklonen nach Osten mehr und mehr ab. Auch ist das Sommertief über Sibirien weniger stabil als das Winterhoch, so dass eher wechselhaftes Wetter vorherrscht. Insgesamt sind daher die Regenmengen im Krasnojarsker Krai vergleichsweise gering. Entlang des Jenissei liegen sie im Jahresmittel zwischen 400 und 500 mm, am Westhang des Mittelsibirischen Berglandes zwischen 500 und 600 mm und erreichen nur auf den Höhen des Putoran-Massivs im Norden und des Sajangebirges im Süden Werte von über 600 mm; im Lee der Westfront des Mittelsibirischen Berglandes sowie in den küstennahen Gebieten sinken sie auf 300–400 mm und an der Eismeerküste selber auf nur noch 200–300 mm ab.[98] Zum Vergleich: In der Waldzone des Europäischen Russland beträgt der durchschnittliche Jahresniederschlag 600–800 mm.

Die beiden Hauptfaktoren, die das Klima Mittelsibiriens prägen – die von Norden nach Süden zunehmende Sonneneinstrahlung und die von Westen nach Osten abnehmenden Niederschläge –, überlagern sich also kreuzförmig und schaffen auf diese Weise natürliche Voraussetzungen für die Entstehung verschiedener Landschaftszonen. Allerdings wird dieses Modell durch die Gestaltung des Reliefs aufgebrochen und differenziert, weil Gebirge wie die Byrranga oder das Putoran-Massiv im Norden, das Mittelsibirische Bergland und der Sajan im Süden die Kreuzstruktur von meridionalem Temperaturanstieg und west-östlichem Niederschlagsrückgang stören.

Dass wir es bei der klimatischen Kreuzstruktur nicht mit einem schematischen System zu tun haben, lässt sich auch an der Anzahl der für die Vegetation ausschlaggebenden frostfreien Tage pro Jahr ablesen. Während auf den Höhen der Taimyrhalbinsel und des Putoran-Massivs bestenfalls 45 frostfreie Tage vorkommen und auf der Südhälfte des Taimyr und im Mittelsibirischen Bergland sich diese auf bis zu 60 Tage erhöhen, schiebt sich vom Unterlauf des Jenissei her zwischen diese beiden Zonen längs der Flussniederung von Pjassina und Chatanga eine breite Zunge wärmerer Sommer nordostwärts, welche bis zu 90 frostfreie Tage kennt. Im mittleren Becken des Jenissei mitsamt der Angara gibt es bereits bis zu 104 frostfreie Tage im Jahr, während die Höhenexposition am Oberlauf diese wieder auf 60–90 reduziert (Tab. 2).[99]

## Stürme

Wenn auch das stabile Kontinentalhoch mit seinem wolkenarmen Himmel und seinen im Allgemeinen geringen Luftbewegungen das Winterhalbjahr beherrscht, können doch immer wieder plötzlich Stürme auftreten. Besonders im baumlosen Norden, wo sie ungehindert über die Schneeflächen hinwegzutosen vermögen, entwickeln sie ein für Menschen nicht geringes Gefahrenpotential. Man nennt sie *purgá*, im Süden auch *burán*. Wie die Blizzards in Nordamerika bilden sie sich im Gefolge eines plötzlichen Vorstoßes polarer Luftmassen und ihres Zusammenpralls mit Kontinentalluft. Eine Purga tritt zwar als bodennaher Schneesturm auf, doch häufig bei eigentlich heiterem Himmel. Das heißt, der Schneeschleier, den sie vor sich her treibt, speist sich aus der Schneedecke, die den Erdboden bedeckt. Dies kann dazu führen, dass der scharfe Wind die dünne Schneedecke von der Erdoberfläche verbläst und diese nackt zurücklässt. Für die Menschen ist die Purga vor allem deshalb gefährlich, weil der scharfe Wind zusammen mit dem mitgeführten Schneestaub die Sicht im Freien auf nur wenige oder sogar auf nicht einmal einen Meter beschränkt und damit die Orientierung behindert. Wer von einer Purga in der offenen Tundra ereilt wurde, konnte daher nur eines tun: auf der Stelle Schutz zu suchen, sei es in seinem Schlitten, sei es in einem rasch gebauten Iglu. Die Rentiere vor dem Schlitten wurden ausgespannt, damit sie sich zusammendrängen und dem Sturm ihr Hinterteil zukehren konnten.

Von Süden nach Norden nimmt die Anzahl der Stürme zu. Während es in Turuchansk durchschnittlich 45 Stürme im Jahr gibt, sind es in Norilsk schon 130. Dabei können die Winde Geschwindigkeiten von bis zu 200 Kilometern in der Stunde erreichen.[100] Die Einwohner von Dudinka und Norilsk wissen ein Lied davon singen, vor allem, wenn es während der dunklen Wintermonate stürmt. «Vom letzten Drittel des Oktobers an beginnt die vollständige Nacht, und die Einwohner [Dudinkas] leben rund um die Uhr bei künstlichem Licht. In Zeiten der Purga (des Schneesturms), die nicht selten drei bis vier Tage andauert, muss man, um Wasser aus dem Jenissei zu holen, an einer Leine laufen oder Schnee schmelzen. Andernfalls riskiert man nur wenige Schritte vom Haus entfernt sich zu verirren.»[101] Diese Eindrücke beziehen sich auf das Leben Dudinkas kurz vor dem Ersten Weltkrieg, doch in Norilsk war es auch nach dem Zweiten Weltkrieg nicht viel anders. Im Winter konnte schon nur der Weg zu einer kulturellen Veranstaltung zum Abenteuer werden, wenn gerade eine Purga tobte und Straßenpassanten die Sicht nahm. Die junge Metallurgin Miriam Ferberg wollte eines solchen Abends mit Freunden ins Theater gehen. «Autobusse bis dorthin fuhren nicht, man musste die ganze, glücklicherweise nicht sehr lange, Straße entlang laufen. Während wir im Theater saßen, hatte sich ein keineswegs lustiger Schneesturm entfaltet. Sofort bliesen uns Wind und Schnee in verschiedene Richtungen. Mir gelang es, mich an einen meiner Freunde zu klammern. Nachdem wir uns durch die Purga gekämpft hatten, gingen wir schweigend zur Haltestelle. Wir stiegen in den Bus. Aber wie groß war meine Überraschung, als sich dort herausstellte, dass ich mich an einen mir unbekannten Mann geklammert hatte. Und er hatte gemeint, er hielte seine Frau am Arm.»[102] Ähnlich erging es Ada Poljubina, der Tochter des stellvertretenden Chefgeologen von Norilsk. Als sie einmal mit ihrer Schwester an der Hand eines Erwachsenen während einer Purga zur Schule ging, «ließ ich auf der Straße vor dem Haus versehentlich für ein Sekündchen die Hand los. Auf der Stelle packte es mich und blies mich weg ... Glücklicherweise lag in dieser Richtung ein großer Kohlenhaufen und ohne zu überlegen, klammerte ich mich an ihn mit Händen und Füßen», bis ihr Begleiter angerannt gekommen sei und sie wieder gepackt habe.[103]

Auch der Jenissei selber konnte seine Tücken entwickeln. Plötzlich auftretende Wirbelstürme waren in der Lage, Boote zum Kentern zu bringen (siehe Quelle 5.2).

Berüchtigt wegen seiner Stürme war auch Krasnojarsk. Peter Simon Pallas, der 1771 in der Stadt weilte, schreibt: «In der letzten Hälfte des Oktobers herrschten Stürme, welche auch bis den 19ten November mit unablässiger Heftigkeit zwischen Nordwest und Südwest zu wüten fortfuhren. Solchen Stürmen ist die krasnojarskische Gegend Jahr aus Jahr ein so oft ausgesetzt, dass man in Sibirien, wo doch, wegen der allgemeinen gebürgigten Beschaffenheit, die Winde anhaltender und stärker als irgendwo herrschen, kaum einen Ort finden wird, wo die Luft in so beständiger Bewegung ist.»[104]

Ähnlich urteilt Adolph Erman, der Krasnojarsk im Januar 1829 besuchte: «Zu den auffallendsten Erscheinungen in dem Tale bei Krasnojarsk gehörte endlich noch der Mangel an Schnee auf den Feldern. Nur das Eis des Jenissei bietet eine vortreffliche und äußerst glatte Bahn, aber zu beiden Seiten des Flusses hatten wir, sowohl am Tage unserer Ankunft, als auch bei den späteren Fahrten, überall völlig nacktes Erdreich gefunden, welches durch den Frost gespalten war, und auf dem unsre Schlitten nur mit Mühe bewegt wurden. Dasselbe Verhältnis wiederholt sich jährlich, und dauert den ganzen Winter hindurch, so dass die an Krasnojarsk angrenzenden Stationen, als die beschwerlichsten auf der Sibirischen Landstraße, berüchtigt sind. Es wird aber hierdurch keineswegs bewiesen, dass in dieser Gegend wenig Schnee gebildet werde, vielmehr findet man stets eine mächtige Decke in den Querschluchten und an den Felswänden des Haupttales, und von den in der Mitte gelegenen Ebenen wird sie nur durch Stürme verweht. Ich habe oben den fürchterlichen West-Wind erwähnt, der am 26. Januar in den Nachmittagsstunden wehte; die Bewohner der Stadt fanden aber an demselben durchaus nichts Auffallendes, und erzählten vielmehr, dass sich ähnliche Winde an den hellen Tagen einer jeden Jahreszeit, und regelmäßig zu denselben Stunden wiederholen. In den Sommer-Monaten wirbeln sie Sandwolken durch die Straßen von Krasnojarsk, und im Winter muss selbst die dickste Schneeschicht durch eine so heftige und beständig wiederkehrende Luftströmung spurlos verjagt werden. Dennoch erstreckt sich diese Bewegung nur bis zu einer sehr geringen Höhe über die Erdoberfläche, und die oberen Luftschichten bleiben dabei so völlig ruhig, wie ich es am 26. Januar auf den Bergen an der Nordseite des Jenisseitales bemerkt habe.»[105]

Ständige Winde, die im Winter den Schnee verblasen und im Sommer Staub durch die Straßen treiben, tauchen in vielen Reiseberichten auf. Die Schülerin Elisabeth Sczuka, die mit ihrer Familie den Ersten Weltkrieg als Zivilgefangene in Krasnojarsk und Umgebung verbringen musste, notiert am 3. Dezember 1915 in ihrem Tagebuch: «Die heutige Nacht war sehr stürmisch. Der Schnee wurde durch seine Gewalt fortgefegt. Die auf der Erde liegenden Steine wurden gegen die Fensterscheiben geschleudert, es hörte sich an, als ob Regen an die Scheiben pralit. Der große Sturm verursachte mancherlei Schaden. Der Schornstein in der Wohnung der Frau Neujar wurde umgerissen. Der Lärm weckte die Schläfer aus ihrem Schlaf. Die Angst war groß, denn die Bewohner glaubten, jeden Augenblick könne das Haus umgerissen werden. Anderwärts wurden Dachteile und Giebel abgerissen.» In den leeren Verkaufsbuden *(lavki)* des Gorodok «wütete der Sturm gar arg. Selbst die festen Kasernen wurden beschädigt. Der Sturm rollte sogar die Blechdächer auf. Auch unser Haus wurde vom Wind ordentlich gepackt. Es knackte und bebte. Der Kalk fiel an manchen Stellen von den Wänden. Als gar einige Dachbretter mit großem Gepolter herunterfielen, wachten alle auf. Trotz der verklebten Doppelfenster drang der Wind in die Stuben ein. Als der Morgen kam, sahen wir, dass auf unserem Hof noch ein Abort und der Zaun umgerissen waren.»[106]

Über die sommerlichen Staubstürme hatte sie schon am 30. Juni 1915 bemerkt: «Es gibt hier weit und breit Humusboden. Es regnet hier selten. Deshalb ist es hier sehr trocken. Jeden Tag sieht man Staubwolken. Manchmal verschleiern sie alles. Aber nicht nur im Freien verstaubt alles, sondern auch in der Stube ist zu merken, was draußen vorgeht. Zwischen den Fenstern liegt der Staub am Abend haufendick, trotzdem es jeden Morgen abgewaschen oder abgewischt wird. Auch gibt es hier viele Windhosen und noch andere Erscheinungen. Der Staub wird auf einer Stelle in die Höhe geblasen. Es sieht aus wie eine dicke Zigarre. In Deutschland haben wir so etwas gar nicht gesehen. Deshalb kam es uns auch sonderbar vor, wie es sich entwickeln kann. Wenn einer in diese dicke Zigarre hineingerät, kann er gar nicht weiter gehen. Bei Staubwetter dürfen wir nicht das Haus verlassen.»[107]

Von schweren Unwettern berichtet auch Gmelin. Im Juni 1740 erlebte er eine ganze Reihe schwerer Gewitter in den Kreisen Krasnojarsk und Kansk, welche sogar Bäume spalteten, in einem Fall eine Gruppe von fünf Birken gleichzeitig.[108]

Im Jahr zuvor hatte es in Tassejewo östlich Krasnojarsk am 27. Mai einen fürchterlichen Wirbelsturm gegeben. Gmelin rekonstruiert dessen Wüten nach Augenzeugenberichten und dem amtlichen Protokoll, das ein Beamter aus Jenisseisk aufgenommen hatte. «Verwichenes 1739ste Jahr den 27sten May gleich nach Mittage soll man zwo Wolken, die fast wie Regenwolken ausgesehen hätten, und zwar die eine von Mittage, die andere aber von Abend haben fahren sehen. Diese sollen sich nach einer kurzen Zeit in eine einzige vereiniget haben, und von ihnen etwas in die Höhe gestiegen sein, welches wie eine Säule ausgesehen hätte; diese wäre auf beiden Seiten überaus finster, in der Mitte aber fast so durchsichtig als Marienglas gewesen. Zu eben dieser Zeit sei ein erschrecklicher Sturm mit einem großen Zischen, Sausen und Brausen in der Luft gewesen, und man habe vor Staube und Düsterheit zur Zeit des Sturmes nicht das geringste sehen können. Er habe aber doch nicht länger als etwa ein Achtel einer Stunde gedauret. Nachdem er aufgehöret, habe man wahrgenommen, dass davon die Waldung ohngefähr hundert Klaftern breit, und bis an den Bach Schumicha hin, allwo dieselbe aufhöre, beschädigt worden sei, und dass dieser Sturm sowohl die großen als kleinen Bäume, und unter andern sehr dicke, gesunde und hohe Lerchenbäume mit der Wurzel ausgerissen, und einige ohngefähr eine Werste weit, einige noch weiter, einige auch so weit weggeführet hätte, dass man sie auch nicht einmal habe wiederfinden können.»[109] Zahlreiche Bauernhäuser wurden schwer beschädigt, Dächer abgerissen, Scheunen und Speicher weggeblasen, Felder verwüstet, Menschen durch herabstürzende Balken verletzt, es gab hohe Verluste an Vieh, auch an draußen weidenden Schafen und Rindern, die vom Sturm fortgeschleudert wurden, die Beine brachen oder sogar in der Mitte entzweigerissen wurden. Den Bauern Gawrilo Maloletnich, der zu Pferde unterwegs war, blies es vom Pferd und schleuderte ihn 20 Klafter weit weg gegen eine Birke, wo er mit eingeschlagener Stirn liegen blieb; glücklicherweise kam er mit dem Leben davon.[110]

**Die dunklen und die hellen Jahreszeiten**
Je weiter man nach Norden fortschreitet, desto niedriger ist der Sonnenstand. Im Frühsommer verschwindet die Sonne zeitweise nie unter dem Horizont und im Winter geht sie zeitweise nie auf. In Norilsk beispielsweise dauert die Polarnacht 46 Tage (vom 30. November bis zum 14. Januar). Dafür werden die Einwohner im Sommer entschädigt durch 67 Polartage, an denen die Sonne nie untergeht (vom 20. Mai bis zum 25. Juli). Das heißt aber nicht, dass man die Sonne auch tatsächlich zu sehen bekommt. Umkränzt werden diese Sonnentage durch die «weißen Nächte», in denen die Sonne nur kurz hinter dem Horizont abtaucht, es nachts aber nie ganz dunkel wird. Das gilt für die 21 Tage vom 29. April bis zum 19. Mai und für die 22 Tage vom 26. Juli bis zum 16. August. Norilsk sieht also im Winter anderthalb Monate lang keine Sonne, kennt dafür im Sommer für fast vier Monate aber auch keine eigentliche Nacht. Dieser eigenartige Jahresrhythmus prägt Alltag und Psyche der Menschen auf ganz besondere Weise.

Zusätzlich verdüstern im Frühjahr und Herbst trübes Wetter und Nebel die Tage, so dass an 230 Tagen im Jahr auch tagsüber künstliche Beleuchtung nötig ist. Wolkenlos ist der Himmel nur an 35 bis 45 Tagen – größtenteils noch dazu im Winter. Weil das Wetter im Sommer meist trüb und regnerisch daherkommt und Herbst und

Frühjahr ganz kurz und wenig ausgeprägt sind, kennt Norilsk faktisch nur zwei Jahreszeiten: Winter und Sommer,[111] und diese nimmt man vor allem wahr über den Jahresgang des Tageslichts.

Westeuropäer, welche die dunkle Jahreszeit nicht gewohnt waren und zudem noch mehrere Winter hintereinander in Sibirien zubringen mussten, fielen oft in Trübsinn. Gerhard Friedrich Müller beispielsweise bekam immer wieder depressive Anfälle, und auch Johann Georg Gmelin gestand, er habe immer wieder «hypochondrische Aufblähungen».[112]

Noch etwas anderes, das ebenfalls klimatisch bedingt war, machte den westeuropäischen Akademiereisenden im Winter zu schaffen – der «Ofendunst», wie sie es nannten. Gmelin, der den Winter 1734/35 in Jeniseisk verbrachte, klagte über starke Benommenheit und Kopfweh, die er dem Ofendunst zuschrieb. Er sieht dabei einen Zusammenhang zwischen strenger Kälte und Ofendunst, «denn je strenger die Kälte von außen ist, desto mehr Dünste sind in der Stube, desto heftiger dehnen sie sich darin aus, und desto größer ist ihre Gewalt. Wenn man in dieser Kälte eine Stube öffnete, so war es, als wenn nahe bei der Stube plötzlich ein Nebel entstünde, da doch sowohl vorher als hernach alles heiter war.»[113] Meteorologisch gesprochen dürfte die Ursache darin liegen, dass der winterliche Hochdruck den Abzug der Ofenabgase aus dem Haus behinderte und eine Smogdecke über dem Dorf entstand.

**Der versiegelte Boden**

Wenn man im kleinen Gebäude des Heimatkundemuseums von Igarka fünf Meter hintersteigt, gelangt man in eine enge Kaverne, deren Naturwände mit dickem Reif bedeckt sind. Der Reif ist nichts anderes als der kondensierte Atem der Besucher. Die Temperatur beträgt minus 5° C; ohne Besucher wären es minus 8° C. Wir befinden uns inmitten eines ständig gefrorenen Bodens. Will man dessen von menschlichem Atem unverfälschte Struktur genauer inspizieren, kann man an einer der beiden Schmalseiten der Kaverne einen Holzladen öffnen, und dann schaut man unmittelbar auf einen Schnitt durch das Bodenprofil. Es zeigt sich ein horizontal geschichteter scherbiger Schotter mit eingelagerten glitzernden Eislinsen (Abb. 18).

Der Dauerfrostboden (auch Permafrost oder ewige Gefrornis) ist ein Phänomen, welches den gesamten Norden Sibiriens nachhaltig prägt, obgleich man es selber gar nicht sehen kann. Dass der Boden bis auf eine mehr oder minder dünne obere Schicht auch während des Sommers tiefgründig gefroren bleibt, wirkt sich nachhaltig sowohl auf die Vegetation als auch auf die agrarischen Nutzungsmöglichkeiten aus. Dadurch wird er faktisch versiegelt, denn Niederschläge können nicht tiefer in den Untergrund eindringen und stauen sich an der Oberfläche.

Seine Entstehung verdankt der Dauerfrostboden der letzten Eiszeit. Dass die oberen Bodenpartien auch nach dem Rückzug des Eises gefroren blieben, hängt mit drei Faktoren zusammen: den kurzen kühlen Sommern, den überlangen eiskalten Wintern und der im Allgemeinen geringen Mächtigkeit der Schneedecke, die den Boden zu wenig gegen die tiefen Lufttemperaturen zu schützen vermag.[114]

In Sibirien ist der Dauerfrostboden ungleichmäßig verteilt. In Westsibirien, wo sich die Einflüsse atlantischer Luftmassen und die Tieflandlage stärker bemerkbar machen, erfasst die ewige Gefrornis nur die küstennahen Gebiete, um dann auf der Höhe der Mündung der Steinigen Tunguska in den Jenissei entlang des Mittelsibirischen Berglandes scharf nach Süden abzubiegen und schließlich im Sajangebirge und im Altai wieder einen Sporn nach Südwesten vorzuschieben.[115] Dies bedeutet, dass der gesamte Norden und die östlich des Jenissei gelegenen Teile des Krasnojarsker Krai von dem Phänomen betroffen sind.

In die Tiefe reicht der Permafrost bis dorthin, wo die Erdwärme ihm Grenzen setzt, meistens bei etwa 400 bis 500 Metern. Allerdings treten große lokale Unterschiede auf; je weiter südlich, desto geringmächtiger ist die ewige Gefrornis. Außerdem ist sie in Flussbecken und unter Wald schwächer ausgeprägt, weil sich dort höhere Schneedecken bilden. Auch Uferhänge sind meist frei davon, sonst könnten sich bei Hochwasser keine Hangrutschungen ereignen. Doch auch im Permafrostgebiet gibt es Stellen, an welchen selbst im Winter Tiefenwasser austritt; im Russischen heißen sie *taliki* (Auftaustellen). Sie spielen eine entscheidende Rolle für die ganzjährige Wasserversorgung von Siedlungen.

Wie tief die sommerlichen Auftauprozesse in den Boden eindringen, hängt von der Breitenlage ab, von der Bodenbeschaffenheit und von dem Neigungswinkel zur Sonne, denn Südhänge tauen tiefgründiger auf. Für den subpolaren Norden des Krasnojarsker Krai gilt die Faustregel: auf torfigen Böden erreicht die Auftautiefe 15–40 cm, auf Lehm- und lehmigen Böden 30–80 cm und auf sandigen Böden 70–200 cm.[116]

## Landschaften zwischen Eismeer und Hochgebirge

Zwei Elemente vor allem prägen das Erscheinungsbild von Landschaften: das Relief und die Vegetation. Dort, wo in Russland ein wenig bewegtes Relief vorherrscht – im europäischen Teil und in Westsibirien – zeigt das Kartenbild, dass die Hauptlandschaftszonen von Norden nach Süden streifenförmig aufeinanderfolgen. In Mittel- und vor allem Ostsibirien wird dieses breitenparallele Streifenmuster differenziert durch eingelagerte Inseln oder sogar die Dominanz von Berg- beziehungsweise Gebirgslandschaften. Daraus bezieht gerade das Jenissei-Stromland seine ausgesprochene landschaftliche Vielfalt (Karte 2). Wir wollen ihr von Norden nach Süden fortschreitend nachspüren. Flora und Fauna der verschiedenen Landschaftszonen spiegeln sich in einem farbig illustrierten Prachtband des *Enzyklopädischen Wörterbuchs* des Krasnojarsker Krai.[117]

### Die arktische Halbwüste

Lebensfeindlichkeit – das ist der erste Eindruck von der arktischen Halbwüste.[118] Sie kennt keine flächenhafte Vegetationsdecke. Der Erdboden liegt frei und zeigt unverhüllt seine kiesige, scherbige oder steinige Oberfläche. Hier und da bedecken Flechten oder Moose einzelne Bodenpartien – manchmal zu polygonalen Mustern angeordnet. Niedrige Zwergsträucher, selbst spärliche Blütenpflanzen und Gräser vermögen sich nur im Schutz von Bodenvertiefungen zu halten. Unter diesen Umständen kann sich auch kein eigentlicher Oberboden bilden, lediglich in den stärker bewachsenen Bodenvertiefungen findet sich unter den Pflanzen eine humose Schicht von einem halben bis zu anderthalb Zentimetern.[119] Und doch gibt es selbst in dieser Wüste Leben. Lemmingen genügt das karge pflanzliche Nahrungsangebot, und von den Lemmingen leben wiederum die Polarfüchse.

Der Krasnojarsker Krai hat an der arktischen Halbwüste nur ganz im Norden Anteil: Zu ihr zählen der Küstensaum der Halbinsel Taimyr sowie die ihr vorgelagerten Inseln. Wie ein lang gestreckter erratischer Quader schiebt sich der Taimyr zwischen Kara- und Laptewsee nach Norden vor und bricht zum Eismeer mit einer markanten Kliffküste ab (Abb. 25). Die Längsachse der Halbinsel bildet das etwa 800 km lange Byrrangagebirge, das im Westen durchschnittlich 300–400 m Höhe erreicht, im Osten aber auf 1146 m gipfelt. Dort ist es besonders unwirtlich, der Schnee bleibt den größten Teil des Jahres über liegen, und nur Juli und August weisen positive Mitteltemperaturen auf. Daher hat man den Taimyr auch «Gottes Eiskasten» genannt.[120] An der Küste dauert der Polarsommer immerhin drei Monate.

Unter diesen klimatischen Bedingungen zieht die Taimyrhalbinsel nur Jäger an, die dem Blau- und dem Weißfuchs nachstellen, oder Fischer, die Meeressäuger jagen.

**Die Tundra**
*29. August 2000. Wir starten von Ust-Port am Anfang des Jenissei-Ästuars zu einer Rundwanderung durch die Tundra. Sie beginnt unmittelbar am Ortsrand. Als Führer hat sich uns der Dorflehrer angeboten, ein Nenze. Da es im Sommer außergewöhnlich wenig geregnet hat, ist der Boden erstaunlich trittfest. Hier, in der Trockentundra (Abb. 17), kommen wir überraschend schnell voran. Einzelne sumpfige Stellen können wir umgehen. In der Luft liegt ein stechend-bitterer Geruch, nicht so süßlich wie in der mediterranen Macchie, aber ähnlich, denn auch nicht wenige subpolare Gewächse sondern ätherische Öle ab. Grüne, gelbe, rötliche Moose und Rentierflechten bilden dicke Polster. Zwergbirken und Zwergsalweiden streifen unser Knie (Abb. 19.1–19.4). An einer Stelle graben wir mit dem Spaten ein Loch in den Boden, um zu schauen, in welcher Tiefe der Permafrost beginnt. Normalerweise stößt man auf ihn schon nach dreißig Zentimetern, aber wegen des relativ warmen und trockenen Sommers erreichen wir die ewige Gefrornis diesmal erst bei sechzig Zentimetern. Um uns herum erscheint alles topfeben. Nur in größerer Entfernung duckt sich ein niedriger Hügel gegen den Horizont. «Der Ausguck der Wölfe!», meint der Lehrer lakonisch.*[121]

Die Tundra beginnt schon auf der Südseite der Halbinsel Taimyr. Dort geht die arktische Halbwüste allmählich in die Bergtundra über, auf ebenen Flächen in die arktische Tundra. Nun zeigt die Erdoberfläche mehr und mehr eine durchgehende Vegetationsdecke. Es herrschen Flechten und Moose vor, durchsetzt mit Halbsträuchern wie Rausch- und Preiselbeere und Schwingel sowie Zwerghölzern wie bei Ust-

Port. Aus abgestorbenen Pflanzenresten vermag sich eine Schicht aus Rohhumus zu bilden, die jedoch selten mehr als 5–10 cm dick ist. Darunter taut während des kurzen Sommers der Boden nur 20–25 cm tief auf. Dies hat zur Folge, dass sich auf der Permafrostschicht das Tau- und Regenwasser staut und der Oberboden versumpft. Da das Wasser auf Ebenen kaum Abflussmöglichkeiten hat, sammelt es sich in Bodenvertiefungen. Aus der Vogelschau erscheint die Tundra daher als eine eintönige Fläche, die von zahlreichen Wasserlöchern, Weihern und kleinen Seen gesprenkelt ist (Abb. 16). Während des Sommers gibt es dort fast kein Durchkommen. Hier liegt am Fuße des Byrrangagebirges auch der mit 5000 Quadratkilometern größte arktische See der Welt – der Taimyrsee.

Obgleich die jährliche Niederschlagssumme mit durchschnittlich 400 mm gering ausfällt, leidet die Tundra unter einem Wasserüberschuss, weil wegen des kurzen Sommers und einer mittleren Julitemperatur von weniger als +10° C zu wenig Feuchtigkeit verdunstet und Bäume fehlen, deren Wurzeln größere Mengen Grundwasser aufnehmen könnten. Auch die häufigen Winde, welche die verdunstende Feuchtigkeit abführen, vermögen dieses Defizit nicht auszugleichen. Sie hinterlassen aber eine relativ trockene Luft, in der wie in der mediterranen Macchie Pflanzen mit xeromorphen Merkmalen gedeihen.

Die Sommer sind extrem kurz. Alle Blumen blühen nur innerhalb eines Zeitfensters von sechs Wochen, «und man hat ihr Kommen kaum realisiert, da sind sie schon wieder verschwunden».[122] Weil der kurze Sommer mit seinen niedrigen Temperaturen zu wenig Wärme erzeugt, um die Streu und den Rohhumus des Oberbodens rasch zu zersetzen, und weil die dünne Schicht darunter im Jahres- oder sogar Tagesgang des Auftauens und Gefrierens in ständiger Bewegung ist, vermögen sich Ober- und Unterboden nicht organisch miteinander zu verbinden und bleiben – wenn man sie im Querschnitt betrachtet – deutlich voneinander getrennt (Abb. 20). Es bedarf dann nur geringer Neigungswinkel, um während des Sommers den feuchtigkeitsgetränkten Ober- und Unterboden auf der Gleitschicht des Permafrosthorizontes in seitliche Bewegung zu versetzen. Der Boden beginnt zu fließen, das Bodenprofil weist charakteristische Störungsmerkmale auf, ja tritt als «Würgeboden» in Erscheinung. Dieses «Bodenfließen» verleiht Berg- und Hügelregionen jene weichen Konturen, die ihnen in Anlehnung an das finnische Wort *tunturi* die Bezeichnung «Tundra»[123] eingetragen haben. Die südliche Tundra wird geprägt durch versumpfte Senken und Torfmoore, in denen die sommerlichen horizontalen Bodenbewegungen die Biomasse zu Erd- und Torfhügeln emporpressen.

Dort, wo noch weiter südwärts die mittlere Julitemperatur +10° C überschreitet, beginnt als Übergang zur Taiga die Waldtundra. Sie kündigt sich zunächst durch einzelne krüpplige Bäumchen an, die sich weiter südlich auf trockenen Bodenerhebungen zu lichten Hainen aus Fichten, Moorbirken und Espen zusammenschließen. Dazwischen können sich weite Sumpf- oder Moorniederungen erstrecken. Im Frühherbst beginnen die Espenwälder als Erste rot zu entflammen – ein zauberhaftes Bild, wenn man mit dem Helikopter die Waldtundra überfliegt. Aber auch wenn man die Waldtundra zu Fuß durchstreift, zeigt sie sich immer wieder von einer ganz anderen Seite.

*30. August 2000. Die Motorbarkasse setzt uns am Westufer ab bei Peschtschany, doch von einem Ort ist nichts zu sehen. Der Jenissei hat hier eine Breite von mehreren Kilometern, das Gegenufer verschwimmt im Dunst (Abb. 15). Hier sind wir nördlich des Polarkreises, etwa 20 km südlich Igarka. Der Strand ist kiesig und schotterig, es geht steil aufwärts, bis wir oben sind. Bei Hochwasser muss der Stromspiegel hier bis zu zehn Meter höher liegen als jetzt, bei Herbstbeginn, und auf den Kiesstrand folgt dann noch ein ebenso breiter Grünstreifen. Der Ufersaum oben ist nicht versumpft, man kann sich problemlos fortbewegen. Um mich herum ein lichter Wald aus niedrigen, verkrüppelten Moorbirken, die wir in Mitteleuropa nicht kennen. Den Boden bedecken ganze Teppiche aus hellgrünem Schachtelhalm. Dazwischen stocken Inseln aus Stauden und Weidengehölz. Dieser Hain wirkt hell und freundlich und gar nicht subpolar. Ein Stück weiter öffnet er sich zu einer mit brusthohem Gras bedeckten Wiese, gesäumt von Buschweiden und einzelnen halbhohen Tannen und Lärchen. Eine solche landschaftliche Vielfalt hätte ich mir in der «Waldtundra» nicht vorgestellt.*[124]

Im Unterschied zur arktischen Halbwüste ist die Tundra vor allem während des Sommers erfüllt von tierischem Leben. Wasservögel aller Art kommen aus dem Süden, um dort zu brüten. Sie ziehen Füchse an. Doch nur das Schnee- und das Tundrenhuhn sowie die Schneeeule überwintern. Außerdem ist die Tundra ganzjährig die Heimat des wilden Rens, das dort seine Hauptnahrung findet – die Rentierflechte. Des Winters scharren die Rentiere sie auch unter dem Schnee hervor. Seit gewisse indigene Völker gelernt haben, das wilde Ren zu zähmen, dient die Tundra dem Rentiernomadismus als Wirtschaftsraum. Eine bescheidene Landwirtschaft ist allenfalls an bestimmten, klimabegünstigten Standorten möglich, die vor Winden geschützt sind und über eine Südhanglage mit trockenem Boden verfügen.[125] Und noch eine Überraschung: Jonas Stadling staunte nicht schlecht, als er auf seiner Schlittenfahrt von der Lenamündung nach Dudinka Ende 1898 an der Chatanga unter 73° nördlicher Breite den «nördlichsten Wald der Welt» aus daurischen Lärchen vorfand. Möglich wird dieses Phänomen durch ein wärmeres Lokalklima, weil das Massiv der Taimyr-Halbinsel das Chatangabecken vor Nord- und Nordwestwinden schützt und die mächtige Chatanga vergleichsweise warmes Wasser aus dem Süden heranführt.[126]

## Die Taiga

«Bald hinter dem Jenissei beginnt die berühmte Taiga. Von ihr hat man schon viel gesprochen und geschrieben; deshalb erwartet man von ihr mehr, als sie zu geben vermag. Zunächst ist man wohl etwas enttäuscht. Beiderseits des Weges ziehen sich ohne Unterbrechung die gewöhnlichen Wälder mit Kiefern, Lärchen, Tannen und Birken hin. Es gibt nicht die Bäume, die nur von fünf Mann umspannt werden können, nicht die Wipfel, bei deren Anblick es einem schwindelt. Die Bäume sind keineswegs größer als die in Moskau-Sokolniki. Man sagte mir, die Taiga sei stumm und die Pflanzenwelt entbehre des Duftes. Ich rechnete also damit, aber die ganze Zeit, während ich durch die Taiga fuhr, sangen die Vögel und summten die Insekten; die von der Sonne erwärmten Tannennadeln tränkten die Luft mit kräftigem Harzgeruch; die Lichtungen und Waldränder am Weg waren mit zartblauen, rosenfarbenen und gelben

Blumen bedeckt, die nicht nur das Auge erquickten. Wahrscheinlich haben diejenigen, die die Taiga beschrieben, sie nicht im Frühjahr, sondern im Sommer gesehen, wenn auch in Russland die Wälder stumm sind und keinen Duft verbreiten.»[127]

Diese Eindrücke notierte Anton Tschechow, als er auf seinem Weg zur Insel Sachalin im Mai 1890 das G. Jenissei durchquerte, ja, er geriet geradezu ins Schwärmen: «Die Kraft und der Zauber der Taiga liegen nicht in gigantischen Bäumen und nicht in einer Grabesstille, sondern darin, dass vielleicht nur die Zugvögel wissen, wo sie zu Ende ist. Am ersten Tag achtet man noch gar nicht darauf, am zweiten und dritten wundert man sich, und am vierten und fünften überkommt einen eine solche Stimmung, als ob man niemals mehr aus diesem Ungeheuer von Land herausfinden würde. Man ersteigt einen hohen waldbedeckten Hügel, schaut nach Osten, in Richtung der Straße, und erblickt Wald, weiter entfernt einen buschigen Hügel, dahinter einen zweiten Hügel, ebenso buschig, dahinter einen dritten, und so endlos weiter. Nach vierundzwanzig Stunden schaut man abermals von einem Hügel – und wieder das gleiche Bild.»[128]

Das Wort «Taiga» (russisch *tajgá*) als Bezeichnung des borealen Nadelwalds haben die Russen wohl aus der turk-altaischen Sprache entlehnt. Uns Westeuropäern erscheinen Taiga und Sibirien fast als Synonyme, und tatsächlich deckt die boreale Nadelwaldzone gut die Hälfte des Krasnojarsker Krai.[129] Aber innerhalb dieses riesigen Gebietes sieht die Taiga nicht überall gleich aus, je nachdem, ob es sich um die nördliche, die mittlere, die südliche oder die Gebirgstaiga handelt.[130] Gewisse indigene Waldvölker Sibiriens unterscheiden zwischen zwei verschiedenen Typen von Wäldern – «schwarzen» und «weißen»; als «schwarz» empfinden sie die Nadel- und als «weiß» die Laub- und Birkenwälder.[131]

Dass auf dem Permafrostboden Bäume überhaupt gedeihen können, ist nur möglich, weil wegen der höheren Sommertemperaturen (im Julimittel zwischen +10° C und +20° C) der Boden des Sommers je nach Breitenlage und Exposition einen halben bis zwei Meter tief auftaut und dadurch eine reichhaltige winterharte Vegetation Fuß zu fassen vermag. Warum sind dies größtenteils Nadelbäume? «Die Nadelbäume können die [kurze] Vegetationszeit besser ausnutzen, weil bei immergrünen Nadelbäumen nicht erst Blätter gebildet zu werden brauchen; sie trocknen im Winter, wenn Wasserzufuhr über Wurzeln durch Bodengefrornis unterbunden ist, außerdem nicht so leicht aus.»[132] Trotz relativ geringer Niederschläge und längerer Sommer als in der Tundra verzeichnet auch die Taiga einen Feuchtigkeitsüberschuss. Aus diesem speisen sich die zahlreichen Wasserläufe. Von mitteleuropäischen Nadelwaldforsten unterscheidet sich die sibirische Taiga dadurch, dass in ihr vor allem in höheren Lagen helle Nadelwälder aus Sibirischer Lärche *(Larix sibirica)* und Kiefer *(Pinus silvestris)* überwiegen. «Dunkle Nadelwälder aus Sibirischer Fichte *(Picea obovata)* und Sibirischer Tanne *(Abies sibirica)* besiedeln hauptsächlich die Täler. In ihnen tritt auch die Zirbelkiefer *(Pinus cembra)* auf»,[133] vom russischen Volksmund fälschlich auch als Zeder *(kedr)* bezeichnet. Ihre Nüsse bilden einen wichtigen Bestandteil menschlicher Nahrung.

Im Norden geht die Waldtundra mit ihren vereinzelten Bäumen oder Baumgruppen allmählich in die nördliche Taiga über. Klar abgrenzen lässt sich diese Verzahnung nicht. Auch in der nördlichen Taiga findet sich ein eher niedriger, lichter Wald aus zumeist Sibirischen Lärchen, weil die Nadelbäume wegen der geringen Mächtigkeit des Auftaubodens in die Breite wurzeln müssen.

In der mittleren Taiga sind die Wälder dichter. In höheren Lagen dominiert die Sibirische Lärche, gegen Osten hin zunehmend abgelöst durch die Kiefer und die Daurische Lärche *(Larix gmelinii)*. Auf ebenen Tieflagen stocken stattdessen dunkle Wälder aus Sibirischer Tanne, Sibirischer Fichte und Zirbelkiefer. Veranschaulichen möchte ich dies am Beispiel eines Ausflugs in die Taiga bei der Dorfwüstung Lebed am unteren Jenissei.

*31. August 1993. Einer der Wildhüter, ein kleines Männlein mit Nickelbrille und Baskenmütze, führt uns. Die umgehängte Flinte dient unserem Schutz gegen die Braunbären. Wir tragen lange Hosen, hochgeschlossene Anoraks und haben die Kapuzen übergezogen wegen der verseuchten Zecken, die hier endemisch sind. Wenn man aus der Helligkeit des Offenlandes um die Siedlung in die Dunkelheit des Waldes eintaucht, stellt sich zunächst eine gewisse Beklommenheit ein. Der Wald zeigt sich hier ganz anders als man ihn aus Mitteleuropa gewöhnt ist: niedrig, dicht an dicht stehende Bäume – sibirische Fichten, Tannen und Zirbelkiefern –, an Unterwuchs kaum Gräser und Stauden, weil es an Licht mangelt, stattdessen Moose und Schachtelhalme. Dafür sprießen allüberall Pilze. Und, wie schon Tschechow festgestellt hat: Der Wald ist des Sommers stumm, auch am hellen Tag. Als wir etwa einen Kilometer auf schmalem, kaum sichtbarem Pfad gewandert sind, drängt der Wildhüter zur Umkehr. Er hat frische Bärenspuren geortet.*[134]

Im Jenissei-Stromland beginnt die südliche Taiga an der Angara. Auch hier stocken die Wälder auf Dauerfrostboden, sind aber wegen der wärmeren Sommer artenreicher und höher (Abb. 3). Es dominieren Kiefernwälder, doch treten auch dunkle Nadelwälder aus Sibirischer Fichte, Tanne und Zirbelkiefer auf. Vermehrt finden sich nunmehr Laubbäume. Den Waldboden bedecken häufig Gräser- und Kräutergesellschaften, so dass für die Bauern Waldweide möglich wird. Die abgestorbenen Bestandteile des Unterwuchses bilden Humus und verbessern damit die Bodenqualität (Abb. 21). Ausgedehnte Sumpfgebiete bleiben in der südlichen Taiga selten.

Wie erlebt ein Mitteleuropäer diesen Urwald? Folgen wir dem an die Angara verbannten deutschbaltischen Arzt Traugott von Stackelberg, als er im späten Frühjahr 1916 zu Pferde von einer Pockenimpfaktion in einem fernen Dorf nach Bogutschansk zurückkehrte. Auf dem Hinweg hatte er das Boot genommen, daher kannte er den Weg nicht. Seinen Führer hatte er nach einigen Stunden entlassen, weil er annahm, dass er sich nun nicht mehr verirren könne. «So war ich etwa um die Mittagszeit an eine sumpfige Stelle gekommen; da weigerte sich das Pferd, hindurchzugehen. Ich trieb auch nicht, sondern beschloss, eine kleine Rast einzuschieben, stieg ab, packte Proviant aus, sattelte ab und ließ das Pferd grasen. Es suchte sich mit Vorliebe hochgewachsene Kräuter, die wie Akanthus aussahen. Vor mir lag ein kleiner Schmelzwassersee mit sumpfigem Ufer, an dem es zu dieser Jahreszeit zum Glück noch keine Mücken gab. Dahinter stand der Wald undurchdringlich, unheimlich und schwarz. Die Tannen ragten in den Himmel, den man hier immerhin sehen konnte; er war tiefblau. Noch nirgends hatte ich bemerkt, dass der Himmel so blau sein konnte. Diese Erscheinung kam wohl daher, dass ich wie durch einen hohen Kamin zu ihm hinaufsehen musste.

Während des Rittes war mir nicht aufgefallen, wie still es im Walde war. Das Knarren des Lederzeugs, das Schnaufen des Pferdes, das Aufstoßen der unbeschlagenen Hufe auf Wurzeln, alles hatte Geräusche verursacht. Aber nun war's ganz still. Unbeweglich stand alles, wie erstarrt.»[135]

Als Stackelberg um den Weiher herumging, um die Fortsetzung des Waldpfades zu suchen, musste er zu seinem Schrecken feststellen, dass dieser sich teilte. Er entschied sich für den rechten und ritt weiter. «Das Gelände stieg an. Zuweilen ging es sogar steil hinauf, und nach einiger Zeit erreichten wir eine Lichtung, in der etwa vor einem Jahr ein Brand gewütet haben mochte. Bis hoch hinauf sah man kahle Stämme, die unteren Zweige waren abgebrannt und verkohlt, während die oberen sich wie klagende Arme emporreckten und gegen ihren Stamm krümmten, ein grotesker Anblick. Immerhin wurde es hier lichter, man sah den Himmel und die Sonne. Überall lagen gestürzte Riesen auf dem Boden, viele hatten sich im Fallen mit anderen verfangen, die Stämme waren verkohlt und schwarz. Aber dazwischen spross frisches Gras, und Millionen von Frauenschuh blühten. Ich hatte diese herrlichen Orchideen vorher noch nie in der Wildnis gesehen und war von dieser Pracht überwältigt. Ihr süßherber Duft machte mich fast trunken.»[136]

Stackelberg hatte mehr und mehr das Gefühl, dem falschen Pfad gefolgt zu sein, und das bestätigte sich, als er zufällig auf einen Trapper traf. Dieser erklärte ihm, wie er sich am besten zur Angara durchschlagen könne. «Wir kamen in ein Tal, in dem Buschweiden einen Waldbach säumten. Die Ufer waren zu beiden Seiten flach und bildeten von saftigem Gras bewachsene Flächen, auf denen gut zu reiten war. [...] Überall wucherten hier Stauden wilder Pfingstrosen, deren purpurrote Blüten weithin leuchteten. Daneben sah ich gelbe Iris und rote Feuerlilien in den Wiesen, auch breite Teppiche von Vergissmeinnicht.

Der unheimliche, geisterhafte Urwald hielt mich noch ganz in seinem Bann, so dass mir die Lieblichkeit des Tales wie ein Traum erschien. [...] Zuweilen ritt ich durch das klare Wasser des Baches, wenn er eine Schleife bis an den Wald zog. Dann wieder setzte sich mein Pferd von selbst in Galopp, wir flogen durch blumenübersätes Gras. Zwar waren wir schon viele Stunden unterwegs, aber wir beide wurden nicht müde. Manchmal flatterten Mandarinenten mit ihrem grellbunten Gefieder in der Abendsonne auf. Elstern schnalzten und wiegten sich durch die Luft. [...] Inzwischen war es spät geworden. Zuweilen sah ich die Sonne unmittelbar vor mir, mild und strahlenlos, wie ein Tor in das Jenseits. Da standen die purpurnen, großblütigen, wilden Pfingstrosen. Sie hatten ihre Augen nach der Sonne gerichtet. Sie leuchteten, als strahlten sie deren warmes Licht selber zurück, aber sie dufteten nicht. An einigen Stellen waren weite Flächen von feuerroten Ranunkeln bedeckt, denselben Blumen, die bei uns blassgelb sind. Ab und an fiel der Blick auf einsame, zitronengelbe Lilien, stolz und unnahbar, zwischen Veilchen und Vergissmeinnicht. Dufteten sie auch nicht? Doch, sie dufteten, aber ganz zart. Ganz leise zirpte es in den Wiesen, auch der Kuckuck rief, Gänse klagten über den Wäldern. Wieder spürte ich das Unbestimmte und Weite, das um uns und in uns ist. In dieser Einsamkeit erlebte man, was die Toska[137] ist. Die Sonne war untergegangen, aber es blieb hell. Im Norden hatte sich der Himmel purpurn gefärbt, die violetten Schatten verblassten, im Süden wurde es smaragdgrün. Plötzlich erreichte ich den Strom, der sich wie ein See ausbreitete. Sein Wasser glänzte geheimnisvoll wie dunkles Perlmutt. Lange glühten noch die Farben am Himmel und strahlten vom Wasser zurück. Am Horizont sah ich die Silhouette von Bogutschansk.»[138]

Weil die Landschaften östlich des unteren Jenissei bergig sind, gehen die nördliche, mittlere und südliche Taiga vielfach fast unmerklich in die Gebirgstaiga über. Dort herrscht die Zirbelkiefer vor, die Bäume sind weitständiger und niedriger und in der nördlichen und mittleren Taiga beginnt sich auf 700–800 Metern Höhe bereits die Gebirgstundra auszubreiten (Abb. 22).

Der Urwald der Taiga bietet zahlreichen winterangepassten Tierarten einen Lebensraum, insbesondere Pelzträgern wie Füchsen, Zobeln, Eichhörnchen und Bären. Flüsse und Seen sind fischreich, und während des Sommers tummeln sich auf den Gewässern Enten und Wildgänse. Bach- und Flussauen werden von blumenreichen Naturwiesen gesäumt, die das Waldmeer auflockern und dem wirtschaftenden Menschen Möglichkeiten zur Viehwirtschaft verschaffen.

## Die Steppe

Wenn man vom Wachtberg oberhalb Krasnojarsk den Blick über die Waldhöhen östlich des Jenissei schweifen lässt, kann man sich kaum vorstellen, dass auf der Luftlinie etwa 200 Kilometer weiter südlich sich eine 20 000 Quadratkilometer große Steppeninsel auftut. Der zonal ausgebildete Steppengürtel, der im europäischen Russland und in Westsibirien auf die Taiga folgt, endet am Oberlauf des Ob und tritt weiter östlich nur noch inselhaft am oberen Tschulym und am oberen Jenissei auf – eben im Talbecken von Minussinsk und im Talbecken von Tuwa im Ursprungsgebiet des Jenissei (Karte 2).[139] Flächenhaft erscheinen Steppen als Kältesteppen noch weiter östlich – in Transbaikalien und in der Mongolei.

Der Landschaftstyp der Steppe[140] verdankt seine Entstehung zwei Voraussetzungen. Zunächst dem Klima. Die Winter sind kalt, aber relativ schneearm, die Sommer warm und im Minussinsker Becken mit 123 frostfreien Tagen für sibirische Verhältnisse relativ lang. Weil die Niederschläge mit durchschnittlich 320 mm pro Jahr aber zu niedrig ausfallen, um angesichts der hohen sommerlichen Verdunstung Baumwuchs zu ermöglichen, gedeihen nur Kräuter- und Gräsergesellschaften; im Frühjahr ist die Steppe ein Blumenmeer. Die zweite Voraussetzung ist die Beschaffenheit der Bodenoberfläche. Steppen der gemäßigten Breiten können sich nur auf Verebnungen bilden, das heißt auf Flächen oder in flachhügeligem Gelände. Dort finden die Pflanzengesellschaften auf tiefgründigem Löß- oder Schwarzerdeboden ideale Lebensbedingungen (Abb. 23).[141] An den hügeligen Rändern des Minussinsker Beckens, die besser beregnet werden, wachsen die ersten Bäume. Sie bilden als schmale Zwischenzone die Waldsteppe, die mit zunehmender Höhenstufung in die Gebirgstaiga übergeht.[142] Zur Ausbildung der Steppenformation im Minussinsker Becken hat aber noch ein dritter Faktor beigetragen: Die Permafrostgrenze schlägt um das Becken nämlich einen Bogen.[143]

Dass das Minussinsker Becken eine isolierte Steppenlandschaft ausgebildet hat, verdankt es seiner Kessellage zwischen dem Westlichen und dem Östlichen Sajangebirge, die sich lediglich für den Durchbruch des Jenissei nach Nordwesten etwas öffnet. Hier, im Minussinsker Becken, nimmt der Jenissei zwei größere Flüsse auf: die Tuba von Osten und den Abakan von Westen. Kurz nach dem Durchbruch nähert sich der Jenissei dem im Westen parallel fließenden Tschulym vorübergehend bis auf 20 Kilometer.

Reisende berichten immer wieder, die Minussinsker seien wegen des milden Klimas, welches sogar den Anbau von Melonen erlaubt, davon überzeugt, dass ihre Region mit Italien vergleichbar sei (Standardfrage: «Nun, wie gefällt Ihnen unser Italien?»). Aber Ende April könne angesichts des noch gelegentlich auftretenden Frostes und einzelner Schneeschauer davon keine Rede sein, meint Castrén, auch nicht beim Anblick der baumlosen Steppen und sandigen Halbwüsten.[144]

Die Landschaft zwischen Krasnojarsk und Minussinsk mit dem Durchbruch des Jenissei durch den Sajan ist häufig auch mit der Schweiz verglichen worden. Doch Annette Meakin, die sie Ende Mai, Anfang Juni 1900 vom Schiff aus erlebte, findet, sie habe durchaus ihre eigene Schönheit. «Ich finde es schwierig, irgendeinen Vergleich zu ziehen, besonders weil die Szenerie so häufig wechselt, obgleich sie ein wenig an die italienischen Seen erinnert. Zuerst erblickten wir hohe Felsen und Felsblöcke, die bis zum Wasserspiegel abfielen und manchmal sogar überhingen. Dann passierten wir Bergbäche, die sich zwischen tannenbekleideten Hügeln dahinschlängelten und bald unserem Blickfeld entschwanden.»[145] «Immer weiter glitten wir, schwangen mit jeder Biegung des Flusses hin und her und kamen mit jeder Stunde den Grenzen Chinas näher. Am zweiten Tag wurde die Landschaft weniger zerklüftet, es gab zwar immer noch Berge rings um uns her, aber sie standen weiter weg vom Fluss und ließen Raum für Landwirtschaft. Hier wird Wein angebaut und Kornfelder leuchteten gelb in der Sonne. Dann weitete der Fluss sich mehr und mehr, bis wir sein anderes Ufer kaum noch von den zahlreichen Inseln unterscheiden konnten, die mit hohem Gras bedeckt, zwischen ihm und uns schwammen. Uns kam es vor, als seien wir nicht mehr auf einem Fluss, sondern als ob wir ständig von einem See in den nächsten fuhren, die ganze Zeit umringt von einem großartigen Panoramawechsel der Gebirgslandschaft. Die große Entfernung zwischen den Bergen auf jeder Seite von uns gaben der ganzen Szene ein belebendes Gefühl von Freiheit.»[146]

## Die Gebirgstaiga

Das Becken des Jenissei, das sich nach Süden immer stärker verengt, läuft stromaufwärts schließlich in den Hochtälern des alpinen Sajangebirges aus. Selbst ein so welterfahrener Reisender wie Robert L. Jefferson, der im Januar 1897 mit dem Schlitten von Minussinsk aus die Goldgruben im Sajan aufsuchen wollte, zeigte sich überwältigt, als er und seine drei Begleiter anderthalb Tagereisen südlich Minussinsk den ersten, dem Sajan vorgelagerten Höhenzug erreicht hatten: «Die Szenerie um uns herum war wirklich großartig. Gegen Norden lag das ganze schneebedeckte Land ausgebreitet vor uns wie ein Panorama. Gegen Süden staffelten sich mit der Entfernung schrumpfende Hügel hintereinander, und dann, darüber, mit im Sonnenlicht glitzernden und gleißenden Bergspitzen ragten die Kegel der Altai-Kette empor. Gegen Osten noch mehr Berge, alle spitz, wild und uneben. Das waren Höhen und Berge, wie man sie in keinem Teil der Welt außer in Asien sehen kann. Da gab es keine schroffen Vorgebirge oder runde Kuppen, sondern eine schiere Anhäufung von Felsen, die zum Himmel aufragten wie umgekehrte Stalaktiten.»[147]

In dieser zerklüfteten Gebirgslandschaft gibt es enorme Unterschiede in der Vegetation – nicht nur nach der Höhenstufung, sondern auch nach der Exposition. In stärker beregneten Westlagen reichen die Wälder viel weiter in die Höhe. Generell nehmen Wälder etwa 60 Prozent der Gebirgsfläche ein, vor allem dunkle Nadelwälder aus Tannen, Zirbelkiefern und Fichten (Abb. 2). In den höheren Regionen verschwindet der Wald und wird von Wiesen, Sumpfwiesen und schließlich Gebirgstundra abgelöst. Die eigentlichen Gipfel sind kahl und bis in den Frühsommer hinein noch schneebedeckt. Der Ostsajan trägt auch kleinere Gletscher. Dort, wo die beiden Quellflüsse des Jenissei entspringen, in den Hochtälern Tuwiniens, treten je nach Beregnungsgrad Steppen und Halbwüsten auf.[148]

## Luftige Plagegeister

Der Feuchtigkeitsüberschuss in Tundra und Taiga zeugt ideale Brutstätten für stechende Insekten, die im Sommer zu Myriaden ausschwärmen und auf Beutejagd gehen. Kaum ein Ausländer, der das Stromland des Jenissei kennengelernt hat, vergisst, diese Plage zu erwähnen.[149] Es sind vor allem zwei Insektenarten, die den Menschen das Leben zur Hölle machen können: Stechmücken und Kriebelmücken oder Beißfliegen (russisch: *moški*).

Johann Georg Gmelin, der schon während seiner ersten Flussreise von 1734 beide gründlich kennenlernte und zum Schlimmsten erklärte, was Sibirien zu bieten habe, schreibt über die Mücken: «Diese Mücke ist im übrigen von einer sehr zärtlichen Natur. Man darf sie kaum anrühren, so ist sie tot. Schlägt man sie tot, so lange sie noch auf der Haut sitzt, so bleibt etwas von dem Stachel in der Haut sitzen und der Schmerz ist alsdann empfindlicher. Alle Örter, die gestochen werden, bekommen bei den meisten Leuten rote Flecken und laufen auf, bei einigen aber bleiben nur solche Flecken zurücke, als wie von Brennesseln zu entstehen pflegen. Das gewöhnliche Mittel dawider ist hier zu Lande, dass man ein Sieb in Form einer Mütze über den ganzen Kopf trägt, als durch welches man noch ziemlich gut sehen kann. Um die Betten hängt man Vorhänge von einer bekannten Art durchlöcherter Russischer Leinwand. (Brjanoi cholst) Wir bedienten uns eben dieser Mittel; allein wir fanden bei beiden einige Unbequemlichkeiten. Bei dem ersten war die Hitze unangenehm, die in dem Kopfe, weil die Luft nicht frei darauf streichen konnte, verspüret wurde, und die man bei dem ohnedem warmen Wetter nicht allzu lange zu ertragen vermochte. Das andere aber wollte anfänglich gar nicht helfen; die Betten waren voller Mücken, und wir konnten etliche Nächte wenig oder gar nicht schlafen. Wegen des ersteren entschloss ich mich, lieber die Mücken auf meiner Haut zu ertragen, und auf dem Fahrzeuge war es noch ziemlich leidlich, absonderlich oben, oder wenn kaltes oder sehr heißes Wetter war. Allein, wenn es ein wenig regnete, oder der Himmel nur etwas trübe ward, so waren die Mücken wie rasend. Wollte man sie tot schlagen, so war das Gesicht in einem Augenblicke voller Blut, und schmerzte allenthalben; sie aber stechen zu lassen, war auch unerträglich, und es blieb also kein anderes Mittel übrig, als das Sieb wieder hervor zu suchen. Indessen war hierdurch nur das Gesicht in Sicherheit gesetzt; denn man konnte nicht schreiben oder stille sitzen, weil sie durch Hemde und Strümpfe stachen. Daher zog ich lederne Strümpfe, Weiber- und noch über dieselben Mannshandschuhe an; und in diesem lächerlichen Anzuge konnte ich schreiben.» «Gegen Jamüschewa hin war hingegen eine Art ganz kleine Fliegen, so hier zu Land Moschki genannt werden, absonderlich an morastigen Örtern sehr häufig. Sie saugen ebenfalls Blut aus der Haut, und sind, wenn sie sich kaum gesetzt haben, so gleich voll Blut.»[150]

Auch die Tiere litten. Als Daniel Gottlieb Messerschmidt 1723 die Untere Tunguska befuhr, notierte er unter dem 10. August, dass sein Spürhund sich bei einem Landgang verlaufen habe. Nach langer Suche wurde er am Ufer des Stromes gefunden, «ganz ermattet und winselnd, ohne sich zu bewegen oder einige Freude spüren zu lassen, weil die Mosquen, eine Art kleiner giftigen Fliegen, ihn so zerstochen und noch bei Tausenden über den Augen saßen, [ihn] auch ohne Zweifel würden getötet haben, wenn meine Leute ihn nicht zeitig wiedergefunden. Mein Koch zeigte mir auch die weitern Proben dieses Ungeziefers an seinen Beinen, und hatten [sie] ihm an 3 oder 4 Orten, da die Strümpfe durchlöchert gewesen, die Haut bis aufs Blut abgeschunden, so dass alles rohes Fleisch war.»[151]

Unsäglich litt auch Christopher Hansteen, der während seiner Bootsreise auf dem Jenissei (1829) zu topographischen Zwecken ständig astronomische Standortbestimmungen vorzunehmen hatte. Wegen der Mücken konnte er fast nicht schlafen. «Ich musste mich am Tage zwei Mal im Flusse baden, um meine überreizten Nerven zu erfrischen und das von unzähligen Mückenstichen verursachte Hautfieber zu beseitigen.» «Wenn man am Strande ging, besonders aber wenn man es wagte, sich einem kleinen Gebüsch in geringer Entfernung vom Ufer zu nähern, wurde man von einem so dichten Schwarm umgeben, dass man in einem dicken Nebel oder einer Rauchwolke zu gehen glaubte, und die Mücken drangen beim Atmen in Mund und Nasenlöcher ein. Bei einer solchen kleinen Exkursion war ich einmal dem Ersticken nah, und musste voll Angst und im stärksten Laufe die Flucht nach dem Ufer hin ergreifen, wo die Zahl der Mücken, wegen eines geringen Luftzuges und etwas mehr Kühle, kleiner war.» Meistens trug Hansteen daher Handschuhe und das Mückennetz um den Kopf, das ging aber nicht während der Messungen. Wenn er in der Kajüte über Berechnungen saß und dabei die Mücken ständig abwehren musste, weil die Bretterwände und die Tür nicht dicht schlossen, muss er ein merkwürdiges Bild abgegeben haben: «Wer in einiger Entfernung einen Mann betrachtete, der sich unaufhörlich selbst ohrfeigte und auf verschiedene Teile seines Leibes schlug, musste ihn entweder für verrückt oder für einen Menschen halten, der sich die seltsame Buße der Selbstgeißelung auferlegt hatte.»[152]

Auch im 20. Jahrhundert verlor sich diese Plage nicht. Die Schülerin Elisabeth Sczuka lässt sich 1914 in ihrem Tagebuch immer wieder darüber aus. «Die lästigsten Insekten sind in Sibirien die Moschkis. [...] Um die Insekten zu verscheuchen, reiben die Sibirier ihre Hände mit einem scharfriechenden Öl, manchmal sogar mit Teer ein. Wehrlos sind aber die Tiere dem lästigen Insekt gegenüber. Mit dem Schwanz oder Schweif kommen sie nicht überall hin. Sie können wegen der Insekten nicht am Tage weiden. Wenn die Moschkas auftreten, dann kann das Vieh nur in der Nacht auf die Weide getrieben werden. Tagsüber steht es im Dorf unter seinen Überdachungen, denn hierher wagen sich die Moschkas nicht. Pferde, die von der Paschnja (Ackerfeld) kommen, sehen gar oft sehr zerstochen aus. Da erhebt sich auf ihren Körpern Beule an Beule. Ja, die Insekten haben sie an manchen Stellen sogar wund gefressen.»[153]

Mücken und Beißfliegen blieben auch später noch unwillkommene Beigaben des sibirischen Sommers. Davon sollten nicht nur künftige Insassen des stalinistischen Gulag noch ein Lied singen können. Auch beim Bau des Bratsker Staudamms wurden allein im Jahre 1956 prophylaktisch insgesamt 3,5 Tonnen giftige Flüssigkeiten gegen das stechende Taiga-Ungeziefer versprüht, weil dieses die Arbeitsproduktivität erheblich beeinträchtigte. 1959 hielt die Bauleitung für die Arbeiter zum individuellen Schutz 10 500 Schutzbrillen, 2500 Schutznetze und 10 500 Packungen Insektenschutzmittel bereit.[154] Wer als Tourist den Jenissei erst ab Ende August befährt, wird von der luftigen Plage nicht mehr behelligt. Bei Ausflügen in die Taiga lauern auf ihn allerdings die Zecken.

## Feuerzeichen über der Steinigen Tunguska

«Unser Tschum stand damals am Ufer der Awarkitta. Vor Sonnenaufgang war ich mit Tschekaren vom Bach Diljuschma zurückgekehrt, wo wir bei Iwan und Akulina zu Gast gewesen waren. Wir fielen in tiefen Schlaf. Plötzlich schraken wir beide hoch. Irgendetwas hatte uns gestoßen. Wir hörten ein Pfeifen und verspürten einen heftigen Wind. Tschekaren schrie mir noch zu: ‹Hörst du, wie viele Enten oder Gänse herumschwirren?› Wir waren noch im Tschum und konnten nicht sehen, was im Wald los war. Plötzlich stieß mich etwas wieder und zwar so heftig, dass ich mit dem Kopf gegen eine Stange des Tschum schlug und dann auf die glühenden Kohlen der Feuerstelle fiel. Ich hatte furchtbare Angst. Auch Tschekaren hatte Angst und hielt sich an einer Stange fest. Wir riefen nach Vater, Mutter, Bruder, aber niemand gab Antwort. Außerhalb des Tschum war so ein Lärm, man konnte hören, wie die Bäume umstürzten. Tschekaren und ich krochen aus den Schlafpelzen und wollten schon aus dem Tschum laufen, doch plötzlich ertönte ein lauter Donnerschlag. Das war der erste Schlag. Der Erdboden begann zu zittern und zu schaukeln, ein Windstoß traf unseren Tschum und riss ihn um. Ich wurde heftig von Stangen getroffen, doch mein Kopf war im Freien, weil der Elljun [die Außenbespannung des Tschum] wegflog. Da erblickte ich ein schreckliches Schauspiel: Die Bäume fallen um, ihre Wipfel brennen, das Unterholz brennt, das Rentiermoos brennt. Rauch ringsumher, die Augen tränen, es ist heiß, sehr heiß, wir könnten verbrennen. Plötzlich wurde es oben über dem Berg, wo der Wald schon umgefallen war, sehr, sehr hell, und es erschien, wie soll ich es dir sagen, so etwas wie eine zweite Sonne, die Russen würden sagen: ‹plötzlich blitzte es unerwartet auf›, es blendete die Augen so sehr, dass ich sie zumachte. Es war ähnlich dem, was die Russen einen ‹Blitz› nennen. Und sofort gab es einen Agdylljan, einen

1. Jenissei in den Steppen Tuwas.

2. Gebirgstaiga: Der Oberlauf des Kisir im Östlichen Sajangebirge. Er mündet in die Tuba, einen rechten Nebenfluss des oberen Jenissei.

3. Gebirgstaiga: Nationalpark Stolby östlich Krasnojarsk.

4. Jenissei unterhalb Krasnojarsk.

5. Stromschnellen von Kasatschinskoje *(Kazačinskij porog)*.

6. Tujer (Kettenschleppschiff) *Jenissei* in Warteposition am Porog.

7. Vom Eisdruck zerquetscht: Schiffswrack am Porog.

8. Die beiden Inseln Korablik und Barotschka an den Stromschnellen von Ossinowo (*Osinovskij porog*).

9. Holzabfuhrschneise am Jenissei.

10. Reste des einstigen Ob-Jenissei-Kanals.

11. Zufrierender Jenissei bei Turuchansk.

12. Untere Tunguska bei Turuchansk mit vor Anker liegenden Leichtern.

13. Die *Anton Tschechow* am Stationsponton von Turuchansk. Hier mündet die Untere Tunguska (links) in den Jenissei.

14. Hochwassermarken an den Uferfelsen der Unteren Tunguska.

15. Blick vom Westufer des Jenissei bei Peschtschany hinüber nach Igarka.

16. Tundra bei Dudinka (Pfeil) mit ihren zahllosen Moorseen und Tümpeln (Satellitenaufnahme).

17. Trockentundra bei Ust Port.

18. Querschnitt durch den Permafrostboden in fünf Metern Tiefe: Scherbiger Schotter mit Eislinsen (Permafroststation Igarka).

19.1–4. Vegetation der Trockentundra bei Ust Port: Krüppelhölzer, Zwergstauden, Gräser, Moose.

20. Bodenprofile der Tundra: Dünne Schicht Rohhumus auf Würgeböden über Permafrostboden.

21. Bodenprofile der Taiga: Verschieden mächtige Humusauflagen auf Permafrostboden.

22. Bodenprofile der Gebirgstaiga: Mit Gesteinstrümmern durchsetzte, tief wurzelnde Humusauflage auf Permafrost-Gebirgsböden.

23. Bodenprofile Steppe: Tiefgründiger Oberboden aus Schwarzerde.

24. Tafelberge des Putoran-Hochlands zwischen den Flüssen Kureika und Pjassina.

25. Küste der Halbinsel Taimyr am Eismeer.

26. Der Golfstrom hat zwischen Spitzbergen (links) und Nowaja Semlja die Barentssee schon weitgehend vom Eis befreit, doch östlich Nowaja Semlja staut sich noch das Packeis (Satellitenaufnahme vom 11. Mai 1975).

27. Nördlicher Seeweg: Eisbrecher im Treibeis der Karasee.

Rechte Seite:

28. Markierungsbojen für die Fahrrinne und Tonnenlegersiedlung südlich Turuchansk.

29. Kimme und Korn: Signalzeichen für den Steuermann.

30. Er transportierte Lenin in die Verbannung: Der Raddampfer *Sv. Nikolaj* als Museum im Hafen von Krasnojarsk. Er befuhr ehemals den Jenissei oberhalb Krasnojarsk.

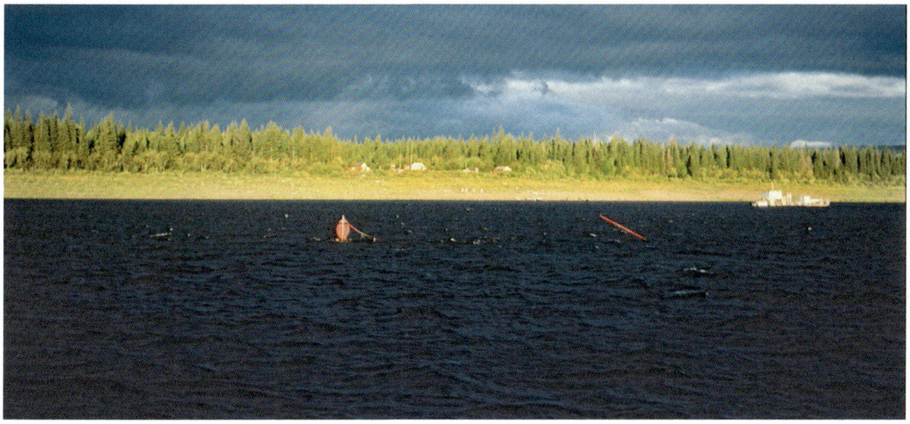

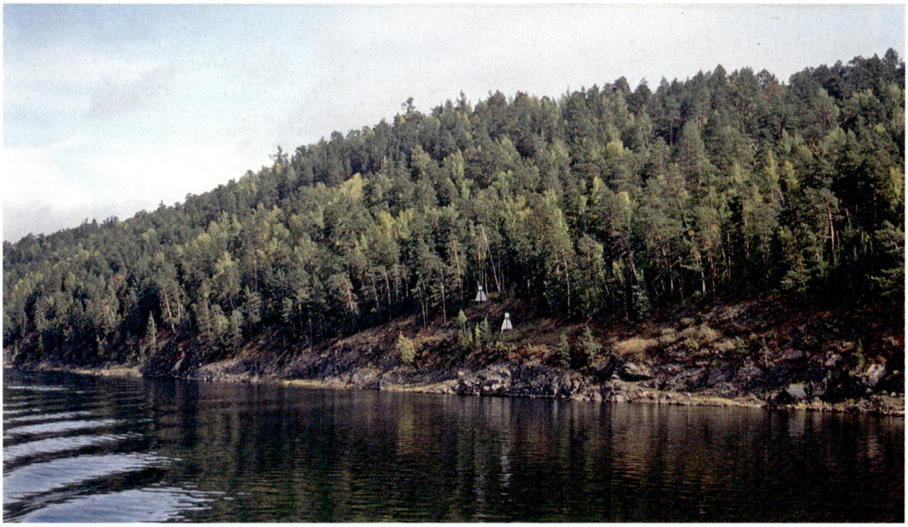

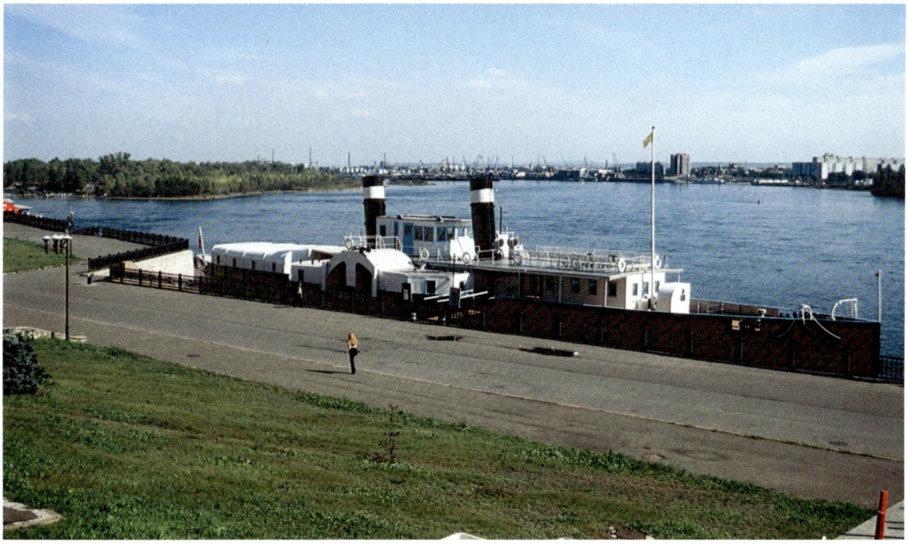

31. Tragflügelboot *(Raketa)* vor Prediwinsk unterhalb Krasnojarsk.

32. Schnellboot vom Typ *Zarja*.

heftigen Donnerschlag. Das war der zweite Schlag. Der Morgen war sonnig, keine Wolken am Himmel, unsere Sonne leuchtete klar wie immer, aber da war eine zweite Sonne! Mit Mühe krochen Tschekaren und ich unter den Stangen und dem Elljun hervor. Danach sahen wir oben, aber an einer anderen Stelle, wie es wieder aufblitzte, und es gab einen heftigen Donnerschlag. Das war der dritte Donnerschlag. Ein Sturmwind fegte über uns hinweg, riss uns um und traf den schon umgeworfenen Wald. Wir schauten auf die umgeworfenen Bäume, sahen, wie ihre Kronen zerbrachen und wie sie brannten. Plötzlich schrie Tschekaren: ‹Schau nach oben!› und zeigte mit der Hand. Ich schaute hin und sah wieder einen Blitz, er blendete und es gab erneut einen Schlag, machte einen Agdylljan. Aber der Knall war viel leiser als zuvor. Das war der vierte Schlag, wie ein gewöhnlicher Donner. Heute erinnere ich mich, dass es noch einen Schlag gab, aber er war schwach und irgendwo weit weg.»[155]

Es waren zwei Jäger aus dem Volk der Ewenken, die Brüder Tschutschantscha und Tschekaren vom Clan der Schanjagir, die hier wiedergeben, was sie am Morgen des 17. Juni 1908 (alten Stils) erlebt hatten, als ihr Tschum an der Awarkitta stand. Sie sind wohl diejenigen überlebenden Augenzeugen, welche dem Zentrum des Geschehens am nächsten waren – der Explosion eines Himmelskörpers über der Taiga am Oberlauf der Steinigen Tunguska, etwa 80 km nördlich der Siedlung Wanawara. Die Explosionswelle mit einer geschätzten Stärke von 40 bis 50 Megatonnen (das entspricht der Sprengkraft einer großen Wasserstoffbombe) wurde von den Erdbebenstationen der ganzen Welt registriert, aber man vermochte sie nur grob zu lokalisieren. Ihr Gebiet war so abgelegen und unbewohnt, dass man sich in Russland keine Mühe machte, dem Ereignis näher auf den Grund zu gehen. Es dauerte bis 1926, bevor man Augenzeugen suchen und befragen konnte, so auch die beiden Ewenken. Und erst 1927 vermochte sich eine erste wissenschaftliche Expedition unter Leitung des Mineralogen und Meteoritenforschers Leonard Kulik zum Zentrum der Explosion vorzuarbeiten, um das Phänomen näher zu erforschen.

Das Ereignis hatte sich bereits drei Tage zuvor in Europa und Westsibirien mit ungewöhnlichen Himmelserscheinungen angekündigt – mit silbrig gleißenden Wolken, Dämmerungsleuchten und einem Sonnenhof. Am Morgen des 30. Juni 1908 (neuen Stils) wurde dann von zahlreichen Menschen über Zentralsibirien ein feuriger Himmelskörper gesehen, der unter donnerähnlichen Geräuschen in nördlicher Richtung flog und um viertel nach sieben explodierte. Atmosphärische Anormalitäten wie silbrig gleißende Wolken zeigten sich auch nach dem Ereignis noch tagelang. Ein Meteoriteneinschlag? Das war bis zur Augenscheinnahme von 1927 die gängige Erklärung.[156]

Die Expedition wählte den Spätwinter 1927, um sich besser einen Weg durch das unwegsame Gelände bahnen zu können. Von Keschma an der Angara aus durchqueren die Forscher die 200 km breite Landbrücke zur Steinigen Tunguska, bis sie Wanawara erreichten. Von dort suchten sie sich, geführt von einem mit dem Gelände vertrauten Ewenken, auf Skiern dem mutmaßlichen Zentrum der Explosion weiter im Norden zu nähern. Nach etwa 80 Kilometern erreichten sie die kritische Zone. Kulik schreibt: «Nie hätte ich mir die grandiosen Ausmaße dieses außergewöhnlichen Meteoritenniedergangs vorstellen können. Alles war umgeworfen, verbrannt, doch rund um diese tote Zone sprosste schon wieder Jungwuchs. Und es konnte einem angst und bange werden, wenn man die 20-Meter-Riesen sah, geknickt wie Zündhölzer.»[157]

Das eigentliche Zentrum der Explosion erreichte Kulik erst, als er im folgenden Jahr zu einer zweiten Expedition aufbrach, die nun auch Foto- und Filmaufnahmen machte. Er erwartete, auf einen Meteoritenkrater zu stoßen, doch weit gefehlt: Was er fand, war weder ein Krater noch eine tote Zone, sondern inmitten der ringsumher gefällten und verbrannten Wälder aufrecht stehende Baumstämme, wenn auch ohne Rinde und Krone. Dieses paradoxe Ergebnis elektrisierte die wissenschaftliche Öffentlichkeit. Nun wollte man erst recht dem geheimnisvollen Explosionsphänomen auf den Grund gehen. Von 1928 bis 1930 suchten weitere Expeditionen das Gebiet auf, aber es gelang nicht, irgendwelche Überreste eines Meteoriten zu bergen. 1937/38 wurden Luftaufnahmen des gesamten betroffenen Gebietes gemacht. Sie ergaben, dass der Wald um das Epizentrum der Explosion auf einer Gesamtfläche von schätzungsweise 2000 Quadratkilometern radial geknickt worden war – die entrindeten und entasteten Baumskelette parallel nebeneinander geschichtet. Aber ein Einschlagkrater wurde nie gefunden.[158]

Bis heute suchen Geophysiker, Geochemiker und Astronomen nach Erklärungen für das Phänomen vom 17. Juni 1908. Dass keinerlei Weltraummaterie und auch kein Krater gefunden wurden, deutet auf eine Explosion in höheren Luftschichten hin. Zwei Theorien stehen heute im Vordergrund: Die eine besagt, dass es sich zwar um einen kompakten Asteroiden von etwa 5 Millionen Tonnen gehandelt habe, dieser aber sehr flach in die Erdatmosphäre eingetreten sei und auf seinem langen Weg sich über Mittelsibirien in mehreren Explosionen pulverisiert habe; das könnte auch die Aussage der beiden ewenkischen Augenzeugen bestätigen, die fünf Explosionen gehört haben wollen; andererseits müssten sich dann aber mehrere Stellen finden, wo der Wald verwüstet war. Die andere Theorie geht davon aus, dass es sich um Teile eines Eiskometen gehandelt habe, die beim Eintritt in die Erdatmosphäre in Explosionen verglüht seien. Natürlich durfte auch die Hypothese nicht fehlen, dass über der Tunguska ein havariertes interstellares Großraumschiff explodiert sei.[159] Wie auch immer: Der «Tunguska-Meteorit» oder die «Tunguska-Katastrophe», wie das Ereignis von 1908 auch genannt wird, hat die geschichtslose Steinige Tunguska in der ganzen Welt bekannt gemacht.

Dass davon ein fast unbesiedeltes Gebiet in der Taiga Mittelsibiriens betroffen war, muss man als Glücksfall bezeichnen. Wäre das Ganze über dem europäischen Russland oder Mitteleuropa passiert, hätte es Zehntausende von Toten gegeben. Dass wir Menschen von dem dünnen Mantel unserer Erdatmosphäre nur unzureichend gegen Gefahren aus dem Weltall geschützt sind, verdrängen wir gern. Dabei war erst kürzlich wiederum Russland von einem ähnlichen Ereignis betroffen wie gut hundert Jahre zuvor: Am Morgen des 15. Februar 2013 explodierte in einer Höhe von etwa 25 bis 30 km über den südöstlichen Außenquartieren und der Umgebung der westsibirischen Millionenstadt Tscheljabinsk etwa eine halbe Minute nach Eintritt in die Erdatmosphäre ein Meteorit. Bei rund 3000 Mehrfamilienhäusern barsten durch die Druckwelle die Fensterscheiben, teilweise wurden auch die Rahmen aus der Verankerung gerissen. 1613 Personen wurden durch umherfliegende Glassplitter verletzt oder durch den Schock traumatisiert, aber glücklicherweise gab es keine Toten. Diesmal prasselten Meteoritenteile auf die Erde und konnten chemisch analysiert werden. Wie beim «Tunguska-Meteoriten» zeigten sich auch nach dem Tscheljabinsker Ereignis tagelang am Himmel silbrig gleißende Wolken. Berechnungen ergaben, dass der Himmelskörper beim Eintritt in die Erdatmosphäre einen Durchmesser von bis zu 17 Metern und ein Gewicht von bis zu 10 000 Tonnen gehabt haben muss.[160] Was wäre wohl geschehen, wenn er so groß gewesen wäre wie der Himmelskörper von 1908?

## Der Klimawandel und die Zukunft Sibiriens

Die Anzeichen dafür, dass ein globaler Klimawandel begonnen hat, mehren sich. Im russischen und sibirischen Norden sind sie am stärksten spürbar.[161] Gerade in der Polarregion steigen die Temperaturen am stärksten, schmilzt im Sommer das Meereis auf weiten Flächen vollständig weg. Der Permafrostboden beginnt tiefgründiger aufzutauen,[162] die Vegetationsgürtel verschieben sich nord- und höhenwärts. So vermögen die Biologen schon jetzt festzustellen, dass Sträucher vermehrt in die Tundra einwandern.[163] Während der vergangenen dreißig Jahre hat sich die Oberfläche der Seen in der sibirischen Permafrostzone um etwa ein Siebtel vergrößert. Was bedeutet dies alles für die Zukunft Sibiriens und damit auch des Jenissei-Stromlandes?

Auf den ersten Blick dominieren die positiven Aspekte. Der Taigagürtel dürfte sich ausdehnen und damit neue Holzmasse nachwachsen. Desgleichen könnte sich die Nordgrenze der landwirtschaftlich nutzbaren Areale nordwärts verschieben und wegen der wärmeren Sommer höhere Erträge abwerfen. Den größten ökonomischen Nutzen verspricht man sich aber vom verstärkten Abschmelzen des Polareises, weil dadurch der Schifffahrtsweg zwischen Atlantik und Pazifik entlang der sibirischen Küste ganzjährig offen wäre. Dieser würde die Transporte beispielsweise zwischen Westeuropa und Japan oder China gegenüber der Südroute durch Suezkanal und Indischen Ozean erheblich verkürzen und verbilligen. Durch das Abschmelzen des Polareises eröffnen sich ferner Möglichkeiten, Erdöl und Erdgas vom Meeresboden zu fördern.

Auf den zweiten Blick allerdings schlagen auch die negativen Aspekte zu Buche, und zwar erheblich. Wenn die mittlere Jahrestemperatur global schon nur um 2° C steigt, rechnet man für die Taiga Sibiriens mit einer Erhöhung der Julitemperatur um +6° C und der Wintertemperatur sogar um +12° C. Dieser Sprung würde die Anpassungsfähigkeit zahlreicher Pflanzen- und Tierarten des borealen Waldgürtels überfordern und ihr Überleben gefährden.[164] An den Küsten würden nicht nur die Eisbären ihren Lebensraum verlieren, auch zahlreiche Meeressäuger wären bedroht, selbst der Polarfuchs, eines der begehrtesten Jagdobjekte auf der Taimyr-Halbinsel, in der Tundra und Waldtundra. Aber global gesehen viel folgenreicher wäre, dass die auftauenden Permafrostböden nicht nur durch den Abbau der Biomasse Kohlendioxid freisetzen, sondern auch gigantische Mengen von zuvor gebundenem Methanhydrat als zusätzliches Treibhausgas in die Atmosphäre entlassen würden. Dies wäre insofern verheerend, als Methanmoleküle die Erdatmosphäre sechsundzwanzigmal so stark aufheizen würden wie Kohlendioxidmoleküle. Von den geschätzten 900 Gigatonnen global eingefrorenen Methanhydrats lagern allein 500 in der sibirischen Tundra.[165] Dass bisher im Permafrost durch Pfeiler verankerte Gebäude und Pipelines, aber auch Bahntrassen ihre Stabilität verlieren würden, erscheint daneben fast zweitrangig. Und welche Folgen die risikobeladene Unterwasserförderung von Erdöl in der Arktis[166] nach sich ziehen würde, wenn es zu einer Verschmutzungskatastrophe käme, mag man sich angesichts der besonders schwachen Regenerationsfähigkeit arktischer Meere kaum vorstellen.

Positive wie negative Konsequenzen der Klimaerwärmung für die Zukunft der sibirischen Landschaften gegeneinander abzuwägen, fällt schwer. Aber eines scheint sicher: Der Wandel ist unaufhaltsam.

# Entschleierung und Inbesitznahme

Die Entschleierung des gewaltigen Subkontinents Sibirien war ein Prozess, der, gesteuert von unterschiedlichen Interessengruppen und seit dem 18. Jahrhundert vor allem vom Staat, sich vom späten Mittelalter bis in unsere Tage hingezogen hat.[167]

Auch wenn die Großfürsten von Moskau bereits 1465, 1483 und 1499/1500 Truppen über den Ural hinweg nach Westsibirien schickten, um dort bei den ugrischen Völkern Tribut einzuziehen, gelang es bis zum Ende des 16. Jahrhunderts nicht, dort wirklich Fuß zu fassen.[168] Wie die Landkarten des 16. Jahrhunderts zeigen, blieben die Kenntnisse selbst von Westsibirien daher weiterhin nebulös.[169] Außerdem blockierte das im Süden Westsibiriens gelegene Tatarenkhanat – das einzige gut organisierte Machtgebilde östlich des Ural – die Expansion des Moskauer Reiches nach Asien. Schon lange bevor der Kosakenataman Jermak Timofejew im Auftrag des Handelshauses Stroganow 1581 oder 1582 mit einigen hundert Bewaffneten den Ural überschritt, um das Tatarenkhanat endlich niederzuwerfen, wusste man in Nordrussland jedoch Näheres vom Norden Sibiriens. Angesichts der riesigen Distanz, die zu überbrücken war, und angesichts der Feindschaft der im Norden Sibiriens lebenden indigenen Völker war dies nur auf dem Seeweg möglich. In einer russischen Quelle des späten 15. Jahrhunderts ist jedenfalls bereits die Rede von Samojeden, die jenseits des Jugrischen Landes, das heißt des Nordurals, lebten und Malgonseer genannt würden.[170] Es waren die Syrjänen (heute Komi), die ihren östlichen Nachbarn die sprechende Bezeichnung Malkonsei beigelegt haben, was so viel bedeutet wie «Volk am Rande der Erde». Dieser Name spiegelt sich auch in dem Flüsschen Mangaseika, welches von Osten in den westsibirischen Tas einmündet und dessen Oberlauf über eine schmale Wasserscheide eine Brücke zum benachbarten Fluss Turuchan und von diesem zum Jenissei schlägt. Obgleich die Distanz zwischen dem Ob-Busen und dem Mündungsschlauch des Jenissei nicht sehr groß ist, haben die nordrussischen Seefahrer offenbar eher den Weg durch den lang gestreckten Golf des Ob und den Mündungsschlauch des Tas vorgezogen, weil das Mündungsästuar des Jenissei berüchtigt war wegen seiner vielen Untiefen. Vom Eismeer über den Golf des Ob und den Busen des Tas, diesen empor und dann die Mangaseika auf- und den Turuchan abwärts – diese «Mangaseische Route» bildete im 17. Jahrhundert den wichtigsten Zugangsweg zum unteren Jenissei. Nicht zufällig entstand an der Einmündung der Mangaseika in den Tas schon im Jahre 1601 das Fort Mangaseja als künftiges Verwaltungs- und Handelszentrum des riesigen Raumes vom Becken des Tas bis zu dem des unteren Jenissei einschließlich der Halbinsel Taimyr im Osten.

## Der Eismeerküste entlang

Es waren also nicht staatliche Truppen oder Dienstleute, welche die Frühphase der systematischen Erkundung und ersten wirtschaftlichen Nutzung Sibiriens geprägt haben, sondern auf privater Basis organisierte Schiffsmannschaften der Pomoren *(pomory, pomorjane)*. Der Begriff leitet sich her von der russischen Bezeichnung für Menschen, die am Meer leben *(po mor'em)*, in diesem Fall längs der Nordküsten des europäischen Russland. Er entspricht dem deutschen, aus dem Westslawischen entlehnten Territorialnamen Pommern.

## Die Erkundungsfahrten der Pomoren

Die Küstengebiete Nordrusslands von der Halbinsel Kola über das Weiße Meer bis hin zum Nordural – das Pomorje – zogen schon im Mittelalter die wirtschaftlichen Interessen des Stadtstaates Groß-Nowgorod auf sich. Zum einen, um zu fischen, Meersäuger zu jagen und Salz zu gewinnen. Zum anderen schickte man aber auch bewaffnete Expeditionen aus, um bei den eingeborenen Völkern Tribute einzuziehen. Diese Tribute bestanden vornehmlich aus Kleintierpelzen von Zobel, Hermelin und Eichhörnchen *(belki)*. Während für Zobel und Hermelin als kostbarer Pelzbesatz von Prunkkleidern bei den Potentaten Europas eine rege Nachfrage bestand, bildeten Eichhörnchenfelle in Russland selber bis zum 18. Jahrhundert ein gängiges Zahlungsmittel für niedrige Tauschwerte. Aber wegen der wachsenden Nachfrage wurden die Pelztierbestände des russischen Nordens rasch dezimiert, und die Begehrlichkeit richtete sich schon bald auf neue, noch unausgeschöpfte Jagdgründe. In der ältesten ostslawischen Chronik, der Erzählung von den vergangenen Jahren, findet sich unter dem Jahr 1114 der Bericht eines ehemaligen Tributeinnehmers, der von Eingeborenen vernommen haben will, dass es «in den nördlichen Landen» noch «hinter den Jugra und hinter den Samojeden», das heißt jenseits des Nordurals, ein Land gebe, in welchem es junge Eichhörnchen und junge Rentiere buchstäblich regne.[171]

Noch unter der Ägide Groß-Nowgorods siedelten sich im Mündungsgebiet der Nördlichen Dwina Bauern und Kaufleute an, die zwischen Weißem Meer und ländlicher Kolonisation ein wirtschaftliches Scharnier bildeten. Im Laufe des 15. und 16. Jahrhunderts entwickelten sich dann unter der Herrschaft der Moskauer Großfürsten verschiedene Siedlungen des Pomorje zu bedeutenden Zentren der Fischerei, der Jagd auf Walrosselfenbein und des Salzhandels; dazu zählten Cholmogory unweit der Mündung der Nördlichen Dwina, welches aber seit der Gründung von Archangelsk im Jahre 1584 mehr und mehr in dessen Schatten geriet; weiter östlich Mesen *(Mezen')* an der Mündung des gleichnamigen Flusses und schließlich noch weiter gegen den Nordural hin das erst 1499 gegründete Pustosjorsk *(Pustozërsk)* sowie Ust-Zilma *(Ust'-Cil'ma)* an der Petschora. Alle diese Orte standen nicht nur im Handelsaustausch mit dem Binnenland, sondern auch untereinander und mit der Gegenküste auf der Halbinsel Kola. Dieser Küsten- und Seehandel setzte dafür geeignete Schiffe voraus, und so entwickelten sich die Wirtschaftszentren des Pomorje auch zur Wiege des russischen Hochseeschiffbaus.

Die Pomoren haben einen Schiffstyp entwickelt, der sowohl für die Küsten- als auch für die Eismeerfahrt taugte – die Kotsch *(koč, koča)*. Eindeutig bezeugt ist die Kotsch zwar erst für den Anfang des 17. Jahrhunderts, aber sie dürfte sicher bereits auf das 16., ja vermutlich sogar schon auf das 15. Jahrhundert zurückgehen. Russische Schiffshistoriker datieren ihre Entstehung sogar in das 13. Jahrhundert zurück.[172]

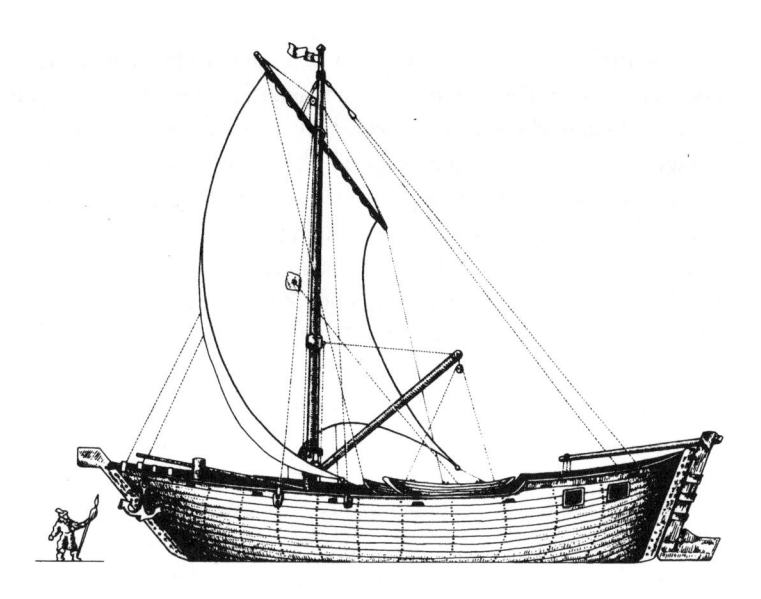

Textabb. 4: Die Kotsch: Eisgängiges Allzweckschiff des 17. Jahrhunderts für Fluss- und Küstenschifffahrt

Es handelt sich dabei um ein gedecktes Schiff von bis zu 20 Metern Länge und 5–6 Metern Breite bei einem Tiefgang von anderthalb bis 1 3/4 Metern. Es besaß in der Regel nur einen Mast mit Rahsegel, hatte ein Heckruder und verfügte über eine Tragfähigkeit von 30 bis 35 Tonnen. Um das Schiff eisgängig zu machen, gaben die Werften ihm einen spitzen Bug und eine leicht gebauchte Form (Textabb. 4). Außerdem verstärkten sie seine Flanken durch eine zusätzliche Beplankung (daher der Name *koč* vom nowgorodischen *koc*, Eisschutz). Wenn das Schiff in Treibeis geriet, konnte es also manchen Puff vertragen, und sobald der Eisdruck zu groß wurde, hob dieser es regelrecht aus dem Wasser, statt es zu zerdrücken. Dann vermochte die fünfzehn- bis zwanzigköpfige Besatzung es sogar über das Eis zu schleppen. Einen Nachteil hatte die Kotsch jedoch: Mit ihrem Rahsegel konnte sie nur vor dem Wind fahren, aber nicht gegen den Wind kreuzen. Dann musste man entweder auf anderes Wetter warten oder rudern, und das war mühsam.[173] Vermutlich ist dieser Nachteil so mancher Schiffsbesatzung zum Verhängnis geworden, die von einer Erkundungsfahrt nach Osten wieder in ihren Heimathafen zurückkehren wollte und gegen permanenten Westwind kein Fortkommen fand. Mit Schiffen dieses Typs – später auch etwas größeren Zweimastern – sind die Pomoren bis nach Spitzbergen gesegelt.[174]

Kehren wir zurück zum frühesten Wissen nordrussischer Seefahrer vom Jenissei. Wie erwähnt, müssen sie bereits vor 1582 von Ob und Jenissei gewusst haben, denn die Engländer, die seit der Mitte des 16. Jahrhunderts den Seeweg von der Nordsee zur Mündung der Nördlichen Dwina entdeckt hatten, ersuchten die Moskauer Regierung in ebendiesem Jahr um das Handelsmonopol in den Mündungen von Nördlicher Dwina, Mesen, Petschora, Ob und Jenissei. Russische Dokumente von 1582/83 erwähnen mehrmals den Jenissei unter dem gleichfalls gebräuchlichen Namen Yslendi oder Yzlendi.[175] Da es einige Zeit brauchte, bis neue Erkenntnisse nordrussischer Seefahrer nach Moskau oder gar ins Ausland gelangten, dürften sie Jahre zuvor gewonnen worden sein. Dafür, dass die Pomoren sogar schon über den Jenissei hinaus weiter nach Osten vorgedrungen waren, als die Moskauer Zaren nach der endgültigen Niederringung des westsibirischen Tatarenkhanats im Jahre 1598 ihre Herrschaft über das Becken von Ob und Irtysch gerade erst halbwegs gefestigt hatten, verfügen wir seit kurzem über ein unwiderlegliches Zeugnis. Im Südosten der Halbinsel Taimyr ist man nämlich in der Nähe der Stadt Chatanga auf ein altes Winterquartier russischer Trapper gestoßen, dessen Balken sich dendrochronologisch datieren ließen – und zwar auf das Jahr 1585.[176] Zu diesem Zeitpunkt können die Wintergäste nur über den Seeweg dorthin gelangt sein. Darauf lässt auch schließen, dass der Holländer Jan Huygen van Linschoten, der seinen Landsmann Willem Barents bei dessen Arktisfahrten 1594 und 1595 begleitet hatte, auf seiner Karte der Eismeerküsten bereits die Halbinsel Taimyr und den Taimyrfluss verzeichnet; die dafür nötigen Informationen kann er nur von Pomoren erhalten haben.[177] Holländische Kaufleute waren es auch, die 1595 vernahmen, dass aus dem nordrussischen Cholmogory jährlich Schiffe zum Ob und noch weiter bis zum Fluss Gillisi führen, um dort Handel zu treiben; da die Bauern um Archangelsk den Jenissei immer schon Jelissei nannten, dürfte es plausibel sein, Gilissi und Jelissei gleichzusetzen.[178]

Als 1601 am Tas-Fluss Mangaseja gegründet wurde, etablierte sich dort nicht nur die staatliche Verwaltung für den Norden Mittelsibiriens, sondern auch Kaufleute und Unternehmer aus dem Pomorje nutzten diese Chance, um den Naturschätzen des unteren Jenisseibeckens näher zu rücken. Trapper hatten bereits kaum später unweit der Mündung des Turuchanflusses in den Jenissei ein Winterlager *(zimov'e)* errichtet, das nun als Sprungbrett für weitere Erkundungsfahrten zu dienen vermochte. 1610 taten sich Kaufleute aus Mangaseja mit Trappern *(promyšlennye)* zu einem Gemeinschaftsunternehmen zusammen. Sie zogen vom Becken des Tas über die Wasserscheide zum Turuchan-Fluss und diesen abwärts bis zum Simowje Turuchansk. Dort zimmerten sie Kotschen und steuerten den Jenissei hinab, dessen Mündung sie nach vierwöchiger Fahrt gegen Ende Juni erreichten. Doch weil Nordwind den Mündungstrichter völlig mit Eis verstopft hatte, vermochten sie erst fünf Wochen später das offene Meer zu erreichen.[179] Vermutlich hat ihr Weg sie ostwärts geführt, um entlang der Eismeerküste Neuland zu erkunden. Aber viel Zeit kann ihnen wegen der Verspätung nicht mehr geblieben sein, denn die Navigationsperiode in den Gewässern vor der Halbinsel Taimyr endet in der Regel schon mit dem Oktober.

Auf jeden Fall hatten Erkundungsfahrten von Mangaseja aus den Vorteil, dass man im Unterschied zum Start in einem nordrussischen Hafen ein ganzes Navigationsjahr einsparte. Außerdem konnte man dadurch die unsichere Passage durch die Meerenge zwischen dem Nordural und der Südinsel von Nowaja Semlja umgehen. Man kann also davon ausgehen, dass ein Teil der Pomorenfahrten des frühen 17. Jahrhunderts aus dem unteren Jenisseibecken heraus gestartet worden ist. Da die Küsten des Taimyr und die Mündung der Chatanga den Pomoren bereits seit den achtziger Jahren des 16. Jahrhunderts bekannt gewesen sein müssen, dürften spätere Erkundungsfahrten noch weiter nach Osten gezielt haben – bis zur Lena, von deren Existenz man schon im ersten Jahrzehnt des 17. Jahrhunderts durch Eingeborene erfahren hatte[180] und deren Mündungsdelta ja nur etwa 400 Kilometer östlich der Chatanga liegt. Dies wissen wir, seit das Schicksal einer späteren, ähnlichen Erkundungsfahrt bekannt geworden ist.

**Auf den Spuren einer Schiffstragödie**
Sowjetische Hydrographen, die 1940/41 mit der Vermessung der Eismeerküste beschäftigt waren, stießen in der Simsabucht im äußersten Nordosten der Halbinsel Taimyr sowie auf der ihr vorgelagerten nördlichen der Faddeja-Inseln zufällig auf die Reste zweier Lager mit weitgehend identischer Fundausstattung. Auf Grund der reichhaltigen Münzschätze lassen beide sich auf die Zeit kurz nach 1617 datieren, am ehesten auf die Jahre 1618 oder 1619. Detaillierte Aufschlüsse waren erst möglich, als 1945 Spezialisten fachgerechte Ausgrabungen vornahmen. Die Publikation der Funde sorgte in Fachkreisen für eine Sensation, nicht nur wegen der Reichhaltigkeit und Datierung des Materials, sondern auch weil sich dahinter eine menschliche Tragödie offenbarte.[181] Lange wurde daher darüber gestritten, was die beiden Fundorte miteinander verbinden könnte und wie man das Ganze deuten müsse.

Zunächst aber sollen die beiden Fundstätten näher vorgestellt werden. Auf der Faddeja-Insel bestand sie aus einem Lagerplatz unweit des Strandes, auf welchem Fetzen von grünem Tuch, Werkzeuge, Kupferkessel, Bleiteller, Bleikugeln, Bleibarren zum Gießen von Kugeln, Fragmente eines kleinen Fässchens, in dem wohl Schießpulver aufbewahrt worden war, ein Flintenlauf, Lederfutterale, ein Schabeisen, Pfeilspitzen, blaue Glasperlen, zahlreiche Münzen und vor allem mehrere Lagen übereinandergeschichteten, verfaulten Pelzwerks, das mit Brettern abgedeckt gewesen war, verstreut lagen. Einzelne, besser erhaltene Pelzreste zeigten ein seidenweiches Haarkleid, wie es Zobel besitzen. Unweit der Lagerstätte fanden sich die Trümmer eines Bootes sowie eines mit Schwimmplättchen bestückten Fischernetzes. Den Fundplatz am Ufer der Simsabucht beherrschen die Überreste einer kleinen, aus Treibholz errichteten Hütte von 2,6 auf 2,6 Meter, welche in einer Ecke einen primitiven Steinherd beherbergte. Die Fundstücke in der Hütte und unmittelbar um die Hütte setzten sich ähnlich zusammen wie diejenigen auf der Faddeja-Insel, aber sie enthielten an Besonderem noch einen Kompass, eine Sonnenuhr, ein Feuerzeug, einen Schleifstein aus Schiefer, einen Bohrer, mehrere Messer, ein Beil sowie das Fragment eines Kammes aus Mammutelfenbein. Die Feuerstelle barg zahlreiche verkohlte Knochenreste von Kleinsäugern, offensichtlich Polarfüchsen; abgenagte Knochen waren zudem über den ganzen Boden der Hütte verstreut. In dieser winzigen Hütte haben drei Menschen zu überwintern versucht, denn die sterblichen Überreste eines Mannes und – was man in dieser arktischen Halbwüste nicht erwarten würde – einer Frau lagen in der Hütte selber, die eines weiteren Mannes ganz in der Nähe. Dass ein weibliches Wesen unter den drei Bewohnern gewesen sein muss, verraten Haarreste und die Fetzen eines Sarafan, wie ihn nur Frauen trugen.

Die Funde sind aus zwei Gründen spektakulär. Zum einen vermitteln sie ein detailliertes Bild von der Ausrüstung einer Schiffsbesatzung, die im frühen 17. Jahrhundert von der Eismeerküste aus in die sibirische Waldtundra und Taiga vorzustoßen versuchte, um Zobel zu jagen und indigenen Waldvölkern Zobelpelze abzukaufen. Mit allem, was sie für eine Unternehmung, die mehrere Jahre dauern mochte, brauchten, waren sie ausgerüstet: mit Kompass, Handwerkszeug für Reparaturen, Fischernetzen, Feuerzeug, einer Feuerwaffe, Bogen mit drei verschiedenen Pfeiltypen – Pfeile mit Eisenspitzen zur Selbstverteidigung, solche zum Schießen von Wasservögeln und solche mit stumpfen Enden zum Erlegen von Zobeln. Um Zobelpelze bei den Eingeborenen einzutauschen, führten die Seefahrer bunte Glasperlen, Kupferkessel, Eisenwaren und Silbermünzen mit. Was die Funde nicht enthalten, sind die Vorräte an Mehl und Grütze, die neben Fleisch und Fisch, die man unterwegs beschaffte, für das Überleben unerlässlich waren. Entweder hat sie der Zahn der Zeit verschwinden lassen oder sie waren zum Zeitpunkt des Schiffbruchs bereits aufgebraucht. Der zweite Grund, warum die Funde so spektakulär sind, bezieht sich auf ihre Datierung und den Fundort. Sagt beides etwas aus über Chronologie und Topographie der russischen Eismeerfahrten?

Auf diesem Hintergrund drängt sich die Frage auf, ob man die Deutung dieser beiden Fundstätten auf einen Nenner bringen kann. Einig sind sich die wissenschaftlichen Kontrahenten darin, dass beide Fundstätten Russen zuzuordnen sind, dass sie zeitlich wie auch sachlich miteinander in Zusammenhang stehen und Zeugnis von einem gescheiterten Schiffsunternehmen ablegen, das die Erjagung von Zobeln und den Kauf von Pelzwerk bei indigenen Völkern zum Ziel hatte. Alles andere ist kontrovers: Ob beide Fundorte einem oder zwei gestrandeten Schiffen zuzuordnen sind; in welcher zeitlichen Reihenfolge sie zueinander stehen; aus welcher Richtung die Gestrandeten gekommen sind; warum es nur auf dem Festland und nicht auf der Insel sterbliche Überreste der Schiffsbesatzung gibt.[182]

Nahezu alle Kommentatoren gehen davon aus, dass die gescheiterte Schiffsexpedition auf dem Weg nach Osten war und dass sie ihren Ausgang in einem der nordrussischen Häfen genommen haben dürfte; darauf verweisen Fundstücke westeuropäischer Provenienz wie englische Rechnungsjetons, die am ehesten in Städten zu erwarten sind, welche direkten Seehandel mit England und Holland betreiben. Darauf verweist aber auch der auf einem Messergriff eingeschnitzte Besitzername *Akakij Murmanec* – Akaki von der Murmanküste.[183] Als Ziel der Unternehmung nimmt Leonid Swerdlow, der derzeit wohl beste Kenner des Themas, die etwa 400 Kilometer östlich der Halbinsel Taimyr gelegene Mündung der Lena an. Er begründet dies mit dem gewaltigen Schatz von 3482 Silbermünzen (davon der größere Teil auf der Insel, der kleinere in der Hütte),[184] der neben Glasperlen, Kupferkesseln und eisernen Werkzeugen für den Handel mit Indigenen bestimmt gewesen sein müsse. Da aber die Waldvölker des unteren Jenisseibeckens an Silber zur Schmuckverarbeitung nicht interessiert gewesen seien, sondern nur die Jakuten des Lenabeckens, die wegen ihrer traditionellen Kontakte mit China mit Silber vertraut waren, könne das Silber allein für Jakuten bestimmt gewesen sein. Dabei sei es nicht um den Münz-, sondern ausschließlich um den Gewichtswert des Silbers gegangen.[185] Diese Argumentation ist nachvollziehbar, löst aber das Problem nicht, dass die Expedition, als sie nach Umrundung von Kap Tscheljuskin scheiterte, bereits unterwegs große Mengen an Zobelpelzen an Bord genommen hatte. Warum sollte sie dann weiter bis zur Lena und diese dann noch Hunderte von Kilometern stromaufwärts fahren, bis man den Taigagürtel erreicht hatte? Swerdlow meint, sie habe zuvor am unteren Jenissei überwintert und dort das Pelzwerk erworben.

Mir drängt sich jedoch eine ganz andere Erklärung auf, nämlich dass die Seefahrer bereits die Lena erreicht hatten und mit den Zobelfellen auf dem Rückweg vor Taimyr gestrandet sind.[186] Alle Kommentatoren sind sich wenigstens darin einig, dass es im Herbst gewesen sein muss, als die Seefahrer zunehmend in Packeis gerieten und sich mit dem Beiboot, dessen Trümmer auf der Faddeja-Insel noch zu sehen waren, dorthin gerettet haben könnten. Ihren kostbaren Pelzschatz haben sie mit an Land genommen und dort provisorisch mit Brettern und Steinplatten abgedeckt. Da von den Angehörigen der Schiffsbesatzung selber sich auf der Insel keine Spuren fanden, muss man annehmen, dass sie über das Eis auf das Festland gelangt sind. Sollte die kleine Schutzhütte, die sich an der Simsabucht fand, von ihnen gebaut worden und nicht einem zweiten Schiff der Expedition zuzuordnen sein, dann stellt sich eine weitere Frage: Warum blieben zwei Männer und eine Frau in der Hütte zurück? Den persönlichen Fundstücken nach zu urteilen, muss der in der Hütte aufgefundene Tote einen besonderen Status gehabt haben, wie unter anderem sein silbernes, mit Filigranen reich verziertes Brustkreuz, vergoldete Silberknöpfe, der grüne Tuchmantel mit bestickten Querschließen und der Schlüssel zu einer Schatz- oder Schmuckschatulle belegen. In einem reich verzierten, ungewöhnlich großen Messerfutteral steckten überdies Reste eines Papiers, dessen entzifferbare Fragmente darauf schließen lassen, dass dies eine staatliche Privilegurkunde gewesen sein könnte, vermutlich die Erlaubnis zu freier Eismeerfahrt.[187] Dies und die außergewöhnliche Tatsache, dass eine Frau den Mann begleitete – seine Ehefrau oder eine Konkubine –, spricht dafür, dass wir es hier mit dem Kopf des ganzen Unternehmens zu tun haben, einem begüterten Kaufmann. Er ist wohl mit Rücksicht auf die Frau in der Hütte zurückgeblieben, unterstützt von einem dienstbaren Geist. Die restlichen Überlebenden könnten versucht haben, sich der Küste entlang weiter durchzuschlagen in der Hoffnung, irgendwo auf Eingeborene zu treffen, um dann die Zurückgebliebenen nachzuholen und das Pelzwerkdepot zu bergen. Aber der Taimyr war im Winter menschenleer, und der Trupp ist unterwegs zugrunde gegangen. Die drei in der Hütte müssen nicht sehr viel später gestorben sein – verhungert, weil man im Dunkel der Polarnächte nicht jagen kann, oder erfroren, weil sich kein Treibholz für das Feuer mehr auftreiben ließ. Ist das alles plausibel genug?

Auch bei diesem Erklärungsversuch bleiben Fragen offen. Wenn die Expedition tatsächlich auf dem Rückweg von der Lena war, warum hatte sie immer noch so viel Silber, Glasperlen und andere Tauschwaren bei sich? Wenn die Seeleute ihren Chef in der Hütte zurückgelassen haben, um Hilfe zu holen, warum haben sie Kompass und Sonnenuhr nicht mitgenommen, die sie unterwegs gut hätten brauchen können? Oder haben gar die beiden Fundstätten ursächlich überhaupt nichts miteinander zu tun? Rätsel über Rätsel! Sie zeigen uns selbst für die frühe Neuzeit die Grenzen archäologisch begründeter Erklärungsversuche auf, wenn keine schriftlichen Quellen zu helfen vermögen. Letztlich wird der Schleier über der Schiffstragödie östlich des Taimyr sich wohl nie lüften.

**Das Ende der Pomorenfahrten**

Am 29. November 1619 erließ Zar Michail einen Ukas, der die Schiffspassage von den nordrussischen Häfen zum Ob und zum Jenissei grundsätzlich untersagte. Dieses Verbot galt nicht nur für ausländische Schiffe, sondern auch für die Pomoren. Wie kam es dazu?

Das Interesse an der Erkundung immer neuer Gebiete Sibiriens wurde angetrieben von dem Hunger nach Zobelpelzen und Edelmetallen. Zwei Akteure, die zunächst unabhängig voneinander agierten, lieferten sich dabei einen Wettlauf: Unternehmer, Seefahrer und Trapper aus dem Pomorje auf der einen und staatliche Agenten auf der anderen Seite. Dabei waren die Pomoren – wie wir schon gesehen haben – wegen ihrer auf Privatinitiative gestützten Beweglichkeit der staatlichen Seite immer einen Schritt voraus. Dies galt nicht nur für die Küstenfahrten, sondern auch für die Unternehmungen, die seit 1601 von Mangaseja aus gestartet wurden. Schon unmittelbar nach dessen Gründung müssen Pomoren am Turuchanfluss unweit des Jenissei das schon erwähnte Winterlager Turuchansk angelegt haben; etwa gleichzeitig dürfte auch am östlichen Ende einer weiter südlich vom Ob zum Jenissei führenden Route das Winterlager Inbatskoje entstanden sein – etwa auf halbem Weg zwischen Unterer und Steiniger Tunguska an der Mündung des Flusses Jelogui.[188] Dies ließ den Wojewoden von Mangaseja, dessen vornehmste Aufgabe darin bestand, für den Zaren so viel Pelzwerk wie möglich an Tribut und Zollgebühren einzutreiben, nicht ruhen. Denn an der Pelz-«Frontier» hatte er ebenso wenig Möglichkeiten, die wilde Erhebung von Tributen und den Pelzhandel zu kontrollieren wie bei den Küstenfahrten der Pomoren. Daher ließ er spätestens 1607 in beiden Winterlagern einen staatlichen Stützpunkt errichten, der von Trappern und Pelzhändlern Zoll kassieren sollte. Der gleiche Vorgang wiederholte sich etwas später, als noch weiter südlich Trapper die Route vom Ob zum Jenissei gegenüber der Angaramündung erkundet hatten – und zwar den Ob-Nebenfluss Ket aufwärts und von diesem aus über eine schmale Wasserscheide zu einem kleinen Zufluss des Jenissei. Sobald die Vertreter des Staates dieses neuen Zugangs zum Jenissei gewahr wurden, sicherten sie sich den Zugriff auf alle, die ihn benutzten, durch die Anlage von Forts an Schlüsselstellen: Am westlichen Ausgangspunkt dieser Route, nämlich an der Mündung der Ket in den Ob, entstand Ketsk, dort, wo am Oberlauf der Ket die Schleppstelle über die Wasserscheide begann, das Fort Makowskoje, und dort, wo die Route den Jenissei erreichte, das «neue» Fort Jenisseisk. Alle drei Forts werden in der Instruktion von 1616 für eine Gesandtschaftsreise zum Mongolenherrscher Altyn Khan bereits genannt. Diese damals südlichste Route vom Ob zum Jenissei entwickelte sich bis zur Anlage des «Großen Sibirischen Traktes» im 18. Jahrhundert zur wichtigsten Verbindung zwischen West- und Mittelsibirien.[189] In demselben Jahr 1616 wies die zarische Administration übrigens den Wojewoden von Mangaseja an, die Mündung des Jenissei erkunden zu lassen (Quelle 1).

Auch die Erkundung des Landweges zur Lena ging auf das Konto von Abenteurern, die aus eigenem Antrieb handelten – zum letzten Mal. Es war ein gewisser Penda oder Pjanda, ein Pomore, der um das Jahr 1621 in Turuchansk 40 Abenteuerlustige um sich scharte und die Untere Tunguska aufwärtsreidelte, um einen Zugang zur sagenhaften Lena zu suchen. Drei Jahre brauchte er, bis er die schmalste Landbrücke zwischen den Oberläufen beider Ströme gefunden hatte. 1624 kehrte er über die Angara nach Jenisseisk zurück und erstattete dem Wojewoden Bericht.[190] Damit war der Startschuss für eine neue Runde weiteren Vordringens nach Osten gefallen – die Erkundung und Erschließung des gesamten Beckens der Lena. Es ist anzunehmen, dass die Pomoren schon vorher zu Schiff den Strom erreicht haben, wie möglicherweise das auf den Faddeja-Inseln gestrandete Unternehmen von 1618 oder 1619. Aber solange sich keine archäologisch nachweisbaren Spuren an der Lena selber finden lassen, muss es bei der Vermutung bleiben.

Bis zu diesem Zeitpunkt hatte das Moskauer Reich sein noch sehr lose geknüpftes Netz von Stützpunkten an den unteren Jenissei vorgeschoben und begann nun systematisch von ihnen aus, auch von den Eingeborenen des östlichen Vorfeldes an Angara, Steiniger und Unterer Tunguska Tribute in Form von Pelzwerk (Jassak) einzutreiben. Zugleich waren die staatlichen Amtsträger nun in der Lage, den Pelzhandel besser zu kontrollieren. Trapper und Pelzhändler mussten vorgeschriebene Routen benutzen, welche die staatlichen Stützpunkte miteinander verbanden und wo der Staat Zollgebühren kassierte.

Während der beiden ersten Jahrzehnte des 17. Jahrhunderts befand das Moskauer Reich sich im Bürgerkrieg und im Krieg mit Polen-Litauen und Schweden. Die Staatskasse war leer. Sie mit Einnahmen aus dem lukrativen Pelzhandel zu füllen, schien daher das Gebot der Stunde. In diesen Zusammenhang gehört auch der Ukas von 1619, welcher die freie Schifffahrt von den nordrussischen Küstenhäfen nach Sibirien untersagte, und zwar aus zwei Gründen: zum einen, um zu verhindern, dass die Unternehmer aus dem Pomorje auf dem schwer kontrollierbaren Seeweg die staatlichen Zollstationen umgehen konnten; zum anderen, weil die englischen, holländischen und dänischen Kaufleute, die sich vor allem in Archangelsk festgesetzt hatten, immer wieder versuchten, mit eigenen Schiffen zu den sibirischen Küsten und nach Mangaseja vorzudringen und darüber hinaus die Möglichkeiten eines nördlichen Seeweges nach China und Indien zu erkunden. Dieser unerwünschten ausländischen Konkurrenz wollte man energisch einen Riegel vorschieben.[191]

Dass es den Pomoren seit 1619 verboten war, per Schiff die sibirischen Küsten und Mangaseja aufzusuchen, hatte Folgen. Im Laufe des 17. Jahrhunderts ging die wirtschaftliche Bedeutung der nordrussischen Städte zurück mit Ausnahme von Archangelsk. Ust-Zilma und Pustosjorsk büßten sogar die Hälfte ihrer Einwohnerschaft ein.[192] Selbst auf Mangaseja (Textabb. 5), den damals wichtigsten Pelzumschlagplatz Sibiriens, wirkte sich das Verbot aus.[193] Schon seit Mitte der dreißiger Jahre begann die Stadt allmählich dahinzuwelken. Aus Westen, vom Ural her, reisten fast keine Kaufleute mehr an, sondern bevorzugten die weiter im Süden gelegenen Routen, die in Jenisseisk endeten. Nur noch für aus dem Osten einströmendes Pelzwerk blieb Mangaseja Zollstation und Zwischenlager. Für seinen wachsenden wirtschaftlichen Bedeutungsverlust spielten jedoch noch andere Gründe mit. Da Ackerbau aus klimatischen Gründen nicht möglich war, musste das Getreide für die Ernährung der Einwohnerschaft von weit her antransportiert werden – anfänglich zu Schiff von den nordrussischen Küstenhäfen und seit dem zweiten Jahrzehnt des 17. Jahrhunderts aus den gerade erst erschlossenen Ackerbaugebieten um Tobolsk

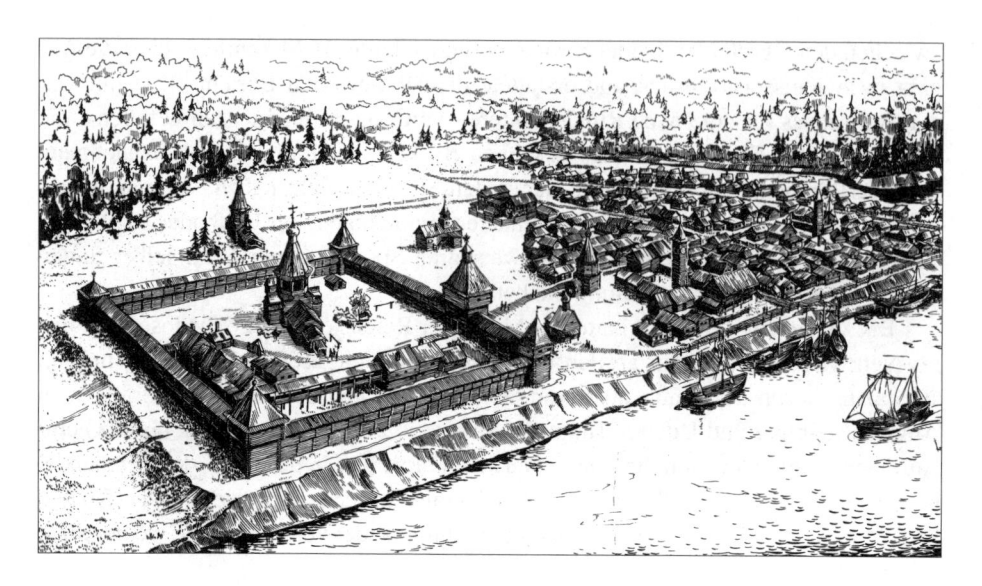

Textabb. 5: Mangaseja am Tas, Hauptort Nordsibiriens (1600–1672). Rekonstruktion nach den Ausgrabungen von 1968-1973

im Südwesten Sibiriens. Die mit Getreide beladenen Kotschen brauchten von Tobolsk bis nach Mangaseja jedoch je nach Wetter acht bis dreizehn Wochen, mussten sie doch einen riesigen Umweg machen: den Ob bis zur Mündung abwärtsfahren, den Busen des Ob und dann den Busen des Tas durchsegeln und schließlich sich den Tas gegen die Strömung aufwärtsarbeiten. Es gab aber auch Jahre, in denen die Schiffskarawanen ihr Ziel überhaupt nicht erreichten, weil heftige Stürme sie im Busen des Ob scheitern ließen. Besonders schlimm waren die aufeinanderfolgenden Katastrophenjahre 1642 bis 1644, in denen kein einziges Versorgungsschiff durchkam und Mangaseja hungern musste. Als seit dem zweiten Viertel des 17. Jahrhunderts um Jeniseisk eine weitere Ackerbauinsel zu entstehen begann, deren Erzeugnisse sich kostengünstig stromabwärts transportieren ließen, wurde die Frage einer Verlegung Mangasejas in die Nähe des Jenissei spruchreif. Es dauerte aber noch Jahre, bis die Moskauer Regierung dem Drängen der Wojewoden von Mangaseja nachgab – dies wohl auch deshalb, weil es als sinnvoll erschien, das staatliche Kontrollzentrum Nordsibiriens näher an die nach Osten gewanderte «Pelz-Frontier» zu verlegen. So wurden bis 1672 die Verwaltung und fast die gesamte Einwohnerschaft der Stadt an den Ort des Winterlagers Turuchansk, unweit der Mündung des Turuchan in den Jenissei, umgesiedelt. Den Namen Mangaseja nahm die Stadt mit, zur besseren Unterscheidung von der Vorgängersiedlung führen die Historiker sie allerdings meist unter dem Zusatz «Neu»-Mangaseja. Im Lauf der Zeit setzte sich dann aber der Name Turuchansk durch.

Dass der Staat mit dem Ukas von 1619 die wirtschaftlichen Aktivitäten des nordrussischen Unternehmertums beschnitt, sollte sich als symptomatisch für das künftige Verhältnis von Staat und Wirtschaft in Russland erweisen. Mit der wachsenden Regu-

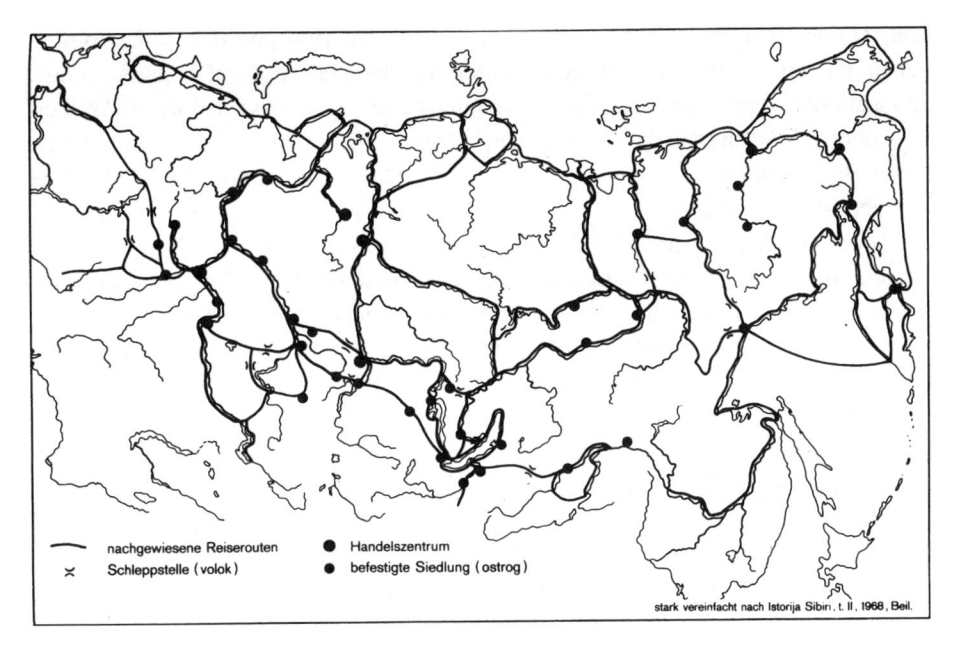

Textabb. 6: Die Flüsse als frühe Verkehrswege und Leitlinien für die Durchdringung Sibiriens

lierung des Wirtschaftslebens und der Indienstnahme von Kaufleuten und Unternehmern durch den Staat begann sich mehr und mehr jenes Ungleichgewicht herauszubilden, das bis heute die wirtschaftliche Spontaneität und Eigeninitiative behindert.

Das Ende der freien Erkundungsfahrten durch die Pomoren bedeutet aber auch in der Entschleierung Sibiriens einen tiefen Einschnitt, denn von nun an spannte der Staat bei der Erkundung noch unerforschter Gebiete Sibiriens mit Trappern und Abenteurern zusammen und suchte auf diesem Weg die Kontrolle über deren Aktionen zu behalten. Dies war die Geburtsstunde der sibirischen Kosaken.

## Der Wettlauf ums schwarze Gold

«Kosaken» hatte der Staat schon seit dem Ende des 16. Jahrhunderts in Dienst genommen. Als ehemalige Flussfreibeuter im Niemandsland der osteuropäischen Ströme waren sie es gewohnt, sich gegen widrigste Lebensumstände zu behaupten, und vor allem kannten sie sich in der Handhabung von Booten aus. Boote in den verschiedensten Ausführungen wurden nämlich zum wichtigsten Mittel, um viel schneller, als dies auf dem Landweg möglich gewesen wäre, Sibirien zu durchqueren (Karte Textabb. 6). Anders hätten die Russen schwerlich bereits 1639 das Ochotskische Meer, ein Randmeer des Pazifischen Ozeans, erreicht.[194] Das heißt, für die rund 4500 Kilometer vom Ural (Jermak 1582) bis zur Pazifischen Küste benötigten die russischen Kundschafter nicht einmal sechzig Jahre. Möglich wurde dies trotz der nord-südlichen Ausrichtung der Hauptströme, weil Ob, Jenissei und Lena zahlreiche breitenparallel verlaufende Nebenflüsse aufnehmen, welche untereinander nur durch relativ schmale Wasserscheiden getrennt sind.[195] Die schmalsten und für den Transport der Boote vom einen in das andere Flusssystem geeignetsten Verbindungswege aufzuspüren, wurde zu einem der wichtigsten Ziele der Erkundungsfahrten. Diese Wege über die Wasserscheiden, auf denen man die Boote je nach Größe tragen, schleifen oder auf untergelegten Baumstämmen rollen musste (Textabb. 7), nannten die Russen «Schleif-» oder «Schleppstellen» *(voloki)*.

Im ersten Viertel des 17. Jahrhunderts begann sich eine vom Staat besoldete Schicht von Dienst- oder Stadtkosaken herauszubilden, welche den einzelnen Forts und Stützpunkten zugeordnet waren. Neben den Angehörigen des stehenden Heeres, den Musketieren (Strelitzen, *strel'cy*), stellten sie die irregulären Verbände der militärischen Macht. Ihren ältesten Kern bildeten die «echten» ehemaligen Freibeuter. Sie stammten aus allen «freien» Kosakenheeren von Wolga, Jaik, Don, Terek und Dnepr, denn die Aufnahme in den Staatsdienst im Verein mit der reichen Beute, welche Sibirien versprach, muss eine enorme Anziehungskraft auf sie ausgeübt haben. Die bei den freien Kosaken üblichen Rangbezeichnungen und Untergliederungen nach dem Dezimalsystem wurden übernommen. So hießen die Anführer ebenfalls «Ataman», die Unterführer «Haupt» *(golova)* und die niederen Kommandochargen «Hundertschaftsführer» *(sotnik)*, Fünfzigerschaftsführer *(pjatidesjatnik)* und Zehnerschaftsführer *(desjatnik)*. Trotzdem rekrutierte sich die große Mehrheit dieser irregulären Streitkräfte im Lauf der Zeit aus anderen Teilen der Bevölkerung: aus Bauern und Städtern Nordrusslands (großenteils meereskundigen Pomoren) und von der mittleren Wolga, aus Kriegsgefangenen (insbesondere Ukrainern, Weißrussen und Polen), aus Verbannten und auch schon aus landeskundigen, getauften Eingeborenen. Sie alle verschmolzen mit dem herkömmlichen kosakischen Kern zu einer neuen Schicht von «Dienstleuten des Herrschers» *(gosudarevye služivye ljudi)* – äußerlich wie Kosaken organisiert, aber der Befehlsgewalt der zarischen Administration unterstellt.[196]

Diese «Dienstleute» *(služivye)* der untersten Stufe stellten im 17. Jahrhundert den wichtigsten militärischen Arm der Staatsmacht in Sibirien dar; sie versahen Garnisonsdienste, hielten die Eingeborenen in Schach, trieben für den Staat bei ihnen den Pelztribut ein und erkundeten in kühnen Raids Neulandgebiete noch weiter im Osten.

## Kosaken und Trapper

Einer der besten frühen Sibirienkenner, Johann Eberhard Fischer, sieht «Wildschützen» als Wegbereiter der Kosaken. «Diese Wagehälse, welche die Länder auf ihre eigene Rechnung durchstreiften, und wo nur was zu erhaschen war, keine Gefahr scheuten, pflegten gemeiniglich den Kosaken den Weg zu ihren Eroberungen zu bahnen, und waren, so zu sagen, ihre Vorläufer.» «Wie stark ihre Gesellschaft zuweilen mag gewesen sein, kann aus einem Bericht aus Turuchansk nach Mangasei vom Jahr 7134 (1626) ersehen werden, da es heißt, dass 28 Kajuken, mit 189 Wildschützen nach der Nishna Tunguska, und 44 Kajuken mit 312 Mann nach der Tunguska, die den Zunamen Podkamenna führt, abgegangen. Sie dienten den Mangaseischen Kosaken, die in keinen großen Parteien gegen die Tungusen zu Felde ziehen konnten, zum Schutz, und halfen ihnen auch fechten, wenn es darauf ankam, um nur die Freiheit des

Textabb. 7: Über die Schleppstellen mussten leichte Boote getragen, schwere gezogen werden (Holzschnitt des 16. Jahrhunderts)

Zobelfangs in ungestörter Ruhe genießen zu können. Nichts desto weniger wurden sie zuweilen von den ihnen auflaurenden Tungusen wacker auf die Finger geklopft, und einem oder dem andern, wenn er sich zu weit von der Gesellschaft entfernete, das Licht ausgeblasen.»[197]

Mit «Wildschütz» übersetzt Fischer den russischen Begriff Promyschlenny oder Promyschlennik *(promyšlennyj, promyšlennik)*.[198] Dieser von Promysl (Gewerbe im weitesten Sinne) abgeleitete Begriff ist so vielschichtig, dass man ihn schwer ins Deutsche übertragen kann. Bedeutungsmäßig verbindet er Kaufmännisches und Gewerbliches mit Fallenstellerei, Jagd und Fischfang. Der Promyschlennik war ein «Allrounder» der Taiga, der vor allem auf Pelztiere aus war, sie fing oder schoss und ihr Fell verkaufte. Als Zobel und Hermelin rarer wurden, begnügte er sich auch mit den Fellen von Schwarz- und Silberfüchsen. Um sich zu ernähren, schoss er Wasservögel und fing Fische. Er verstand sich aber auch darauf, Salzquellen oder Bodenschätze aufzuspüren und allenfalls zu vermarkten. Fischers Übersetzung von Promyschlenny mit «Wildschütz» trifft zwar den Kern der Sache, aber nicht das Ganze. Nach Cottrell bezieht sich die Bezeichnung *Promysl'* auf das Aufstellen von Fallen und die Anlegung von Fallgruben, um Pelztiere oder Wild zu erbeuten, desgleichen auf die Fischerei, während *Ochota* die Jagd mit Pfeilbogen und Gewehr meine.[199] Daher ziehe ich den weiter gefassten Begriff «Trapper» vor. Was den Promyschlennik, der eigentlich ein Einzelkämpfer war, mit den Kosaken verband, war seine Fähigkeit, auch unter schwierigsten Bedingungen in der Wildnis zu überleben, seine Vertrautheit mit dem Boot und sein Bestreben, neue Reviere zu erkunden. Daher war der Übergang zwischen Kosaken und Trappern fließend, es kam häufig vor, dass im Bedarfsfall Trapper vor Ort ohne Umstände zu Kosaken erklärt wurden. Die russische Geschichtswissenschaft verwendet für diesen Typus von Aben-

Textabb. 8: Trapper auf Pelztierjagd im Winter (Holzschnitt des 16. Jahrhunderts)

teurern die Bezeichnung «Landdurchdringer» *(zemleprochodec)*. Der Trapper ging seinem Gewerbe vor allem im Winter nach, wenn er sich auf Schneeschuhen (Textabb. 8) sowohl in der Taiga als auch in sumpfigem Gelände gut bewegen konnte und seine Beuteobjekte auf Fallen mit Ködern besonders ansprachen (Textabb. 9). Während dieser Zeit lebte er in einer Winterhütte, einem Simowje, das in seiner primitivsten Form aus einem hölzernen Blockbau mit Flachdach, kleinen Fensterluken und einer niedrigen Eingangstüre bestand. Beheizt wurde die Hütte «schwarz», das heißt durch einen Stein- oder Lehmofen ohne Kamin, der seinen Rauch durch das Ofenloch in den Raum und aus diesem durch ein Loch im Dach entließ.[200]

Im Staatsdienst stehende Dienstkosaken und Trapper als unabhängige Abenteurer schlossen sich bis weit in die zweite Hälfte des 17. Jahrhunderts zu Gruppenunternehmungen zusammen, um eine größere Schlagkraft zu erreichen. Auftraggeber waren im Allgemeinen Vertreter des Staates wie die Wojewoden. Wichtigste Triebkraft dieser gemeinsamen Erkundungsunternehmungen blieb die Erschließung neuer Pelztierreviere. Doch anders als zuvor während der Phase der Pomorenfahrten standen nun nicht mehr die Jagd auf Zobel und Hermelin oder der Kauf der Pelze bei indigenen Völkern im Vordergrund, sondern die Unterwerfung der Eingeborenen «unter die hohe Hand des Herrschers» und die Anerkennung seiner Herrschaft durch Zahlung des Jassak (Textabb. 10). Dass Kosaken und mit ihnen ziehende Trapper unterwegs auch ihren eigenen Geschäften nachgingen, versteht sich von selbst. Dabei kam es immer wieder zu regelrechten Wettläufen zwischen einzelnen Erkundungstrupps, um Neulandgebiete als Erste zu erreichen und dort den Jassak zu kassieren, denn neben dem privaten Gewinn winkten nach der Rückkehr zum Stützpunkt auch staatliche Anerkennung und Prämien.[201]

Waren die Kosaken erfolgreich gewesen, hatten neue Jassakpflichtige gewonnen und dem Zaren «viel Gewinn» *(pribyl')* eingebracht, reichten sie eine Bittschrift an

Textabb. 9: Jagd auf das Hermelin mit Schlagfallen (Holzschnitt des 16. Jahrhunderts)

Textabb. 10: Das Einsammeln von Pelzjassak in einem sibirischen Fort (17. Jahrhunderts)

den Herrscher ein, in welcher sie um ein Gnadengeschenk baten. Das konnte in Geld, Tuchen und einer mehrjährigen Befreiung von allen Handelszöllen bestehen.[202]

Die Staatsvertreter versuchten natürlich über diese wilden Gesellen eine gewisse Kontrolle zu behalten und ernannten meist einen oder mehrere Angehörige des niederen Dienstadels zu Anführern. Diese erhielten genaueste Instruktionen. So erteilte etwa am 11. Dezember 1623 der Wojewode von Jenisseisk, Jakow Chripunow, den Dienstleuten Schdan Koslow, Wassili Lodygin und Onanko Iwanow den Auftrag, gemäß zarischem Ukas in das Bratsker Land an der oberen Angara aufzubrechen, zu erkunden, welche Menschen dort lebten, ob sesshaft oder nomadisierend, wie sie organisiert seien, wie es um den Reichtum an Pelztieren stehe und die Häuptlinge der Braten zur Unterwerfung unter die Herrschaft des Zaren und zur Zahlung von Jassak zu bewegen seien; auch sollten sie herausfinden, warum die Braten an den Kan-Fluss gekommen und sich dort niedergelassen hätten. Am Schluss der Instruktion folgte dann die für die staatliche Verwaltung typische Drohung: Falls die drei Dienstleute ihrem Auftrag nicht gewissenhaft nachkämen, so würden sie sich «des zarischen Herrschers und Großfürsten Michail Fedorowitsch der ganzen Rus große Ungnade und öffentliche Züchtigung zuziehen».[203]

Die Wojewoden kümmerten sich auch genauestens um die Ausrüstung der Erkundungstrupps. Einer Weisung der Tobolsker Wojewoden für den Jungbojaren Woin Schachow für eine Erkundungsexpedition an den Wiljui, die Tschona und die Lena vom 30. Juni 1633 lässt sich entnehmen, dass die beteiligten Dienstleute den ihnen zustehenden Geldlohn und Proviant auf drei Jahre im Voraus erhielten, ferner für die gesamte Ausrüstung einschließlich der Schiffe und der Fuhrwerke zur Überwindung des Jenisseisker Wolok einen Requirierungsbefehl, dem alle Amtsträger unterwegs bedingungslos Folge zu leisten hatten. Um die Indigenen freundlich zu stimmen, schütteten die staatlichen Magazine 100 000 Glasperlen, 3 Pud grünes Kupfer in Kesseln und ein Pud Blei in Schalen aus, und für Kämpfe mit den Eingeborenen 40 Brustpanzer.[204]

Die erste Phase der Entschleierung und staatlichen Inbesitznahme Sibiriens dauerte von 1582 bis 1598 und erfasste die beiden nördlichen Drittel des Beckens von Ob und Irtysch. In einer zweiten Phase griff der Erkundungsprozess seit dem Anfang des 17. Jahrhunderts über die Wasserscheide zwischen Ob und Jenissei hinüber und hatte bis etwa 1620 die Jenisseilinie zwischen der Einmündung der Angara und der Küste militärisch gesichert. Die nun einsetzende dritte Phase galt der Erkundung der Zugänge zum Lenastrom und dem Bau erster Brückenköpfe im Gebiet der Jakuten. Sie war mit der Errichtung des Forts Jakutsk 1632 abgeschlossen. Von dieser Zeit an steht die Erkundung Sibiriens ganz im Zeichen gemeinsamer Unternehmungen von Kosaken und Trappern, also des Zusammenwirkens von staatlichen und privatunternehmerischen Interessen. In dieser dritten Phase bildet Jenisseisk als neuer Sitz eines eigenen Wojewoden das Steuerungszentrum des Geschehens.[205]

Diese dritte Phase des Übergreifens vom Becken des Jenissei in das der Lena war geprägt von einem Wettlauf der Wojewoden von Mangaseja und von Jenisseisk um die Kontrolle dieser neuen Goldgrube. Die von Mangaseja beziehungsweise Turuchansk aus startenden Erkundungstrupps wählten den für sie kürzesten Weg die Untere Tunguska aufwärts und dann über die Wasserscheide zum Wiljui, der bereits der Lena zuströmt. Nach der Rückkehr Pendas benutzten in dichter Abfolge 1625, 1626 und 1627/28 weitere Gruppen diese nördliche Route, die allerdings viel länger war als die südliche, von Jenisseisk ausgehende. 1628 erreichte erstmals ein Jenisseisker Dienstmann, Wassili Bugor, das Becken der Lena über die Angara, 1631/32 gefolgt vom Kosakensotnik Pjotr Beketow, der das Fort Jakutsk anlegte.[206] Am gebräuchlichsten wurde dabei die Verbindung den Ilim aufwärts und dann über die Wasserscheide hinüber zum Kupui, einem Nebenflüsschen der Kuta, die in die Lena mündet. Am Anfang des Wolok entstand später das Fort Ilimsk, an der Mündung der Kuta 1631 zunächst als Winterquartier Ust-Kut.[207] Mit der Gründung von Jakutsk hatte Jenisseisk den Wettlauf gegen Mangaseja gewonnen, und der Jenisseisker Wojewode wurde fürs Erste auch zuständig für die Verwaltung Jakutiens. Von nun an gingen jährlich Reisegruppen und Transporte zwischen Jenisseisk und dem Lenabecken hin und her.

Allerdings musste die Angararoute zuvor und auch noch danach über längere Zeit militärisch gesichert werden, weil die Tungusen am Unter- und Mittellauf und die Braten am Oberlauf sich gegen die russische Herrschaft zur Wehr setzten. Dabei konnten sie anfänglich durchaus Erfolge verzeichnen, weil Jenisseisk noch keine große Garnison hatte. Um die untere Angara militärisch zu sichern, errichtete Pjotr Beketow daher 1628 an exponierter Stelle hoch über dem Fluss das Fort Rybenskoi (heute Rybnoje).[208]

Als großes Problem für die Sicherung der Angara erwiesen sich die berüchtigten Stromschnellen, hinter denen die Burjäten lauerten. Kaum hatte Beketow das Fort Rybenskoi angelegt, «als er seinen nach den Burjäten bestimmten Feldzug mit 30 Mann weiter fortsetzte. Er brachte es schon weiter als Perfiriew;[209] denn er befuhr alle Wasserfälle, jedoch nur mit kleinen Strugen oder Kajuken, deren er zwo mit sich nahm, und die größeren Fahrzeuge bei der Mündung des Ilim-Flusses nachließ. Gleichwie Beketow der erste unter allen Russen war, der sich unterstund die berühmte burjätische Porogen zu befahren, also war er auch der erste, der den Tribut seiner Verwegenheit bezahlen musste. An dem mittlern oder dritten Wasserfall, der der gefährlichste ist, und wegen seines hohen Abfalls Padun genannt wird, zerscheiterte die Kajuke, das Proviant ging verloren, und es war ein unverhofftes Glück, dass kein Mensch dabei umkam. Nichts desto weniger setzte Beketow seine Reise mit einer Kajuke fort, und gelangte zu den Burjäten am Oka-Fluss, von welchen er den ersten Tribut empfing. Diesen und den von den Tungusen gesammelten Jassak brachte er im Frühling des Jahrs 7137 (1620 [recte 1629]) glücklich nach Jenisseisk.»[210]

1631 entstand an der Mündung der Oka das Fort Bratsk, welches die obere Angara sichern sollte, aber noch zweimal verlegt wurde. Seinen Namen erhielt es nach dem umwohnenden Volk der Braten (Burjäten). 1634 schickte der Kommandant des Forts, der Strelitzen-Unterhauptmann Waska Tschermenin die Jenisseisker Dienstleute Iwaschka Kolmogor und Butowka Antonow mit dem Dolmetscher Mischka Tarskoi zu vier Häuptlingen der Braten, um wie schon in den Jahren zuvor Jassak zu sammeln und Geiseln zu nehmen. Doch die Braten verweigerten beides und hielten die drei zwei Wochen lang gefangen, folterten sie und wollten sie töten. Auf diese Nachricht hin schickte der Jenisseisker Wojewode Andrei Plemjannikow 1635 den Unterhauptmann Dunaika Wassiljew mit 60 Dienstmannschaften nach Bratsk, um den dortigen Kommandanten und seine Besatzung abzulösen. Doch die Braten überfielen die Abteilung unterwegs, töteten Dunaika und 52 seiner Männer und nahmen deren gesamte Ausrüstung (Flinten, Pulver und Blei) mit. Außerdem fingen die Tungusen zwei Kuriere ab, die von Bratsk nach Jenisseisk unterwegs waren, und raubten sie bis auf die Haut aus, so dass sie erfroren. Diese Nachricht alarmierte selbst das ferne

Moskau. Es wies am 26. April 1636 den Wojewoden an, die getöteten Dienstleute zu ersetzen durch Rekrutierung von 54 vagierenden Personen, selbst russische Verbannte seien willkommen. Der Wojewode von Tomsk solle zudem Waffen nach Jenisseisk liefern, um diese Neurekrutierten auszustatten. Auch drei Jungbojaren, die wegen «Räubereien» aus Moskau nach Tobolsk verbannt worden waren, sollten unverzüglich nach Jenisseisk weitergeschickt werden, um die dortigen Truppen zu verstärken, «denn das Fort Jenisseisk ist ein entlegener Platz, an welchen viele noch unbefriedete Gebiete angrenzen».[211] Daraufhin entsandte der Wojewode von Jenisseisk den Jungbojaren Mikolai Radukowski mit 100 Mann nach Bratsk. Weitere Verstärkung konnte er bis zum Frühjahr 1636 nicht zur Verfügung stellen, weil er in Jenisseisk nur noch 70 Mann hatte; die meisten von ihnen mussten in die verschiedenen anderen Jassakgebiete entsandt werden, so dass in der Festung ganze 22 Mann verblieben. Auf die Nachricht vom Aufstand der Braten hätten auch die Tungusen, Jakuten und Naljagen an Lena und Olekma den Gehorsam verweigert, und man benötige mindestens 200 zusätzliche Mann als Verstärkung, um Remedur zu schaffen.[212] Aber noch 1650 klagte der Bratsker Amtmann Alexei Jewdokimow, dass sich in der Umgebung des Forts bewaffnete Scharen sammelten und er mit seinen 40 Mann Besatzung zu einem Angriff im freien Feld nicht imstande wäre.[213]

Die nächste, vierte Phase der Erkundung Ostsibiriens ging gleitend aus der dritten hervor. Zum einen suchten die Jenisseisker Wojewoden das gesamte Becken der Lena zu erkunden und in Besitz zu nehmen. 1636 machte sich von Jenisseisk aus der Kosakendesjatnik Jelissei Busa mit 10 Kosaken auf den Weg, um weiter Lena-abwärts alle ins Eismeer mündenden Flüsse zu erkunden und die Eingeborenen zu unterwerfen. Er überwinterte im neu angelegten Fort Olekminsk, warb dort im Frühjahr 1637 40 Trapper an und fuhr die Lena abwärts bis zur Mündung. Von dort wandte er sich längs der Küste nach Westen bis zum Olenjok und dann diesen aufwärts, bis er über einen Wolok wieder die Lena erreichte. Dort baute er zwei Kotschen und ging 1638 damit auf seine zweite Reise, die ihn bis zur Jana führte. Er ließ zwei weitere Kotschen zimmern und startete 1639 zu seiner dritten Reise, die ihn an den Tschendon zu den Jukagiren führte. Überall kassierte er Jassak, den er 1640 nach Jakutsk schickte. Er selber kehrte erst 1642 dorthin zurück, als die Festung bereits nicht mehr Jenisseisk unterstellt war.[214]

Seit 1641 nahmen die neu etablierten Wojewoden von Jakutsk die weiteren Erkundungen in eigene Regie. Dabei verfolgten sie zwei Stoßrichtungen – zum einen suchten sie die Erforschung der Eismeerküste von der Mündung der Lena aus weiter nordostwärts fortzusetzen, zum anderen von der Lena aus ostwärts Zugänge nach Transbaikalien zu suchen.

Zur Erforschung der nordöstlichen Eismeerküste und ihrer Zuflüsse: 1641 stieß der Jakutsker Kosak Michail Staduchin mit einer gemischten Truppe aus 15 Kosaken und Trappern über Land von der Lena zum Fluss Indigirka und von dort zu Schiff bis zur Kolyma vor. 1648 setzte einer von Staduchins Kosaken namens Semjon Deschnjow von der Kolyma aus die Erkundung ostwärts fort. Mit mehr als hundert Mann – überwiegend Trappern – startete er auf sieben Kotschen. Es war ein letzter Ausläufer der pomorischen Eismeerfahrten, weil die Expedition von einem Agenten des Kaufmanns

Fedot Popow aus dem nordrussischen Ustjug finanziert wurde. Deschnjow gelang eine welthistorische Pionierleistung, denn, ohne es selber zu wissen, umrundete er die Ostspitze Asiens (er nannte sie «die große Steinnase»), durchfuhr fast hundert Jahre vor Vitus Bering die Meerenge zwischen Asien und Nordamerika (die später nach diesem genannte Beringstraße) und erreichte die pazifische Küste Nordostsibiriens. Alle Schiffe gingen unterwegs verloren, sein eigenes strandete unweit des Flusses Anadyr, und er selber überlebte mit nur wenigen Getreuen die Überwinterung.[215] In diesen unwirtlichen Tundrengebieten stellten nicht Zobel den Reichtum, den es zu erbeuten galt, sondern die elfenbeinernen Stoßzähne von Walrossen.[216]

Zur Erkundung Dauriens von Jakutsk aus: 1639 brach Iwan Moskwitin mit 30 Kosaken von Jakutsk auf, fuhr auf der Lena bis zum Aldan und diesen aufwärts bis zur Maja, von deren Oberlauf er über einen Bergrücken ins Flussgebiet der Ulja gelangte. Er war es also, der als erster Russe die Küste des Ochotskischen Meeres erreichte und von Eingeborenen außerdem erstmals vom Stromgebiet der Seja und des Amur hörte.[217] Daraufhin entsandte der Wojewode von Jakutsk 1643 einen weiteren Erkundungstrupp, der vom Aldan aus zur Seja vorstoßen und diese abwärts in den Amur gelangen sollte. 1644 war die Mündung des Amur erreicht.[218] Die weiteren Erkundungen des Amurbeckens gehören nicht mehr zum Gegenstand dieses Buches.

Die Wojewoden von Jenisseisk ihrerseits blieben, nachdem ihnen 1641 die Zuständigkeit für Jakutien entzogen worden war, auch weiterhin daran interessiert, mit eigenen Kräften weiter südlich nach Transbaikalien vorzustoßen, verspäteten sich damit aber. Vermutlich lag dies an den schon geschilderten Schwierigkeiten, die rückwärtigen Verbindungen gegen Angriffe der Eingeborenen zu sichern. Erst 1643 erreichten Jenisseisker Dienstleute über die Angara den Baikalsee, der ihnen als «Meer» erschien. 1646 stieß dann der Jungbojar Iwan Pochabow mit 84 Kosaken vom Ausfluss der Angara über den Baikalsee zur Selenga vor, zog diese aufwärts und nahm Kontakt zum Mongolenkhan auf. 1648 schickte Jenisseisk den Jungbojaren Iwan Galkin mit 60 Mann Pochabow hinterher. Galkin baute an der Mündung des Bargusin ein gleichnamiges Fort. Von dort gelangten die Jenisseisker bis an die Schilka. Die rückwärtige Verbindung mit Jenisseisk sicherte Pochabow erst 1652, indem er unweit des Ausflusses der Angara aus dem Baikalsee ein Winterlager anlegte, das auf Befehl aus Jenisseisk aber erst 1661 durch ein Fort namens Irkutsk ersetzt wurde.[219] Abgeschlossen wurde der südliche Zugriff auf Daurien von Jenisseisk aus durch einen Auftrag, den der Zar 1654 dem Jenisseisker Wojewoden Afanasij Paschkow erteilte: mit einer Streitmacht nach Daurien zu ziehen und an der Nertscha das Fort Nertschinsk anzulegen. Paschkow konnte jedoch erst 1656 von Jenisseisk aufbrechen. 1658 stand das Fort Nertschinsk.[220] Es sollte sich in der Folgezeit zu einem der Eckpfeiler des Moskauer Reiches zwischen Baikalsee und Amurbecken entwickeln.

Bei der Erkundung Sibiriens von Westen nach Osten spielte das Jenisseibecken mit seinen beiden Steuerungszentren Turuchansk im Norden und Jenisseisk im Süden nur während der dritten Erkundungsphase die Hauptrolle – während der zwanziger und dreißiger Jahre des 17. Jahrhunderts. Mit der schnellen Weiterwanderung der «Frontier» ging die Initiative für die Erkundung Nordostsibiriens und des nördlichen Zugangs nach Daurien an das günstiger gelegene Jakutsk über. Für die südliche Route nach Daurien über den Baikalsee blieb Jenisseisk allerdings noch bis in die frühen fünfziger Jahre bestimmend. Auf längere Sicht vermochte es davon verwaltungsmäßig jedoch nicht zu profitieren, denn die Distanz zu den Außenposten am Baikal und in Transbaikalien war viel zu groß. Als 1682 Irkutsk Sitz eines eigenen Wojewoden wurde, dem die gesamte Baikalregion unterstellt war, verblieb dem Wojewoden von Jenisseisk wie zuvor schon nur das eigentliche Stromland des Jenissei. Allerdings eine Expansionsmöglichkeit, die kaum andere Konkurrenten erwarten ließ, legten ihm die natürlichen Gegebenheiten nahe – die nach Süden stromaufwärts bis hin zum Riegel des Sajangebirges. So begann sich seit der Mitte des 17. Jahrhunderts mit dem Rückzug des Jenisseisker Verwaltungszentrums auf das eigentliche Stromland des Jenissei jenes territoriale Gefäß herauszubilden, welches bis heute Bestand gehabt hat.

Für eine Expansion von Jenisseisk stromaufwärts sahen die äußeren Rahmenbedingungen ungünstiger aus als bei der nach Osten. Dort im Süden hatte man es mit gut organisierten und wehrhaften Reiternomaden zu tun, die sich in zahlreiche Völker untergliederten, aber ihre Lebensweise und die Zugehörigkeit zu den Turksprachen miteinander teilten. Diese Turkvölker nomadisierten am Nordrand des Reiches des Altyn- oder Altankhan, das seinen Schwerpunkt in der nordwestlichen Mongolei hatte und die Tributherrschaft über die Stämme Tuwiniens, des Minussinsker Beckens und des oberen Tschulym beanspruchte. Aber es gab noch eine Bedrohung von Osten her, wo mongolische Burjäten von der Uda aus zu verhindern suchten, dass Russen sich im Becken des benachbarten Kan-Flusses festsetzten.

Schon seit 1620 verlangten die Tobolsker Wojewoden von den Amtsleuten in Jenisseisk, den Einfällen der kirgisischen und tatarischen Reiternomaden einen Riegel vorzuschieben und sie zur Jassakpflicht zu zwingen. Aber eine reelle Chance dazu bestand erst, als 1628 etwa 350 Kilometer südlich von Jenisseisk an der Einmündung der Katscha in den Jenissei unter dem Namen Krasnojarsk ein neues Fort entstand.[221] Dieses wurde für die folgenden Jahrzehnte zum russischen Brückenkopf am Übergang von der Taiga zur Waldsteppe. Dass dort sofort ein eigener, wenngleich zunächst noch Jenisseisk unterstellter Wojewode seinen Sitz nahm, dessen Amtsbezirk das Jenisseibecken oberhalb der Stromschnellen von Kasatschinskoje umfasste, unterstreicht noch seine Bedeutung.

Die benachbarten Reiternomaden begriffen das sofort. Noch bevor die Bauarbeiten abgeschlossen waren, attackierten die umwohnenden Katschinsker und Arinsker Tataren im Bunde mit kirgisischen Reitern am 26. Juli 1628 die Festung, vermochten sie aber nicht zu nehmen. Nach dreiwöchiger Belagerung wagte die Besatzung, die aus 140 Kosaken unter Ataman Iwan Kolzow bestand, unter Einsatz ihrer überlegenen Feuerwaffen einen Ausfall, tötete zahlreiche Tataren und Kirgisen, versklavte Frauen und Kinder und nahm die greise Kirgisenfürstin Kulera als Geisel.[222] Daraufhin unterwarf sich der Häuptling der Arinen, Tatusch, mitsamt seinem Stamm vorübergehend der Tributherrschaft des Zaren und stellte seinen Sohn als Geisel. Dafür durften die Arinen wieder in der Umgebung von Krasnojarsk ihre Herden weiden.[223] Und auch die Tubiner, die am Fluss Tuba nomadisierten, und die Matoren lieferten ihren Jassak nach Krasnojarsk ab.[224]

Von Krasnojarsk aus wurde nun Schritt für Schritt das Becken des oberen Jenissei gesichert, zunächst diejenigen Teile, die noch im Taigagürtel lagen. Wie bereits 1628 am Kan-Fluss bestand der erste Schritt oft darin, eine von Palisaden umwehrte Winterhütte zu bauen, bevor man zwölf Jahre später dazu überging, dort das Fort Kansk anzulegen.[225] 1645 lancierten die Krasnojarsker Kosaken einen Vorstoß noch weiter nach Osten, um die Burjäten an der Uda zu unterwerfen; 1647 errichteten sie dort das Fort Udinsk. Doch erst 1652 gelang es dem Krasnojarsker Wojewoden Andrei Bunakow, die Burjäten mit militärischen Mitteln gefügig zu machen.[226]

Jenissei-aufwärts gestaltete sich die Expansion noch schwieriger, denn im offenen Gelände der Minussinsker Steppe diktierten die Reiternomaden das Kampfgeschehen. Immer wieder erschienen Kirgisen und Tataren plötzlich vor Krasnojarsk, verbrannten die umliegenden Dörfer und belagerten das Fort mehrere Tage lang. Die Garnison war zu schwach,[227] um das Übel an der Wurzel zu packen und durch massiven Einsatz militärischer Mittel das Minussinsker Becken endgültig unter Kontrolle zu bringen. So ging es bis zum Ende des 17. Jahrhunderts hin und her. Bevor 1667 das Mongolenreich des Altyn-Khan zusammenbrach, vermochten die Nomaden sich auf eine starke Macht in ihrem Rücken zu stützen. Aber auch danach noch blieb der obere Jenissei unsicher. Selbst als 1680 eine vereinte Streitmacht mit über tausend Militärdienstleuten aus Tomsk und 472 aus Krasnojarsk gegen die kirgisischen Häuptlinge ins Feld zog, musste sie unverrichteter Dinge wieder heimkehren, desgleichen 1682. Immerhin blieb es daraufhin mehr als ein Jahrzehnt ruhig. Im Januar 1692 belagerten die Kirgisen Kansk. Der Krasnojarsker Wojewode P. S. Mussin-Puschkin bot daraufhin alles auf, was Waffen tragen konnte: 300 Berittene und 430 Mann zu Fuß, darunter 182 russische Bauern und Städter und 87 jassakpflichtige Eingeborene. Diesmal gelang es, die Kirgisen zu überraschen und zu besiegen. Nochmals erschienen sie im September 1700 unerwartet vor Krasnojarsk, trieben die weidenden Herden weg und beschossen die Stadt vom Wachtberg aus mit Feuerwaffen und Pfeilen. Doch diesmal setzten ihnen 300 Kosaken drei Tage lang nach und jagten ihnen die Beute wieder ab. Im folgenden Jahr eröffneten die Wojewoden von Krasnojarsk und Tomsk wiederum mit den vereinten Kräften von mehr als 1200 Soldaten, die auch Kanonen mit sich führten, den Angriff auf die Kirgisen. Unweit der Mündung des Abakan-Flusses entbrannten die letzten Gefechte, bei denen 60 Kirgisen und 36 Russen fielen. Gebannt wurde die Gefahr aus der Steppe erst, als die meisten Jenisseikirgisen 1703 in die Dsungarei abzogen. Nun vermochten sich die Russen am oberen Jenissei auf Dauer festzusetzen. 1707 entstand das Fort Abakan und 1717/18 das Fort Sajan, die beide das Becken von Minussinsk nach Süden wirksam absicherten.[228]

## «Wilder Osten»

Weil Trapper und Kosaken Sibirien schneller durchquerten, als die staatliche Organisation nachzukommen vermochte, bildeten sich überall entlang und hinter der «wandernden Grenze» Verhältnisse, die an die «Frontier» des 18. und 19. Jahrhunderts in Nordamerika erinnern.

Dieser «Wilde Osten» Sibiriens[229] in Analogie zum «Wilden Westen» der USA zeigt seine größte Ähnlichkeit im Grenzgebiet zu den Reiternomaden des Minussinsker Beckens. Wenn man sich die vorhergehende Schilderung des fast ein dreiviertel Jahrhundert lang hin und her wogenden Kampfgeschehens näher vor Augen führt, dann sieht man zahlreiche Parallelen: Die Versuche der Kolonisatoren, durch Anlage hölzerner Forts erste Stützpunkte im Land der Eingeborenen zu schaffen; Garnisonen, die zu schwach waren, um selbst ihr unmittelbares Umland wirksam zu schützen und sich damit begnügen mussten, durch gelegentliche Vergeltungsaktionen den Feind zu schwächen; die Organisation der Tataren, Kirgisen und Burjäten in Clans *(ulusy)* und Horden unter Häuptlingen (russisch *knjazec*, Fürstlein); überraschende Überfälle der außerordentlich beweglichen Reiternomaden, die es auf die Pferde- und Rinderherden der Garnisonen und der umliegenden Dörfer abgesehen hatten und durch Brandschatzung die russische Infrastruktur zu zerstören suchten; der allmähliche Übergang der Angreifer von Pfeil und Bogen zu Feuerwaffen, die sie gefallenen Russen abgenommen hatten; die Militarisierung der gesamten russischen Grenzbevölkerung auch auf dem Lande, wo man die Dörfer befestigte, Wachtürme aufstellte und in den Feldern kleine Blockhäuser anlegte, in die sich die Bauern mit ihren Flinten flüchten konnten, wenn sie von einem Überfall bei der Arbeit überrascht wurden; außerdem unterhielt man ein Netz von Kundschaftern, die das Vorfeld der Siedlungen beobachteten und Informationen über die Bewegungen der Horden sammelten; in Notfällen wie 1692 wurde russischerseits alles aufgeboten, was Waffen tragen konnte, sogar loyale Eingeborene; und es gab auch befristete Zweckbündnisse mit einzelnen tatarischen Clans gegen die Kirgisen.[230]

Als wenn die Repräsentanten der Staatsmacht am Jenissei mit ihrem Dauerkampf gegen die Reiternomaden nicht schon Sorgen genug gehabt hätten, machten sie auch noch eine Front untereinander auf. In dürrer Amtssprache tönt das folgendermaßen: Im Jahr 139 [1630/31] beschwerte sich der Wojewode von Krasnojarsk, Archip Akinfow, in einem Schreiben nach Moskau darüber, dass Jenisseisk im Kansker Land Jassak erhebe, der Krasnojarsk zustehe. Im Jahre 138 [1629/30] sei zu den Häuptlingen der *ulusy* des Kansker Landes «aus der Festung Jenisseisk der Dienstmann Mischka Schorin des Handels wegen zum Häuptling Temsenek [gekommen], und er, der Häuptling Temsenek und die Ulus-Leute trieben mit dem Dienstmann Mischka Schorin keinen Handel, weil sie keine Zobel mehr hatten; etwa zwei Monate später kamen aus dem Fort Jenisseisk in der Nacht unverhofft Dienstleute und töteten von den jassakpflichtigen Leuten 20 und verwundeten viele, und Temseneks Frau und Kinder nahmen sie gefangen und viele Ulus-Leute bekriegten sie und führten ihre Frauen und Kinder in die Gefangenschaft, raubten ihr Eigentum und richteten sie zugrunde. Für Krasnojarsk aber sind von diesen Leuten in die Festung Krasnojarsk Geiseln genommen gewesen, der Sohn des Häuptlings Tymak und der Neffe des Temsenik. Diese Kansker Häuptlinge und Ulus-Leute leben am Kan-Fluss und um den Kan-See, diese Jassakpflichtigen nomadisieren in der Nähe des Forts Kansk, eine halbe Tagesreise entfernt oder näher, und sie liefern dem Herrscher Jassak ab, und Unheil ist von ihnen nie ausgegangen. Die Dienstleute aus der Festung Jenisseisk aber haben diese Jassakpflichtigen des Herrschers überfallen und haben von ihnen die Jassak-Restschuld von 5 *soroki* genommen.» Das habe sich auch unter anderen

Clans herumgesprochen, und daraufhin seien viele Jassakpflichtige gar nicht mehr in Krasnojarsk erschienen. «Auf den Kriegspfad aber hätten sich aus der Festung Jenisseisk der Ataman Iwan Galkin und Mischka Schorin mit Genossen begeben. Er aber, Archip, habe wegen dieser Jassakpflichtigen an den Wojewoden, Fürst Semjon Schechowskoi, in die Festung Jenisseisk geschrieben.»[231]

Aber nicht nur in der gefährdeten Grenzregion neideten die Wojewoden einander den Jassak, obgleich sie Vertreter ein und desselben Fiskus waren. Als beispielsweise durch Gründung und Unterstellung von Jakutsk unter den Wojewoden von Jenisseisk (1632) die Kosaken und Trapper aus Mangaseja und Turuchansk, die doch einige Jahre früher als die Jenisseisker die Lena erreicht hatten, sich um ihre Mühen betrogen sahen, dachten sie nicht daran, klein beizugeben. «Es entstund auch bald Eifersucht und Uneinigkeit unter beiden Parteien», schreibt Fischer, «keine wollte den andern nachgeben, und die Verbitterung nahm endlich so sehr überhand, dass Kosaken gegen Kosaken zu Felde zogen. Dadurch wurden die Jakuten irre gemacht, dass sie nicht wussten, wem sie gehorchen sollten, und die Erpressungen von beiden Parteien setzten das Volk in Verzweiflung, und erregten Hass, Widerspenstigkeit und Aufruhr, da vorher nichts als Freundschaft und Bereitwilligkeit zu allem was man gefordert, war verspüret worden.»[232] Im Winter 1633/34 berichtete der Kommandant des Forts Lena (Jakutsk), der Kosakenataman Iwan Galkin, dem Wojewoden von Jenisseisk, Andrei Plemjannikow, dass im Jakutischen Land Unruhen ausgebrochen seien, weil Dienstleute aus Mangaseja und aus Jenisseisk von den Tungusen und Jakuten gleichzeitig Jassak eintrieben. Es herrschten «große Wirren und Bruderkrieg» *(smuta velikaja i bran' mežduusobnaja)*.[233] Im Frühjahr 1634 lauerte Iwan Galkin den Mangasejer Kosaken nach deren Überwinterung am Aldanfluss auf, um ihnen den seiner Meinung nach unrechtmäßig eingetriebenen Jassak wieder abzujagen. Aber die Mangasejer Kosaken erschossen einen Jakutsker und verwundeten mehrere andere und vermochten zu entkommen. Eine Jakutsker Abteilung jagte hinter ihnen und ihrem Anführer Korytow her und stellte sie eine Tagesreise unterhalb der Einmündung des Wiljui in die Lena. Es kam erneut zu einem Gefecht; diesmal unterlagen die Mangasejer und Korytow wurde gefangen nach Jakutsk gebracht. Alle Pelze, die sie von jassakpflichtigen Tungusen erpresst hatten, obgleich diese bereits ihren Tribut nach Jakutsk entrichtet hatten, mussten sie zurückgeben, desgleichen die mitgenommenen Geiseln.[234]

Doch auch der Wojewode des westsibirischen Tomsk wollte von den neu entdeckten Reichtümern Nordostsibiriens profitieren und schickte 1636 in eigener Regie Dimitri Kopylow mit 50 Kosaken nach Jakutsk. Dieser hütete sich wohlweislich, dort seine Pläne zu verraten, und brach 1637 zum Aldan auf, fuhr ihn hinauf und trieb Jassak ein, auch von denjenigen Eingeborenen, die schon nach Jakutsk gezahlt hatten. Unter den Jakuten requirierte er Hilfstruppen, die seine Feuerkraft nutzten, um den gegnerischen jakutischen Stamm der Silanen auszuplündern.[235] Fischer berichtet: «Zu derselben Zeit war der Syn-bojarski [Jungbojar] Parfen Chodirew aus Jenisseisk abgeschickt, das jakutische Wesen zu besorgen. Er war eben am Amga-Fluss, als Kopylow die Silanen ausplünderte. Er konnte den unrechtmäßigen Eingriff und die Gewalttätigkeiten dieses Manns nicht vertragen, ob er gleich selbst sehr wenig Mäßigung besaß. Er passte ihm auf, und kam ihm just über den Hals, als er mit einem ansehnlichen Raub von Pferden und Rindvieh auf dem Rückweg war. Es kam also zwischen beiden Teilen zum Gefecht, worin die tomskische Kosaken den kürzern zogen, und welches ihnen am schmerzlichsten fiel, sich einer Anzahl von 300 Pferden und 300 Stück Rindvieh, als dem Preis ihrer Freveltaten, beraubt sehen mussten. Der grausame Chodirew bediente sich seines Siegs auf eine unbarmherzige und höchst ungerechte Weise: er ließ 30 Jakuten von des Kopylows Partei niedersäbeln; und an statt das geraubte Vieh den unglücklichen Eigentümern wieder zu geben, so behielt er solches für sich und seine Kosaken. Also kam ein Räuber über den andern, und die armen Jakuten mussten Haar lassen, es mochte gewinnen oder verlieren, wer da wollte.»[236]

Diese andauernden Rivalitäten und Konflikte zwischen den Wojewoden von Mangaseja, Tomsk und Jenisseisk um die Ausbeutung der Eingeborenen Jakutiens vermochte die Moskauer Regierung erst zu beenden, als sie 1641 entschied, Jakutsk aus der Unterstellung unter Jenisseisk herauszulösen und zum Sitz eines eigenen Wojewoden zu erheben.

Aber «wild» zeigte sich der Osten im 17. Jahrhundert auch in anderer Hinsicht. Weil die staatlichen Strukturen sich erst im Aufbau befanden, standen der Willkür Tür und Tor offen (vgl. auch Quelle 2.1). Kosaken sahen sich noch keineswegs ausschließlich als bewaffnete Arme des Zaren, sondern auch die alten Freibeuterinstinkte wurden immer wieder wach, und die machten auch vor den eigenen Landsleuten nicht Halt. So, als 1644 Ataman Wassili Kolesnikow mit 100 Kosaken von Jenisseisk ausgeschickt wurde, um zwischen Angara und Baikalsee nach Silbervorkommen zu suchen, weil man immer noch der irrigen Ansicht frönte, dass der Silberschmuck der Burjäten aus eigenen Silbergruben stammen müsse und kein chinesischer Import sei. Fischer schreibt: Kolesnikow «war schon am Ilim-Fluss vorbei, und bis an den schamanischen Wasserfall gekommen, als er hörte, dass an der Mündung gedachten Flusses verschiedene Fahrzeuge mit Kaufleuten und Freibeutern, die einen reichen Vorrat an Proviant nebst andern kostbaren Waren mit sich führten, angekommen wären. Diese Nachricht machte bei seinem Volk einen so starken Eindruck, dass nichts in der Welt vermögend war sie von dem Vorsatz wieder umzukehren, und ihren eigenen Landsleuten das ihrige mit Gewalt wegzunehmen, abwendig zu machen. Solches bewerkstelligten diese Raubvögel, und setzten hernach ihre Reise weiter fort bis an den Fluss Ossa; an dessen Mündung Kolesnikow bei einbrechendem Winter einen Ostrog baute, um aus demselben die umher wohnende Burjäten zu bezwingen. Solches Unternehmen wurde von denen zu Wercholensk, als die sich alles Land zwischen der Lena und der Angara in ihrem Sinn zugeeignet hatten, für einen Eingriff in ihre Gerechtsame angesehen, und der wercholenische Amtmann protestierte darwider in einem Schreiben an Kolesnikow.»[237] Als ein großes Problem erwies es sich für den Staat, die kostbaren Zobelpelzchen, welche die Eingeborenen als Jassak abgeliefert hatten, unter Bewachung von Ostsibirien nach Moskau zu transportieren. Neben Schlamm und Regen bildeten dabei Raubüberfälle die größte Gefahr – sowohl durch Trapper, denen der Transport begegnete, als auch von Seiten Indigener. Die jedem Transport beigegebene Instruktion schrieb das Verhalten der Begleitmannschaft bis ins kleinste Detail vor, so für den Jungbojaren Iwan Jerastow, der 1662 mit 70 Kosaken, Trappern und vereidigten Warenkontrolleuren Pelzwerk und Walrosselfenbein von Jakutsk nach Moskau zu schaffen hatte. Die Ware war in Holzkisten, Fässern und Säcken aus Packleinwand oder Rentierleder versorgt. Da sie auf dem anderthalbjährigen Weg immer wieder von Booten auf Wagen oder Schlitten umgeladen werden musste, hatten die Kontrolleure die Waren regelmäßig auf Vollständigkeit und Zustand zu überprüfen.

Laut Instruktion sollen «diejenigen Dienstleute, die bei diesem Zobelschatz unseres großen Herrschers nachts keinen Dienst tun, befehlen, dass auf dem Schiff im Wechsel eine Wache aufzieht, so viel Mann wie nötig. Die Schusswaffen müssen bei den Dienstleuten und Trappern stets geladen und schussbereit sein, damit plötzlich auftauchende räuberische Leute von den Braten (Burjäten), Mongolen, Jakuten und Tungusen keinen Schaden anrichten können. Falls aber irgendwelche räuberische Leute von den Burjäten oder andere Eingeborene den Staatsschatz des großen Herrschers und die Dienstleute und die vereidigten Aufseher und die Trapper überfallen und mit ihnen zu kämpfen beginnen, dann sollen er, Iwan, und die Dienstleute und die Trapper mit diesen räuberischen Eingeborenen kämpfen, ohne ihr eigenes Leben zu schonen, sogar dafür sterben, und sie dürfen gegenüber diesen räuberischen Eingeborenen alle Mittel einsetzen, wie es Gottes Hilfe fügt. Wenn aber Begegnung und Kampf mit diesen räuberischen Leuten auf dem Wasser stattfindet, dann sollen er, Iwan und Genossen, die Trapper, die gerade am Schleppseil sind, zu sich an Bord holen, und wenn es leichte Boote sind, mit diesen sofort weiterfahren, die Schiffe aber keinesfalls am Ufer landen lassen und mit diesen räuberischen Burjäten kämpfen und mit ihnen verfahren wie Gottes Hilfe es fügt, damit sie den Schatz des großen Herrschers und sich selber vor diesen räuberischen Eingeborenen beschirmen.» Zudem solle man unablässig Kundschafter aussenden und in Erfahrung zu bringen suchen, ob solche Räuberbanden im Anzug seien.

Schaden zu nehmen drohte die kostbare Fracht aber auch vom eigenen Begleitpersonal. Als der uns schon als «Entdecker» der Beringstraße bekannte Kosak Semjon Deschnjow einen Jassaktransport von Jakutsk nach Moskau zu leiten hatte, musste er am 2. September 1670 dem Wojewoden von Ilimsk den «Staatsschatz» *(kazna)* zur Inspektion vorführen. Dabei zeigte es sich, dass bei acht Packtaschen und sieben Säcken die Jakutsker Siegel zerschnitten waren und offensichtlich ein Teil des Inhalts fehlte. Außerdem war der Inhalt dieser halb offenen Behältnisse unterwegs feucht geworden, musste umgepackt und vorher getrocknet werden. Danach versiegelte der Wojewode von Ilimsk die betreffenden Behälter neu und gab Deschnjow ein großes Schiff. Wegen widriger Winde konnte es auf der Angara aber nicht gesegelt werden und kam trotz Fahrt mit der Strömung wegen seiner Größe so langsam voran, dass es meistens zusätzlich getreidelt werden musste. Als Deschnjow am 26. Juni 1671 endlich in Tobolsk eintraf, zeigte es sich, dass ein Teil der Pelze schon zu faulen begann, was er mit den heftigen Regenfällen unterwegs begründete. Trotzdem versiegelte der Wojewode von Tobolsk die Ladung erneut und entließ Deschnjow im August nach der Zollstation Werchoturje östlich des Ural, wo im November die letzte Inspektion der *kazna* erfolgte. Der Zollinspekteur Sila Sadilow notierte, dass mehrere Säcke aus Packleinwand Löcher hatten oder Flicken aufwiesen. Es wurde ein Protokoll aufgenommen, in welchem Deschnjow und seine Vereidigten erklärten, dies rühre daher, dass in Tobolsk während der Lagerung der *kazna* im staatlichen Speicher Mäuse diese

Löcher verursacht hätten. Am 25. Dezember 1671 erreichte Deschnjow Moskau und lieferte seine Ladung ab. Wegen der Verluste unterwegs gab es jedoch keine Schereien.[238]

## Die Vermessung Sibiriens

Schon von Anfang an wies Moskau die Wojewoden neu gegründeter sibirischer Festungen an, Beschreibungen der Hauptverbindungsrouten zu erstellen und Kartenskizzen *(čertëžy)* von der Umgebung der Festungen zeichnen zu lassen.[239] Im Jahre 1638 lautete beispielsweise die Routenbeschreibung von Mangaseja zur Lena: «Um an diesen Strom Lena zu gelangen, soll man von Mangaseja aus zu Schiff die Flüsse Tas und Wolotschankoja aufwärtsfahren und über Seen und ihre Verbindungsflüsse mit Kotschen und Kajuken 10 Tage bis zum Jenissei-Wolok; der Wolok ist aber schmal, kaum mehr als ein halber Werst; und von diesem Wolok zu Schiff in die Seen und über die Verbindungsflüsse der Seen sind es bis zum Fluss Turuchan zwei Tagereisen; und auf dem Turuchan und dem Schar sind es bis zum Simowje Turuchansk 10 Tagereisen; und vom Simowje Turuchansk auf dem Schar und dem Turuchan und dann auf dem Jenissei abwärts zwei Tagereisen; dann den Tunguska-Fluss aufwärtsgehen bis zur Mündung des Flusses Titeja, und über den Wolok bis zum Fluss Tschona sind es zwei Tagereisen; an diesem Ort soll man überwintern und Schiffe bauen und im Frühjahr auf dem Tschona-Fluss bis zum Fluss Wiljui fahren, 10 Tagereisen, und auf dem Wiljui sind es bis zum Lena-Strom drei Wochen.»[240] Auch nach Parallelrouten sollte gesucht werden, um die bestmögliche Variante herauszufinden.

Das auf diesem Weg allmählich entstehende Kartenskizzenbuch Sibiriens war naturgemäß grob und außerordentlich lückenhaft, ihm lagen keine Vermessungen zu Grunde. Es beschränkte sich auf die besiedelten Gebiete längs der Hauptverkehrsachsen zu Wasser und zu Lande. Aus den am Ende des 17. Jahrhunderts verfügbaren Kartenskizzen stellte um 1700 Semjon Remesow in Tobolsk ein «Kartenskizzenbuch Sibiriens» *(Čertëžnaja kniga Sibiri)* zusammen, das sich an den Wojewodensitzen orientiert.[241] Das Jenissei-Stromland ist mit den Blättern Neu-Mangaseja (Turuchansk), Jenisseisk und Krasnojarsk vertreten.[242] Wie nebulös noch zu dieser Zeit selbst im westsibirischen Tobolsk die Vorstellungen von der Eismeerküste zwischen Jenissei und Lena waren, offenbart das Blatt Turuchansk, auf welchem der wuchtige Block der Halbinsel Taimyr zwischen den Strömen Pjassina und Chatanga lediglich als ein unbedeutender Zacken erscheint. Diesem Unwissen sollten die umfangreichen wissenschaftlichen Forschungsreisen abhelfen, welche der Staat während des 18. Jahrhunderts durchführen ließ. Weil eine moderne Wissenschaft im Zarenreich aber erst noch geschaffen werden musste, lagen diese Forschungsreisen weitgehend in den Händen deutscher Gelehrter, die man deshalb eigens nach Russland berief. Dies waren Universalgelehrte, welche dem Aufklärungszeitalter angehörten und ihre Mission unter den Prinzipien des damaligen Wissenschaftsverständnisses wahrzunehmen versuchten.[243]

**Die Akademie-Expeditionen**
Der erste russische Zar, dem eine wissenschaftlich fundierte Erforschung und Entschleierung Sibiriens am Herzen lag, war Peter der Große. Hinter diesem Interesse standen nicht nur sein wissbegieriges Naturell und seine Aufgeschlossenheit für die Wissenschaft, sondern vor allem auch das Bestreben, die kartographischen Kenntnisse zu verbessern und für sein wirtschaftliches Entwicklungsprogramm neue Bodenschätze zu erschließen. Der erste in dieser langen Reihe von Forschungsreisenden war der Danziger Daniel Gottlieb Messerschmidt. Der Zar erteilte ihm 1718 den Auftrag, die Kenntnisse von Geographie, Wasserwegen, Botanik, Bodenschätzen und Völkern Sibiriens zu verbessern. Von den insgesamt acht Jahren, die Messerschmidt unterwegs war (1719–1727), widmete er die Zeit von September 1721 bis Sommer 1723 dem Becken des Jenissei. Vom Herbst 1721 bis zum Frühjahr 1723 bereiste er systematisch den oberen Jenissei zwischen Krasnojarsk und dem Fort Abakan und überwinterte in Krasnojarsk, um sein Material zu ordnen und auszuwerten. Anfang Mai 1723 machte er sich mit dem Boot auf nach Jenisseisk und verweilte dort knapp zwei Wochen, um dann flussabwärts nach Turuchansk zu reisen. Dort blieb er vom 16. Mai bis zum 24. Juni, um Erkundigungen über den unteren Jenissei einzuholen. Sein weiterer Weg führte ihn über das Dreifaltigkeitskloster an der Tunguskamündung die Untere Tunguska aufwärts und über den Wolok zur Lena. Auf der Rückreise von Irkutsk im Juni 1725 wählte er die Route auf der Angara durch die Stromschnellen bis zum Padun, fuhr dann aber auf dem Landweg nach Jenisseisk. Dort hielt er sich nicht lange auf, sondern ließ sich über den Wolok bis zum Fort Makowskoje kutschieren, um dann per Schiff die Ket abwärts in Richtung Ob weiterzureisen.[244] Für die Rückfahrt wählte er also die meistbenutzte Route. Messerschmidt war der Pionier der wissenschaftlichen Erforschung Sibiriens, seine Reisetagebücher und wissenschaftlichen Notizen bilden eine unverzichtbare Quelle nicht nur für Natur und Indigene des Jenisseibeckens im frühen 18. Jahrhundert, sondern auch für den Alltag der Städte und die Inkompetenz und Unwilligkeit der Provinzbürokratie. Als er nach St. Petersburg zurückkehrte, war sein Gönner Peter der Große bereits tot, so dass er keine Möglichkeit mehr hatte, seine Aufzeichnungen zu publizieren. Sie sind uns gedruckt daher erst seit 1962 in einer fünfbändigen Edition zugänglich.[245]

Mit der Gründung der Kaiserlich-Russländischen Akademie der Wissenschaften im Jahre 1725 entstand eine staatliche Institution, die sich nun zum Ziel setzte, ein ambitioniertes Programm zur weiteren Erforschung Sibiriens zu entwickeln. Damit begann die Ära der «Akademie-Expeditionen».

Die nächsten beiden Expeditionen standen unter dem Kommando des dänischen Kapitäns Vitus Bering und sind unter dem Namen «Kamtschatka-Expeditionen» in die Annalen der Wissenschaftsgeschichte eingegangen. Für die erste Expedition (1725–1730) erhielt Bering seine Instruktionen noch von Peter dem Großen, dem vor allem daran gelegen war, herauszufinden, ob Sibirien und Nordamerika eine gemeinsame Landverbindung besaßen oder durch eine Meerenge voneinander getrennt waren. Dass Semjon Deschnjow dieses Rätsel 1648 unwissentlich bereits gelöst hatte, war nicht bis in die Hauptstadt gedrungen. Bering hat dann auch die Meeresstraße zwischen beiden Kontinenten entdeckt, die seitdem seinen Namen trägt, während man dem Nachruhm des Erstentdeckers später mit der Benennung des Nordostkaps Asiens

Rechnung trug. Dem Jenissei-Stromland widmete die erste Kamtschatka-Expedition keine Aufmerksamkeit, sie durchquerte es lediglich auf der üblichen Route,[246] die Messerschmidt fast gleichzeitig in der Gegenrichtung nahm.

Die zweite Kamtschatka-Expedition (1733–1743) erhielt wesentlich komplexere Aufgaben. Bering selber führte seine Forschungsreisen im Nordpazifik weiter, entdeckte und kartierte die Küste Alaskas und der vorgelagerten Aleuten, strandete und endete schließlich auf einer der Kommandeurinseln vor Kamtschatka. Für die nähere Erforschung des Jenissei-Stromlandes wurde die landgestützte Abteilung der Expedition von unschätzbarer Bedeutung. Mit Gerhard Friedrich Müller, Johann Georg Gmelin, Georg Wilhelm Steller und Johann Eberhard Fischer zählten zu ihr vier Wissenschaftler, die über außerordentlich breit gefächerte Kenntnisse verfügten. Müller bereiste und erforschte in den Jahren 1734/35 und 1738–1740 intensiv das Becken des Jenissei. Er und Gmelin wählten 1739/40 Krasnojarsk als Hauptquartier, um den langen Winter für die Auswertung ihres Materials zu nutzen.[247]

Nicht einmal von dem genauen Verlauf der Stromwege bestanden exakte Kenntnisse. So beklagte sich Müller in einem Brief vom 2. Dezember 1739 aus Krasnojarsk an Georg Wilhelm Steller in Irkutsk, dass er von der oberen Angara «noch gar keine vollkommene und umständliche» Nachrichten habe.[248] Dabei hatte er schon am 15. Februar desselben Jahres dem Präsidenten der Akademie der Wissenschaften in St. Petersburg von Jenisseisk aus mitgeteilt, dass er mit gleicher Post eine geographische Beschreibung der Flüsse Angara und Tunguska von Irkutsk bis Jenisseisk übersende, die im Jahr zuvor unter seiner Aufsicht verfasst worden sei.[249]

Müller und Fischer schrieben später auf der Grundlage der von ihnen in den Provinzarchiven gefundenen Akten die erste quellengestützte Geschichte Sibiriens. Georg Friedrich Müller und Johann Georg Gmelin zeichneten auch verantwortlich für die Kartierung der Eismeerküste zwischen Ob und Jenissei. Damit beauftragt wurde der Geodät Moisei Uschakow, der unter dem Kommando des Leutnants der Flotte Owzyn auf der Doppelschaluppe *Tobol* in den Jahren 1734–1737 die nötigen Vermessungsarbeiten vornahm.[250] Die Küste östlich des Jenissei blieb jedoch auch weiterhin nur vage bekannt. Erst 1820 bis 1824 erkundete der kaiserliche Leutnant zur See Ferdinand von Wrangel zu Schiff die gesamte sibirische Nordküste genauer, ohne sie allerdings wirklich exakt vermessen zu können.[251]

Von 1770 bis 1774 startete die Akademie noch einmal eine Reihe von Expeditionen nach Sibirien, diesmal unter der Leitung von Johan Peter Falck und Peter Simon Pallas. Sie galten allerdings vor allem Ostsibirien. Pallas verbrachte jedoch den Winter 1771/72 in Krasnojarsk und erforschte von dort aus den oberen Jenissei.[252]

Zu Beginn des 19. Jahrhunderts kann der Kenntnisstand des Landesinneren zwar als einigermaßen befriedigend bezeichnet werden, doch der hohe Norden blieb immer noch erstaunlich nebulös. Daher beschloss die Akademie, gezielt eine Expedition zur Halbinsel Taimyr auszurüsten. Um sie seriös vorzubereiten, sandte sie dem Amtmann von Turuchansk 1840 einen Katalog mit einer ganzen Reihe von Fragen,[253] die diesem wohl nicht wenig Kopfzerbrechen bereitet haben. So sollte er beispielsweise angeben, ob man in Turuchansk zu jeder Jahreszeit genügend Zughunde und 100 Rentiere für die Lastentransporte kaufen könne (Antwort: «In Turuchansk gibt es gar keine Rentiere!»). Aufschlussreich ist die Skizzierung des Wissensstandes eingangs des Fragenkatalogs: «Der am weitesten nach Norden sich erstreckende Theil von Sibirien, der zwischen den Flüssen Pjäsida und Chatanga liegt, ist noch als unbekannt zu betrachten.» Lediglich hundert Jahre zuvor seien zwei Abteilungen der zweiten großen Bering-Expedition über Turuchansk hinaus nach Norden vorgedrungen. Sonst habe es nur Expeditionen längs der Eismeerküste gegeben. Alle Karten der Taimyr-Halbinsel seien höchst ungenau. Einzelne Fragen vermochte der Amtmann nur sehr indirekt zu beantworten. Dies galt etwa für die 36. Frage nach dem nackten Gebirge, «das sich von dem westlich vom Taimur liegenden Vorgebirge nach Süden ziehen und dann nach Osten gegen die Chatanga wenden soll. Ist es sehr hoch? Bleibt es im Sommer mit Schnee bedeckt oder nicht?» Antwort: «Dieses Gebirge nennen die dortigen Einwohner die nordischen Felsen (Severnyja kamni); der Schnee schmilzt auf ihnen im Sommer, woraus man schließen muss, dass es nicht hoch ist.»[254]

Den Auftrag, die Taimyr-Halbinsel im Rahmen einer groß angelegten Expedition in den sibirischen Norden näher zu erforschen, erhielt der Zoologe Alexander Theodor von Middendorff. Er weilte dort von April bis November 1843, bevor er sich Jakutien zuwandte. Sein besonderes Interesse galt dem Permafrostboden.[255]

Vom Ausland her trug in der Folgezeit der Polarforscher Adolf Erik Freiherr von Nordenskiöld zur weiteren Erforschung der sibirischen Küsten bei. 1875 und 1876 erkundete er die Passagemöglichkeiten durch die verschiedenen Durchlässe der Inselgruppe Nowaja Semlja, um in die Karasee und zum Jenissei zu gelangen. Diese Erfahrungen waren die Voraussetzung für sein gewagtes Unternehmen der Jahre 1878–1880, mit dem Dampfsegler *Vega* Eurasien über die Nordostpassage – also vom Atlantik längs der sibirischen Küsten in den Pazifik – zu umrunden.[256]

## Ein brennender Berg und fliegende Eichhörnchen

Eine wilde *terra incognita*, welche Sibirien noch im 16. Jahrhundert war, bot sich als Projektionsfläche für Mythen geradezu an. So erwähnt der habsburgische Gesandte Sigismund von Herberstein in seiner Beschreibung des Moskauer Reiches aus der Mitte des 16. Jahrhunderts, dass es östlich des Ural an der Mündung des Ob ein verwunderliches Phänomen gebe: «Slata Baba, soviel als eine Guldene Vettel oder Ahnfrau, soll ein Abgott sein der Orte, da der Ob, das große Wasser in das Meer fällt. [...] Sagen auch, dass kaum zu glauben ist, dieser Abgott soll ein Bild sein eines Weibes, die hält einen Sohn in der Schoß.»[257] Auf der farbigen Karte des Moskauer Reiches von Anthony Jenkinson (1562) erscheint am äußersten rechten oberen Bildrand östlich der Ob-Mündung diese Baba ebenfalls als eine gewaltige Frauenstatue, die ein Kind im Arm hält; vor ihr knien Anbetende mit erhobenen Händen.[258]

Wie dieses «Goldene Weib» als Idol der Eingeborenen in die russischen Vorstellungswelten von Sibirien gelangt ist, weiß man nicht. Aber es gibt noch andere Mythen, die sich sogar über die Jahrhunderte tradiert haben und erst erloschen sind, als die geographischen Kenntnisse Sibiriens sich so verdichtet hatten, dass für sie kein Platz mehr blieb oder sich natürliche Erklärungen für diese Phänomene fanden. Zu diesen Mythen zählen auch die «brennenden Berge» des Jenissei-Stromlandes, von denen Reisende berichten.

Messerschmidt ließ sich 1723 von einem Trapper, den er in Dienst genommen hatte und der den unteren Jenissei kannte, Genaueres berichten: «Der ‹brennende Berg›, woselbst das Naschatyr [Salmiak] oder sal ammoniacum nativum gefunden wird, läge recht am Jenissei-Strom, etwa 3 alte Werst auf diesseits des Kamel-ostii,[259] und wäre sehr hoch, dennoch aber könnte man hin und wieder gar bequem hinansteigen. Um diesen Berg findet sich viel Wolze-Koren [*volčij koren'*, Scorzonera], welche eine schwarzbraune Rinde hätte etc.»[260] Auch für den Vorsteher der Provinzkanzlei in Jenisseisk, den Messerschmidt zweieinhalb Monate später befragte, weil dieser eine Zeit lang in Turuchansk gedient hatte, war der brennende Berg keine Chimäre: «Zum brennenden Berge wäre es seines Wissens nicht möglich zu Wasser hinzukommen, sondern bloß im Winter und sodann daselbst den folgenden Sommer abzuwarten.»[261]

Auch Erman hörte noch 1829 in Tobolsk von diesem Phänomen. Doch als er sich in Krasnojarsk näher kundig machen wollte, winkte man dort ab. «Aber mit der Widerlegung erhielt man hier zugleich eine richtige Angabe ihres Ursprungs. Es sind quellreiche Berg-Abhänge, von denen Dunstwolken aufsteigen, und, wie geübtere Geognosten bei wirklichen Vulkanen, so haben Russische Reisende bei diesen Bergen die wässrigen Niederschläge für Rauch gehalten. Was man mir früher von den Begünstigungen der Vegetation auf den Abhängen dieser brennenden Berge erzählt hatte, erklärte sich nun ebenfalls genugsam durch den wärmenden Einfluss des Quellwassers.»[262]

Ob diese Erklärung der Weisheit letzter Schluss ist, sei dahingestellt. Zwar wusste man auch ein gutes Jahrzehnt später sogar noch in St. Petersburg von dem Phänomen und brachte dies bei der schon erwähnten Anfrage der Akademie von 1840 an den Turuchansker Amtmann als 33. Frage mit ein: «In älteren Nachrichten wird eines Berges an der Chatanga erwähnt, der in seinem Innern brennen soll. Brennen etwa Steinkohlen in ihm?» Die Antwort aus Turuchansk war lapidar: «Man weiß von keinem im Innern brennenden Berge.»[263] Damit hatte sich der Mythos endgültig erledigt.

Johann Philipp von Strahlenberg wusste noch mehr Wundersames zu berichten: «Bei dem Jenissei und Tomber-Strom[264] hin, findet man auch eine Art weiß-graulichte fliegende Eichhörner, welche einen etwas kürzeren Leib als die andern, aber zwei Flügel just wie die Fledermäuse, die mit Haaren bewachsen sind, haben, mit welchen sie von einem Baum zum andern über 300 Schritte fliegen können.»[265] Aber auch die gewöhnlichen Eichhörnchen *(belki)* am Jenissei vermochten wahre Wunder zu vollbringen: «Wie diese Tierlein über Wasser und die Ströme fahren, sich auf ein klein Holzspänchen setzen, und die Schwänze anstatt der Segel gebrauchen, wird bei andern bereits beschrieben sein.»[266] Messerschmidt hätte diese Mythen niemals so unkritisch nachgeplappert, wie es sein Adjunkt Strahlenberg getan hat.

## Weiße Flecken

Weiße Flecken verblieben auf den Sibirienkarten auch noch bis weit in das 20. Jahrhundert hinein. Wassili Skalon beispielsweise, der 1929 eine genaue Karte des Flusses Tas zeichnen sollte, musste feststellen, «dass die Faustskizzen *(čertëžy)* des 17. Jahrhunderts der Realität näher standen als diejenigen [Karten], die zwei Jahrhunderte später herausgegeben wurden.»[267]

Auch mit der exakten Kenntnis der Eismeerküsten und des Eismeeres stand es immer noch nicht zum Besten. Da die Verbesserung dieser Kenntnisse von höchstem staatlichem Interesse sei, unterschrieb Lenin schon am 10. März 1921 ein Dekret des Rates der Volkskommissare, welches anordnete, beim Volkskommissariat für Volksbildung ein wissenschaftliches Meeresinstitut mit einer biologischen, hydrologischen, meteorologischen und geologisch-mineralogischen Abteilung einzurichten, dessen Tätigkeitsgebiet sich auf das Eismeer mit seinen Nebenmeeren, Küsten und Strommündungen erstrecken sollte.[268] Das Innere der Taimyr-Halbinsel wurde erst 1928/29 genauer kartiert.[269]

Wirklich beseitigt werden konnten die weißen Flecken auf der topographischen Karte Sibiriens jedoch erst mit dem Aufkommen der Luftfotografie, insbesondere während der letzten Jahrzehnte mit der Vermessung durch Weltraumsatelliten. Seitdem ist zwar auch der hinterste Winkel der Wildnis kartographisch erfasst, aber zugänglicher geworden ist er deshalb nicht.

## Die Zarenzeit

# Lebensräume

## Die Besiedelung

Nicht erst seit dem Ende des 16. Jahrhunderts wurden die Ströme zu Leitlinien russischen Vordringens in Sibirien. Schon die Urvölker, die während der jüngeren Altsteinzeit die vom abschmelzenden Eis der letzten Eiszeit freigegebenen Gebiete Nordasiens in Besitz nahmen, folgten den Wasserwegen.[1] Ihre bescheidenen Siedlungen legten sie in der Regel im Mündungsbereich kleinerer Nebenflüsse an. Dort bot das Hochufer des Mündungszwickels einen natürlichen Schutz vor Feinden, aber auch vor dem Hochwasserdruck der großen Ströme, von dort aus konnte man fischen und in der Taiga jagen. Wenn der Clan zu groß wurde, spalteten sich Teile ab und zogen entlang der Flüsse weiter. Als in der Jungsteinzeit die Gerätschaften für das Jagen und Fischen vervollkommnet wurden, Boote und Schneeschuhe den wirtschaftlichen Aktionsradius auszuweiten erlaubten, auch Wasservögel mit Pfeil und Bogen gejagt werden konnten und etwas Viehzucht aufkam, hielten die Flussauen Weidemöglichkeiten und Heuschläge bereit. Nun begann sich die weit verstreut siedelnde Bevölkerung auch in spezifische Gesellschaftstypen auseinanderzufalten, die sich an die natürlichen Gegebenheiten ihrer Landschaftszone angepasst hatten: in der Tundra und Waldtundra die Rentiernomaden, in der Taiga die Jäger und Fischer, in der Waldsteppe und Steppe die Reiternomaden. Allerdings zeigte sich in der Folgezeit, dass die überwiegend bergige Taiga Mittel- und Ostsibiriens «die Konservierung kultureller Traditionen begünstigte, die Entwicklung ethnokulturellen Austausches hemmte und zu einer gewissen Stagnation ethnogenetischer Prozesse führte.» Anders sah es in Waldsteppe und Steppe aus, wo die Mobilität der Nomadengesellschaften den Austausch förderte und die Flüsse keine zentrale Rolle als Leitlinien der Kommunikation mehr spielten, sondern nur noch als Wasserspender. Weil die Flüsse im Leben der sibirischen Waldvölker eine so zentrale Rolle einnahmen, beherrschten sie auch deren mythologische Vorstellungen und kulturelle Traditionen.

Auch die russischen Siedler drangen in Sibirien für lange Zeit den Flussläufen entlang vor. Dabei folgten sie den ersten Kundschaftern und Kosaken auf dem Fuße. Zur eigentlichen «Frontier» zählten dabei die Trapper, die an geeigneten Stellen entlang der Wasserläufe Simowjen als Basen für die Jagd anlegten. Aus einzelnen dieser Simowjen sind permanente Siedlungen hervorgewachsen, sogar Forts wie Turuchansk, andere blieben reine Saisonsiedlungen oder wurden nach einigen Jahren wieder ganz aufgegeben. Aber auch die ersten Bauern erschienen schon sehr bald auf der Bildfläche und siedelten sich um die Forts herum an. Von der Regierung wurden diese Ansiedlungen nach Kräften gefördert, denn die Garnisonen brauchten Versorgungsgüter, insbesondere Getreide. Anfänglich musste man dabei auf langwierige und mühsame Getreidetransporte aus dem Osten des europäischen Russland zurückgreifen. Mit Ausnahme des sibirischen Nordens, wo etwa Mangaseja und Turuchansk auf

Getreidezufuhren angewiesen blieben, weil das Klima Ackerbau nicht zuließ, vermochten die Garnisonen der Festungsstädte und Forts sich in der Regel schon bald aus ihrem Umland selber zu ernähren.

Die Versorgung der Militärdienstleute und Bauern war aber nicht das einzige Problem, das sich stellte. Da die Pioniergeneration sich weitgehend aus Männern rekrutierte, mussten Frauen herbeigeschafft werden. Wie in Russland üblich, sah sich dafür die Regierung zuständig. Am 21. September 1630 beispielsweise erteilte Moskau dem Wojewoden von Werchoturje, der den Übergang über den Ural kontrollierte, die Anweisung, für die in Nordrussland anzuwerbenden 500 neuen Kosaken nebst 150 Frauen und Kindern Fuhrwerke bis nach Tobolsk bereitzustellen. Die Frauen sollten nach Jenisseisk geschickt werden «zur Heirat mit Dienstleuten und Ackerbauern». Allerdings vermochte der staatliche Beauftragte in Nordrussland nur 150 Kosaken und fünf Frauen zu rekrutieren.[2]

Woher kamen die Bauern, die sich während des 17. Jahrhunderts in der Taiga des Jenisseibeckens niederließen? Sie stammten anfänglich fast ausschließlich aus Nordrussland und waren daher mit den klimatischen Gegebenheiten und landwirtschaftlichen Herausforderungen der sibirischen Taiga schon vertraut. Zum Teil war es der Staat selber, der sie mit Privilegien und Beihilfen in Gestalt von Reiseproviant, Saatgut und Salz anlockte und auf «Zehntackerland des Herrschers» *(gosudarevaja desjatinnaja pašnja)* ansiedelte. Der Teil ihrer Ernte, den sie an den Staat abliefern mussten, wurde dann in den Garnisonsspeichern eingelagert. Auf eine Geldsteuer umgestellt wurde das Zehntackersystem erst 1762.[3] Auch Zwangsverschickte *(ssyl'nye)* speisten die Schar der staatlichen Zehntbauern, doch die meisten wurden sinnigerweise unter die Dienstleute gesteckt. Von 124 Zwangsverschickten etwa, die im Winter 1641/42 in Tobolsk eintrafen, wurden 80 für den Militärdienst bestimmt (davon 22 für Jenisseisk und 30 für Krasnojarsk), während ganze 28 sich der Landwirtschaft widmen sollten, davon 18 in Jenisseisk und einer in Krasnojarsk.[4] Schließlich gab es einen nicht unbeträchtlichen Anteil von Freizügigen, die unabhängig von staatlicher Lenkung über den Ural nach Sibirien zogen und sich einen geeigneten Ort suchten, um einen Bauernhof anzulegen. Unter diese «Freizügigen» *(vol'nye guljaščie ljudi)*, die ja in der Regel aus Nordrussland mit seiner der Leibeigenschaft nicht unterworfenen Bauernschaft stammten, mischten sich mehr und mehr jedoch auch entlaufene leibeigene Bauern, die hofften, in Sibirien ihren alten herrschaftlichen Bindungen entkommen zu können.[5] Der Staat versuchte zwar, diese Läuflinge an den Uralübergängen abzufangen, doch der Erfolg blieb gering. Waren die Flüchtlinge erst einmal in Sibirien angelangt, durchkreuzten die lokalen Staatsvertreter sehr häufig die Weisung, sie wieder zurückzuschicken, da sie selber stets Neusiedler brauchen konnten.[6]

## Der unwirtliche Norden

Es scheint paradox, dass die russische Besiedelung des Jenissei-Stromlandes nicht etwa dort begann, wo die natürlichen Bedingungen für die Landwirtschaft sich am günstigsten gestalteten – in der mittleren und südlichen Taiga –, sondern dort, wo sie am ungünstigsten waren – in der Tundra und der nördlichen Taiga. Wie schon erwähnt, erreichten russische Kundschafter vom westsibirischen Mangaseja her den Unterlauf des Jenissei früher als den Mittellauf. Dies hängt mit der Jagd auf den Zobel zusammen, dessen Pelz gerade in den unwirtlichsten Bereichen der Taiga die höchste Qualität aufweist. Da Landwirtschaft in diesen Zonen nicht möglich war, bestand die russische Bevölkerung dort bis ins 19. Jahrhundert hinein fast ausschließlich aus Dienstleuten und Trappern beziehungsweise Fischern. Die Dienstleute konzentrierten sich auf den Hauptort Turuchansk, die Trapper und Fischer verteilten sich auf ein riesiges Gebiet vom unteren Jenissei bis zur Halbinsel Taimyr.

### Von der Ausbreitung ...

Allerdings blieb die Anzahl der Siedler sehr begrenzt, denn mit Fisch und Fleisch konnten sie sich zwar unmittelbar aus dem Umland selber versorgen, doch Getreideprodukte mussten sie von der Basis Turuchansk mitnehmen. Nach den Zollbüchern von Mangaseja waren es in den Jahren 1655–1657 insgesamt 864 Personen, die im unteren Jenisseigebiet auf Zobeljagd gingen oder mit Zobeln handelten. Davon hatten 74 ihre ständige und 152 ihre zeitweilige Bleibe in Turuchansk. Dort lebten damals 12 Händler und 141 ständige Einwohner, doch da diese sich auf nur 15 Höfe verteilten, darf man davon ausgehen, dass sie sehr häufig als Saisontrapper unterwegs waren. Die ständige russische Gesamtbevölkerung des gesamten Turuchansker Amtsbezirks dürfte in der Mitte des 17. Jahrhunderts kaum mehr als 300 bis 400 Personen gezählt haben.[7]

Wie die Trapper generell war auch ihre Basis Turuchansk auf regelmäßige Getreidezufuhr angewiesen. Daher lag es nahe, anstatt sich auf die langwierigen und unzuverlässigen Getreidetransporte aus Nordrussland zu verlassen, im Becken des Jenissei selber nach verkehrsgünstig gelegenen Anbaumöglichkeiten Ausschau zu halten. So entstand 1637 etwa 550 km südlich Turuchansk am Jenissei oberhalb der Mündung der Steinigen Tunguska die Slobode Dubtschassk (auch Dubtschessk; heute Worogowo). 1669 werden 23 männliche Einwohner genannt, 1683 bereits 54 nebst zehn «Freizügigen».[8] Ein zweites Standbein zur Versorgung von Turuchansk entstand 1641 am Oberlauf der Unteren Tunguska – beim Landübergang zum Becken der Lena. In den siebziger Jahren des 17. Jahrhunderts existierten dort zehn Höfe, deren Bewohner von Landwirtschaft und Salzsiederei lebten. Diese wanderten aber in der Folgezeit in das näher gelegene Jakutien ab. 1683 nutzte dann das an der Mündung der Unteren Tunguska gelegene Dreifaltigkeitskloster von Monastyrskoje die Gelegenheit, um dort in der Ferne eigene Leute anzusetzen und einen Klosterhof zu errichten. 1699 lieferte diese Ackerbauinsel 200 Pud Roggen und Gerste nach Turuchansk.[9] Doch der Weg von über 1000 Kilometern, den die Transporte auf der ungebärdigen Tunguska bis zum Jenissei zurücklegen mussten, verhieß dieser Versorgungslinie keine weitere Zukunft. Da schon bald nach der Gründung von Jenisseisk in dessen Umgebung der Ackerbau sich rasch ausbreitete, waren Getreidetransporte von dort stromabwärts viel günstiger und zeitsparender zu bewerkstelligen. Als daher mit der Auflassung Mangasejas im Jahre 1672 auch die Verbindung von Turuchansk mit Westsibirien über den Tas abriss, tangierte dies die Versorgung von Turuchansk nicht mehr, denn schon seit einiger Zeit wurde es von Jenisseisk aus beliefert. Damit hatte die «Perle des Nordens» sich endgültig von der Nabelschnur gelöst, die es mit Westsibirien verbunden hatte, und war fortan ein integraler, aber autonomer Bestandteil der Wojewodschaft Jenisseisk.

In der zweiten Hälfte des 17. Jahrhunderts und im 18. Jahrhundert lag der Schwerpunkt der russischen Siedlungen beidseits des Jenissei-Ästuars sowie entlang der Pjassina, Cheta und Chatanga. In jedem Fall handelte es sich um einzelne oder allenfalls kleine Gruppen von Simowjen. Wassili Sujew, der als Mitglied der Akademie-Expedition von Peter Simon Pallas von diesem im Frühjahr 1772 zur Erforschung des unteren Jenissei abgeordnet worden war, berichtet: «Der Jenisseifluss ist in seinen untern Gegenden, wegen der ergiebigen Jagd, weit stärker als der Ob, von Russen bewohnt. Chantaiskoi Pogost, 300 Werst unterhalb Mangaseja (Turuchansk), hat außer der Kirche zwar nur vier Häuser, deren drei von russischen Geistlichen bewohnt sind, aber längst dem Ufer liegen unterhalb Awamskoje Simowje häufige einzelne Wohnhäuser oder Simowjen bis an das Eismeer hin.»[10]

Archäologisch nachgewiesen sind vereinzelte Simowjen auch an den Küsten der Halbinsel Taimyr – in den Mündungsbuchten von Pjassina und Taimyrfluss.[11] Wenn die Simowjen sich an den Küsten und Flüssen entlangzogen, so zeigt dies an, dass neben der Jagd der Fischfang eine zunehmende Rolle als Erwerbszweig spielte, waren doch Frisch-, Dörr- und Räucherfisch eine wesentliche Nahrungsquelle sowohl für die Trapper selber als auch für den Handel mit der wachsenden Bevölkerung Jenisseiaufwärts. Der Bevölkerungszahl nach fielen diese Trapper- und Fischersiedlungen jedoch nicht ins Gewicht. Wenn man sich auf die Zollbücher stützen will, die zumindest die Hauptmasse der Erwerbstätigen des Turuchansker Krai erfasst haben, waren die Jagdgründe bei 187 von 294 Trappern und Fischern bekannt; 130 von ihnen gingen ihrem Gewerbe am unteren Jenissei und am Jenissei-Ästuar nach, 57 an Pjassina, Cheta und Chatanga.[12] Für das Jahr 1710 lässt sich auf Grund der Steuerlisten die ständige russische Gesamtbevölkerung des Turuchansker Amtsbezirks auf nicht mehr als 1500 Personen veranschlagen; davon lebte der größte Teil in Turuchansk selber – fast alles Dienstleute und im Possad Registrierte (Tab. 3.3). Allerdings muss man dieser Zahl noch rund 500 Trapper und Fischer hinzurechnen, die irgendwo in der Wildnis ihrem Gewerbe nachgingen. Zu dieser Zeit waren die indigenen Rentiernomaden – größtenteils Samojeden – mit mehr als 4000 Personen noch in der Überzahl.[13]

### ... zum Niedergang der Dauersiedlungen

Bis zur Mitte des 19. Jahrhunderts hatte sich die Verteilung der Siedlungen im Norden des Turuchansker Amtsbezirks radikal verändert. Von allen Simowjen am Ästuar des Jenissei existierte nur noch eine einzige – Goltschicha. Auch an Chantaika und Pjassina lagen die meisten Siedlungen wüst. Über die Gründe dieser Verödung des Turuchansker Nordens ist viel diskutiert worden, ob etwa Pockenepidemien oder Versorgungsprobleme daran schuld gewesen seien. Die überzeugendste Erklärung ist ökonomischer Natur: Seit dem Ende des 17. Jahrhunderts hatte das Dreifaltigkeitskloster von Monastyrskoje die meisten Simowjen im Norden entweder aufgekauft oder neue angelegt. Wegen seiner großen Getreidevorräte war es am ehesten in der Lage, die Trapper und Fischer an der Küste mit Lebensmitteln zu versorgen und ihnen Jagdbeute und Fischfangerträge abzunehmen. Als das Kloster 1764 im Zuge der Reformen Kaiserin Katharinas II. enteignet wurde, fielen diese gesicherten Existenzbedingungen dahin. Der Staat vermochte offensichtlich nicht in hinreichendem Maße einzuspringen. So gaben mehr und mehr Jäger und Fischer ihren Standort auf und zogen sich in den Süden zurück.[14] An die Stelle der ständigen Bewohner der Simowjen traten im Laufe des 19. Jahrhunderts Saisonfischer. Darüber wird noch zu reden sein.

Im Landesinneren südlich der Taimyr-Halbinsel lebten 1840 an der Chatanga und ihren Zuflüssen in elf Simowjen 61 Russen männlichen Geschlechts, an der oberen Pjassina und an der Dudypta in 16 Simowjen etwa 65.[15] Höchstens 250 Menschen – die Eingeborenen nicht gerechnet – verteilt auf dieses riesige Gebiet, das war so gut wie nichts. Im Pogost Chatanga, dem Hauptort des Distrikts, lebten nur Jakuten. Jonas Stadling fand noch 1898 den Ort leer vor; zwar gab es eine Kapelle, mehrere Vorratshäuser und eine Reihe unbewohnter Jurten, doch Leben kehre dort nur ein, wenn im März der Markt stattfinde.[16]

Dieser Rückzug permanenter Siedler aus dem Turuchansker Norden hat sich auch auf die Bevölkerungszahl ausgewirkt. Die Volkszählung von 1897 ermittelte im Amtsbezirk Turuchansk bei einer Gesamtbevölkerung von 11 117 Menschen ganze 2877 ansässige Russen und Russinnen – nicht einmal das Doppelte von 1710.[17] Die wenigen Russen, die in den Weiten der Tundra ihre Existenz fristeten, suchten sich ihre Frauen notgedrungen unter den Eingeborenen und begannen sich mehr und mehr an diese zu assimilieren. 1926/27 sprachen die meisten Russischstämmigen des Turuchansker Nordens nur noch gebrochen Russisch oder hatten einen eigenen Jargon – die *govorka* – entwickelt. Als wirklich zweisprachig erwies sich nur noch eine kleine Gruppe an der Pjassina, und östlich der Chatanga war das Russische völlig verschwunden.[18]

### Ein Musterdorf bei Turuchansk

Mindestens eine Siedlung gab es in der Turuchanka, die hohe landwirtschaftliche Erträge abwarf. Lassen wir Henry Seebohm sprechen, der sie 1877 besuchte. «Gegen Sonnenaufgang am Morgen des 3. August wurde die Barke bei Silovanoff vor Anker gelegt, um mehr Holz zu laden, während der Dampfer nach Turuchansk und zurück fuhr. Ich ging an Land, um etwas zu schießen und um die ungewöhnlichen Einwohner des Dorfes zu inspizieren. Auf den ersten Blick war ersichtlich, dass die Leute hier sich von den Jenissei-Russen unterschieden. Der Ort sah ganz englisch aus! Ordnung herrschte, und hunderte von kleinen Details zeugten von Fleiß und Zivilisation. Die Boote waren größer und sorgfältiger ausgearbeitet; anstatt dass sie durch den Schlamm auf das Ufer gezogen wurden, war für sie ein hölzerner Landungssteg vorgesehen mit einer sich drehenden hölzernen Walze an der Spitze. Anstatt einen matschigen Hang emporklimmen zu müssen, um die Häuser zu erreichen, führte eine breite und leicht begehbare hölzerne Treppe zu ihnen hinauf, mit einem Viehgatter an ihrem Fuß, um die Kühe davon abzuhalten, die Treppe hochzusteigen. Wenn man ein normales russisches Bauernhaus erreichen will, muss man sich seinen Weg über einen Misthaufen dorthin bahnen. Hier war die Umgebung der Häuser sauber, die Kühe wurden auf jeder Seite durch ein Geländer ferngehalten.

Die Einwohner waren sehr gastfreundlich. Obwohl es erst halb drei war, zeigten die Frauen sich rührig. Bald begann der Samowar zu dampfen, und Tee, Zucker, Brot und Butter nebst geräucherten Heringen wurden uns vorgesetzt. ‹Das sagt mehr als es scheint›, wie es in einem deutschen Sprichwort heißt: Tee und Butter wurden nur für Fremde vorrätig gehalten und wurden von den Einwohnern niemals selber gekostet. Das Haus, in welchem wir uns aufhielten, war weitaus besser als jedes, das wir zwischen Jenisseisk und dem Meer zu Gesicht bekommen hatten; die Räume waren hoch, die Fenster groß, gut verglast und doppelt; sie hatten einen großen und gut gebauten Ofen, und für die Ventilation hatte man gebührend Vorsorge getroffen. Ein spezieller Ofen war errichtet worden, um die Mücken auszuräuchern. Eine Uhr hing an der Wand, und da standen tatsächlich Bücher auf einem Bord! Die Zimmermannsarbeit war hervorragend, ersichtlich abgehobelt und nicht nur einfach mit einer Axt behauen. Außerdem gab es viele Hinweise darauf, dass das Dorf über einen kundigen Schmied verfügte. Auch außer Haus überwogen die Zeichen gewissenhaften Schaffens: Fässer waren in Arbeit und Boote waren im Bau. Mehrere Felder, sorgfältig umzäunt, waren mit Kartoffeln bepflanzt. Alles deutete auf Ordnung, Fleiß und verhältnismäßigen Wohlstand hin. Wahrlich, ein Vorbilddorf, ohne Kriminalität, wo Müßiggang und Trunksucht unbekannt waren.

Und doch sahen die Menschen nicht glücklich aus. Da war kein Feuer in ihrem Blick, keine Elastizität in ihrem Gang, sie schienen kein Blut in ihren Adern zu haben. Sie waren so phlegmatisch wie Samojeden; ihre Gesichtsfarbe erschien fahl und das Kinn der Männer bartlos. Seltsamerweise gab es in dem Dorf keine einzige lebende Seele unter vierzig Jahren. Es war ein Dorf der Skopzen, einer Sekte, deren Religion eine ultra-asketische Form angenommen hatte – Enthaltsamkeit auf die bittere Spitze getrieben, ein Versuch, alle menschlichen Leidenschaften auszurotten, nicht nur ihren Missbrauch, sondern auch ihren Gebrauch. Alle Männer waren kastriert und allen Frauen waren die Milchdrüsen aus ihren Brüsten entfernt worden. Sie aßen kein Fleisch außer Fisch. Sie gestatteten sich nicht einmal Butter oder Milch. Alle berauschenden und anregenden Getränke waren verboten wie Schnaps, Wein, Tee und Kaffee. Andererseits hatten sie ein sehr schwaches Bier, das sie Kwas nannten, welches, wenn es an einem heißen Tag aus dem kühlen Keller kam, sehr erfrischend war. [...] Ich konnte leider keine Skopzen-Pfeife probieren, weil Tabak in allen Formen verboten war.

Obwohl die Bevölkerung des Dorfes weniger als zwanzig Leute zählte, gab es unter ihnen zwei Skopzensekten: Die einen tranken Milch und die anderen nicht. Sie befolgten alle Feiertage der Russischen Kirche, hatten aber keinen Priester, weil, wie sie sagten, jedermann ein Priester war und den priesterlichen Dienst nur für sich vollziehen konnte; so seltsam vermögen exzentrische Irrtümer und halb vergessene Wahrheiten Seite an Seite zu wachsen.

Diese Skopzen sind von der Regierung erst kürzlich auf diese Insel verbannt worden, ursprünglich aus der Umgebung der Eisengruben von Jekaterinburg, wie Uleman meinte. Sie erzählten mir, sie seien früher sieben- oder achthundert gewesen, aber sie befanden sich buchstäblich im Aussterben, sie baten den Kaiser darum, sie irgendwohin zu schicken, wo sie Land kultivieren und Gemüse ziehen konnten. Infolgedessen schickte man sie an einen Ort in der Nähe von Jakutsk, wo einige Tausend dieser liebenswerten, aber missgeleiteten Menschen derzeit leben.»[19]

Dieses für Russland so untypische Dörfchen hieß Seliwanowo und lag 16 Werst von Turuchansk entfernt. Die Gemeinschaft war 1877 auf zehn Männer und fünf Frauen zusammengeschrumpft, die sich auf vier Wohnhäuser verteilten. Durch ihre intensive Milch- und Gartenwirtschaft vermochten die Skopzen sich selber zu ernähren. Was sie zusätzlich benötigten, bezahlten sie mit dem Geld, das sie durch den Verkauf eingesalzener heringsähnlicher Fische in Fässern eigener Herstellung verdienten.[20]

Zwei Jahre zuvor hatte schon Nordenskiöld die Kolonie besucht und ihre guten landwirtschaftlichen Erträge bestaunt. Als gebürtigem Finnländer fiel ihm auf, dass sich unter den Skopzen auch finnischsprachige Ingrier aus Ingermanland (westlich St. Petersburg) befanden.[21]

Das Dörfchen Seliwanowo oder Seliwanicha gab es auch noch im frühen 20. Jahrhundert. Aber die letzten Skopzen hatten inzwischen das Zeitliche gesegnet. In die Höfe waren Fremde eingezogen und auch Verbannte, nun nicht mehr religiöse, sondern politische Dissidenten. Was die kleine Skopzenkolonie der Nachwelt jedoch hinterlassen hat, ist ein Beweis dafür, dass Gemeinschaftssinn, Fleiß, Erfindungsgeist und der Verzicht auf Wodka auch unter dem Polarkreis Wohlstand erblühen lassen konnten.

### Die Kreise Jenisseisk und Krasnojarsk

Den unwirtlichen Norden vom landwirtschaftlich nutzbaren Süden des Jenissei-Stromlandes trennt nicht nur geographisch, sondern auch in der Wahrnehmung der Menschen der schmale Höhenriegel, der südlich der Mündung der Steinigen Tunguska vom mittelsibirischen Bergland her über den Jenissei hinübergreift. Deswegen verlief dort auch die alte Verwaltungsgrenze zwischen den Distrikten Mangaseja beziehungsweise Turuchansk und Jenisseisk. Gmelin notierte bei seiner Reise den Jenissei abwärts: «Gleich darauf kamen wir an das berühmte Gebirge, das auf der rechten Seite des Jenissei-Flusses zu sehen war, und weit in das Land hineinläuft. Welches gleichsam dadurch in zwo Gegenden geteilt wird, und dadurch zu einer gewissen in Jenisseisk üblichen Redensart Gelegenheit gegeben hat. Man sagt in Jenisseisk öfters, dieser oder jener sei jenseits des Gebirges (*Sa Kamennom*); das heißt: er sei in Mangaseja, weil Mangaseja jenseits dieses Gebirges liegt.»[22]

In das Gebiet Jenissei-aufwärts wanderten die ersten Bauern etwa 1620 ein.[23] Der übliche Weg führte damals vom Ob den Ket-Fluss aufwärts bis zum Fort Makowskoje und von dort über die Wasserscheide nach Jenisseisk. Landwirtschaftliche Inseln entstanden zunächst in der Umgebung von Jenisseisk selber, seit der Mitte des 17. Jahrhunderts auch im Becken des Kem-Flusses sowie am Jenissei zwischen der Mündung der Angara und Krasnojarsk, ferner an der unteren Angara und an ihren südlichen Zuflüssen Tassejewa und Ussolka. Diese Gebiete waren in der zweiten Hälfte des 17. und im ersten Viertel des 18. Jahrhunderts am dichtesten besiedelt. Unter «dichter Besiedlung» darf man sich aber keine flächendeckende Rodungslandschaft vorstellen.

Das waren einzelne, in die Taiga eingestreute Siedlungsinseln, die sich an den Flüssen und Nebenflüssen wie an einer Perlenschnur aufreihten und erst später allmählich verdichteten.[24] Am Anfang stand an einer für den Ackerbau geeigneten Stelle der Taiga jeweils eine Sa-imka *(zaimka)*, eine Rodungsinsel um einen einzelnen Bauernhof oder eine kleine Gruppe von Höfen. Wenn die Landnahme sich als erfolgreich erwies und die Siedlung Bestand hatte, konnte daraus im Laufe der Zeit ein eigentliches Dorf erwachsen.

Dass noch zu Beginn des 18. Jahrhunderts – ein knappes Jahrhundert nach der Ankunft der ersten Kolonisten – die russischen Siedlungen die Unermesslichkeit der Taiga kaum angeritzt hatten, offenbaren die Bevölkerungszahlen. Hatten um 1670 auf dem riesigen Territorium der Kreise Jenisseisk und Krasnojarsk ungefähr 3000 männliche «Seelen» gelebt (davon zwei Drittel auf dem Gebiet von Jenisseisk),[25] so war ihre Zahl bis 1710 auf rund 12500 angestiegen, davon 8500 im Kreis Jenisseisk (Tab. 3.1–3.2). Eigentliche Bauern stellten davon im Kreis Jenisseisk nur etwas mehr als die Hälfte der Bevölkerung, im Grenzkreis Krasnojarsk gar nur ein gutes Viertel; dort dominierten immer noch die Militärdienstleute, insbesondere Kosaken. Doch im Vergleich zum Kreis Turuchansk im unteren Becken des Jenissei und auf der Taimyr-Halbinsel mit ganzen 700 «Seelen» (Tab. 5.3) erscheinen die beiden südlichen Kreise geradezu dicht besiedelt.

Auch wenn man die Anzahl der Siedlungspunkte ins Auge nimmt, erscheint selbst in den beiden südlichen Kreisen die Taiga kaum berührt. 1719 zählte der Kreis Jenisseisk einschließlich der Stadt und der Forts ganze 120 Siedlungen,[26] der Kreis Krasnojarsk (1735) schon deren 132 (außer der Stadt selber die 5 Forts Sajan, Abakan, Karaulny, Kansk und Udinsk sowie 7 Kirchdörfer und 119 Dörfer). Die Grenzforts Sajan und Udinsk hatten keine ländlichen Siedlungen in ihrer Umgebung. Das größte Kirchdorf war Jessaulowo, 30 Werst unterhalb von Krasnojarsk, mit ca. 160 Höfen.[27]

Die ersten Kolonisten kamen mehrheitlich unfreiwillig. Die harte Rodungsarbeit mit ihren Entbehrungen und Unwägbarkeiten war wenig attraktiv. Bis zur Mitte des 17. Jahrhunderts lag die Initiative daher bei den staatlichen Behörden, die vor allem zwangsverschickte Missetäter in Landwirte ummodeln wollten und später auch Bauern aus Westsibirien in den Kreis Jenisseisk verpflanzten. Es ist verständlich, dass Verschickte, die zuvor in Moskau als Kanzlisten oder Soldaten Dienst geleistet hatten und sich nun ohne jegliche Kenntnis der Landwirtschaft auf einem Jenisseisker Rodeacker wiederfanden, in Kollektivbittschriften an den Zaren um Befreiung von ihrem Los barmten. Als sich aber herum zu sprechen begann, dass die Landwirtschaft am Jenissei attraktiv sein konnte und erste Rudimente einer städtischen Infrastruktur sich etabliert hatten, verselbständigte sich die Kolonisation auf freiwilliger Basis. Gegen Ende des 17. Jahrhunderts speisten sich mehr und mehr Neusiedler aus jüngeren Bauernsöhnen, die bereits auf Jenisseisker Boden geboren waren und auf die Suche nach einem eigenen Hof gingen.[28]

Sibirische Bauern galten als Staatsbauern *(gosudarevye krest'jane)*, die nur dem Zaren zu zinsen hatten. Im Zeitalter beginnender Leibeigenschaft übte dieser Status vor allem auf entlaufene Leibeigene aus dem europäischen Russland eine starke Sogwirkung aus. Gleichwohl gab es auch in Sibirien schollenpflichtige Bauern und zwar auf Klosterland. Am Jenissei entstanden im 17. Jahrhundert drei Klöster: In Jenisseisk um 1640 das Erlöserkloster für Mönche *(Spasskij monastyr')*, zehn Jahre später das Christi-Geburts-Kloster für Nonnen *(Roždestvenskij monastyr')*, im Turuchanser Kreis an der Mündung der Unteren Tunguska in den Jenissei 1660 schließlich das Dreifaltigkeitskloster für Mönche *(Troickij monastyr')*. Diese drei waren die ersten Klöster ganz Ostsibiriens. Da das Dreifaltigkeitskloster in einem Gebiet lag, das für die Landwirtschaft nicht geeignet war, hatte es seine landwirtschaftlich genutzten Besitzungen mit Ausnahme der bereits erwähnten Siedlungsinsel am Oberlauf der Unteren Tunguska weiter südlich im Kreis Jenisseisk. Allerdings vermochten die Klöster viel weniger eigenes Land zu generieren als im europäischen Russland. Im Jahre 1679 verfügten alle drei über insgesamt 144 zinspflichtige Hintersassen (Bauern, Einlieger und Lohnarbeiter). Die meisten von ihnen waren Zuwanderer aus dem Norden des europäischen Russland, die sich unter den Fittichen eines Klosters offenbar bessere Startmöglichkeiten versprachen.[29] Dass die Klöster Mühe hatten, ihren Landbesitz auszuweiten, ist einerseits staatlichen Restriktionen zuzuschreiben, andererseits der weitgehenden Kirchenferne des sibirischen Bauerntums.

Am Ende des 17. Jahrhunderts hatte sich das landwirtschaftlich genutzte Areal des Jenisseisker Gebietes seinen bescheidenen Ausmaßen zum Trotz zur zweitwichtigsten Kornkammer Sibiriens entwickelt – nach der westsibirischen Region Werchoturje-Tobolsk.[30]

Erst als die Jenisseikirgisen zu Anfang des 18. Jahrhunderts aus der Minussinsker Steppe in die Dsungarei abgezogen waren, öffnete sich auch das obere Jenisseibecken für die bäuerliche Besiedlung. Nicht nur Russen strömten nun in dieses fruchtbare Gebiet, sondern auch tatarische Stämme wie die im Schutz von Krasnojarsk bereits ansässig gewordenen Katschinzen und benachbarte Turkvölker wie die Tuwiner und die Vorfahren der Chakassen. Russische Kolonisten siedelten sich zunächst östlich des Jenissei an. In der zweiten Hälfte des 18. Jahrhunderts reichten ihre Siedlungen bereits bis zum Sajangebirge und bis zum Abakanfluss und dehnten sich in das Becken des Tschulym aus. 1740 entstand auf dem Ostufer des Jenissei das Kirchdorf Minussinsk, das im 19. Jahrhundert zur Kreisstadt aufstieg und dem ganzen Steppenbecken seinen Namen gab.[31]

Eine Familienliste der Landschreiberstube von Minussinsk aus dem Jahre 1796 erlaubt es, genealogische Zusammenhänge der Siedlungsstruktur aufzudecken und vorhergehende Siedlungsbewegungen zu rekonstruieren. Zu dieser Zeit gab es im Minussinsker Gebiet 34 Siedlungen mit 256 Familien und ca. 4000 Angehörigen. Über die Hälfte der bäuerlichen Siedler waren Nachkommen von Krasnojarsker Kosaken. Nach Gründung des Forts Abakan hatte sich die Verwaltung nämlich bemüht, dort in der Kirgisensteppe Kosaken anzusiedeln. Mit Abnahme der Kriegsgefahr wurden seit dem zweiten Viertel des 18. Jahrhunderts viele Kosaken aus der Dienstpflicht entlassen und ließen sich als Bauern am oberen Jenissei und seinen Zuflüssen nieder, wo sie in großen Familienkollektiven von im Durchschnitt 20 Personen beiderlei Geschlechts wirtschafteten. Noch weiter südwärts, vor allem in das Tal der Tuba, drang die Kolonisation erst ab der Mitte 18. Jahrhunderts vor. Dazu zählten vor allem Nachkommen der weiter nördlich siedelnden abgemusterten Kosaken. Bei der bäuerlichen Besiedlung des oberen Jenisseibeckens haben wir es also mit einer organischen Binnenwanderung aus nördlicher gelegenen Altsiedelgebieten, insbesondere aus dem Kreis Krasnojarsk zu tun. Im letzten Drittel des 18. Jahrhunderts stießen dann Bauern aus dem Kreis Jenisseisk hinzu, die ihre Dörfer mit den schlechteren Böden aufgaben und in den Süden zogen. Diese späte Siedlungswelle wurde getragen von sehr viel kleineren Familien.[32] 1795/96 zählten das Minussinsker Becken und das Becken des Abakan bereits 2359 Höfe mit einer Gesamtbevölkerung von 18 098 Personen beiderlei Geschlechts.[33]

Auch während des 18. Jahrhunderts blieben die Siedlungen an Wasserläufe gebunden. Da, wo es zu größeren Verdichtungen kam, entstanden jedoch die ersten Überlandverbindungen zwischen größeren Zentren.

Entscheidend wurde dafür im zweiten Drittel des 18. Jahrhunderts der Bau des «Großen Sibirischen Traktes» – einer Poststraße, welche Moskau mit dem Süden Sibiriens und mit Transbaikalien verband (darüber unten noch mehr). Anfänglich erschien eine Ansiedlung längs des Traktes wegen der damit verbundenen schweren Lasten wenig attraktiv. Daher musste der Staat wieder einmal zu Zwangsmaßnahmen greifen, um den Postbetrieb entlang des Traktes sicherzustellen. Menschenmaterial stand in den sechziger und siebziger Jahren reichlich zur Verfügung. Einerseits räumten kaiserliche Erlasse von 1760 bis 1762 adligen Gutsbesitzern das Recht ein, widerspenstige Leibeigene ohne Gerichtsverfahren nach Sibirien zu verschicken, und andererseits lieferte die Abrechnung mit den Teilnehmern am Pugatschow-Aufstand (1773–1775) so viele Sträflinge, dass allein von 1761 bis 1782 an die 60 000 Menschen unfreiwillig den Ural überqueren. Eingeschlossen waren darin wiedereingefangene Läuflinge, Rekruten und ausgemusterte Staatsdiener, die von den Behörden gegen ihren Willen nach Sibirien umgesiedelt wurden. Nur ein Teil dieser Woge zwangsumgesiedelter und zwangsverschickter Menschen verebbte entlang des Traktes, um diesen weiter auszubauen, die Poststationen zu bedienen und die Postkutscher zu stellen. Auf dem Krasnojarsker Abschnitt des Traktes verzeichnet die Kopfsteuerrevision von 1796 insgesamt 2183 männliche «Seelen» vom Staat Angesiedelter, meistens Zwangsverschickte.[34] Um das am Trakt zwischen Tomsk und Atschinsk neu angelegte Kirchdorf Bogotol zu «peuplieren», holte der Staat über hundert Bauern aus dem europäischen Russland, verpflanzte aber auch 50 Bauernfamilien aus dem Kreis Jenisseisk dorthin.[35] Erst als gegen Ende des 18. Jahrhunderts der Trakt im Wesentlichen fertig ausgebaut war, begann er auch auf freiwillige Siedler eine zunehmende Sogwirkung auszuüben, denn neben den damit verbundenen Lasten des Straßenunterhalts und Postbetriebs warf er für die umliegenden Bauern zusätzliche Einnahmen ab.[36] Die wirtschaftliche Bedeutung des «Großen Sibirischen Traktes» hatte im Verein mit den fruchtbaren Böden am Südsaum der Taiga daher zur Folge, dass die Bevölkerungszahl im Kreis Jenisseisk eher stagnierte, während sie in den südlicher gelegenen Gebieten stark zunahm. Bis 1803 hatte sich der Bevölkerungsschwerpunkt bereits eindeutig in den Kreis Krasnojarsk verschoben (Tab. 4).

So wurde der «Große Sibirische Trakt» nicht nur zur Leitlinie einer neuen Siedlungskette und zunehmender Bevölkerungsverdichtung entlang der südlichen Taiga, sondern er ließ an den Schnittstellen seiner Trasse mit den nordwärts strömenden

Flüssen auch Städte aufblühen wie Atschinsk am Tschulym, Krasnojarsk am Jenissei, Kansk am Kanfluss und Udinsk an der Uda. Dieses Gittermuster aus der Kreuzung von Land- und Flusswegen sollte für Entstehung und Entwicklung des Städtewesens über den späteren Bau der Transsibirischen Eisenbahn hinaus ein Kennzeichen Sibiriens bleiben.[37]

Seit der Mitte des 19. Jahrhunderts begann sich die Zuwanderung aus dem europäischen Russland nach Sibirien zu intensivieren. Wesentliche Voraussetzung dafür war die Aufhebung der Leibeigenschaft im Jahre 1861, welche die Freizügigkeit des Bauerntums wiederherstellte. Handelte es sich zunächst eher um eine individuelle «Sickerwanderung» einzelner Familien oder Dorfgemeinschaften, so beschleunigte der Bau der Transsibirischen Eisenbahn die Migration in ungeahnter Weise, und die vom Staat organisierte und subventionierte Massenumsiedlung nach Sibirien im Zuge der Agrarreformen Ministerpräsident Pjotr Stolypins schwemmte seit 1908 jährlich Hunderttausende über den Ural gen Osten. Von 1864 bis 1914 sind 3,687 Millionen Bauern aus dem europäischen Russland nach Sibirien gezogen. Doch im Unterschied zu den Alteinwanderern des 17. und 18. Jahrhunderts kamen sie nun nicht mehr aus dem Norden, sondern aus den übervölkerten Regionen Mittel- und Südrusslands und waren daher auf die klimatischen Bedingungen Sibiriens weniger gut vorbereitet. Wegen ihrer schieren Masse hatten sie die Alteingesessenen *(starožily)* bis 1913 in die Minderheit versetzt.[38] Allerdings verblieben drei Viertel von ihnen in Westsibirien, vor allem im Altai-Gebiet und in den Neulandgebieten im Süden der Gouvernements Tobolsk und Tomsk. Nur 11,5 Prozent ließen sich im Süden des G. Jenissei nieder, der Rest wanderte weiter nach Transbaikalien oder in den neu erschlossenen Fernen Osten. Auch die deutschen Zuwanderer aus dem europäischen Russland verblieben fast ausschließlich in Westsibirien, nur wenige fanden im Kreis Minussinsk eine neue Heimat.[39] Der Kreis Jenisseisk und der Krai Turuchansk blieben von der Zuwanderung kaum berührt. Anthropologische Feldforschungen der 1960er Jahre konnten nachweisen, dass die Kernbevölkerung um Jenisseisk und an der unteren Angara sowie am unteren Jenissei immer noch sehr enge verwandtschaftliche Beziehungen zur Kernbevölkerung Nordrusslands erkennen ließ und sich mit Zuwanderern des 19. und 20. Jahrhunderts kaum vermischt hatte.[40] Die Altersstruktur der Bevölkerung zeigt noch am Vorabend des Ersten Weltkrieges die typischen Züge einer jungen, mobilen Gesellschaft. Darin spiegeln sich aber auch die niedrige Lebenserwartung und die hohe Kindersterblichkeit, die dem harten Klima und den schwierigen Lebensbedingungen geschuldet sind.

In der für das damalige Zarenreich maßgeblichen ständischen Einteilung der Gesellschaft wich Sibirien vom europäischen Russland erheblich ab (Tab. 5.1). Wie die Volkszählung von 1897 offenbarte, waren Adel, Klerus, Stadtstände und Bauerntum vergleichsweise stark untervertreten, das Militär und die indigenen Völker hingegen deutlich übervertreten. Dies gilt auch für das G. Jenissei. Dort zeigt aber auch die soziale Entwicklung in den Städten seit 1863 eine typische Dynamik, die auf eine Neuformierung der Gesellschaft vorausweist (Tab. 5.2): Während Adel und Beamtenschaft als staatstragende Stützen auf dem absteigenden Ast waren, wuchsen neben dem Militär die städtischen Stände am stärksten, an zweiter Stelle auch die Rasnotschinzen, die sich der traditionellen Standeszugehörigkeit entzogen und zu einem großen Teil der vielfach eher systemkritischen Intelligenzija angehörten. Dass die Bauern den höchsten Zuwachs verzeichneten, hängt mit der Zuwanderung zusammen. Der Klerus als staatstragendes Element nahm ebenfalls markant zu, schloss jedoch von einer vergleichsweise sehr niedrigen Ausgangsbasis nur zum sibirischen Durchschnitt auf. Die indigene Bevölkerung stagnierte.

Zu den Besonderheiten der sibirischen Bevölkerung zählten auch die «Staatlich Angesetzten» *(poselency)*. Sie gehörten keinem der Stände an und wurden seit dem Anfang des 19. Jahrhunderts zur Verstärkung der russischen Bevölkerung auf dem Lande angesiedelt. Ob sie der Landwirtschaft sehr viel nützten, sei dahingestellt, handelte es sich bei ihnen doch um ein buntes Gemisch aus Zwangsverschickten, ausgedienten Soldaten, Kriminellen und Landstreichern. Die meisten waren zudem ledig. Etwa die Hälfte von ihnen erhielt eine staatliche Unterstützung, die anderen mussten sich ihren Lebensunterhalt selber verdienen – sei es als Saisonarbeiter bei Bauern oder auf den Goldfeldern, beim Straßen- und Eisenbahnbau oder bei der Flussschifffahrt. Im Süden des G. Jenissei konnte ihr Bevölkerungsanteil beträchtlich sein; so zählte der Amtsbezirk Suchobusim im Jahre 1830 bei 4800 Einwohnern 1178, im Jahre 1891 bei nunmehr 10015 Einwohnern 2913 «Staatlich Angesetzte».[41] Es liegt nahe, dass diese Bevölkerungsspezies ein gewisses Unruhepotential in sich barg.

Dem Bevölkerungsgewicht nach verblieb das G. Jenissei von 1863 bis zum Ersten Weltkrieg mit einem Bevölkerungsanteil von gleichbleibend 10–11 Prozent an der Gesamtbevölkerung Sibiriens und des Fernen Ostens auf einem der hinteren Plätze aller Territorialeinheiten. Dies spiegelt sich auch in der Entwicklung seiner Bevölkerungsdichte wieder: Es belegte aller Zuwanderung zum Trotz gleichbleibend nach Jakutien den zweitletzten Rang.[42] Hauptgrund dafür ist wie bei Jakutien das räumliche Übergewicht des nach wie vor fast unbesiedelten Nordens.

## Das Leben auf dem Lande

Unsere historische Reise durch die Lebenswelten der Landbevölkerung soll wiederum von Norden nach Süden führen und sich an den unterschiedlichen Landschaftszonen orientieren. Denn sie sind es, welche die Lebens- und Wirtschaftsbedingungen, die Wohnverhältnisse und die Familien- wie die Gesellschaftsstruktur des Jenissei-Stromlandes geprägt haben.

### Der Krai Turuchansk

Der Turuchansker Krai (im Volksmund Turuchanka genannt), der fast drei Viertel der Fläche des G. Jenissei einnahm, erstreckt sich weitgehend über die arktische Halbwüste und die Tundrenzone, nur im südlichen Drittel reicht er in die Waldtundra, die nördliche und die Gebirgstaiga hinein.

Im Norden vermochten sich nur an den Küsten und an Flüssen vereinzelte Höfe oder Kleinsiedlungen zu entwickeln. Der preußische Postmeister Johann Ludwig

Wagner, der von 1760 bis 1763 als Verbannter in Turuchansk lebte, berichtet: «Längs dem Jenissei bis zu dem sogenannten Tunder [Tundra] stehen teils die vorerwähnten Winterhäuser, teils auch Fanghäuser, worin sich verschiedne Russische Familien aufhalten, die lediglich vom Wilde und der Fischerei leben.»[43]

Während der ersten Hälfte des 19. Jahrhunderts sind diese Siedlungen – wie oben erwähnt – fast völlig verödet. Im November 1846 fand Matthias Castrén am Tolstyi Nos («Dicke Nase») noch ein paar elende Hütten vor, die bewohnt waren und ihm als Ausgangspunkt für Sprachstudien unter den Eingeborenen dienten. «Dieses Winterlager besteht aus vier Häusern, das eine elender als das andere und alle gegenwärtig fast ganz und gar in Schneehaufen vergraben. Die Wohnzimmer sind so schlecht bestellt, dass das Wasser bald längs den Wänden herabtrieft, bald sich in eine Art Reif verwandelt. Ein eisiger Wind bläst durch die Wandritzen und die verfaulten Dielen des Fußbodens. Bei der Heizung, die in der Nacht stattfindet, läuft man Gefahr durch den Rauch und die kalten, durch die offenstehende Tür hereinströmenden Dünste erstickt zu werden. Die sonst so kühlen Eisfenster gereichen mir hier zu keiner Beschwerde, denn da es auf jeden Fall unmöglich ist bei Tageslicht zu arbeiten, so habe ich alle Fenster von der einen Seite mit Holzladen vermachen lassen. So lebe ich nun in meiner engen Stube, von ewiger Finsternis umgeben und bringe nach altfinnischer Sitte den größten Teil meines Tages an dem wärmenden Ofenherd zu.»[44]

I. A. Lopatin, der 1866 im Auftrag der Kaiserlich-Geographischen Gesellschaft dieses Entsiedlungsphänomen untersuchen sollte, fand nicht nur ein halb verfallenes Turuchansk vor, sondern den Jenissei abwärts bis zur Mündung auch viele Siedlungen, «von denen nur einige Gebäude übrig waren, während andere, zum Beispiel Krestowskoje an der Jenisseimündung, eine ganze Straße mit Holzhäusern darboten, welche mit Moos bewachsen und von ihren Bewohnern schon seit langem vollkommen verlassen worden sind. Doch das Land ist nicht nur verödet, seine Bewohner gestorben oder weggezogen, sondern auch die Zurückgebliebenen sind aus vielerlei Gründen verarmt – vor allem offenbar wegen der verschlechterten Situation des Jagdgewerbes.»[45] Nordenskiöld inspizierte 1875 gleichfalls das verlassene Krestowskoje und fand drei torfgedeckte große Blockhäuser vor. «Jedes Haus enthielt ein ganzes Labyrinth sehr kleiner Zimmer: Wohnzimmer mit wandfesten Bettstellen, Hinterzimmer mit ungeheuren Feuerplätzen, Badestuben mit Öfen für Dampfbäder, Tranmagazine mit großen, aus gewaltigen Baumstämmen ausgehöhlten, trandurchzogenen Trögen, Speckscheuern mit Überresten von weißen Delphinen u. s. w., alles davon zeugend, dass die Stelle ihre Glanzperiode gehabt hatte.»[46] Daraus geht hervor, dass man dort auch Tran aus der Jagd auf Meersäuger gewonnen hatte.

An die Stelle ständiger Fischersiedlungen trat nunmehr die Saisonfischerei – begünstigt durch das Aufkommen der Dampfschifffahrt. Bevor die Sowjetmacht die Freizügigkeit der Bevölkerung einschränkte, zogen alljährlich mit Beginn der kurzen Schifffahrtssaison Tausende von Familien mit Sack und Pack stromabwärts und ließen sich irgendwo am Unterlauf oder am Mündungsschlauch des Jenissei absetzen, um dort zu fischen und vom Ertrag dieser drei Monate Schwerarbeit ihren Lebensunterhalt für die übrige Zeit des Jahres zu bestreiten. «Als wir Dudinka hinter uns hatten», erinnert sich die britische Ornithologin Maud D. Haviland an ihre Reise vom

Juni 1914, «begannen sich Dampfer und Barke schnell zu leeren. Alle paar Werst gab es einen Balagan, d. i. eine niedrige, mit Erdsoden gedeckte Hütte, und hier wollte eine ganze Familie, mit Kindern, Fischernetzen und Kochtöpfen mitsamt einem Boot, einem halben Dutzend Fischtonnen und einem Sack Mehl an Land gehen. Einige dieser Leute fuhren jeden Sommer gut tausend Werst den Strom hinab und wieder zurück, nur wegen der Fischereisaison, die ganze sechs Wochen dauerte.» (Quelle 5.4). Die meisten kehrten im September wieder in ihre Heimatdörfer zurück, doch vereinzelt gab es auch Familien, die nach dem Ende der Fischereisaison den langen Winter über in der Tundra blieben.

Bei ihren Streifzügen in der Umgebung Goltschichas stieß Haviland auf die Balaganfamilie Semjon Prokoptschuks, die ihr abgelegenes, dumpfes und feuchtes Domizil ganzjährig bewohnte. Haviland, die mit dem Fotoapparat ebenso gut umzugehen wusste wie mit der Flinte und eine für ihre Zeit emanzipierte Britin war, interessierte sich vor allem für das harte Leben der Frau dort in der öden Tundra am Ende der Welt. «Die Bürde der überarbeiteten Frau und Mutter in zivilisierten Ländern ist schon hart genug; aber sie genießt dort doch immerhin manchmal den Luxus eines Schwatzes mit einer sympathischen Nachbarin. Aber diese Frauen in den Holzhütten des Jenissei sehen von Monat zu Monat niemals eine andere weiße Frau, und die Einsamkeit und Monotonie ihres Lebens muss schrecklich sein. Diese Frau hier hat schon fünf kleine Kinder, alle unter sieben Jahre alt, und ein sechstes wird bald zur Welt kommen. Während des Sommers hat sie den ganzen Tag beim Fischen geholfen, und wenn die Eingeborenen kommen, um Geschäfte zu machen, dann hat sie auch die Nacht durch gearbeitet.

Der Winter würde bald kommen, und dann würde die ganze Familie für den größten Teil des Tages in zwei Räumen eingeschlossen sein; doch drinnen oder draußen, sommers oder winters, sie wagte es nicht sich zu schonen. Da musste das Brot gebacken werden; das Haus musste gesäubert werden; die Kinder mussten angekleidet werden; und niemand war da außer ihr, um das alles zu erledigen. Wahrlich – diese Frauen *brennen aus* um der Zivilisation willen. In Sibirien, wie es auch von so vielen unserer eigenen Kolonien heißt, ist es nicht ungewöhnlich, einen Mann mittleren Alters zu finden, der schon zwei oder gar drei Frauen überlebt hat. Oben auf der Anhöhe hinter dem Haus stand ein großes Holzkreuz, mit zwei kleinen daneben. Das war das Grab der ersten Frau Prokoptschuk und ihrer zwei kleinen Kinder. Jedes Mal, wenn diese arme Frau aus der Tür trat, konnte sie das Grab ihrer Vorgängerin sehen, die den Weg schon gegangen war, auf welchem sie selber auch schon unterwegs war. Was würde sie tun, wenn das Kind geboren werden sollte, fragten wir sie – gab es da irgendeine andere Frau in der Nähe? Nein, antwortete sie, aber ihr Mann sei ein Meister in dieser Beziehung. Er hatte all die anderen Kinder bei ihrer Geburt in Empfang genommen. […] In diesem Land ist das Klima so hart, dass es sehr schwer ist, ein Kind groß zu ziehen, denn es gibt keine Milch. Die meisten Kinder werden entwöhnt mit Tee und Brot. Deswegen stillen alle Frauen ihre Babys, bis sie zwei oder drei Jahre alt sind, und beide, Mutter und Kind, leiden darunter in der Folgezeit. Sobald sich herumsprach, dass wir etwas Kondensmilch unter unseren Vorräten in Goltschicha hatten, kam eine Frau nach der anderen und wollte etwas davon für ihre Kinder kaufen.»[47]

Zum wirtschaftlichen Zentrum dieser Region entwickelte sich Dudinka (Dudino, Dudinskoe selo), das etwa hundert Kilometer oberhalb des Mündungsschlauches liegt. Castrén fand dort 1846 nur vier Blockhäuser und eine kleine steinerne Kirche vor, der aber ein Priester fehlte. Er quartierte sich bei einem Kaufmann ein, der vom Handel mit den Eingeborenen lebte und für seine Geschäftsreisen einen riesigen Wohnschlitten mit palastähnlichem Aufbau benutzte, der von zahlreichen Rentieren gezogen wurde.[48] Seit der Mitte des 19. Jahrhunderts machte die Turuchansker Kosakenfamilie Sotnikow Dudinka zum Zentrum ihrer Handelsgeschäfte. Sie erbaute dort eine neue Kirche nebst Glockenturm, die zusammen mit dem mächtigen Wohnhaus der Familie und dem Laden die Silhouette des Dorfes auf dem Hochufer über den Ersten Weltkrieg hinaus beherrschte. Als Fridtjof Nansen 1913 vom Eismeer her kommend Dudinka erreichte, war er vom Anblick des Hauses überwältigt: «Mit seiner langen Fensterreihe und seinen vielen Portalen stand es dort oben so breit und trotzig in der sinkenden Sonne gegen den Himmel wie ein Märchenschloss.»[49] Allerdings zählte der Ort um 1880 nur etwa 60 Einwohner. Die Sotnikows vermochten sich in die zweite Kaufmannsgilde emporzuarbeiten und verfügten sogar über ein eigenes Dampfschiff.[50] Jonas Stadling traf 1898 in Dudinka neben den wenigen Kaufleuten nur zwei Priester, einen Zivilbeamten und mehrere verbannte Stundisten an.[51] Als 1909 Jakow Schumjazki, ein zwangsverschickter Bolschewik, nach Dudinka kam, gab es dort einige reiche Kaufleute aus russifizierten Samojeden wie Chwostow und Woiloschnikow. Russische Kaufleute wie Pusse und Sotnikow lebten nicht ständig dort, sondern reisten nur zu Geschäften an. Schumjazki geißelte die maßlose Ausbeutung der Eingeborenen, denen neben Kupferkesseln und anderen Gebrauchsgegenständen aller möglicher Schund verkauft wurde, vor allem aber Schnaps, was eigentlich strikt verboten war. Dafür tauschte man zu Spottpreisen Felle und Pelze, Mammutelfenbein und Häute von Meeressäugern ein. Außerdem gab es in Dudinka eine Kolonie von etwa 20 Verschickten. Einer von ihnen arbeitete als lokaler Agent für den Kaufmann Pusse. Doch auch mit einer meteorologischen Station vermochte das Dörfchen sich bereits zu schmücken.[52]

Im bewaldeten südlichen Drittel des Krai Turuchansk, der sich bis zur Mündung der Steinigen Tunguska erstreckt, begannen die ersten Dörfer seit der Mitte des 18. Jahrhunderts aufzutauchen.[53] Wegen der rauen klimatischen Bedingungen und der wenig fruchtbaren Böden warf die Landwirtschaft hier – wenn überhaupt – nur geringe Erträge ab. Daher traf Castrén auf seiner Bootsfahrt stromabwärts im Juni 1846 unterhalb der näheren Umgebung von Jenisseisk mit ihren hablicheren Dörfern nur ärmliche Kleinsiedlungen an. Sie bestanden aus Blockhäusern mit Flachdächern und hölzernen Schornsteinen, die Fenster waren aus Marienglas. In jedem Dorf gab es verlassene Höfe. In den Häusern habe er nur Alte und Kranke gesehen, wer arbeiten konnte, war auf Fischfang, der wichtigsten Einnahmequelle der Dörfler.[54]

Diese Unterschiede zwischen den Siedlungslandschaften des unteren und des mittleren Jenissei fielen 1875 auch Nordenskiöld auf: «Am weitesten nach Norden hinauf bestehen die russischen Wohnplätze aus vereinzelten, aus Baumstämmen oder den Planken von auseinander gebrochenen Prähmen aufgeführten Hütten mit flachem Rasendach. Holzschnitzereien und Verzierungen, von der Art wie man sie gewöhnlich an den Häusern der vermögenden russischen Bauern antrifft und deren kunstgemäße Formen andeuten, dass die Einwohner Zeit gehabt haben, an etwas anderes zu denken als nur an die Befriedigung der augenblicklichen Notdurft, fehlen hier vollständig; aber weiter nach Süden hin werden die Dörfer größer und die Häuser stattlicher mit gebrochenen Dächern und hohen, nach dem Dorfwege hin reich mit Holzschnitzereien verzierten Giebeln. Eine in grellen Farben gemalte Kirche erinnert oft daran, dass einer der Einwohner des Dorfes reich genug geworden ist, um die Kosten dieses Schmucks an seinen Heimatort zu wenden. Alles deutet auf einen gewissen Wohlstand, und das Innere der Häuser ist, wenn man die überall herumkriechenden Kakerlaken ausnimmt, ganz sauber. Die Wände sind mit zahlreichen, wenn auch nicht besonders künstlerisch ausgeführten Photographien und Steindruckbildern geschmückt.»[55]

Noch 1929 stellte Otto Heller fest, dass die größeren und wohlhabenden Jenisseidörfer erst südlich der Stromschnellen von Ossinowo auftauchen, also dort, wo die Landwirtschaft sich zu lohnen beginnt.[56] Um 1915, als die Siedlungsgründungen am unteren Jenissei zu einem gewissen Abschluss gekommen waren, reihten sich die Dörfer entlang des Stromes locker in einem Abstand von 20 bis 40 Werst auf. Zwischen den Mündungen der Steinigen und der Unteren Tunguska konnten sie 25 bis 30 Höfe umfassen, doch unterhalb von Monastyrskoje zählten sie selten mehr als zwei bis fünf Höfe.[57]

A propos Fenster. Noch im 18. Jahrhundert bestanden in den Dörfern, aber auch bei den meisten Stadthäusern die Fenster aus dem erwähnten Marien- oder Frauenglas *(sljudo)*. «Dieser Stein lässt sich abblättern, dass man die Rauten zu Fensterscheiben davon so dick oder so dünne spalten kann als man will», erinnert sich Johann Ludwig Wagner. «Sie werden in Blech gefasst, worin Löcher geschlagen sind, und durch diese Löcher mit Zwirn festgenäht. Wo das Marienglas nicht häufig ist, werden diese Fenster im Winter, um sie zu schonen, weggenommen, und durch Eis ersetzt. Es wird ein Stück klares Eis, so groß wie die Öffnung des Fensters ist, gehauen, und in dieselbe hineingepasst. Um das Stück herum wird ganz dünner Schnee geklebt, und dann mit Wasser begossen, wovon es so fest anfriert, dass die schärfste Hitze im Zimmer einem solchen Eisfenster nicht schadet. In allen Dörfern hinter Tobolsk sieht man im Winter keine andre Fenster als diese.»[58] Castrén, der 1846 in Dudinka überwinterte, schätzte die Eisfenster vor allem deswegen, weil sie mehr Helligkeit durchließen als Marienglas, Quappenhaut oder Papier.[59] Noch 1877 fand Henry Seebohm in den Dörfern am unteren Jenissei die abenteuerlichsten Fensterkonstruktionen. «Selten sieht man ein Fenster mit großen Scheiben. In den Häusern einiger der ärmeren Bauern ist es keineswegs unüblich, ein zur Gänze aus Glasbruch aller Größen und Formen zusammengesetztes vorzufinden, zusammengestückelt wie ein Puzzle und sorgfältig eingefügt in ein Rahmengefüge aus Birkenbast, das genau zugeschnitten worden ist, um jedes einzelne Stück einzufassen. Manchmal hat man auf Glas gänzlich verzichtet und Stücke halb lichtdurchlässiger Fischblasen zusammengenäht und über den Fensterrahmen gespannt. Im Winter sind Doppelfenster absolut notwendig, um die Hausbewohner davor zu bewahren, sich zu Tode zu frieren. Die Außenfenster haben einen Abstand von etwa sechs Zoll von den Innenfenstern. Wenn das Innenfenster die Armut der Hausbewohner offenbart, stellt das Vorfenster deutlich seine Extravaganz zur Schau. Dem Anschein nach besteht es aus einer einzigen, soliden Scheibe von Flachglas, annähernd drei Zoll dick. Bei genauerer Betrachtung erweist sich dieses auffällige Blatt aus Flachglas als eine Platte schieren Eises, die anstelle von Kitt mittels einer Mischung aus Schnee und Wasser sorgfältig in den Fensterrahmen hineingefroren wurde.»[60]

Die langen Winter erleichterten auch die Konservierung von Lebensmitteln. Johann Ludwig Wagner, der in Turuchansk drei Jahre lang Zeit hatte, um in dieser Hinsicht Erfahrungen zu sammeln, erwähnt drei Alternativen: erstens Einsalzen, besonders zu empfehlen für Fisch, wobei der Omul sich am besten eigne; zweitens Lufttrocknen und drittens Einfrieren. «Zum Winter salzte ich mir die Fische, die dazu am brauchbarsten waren, in Tonnen ein. Die Karauschen wurden an der Luft getrocknet, und was nachher beim Frost gefangen wurde, ließ ich nach der Landesart außen am Hause wie Holz aufstapeln, um sie, wenn sie ganz hart gefroren waren, roh zu essen.» «Die an der Luft geräucherten Fische aß ich in Butter gebraten, die eingesalzen gekocht, die am Hause auf einander gelegten nicht anders als roh. [...] Ich ließ mir dann einen Hecht, einen Zander oder einen großen Aal, welche alle so hart wie Holz gefroren waren, hereinholen. Ein Soldat löste dann die Haut um den Kopf herum, und zog sie mit der leichtesten Mühe ab. Das Fleisch wurde mit einem Messer zu lauter Spänen bis auf die Gräten abgeschält, wozu oft zwei Fische gebraucht wurden. Ich tauchte Stück für Stück in Salz, und aß ohne zu käuen in weit weniger Zeit ein paar Pfund Fische auf, als man das beste gekochte Essen in gleicher Menge verzehren kann. Ein guter Schluck Brandwein mit etwas Brodt darauf schien mir den Magen sehr zu erwärmen und zu stärken, und machte mich außerordentlich munter.»[61]

## Die Taigabauern

Eine Landwirtschaft als Haupterwerbszweig war – wie gesagt – erst südlich der Mündung der Steinigen Tunguska möglich. Dort verlief ja auch nicht zufällig die Nordgrenze des Kreises Jenisseisk.

### Haus, Hof, Dorf

Ihre Vorstellungen von Haus und Hof verpflanzten die frühen Siedler aus ihrer nordrussischen Heimat nach Sibirien. Während der Pionierzeit – etwa bis zur Mitte des 18. Jahrhunderts – bestanden die Siedlungen meist aus ein- oder zweiräumigen Blockhäusern. Danach konnten die Bauern sich mehr und mehr drei- und vierräumige Blockhäuser leisten, die seit der Mitte des 19. Jahrhunderts die Altsiedlungen der südlichen, fruchtbaren Kreise des G. Jenissei prägten. Wohlhabende Bauern lebten meistens in einem «Kreuzbau» *(krestovik)*, einem quadratischen Wohnhaus unter einem mit Brettern gedeckten Walmdach, das durch zwei innere kreuzförmige Querwände in vier Räume geteilt wurde. Sehr häufig ruhte es auf einem halbhohen Unterbau *(podklet')*, der einerseits die Wohnräume gegen den Untergrund isolieren sollte und andererseits als Keller und Lagerraum diente. Die unterste Balkenlage pflegte man gegen den Naturboden mit mehreren Schichten Birkenrindenlappen zu isolieren. Im Laufe des 19. Jahrhunderts setzten sich in den meisten Bauernhäusern Glasfenster durch. Dies machte aber erst Sinn, als auch die «Schwarzstube», in welcher der schornsteinlose Ofen ungehindert seinen Qualm verbreitet hatte, der «hellen» Stube wich, in welcher der russische Ofen seinen Rauch durch einen Schornstein ins Freie entleerte. Wohnhaus und Wirtschaftsgebäude umgrenzten einen rechteckigen Hof, der nur durch ein gedecktes Einfahrtstor in einer übermannshohen Holzmauer betreten werden konnte. In das Wohnhaus gelangte man vom Hof her. Wenn das Hoftor geschlossen war, bildete die gesamte Haus- und Hofanlage daher eine gegen außen abgeschottete Festung im Kleinen (Textabb. 11).[62] In den dichter besiedelten Regionen und insbesondere in den südlichen Kreisen entstanden im Laufe der Zeit zahlreiche Großdörfer.[63] Sie säumten meistens eine einzige Straße und konnten am «Großen Sibirischen Trakt» eine Länge von mehreren Meilen erreichen.[64]

Allerdings wanderten längs der Poststraßen sehr bald auch höchst unwillkommene Hausgenossen in die Wohngebäude ein. Pallas fand den Süden Westsibiriens teilweise noch frei von Schaben, «hier in Atschinskoi aber sind alle Bauernstuben damit überschwemmt, so dass man bei Tage die dunklen Winkel, Ritzen und Nebenkammern ganz damit angefüllt, des Nachts aber alle Wände davon bedeckt sieht. Nichts ist vor diesem Ungeziefer sicher, welches durch die geringsten Ritzen schlupft. Man kann keinen Kasten, kein Gefäß, so dicht man es auch verschlossen zu sein glaubt, eine Nacht über in diesen Stuben lassen, ohne es am Morgen mit tausend kleinen und großen Tarakanen angefüllt zu finden. Ja sie dürsten sogar nach Menschenblut, und die Beine, Hände und sonst entblößte Stellen des Leibes derjenigen, die auf den Bauernöfen schlafen, werden von ihnen ganz blutrünstig gemacht. Sie töten auch die großen Tarakanen und verzehren ihre Brut, so dass diese nicht aufkommen können. Aber außer Brot, Zucker, und was von Tieren kömmt, beschädigen sie nichts. Teetrinken oder essen darf man in den Stuben nicht, ohne ein Insekt nach dem andern von der Decke in die Tassen oder Schüsseln fallen zu sehn. Das Ausräuchern der verschlossenen Stuben mit Schwefel und stinkenden Kräutern hat man wider diese Landplage, die sich augenscheinlich vermehrt und ausbreitet, umsonst versucht. Die einzige Linderung verschafft man sich am Anfang des Winters dadurch, das man die Stuben ausfrieren lässt. Dadurch erstarrt das Ungeziefer; aber sobald man heizt, kommt es wieder zum Vorschein und gegen den Frühling wimmelt alles, wie zuvor.»[65]

Ähnlich wie in Nordrussland bewirtschafteten die Tschaldonen oder Tscheldonen, wie die alteingesessenen Bauern Sibiriens sich nannten, vergleichsweise große Betriebe. Im G. Jenissei betrug die durchschnittliche Landausstattung pro männliche Seele am Ende des 19. Jahrhunderts 29 Desjatinen, im Kreis Atschinsk sogar 40 Desjatinen.[66] Dabei hing die Betriebsgröße von der Anzahl helfender Hände ab. Verwunderlich ist das nicht, lagen doch zahlreiche Besitzparzellen weitab vom Dorf verstreut in der Taiga. Zudem drängte sich wegen des kurzen Sommers die gesamte Ackerarbeit auf nur wenige Monate zusammen. Daher setzte sich schon im Laufe des 17. Jahrhunderts die Großfamilie aus drei bis vier Generationen durch.[67] Im Kirchdorf Tassejewo (Kreis Kansk) beispielsweise bewirtschafteten in der Mitte des 19. Jahrhunderts auf dem Hof Ussatschew 9 erwachsene Arbeitskräfte 32 Desjatinen Ackerland und hielten 9 Kühe, 12 Schweine und 50 Schafe; die Familie Agafonow zählte bei 18 Köpfen 10 Arbeitskräfte, die 36 Desjatinen Ackerland bestellten und 9 Kühe, 12 Schweine

Textabb. 11: Typen sibirischer Bauernhöfe des 19. Jahrhunderts

und 50 Schafe hielten; die Familie Malyschew bestand sogar aus 20 Personen mit 9 Arbeitskräften und nannte 32 Desjatinen Saatland, 10 Kühe, 10 Schweine und 60 Schafe ihr Eigen.[68] Von solchem Besitz konnte damals ein Bauer im europäischen Russland (abgesehen vom Norden) nur träumen.

Doch auch den Mittelbauern ging es sehr viel besser als ihren Standesgenossen im europäischen Russland. Eine Dreigenerationenfamilie zählte im Mittel 10 bis 13 Personen und konnte sich ein oder zwei zusätzliche Saisonarbeiter leisten. Sie bewirtschaftete mit bis zu 8 Arbeitspferden durchschnittlich 12 Desjatinen Ackerland und hielt 3 bis 5 Rinder, 4 bis 5 Schweine, 20 bis 30 Schafe sowie Federvieh. Vom Ernteertrag verblieben in der Regel über 40 Prozent für den Verkauf. Für den Eigenverbrauch konnte die Familie mit 20–23 Pud Getreide pro Kopf und Jahr und 30–50 Pud Fleisch für die ganze Familie rechnen.[69]

Während sich im europäischen Russland im Laufe des 18. und 19. Jahrhunderts die Praxis regelmäßiger Neuverteilung des Ackerlandes unter den Gemeindegenossen durchgesetzt hatte, um der Landverknappung zu begegnen, hielten die sibirischen Bauern an der aus Nordrussland mitgebrachten Vielfalt von Besitzformen fest. Ackerland stand meistens in Individualbesitz. Dies entsprach ja ihrer grundsätzlichen Überzeugung, dass der Grund und Boden dem gehören sollte, der ihn urbar machte und persönlich nutzte. Und dies entsprach auch der historisch bedingten, unternehmerischen, auf persönliche Unabhängigkeit bedachten Mentalität der Tschaldonen. Heuschläge konnten individuell oder gemeinschaftlich genutzt werden, Wald und Waldweide unterlagen der Verfügungsgewalt der Dorfgemeinschaft als Ganzes.[70] Allerdings gab es zeitweise durchaus auch anteiligen Gruppenbesitz, etwa wenn eine Großfamilie sich teilte oder wenn mehrere Familien gemeinsam Boden urbar machten. Doch auch die persönlichen Anteile unterlagen dem individuellen Verfügungsrecht und konnten vererbt, verpfändet oder verkauft werden.[71] Erst als seit dem Ende des 19. Jahrhunderts aus dem europäischen Russland in den Süden des G. Jenissei massenweise Neusiedler einströmten, die an periodische Neuverteilungen des Ackerlandes durch die Dorfgemeinde gewöhnt waren, nahm der Druck auf die Alteingesessenen zu, diese Praxis ebenfalls einzuführen. Allerdings trug dies auch dazu bei, die Beziehungen zwischen den Tschaldonen und den Neusiedlern zu vergiften.[72]

Beim Ackerbau verharrten die Bauern in den althergebrachten Traditionen. Während sich im europäischen Russland im 18. und 19. Jahrhundert die Dreizelgenwirtschaft durchsetzte und die ausgelaugten Podsolböden der Nadelwaldzone gedüngt werden mussten, fanden die sibirischen Bauern weder das eine noch das andere nötig. Land gab es im Überfluss. Da die Taiga keineswegs überall für den Ackerbau geeignet war, musste man vielversprechende Plätze jedoch selbst weitab vom Dorf aufspüren, möglichst solche, die wenig Rodearbeit erforderten; wenn diese aber schon vergeben waren, auch bewaldete. Als erstes rodete man den Wald, führte die Stämme als Bauholz ab und ließ das Astwerk liegen, bis es dürr genug geworden war, um es abzubrennen. Der durch die Asche gedüngte Boden lieferte für mehrere Jahre hohe Getreideerträge. Wenn er ausgelaugt war, ließ man ihn liegen und verbuschen, bis er sich wieder so weit erholt hatte, dass man ihn für mehrere Jahre erneut unter den Pflug nehmen konnte. Der Übergang von dieser Brandrode- oder Schwendwirtschaft *(podsek, gar)* zur Feld-Graswirtschaft *(perelog, zalež')* auf den dorfnahen Feldern war fließend. Bis zum Vorabend des Ersten Weltkrieges hatte sich eine Zweifelderwirtschaft herausgebildet, in welcher Einsaat und Brache alle paar Jahre wechselten.[73] In Dorfnähe allerdings, wo die Äcker sich verdichteten und die Besitzparzellen in Gemenge lagen, war man im Lauf der Zeit genötigt, eine Art Zweizelgensystem zu entwickeln, innerhalb dessen alle beteiligten Bauern ihre Parzellen in jeweils einer Sommer- und einer Winterzelge liegen hatten. Die Winterzelge säte man im Spätsommer mit Winterroggen ein, die Sommerzelge im Frühjahr mit Hafer, Weizen und Gerste.[74]

Aus heutiger Sicht erscheint es schwer verständlich, dass die Bauern des Jenissei-Stromlandes noch über den Ersten Weltkrieg hinaus lieber lange Anfahrtswege zu ihren Außenfeldern in Kauf nahmen als zumindest ihre hofnahen Äcker zu düngen, denn über Vieh als Dunglieferant verfügten sie ja reichlich. Mit dem Dünger wussten sie zum Erstaunen westeuropäischer Reisender nichts anzufangen. «Der Sibirier fährt den Dung nicht auf seinen Acker, um ihn dort unterzupflügen und sein Feld zu düngen, sondern er fährt ihn an den Fluss. Hier lässt er ihn faulen, bis das Hochwasser kommt und ihn fort schwemmt.»[75] Als Fridtjof Nansen 1913 Worogowo besuchte, die nördlichste Ackerbauinsel am Jenissei, deren karge Böden eine Auffrischung wohl vertragen hätten, musste er sich von der Schiffsanlegestelle den Uferhang zum Dorf hinauf seinen Weg über einen Berg von Dünger bahnen, «der jahraus jahrein aus den Dorfgassen über die Flussböschung hinuntergefegt wird, bis er einen großen Teil des Vorlandes anfüllt. Das Straßenpflaster besteht ebenfalls aus Dünger, in den man tief einsinkt, sobald man von den Brettern hinuntertritt, die als Bürgersteige an den Häuserseiten angebracht sind.»[76] Noch sechzehn Jahre später, als Otto Heller in Worogowo Station machte, hatte sich an dieser Situation nichts geändert.[77] Aber solange überdurchschnittliche Erträge[78] und Landreichtum den sibirischen Bauer nicht nötigten, sein Wirtschaftsgebaren zu ändern, blieb er seiner konservativen Mentalität verhaftet. Der Kreis Minussinsk und der Süden des Kreises Atschinsk entwickelten sich wegen ihrer fruchtbaren Schwarz- und Grauerdeböden zur Korn- und Gemüsekammer Ostsibiriens. Insbesondere seit sich mit Beginn der Dampfschifffahrt auf dem Jenissei die Transportkosten enorm verbilligt hatten, versorgten sie das gesamte G. Jenissei mit kostengünstigem Getreide, vor allem Weizen, aber auch mit Gurken und Melonen.[79]

Neben der Landwirtschaft gingen die Taigabauern häufig noch einem Nebenerwerb nach. In der Nähe von Poststraßen verdingten sie sich als Fuhrleute. Generell waren die Sibirjaken wie alle Taigabauern geborene Zimmerleute. Kein Tschaldone ging aus dem Haus ohne seine Axt im Leibgurt. Ihre Wohn- und Wirtschaftsgebäude zimmerten sie in Nachbarschaftshilfe selber, auch ihre Arbeitsgeräte, Wagen und Schlitten verfertigten sie außer den Eisenbestandteilen allein. Im Winter zogen viele an den Fluss, um in Jenisseisk oder Krasnojarsk auf den Werften zu arbeiten und Schiffe zu bauen.[80]

In ihrer Wirtschafts- und Lebensweise mussten die Taigabauern lernen, sich an die spezifischen klimatischen und räumlichen Gegebenheiten Sibiriens anzupassen. Dies galt auch für die Speisen und die Kleidung.[81] Da Fisch überreichlich vorhanden war und zum wichtigsten Proteinträger aufstieg, entwickelten sich die Bauern auch zu erfahrenen Fischern. Wegen der langen und strengen Winter war Pelzbekleidung unerlässlich. Vieles an praktischer Pelz- und Lederkleidung, die sich in der Taiga bewährt hatte, schaute man den Tungusen ab.

### Drei Taigadörfer im Ersten Weltkrieg

Darf ich Sie einladen, mit mir drei typische Kirchdörfer der Kreise Jenisseisk und Krasnojarsk zu besichtigen? Nähern wir uns zunächst dem Dorf Nachwalskoje,[82] etwa 120 km flussabwärts von Krasnojarsk gelegen. Wir begegnen dem Dorf auf dem Höhepunkt seiner wirtschaftlichen Entwicklung und baulichen Ausstattung kurz vor der Oktoberrevolution. Und wir besichtigen es so, wie es sich in der Erinnerung der ostpreußischen Schülerin Elisabeth Sczuka widerspiegelt, die dort von November 1916 bis zum Mai 1918 mit ihren Eltern als Zivildeportierte lebte.[83]

Wir betreten ein lang gestrecktes Dorf, durch das sich eine breite, naturbelassene Straße zieht. Keine Baumallee spendet etwas Schatten. Hier und da tupfen ein paar Birken, Schwarztannen oder pappelartige Sträucher etwas Grün in das vorherrschende Grau. Rechts und links wird die Straße gesäumt von übermannshohen Bretterzäunen, in welche nur doppelflügelige und leicht überdachte Hoftore etwas Abwechslung bringen. Da von den Hofgebäuden dahinter nur die Dächer zu sehen sind, hat man die Hoftore mit schönen Verzierungen ausgestattet. Wenn wir das Hofinnere betreten haben, sehen wir, dass es an den Seiten auch noch zwei einflügelige Nebentore gibt. In das Wohnhaus gelangen wir vom Hof her. Es ist quadratisch, enthält eine Sommer- und eine heizbare Winterstube sowie die Küche. Die Innenwände sind geweißt, die Wohnräume peinlich sauber und hell, denn die wohlhabenderen Bauern konnten sich Glasfenster leisten. An den Wänden ziehen sich Bänke entlang, auf dem mit einem Wachstuch bedeckten Tisch in der Mitte summt gemütlich der Samowar. Kleiderschränke kennt man nicht, die Kleider liegen sorgfältig zusammengefaltet in Truhen. In einer Ecke steht die große Tonne mit dem Frischwasser, neben der Türe hängt ein Wasserspender zum Händewaschen. Der mächtige russische Ofen ist von einem Holzgestell umgeben, auf dem man Kleider trocknen kann. Des Sommers schläft man in den Kleidern auf Fußbodenmatten, des Winters auf dem Ofen. Bettgestelle gibt es erst vereinzelt, Federbetten sind unbekannt. In den Fenstern leuchten zahlreiche Topfblumen.

Wir kehren auf den Hof zurück. Der umzäunte Haupthof ist mit Brettern belegt und wird immer sauber gehalten. Auch im Winter entfernt man den Schnee. An seinen Seiten ziehen sich Schuppen hin, in denen Schlitten, Arbeitsgeräte, gelegentlich auch schon Maschinen, sowie Brennholz aufbewahrt werden. Von diesem «sauberen» Haupthof abgetrennt und mit einem eigenen Außentor versehen ist der Wirtschaftshof mit den Stallungen für das Klein- und Federvieh, auf deren Dachböden auch Heu und Stroh lagern. Teile des Wirtschaftshofes sind überdacht, damit man im Winter bequem zu den Ställen gelangt. Angebaut an den Wirtschaftshof findet sich ein umzäunter Auslauf für Schafe und Kälber. Noch weiter abseits liegt wegen der Brandgefahr die Badehütte *(banja)*.

Ihr Großvieh halten die Bauern außerhalb des Dorfes auf einem eigenen, von einem hohen Zaun umgebenen Viehhof, den ein Wächter Tag und Nacht im Auge behält. Dort steht auch die Getreidedarre, denn weil wegen des kurzen Sommers das Korn oft noch nicht voll ausgereift geerntet werden kann, muss es gedörrt werden. Allerdings ist das Getreide deshalb von nur mäßiger Qualität. Die Kühe werden zum Melken jeden Abend zu «ihrem» Bauernhof getrieben. Sie sind klein, häufig hornlos und haben ein dichtes Fell, das sie auch im Winter schützt.

Die Felder der Bauern umringen nur zu einem Teil das Dorf. Die meisten liegen weitab auf Lichtungen in der Taiga, oft 15–20 Werst entfernt. Wenn die Bauern ihre abgelegenen Äcker bestellen müssen, lohnt sich die Heimfahrt oft nicht, so dass sie gezwungen sind, dort in provisorischen Unterkünften zu übernachten.

Nun wollen wir noch einen Rundgang durch das Dorf machen. Etwas erhöht an markanter Stelle überragt die Kirche die Hauslandschaft. In ihrer Nähe liegen auch das Schulzenamt *(sbornja)*, der Genossenschaftsladen, einige andere Kaufläden und die dreiklassige Dorfschule. Sie ist auch für die Kinder der kleineren Nachbardörfer zuständig; bei strenger Witterung schlafen die Kinder in der Schule und erhalten dort ihr Essen aus der Schulküche. Weil viele Bauern Kriegsdienst leisten und ihre Frauen den Betrieb übernehmen mussten, gibt es im Sommer eine Kindertagesstätte, um die Kleinkinder zu betreuen. Auch über ein kleines Krankenhaus verfügt das Dorf. Unterhalten wird es mit Hilfe der Nachbardörfer. Der Arzt musste in den Krieg. An seiner Stelle leitet es eine Frau, die vermutlich auch Medizin studiert hat. Zum Personal gehören mehrere Feldscherinnen und eine Köchin. Auf Arztvisite kommt in unregelmäßigen Abständen der Arzt aus dem 40 km entfernten Murta.

Unseren Rundgang beenden wir auf dem Friedhof am Rande des Dorfes. Er ist nicht eingezäunt und daher Hunden und Wildtieren frei zugänglich. Aus der Sicht eines deutschen Mädchens, das «ordentliche» Friedhöfe gewöhnt ist, erscheinen die Gräber ungepflegt.

Um ein solches Taigadorf mit Leben zu füllen, wollen wir uns dem Kirchdorf Pirowskoje zuwenden, das rund 100 km südlich von Jenisseisk liegt. Dort hat Traugott von Stackelberg als zwangsverschickter Militärarzt vom Herbst 1915 bis zum

Frühjahr 1916 gelebt und diese Gelegenheit wahrgenommen, um intensiv in das Dorfleben einzutauchen.[84]

Er schreibt: «Pirowskoje ist eine weit ausgedehnte Siedlung und ringsum von einem Wald hoher Tannen und Zedern umgeben. Es hatte damals etwa zweitausend Einwohner. Quer durch das Dorf waren es ungefähr vier Kilometer, da die Häuser mit ihren Nebenbauten weit voneinander liegen.» Die Stubenwände im Wohnhaus pflegte man als Wärmeisolation mit Zeitungen zu bekleben. Dass Bauern eine Zeitung hielten, verrät zweierlei: Sie konnten lesen und sich ein Zeitungsabonnement finanziell leisten. «Zum Dorf gehörten etwa zweihundert Höfe. Ein Hausstand umfasst durchschnittlich zehn Personen. Oft wohnten drei Generationen beieinander. Mitten im Dorf stand auf einem flachen Hügel die steinerne Kirche, umgeben von einem Garten mit einem weißen Staketenzaun. Sie war hellrosa getüncht, das Blechdach türkisgrün. Sie hatte fünf Zwiebelkuppeln, byzantinische Bögen und Erker, massig gewundene Säulen, Portale nach allen Himmelsrichtungen mit Heiligenbildern darüber. Sie wirkte fremdartig und unwirklich auf mich.» «Um dieses Zentrum herum lagen die repräsentativen Gebäude des Dorfes: die Schule, das Priesterhaus, die Gemeindestube, die Kanzlei des Gemeindeältesten, die Monopolbude, das ist der Schnapsladen der Regierung, dann das zweistöckige Konsumgebäude mit landwirtschaftlichen Geräten, eine weitläufige Lawka, der Kramladen des reichen Kaufmanns, und endlich die Posthalterei.»

Hemden, Kleider, Hosen und Mäntel wurden von den Frauen noch weitgehend selbst verfertigt. Den ganzen Winter über spannen sie zudem Flachs und Wolle. Spinnräder gab es hier noch nicht, man benutzte wie im Mittelalter Spindeln mit Schwunggewichten. Aus der Stadt bezog man nur bunte Kopftücher und Sonntagshosen aus schwarzem Samt. Filzstiefel verfertigten wandernde Tataren aus einheimischer Wolle; sie mussten tagelang befeuchtet, erhitzt und gewalkt werden. Im Sommer trug man feine Juchtenstiefel; allerdings verrät Stackelberg nicht, ob diese gekauft oder selbst gemacht waren.

Aufgabe der jungen Frauen war es, jeden Morgen mit der Wassertonne aus dem Fluss Frischwasser zu holen. Im Winter hieß das, mit dem Schlitten hinunter zum Fluss zu fahren und die Tonne mit einem an einer langen Stange befestigten Eimer aus einem offenen Eisloch zu füllen. Den Schlitten mit der schweren Tonne dann wieder den vereisten Hang hochzubringen, ohne dass das Wasser überschwappte, war ein ausgesprochenes Kunststück, dem Stackelberg uneingeschränkte Bewunderung zollte.

«Morgens, mittags, nachmittags und abends trank man Tee. Man nahm dazu vornehmlich Ziegeltee, nicht etwa einen minderwertigen, gepressten Teeabfall, sondern unter großem Druck zu Tafeln gepresste, sehr feine und kostbare Teesorten. Der gepresste Tee hat den Vorteil, dass er nicht verdirbt, dass man ihn in der Hosentasche mit sich tragen kann, ohne dass er fremden Geschmack annimmt. Man schabt davon ein wenig in kochendes Wasser und lässt ihn wie den üblichen Tee ziehen. Er hatte hierzulande geradezu Münzwert. Ein Teeziegel galt so viel wie ein Rubel und wurde oft lieber genommen als die schweren Silberstücke.»

Natürlich interessierte Stackelberg sich auch für seine Schicksalsgenossen, die es wie ihn als Verbannte unfreiwillig nach Pirowskoje verschlagen hatte. Im Dorf lebten etwa 25 politisch Verschickte, darunter auch mehrere Polen, Deutsche (meist Kriegsverschickte aus der Ukraine oder Ostpreußen) und galizische Juden. Sie hatten einen eigenen Mittagstisch. Da Stackelberg über Geld verfügte, organisierte er mit den handwerklich geschulten Juden eine Schneiderei und eine Schusterwerkstatt, damit die Verschickten zu etwas Geld kamen. Der Förster war von der russischen Armee 1914 aus Ostpreußen verschleppt worden und lebte mit seinem Sohn in einem Dörfchen etwa 10 km außerhalb von Pirowo. Seinen Lebensunterhalt fristete er als Jäger. Obgleich Verschickte keine Waffen besitzen und sie das Weichbild ihrer Siedlung nicht verlassen durften, drückte der Gendarm von Pirowskoje beide Augen zu.

Nachdem Stackelberg sein Jahr in Pirowskoje abgedient hatte, wurde er Ende April 1916 nach Bogutschansk (heute Bogutschany) am Unterlauf der Angara versetzt. Dort sollte er – wie bereits geschildert – die Leitung des Spitals übernehmen, das zuvor provisorisch von einer Feldscherin betreut worden war. Der alte Gemeindevorsteher, Nikolai Alexandrowitsch Moltschanow, erwies sich als Enkel eines nach Sibirien verschickten Dekabristen. Bogutschansk war das Verwaltungszentrum eines Bezirks, viermal so groß wie die Schweiz. Diesen riesigen Bezirk hatte ein einziger Polizeioffizier mit mehreren Gendarmen zu beaufsichtigen.[85] Bogutschansk bildete ein Großdorf, das sich nicht wesentlich von Pirowskoje unterschied. In seinen Erinnerungen an das Jahr, das er dort verbrachte, steuert Stackelberg noch einige weitere Nuancen zur Lebenswelt eines sibirischen Taigadorfes bei.

Dort gab es viel mehr Verschickte als in Pirowskoje – etwa 200, doch stellten «Politische» die kleinste Gruppe. Viele Beamte bis hoch hinauf sympathisierten mit ihnen und suchten ihnen unauffällig zu helfen. Den stärksten Zusammenhalt hatten die Juden, sie lebten weitgehend abgeschottet von den anderen; ebenso die Polen, unter ihnen viele Akademiker. Auch 12 Deutsche traf Stackelberg an, vor allem Russlanddeutsche, die als Ingenieure, Chemiker, Werkmeister und Angestellte deutscher Fabriken in Russland gearbeitet hatten und nun in der Abgelegenheit Sibiriens isoliert worden waren.[86]

Sorgen machte ihm als Arzt der für die Taigaregion typische Gemüsemangel. «Fast das ganze Jahr hindurch bekam man nichts. Einige Monate lang, etwa bis Weihnachten, gab es wohl Kartoffeln; Sauerkraut natürlich das ganze Jahr hindurch. Nur im Sommer aß man einige Wurzelgemüse und Kohlarten, aber Bohnen und Erbsen gediehen dort nicht mehr, auch keinerlei Obst.»[87] Elisabeth Sczuka erlebte zur gleichen Zeit in Nachwalskoje Brot und Tee als Hauptnahrungsmittel, ergänzt durch Sauerkohl, Gurken, Pilze, Beeren und Pellkartoffeln. Hanf- und Leinöl lieferten das notwendige Fett. An Festtagen gab es vor allem Kuchen, gefüllte Teigtaschen *(bliny)*, Butter und Eier. Außer Löffeln war Essbesteck wenig verbreitet. Zum Essen benutzte man meistens die Hände.[88] Wie in der Ukraine das Kauen von Sonnenblumenkernen zum Alltag gehörte, so in den Taigadörfern das Knacken von Zedernnüssen. Wegen ihres hohen Fettgehalts (60 Prozent), 15 Prozent Eiweiß und zahlreichen Vitaminen galten sie als Brot des Waldes. Anlässlich einer Verlobungsfeier in einem Dorf an der Angara wurden die Dorfbewohner vom Brautpaar mit Zedernnüssen bewirtet, die in einem Sack am Ofen standen. «Man steckte sich die Taschen damit voll. Dann sang und tanzte man, die Nüsse wurden geknackt und die Schalen auf den Fußboden gespuckt, bis er glatt und dunkel war. Einige Mädchen hatten Zedernharz, das mit Russ vermischt war, mitgebracht. Um einen besonderen Genuss zu bereiten, kauten sie es eine Weile, bis sich die erste Bitternis gelöst hatte, dann steckten sie es ihrem Liebsten oder ihrem Tänzer in den Mund.»[89]

### Landgemeinde und Amtsgemeinde

In einem so rauen Umfeld wie in der sibirischen Taiga vermochte eine Bauernfamilie auf längere Sicht nur zu überleben, wenn sie Teil einer größeren Gemeinschaft war, auf deren Solidarität sie zählen konnte. Daher schlossen sich die Siedler von Anfang an zu territorialen Gemeinschaften zusammen. Eine solche Landgemeinde umfasste je nach Größe ein oder mehrere Dörfer. Sie organisierte sich selbst durch gewählte Vertreter – den Gemeindeältesten oder Starosta, den Rechnungsführer, den Gemeindeschreiber, die für die öffentliche Ordnung verantwortlichen Zehnerschafts- und Hundertschaftsmänner *(desjatskie, sotskie)* usw. Die Landgemeinde war den vorgesetzten Amtsstellen gegenüber verantwortlich, ja haftbar für alle staatlich vorgeschriebenen Verbindlichkeiten. Sie regelte alle wirtschaftlichen Belange, die über die Kompetenzen der einzelnen Höfe hinausgingen, wie etwa die Anstellung von Hirten für das gemeinsam geweidete Vieh, die Allmendnutzung und die Aufnahme neuer Gemeindegenossen.

Höchstes Beschluss- und Wahlorgan war die Gemeindeversammlung aller Haushaltsvorstände. Dazu zählten in der Regel nur die Männer; doch wenn eine Witwe den Hof führte, konnte auch sie teilnehmen. Während im europäischen Russland die Gemeindeversammlung einfach «Versammlung des Mir» *(mirskoj schod)* hieß, nannten die Sibirjaken sie im Allgemeinen «Gemeinschaftliche Eintracht» *(obščestvennoe soglasie)*, um damit zu unterstreichen, wie wichtig ihnen die innergemeindliche Harmonie und Solidarität waren. Beschlüsse mussten daher einstimmig gefasst werden, bei widerstreitenden Meinungen diskutierte man so lange, bis die Sache entschieden war, notfalls durch Intervention des Gemeindeältesten.

Mehrere Landgemeinden bildeten die übergeordnete Amtsgemeinde oder genauer den Amtsbezirk (Wolost). Dieser stellte zugleich die unterste Verwaltungseinheit der staatlichen Territorialhierarchie dar, organisierte sich jedoch spiegelbildlich zur Landgemeinde selber durch eine von den Landgemeinden gewählte Selbstverwaltung. In die Versammlungen des Amtsbezirks entsandten die unterstellten Landgemeinden ihre Delegierten.[90] Sowohl Landgemeinde als auch Amtsbezirk vertraten die Interessen ihrer Mitglieder gegenüber Nachbargemeinden und insbesondere gegenüber dem Staat. Die Struktur beider basierte also auf dem Prinzip einer patriarchalen direkten Demokratie. Dass die Bauern sich gegenüber den Vertretern eines autokratischen Staates, welche sie ausschließlich als staatliches und privates Ausbeutungsobjekt betrachteten, distanziert und misstrauisch, ja feindselig verhielten, darf nicht verwundern.

Dem Staat gegenüber hafteten Land- und Amtsgemeinde für den pünktlichen und vollständigen Eingang der Geldsteuern, die bis zur Mitte des 19. Jahrhunderts nach männlichen «Seelen» erhoben wurde. Sie selber verlangten von den Gemeindegenossen zur Deckung eigener Bedürfnisse ebenfalls Geld- und Fronleistungen *(mirskie i zemskie povinnosti)*, die dort, wo die Einwohnerzahl gering war, durchaus das Niveau der Staatssteuer erreichen konnten.[91] Neben der Kopfsteuer hatten die Bauern für den Staat zahlreiche und teilweise außerordentlich belastende Fronarbeiten zu verrichten: Vor allem waren Straßen und Brücken auszubessern und Transportdienste zu leisten. Wie es um die Stimmung der Bevölkerung gegenüber den Staatsvertretern stand, spiegelt sich in den Antworten auf die Aufforderung Kaiserin Katharinas II., den Delegierten der Kommission, die ab 1767 ein neues Gesetzbuch erarbeiten sollte, Wünsche und Beschwerden mit auf den Weg zu geben. Die Bauern der Provinz Jenissei machten von diesem Recht reichlich Gebrauch. Es waren vor allem zwei Missstände, die sie anprangerten: die Korruption der staatlichen Amtsträger und die enormen Belastungen durch die vom Staat verlangten Frondienste. Die Bauern der Wolost Tassejewo klagten beispielsweise darüber, dass die Provinzkanzlei in Jenisseisk von ihnen die Nachzahlung des Getreidezinses für die Jahre 1747–1750 verlange, obgleich sie Quittungen besäßen, dass sie den Zins schon bezahlt hätten. Die Bauern der Wolost Bogutschansk litten schwer unter den Treideldiensten auf der Angara und der Pflicht, staatliche Getreidetransporte auf dem Wasserweg bis zu den Bergwerken im westsibirischen Barnaul zu spedieren – eine Wegstrecke, für die sie hin und zurück ein volles Jahr benötigten. Generell beanstandeten die Eingaben von Gemeinden der Jenisseisker Provinz, dass die Instandstellung von Straßen und Brücken, die Fuhrdienste und Fronarbeiten auf staatlichen Werften und in Bergwerken vor allem in die Frühjahrs- und Sommermonate fielen, wenn die Bauern in ihren Landwirtschaftsbetrieben unabkömmlich waren.[92]

Neben der Welt der eigentlichen, vollberechtigten Gemeindegenossen existierten in Landgemeinde und Amtsbezirk aber weitere Parallelwelten. Zur Wolost Schuschenskoje am oberen Jenissei beispielsweise, in welcher Lenin von 1897 bis 1900 seine Verbannungszeit zubringen sollte, gehörten im Jahre 1847 zwei Kirch- und 19 kleinere Dörfer, in denen 5575 Staatsbauern lebten. Ihnen gesellten sich jedoch 1483 Zwangsverschickte hinzu, von denen 447 Frauen waren, ferner vier männliche und drei weibliche «Staatsverbrecher», 18 verabschiedete Soldaten nebst ihren Familien und mehrere Soldatenwitwen mit 17 Kindern.[93] Auch wenn die Zwangsverschickten (zu ihnen weiter unten noch mehr) den Gemeindegenossen nicht direkt zur Last fielen, komplizierten ihre Anwesenheit und ihr ständiger Wechsel das Verhältnis zwischen Gemeinde und Staat und das Leben untereinander.

In besonderem Maße auf die Probe gestellt wurden innere Geschlossenheit und Solidarität der Landgemeinden und Amtsbezirke seit dem späten 19. Jahrhundert durch den massenhaften Zustrom von Neusiedlern. Die meisten Zuwanderer brachten nur mit, was sie schleppen konnten, und mussten sich ihre Existenz mühsam aufbauen. Zudem wirkten sie mit ihrer völlig anderen, noch von den Folgen der Leibeigenschaft geprägten Mentalität auf die Alteingesessenen fremd und bedrohlich.[94] Als ihrer immer mehr wurden, weigerten sich die Landgemeinden zunehmend, ihnen Land auf Kosten der eigenen Söhne abzutreten.[95] Die Regierung erließ deshalb schon 1896 ein Gesetz, welches den Landanteil auf 15 Desjatinen pro männliche Seele begrenzte,[96] doch die Bauern ignorierten die Vorgaben einfach. Die gesetzliche Quote war zwar immer noch sehr viel höher als in den am dichtesten besiedelten Gebieten des europäischen Russland, widersprach aber völlig dem unternehmerischen Selbstverständnis der Sibirjaken. Auch dass der Staat ihnen nun auch verbot, eigenständig über den zu ihren Gemeinden gehörenden Wald zu verfügen, beispielsweise ohne Genehmigung der staatlichen Stellen Holz zu schlagen und zu verkaufen,[97] erbitterte sie zunehmend. Als anlässlich des dreihundertjährigen Thronjubiläums der Romanows 1913 der Generalgouverneur Ostsibiriens in Irkutsk einen Stipendienfonds zugunsten des Irkutsker Lehrerseminars auflegte und zu Spenden aufrief bei gleichzeitiger Drohung, mangelnder Spendenfreudigkeit von Seiten der Verwaltung nachzuhelfen, verweigerten über 100 Landgemeinden des G. Jenissei jedweden Beitrag, ohne allerdings anschließend dafür auch zur Rechenschaft gezogen zu werden.[98]

Mehr und mehr sahen sich die Neusiedler gezwungen, selbst an ungünstig gelegenen Orten Wald zu roden. Viele fristeten jahrelang eine kärgliche Existenz. Die Stukalows beispielsweise, die 1899 aus dem G. Kursk in den Kreis Minussinsk umgesiedelt waren und sich an der Tuba in dem neuen Dörfchen Iljinka niederließen, lebten anfänglich in einem Grubenhaus.[99] Manche kamen aus den Startschwierigkeiten nie heraus. Ein Inspektionsbericht vom Ende des 19. Jahrhunderts vermeldet: «Die Häuser der Altsiedler sind groß und fest gebaut, die der Neusiedler schwach und unansehnlich. Die Gebäude sind niedrig, die Dächer mit Erde und Stroh bedeckt und mit Lehm verschmiert. Es gibt viele krumme Hütten ohne Giebeldach, wobei die Fenster kaum sichtbar sind wegen des zur Isolierung vor den Wänden aufgetürmten Düngers.» Im Rechenschaftsbericht des Kreishauptmanns von Jenisseisk aus dem Jahre 1911 heißt es im Kapitel über die Neusiedler: «Man muss feststellen, dass ihre Betriebe den Eindruck eines gewissen Verfalls erwecken, von Schmutz (der besonders in die Augen fällt bei einem Vergleich mit der Reinlichkeit und Ordnung in Haus und Hof eines Sibirjaken), von Ärmlichkeit, Nachbarschaftsstreitigkeiten und den Einwirkungen des Alkohols.»[100] Wer sein Heil in der Flasche suchte, kam auf keinen grünen Zweig. Nicht wenige kehrten ernüchtert in ihre Heimat zurück, aus dem G. Jenissei aber prozentual weniger als im sibirischen Durchschnitt.[101] Doch die Mehrheit schaffte es im Lauf der Jahre, sich eine auskömmliche Existenz aufzubauen – auch die Stukalows.

### Amtsgemeinde und Staat angesichts des Schul- und Gesundheitswesens

Als die staatlichen Reformen der sechziger und siebziger Jahre des 19. Jahrhunderts den neu geschaffenen regionalen Selbstverwaltungsorganen (Semstwa) die Möglichkeit eröffneten, auf eigene Kosten Schulen und Arztpraxen zu betreiben, hatte dies Auswirkungen nur auf Gouvernements, in denen Semstwa zugelassen waren. Sibirien gehörte nicht dazu, wohl weil man den eigenwilligen Sibirjaken nicht über den Weg traute. Daher gab es dort nur zwei Wege, um ein Grundschulwesen aufzubauen: über Kirchenschulen, in denen der Gemeindepriester Unterricht erteilte, und über staatliche Schulen.

Es war daher das Ministerium für Volksbildung, welches seit den sechziger Jahren Schritt für Schritt auch auf dem Lande Grundschulen einrichtete, wobei oft wohlhabendere Land- und Amtsgemeinden ein eigenes Scherflein beisteuerten. Gab es im G. Jenissei 1864 erst 39 kirchliche und staatliche Grundschulen, so waren es 1895 bereits 220 und 1916 gar 781 mit 33091 Schülerinnen und Schülern. Ein Drittel der Unterrichteten waren Mädchen.[102] Doch konnte 1914 auf dem Lande erst ein Drittel aller Kinder eine Grundschule besuchen, während es in der Stadt bereits zwei Drittel waren.[103]

Allerdings bestanden innerhalb des Gouvernements erhebliche Unterschiede. Im reichen Kreis Minussinsk etwa war die Bereitschaft der Bauern, ihre Kinder in die Schule zu schicken, überdurchschnittlich groß. Trotzdem machte davon nur gut die Hälfte Gebrauch. 1916 unterrichteten dort 394 Lehrpersonen 15400 Schüler (davon 6100 Mädchen). Immerhin verdiente ein Dorfschullehrer im Kreis Minussinsk 1917 durchschnittlich mehr als das Doppelte seiner Kollegen im europäischen Russland. Hinzu kamen Zuschüsse für Wohnung, Heizung und Ernährung. Die Kosten für den Unterhalt von Lehrpersonal und Schulen teilten sich die Selbstverwaltung des Kreises, das Gouvernement und der Staat.[104]

Sibirien zählte – wie erwähnt – nicht zu den Regionen, in denen 1864 eine von der Bevölkerung gewählte regionale Selbstverwaltung *(zemstvo)* eingeführt werden durfte. Daher regelte der Staat in den Landkreisen hier 1865 von sich aus die Mindestausstattung der medizinischen Versorgung. Jeder Kreis sollte einen Arzt und drei ausgebildete Feldschere erhalten. Jedem Feldscher sollte ein bestimmter Sektor des Kreises zugeteilt werden. An seinem Wohn- und Arbeitsort sollte eine Krankenstation mit drei Betten verfügbar sein. Arzt und Feldscher sollten ihr Arbeitsgebiet regelmäßig bereisen und ärztliche Hilfe vor Ort leisten. Allerdings war die vorgesehene Entlöhnung kärglich. Der Arzt erhielt 100 Desjatinen Ackerland und Wiesen zugeteilt, der Feldscher 30. Das Land sollte verpachtet werden können, und der Pachtzins bildete dann das Einkommen der Nutznießer. Nach 15 Dienstjahren an einem Ort würde das Land in Erbbesitz des Arztes übergehen. Gratis zur Verfügung gestellt wurden Wohnung, Heizung, Beleuchtung und der Gebäudeunterhalt. Gratis sollte auch die medizinische Behandlung für die Bevölkerung sein.

Mit der Umsetzung dieses schönen Planes harzte es jedoch gewaltig. Die in Russland ohnehin raren Ärzte zeigten sich kaum bereit, unter diesen Bedingungen auf dem Lande zu praktizieren, und blieben lieber in der Stadt. Die Feldschere erwiesen sich als meist schlecht ausgebildet, häufig konnten sie nicht einmal richtig lesen und schreiben. Bauern, die man als Gehilfen für Pockenimpfungen ausbildete, waren meistens sogar Analphabeten. Zudem zeigten sich viele Amtsgemeinden nicht bereit, Wohnhäuser und Gebäude für Krankenstationen und Arztwohnungen zur Verfügung zu stellen. 1887 gab es im ganzen Gouvernement nur fünf Landärzte und 15 Landfeldschere. Die Fläche ihres Einsatzgebietes schwankte zwischen 2500 Quadratwerst im Kreis Kansk und 10000 im Kreis Jenisseisk. Im Turuchansker Krai gab es sogar nur einen Kreisarzt mit vor allem amtlichen Funktionen und keinen einzigen Feldscher.

Daher sah die Regierung sich 1888 genötigt, die Gratifikationen des medizinischen Personals beträchtlich aufzustocken, und 1897 wurde im G. Jenissei das Netz ärztlicher Versorgung etwas engmaschiger gestrickt: Das ganze Gouvernement mit Ausnahme des Turuchansker und des Ussinsker Krai wurde in 22 Arztbezirke unterteilt, in deren jedem ein Kleinspital mit zehn Betten eingerichtet werden sollte. Die Betreuung oblag einem Arzt und zwei Feldscheren oder Geburtshelferinnen. Für den

Unterhalt des Spitals und für die Entlöhnung des medizinischen Personals floss staatliches Geld. Der äußerste Norden mit dem Turuchansker und dem Ussinsker Krai erhielt je einen Arzt und eine Krankenstation mit fünf Betten zugewiesen. Die Krankenstationen sollten mit Regierungsmitteln gebaut oder gekauft werden. Doch erwiesen sich die gekauften Gebäude häufig als ungeeignet: In Jessaulowo zum Beispiel sollte die Krankenstation in ein Haus einziehen, das eigentlich für den Diakon bestimmt gewesen war; es hatte nur kleine Zimmer, zum Untersuchungsraum avancierte die ehemalige Küche, und bei starkem Andrang standen die Patienten bis auf die Straße. Auch diese Reformen vermochten die ärztliche Unterversorgung des flachen Landes nicht wesentlich zu lindern. So verfügte der Kreis Jenisseisk mit seinen drei Arztdistrikten über ganze 23 Krankenbetten. Nach Meinung der Ärzte beschränkte sich ihre medizinische Tätigkeit außerhalb der Krankenstation primär darauf, ihren Distrikt zu bereisen, um gratis Medikamente zu verteilen.[105] Noch auf den Beginn des Jahres 1911 arbeiteten im öffentlichen medizinischen Dienst des G. Jenissei ganze 69 Ärzte und vier Ärztinnen (davon jedoch nur 35 auf dem Lande), 232 männliche und 40 weibliche Feldschere (davon 80 in Städten), 26 Geburtshelferinnen und 8 Dentisten.[106] Sie alle hatten theoretisch rund eine Million Menschen zu betreuen.

Als der zwangsverschickte Militärarzt Traugott von Stackelberg im Frühjahr 1916 von Pirowskoje nach Bogutschansk an der Angara versetzt wurde, um das dortige Spital zu übernehmen, hatte er ein ganzes Jahr Zeit, um sich eingehend mit den dortigen medizinischen Verhältnissen vertraut zu machen. «Das Krankenhaus besaß vier Zimmer mit achtzehn Betten, ein kleines Sprech- und ein Operationszimmer, wo ein primitiver Operationstisch stand, eine ansehnliche Apotheke, eine große Küche und helle, lange Korridore, die gut als Tagesräume dienen konnten.» «Bargeld war nicht vorhanden, die Hilfe der Gemeinde bestand in Naturalien, Holz und Arbeitsleistungen.»[107] Das Personal setzte sich zusammen aus einer Feldscherin, einem Verwalter und einer Köchin. Als Zwangsverschickter bekam Stackelberg von der Medizinalverwaltung des Gouvernements keinen Lohn. Alle Ausgaben für die Erhaltung und den Ausbau des Spitals zahlte er aus der eigenen Tasche. Bei seinem Eintreffen lebten im Spital fünf Patienten. Aber sobald sich herumgesprochen hatte, dass ein echter Doktor gekommen war, füllte sich die Sprechstunde. Unter den Spitalpatienten überproportional vertreten waren Kaukasier und Türken, die den Winter nicht vertrugen und Lungenentzündungen mitbrachten.[108]

«Oft war auch die Heilung meiner Krankenhausinsassen aussichtslos. Häufig waren fünf oder sechs Betten von Leuten belegt, die sich nur dorthin geschleppt hatten, um zu sterben, weil sie zu Hause keine Pflege oder auch überhaupt kein Bett hatten. Im Sommer, wenn es tagsüber sehr heiß war und nachts stark abkühlte, starben viele Kinder an Darmvergiftung. Es gab keinerlei Möglichkeiten, geeignete Nahrung für die Kinder zu beschaffen. Es hatte keinen Sinn, den Frauen zu erklären, dass die Art ihrer Kinderernährung schädlich sei. Es wurden so viele Kinder geboren, dass es offenbar nicht ins Gewicht fiel, wenn die Hälfte von ihnen schon im ersten Lebensjahr starb. Milchflaschen oder gar Gummisauger waren völlig unbekannt. Wenn eine Mutter den Säugling abgestillt hatte, etwa, weil sie in der Landwirtschaft nicht länger entbehrt werden konnte, dann sättigte sie das Kind, indem sie in ein ausgehöhltes Kuhhorn, an das man die Euterzitze eines geschlachteten Kalbes gebunden hatte, eingedickte fette Milch goss und das Kleine trinken ließ. Diese selbsthergestellten, eigentümlichen Babyfläschchen nannte man Roschok. Die Frauen nahmen die Säuglinge zur Arbeit auf den Heuschlag oder ins Feld mit und legten sie dann irgendwo ins Gras. So war es kein Wunder, dass sie oft Lungenentzündung und schlimmste Darmkatarrhe bekamen. Ameisen und Käfer krochen über sie hinweg, Mücken und Stechfliegen saugten ihr Blut. Die armen Würmer schrien vor Qual und mussten sich schon im ersten Lebensjahr daran gewöhnen, Leid und Mühsal des Daseins über sich ergehen zu lassen. Was konnte die Mutter anderes tun, als den Schreihals sich selbst zu überlassen, bis er von selber aufhörte und vor Ermattung einschlief? Natürlich, wer diese spartanischen Härten überstand, musste eine außerordentliche Gesundheit haben! So kam eine natürliche Auslese zustande.»[109]

Unter den Patienten fand Stackelberg viele Geschlechtskranke vor, die mit den vorhandenen Mitteln nicht zu heilen waren. Hingegen hatte er es kaum mit Erkältungskrankheiten zu tun, weil das raue Klima die Erwachsenen abgehärtet hatte. «Sehr häufig sah man Verstümmelungen als Folge schwerer Erfrierungen oder Verletzungen. Oft begegnete man Menschen ohne Ohrmuscheln, manche hatten an Stelle der Nase nur Löcher zwischen den Backenknochen. Ohrmuscheln und Nasen waren ihnen völlig abgefroren, nekrotisch geworden und abgefallen. Es gab auch verhältnismäßig viele Ausschläge, deren Herkunft indessen schwer zu erkennen war.»[110]

Angesichts des Ärztemangels blieb den Bauern in der Regel nichts anderes übrig, als sich auf die traditionelle Erfahrungsmedizin zu verlassen. In jedem Dorf gab es heilkundige Frauen, die sich auf Kräutermedizin und Besprechen verstanden. Um nicht an Skorbut als Folge von Vitaminmangel zu erkranken, machten es die Sibirjaken den Altvölkern nach und verzehrten rohen Fisch.[111]

Am verheerendsten schlugen die epidemisch auftretenden schwarzen Blattern zu, die ganze Dörfer auslöschen konnten. Die Sibirjaken schrieben die Seuche dem Wirken böser Geister zu. Stackelberg arbeitete sich mit Schutzimpfungen mühsam Dorf für Dorf vor, doch angesichts der Größe seines Amtsbezirks vermochte er längst nicht alle Siedlungen zu erreichen.[112]

### Die Kirchgemeinde
Während das 17. Jahrhundert der Jenissei-Provinz lediglich ein erstes, noch dünnes Netz von Kirchgemeinden auf dem Lande beschert hatte, wurde das 18. Jahrhundert parallel zur intensiveren Binnenkolonisation zu einer Zeit der Kirchengründungen. Von den 227 Kirchgemeinden der Metropolie Tobolsk im Jahre 1781 lagen 67 im Einzugsbereich des Jenissei. Dabei spiegelte ihre Anzahl die unterschiedliche Siedlungsdichte wider: 35 zählten zum Kreis Krasnojarsk, 28 zum Kreis Jenisseisk und ganze vier zum Krai Turuchansk.[113] Bis zum Jahre 1916 – kurz bevor der kirchliche Absturz erfolgte – hatte sich die Gesamtzahl der Kirchgemeinden auf 324 fast verfünffacht. Noch stärker als 1781 kam in ihrer ungleichmäßigen Verteilung die Bevölkerungskonzentration auf die südlichen Kreise des G. Jenissei zum Ausdruck: 83 lagen im Kreis Kansk, 82 im Kreis Minussinsk, 69 im Kreis Atschinsk, 51 im Kreis Krasnojarsk, aber nur 33 im Kreis Jenisseisk und ganze sechs im Krai Turuchansk.[114]

Anders als man vermuten würde, fielen in Sibirien Kirchgemeinde und Landgemeinde eher selten zusammen, weil die Pfarrsprengel wegen des Priestermangels großflächiger geschnitten werden mussten. Von Seiten der kirchlichen Hierarchie war dies durchaus willkommen, damit die Landgemeinden die bischöfliche Kontrolle über die Kirchgemeinden nicht zu stark einzuschränken vermochten. Im G. Jenissei deckten sich dafür aber sehr häufig Kirchgemeinde und Amtsgemeinde *(volost')*. Die Kirchgemeinde *(prichod)* fiel nur dort, wo wie im Kreis Krasnojarsk Großdörfer vorherrschten, des Öfteren mit einer Dorf- oder Landgemeinde zusammen. Meistens bildete sie eine von der Landgemeinde getrennte Territorialeinheit, und die Kirchgemeindeversammlung war nicht identisch mit der Landgemeindeversammlung, doch gab es natürlich personelle Überschneidungen. Die Kompetenzen der Kirchgemeindeversammlung ähnelten denen ihres weltlichen Pendants: Sie wählte den Kirchenältesten und den Kirchenvorstand, regelte den Unterhalt von Priester, Diakon und Kirchendiener und sorgte für den Bau beziehungsweise die Reparaturen der kirchlichen Gebäude. Bis zum Anfang des 18. Jahrhunderts besaß sie auch das Recht, den Priester zu wählen. Doch schon Peter der Große begann dieses Recht einzuschränken und an die Zustimmung des Bischofs zur Kandidatur zu binden, und im Jahre 1800 wurde das Gemeindewahlrecht endgültig abgeschafft. Dahinter stand nicht nur die Absicht von Staat und Staatskirche, die alleinige Kontrolle über die Priesterschaft zu erlangen, sondern auch die Sorge der Kirchenleitung um eine bessere Ausbildung der Geistlichen. Das ist verständlich, hatte doch noch 1750 eine Erhebung des Metropoliten von Tobolsk ergeben, dass von 24 Priestersöhnen, die ihr Vater auf das geistliche Amt vorbereitet hatte, acht Analphabeten waren.[115] Metropolit Pawel, der letzte Hierarch der Metropolie von Sibirien und Tobolsk (1758–1768), schrieb einmal entnervt, Geistliche seiner Metropolie, welche neben dem Zelebrieren der Liturgie auch noch den Katechismus beherrschten, könne man «hier zur Mittagszeit mit der Kerze suchen».[116] Mit den neuen Vorschriften hatten zwar besser ausgebildete Kandidaten Chancen auf eine Pfarrstelle, da die Kirchgemeinden nun nicht mehr ihnen zwar genehme, aber aus kirchlicher Sicht ungeeignete Personen zur Wahl vorschlagen konnten, und der Priester besaß nun einen stärkeren Rückhalt beim Bischof. Aber dafür gab es mehr Konfliktstoff mit der Kirchgemeinde. Dieser speiste sich nicht nur daraus, dass der Priester, der nun einen Eid auf den Zaren zu leisten hatte, mehr und mehr als Vertreter und Sprachrohr der Staatsmacht wahrgenommen wurde, sondern auch daraus, dass er finanziell nach wie vor völlig von seiner Kirchgemeinde abhing. Verbindliche Regelungen für den Unterhalt der meist vielköpfigen Pfarrfamilie gab es nicht, und da die Bauern nur zu gern dem Ideal einer armen (das heißt für sie billigen) Kirche huldigten, litten nicht wenige Priester materielle Not. Wenn sie dann darauf beharrten, für Taufen, Trauungen, Beerdigungen und Gedächtnisgottesdienste ein angemessenes Entgelt zu erhalten, wurden sie schnell als unersättliche «Priestertasche» beschimpft. Dass Klerus und Gemeindeangehörige sich einander entfremdeten, hatte aber noch einen anderen Grund: Im Laufe des 18. Jahrhunderts zwängten die staatlichen Kirchenreformen die Priesterschaft in das enge Korsett eines eigenen, privilegierten Standes, der seinen Nachwuchs nur noch in den eigenen Reihen rekrutieren durfte. Dieses Kastendasein isolierte den Klerus vollends vom Volk und trieb ihn in die alleinige Abhängigkeit vom Staat.[117] Erst 1869 wurde die Bindung des Priestertums an das Erbprinzip aufgehoben.

An Bau und Unterhalt ihrer Kirche sparten die Kirchgemeinden meistens aber nicht. Sie war ein wichtiger Bestandteil ihrer gemeinschaftlichen Identität und ein unverwechselbares Kennzeichen des Kirchdorfes. Nur in sehr armen Gemeinden begnügte man sich mit dem Notwendigsten; so widmete man in Scherskoje bei Krasnojarsk 1745 den Wohnteil eines ausgedienten Bauernhauses zur Kirche um und pappte ihm lediglich einen kleinen Altarraum an. Bis zum Ende des 18. Jahrhunderts gab es auf dem Lande fast nur hölzerne Kirchen, denn sie waren schnell und preiswert gebaut (großenteils durch die handwerklich geschickten Bauern selber) und schützten gegen die Winterkälte besser als Steinkirchen. Doch seit dem Ende des 18. Jahrhunderts drängten die Kirchenvertreter vermehrt darauf, auch in Landgemeinden Steinkirchen zu errichten, da sie weniger brandgefährdet waren.[118] Im 19. Jahrhundert wurden daher die weiß getünchten steinernen Kirchen vor allem auf dem Hochufer von Jenissei, Angara und Tschulym zu weithin sichtbaren Wahrzeichen ihrer Dörfer, an denen sich auch die Schiffsführer und Reisenden zu orientieren vermochten.

### Die Andersgläubigen

Fast alle Sibirjaken waren Mitglieder der orthodoxen Staatskirche. Aber weil der Staat Sibirien auch benutzte, um dort weitab vom europäischen Zentrum des Zarenreiches nicht nur Verbrecher, sondern auch «politische» Delinquenten und Irrgläubige zu isolieren, wimmelte es im G. Jenissei von Christen verschiedenster Denominationen und von Sektenangehörigen.

Die größte Gruppe unter ihnen bildeten die «Altgläubigen» *(staroverye)* oder «Altritualisten» *(staroobrjadcy)*. Sie wurden seit 1666/67 von der Staatskirche als Abtrünnige *(raskol'niki)* behandelt, da sie die von der Kirchensynode damals in Kraft gesetzten, im Grunde sehr behutsamen Reformen strikt ablehnten. Dabei sollten diese vor allem Falschlesungen und Missbräuche beseitigen, die sich in Schriftüberlieferung und liturgische Praxis eingeschlichen hatten. Für noch mittelalterlichem Denken verhaftete Strenggläubige bedeutete dies nicht nur einen unverzeihlichen Bruch mit der geheiligten Tradition, sondern sie sahen darin auch das unheilvolle Wirken des Antichrist, da dem magischen Denken zufolge auch nur die kleinste Änderung an dem von Gott selber Gesetzten dem Satan den Weg in die Kirche auftat.[119] In der Folge zogen die Altgläubigen sich in eigenen Gemeinden völlig auf sich selbst zurück und lehnten Staatskirche und Staat als Teufelswerk radikal ab. Anfänglich waren ihrer so viele, dass die Obrigkeit sie als Bedrohung empfand und mit Feuer und Schwert verfolgte. Die Altgläubigen reagierten darauf mit Selbstverbrennungen und Rückzug an die Peripherie des Zarenreiches. Viele überdauerten auch getarnt im Untergrund der Staatskirche. Wo man ihrer habhaft wurde, deportierte der Staat sie nach Sibirien. Es bedurfte der Revolution von 1905, um den alten Glauben wieder öffentlich bekennen zu dürfen.

In der Jenissei-Provinz waren schon 1717 über 12 000 Altgläubige bekannt,[120] wobei es unklar bleibt, wie viele von ihnen aus freien Stücken dorthin geflohen und wie viele dorthin deportiert worden waren. Auch für Sektierer blieb Sibirien attraktiv.

Bis 1905 standen Altgläubige und alle Sekten unter permanenter staatlicher Beobachtung. Noch zu Beginn des 20. Jahrhunderts gab es ein spezielles Überwachungsprogramm, welches die Gemeindepriester der Staatskirche dazu anhielt, anhand eines Katalogs mit 24 Fragen die nichtorthodoxe Bevölkerung ihres Sprengels genauestens auszuforschen.[121] Im Jahre 1911 zählten die Altgläubigen im G. Jenissei 17 960 Seelen (gegenüber mehr als 900 000 der Staatskirche). Das war wenig im Vergleich zu Westsibirien, Transbaikalien und dem Fernen Osten.[122] Auf den Beginn des Jahres 1910 listete das Russländische Innenministerium an Sektenangehörigen im G. Jenissei auf: 1410 Subbotniki, 532 Molokanen und 489 Baptisten, Stundisten und Adventisten. Die Skopzen, die 1877 – wie S. 107–109 erwähnt – noch eine Gemeinde in Seliwanowo bei Turuchansk aufrechterhalten hatten, waren mittlerweile ausgestorben; Skopzengemeinden existierten nur noch in Jakutien.[123]

Während Altgläubige und «Sektierer» vor allem auf dem flachen Lande lebten, wo sie für sich bleiben konnten, konzentrierten sich nichtorthodoxe christliche Konfessionen und andere Religionen auf die wenigen Städte (dazu weiter unten).

## Glaube, Zwieglaube, Aberglaube

Während der ersten Jahrzehnte der Festsetzung des Zarenreiches in Sibirien herrschte dort auch in Kirchgemeinden und Klöstern der «Wilde Osten». Die Zustände waren derart horrend, dass Patriarch Filaret sich genötigt sah, in einem Mahnschreiben von 1622 an Erzbischof Kiprian in Tobolsk die dortigen kirchlichen Missstände unverhohlen anzuprangern:
– Dienstleute vermieteten bei längerer Abwesenheit ihre Frauen zum Beischlaf an andere Dienstleute;
– Dienstleute, ja Christen allgemein versklavten Männer und Frauen und zwängen sie zur Arbeit für sich;
– Neugetaufte trügen kein Brustkreuz und lebten nicht christlich;
– Christen lebten unverheiratet mit Heidenfrauen zusammen;
– Blutschande sei verbreitet;
– Fasten würden nicht eingehalten;
– Priester verheirateten Paare ohne gültige kirchliche Zeremonie;
– In Klöstern lebten Mönche und Nonnen mit weltlichen Personen zusammen;
– Wojewoden und Priester unternähmen nichts gegen die Missstände, ja Wojewoden zwängen die Priester dazu, auch ungesetzliche Ehen zu segnen.[124]

In der Folgezeit besserten sich die Zustände allmählich.[125] Allerdings blieb der Sibirjak der Kirche gegenüber zurückhaltend – jedenfalls der männliche. Natürlich begleiteten ihn die äußerlichen Formen ritueller Frömmigkeit den ganzen Tag hindurch – er bekreuzigte sich und sprach ein kurzes formelhaftes Gebet nach dem Aufstehen und vor dem Schlafengehen, vor und nach dem Essen, vor dem Beginn und dem Ende der Arbeit, und er bekreuzigte sich auch, wenn er das Haus betrat und vor der Ikone in der «schönen Ecke» der Wohnstube. Natürlich besuchte er an hohen Kirchenfesten mit der ganzen Familie die Liturgie. Natürlich wurde seine Wahrnehmung des Jahresverlaufs neben dem landwirtschaftlichen Kalender bestimmt von der Einteilung des Zeitmaßes durch das Kirchenjahr mit seinen hohen Feiertagen und Festen zu Ehren des Namensheiligen der Dorfkirche.[126] Aber er vertrat auch die Ansicht, dass er seine Existenz und seinen wirtschaftlichen Erfolg zunächst einmal seinen eigenen Fähigkeiten verdankte. Seine Devise lautete: «Hilf dir selbst, dann hilft dir Gott.» Weil die Kirche seit dem 18. Jahrhundert Staatsdienerin war, übertrugen die Bauern ihr Misstrauen und ihre Feindschaft dem Staat gegenüber auch auf die Kirche. Davon ausgenommen waren Priester, die durch die Vorbildhaftigkeit ihres Lebenswandels und ihre Sorge um das Wohl ihrer Pfarrkinder Vertrauen genossen. Im Sommer ging der Sibirjak eigentlich nie in die Kirche, denn der kurze Sommer beanspruchte sein Tagewerk auch des Sonntags. Speziell den sibirischen Bauern bescheinigte die Kirchenobrigkeit am Anfang des 20. Jahrhunderts, dass bis zu zwei Drittel sich der jährlichen Beichtpflicht entzögen, während in den Städten der Anteil der Beichtverweigerer nur zwischen einem Sechstel und einem Viertel lag.[127]

Untrennbar vermischt war diese formelle Frömmigkeit mit zahlreichen Elementen vorchristlichen magischen Denkens, des Ahnenkults und animistischer Traditionen.[128] In der Forschung hat sich dafür der Begriff der «Zwiegläubigkeit» *(dvoeverie)* eingebürgert. Doch wie Eve Levin zu Recht bemerkt hat, suggeriert dieser Begriff, dass Christliches und Vorchristliches sich im Bewusstsein eindeutig trennen ließen, während dies den Betroffenen subjektiv gar nicht möglich war. Sie möchte das Phänomen daher lieber als «christlichen Volksglauben» bezeichnen.[129] Ein typisches Beispiel für diese Amalgamierung vorchristlicher und christlicher Elemente ist das im G. Jenissei beliebte Bruderschafts- *(bratčina)* oder Gemeinschaftsmahl *(kanun,* wörtlich: Vorabend). Dabei handelt es sich um Feste zur Stärkung der Gemeinschaft durch gemeinsames Essen und Trinken. Sie gingen auf vorchristliches Brauchtum zurück und waren früher in ganz Russland verbreitet. In Sibirien zeigten sie sich aber langlebiger. Während das Bruderschaftsmahl nur Männer einbezog, nahmen am Kanun auch die Frauen teil, tafelten jedoch getrennt. Die Frauen waren es auch, die auf einen bestimmten Heiligentag hin Bier brauten, dem man dann nach dem Besuch der Liturgie in der Kirche hemmungslos zusprach. Den Behörden waren diese Feste wegen der damit häufig verbundenen Schlägereien und Ausschreitungen ein Dorn im Auge, und sie versuchten sie zu unterbinden. Tatsächlich stand dahinter aber wohl auch die Angst vor dem Verlust der Kontrolle über bäuerliche Zusammenrottungen.[130]

Stackelberg traf die volksreligiösen Praktiken als normalen Bestandteil des Alltagslebens noch 1915 in Pirowskoje an. «Sonntags gingen sie in die Kirche, hörten dem Popen zu und opferten dem Namensheiligen und auch der Gottesmutter eine Wachskerze. Es konnte nichts schaden, meinten sie, und half vielleicht sogar auch. Vor dem Essen bekreuzigten sie sich und verneigten sich vor den Heiligenbildern in der roten Ecke. Aber der Ljeschi, der Waldgeist, stand überall im Hintergrund, unsichtbar, aber anerkannt. Seine Macht blieb völlig unbestritten. Er residierte im undurchdringlichsten Urwald und war immer irgendwo in der Nähe, wenn die Naturgewalten sich erhoben. Viele hatten ihn selbst gesehen. Es gab auch einen Hausgeist, den Domowoi. Nach ihrer Vorstellung war es der Geist des Hauserbauers und aller jener Menschen zusammen, die unter seinem Dach gestorben waren. Der Domowoi ließ mit sich reden. Er konnte hilfreich, schalkhaft, aber auch unheimlich sein. Zuweilen saß er hinter den Heiligenbildern, man konnte ihn manchmal im Dunkeln sehen.»

«Sie glaubten an Waldgeister, mit welchen sie merkwürdige Vorstellungen verbanden, zum Beispiel diese, dass sie sich nur geradeaus bewegen könnten. Wenn man von einem solchen Geist verfolgt würde, müsste man so tun, als liefe man vor ihm davon, um dann plötzlich auf die Seite zu springen. Dann müsse der betrogene Schrat in derselben Richtung weiterlaufen und könne einem nichts mehr anhaben. Wenn sie einen Bären jagten, trugen sie das Geschoss vorher im Munde. Damit übertrugen sie der Kugel ihren Willen. Sie flog unter Umständen auch einmal um einen Baum herum, um den Bären zu suchen und zu treffen.»[131]

Die Ahnen blieben im Bewusstsein stets gegenwärtig. An Ostern zog die ganze Familie zu ihren Gräbern, um auf ihnen mit Osterkuchen und Pirogen zu schmausen und zu trinken und die Verstorbenen auf diese Weise an der Gegenwart Anteil nehmen zu lassen. Dieser Brauch ist auch heute noch in ganz Russland verbreitet. Die Lebenswelt wurde in der Alltagspraxis eingeteilt in zwei einander entgegengesetzte Bereiche: in Rein und in Unrein. Für die Menschen ging es daher Tag für Tag darum, zu verhindern, dass die bösen Geister, welche das Unreine beherrschten, von einem selber Besitz ergriffen. Dies begann bereits mit der strikten Trennung des Hofes in einen reinen Wohn- und in einen unreinen Wirtschaftsteil. Männer und Frauen glaubten an die Kraft von Zaubersprüchen und magischen Handlungen, um eigene Vorteile zu erwirken oder fremden Schadenzauber unwirksam zu machen. In nahezu jedem Dorf gab es eine Person, der man besondere Zauberkräfte nachsagte – sei es zur Heilung von Krankheiten, sei es um Schaden bei anderen zu stiften oder von sich abzuwenden. Von Beichte und Kommunion, die mindestens einmal im Jahr obligatorisch waren, hielt der Sibirjak sich daher noch im 18. Jahrhundert wohl auch deshalb möglichst fern, weil er mit der Überzeugung aufgewachsen war, dass er dadurch seiner magischen Kräfte verlustig ginge; diese Kräfte brauchte er aber, um die bösen Geister und Schadenzauber durch andere Personen abzuwenden sowie die Naturgewalten zu bändigen.[132] Noch 1879 klagte der Erzpriester der Kirchgemeinde Kansk, die in der Stadt selber und in den vier umliegenden Dörfern etwa 2000 männliche Seelen zählte, dem anglikanischen Geistlichen Henry Lansdell, dass der Beichtpflicht nur ein Sechstel bis ein Fünftel seiner geistlichen Herde nachkämen.[133] Bei der aufgeklärteren Stadtbevölkerung hatte dies aber wohl eher damit zu tun, dass die Priester bekanntermassen Beichtgeheimnisse, die sie als staatsgefährdend einstuften, an die Polizei weitergeben mussten.

### Das Dorf feiert

Der harte Alltag, die raue Umwelt, die langen Winter – mehr noch als im europäischen Russland brauchten die Taigabauern Sibiriens in ihrem Lebensrhythmus Momente, die sie aus den Alltagsbeschwerden herausrissen und in einen Glückstaumel stürzten. Das waren die Feste, die man gemeinsam mit dem ganzen Dorf beging. Von den Bruderschaftsmählern und dem Kanun, wo man dem selbst gebrauten Hausbier ausgiebig zusprach, war schon die Rede. Dass das ganze Dorf sich an solchen Festlichkeiten sinnlos betrank, konnte schon Gmelin feststellen, als er im Fort Tassejewo am Peter-und-Pauls-Tag (29. Juni 1740) alles «krank» vorfand, «was eine Gurgel hatte».[134] Auch Johann Eberhard Fischer staunte 1741 über die Trinkgewohnheiten der Krasnojarsker. Dabei lebte er damals bereits seit zehn Jahren in Sibirien: 1 Wedro Branntwein koste 240 Kopeken, 1 Wedro Bier aber nur 15 Kopeken. «Hieran aber wird eben nicht sonderlich viel profitiert; denn im Bier debauchieren die russischen Sibirjaken bei weitem nicht so viel als im Branntewein: das Bier wird gemeiniglich nur zur Notdurft und zur Lust getrunken: aber den Branntewein sind sie capable zu saufen morgens und abends, mittags und mitternachts immer in einem weg, und in so großer Quantité als man ihnen gibt: Sie lassen nicht eher ab als bis sie ganz sinnlos sind, und weder Hand noch Fuß mehr rühren können; auch ist nichts Seltenes, dass etliche während dem Saufen starrtot darnieder fallen.»[135] In der Stadt mag das vielleicht eher vorgekommen sein, auf dem Lande aber blieb Dauersaufen die Ausnahme, denn ein Bauer, der Alkoholiker wurde, setzte damit seine wirtschaftliche Existenz und die seiner Familie aufs Spiel. Uneingeschränktem Alkoholgenuss öffnete sich daher auf dem Dorf lediglich an den Gemeinschaftsfesten ein allseits genutztes Ventil.

Sehr beliebt für Vergnügungen aller Art war auch die Butterwoche – die letzte Woche vor Beginn der Fastenzeit, an welcher zwar kein Fleisch mehr verzehrt, aber noch Öl und Butter zur Zubereitung der Mahlzeiten verwendet werden durften. Gmelin erlebte sie 1735 in Krasnojarsk. «Mit dem 9ten dieses Monats [Februar 1735], als dem Anfange der Butterwoche fingen die hiesigen Lustbarkeiten an. Alles was die gehörigen Jahre zum Saufen hatte, sowohl männlichen als weiblichen Geschlechts, tat sich jetzo was Rechtschaffenes zu gute. Die Mannsleute belustigten sich dabei mit Spazierenreiten, Weibsleute aber gingen zu Fuße in den Straßen herum, und des Nachts hörte man gemeiniglich eine aus einem wüsten Geschrei bestehende Musik. Kinder suchten etwa steile Örter, auf welche sie ein Fell hinaufzogen, sich darauf niedersetzten, und hernach insgesamt auf demselben den Berg hinunter fuhren. Je näher das Ende dieser Woche kam, desto größer wurden alle diese Lustbarkeiten. Es war nicht selten in den letzten Tagen ein Haufen von dreißig besoffenen Reitern zu Pferde beisammen, und zuweilen waren auch kleine Jungen mit darunter, um die Gesellschaft zu vermehren.»[136] Zwölf Jahre zuvor hatte Messerschmidt die Butterwoche ebenfalls in Krasnojarsk erlebt und sich darüber empört, dass nicht einmal der höchste Amtsträger des Kreises, der Wojewode persönlich, sich zu schade gewesen sei, an diesem Rodelvergnügen *(katan'e)* teilzunehmen und wie der gemeine Pöbel auf einer Rindshaut den Hang hinunterzurutschen.[137]

Manche dieser Festtage waren zwar nach einem Heiligen benannt, wie das Fest zu Ehren Johannes des Täufers (Iwan Kupala) am 24. Juni, doch hatte die Kirche damit einen vorchristlichen Gemeinschaftsbrauch «verchristlichen» wollen – in diesem Falle einen Wasser- und Fruchtbarkeitskult, der zu orgiastischen Überschreitungen der traditionellen Schamgrenzen zu führen pflegte.[138]

Während im europäischen Russland Ostern als das höchste kirchliche Fest galt und dementsprechend ausgiebig gefeiert wurde, stand es in Sibirien und insbesondere im Jenissei-Stromland an Bedeutung hinter den «schrecklichen Tagen» *(strašnye dni)* zwischen Weihnachten und Epiphanias zurück. Auch darin spiegelt sich der stärkere Anteil vorchristlicher Elemente im Volksglauben der Sibirjaken. Während der «schrecklichen Tage» trieben vor allem die jungen Leute, verkleidet und maskiert als Dämonen und Ungeheuer, ihr Unwesen auf den Straßen des Dorfes, karriolten mit Pferdegespannen umher, fielen in die Höfe ein und versetzten die Alten in (gespielte) Angst und Schrecken (Quelle 4.2). Nun, gegen Ende Dezember, war mit dem Dreschen des Getreides das Erntejahr endgültig vorbei, aus den Ernteerlösen hatte man seine Steuern bezahlt und konnte sich entspannt den Festlichkeiten hingeben, schmausen und trinken, sich austoben und «die Sau herauslassen». Das «Unreine» in Gestalt der bösen Geister durfte für einige Tage die Macht im Dorf übernehmen. Aber am Epiphaniastag kehrte Gott wieder in das Dorf zurück und triumphierte über die Mächte der Unterwelt. Mit dem geweihten Wasser des «Jordan» wuschen die Menschen die Sünden der vergangenen Tage ab und wurden wie neu geboren.[139]

Während des Winters hatte auch die Dorfjugend Zeit, um sich abends reihum in einem der Höfe zu treffen. Diese Treffen hießen «Abendkränzchen» *(večerinka)*. Die jungen Frauen spannen, die Burschen stimmten Lieder an und suchten den weiblichen Teil der Gesellschaft zu unterhalten. Natürlich diente das Ganze auch dazu, Beziehungen anzubahnen (vgl. Quelle 4.1).[140]

## Mentalität und Werte
Über Wesenszüge und Wertvorstellungen der Sibirjaken zur Zarenzeit gibt es zahlreiche Einschätzungen sowohl von russischer wie von ausländischer Seite.

### Der Sibirjak
Aus der Sicht eines russischen Mentalitätsforschers hat sich der «sibirische Charakter» zu einer durch klimatische, landschaftliche und historische Besonderheiten geprägten Subspezies des russischen Nationalcharakters entwickeln können. Dies deshalb, weil die Sibirjaken keine Leibeigenschaft durchlaufen, sondern stattdessen die Kolonisationserfahrungen einer Pioniergesellschaft gemacht hätten und weil es bei ihnen keine Eingrenzungen unternehmerischer Freiheiten durch die Landgemeinde gegeben habe. Individualismus, Pragmatismus, Streben nach Wohlstand und Gewinn seien ihnen in Fleisch und Blut übergegangen. Wegen ihres frühen Zusammenlebens mit anderen Ethnien und Religionen hätten sie sich religiöse und ethnische Toleranz zu eigen gemacht. Und gemeinsam sei ihnen allen gewesen der Stolz auf ihre Identität als «Sibirjaken».[141]

Der Sibirjak habe viele Ähnlichkeiten mit dem amerikanischen Squatter alter Zeiten, mit dem Unterschied allerdings, dass die amerikanischen Kolonisten einen «entschieden größeren Kulturvorrat» mitgebracht hätten als die sibirischen Verschickten oder selbst die freien Kolonisten. Zudem habe der Sibirjak mit sehr viel größeren klimatischen und naturgeographisch bedingten Unbilden zu kämpfen gehabt als die amerikanischen Neusiedler. Im Grunde habe sich in Sibirien der Typ des altrussischen Waldbauern bis ins 19. Jahrhundert fortgesetzt: robust, auf sich gestellt, anpassungsfähig, vielseitig, zäh, erfindungsreich. Von den Eingeborenen habe er vieles übernommen, was das Überleben erleichtert habe. Geistiges lag ihm fern. Bestenfalls waren ihm ein paar Märchen und Lieder, von der Religion der Erlösungstod Christi, ein paar Gebete und Riten erinnerlich. Für ein gesellschaftliches Leben fehlte ihm die Zeit. Vom europäischen Russen unterschieden ihn Arbeitsbesessenheit, Eigeninitiative und Eigenverantwortlichkeit für sein Tun. Allerdings blieb er im Allgemeinen roh, bisweilen grausam. Sehr bedacht war er auf seinen Vorteil; wo sich Möglichkeiten dazu boten, nutzte er alle Chancen, um sich zu bereichern. Indigenen gegenüber hatte er keine Berührungsängste, anders als Amerikaner fürchtete und bekämpfte er sie nicht, sondern verkehrte mit ihnen ohne Vorurteile, auch wenn er sich selber als höher stehend empfand.[142] Dass die alteingesessenen Sibirjaken die Traditionen der Väter hochhielten und Veränderungen gegenüber sehr zurückhaltend waren, erklärt Boris Andjussew mit ihrem steten Kampf gegen die Wildnis, der sie stets aufs Neue mühsam ihr Land abringen und deren chaotischer Bedrohlichkeit sie ihre kleine, nur durch peinliche Befolgung der festgelegten Spielregeln funktionierende Siedlungsgemeinschaft entgegenstellen mussten.[143]

«Die offizielle russische Ansicht über die Sibirjaken ist, dass sie energisch und unternehmerisch sind, fähig, für sich selber einzustehen und gegen Missgeschicke zu kämpfen, dem Charakter nach rastlos und unzufrieden; weder fähig noch willens, sich der bestehenden Ordnung der Dinge wie dem geltenden Gesetz zu unterwerfen, unduldsam gegenüber jeglicher Einmischung und Gegner legaler Formen und der Autoritätsforderungen der Verwaltung.»[144]

Stackelberg legt das Gewicht auf andere Seiten des bäuerlichen Charakters: «Es lässt sich schwer wiedergeben, wie unwiderstehlich die Stille und Einsamkeit dieser asiatischen Landschaft auf einen eindringt. Es ist, als verschwände die Zeit, als lebte man ohne Anfang und ohne Ende, in der Unendlichkeit. […] Die Gelassenheit und Ruhe, welche die Sibiriaken auch im Sturm und in der äußersten Gefahr nicht verließen, die Gleichgültigkeit dem Tode gegenüber, die Vereinigung von Glaube und Aberglaube, von Frömmigkeit und innerer Sicherheit waren wohl die Wesensmerkmale, die mir bei diesen Menschen besonders auffielen. In Sibirien hatte es niemand eilig. Nichts geschah in Hast, nichts musste zu einem bestimmten Zeitpunkt fertig sein. War es nicht eine tiefe Weisheit, darauf zu verzichten, sein Leben in bestimmte Bahnen zu lenken, in Bahnen, die ihm gar nicht zugedacht sein mochten?» «Aus seiner Landschaft heraus war der Asiate Fatalist geworden. Was galt ihm schon das Leben? Nicht mehr als den Geschöpfen, die um ihn waren, die in Kälte und Stürmen entweder umkamen oder sie überwanden.»[145]

Diese Gleichgültigkeit dem Tode gegenüber hat übrigens auch Stalin fasziniert, der sie während seiner zweijährigen Verbannungszeit 1914–1916 am unteren Jenissei kennenlernen konnte. In einer Rede vom 4. Mai 1935 vor Absolventen der Militärakademie erinnerte er sich an eine Episode in Kureika. Zur Zeit des Frühjahrshochwassers seien 30 Männer aus dem Dorf zum Fluss gegangen, um Schwemmholz zu bergen. Als sie abends heimkehrten, habe einer gefehlt. Auf Stalins Frage, was denn passiert sei, sagten sie, er sei «dort geblieben». «Auf meine Frage ‹Wieso denn dort geblieben?›, antworteten sie mit derselben Gleichgültigkeit: ‹Was gibt's denn da noch zu fragen, er ist eben ertrunken.›» Einer der Männer ging dann seine Stute tränken. Als Stalin ihnen vorwarf, dass ihnen am Vieh mehr liege als an den Menschen, antwortete ihm einer unter Beifallsgemurmel der anderen: «Was liegt uns schon an ihnen, an den Menschen? Menschen können wir immer machen. Aber eine Stute? Versuch mal eine Stute zu machen.»[146] Vielleicht hat dieses Erlebnis dazu beigetragen, Stalin selber zu einem Menschenverächter werden zu lassen, der seinen Interessen bedenkenlos Hekatomben von Menschenleben opferte.

## Die Sibirjakin

Die familiären und gesellschaftlichen Beziehungen waren der unangefochtenen Geltung des patriarchalen Prinzips unterworfen. Dessen ungeachtet hatte die Landfrau eine stärkere Position inne als gemeinhin im europäischen Russland. Auch dies hing mit den härteren Lebensbedingungen zusammen. Sie verfügte über eigenen Besitz, konnte auf eigene Rechnung Handel treiben und vertrat, wenn sie Witwe geworden war, ihre Familie als völlig gleichberechtigte Teilnehmerin in der Gemeindeversammlung. Vorehelicher Geschlechtsverkehr war üblich. Ihren künftigen Ehemann konnten sich junge Frauen häufig frei wählen. Falls die Wahl der jungen Frau bei ihren Eltern auf Widerstand stieß, gab es sogar noch im frühen 20. Jahrhundert das Mittel des Brautraubs.[147] Auch Stackelberg begegnete auf einer seiner Dienstreisen an der Angara 1916 in einer neuen Rodesiedlung einem jungen Paar, das dort einen eigenen Hof gegründet hatte, nachdem der Mann das Mädchen aus Bogutschansk geraubt hatte. Der Zufall wollte es, dass sich unter Stackelbergs Begleitern der Vater des Mädchens befand. Er gab sich zunächst außerordentlich zornig, aber als er vernahm, dass seine Tochter schwanger war, ließ er sich auf einen Kuhhandel ein, der ihm nach langem Gefeilsche als Gegengabe für den Verlust der Tochter schliesslich zwei Kühe, ein Pferd und einen Hund einbrachte. Als das Geschäft glücklich abgeschlossen war, wurde Verlobung gefeiert und mit Selbstgebranntem ausgiebig begossen.[148]

Frauen in Sibirien konnten im Prinzip fast alles, was Männer konnten, und das war auch nötig. Nicht wenige Frauen brannten Schnaps. Auch im Fuhrgeschäft waren sie bisweilen zu finden.[149] Stackelberg bewunderte sie. Für ihn waren sie naturhafte Wesen, selbstbewusst, geschickt, stets guten Mutes und ohne Scheu vor Männern. Auf der erwähnten Dienstreise die Angara aufwärts ergab es sich, dass der Starost eines Dorfes ihm wegen der Heuernte, die alle Männer in Anspruch nahm, für die Tagesetappe bis nach Keschma nur zwei junge Frauen mitgeben konnte, um das Boot zu rudern – und zwar gegen den Strom. «Es waren zwei schöne Mädchen, stark und von Lebensfreude strotzend, die zu mir kamen. Sie trugen blaue Leinenhosen. Ihre Mückennetze hatten sie zu runden roten Ringen zusammengerollt, die sie wie Barette keck und schief im Haar trugen. Sie legten sich gleich kräftig in die Riemen und ruderten ohne Pause drei Stunden lang. Aber sie erlaubten nicht, dass ich sie ablöste. So saß ich am Steuer und sah ihren kräftigen Armen zu und erfreute mich an ihren schönen Körpern, die sich rhythmisch bewegten. Sie lachten und scherzten, als ob das alles nur Spielerei sei.» Als eine Strecke lang getreidelt werden musste, wollte Stackelberg das Boot alleine ziehen. Das ließen Dascha und Dunja aber nicht zu, sondern eine von ihnen gesellte sich ihm am Schleppseil hinzu, während die andere steuerte. Als sie in Keschma anlegten, durfte er nur seinen Ledersack in das Amtshaus tragen, wo offizielle Gäste übernachten konnten. Die beiden Mädchen hingegen schulterten die schweren Kisten. Sie fanden es auch selbstverständlich, dass sie mit ihm in ein und demselben Raum schliefen, bevor sie am nächsten Morgen mit dem Boot wieder die Rückreise antraten.[150]

Solchen Frauen begegnete man überall in Sibirien, auch in der Tundra. Maud Haviland traf in Goltschicha 1914 die Frau des Kaufmanns Michail Petrowitsch Antonow. Wenn ihr Mann nach Krasnojarsk reiste, führte sie die Geschäfte in Goltschicha. Haviland beschreibt sie als eine selbstbewusste, stolze Frau, die in einem richtigen Holzhaus wohnte und einen größeren Haushalt führte. «Sie verstand ein Kanu wie ein Mann zu steuern, und ich erinnere mich gut daran, wie ich sie einmal hinter dem Haus im Sumpfland angetroffen habe. Sie trug die Langschäfter ihres Mannes, die viel zu groß für sie waren, so dass sie nur mit Mühe einen Schritt nach dem anderen machen konnte. In der einen Hand trug sie eine Flinte und in der anderen eine Ente, die sie gerade geschossen hatte.»[151] Auch die Frauen, die in der Sommersaison ihre Männer zum Fischen in der Jenisseimündung begleiteten, verrichteten die gleiche Arbeit. «Sie waren angezogen wie Männer, und sie sahen sehr geschmackvoll und praktisch gekleidet aus in ihren lose übergeworfenen russischen Hemden, hohen Stiefeln und Breeches.»[152]

## Das Leben in der Stadt

Entstanden sind die frühen sibirischen Städte stets an Flüssen, zumeist an Schnittstellen zweier Flusswege (in unserem Falle Turuchansk und Jenisseisk) oder einem Land- und einem Flussweg (in unserem Falle Krasnojarsk, Kansk und Atschinsk). Da jede dieser Städte zunächst als Stützpunkt an dem zu dieser Zeit äußersten Grenzsaum des Moskauer Reiches entstand, also in noch feindlichem Umland, hatte sie zunächst primär militärische, administrative und fiskalische Aufgaben zu erfüllen. Wirtschaftliche Aspekte spielten zunächst nur insoweit eine Rolle, als es darum ging, vom Stützpunkt aus bei den Taiga- und Tundravölkern mit Waffengewalt den Pelztribut *(jasak)* einzutreiben, der als Zeichen der Unterwerfung unter die Herrschaft der Moskauer Zaren galt. Erst wenn die Bevölkerung des Stützpunktes und des Umlandes sich so sehr vergrößert hatte, dass auch eine Nachfrage nach gewerblichen Erzeugnissen entstand, ließen sich Handwerker nieder. Damit erreichten die soziale Differenzierung und die funktionale Ausfächerung der lokalen Gesellschaft ein Entwicklungsstadium, welches für den Ort auch in sozialökonomischer Hinsicht die Bezeichnung als «Stadt» rechtfertigt.

### Vom Fort zur Stadt – bauliche Gestaltung und Erscheinungsbild

Vielfach vollzog sich die bauliche Entwicklung auf dem Weg zur Stadt in drei Etappen – vom Winterlager (Simowje) über das Fort zur Zitadelle einer Stadtsiedlung.[153] Topographische Voraussetzung dafür war aber eine gewisse, durch die Natur vorgegebene Schutzlage, insbesondere im Mündungszwickel zwischen zwei Flüssen.

Ein Simowje, das über längere Zeit benutzt wurde und von feindlichen Kriegern bedroht war, schützte man durch einen Palisadenzaun. Daraus konnte sich im Lauf der

Zeit wie in Turuchansk ein Fort entwickeln, dessen äußere Befestigung einen rechteckigen oder ovalen Innenraum von bis zu einem Hektar umfasste; die Befestigung bestand aus einer vier bis sechs Meter hohen Wand aus in den Boden gerammten, oben angespitzten Baumstämmen, in welche hölzerne Ecktürme eingelassen waren. Von den angespitzten Palisaden leitete sich ursprünglich die russische Bezeichnung eines solchen Forts als Ostrog ab (russisch *ostryj*, spitz). In diesen Ostrog gelangte man unter einem Torturm hindurch. Als Beispiel mag das Fort Abakansk dienen, das im Jahre 1707 etwa 66 km unterhalb der Einmündung des Abakanflusses auf dem Ostufer des oberen Jenissei als Grenzsicherung gegen tatarische Reiternomaden erbaut worden war.[154] Die anfängliche Palisadenbefestigung wurde 1725 durch Balkenwände ersetzt. Im Jahre 1735 präsentierte sich das Fort dem Besucher als eine viereckige Befestigungsanlage mit zwei Toren und vier Gefechtstürmen an den Ecken sowie einem Gefechtsturm über dem landseitigen Tor. Umgeben war die Anlage von einem Graben und einem vorgelagerten Kranz aus Nadolben,[155] welche die Annäherung von Reitern verhindern sollten. Das Fort beherbergte Kasernen und Speicherbauten, eine dem Erzengel Michael geweihte Kirche, die Amtsstube, das Wohnhaus des Amtmanns *(prikazčik)*, das Wachthaus, Proviantmagazine und ein Munitionsmagazin. Die Artillerie auf den Gefechtstürmen bestand aus fünf kupfernen Einpfündern. 100 Kosaken bildeten die Garnison. Um das Fort verstreut lagen 30 Wohnhäuser von Angehörigen verschiedener Stände. Der Amtmann war zuständig auch für sechs kleine Dörfer an Jenissei und Sida.[156] Pallas fand 1771 «einen elenden verfallenen Ort vor, der nur eine hölzerne Kirche und eine kleine Zahl wohnbarer Häuser hat». Zudem sei Abakansk hochwassergefährdet.[157] Vielleicht war dies der Grund, warum das Fort – obgleich die zugehörige Zivilsiedlung 1792 bereits 56 Wohnhäuser (also mindestens 300 Einwohner) zählte – sich nicht zu einer Stadt weiterentwickelt hat. Johann Sievers, der den Ostrog in dem genannten Jahr besuchte, schreibt: «Abakansk liegt sehr angenehm situiert, hart am Jenissei. Man hat diesen Ort zu einer Stadt machen wollen, welches aber, wegen verschiedener Unannehmlichkeiten, nicht in Erfüllung gekommen ist. [...] Die Einwohner, worunter viele abgedankte Kosaken sind, gehören nicht unter die armen Leute.»[158]

Wurde das Fort zur Keimzelle einer Stadt *(gorod)*, pflegte man die Palisadenwand durch eine Holzmauer zu ersetzen. Im Unterschied zur Palisadenwand bestand diese aus waagerecht aufeinandergesetzten Balken, die jedoch nur die Außenseite rechteckiger, gedeckter Kastenkonstruktionen *(gorodni)* bildeten. Diese reichten mehrere Meter tief in das Innere der Festung und konnten als Wohnräume oder Speicher genutzt werden. Gekrönt wurde die Vorderseite dieser Holzkästen von gedeckten Wehrgängen mit Schießscharten. Zumindest die Ecken der Festungsanlage sowie die Tordurchfahrt(en) sicherten wuchtige Wehrtürme mit überkragendem Gefechtsaufsatz, der kleinkalibrige Kanonen zu tragen vermochte. Dieses Befestigungssystem folgte Bauprinzipien, wie sie schon während des Reiches von Kiew im 11./12. Jahrhundert entwickelt worden waren und im Moskauer Reich bis zum 17. Jahrhundert Geltung hatten.[159] Mit der baulichen Umgestaltung, die häufig mit einer Vergrößerung Hand in Hand ging, entwickelte sich das Fort zur Zitadelle der Stadt. Dabei behielt sie ihre Schutzfunktion im Falle eines feindlichen Angriffs, blieb Sitz des Wojewoden oder staatlichen Amtmanns, beherbergte die Hauptkirche der Stadt, die Staatsspeicher sowie anfänglich noch die Garnison. Erwies sich die Zitadelle im Lauf der Zeit als zu klein, fügte man ihr – wie in Krasnojarsk – einen Erweiterungsbau hinzu.

Da man in Sibirien abseits der chinesischen Grenze nicht mit einem kanonenbewaffneten Feind zu rechnen hatte, vermochten sich die Holzbefestigungen viel länger zu halten als im europäischen Russland. Allerdings sahen sich die Forts und Städte am Südsaum der Taiga im 18. Jahrhundert von der Steppe her immer weniger bedroht. Daher wurden seit der Mitte des 18. Jahrhunderts die Befestigungsanlagen nicht mehr instand gehalten und begannen zu verfallen. Am schnellsten geschah dies bei jenen Forts und Stadtzitadellen, die mittlerweile tief im Altsiedelgebiet lagen. Vom einstmals so wichtigen Fort Makowskoje am Wolok zwischen Ket-Fluss und Jenissei existierten 1735 nur noch ein einziger Gefechtsturm, die Kirche und verschiedene leer stehende Speicher.[160] Demgegenüber fand Pallas 1772 das am weitesten nach Süden vorgeschobene, 1718 erbaute Fort Sajansk am Fuß des Sajangebirges noch völlig intakt vor. Auch die sechs eisernen Kanonen waren einsatzbereit. Doch die Besatzung bestand nur noch aus einem Korporal und ganzen sieben Kosaken. «Allein weil der felsigte Boden um Sajansk keinen Ackerbau erlaubt, so haben auch diese ihre Wohnungen auf den nächsten Dörfern und schicken nur von Zeit zu Zeit zwei Mann zu Bewachung des Pulvers und der Kanonen dahin. Also steht der Ort so gut als ledig, ohngeachtet die Gebäude in gutem Stande sind.»[161]

Die sibirischen Städte präsentierten sich nicht nur im 17. und 18., sondern bis weit ins 20. Jahrhundert hinein als Landschaften aus Holz (Abb. 35.1, 38, 39).[162] Dort entwickelte sich der Steinbau viel später und langsamer als im europäischen Russland. Sogar das Rathaus von Jenisseisk wurde nach dem großen Stadtbrand von 1727 noch als anderthalbgeschossiger hölzerner Blockbau mit umlaufender Außengalerie und hochragendem Prunkdach wiedererrichtet (Textabb. 12). Erste Steinkirchen tauchten seit dem letzten Viertel des 17. Jahrhunderts in den frühen Verwaltungszentren Westsibiriens (Tobolsk, Tjumen, Werchoturje), in Jenisseisk erst am Anfang des 18. Jahrhunderts auf. Anders als ihre westsibirischen Pendants kannte keine Stadt des Jenisseibeckens je eine steinerne Ummauerung ihrer Zitadelle. Für ganz Sibirien erfasste die Statistik im Jahre 1803 nur 230 Steingebäude; davon entfielen 115 auf Kirchen, vier auf Zitadellen, 37 auf Amtsgebäude und 72 auf Privathäuser reicher Kaufleute.[163] Die Jenisseistädte waren daran weit unterproportional beteiligt. Erst im Laufe des 19. Jahrhunderts begann sich mit der Entstehung einer eigentlichen bürgerlichen Schicht dieses Bild ein wenig zu ändern.[164]

Ausgangspunkt des Stadthauses war das bäuerliche Blockhaus des 17. Jahrhunderts. Dabei durchliefen die Behausungen in den Städten die gleiche Entwicklung wie die Bauernhöfe, nur in einem beschleunigten Tempo. Außerdem spiegelte sich in ihnen die zunehmende soziale Differenzierung in einer größeren Spannweite von Haus- und Hofgrößen sowie des Formenreichtums wider. Als Beispiel soll uns Jenisseisk dienen, das bis weit in das 19. Jahrhundert hinein nicht nur die wirtschaftlich bedeutendste, sondern auch die von den Quellen her am besten dokumentierte Stadt ist.[165]

Wie im europäischen Russland und wie auf dem Lande war das sibirische Stadthaus in ein Gehöft integriert, das sich gegen die Straße abschloss. Das Wohnhaus stand

Textabb. 12: Rathaus (Magistrat) von
Jenisseisk (1753/54)

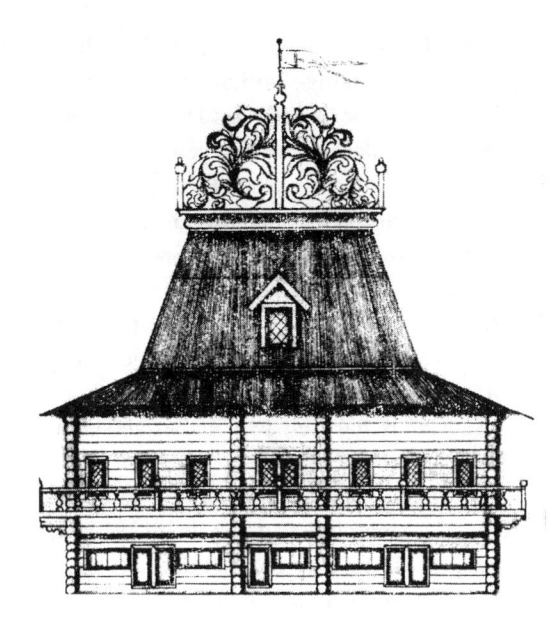

zwar in der Regel mit einer Außenwand an der Straßenfront, konnte aber nur vom Hof her betreten werden (Abb. 40). Dieses Prinzip der Abschottung der Stadtbehausung gegen außen fand sich bis in das hohe Mittelalter auch bei der mitteleuropäischen Stadt, hat sich dort aber, seit mit der Kommunebildung die Ummauerung der Städte in Mode kam, als überflüssige Schutzmaßnahme verloren, während es in Russland seine Geltung behielt.[166] Mit einer Durchschnittsgröße von 1000 Quadratmetern übertrafen die Jenisseisker Stadthöfe sogar die Moskauer. In der Regel bildeten sie längliche Rechtecke, die sich mit der Schmalseite und dem Wohnhaus zur Straße hin ausrichteten und den Garten im hinteren Teil liegen hatten. Schon am Anfang des 18. Jahrhunderts bestanden die Wohnhäuser überwiegend aus einem dreiräumigen Blockverbund *(izba, seni, klet')* mit der heizbaren Winterstube *(izba)* an der Straßenfront. Die Grundfläche dreiräumiger Wohngebäude maß zwischen 70 und 150 Quadratmetern, und die Winterstube konnte eine Wohnfläche von mehr als 25 Quadratmetern erreichen. Häuser dieser Größe erhoben sich meistens auf einem niedrigen, unbeheizten Untergeschoss *(podklet')*, um den darüberliegenden Wohnteil besser gegen die Bodenkälte zu isolieren. Im 19. Jahrhundert begannen, wie wir gesehen haben, auch reiche Bauern diese Bautechnik zu kopieren. Das Untergeschoss ließ sich als Lagerraum nutzen, wurde häufig aber auch an ärmere Städter vermietet. An den Hofseiten oder im Hofinneren verteilten sich weitere Gebäude: der Speicher, das Badehaus, der Heuboden, ein Kellerloch und Stallungen. Die Dächer wurden mit Brettern gedeckt, diese aber erst seit dem 19. Jahrhundert meistens mit Blechplatten beschlagen. In wohlhabenden Häusern heizte man schon im 18. Jahrhundert die Stuben «weiß», also mit einem gemauerten Ofen, der den Rauch durch einen Ziegelkamin ins Freie entließ. Die Wohnräume hatten stets mehrere Fenster, wobei sowohl Rahmen- *(kolodnye)* als auch Schiebefenster *(volokovye)* häufig Scheiben aus Marienglas *(sljuda)* enthielten, von dem es reichhaltige Vorkommen in der Nähe gab.

In den siebziger Jahren des 18. Jahrhunderts verfügte Kaiserin Katharina II., dass in allen Städten das ungeordnet gewachsene Gewirr aus schmalen Straßen und Gassen durch ein nach geometrischen Prinzipien umgestaltetes Straßennetz mit großen zentralen Plätzen zu ersetzen sei. Das Gitternetz aus neuen, breiten Straßen sollte nicht nur für eine bessere Durchlüftung der Städte sorgen, sondern auch eine Ausdehnung der in einer hölzernen Hauslandschaft besonders gefährlichen Feuersbrünste erschweren.[167] Für Jenisseisk und Krasnojarsk wurden schon 1773 Projektpläne ausgearbeitet, doch auch die Neuplanierung hat an dem Bauprinzip der Hofgrundstücke nichts geändert.

Am Beispiel von Krasnojarsk lässt sich eingehend studieren, wie sich die städtische Hauslandschaft seit 1822 in der aufstrebenden neuen Gouvernementshauptstadt entwickelt hat.[168] Gab es im Jahre 1820 in der Stadt bei insgesamt 524 Wohngebäuden erst vier aus Stein, so waren es 1861 von 1207 bereits 34. Dass in diesem Jahr neben sechs Steinkirchen erstmals im 19. Jahrhundert auch wieder zwei Holzkirchen auftauchten, dürfte mit dem rapiden Wachstum der Stadt zu tun haben, das schnelle Lösungen in Neubauquartieren erforderte. Bis zum Jahre 1897 hatte sich die Gesamtzahl der Wohnhäuser auf 3556 erhöht, davon 161 aus Stein; das waren 4,5 Prozent der Gesamtheit. Erstaunlich ist, dass dieser Anteil während der ganzen zweiten Hälfte des 19. Jahrhunderts relativ konstant geblieben ist, der Neubau teurer Steinhäuser also mit dem rapiden Wachstum des Wohnungsmarktes nicht Schritt gehalten hat. Offenbar vermochten nur schnell errichtete Holzbauten die steigende Nachfrage zu decken.

Die Hofgrundstücke unterschieden sich in ihrer Anlage nicht grundsätzlich von denen in Jenisseisk. Aber in der Reichhaltigkeit und prächtigen Ausgestaltung der Hausformen begann Krasnojarsk nach und nach Jenisseisk dann doch den Rang abzulaufen. Wie in Jenisseisk bildete sich als Grundtyp der Wohnhäuser für die breite Masse der Einwohnerschaft der drei- bis vierräumige anderthalbgeschossige Holzbau mit niedrigem Walmdach heraus, in welches des Öfteren eine Halbmansarde mit dem Fenster zur Straße eingebaut wurde. Mehr und mehr setzte man den hölzernen Wohnteil auch auf ein gemauertes Halb- oder Untergeschoss. Große Glasfenster, die sich mit Außenläden schließen ließen, wurden im Laufe des 19. Jahrhunderts die Regel. Die schönsten Häuser entstanden natürlich längs der Hauptstraße und im Zentrum. Mit zunehmendem Reichtum imitierte man bis zur Mitte des 19. Jahrhunderts gerne die klassizistischen Adelsschlösser des europäischen Russlands und lagerte der Straßenfront des Gebäudes eine von Säulen getragene antike Tempelhalle vor. Späte Bürgerhäuser zeigen im Zeichen eines entfesselten Eklektizismus die ganze Palette russischer Zimmermanns- und Holzbearbeitungskunst: reich verzierte Außenfassaden, Erker, Balkone, Ziergiebel, Turm- und Zwiebelaufbauten im «altrussischen Stil», ziselierte, geschnitzte und gesägte Fenster- und Türeinfassungen von schier unvorstellbarem Formenreichtum. Nicht nur durch riesige Stadtpaläste suchte Reichtum zu beeindrucken, sondern auch durch die kostbaren Verzierungen der Fassade.[169] Und diese prächtigen Schaufassaden standen damals anders als heute aufgereiht an Naturstraßen, die sich bei Regen in Schlammbahnen und des Sommers in Staubpisten verwandelten (Abb. 35.2).

Die hölzernen Gehsteige, die sich auf den Hauptstraßen an den Häuserfronten entlangzogen (Abb. 39), vermochten die Passanten zwar vor dem Schmutz der ungepflasterten Straßen zu schützen (außer wenn man diese überqueren musste), erwiesen sich bei Bränden aber als ausgesprochene Flammenbahnen und hatten auch im Winter ihre Tücken, wenn sie schneebedeckt waren. Dann lief man Gefahr, plötzlich in ein Loch einzubrechen, das man unter dem Schnee nicht sehen konnte.

Beleuchtet wurden die Hauptstraßen nachts äußerst spärlich durch einzelne Laternen mit Talglichtern, die in den sechziger und siebziger Jahren durch heller leuchtende Kerosinlaternen ersetzt wurden. Doch die Leuchtkörper waren sehr ungleichmäßig verteilt. In Krasnojarsk tappten die Besucher des Theaters nach dem Ende einer Vorstellung noch bis 1881 sogar in völliges Dunkel hinaus. Erst nach und nach wurden Anzahl und Leistung der Kerosinlampen erhöht. Krasnojarsk ging zu Beginn des 20. Jahrhunderts dazu über, als Erstes die Hauptstraße elektrisch zu beleuchten. Die übrigen Städte des Gouvernements folgten mit Ausnahme von Turuchansk diesem Beispiel bis 1912.[170]

Auch die schönsten Hausfassaden von Krasnojarsk und Jenisseisk konnten nicht darüber hinwegtäuschen, dass sich dahinter prekäre sanitäre Zustände verbargen. Abfälle, Stallmist und Spülwasser landeten irgendwo am Straßenrand und verbreiteten von dort Wohlgerüche. Die Jenisseisker Zeitung *Enisejskij listok* schrieb 1906: «Um unser Theater herum hat sich eine Menge Unrat angehäuft, um dessen Beseitigung sich offensichtlich niemand kümmert. Besonders fällt dabei ein Haufen verschiedenster Abfälle, ausgeschütteten Spülwassers u. ä. am Hintereingang des Theaters ins Auge, direkt auf der Straße über den Platz. Dieser Haufen beginnt zu tauen und zu stinken.» Wie bei den Dörfern landeten auch in den Städten Abfälle und Stallmist häufig im Jenissei. Da viele Einwohner ihr Brauchwasser von Fuhrleuten bezogen, die ihre Wasserfässer im Jenissei füllten, mokierte sich die Zeitung *Enisej* 1902 über die Qualität des Jenisseisker Trinkwassers als eines Gemischs aus «Jauche, von im Fluss gewaschener Unterwäsche sowie Kadavern von Katzen und Hunden, die dort von Tierliebhabern entsorgt worden sind. Diese Bouillon taugt nicht zum Trinken und bildet nur einen Einnahmeposten für Feldschere, Ärzte und Apotheker.» In Krasnojarsk war es keineswegs besser. Ein Besucher entsetzte sich 1905 darüber, dass der Jenissei den Einwohnern sogar einer Gouvernementshauptstadt als Müllschlucker diente, «wobei sich darin nicht nur Abfälle und Stallmist sammeln, sondern auch der Inhalt von Wasserklosetts».[171] Angesichts dieser prekären sanitären Verhältnisse und der medizinischen Unterversorgung verwundert es nicht, dass die wohl schlimmste Geißel selbst in den Städten die hohe Kindersterblichkeit blieb. Noch 1904 überlebte in den sechs Städten des Gouvernements nur jedes zweite Kind die ersten zehn Lebensjahre, jedes dritte von ihnen nicht einmal das erste.[172]

Obgleich Krasnojarsk heute immer noch über ein beeindruckendes, vielfach aber im Verfall begriffenes Ensemble hölzerner Wohnhäuser verfügt, die sich aus dem 19. oder frühen 20. Jahrhundert erhalten haben, liegen diese über die ganze Altstadt verstreut. Ganz anders in Jenisseisk, das im Unterschied zu Krasnojarsk seit dem Ende des 19. Jahrhunderts ins wirtschaftliche Abseits geraten ist. Dies war insofern ein Glücksfall, als dadurch seine Anlage und sein Erscheinungsbild bis heute weitgehend konserviert worden sind. Wer sich ein Bild von einer typischen russischen Landstadt des ausgehenden Zarenreiches machen will, braucht daher nur auf den Glockenturm der Mariä-Himmelfahrts-Kirche *(Uspenskaja cerkov')* zu steigen und Umschau zu halten (Abb. 40).

Viele Elemente der städtischen Holzbaukultur des 19. Jahrhunderts sind nach und nach auch in die Dörfer durchgesickert: Walmdächer, Glasfenster, Verzierungen der Fenstereinfassungen und Schnitzereien an Hoftoren. Dieser Kulturtransfer zeugt davon, dass Stadt und Dorf in den dichter besiedelten Teilen des Jenissei-Stromlandes immer stärker in Beziehung zueinander traten und sich auch auf dem Dorf der Wohlstand auszubreiten begann.

### Das Bevölkerungsgewicht der Städte

Bis zum Ende der Zarenzeit blieb Sibirien vergleichsweise gering urbanisiert. Das hängt vor allem mit der dünnen Besiedlung zusammen und mit der daraus resultierenden schwachen Nachfrage nach städtischen Gewerbeerzeugnissen und Dienstleistungen. In der Mitte des 19. Jahrhunderts stellte die Stadt- ganze 6,7 Prozent der Gesamtbevölkerung des G. Jenissei; dieser Quotient lag erheblich unter dem ohnehin niedrigen Durchschnitt des Zarenreiches (8,9 Prozent).[173] Zwar wuchs die Stadtbevölkerung während der letzten Jahrzehnte vor dem Ersten Weltkrieg stärker als die Landbevölkerung, aber ihr Anteil an der Gesamtbevölkerung erhöhte sich von 7,9 Prozent im Jahre 1904 lediglich auf 9,7 Prozent im Jahre 1914. Das G. Jenissei lag mit seinem Urbanisierungsquotienten allerdings über dem Mittelwert aller fünf sibirischen Gouvernements. Damit hatte es auch die während des 17. und 18. Jahrhunderts am stärksten verstädterten westsibirischen G. Tobolsk und Tomsk (1914: 6,9 beziehungsweise 8,6 Prozent) abgehängt.[174]

Allerdings entwickelte sich die Urbanisierung in den Grenzen des G. Jenissei ungleichmäßig (vgl. Tab. 6.1). Solange Jenisseisk das eigentliche Zentrum des Jenissei-Stromlandes gewesen war, blieb es nicht nur die größte, sondern auch die wirtschaftlich bedeutendste Stadt Mittelsibiriens. Am Ende des 18. Jahrhunderts zählte es rund 5000 Einwohner, während Krasnojarsk erst auf bestenfalls 3000 kam. Dem entsprach auch der Urbanisierungsgrad der beiden zugehörigen Landkreise: Die Einwohnerschaft von Jenisseisk stellte damals etwa ein Sechstel der Gesamtbevölkerung des Kreises, die von Krasnojarsk ganze 3 Prozent.[175] Als 1822 Jenisseisk seine Funktion als Hauptort der Provinz an Krasnojarsk als Hauptstadt des neu gebildeten G. Jenissei abtreten musste, weil dieses verkehrsgünstig am «Großen Sibirischen Trakt» lag, hätte es mit dem alten Zentrum bergab gehen müssen. Doch weil es kurz darauf zum Mittelpunkt des ersten sibirischen Goldrausches wurde, vermochte es seine Einwohnerzahl von knapp 6500 (1842) auf 11 500 im Jahre 1897 zu steigern. Doch nach der Fertigstellung der Transsibirischen Eisenbahn geriet die Stadt endgültig in den Windschatten der wirtschaftlichen Dynamik und zählte im Jahre 1917 nur noch rund 7000 Einwohner. Demgegenüber erlebten die Städte im Süden des Gouvernements durch die Transsib einen ausgesprochenen «Boom»: Krasnojarsk explodierte von 26 600 Einwohnern im Jahre 1897 auf 70 327 im Jahre 1917 und Kansk im gleichen

Zeitraum von 7537 auf 15032. Sogar Atschinsk – im Jahre 1856 mit einer Bevölkerung von 2300 noch ein verschlafenes Landstädtchen – wuchs in Zusammenhang mit dem Bahnbau im Jahre 1897 auf 6700 Einwohner an (just in diesem Jahr erreichte der Streckenvortrieb von Westen her die Stadt). Minussinsk, das zwar nicht an der Transsib lag, aber als wichtiges landwirtschaftliches Zentrum, als Flusshafen und wegen seiner Bedeutung für den Handel mit Agrarprodukten eine gewisse Sonderrolle spielte,[176] war bereits im Jahre 1897 mit 10200 Einwohnern knapp hinter Jenisseisk zur drittgrößten Stadt des Gouvernements aufgestiegen.[177] Dieses rapide Bevölkerungswachstum speiste sich vor allem aus dem Zuzug vom Land, so dass schon bei der Volkszählung von 1897 in Jenisseisk, Krasnojarsk und Kansk Bauern mindestens 40 Prozent der Einwohnerschaft stellten. Landwirtschaftlicher Nebenerwerb – sichtbar an Hühnervölkern auf den Straßen und Kühen, die zwischen den Häusern weideten – blieb nicht nur in den Landstädten, sondern sogar in Jenisseisk über den Ersten Weltkrieg hinaus ein substanzieller Bestandteil der Existenzsicherung.[178]

Bei der Urbanisierung des Jenissei-Stromlandes zeichnete sich damit seit dem Ende des 19. Jahrhunderts eine immer deutlichere Zweiteilung ab, in welcher sich eine gewisse wirtschaftliche Asymmetrie widerspiegelte: Der Norden stagnierte, der Süden prosperierte. Dies sollte sich erst mit dem Aufstieg der Region Norilsk seit dem Ende der dreißiger Jahre ändern.

## Stadtgesellschaft und Stadtgemeinde

### Gilden und Zünfte, Magistrate und Stadtduma

Ein kaiserliches Manifest vom 17. März 1775 teilte die Städter Russlands in Kaufleute und «Kleinbürger» *(meščane)* ein. Zu den Kaufleuten zählten alle Einwohner, die über ein Kapital von mehr als 500 Rubel verfügten. Dabei wurden sie je nach Kapital in drei Gilden eingestuft. Im Städteprivileg von 1785 wurden die Kapitalsummen erheblich erhöht: Angehörige der ersten Gilde mussten mindestens 10000 Rubel Kapital halten, Angehörige der zweiten Gilde 5000–10000, die der dritten Gilde 1000–5000. Gildemitglieder erhielten zahlreiche Privilegien: Statt der Kopfsteuer hatten sie 1 Prozent vom Kapital an den Staat zu zahlen, waren von der Rekrutensteuer befreit, die erste und die zweite Gilde auch von Körperstrafen. Die erste Gilde durfte grenzüberschreitenden Handel treiben und Hochseeschiffe besitzen, die zweite Gilde hingegen nur Flussschiffe. Angehörige der beiden ersten Gilden hatten das Recht, in Groß- wie Detailhandel tätig zu sein und Fabriken zu besitzen. Den Mitgliedern der dritten Gilde verblieb lediglich das Recht auf den Lokalhandel innerhalb der Stadt und ihres Landkreises, das Recht, Gasthäuser und Einkehrhöfe zu halten sowie ein Gewerbe auszuüben.[179]

Am Ende des 18. Jahrhunderts gab es in der Provinz Jenissei um die 200 Kaufleute aller drei Gilden, und zwar 120 in Jenisseisk, 67 in Krasnojarsk und 10–20 in Turuchansk. Erstgildner wies nur Jenisseisk auf, sie monopolisierten den Grosshandel, insbesondere den Umschlag von sibirischem Pelzwerk und Rohstoffen gegen Manufakturwaren. In Krasnojarsk tauchten Vertreter der ersten Gilde erst 1835 in Zusammenhang mit dem Beginn des «Goldrausches» auf, in Atschinsk und Minussinsk nicht vor 1862. Als 1863 die dritte Gilde aufgehoben wurde, wechselten Teile der dritten in die zweite Gilde und der zweiten in die erste Gilde. Diese blähte sich dadurch von 9 Mitgliedern (1861) auf 49 (1868) auf, um dann über 30 (1871) auf 11 (1878) beziehungsweise 12 (1885) zurückzugehen. Seit 1878 nahm Jeniseisk nicht mehr den ersten Platz unter den Erstgildnern ein, diese verteilten sich vielmehr ziemlich gleichmäßig auf Jeniseisk, Krasnojarsk, Minussinsk und Kansk.[180] Dass diese Spitzengruppe unter den Kaufleuten und Unternehmern gleichzeitig stark zurückging, hing mit der erheblichen Fluktuation unter ihren Mitgliedern und der Rückstufung vieler Erstgildner in die zweite Gilde zusammen. Als dann 1899 Standesprivilegien und unternehmerische Tätigkeit rechtlich entkoppelt, das heißt nicht mehr an die Zugehörigkeit zur ersten Gilde gebunden wurden, verließen viele Erstgildner ihren Stand. Im Jahre 1912 gab es im gesamten G. Jenissei nur noch sechs von ihnen.[181] Dass die Kaufmannsstände im 19. Jahrhundert generell dahinschmolzen, hängt wesentlich mit der gesetzlichen Freigabe des Bauernhandels im Jahre 1812 zusammen. Dadurch konnten Angehörige des Bauernstandes faktisch unbegrenzt in das Handelsgeschäft einsteigen, ohne einer Kaufmannsgilde beitreten zu müssen. Daher ist es kein Zufall, dass nicht wenige der großen Unternehmer des 19. Jahrhunderts wie die Kytmanows in Jeniseisk aus dem Bauerntum kamen. Aber die meisten Städter, die sich als Kaufleute versuchten, entstammten selber Kaufmannsfamilien oder dem Stand der «Kleinbürger».[182]

Zar Peter der Große war es auch, der in Russland nach mitteleuropäischem Vorbild Zünfte (russisch *cechy*) einführte, in denen sich Handwerker und Gewerbetreibende bestimmter Professionen korporativ zusammenschließen sollten. In Sibirien werden sie erstmals 1724 für Tobolsk erwähnt. Doch blieben sie in den sibirischen Städten schwach ausgeprägt, sie waren nicht spezialisiert und verfügten faktisch über keine Monopolstellung. Daher wünschten die Behörden paradoxerweise, dass sich auch Verbannte in eine Zeche einschreiben konnten.[183] Wegen der vergleichsweise geringen Zahl und hohen Fluktuation der Handwerker und Gewerbetreibenden blieb dieses städtische Gesellschaftssegment also nur schwach reguliert.

Kaufmannsgilden, Zünfte und «Kleinbürger» stellten den wirtschaftlich aktiven Kern der Stadtgesellschaft, während Beamtenschaft, Militär, Klerus und die wachsende Anzahl der Rasnotschinzen («Sonderständischen») sich von der Öffentlichkeit aushalten ließen. Außerdem fand sich stets eine nicht unbeträchtliche, aber stark fluktuierende Anzahl von Bauern in der Stadt, die häufig von Gelegenheits- oder Saisonarbeit lebten und als eigene Gruppe dem Possad zugerechnet wurden. Das Zahlenverhältnis zwischen dem «produktiven» und dem wirtschaftlich «unproduktiven» Teil der Einwohnerschaft verrät daher einiges darüber, ob eine Stadt eher zum Typ des Verwaltungs- und Militär- oder zum Typ des Wirtschaftszentrums gehörte. In unserem Falle dominierte in Jeniseisk während des 18. und der ersten Hälfte des 19. Jahrhunderts weitaus das kaufmännisch-gewerbliche Bevölkerungssegment, während Krasnojarsk, bevor es 1822 Hauptstadt wurde, immer noch vom Militär geprägt blieb. Im zweiten Viertel des 19. Jahrhunderts gelang es ihm zwar auf Grund des «Goldfiebers», den Prozentsatz seines «produktiven» Bevölkerungssegments zu verdoppeln, vermochte Jeniseisk aber noch nicht einzuholen. Der enorme gewerbliche

Aufschwung von Atschinsk, Kansk und Minussinsk zur gleichen Zeit verdankt sich ebenfalls dem «Goldrausch».[184]

Kaufmannsgilden und Zünfte bildeten neben den in Hundertschaften *(sotni)* und Sloboden organisierten Einwohnern vor allem in den größeren Städten ein Konglomerat von Selbstverwaltungskörperschaften, welche sich analog zur Dorfgemeindeversammlung *(mirskoj schod)* in der Possadversammlung *(posadskoj schod)* ein gemeinsames Willensorgan gaben.[185] Dieses hatte im Wesentlichen drei Funktionen: Es wählte die Exekutive der städtischen Selbstverwaltung – die Mitglieder der Landkanzlei *(zemskaja izba)* mit dem Landältesten *(zemskoj starosta)* an der Spitze –, entschied über die Umlage der auf die Stadt entfallenden Steuern und regelte schließlich die Verteilung der Dienstleistungen zugunsten des Staates. Diese sorgten immer wieder für heftige Konflikte, weil der Staat einen erheblichen Teil seiner eigenen administrativen Verpflichtungen auf die Untertanen überwälzte – selbstredend ohne Entschädigung. Dazu zählten nicht nur wie bei den Landgemeinden der Unterhalt von Straßen, Brücken und Festungsanlagen, sondern speziell auch die Rechnungsführung für das staatliche Branntwein- und Salzmonopol, den Zoll und die direkten und indirekten Steuern sowie die Schätzung der dem Zoll vorgeführten Rauchwaren. Diese Zwangsverpflichtungen lasteten schwer insbesondere auf den dafür am ehesten kompetenten Kaufleuten. In der Regel veranschlagten die Staatsvertreter für diese Pflichten mehr Kaufleute als überhaupt vorhanden waren.[186] Kein Wunder, dass diese bei ihren Eingaben von 1767 an die Gesetzgebende Kommission sich von den überschweren Lasten zu befreien suchten.

Diesem städtischen Selbstverwaltungssystem stülpte Peter der Große in mehreren Reformschritten eine Magistratsverfassung über, die zwar deutschem Vorbild entlehnt war, aber bald mehr oder minder von einer städtischen Selbstverwaltungskörperschaft zu einem Bestandteil der staatlichen Bürokratie degenerierte. Die Possadversammlung erhielt damit die zusätzliche Aufgabe, auch noch die Magistraten zu wählen, wobei allerdings die Vertreter der Kaufmannschaft privilegiert waren. Dem Magistrat oder Rathaus *(ratuša)* mit einem Bürgermeister *(burgomistr)* und mehreren Ratsherren *(ratmany)* fiel formell die Oberaufsicht über die Possadversammlung und die städtische Gerichtsbarkeit zu, doch seit der Verwaltungsreform Kaiserin Katharinas II. von 1775 blieb es ein reines Gerichtsorgan, das lediglich für Kaufleute und Gewerbetreibende der Stadt zuständig war.[187]

Auch die Städte Sibiriens blieben also vom Moloch Staatsbürokratie nicht verschont, ja schlimmer noch: Wegen der Überforderung durch den Staat vermochten gerade die initiativreichen Kaufleute und Unternehmer Sibiriens ihre Entfaltungsmöglichkeiten nur unzureichend zu nutzen. Dass der Staat ihnen auf untergeordneter Ebene auch Selbstverwaltungsrechte zugestand, vermochte dieses Ungleichgewicht nicht zu beheben. Hinzu kam, dass die große Mehrheit der Provinzbeamten vom Staat miserabel entlöhnt wurde und sich daher ohne jegliche Skrupel an der Bevölkerung schadlos hielt.[188]

Zumindest ihre lokalen Interessen suchten die Kaufleute dadurch zu wahren, dass sie sich aktiv an der Stadtpolitik beteiligten, Einsitz in die städtische Duma nahmen und sich häufig auch die prestigeträchtigen Ämter der Vorsteher der Kirchgemeinden sicherten.[189] Die vom Staat erlassene Stadtverordnung von 1870 ersetzte zwar die Abstufung der Stadtduma nach Ständen durch ein Zensussystem, doch änderte dies weder etwas daran, dass die Reichen in der Stadt das Sagen hatten, noch daran, dass die Beschlüsse der Stadtduma vom Gouverneur abgesegnet werden mussten. Abgesehen davon, dass ein nicht unerheblicher Teil der Stadtbevölkerung auf Grund ihres Vermögensstatus gar kein Wahlrecht besaß, beteiligte sich auch von den Wahlberechtigten nur eine Minderheit an Wahlen in den Stadtrat. 1871 nahmen in Krasnojarsk von 517 Wahlberechtigten nur 136 an der Wahl teil; auf die 36 zu besetzenden Sitze gelangten 23 Kaufleute, neun Beamte, zwei erbliche Ehrenbürger und ganze drei «Kleinbürger».[190] Reich mit Geldmitteln ausgestattet war die Stadtduma nicht. In Krasnojarsk standen daher der freiwilligen Feuerwehr, die sich 1880 etabliert hatte, nur zwei Pferdegespanne mit je einer Pumpe und zwei Wasserfässern zur Verfügung. Als am 17. April 1881 ein Haus in Brand geriet, starke Winde die Flammen anfachten und eine Feuerwalze durch die ganze Stadt trieben, musste die Feuerwehr daher diesem Großbrand, der 1330 Gebäude (davon aber nur 363 Wohnhäuser) vernichtete, hilflos zuschauen. Am nächsten Tag ragten in weiten Teilen der Stadt aus den glimmenden Aschenhaufen nur noch die steinernen Schornsteine heraus.[191] Dass danach die städtische Feuerwehr ausgebaut wurde, erwies sich als dringend nötig, denn allein im Jahr 1907 zählte die Statistik 59 Brände, die einzudämmen dank des schnellen Eingreifens der Löschtrupps jedoch gelang.[192]

### Die Städterin

Wie die Land- genoss die sibirische Stadtfrau trotz des auch hier vorherrschenden Paternalismus größere persönliche Freiräume als im europäischen Russland.[193] Da Handelsgeschäfte in Sibirien meist als Familienunternehmungen geführt wurden, hielt sich dort der aus dem alten Russland bekannte Brauch, dass in Abwesenheit des Kaufmanns – wenn erwachsene Söhne fehlten – seine Frau ihn zu vertreten hatte. Im Falle seines Todes übernahm sie die Leitung der Geschäfte bis zur Volljährigkeit des ältesten Sohnes, manchmal auch darüber hinaus.[194] Ein herausragendes Beispiel dafür findet sich in der Gestalt von Wera Arsenjewna Jemeljanowa, verehelichte Balandina (1871–1945). Geboren als Tochter eines Brennereibesitzers im Dorf Nowosjolowo des G. Jenissei, besuchte sie nach Absolvierung des Krasnojarsker Gymnasiums im Jahre 1887 die höheren Frauenkurse in der weit entfernten Hauptstadt St. Petersburg und ging dann zum Chemiestudium nach Paris und Genf. 1893 heiratete sie Alexander Balandin, der zwar Naturwissenschaftler war, aber einer reichen Jenisseisker Goldunternehmer- und Schiffsbesitzerfamilie entstammte. Nach seinem frühen Tod erbte Wera Balandina das riesige Vermögen. Mit diesem Geld finanzierte sie nicht nur Mädchenschulen und Fortbildungsstipendien für junge Frauen, sondern betätigte sich auch als erfolgreiche Unternehmerin. 1907 kaufte sie die gerade erst entdeckten Kohlenflöze bei Minussinsk. Die Kohle ließ sie über eine Schmalspurbahn zum Jenissei und von dort mit eigenen Schiffen nach Krasnojarsk transportieren. Auf diese Weise musste Kohle nicht mehr zu hohen Kosten von weit her geholt werden, um Gebäude, Dampfschiffe und Lokomotiven zu heizen. Auch das Projekt einer Abzweigung der Transsib von Atschinsk nach Minussinsk, das 1912 von der Regierung genehmigt wurde, stammt von ihr. Nach dem Sieg der Bolschewiki verlor Balandina zwar ihr Vermögen, wandte sich aber ungebrochenen Mutes anderen Aufgabengebieten zu, für die sie ihre Kompetenz als organische Chemikerin zu nutzen vermochte: Sie studierte die Möglichkeiten der Gewinnung von Rosenöl im Kreis Minussinsk, erforschte die Heilmöglichkeiten des Wassers sibirischer Salzseen und widmete sich theoretischen Fragen der organischen Chemie.[195] Mit der Verbindung von wissenschaftlicher Bildung, unternehmerischen Fähigkeiten und sozialer Verantwortung erscheint Wera Balandina daher als Prototyp einer frühen emanzipierten Sibirjakin städtischer Prägung. Einzelne erfolgreiche Unternehmerinnen gab es schon in der ersten Hälfte des 19. Jahrhunderts, so Anna Gawrilowna Konowalowa, die der dritten Kaufmannsgilde angehörte und bei Krasnojarsk eine Glasfabrik mit (im Jahre 1830) 32 ständigen Arbeitskräften betrieb. Doch meistens waren die Frauen Teilhaberinnen an den Unternehmen ihrer Ehemänner. In der zweiten Hälfte des 19. Jahrhunderts nahm die Zahl weiblicher Geschäftsinhaberinnen deutlich zu (1897 stellten sie 7,8 Prozent der sibirischen Kaufmannschaft), sie konzentrierten sich aber weniger auf den Produktions- als auf den Handelssektor.[196]

Lesen und schreiben konnte in Sibirien ein sehr viel kleinerer Anteil der Bevölkerung als im europäischen Russland. Nach der Volkszählung von 1897 betrug im G. Jenissei ihr Anteil 25,8 Prozent – allerdings mit großen Unterschieden zwischen Stadt und Land und den Geschlechtern.[197]

In Sibirien herrschte stets ein Mangel an qualifiziertem Personal im Schul-, Gesundheits- und Verwaltungsbereich. Daher versuchten seit dem Ende des 19. Jahrhunderts aufgeklärte höhere Behördenvertreter auch auf Verwaltungsebene das Potential der rasch zunehmenden Gymnasiastinnen zu nutzen. Dies galt etwa für den Post-, Telegrafen- und Telefondienst, für den der Staat die Absolvierung von mindestens vier Gymnasialklassen verlangte. Doch die für die sibirischen Gouvernements 1904 festgelegte Höchstquote von 25 Prozent weiblichen Personals ließ sich nicht einmal ausschöpfen, weil einesteils wegen des in Sibirien noch wenig entwickelten höheren Bildungswesens zu wenig Kandidatinnen zur Verfügung standen, anderenteils diese Art von Berufstätigkeit viele qualifizierte Frauen nicht interessierte. Dafür fanden sie Möglichkeiten für verantwortliche Tätigkeiten in der Verwaltung der Amtsgemeinden *(volosti)*. Das Beispiel einer überaus tüchtigen Gemeindeschreiberin veranlasste den Chef des G. Jenissei, L. K. Teljakowski, 1894 beim Generalgouverneur Ostsibiriens in Irkutsk, A. D. Goremykin, zu beantragen, Absolventinnen von Mädchengymnasien für den Dienst als Verwaltungssekretärinnen von Amtsgemeinden auf dem Lande grundsätzlich zuzulassen. Doch lehnte dieser aus formaljuristischen Gründen ab. Nach der Revolution von 1905 stellte sich die Frage weiblicher Berufstätigkeit in staatlichen Behörden erneut. Auf Anweisung des Innenministeriums ließ auch der Amtschef des G. Jenissei, Ja. D. Bologowski, 1909 die Polizeimeister und Gemeindevorsteher aller Kreise seines Gouvernements befragen, ob sie sich weibliche Mitarbeiterinnen vorstellen könnten. Zu diesem Zeitpunkt arbeiteten bereits 22 Frauen als Stenotypistinnen in der Verwaltung. Von den sechs Polizeimeistern antwortete nur der von Jenisseisk positiv, drei lehnten strikt ab, wobei einer damit argumentierte, dass diese Damen sich bekanntlich nicht ihren Aufgaben widmeten, sondern «durch

Flirten die Männer, mit denen sie arbeiteten, für sich einzunehmen suchten».[198] Von den Gemeindevorstehern, die auf die Anfrage reagierten, äußerte sich nur ein Fünftel negativ, die übrigen hielten die Anstellung einer qualifizierten Frau als Gemeindeschreiberin, Gehilfin des Gemeindeschreibers oder Sekretärin für nützlich oder gar wünschenswert. Bologowski stellte daraufhin in St. Petersburg einen entsprechenden Antrag, doch eine Reaktion von höchster Stelle erfolgte nicht. Wieder einmal zeigte sich die Behördenspitze konservativer als die untergeordneten Instanzen.[199]

Absolventinnen von Gymnasien kamen in Sibirien jedoch dort zum Zug, wo sie unbedingt gebraucht wurden – im Gesundheits- und Schulwesen. Schon am Ende des 19. Jahrhunderts praktizierten in Krasnojarsk drei Ärztinnen. 1915 stellten sie bereits fast ein Drittel der städtischen Ärzteschaft – in Deutschland oder der Schweiz wäre das damals noch undenkbar gewesen! Allerdings lässt sich diese lokale Ballung nicht verallgemeinern, denn 1911 arbeiteten in ganz Ostsibirien nur 15 Ärztinnen, das entsprach 5,2 Prozent des gesamten ärztlichen Personals. Bei den Feldschern stellten Frauen hingegen in Ostsibirien bereits fast ein Sechstel und bei den ausgebildeten Geburtshelfern fast ein Drittel. Lehrerseminare standen Frauen nicht offen, doch seit 1870 war es Absolventinnen von Mädchengymnasien möglich, durch Besuch einer zusätzlichen achten Klasse ein Diplom zu erwerben, welches ihnen erlaubte, als Hauslehrerin und Volksschullehrerin zu arbeiten oder gar untere Klassen von Mädchengymnasien zu unterrichten. Diese Chance wurde eifrig genutzt, so dass schon 1897 in den ostsibirischen Gouvernements Frauen über 30 Prozent der Lehrerschaft stellten. Wer die oberen Klassen eines Mädchengymnasiums oder -progymnasiums unterrichten oder Direktorin werden wollte, musste die höheren Frauenkurse in der Hauptstadt oder in Tomsk besucht haben. Kurz vor und während des Ersten Weltkrieges traten Frauen bereits auch als Mitherausgeberinnen und Redakteurinnen verschiedener Krasnojarsker Zeitungen in Erscheinung – ein untrügliches Signal dafür, dass Frauen mehr und mehr nicht nur Hochschulbildung erwarben, sondern mit diesem Pfund auch in der Öffentlichkeit wuchern wollten. Aber anders als das europäische Russland seit den sechziger Jahren des 19. Jahrhunderts hat Sibirien so gut wie keine eigene politische Frauenbewegung hervorgebracht. Dies dürfte einerseits in der vergleichbar schwachen Basis innerhalb der Bevölkerung gründen, andererseits aber auch darin, dass die sibirischen Frauen bereits traditionell über größere Handlungsspielräume verfügten und sich im Zuge verbesserter Bildungsmöglichkeiten konsequent auch neue und anspruchsvolle berufliche Möglichkeiten zu erschließen vermochten.[200]

### Ethnische und religiöse Vielfalt

In religiöser und damit faktisch auch nationaler Hinsicht war die Bevölkerung in Stadt und Land bis zur Entstehung des Gouvernements so gut wie homogen. Erst im Laufe des 19. Jahrhunderts begannen sich die Stadtgesellschaften etwas bunter zu färben, ohne dass jedoch das übergroße Gewicht der orthodoxen Staatsreligion dadurch geschmälert worden wäre. Moslems und indigene Animisten lebten fast nur auf dem Lande. Unter den «zur Ansiedlung Verbannten» tauchten seit dem Anfang des 19. Jahrhunderts erste Gruppen von Polen und Juden auf. Aus städtischen Juden Bauern zu machen, blieb eine Illusion. Daher konzentrierten sie sich zunehmend in den Städten, wo sie sich in die «Kleinbürger» einschrieben. Unter den Krasnojarsker «Kleinbürgern» stellten sie 1835 bereits ein gutes Zehntel. Als ihnen 1834 das Recht auf Handel in Sibirien zugestanden wurde, stiegen nicht wenige in die Kaufmannschaft auf. In Kansk etwa stellten sie 1862 bereits ein Sechstel aller lokalen Kaufleute.[201] Castrén fand 1846 in Jenisseisk eine bunt gemischte Gesellschaft von Ostslawen aus St. Petersburg, Moskau, der Ukraine und Sibirien selber vor, verstärkt durch Deutsche, Juden, Tataren und Kirgisen sowie einen ganzen Kreis gebildeter Polen.[202]

Im zweiten Drittel des 19. Jahrhunderts ergossen sich neue Wogen polnischer Verbannter nach Sibirien, und damit konnten sich die ersten katholischen Kirchgemeinden bilden. Auch Protestanten (vor allem Lutheraner) spülte die wachsende Urbanisierung in die Städte – zumeist Offiziere, Beamte und Kaufleute aus dem Kreis der Deutschbalten und Deutschrussen. 1861 verfügten Katholiken und Protestanten in Krasnojarsk bereits je über ein eigenes Gotteshaus, die Juden sogar in vier Städten über eine Synagoge, nämlich in Krasnojarsk, Jenisseisk, Atschinsk und Kansk.[203] Auf Grund des anhaltenden Zustroms auch von andersgläubigen Christen aus dem europäischen Russland sank der Anteil der Orthodoxen an der Bevölkerung der Jenisseistädte von 93,9 Prozent (1863) auf 87,1 Prozent (1910).[204]

### Von Alt- nach Neu-Turuchansk
Obgleich ältester Stützpunkt Russlands im Becken des Jenissei, ist Turuchansk als Stadt nie auf einen grünen Zweig gekommen. Hauptgrund dafür ist seine Lage. Wohl um es aus Sicherheitsgründen weniger zu exponieren, legte man es nicht am Jenissei selber an, sondern etwa 16 km weiter westlich an einem Nebenarm des Stromes unweit der Mündung des Turuchan-Flusses. Weil dieser sehr seicht war, hatten größere Schiffe Mühe, den Ort zu erreichen. Seit 1607 nachgewiesen als Simowje und Zollstation, hat Turuchansk in der Folge als kleines Fort ein bescheidenes Leben gefristet und den Pelztransit vom Jenissei- in das Ob-Becken kontrolliert. Immerhin schien der Kirche dieser Ort schon früh so wichtig zu sein, dass Erzbischof Kiprian von Tobolsk 1621 oder 1622 den beiden Wojewoden von Mangaseja mitteilte, er wolle den Igumen Timofei mit einem Gemeindepriester, einem Diakon und einem Küster an den Turuchan-Fluss in das Fort Turuchansk senden, um dort eine Kirche und ein Kloster zu bauen; zugleich bat er um Unterstützung für die Reisenden und den Kirchenbau.[205] Schon früh – erstmals nachgewiesen 1630 – wurde bei Turuchansk alljährlich nach dem Eisgang am 29. Juni (St. Peter und Paul) ein zweiwöchiger Jahrmarkt eröffnet, zu dem bis zu 2000 Trapper und Pelzhändler aus dem ganzen Norden Mittelsibiriens, ja sogar aus Moskau anreisten.[206] Ihnen stand für die Handelsgeschäfte und Übernachtungen ein eigener Handelshof *(gostinyj dvor)* zur Verfügung.

### Turuchansk alias Neu-Mangaseja – eine Kümmerstadt
Als 1670 die Entscheidung fiel, die Wojewodenverwaltung von Mangaseja am Tas nach Turuchansk zu verlegen, siedelten in den folgenden Jahren gegen 450 Einwoh-

ner von Mangaseja nach Turuchansk über. Mangasejas Name ging auf Turuchansk über, das seit 1672 offiziell (Neu-)Mangaseja hieß, 1780 aber wieder in Turuchansk umbenannt wurde. Die Festung orientierte sich am Vorbild Alt-Mangasejas. Sie bildete ein etwas schief geratenes Quadrat aus einer brettergedeckten Holzkastenwandung mit vier Ecktürmen und einem Torturm. Mit einer Seitenlänge von rund 80 Metern hatte sie bescheidene Ausmaße. Daher fanden in ihrem Inneren neben der Kirche nur noch die Kanzlei, das Wohnhaus des Wojewoden, Speichergebäude und Magazine Platz.[207] Die Armierung der Festung konnte sich für einen Außenposten knapp südlich des Polarkreises sehen lassen. Im Jahre 1697 listete der Wojewode an Waffen auf: 4 Kupferkanonen mit einem Munitionsvorrat von 384 Eisen- und Steinkugeln, 4 eiserne Festungskanonen mit 447 Eisen-, Stein- und Bleikugeln, Rudimente eines eisernen Feldgeschützes, 4 Hakenbüchsen, 11 Hellebarden, 5 Pud Pulver und gut 15 Pud Blei. Für die Bedienung dieser Waffen standen 168 Dienstleute, meist Kosaken, zur Verfügung, und unmittelbar beschützt wurden von ihnen 65 männliche Einwohner des Possad.[208] Dass diese ehrfurchtgebietende Streitmacht je militärisch gegen die 1375 Rentiernomaden und Fischer der Altvölker am unteren Jenissei in Aktion getreten wäre, ist nicht bekannt. Im Laufe des 18. Jahrhunderts ließ man die Festungsanlage einfach verrotten; 1797 standen von ihr nur noch drei Türme und Wandreste.[209]

Nach der Abschaffung des Wojewodschaftssystems durch Peter den Großen war an die Stelle des Wojewoden als des obersten staatlichen Repräsentanten in Turuchansk ein «Regent» *(pravitel')* getreten.[210] 1725 erhielt der Ort den Status einer Kreisstadt. Ihre Einwohnerzahl schwankte während des 18. Jahrhunderts zwischen 500 und 700 – und dies sogar noch während seiner letzten Blüte als wichtigster Umschlagplatz Mittelsibiriens für Rauchwaren. Für eine Kreisstadt und ein Wirtschafts- und Verwaltungszentrum von dieser Bedeutung war das wenig. Hinzu kam, dass die Sozialstruktur der Stadt eine starke Asymmetrie aufwies. Die stärkste Einwohnergruppe stellte das Militär, repräsentiert vor allem durch Kosaken. Daneben war der Anteil von Kaufleuten und Handwerkern bescheiden. Die Kaufleute, die zur dritten und damit kapitalschwächsten Gilde gehörten, waren vor allem im Pelzhandel tätig, die Handwerker stellten Bekleidung und Schuhwerk für den beschränkten lokalen Markt her.[211] In sozialökonomischer Hinsicht kann Turuchansk daher bestenfalls als rudimentäre oder «Kümmerstadt» bezeichnet werden; seine eigentliche Bedeutung zog es aus seiner Funktion als Verwaltungs- und kirchliches Zentrum des unteren Jenissei-Beckens.

Gerhard Friedrich Müller und Johann Georg Gmelin, die 1739 in Turuchansk weilten, beschrieben den Ort im Vergleich mit Jenisseisk als eher exotisch.[212] Ausserhalb der Festungsanlage erwähnt Müller eine Sommer- und eine Winterkirche. «Im übrigen gibt es an öffentlichen Gebäuden noch das Rathaus, die Zollstation, den Gostinyj dvor, das Getreidemagazin, den Weinkeller *(vinnyj pogreb)*, zwei Schenken, eine Bierbrauerei und eine Kapelle. An Privathäusern zählte man während unseres Aufenthaltes 102 Höfe, von denen 5 leer standen.» Gmelin machte sich über den Zustand der Festung lustig und meint: «Das beste ist, dass man von keinem Feinde was zu befürchten hat.» Die Kosaken hätten daher eigentlich keine militärischen Aufgaben mehr «als die man etwa zu Verschickungen, Schreibern, Tributeinnehmern u. d. g.

gebraucht». Kein Wunder, dass auch die Kosaken einen großen Teil des Jahres ihrem privaten Nebenerwerb nachgingen. In einer Kreisbeschreibung von 1784 heißt es, dass während des Winters die Stadt sich weitgehend entvölkere, weil alles «auf Promysel» unterwegs sei.[213]

Ein lebendiges Bild von Stadt und Umland vermittelt der ostpreußische Postmeister Johann Ludwig Wagner, der von 1760 bis 1763 als Zwangsdeportierter dort sein Leben fristen musste. Zu «Mangaseja» schreibt er. «Es liegt mitten in einer Wüstenei auf einem Berge, hart am Wasser. An der einen Seite fließt der Turuchan, gegen Nordwest der schwarze Tungus, gegen Südwest der Jenissei, und gegen alle Seiten der Stadt sieht man einen ungeheuer großen dicken Wald, durch welchen diese Ströme hinfließen. Doch das Städtchen selbst besteht aus sechzig Feuerstellen, lauter hölzerne Häuser. Die Einwohner sind alle zu Kosakendiensten verpflichtet, und es erhält deswegen auch jeder seine Portionen an Grütze und Mehl, und alle Tertiale drei Rubel Geld. Sie haben gar keine Abgaben zu bezahlen. Äcker besitzen sie nicht, sondern nur Wiesenflecke, und jeder schneidet sein Gras, wo er will. Rings umher liegen Berge mit Waldungen bewachsen, wozwischen viele Brüche sind, und eine große Menge Flüsse ergießen sich von demselben in den Jenissei. Zu Lande ist gar nicht fortzukommen. Man findet keinen Fleck, der zum Getreidebau zu gebrauchen wäre, wozu auch die Sommerzeit zu kurz, und der Winter zu heftig ist. Es gibt dort viele alte Leute, Greise von neunzig Jahren, die nie irgend einen Halm Getreide auf dem Felde gesehen haben. Gras wächst überall mehr als Mannshoch, worüber ich erstaunt bin, da der Winter mit dem Anfange des Junius erst aufhört, und zu Ausgang Augusts alten Stils schon wieder anfängt. Die Einwohner halten Kühe, Pferde und Schweine. Im Herbst, ehe der häufige Schnee fällt, holen sie sich mit den Pferden das Holz aus dem Walde, von der Seite, die an die Stadt anschließt; diese liegt gegen Osten und Nordosten. Das Haberfutter, und was sie selbst das Jahr über an Mundvorrat brauchen, wird ihnen von Jenisseisk zu Wasser gebracht, und sie tauschen alles für Pelzwerk ein. Die Waldungen bestehen größtenteils aus Zedern von ungeheurer Stärke, welche vermutlich schon seit der Sündflut stehen. Alle Sommer schlägt das Gewitter in diese Wälder, und das Feuer ist Jahre lang im Brennen, ohne dass deswegen der Abgang des Holzes zu bemerken wäre.» Zu den Einwohnern bemerkt er: «Es gibt fast gar keine Professionisten in Mangasea, die Stadt ist von lauter Kosaken bewohnt. Diese Leute sind zwar als Bürger anzusehn, werden aber beständig auf Kommando gebraucht, besonders um die Kopfsteuer, welche in lauter Pelzwerk besteht, von den wilden Horden einzutreiben.»[214]

Weiter oben haben wir gesehen, dass im 19. Jahrhundert die Anzahl der Dauersiedlungen im unteren Jenissei-Becken stark schrumpfte. Das hatte auch für den Hauptort Konsequenzen. 1823 wurde Turuchansk von einer Kreisstadt zu einer kreisfreien Stadt oder einem Marktflecken *(zaštatnyj gorod* beziehungsweise *posad)* zurückgestuft. Als Vertreter des Staates residierte dort nur noch ein Amtmann mit dem Titel «Assessor» *(zasedatel')*.

Als Christopher Hansteen im Juli 1829 dort eintraf, herrschte eine unleidliche Hitze. Deshalb blieben die Einwohner in ihren Häusern und wagten sich erst nach Einbruch der Dunkelheit auf die Straße. Auch wenn Hansteens Eindrücke durch die klimatischen Bedingungen getrübt sein dürften, entwirft er das Bild eines letztlich lebensfeindlichen Ortes. «Obwohl Turuchansk, das von einem Flüsschen Turuchan, welches von Westen her, nahe der Stadt, in den Jenissei mündet, seinen Namen bekommen hat, auf einer Anhöhe liegt, ist es doch nichts weiter als ein großer Morast. Durch die Straßen, wenn man sie so nennen kann, sind unregelmäßig einige halbverfaulte Planken geworfen, auf welchen man gehen muss. Tritt man von diesen herunter, so ist man in Gefahr, bis an die Knie in Schlamm zu sinken. Die ganze Oberfläche des Bodens ist nämlich, selbst in der heißesten Jahreszeit, ein Morast, wo stehender Schlamm, mit grünem Schimmel überzogen, und zum Teil mit Holzspänen und allerlei Kehricht und Schmutz von den Häusern bedeckt, seine verpestenden Dünste in einer Hitze von 20–24 Grad R. aussendet. Die Ursache hiervon ist, dass der Boden, selbst in der größten Sommerhitze, wenn die Sonne beinahe vierundzwanzig Stunden über dem Horizont steht, niemals weiter als bis etwas über 3 Fuß tief auftaut. Als das Fundament zu der jetzigen Kirche gegraben werden sollte, fand man, wird erzählt, schon Eis bei kaum 1 1/4 Fuß Tiefe, obwohl es mitten im Sommer war. [...] Diese schädlichen Ausdünstungen verursachen viele Krankheiten unter den Bewohnern, besonders Skorbut und Wassersucht, wozu vielleicht auch der übermäßige Genuss des Branntweins beiträgt, sodass Personen, welche sich hier mehrere Jahre aufgehalten haben, gewöhnlich mit zerrütteter Gesundheit nach Jenisseisk zurückkehren. Die Kaufleute von Jenisseisk kommen daher nur im Sommer hierher und kehren zu Anfang des Herbstes wieder zurück. Indes laufen die kleinen Kinder im Sommer im bloßen Hemde auf der Straße umher, und spielen und schäkern so herzlich wie bei uns. Die Stadt liegt auf einer viereckigen Insel, welche von zwei Flussarmen gebildet wird, und von Nord nach Süd ungefähr 4 Meilen, von Ost nach West etwas über 3 Meilen lang ist.» An Honoratioren erwähnt Hansteen im Ort den Kreischef (der keinerlei Fremdsprache beherrschte), den Kosakenhetman, den Landmesser, zwei verbannte Ingenieuroffiziere, die am Dekabristenaufstand beteiligt gewesen waren, den Erzpriester, mehrere Priester und ein paar andere Personen.[215]

Als Castrén im Juni 1846 Turuchansk kennenlernte, waren die Zeichen des Verfalls bereits unübersehbar. Die hölzernen Trottoirs an den Seiten der beiden einzigen Straßen waren verfault; die Häuser niedrig, mit graswachsenen Dächern und vermoosten Wänden, statt Glas in den Fenstern Papier, Marienglas oder Fischblasen. Anders als sonst üblich waren die Häuser von der Straße nicht durch Holzwand und Tor abgetrennt, so dass die Hunde Vorübergehende ungehindert anfallen konnten. Auf dem Hauptplatz weideten Kühe. Zwischen den Häusern der Bessergestellten und denen der Ärmeren ließ sich kein großer Unterschied ausmachen. Die Kirche war vom Salzmagazin schwer zu unterscheiden, ebenso wenig die Hauptwache von der Schenke. Die alte Kirche sah wie eine Ruine aus, der Stundenzeiger der Uhr mit dem Middendorff'schen Zifferblatt hing schief. Auch die Handelsspeicher erweckten den Eindruck, als ob sie kurz vor dem Einsturz ständen. Den besten Eindruck machten auf Castrén einige Samojeden-Jurten, die am Flussufer verstreut standen. Der bekannte Jahrmarkt, der gerade stattfand, hatte seine einstige Bedeutung eingebüßt. Für die Einwohnerschaft spielte er jedoch immer noch eine große Rolle, weil man sich zu relativ günstigen Preisen mit Produkten auf Vorrat eindecken konnte, die im Winter mehr als doppelt so teuer waren wie zum Beispiel Zucker. Aber am wichtigsten war nach wie vor die Anreise der Clans von Samojeden und Jenissei-Ostjaken, die ihren Jassak ablieferten, Felle ver- und Lebensnotwendiges einkaufen wollten. Ihre «Fürsten» beziehungsweise Häuptlinge erhielten, wenn sie den Jassak abgeliefert hatten, als Ehrengabe rote Überkleider und Medaillen.[216]

Castrén und sein Begleiter wurden in einem der seiner Meinung nach vier halbwegs bewohnbaren Häuser einquartiert. Es wäre an und für sich annehmbar zum Wohnen gewesen, habe sogar Glasfenster gehabt, wenn nicht unter den Dielenbrettern der *Pontus niger* (das Schwarze Meer in Gestalt fauligen Tauwassers) gestanden und im ganzen Haus eine unausrottbare Feuchtigkeit geherrscht hätte, die durch Mark und Bein ging. Im Ort habe es keinen einzigen ansässigen Kaufmann mehr gegeben, lediglich fünf «Kleinbürger» und einige Kosaken, an Honoratioren den Assessor *(zasedatel')*, einen Kosakenoffizier und einen polnischen Arzt.[217]

Das größte Problem dieser «Kümmerstadt»-Gesellschaft insbesondere während der endlosen Winternächte war die Langeweile. Daran hat sich bis zum Ende des 19. Jahrhunderts nichts geändert. Jonas Stadling, der im Dezember 1898 drei Tage in Turuchansk verbrachte, erzählt: «Die langen Winternächte hatten eingesetzt, und die lokale ‹Gesellschaft› hatte die Wintersaison damit begonnen, ihre Partys in den Häusern reihum jede Nacht mit Wodkatrinken und Kartenspielen zu feiern bis drei Uhr morgens. Eines Morgens sagte eine der Damen zu mir, und ihr Gesicht strahlte dabei, dass sie in der Nacht 7 Rubel gewonnen habe. Während die *haute société* eines Nachts trank und spielte, stahl ich mich fort zu den politisch Verbannten – einem Doktor der Philosophie und ein paar Arbeitern, die wegen ihrer sozialistischen Weltanschauung verbannt worden waren. Der Doktor lebte in einer kleinen Hütte, die er tagsüber mit einem miserablen Ofen heizte; doch nachts würde die Temperatur auf 14° Fahrenheit sinken, und der arme Mann litt sehr an Rheumatismus. Einer der verbannten Arbeiter hatte seine junge Frau und ein Baby bei sich. Ein anderer der Verbannten hielt sich fern von jeglicher Gemeinschaft und zeigte Zeichen von Geisteskrankheit, eine Krankheit, welcher diese unglücklichen Menschen häufig zum Opfer fallen.»[218]

Langeweile lechzt aber auch nach Abwechslung durch Sensationen. Was waren das für Sensationen, die etwas Leben in die Schläfrigkeit brachten? Als Castrén während des Sommers 1846 in Turuchansk weilte, wurde er Zeuge einer Hochzeit, die den Klatschmäulern noch wochenlang Gesprächsstoff lieferte. Bräutigam war einer der wenigen Honoratioren des Marktfleckens, der Gehilfe des Polizeimeisters. Aber er vergaß zur Trauung seinen Säbel umzuschnallen. Außerdem glänzte der Brautvater durch Abwesenheit, und zu allem Überfluss unterließ man es, vor der Trauung die Glocken zu läuten. Aber damit nicht genug. Einige gewichtige Persönlichkeiten hatte man einzuladen vergessen. Die Damen des Örtchens beklagten sich darüber, viel zu spät von dem Hochzeitstermin in Kenntnis gesetzt worden zu sein, und die Kosaken hatten einen Halbanker Wodka, das heißt über siebzehn Liter, mehr erwartet. Die Öffentlichkeit war sich daher darin einig, dass diese Hochzeit ungesetzlich sei und eine Diebshochzeit genannt werden müsse.[219]

Angesichts des wirtschaftlichen Niedergangs und der verkehrsungünstigen Lage von Turuchansk hatte der Tobolsker Generalgouverneur schon um das Jahr 1800 prüfen lassen, ob man den ungesunden Ort nicht an die Mündung der Unteren Tunguska neben das dortige Dreifaltigkeitskloster verlegen solle, und seinem Cheflandmesser den Auftrag erteilt, dafür Pläne anzufertigen.[220] Im Dezember 1898, als Jonas Stadling in Turuchansk weilte, waren diese Pläne immer noch aktuell.[221] Allerdings bedurfte es eines spektakulären Anlasses, um diesem Vorhaben endlich Beine zu machen. Im Dezember 1908 gelang es nämlich etwa 20 bewaffneten Verbannten mit anarchistischem Hintergrund, in einem nächtlichen Handstreich Turuchansk zu nehmen, auszuplündern und sämtliche Polizeiakten zu vernichten, ohne dass sie auf nennenswerten Widerstand gestoßen wären (dazu unten im Kapitel «Verschickt» noch mehr). Vier Jahre später befand sich die gesamte Verwaltung des Turuchansker Krai dann tatsächlich in Troizko-Monastyrskoje, bald abgekürzt zu Monastyrskoje an der Mündung der Unteren Tunguska. Zurück blieb als (Alt-)Turuchansk ein nun endgültig dahinsiechendes Dörfchen, das mit seiner dreihundertjährigen Geschichte bald dem Vergessen anheimfiel.

### Das Dreifaltigkeitskloster in Monastyrskoje

Die Verlegung von Turuchansk an die Tunguskamündung erfolgte primär aus Gründen der besseren Verkehrserschließung. Es gab aber auch noch eine unmittelbare Kontinuität zwischen dem neuen Turuchansk beziehungsweise Monastyrskoje (wörtlich «Klosterdorf») und dem ersten Mangaseja am Fluss Tas. Das Dreifaltigkeitskloster in Monastyrskoje war nämlich im Besitz der Reliquien des «Großmärtyrers und Wundertäters Wassili von Mangaseja», und zwar schon seit 1670. Über dem Grab dieses Wassili in Mangaseja hatte man eine Kapelle errichtet, weil es angeblich Wunder wirkte. Jedenfalls bezeugt die Vita Wassilis die Heilung von Wunden und Krankheiten.[222] Als dann seit 1670 Mangaseja etappenweise nach Turuchansk verlegt wurde, durfte der Wundertäter natürlich nicht allein in der verödenden Stadt zurückbleiben. Die Vita berichtet daher, dass es dem Wundertäter in seinem Grab nicht mehr wohl gewesen sei, er habe sich darüber beklagt, dass der Sarg verrotte. Daher habe er dem Mönchspriester Tichon, der einige Jahre zuvor an der Mündung der Unteren Tunguska eine Einsiedelei gegründet hatte, ausrichten lassen, er wolle dorthin umgebettet werden. Da der Wundertäter dem Tichon im Weigerungsfall harte göttliche Strafen androhte, sah sich dieser wohl oder übel gezwungen, dem Wunsch nachzukommen. So wurde der Großmärtyrer und Wundertäter Wassili am 1. Mai 1670 mit großem kirchlichem Pomp auf die weite Reise vom Tas an den Jenissei geschickt und neben dem Dreifaltigkeitskirchlein der Einsiedelei neu bestattet.[223] Auch dort wirkte Wassili Mangasejski Wunder, wie die Vita zu berichten weiß, und so stieg er sehr schnell zum populärsten Heiligen und Wundertäter der ganzen Turuchanka auf.

Was man über den historischen Hintergrund dieses Wundermannes weiß, ist ziemlich nebulös. Der Überlieferung nach hieß er Wassili Fjodorow und lebte in Mangaseja als junger Kaufmannsgehilfe. Auf Grund einer Anklage, dass er einen Teil des Jassak unterschlagen und mit Räubern unter einer Decke gesteckt habe, soll er zu Tode gefoltert worden sein. Sein Sarg wurde auf Anweisung des Wojewoden Sawluk Puschkin in einem nahen Sumpf versenkt, kam aber 1652 wieder an die Oberfläche. Weil der Leichnam (wohl wegen des Moorwassers) unverwest erschien, wurde dies als ein göttliches Zeichen gedeutet und der Tote auf einem Hügel erneut beigesetzt.

Das Grab galt bald als wundertätig, man baute eine Kapelle darüber, und heilungsbedürftige Gläubige pilgerten in Scharen dorthin. 1659 bestätigte der vom Metropoliten in Tobolsk entsandte Diakon Iwan Semjonow auch von Seiten der Kirche, dass Wassili Wunder wirke.[224] Von Wassilis Schuld und Tod existieren mehrere, geringfügig abweichende Versionen, die wohl der mündlichen Weitergabe oder Verständnisfehlern der westeuropäischen Besucher geschuldet sind, so etwa bei Fridtjof Nansens Besuch in Monastyrskoje 1913.[225] Dass der Wundertäter und Großmärtyrer im realen Leben möglicherweise nichts anderes als ein korrupter Verwalter gewesen ist, der wegen seiner Habgier zu Tode gekommen ist, gehört zu den vielen Paradoxien Sibiriens.

Der Gründer des Dreifaltigkeitsklosters hieß ursprünglich Timofei und wurde als Sohn eines Priesters im nordrussischen Weliki Ustjug geboren. Nach langen Wanderjahren ließ er sich im Alter von 42 Jahren in Jenisseisk zunächst als Kerzenmacher nieder, trat aber 1656 in das dortige Spas-Kloster ein. Als Mönch nahm er den Namen Tichon an. Mit drei Gleichgesinnten zog er den Jenissei abwärts und errichtete 1657 an der Mündung der Unteren Tunguska besagte Einsiedelei. Als sich dort genügend Mönche eingefunden hatten, um ein Kloster zu gründen, erhielt er 1660 vom Erzbischof die erforderliche Bewilligung und wurde zum ersten Klostervorsteher ernannt.[226] Durch seinen geschickten Schachzug, die Gebeine des wundertätigen Wassili in das Dreifaltigkeitskloster zu überführen, legte er den Grundstein zu dessen geistlichem Ruf und wirtschaftlichem Aufstieg. Mit Klöstern im europäischen Russland ließ sich sein Reichtum zwar nicht vergleichen, aber mit den Einnahmen aus den verschiedenen Salzquellen, aus der Verpachtung von Fisch- und Jagdgründen und den Zins- und Fronleistungen der im Jahre 1763 etwa 400 bäuerlichen Hintersassen[227] dürfte es materiell nicht hinter den Jenisseisker Klöstern zurückgestanden haben. 1691 vermochte sich der damalige Klostervorsteher Gawriil daher auch den ehrenvollen Titel eines Archimandriten (Abtes) zu sichern.[228] Den Winter verbrachte der Archimandrit allerdings auf einem Klosterhof in der Nähe von Jenisseisk.[229]

Die Reliquien des wundertätigen Wassili, die anfänglich in der Klosterkirche ausgestellt waren, mussten allerdings – so Gerhard Friedrich Müller – wohl 1720 auf Geheiß des Erzbischofs neben der Kirche beigesetzt werden und erhielten dort eine eigene kleine Kapelle.[230] Gmelin, der das Kloster 1739 zusammen mit Müller besuchte, zeigte sich ziemlich enttäuscht. «Den 5ten besahen wir das Kloster, welches ziemlich alt aussiehet, und nur etliche Mönche hat, die vor Alter halb blind sind. Es stehet eigentlich unter dem Jenisseischen Mönchenkloster, und hatte vor diesem große Einkünfte, weswegen es auch sehr mildtätig gewesen war. Niemand konnte den Jenissei herunter kommen, der nicht entweder für die bereits glücklich geschehene, oder für die künftige Reise ein Gebet verrichten ließ. Dafür wurde den Leuten gemeiniglich auch Brot ausgeteilet, welches desto mehr gutes stiftete, weil das von einem solchen Orte kommende Brot allezeit etwas höher und werter gehalten ward, und die Leute folglich zu mehrerer Freigebigkeit gegen das Kloster antrieb.» Dass das Kloster deutliche Anzeichen von Verarmung erkennen lasse, führt Gmelin darauf zurück, dass der aufklärerische Erzbischof von Tobolsk bei seiner Visitation von 1720 die Reliquien habe ausgraben und an einem unbekannten Ort verscharren lassen, um dem Heiligenkult ein Ende zu setzen. Dies habe aber nichts genützt. «Die gläubigen Seelen wissen ihn [Wassili] schon zu finden, und ich habe noch bei meinem Aufenthalt an dem Lena-Fluss gehört, dass unter dem gemeinen Manne die Rede gehe, der Stein, der über den Heiligen gewälzt worden, wäre schon aus der Erde von dem Heiligen selbst gehoben worden, und der Heilige würde nächstens wieder zum Vorschein kommen, welches die Zeit lehren wird.»[231] Ob die von Müller abweichende Version Gmelins über die Exhumierung des Wundertäters stimmt, lässt sich jedoch nicht belegen.

Die ausführlichste Beschreibung des Klosters und seiner Gedenkstätten verdanken wir Christopher Hansteens Besuch im Jahre 1829. Die Wiedergabe der Gründungslegende differiert allerdings in einigen Punkten vom oben Gesagten. So werden Mangaseja und Turuchansk miteinander verwechselt und Tichon (Tycho) stirbt schon vor der Gründung des Klosters. «Den 6. Juli Nachmittags kamen wir zum Kloster Troitzkoi, einem ansehnlichen weißangestrichenen Gebäude von Stein mit einem hübschen Turm, auf dem linken Ufer der Nischne-Tunguska, die vom östlichen Tungusenlande etwas südlich von Turuchansk in den Jenissei mündet. In einer Kapelle auf dem Hofe besah ich mir eine Grabesplatte von gegossenem Eisen über einem Mönche, Namens Tycho, der die Erbauung des Klosters veranlasst hatte, indem er das nötige Bauholz von Jenisseisk herbeischaffen ließ. Auf der Grabesplatte steht der eiserne Harnisch, den er während dieser Arbeit trug. Man denke sich zwei Eisenstangen ungefähr von der Dicke und Breite wie das gewöhnliche Stangeneisen, dergestalt gebogen, dass sie, etwa wie ein Tragband, über die Schultern gelegt werden konnten, indem das eine Ende bis zur Brust, das andere über den Rücken herabging, und beide Enden etwa bis zum Gürtel reichten. Diese zwei Eisen waren an zwei elliptische eiserne Ringe festgenietet, welche den Leib umgeben sollten, der eine dicht unter dem Arm, der andere unten an der Mitte des Leibes. Um diesen Harnisch leichter anlegen zu können, hatte jeder von diesen Ringen nach hinten ein Scharnier und war nach vorn, gegen die Brust hin, offen, wo er mit einem eisernen Stift geschlossen werden konnte. Tycho wurde später Jëromonach (heiliger Mönch) und nach seinem Tode kanonisiert.»[232]

Kurze Berichte über das Kloster haben nach Hansteen und vor Nansen die Reisenden Castrén (1846), Ferdinand Müller (1873) und Henry Seebohm (1877) hinterlassen.[233]

## Monastyrskoje alias Neu-Turuchansk

Als Nansen Anfang September 1913 auf seiner Fahrt von der Jenisseimündung nach Krasnojarsk mit dem Regierungsmotorboot *Omul* in Monastyrskoje Station machte, fand er ein Dorf vor, das erst kurz zuvor an Stelle von Turuchansk zum neuen Distriktzentrum aufgestiegen war (Abb. 46, 47).[234] Daher waren die staatlichen Behörden noch in Provisorien untergebracht. In der Nähe der Klosterkirche lag ein lang gestrecktes Holzgebäude, «das, wie wir später erfuhren, dem Kloster gehörte, aber vorläufig von der Regierung gemietet war. Es war das Postamt, und darin wohnte auch der höchste Beamte des Distrikts, der Polizeimeister oder, wohl richtiger, der Polizeipräfekt (Pristaw). Er ist eine Art Gouverneur des ganzen Turuchansker Kreises, der sich nordwärts bis an das Eismeer erstreckt.» Da Nansen auf der Poststelle die von ihm erwarteten Briefe nicht vorfand, «mussten wir uns denn auf die andere Seite des Hausflures begeben, um den Polizeipräfekten, den Pristaw Herrn Kibirow, zu begrüßen, einen gefälligen, nett und gutmütig aussehenden Mann, der uns sehr freundlich empfing.» Kibirow und seine Gattin waren Osseten. «Wir kamen dem Pristaw ganz unerwartet; er verschwand daher sofort, um sich in volle Uniform zu werfen und den Säbel umzuschnallen, den er uns zu Ehren die ganze Zeit bis zu unserer Abreise umbehielt.»

«Wir schlenderten durch den Ort.[235] Ein kleiner Teil davon ist ein altes Dorf, das mit seiner breiten Straße und seinen niedrigen gemütlichen Bauernhäusern neben dem Kloster gelegen hatte; der ganze nördliche Teil ist eine Neuansiedlung im Walde. Dort baute man jetzt ein Regierungsgebäude, ein Krankenhaus, eine Schule und auch eine Arztwohnung; Letztere war aber vor einigen Wochen schon wieder abgebrannt. Außerdem errichtete man einen großen Kornspeicher, bestimmt zur Aufnahme von 300 000 Pud (4 900 000 Kilogramm) Getreide als Reservevorrat für die Bevölkerung.» Das Projekt finanzierte der Staat, die Bauausführung lag in den Händen eines privaten Unternehmers, und als Architekt fungierte ein politischer Verbannter, der seiner bürgerlichen Ehrenrechte verlustig gegangen war. Dies und dass der Polizeipräfekt sich mit dem Architekten unterhielt wie mit seinesgleichen, verwunderte Nansen nicht wenig. Wieder einmal offenbarte Sibirien seine Paradoxien.

Natürlich besuchte Nansen auch die Klosterkirche (Abb. 48). «An der Kirchentür empfing uns der Pope oder richtiger der Abt des Klosters. Er sah sehr heilig aus, hatte schöne blaue Augen, eine gerade Nase und einen hübsch geschnittenen Mund: ein vollkommener Christuskopf, mit geteiltem Bart und langen, über die Schultern herabwallenden Locken; aber Bart und Haar waren schwarz. Er führte uns durch die großen, hellen Räume der Kirche. Hier liegt der heilige Wassilij Mangaseijskij begraben. Der Sarg stand in dem ersten großen Raume, den wir beim Hereinkommen betraten.» Auch die berühmte Eisenklammer, die der Klostergründer Tichon getragen haben soll, besah Nansen in der Kirche. 1913 befanden sich also sowohl Grabstätte als auch Eisenklammer nicht mehr – wie noch Hansteen berichtet hat – neben, sondern in der Kirche selber.

«Bei unserem Besuch bewohnten das Kloster drei oder vier Mönche und sechs oder sieben Novizen. Dem Kloster gehört fast aller Grund und Boden der ganzen Umgegend, und dazu die Weiden auf den davorliegenden Inseln im Flusse, ein Übelstand für alle, die sich hier ansässig machen wollen.» Obgleich der Staat die Klosterbesitzungen im Jahre 1765 säkularisiert hatte, war es den Mönchen danach offenbar wieder gelungen, neuen Landbesitz anzuhäufen. Nansen hatte daher den Eindruck, dass die Einwohner des Dorfes dem Kloster nicht gerade freundlich gesinnt waren. Einige Jahre später sollte das politische Folgen haben.

## Jenisseisk – von der Metropole zur welkenden Schönheit

Jenisseisk wurde 1618 oder 1619 am linken Ufer des Jenissei zunächst als bescheidenes Palisadenfort angelegt und in der Folgezeit immer wieder erweitert. In den vierziger Jahren des 17. Jahrhunderts begann der Bevölkerungszuwachs das Korsett der Befestigungsanlagen zu sprengen, und es bildete sich ein Possad, in welchem Handwerker und Gewerbetreibende lebten.[236] Remesows Planskizze von 1701 zeigt eine quadratische Festungsanlage mit acht wuchtigen Türmen, die jedoch nach wie vor nur durch eine Palisadenwand untereinander verbunden waren. Den Innenraum füllten die Hauptkirche und zwei weitere Kirchen, die dreigeschossige Residenz des Wojewoden, Handelshof, Zollhaus, Kanzlei und Schatzamt. In weiteren kleineren Häusern lebten wohl Dienstleute. Landseitig umringten die Blockhäuser der Possadbewohner die Zitadelle, und noch weiter außen lagen die beiden Klöster, von denen das Spas-Mönchskloster eine eigene kleine Festung bildete (Textabb. 13).[237]

Sämtliche Anlagen und Gebäude bestanden bis zum Beginn des 18. Jahrhunderts aus Holz. In dieser für das frühneuzeitliche Russland typischen städtischen Holzlandschaft fanden Brände immer wieder reichlich Nahrung. Am 19. September 1703 beispielsweise brach auf dem Markt frühmorgens ein Feuer aus, das von einer Fischräucherei ausging. Es breitete sich in Windeseile aus und verschlang die Haupt- und zwei Pfarrkirchen, fünf Festungstürme, das Zollhaus, den Handelshof, sämtliche Marktstände und 85 Wohnhäuser. Daraufhin entsandten die Tobolsker Behörden 1708 einen erfahrenen Steinbaumeister nach Jenisseisk, um die Hauptkirche Zur Erscheinung Christi (*Bogojavlenskij sobor*) als Steinbau neu zu errichten. Dabei suchte man zur Verbesserung des Feuerschutzes zwei Funktionen miteinander zu kombinieren: Der Kirchenbau wurde auf ein Untergeschoss gesetzt, das sich für weltliche Zwecke nutzen ließ – etwa für die Unterbringung der Staatskasse oder als Lager für wertvolle Waren.[238] Schon 1727 wütete in der Stadt erneut ein Großfeuer.[239]

Aber es waren nicht nur Feuersbrünste, welche die Stadt bedrohten. Öfter noch wurde sie vom Hochwasser heimgesucht. Es stellte sich nämlich bald heraus, dass der Standort der Stadt denkbar ungünstig gewählt worden war. Sie lag zu nah und in zu geringer Höhe am Fluss, umgeben von zahlreichen Sümpfen. Daher geschah es immer wieder, dass das Frühjahrshochwasser des Jenissei Teile der Stadt demolierte. 1649 wurde sie sogar zweimal von den Wassermassen heimgesucht. Am 13. Mai sahen sich die Einwohner genötigt, tagelang auf den Dächern ihrer Häuser auszuharren, und als die schlimmsten Schäden notdürftig behoben und die Felder mit Korn eingesät waren, machte eine erneute Flut alle Mühen wieder zunichte. Verschont blieb stets das Spas-Kloster, das die Mönche wohlweislich auf einem Hügel angelegt hatten. Schwerste Schäden richtete in der Stadt auch ein Hochwasser im Jahre 1784 an. In der ersten Hälfte des 19. Jahrhunderts gab es insgesamt 12 Überschwemmungen, also alle vier bis fünf Jahre, wobei diejenigen von 1800, 1814 und 1820 mindestens zwei Drittel der Stadt unter Wasser setzten.[240]

1739 fand Johann Eberhard Fischer eine Stadt vor, die sich auf 2 1/2 Werst Länge und 1 Werst Breite am Westufer des Jenissei erstreckte, in zwei flussparallele Hauptstraßen und zahlreiche kleine und wirre Quergässchen aufgeteilt war und 704 hölzerne Wohnhäuser umfasste. Mit Ausnahme einiger stattlicher Gebäude, die reichen Kaufleuten und dem Kosakenhauptmann gehörten, machten diese einen eher ärmlichen Eindruck. Eine Straße war den Schmiedewerkstätten und Eisenschmelzen vorbehalten, und am Fluss selber lag eine Ledermanufaktur. Am Markt befand sich eine zweite Steinkirche im Bau.[241]

Dass Jenisseisk als Militärbasis in einer ganz anderen Liga spielte als Turuchansk, zeigt die Inventarisierung von 1699. Festung und Garnison waren ausgerüstet mit sieben

Textabb. 13: Festung und Possad von Jenisseisk (Planskizze des 17. Jahrhunderts)

kupfernen und zwei eisernen Kanonen sowie 294 zugehörigen Granaten; eine Lafette war allerdings ohne Geschütz; ferner gehörten zum Arsenal acht eiserne Wallbüchsen nebst 294 Kugeln; 232 Musketen und Hakenbüchsen (Vermerk: teilweise defekt), 200 Steinschlossflinten, über 133 Pud Pulver, knapp 160 Pud Blei, 329 Hellebarden, 544 Piken, neun Feldzeichen, zwölf Trommeln und zwei Helme.[242] Dieses stattliche Arsenal verweist darauf, dass die Garnison das ganze 17. Jahrhundert hindurch stark, ja übermäßig beansprucht war. Mit der raschen Ausdehnung des dem Wojewoden von Jenisseisk unterstellten Gebietes, das seit Ende der dreißiger Jahre nicht nur das gesamte Becken der Angara umfasste, sondern im Zuge der weiteren Expansion bis 1682 auch Transbaikalien einschloss, musste Jenisseisk immer wieder Teile seiner Dienstmannschaft befristet oder auf Dauer an neu gegründete Forts der «Frontier» abgeben.[243] Dadurch schmolz die Garnison von 370 Mann Ende der dreißiger auf ganze 250 Mann in den fünfziger Jahren zusammen.[244] Schließlich hatte Moskau ein Einsehen und erhöhte in den sechziger Jahren den Garnisonsbestand dauerhaft auf etwa 500 Mann.[245] Den verbleibenden Kosaken und Strelitzen fiel vor allem die Aufgabe zu, bei den Taigavölkern den Jassak einzutreiben; das ging nicht immer ohne Widerstand ab. Angesichts des riesigen Gebietes, das zu kontrollieren war, blieben des Öfteren viel zu wenig Dienstleute zum Schutz der Festung selber zurück; zeitweise waren es ganze zehn Mann.[246]

Im Unterschied zu Turuchansk konnte der Possad auf den ersten Blick ein viel größeres Bevölkerungsgewicht in die Waagschale werfen als die Garnison. Die bereits erwähnte Inventarisierung von 1699 beziffert die Anzahl der Dienstleute auf 515 männliche Erwachsene, die der Possadangehörigen aber auf 632.[247] Dies müsste – unter Einschluss der Geistlichkeit – einer Gesamteinwohnerzahl von 6000–7000 entsprechen. Dem ist aber nicht so, und zwar wegen einer spezifischen Besonderheit sibirischer Städte in ihrer Frühzeit. Nicht nur sie, sondern auch ihr Umland gewannen bis zur zweiten Hälfte des 17. Jahrhunderts ihre Bevölkerung primär aus der Zuwanderung von außen. Um den vergleichsweise höheren Lasten zu entgehen, welche der Staat den Bauern aufbürdete, schrieben sich viele neu zugezogene Bauern der stadtnahen Dörfer in den Possad von Jenisseisk ein; 1669 waren dies 189 von insgesamt 365 Possadangehörigen, also die Mehrheit.[248] Diese dem deutschen «Pfahlbürgertum»[249] ähnliche Praxis ist noch für das 18. Jahrhundert im Umland von Jenisseisk gut bezeugt.[250] Man wird also davon ausgehen müssen, dass von den 632 nominell dem Possad zugeschriebenen Hauswirten im Jahre 1699 bestenfalls die Hälfte in der Stadt gelebt hat und einer nichtlandwirtschaftlichen Tätigkeit nachgegangen ist. Dies würde die Einwohnerzahl der Stadt auf 4000–5000 reduzieren. Nicht eingerechnet dabei sind allerdings alle Bevölkerungselemente, die sich wie Wanderhandwerker und Trapper nur temporär in der Stadt aufhielten und häufig in Einkehrhöfen oder als nicht registrierte Untermieter in den feuchten Kellergeschossen der Wohnhäuser hausten.

Im Laufe des 18. Jahrhunderts wuchs der Anteil der in Jenisseisk lebenden Possadangehörigen jedoch stärker als derjenige auf dem Lande, nämlich von rund 1600 auf rund 4000 Personen beiderlei Geschlechts, während der ländliche Possad nur von 1332 auf 1960 männliche Seelen zulegte. Dahinter stand der Versuch der Regierung, Profession und Wohnort stärker in Übereinstimmung zu bringen.[251] 1796 lässt sich damit die Gesamteinwohnerschaft der Stadt auf etwa 5000 beziffern – eine auch im Vergleich mit dem europäischen Russland stattliche Anzahl.[252]

1869 taumelte die Stadt in ein Katastrophenjahr. Kurz hintereinander suchten neun Brände die Einwohnerschaft heim, am schlimmsten derjenige vom 27. August, der in Windeseile sechs Siebtel der Häuser einäscherte. In Panik suchten die Menschen den Stadtrand zu erreichen oder sich in den Jenissei zu stürzen, um den Flammen zu entgehen. Über 300 Einwohner verbrannten, erstickten oder ertranken im Jenissei, darunter sechs Nonnen und der Priester der Auferstehungskirche mit seiner gesamten Familie. Auch die acht steinernen Pfarrkirchen und die beiden Klosterkirchen sowie alle Schulgebäude fielen den Flammen ganz oder teilweise zum Opfer. Die aufgebrachte Menge beschuldigte die zahlreichen verbannten Polen, die in der Stadt lebten, die Brände gelegt zu haben, doch Beweise dafür gab es nicht.[253]

Jenisseisk stieg bereits in der Mitte des 17. Jahrhunderts zu bedeutender wirtschaftlicher Blüte auf. Damals beherbergte es die größte Handwerkerkolonie Sibiriens.[254] Die 176 Handwerker und Gewerbetreibenden, welche die Steuerveranlagung von 1669 auflistet, verteilen sich auf 31 Professionen; je ein Siebtel davon entfällt auf den Handel und das Ledergewerbe, gefolgt von den metallverarbeitenden Berufen. Es gab sogar vier Ikonenmaler nebst einem Lehrling, je vier Seifensieder und Kerzenmacher sowie einen Drechsler. Wenn außer einem Bäcker auch zwei Garköche und vier Teigkringelbäcker *(kalačniki)* ihre Waren auf der Gasse anboten, so spricht dies dafür, dass zahlreiche Arbeitskräfte darauf angewiesen waren, sich für wenig Geld an Marktständen zu verpflegen.[255]

Das Jenisseisker eisenverarbeitende Gewerbe belieferte seit der Mitte des 17. Jahrhunderts außer dem lokalen Markt auch ganz Ostsibirien bis hin nach Transbaikalien.[256] Dies hing nicht nur mit der handwerklichen Geschicklichkeit zusammen, sondern auch mit der Qualität des gebrochenen Erzes. Pallas notierte noch 1772: «Die hohe Schule der meisten Schmiede, welche man im östlichen Sibirien antrifft, ist Jenisseisk, wo schon seit mehr als fünfzig Jahren aus einem schneeweissen, in Flötzen brechenden Eisenstein, viel Eisen von der besten Güte geschmolzen wird.»[257] Das Erz brachen die Jenisseisker Schmiede 25 Werst stromaufwärts. Sie kauften es aber auch bei den Bauern der Dörfer Potapowo und Saledejewa sowie Schtschukina, die es ebenfalls abbauten. Die Schmiede verhütteten das gebrochene Erz selber in kleinen «Handöfen», die nicht mehr als 4 Pud Erz fassten; ein Schmelzvorgang ergab ein- bis anderthalb Pud Kritzen, und aus diesen gewann man durch neuerliches Schmelzen rund 30 Pfund Schmiedeeisen. Sogar den Eisenhütten des Kreises Krasnojarsk machten in der Mitte des 18. Jahrhunderts die Jenisseisker Schmiede so stark Konkurrenz, dass der Staat diesen eine Taxe von zehn Rubel pro Schmelzofen auferlegte, um ihre Erzeugnisse zu verteuern.[258] Strahlenberg teilt seinen Lesern mit, Russland sei zwar voller Eisenerz. «Das beste aber ist in Ugoria[259] und in Sibirien, unter welchen das Jenisseische das allerfeinste und schönste, davon man gemachte Sachen nach Holland und Engelland bringet.»[260] In den 1670er Jahren wurden nicht nur in Tobolsk, sondern auch in Jenisseisk sogar Glocken und Kanonen gegossen.[261] Noch zu Beginn des 19. Jahrhunderts zählte die Stadt 80 Schmiedewerkstätten.[262]

Einen weiteren wichtigen Gewerbezweig bildete der Schiffbau. Jenisseisk war und blieb dessen Zentrum für das gesamte Becken des Jenissei. Bauern waren es größtenteils, welche während des Winters, wenn die Hauptarbeit im eigenen Betrieb getan war, Flussschiffe verschiedenster Größen am Jenisseisker Strand zimmerten – sei es in staatlichem, sei es in privatem Auftrag. Bauern waren es aber auch, welche den staatlichen Schiffbau mit Materiallieferungen alimentieren mussten. Die Inventarisierung von Stadt und Kreis Jenisseisk aus dem Jahre 1699 beziffert diese Leistungen auf 3157 Arschin grober Leinwand für Segel, 253 1/2 Pud Hanf für Seile und 133 Eimer Teer für die Abdichtung der Fugen; überdies hatten die Schmiede von Stadt und Land mehr als 6 Pud Gusseisen für die Werft abzuliefern.[263]

Auch wenn Jenisseisk im 18. Jahrhundert eines der größten Handwerkszentren Sibiriens blieb, sank es doch bis 1720/22 vom ersten auf den dritten Platz nach Tobolsk und Tomsk ab.[264] Aber seiner Gesamtbedeutung nach rechnete man es 1767 offiziell immer noch zu den Städten erster Klasse, also zu den elf wirtschaftlich bedeutendsten Städten des gesamten Reiches.[265]

Eine mindestens ebenso wichtige Rolle als gewerbliches Zentrum Mittel- und Ostsibiriens spielte Jenisseisk für den Handel. G. F. Müller schreibt dies seiner vorzüglichen Lage an den Wasserwegen zu.[266] Dass 1669 unter den Kaufleuten nur vier genannt werden, die mit Rauchwaren handelten, scheint der Bedeutung der Stadt als Handelszentrum ganz Mittel- und Ostsibiriens zu widersprechen. Doch die Anzahl der verzollten Zobelpelze betrug in Jenisseisk durchschnittlich nur ein Drittel bis die Hälfte des Umschlags von Mangaseja, und seit dem letzten Viertel des 17. Jahrhunderts büßte der Handel mit Zobeln auf dem Jenisseisker Markt ohnehin seine Bedeutung fast ganz ein.[267] John Bell, der auf seiner Reise nach China 1720 die Stadt besuchte und sie einen «großen und volkreichen Platz» nennt, rühmt sie als «guten Markt für Rauchwaren aller Sorten, insbesondere für Polar- oder Blaufuchs [piessy, russisch *pescy*] genannte Tiere, die in zwei Farben auftreten: weiß und taubenblau». Am wertvollsten seien jedoch Schwarzfüchse, denn sie seien sogar leichter und wärmer als Zobel.²⁶⁸ Wenn sich der Handel mit Rauchwaren also von den Zobeln zu anderen Pelztieren hin verschob, blieb die Stadt doch stolz auf ihre Rolle im Handel mit Zobelpelzen und wählte, als unter Zar Peter dem Großen die Magistratsverfassung eingeführt wurde, als Wappen zwei aufrecht einander gegenüberstehende Zobel, die ein Pfeil mit nach oben gerichteter Spitze und darunter ein Bogen mit abwärtsgerichteter Sehne voneinander trennt.²⁶⁹

Nach den Rauchwaren wurden Salz und Getreide als wichtigste Eigenerzeugnisse vermarktet.²⁷⁰ Die Salzsiedereien des Dreifaltigkeitsklosters an der Ussolka, die keine 200 Kilometer von Jenisseisk entfernt lagen, vermochten mit ihrem Jahresausstoß von 45 000–58 000 Pud in den 1780er Jahren das gesamte Jenisseibecken zu versorgen.²⁷¹ Zusammen mit der ertragsärmeren Salzsiederei des Spas-Klosters lieferten sie an das staatliche Salzmagazin in Jenisseisk das Salz zu einem Abnahmepreis von 8 Kopeken pro Pud, und die Zollverwaltung verkaufte es zu mehr als dem dreifachen Preis weiter.²⁷² Auf dem städtischen Markt umgeschlagen wurde auch das Getreide aus der Region. Das Jahresvolumen schwankte je nach dem Ernteertrag zwischen 18 840 Pud (1790) und 31 976 Pud (1791).²⁷³ Damit ließ sich vor allem der hohe Norden der Provinz versorgen, in welchem Ackerbau nicht möglich war.

Dem Bild eines blühenden Handels zu widersprechen scheint Messerschmidts Beschreibung des kaufmännischen Zentrums vom März 1722, welches nach dem Großbrand von 1703 aus der Festung in den Possad hinaus verlegt worden war: «Der Markt lieget vor sich und ist nur eine kleine Gasse, Bude bei Bude, ohngefähr 150 Schritt lang, und der *Gostinyj dvor*, welcher von hölzernen Buden bestehet, ist dicht dabei. Dieses Mal war wenig Verkehrung [Handel] in der Stadt, und zwar nur eine Bude im *Gostinyj dvor* offen und kaum hundert Menschen des Tages auf den Markt zu sehen, aber im Sommer, wenn die Fahrt von Irkutsk und Tobolsk offen, soll allhier viel Verkehrung und Volk sein.»²⁷⁴

Wichtiger als der eher bescheidene permanente Stadtmarkt war also der Augustjahrmarkt, zu dem Kaufleute aus ganz Sibirien und aus dem Osten des europäischen Russland herbeiströmten. Auf diesen Zeitpunkt kehrten auch die Jenisseisker Kaufleute wieder zurück, die nach dem Eisaufbruch zum Junijahrmarkt nach Turuchansk gefahren waren, um die Russen und Indigenen im unteren Jenisseibecken mit Getreide, Tuchen, Eisenwaren, Tabak, Tee, Zucker etc. zu versorgen; auf dem Rückweg führten sie die dafür eingehandelten Pelze und den von ihren Kontraktarbeitern am unteren Jenissei gefangenen und eingesalzenen Fisch mit. Gehandelt wurden auf dem Augustjahrmarkt aber auch chinesische Importwaren aus Kjachta, Pelzwerk aus Jakutien, Vieh und Getreide aus dem Krasnojarsker Umland, Häute und grobe Leinwand aus Westsibirien, gewerbliche Erzeugnisse aus Irkutsk, Metall- und Konditoreiwaren aus Jenisseisker Produktion sowie hochwertige Importe aus Westeuropa. Zusammenfassend lässt sich sagen, dass man auf dem Augustjahrmarkt russische, westeuropäische und chinesische Waren gegen Pelzwerk tauschte. Dieser Augustjahrmarkt existierte bis in das zweite Viertel des 19. Jahrhunderts.²⁷⁵

Allerdings gab es auch Zeiten, in welchen die Geschäfte schlecht gingen. Johann Eberhard Fischer, der 1739 in der Stadt weilte, zeichnet ein eher düsteres Bild. Der Handel gehe schlecht, da die Importe eher in Tobolsk, Tomsk und Irkutsk abgesetzt würden. Jenisseisk liege offenbar zu abseits, und die Waren seien entsprechend teuer. Im Winter würden die reisenden Kaufleute eher den südlichen Weg durch die Barabinzischen Steppen und über die Tara bevorzugen, im Sommer über den Wolok vom Jenissei nach Makowskoje und dann weiter auf den Flüssen Ket, Ob und Irtysch nach Tobolsk. Dabei lässt Fischer jedoch außer Acht, dass die traditionelle Verbindungsroute vom Jenissei über den Wolok zum Fort Makowskoje und dann auf dem Wasserweg nach Tobolsk ihren Ausgang eben in Jenisseisk nahm. Es dürfte sich daher eher um eine Ausnahmesituation handeln, denn die wirtschaftliche Lage in der Provinz Jenissei gestaltete sich 1739 deshalb so schlecht, weil die Bauern mit ihren Pferden zur Arbeit in die Krasnojarsker Kupferhütten abkommandiert worden waren, so dass sie ihre Ernte teilweise nicht mehr einbringen konnten. Hinzu kamen früher Schnee und Frost.[276] Für einen eher blühenden Handel spricht auch, dass seit 1743 den Händlern der neue dreistöckige, aus Steinen gemauerte Handelshof unweit der Hauptkirche offenstand. Erst 1789 wurde er zweckentfremdet, diente zunächst der Stadtduma als Amtssitz und beherbergt heute das Städtische Heimatmuseum.[277]

Fischer scheint auch von den Qualitäten der Jenisseisker Kaufleute und Gewerbetreibenden nicht sehr viel gehalten zu haben. Die reichen Kaufleute, der Wojewode und der Kosakenhauptmann kauften «von den dürftigen Promyschlenniks alles auf» und verkauften es mit Profit weiter. «Geld zu verdienen und zu arbeiten sind sie nicht allzu begierig, huren und saufen schlagen sie auch nicht aus, und sind so stark mit den Franzosen in Commerz [gemeint ist die Syphilis] als die Tobolskischen und Tomskischen Einwohner. Wegen ihrer Verschlagenheit haben sie nach sibirischer Mode den Beinamen Skwosniki [Leute mit Durchblick, Schelme] erhalten.»[278]

Es stimmt: Die Jenisseisker Kaufleute des 17. und 18. Jahrhunderts waren ungebildete Hinterwäldler und nur an einem interessiert: so viel Profit zu machen wie möglich. Als sie einen der ihren in die von Kaiserin Katharina II. auf das Jahr 1767 vorgesehene Gesetzgebende Kommission nach St. Petersburg delegieren sollten, fand sich lange niemand. Die Kaufleute – aus Erfahrung dem Staat gegenüber misstrauisch – begriffen nicht, was die Gesetzgebende Kommission beabsichtigte, und erachteten die Wahl eines Deputierten als gefährlich. Sie befürchteten, dass sowohl der Deputierte als auch diejenigen, welche ihm durch ihre Unterschrift das Mandat erteilt hatten, in staatliche Ungnade fallen würden. Daher nominierten sie einen allseits unbeliebten Kaufmann – Stefan Antonow Samoilow – als Deputierten, um ihn auf diese Weise loszuwerden. Dieser weigerte sich lange, musste aber schließlich doch in den sauren Apfel beißen. Noch lange gab es Konflikte, weil viele stimmberechtigte Kaufleute ihre Unterschrift aus Angst vor Repressalien verweigerten.[279] Diese Haltung spricht Bände über das gespannte Verhältnis zwischen Staat und Kaufmannschaft. Umso mehr erstaunt es, dass der Jenisseisker Deputierte einer von ganzen vier Vertretern der Kaufmannschaft in der Kommission war, welche die Schulbildung von Kaufmannskindern thematisierten. Außerdem beantragte er, dass Alte, Gebrechliche und Invaliden von der Zahlung der Kopfsteuer befreit würden. Wichtiger war ihm jedoch, der Jenisseisker Kaufmannschaft das Monopol auf den gesamten Handel in den Kreisen Jenisseisk und Turuchansk zu sichern, insbesondere auf die Branntweinbrennerei und den Branntweinhandel. Ziel dieser Monopole war es, die Irkutsker Konkurrenz auszuschalten.[280]

Samoilows Kollege Iwan Grigorjew Jerlykow, der kaufmännische Deputierte von Krasnojarsk, trat nicht minder hemmungslos auf: Er verlangte die Freistellung der Kaufmannschaft von zahlreichen Diensten, die sie für den Staat zu erbringen hatte, wie Postdienst, Fronleistungen im Verein mit den Bauern, Fronleistungen außerhalb des Krasnojarsker Territoriums sowie die Übernahme der Bezahlung der Rathausbediensteten durch den Staat. Auch sollte die Kaufmannschaft das Recht erhalten, ihre Getreidefelder zu vermehren und auf ihrem Landbesitz wohnen zu dürfen.[281]

Wie schnell der Stern einer Unternehmerfamilie, die aus dem Nichts aufstieg, wieder verlöschen konnte, zeigt das Beispiel der Kytmanows. Am Anfang stand Ignati Petrowitsch Kytmanow, der in einer Bauernfamilie des Kirchdorfs Anziferowskoje im Kreis Jenisseisk aufgewachsen war. Er lernte lesen und schreiben, und das allein qualifizierte ihn bereits für den Beruf des «Sekretärs» *(pisar')*. 1834 begleitete er den Amtmann *(ispravnik)* D. I. Franzew in den Turuchansker Krai, um dort den Jassak einzuheben. Ein Jahr später trat er als Handelsagent in die Dienste des Kaufmanns der zweiten Gilde Patrikejew, kehrte vier Jahre später in sein Heimatdorf zurück und machte sich als Kaufmann selbständig. Mit großem geschäftlichem Spürsinn kaufte er neben Rauchwaren auch Getreide und Fisch auf und verhökerte die Lebensmittel an die Goldminenbesitzer zur Verproviantierung ihrer Arbeiter. Kurz nach 1850 siedelte er nach Jenisseisk über, wo er 1855 Mitglied der zweiten und schon ein Jahr später der ersten Kaufmannsgilde wurde. Sein Sohn Alexander (1858–1910), bereits in Jenisseisk geboren, wurde zunächst von einem eigenen Hauslehrer unterrichtet und wechselte dann von 1869 bis 1876 an das Gymnasium in Krasnojarsk. Von 1876 bis 1881 studierte er an der Physikalisch-Mathematischen Fakultät der Universität St. Petersburg und spezialisierte sich auf Bodenkunde und Botanik. 1882 kehrte er nach Jenisseisk zurück, um nach dem frühen Tode des Vaters die Geschäfte weiterzuführen (Goldgruben, Pelzhandel, Fischereigründe im Turuchansker Krai). Allerdings interessierte er sich weniger für die Geschäfte als für die Wissenschaft. So begründete und finanzierte er etwa das Ortsmuseum in Jenisseisk und war maßgeblich an Gründung und Finanzierung der Stadtbibliothek beteiligt. Er unternahm ausgedehnte Forschungsreisen durch das G. Jenissei und den Turuchansker Krai und legte eine Sammlung archäologischer und botanischer Materialien an. Auch ein Herbarium des Jenissei-Stromlandes und des Turuchansker Krai stellte er zusammen und schenkte es der Akademie der Wissenschaften und dem Botanischen Garten in St. Petersburg. Seiner Feder entstammten zahlreiche Studien zu Botanik, Volksmedizin, Geologie, Fischerei und Handel seiner Heimatregion. Zugleich förderte und betreute er als Vorsitzender der Aufsichtskommission oder Kurator Institute zur Volks-, Gymnasial- und Realschulbildung, finanzierte Wohltätigkeitsveranstaltungen und betätigte sich politisch als Mitglied der Jenisseisker Stadtverwaltung und als Vorsitzender der Stadtduma. Auch eine Chronik des Kreises Jenisseisk und des Turuchansker Krai verfasste er, doch konnte von dem Manuskript erst 1920 ein Teildruck erscheinen. Angesichts dieses vielfältigen wissenschaftlichen, kulturellen und politischen Engagements war es kein Wunder, dass das Wirtschaftsunternehmen, welches dieses alles finanzieren musste, mehr und mehr verfiel.[282]

Jenisseisk mit seinen beiden Klöstern und den zahlreichen Kirchen war auch das geistliche Zentrum der gesamten Provinz. 1681 erwog eine Kirchensynode in Moskau, die Stadt zum Sitz eines Bischofs oder gar Erzbischofs zu erheben, um dem Wirken der Altgläubigen gezielter entgegentreten zu können. Daraus wurde jedoch nichts. Stattdessen fiel dem Vorsteher des Erlöserklosters (Spas), der seit 1679 den Ehrentitel eines Archimandriten trug und die Aufsicht über alle Klöster der Provinz innehatte, ein gewisser geistlicher Ehrenvorrang zu. Es sollte bis zum Jahr 1861 dauern, ehe das Jenissei-Stromland sein eigenes Bistum erhielt. Doch residierte der Hierarch mit dem Amtstitel eines Bischofs von Jenisseisk in der neuen Metropole Krasnojarsk. Wie eng Staat und Kirche miteinander verflochten waren, lässt sich auch daraus ersehen, dass das Christi-Geburts-Nonnenkloster in Jenisseisk im 17. Jahrhundert besondere weibliche Gäste beherbergte – solche, die einen lockeren Lebenswandel geführt hatten, Häretikerinnen, «Hexen» und hoch gestellte Adelsfrauen, derer sich ihre Ehemänner auf diesem «sanften Weg» entledigt hatten. Sie wurden so von der Gesellschaft isoliert und von den Nonnen mit Gebeten, Zuchtruten und Folterungen «kuriert». Noch aus dem Anfang des 19. Jahrhunderts sind Fälle bekannt, in denen Staatsvertreter und Klerus verbannte Frauen zur Heirat mit fremden Männern zwangen. Überhaupt konnte die äußerliche Gottgefälligkeit der Stadt nicht darüber hinwegtäuschen, dass unter dem Klerus noch im 18. Jahrhundert Trunksucht, Unzucht, Geldgier, Zank und Streit grassierten. Mit der verbesserten Bildung der Geistlichen begann sich dies im 19. Jahrhundert jedoch zu ändern. In der Stadt bestanden sechs Kirchgemeinden, in denen jeweils ein Priester und ein Psalmensänger amtierten. Nur die imposante Epiphaniaskirche, die Hauptkirche der Stadt, verfügte über mehr Kleriker, nämlich einen Erzpriester, zwei Priester, einen Diakon und zwei Küster. Die Größe der sechs Kirchgemeinden schwankte zwischen 400 und 850 Gläubigen.[283]

### Krasnojarsk – von der Garnisonstadt zum Athen Sibiriens

«Ondrei Dubenskoi hat Euch wegen des Katschinsker Ländchens erklärt, dass dieser Ort im Katschinsker Ländchen ebendieses Krasnoi Jar ist, und Ondrei und seine Kriegsmannschaft haben diesen Ort Krasnoi Jar genannt, weil dieser Ort schön [beziehungsweise rot] und geeignet ist *(krasno i ugože)*.» So heisst es in einer Weisung der Regierung vom 12. Oktober 1625 an die Wojewoden von Tobolsk, den vom Kundschafter Andrei Dubenskoi vorgeschlagenen Ort für den Bau eines Forts mit dem Namen Krasnoi Jar im Gebiet der tatarischen Katschinzen gutzuheißen.[284] Von der Doppelbedeutung des russischen Wortes *krasnyj* als «schön» und «rot» gilt hier jedoch eindeutig die zweite Variante. Sobald man nach Krasnojarsk kommt, fällt einem auch heute noch als Erstes der rötliche Steilhang *(jar)* auf, mit welchem der Wachtberg *(Karaul'naja gora)* zur Stadt hin abfällt (Abb. 36). Von dort oben, wo die wie ein Türmchen gebaute Kapelle der Paraskewa Pjatniza das frühere Wachthaus ersetzt, schweift der Blick über die ganze Stadt und das Tal des Jenissei. Seine Rotfärbung verdankt der Steilhang einer mit rötlichem Eisenocker durchsetzten Sandsteinbrekzie.[285]

Errichtet wurde das erste Fort 1628 auf dem Westufer des Jenissei im überschwemmungsgefährdeten Mündungszwickel mit der Katscha.[286] Über seine Ausmaße gibt es leider keine genauen Angaben. Anfänglich muss es wohl noch sehr klein gewesen sein und hat aus einem Palisadenquadrat mit nur zwei Ecktürmen bestanden. Nach einem Umbau etwas später dürfte es in etwa der älteren «kleinen Festung» *(malyj gorod)* entsprochen haben, die Gerhard Friedrich Müller in seiner «Beschreibung des Kreises Krasnojarsk» von 1735 neben der neueren «großen Festung» inventarisiert hat: ein Quadrat aus Palisaden bei einer Seitenlänge von 70 Saschen mit vier Ecktürmen und einem Torturm (der auch als Glockenturm diente) auf der Landseite; inmitten des Forts die Hauptkirche Zur Verklärung des Herrn, die wie alle Gebäude der Festung aus Holz bestand; an weiteren Häusern drängten sich im Fort die Kanzlei und das Wohnhaus des Wojewoden, das Zeughaus, der mit Steinen abgedeckte Pulverkeller, Magazine, Speicher, das Wachthaus und die Schmiede aneinander.[287] Das Fort Krasnojarsk mit seiner Grundfläche von nur 1,2 Hektar und seiner ganz in Holz gehaltenen Bauweise war typisch für alle frühen sibirischen Stützpunkte. Bei den großen Zentren wie Tobolsk und Omsk wurde das hölzerne Fort aber am Ende des 17. oder Anfang des 18. Jahrhunderts wie im europäischen Russland durch einen 6–8 Hektar großen, mit einer Steinmauer umgebenen Kreml ersetzt.[288] In Krasnojarsk begnügte man sich damit, 1659 den Possad ebenfalls auf traditionelle Weise zu befestigen und der «kleinen» damit eine «große» Festung anzugliedern.[289]

Bis ins 18. Jahrhundert hinein diente die Stadt vorwiegend der Grenzsicherung gegen die reiternomadischen Turkvölker der Steppe. Allerdings offenbart bereits die Inventarisierung von 1699, dass die Festungsanlagen sich nicht mehr im besten Zustand befanden und die Bewaffnung zu wünschen übrig ließ: Aufgelistet werden 13 kupferne und eine eiserne Kanone, zwei Festungsgeschütze, 594 eiserne Kanonenkugeln, 194 Musketen, 11 Karabiner, aber auch 8 Karabiner und 11 Musketen ohne Schlösser, 29 ausgebrannte Karabiner- und Musketenschlösser, 49 ausgebrannte Läufe von Karabinern und Musketen ohne Schlösser und Schäfte sowie ein unbrauchbares Festungsgeschütz. Der Munitionsvorrat hätte mit 15 Pud Schießpulver und gut 6 Pud Blei wohl kaum für mehr als einen dreitägigen Kriegseinsatz gereicht. Die Masse der etwa 1500 Einwohner bestand aus Militärdienstleuten. Im Possad lebten ganze 59 Familien. Zugeschrieben waren der Stadt auch 102 Staatsbauern und 31 Klosterhintersassen, die wegen der Bedrohung aus der Steppe wohl großenteils ebenfalls in Krasnojarsk lebten.[290] Die Stadtbefestigungen wurden übrigens nach dem verheerenden Großbrand von 1773, der nur 30 Häuser verschonte, nicht wieder erneuert.[291]

Gerhard Friedrich Müllers Landesaufnahme von 1735 geht auch auf die Zivilsiedlung ein. Mit 30 Jungbojaren, 300 berittenen und 370 Fußkosaken sowie 30 Katschinsker Tataren in zarischem Militärdienst stellte das Militär zwar immer noch das Gros der Einwohnerschaft, doch gab es bereits eine Bürgergemeinde *(bjurgerstvo)*, die alljährlich einen Bürgermeister *(burgomistr)* zu wählen hatte, der das Rathaus *(ratuša)* verwaltete. Wie in allen Städten fungierte die Bürgergemeinde trotz ihres dem deutschen Vorbild entlehnten Namens primär als Lastesel des Staates: Sie führte zusammen mit einem von der Garnison delegierten Offizier die Aufsicht über den Zoll und hatte das staatliche Salzmonopol zu verwalten, das sich aus den Einnahmen aus den Salzseen im Süden des Kreises speiste. Die Handelsbedeutung der Stadt war zwar noch schwach, doch die Vorarbeiten für die Poststraße von Irkutsk nach Tomsk über Krasnojarsk verhießen der Stadt bessere Zukunftsaussichten.[292]

Als Johann Eberhard Fischer sie 1741 besuchte, war von Aufschwung jedoch noch nichts zu spüren: «Ein miserabler Marktplatz, worauf nichts als *vybojki* (bucharischer Kattun), *cham* (Baumwolltuch) und grobe russische Leinwand zu haben.» Zur Einwohnerzahl meint er: «In vorigen Zeiten wurde die Stadt gegen 400 Häuser stark gerechnet: Jetzo zählet man noch 350; weil aber viele Häuser von dem Sand verschüttet wurden, so ließ man sie wüste stehen, und die Einwohner begaben sich anderswohin zu wohnen. Man kann auch ohne prophetischen Geist voraus sagen, dass die Stadt entweder anderswohin muss transportiert werden oder Gefahr läuft, verschüttet und unter dem Sand endlich begraben zu werden.»[293] Damit spielt Fischer darauf an, dass Krasnojarsk nicht weniger als Jenisseisk immer wieder unter Hochwasser zu leiden hatte. Als John Cochrane 1820 durch Krasnojarsk kam, traf er übrigens noch genau die gleiche Situation an; sogar die Hauptkirche stand mitten im Wasser.[294] Von der «Bürgergemeinde» zeichnet Fischer ein eher düsteres Bild: «Die Einwohner der Stadt sind hauptsächlich Bauren; denn sie ernähren sich von ihrem Pflug und Acker, angesehene Kaufleute gibt es nicht; denn die Posadski, deren es einige gibt, ihr Handel ist nicht weit her, und sie leben wie die andern eben so wohl von ihrem Ackerbau. Die meiste Einwohner sind entweder in eigener oder in der Person ihrer Väter an diesen Ort verbannet. Der Slushiwi (Kasaken) sollen in allem 700 sein, 400 zu Pferd, und 300 zu Fuß. Sie sind aber nicht alle in der Stadt, sondern durch den ganzen Distrikt verteilet. [...] Überhaupt zu reden, so sind die Einwohner arm und unvermögend.»[295]

Gerhard Friedrich Müller, der den Winter 1739/40 in Krasnojarsk verbringen musste, beklagt sich in einem Brief vom 10. Januar 1740 an Georg Wilhelm Steller in Irkutsk darüber, dass man in der Stadt quasi hinter dem Mond lebe: «Was haben Sie endlich für Neuigkeiten aus Petersbourg? Denn wir leben hier in der größesten Unwissenheit und erhalten nichts, als was etwan ein unkundiger oder versoffener Soldat sagen kann. Es ist sogar die Nachricht wegen Eroberung der Wallachei hier noch nicht angekommen, außer dass wir davon von dem medio Decembris nach Irkutsk hier durchpassierten Senats-Courier etwas mündlich gehört haben.»[296]

1771 fand Pallas immer noch eine Ackerbürgerstadt vor, obgleich die günstige Verkehrslage am Großen Sibirischen Trakt sich bereits positiv bemerkbar zu machen begann: «Die Stadt Krasnojarsk hat sich seit dreißig Jahren wenig verändert, und ist fast noch eben das, was sie zu Gmelins Zeiten war. Außer der Hauptkirche, die man von Stein aufzuführen angefangen, aber noch nicht auszubauen im Stande gewesen ist, hat sie an öffentlichen Gebäuden nicht zugenommen. Auch die Zahl der Stadteinwohner hat sich, ohngeachtet der stärkern Bevölkerung des platten Landes, fast gar nicht vermehret, und es sind noch immer wenig gute Kaufleute und von Handwerkern kaum die allerunentbehrlichsten vorhanden. [...] Denn sonst ist Krasnojarsk zum Handel vortrefflich gelegen; indem itzt alles, was von russischen Kaufleuten mit Winterwegen auf den chinesischen Handel reist, den Weg hierdurch nimmt, und dieses nächst Tomsk der Ort ist, wo sich die Durchreisenden mit gemeinen Zobeln und andern nach China gangbaren Peltereien am begierigsten versorgen. Vom November bis zum Februar sieht man viele tausend befrachtete Schlitten karawanenweise durch die Stadt gehen, welche gar nicht anzuhalten pflegen, weil der Kaufmann, dem die Karawane gehört, gemeiniglich schon voraus eilet und das was er von Pelzwerken vorrätig findet, mehrenteils mit klingender Münze bestreiten kann. Russische Waren pflegen daher zu Krasnojarsk in viel höhern Preisen zu stehn, als sie in Irkutsk gewöhnlich sind; und auch chinesische Produkte sind in den hiesigen Kramläden nicht anders als mittelmäßig und immer über den billigen Preis zu haben, weil der Abgang nicht stark ist und nur ein paar Kaufleute sich im Stande befinden solche Waren zu führen, die also den Preis nach eignem Gutbefinden und gewiss nicht zu ihrem Nachtheil ansetzen. Desto wohlfeiler ist in Krasnojarsk alles, was die dortige Gegend hervorbringt.»[297]

Einen eigentlichen Durchbruch in seiner Entwicklung erlebte Krasnojarsk erst 1822, als es an Stelle von Jenisseisk zur Hauptstadt des neuen G. Jenissei erkoren wurde. Dies geschah aber nicht nur seiner günstigen Verkehrslage wegen. Graf Michail Speranski hätte sich am liebsten für Jenisseisk entschieden, das ihm als Stadt viel besser gefiel. Doch dessen Bürgerschaft ersuchte ihn untertänigst, sie mit diesem Gnadenbeweis zu verschonen, weil sie befürchtete, dass die dann einfallende Staatsbürokratie sich in der Stadt breitmachen und den Wohnraum verteuern würde.[298]

Adolph Erman fand schon 1829 eine Stadt vor, die ihm imponierte. «Auffallend ist dem Reisenden eine gewisse Kultur und ein moderner Geist, die in der Stadt selbst und in manchen städtischen Einrichtungen herrschen. Die Hauptstraße, durch welche wir einfuhren, besteht aus einer breiten und völlig geebneten Fahrbahn, die von zwei schnurgraden Häuserreihen begrenzt und von eben so regelmäßigen Querstraßen rechtwinklig durchschnitten ist. Alle Häuser in ihnen sind mit Brettern bekleidet, und an der Außenseite mit hellen Farben angestrichen. Statt der gewohnten Glimmerfenster gibt es hier nur große gläserne Scheiben, Produkte einer Fabrik bei Jenisseisk, so dass man sich in eines der zierlichsten unter den hölzernen Stadtvierteln von Petersburg versetzt glaubt, und diesem Eindrucke entsprechen dann auch zwei große Plätze in der Mitte der Stadt, so wie das gefällige Äußere der Kathedralkirche hart an der Mündung der Katscha, und das der großen und zum Teil steinernen Gebäude, welche zu öffentlichen Zwecken bestimmt sind.»[299] Er vermerkt aber auch, dass Krasnojarsk nur von den Karawanen auf dem Trakt profitiere, während Schwerlasten mit Nertschinsker Bergbauerzeugnissen und chinesischen Waren nach wie vor von Irkutsk auf dem traditionellen Wasserweg über die Angara, Jenisseisk, den Kem und die Schleppstelle zwischen diesem und Makowskoje zum Flussnetz Westsibiriens geschleust würden.

Den nächsten Entwicklungsschub erlebte Krasnojarsk durch den «Goldrausch», der mit der Entdeckung der ersten Goldsande im Jahre 1829 die Bevölkerung erfasste. Schnell reich gewordene Goldunternehmer brachten Geld in die Stadt. Der Petersburger Mineraloge Ernst Reinhold Hofmann konnte dies 1843 mit dem Kennerblick des Hauptstädters beurteilen: «Mit dem Reichtum sind Bedürfnisse und Luxus gewachsen, neue geschmackvolle steinerne Häuser steigen schnell empor, Petersburger und Moskauer Equipagen, bespannt mit russischen Gestütpferden, führen elegante Damen in die Modemagazine. Alles was zum Wohlleben gehört, findet man in den Läden, nur einen Buchladen habe ich nicht bemerkt, aber diesen Mangel trägt Krasnojarsk mit vielen großen Städten des europäischen Russlands, und es trägt ihn ebenso geduldig.»[300]

Samuel Hill, der sich im Winter 1847/48 einige Tage in Krasnojarsk aufhielt, bemängelte jedoch, dass es in einer Gouvernementshauptstadt mit 5000–6000 Einwohnern nicht einmal ein Hotel gebe und er die erste Nacht in einer Absteige für Kutscher habe übernachten müssen, bevor er in einem privaten Gästehaus ein Zimmer mieten konnte. Zu seiner Verwunderung sprach der höchste Staatsvertreter, der Zivilgouverneur, nur Russisch – im Gegensatz zu seiner jungen, hochgebildeten Frau, die sich mit dem ausländischen Gast auf Französisch unterhielt und ihm auf dem Piano vorspielte. Unangenehm fiel Hill auf, dass er bei seinen Streifzügen durch die Stadt mehr auf- als unauffällig von einem Feldjäger überwacht wurde, aber das gehe allen Ausländern so.[301]

Seit der Mitte des 19. Jahrhunderts begann Krasnojarsk die alte Metropole Jenisseisk der Einwohnerzahl wie der wirtschaftlichen Bedeutung nach zu überholen. 1897 zählte es bereits 26 600 Einwohner, Jenisseisk nur 11 500. 1868 wurde ein Gymnasium für Knaben gegründet, 1869 ein Progymnasium für Mädchen, und 1873 folgte ein Lehrerseminar. Das Gymnasium besuchten 1893 zwar noch zu zwei Dritteln Söhne von Adligen, Beamten und Kaufleuten, doch ein Drittel der Schüler kam immerhin bereits aus den Reihen der kleinen Gewerbetreibenden, Bauern und Kosaken. Das städtische Krankenhaus zählte laut einer offiziellen Bestandsaufnahme von 1885 zwar 125 Betten, war aber hoffnungslos überfüllt, so dass zwei Kranke sich ein Bett teilen und manche gar auf dem Fußboden nächtigen mussten; zudem befanden die Gebäude sich in einem schlechten Zustand.[302] 1907/08 begann man damit, wenigstens die beiden Hauptstraßen der Stadt zu pflastern, aber eine Kanalisation brachte man nicht zustande.[303]

Dass Krasnojarsk seit 1899 durchgehend an die Transsibirische Eisenbahn angeschlossen war (allerdings lag der Bahnhof drei Meilen außerhalb der Stadt), bescherte ihm einen weiteren, diesmal mächtigen Entwicklungsschub. Zudem war es Zentrum des Schiffbaus für das gesamte Jenissei-Stromland.[304] Schon im Jahre 1900 zählte die Stadt 33 400 Einwohner. Sie beherbergte neben einem großen Lokomotivdepot auch eine Eisenbahnhauptwerkstätte mit 1500 Arbeitern. Ferner beherbergte Krasnojarsk um die Jahrhundertwende 66 kleine Fabrikbetriebe, darunter eine Eisengießerei, eine mechanische Werkstatt, eine Glockengießerei, drei Sägewerke, 14 Ziegeleien und sechs Seifensiedereien.[305] Wegen der günstigen Verkehrslage am Schnittpunkt der Transsibirischen Eisenbahn und des Jenissei entwickelte Krasnojarsk sich rasant nicht nur zur größten Stadt, sondern auch zum bedeutendsten Industriestandort des Gouvernements. Entsprechend knapp wurde Wohnraum und stiegen die Mietpreise. Trotzdem belegte es damit unter den sibirischen Städten lediglich den vierten Platz hinter Tomsk, Omsk und Irkutsk.[306] Zu einer Industriestadt entwickelte Krasnojarsk sich bis zum Ersten Weltkrieg aber nicht, denn der Anteil der eigentlichen Industriearbeiter erreichte im Jahre 1913 ganze 4,5 Prozent.[307]

Wenn ausländische Besucher im 18. und in der ersten Hälfte des 19. Jahrhunderts oft die Unansehnlichkeit und Verschlafenheit der Stadt beklagten, so priesen sie doch – im Unterschied zu Jenisseisk – ihre unvergleichliche Lage und die landschaftliche Schönheit der Umgebung. Schon der Schweizer Hans Jakob Fries, der als Militärarzt im Dienste des Zaren auf einer Musterungsreise zu Pfingsten 1776

Krasnojarsk passierte, war zwar nicht von der Stadt, aber von ihrer Umgebung überwältigt. Nachdem er sich viele Winterwochen auf dem «Großen Trakt» durch den Süden Sibiriens gen Osten gequält hatte, war es wohl auch der beginnende Sommer, in dessen Licht er die reichen Getreidefelder und blühenden Auen im Tal des Jenissei besonders enthusiastisch begrüßte.[308] Johann Sievers meinte 1792, dass die Stadt nach dem Großbrand von 1772 als «eine der schönsten Städte in Sibirien» wiederaufgebaut worden sei, und «die Gegend umher» sei «außerordentlich schön und fruchtbar».[309] Adolph Erman kommt 1829 geradezu ins Schwärmen: «Mit Recht behauptet man in Sibirien, dass mit dem Jenisseitale reichere, mannichfaltigere und, man könnte sagen, menschenfreundlichere Naturverhältnisse beginnen. Ein Blick auf die anmutigen Gebirge bei Krasnojarsk lässt hierüber keinen Zweifel.»[310] Hofmann meint nach seinem Besuch 1843: «Krasnojarsk hat die schönste Lage von allen Städten, die ich auf dieser Reise gesehen habe.»[311] Lucy Atkinson billigt ihr 1850 immerhin das Prädikat einer «sehr sauberen Stadt» zu, um aber gleich hinzuzufügen, dass sie dort keinesfalls leben wolle.[312] Dafür preist Reverend Henry Lansdell sie im Sommer 1879 als «pittoresk gelegen», «gewiss der lieblichste Ort, den wir bis jetzt gesehen haben».[313] Lionel Gowing, der im Februar 1889 nach Krasnojarsk kam, verstieg sich sogar zu dem Lob, wenn Irkutsk das sibirische Paris genannt werde, dann verdiene Krasnojarsk den Ehrentitel eines sibirischen Athen (offenbar wegen seiner malerischen Lage).[314]

Die rasante Entwicklung von Krasnojarsk in den Jahren vor dem Ersten Weltkrieg zeitigte Licht- und Schattenseiten. Auf der einen Seite gab es für eine Minderheit der Einwohner Fortschritte bei der Bewältigung des Alltagslebens. Die masurische Lehrerstochter Elisabeth Sczuka staunte 1914 über etwas, was es in ihrem ostpreußischen Dorf damals noch nicht gegeben hatte: «Besondere Anziehung hatte auf uns das elektrische Licht. Oft bildeten die kleinen elektrischen Lämpchen die Aufschrift an neuen schönen massiven Häusern und beleuchteten ausgelegte Sachen in den großen Schaufenstern.»[315] Seit 1913 gab es ein städtisches Elektrizitätswerk, das den nötigen Strom lieferte. Aber einen privaten Anschluss konnten sich nur die wenigsten Haushalte leisten – noch im Jahre 1917 waren es ganze 2598. Vorherrschend in den Wohnhäusern blieben weiterhin Kerosinlampen, in den Landstädten ohnehin.[316] Pläne, in Krasnojarsk ein Leitungssystem für Trinkwasser zu installieren, zogen sich aus Geldmangel über Jahre hin und konnten erst 1913 verwirklicht werden – jedoch nur für die zentralen Quartiere der Stadt. Die Leitungsrohre bestanden aus Holz und wurden in Schwarzerde und Stallmist eingepackt.[317] Das erste Telefon läutete bereits 1893 im Haus des reichen Kaufmanns N. G. Gadalow und verband es mit den zugehörigen Läden und der Dampferanlegestelle. Doch leisten konnten sich ein Telefon wegen der hohen Kosten noch im Jahre 1911 nur 310 Abonnenten.[318]

Auf der anderen Seite entwickelte sich ein nicht unbeträchtliches kulturelles Milieu, das immerhin einen so bedeutenden Maler wie Wassili Iwanowitsch Surikow (1848–1916) hervorgebracht hat. Seit dem Ende der fünfziger Jahre wartete ein Stadttheater, dessen großer Holzbau aber besonders brandgefährdet blieb, auf Gastspiele. Ein ständiges Ensembletheater vermochte sich aber erst zu entwickeln, nachdem 1887 vermögende Kreise einen Theaterverein gegründet hatten.[319] Die Stadtväter sorgten nun auch dafür, dass das äußere Erscheinungsbild aufgehübscht wurde. Als Annette Meakin im

Frühsommer 1900 in Krasnojarsk verweilte, urteilte sie, dass die «public gardens» die besten Sibiriens seien. Bei der abendlichen Promenade entlang des Flusses hätten sie und ihre Begleitung sich an eine deutsche Stadt am Rhein erinnert gefühlt, weil «der herrliche Jenissei an den Parkanlagen entlangfloss».[320] Das Hotel *Rossija*, in dem sie abgestiegen war, sei «wirklich komfortabel», das beste, das sie seit Moskau gesehen habe. Die Küche sei so gut, dass viele Bürger aus der Stadt dort regelmäßig speisten. Dreimal wöchentlich drucke eine Großdruckerei mit 80 Angestellten (davon sogar sechs Frauen) eine Zeitung, aber auch Bücher. Die Stadt verfüge, wie sie gehört habe, über die beste Bibliothek Sibiriens, die jedes in Russland neu erscheinende Buch anschaffe und auf der Privatsammlung Gennadi Wassiljewitschs basiere. Enttäuschend fand sie hingegen den Besuch der städtischen Oper. Da das Opernhaus kurz zuvor abgebrannt war, fand die Vorstellung im Gebäude des Zirkus statt. Gegeben wurde eine Tschaikowski-Oper nach einem Text Puschkins (vermutlich *Pique Dame* oder *Eugen Onegin*) in einer hauptstädtischen Inszenierung, doch habe die Aufführung bisweilen die Grenzen des Lächerlichen gestreift.[321] Zu ungeahnter Popularität steigerten sich die ersten Filmtheater. In Krasnojarsk gab es vor dem Ersten Weltkrieg eine ganze Reihe, und sogar Atschinsk hatte deren vier. Einen Stummfilm zu sehen, wurde wegen der niedrigen Eintrittspreise zum Hauptunterhaltungsmittel der Massen. Der Stadtduma, der Kirche und der gebildeten Öffentlichkeit gefiel das überhaupt nicht, sie befürchteten, dass der Filmkonsum die Jugend verrohen lasse.[322]

Thomas W. Knox leuchtete im Winter 1869/70 auch in die Schattenseiten der Stadt hinein. Zwar sei Krasnojarsk durch die Goldgrubenbesitzer reich geworden und es gebe viele Donatoren, welche Kirchen, Schulen und Bibliotheken förderten. Doch fröstelten am Straßenrand mehr Bettler als in Irkutsk. Zudem bevölkerten ähnlich wie in Jeniseisk während des Winters 2000–3000 Goldminenarbeiter die Stadt, da die Bergbausaison nur von Mai bis September währe.[323] Diese Saisonniers mussten ja irgendwo bleiben. Viele strömten in die preisgünstigen Nachtasyle, in denen sie sich dutzendweise in Schlafsälen zusammendrängten. Daneben begannen am Stadtrand Slums aus eilig zusammengezimmerten Hütten zu wuchern, am schnellsten nach dem Anschluss an die Transsibirische Eisenbahn, als auch die Eisenbahnarbeiter untergebracht werden mussten. Sie lebten nicht nur in Mietskasernen, sondern häufig unter menschenunwürdigen Umständen sogar in Grubenhäusern (Abb. 35.4).[324] «Manche Gebäude sind überhaupt dachlos. Man bewirft die Deckbretter einfach mit Erde. Ein solches Haus hat dann das Aussehen einer Kiste, aus welcher der Schornstein hervorguckt. Anderen fehlen die Giebel oder ein Teil der Dachbretter.»[325] Vor allem von den Saisonarbeitern profitierten auch die zahlreichen Kneipen, die sich zwar *traktir* nannten, aber kaum Speisen feilboten, sondern faktisch nur Wodka ausschenkten. Der exzessive Alkoholkonsum tobte sich abends in Massenschlägereien aus, und nachts säumten nicht wenige Volltrunkene die Straßen.[326] Der saisonale Männerüberschuss belebte auch das horizontale Gewerbe. 1908 waren in Krasnojarsk 63 Prostituierte registriert – davon 34 in Bordellen. Daneben muss es aber eine nicht unbeträchtliche Anzahl von Gelegenheitsprostituierten gegeben haben. Anders als im europäischen Russland galt in Sibirien Prostitution nicht als moralisch verwerflich. Bordelle wurden daher bis zur Machtübernahme der Bolschewiki toleriert.[327]

### Atschinsk, Kansk, Minussinsk – drei Landstädte im Aufwind

Obgleich alle drei Ortschaften mit der Bildung des G. Jenissei im Jahre 1822 zu Kreisstädten befördert wurden (Atschinsk war diese Ehre vorübergehend schon im 18. Jahrhundert widerfahren), blieben sie noch längere Zeit trostlos wirkende Landstädtchen, deren Bevölkerung überwiegend von der Landwirtschaft lebte. Ein rektanguläres Straßennetz erhielten Atschinsk und Kansk erst ein gutes halbes Jahrhundert später als Jenisseisk und Krasnojarsk. Einzige Zierde und städtisches Wahrzeichen wurde seit dem Anfang des 19. Jahrhunderts die erste Steinkirche. Die Aufwertung zur Kreisstadt bescherte den drei Ortschaften jedoch mit Ausnahme von Minussinsk nur einen mäßigen Bevölkerungsaufschwung (vgl. Tab. 6.1).

Erst nach mehrmaligen Anläufen, am Tschulym-Fluss ein Grenzfort zu errichten, wurde im Jahre 1710 *Atschinsk* an seinem heutigen Standort gegründet. Weil zu wenig Dienstleute verfügbar waren, ließ der damals für Atschinsk zuständige Wojewode von Tomsk das Fort sogar mit Verbannten bemannen.[328] Als Messerschmidt 1722 den Ort in Augenschein nahm, bemerkte er nichts Gutes an ihm. «Dieser Ort ist sehr elende, besteht aus einem hölzernen Zaun in Karree, welches eigentlich die Festung bedeutet, in welcher etwa 3 Häuser standen, in deren einem ein Pope wohnete, so die herumliegenden Tschulymschen Tataren zum russischen Christentum bekehren sollte. In den übrigen lagen einige Kosaken oder russische Sluschiwen. Der Ostrog lieget auf sehr hohem bergigten Ufer auf Südost- oder linker Seiten des Tschulyms (aufwärts gerechnet), hat ringsumher schöne Hölzung von Birken, Fichten und Gränden [Edeltannen].»[329]

Pallas fand im September 1771 das Fort stark verfallen, es hatte seine Funktion eingebüßt. Die Siedlung zählte etwa 100 Höfe; in 20 von ihnen lebten aus Jenisseisk dorthin umgesiedelte Familien, in 80 aus Russland Verschickte. Der Boden dort sei außerordentlich fruchtbar, er trage bis zum dreißigfachen Korn. Unterhalb des Dorfes am Tschulym stünden Kornmagazine, die das lokale und das aus dem Krasnojarsker Kreis angelieferte Getreide aufzunehmen hätten, um es beim ersten offenen Wasser in die nördlichen Regionen verschiffen zu können. Auch die Boote für den Transport würden am Tschulym erbaut.[330]

Selbst zehn Jahre nach der Erhebung zur Kreisstadt (1782) fand Johann Sievers Atschinsk immer noch «dorfähnlich».[331] Tatsächlich wurde die Ortschaft 1797 zu einem städtischen Marktflecken *(zaštatnyj gorod)* zurückgestuft. Cochranes Eindrücke von 1820 waren zwiespältig: «2 prächtige Kirchen, einige andere schöne Gebäude und 2500 Einwohner. Indes ist es immer eine jämmerliche Stadt, die kaum diesen Namen verdient.»[332] Auch Aldegonde mochte ihr ebenso wie Kansk trotz beider Lage am Großen Trakt den Namen einer Stadt nicht zubilligen.[333] Dass Atschinsk 1867 eine Dampfschiffverbindung über den Tschulym mit Tomsk erhielt,[334] brachte etwas mehr wirtschaftliche Belebung in die Stadt. Charles Wenyon fand im Sommer 1893 eine «kleine Stadt» vor, welche Mittelpunkt eines der Hauptgebiete der Pferdezucht in Sibirien sei. Daher seien Pferde dort spottbillig; auch Gespanne für die Poststraße, die dort den Tschulym überquerte, seien günstig zu mieten. Ferner sei für den Ort die Umsteigemöglichkeit auf den Dampfer nach Tomsk wichtig.[335] 1897 verfügte die Stadt bei einer Einwohnerzahl von 6700 über 1020 Wohnhäuser, vier Kirchen und drei

Lehranstalten (eine dreiklassige Stadtschule für Knaben, eine kirchliche Schule und ein Progymnasium für Mädchen). Der Handel war immer noch schwach entwickelt, die Industrie bestand lediglich aus einer Lederfabrik.[336] Der Anschluss an die Transsibirische Eisenbahn brachte Atschinsk den bis dahin stärksten Entwicklungsschub, ablesbar an der Verdoppelung der Einwohnerzahl zwischen 1897 und 1914. Zwar verloren nun mit der Liquidierung der Poststraße zahlreiche Pferdezüchter und Kutscher ihr Auskommen, aber dafür steigerte sich die Effizienz des Waren- und Personenumschlags zwischen Bahn- und Flussverkehr. Auf die äußere Erscheinung wirkte sich dieser Entwicklungsschub jedoch noch nicht aus. Als Stackelberg im Sommer 1915 auf dem Weg nach Krasnojarsk Atschinsk passierte, sah er eine weitläufige Stadt mit kleinen Holzhäusern, verwittert und grau, durchzogen von Naturstraßen, durch die jetzt im Sommer Staubfahnen trieben.[337]

Schon seit der Gründung von Krasnojarsk 1628 unternahmen die dortigen Wojewoden immer wieder Versuche, am Kan-Fluss ein befestigtes Winterlager oder ein kleines Fort zu errichten, um die dortigen Tataren unter ihre Kontrolle zu bringen. Doch erst 1636 dürfte es gelungen sein, etwa 200 km oberhalb der Mündung des Kan-Flusses in den Jenissei und rund 250 km östlich Krasnojarsk an der Stelle des heutigen *Kansk* auf Dauer ein Fort zu etablieren.[338] 1735, als die Tataren schon längst keine Gefahr mehr waren, bildete der Ort eine kreisförmige Holzbefestigung mit einer Kirche und 40 bis 50 Wohnhäusern. Die Garnison bestand aus ganzen 15 Kosaken. Zugeschrieben waren dem Fort fünf russische Dörfer.[339]

Von der Eröffnung des Großen Sibirischen Traktes profitierte Kansk ähnlich wie Atschinsk nur bedingt. Pallas notierte 1772 immerhin: «Kanskoi Ostrog ist viel volkreicher und besser bebaut als Udinsk und wird itzt noch durch eine zahlreiche Kolonie, die sich als eine Vorstadt am Kanfluß wohnbar macht, vermehrt. Der Uprawitel des Kanskischen und Udinskischen Distrikts und aller dahin gehörigen tatarischen und burjätischen Stämme hat allhier seinen Sitz. Daher ist es auch der Hauptstapel der im ganzen Gebirge zwischen der Oka und dem Jenissei [an]fallenden Peltereyen, worunter die Zobel besser als alle westlich vom Jenissei gefangenen und nächst den daurischen die besten sind.»[340] 1782 waren dem Ort 303 männliche Seelen zugeschrieben, davon jedoch nur 22 dem Possad, die übrigen waren als Bauern registriert.[341] Die Aufwertung zur Kreisstadt im Jahre 1822 wirkte mäßig belebend; die Einwohnerzahl stieg zwischen 1823 und 1842 lediglich von 1114 auf 1588. Erst in der zweiten Hälfte des 19. Jahrhunderts gewann die Bevölkerungsentwicklung an Schwung, allerdings etwas weniger stark als bei Atschinsk. Seit der Anbindung an die Transsibirische Eisenbahn vermochte Kansk Atschinsk aber bei der Einwohnerzahl abzuhängen, vor allem wohl auch deshalb, weil bei der Station Ilanskaja 3 km weiter östlich ein Bahnbetriebszentrum mit Lokomotivdepot, Eisenbahnwerkstätte und einem kleinen Spital entstand.[342]

Weder von der Großen Poststraße noch von der Transsibirischen Eisenbahn vermochte das weiter südlich gelegene Dorf *Minussinsk* zu profitieren. Dass es 1822 wie Atschinsk und Kansk zur Kreisstadt erkoren wurde, verdankte es seiner zentralen Lage im gleichnamigen Steppenbecken, das mehr und mehr zur Kornkammer des G. Jenissei aufstieg. Castrén hat uns eine Momentaufnahme aus dem Jahre 1847 überliefert. Der Ort liege an einem Seitenarm des Jenissei bei der Einmündung des kleinen Flüsschens Minussa, in einem sandigen Steppental, auf allen Seiten von Bergen umgeben. Es sei eine Landstadt, deren schönster Schmuck die vielen Blumen seien – an den Straßen, auf dem Hauptplatz und selbst auf den Dächern. Öffentliche Gebäude gebe es fast keine, die Stadt bestehe größtenteils aus niedrigen, jämmerlichen Häuschen halbtatarischen Stils mit niedrigen Wänden und hohen Dächern. Die Bewohner unterschieden sich in Bildung und Lebensstil nicht von einfachen Bauern und seien – mit Ausnahme einiger weniger Beamter und Kaufleute – arm. Am Abakan-Fluss, einige Werst entfernt, nomadisierten Tataren.[343] Damals hatte Minussinsk etwa 2000 Einwohner (vgl. Tab. 6.1).

Dreißig Jahre später sah die Stadt schon etwas anders aus, wie sich der Beschreibung Wera Kropotkinas entnehmen lässt, die mit ihrem Mann von 1875 bis 1882 als Verbannte in Minussinsk lebte. Die Stadt zählte nun schon an die 5000 Einwohner und war seit 1882 durch einen regelmäßigen Dampfschiffkurs mit Krasnojarsk verbunden. Aber außer der Kirche gab es nur drei gemauerte Häuser. Eines davon gehörte dem Arzt. Es war ein schönes, geräumiges Haus mit einem großen Garten. Die Südwand bestand aus einer Fenstergalerie, und in diesem Wintergarten standen Palmen, Oleander, Jasmin und Myrten in Töpfen. Der Garten beherbergte Birnen- und Apfelbäume. In der Stadt gab es sonst fast keine Gärten, und um die Stadt herum erstreckte sich nichts als die kahle Steppe. Besonders rühmt Wera Kropotkina das lokale Museum mit seiner botanischen, mineralogischen, anthropologischen und archäologischen Sammlung, die der Privatinitiative des Apothekers und Botanikers Nikolai Michailowitsch Martjanow entsprungen sei. Die Sammlung habe eine gewisse Berühmtheit erlangt, weil Martjanow mit vielen internationalen Gelehrten korrespondiere.[344]

Auch Annette Meakin zeigte sich von Museum und Sammlung sehr beeindruckt, als sie im Frühsommer 1900 Minussinsk besuchte. Martjanow ließ es sich nicht nehmen, sie persönlich herumzuführen, und sprühte immer noch vor Begeisterung über seine Schätze. Als Assistenten hatte er einen polyglotten polnischen Akademiker gewonnen, der nach zehn Jahren Zwangsarbeit als Verbannter nach Minussinsk gekommen war.[345] Zu internationaler Bekanntheit ist das Minussinsker Heimatkundemuseum aus heutiger Sicht einerseits wegen der Einmaligkeit seiner Sammlungen, vor allem auf archäologischem Gebiet, gekommen, andererseits aber auch deshalb, weil seine Qualität in paradoxem Gegensatz zur peripheren Lage von Minussinsk am Südrand Sibiriens stand.[346] Diesen Kontrast empfand auch Meakin zwischen Museum und Stadt, welche sie an ein «ausuferndes sibirisches Dorf» gemahnte. Die Holzhäuser sahen verwittert, zum Teil schon angefault aus. Steinhäuser waren erst vereinzelt zu sehen, und auf der Hauptstraße spazierten Hühner umher. Ein Hotel gab es nicht. Daher musste sie in einem zweistöckigen Blockhaus logieren, das sich Gasthof nannte. Ihr Zimmer hatte nicht einmal einen Waschtisch, aber die Aufwärterin stellte ihr eine Zinkwanne und einen Wassereimer in eine Zimmerecke. Auch das Essen wurde auf das Zimmer gebracht. Mit Befremden nahm Meakin zur Kenntnis, dass der Wirt kein eigenes Schlafzimmer hatte, sondern am Ende der Treppe auf einer Bank nächtigte. Zu den Paradoxien dieses Provinzkaffs gehörte auch Graf Richeski, ein weiterer verbannter Pole und Hobbyastronom, dessen Bekanntschaft Meakin alsbald machte. Er besaß ein eigenes Teleskop, mit dem er die Mondoberfläche inspizierte. Seine Beobachtungen übermittelte er regelmäßig an die Société astronomique de France, deren Mitglied er war. Er rühmte die klare Winterluft von Minussinsk, die seinen Beobachtungen fantastische Möglichkeiten biete.[347]

Drei Jahre zuvor hatte auf dem Weg zu den Goldwäschen auch Robert Jefferson in Minussinsk kein Hotel gefunden, dafür aber eine vorzügliche, von einem verbannten Livländer geführte Pension. Sogar eine Bank gab es in der Stadt, zwar nur in einem einstöckigen Holzhaus, aber man konnte dort Papiergeld in Münzen umtauschen, denn in der tiefsten Provinz war Papiergeld nichts nütze. Von der Bank in die Pension zurückgekehrt, trafen Jefferson und seine drei Reisegefährten den örtlichen Polizeichef in Begleitung zweier kräftiger Kosaken. «Er kannte alle unsere Namen, wusste, woher wir gekommen waren und wohin wir gehen wollten. Er signierte unsere Pässe, trank höflich Tee und Wodka mit uns, schüttelte uns die Hände, als er ging, und wünschte uns das allerbeste Glück.»[348]

Obgleich die Stadt nur an einem Nebenarm des Jenissei lag, blieb auch sie von Hochwassern nicht verschont. Jelena Stassowa, eine verbannte Bolschewikin, erinnert sich an das Frühjahr 1915 oder 1916, als durch starkes Tauwetter das Schmelzwasser von den Bergen mit dem getauten Schnee aus Steppe und Taiga zusammentraf. «Der Jenissei schwoll derart an, dass er die Telegrafenmasten umriss. Minussinsk war zwei Wochen lang von der Umwelt abgeschnitten, weil die Postverbindung, die von Atschinsk dem Trakt entlanglief, gleichfalls unterbrochen war. Das Wasser stand so hoch, dass der Dampfer nicht an der Landestation am Ufer anlegte, sondern am zentralen Platz bei der örtlichen Hauptkirche.»[349]

Wenn das verschlafene Minussinsk seit dem letzten Viertel des 19. Jahrhunderts einen markanten Aufschwung erlebte, dann hängt das vor allem mit seiner Zentrumsfunktion für das wichtigste Getreidebaugebiet des G. Jenissei zusammen. Seit der Fertigstellung der Transsib konnte Getreide aus dem Minussinsker Becken, das per Schiff nach Krasnojarsk gelangt war, dort für den Weitertransport kostengünstig umgeschlagen werden. Das bereits erwähnte Projekt einer Stichbahn nach Atschinsk, um Kohle aus den 1904 entdeckten Lagerstätten zur Transsib zu transportieren, gedieh über Anfänge nicht hinaus. Aber immerhin ließ sich schon am Vorabend des Ersten Weltkrieges die industrielle Umgestaltung der landwirtschaftlich geprägten Kreise Atschinsk und Minussinsk erahnen.

## Das Leben der Altvölker

Am Ende des 17. Jahrhunderts, als die russischen Eroberer Sibirien mehr oder minder durchdrungen hatten, lebten auf dem riesigen Territorium von rund 12 Millionen Quadratkilometern nicht mehr als schätzungsweise 200 000 Vorbewohner – etwa gleich viel wie russische Neuzuwanderer.[350] Das Jenissei-Stromland hatte daran einen vergleichsweise bescheidenen Anteil: Nach den Jassakbüchern lässt sich die Anzahl der dortigen Indigenen auf etwa 24 400 schätzen[351] – ungleichmäßig verteilt auf ein Gebiet von rund 2 Millionen Quadratkilometern. Die Turkvölker des Minussinsker Beckens sind dabei nicht eingerechnet, denn sie lebten damals noch außerhalb des russischen Herrschaftsbereichs. Gemäß Volkszählung von 1897 stellten die Indigenen im G. Jenissei mit 50 065 Köpfen nur noch 8,8 Prozent der Gesamtbevölkerung. Das war zwar etwas mehr als die 6 Prozent in den westsibirischen Gouvernements Tobolsk und Tomsk, aber erheblich weniger als im G. Irkutsk, in Transbaikalien und im Fernen Osten mit Anteilen zwischen einem Fünftel und einem Drittel und schon gar nicht vergleichbar mit Jakutien, wo 87,5 Prozent der Bevölkerung indigene Wurzeln hatten.[352]

Boris Ossipowitsch Dolgich (1904–1971), der Altmeister der sibirischen historischen Ethnographie, hat sich 1960 an einer Bestandsaufnahme der Naturvölker Sibiriens für das 17. Jahrhundert versucht (Karte Abb. 64).[353] Dabei muss man wissen, dass sich hinter den großflächigen Farbsignaturen, die den Aktionsradius einzelner namentlich genannter Clans und Clanverbände markieren, selten mehr als einige Dutzend bis hundert oder hundertfünfzig Individuen verbergen. Faktisch waren Taiga und Tundra also immer noch äußerst dünn besiedelt. Da alle indigenen Völker schriftlos waren, mussten für diesen Zweck zeitgenössische russische Quellen mit linguistischen, ethnographischen und anthropologischen Methoden kombiniert werden. Als Problem erwies es sich, dass die russischen Quellen für die Eingeborenen unterschiedliche Namen und Begriffe verwenden, die erst auf einen einheitlichen Nenner gebracht werden müssen. Zudem entsprechen die damaligen nicht unbedingt den heutigen Ethnonymen. Dies gilt auch für ihre Lokalisierung. Um Begriffsverwirrungen zu vermeiden, gibt Dolgich den Untergliederungen der Ethnien genaue Definitionen, denen ich mich anschließe. Kleinste ethnische Einheit war die Sippe oder der Clan (russisch *rod*), den er definiert als exogame Gruppe Verwandter, die eine gemeinsame unilineare Abstammung proklamierten, einen gemeinsamen Namen hatten und durch gewisse Riten, Traditionen und Bräuche miteinander verbunden waren. Mehrere solcher Clans bildeten in der Regel Clanverbände (Phratrien oder Bruderschaften). Dieser ethnosoziologische Kunstbegriff bezeichnet einen sozialen Zusammenschluss von Clans, die sich auf übergeordneter Ebene gleichfalls als miteinander verwandt verstanden. Clans und Phratrien heirateten in der Regel exogam, das heißt nicht untereinander, um Inzucht zu vermeiden. Dolgich vertrat noch die Ansicht, dass beide sich auf der Basis einer sprachlich-dialektalen und territorialen Gemeinschaft zu einem Stamm (russisch *plemja*) mit gemeinsamem Namen, mit bewusst wahrgenommener Identität und mit einheitlicher Kultur zusammenschließen konnten. Die Stammesebene übergreifende Zusammenschlüsse habe es bei den Wald- und Tundravölkern Sibiriens jedoch nicht gegeben. Dazu waren die Distanzen zwischen den Lebensräumen zu groß, zu unwegsam und die Anzahl der Menschen zu gering.[354] Als wichtigster Indikator für die Bestimmung einer Ethnie dient die gemeinsame Sprache, auch wenn den Angehörigen der Ethnie wegen der gewaltigen Distanzen und der dialektalen Unterschiede diese Einheit früher meist gar nicht bewusst war, sondern erst von der Wissenschaft ermittelt worden ist. Zudem konnten Menschen ein und derselben Ethnie völlig unterschiedlichen Wirtschaftskulturen angehören – in der Tundra als Rentiernomaden, in der Taiga als Fischer und Jäger oder als Rentierzüchter, Fischer und Jäger, in der Waldsteppe als halbnomadische Viehzüchter. Daher sind viele ethnische Zuweisungen mit Vorsicht zu genießen, weil sie in die Vielfalt und permanenten Wandlungen der indigenen Gesellschaften manchmal ein künstliches und statisches Element hineintragen. So ist es beispielsweise zweifelhaft, ob die sprachlich und kulturell ziemlich homogene Ethnie der Samojeden in sowjetischer Zeit nicht allzu künstlich in die drei Völker der Nenzen, Enzen und Nganassanen aufgespalten worden ist.[355]

**Die Ethnien im Wandel der Zeit**
Angesichts der geringen Zahl und der Aufsplitterung der sibirischen Indigenen in eine Unzahl von Clans und Clanverbänden liegt der Gedanke nahe, dass diese archaischen Gesellschaften bis zum Erscheinen der Russen eher statischen Charakter gehabt hätten. Aber wie die ethnische Karte Dolgichs zeigt, kann davon keine Rede sein. Wir haben es hier mit einer Momentaufnahme zu tun, die bereits das Ergebnis einer gewissen historischen Dynamik festhält.[356]

Die Keten
Als wegen Sprache und Lebensweise besonders herausgehobene Ethnie am Jenissei gelten die Keten. Bei den Russen firmierten sie bis in die frühe Sowjetzeit hinein unter der wohl von den Tataren übernommenen Fremdbezeichnung «Ostjaken»,[357] genauer Jenissei-Ostjaken. Selber nennen sie sich *keto*, das heißt Mensch. Daher werden sie seit etwa 1930 unter dem Ethnonym Keten zusammengefasst. Ihre Sprache ist der letzte Überrest einer Familie paläoasiatischer Jenisseisprachen, die keinerlei Verwandtschaft mit den Sprachen umwohnender Völkerschaften aufweist.[358] Die Träger dieser Sprachfamilie dürften vor etwa zweitausend Jahren in der südsibirischen Gebirgstaiga zwischen Irtysch und Tom beheimatet gewesen sein. Während des frühen Mittelalters haben sie sich angesichts der Expansion der Turkvölker in das Becken des Jenissei verlagert und mit der dortigen Vorbevölkerung vermischt.[359] Wie die Sprachenkarte zeigt, zerfielen sie im 17. Jahrhundert in eine nördliche Gruppe beidseits des unteren Jenissei, die von Fischerei und Jagd lebte und etwa 2000 Köpfe zählte, und in eine südliche Gruppe (etwa 3600 Köpfe) aus nomadischen Pferde- und Viehzüchtern östlich des heutigen Krasnojarsk sowie isoliert am oberen Jenissei und an der Tuba. Diese südliche Gruppe, die sich in die Assanen, Arinen, Jarinzen und Baikotowzen untergliederte, ist bei dem Kirgisenüberfall von 1678 stark dezimiert worden und hat sich im 18. Jahrhundert entweder an die Russen assimiliert oder ist turkisiert worden. Heute existieren nur noch die Nachfahren der nördlichen Gruppe. Sie haben als kleine Minderheit unter zahlenmäßig stärkeren Ethnien wohl nur deshalb überleben können, weil sie als Flussnomaden ein mobiles Eigenleben führten. Seit dem 17. Jahrhundert haben sie sich stärker nach Norden verlagert und besaßen im 19. Jahrhundert ihren Schwerpunkt östlich des Jenissei zwischen Kureika und Steiniger Tunguska.[360] Die Volkszählung von 1897 erfasste von ihnen nicht einmal mehr tausend Köpfe (Tab. 7.1). Dass das Ketische am oberen Jenissei im 17. Jahrhundert keine räumliche Verbindung zur Nordgruppe mehr besaß, dürfte auf die Expansion der Tungusensprachen von Osten und der samojedischen Sprachen von Westen her zurückgehen.

### Die Tungusen (Ewenken)

Von Osten her hart bedrängt wurde das Sprachgebiet der Keten von Vertretern der größten Sprachgruppe Nordsibiriens – des Tungusischen oder genauer des Nordtungusischen. Ob die tungusischen Sprachen der altaischen Sprachfamilie zugeordnet werden können, ist umstritten, nicht jedoch ihre Verwandtschaft mit den Mandschusprachen. Die Bezeichnung Tungusisch ist ein wissenschaftliches Kunstwort, welches die sprachverwandten Rentierzüchter und Jäger zusammenfasst, die zwischen der Oberen und der Unteren Tunguska lebten. Sie selber kannten wegen ihrer Zersplitterung in zahlreiche Kleingruppen keine übergreifende Selbstbezeichnung. In der frühen Sowjetzeit haben die Ethnologen den Sammelbegriff der Tungusen regional spezifiziert und die Westtungusen – ausgehend von der späten Selbstbezeichnung einer regionalen Gruppe zwischen Angara und Steiniger Tunguska – Ewenken genannt. Diesen Übernamen haben die Sprachträger sich dann zu eigen gemacht. Nach heutigem Wissensstand hat sich das Ethnos wohl im Rahmen der Domestizierung des Rentiers in den ersten Jahrhunderten n. Chr. im Grenzgebiet von Steppe und Taiga zwischen Jenissei und Baikalsee herausgebildet und von dort allmählich nach Norden und Nordosten ausgebreitet. Wie die Sprachenkarte Dolgichs zeigt, hatten die Vorfahren der heutigen Ewenken von der unteren Lena aus das Gebiet zwischen der Angara im Süden und der Cheta im Norden eingenommen. Im Westen, gegen das Gebiet der Keten hin, vermochten sie den Jenissei zwar nicht ganz, nördlich der Angaramündung jedoch beinahe zu erreichen. Die Schätzungen ihrer Gesamtzahl in Mittelsibirien schwanken für das 17. Jahrhundert zwischen 4400 und 7400 Individuen.[361]

Als Rentierzüchter und Jäger bildeten die Vorfahren der Ewenken bewegliche Lebens- und Wirtschaftseinheiten aus Clans, die in der Regel aus zwei Generationen männlicher Verwandter bestanden (Familien des Vaters und seiner Brüder sowie die der verheirateten Söhne). Diese Clans mussten sich jedoch mit dem Generationenwechsel immer wieder neu formieren. Im Sommer, wenn die Rentiere besonders intensive Aufsicht benötigten, taten sich häufig mehrere eng verwandte Clans zusammen, so dass dann für mehrere Monate bis zu 50 Leute beieinander lebten und miteinander wirtschafteten. Darüber hinaus konnten sich aus diesen Clanverbänden regionale ethnische Einheiten («Subethnien») von 150 oder sogar mehreren hundert Menschen bilden, die sich einen gemeinsamen Namen gaben, aber nur lose miteinander verbunden waren. Da diese Gruppen aus zeitbedingten gemeinsamen Interessen heraus entstanden, waren sie wenig stabil und zerfielen meist wieder, wenn sie ihren Zweck erfüllt hatten. Noch größere Zusammenschlüsse regionaler Gruppen kamen allenfalls zustande, wenn es darum ging, gegen die Unterwerfungsversuche benachbarter Ethnien oder der Russen Widerstand zu leisten. Doch solche Bünde waren sehr kurzlebig. Daher herrscht in der derzeitigen Ethnologie die Ansicht vor, dass die Tungusen keine eigentliche Stammesorganisation entwickelt haben, denn ihre ethnische Entwicklung war neben der räumlichen Mobilität von ständigen inneren Neugruppierungen geprägt, welche regionale Kontinuitäten verhindert haben. Hatten die Vorfahren der Ewenken bei der Ankunft der Russen ihren Schwerpunkt noch im Becken der unteren und mittleren Angara, so sahen sie sich gezwungen, dem gerade entlang dieser Hauptverkehrsachse wachsenden russischen Siedlungsdruck nach Norden auszuweichen. Seit dem 18. Jahrhundert hatten sie ihren Schwerpunkt daher im Becken der Steinigen und der Unteren Tunguska.[362]

Gegen Südosten stießen die tungusischen Clans und die südlich anschließenden Keten im 17. Jahrhundert am Oberlauf der Angara bis zu ihrem Ausfluss aus dem Baikalsee auf die Braten, Vorfahren der heutigen Burjäten, von denen sich der Name der Stadt Bratsk herleitet. Diese gehören zur mongolischen Gruppe der altaischen Sprachfamilie und hatten ihren eigentlichen Schwerpunkt in Transbaikalien. Vereinzelte bratische Clans lebten in enger Nachbarschaft mit Keten und Samojeden auch an der Uda im Bereich der heutigen Stadt Werchne-Udinsk. Ihre Gesamtzahl schätzt Dolgich für das 17. Jahrhundert auf etwa 3700 Köpfe.[363]

### Die Samojeden

Die Keten am unteren und mittleren Jenissei wurden aber nicht nur von Osten her durch die Tungusen bedrängt, sondern auch von Westen her durch die Samojeden *(samoedy, samodijcy)*, die der uralischen Sprachfamilie angehören. Wenn im 17. Jahrhundert Samojeden isoliert auch östlich des oberen Jenissei, insbesondere im Minussinsker Becken, lebten, dann deutet dies darauf hin, dass sie zuvor mit den westsibirischen Samojeden eine territoriale Verbindung gehabt haben dürften, in welche die Ausdehnung der Turkvölker einen Keil getrieben haben muss. Den Schimpfnamen «Samojeden» haben die Russen ihnen gegeben; er ist keine Selbstbezeichnung und bedeutet wörtlich übersetzt «diejenigen, die sich selber aufessen», meint also vermutlich «Menschenfresser». Alle samojedischen Ethnien bilden keinen einheitlichen anthropologischen Typus und weisen untereinander auch sprachlich, kulturell und vor allem in der Wirtschaftsweise mehr oder minder starke Unterschiede auf. Ihren räumlichen Schwerpunkt hatten und haben sie im Norden Westsibiriens.

Im 17. Jahrhundert lassen sich bei den nördlichen Samojeden fünf Untergruppen unterscheiden, die gut 4000 Köpfe gezählt haben dürften: beidseits des unteren Ob die Wald-Nenzen *(lesnye nency)*, in der Tundra weiter nördlich die Tundra-Nenzen *(tundrovye nency)*, westlich des unteren Jenissei die Wald-Enzen *(lesnye ėncy)*, weiter nördlich nomadisierend die Tundra-Enzen *(tundrovye ėncy)* und im Süden der Halbinsel Taimyr die Vorfahren der heutigen Nganassanen *(nganasany)*. Die Nenzen, von den Russen «Juraken» genannt, breiteten sich erst seit dem späten 18. Jahrhundert von Westen her bis zum unteren Jenissei aus und assimilierten im Laufe der Zeit große Teile der dortigen Enzen. In das Gebiet der Wald-Enzen westlich des unteren Jenissei wanderten nach dem 17. Jahrhundert von Westen her die Selkupen ein (mit einem Schwerpunkt im Becken des Tas und des Turuchan). Aus verschiedenen samojedischen Gruppierungen der Taimyr-Halbinsel formierten sich im Laufe des 19. Jahrhunderts schließlich die Nganassanen.[364] Die nördlichen Samojeden lebten in erster Linie von der Rentierzucht, ergänzt durch Fischerei und Jagd.

Die südliche Gruppe der Samojeden («Sajan-Samojeden»), die – umringt von Turkvölkern, Tungusen, Keten und Burjäten – südöstlich des heutigen Krasnojarsk siedelte und im 17. Jahrhundert etwa 2250 Köpfe gezählt haben dürfte,[365] zerfiel in über ein Dutzend Clanverbände, von denen vor allem die Kaschinzer, Kamassinzer und Motoren immer wieder in den russischen Quellen auftauchen. Die Kaschinzer waren Pferde- und Großviehzüchter, die Kamassinzer Rentierzüchter, Jäger und Fischer. Dadurch dass diese samojedischen Clanverbände sich das obere Jenisseibecken mit Keten, Tataren, türkischen Kirgisen und später auch Russen teilen mussten, kam es seit dem 17. Jahrhundert verstärkt zu ethnischen Austauschprozessen, die durch die vorherrschende Nomadenwirtschaft begünstigt wurden.[366]

### Die Dolganen

Nicht nur innerhalb einer Ethnie wie der Tungusen kam es zu permanenten regionalen und lokalen Neugruppierungen, sondern es konnten sich durch bestimmte Zeitumstände auch verhältnismäßig schnell neue Ethnien bilden. Ein Beispiel dafür ist die Entstehung der Dolganen.[367] Auf der Sprachenkarte Dolgichs für das 17. Jahrhundert treten sie noch nicht in Erscheinung. Sie formierten sich vor allem im 18. und 19. Jahrhundert in der Tundren- und Waldtundrenzone zwischen unterem Jenissei und der Mündung der Chatanga aus der Vermischung tungusischer und samojedischer Vorbevölkerung mit zugewanderten Jakuten und Russen. Vor den Tungusen hatten in diesem Gebiet Samojeden gelebt. Doch auch die tungusischen Zuwanderer blieben nicht lange allein, denn seit der Mitte des 17. Jahrhunderts begannen aus dem Becken der Lena jakutische Clans nach Nordwesten abzuwandern, um der Unterwerfung durch russische Tributnehmer zu entgehen. An Chatanga und Cheta trafen sie nicht nur auf tungusische Clans, sondern auch auf russische Trapper und Siedler, die «Bauern jenseits der Tundra» *(zatundrovye krest'jane)*; damit waren aus südlicher Perspektive diejenigen Russen gemeint, die nördlich der Tundra, aber südlich der Halbinsel Taimyr siedelten. Mit den Jakuten kamen von der Lena auch dort bereits ansässig gewesene russische Weiterwanderer, so dass südlich der Taimyr-Halbinsel in der zweiten Hälfte des 17. Jahrhunderts Russen von Westen und von Osten her aufeinandertrafen. Da diese meistens keine russischen Frauen mitbrachten, nahmen sie sich tungusische oder jakutische Lebensgefährtinnen, so dass schon in der zweiten Generation eine Bevölkerungsgruppe von Mestizen zu entstehen begann, welche die Sprache ihrer Mütter übernahm. Aus dem nachbarschaftlichen Zusammenleben und der zunehmenden Vermischung von tungusischen und turksprachigen jakutischen Clans sowie russischer Siedler und russischstämmiger Mestizen formierte sich in der Folge eine neue Ethnie, die einen jakutischen Dialekt sprach, aber ihre Selbstbezeichnung dem tungusischen Clan der Dolgan entlehnte.

Dass diese neue Ethnie, die von Beobachtern in der Mitte des 19. Jahrhunderts erstmals als solche wahrgenommen wurde, sich innerhalb von nur zwei Jahrhunderten herauszubilden vermochte, hat vor allem drei Gründe: sowohl Russen als auch Tungusen und Jakuten waren oder wurden getauft und damit zumindest nominell Angehörige der russisch-orthodoxen Kirche; besonders wichtig wurde die vergleichsweise intensive Kommunikation längs des Verkehrstraktes, der südlich der Taimyr-Halbinsel von Dudinka am unteren Jenissei zur Mündung der Chatanga im Nordosten verlief; hinzu traten schließlich die wirtschaftlichen Gemeinsamkeiten, insbesondere die lukrative Jagd auf den Polarfuchs, welche Russen, Jakuten und Tungusen verband. Allerdings darf man nicht außer Acht lassen, dass die neue Ethnie bis in das frühe 20. Jahrhundert hinein noch gewisse diffuse Züge trug und dass in ihrer Nachbarschaft weiterhin Clans lebten, die ihre tungusischen oder samojedischen Eigenheiten behielten.[368]

Die Turkvölker

Die eigentlichen Herren des oberen Jenissei waren im frühen 17. Jahrhundert turk- und mongolischsprachige Reiternomaden. Mit einem Turkvolk hatten es die Russen unmittelbar zu tun, als sie 1628 mitten im Land der Katschinzer Tataren die Festung Krasnojarsk gründeten. Die Katschinzer bestanden damals aus etwa 350 Personen, die sich auf vier Clanverbände *(ulusy)* verteilten. Nach anfänglicher Gegenwehr hielten es die Tataren für sinnvoller, die Seite zu wechseln und sich von den Russen in Dienst nehmen zu lassen. Als Gegenleistung durften sie ihre nomadische Lebensweise behalten, doch gerieten ihre Weidegründe im Laufe der Zeit zunehmend unter russischen Siedlungsdruck. Ihre privilegierte Stellung als zarische Militärdienstleute hatte zur Folge, dass es ihnen nach und nach gelang, die benachbarten ketischen und samojedischen Clans zu assimilieren.[369]

Die turktatarischen Katschinzen bildeten nur einen Teil der Turkvölker, die auch nach der Eroberung des westsibirischen Tatarenkhanats durch Moskauer Truppen am Ende des 16. Jahrhunderts den Steppengürtel im Süden Westsibiriens beherrschten. Für die russischen Wojewoden in Jenisseisk und Krasnojarsk erwiesen sich dabei die Kirgisen, die im Becken des Tschulym südlich der heutigen Stadt Atschinsk, im Minussinsker Becken und am Abakan als Halbnomaden lebten und Tributansprüche auf alle Völkerschaften des oberen Jenisseibeckens erhoben, als die militärisch gefährlichsten Machtkonkurrenten. Sie waren die Nachfahren jener Kirgisen, die wie Uiguren, Osttürken und Mongolen sich nach dem Zerfall des Hunnenreiches in Zentralasien zu eigenen Ethnien entwickelt und im frühen Mittelalter sogar Staaten unter Führung eines Kagan (Khan) ausgebildet hatten. Während seiner Blütezeit im 9. Jahrhundert erstreckte sich das Kaganat der Kirgisen vom Oberlauf des Ob im Westen bis fast zum Amur im Osten, wurde von den Uiguren in der Folgezeit aber wieder auf das obere Jenissei- und das Tschulymbecken zurückgedrängt.[370] Seiner Selbständigkeit beraubt, als es zu Beginn des 13. Jahrhunderts in das Mongolenreich Dschingis Khans hineingezwungen wurde, vermochte es nach dessen Zerfall nicht wiederzuerstehen, sondern zerfiel in vier Horden, von den Russen «Fürstentümer» genannt.[371] Im 17. Jahrhundert bedrohten die Jenissei-Kirgisen als bewaffneter westlichster Arm des nordwestmongolischen Reichs der Altyn-Khane[372] immer wieder Krasnojarsk. Diese Bedrohung hatte erst ein Ende, als die meisten Jenisseikirgisen (über 1000 «Rauchfänge») 1703 von den Dsungaren gewaltsam in das Siebenstromland umgesiedelt wurden, um die eigene Streitmacht zu stärken.[373] Dies nutzten die Katschinzer Tataren sowie benachbarte turksprachige Clans, um die frei gewordenen Steppenflächen westlich des oberen Jenissei in Besitz zu nehmen. Damit und durch das Einsickern russischer Siedler wurden seit dem 18. Jahrhundert die ethnischen Karten dort neu gemischt; die Reste der Kirgisen und die meisten Keten assimilierten sich an die Katschinzen, die übrigen Keten an die Russen.[374] Um sich gegen den drohenden Verlust der eigenen ethnischen Identität durch die Übermacht der russischen Siedler zu wehren, begannen Angehörige der Katschinzen-Intelligenzija kurz vor dem Ersten Weltkrieg den Zusammenschluss aller Turkvölker der Region zu betreiben, die bis zum Anfang des 20. Jahrhunderts sechs Subethnien ausgebildet hatten.[375] Doch erst in der frühen Sowjetzeit gelang es, aus dem Amalgam von Tataren, Kirgisen und turkisierten

Nachkommen von Keten und Samojeden am oberen Tschulym und am Abakan unter dem Namen Chakassen eine staatlich anerkannte neue Ethnie zu formieren.[376] Im Minussinsker Becken östlich des Jenissei wurden demgegenüber die Reste der Vorbevölkerung von den einströmenden Russen verdrängt oder fast vollständig assimiliert.[377]

## Die Tuwinier

Das Becken des obersten Jenissei mit den beiden Quellflüssen im heutigen Tuwa nahm wegen der isolierten Lage zwischen den beiden Gebirgsriegeln des Westlichen und des Östlichen Sajan seine eigene historische Entwicklung. Zu Beginn des Frühmittelalters gehörte es zum Hunnenreich. Einen besonderen kulturellen Höhepunkt – ersichtlich aus monumentalen Steinbauten und Inschriften – brachte die Zeit des uigurischen Kaganats von der Mitte des 8. bis zur Mitte des 9. Jahrhunderts. In dieser Zeit begannen auch Bauernsiedlungen die nomadische Großviehzucht zu ergänzen. Danach dürfte Tuwa Bestandteil des kirgisischen Kaganats geworden sein. Die Bevölkerung war im Mittelalter wohl ethnisch gemischt, allerdings überwiegend turksprachig. Mit der Okkupation durch das Mongolenreich Dschingis Khans kam es seit dem Anfang des 13. Jahrhunderts zu markanten Veränderungen in der Zusammensetzung der Bevölkerung; anthropologisch begann der zentralasiatische Typus sich durchzusetzen, und in die Turksprachen drangen zahlreiche Mongolismen ein. Die Mongolen siedelten systematisch Bauern und Handwerker an, die sie aus anderen Teilen ihres Reiches geholt hatten, und gründeten städtische Siedlungen. Bewässerungswirtschaft, Abbau von Steinkohle, Verarbeitung von Eisenerzen und die Existenz von Inschriften auf zahlreichen Steinmonumenten bezeugen eine entwickelte Kultur. Zugleich sickerte der Buddhismus in die Oberschicht ein. Nach dem Zerfall des Mongolenreiches begann das kulturelle Niveau abzusinken. Die Städte verödeten, und damit verschwand auch die Schriftlichkeit. Vorherrschende Wirtschaftsweise wurde in den Tälern erneut die halbnomadische Grossviehzucht, ergänzt durch einen Ackerbau mit Bewässerungswirtschaft; in den Bergregionen verbanden die Tuwinier Rentierzucht mit der Jagd. Der Buddhismus verschwand, und die Vorstellungswelten wurden erneut völlig vom Schamanismus beherrscht, der in der Folgezeit mit dem Lamaismus eine gewisse Symbiose einging. Seit dem späten 16. Jahrhundert geriet Tuwa in den Machtbereich der westmongolischen Altyn-Khane, die es zur Ausgangsbasis ihrer Feldzüge an den oberen und mittleren Jenissei machten. Allerdings vermochten die Russen in der zweiten Hälfte des 17. Jahrhunderts die Nordtuwinier vorübergehend in Tributabhängigkeit zu bringen. Doch als nach dem Ende der Altyn-Khane das unter der Mandschudynastie neu erstarkte China sich in Tuwa festsetzte, war es damit wieder vorbei. Die jahrhundertelange Zugehörigkeit zu China hat die verschiedenen Clans des obersten Jenisseibeckens einander nähergebracht und die Ethnie der Tuwinier entstehen lassen. Erst 1914 vermochte das Zarenreich über Urjanchai, wie die Russen es nannten, eine «Schutzherrschaft» auszurufen und Tuwa damit endgültig in seinen Einflussbereich zu ziehen.[378]

Ein kurzer Blick zurück: Wir haben gesehen, dass sogar in dem kurzen Zeitraum vom 17. bis zum 20. Jahrhundert im Jenissei-Stromland von stabilen Ethnien keine Rede sein kann. Sprachen, Kulturen und Organisationsformen der Indigenen befanden sich in ständiger, wenngleich wechselnder Interaktion untereinander bis hin zu völliger Verschmelzung und Ausbildung neuer Ethnien wie der Dolganen und Chakassen. Sie änderten ihre Territorien und teilweise auch ihre Wirtschaftsweise. Ihre Organisationsstruktur blieb kleinräumig, geprägt von Clans und Clanverbänden, nur bei den Steppenvölkern auch von größeren Horden. Darüber hinausgehende Zusammenschlüsse waren selten, zeitlich befristet und dienten der Abwehr eines gemeinsamen Feindes wie der Russen. Dass man eine gemeinsame Sprache als übergreifenden Identitätsträger wahrnahm und auf dieser Basis eine kollektive Selbstbezeichnung sowie entsprechende Organisationsstrukturen schuf, gab es allenfalls bei den Reiternomaden des Mittelalters. Doch auch ihre staatsähnlichen Großverbände hielten selten länger als ein oder zwei Jahrhunderte. Die Annahme der älteren ethnologischen Forschung bis hin zu Boris Dolgich, dass es bei den sibirischen Indigenen der Tundra und Taiga so etwas wie halbwegs stabile «Stämme» gegeben habe, hat sich nicht erhärten lassen. Daher hatten die Tundren- und Waldvölker gegen die russische Expansion auch keine Chance. Die besser organisierten Steppenvölker vermochten ihre Unabhängigkeit immerhin noch bis zum 18. Jahrhundert zu verteidigen; doch dann mussten auch sie die Waffen strecken.

Wie Tabelle 7.1 offenbart, stellten die Indigenen bei der Volkszählung von 1897 nicht einmal mehr ein Zehntel der Gesamtbevölkerung des Gouvernements Jenissei, wobei die am oberen Jenissei siedelnden Turkvölker eine überwältigende Mehrheit bildeten. Darin äußert sich immer noch die traditionelle Vitalität der Steppenvölker.

### Das Leben und Wirtschaften der Altvölker

Lebens- und Wirtschaftsweise der indigenen Völker des Jenissei-Stromlandes waren und blieben auch in russischer Zeit bestimmt von ihrer naturräumlichen Umgebung. Daher muss man unterscheiden zwischen Tundren-, Taiga- und Steppenvölkern – unabhängig von ihrem anthropologischen Typus und ihrer sprachlichen Zugehörigkeit. Da in Tundra und Taiga den Altvölkern ein eigentlicher Ackerbau nicht möglich war, vermochten sie nur zu überleben, wenn sie sich in kleine Einheiten aufteilten und nomadisierten. Eine zentrale Rolle für diese Lebens- und Wirtschaftsweise spielte das Rentier.[379]

### Die Rentiernomaden

Am Anfang stand dabei die Jagd auf das wilde Ren, das in riesigen Herden die Tundren und die Gebirgstaiga bevölkerte. Für das 19. Jahrhundert schätzt man ihre Anzahl im Norden Mittelsibiriens auf etwa eine halbe Million; eine Bestandsschätzung von 1959 ergab nur noch 110 000–120 000, doch heute rechnet man sogar mit mehr als einer Million Tieren.[380] Erst vor etwa zweitausend Jahren begann man das Ren halbwegs zu zähmen und zu züchten. Da man aber auch mit dieser Wirtschaftsweise dem jahreszeitlichen Wanderzyklus des Rens folgen musste, waren alle Völkerschaften, die ganz oder teilweise von Rentieren lebten, genötigt, als Nomaden oder Halbnomaden zu leben. Den Winter verbrachte man in der geschützteren Waldtundra, wo das Ren unter der nicht allzu hohen Schneedecke immer noch seine Hauptnahrung, die Rentierflechte, hervorscharren konnte, im Sommer folgte man dem Zug der Rentiere in die nördlichen Tundren. Allerdings musste man nach mehreren Jahren die Weidegebiete wechseln, weil die Rentierflechte sich wegen der kurzen Vegetationsperiode nicht schnell regeneriert.

Die einzigen wirklichen Rentierzüchter des Jenissei-Stromlandes waren die *Nenzen* im Mündungsgebiet des Jenissei. Von Westen kommend, hatten sie seit dem Ende des 18. Jahrhunderts versucht, auch östlich des unteren Jenissei Fuß zu fassen, doch der erbitterte Widerstand der dort lebenden Enzen, Ewenken und Dolganen zwang sie dazu, westlich des Ästuars zu bleiben. Mit Beginn der Schneeschmelze im April brachen sie von ihren Winterquartieren in der Waldtundra westlich Dudinka nach Norden auf. Dabei taten sich meistens zwei bis drei Familien mit ihren Herden zusammen. Alles, was es für die Sommersaison brauchte – Stangenzelte, Werkzeug und Vorräte – lud man auf Lastschlitten, die von Rentieren gezogen wurden. Diese Schlitten waren für die Tundra auch im Sommer das einzig sinnvolle Transportmittel, da sie auf feuchtem Untergrund eine gute Gleitfähigkeit besaßen. Im Hochsommer, wenn Stechmücken und Beißfliegen den Rentieren so zusetzten, dass die Herden in Panik auseinanderzustieben drohten, pflegten sich bis zu zwölf Familien zusammenzutun. Nur so war es möglich, die mehrtausendköpfigen Herden beieinanderzuhalten. Zudem bestand immer die Gefahr, dass ausbrechende Herdentiere sich wilden Rens anschlossen und dann verloren gingen. Gegen den Herbst hin setzte die Transhumance zurück nach Süden ein, bis man um den Dezember die Winterquartiere im schützenden Wald wieder erreicht hatte. Dort suchten die kleinsten Wirtschaftseinheiten aus ein bis drei Familien ein Territorium auf, dessen Nutzung sie für sich beanspruchten.

Hauptnahrung der Nenzen bildeten das Fleisch von Rentieren und Wasservögeln sowie Fisch. Das Fleisch verzehrte man des Sommers roh oder gekocht, für den Winter wurde es geräuchert oder an der Luft getrocknet. Fisch aß man grundsätzlich roh oder im Winter luftgetrocknet. Häufig ließ man auch Rentiere zur Ader, um ihr Blut zu trinken. Das galt nicht nur als Labsal, sondern wie rohes Fleisch und roher Fisch auch als wirksames Mittel, um Skorbut vorzubeugen. Mehl, Salz, Tabak und Tee tauschte man gegen Rentierfelle, Fleisch und Fisch ein.

Zur großmaßstäblichen Rentierzucht gingen unter dem Einfluss der Nenzen im 18. und frühen 19. Jahrhundert auch die in der Tundra lebenden *Enzen* über, die ihre Winterquartiere in der Waldtundra um Dudinka hatten und im Sommer mit ihren Rentierherden die Ufergebiete östlich des Jenissei-Ästuars beweideten. Jagd und Fischerei hatten für sie nur nachgeordnete Bedeutung. Die südlicher siedelnden *Wald-Enzen* hingegen jagten das wilde Ren und hielten halbzahme Rens nur als Zug- und Transporttiere. Im Frühsommer ließen sie diese frei laufen, denn sie wussten, dass Stechmücken und Beißfliegen sie im Hochsommer wieder zu ihrem Standquartier zurücktreiben würden, wo die Wirte mit speziellen Rauchfeuern um die Behausungen herum die Insektenplage in Grenzen zu halten verstanden. Gebraucht wurden die Dienste des Ren vor allem im Winterhalbjahr. Wichtig war für die Wald-Enzen auch die Fischerei.

Die *Nganassanen* verbanden die Jagd auf das wilde Ren mit der Rentierzucht, der Fischerei und der Jagd auf Wasservögel. Ihre Winterquartiere hatten sie in der Waldtundra und zogen von dort mit anbrechendem Sommer in die Tundren des südlichen Taimyr. Dort lauerten sie in kleinen Gruppen an den Furten der Flüsse den Renherden auf. Wenn die Rentiere in Flussmitte waren, fielen die Jäger in Einmannbooten über sie her, stachen sie mit Speeren ab und schleppten die Körper mit dem Boot hinter sich her ans Ufer. Im Winter jagte man sie mit Rentierschlitten, trieb sie auf die Eisfläche von Seen, wo sie hilflos waren, oder in Sackgassen, an deren Ende sie sich in Netzen verfingen. Fleisch halbzahmer Rens aßen die Samojeden nur im Notfall, dasjenige wilder Tiere schien ihnen schmackhafter.

Auch die *Dolganen* lebten von der Rentierjagd, der Rentierzucht und der Fischerei. Doch jagten und fingen sie mit Fallen auch Polarfüchse. Als jakutisch-tungusisch-samojedisch-russische Neuethnie hatten sie sich die wirtschaftlichen Vorzüge ihrer verschiedenen Ursprungsvölkerschaften zu eigen gemacht und davon profitiert. Das Ren als Zugtier hatten sie den Samojeden abgeschaut, das Ren als Last- und Reittier den Tungusen. Für die Verwendung von Hunden zum Hüten der zahmen Rentierherden dienten ihnen Praktiken der Nganassanen und Enzen, dass man Renkühe melken konnte, hatten sie wiederum von den Tungusen gelernt. Wie die Nganassanen lauerten sie den wilden Rentierherden an den Furten auf. In guten Jahren konnte ein erfahrener Jäger auf diesem Weg jährlich 200–300 wilde Rens erbeuten.

### Die wandernden Waldvölker

In der russischen ethnologischen Nomenklatur existiert für die Altvölker Sibiriens neben den Begriffen der «Sesshaften» und der «Nomadisierenden» ein dritter – die «Herumstreifenden» *(brodjačie)*. Gemeint sind damit die Jägergesellschaften der Taiga. Für die 1820er Jahre schätzt man ihre Gesamtzahl in ganz Ostsibirien auf etwa 11 500 Köpfe gegenüber knapp 15 000 «Sesshaften» und 190 000 «Nomadisierenden».[381]

Zu ihnen gehören die *tungusischen Ewenken*, die vor allem von der Jagd lebten, zunächst der Jagd auf wildes Ren und Elch, seit die Russen Jassak verlangten, auch auf den Zobel. Als die Zobelbestände weitgehend ausgerottet waren, begann man sich neben der Jagd auf Füchse und Eichhörnchen stärker auf die Rentierzucht zu verlegen, die vorher nur der Beschaffung von Zug-, Last- und Reittieren für die Jagd gedient hatte. Jagd und Rentierzucht nötigen auch die Ewenken zu einer gewissen Transhumance. Den Sommer verbringen sie in den höheren Lagen des Berglandes zwischen Angara und Unterer Tunguska, wo schütterer Wald und Bergtundra sowohl Jagdgründe als auch Weidemöglichkeiten für die Rentiere anbieten. Auf den Winter verlagern sie ihre Wohnsitze in die durch dichtere Waldbestände geschützten unteren Hanglagen und Flusstäler. Messerschmidt fand im Juli 1723 beiderseits der Unteren Tunguska abgebrannte Wälder vor, «welche die Tungusen mit Fleiß ausgebrannt, damit die wilden Rentiere, welche zur Sommerszeit des frischen Grases begierig seien, sich aus der großen Wildnis hierher begeben möchten und folglich gefangen werden können».[382]

Die Tungusen schmolzen von alters her Eisenerz und waren kenntnisreiche Schmiede. Seit sie in intensiveren Kulturkontakt mit den Russen getreten waren, begannen sie auch erstaunliche kaufmännische Fähigkeiten zu entwickeln, indem sie ihre Lasttiere dazu benutzten, um nicht nur ihre eigenen Produkte zu den Russen zu transportieren, sondern auch den Russen abgekaufte Waren an andere Indigene zu verhökern. Sie wurden zu derart gewieften Händlern, dass ein geflügeltes Wort über sie besagte, einen Tungusen betrüge man nur ein einziges Mal. Den Einzug einer solchen tungusischen Rentierkarawane in eine Siedlung des Jeniseisker Goldgrubengebietes beobachtete im Winter 1858/59 Vera Kropotkina, deren Vater dort als staatlicher Mineninspektor arbeitete: Auf den Rentieren ritten Tungusen, die von Kopf bis Fuß in Felle eingehüllt waren. Es waren Männer und Frauen, und die Frauen trugen auf ihrem Rücken kleine Kästen aus Birkenrinde, in denen sie, gut gepolstert, ihre Brustkinder mitführten. Die Gesichter der Männer waren völlig von schwarzen Tätowierungen bedeckt, die sie mit Schießpulver erzeugten. Sie brachten Eichhörnchen- und Zobelpelze sowie Haselhühner und tauschten dafür Geld, Mehl und Gemüse ein.[383]

Bei den Russen scheinen die Tungusen sich anfänglich keiner großen Beliebtheit erfreut zu haben, einerseits wohl wegen ihres wilden Aussehens, andererseits weil sie sich wie die Braten lange gegen das russische Vordringen gewehrt hatten. In einer Beilage zur vierten Kopfsteuererhebung von 1784/85 für die Provinz Jenissei heißt es: «Die ungetauften Tungusen des Clans Tschapogir haben keine beständigen Wohnsitze, sondern ziehen in den Wäldern umher. Bösartig sind sie, roh und wild, von Gott haben sie keine Vorstellung, sondern hängen dem Schamanenglauben an, beten den Bären und sein Fell an. [...] Ihrem Gewerbe gehen sie in den Wäldern nach, machen aus Holz kleine Götzenbilder, legen ihnen in Mund und Hand kleine Stückchen Rentierfleisch als Opfergabe und hängen sie in einen Baum. [...] Die Tschapogiren sind von mittlerem Wuchs und kurzem Hals, haben dünne schwarze Haare, die sie im Nacken mit einem perlen- und korallenbesetzten Riemen zusammenbinden. Die Haare kämmen sie nicht, daher sind diese völlig verfilzt und haben eine Menge Läuse, die sie mit großem Vergnügen verspeisen; sie legen sie auf die flache Hand, betrachten sie schmunzelnd, wie sie herumkriechen, und lecken sie dann mit der Zunge auf. Sie haben ein breites, braungelbes Gesicht. [...] Einen Bart haben sie nicht, und wenn sich bei jemandem irgendein Haar zeigen sollte, reißen sie es sofort aus. [...] Die Frauen tragen dieselbe Kleidung wie die Männer, darum sind sie schwer auseinanderzuhalten. Ihre Waffen sind Bogen und Pfeile ... aber auch Flinten. Wenn jemand auf die Jagd zieht, hält er in der rechten Hand ein an einem langen Stiel befestigtes Messer von einem halben Arschin Länge oder mehr, das bei ihnen Palma heißt und als Jagdspieß dient, und auf dem Rücken den Bogen und einen Köcher mit Pfeilen. [...] Vätern und Müttern erweisen sie keinerlei Ehrerbietung und zanken mit ihnen, wie es ihnen in den Sinn kommt. Frauen haben sie fünf oder sechs, so viel jemand zu ernähren imstande ist. Der Mann kann seine Frau für keinerlei Schuld wegschicken, selbst wenn sie des Ehebruchs überführt ist, nur ist ihm der Liebhaber wegen der Entehrung eine Buße in Rentieren schuldig.»[384] Allerdings verfügte der Ehemann selber völlig frei über seine Frauen. So erfuhr Erman um 1830 in Krasnojarsk: «Die nordischen Tungusen leben übrigens in festen Ehen mit mehreren Frauen; sie sollen sie liebevoll und gut behandeln, dennoch aber nicht selten eine derselben für eine bestimmte Zeit einem der russischen Promyschleniks überlassen, die im Sommer auf den Tundren jagen, und welche ihnen dafür einen Anteil an den erbeuteten Fellen zugestehen.»[385]

Zu den mehr oder minder mobilen Waldvölkern kann man auch die *Selkupen* rechnen. Weil sie in der Taiga lebten, stand im Zentrum ihrer Wirtschaft die Fischerei.

33. 1913: Krasnojarsk vom Wachtberg aus (auf dem Pferd ein Angehöriger der Kaufmanns- und Schiffseignerfamilie Gadalow).

34. Die gleiche Perspektive 1993. Vor allem im Stadtzentrum hat die Moderne Einzug gehalten.

35. Krasnojarsk vor dem Ersten Weltkrieg:
35.1. Eine Stadt aus Holz (1913).

35.2. Prächtige Geschäftshäuser aus Stein an der *Voskresenskaja ulica*, doch die Straße ist noch naturbelassen.

35.3. Volksbelustigung auf dem Alten Marktplatz.

35.4. Vorstadtslum Nachalowka. Hier vegetieren Arbeiter und vom Land neu Zugezogene.

36. Der Wachtberg *(Karaul'naja gora)* mit der Kapelle der Paraskeva Pjatnica. Die roten Mergelhänge haben Krasnojarsk den Namen gegeben.

37. Die alte Kirchenstadt Jenisseisk seit der Stalinära fast ohne Kirchen. Im Vordergrund das Spaskloster.

38. Das Stadtzentrum von Jenisseisk im Jahre 1913.

39. Die Hauptstraße (*Bol'šaja ulica*) von Jenisseisk vor dem Ersten Weltkrieg – naturbelassen und von hölzernen Gehsteigen *(mosty)* flankiert.

40. Selbst in dieser ehemaligen Hauptstadt folgt das Bebauungsmuster mit seinen geschlossenen Hofanlagen dem Vorbild des Dorfes. Blick vom Glockenturm der Mariä Himmelfahrtskirche (*cerkov' Uspenija*) im Jahr 2000.

41. Die ehemalige Hauptkirche Zur Erscheinung Christi *(Bogojavlenskij sobor)* – herabgewürdigt zu einem Heizkraftwerk und einem Feuerwehrausguck. Seit 2012 renoviert.

42. Worogowo (1993): Das blieb von der Dreifaltigkeitskirche, die 1913 Nansen so beeindruckt hatte – das Portal als Teil der Dorfbäckerei.

43. Das Brot fährt ein Knabe mit einem Pferdekarren aus.

44. Wereschtschagino: Postamt und Funkstation (1993).

45. Wereschtschagino: Von den Einwohnern in der Niederung zwischen beiden Dorfteilen gelagertes Schwemmholz. Hinten links eine der beiden Schulen (1993).

46. Monastyrskoje an der Mündung der Unteren Tunguska. Seit es 1912 Vorort des Turuchansker Krai wurde, wird lebhaft gebaut (Foto von 1913).

47. Ein Brettersteg ersetzt die Dorfstraße. Nansens Reisebegleiter J.G. Loris-Melikow im Gespräch mit einem der Priester von Monastyrskoje (1913).

48. Die Kirche des Dreifaltigkeitsklosters von Monastyrskoje mit den Gebeinen des Hl. Wassili von Mangaseja (1913).

49. Was 1993 vom Kirchengebäude übrig geblieben ist. Lange als Lagerhaus genutzt, wird im rechten Teil wieder Gottesdienst gefeiert.

50. Ein ärmliches Viertel in Turuchansk (ehemals Monastyrskoje). Selbstversorgung aus dem eigenen Garten spielt eine wichtige Rolle (2000).

51. Baklanicha am Jenissei im Krai Turuchansk. Das Ufer wird in jedem Frühjahr von Eisgang und Hochwasser bis hoch hinauf abrasiert und lässt willkommenes Schwemmholz zurück.

52. Dorf des Krai Turuchansk im Polarwinter.

53. Die trostlosen Wohnblocks von Igarka. In den Hütten und Stahlcontainern auf dem Hochufer sichern die Einwohner Motoren und Fischereizubehör für ihre Boote.

54. Igarka: Durch die Instabilität auf dem Permafrostboden geraten ältere, noch nicht auf Betonpfählen gebaute Häuser ins Wanken (1993).

55. Igarka: Durch eine Gasexplosion zerstörtes hölzernes Mehrfamilienhaus (1996).

56. Igarka: Aufgebockte und gegen den Frost isolierte Fernheizungsrohre (1993).

57. Der Hafen von Dudinka Ende August 2000. Trotz der bevorstehenden Winterpause nur mäßige Aktivitäten. Im Vordergrund fahrbare Stahlcontainer für die Sicherung von Bootszubehör.

58. Im Permafrostboden verankerte Betonstelzen für einen nicht gebauten Wohnblock Dudinkas.

59. Mit Farbe gegen das graue Einerlei einer Polarstadt: Wohnblocks in Dudinka. Das Regenwasser staut sich auf dem Permafrostboden.

60. Ust Port im Jahre 2000 – ein Dorf ohne Hoffnung. Hier beginnt der Mündungsschlauch des Jenissei. Vor dem Strand grüßt das Wrack eines Fischkutters. Das langgestreckte Gebäude ist die ehemalige Fabrik für Fischkonserven.

61. Das Beiwagenmotorrad mit Pritsche – der Lastesel Sibiriens (Ust Port Ende August 2000).

62. Norilsk.

63. Badefreuden und der Pesthauch des Kombinats Norilsk Nickel.

Sie waren erfahrene Fischer, die nicht nur Netze und Reusen benutzten, sondern auch lange Zäune quer durch kleinere Flüsse zogen, in denen sich die Fische verfingen. Daneben jagten sie ebenfalls das wilde Ren, Elche, Bären und vor allem Pelztiere. Nur die näher an der Tundra siedelnden Selkupen hatten von den Enzen auch die Rentierzucht übernommen, allerdings lediglich für den Eigenbedarf an Zugtieren.

## Die Flussnomaden

Als Fridtjof Nansen auf seiner Jenisseireise am 15. September 1913 Sumarokowo erreichte, erblickte er am Strand «mehr als dreißig Jenissei-Ostjakenboote, einen ganzen Mastenwald». «Die Boote sind mit einem Dach überbaut, das mit Birkenrinde gedeckt ist, so dass der größte Teil des Bootes eine Art Kajüte bildet; darin schien die ganze Familie sich einer guten, warmen Schlafstelle zu erfreuen, ungefähr wie in einem Zelt, nur etwas niedriger über dem Kopf. Es müssen ganz gemütliche Reiseboote sein, und man ist in den kleinen Häusern gewiss gut aufgehoben. Der Boden der Boote ist ganz flach; vorn haben sie einen langen, seltsamen Schnabel, der, wenn sie anlegen, weit über den Sand strandeinwärts reicht. Er dient dazu, die Reisenden an den langsam abfallenden Ufern einigermaßen trocknen Fußes ans Land zu bringen. Sie haben auch ein Landungsbrett mit eingehauenen Stufen, um es von jenem Schnabel auf den Strand hinauszuschieben, so dass sie auch, wenn das Boot schon ein ganzes Ende vom Wasserrand auf Grund sitzen bleibt, ziemlich weit herankommen können.»[386] (Abb. 66).

Die verschiedenen Keten-Clans hatten sich in Sumarokowo getroffen, um ihre Jagdausbeute (vor allem Eichhörnchenpelze und Rentierfelle) sowie gedörrten Fisch gegen Konsumwaren und Schnaps einzutauschen. Vom Typus her erinnerten viele der Keten Nansen an Zigeuner. Sie waren eher dunkel-, ja schwarzhaarig, allerdings von etwas hellerer Hautfarbe als die Tungusen. Anthropologisch meinte er unter ihnen jedoch zwei verschiedene Gesichtstypen ausmachen zu können: «Während einige Gesichter kurz und breit waren und eine verhältnismäßig platte, nach unten breite Nase hatten, gab es noch einen höhern, schmalern Typus, der eine ziemlich scharfe, langgezogene und schmale Nase besaß und mehr dem eines Europäers glich.»[387]

Fast hundert Jahre vorher, 1829, hatte Hansteen beim Kirchdorf Jarzewo ebenfalls eine ganze Flottille von Ostjakenbooten mit ihren mit Birkenrinde und Tierhäuten bekleideten Aufbauten angetroffen. Die ganze Gesellschaft hockte im Sand am Ufer, Männer, Frauen, Kinder. «Sie hatten schwarze, blitzende Augen, manche ein fast schwarzes Gesicht und eine sehr kleine und leichte Gestalt.» Sie hatten Jassak nach Jenisseisk gebracht und befanden sich auf dem Rückweg. Sie waren mit Bogen bewaffnet und zeigten dem Fremden gerne ihre Schießkünste, auf 200–300 Fuß Entfernung Pfeile treffsicher in ein 7 Zoll breites Brett zu schießen. Schon drei Buben hatten kleine Bögen, mit denen sie auf kürzere Entfernung ebenfalls sehr treffsicher schossen. Diese Ostjaken verstanden in der Regel kaum Russisch.[388]

Traditioneller Haupttreffpunkt der Keten war das Kirchdorf Werchne-Inbatskoje am Jenissei, wo sich noch zu Beginn des 19. Jahrhunderts bis zu 200 Hausboote versammelt haben sollen, um dort den Pelz-Jassak abzuliefern.[389] Die Keten waren also die einzigen Indigenen, die sich im Sommer zu Wasser bewegten – Flussnomaden.

Da sie dann vor allem fischten und Wasservögel schossen, suchten sie sich passende Uferstellen, wo sie ihren Tschum aufstellen konnten; das war ein kegelförmiges Stangengerüst, das mit großen, durch Kochen haltbar und biegsam gemachten Birkenrindenlappen bedeckt wurde. Oft waren es neben Großfamilien oder Clans Kleinfamilien, die so nomadisierten. Der gefangene Fisch wurde durch Dörren für die Winterzeit konserviert und dann aus der Eislochfischerei durch Frischfang ergänzt, den man einfror. Im Winter lebten die Keten clanweise in ufernahen Grubenhäusern, die in den Boden eingetieft waren und aus einem Bretterbau bestanden, der von außen mit Grassoden und Erde beworfen wurde. Während dieser Jahreszeit war Jagd angesagt, Jagd auf Elche, wilde Rentiere, Bären und vor allem Eichhörnchen. Mit Eichhörnchenfellen zahlten die Keten ihren Jassak. Sie galten als die erfolgreichsten Eichhörnchenjäger und ihre Bögen und Pfeile als die bestgearbeiteten aller Indigenen. Im 18. Jahrhundert bildeten sie drei große Clanverbände, die sich mit ihren Hausbooten in der Regel nur zueinander gesellten, wenn sie «zu Markte fuhren», um ihren Jassak abzuliefern und einzukaufen.[390]

In der schon zitierten offiziellen Beschreibung von 1784/85 heißt es zu den Ostjaken: «Ihr Gesicht ähnelt dem der Kalmücken, es ist dunkel, doch es gibt auch helle. Es hat schöne Frauen unter ihnen, jedoch selten. Von ihrer Wesensart sind sie sanft und unkriegerisch. Im Winter fahren sie auf Hundeschlitten, im Sommer auf dem Wasser in Booten aus Birkenrinde.»[391] Dass die Ostjaken sich anders als die Tungusen offen gegen die russische Herrschaft aufgelehnt hätten, ist nicht bekannt. Castrén bestätigt die zuvor zitierte Feststellung, wenn er meint, sie seien unsauber und träge, aber von eher sanfter Gemütsart. Er meint übrigens auch, dass es ökonomisch den samojedischen Rentierzüchtern am besten ging, gefolgt von den tungusischen Pelztierjägern; am Schluss rangierten die fischenden Jenissei-Ostjaken (Keten). Warum? Weil sie den engsten Kulturkontakt zu den Russen hatten und von diesen schamlos ausgenutzt (und mit Alkohol vollgepumpt) wurden.[392]

## Die Steppennomaden

«Das Arinsker Ländchen zählt derzeit 20 Eingeborene[393] von mittlerem Wuchs und schwarzen Haaren», so beginnt der Bericht des Krasnojarsker Jungbojaren Iwan Naschiwoschnikow von 1737 über das «Volk» der Arinsker *Tataren*. «Diese Tataren leben in runden Jurten aus Birkenrinde, und zwar sommers wie winters. Und in der Mitte unterhalten sie ein Feuer. Diese Tataren schlafen auf Filzmatten, die sie auf einer Seite mit verschiedenfarbigem Tuch belegen. Das Kopfkissen besteht ebenfalls aus Filz mit auf einer Seite aufgenähtem mehrfarbigem Stoff. Sie decken sich zu mit Ziegenfellen und Decken aus Ziegenfell. Und sie schlafen nach Art der Russen. Ihre Nahrung besteht darin: Sie säen Sommergetreide und Gerste. An Vieh halten sie Pferde, Rinder und Schafe und davon leben sie auch, sie essen Pferde-, Rind-, Schaf- und Ziegenfleisch, sowohl frisch geschlachtetes als auch Aas. Sie graben auch Wurzeln aus von weißen und gelben Lilien, die dörren sie und kochen das Gedörrte in Wasser und essen es. An Wild verzehren sie Bärenfleisch, auch getrocknet, und anderes Wild außer Wolfs- und Fuchsfleisch. Diese Tataren zahlen in den Staatsschatz seiner kaiserlichen Hoheit den Jassak in Fellen von Zobeln, Füchsen, Wölfen und

Elchen und ersatzweise für einen Zobel je einen Rubel pro Person und Jahr. Diese Tataren leben am Flüsschen Busim und nomadisieren an diesem Busim von Ort zu Ort. Und als Glauben haben sie: Sie verehren einen Himmelsgott und beten Himmel, Sonne und Mond an.» Die Arinsker Tataren waren beritten und benutzten als Waffen neben Pfeil und Bogen auch schon Gewehre. Ihre Toten bestatteten sie auf einer Anhöhe in einem Erdgrab, das sie mit einem Stein markierten.[394]

Ganz ähnlich lautet ein gleichzeitiger Bericht über die Katschinzer Tataren, die an der Katscha bei Krasnojarsk nomadisierten und nach dem Abzug der Kirgisen unter den verbliebenen Waldsteppen- und Steppenvölkern dominierten. Allerdings benutzten sie Birkenrinde als Bedeckung nur für die Sommerjurte. Aus Stuten- oder Kuhmilch verstanden sie berauschende Getränke zuzubereiten. Sie kannten auch die Vielweiberei.[395] Beide tatarische Horden – noch nicht lange von den Russen unterworfen – lebten in der Waldsteppe des Jenisseibeckens und vermochten daher durch die Jagd auf Pelztiere und Elche ihrer Jassakpflicht zu genügen.

Die eigentlichen Steppengebiete am oberen Tschulym, am Abakan und im Minussinsker Becken bildeten bis zum Anfang des 18. Jahrhunderts das Reich der *Jenisseikirgisen*. Sie waren wirkliche Nomaden, die im Wechsel der Jahreszeiten mit ihren großen Herden umherzogen, organisiert in Clans *(ulusy)*, an deren Spitze ein Häuptling stand. Sie besaßen Sklaven und trieben wie später die Russen von den umwohnenden Völkerschaften Tribute ein.

Nach dem Abzug der Kirgisen nahmen in der Waldsteppe lebende tatarische Halbnomaden, vor allem die Katschinzen, die frei gewordenen Steppenflächen in Besitz. Sie praktizierten im Wechsel der Jahreszeiten mit ihren Herden eine Transhumance zwischen einem permanenten Winterlager *(stojba)*, das meistens an einem Fluss oder einem See lag, und wechselnden Sommerlagern mit guten Weidemöglichkeiten. Für die Sommerweide taten sich wie bei den Rentiernomaden mehrere Familien zusammen. Auch in der Steppe blieben die Katschinzer mit einem gemischten System aus Großviehzucht, Ackerbau und Jagd Halbnomaden. Im Lauf des 19. Jahrhunderts dehnten sie im Kulturkontakt mit russischen Siedlern ihren Ackerbau aus. Allerdings ließen ihnen die einströmenden russischen Kolonisten für ausgedehnte Wanderungen mit ihren Herden immer weniger Raum, so dass sie gezwungen waren, ihre Herden durch zunehmenden Übergang zu einer eigentlichen Grünlandwirtschaft zu ernähren. Am Ende dieser Entwicklung stand eine gemischte Ackerbau- und Grünlandwirtschaft mit Großviehzucht bei eingeschränktem Nomadismus.[396] Daraufhin entschied die Verwaltung in Krasnojarsk am 28. Oktober 1911, die Nomaden der Kreise Atschinsk, Minussinsk und Kansk rechtlich und administrativ in den Status sesshafter Untertanen zu überführen und die für sie geltenden Sonderregelungen aufzuheben.[397] Wie die sofort entflammenden Proteste anzeigten, geschah dies etwas voreilig, denn noch 1917 verfügten 41 Prozent der Katschinzen über wie auch immer geartete Sommerweideplätze. Doch zugleich waren die Indigenen des Kreises Minussinsk mit 37 235 Personen gegenüber 275 908 Russischsprachigen hoffnungslos in der Minderheit.[398] Daher bewirkte die Verfügung von 1911 vor allem eines: Sie beschleunigte unter den Betroffenen die Bestrebungen, die sechs turksprachigen Völkerschaften der Steppenkreise (Katschinzen, Kysylzen, Koibalen, Beltiren, Sagaizen und Schorzen) stärker zusammenzuschließen, um ihre Interessen besser wahrnehmen zu können. Dies gelang allerdings, wie bereits ausgeführt, mit der Ausrufung eines übergreifenden chakassischen Ethnos erst in der frühen Sowjetzeit.[399]

### Die Kultur der Altvölker

Das durch Natur und Wirtschaftsweise bedingte unstete Leben der Indigenen prägte ihre Kultur.[400] Rein äußerlich fielen vor allem ihre Behausungen auf. Weil sie immer wieder den Wohnort wechseln mussten, brauchten sie wetterfeste Unterkünfte, die sich leicht transportieren und schnell aufstellen ließen. So wurde der Tschum, das kegelförmige Stangengerüst, das oben zusammengebunden und außen mit zusammengehefteten Birkenrindenlappen oder Rentierfellen bespannt wurde, bei Tundren- und Waldvölkern das Standardmodell (Abb. 67). Seine Bestandteile ließen sich auf von Rentieren gezogenen Schlitten oder Rutschen gut transportieren und innerhalb von zwei Stunden aufstellen oder abbauen. Der Tschum hatte einen Durchmesser von fünf bis acht Metern, je nach der Anzahl der Bewohner. Oben war er offen, damit der Rauch der offenen Feuerstelle abziehen konnte. Fast alle Völker benutzten ihn auch im Winter, dann jedoch bei doppelter oder gar dreifacher Ummantelung mit Rentierfellen. Ewenken und Selkupen kannten als Waldvölker jedoch für den Winter auch das erdbeworfene und besser isolierte Grubenhaus. Bei den Dolganen hatte sich von ihren russischen Vorfahren die Gewohnheit vererbt, während des Winters in Blockhäusern zu leben. Wenn sie unterwegs waren, benutzten sie beispielsweise große kastenförmige und mit einem kleinen Ofen beheizte Wohnschlitten (Abb. 68), deren Vorbild sie reisenden russischen Kaufleuten abgeschaut hatten. Bei den Waldsteppen- und Steppennomaden, etwa den Katschinzer Tataren, war als mobile Behausung die Jurte (von türkisch *yurt*, Heim) in Gebrauch. Anders als der Tschum der Rentiernomaden bestand sie aus einem zweiteiligen Gerüst, dessen vertikaler runder oder halbrunder Unterbau dem aus leichten Stangen gefertigten konischen oder zylindrischen Dachgewölbe den nötigen Halt gab. Als Außen- und Bodenbelag dienten Filzmatten, die man durch langes Walken und Erhitzen aus Schafwolle gewann. Seit der Mitte des 19. Jahrhunderts zogen die Katschinzer Tataren es nach russischem Vorbild allerdings vor, den Winter in gut heizbaren Blockhäusern zu verbringen.

Nominell waren die meisten Indigenen am Ende des 19. Jahrhunderts Christen. Sie hatten sich zwar taufen lassen, weil es dafür eine Belohnung gab, aber vom Christentum wussten sie fast nichts.[401] Als Steller 1739 in Kansk zwei getaufte ketische Assanen nach ihrem christlichen Glauben befragte, erklärten sie, man müsse sich bekreuzigen, dürfe in der Fastenzeit kein Pferdefleisch essen, und die Trinität bestehe aus Christus, Maria und dem Heiligen Nikolaus.[402] Die Lebenspraxis der Indigenen blieb weiterhin bestimmt vom Animismus – dem Glauben an die belebte Natur und an gute und böse Geister. Um in der geheimnisvollen Welt von Taiga und Tundra überleben zu können, brauchte es neben den eigenen praktischen Fähigkeiten auch den Schamanen. Mit seinem schellenbesetzten Gewand, seiner großen Trommel und seinem magischen Geschick vermochte er das Wirken der Geister und der Naturmächte zum Wohle seiner Schützlinge zu beeinflussen. Aber er verstand sich auch auf die Heilkunst und darauf, die Zukunft zu deuten. Für die meisten westeuropäischen Besucher, die der Zeremonie eines Schamanen beiwohnen durften, war das Hokuspokus oder gar Betrug. Nansen konnte 1913 einen Schamanen der Keten in Sumarokowo gegen gutes Geld erweichen, ihm seine «Kunst» vorzuführen und sich weissagen zu lassen. Immerhin sagte der Alte den Weltkrieg voraus.[403] Jonas Stadling machte Ende 1898 an der Chatanga sogar die Bekanntschaft eines getauften Schamanen. Dieser erzählte: «Der Priester sagte mir, dass es falsch sei, sich als Schamane zu betätigen, und vielleicht stimmt das ja auch, aber ich muss beides machen zu meinem eigenen Heil und dem meines Volkes. Einmal im Jahr beichte ich beim Priester und gebe ihm ein Blaufuchsfell, dann ist er zufrieden, und ich kann in aller Ruhe ein Jahr lang weiter schamanisieren. Es kann sein, dass der Gott der ‹Getauften› mächtiger ist als unsere Gottheiten, aber die orthodoxen Priester sind unfähig, sich die Geister dienstbar zu machen (das heißt um Krankheiten zu kurieren), wie wir Schamanen es verstehen.»[404] Noch 1914 erlebte Maud Haviland in Goltschicha am Ästuar des Jenissei, dass Eingeborene der Umgebung sich mehrmals taufen ließen, um immer wieder ihren Taufrubel kassieren zu können. Wenn der Priester aus Dudinka einmal im Sommer nach Goltschicha komme, um eine Liturgie zu halten, würden die Indigenen aus der Umgebung dafür zusammengetrieben, denn freiwillig kämen sie nicht. Am Schluss der Liturgie werde für den Priester gesammelt. Wer einen halben Rubel gebe, dürfe eine Kerze anzünden, wer einen Rubel gebe, werde in der Liturgie namentlich genannt. Mit dem Priester zusammen war im Schiff ein Gendarm gekommen, der – während alle bei der Liturgie weilten – die Gelegenheit nutzte, um sämtliche Behausungen gründlich nach Wodka zu filzen. Allerdings hatten die ganz Schlauen ihre Vorräte vorher in der Tundra versteckt.[405]

Auch in den Bestattungsarten spiegelt sich der jeweilige Grad der Christianisierung wider. Am ursprünglichsten scheint bei Tundren- und Waldvölkern die Luftbestattung gewesen zu sein. Bei den Selkupen wurde der Leichnam in eine Rentierhaut eingenäht und an einen Baum gehängt, unter dem man zahlreiche persönliche Gegenstände des Toten niederlegte. Im ausgehenden 19. Jahrhundert ließen andere indigene Völker diese traditionelle Luftbestattung nur noch ihren Schamanen angedeihen. Nganassanen und Nenzen betteten den in eine Rentierhaut eingenähten Toten auf seinem Schlitten in der Tundra zur letzten Ruhe und schützten ihn vor Raubtieren durch eine kegelförmige Ummantelung aus Hölzern. Solche «Jurakenschlitten» konnten ganze Friedhöfe bilden, aber auch vereinzelt den letzten Ruheort eines Samojeden anzeigen. Daneben gab es in späterer Zeit den Brauch, den Sarg auf einem niedrigen Podest der Luft auszusetzen. Die Keten pflegten ihre Toten ebenfalls auf Podesten im Freien oder in ausgehöhlten Baumstämmen zur ewigen Ruhe zu betten. Im Laufe des 19. Jahrhunderts breitete sich bei den meisten Altvölkern die Erdbestattung aus. Die Dolganen, die den Russen kulturell am nächsten standen, praktizierten im 19. Jahrhundert generell die Erdbestattung, allerdings mit einem Scheinsarg auf dem Grabhügel.

Ausländern fiel auf, dass die Indigenen in vielen ihrer Werte sich vorteilhaft von den Russen abhoben. Gerühmt wird immer wieder ihre Gastfreundschaft. Umgekehrt bedankten sie sich geradezu überschwänglich für Gefälligkeiten oder Geschenke Fremder. Bewundert wird ferner ihre Ehrlichkeit. Im Unterschied zu Russen stahlen Indigene nicht.[406] Ein Reisebegleiter Seebohms, der viele Jahre unter den Dolganen gelebt hatte, erzählte ihm 1877, dass zu der Zeit, als er dorthin gekommen sei, «alle indigenen Stämme rechtschaffen, ehrenhaft und vertrauensvoll [waren], und sie lebten noch sehr friedlich miteinander und hatten selten Streit. Der Egoismus der Zivilisation ist unbekannt; so etwa, wenn jemand eine Flasche Wodka kauft oder erbettelt, teilt er sie mit seinen Kumpels, wobei der älteste Mann oder die älteste Frau zuerst an die Reihe kommt; selbst die Kinder erhalten ihren Anteil. Unter ihnen werden die Eigentumsrechte noch strikt befolgt. In der Tundra oder an den Flussufern kann man häufig beladene und mit Rentierfellen bedeckte Schlitten stehen sehen; sie sind vollkommen sicher und bleiben dort oft monatelang stehen. In ihren Geschäften mit Fremden sind die Eingeborenen in der Regel vertrauensselig und ihr Wort galt früher gleich viel wie ein schriftlicher Vertrag. Nun sind sie durch den Kontakt mit den Russen korrumpiert.»[407]

## Altvölker und Staatsmacht

Die eingeborene Vorbevölkerung des Jenissei-Stromlandes erlebte die ersten Russen als fremde Eindringlinge, die sie mit Waffengewalt ausplünderten und dies als Akt der Unterwerfung unter einen ihnen unbekannten Herrscher rechtfertigten. Ob der Tribut frei- oder unfreiwillig entrichtet wurde – er galt in jedem Fall als Anerkennung der zarischen Oberherrschaft. Dabei richtete sich das Interesse der Tributnehmer in erster Linie auf das «schwarze Gold» – die Zobelpelze, von denen möglichst viele an den Staatsschatz abzuliefern waren, denn Zobelpelze erzielten an den Herrscherhöfen und in Adelskreisen Westeuropas Höchstpreise. Dieser Pelztribut wurde Jassak genannt.

### Das Jassaksystem

Ganz unbekannt war das Jassaksystem den meisten Indigenen nicht, denn bereits herrschaftlich organisierte Völker wie Burjäten und Kirgisen hatten zum Zeichen der Unterwerfung Tribute eingefordert. Daher stammt auch die Bezeichnung «Jassak» schon aus vorrussischer Zeit. Was sich mit der Ankunft der Russen jedoch änderte, war, dass man sich dem Zugriff flächendeckend und permanent ausgesetzt sah und dass dahinter anders als bei den instabilen Herrschaftsgebilden indigener Tributnehmer staatliche Machtmittel standen, gegen die man sich auf Dauer nicht zu wehren vermochte.

Abgesichert wurden Jassakpflicht und Unterwerfung auf dreifache Art und Weise: durch einen Treueid auf den Zaren, durch die Stellung von Geiseln und durch Ehrengeschenke für die Häuptlinge der Clans. Den Treueid durften die Indigenen nach eigener Tradition und in ihrer Sprache leisten.

Wie ein ritualisierter Treueid in sehr viel späterer Zeit aussah, hat Johann Eberhard Fischer 1741 im Fort Kansk bei einem burjätischen Clan erlebt: «1) müssen sie ihren Kopf stecken zwischen zwei entblößte Schwerter, welche zwei gegeneinander stehende Sluschiwie halten: neben dem Burjäten stehet noch ein dritter Sluschiwoi mit aufgerecktem bloßen Schwert. 2) Der Russische Commissaire spricht den Eid vor in seiner Sprach, und der Dolmetsch wiederholt ihn in der burjätischen, welchen der Burjät Stück für Stück nachspricht. Der Inhalt des Eides ist dieser, dass sie versprechen, dem Kaiser treu und gehorsam zu sein und keine Meuterei noch Rebellion anzustiften, widrigenfalls sie sich des Todes schuldig zu sein bekennen. 3) Darauf wird einem jeden ein Schälchen Branntwein oder Wasser zu trinken gegeben: Dieses wird geschöpfet aus einer größeren Schale, worin ein wenig Kleb- oder Blättergold lieget, zum Zeichen, dass ihre Treue so rein und lauter sein müsse als das Gold. Ehe ihnen die Schale gereichet wird, müssen sie noch mal angeloben, dass sie dem Kaiser eben so wie Gott wollen gehorchen. So lange der actus währet, bleiben sie immer in einerlei Positur, und halten den Kopf zwischen den beiden Schwertern.»[408]

Um die Botmäßigkeit der Unterworfenen sicherzustellen, hatte jeder indigene Clan oder Clanverband Geiseln *(amanaty)* zu stellen, möglichst aus der Häuptlingsfamilie oder deren nächster Verwandtschaft. Zu diesem Zweck gab es in Jenisseisk einen Geiselhof, in dem die Geiseln für ein Jahr lebten, bis sie gegen andere Personen ausgetauscht wurden. Im Oktober 1629 beispielsweise brachten Krasnojarsker Dienstleute aus der Mitte der Bratsker Tungusen 46 Männer, Frauen und kleine Kinder als Geiseln nach Jenisseisk. 1632 begnügte man sich mit acht Personen.[409] Es ist anzunehmen, dass die an ein vagierendes Leben in der Taiga gewöhnten Tungusenfamilien sich während dieses Jahres auf dem Geiselhof im Fort Jenisseisk nicht gerade als Gäste des Wojewoden gefühlt haben, auch wenn man sie durch gute Kost bei Laune zu halten suchte und sie – bei Wohlverhalten – nach Beendigung des Internierungsjahres mit Abschiedsgeschenken verwöhnte.

Dabei suchten die Russen den führenden Leuten unter den Tungusen auch zu schmeicheln und ihr Wohlwollen durch Ehrengeschenke zu erringen. So hatten im Jahr zuvor gerade die Häuptlinge der Bratsker Tungusen farbige Stoffe, Schuhe, Hosen, Hemden und Schnapsgläser erhalten.[410]

Wie viel an Jassak ein Eingeborener zu entrichten hatte, schwankte stark je nach Region und Zeit. Im Jassakregister von Jenisseisk für das Jahr 1629 rechnet man im Allgemeinen pro Person (Mann) elf Zobel an Jassak und als «Ehrengeschenk» *(pominki)* für den Wojewoden einen Zobel. Die Zobelpelze wurden zu 40 Stück *(soroki)* gebündelt und gezählt. Im Fiskaljahr 1627/28 erbrachte der Jassak in der Wojewodschaft Jenisseisk, die damals ihren Schwerpunkt im Becken der Angara hatte, 18 Bündel plus 11 Einzelstücke, also insgesamt 731 Zobelpelze.[411] Während des zweiten Viertels des 17. Jahrhunderts lag der mittlere Ertrag am unteren Jenissei, wo es weniger Zobel gab, im Mittel bei einem, am mittleren Jenissei und seinen Zuflüssen bei 4,7 Zobelpelzen.[412]

Um den Zufluss des kostbaren «schwarzen Goldes» zu optimieren, betrieb die Regierung gegenüber den sibirischen Indigenen eine konsequente Schutzpolitik. Das Gesetzbuch von 1649 verbot unter Androhung «zarischer Ungnade», von Jassakpflichtigen Land zu kaufen, sie zu versklaven und gar zwangsweise zu taufen; dies deshalb, weil sie dadurch nur noch einen stark reduzierten Jassak hätten zahlen müssen.[413] Verboten waren der Verkauf von Schusswaffen, Pulver und Blei an Eingeborene[414] ebenso wie Ausschank und Verkauf von Alkohol. Für Branntwein, den sie zuvor nicht gekannt hatten, waren sie bereit, alles herzugeben, was sie besaßen. Dass sie dadurch Gefahr liefen, sich selber zu ruinieren und als Lieferanten von Jassak auszufallen, konnte schwerlich im Interesse des Staates sein. Doch wie so oft in Russland blieben auch diese gesetzlichen Vorschriften weitgehend auf dem Papier. Die Wirklichkeit sah vielfach ganz anders aus.

Vor allem galt dies für das 17., das «wilde» Jahrhundert, als in Sibirien sich noch alles im Fluss befand, die staatliche Verwaltung noch nicht gefestigt, zudem unterfinanziert und unteradministriert war und ihre kosakischen Dienstleute weitgehend schalten und walten konnten, wie sie wollten. Sehr häufig steckten dabei Amtsträger und Kosaken unter einer Decke. Schon der oben erwähnte Anspruch des Wojewoden auf einen Teil des Jassak als «Ehrengeschenk» verdeutlicht, dass neben dem Staat sich auch noch andere an den Indigenen bereichern wollten. Dabei waren der Willkür keine Grenzen gesetzt. Die kosakischen Jassakeintreiber dienten nicht nur dem Staat zu, sondern wirtschafteten ausgiebig auch in die eigene Tasche. Erpressung, Betrug und Versklavung gingen dabei häufig Hand in Hand, mochte Väterchen Zar im fernen Moskau noch so schwere Strafen dafür androhen.[415] Noch 1723 wusste Messerschmidt ein Lied davon zu singen. Auf der Fahrt von Jenisseisk nach Mangaseja (Turuchansk) sah er am Ufer des Jenissei zehn bis zwölf birkenrindenbelegte Spitzzelte von Jenissei-Ostjaken: «Von Hausgeräte, als Kesseln, Töpfen und dergleichen, wussten sie nichts oder möchten vielmehr selbige beiseite gebracht haben, weil sie nämlich klagten, dass die Russen, so hieselbst den Jassak aufzutreiben gesendet werden, sie daneben allezeit gewaltsamlich ausplündern, ihnen ihre Kessel und brauchbaren Pelze abnehmen, das übrige aber, so nichts wert, ihnen zu ihrer Notdurft zurücke lassen, welches denn auch selbst die Russen, so mir zur Podwod [als Fuhrleute] gegeben waren, bekräftigten.» Zuvor hatte er schon in Krasnojarsk die Aussagen eines Tataren zu Protokoll genommen, der ihn um eine Gefälligkeit gebeten hatte: «Er berichtete occasione der Zobeln, dass die Tataren sehr gepresset wären, indem man sie nicht allein 6 Stück Zobel Jassak an Ihre Majestät, sondern über das noch apart für jeden Bogen 1 Zobel denen Woiwoden abtragen müssten, welches der, so den Jassak eintreibet, allezeit apart zu fordern pfleget. Beim Jassak täte man den Tataren noch ferner Unrecht auf folgende Weise: Wenn nämlich ein oder ander der schönsten Zobeln sich darunter findet, welcher den Woiwoden oder Prikastschiken ansteht [gefällt], simulieren sie gewaltsamerweise, er tauge nicht zum Jassak, und geben ihn dennoch nicht zurück, sondern werfen ihn hinter sich beiseits und notieren übrigens an die Bücher, dass N. N. pro Anno soundso viel Zobeln restiere [schulde, die] bei nächstem Jassak abzutragen [seien].»[416]

Wie unzimperlich die Tributeinnehmer mit den Indigenen umsprangen, lassen schon die offiziellen Jassakbücher durchschimmern. Der Jassak wurde oft so hoch angesetzt, dass die betreffenden Clans in Verschuldung gerieten. So heißt es beispielsweise im Einnahmebuch des Jassak-Rauchwerks für die Wojewodschaft Jenisseisk im Rechnungsjahr 1620/21: «Kas-Fluss. Häuptling Okdon Kymsin mit 5 Jassakpflichtigen: Geschenke 5 Zobel und Jassak 35 Zobel; schuldig geblieben 20 Zobel Jassak; ein halbes Jahr später statt der 20 Zobel Schulden 10 Biberpelze genommen.»[417]

Die Gier des Staates nach Jassak zwang die Clans, ihre Jagdbeute weitgehend auf Zobel umzustellen, um den Forderungen genügen zu können. Dabei standen sie jedoch in erbitterter Konkurrenz zu russischen Trappern, die ungefragt und ohne Bewilligung in den Revieren der Indigenen wilderten. Dies betraf sogar fiskalisch weniger interessante Tierarten wie Füchse und Biber. 1643/44 gab es beispielsweise an der Birjussa bei Krasnojarsk noch reichhaltige Biberreviere. Schon 1648 beklagten sich aber die in der Nähe lebenden Tungusen, dass Russen mit brutalen und nicht nachhaltigen Fangmethoden die Biber in ihren Revieren ausrotteten.[418]

Die rücksichtslose Ausbeutung der Zobelbestände hatte zur Folge, dass in den besser zugänglichen Gebieten der Taiga der Zobel schon in der Mitte, in den peripheren Regionen bis zum Ende des 17. Jahrhunderts rar zu werden begann. Während des ersten Viertels des 18. Jahrhunderts gingen die Jassakeinnahmen besonders massiv zurück. In den 1730er Jahren deckte der Wert des eingesammelten Jassak nicht einmal mehr die Kosten für Administration und Militär. Daraufhin suchte der Staat sein Heil in der Privatisierung des Einnahmeregimes: Mit Ukas vom 26. Juni 1727 wurde das Staatsmonopol auf Zobel und Schwarzfuchsfelle aufgehoben und in ganz Sibirien der Handel mit Rauchwaren freigegeben. Allerdings musste jede Handelsoperation über staatliche Zollstellen abgewickelt werden, um hohe Zollabgaben abschöpfen zu können. Jassakpflichtige hatten im Prinzip weiterhin ihren Pflichtteil an den Staat abzuliefern, durften aber in gewissen Fällen ihre Felle auch verkaufen und, wenn sie nicht genügend davon hatten, ihre Jassakpflicht teilweise in Geld ablösen. Aber nicht einmal das Pelzwerk, das vorhanden war, landete vollumfänglich in der Staatskasse. Die Eingeborenen hatten nämlich schnell gemerkt, dass es für sie viel einträglicher war, einen Teil ihrer Jagdbeute auf dem Markt zu verkaufen und stattdessen den Staat mit Geld abzuspeisen.[419] Daher führte ein Ukas des regierenden Senats vom 17. Oktober 1752 das Staatsmonopol auf Rauchwarenhandel vollumfänglich wieder ein, obgleich dieses System sich nicht bewährt hatte. Damit wurden der Korruption erneut Tür und Tor geöffnet, Androhungen schwerster Strafen blieben wie zuvor wirkungslos. Die ständig wachsenden staatlichen Jassakforderungen, Korruption, illegale Kauf-, Verschuldungs- und Versklavungspraktiken staatlicher Amtsträger wie privater Kaufleute nahmen erneut derart erschreckende Ausmaße an, dass immer weniger Felle in Umlauf kamen und der Staat sich 1763 gezwungen sah, erneut eine Teilablösung des Jassak in Geld zu gestatten.[420] Weil die Eingeborenen ihrer Abgabenpflicht in Naturalien immer weniger nachzukommen vermochten, häuften sich immer größere Rückstände an Jassak an. Der Staat ging daher dazu über, den Geldanteil des Jassak weiter zu erhöhen oder die Indigenen zu Arbeitsleistungen heranzuziehen. Es dauerte aber dennoch bis 1910, bevor die Regierung diesen alten Zopf endgültig abschnitt und den Naturaljassak abschaffte. Damit wurden die Indigenen steuerlich weitgehend den Russen gleichgestellt. Allerdings blieben kleine Reste bestehen, um die kaiserliche Familie mit Rauchwaren zu versorgen.[421]

## Widerstand

Natürlich ließen viele Indigene sich nicht so einfach unterwerfen und einen Jassak abpressen. Widerstand leisteten vor allem die wehrhaften Tungusen. Dies zahlte sich anfänglich aus, weil die Russen nur über kleine Trupps von Kosaken und Strelitzen verfügten, denen die Tungusen trotz der gegnerischen Feuerwaffen durchaus gewachsen waren. Am 30. Oktober 1624 beispielsweise entsandte der Wojewode von Jenisseisk, Jakow Chripunow, den Unterhauptmann der Strelitzen, Terech Sawin, an die untere Angara, um bei den Tungusen Jassak zu kassieren. «Er war an einen Ort gekommen, wo die Kosaken gemeiniglich zu fischen pflegten, und wo nicht lange hernach der ostrog Rybenskoi gebauet worden, als er unvermutet von des tungusischen Knäsez Tassei seinen Leuten überfallen, und ein Teil seiner Kosaken in der Geschwindigkeit niedergemacht wurde. Die übrigen verbargen sich mit ihrem Anführer in einer Hütte, wo sie sechs Tage bis zum Abzug der Aufrührer aushalten mussten.»[422] Sawin und seine Leute trafen erst am 26. Dezember unverrichteter Dinge wieder im Fort Jenisseisk ein. «Im folgenden Frühling wurde der Ataman Wassilei Tumenez mit 25 Mann beordert den Knäsez Tassei mit seinem Volk wieder zum Gehorsam zu bringen» – und zwar möglichst «auf die sanfte Tour» («ihn mit Schmeicheleien, nicht aber mit Grausamkeit zu überzeugen und jegliche Kränkungen und Gewaltanwendungen zu vermeiden»). Wenn Tassei bereit sei, den Jassak abzuliefern und Geiseln zu stellen, werde der Herrscher ihm den Angriff gegen Sawin und seine Leute verzeihen und ihm fürderhin Schutz gegen alle seine Feinde gewähren.[423] «Wassilei Tumenez fuhr mit seinen Kosaken den Fluss aufwärts, bis er auf der Tschuna zu einem großen Wasserfall kam, wo er Mühe hatte die Fahrzeuge aufzuziehen. Der Fluss war daselbst zwischen den Klippen nur einen halben Bogenschuss breit, und zu beiden Seiten stark mit Waldung bewachsen. Hier wurde er auf einmal von den Tungusen überfallen. Welche ihn zwangen sich vom Ufer zu entfernen, und mitten auf dem Fluss vor Anker zu legen. Er ließ sie durch einen Dolmetsch ihres ehemals geleisteten Eides der Treue erinnern, bekam aber keine Antwort: vier Kosaken wurden erschossen, und der fünfte hart verwundet. Dieser Verlust brachte die Kosaken zu dem Entschluss sich zurück zu begeben; da sie dann noch eine gute Weile von feindlichen Pfeilen begleitet wurden.»[424]

Die Tungusen galten bis in das 18. Jahrhundert hinein als aufsässig und unzuverlässig. Zwar gingen von ihnen keine wirklichen Gefahren für die russische Herrschaft mehr aus, aber Unruhe zu stiften vermochten sie allemal. Gmelin und Müller hörten im August 1738 in Bratsk, dass dort 50 Burjäten und Tungusen gefangen gehalten würden, die angeblich einen Aufstand geplant hätten und bei denen mehr Feuerwaffen gefunden worden seien, als ihnen zuständen. Auch in Keschma vernahmen die Reisenden, dass dort Jagd auf verdächtige Tungusen gemacht wurde.[425] Andererseits meint Gmelin, als er im Juni 1740 das Fort Tassejew besuchte, dass dieses, obgleich erst 1733 errichtet, wohl nicht mehr in Funktion treten werde, weil die Tataren und Tungusen des Umlandes «von Tage zu Tage in ihrem Umgange leutseliger werden, und das wilde Wesen ablegen».[426]

Dies zeigte sich im Laufe der Zeit daran, dass die Tungusen auch die Vorteile einer Symbiose mit Russen wahrzunehmen begannen. 1781 beispielsweise gelangte der «neu getaufte» Tungusenhäuptling Pjotr Gussew aus dem Distrikt Bogutschansk an der Angara mit einem Gesuch an die Kreisverwaltung in Jenisseisk, zwei russischen Bauern die Ansiedlung auf dem Gebiet des Tungusenclans am Fluss Ona zu gestatten. Die Gesuchsteller versprachen sich davon eine geregelte Versorgung mit Getreide, das sie sonst viele Tagereisen weit herholen müssten. Sie stellten aber die Bedingung, dass die russischen Neusiedler die tungusischen Jagd- und Fischgründe nicht anrührten.[427]

### Die Einbindung der Altvölker in die Verwaltungsstrukturen
Bis ins erste Viertel des 18. Jahrhunderts mischte sich der Staat in die inneren Angelegenheiten der Indigenen nicht ein, sondern begnügte sich damit, ausschließlich mit den Clanchefs oder Häuptlingen zu verhandeln, ihre Position zu stärken und sie entspre-

chend zu hofieren. In den 1720er Jahren ging man dazu über, die Rechte und Pflichten der Jassakbevölkerung genauer festzulegen, ihre Religionszugehörigkeit zu regulieren und die Befugnisse der Häuptlinge insbesondere in Sachen Rechtsprechung zu fixieren. Als diese Beziehung sich genügend gefestigt hatte, konnte man 1763 das anderthalb Jahrhunderte alte und hochkorrupte System der Eintreibung des Jassak durch staatliche Beauftragte liquidieren und die Ablieferung des Jassak den Häuptlingen überantworten. Die Geiselhaft wurde abgeschafft. Sie hatte im 18. Jahrhundert ohnehin nur noch für «vagierende» *(brodjačie)* Clans gegolten. Für vollständige und pünktliche Entrichtung des Jassak wurden die Häuptlinge vom Staat mit kostbaren Stoffen, Tabak und anderem entschädigt.[428] In Krasnojarsk war es schon 1740 üblich, für alle Tataren, die den Tribut einlieferten, in der Zitadelle ein großes Fest zu geben. Sie bekamen Freibranntwein, Freibier und alle zusammen ein Pferd, das bis zu völliger Entkräftung im Kreis geritten, dann geschlachtet, das Fleisch verteilt und verzehrt wurde.[429]

Zu den neu festgelegten Pflichten zählte auch die formelle Aufnahme der Indigenen in den Grenzschutz entlang der über 3000 km langen Grenze zu China. Diese hatte man nach dem beiderseitigen Grenzvertrag von 1727 markiert. Von russischer Seite wurde sie durch 30 Posten *(karauly)* überwacht, davon lagen drei auf Krasnojarsker Gebiet. Jedem Grenzposten waren Milizen aus benachbarten Indigenenclans zugeordnet. Die Oberaufsicht führten zwar russische Dienstleute, doch diese bereisten die ihnen zugewiesenen Grenzposten nur sporadisch und überließen das Kommando vor Ort dem jeweiligen Häuptling. Lediglich am Oberlauf des Jenissei kommandierte ein Krasnojarsker Offizier die Eingeborenenmiliz. Dass man den Grenzschutz weitgehend in die Hände Indigener legen musste, hing mit der schwachen militärischen Präsenz Russlands in dieser fernen, gebirgigen Region zusammen. 1731 standen entlang der gesamten Grenze zu China lediglich ein Infanterieregiment und eine Dragonerschwadron. Das Rückgrat der Verteidigung bildeten daher 5000 tungusische und burjätische Milizionäre. Aus diesen Milizen erwuchsen in der Folgezeit die ersten sibirischen Grenzkosakenheere, die schließlich den Grenzschutz übernahmen.[430]

Als 1822 die Verwaltungseinteilung Sibiriens neu geordnet und das G. Jenissei gegründet wurde, erließ die Regierung ein Statut, welches Status und innere Administration der Altvölker neu regelte. Diese wurden je nach Wirtschaftsweise – wie erwähnt – in die Kategorien der Sesshaften, Nomadisierenden und «Vagierenden» eingeteilt und erhielten dementsprechende Selbstverwaltungsstrukturen. Bei sesshaften Indigenen war dies erforderlich, weil sie mehr und mehr zwischen russischen Siedlern lebten, bei nicht sesshaften, um sie administrativ besser zu erfassen.[431] Bei den Nomadisierenden beispielsweise hatte sich der verwandtschaftlich geprägte Ulus als kleinste administrative Einheit nicht bewährt und wurde durch clanübergreifende Territorialgebilde ersetzt, die wechselnd als Uprawa, Aimak oder als Steppenduma firmierten und ungeachtet der Durchmischung mit russischer Bevölkerung alle Indigenen dieses Gebietes zu einer Selbstverwaltungskörperschaft zusammenschlossen.[432] Dieses mehrfach, letztmals 1892,[433] revidierte Statut wurde 1899 von hohen Beamten der Krasnojarsker Verwaltung zur Disposition gestellt, weil es dem Entwicklungsstand der meisten Indigenen nicht mehr entspreche.[434] Doch wagte die Regierung es erst 1912, das Statut abzuschaffen und die Indigenen auch steuerlich den Russen gleichzustellen. Da insbesondere die Nomaden im Süden des G. Jenissei schon seit Jahrzehnten unter dem wachsenden Landhunger der russischen Zuwanderer litten, löste der Regierungsentscheid im Frühjahr 1913 eine Explosion aus. Im Kreis Atschinsk kam es wie im Süden des G. Tomsk zu heftigen Zusammenstößen zwischen Indigenen und Polizeikräften, die aus der gesamten Region zusammengezogen werden mussten. Der Regierungsentscheid von 1912 war offensichtlich verfrüht. Die Spannungen, die daraus entstanden, erbte einige Jahre später die Sowjetregierung.

Was die religiösen Praktiken der Indigenen anbelangt, so war der Staat von Anfang an aus zwei Gründen an einer gezielten Christianisierung nicht interessiert: zum einen, um sie nicht als voll Jassakpflichtige zu verlieren, zum anderen, um sie durch Zwangsbekehrungen nicht zusätzlich gegen sich aufzubringen. Dessen ungeachtet bedienten sich von Anfang an Kosaken, Trapper, Kaufleute und Klöster der Zwangstaufe, um eingeborene Frauen kaufen und heiraten oder Männer in Schuldknechtschaft treiben und als Arbeitskräfte auf Klosterland ansetzen zu können. Wiederholte staatliche Verbote blieben wirkungslos.

Erst unter Peter dem Großen kündigte sich ein Wechsel in der Religionspolitik an. In einem Ukas vom 6. Dezember 1714 an den sibirischen Metropoliten befahl er, alle Götzenbilder der Indigenen verbrennen und die Völker selber taufen zu lassen. Taufwillige sollten als Taufgeschenk Tuch für ein Hemd erhalten und nur noch einen reduzierten Jassak entrichten. 1720 folgte als weitere Lockspeise die Befreiung von allen Lasten und Pflichten für drei Jahre. So gut wie nichts von diesen Segnungen kam bei den Betroffenen an. Im Gegenteil: Schon 1726 ordnete der Regierende Senat an, Neugetaufte hätten nach wie vor Jassak zu entrichten. Das Sibirische Amt in der Hauptstadt äußerte sich am 14. September 1731 sogar dahin gehend, dass die Christianisierung der Eingeborenen nicht nur die Herrschaft des Kaisers über sie festigen, sondern auch der Staatskasse Nutzen bringen werde: «Sobald dieses Volk Gott wirklich erkennt und seine abscheuliche und ärmliche Lebensweise ändert und in Häusern leben wird, dann kann es für den Staat einträglicher werden – wenn nicht diejenigen selbst, die sich taufen lassen, so werden doch ihre Kinder und Enkel sich darin festigen.»[435]

Allerdings blieben die Erfolge der Christianisierungsversuche eher bescheiden, zumal der Staat nicht bereit war, auf Jassakforderungen gegenüber Neugetauften völlig zu verzichten. Zudem blieb die Taufe ein reiner Verwaltungsakt, der den Neugetauften kaum Kenntnisse christlicher Glaubensgrundsätze vermittelte. Für eine eigentliche Eingeborenenmission fehlten die Mittel und lange auch der Wille. 1812 wurde zwar mit allerhöchster kirchlicher Billigung eine russische Bibelgesellschaft gegründet, die es sich zur Aufgabe setzte, die Heilige Schrift auch in die Sprachen sibirischer Völker zu übersetzen. Doch schon 1826 wurde sie in Zusammenhang mit der reaktionären Politik des neuen Kaisers Nikolaus I. wieder aufgelöst mit der Begründung, die Übersetzung der Bibel in «nichtchristliche Sprachen» verstoße gegen die Rechtgläubigkeit und gegen die zarische Autokratie. Das Statut über die indigenen Völker von 1822 betonte nochmals ausdrücklich, dass der Staat ihre religiöse Selbstbestimmung respektiere.[436]

Für die Rentiernomaden wurde 1850 die Turuchansker Mission geschaffen, deren zwei Priester mit mobilen Zeltkirchen unter Samojeden und Dolganen das Wort Gottes verkünden sollten. Doch die Zeltkirche erwies sich als zu schwer für den Transport mit Rentierschlitten. Zudem hintertrieben der Turuchansker Amtmann und seine Kosaken die Missionsarbeit, wo sie nur konnten, weil sie befürchteten, dass dadurch ihre krummen Geschäfte mit den Indigenen aufgedeckt würden. Nachdem 1861 das G. Jenissei sein eigenes Bistum erhalten hatte, wurde die Mission 1873 wieder aufgehoben und ihre Aufgabe den Kirchgemeinden zugeschoben. Die Mission galt zwar als wichtig, um neben Taufe und Verkündigung des Evangeliums «Ergebenheit dem Zaren, Untertänigkeit den staatlichen Behörden und brüderliche Gefühle den Russen gegenüber» zu erreichen, doch obgleich bis zum Ersten Weltkrieg die große Mehrheit der Eingeborenen getauft werden konnte, gipfelten die Bemühungen bestenfalls in einem religiösen Synkretismus.[437]

### Russische Gastgeschenke

Ihren neuen jassakpflichtigen Untertanen brachten die Russen zwei Gegengaben mit, die diesen bis dahin unbekannt gewesen waren – gewisse Infektionskrankheiten und Schnaps.

Als 1632 die Jassakeinnahmen erstmals überraschend zusammenbrachen und der Wojewode von Tobolsk vom Wojewoden von Mangaseja die Gründe dafür wissen wollte, antwortete dieser, dass im gesamten Becken des unteren Jenissei sehr viele Jassakpflichtige den Pocken erlegen wären und viele Überlebende aus Angst vor Ansteckung sich in entlegene Gebiete zurückgezogen hätten.[438] Pockenepidemien dezimierten von nun an periodisch die indigene Bevölkerung, bis im Laufe des 19. Jahrhunderts staatliche Impfaktionen das Übel einzudämmen vermochten. Als weitere Mitbringsel der westlichen Zivilisation erbten die Eingeborenen die Tuberkulose und die Syphilis, die sich beide rasch verbreiteten und ihre Gesundheit schwächten.[439] Noch 1929 galten bei den Indigenen des unteren Jenissei beide als die Hauptursachen für den schlechten Gesundheitszustand und die hohe Kindersterblichkeit.[440]

Zu einer eigentlichen Volksgeissel entwickelte sich unter den Altvölkern der Genuss von Wodka. Das Verkaufsverbot für Branntwein zeigte ebenso wenig Wirkung wie das für Schusswaffen. Weil an den Sammelplätzen für den Jassak neben den staatlichen Tributeinnehmern stets auch Kaufleute auftauchten, die mit den Indigenen Geschäfte machen wollten, setzten sie den Schnapsverkauf als probates Mittel gezielt ein, um zu bekommen, was sie wollten, ja schlimmer noch, um die Indigenen in die Schuldknechtschaft zu treiben. Cottrell bezeugt, dass gerade wegen des offiziellen Verkaufsverbots und der damit verbundenen Risiken die Verkäufer bis zum Fünffachen des Marktpreises verlangten und die Käufer dadurch umso schneller in die Dauerverschuldung trieben. Bei diesem lukrativen Geschäft mischten nicht nur Kaufleute mit, sondern auch Kosaken und sogar Priester.[441] Um Geld zu sparen, bedienten sich die Käufer – wie Maud Haviland 1914 bei den Samojeden in Goltschicha erlebte – eines Tricks: «Deshalb verdünnen sie ihn [den Wodka] mit Wasser, und um den feurigen Geschmack zu bewahren, mischen sie ihn mit Essig, Pfeffer oder allem möglichen anderen, das ihm einen brennenden Geschmack gibt. Wir mischten unser Gesöff von *vino* gewöhnlich sogar mit Currypulver und Worcestersauce. Je schärfer es war, desto mehr liebten es die Eingeborenen, und selbst die Frauen können einen Zug hinunterstürzen, der die Kehle eines Europäers glatt verbrennen würde.»[442]

Dem Wodka in besonderem Maße verfallen waren die scheuen Keten. Als Nansen am 15. September 1913 in Sumarokowo Halt machte und den Mastenwald der am Strand liegenden Hausboote der Keten sah, hörte er einen unbeschreiblichen Lärm. «Als wir an Land stiegen, umringten uns sofort halb und ganz betrunkene taumelnde Jenissei-Ostjaken, die aber sanftmütig und fabelhaft guter Laune waren. Auf dem Abhang wimmelte es von Betrunkenen, die wie sterbende Tiere brüllten und röchelten. Es waren meist ältere Weiber, die ich zwischen den aufgehängten Netzen und den aufs Land gezogenen Kähnen fand; manchmal saßen sie fast bewusstlos gegen einen Bootsrand gelehnt. Einigen gelang es, sich vorsichtig zu erheben; sie taumelten ein Ende weiter, fielen aber bald wieder hin und blieben liegen. War zufällig jemand in der Nähe, so blieb er ruhig als Zuschauer stehen, ohne ihnen beizuspringen. Ich sah junge Mädchen vor diesen Alten stehen und mit ihnen reden, als ob nichts los sei; ihr Zustand schien offenbar etwas ganz Selbstverständliches zu sein.»[443]

Als Nansen einen lokalen Kaufmann fragte, warum das Regierungsverbot, Schnaps zu verkaufen, nicht eingehalten werde, antwortete dieser, er wisse wohl, dass er etwas Unrechtes tue, aber wenn er das Geschäfte nicht mache, mache es ein anderer. Und auf die Frage, welches Mittel die Regierung einsetzen müsse, um dem Übel abzuhelfen, gab ein anderer zur Antwort: «Das einzige ist, dass die Regierung alles in die Hand nimmt und uns Kaufleute ausschließt.»[444]

Wenn das Verbot seine Wirkung verfehlte, dann hatte das unzweifelhaft damit zu tun, dass die Kaufleute die zuständigen Beamten bestachen und diese beide Augen zudrückten. Es brauchte sehr viel, bis die Regierung eingriff. Alexander Kiprijanowitsch Sotnikow, aus einer bekannten Kosakenfamilie des Turuchansker Krai, hatte sich als Kaufmann, der durch Geschäfte mit den Eingeborenen am unteren Jenissei zu Reichtum gekommen war, einen derartigen Ruf als «Tier» und «Räuber» erworben, dass die Behörden – allerdings erst nach mehrmaligen Interventionen – sich genötigt sahen, ein Exempel zu statuieren. Und wie sah dieses Exempel aus? Sotnikow wurde 1899 mitsamt seiner Familie in das G. Irkutsk verbannt und unter Polizeiaufsicht gestellt. 1907 durfte er dann wieder in sein Heimatdorf Potapowskoje zurückkehren.[445] Ein völliges Gegenbild war sein Bruder Innokenti. Er bemühte sich um faire Handelsbedingungen und genoss als Kaufmann daher bei den Indigenen hohes Ansehen. Gerade das handelte ihm aber die Missgunst anderer Kaufmannskollegen ein, die ihn als Preisverderber betrachteten und bei den Behörden anschwärzten. Daher wurde er für fünf Jahre aus dem Turuchansker Krai weggewiesen – jedoch aus einem Grund, der dem im Falle seines Bruders völlig entgegengesetzt war.[446] So war das damals in Sibirien …, nein, in ganz Russland.

Gewiss hatte die russische Herrschaft den Indigenen vieles beschert, was ihr Leben erleichterte – etwa Zündhölzer und Schusswaffen – oder ihnen mehr Genuss verschaffte wie Tee, Zucker und Tabak. Aber dies war nichts gegenüber der unheiligen Trinität von Schnaps, Pocken und Syphilis, die ihr Leben zerstörte. Diese und der Verfall ihrer ureigenen Werte begannen ihre gesellschaftlichen Strukturen zu unterhöhlen und ihre Identität zu schwächen.

# Wirtschaftsräume

Von einem eigentlichen Wirtschaftsraum Sibirien kann man in der Zarenzeit nur insofern sprechen, als es wegen der riesigen Distanzen zum europäischen Russland bei der Versorgung seiner Bevölkerung auf sich selber angewiesen war. Seit dem Ende des 17. Jahrhunderts verfügte es auch über genügend eigenes Getreide, und was an Salzsiedereien, Eisenschmelzen, Werften, verarbeitendem Gewerbe, Branntweinbrennereien und Textilmanufakturen entstand, diente zur Deckung der eigenen Bedürfnisse. In das europäische Russland «exportierte» Sibirien lange nur Produkte, die wegen ihres geringen Gewichts leicht und kostengünstig zu transportieren waren – fast ausschließlich Pelzwerk.[447]

## Der Wald: Jagdgrund und Holzlieferant

Wald – von der Waldtundra im Norden bis zur Gebirgstaiga im Osten und Süden – bot vor der Ankunft der Russen den Altvölkern alles, was sie zum Leben brauchten: Wildbret, Bekleidung, Beeren, Pilze, ölhaltige Zedernnüsse, Baumaterial für die Behausung – den Tschum, für die Fortbewegungsmittel wie Schlitten und Schneeschuhe, schließlich auch für die Jagdutensilien wie Bogen, Pfeile und Fallen. Mit der Ankunft der Russen wurde seine Rolle komplexer.

Die Russen brauchten den Wald ebenfalls als Lieferanten von Fleisch, Beeren, Pilzen, Zedernnüssen, Bau- und Brennholz. Vor allem aber waren die russischen Trapper auf den Zobel versessen, auf das «schwarze Gold», das sie reich machen sollte. Gejagt wurde er im Winter, weil sich seine Spuren im Schnee dann am sichtbarsten abhoben und der Pelz des kleinen Raubtiers aus der Familie der Marder am dichtesten und wertvollsten war. Allerdings musste man strikt darauf achten, das kostbare Pelzchen nicht zu beschädigen. Daher schossen die Indigenen alle Kleinpelztiere mit stumpfen Pfeilen, welche sie nur betäubten, so dass man sie auflesen konnte und erst dann tötete. Gmelin berichtet aus der Umgebung von Kansk, dass die dortigen Tataren einen Zobel so lange jagten, bis er sich auf einen Baum flüchtete. Dann wurde darunter ein Netz ausgespannt und der Baum angezündet. Der Qualm zwang das Tier schliesslich dazu, herunterzuspringen, wo es sich im Netz verfing und getötet wurde.[448] Die russischen Trapper (Abb. 69) kopierten diese Technik, benutzten zum Aufspüren der Tierchen aber häufig Hunde. Vor allem aber stellten sie Fallen auf.[449]

So kam es gegen die Zobelbestände der Taiga von zwei Seiten her zu einem erbarmungslosen Kesseltreiben, welchem die Regenerationsfähigkeit der kleinen Tiere auf die Dauer nicht gewachsen war. Ihren Zenit erreichte die Zobelausbeute am Jenissei in der Mitte des 17. Jahrhunderts, als in Jenisseisk 1647 insgesamt 21 797 Zobel deklariert wurden, in Turuchansk 1642 insgesamt 21 830. Auf dem Höhepunkt der Zobeljagd im Jenissei-Stromland mussten demnach während einer Wintersaison gegen 44 000 der Tierchen ihr Leben lassen. Die wirkliche Zahl dürfte um einiges höher liegen, da viele erbeutete Zobel gar nicht deklariert wurden.[450] Die Zobelpelze wurden als «Rohware» nach Europa spediert und hinterließen in ihrem Herkunftsgebiet keinen Mehrwert, denn selbst im Pelzhandelszentrum Jenisseisk gab es um die Mitte des 17. Jahrhunderts ganze vier Kürschner.[451]

In den flussnahen Wäldern des Jenisseibeckens begannen die Zobelbestände schon in der zweiten Hälfte des 17. Jahrhunderts zu schrumpfen. Dies hatte zur Folge, dass zum einen die Pelz-«Frontier» sich nordwärts in Waldtundra und Tundra hinein zu verlagern begann, zum anderen sowohl Russen als auch Indigene neue Beuteobjekte ins Visier zu nehmen begannen, um fehlende Zobel zu kompensieren: Polarfüchse, Eichhörnchen, Polarhasen und besonders natürlich die raren Hermeline. Im Jahre 1700 beispielsweise wurden beim Zoll in Turuchansk vorgewiesen: 16 200 Polarfuchspelze, 1264 Hermelinpelzchen, 11 010 Hasen- und 16 990 Eichhörnchenfelle.[452] Durch diese Verlagerung scheinen sich die Zobelbestände in der Taiga vorübergehend wieder erholt zu haben, denn zu Beginn des 19. Jahrhunderts drangen im Krai Turuchansk Zobel sogar bis in die Höfe vor und wurden von den Hofbewohnern «mit Knüppeln erschlagen». Damals stieg die Jahresausbeute vorübergehend auf 6000–9000 Stück. Doch dann ging es mit den Zobeln endgültig bergab, und in den sechziger Jahren des 19. Jahrhunderts belief sich der Jahresertrag im gesamten Turuchanskter Krai auf durchschnittlich nur noch 250 Stück.[453]

Im Kreis Jenisseisk wie im Turuchansker Krai fiel die Jahresausbeute bei allen Pelztieren 1860 im Vergleich zu 1830 fast ins Bodenlose: im Kreis Jenisseisk von gut einer Million Stück auf 138 539, im Turuchansker Krai von 368 200 auf 64 456. Gründe dafür scheinen der Rückzug des Wildes aus den Goldabbaugebieten, die ausgedehnten Waldbrände von 1858/59 und eine neue Epidemie unter den Indigenen gewesen zu sein.[454] Aber abgesehen von diesen Anomalitäten war die Taiga zu Beginn des 20. Jahrhunderts grundsätzlich überjagt. Ein Zeitgenosse sieht als treibende Kraft dabei die Eingeborenen, die keine Rücksicht auf den Lebenszyklus der Tiere mehr nähmen, auch Muttertiere mit Jungen töteten und so die natürliche Vermehrung behinderten. Angetrieben würden sie dabei allerdings von russischen Aufkäufern, die sie durch Vorleistungen bei Lebensmitteln, Pulver, Blei und vor allem Wodka in die Verschuldung trieben und ihnen die Jagdausbeute bei einem Profit von 100 Prozent und mehr weit unter Wert abkauften.[455] Diesen Mechanismus, der durch die Skrupellosigkeit russischer Kaufleute in Gang gehalten wurde, hat ja auch Nansen publik gemacht. In ganz Sibirien sollen 1910 nur noch 8000 Zobel erbeutet worden sein, hingegen 80 000 Hermeline und vier Millionen Eichhörnchen. Aber erst die Sowjetregierung war bereit, aus der massiven Dezimierung der Zobelbestände die Konsequenzen zu ziehen und die Zobeljagd strengstens zu untersagen.[456]

Bis zum Ende des 19. Jahrhunderts stand allen Einwohnern des G. Jenissei – Russen wie Altvölkern – die unentgeltliche Nutzung des Waldes frei. Lediglich für Zobelreviere, und das war ja fast das gesamte Areal der Taiga, verbot die Regierung schon im 17. Jahrhundert bei Todesstrafe alles, was die Zobelausbeute hätte beeinträchtigen können, insbesondere Waldrodungen für landwirtschaftliche Zwecke.[457]

Erst das kaiserliche Gesetz vom Februar 1894 «Über die lokale Verwaltung der Wälder im Generalgouvernement Irkutsk» machte den Weg frei für eine staatliche

Forstaufsicht und die Einrichtung von Forstrevieren, die ausgebildeten Förstern unterstellt waren. Es entstand ein staatlicher Waldfonds, dem die wichtigsten und wertvollsten Wälder Ostsibiriens zugeschlagen und damit der freien Nutzung durch die Bevölkerung entzogen wurden. Der Zeitpunkt für diese Maßnahme war nicht zufällig, fiel er doch mit dem Beginn der Bauarbeiten an der Transsibirischen Eisenbahn zusammen; die Regierung wollte verhindern, dass entlang der Bahntrasse planloser Raubbau betrieben wurde. So entstand im April 1895 als Erstes das nahezu 11 000 Quadratkilometer große Krasnojarsker Waldschutzgebiet *(zakaznik)*, im Dezember gefolgt von entsprechenden Waldausscheidungen in den Kreisen Atschinsk und Minussinsk. 1897 entstand die «Verwaltung der Staatsbesitzungen im Gouvernement Jenissei», die Zug um Zug die Waldungen in Forstbezirke unterteilte, Förster ausbildete und Waldaufseher anstellte. 1903 hatte der Staat im Gouvernement bereits 74 000 Quadratkilometer Schutzwälder ausgesondert, die sich in 13 Forstbezirke unterglienderten.[458]

Der Bau der Transsib brachte einen enormen Kolonisationsdruck mit sich. Nicht nur Neusiedler holzten trotz des Verbots Teile des Staatswaldes ab, sondern auch die Forstverwaltung sah sich schließlich genötigt, bis 1915 freiwillig ein Siebentel der Staatswaldfläche für die Besiedlung freizugeben. Dafür suchte sie ihre Tätigkeit auf das untere Jenisseibecken auszuweiten, um wenigstens dort wertvolle Waldbestände vor dem Zugriff der Goldgräber und der neu entstehenden Holzindustrie zu sichern, so dass sie 1915 bereits 126 000 Quadratkilometer Staatswald beaufsichtigte. Aber was heißt «beaufsichtigen», wenn die Behörde lediglich über 24 Forstmeister, 39 Forstmeisterassistenten, 97 Förster und 310 Waldaufseher gebot? Ein Waldaufseher hatte im Durchschnitt rund 350 Quadratkilometer Wald zu überwachen, während es im europäischen Russland höchstens deren 25 waren.[459] Wenn man bedenkt, dass die Staatswälder nur einen winzigen Bruchteil der gesamten Waldfläche des Gouvernements ausmachten, mag man ermessen, in welchem Ausmaß die Taiga noch am Vorabend der Sowjetzeit willkürlichem Raubbau und Waldbränden ausgesetzt war.

Kleine, auf den lokalen oder den Bedarf der Transsibirischen Eisenbahn ausgerichtete Sägewerke gab es schon seit dem Ende des 19. Jahrhunderts. 1915 zählte man im ganzen Gouvernement deren elf.[460] Doch die Anfänge einer exportorientierten Holzindustrie fallen erst in das Jahr 1915. Es war der norwegische Unternehmer, Wirtschaftspionier und Konsul Jonas Lied (1881–1969),[461] der ältere Versuche wiederaufnahm, den «Nördlichen Seeweg» vom Atlantik zur Mündung des Jenissei kommerziell zu nutzen.[462] Zugleich betätigte er sich selber als Unternehmer, um dem Nördlichen Seeweg Fracht zuzuliefern. 1915 gründete er in Maklakowo am Jenissei, das verkehrsgünstig zwischen Jenisseisk und der Mündung der Angara lag, ein dampfbetriebenes Sägewerk, das schon 1917 über 200 Arbeiter beschäftigte. Stackelberg traf Lied im Frühjahr 1917 in Bogutschansk, wo er Holz für den Export nach England aufkaufen wollte. «Am Jenissei, dort wo die Angara einmündet, hatte er umfangreiche Sägewerke mit Dampfbetrieb eingerichtet, in denen das geflößte Holz geschnitten und zum Eismeer transportiert werden sollte. [...] Übrigens galt am ganzen Strom das Holz eigentlich als ein Feind des Menschen. Sein Preis betrug nicht mehr als der Lohn der Holzfäller, denn der Wald gehörte niemandem. Es galt nur, die Stämme zu fällen, zu entästen und in den Strom zu wälzen. Lie[d] suchte in den Dörfern Mannschaften, die diese Arbeit im Akkord übernehmen wollten. Das gab eine gute Verdienstmöglichkeit für die Bauern.»[463] So gut scheinen die Verdienstmöglichkeiten indes nicht gewesen zu sein, denn die Arbeiter erzwangen in demselben Jahr mit einem zehntägigen Streik bessere Arbeitsbedingungen und höhere Löhne.

Lied, der bekannte, dass er von «Leidenschaft für den Jenissei» entbrannt sei, lernte Russisch und nahm sogar die russische Staatsbürgerschaft an, um bei seinen geschäftlichen Tätigkeiten rechtlich besser gestellt zu sein. Zudem hegte er den Plan, die Sägereiabfälle in einer Zellulose- und Papierfabrik zu verwerten, die ebenfalls in Maklakowo entstehen sollte. Doch die Oktoberrevolution verhinderte die Umsetzung. 1918 musste Lied auch seine Gesellschaft liquidieren. Trotzdem blieb er in Russland, weil er während der Phase der Neuen Ökonomischen Politik der zwanziger Jahre immer noch Möglichkeiten sah, wirtschaftlich tätig zu sein. Sogar die sowjetische Staatsbürgerschaft nahm er an. Doch als sich mit dem wirtschaftspolitischen Kurswechsel unter Stalin abzeichnete, dass Privatinitiative nicht mehr gefragt war, verließ er 1931 seine zweite Heimat.[464] Ein Andenken an ihn blieb bis heute erhalten: Das Sägewerk in Maklakowo wurde zur Keimzelle eines der größten sowjetischen Holzkombinate Sibiriens – von Lessosibirsk.

## Das Wasser: Die Jagd auf Wasservögel, Fische und Meeressäuger

Wasservögel, vor allem Enten und Gänse, zählten zu den bevorzugten Jagdobjekten sowohl der Altvölker[465] als auch der Russen. Allerdings war die Jagdsaison auf die wenigen Monate zwischen Eisaufbruch und der erneuten Vereisung im Herbst beschränkt. Das fetthaltige Fleisch ließ sich sehr gut trocknen oder dörren und vermochte auch den Winter hindurch das häusliche Nahrungsangebot zu bereichern. Jedoch dienten Wasservögel vor allem der Selbstversorgung und gelangten nur in geringem Umfang auf den lokalen Markt.

Beim Fischfang sah dies anders aus, denn neben dem Eigenbedarf begann er sich im Hinblick auf die wachsende Bevölkerung schon seit dem 17. Jahrhundert auch auf den Markt auszurichten.

Am ergiebigsten für die Fischerei war der Unterlauf des Jenissei. Die kleineren Zuflüsse lieferten nur geringe Erträge. Daher deckte die Fischerei am Ober- und Mittellauf des Stromes in erster Linie den lokalen Bedarf. Pallas schreibt 1771 von Krasnojarsk: «Die Katscha ist seicht, wird, wie viele sibirische Flüsse, im Winter unterm Eis stinkend, und hat also fast keine Fische. Der Jenissei hat wenig stille Nebenarme und ist an sich, wegen des felsigten Bodens und seiner heftigen Strömung der Fischerei nicht sonderlich günstig; ja er hat auch wirklich an Fischen keinen großen Überfluss und muss hierin dem Ob, Irtysch und Tom gänzlich weichen.»[466] Die besonders wertvollen Störe und Sterletts verblieben im Unterlauf. Krasnojarsk versorge sich für das Winterfasten daher mit gefrorenem oder gesalzenem Fisch aus Tomsk.

An die Stelle der zahlreichen Fischersiedlungen längs des Mündungsästuars, die seit der Mitte des 19. Jahrhunderts verlassen lagen, trat die Saisonfischerei mit Goltschicha als Zentrum. Nordenskiöld traf im Sommer 1875 in Goltschicha als ganzjährige Bewohner nur einen Verwalter und drei Arbeiter an, die in torfgedeckten zweiräumigen Hütten lebten.[467] Als zwei Jahre später Henry Seebohm Goltschicha besuchte, lagen dort drei Dampfschiffe und verschiedene Barken vor Anker. «Im Sommer ist Goltschicha ein geschäftiger Ort; alle Prozesse des Fangens, Salzens und Lagerns der Fische laufen ununterbrochen vierundzwanzig Stunden am Tag. Die Sonne geht nicht mehr auf und unter, die geregelte Zeiteinteilung wird nicht beachtet. Wenn man jemanden nach der Uhrzeit fragt, wird er Ihnen voraussichtlich sagen, er habe keinerlei Ahnung. Der übliche Tageslauf scheint einstweilen vergessen, und die Leute schlafen und essen, wenn sie das Bedürfnis danach verspüren.»[468]

Auch in der Umgebung Goltschichas, beispielsweise auf den Brechowski-Inseln im Ästuar, herrschte während des Sommers lebhaftes Treiben. Seebohm sah sich auf der Kleinen Brechowski-Insel um. «Am Abend [des 14. Juli] segelten wir durch einen sehr engen Kanal in das kleine Flüsschen, wo die Fischereistation lag. An verschiedenen Stellen rund um das Flüsschen standen Jurakenzelte *(chooms)*. Gegenüber jedem Zelt liegen drei oder vier Boote auf dem schlammigen Ufer, und die Fischernetze hängen auf Stangen und Gerüsten zum Trocknen. Am Eingang zu einem engen Kanal, der einem Fluss ähnelte – aber in Wirklichkeit ein Arm des großen Stromes war, der dann aber abrupt endete – etwa einen Werst landeinwärts lag das Hauptquartier von Sotnikows Agent auf der Station. Dies war der geschäftigste Ort, den wir bislang am Fluss gesehen hatten; er bestand aus drei oder vier Holzhäusern, einer Gruppe von Zelten *(chooms)* und einer Jurte. Letztere war ein Haus aus Torf und Schlick, fast quadratisch, halb unter dem Boden und halb darüber gebaut, wobei ein paar Stangen aus Lärchenholz als Dachsparren das Torfdach trugen, was alles zusammen das Haus vermutlich so sommertauglich machte, wie man es in diesem Teil der Welt erwarten konnte. Wenn der kalte Nordwind bläst, kann man das Haus mit einem kleinen Feuer leicht warm halten; und in der brennenden Sonnenhitze bietet es eine kühle Rückzugsmöglichkeit; der Rauch hält die Mücken leicht fern. Ein kleines Dampfschiff lag in der Mündung der *kuria*, wie man diese Flussarme nennt; neben ihr lag eine Barke und an verschiedenen Plätzen waren russische Boote und Samojedenkanus vertäut. An Land türmten sich Fischernetze in jeglichem Stadium von Nässe, Trockenheit, praller Fülle und Leere; Fisch wurde eingesalzen, Fässer wurden gefüllt oder auf der Barke gestapelt. Einige hundert Polarfuchsfelle hingen zum Trocknen und Männer verschiedenster Nationalitäten liefen hin und her.»[469] Russen wie Eingeborene schlugen hier um, was sie als Fischer oder Jäger erbeutet hatten. Am Anfang des 20. Jahrhunderts wurden pro Saison durchschnittlich 21 000 Zentner Fisch an Land gezogen.[470]

Die in großem Maßstab betriebene Saisonfischerei im südlichen Jenissei-Ästuar lag vor allem in den Händen von Unternehmern aus Jenisseisk wie den Kytmanows, den Ossipowitschs und den Rogosinskis.[471] Sie pachteten von den Eingeborenen ganze Uferpartien für wenig Geld oder viel Wodka und schafften für Fischfang und Fischverarbeitung billige Arbeitskräfte heran, die sie aus Verschickten, Bauern und Eingeborenen rekrutierten. Diese Fischerei arbeitete ausschließlich für den Markt. Allerdings betrieb sie Raubbau an den Beständen, so dass schon zu Beginn des 20. Jahrhunderts ein russischer Experte konstatierte, dass nicht nur der Jenissei überfischt sei.

Zugleich kritisierte er, dass die Konservierung der Fische oft zu wünschen übrig lasse. Da Salz teuer sei, suche man daran zu sparen. Zudem würden die Fische eingesalzen, ohne die Innereien vollständig zu entfernen, so dass sie oft stänken und einen unangenehmen Beigeschmack hätten. Dabei werde Salzfisch im europäischen Russland stark nachgefragt und könne gute Preise erzielen. Doch setze dies eine bessere Qualität voraus. An Ob und Lena gebe es schon einzelne Konservenfabriken, die hochwertige Ware für den europäischen Markt produzierten.[472] Damit war das Jenissei-Stromland wieder einmal drauf und dran, seine Chance für den Aufbau der Fischerei als Wachstumsindustrie zu verspielen.

Von einem frühen Versuch Jenisseisker Kaufleute, in den Walfang einzusteigen, berichtet 1692 Adam Brand: «Vor 7 Jahren haben die Bürger von Jenizeskoi zusammen ein Schiff ausgerüstet und auf den Walfischfang auslaufen lassen; dasselbe aber ist niemahln wieder zurück kommen, und noch diese Stunde weiß niemand, wo es geblieben sei. Vermutlich ist es von einem sehr starken Eisgang ergriffen und zu Grund gerissen worden.» Von Turuchansk aus werde aber regelmäßig Walfang betrieben.[473] Auch von den Siedlern des 18. und frühen 19. Jahrhunderts an den Ufern des Ästuars wissen wir, dass sie nicht nur Fische fingen, sondern auch Meeressäuger jagten, um aus ihrem Speck Tran zu kochen.[474]

## Der Boden

### Die Landwirtschaft

Als Nordgrenze des Getreidebaus galt für Sibirien im 19. Jahrhundert der 60. Breitengrad. Am Jenissei lag sie etwas nördlicher, bei Worogowo, wo nach Ferdinand Müller ein «dürftiger Getreidebau» betrieben wurde.[475] Bei einer Temperaturamplitude zwischen bis zu +35° C im Sommer und bis zu −50° C im Winter, angesichts einer Vegetationsperiode von nur 90 Tagen und einer ungleichmäßigen Verteilung der Niederschläge sahen sich die Bauern des Kreises Jenisseisk genötigt, für ihre Landwirtschaft frostgefährdete Hochlagen ebenso wie hochwasseranfällige Niederungen zu meiden und sich auf sonnenexponierte Hanglagen zu konzentrieren, wo Birken, Espen und Lärchen, die ihr Laub abwarfen und damit düngend wirkten, fruchtbarere Böden anzeigten.[476] Da zudem die Ackerlandreserven sich auf die Flusstäler beschränkten, konnten die meisten Bauern von der Landwirtschaft alleine nicht leben und waren auf ein Zubrot aus Fischerei, Jagd, Fuhrdiensten und der Arbeit als Lotsen und Matrosen auf Flussschiffen angewiesen.[477] Die Ackerbauflächen, die im 17. Jahrhundert am mittleren Jenissei und an der Angara gerodet wurden, reichten knapp, um die ansässige Bevölkerung zu ernähren.

Erst als im frühen 18. Jahrhundert auch das obere Jenisseibecken mit seinen grauen Waldböden und Schwarzerden für Besiedlung und landwirtschaftliche Erschließung zugänglich wurde, bildete sich in den Kreisen Atschinsk, Kansk, Krasnojarsk und Minussinsk eine eigentliche Kornkammer heraus.[478] Erman schwärmte 1829 von der Fruchtbarkeit, die er dort antraf. Im Haupttal des Jenissei und in den Quertälern des Krasnojarsker Kreises liege die fette, schwarze Dammerde in zwei bis drei Fuß dicken Schichten. Von Sommerroggen, Weizen und Hafer ernte man das Acht- bis Zwölffache der Aussaat. Aussäen könne man aber frühestens Anfang Mai.[479] Dabei dominierten zu Beginn des 20. Jahrhunderts Winterroggen und Hafer, während der Anteil des Weizens bei einem Fünftel bis zu einem Sechstel der Ackerfläche lag. Lediglich im Kreis Minussinsk wurde ein Drittel der Anbaufläche mit Weizen eingesät.[480] Zu düngen brauchte man den Boden in diesen Regionen nicht. Doch muss man in Rechnung stellen, dass wegen der Witterungsextreme trotz der Fruchtbarkeit immer wieder Missernten die Landwirtschaft beutelten.

In den Jahren vor dem Ersten Weltkrieg ernteten die Bauern des G. Jenissei im Durchschnitt (unter Einschluss der ertragsärmeren Taigagebiete) von einer Desjatine Ackerland zwischen 49 und 58 Pud Getreide. Doch steuerten sie damit lediglich sieben Prozent zum gesamtsibirischen Getreideaufkommen bei, während fast drei Viertel auf die westsibirischen Gouvernements entfielen.[481]

Fragt man danach, in welche Kanäle die von den Bauern erwirtschafteten Getreideüberschüsse flossen, so zeigt es sich, dass nach Abzug der Quote, die für die Versorgung der eigenen Bevölkerung benötigt wurde, um die Mitte des 19. Jahrhunderts die Hälfte, kurz vor dem Ersten Weltkrieg jedoch nur noch ein Fünftel für die Vermarktung zur Verfügung standen. Diese Verminderung hängt wesentlich damit zusammen, dass vor allem seit der Eröffnung der Transsibirischen Eisenbahn die Bevölkerung, insbesondere die Stadtbevölkerung, durch Zuwanderung rapide zunahm.[482] Ein erheblicher Teil des Marktgetreides verschwand in den Branntweinbrennereien, die mit dem Bau der Transsib eine ausgesprochene Blütezeit erlebten: Im letzten Jahrzehnt des 19. Jahrhunderts waren dies jährlich 400000–500000 Pud, die in über 750 Brennereien[483] landeten. Weil lokales Getreide vergleichsweise billig zu haben war, warf seine «Veredelung» zu Wodka nämlich weit höhere Gewinne ab, als wenn man es exportiert hätte.[484] Entsprechend groß war auch die Zahl der Etablissements, in denen man dem Branntwein zusprechen konnte: Im Jahre 1880 buhlten allein in Krasnojarsk mit seinen damals knapp 17000 Einwohnern[485] 58 Kneipen um die Kundschaft.[486]

Trotzdem blieb noch genügend für den Export übrig, zumal seit den 1880er Jahren Minussinsk an die Jenisseischifffahrt angeschlossen war und das Getreide kostengünstig nach Krasnojarsk transportiert und dort in die Transsib umgeschlagen werden konnte. Während dies im ersten Jahrfünft des 20. Jahrhunderts mit 1364000 Pud etwa zwei Drittel des verfügbaren Marktgetreides betraf, so lag im Doppeljahr 1914/15 das Volumen mit 4682000 Pud bereits bei über fünf Sechsteln am vermarkteten Getreide, insbesondere Weizen. Über die Hälfte des auf die Eisenbahn verladenen Getreides galt Bestimmungsorten innerhalb Sibiriens oder des Ural; ein knappes Fünftel ging ins Ausland, ein knappes Sechstel in das europäische Russland und 7,4 Prozent in den Osten.[487] Dies bedeutet, dass das G. Jenissei sich bis zum Ersten Weltkrieg vermehrt in den nationalen und internationalen Getreidemarkt einklinkte, obgleich diese neben dem eigenen Binnenmarkt nur eine sekundäre Rolle spielten.

Eine gewisse überregionale Bedeutung kam der Viehzucht im Minussinsker Becken zu. Pallas vermerkt schon 1771, dass Hornvieh in großen Mengen des Sommers nach Irkutsk im Osten, Kusnezk und den Kolywanischen Berg- und Hüttenwerken im Westen getrieben oder geflößt werde, ja sogar bis nach Tobolsk.[488] Aber das war

Schlachtvieh. Eine eigentliche Milchwirtschaft wie in Westsibirien hat sich im G. Jenissei bis zur Sowjetzeit nicht entwickelt, schon gar keine exportorientierte Butterei. Die Kühe der Taigaregion waren zwar klein, fleischarm, unansehnlich und gaben wenig Milch, aber sie waren an die spezifischen klimatischen Verhältnisse angepasst, genügsam im Futter (vor allem bei langer Wintereinstallung) und gaben eine ungewöhnlich fetthaltige Milch (mit 5–7, ja 9 Prozent Fettanteil). Außerdem waren sie in der Lage, sich auch dann sehr schnell wieder völlig zu erholen, wenn man gegen Ende des Winters das Futter hatte strecken müssen.[489] Diese Eigenschaften sicherten die Subsistenz der sibirischen Waldbauern, mehr aber nicht.

Pallas erwähnt 1771 ebenfalls, dass der auf den Inseln im Oberlauf des Jenissei wachsende wilde Hopfen im Herbst geerntet und auf Flößen nach Krasnojarsk verfrachtet werde. Ein Teil davon wandere in die lokale Bierbrauerei, der Rest werde nach Jenisseisk und Irkutsk verkauft. Auch Rhabarberwurzeln, die sich in der frühen Neuzeit großer Beliebtheit als Abführmittel erfreuten, würden an Abakan, Salba und Sisim geerntet, erreichten ihre beste Qualität jedoch in den Bergen am Oberlauf von Uda und Birjussa. Im Winter 1771 habe man aus Krasnojarsk über 511 Pud davon an das Medizinische Kollegium in Tobolsk geschickt.[490]

Kürbisse und Melonen, deren Anbau die klimatischen Bedingungen des Minussinsker Beckens erlaubten, gelangten nach Krasnojarsk und Jenisseisk in den Verkauf, nicht aber über die Gouvernementsgrenzen hinaus. Und der Tabak, den man im letzten Drittel des 18. Jahrhunderts anzupflanzen versuchte, war von so minderer Qualität (daher hieß er «grüner Tabak», selenčak), dass man ihn nur den Indigenen zumuten konnte.[491] Gegen Ende des 19. Jahrhunderts probierte man es im Kreis Minussinsk auch mit dem Anbau von Zuckerrüben, die der Unternehmer Gussew in einer eigens dafür errichteten Fabrik zu Zucker verarbeitete, doch die Produktion lohnte sich nicht und wurde 1897 wieder eingestellt.[492]

Vergleicht man für das Ende der Zarenzeit den Entwicklungsstand der sibirischen Landwirtschaft mit demjenigen des europäischen Russland, so verdient sie ein leichtes Plus. Die Durchschnittserträge beim Getreidebau lagen mit 50 Pud pro Desjatine leicht höher als im europäischen Teil mit 46 Pud.[493] Auch die Ausstattung der Betriebe mit modernen Landwirtschaftsgeräten wie Eisenpflügen statt hölzerner Hakenpflüge, mit Dresch-, Worfel- und Grasmähmaschinen lag über derjenigen des europäischen Russland; dabei übertraf das G. Jenissei wiederum den sibirischen Durchschnitt. Aber das Anbausystem war immer noch extensiv, denn es herrschte die Zweifelderwirtschaft vor, bei welcher die Hälfte des Ackerlandes für mehrere Jahre brachlag.[494] Das Problem der sibirischen Bauern war, dass sie zwar durchschnittlich über ein höheres Einkommen verfügten als ihre Standesgenossen westlich des Ural, aber dieses sich weniger in Geld als in Naturalien materialisierte.[495] Darin kommt zum Ausdruck, dass die große Masse der Bauern des Jenisseistromlandes, insbesondere in der Taiga, auch am Vorabend der Sowjetzeit immer noch Selbstversorgung betrieb und für den lokalen Markt produzierte. Solange sie nicht zumindest in regionale Netzwerke eingebunden waren, bestand daher kein Anreiz, die Produktion zu spezifizieren und zu intensivieren. Ansätze dazu finden sich in den südlichen Kreisen des Gouvernements. Doch der gewaltige Zustrom an Kolonisten dorthin seit dem späten 19. Jahrhundert hatte zur Folge, dass sich die Ackerfläche zwischen 1907 und 1914 zwar mehr als verdoppelte, aber der reale Pro-Kopf-Anteil (in männlichen Seelen) von 3,6 Desjatinen (1890) auf 2,5 Desjatinen (1914) sank.[496]

## Die Bodenschätze

Salz und Eisen – das waren die Bodenschätze, welche die russischen Siedler von Anfang an benötigten. Daran waren sowohl der Staat als auch private Kleinunternehmer interessiert. Bei den Erkundungen fiel aber auch die Entdeckung von Buntmetallerzen und Marienglas mit ab, und der Staat bestand besonders beharrlich, aber lange vergeblich auf der Suche nach Silber und Gold.

### Salz

Weil auch die Eingeborenen Salz brauchten, waren häufig sie es, welche die russischen Kundschafter auf die Spur von Salzquellen brachten. Dies war beispielsweise 1641 bei den ergiebigen Salzquellen an der Ussolka südöstlich der Angaramündung der Fall. Zunächst baute Oleschka Chromoi aus Jenisseisk mit einigen weiteren Genossen dort eine Salzsiederei, verkaufte sie jedoch gegen Ende der vierziger Jahre einem gewissen Aleschka Tichonow Schilin, ebenfalls Possadmann aus Jenisseisk. Nachdem das Frühjahrshochwasser von 1649 die gesamte Anlage zerstört hatte, musste der Staat dem Besitzer mit einem Darlehen beispringen.[497] Überhaupt interessierte sich der Staat für diese von Privatunternehmern eröffneten Möglichkeiten, um das Salz für seine Jenisseisker Dienstleute zu nutzen, statt es von weit her holen zu müssen. So wies die Regierung schon 1645 den Jenisseisker Wojewoden Fjodor Uwarow an, die Salzsiederei des Oleschka Chromoi mit Genossen zu kontrollieren und festzustellen: «Kann man an diesen Örtlichkeiten auch unsere staatlichen Salzsiedereien bauen, was würde ein solches Werk kosten, und wie kann man in diesen unseren Siedereien Salz gewinnen, und kann man dieses Salz verkaufen oder soll man es als Deputat an unsere Dienstleute, Soldaten und Zinspflichtigen geben? Auf die alten Salzsiedereien, in denen Oleschka Chromoi mit Genossen Salz siedet, soll man einen Geldzins erheben oder den Salzzehnten einziehen.»[498]

Im 17. Jahrhundert hing die Versorgung der Jenisseisker Provinz bis hinunter nach Turuchansk von den Salzquellen an der Ussolka ab, welche in der zweiten Hälfte des Jahrhunderts das Erlöserkloster in Jenisseisk und das Dreifaltigkeitskloster von Monastyrskoje erworben hatten. Auch die Bauernhöfe der Umgebung waren in Klosterbesitz übergegangen, wohl wegen der für das Sieden benötigten Arbeitskräfte. Da die Bauern aber während des kurzen Sommerhalbjahrs in ihrer Landwirtschaft unabkömmlich waren, konnte man nur im Winter Salz sieden. Die aus Quellen austretende oder in Brunnen gesammelte Sole wurde in Siedepfannen geleitet. Deren Ausmaße müssen gewaltig gewesen sein, denn Steller notierte 1739 bei einem Besuch der Siederei des Dreifaltigkeitsklosters, dass pro Sud 1800 Eimer Salzlake in die Pfanne geleitet würden; diese ergäben 25 bis 30 Sack Salz zu je 3 Pud. Pro Woche würden sechs Sudgänge durchgeführt, so dass im Winterhalbjahr insgesamt 12 000 Pud reinen Salzes gewonnen würden. Für das Kloster erwies sich das Salzgeschäft als lukrativ: Zwar hatte es wegen des staatlichen Salzmonopols die gesamte Ausbeute nach Jenisseisk abzuliefern, erhielt aber vom Verkaufserlös durch den Staat ein Drittel in Geld. Da die Herstellungskosten kaum ins Gewicht fielen, mussten sich doch der Vorarbeiter und seine Gehilfen mit der Salzkruste der Siedepfanne als Naturallohn begnügen, erwies sich die Salzsiederei als unerschöpfliche Quelle, um den Klosterschatz anzureichern. Obgleich die Qualität des Ussolka-Salzes sehr gelobt wurde, gab es ein Problem: Die Ussolka war nur während der wenigen Wochen des Frühjahrshochwassers schiffbar, so dass das im Winter gewonnene Salz nur einmal im Jahr abtransportiert werden konnte. Außerhalb dieses Zeitfensters oder wenn wie 1738 Salzbarken unterwegs Schiffbruch erlitten, war man auf anderweitige Salzlieferungen angewiesen.[499] Noch in der Mitte des 17. Jahrhunderts bezogen Jenisseisk und Krasnojarsk daher ihr Salz mehrheitlich aus Tobolsk und von der Lena.[500]

Gmelin, der 1740 die alten Salzsiedereien an der Ussolka besuchte, zeigte sich von der dortigen Arbeit wenig beeindruckt. Die drei Salzquellen lägen mitten in einem Sumpf, der aber kein Salzsumpf sei. Eine der Salzquellen führe jetzt süßes Wasser. Die Salzsiederei sei sehr ineffizient, man brauche viel zu viel Holz; eine Gradierungstechnik sei unbekannt. Pro Tag gewinne man im Schnitt 20–30 Sack Salz, den Sack zu 2 1/4 Pud. Das Salz sei zwar schneeweiß, aber selten ohne Sandzusatz. Die Salzkothe des Dreifaltigkeitsklosters weise zwar einen höheren Tagesausstoß auf, doch sei das Salz weniger weiß. Es salze aber besser, weil es weniger Sand enthalte.[501]

Im 18. Jahrhundert verbesserte sich die Situation insofern, als nun auch die Salzseen im oberen Becken des Tschulym und des Jenissei ausgebeutet werden konnten. Allerdings war ihr Salz wegen des bitteren Beigeschmacks für die Konservierung von Fisch ungeeignet, so dass der Turuchansker Krai weiterhin ausschließlich auf Ussolka-Salz setzte.[502] 1792 hatten die Salzquellen, die den Tagarsker See an der Mündung der Lugaja in den Jenissei speisten, sich weitgehend erschöpft, weil zunehmend Süßwasser nachsickerte. Daher wurde die staatliche Salzgewinnung eingestellt. Den Rand des Sees bedeckten aber immer noch bis zu 3 Zoll dicke und blendend weiße Kuchen von Glaubersalz, so dass die Verwaltung weiterhin sechs Kosaken zur Bewachung abstellte.[503] Erman ließ sich 1829 vom Jenisseisker Gouverneur persönlich berichten, dass der Steppensee beim Fluss Jus, einem Nebenfluss des Tschulym, durch Verdunstung jährlich eine zolldicke Schicht von salzsaurem Natron auf einer dünnen Lage von Bittersalz bilde, die einen Jahresertrag von bis zu 130 000 Pud Kochsalz liefere, das teils dort gelagert, teils über Atschinsk ausgeführt werde. Da dieses Salz aus den Kreisen Atschinsk und Minussinsk einfacher und billiger zu gewinnen sei, mache es dem Ussolka-Salz ernsthafte Konkurrenz, so dass dessen einstmals jährliche Ausbeute von 80 000 Pud sich bis 1829 halbiert habe.[504]

Insgesamt diente die Salzgewinnung im G. Jenissei primär dem Eigenbedarf zum Würzen der Speisen und der Konservierung von Fisch. 1895 steuerte ganz Sibirien nur zwei Prozent zur Salzproduktion des Zarenreiches bei. Wegen der Konkurrenz des durch die Transsibirische Eisenbahn verbilligten Salzes aus dem europäischen Russland sank dieser Anteil 1905 gar auf 0,2 Prozent, stieg dann jedoch wegen der massiven Zuwanderung bis 1917 auf 13 Prozent.[505]

Eisen und Buntmetalle

Eisenerze interessierten den Staat vor allem, um den Bedarf der Garnisonen an Waffen und Ausrüstungsgegenständen vor Ort decken zu können. Zum eigentlichen Zentrum der frühen Eisenindustrie mit überregionaler Bedeutung stieg der Ural auf. Daher diente die Eisenerzeugung Mittel- und Ostsibiriens primär der lokalen Nachfrage. Ausgenommen war Jenisseisk, das, wie bereits erwähnt, von der zweiten Hälfte des 17. bis weit ins 18. Jahrhundert auf der Basis lokaler Erzvorkommen zum wichtigsten Erzeuger von Schmiedewaren in der Osthälfte Sibiriens avancierte. Doch diese Blüte beruhte auf einer ausgesprochen kleingewerblichen Produktion, das Erz lieferten vielfach Bauern. Eisenerze waren für Kundige leicht aufzuspüren. Aber wenn jemand auf Vorkommen stieß, die man nicht eindeutig zuordnen konnte, musste man Proben der Funde auf den weiten Weg nach Moskau schicken, weil es in Jenisseisk und Krasnojarsk keine erfahrenen Experten gab.[506]

Die Hauptgebiete der Salzgewinnung fielen nicht zufällig oft zusammen mit Gebieten der Eisenerzeugung, weil die Salzsiedereien Eisenpfannen und andere eiserne Ausrüstungsgegenstände benötigten. Die Salzsiederei Aleksei Schilins an der Tassejewa zum Beispiel ging einher mit einer Eisen- und angeblich auch mit einer Kupferschmelze. Seine Siedpfannen stellte Schilin offensichtlich vor Ort selber her.[507] Auch das Kupfervorkommen hatte er selbst entdeckt. «Er, Oleschka, spürte im Kreis Jenisseisk oberhalb eines Nebenflüsschens auf verschiedenen Hügeln Kupfererz auf, und diese Erze sandte er zur Prüfung zu uns nach Moskau», heißt es lapidar in einem staatlichen Dokument. 1642 fasste er vom Jenisseisker Wojewoden aber auch den Auftrag, nach Marienglas zu suchen. Dafür benötigte er 15 Jahre, dann aber brachte er 40 Pud davon nach Jenisseisk.[508] Daher waren die Pioniere der Salzsiederei in Sibirien häufig zugleich Prospektor, Bergmann, Schmelzer, Schmied und Salzsieder. Von Schilins angeblicher Kupferschmelze finden sich jedoch in den Dokumenten keine weiteren Spuren.[509]

Als im frühen 18. Jahrhundert das obere Becken des Jenissei unter die Kontrolle des Zarenreiches kam, erwies es sich bald als reich an Erzen.

An der Irba, einem Nebenfluss der Tuba, stieß man auf Erze mit einem Eisengehalt von 60 Prozent. Daher begann der Staat dort 1734 mit dem Bau eines Hütten- und Hammerwerks, des Irba-Werks (*Irbinskij zavod*). 1740 konnte man die Produktion aufnehmen. Im Jahresdurchschnitt lieferte die Anlage bis zu 25 000 Pud Eisen, das der Herstellung von Werkzeugen und Schmiedewaren diente. Doch aus verschiedenen Gründen kam es immer wieder zu längeren Betriebsunterbrüchen, und schon im frühen 19. Jahrhundert wurde das Werk liquidiert.[510] Noch als die Anlage im Bau war, hatte Gmelin sich schon skeptisch über ihre Zukunftsaussichten geäußert, da es in der Umgebung zu wenig Holz gebe und die Nachhaltigkeit der Erzlager zweifelhaft sei.[511]

Ähnlich erging es dem Privatunternehmen des Kaufmanns Aleksei Wlasjewski aus Werchoturje, der 1758 rund 100 Werst südlich Krasnojarsk etwas oberhalb der Mündung des Flüsschens Jesagasch das Jesagasch-Werk (*Ezagašskij zavod*) gründete. Wlasjewskij schmolz Eisen- und Kupfererze, die weiter oberhalb am Jenissei gebrochen und zum Werk geflößt wurden. Der Eisengehalt des Erzes betrug hier 50–60 Prozent. Der Unternehmer kam mit ganzen 23 Arbeitskräften aus (zehn eigenen, zwölf

Lohnarbeitern und einem Staatsvertreter) und vermochte daher schlank und kostengünstig zu produzieren. Der Jahresausstoß an Roheisen lag bei 37 500 Pud. Doch schon nach wenigen Jahren hatten sich die eisenhaltigsten Erzschichten erschöpft, und die darunterliegenden Flöze wiesen zu starke Kupferbeimengungen auf. Daher übernahm Wlasjewskij Roheisen aus dem Irba-Werk zur Weiterverarbeitung, und als dieses 1771 eine Zeit lang völlig stillstand, kehrte er zur Verhüttung eigener Erze zurück. Doch die Produktion rentierte immer weniger, wohl auch wegen der Konkurrenz der Jenisseisker Schmiede und Kleinunternehmer. Daher ging 1807 auch dieses Werk ein.[512]

Für beide Werke wäre eine Einreihung unter die Kategorie «Eisenindustrie» entschieden zu hoch gegriffen. Dafür war der durchschnittliche Jahresausstoß von zusammen 60 000–65 000 Pud, also um die 1000 Tonnen Eisen, viel zu gering. Wir bewegen uns hier immer noch im Bereich der Manufaktur. Dass sowohl das staatliche als auch das kostengünstiger produzierende private Unternehmen trotz hochwertiger Erzqualität sich auf Dauer nicht zu halten vermochten, muss man wohl dem nur begrenzt aufnahmefähigen Markt zuschreiben. Da der Transport von Eisen vor dem Bau der Transsib kostengünstig nur auf dem Wasserweg zu bewerkstelligen war, blieb der Absatz weitgehend auf das Jenisseibecken beschränkt, wo sich die verschiedenen Eisenerzeuger gegenseitig konkurrenzierten.

Dieses Problem teilte das Jenissei-Stromland aber mit ganz Sibirien. Die sibirische Eisenerzeugung stand von Anfang an im Schatten des Uralreviers, das wegen seiner günstigeren Verkehrslage die billigen Wasserwege sowohl nach dem europäischen Russland als auch nach Westsibirien zu nutzen verstand. Noch um das Jahr 1900 existierten in ganz Sibirien nur vier Eisenhütten: zwei staatliche im G. Tomsk und in Transbaikalien und zwei private im G. Jenissei, und zwar bei Aleksejewsk und Abakan im Kreis Minussinsk.[513]

Als Paradebeispiel dafür, mit welchen Mitteln unter Missachtung der Rahmenbedingungen das kaiserliche Bergkollegium ein Werk aus dem Boden zu stampfen beliebte, vermag die Krasnojarsker Kupferhütte zu dienen. Zu Anfang der 1730er Jahre entdeckte man in der Nähe des Grenzforts Abakan am Flüsschen Lukasa oberflächennahe Kupfervorkommen. Schon der Aufbau einer staatlichen Kupferhütte erwies sich als äußerst mühsam, denn die Bauern, die man dafür zwangsverpflichtete, musste man von weit her holen. Gmelin notierte nach einer Besichtigung der Baustelle 1739: «Es ist zu bewundern, in welcher kurzen Zeit dieses alles gebaut worden; doch wäre für das allgemeine Beste der Jenisseischen Provinz zu wünschen, dass diese Hütten bald zu Stande kämen. So lange dieses nicht geschieht, so ist dieser Ort eine immerwährende Plage für das Land, aus welchem weiter als achthundert Werste her Leute hierher geschickt werden, von denen viele aus Brotmangel durchgehen, und durch das öftere Hin- und Herreisen, und wegen der Kosten, die sie haben, um der Strafe zu entgehen, den letzten Heller anzuwenden genötigt sind. Sie müssen mit Pferden und Karren hierher reisen, von welchen letzteren nichts, von den ersteren aber selten etwas zurück kommt. Sie müssen sich auch selbst mit Essen versorgen.»[514] Auch dieser Betrieb stand also von Anfang an unter einem ungünstigen Stern – zum einen, weil in der Nähe zu wenig Waldungen lagen, um Holzkohle für die Schmelzöfen zu brennen, zum anderen, weil es noch keine Bauern gab, welche die Hüttenarbeiter mit Nahrungsmitteln hätten versorgen können. Zudem setzte der Staat als Arbeitskräfte vorwiegend Verbannte ein, die weder etwas von der Technik verstanden noch motiviert waren. Gmelin bezweifelte daher, dass das Unternehmen auf Dauer rentieren werde.[515] Er sollte Recht behalten, denn wegen der peripheren Lage und der hohen Fluchtquote bei den Arbeitskräften musste die Lukasa-Hütte schon nach wenigen Jahren wieder geschlossen werden.[516]

Ein sibirischer Goldrausch?
Als 1829 ein Verbannter im Kreis Minussinsk die ersten Goldsande aufspürte, setzte ein regelrechtes Prospektionsfieber ein. Zwischen 1830 und 1840 wurde Krasnojarsk zum Eldorado der Goldgräber, dann jedoch bis in die 1860er Jahre abgelöst von Jenisseisk, Kansk und Minussinsk. Das Goldfieber spülte zahlreiche Zuwanderer aus dem europäischen Russland und Westsibirien in das Jenisseibecken und verhalf den Städten der «goldenen» Kreise zu einem kräftigen Aufschwung.[517]

Einer der ersten Großunternehmer in Sachen Gold war der ehemalige Oberst Astaschew, der seit den 1830er Jahren an den Zuflüssen von Tuba und Kan während der Sommersaison von etwa 1000 Arbeitern, meist Verschickten, Gold waschen ließ. Zum Spitzenreiter stieg aber 1840 für kurze Zeit das Goldsandgebiet an der Chorma, einem Nebenfluss der Birjussa, südöstlich der Angaramündung auf. Wie Astaschew selber einem britischen Besucher mitteilte, hätten die dortigen Fundstellen im Jahre 1840 69 Pud reinen Goldes erbracht. Astaschew ließ bereits maschinell waschen: «Auf einer abhängigen Fläche steht eine große hölzerne Maschine, die in verschiedene, durch ungeheure eiserne Kämme von einander getrennte Fächer abgeteilt ist. Der erste dieser Kämme ist sehr stark und grob, da das Material, welches er durchlassen soll, aus großen Stücken Quarz, Stein und Sand besteht. Gold wird gewöhnlich im Quarz gefunden, der in mäßige Stücke zermalmt werden muss, aber es erfordert dies oft so viel Zeit, dass man ein gutes Teil Gold schwinden lässt, weil es nicht der Mühe wert ist, sich lange mit Zermalmung der Steine zu befassen. Hierauf gießt man Wasser auf die Masse, das die größeren Stücken und einen großen Teil des Sandes hinwegspült, während das Gold, weil es schwerer ist, sich zu Boden setzt. Dieses Verfahren wird mehrmals wiederholt, bis aller Sand und Abfall entfernt ist, worauf das Gold in seiner gewöhnlichen Vermischung mit Eisenstaub zurückbleibt.»[518] Das ausgesiebte Gold wurde nach Barnaul zur staatlichen Sammelstelle geschafft, dort gewogen, eingeschmolzen, gestempelt und nach Abzug der Staatstaxe von 15 Prozent der Gegenwert in Geld dem Unternehmer zurückerstattet.[519] Astaschew hat dem ausländischen Gast sogar seine Ertragsrechnung aufgemacht: Pro Arbeiter rechnete er einen Lohn von 500 Rubel, das machte bei 1000 Arbeitskräften 500 000 Rubel. Hinzu kamen der Aufwand für die Unterkünfte und Verpflegung sowie für die Maschinen, ferner die Transportkosten des gewonnenen Rohgoldes nach Barnaul plus «Geschenke» an die Beamten der dortigen staatlichen Münze und derjenigen in St. Petersburg; und schließlich die 15 Prozent, die der Staat vom Goldertrag kassierte; als Reingewinn verblieben dem Unternehmer dann von einem Pud Gold immer noch 35 000–40 000 Rubel.[520]

Zum eigentlichen Kerngebiet des Goldabbaus stieg im zweiten Drittel des 19. Jahrhunderts das Bergland östlich von Jenisseisk auf – und zwar an den südlichen Zuflüssen der Steinigen Tunguska, längs der beidseitigen Nebenflüsse des Großen Pit sowie der nördlichen Zuflüsse der unteren Angara. Wenn Flüsse Leitlinien des Goldabbaus waren, so zeigt dies bereits an, dass es sich um oberflächennahe Goldkonzentrationen in Flusssanden und -geröll handelte. Der bergmännische Abbau von goldhaltigem Gestein konzentrierte sich demgegenüber auf die Kreise Krasnojarsk, Atschinsk und Minussinsk.[521]

Eine Lizenz zum Goldabbau band der Staat an Bedingungen: Der Abbau musste innerhalb dreier Jahre begonnen werden, sonst fiel das Land an den Staat zurück; ferner musste der Vertragsnehmer entweder dem Adelsstand oder mindestens der zweiten Kaufmannsgilde angehören oder das erforderliche Kapital vorweisen können. Erst seit 1870 konnte jeder russische Staatsbürger und mit gewissen Einschränkungen auch ein Ausländer eine Lizenz zum Goldabbau erwerben. Da angesichts der abgelegenen Claims die anfänglichen Investitionskosten hoch waren, vermochten sich im Allgemeinen jedoch nur Reiche als Goldunternehmer zu betätigen.[522]

Die Goldwäsche konnte man nur im Sommerhalbjahr betreiben, sie war Saisonarbeit. Neben der peripheren Lage der Goldminen minderte dies ihre Attraktivität für Arbeiter. Daher erwies sich die Gewinnung von Arbeitskräften als eines der größten Probleme der Goldförderung. Dies erklärt, warum sich unter ihnen ein so hoher Anteil von Zwangsverschickten und Desperados befand, die viel Schnaps brauchten. Nach einer Untersuchung wurde um 1900 der Wodkabedarf einer Arbeitskraft im Schnitt auf fünf Eimer *(veder)* für sechs bis sieben Monate veranschlagt (rund 60 Liter). Die Bergbauadministration verschlimmerte die Situation noch durch ihr grobes, ja grausames Verhalten gegenüber den Arbeitern. Zugleich nötigte die Verwaltung die Arbeiter dazu, ihren Lebensmittelbedarf in werkseigenen Läden zu weit überhöhten Preisen einzukaufen. Da die Minen immer wieder weiterwanderten, waren die Unterkünfte für die Arbeiter meist primitiv und spotteten jeglicher Hygiene.[523] Dazu gebe ich im Folgenden einige Kostproben aus den Berichten ausländischer Besucher.

Dem Mineralogen Ernst Hofmann, der 1843 die Goldwäschen an der Birjussa besichtigte, fiel auf, dass sich an jeder Förderstelle ein Polizeibeamter aufhielt, dass es aber auch eine Krankenstation mit einem Feldscher gab und dass mehrere benachbarte Förderstätten sich einen Arzt teilten. Hofmann berichtet als Staatsbeamter zwar regierungsfreundlich, doch trotzdem schimmert durch seine Beschreibung ein rigoroses Klassen- und Überwachungsregime hindurch: «Aus einer Masse Block- und Erdhütten, die sich schwarz und schmutzig kaum über den Boden erheben, ragen die zierlichen Häuser der Verwalter und übrigen Beamten hervor, die meisten freilich auch nur für einen Sommeraufenthalt eingerichtet.» «Die geheime Polizei wird auf eine ausgezeichnete Weise gehandhabt, kaum ist ein verfängliches Wort unter den Arbeitern gesprochen, so hat der Direktor davon Kunde und nimmt seine Maßregeln. Jeder Arbeiter weiß sich bewacht, und jeder Wächter hat wieder seinen Wächter.» Bei den Goldunternehmern und ihrem Verwaltungspersonal fließe der Champagner in Strömen, auch wenn sie unterwegs seien.[524]

Der Goldreichtum veränderte schlagartig die Atmosphäre in Krasnojarsk und Jenisseisk. Zum Missfallen der Geistlichkeit karriolten die Neureichen mit ihren Mätressen ohne jede Scham in der Stadt umher und luden nach Belieben zum Mittrinken ein. Wer das Angebot ablehnte, musste damit rechnen, dass eine ganze Flasche Schnaps oder Champagner über seinem Kopf ausgeleert wurde. Auch die Dienstboten wurden abgefüllt, und selbst den Pferden gab man Champagner zu saufen.[525] Lansdell besuchte 1879 in Krasnojarsk die Villa eines Goldunternehmers. Eine breite Treppenflucht führte in das Obergeschoss mit einem Ballsaal, den zwei Konzertflügel zu beschallen vermochten. An den Wänden hingen prächtige Ölgemälde, und in Vitrinen präsentierte der stolze Hausherr drei Goldnuggets mit einem Gewicht von mehreren Pfund.[526]

Am Pit erstreckten sich die Goldseifen 20–30 Fuß tief unter den Decksanden,[527] an der Slisnewa zwischen 2 und 20, manchmal sogar bis 150 Fuß tief, wobei meistens mehrere goldhaltige Schichten übereinanderlagen.[528] In großen, rechteckigen Schächten wurde zunächst die Deckschicht entfernt und andernorts aufgetürmt, bevor man dann das goldhaltige Material aus der Grube holte und mit Pferdekarren zu den Waschanlagen am Fluss transportierte (Abb. 74). Die von Knox beschriebene wassergetriebene Maschine bestand aus einem langen, leicht geneigten Blechzylinder, dessen rotierende Siebe aus dem oben eingefüllten Gesteinsschlamm das grobe Material zurückhielten, während die feineren Partikel durch Löcher in der Wandung ausgeschwemmt und weiter gesiebt wurden, bis sich am Schluss in einem Auffangbecken Sand und Gold absetzten. Bevor man die groben Rückstände auf die Halde kippte, wurden sie noch auf Nuggets untersucht.[529]

Der Staat bemühte sich, den Goldabbau einigermaßen unter Kontrolle zu halten. Wera Kropotkinas Vater Sebastjan Berinda zum Beispiel arbeitete 1858/59 als staatlicher Mineninspektor eines Abbaudistrikts bei Jeniseisk. Er hatte dafür zu sorgen, dass die Vorschriften für Unterbringung und Verpflegung der Arbeiter eingehalten, die Schächte gegen Einsturzgefahr gesichert sowie polizeiliche Untersuchungen bei Vergehen auf dem Gebiet der Goldfelder korrekt durchgeführt wurden. Auch sollte er darauf achten, dass an die Arbeiter kein Alkohol ausgeschenkt wurde[530] – ein hoffnungsloses Unterfangen.

Den fachlich wohl kompetentesten Bericht über die Goldabbautechnik des ausgehenden 19. Jahrhunderts verdanken wir dem Bergingenieur Robert L. Jefferson, der im Winter 1896/97 gemeinsam mit drei Begleitern, die wie er Erfahrungen als Experten für Goldgewinnung in Australien, Südafrika und am Amur gesammelt hatten, zu den südlichsten Goldfeldern des Kreises Minussinsk am Sajangebirge unweit der chinesischen Grenze reiste.[531] Schon der Weg dorthin war abenteuerlich: zunächst mit der Transsibirischen Eisenbahn bis Krasnojarsk, das damals Endstation war; dann mit Schlitten den Jenissei aufwärts über Minussinsk bis nach Karatuski, der letzten großen Siedlung vor der chinesischen Grenze, zugleich Verwaltungszentrum der Goldwäschen und Wohnort der meisten Goldunternehmer; von dort 80 Werst den Armeul, einen Nebenfluss des Jenissei, aufwärts; dann noch einmal 200 Werst durch die Berge bis zum Tal des Flusses Isinsoul, wo die Goldsande lagen.

Jefferson besaß eine ministerielle Erlaubnis für Goldprospektion in ganz Sibirien einschließlich des Rechtes, Goldminen zu pachten und zu kaufen. Seine Papiere aus

Moskau waren in Tomsk visiert worden und mussten dem Mineninspektor in Karatuski vorgelegt werden. Ziel Jeffersons und seiner drei Begleiter war es, die dortigen Abbaumethoden kennenzulernen. Allerdings wieherte auch im fernen Karatuski der berüchtigte russische Amtsschimmel; ein halbes Dutzend Unterschriften waren nötig, weil jeder Beamte seine Unersetzlichkeit demonstrieren wollte.

Karatuski war eine Siedlung mit höchstens 1000 Einwohnern. Dort lebten viele der Goldunternehmer jetzt im Winter, wo der Abbau ruhte. Die fremden Gäste wurden mit Einladungen überschüttet und erlebten einen «clash of cultures»: Die Goldunternehmer erwiesen sich als typische Neureiche, unkultiviert und ohne Schulbildung. Vor allem beim gemeinsamen Essen fiel den Gästen der schreiende Kontrast zwischen Mittagsdinner und dem Abenddress der Gastgeber auf sowie ihre Mühe mit Umgangsformen. Niemand beherrschte auch nur ansatzweise eine Fremdsprache, und da deshalb die Unterhaltung stockte, ersetzte man sie durch Trinksprüche. Den Tag schlugen die Herren mit Kartenspiel um viel Geld tot, in jedem Haus gab es Kartentische. Mit Ausnahme des bekannten Großkaufmanns Kusnezow[532] handelte es sich bei allen um kleine Goldunternehmer, die ihr Geschäfte ohne jegliches Startkapital aus dem Nichts heraus aufgebaut hatten.

Die meisten Minenbesitzer verpachteten eine Parzelle mit Goldsand an Subunternehmer *(tribute labourers)*, die selber wuschen und einen bestimmten Anteil der Goldausbeute an den Unternehmer abliefern mussten; dieser verkaufte sie wiederum (unter erklecklichem Selbstbehalt) an den Staat weiter. «Aber der Schaden, welchen die *tribute labour* dem Grundstück zufügt, ist enorm. Die Männer arbeiten in Gruppen zu dritt oder viert. Sie buddeln und kratzen wie die Kaninchen mal hier, mal dort und kippen ihren Abraum überall dorthin, wo es für sie am bequemsten ist (häufig auf noch jungfräulichen Boden), so dass man, bevor man auch noch den Rest der Mine ausbeuten kann, die unberührte alluviale Deckschicht erst wieder von Tonnen von Abraum befreien muss. Diese Kurzsichtigkeit seitens der Subunternehmer ruiniert natürlich Mine um Mine.»

Die Technik taxiert Jefferson als primitiv. Bei der Verarbeitung des Goldsandes gingen daher etwa 20, ja manchmal bis zu 50 Prozent der Ausbeute verloren. Die Hydraulik sei unbekannt, die chemischen Kenntnisse ungenügend. Es sei die ausserordentlich billige Arbeitskraft, das billig zu erstehende Bauholz und die billigen Lebensmittel, welche für das Fehlen moderner Technologie im Minendistrikt Minussinsk verantwortlich seien. Unter diesen Bedingungen sei die durchschnittliche Ausbeute von 1 Unze Gold pro Tonne Erz bei den Goldwäschen wenig im Vergleich zu Kalifornien, Australien oder Südafrika. Die Goldminenarbeiter vor Ort seien fast alle zwangsverschickte Kriminelle.

Eine andere Goldmine, die Jefferson und seine Begleiter untersuchten, war seit ihrer Eröffnung «in erschreckendem Ausmaße heruntergewirtschaftet worden». Als Hauptursachen sieht er die Zwangsarbeit und die unüberlegte Ablagerung des Aushubs auf künftigem Abbauareal. In den Nachbarminen zeige sich mit wenigen Ausnahmen überall das gleiche Bild.

Jefferson berichtet auch, dass russische Goldunternehmer sogar jenseits des Scheitels des Sajan-Gebirges auf chinesischem Boden wilderten, weil der Winter dort weniger hart und die chinesische Regierung zu schwach sei, um dies zu verhindern. Die russische Regierung dulde diese Praxis stillschweigend.

Allerdings setzten längst nicht alle Goldminen Sträflinge als Arbeitskräfte ein. Lansdell besuchte 1879 die Erzengel-Gabriel-Mine an der Slisnewa, die nur freie Lohnarbeiter beschäftigte.[533] Wenn diese keine Bauern waren, lebten sie während des Winters häufig in Krasnojarsk. Dort heuerten im März und April die Bergbauunternehmer ihre Arbeitskräfte für die Sommersaison an und zahlten ihnen einen Vorschuss.[534]

Im Jahre 1847 wühlten sich Arbeiter an 119 verschiedenen Förderstätten in die Goldseifen des Jenisseibeckens, aus deren Ausbeute 1212 Pud Gold erschmolzen wurden – damals 90 Prozent der Produktion ganz Russlands und 40 Prozent der Welt.[535] Bis zu ihrem Höhepunkt im Jahre 1860 dürfte die Goldausbeute des G. Jenissei 18 900 Pud Gold erbracht haben; das entsprach drei Vierteln der sibirischen und 53 Prozent der Gesamtausbeute des Zarenreiches.[536] Danach ging es mit den Erträgen aber allmählich bergab. Im Jahre 1863 produzierten in 151 Bergbaubetrieben 18 215 Arbeiter noch 665 Pud Gold.[537] Ferdinand Müller bemerkt: «Bei meiner Anwesenheit in Jenisseisk im Herbst 1873 klagte man schon sehr über die Erschöpfung der Goldfelder am Pit, einem rechten Nebenfluss des Jenissei, die früher enorme Erträge gegeben hatten.»[538] Seit Mitte der 1880er Jahre sanken der Goldgehalt der Sande und die Erträge der Wäschen markant, und das bedeutete, dass die Produktionskosten stiegen.[539] Daher begannen sich seit den 1870er Jahren die Hauptabbaugebiete weiter nach Osten zu verlagern, wo man neue Goldfelder aufgespürt hatte – in die Region Witim-Olekminsk des G. Irkutsk und dann nach Transbaikalien und in das Amurbecken, wo sich an Bureja und Seja ein neues Kalifornien auftat. Im Jahre 1904 lag das G. Jenissei noch an vierter Stelle der sibirischen Goldproduktion.[540] 1910 stellte es gar nur noch 6,9 Prozent der sibirischen Goldausbeute.[541] Damit war der eigentliche Goldrausch vorbei, vorbei die Zeit maßloser Prassereien und Vergnügungen der Neureichen. Auch das ehemals stattliche Dorf Jermakowo am Jenissei, wo viele Goldkönige sich ein Haus gebaut hatten, verödete.

An der Goldgewinnung verdienten sich nur wenige Unternehmer eine goldene Nase, während die Masse der Bevölkerung, auch wenn sie selber mit dem Abbau nichts zu tun hatte, unter einer dadurch ausgelösten Teuerung stöhnte.[542] Obgleich der Rückgang der Erträge zur Folge hatte, dass auch die Löhne sanken, verlor die Arbeit auf den Goldfeldern nicht an Attraktivität.

Da der Hauptgrund für den Rückgang der Goldausbeute in der zunehmenden Ineffizienz des Oberflächenabbaus zu suchen war, ließen sich die goldhaltigen Gesteinsschichten in der Tiefe nur mit kapitalintensiven bergmännischen Methoden erschließen. Während die Förderung in den meisten übrigen Abbaugebieten Sibiriens bis zum Ersten Weltkrieg auf der Stufe von Manufakturen verharrte, setzte man in den Gouvernements Jenissei und Tomsk seit 1906 stattdessen auf den Einsatz moderner Maschinen. 1914 waren auf den Goldfeldern des G. Jenissei mehr als die Hälfte aller Schwimmbagger Russlands im Einsatz. Nun ließ sich aber auch die Verarbeitung von goldhaltigem Felsgestein kostengünstiger gestalten: durch Einsatz von Sprengmitteln und von dampfgetriebenen Maschinen, die das Gestein in Mahlwerken zerkleinerten und in Extraktionsfabriken anreicherten. Und nun konnte man auch den Winter hindurch arbeiten.[543] Möglich wurde diese Technisierung nur im Rahmen kapitalintensiver Aktiengesellschaften, die ihren Sitz vor allem in St. Petersburg hatten. Krasnojarsk beherbergte nur zwei kleinere Gesellschaften – die 1898 gegründete DRAGA und die 1903 entstandene Alexander-Gesellschaft für Goldindustrie *(Aleksandrovskaja zolotopromyšlennaja kompanija)*. Es waren also drei Faktoren, die den Neuaufschwung der Goldindustrie am Jenissei begünstigten: ein massiver Kapitaleinsatz über Bankkredite; eine zunehmende Maschinisierung, ergänzt vielfach durch eine Anbindung an die Eisenbahn; dadurch Einsparung von Arbeitskräften.[544]

In der weltweiten Goldgewinnung hielt Russland nur kurz den Spitzenplatz. Schon 1850 katapultierte der kalifornische Goldrausch die USA mit 56,9 Prozent der Weltausbeute auf Platz eins, während Russland nur noch 20,9 Prozent beisteuerte und 1852 nach Australien als Neuaufsteiger in der Goldgewinnung mit 8,9 Prozent sogar auf den dritten Platz abrutschte.[545] Von einem eigentlichen sibirischen «Goldrausch» wie in Kalifornien kann man jedoch nicht sprechen. Die Goldfelder Mittelsibiriens waren zu abgelegen und der Aufwand zu hoch, als dass Einzelpersonen und Abenteurer dort in größerem Umfang ihr Glück hätten suchen können.[546] Ein «Mini-Kalifornien» entstand erst kurz vor dem Ersten Weltkrieg im russisch-chinesischen Grenzgebiet am Amur.

### Drei Spätlinge – Glimmer, Graphit, Steinkohle

Mit der Erschließung Südsibiriens durch die Transsibirische Eisenbahn und den Anfängen der Industrialisierung stieg gegen Ende des 19. Jahrhunderts sehr rasch die Nachfrage nach bis dahin vernachlässigten Bodenschätzen wie Glimmer, Graphit und vor allem Kohle.

Glimmer oder Marienglas *(sljuda)* war schon seit dem 17. Jahrhundert in kleineren Mengen an den Flüssen Tassejewa, Kan und Barga abgebaut und als Ersatz für Fensterglas gebraucht worden. Seit dem Ende des 19. Jahrhunderts entwickelte die neue Elektroindustrie einen derartigen Hunger nach dem Mineral, dass allein im Bergwerk Sljud-Barginskoje die Jahresausbeute von 1376 Tonnen (1911) auf 70 500 Tonnen (1917) anstieg. Dadurch konnte der Importbedarf Russlands während des Ersten Weltkrieges fast ausgeglichen werden.[547]

Schon 1859 hatte ein Prospektor des bekannten Krasnojarsker Unternehmers und Wirtschaftspioniers Michail Konstantinowitsch Sidorow (1823–1887) Graphitvorkommen an der Unteren Tunguska entdeckt,[548] und seit den frühen siebziger Jahren des 19. Jahrhunderts war auch bekannt, dass an der Kureika etwa hundert Kilometer oberhalb der Mündung Graphitvorkommen sogar oberflächennah anstanden. Auf den Abbau dieser Vorkommen hatte Sidorow sich ein Monopol gesichert. Doch weil er mit dem Unterfangen nicht innert der vorgeschriebenen Dreijahresfrist beginnen konnte, war dieses Monopol wieder erloschen. Daraufhin beauftragte er 1877 seinen für den Kureika-Graphit zuständigen Agenten, den Kurländer Schwanenberg, damit, beim Distriktvorsteher in Turuchansk ein Zertifikat zu erwirken, dass dieser die Graphitvorkommen an der Kureika persönlich in Augenschein genommen habe und bestätigen könne, dass der Abbau begonnen habe. Allerdings hatte der Distriktvorsteher von Gasenkampf die Mine nie besucht, erklärte sich aber bereit, alles zu unterschreiben, was Schwanenberg ihm vorlege – gegen eine erkleckliche Summe Geldes selbstredend. Doch dann zögerte er seine Unterschrift immer weiter hinaus, im Wissen, dass der Gesuchsteller sich in einer Zwangslage befand und weitere Gelder locker machen würde. Schwanenberg musste schließlich sogar seine goldene Uhrkette und seine Fingerringe drangeben, um die ersehnte Unterschrift zu erhalten.[549]

Allerdings ist es auch in der Folgezeit zu keinem geregelten Graphitabbau gekommen. Als Nansen 1913 die Kureika passierte, bemerkte er, dass der Dampfer *Correct*, der ihn bis zur Jenisseimündung befördert hatte, 30 Tonnen Graphit als Rückfracht laden sollte. Dies sei als Muster zu genauerer Analyse gedacht, bevor man bei positivem Befund eine Mine einrichten wollte.[550] Der Erste Weltkrieg hat dies jedoch zunächst verhindert.

Dass etwa hundert Kilometer östlich von Dudinka im Gebiet des Pjassinasees reiche Buntmetall- und Kohlenvorkommen im Boden lagerten, wusste man schon seit der Mitte des 18. Jahrhunderts. Alexander Middendorf, der 1842 in Dudinka von den Vorkommen hörte, machte sie in seinen Reisenotizen auch der internationalen Öffentlichkeit bekannt. Aber angesichts der kurzen Sommer sowie der damals sehr begrenzten Transportmöglichkeiten und fehlender Arbeitskräfte lag ein rentabler Abbau jenseits des Möglichen. Als der auf die kurze Sommersaison beschränkte Schiffsverkehr über die Karasee mit Westeuropa in Gang kam, stellte sich die Frage, ob man die Dampfer nicht für die Rückfahrt bekohlen könne. Im Jahre 1905 ließ die russische Regierung 500 Tonnen Kohle, die man aus oberflächennahen Lagerstätten in der Tundra gefördert hatte, mit Rentierschlitten nach Dudinka schaffen, um damit die Dampfer der Großen Polarexpedition zu versorgen. Doch erwuchs daraus keine dauerhafte Praxis.[551] Als Fridtjof Nansen 1913 Dudinka besuchte, brachte er daher die Idee einer Eisenbahnverbindung von Dudinka durch die Tundra zu den Lagerstätten ins Spiel.[552] Doch erst die Sowjetmacht vermochte mit den zuvor unüberwindlich scheinenden Schwierigkeiten, die Bodenschätze um den Pjassinasee auszubeuten, fertig zu werden – allerdings mit den ihr eigenen Methoden.

Wegen ihrer günstigen Verkehrslage unweit des Jenissei und der Nähe zur Transsibirischen Bahn schneller erschlossen wurden die 1904 entdeckten Kohlenflöze bei Minussinsk beziehungsweise Abakan. Wie oben bereits erwähnt, war es die Krasnojarsker Unternehmerin Wera Balandina, die 1907 einen vielversprechenden Claim aufkaufte und eine Kohlemine in Betrieb nahm. Daneben entstanden zahlreiche kleine Gruben, die den oberflächennahen Bergbau nach dem Kustarprinzip betrieben. Im Vergleich zu den eigentlichen Zentren der Kohleindustrie im westsibirischen Kusnezbecken und (seit 1898) im Becken von Tscheremchowo bei Irkutsk blieb das Minussinsker Kohlerevier jedoch von marginaler Bedeutung. 1910 wurden ganze 8000 Tonnen gefördert, 1913 21 400 Tonnen; das entsprach zwei Prozent der sibirischen Produktion. Erst der Weltkrieg sorgte dafür, dass der Ausstoß sich auf 45 900 Tonnen verdoppelte.[553]

## Die Entwicklung des Wirtschaftsraumes Jenissei im sibirischen Vergleich

Wie wir gesehen haben, war die Wirtschaft Sibiriens mit Ausnahme der Pelztierjagd im 17. Jahrhundert ganz auf die Deckung des Eigenbedarfs ausgerichtet. Erst als Peter der Große seit dem Anfang des 18. Jahrhunderts die ökonomische Entwicklung des Zarenreiches gezielt zu fördern begann, kristallisierten sich mit dem Abbau von Silber- und Buntmetallerzen in Transbaikalien, vor allem um Nertschinsk, und im Süden Westsibiriens um Kolywan und Barnaul zwei frühe Bergbau- und Industriezentren von gesamtrussischer Bedeutung heraus. Das Jenissei-Stromland dazwischen blieb von diesen Entwicklungen nahezu unberührt. Dies änderte sich erst, als im zweiten Drittel des 19. Jahrhunderts im Süden Sibiriens vom Altaivorland über das Jenisseibecken bis hin zur oberen Lena in großem Umfang Goldsandvorkommen entdeckt wurden. Dies wiederum stimulierte die einheimische Eisenproduktion, um den Goldbergbau mit dem nötigen Gerät zu beliefern. Allerdings ging es dabei immer noch um relativ bescheidene Größen, belief sich der Ausstoß der drei ostsibirischen Eisenhütten, darunter eine am Abakan, im Jahre 1893 doch auf ganze 302 000 Pud.[554] Erst der Bau der Transsibirischen Eisenbahn begann die wirtschaftliche und industrielle Entwicklung Südsibiriens zu beflügeln. Um die Lokomotiven mit Brennstoff zu beliefern, konnten nun die Kohlevorkommen von Anschero-Sudschensk südlich Tomsk und von Tscheremchowo nördlich Irkutsk in großem Umfang erschlossen werden. Erneut blieb das Jenisseibecken jedoch im Windschatten dieser Frühindustrialisierung. Gesamtsibirische Bedeutung hatte lediglich die Glashütte «Zur Erscheinung der Heiligen Jungfrau» *(Znamenskij zavod)*, die am Vorabend des Weltkrieges mit einem Jahresausstoß von 221 000 Pud zur zweitgrößten Sibiriens aufstieg und noch in spätsowjetischer Zeit produzierte – nun aber ideologisch umetikettiert unter dem Namen «Dem Andenken der 13 Kämpfer».[555] Auch als vor dem Ersten Weltkrieg im Süden Westsibiriens die Bauern sich auf die Produktion von Qualitätsbutter für den Export spezialisierten, die in Kühlwaggons mit Schnellzügen zu den Häfen des europäischen Russland spediert wurde, tangierte dies die Landwirtschaft des G. Jenissei nicht. So blieb das Jenissei-Stromland bis zur Sowjetzeit wirtschaftlich weitgehend autark und mit dem «Mutterland» vor allem durch die Lieferung von Pelzwerk und seit der Mitte des 19. Jahrhunderts von Gold verbunden.[556]

Allerdings muss man berücksichtigen, dass noch 1913 die industrielle Bedeutung ganz Sibiriens für das Russländische Reich mit einem Anteil von anderthalb Prozent an der Bruttoproduktion wie an der Arbeiterschaft nach wie vor marginal war.[557] Im Vergleich mit Westsibirien führte das G. Jenissei daher bis zur Sowjetzeit weitgehend ein wirtschaftliches Dornröschendasein und wartete auf den Prinzen, der es wach küssen und sein wirkliches Potential nutzen würde.

# Verkehrsschneisen

Ohne das Geäder von Verkehrswegen wären die Lebens- und Wirtschaftsräume, von denen zuvor die Rede war, nicht vorstellbar – schon gar nicht auf dem riesigen und dünn besiedelten Subkontinent Sibirien. Die ältesten und wichtigsten Transport- und Reisewege bildeten die Flüsse. Erst im 18. Jahrhundert erschlossen vom Staat unterhaltene Poststraßen den Süden des Jenissei-Stromlandes, und nur ganz am Ende des 19. Jahrhunderts folgte die Eisenbahn. Das änderte jedoch nichts daran, dass die nördlichen drei Viertel des Jenisseibeckens bis zur Sowjetzeit nur auf Wasserwegen zu erreichen waren.

## Die Wasserwege

Die wichtigsten Wasserwege Mittelsibiriens waren der Jenissei selber und die Angara als Verbindung zum Baikalsee. Erst danach folgten der Bedeutung nach die Untere Tunguska sowie die westlichen Zuflüsse des Jenissei, die wie der Turuchan im Norden oder der Sym nordwestlich von Jenisseisk zeitweise die Verbindung zu den Wasserscheiden und Schleppstellen herstellten, die in das Flusssystem Westsibiriens hinüberleiteten. Mit dem Boot ließen sich die gewaltigen Distanzen innerhalb der undurchdringlichen Taiga und der im Sommer morastigen Tundra einfach und schnell überwinden. Im 18. Jahrhundert benötigte man – normale Wetterverhältnisse vorausgesetzt – für die tausend Kilometer Flussreise von Jenisseisk zum Dreifaltigkeitskloster an der Mündung der Unteren Tunguska stromabwärts zehn bis vierzehn Tage,[558] stromaufwärts um die drei Wochen, weil meist getreidelt werden musste.[559] Zwischen Jenisseisk und Krasnojarsk betrug die Distanz nur gut 400 Kilometer, doch auf dem schmaleren Oberlauf kam man weniger gut voran, insbesondere wegen der Stromschnellen. Messerschmidt legte 1723 diese Wegstrecke mit dem Strom in zwölf Tagen zurück;[560] gegen den Strom benötigte Gmelin 1739 mit zwei schweren Kajütbooten sechzehn Tage und musste dafür eine große Treidelmannschaft engagieren.[561] Für die gut 1700 Kilometer auf der Angara von Irkutsk bis zu ihrer Mündung in den Jenissei brauchte Messerschmidt 1725 genau drei Wochen; er startete am 23. Juni und erreichte Strelka am 13. Juli; von dort waren es auf dem Jenissei nach Jenisseisk noch einmal zehn Fahrtstunden.[562]

### Bevor das Dampfschiff erschien

Bis zur Mitte des 19. Jahrhunderts waren Bootsreisende auf die Kraft der Strömung, des Windes oder der eigenen Muskeln angewiesen, wenn sie auf den Wasserwegen vorankommen wollten. Weil die sibirischen Wasserwege mit ihren jahreszeitlich stark schwankenden Wasserständen, mit ihren Stromschnellen und zahlreichen Untiefen an die Schifffahrt eine Vielzahl von Anforderungen stellten, haben die russischen Bootsbauer schon früh mehrere Schiffstypen entwickelt (Textabb. 14).

Textabb. 14: Bootstypen Sibiriens

Bis in die zweite Hälfte des 19. Jahrhunderts bildete der Doschtschanik das beliebteste Lastschiff für den Binnentransport. Es war ein einmastiges, gedecktes Flachbodenschiff mit einer Tragfähigkeit von zwei bis drei Tonnen und bei Fahrten stromabwärts einer Besatzung von drei bis vier Mann.[563] Den Flachboden brauchte es, um über die zahlreichen Untiefen und Stromschnellen hinwegzuschlüpfen, ohne den Kiel abzubrechen. Georgi hat die Doschtschaniks, wie er sie 1772 am Baikalsee kennenlernte, detailliert beschrieben: «Sie sind von Fichtenholz, ohne alles Eisen gebauet. Der Boden ist wie bei einer Fähre platt, die Schnauze sehr spitz, der Spiegel wie der Durchmesser des Schiffs, die Seiten gerade aufstehend, und das Bord nur kaum eine Spanne höher, wie das Verdeck. [...] Der Mast ist ein niedriger Baum, an welchem ein sehr großes Segel wie auf Booten aufgezogen wird. Man kann nur den Hauptwind und die beiden Nebenwinde, wenn sie nicht stark wehen, gebrauchen. An jeder Seite ist das Fahrzeug mit einer Leiste von einem starken halben Baum recht über der Wasserfläche versehen, teils der Stärke, teils auch der Vermehrung der Fläche und Verminderung des Schwenkens wegen. Sie heißt Pimbin. [...] Auf dem Verdeck ist auch ein gewölbter Backofen, in welchem täglich gebacken wird, und ein mit einem hohen Rande versehener Kochherd. Anker und Tauwerk sind wie gewöhnlich, nur letzteres ungeteeret. Damit das Fahrzeug bei stillem Wetter fortgebracht werden könne, so ist es mit 2 Paar großen Rudern versehen, wo aber die Schiffleute am Ufer gehen können, und die See an demselben tief genug ist, ziehen sie es lieber an einem Seil, weil dieses für sie leichter ist, und auch geschwinder geht. Zu dem Schiffsgeräte gehören auch 2 mit Eisen beschlagene starke Stangen, die man als Säulen unter das Fahrzeug bringt, wenn es, welches oft geschieht, auf Steinen fest wird. Man teilet die Doschtscheniken in ganze, die 2 bis 3000 Pud, und halbe, die nicht über 1000 Pud frachten. Von letzterer Art war mein Fahrzeug, welches 4 Fuß tief ging, und also überall nahe an die Ufer kommen konnte.»[564]

Textabb. 15: Kajütboot auf der Angara (1876)

Als Lodki und Kajuki bezeichnete man im 17. und frühen 18. Jahrhundert kleinere Boote mit spitzem oder gebauchtem Boden, einem zugespitzten, leicht erhöhten Bug und einem spitzen oder geraden Heck (Textabb. 15). Die Tragfähigkeit lag bei anderthalb und mehr Tonnen. Messerschmidt fand im Spätsommer 1723 den Oberlauf der Unteren Tunguska so seicht vor, dass er bei kniehohem Wasser die Stromschnellen von Jeroma mit ihren vielen Steinen nur im wendigeren Kajuk zu passieren vermochte und den Doschtschanik zurücklassen musste.[565] Später baute man auch größere Boote von bis zu 19 Metern Länge und einer Tragfähigkeit von bis zu 15 Tonnen. Große und mittelgroße Boote vom Typus der Ilimka verfügten über eine einfache, meist halbrunde Abdeckung, auf der man vom Bug zum Heck gehen konnte. Gesteuert wurde mit einem Heck- und zwei Seitenrudern. An dem Mast war ein Tau befestigt, mit welchem man das Boot gegen den Strom ziehen konnte.[566] Auch der gedeckte, einmastige Kajuk entwickelte sich zu einem schweren Schiff mit einer Länge von zehn bis vierzig Metern und einer Tragfähigkeit von 20 bis 400 Tonnen.[567] Daher war er am ehesten für den Jenissei geeignet. Ein Gleiches gilt für den Strug oder die Struga – eine bis zu 35 m lange und 11 m breite Barke, die bei einem Tiefgang von nur einem Meter 160–190 Tonnen Lasten zu laden vermochte.[568] Diese großen Schiffe wurden meistens nur bei Fahrten mit dem Strom eingesetzt, am Zielort auseinandergenommen und das Holz verkauft, weil das Treideln stromaufwärts viel zu aufwändig gewesen wäre. Für etwaige Passagiere trug das Deck eine Hütte, in der die Gäste schlafen und vor Regen Schutz suchen konnten. Alle Bootstypen verfügten nur über ein Rahsegel, mit dem man lediglich vor dem Wind fahren, aber nicht kreuzen konnte. Bei Windstille oder gegen den Strom musste man rudern oder treideln.

Messerschmidt traf auf dem Tschulym 1722 noch eine andere Technik an, um größere Lasten per Schiff zu transportieren. Die Schiffer koppelten zwölf kleine Fischerkähne jeweils paarweise nebeneinander und überdeckten jedes Paar mit Brettern, so dass Messerschmidt in seinem Boot sogar eine birkenrindengedeckte Hütte beziehen konnte. Ein Bootspaar trug die Expeditionsküche, ein weiteres den Wagen und das Bettgestell.[569]

Hansteen beschreibt die Treidlerei gegen den Strom 1829 sehr detailliert: «An der Spitze des Mastes wird ein langes dünnes Ziehtau festgebunden, welches Betschewá genannt wird; an dem andern Ende desselben sind vier oder sechs Seile von etwas verschiedener Länge befestigt. Das Ende eines jeden dieser Seile wird an dem ziehenden Menschen oder Tiere festgemacht, und ihre Länge ist verschieden, damit die Menschen oder Tiere im Vorspann (Podwóda) nicht genötigt sein sollen, auf schmalem Ziehwege *neben* einander zu gehen. Nördlich von Dubtscheskoie müssen also Menschen oder Hunde als Podwódi gebraucht werden, südlich davon erhält man Pferde.»[570] Hansteens leichtere Lodka schleppten meistens fünf Pferde, drei hinten, zwei vorne; die vorderen wurden von einem Vorreiter geführt. Das Problem bei den Pferden war, dass sie zwar in einem Zuckeltrab liefen, aber an unzugänglichen Uferstellen ausgespannt und nach Umwegen wieder eingespannt werden mussten. Schneller als die Pferde treidelten Hunde, weil sie wegen ihrer Leichtfüßigkeit morastige Stellen am Ufer nicht umgehen mussten. Die Hunde wurden mit kleinen Seilen aus Birkenrinde zu einem Gespann zusammengekoppelt, welches am Ende des Ziehtaus befestigt war (Textabb. 16). Menschliche Treidler gingen in einer Reihe hintereinander, bei der Lodka Hansteens genügten dafür drei Mann.

Seine Lodka hatte Hansteen sich in Jenisseisk von dem Schiffbauer Schadrin zimmern lassen. Schadrin amtete selber als Kapitän und nahm als Schiffsjungen seinen halbwüchsigen Sohn Nikita mit. Als Matrosen heuerte er ein paar Verschickte an – darunter einen alten Deutschen, Schoppe, einen russischen Verbrecher, dem – wie damals üblich – zur Kennzeichnung zwei Kerben in seine Nasenflügel geschnitten worden waren, ferner einen Kaufmann aus Jenisseisk, der pleitegegangen war.

Das Hundetreideln stach allen westeuropäischen Reisenden in die Augen, so auch 1873 Ferdinand Müller: «Vom Troitzkykloster aus werden eine große Strecke weit [den Jenissei] flussaufwärts nur Hunde zum Ziehen der Boote gebraucht, und ihrer vier, oft sogar weniger, zogen unser schwer geladenes Boot in raschem Tempo gegen den Strom, bedeutend besser als späterhin die gleiche Anzahl Pferde bei wohl nur wenig stärkerer Strömung. Das Concert, denn anders kann man das in allen Tonarten angestimmte Geheul nicht bezeichnen, ist namentlich beim Anspannen und dann wieder beim Erreichen der Station, wenn neue Hunde in Sicht kommen, geradezu erstaunenswert. Als ich es das erste mal, in der Kajüte aus dem Schlafe erwachend, vernahm, dachte ich nicht im entferntesten daran, dass dieser Gesang wirklich von Hunden ausgeführt werden könne, bis mich der Augenschein belehrte. Am Jenissei, wie auch hier am Olenék sind die Hunde von ziemlich kleiner Rasse mit auffallend spitzen Ohren.»[571]

Bei Gegenwind musste sogar mit dem Strom getreidelt werden. Als Castrén Anfang August 1846 von Turuchansk nach Dudinka in einem ziemlich großen gedeckten Schiff weiterfuhr, zwangen fast täglich Nordwinde das Schiff in den Windschatten des Ufers, wo es Gefahr lief, auf Sandbänken aufzulaufen. Einmal zerbrach dabei das Ruder, ein andermal ging ein Anker verloren. Unterhalb Turuchansk verliert der Jenissei

Textabb. 16: Hundetreideln auf dem Jenissei (1876)

stark an Fließgeschwindigkeit, weil er in die Breite geht. Daher musste man bei Gegenwind nachhelfen, häufig mit Hunden. Mit diesem Hundetreideln schaffte man seiner Erfahrung nach bestenfalls 20 Werst in zwölf Stunden, bei widrigem Wetter nur 10 oder 5 Werst.[572]

Am schlimmsten litten menschliche Schiffsschlepper (Abb. 71). Messerschmidt, der 1723 die ganze Untere Tunguska bis zur Wasserscheide erforschen wollte, brach im Juni beim Dreifaltigkeitskloster an der Mündung auf und erreichte sein Ziel im September, wobei er den größten Teil der Strecke treideln musste. Dafür standen ihm zwölf Treidler, ein Lotse und zwei Steuerleute zur Verfügung. Wenn es stark regnete, rutschten die Schlepper auf den schlüpfrigen Steinen aus, und der Kahn musste anlegen.[573]

Gmelin wurde im Juli 1739 stromaufwärts von Turuchansk bis Jarzewo meistens getreidelt. 14 Treidler mussten das schwere Kajütboot schleppen, von Mücken geplagt und mit zunehmend wunden Füßen. Mit der Müdigkeit nahm zudem die Schwermut der Arbeiter zu, so dass Gmelin in Jarzewo, wo reichlich Pferde vorhanden waren, vier Pferde vorspannen ließ. Wenn diese erschöpft waren, traten neue an ihre Stelle. Mehrmals musste man die zum Treideln günstigere Stromseite suchen, so dass die Pferde immer wieder über den Fluss auf die andere Seite zu schwimmen hatten, wobei eines ertrank.[574]

An felsigen Engstellen des Jenissei unterhalb Krasnojarsk, wo die Schlepper nicht am Ufer laufen konnten, wurde ein Boot mit der längsten Leine und den Treidlern vorausgeschickt, die dann von einer geeigneten Uferstelle aus das Kajütboot gegen den schnell fließenden Strom bis zu sich hochzogen. An einer reißenden Stelle vermochten sie aus der Ferne das Schiff jedoch nicht mehr zu halten, und nur weil die Besatzung sogleich mit Stangen, die in den Fluss gestoßen wurden, das Schiff stabilisieren konnte, ging es noch einmal gut, sonst wäre es gegen Felsen getrieben worden.[575]

Auf Staatskosten Reisende waren privilegiert und hatten Anspruch auf dienstpflichtige Bauern aus den Dörfern am Strom als Ruderknechte und Treidler.[576] Da die Wasserwege nur im Sommer befahren werden konnten, wenn die Bauern vollkommen von ihrer Landwirtschaft in Anspruch genommen waren, zeigten diese sich natürlich von der erzwungenen Fronarbeit nicht begeistert, zumal sie, wenn sie nach getaner Arbeit abgelöst wurden, schauen mussten, wie sie wieder in ihr Heimatdorf zurückkehren konnten. Sobald man daher hörte, dass ein Staatsreisender sich näherte, verschwanden oft sämtliche fronpflichtigen Bauern in die Wälder, oder sie leisteten sogar heftigen Widerstand.

Als Messerschmidt 1725 von Irkutsk aus auf einem Doschtschanik die Angara abwärts nach Jenisseisk reisen wollte, erlebte er am 10. Juli in dem kleinen Dorf Kamenka, das sieben Rauchfänge zählte, sein blaues Wunder. Dort «sollte der Woshe [vož, Lotse] von Irkinejewa her verwechselt [ausgewechselt] oder abgelöset werden, und ruderten also mein Denstschik [Diener] Andree nebst Michaila und zweien Grebstschiken [grebščik, Ruderer, Treidler] dahin, solchen zu begehren. Die Bauren aber widersetzten sich sogleich dem Ukas mit Messern, Dobinen [dubina, Knüttel], Äxten, Beilen und so weiter, schlugen dem Denstschik Michaila tapfer den Rücken durch, dem Andree aber über die Nase, dass sie ihm ziemlich auflief, rissen ihm Kamisol und Hemd in Stücke und jagten sie zum Ufer in ihr Boot. Sobald ich das Schreien im Dostschanik im Vorüberrudern hörte und solche Insolenz mutmaßte, sandte 5 Mann ihnen zu Hülfe und ruderte mit den übrigen meines Weges fort. Meine Denstschiken Andree und Michaila nebst übrigen Grebstschiken kamen mir endlich (vide supra 6 3/4 Uhr abends) nachgerudert und brachten einen Woshen zur Ablösung des andern, namens Iwan Tschurkin, so der Älteste des Dorfes Kamenka sein sollte und sich sofort nebst seinen Kameraden, 10 bis 12 Mann, ihnen gewaltsamlich widersetzt [hatte], und baten, dass er darüber gestraft werden möchte, damit die übrigen im voraus ein Exempel daran haben möchten, widrigenfalls sie zu Ausrichtung der anbefohlenen Dienste sich nicht in die Dörfer zu gehen getrauen könnten, wesfalls [weswegen ich] ihn auch sofort im Dostschanik niederlegen und seine Strafe ländlichen Gesetzen [den Landesgesetzen] nach erteilen ließ.»[577]

## Eisstraßen

«Aber es ist zu wissen», schreibt Johann Eberhard Fischer 1768, «dass in Sibirien die zwei letzten Monate vor Aufbruch des Eises die bequemsten im ganzen Jahr, insonderheit für die Reisenden sind; die Tage verlängern sich um ein Merkliches: Die Kälte ist leidlich und gleichwohl noch groß genug, die Flüsse, Seen und Moraste zu halten, so dass man überall ohne Gefahr, wie auf dem freien Feld passieren kann: Die Luft ist heiter und still, und man ist nicht, wie im Sommer, der überaus beschwerlichen Plage des fliegenden Ungeziefers ausgesetzt.»[578]

### Der Schlitten als Hauptverkehrsmittel

Im Winter reiste man am besten im Schlitten. Dann waren auch die Flüsse zugefroren und konnten von den Schlitten als Eisstraßen genutzt werden. Nach Johann

Ludwig Wagner, der im Spätwinter 1760 auf dem vereisten Strom von Jenisseisk nach Turuchansk in die Verbannung spediert wurde, waren dies leichte, elastische Bootsschlitten aus Birkenholz mit einem vorne bootsförmig aufgewölbten Bug. Sie fassten in der Regel zwei Personen, die hinten mit dem Rücken zur Wandung seitlich versetzt einander gegenübersaßen. In der Mitte war ein Querholz mit einem Loch für die Segelstange eingelassen, die bei Bedarf mit aufgespanntem Segel die Schlittenhunde unterstützte. Diese bekamen «Strümpfe von Rentierklauen angezogen, welche ihnen über dem Leibe von vorne und von hinten mit breiten weichen Riemen befestigt werden». Das gepolsterte Zugseil «liegt ihnen wie eine Wurst über dem Rücken her, der Strang geht zwischen den Hinterfüßen durch an den Schlitten. Die Hunde ziehen also nicht mit der Brust, sondern mit dem Rücken.» Der Leithund ganz vorne wurde nicht mit dem Zügel gelenkt, sondern mit Peitschenschlägen des Fuhrmanns. Wenn dieser rechts vom Leithund in den Schnee schlägt, geht dieser rechts, wenn links, dann geht er links, sonst geradeaus. Pro Hund würden einschließlich der Personen 10 Pud Last veranschlagt.[579] Dieser Wert dürfte aber viel zu hoch gegriffen sein, denn Middendorff rechnet pro Hund nur 2 1/2 Pud Last, so dass acht bis neun Hunde lediglich 20–25 Pud zu schleppen vermochten. Die Tagesleistung eines Hundegespanns liege bei 25–30 Werst; nach zwei Tagen müsse man ihnen einen Rasttag gönnen, nach zwei weiteren Fahrttagen zwei Rasttage, damit sie sich erholen könnten.[580]

Es gab auch schwere Schlitten, vor allem Lastschlitten, die am oberen und mittleren Jenissei von Pferden, am unteren Jenissei von Rentieren gezogen wurden. Castrén reiste Ende November 1846 von Dudinka nach Tolstyi Nos am Jenissei-Ästuar in einem kastenförmigen, geschlossenen und mit Rentierfellen bedeckten Rentierschlitten *(balok)*, der nur eine enge Öffnung hatte. Zwar sei er warm, aber eng und dunkel, und man komme sich darin vor wie ein lebender Leichnam, da man liegen müsse. Am nächsten Tag stieg Castrén daher auf einen offenen, leichten Schlitten um, was ihm aber Erfrierungen an Gesicht, Füßen und Händen einbrachte.[581] Ferdinand Müller beurteilte die Rentierschlitten als nicht sehr effizient. Alle fünf bis sechs Werst musste ein Fresshalt für die Zugtiere eingeschaltet werden. Dann scharrten sie Rentiermoos unter dem Schnee hervor. Das war auch eine Gelegenheit für den Gespannführer, um das Zuggeschirr neu zu ordnen. Müller berechnete jedenfalls seine durchschnittliche Reisegeschwindigkeit auf 3 Werst pro Stunde, als er im Februar und März 1874 auf dem schneebedeckten Eis der Unteren Tunguska unterwegs war – also auf kaum mehr als Fußgängertempo.[582] Andererseits legte Jonas Stadling im Frühwinter 1898/99 die 1860 Meilen von der Mündung der Lena bis nach Dudinka am Jenissei in 51 Tagen zurück – und das ausschließlich mit Rentierschlitten.[583]

### Eine Winterreise auf dem Eise des Jenissei
Als Henry Seebohm am 9. April 1877 von Jenisseisk mit Schlitten nach Turuchansk aufbrach, begann der Schnee bereits zeitweise aufzutauen, so dass er zunächst parallel zum Jenissei den Landweg benutzen musste. Doch nordwärts fuhr er in den Winter hinein, so dass die Eisdecke des Jenissei noch trug – «eine glänzende Fahrbahn, solange wir sie benutzten, völlig eben, außer wenn wir eine Stelle erreichten, wo wir von der Winterebene des Eises zu den Dörfern hinaufklimmen mussten, die auf dem Ufer

oberhalb der sommerlichen Hochwassermarke erbaut worden waren. Die Dorfbewohner strömten im Allgemeinen herbei, um uns zu sehen und uns bei der steilen Auffahrt zu helfen. Die Hilfe, die sie uns angedeihen ließen, wenn es wieder bergab ging, war jedoch viel wichtiger. Manchmal fiel uns das Herz geradezu in die Hose, wenn wir in den Abgrund schauten, in den unser Weg hinabführte. Wir begannen die Talfahrt mit drei oder vier Bauern, welche auf jeder Seite den Schlitten festhielten. Wenn das Tempo immer schneller und wilder wurde, kamen manchmal ein oder zwei unserer Helfer zu Fall und purzelten in den Schnee, doch die Hilfe, die sie uns angedeihen ließen, war so wirkungsvoll, dass wir selber stets ohne Unfall davonkamen.»[584]

Für Seebohm und seine Begleiter wurde die Schlittenfahrt auf dem Jenissei zu einem Wettlauf mit dem Tauwetter. Daher legten sie schon in der ersten Nacht volle 78 Werst zurück. Sie hatten während der ersten Tage Südwind, und der brachte immer wieder Schneeregen mit sich. Den Schlitten zogen meistens drei Pferde, stets im Tandem. Regelmäßig wurden die Pferde gewechselt. Aber ganz so unbeschwert war der Schlittenweg auf dem Jenissei dann doch nicht. «Obgleich dem Augenschein nach die Straße eine tote Ebene war, zwischen ein und zwei Meilen breit, war sie in Wirklichkeit sehr schmal, faktisch zu schmal für ein Paar Pferde, um sicher nebeneinanderzulaufen. Tatsächlich reisten wir auf einer Mauer hart getretenen Schnees, die etwa fünf bis sieben Fuß breit war und auf beiden Seiten etwa um gleich viel höher von einem Niveau aus Weichschnee begrenzt wurde. Wann immer wir auf einen Bauernschlitten trafen, musste das arme Ross des Bauern von der Straße herunter und versank dann auf einer Straßenseite bis zum Zuggeschirr im Schnee. Nachdem unsere Kolonne vorbei war, musste es sich, so gut es konnte, wieder auf die Straße zurückkämpfen. Unsere Pferde waren im Allgemeinen gut und folgsam und hielten den Fahrweg wunderbar ein, obgleich dieser sich manchmal hin und her wand wie eine Schlange. [...] Er war sorgfältig ausgesteckt mit kleinen Büscheln aus Fichten, zwei bis fünf Fuß hoch, die alle paar Yards im Schnee steckten. Die Erklärung ist sehr einfach. Als Kapitän Wiggins im Dezember den Fluss aufwärtsreiste, war noch kein oder kaum Schnee gefallen. Zu Beginn des Winters bricht das Eis mehrmals auf, bevor es für die Saison endgültig zufriert. Als die Straßen zum ersten Mal vom Starosta des Dorfes ausgesteckt wurden, waren die kleinen Büschel, die mit ihren Köpfen jetzt knapp über den Schnee hinausragten, noch Bäume von acht bis zwölf Fuß Höhe, und die Straßenpiste musste sorgfältig zwischen den Schollen und Erhebungen der Eisplatten hindurchgeführt werden, die in alle Richtungen verstreut lagen. Nachdem der Winterschnee gefallen war, vermochten wir von all diesem nichts zu erkennen – außer den Spitzen der Bäume. Alles war begraben bis zu einer Tiefe von sechs Fuß. Unsere Rosse kamen über dem Untergrund gut voran und auf zwei Dritteln des Weges erreichten wir einen Durchschnitt von einhundertfünfzig Werst auf vierundzwanzig Stunden.»

In (Alt-)Turuchansk hielt sich die Reisegesellschaft nur kurz auf und eilte am 22. April weiter nordwärts, um unter dem Polarkreis die Kureika zu erreichen, wo das Schiff von Kapitän Wiggins überwintert hatte. Da diese Route im Winter nur noch wenig frequentiert wurde, war die Fahrpiste nicht mehr hart getreten und mit schweren Schlitten nicht befahrbar. Daher mussten die Reisenden auf leichte Schlitten ausweichen, zunächst auf solche, die lediglich von einem Pferd gezogen wurden. «Die erste

Etappe verlief an Land, ermüdend lang, mit schlechten Wegen und schlechten Pferden; die zweite Etappe war auf dem Fluss, eine sehr viel bessere Straße, aber wegen schlechter Pferde sehr langsam. Das Gepäck war wie zuvor auf drei einspännige Pferdeschlitten verteilt. Jedem unserer drei Schlitten, die ebenfalls einen angemessenen Teil des Gepäcks trugen, waren sechs Hunde vorgespannt. Sie liefen hervorragend, schienen nie zu ermüden und drückten sich nie vor ihrer Arbeit. Das Tempo war nicht schnell, aber an der nächsten Etappe hatten wir eine Stunde auf die Pferdeschlitten mit dem Gepäck zu warten. Das Zuggeschirr war denkbar einfach, es bestand lediglich aus einem gepolsterten Gurt quer über dem Kreuz und führte auf der Unterseite zwischen den Hinterbeinen hindurch. Die beiden letzten Etappen fuhren wir mit Rentieren. Wie zuvor hatten wir sechs Schlitten für uns selbst und für das Gepäck und vier Schlitten für unsere Kutscher. Jeder Schlitten wurde von einem Rentierpaar gezogen, so dass wir zwanzig Rentiere für unsere Karawane benötigten. Dies war bei weitem unsere schnellste Reiseart. Manchmal schienen die Tiere über den Schnee zu fliegen. Während der letzten Etappe galoppierte das Ren, welches meinen Schlitten zog, den ganzen Weg ohne Pause! Die Fahrtstrecke von Turuchansk bis zur Kureika beträgt 138 Werst und nahm rund zweiundzwanzig Stunden in Anspruch.»

Besonders die Schlittenhunde hatten es Seebohm angetan. «Ein russischer Reisender pflegt einen Schlitten mit einem Gespann aus sechs Hunden zu mieten, fährt damit zehn oder fünfzehn Meilen bis zur nächsten Station, wo er die Hunde füttert und sie dann alleine mit dem leeren Schlitten auf den Rückweg schickt. Mehrmals haben wir unterwegs Hundegespanne gesehen, die mit leeren Schlitten alleine zurückkehrten. Das sind feine Kumpels, sie ähneln ein wenig einem schottischen Schäferhund, aber mit sehr buschigem Haar. Sie haben steile Nasen, kurze gerade Ohren und einen buschigen, über den Rücken gebogenen Schwanz. Einige sind schwarz, andere weiß, aber die hübscheste Variante hat eine graubraune Färbung. Ein anderes Anzeichen dafür, dass wir die nördlichen Breiten erreicht hatten, war das Auftauchen von Schneeschuhen, und gelegentlich liefen unsere Yemschiks [*jamščiki*, Kutscher] auf ihnen miteinander eine Meile oder mehr neben unseren Schlitten her.»

Am 23. April um 15 Uhr erreichte die Kavalkade die im Eis überwinternde *Thames* an der Kureika. Seebohm, der ein Zahlenfetischist war, rechnete aus, dass er von Nischni Nowgorod bis dorthin 4860 Werst oder 3240 englische Meilen zurückgelegt, dafür inklusive Zwischenhalten 46 Tage gebraucht und auf 229 Etappen um die tausend Pferde, achtzehn Hunde und vierzig Rentiere in Anspruch genommen hatte.[585] Auf der Strecke von Jenisseisk bis zur Kureika war er im Schlitten genau zwei Wochen unterwegs gewesen.

## Hindernisse und Gefahren
Wer bei der Vorstellung von «Eisstraßen auf zugefrorenen Flüssen» davon ausgeht, dass es sich um eine glatte, allenfalls leicht verschneite autobahnähnliche Piste handle, auf der man schnell vorankomme, muss sich eines Besseren belehren lassen.

Das erfuhr bereits Eberhard Isbrand Ides, der auf seiner Handelsreise nach China im Winter 1692/93 die Angararoute von Jenisseisk nach Irkutsk wählte. Am 1. Januar 1693 verließ er mit seinen Schlitten Bogutschansk, um über den «Großen Wolock»

Keschma zu erreichen. Für die Strecke von 560 km brauchte er auf dem Flusseis acht Tage. «Die Reise bis hierher auf dem Flusse zu fahren war uns sehr verdrießlich, sintemal die *Reviere* [der Fluss] hin und wieder dermaßen mit großen Eis-Stücken beleget und versehen war, dass unsere Fuhrleute manchmal Arbeit und Mühe genug hatten, mit Äxten und Beilen sich eine gute Fahrbahn zu verschaffen. Es ist aber zu bemerken, dass dieser Weg bei der Schlittenfahrt wenig besuchet und befahren wird, nicht allein wegen der Menge des Eises, sondern auch wegen des unebenen Landes.» In Keschma musste er eine Pause von 13 Tagen einlegen, um die erschöpften Pferde zu wechseln und sich zu erholen.[586]

John Bell, der mit einer russischen Gesandtschaft 1720 ebenfalls nach China reiste, wählte die gleiche Route. Auch er fand das Flusseis uneben und schollig. «Diese Unebenheit geht zurück auf den im Herbst einsetzenden Frost, wenn zugleich ein starker Westwind bläst, der große Eisschollen übereinander schiebt, mancherorts vier oder fünf Fuß hoch. Wenn der Frost hingegen bei ruhigem Wetter einsetzt, ist das Eis sehr glatt und für Schlitten leicht befahrbar.»[587] Auf dem Jenissei war es häufig nicht anders. Als Georgi am 22. Januar 1773 sich Krasnojarsk näherte, «fuhren wir über den von geschobenem Treibeise holprigen Jenissei», so dass er sich gezwungen sah, auf das linke Ufer auszuweichen.[588]

Aber selbst dort, wo das Flusseis schön glatt gefroren war, erwies sich dies nicht unbedingt als Vorteil. Gmelin berichtet 1739 vom oberen Jenissei zwischen Abakansk und Krasnojarsk, dass dort sommers wie winters starker Wind herrsche, weil das Tal nach Westen, zur Steppe hin, offen liege. Dieser Wind habe «im Winter auch diese Wirkung, dass in dieser Gegend kein Schnee auf dem Jenissei-Fluss hafte, und der Fluss hier mit unbeschlagenen Pferden nicht zu befahren sei».[589] Siebzehn Jahre zuvor hatten Messerschmidt und Tabbert das oberhalb von Krasnojarsk selber erlebt. Der Wind blies stellenweise das Flusseis so blank, dass «die Pferde also auf einigen Stellen, weil sie unbeschlagen, nicht fortkommen konnten, sondern fielen platt vor den Schlitten nieder, die wir bei Kopf und Schwanz übers glatte Eis herüberziehen mussten».[590]

Winterfahrten auf den Flüssen waren vor allem nachts nicht ungefährlich. Auf dem Rückweg von Chantaika nach Turuchansk wollte Castrén im Januar 1847 so schnell wie möglich vorwärtskommen und fuhr daher auch nachts auf dem Jenissei. Wegen der Dunkelheit bemerkte der Samojede, der den Rentierschlitten lenkte, nicht, dass der Jenissei an einer Stelle auf einer ziemlich großen Fläche sich mit Wasser bedeckt hatte, das unter dem Eis hervorgequollen war. Die Rentiere vermochten daher den Schlitten nicht mehr ans rettende Ufer zu ziehen. Schlitten und Tiere saßen im Wasser fest und drohten anzufrieren. Vor der Gefahr, dass Gespann und Menschen schließlich selbst noch erfroren, rettete sie ein glücklicher Zufall, nämlich ein Postschlitten, der ebenfalls nach Turuchansk unterwegs war.[591]

Jonas Stadling erging es ähnlich, als er Ende Dezember 1889 mit dem Rentierschlitten von Dudinka nach Alt-Turuchansk auf dem Jenissei unterwegs war. «An gewissen Stellen war die Fahrt auf dem Fluss ausgesprochen gefährlich wegen der Wassermengen, die von den Eisschollen aufgestaut worden waren. Zweimal gerieten die Tiere durch das Eis hindurch in Wasser, bei einer Temperatur von etwa 20° (Fahrenheit) unter Null, in einem Sturm, der blind machte, und wir entgingen nur knapp dem Ertrinken. Oft stürzten die Schlitten zwischen den Eisschollen auch um, was uns viel Ärger und Aufenthalt bescherte. Wenn so etwas passierte, pflegten die Lenker auszurufen: ‹*Propal! Propal!*›, ein Wort, das unter Sibirjaken sehr gebräuchlich ist und bedeutet: ‹Jetzt ist es aus!›, und wenn dieses Unglückswort zu hören war, dann wusste ich, jetzt wurde es gefährlich.»[592]

Wer zur Zeit des Eisaufbruchs mit dem Schlitten noch schnell den Fluss überqueren wollte, ging ein besonderes Risiko ein. Stackelberg sah im Mai 1917, als er bei Bogutschansk den Eisgang auf der Angara beobachtete, Folgendes: «Da, auf einer Scholle stand unbeweglich ein Pferd, eingespannt vor einem Schlitten. Es äugte traurig und ergeben in die dunklen Fluten. Der Bauer war nicht mehr dabei. Vielleicht hatte er sich retten können. Langsam drehte sich die Scholle mit Pferd und Schlitten und schwamm dem Tale zu.»[593]

## Das Dampfschiffzeitalter bricht an

Die Dampfschiffära gab dem Verkehrsraum Jenissei ein völlig neues Gesicht. Allerdings dauerte es damit etwas. Während die Ob das erste Dampfschiff schon 1843 zu Gesicht bekam und die Lena 1862, war dies auf dem Jenissei erst 1863 der Fall.[594] 1862 hatte ein Kaufmannskonsortium zu diesem Behuf die «Jenisseisker Dampfschiff- und Handelskompagnie» gegründet. Ihr erster Raddampfer, *Jenissei*, konnte 1863 sogar auf einer lokalen Werft vom Stapel laufen, weil sein Rumpf aus Holz bestand.[595] Noch in demselben Jahr gesellte sich zum *Jenissei* der Raddampfer *Georgi* hinzu, den der bekannte Unternehmer M. K. Sidorow jedoch nicht gebaut, sondern gekauft hatte.[596]

### Die Entwicklung der Dampferflotte

«Im Jahre 1875 gab es nur zwei Dampfboote auf dem Jenissei», schreibt Nordenskiöld. «Diese waren weder Passagier- noch Lastboote, sondern eher bewegliche, durch Dampf betriebene Handelsläden. Den Vordersalon bildete ein mit einem Ladentisch versehener Kramladen, in dessen Fächern man Zeuge, Eisenwaren, Gewehre, Munition, Tabak, Tee, Streichhölzer, Zucker, grell kolorierte Kupferstiche und Steindruckbilder u. s. w. sah. In dem Hintersalon thronte, zwischen Branntweinfässern, eingekauftem Pelzwerk und andern teuren und empfindlichen Waren, derjenige, welcher den Befehl an Bord führte, ein leutseliger, freundlicher Kaufmann, der sich offenbar nicht viel mit den Seemannsarbeiten, aber desto mehr mit Handeln und Feilschen befasste und welcher von der Besatzung nur selten Kapitän *(kapitan)*, sondern meistens Herr *(chosjain)* genannt wurde. Dem Dampfboote oder dem schwimmenden Handelsladen folgten im Schlepptau ein oder zwei Lodjen, welche als Magazine dienten, wo Mehl, Salz und andere schwerere Waren aufgestapelt waren, wo der eingekaufte Fisch eingesalzen und verwahrt, sowie frisches Brot für die zahlreiche Besatzung gebacken wurde u. s. w. Und da es auf dem ganzen Wege zwischen Jenisseisk und dem Meere keine einzige Strandbrücke gab, so führten sowohl das Dampfboot wie die Lodjen eine Menge Boote und Prahme im Schlepptau, um überall Waren einnehmen und abladen zu können. Platz für Passagiere gab es nicht, aber Reisende wurden freundlich und gastfrei aufgenommen, wenn sie an Bord kamen, mussten dann jedoch selbst für sich sorgen, so gut es ging. Den nautischen Befehl führten zwei Steuerleute oder Lotsen von stattlichem und originellem Aussehen, welche, in lange Kaftane gekleidet, jeder seine Wacht auf einem Stuhl am Steuerrade absaßen, meistens ohne das Ruder zu halten und gewöhnlich eine aus grobem Papier mit der Hand angefertigte Zigarette rauchend und mit dem sorglosesten Aussehen von der Welt Scherzworte mit den unten Umhergehenden wechseln. Das Verbot, durch Gespräch die Aufmerksamkeit des Steuermanns vom Steuern abzulenken, war demnach hier nicht in Geltung. Ein Mann stand beständig am Vordersteven, ununterbrochen die Tiefe mit einer langen Stange untersuchend. Um die starke Strömung des tiefen, inneren Strombettes zu vermeiden, nahm man nämlich stets den Kurs dem Ufer so nahe wie möglich, oft so nahe, dass man beinahe hätte ans Land springen können und dass mein nordländisches Boot, welches an der Seite des Dampfers im Schlepptau geführt wurde, mitunter über den Grund gezogen wurde. Es ist hieraus ersichtlich, welch geringen Tiefgang das Dampfboot hatte.»

Da die mit Holz geheizte Dampfmaschine ihren Brennstoff viel schneller verzehrte als eine mit Kohlen beschickte, musste unterwegs immer wieder neues Brennholz zugeladen werden. «Hinzu kam, dass die schwache Dampfmaschine, obgleich die Sicherheitsventile im Notfall mit Bleigewichten belastet wurden, oft genug nicht im Stande war, ihre ganze Ladung gegen den an einzelnen Stellen recht starken Strom aufwärtszubugsieren, und dass man oft bei dem Versuch, nahe dem Ufer stromfreies Wasser zu finden, auf den Grund geriet, ungeachtet der beständigen *ladno*-Rufe des am Vordersteven stehenden Stangenlotsen. Es ging deshalb so langsam vorwärts, dass die Reise zwischen Saostrowskoi und Jenisseisk einen ganzen Monat in Anspruch nahm.»[597]

Die Anfänge der Dampfschifffahrt auf dem Jenissei waren also rein kommerzieller Natur. 1878 erwarb der Krasnojarsker Kaufmann N. G. Gadalow in England ein Dampfboot mit einer Leistung von 60 PS, das über die Karasee zum Jenissei geführt und *Moskwa* getauft wurde. 1881 schickte die Reederei Knoop in Bremen ihren Schraubendampfer *Luise* und den Flussraddampfer *Dallmann* durch die Karasee an den Jenissei. Nach der Abreise von Bremerhaven nahmen beide Schiffe in Hammerfest Fracht nach Karaul am Jenissei-Ästuar an Bord: neben Möbeln, Spiegeln, Lampen, Tabakballen und Zuckerfässern auch eine neue Welle für die *Moskwa*, deren alte 1879 gebrochen war. Während die *Luise* mit einer Ladung Roggen wieder heimkehrte, ging *Dallmann* wie schon die *Moskwa* in den Besitz Gadalows über und tat unter dem neuen Namen *Deduschka* (Großväterchen) fortan auf dem Jenissei als Schlepper Dienst. Wegen seines geringen Tiefgangs von nur vier Fuß bei einer Höchstgeschwindigkeit von 14 Knoten erwies er sich als besonders geeignet, um die vielen Untiefen im Mündungsbereich des Jenissei unbeschadet zu überwinden. Außerdem vermochte er kraft seiner 500 PS als erstes Dampfschiff die Stromschnellen zwischen Jenisseisk und Krasnojarsk bergwärts zu überwinden.[598]

Im Vergleich zu Westsibirien war das Becken des Jenissei aber nach wie vor schwach mit Dampfschiffen bestückt. Während 1896 auf den Flüssen ganz Sibiriens

339 Dampfer und 1033 Barken und Leichter verkehrten,[599] waren es auf Jenissei und Angara ganze 26 Dampfboote,[600] und auch zu Anfang des 20. Jahrhunderts zählte man nicht mehr als 31 Dampfer (22 private und 9 staatliche).[601] Das leistungsstärkste Schiff war mit 140 PS der Raddampfer *Sv. Nikolai*, der ab Krasnojarsk den oberen Jenissei mit seiner größeren Strömungsgeschwindigkeit über Minussinsk hinaus zu bedienen hatte.[602] Heute steht er als nationales Denkmal in Krasnojarsk auf dem Ufer des Jenissei (Abb. 30), weil ihm die Ehre widerfahren war, im Sommer 1897 Lenin an seinen Verbannungsort Schuschenskoje zu transportieren.

1902 wurde der Dampfer *Sokol* (Falke) in Dienst gestellt. Den Schiffskörper hatte man in Krasnojarsk gebaut, doch die Maschinenteile mussten aus Nischni Nowgorod zum Teil mit Pferden herbeigeholt werden. Mit 500 PS war der *Sokol* für längere Zeit der stärkste Zweideckraddampfer für Personen- und Warentransporte auf dem Jenissei. 320 Tonnen Last und 580 Passagiere vermochte er zu fassen und hatte in der Regel noch mehrere Leichter im Schlepp. In sowjetischer Zeit umbenannt in *Spartak*, bediente er die Linie Krasnojarsk–Dudinka und zurück bis 1964.[603]

1913 waren neben den Schiffen der Privatgesellschaften auf dem Jenissei drei Regierungsdampfer nebst neun Leichtern unterwegs. Man hatte sie im Kriegsjahr 1905 gekauft, um den Handelsumschlag vom Fluss- auf den Seetransport durch die Karasee zu beleben. Diese Hoffnung trog jedoch weitgehend, wie Nansen schreibt: «Zuerst waren es sechs Dampfer gewesen, aber zwei hatte das Eis vor einigen Jahren zerstört, als sie sich an der Angaramündung schlechte Winterhäfen ausgesucht hatten; den einen, einen Raddampfer, hatte das Eis während des Eisgangs im Frühling einen Kilometer weit flussabwärts mitgerissen, wobei er zerquetscht und wie ein Korkenzieher zusammengedreht wurde; nachdem er unterwegs auch den Kessel eingebüßt hatte, war er in mehrere Stücke geborsten und untergegangen. Den zweiten führte das Eis 500 Kilometer auf dem Flusse nordwärts, bevor er zerquetscht wurde und in den Fluten versank. Einige Leichter waren damals ebenfalls ins Treiben geraten und wurden übel zugerichtet, kamen aber mit genauer Not ans Land und wurden noch gerettet. Ein dritter Dampfer wurde verkauft und zur See nach dem Ob gebracht, wo er jetzt fährt. Zwei Dampfer waren in England, die andern in Deutschland gekauft, und die Leichter sind von der Art, deren man sich auf dem Rhein bedient.»[604]

Die staatliche wie die privaten Jenisseiflotten schafften wegen der kurzen Sommer pro Saison über die Länge des Stroms ab Krasnojarsk nur zwei Hin- und Rückreisen. Im Hochsommer fuhren sie über Dudinka hinaus bis in den Mündungstrichter, um dort Ladungen mit ausländischen Handelsschiffen auszutauschen oder Saisonfischer abzusetzen beziehungsweise wieder an Bord zu nehmen.[605]

Seit Krasnojarsk die Schnittstelle zwischen dem Flussverkehr und der Transsibirischen Eisenbahn besetzte und die Anzahl der Dampfschiffe und Lastkähne markant zunahm, wuchs auch seine Rolle als Umschlagplatz für Massengüter. Waren 1907 im Hafen erst 620 000 Pud landwirtschaftlicher Produkte angelandet und 340 000 Pud auf Schiffe verladen worden, so wurden 1913 bereits 5,7 Millionen Pud umgeschlagen, davon entfiel fast ein Drittel auf Getreide.[606]

### Der Aufbau einer Infrastruktur für die Schifffahrt

Mit den zunehmenden Frequenzen des Personen- und Lastverkehrs auf Jenissei und unterer Angara wurde es immer dringender, die dafür erforderliche Infrastruktur zu verbessern. Entlang der Flüsse mussten Stapelplätze für Brennholz eingerichtet werden, an denen die Dampfer Nachschub bunkern konnten. Für Regierungsmotorboote wie den *Omul*, der 1913 Nansen von der Jenisseimündung bis nach Jenisseisk führte, waren dementsprechend Niederlagen für Treibstoff anzulegen. Damit die Passagiere leichter ein- und aussteigen konnten, erhielten größere Orte im dichter besiedelten Süden des Jenisseibeckens schwimmende Stationspontons, an denen die Dampfer anlegen und von denen aus die Passagiere über Brückenstege trockenen Fußes ans Ufer gelangen konnten. Bei kleineren Dörfern schenkte man sich diesen Aufwand. Als Stackelberg im Frühsommer 1917 von Jenisseisk nach Krasnojarsk fuhr, ankerte der Dampfer *Orjol* längsseits so nah am Ufer wie möglich, und dann wurden Bohlen zum Strand hinübergelegt.[607] Im Norden musste aber auch weiterhin ausgebootet werden.

Weil mit den größeren Schiffen und den von ihnen im Schlepp mitgeführten Barken mehr Menschen und viel höhere Warenwerte transportiert wurden, begann man schon vor dem Ersten Weltkrieg ein System von Signalanlagen aufzubauen. An gefährlichen Flussabschnitten waren Bakenwärter *(bakenščiki)* postiert, die an einem Signalmast bei Tageslicht durch verschiedene Markierungen, des Nachts durch kerosingespeiste weiße, rote und grüne Signallampen Tiefe und Breite der Fahrrinne angaben. Ihre Aufgabe war es auch, den Fahrweg durch Baken zu markieren und diese vor Beginn der Navigationsperiode wieder zu erneuern. Zudem standen sie bei einer Havarie mit ihrem Boot bereit, um Schiffbrüchige zu retten. Da sie mit ihrem Streckenabschnitt am besten vertraut waren, kamen sie oft auch als Lotsen an Bord. Sie lebten mit ihrer Familie in einem kleinen Diensthäuschen, und wenn sie während der langen Winterperiode nichts zu tun hatten, gingen sie auf die Jagd.[608] Aber es gab für den ganzen Wasserweg auch Berufslotsen, die meist aus Dörfern am Fluss stammten. Zudem stellten Indigene nicht selten Lotsen. Nansens *Omul* pilotierte 1913 beispielsweise ein einarmiger Tatare. Allmählich begannen sich ganze Familiendynastien herauszubilden, die vom Fluss lebten – sei es als Lotsen, sei es als Kapitäne oder Schiffsmaschinisten. Für die Fahrrinne zwischen Krasnojarsk und Jenisseisk wurde erstmals 1912 ein Lotsenhandbuch erstellt. Dies war besonders wichtig für die Stromschnellen von Kasatschinskoje und von Ossinowo.[609]

Schiffsführern und Lotsen dienten die hoch gelegenen, weißen, weithin sichtbaren Kirchen der Großdörfer als wichtiges Orientierungsmerkmal. Als Ferdinand Müller Anfang September 1873 von seiner Expedition die Untere Tunguska herabkam, sah er schon von weitem die Türme des Dreifaltigkeitsklosters von Monastyrskoje.[610] Auch Nansen begeisterte sich 1913 an diesem Bild. Als er am Morgen des 10. September von Dudinka herkommend sich Monastyrskoje näherte, glänzte ihm «schon aus weiter Ferne [...] die hohe weiße Klosterkirche mit ihren Kuppeln auf dem Uferabhang über dem Wald und dem flachen Lande entgegen». Und als er am späten Nachmittag wieder ablegte, notierte er: «Wie vorher erglänzte die Kirche, noch aus weiter Ferne sichtbar, mit Kuppeln und Turm hoch über dem Walde auf dem blauen Himmelshintergrund».[611] Sogar Otto Heller – obgleich Kommunist – vermochte sich 1929 bei seiner Reise mit dem *Spartak* stromaufwärts an einer Kirche zu begeistern, die ein Stück hinter Wereschtschagino in sein Blickfeld geriet – die von Werchne-Inbatskoje: «In der Ferne, im Süden leuchtet eine weiße Kirche, stundenlang sieht man sie, doch man kommt nicht näher.» Das lag an der starken Gegenströmung. Hellers Schiff legte erst abends an. Auch noch im Dunkeln prägte die Kirche das Dorfbild. «Ihre Silhouette schwarz auf dem etwas lichteren Himmel, ist ein Scherenschnitt ...»[612] Wenige Jahre später gab es das Gebäude schon nicht mehr.

Eine besondere Knacknuss für die komplexer gewordene Schifffahrt bildeten die Stromschnellen. Um auch für große Schiffe die Durchfahrt sicherer zu gestalten, musste man sich etwas einfallen lassen. Als Otto Heller an Bord des *Spartak*, der noch zwei Leichter im Schlepp hatte, stromaufwärts die Schnellen von Kasatschinskoje erreicht hatte, konnte er die Technik verfolgen: «Das Schiff stoppt, wirft Anker aus. Ein kleiner Dampfer, der mitten in den Stromschnellen wartet, kommt heran. Er ist merkwürdig gebaut. Der Schornstein steht nicht in der Mitte, sondern seitlich. Das Schiff flattert mit seinen Rädern durch den weißen Gischt. Des Rätsels Lösung: es ist ein Kettendampfer. Er haspelt sich an einer gewaltigen Kette, die auf dem Flussgrunde liegt, bergauf und bergab. *Tuer* heißt dieses abenteuerliche Fahrzeug. Es kommt ganz knapp heran, Seile schwirren durch die Luft, Trossen werden gespannt, der Anker geht auf und nun zieht uns der *Tuer* an einer Kette durch den Teufelsstrudel. Diese Stromschnellen sind kein Spaß. Rechts steile Felsen, links Geröll, Felsblöcke, Steine, das Wasser braust. Ein kleiner Fischerkahn saust bergab. Alle Achtung! Wir keuchen, rasseln, der Strom springt, saust. Vom Dorf Porogi schauen ein paar Kinder vergnügt dem gewohnten Schauspiel zu. Auf der Barke [im Schlepp des *Spartak*] stemmen sich ein halbes Dutzend kräftiger Männer gegen das Steuerruder. Durchs Megafon wird geschrien, geschimpft. Nach einer Stunde ist alles vorbei. Der *Tuer* macht sich los, wir setzen die Barke in eine stille Bucht, machen kehrt und – hui! rutschen wir den ganzen schweren Weg zurück, es spritzt nur so, sst! und wir sind wieder in Tschepelowski Lug, bei der zweiten Barke. Und nun beginnt alles von vorne.»[613]

Dieser Tujer stand unter dem Namen *Sw. Innokenti* seit 1903 im Dienst, wurde in sowjetischer Zeit umgetauft in *Angara* und erst 1964 ersetzt durch den dieselelektrischen Schlepper *Jenissei*, der Fracht- und Schubschiffe immer noch stromaufwärts durch die Passage zieht (Abb. 6).[614] Die großen Passagierschiffe schaffen das aus eigener Kraft mit einem erfahrenen Kapitän oder einem Lotsen.

Natürlich bemühte man sich auch, die Fahrrinnen durch die Stromschnellen sicherer zu machen, wie Nansen 1913 bei der Passage der Stromschnellen von Ossinowo aus kundigem Munde erfuhr. «Wostrotin erzählte uns, wie die strenge Winterkälte dazu benutzt wird, Blöcke und Bänke vom Grunde des Flusses zu entfernen. In das dicke Eis, das im Winter auf dem Flusse liegt, wird eine weite Vertiefung gehauen; dabei müssen sich die Leute aber vorsehen, nicht so tief zu kommen, dass das Wasser durchbricht. Unter dem Eise der Vertiefung gefriert bis zum nächsten Tag eine neue Schicht, und indem man so täglich eine entsprechende Lage Eis weghackt und darunter sich eine neue Schicht bilden lässt, gelangt man tiefer und tiefer ins Wasser, bis auf den Grund; so entsteht ein von dichten, dicken Eiswänden umgebener abwärtsführender Schacht, in dem man bequem und trocken arbeiten und störende Blöcke und Bänke vom Flussgrunde entfernen kann – eine gute Methode zur vorteilhaften Ausnutzung der strengen Natur.»[615]

Eine besondere Herausforderung bildete das Überwintern der Schiffe. Um sie davor zu bewahren, vom Eisdruck zerquetscht oder vom Eisaufbruch im Frühjahr weggeschleift zu werden, galt es, sie während des Winterhalbjahrs abseits des Stromstrichs im Mündungsbereich kleiner Nebenflüsse oder in Buchten zu vertäuen. Das klappte aber nicht immer, wie wir am Beispiel der *Thames* gesehen haben.

### Ein Kanal zwischen Ob und Jenissei

Schon früh träumte man davon, die Benachteiligung der natürlichen Ost-West-Verbindungen wegen der meridionalen Ausrichtung der großen sibirischen Ströme durch eine Kanalverbindung zwischen den Stromsystemen West- und Mittelsibiriens zu korrigieren.

1872 hörte der Kaufmann P. E. Funtusow aus Jenisseisk von Indigenen, dass man bei Hochwasser mit Booten vom Ob über den Ket und den Großen Kas in den Jenissei gelangen könne. Daraufhin organisierte er 1873 und 1874 auf eigene Kosten eine Expedition, die diese Aussage überprüfen sollte. Sie kam zu dem Ergebnis, dies sei möglich, wenn man durch Erdarbeiten nachhülfe. Auf diese Nachricht hin ließ das Ministerium für Verkehrsverbindungen 1875 und 1878 die Trasse genauer erforschen: Vom Ket aus konnte man über dessen relativ tiefen Nebenfluss Osernaja, dessen Nebenflüsschen Lomowataja und den Bach Jasewa den Großen See *(Bol'šoe ozero)* erreichen. Diesen See trennen ganze 7 Werst Wasserscheide vom Kleinen Kas, der dem tieferen Großen Kas zufließt und mit diesem bei Jarzewo in den Jenissei mündet. Eine durch den Ingenieur B. A. Aminow 1878 vorgenommene Nivellierung ergab, dass der Große See auf der Wasserscheide 19 m höher liegt als der Fluss Osernaja und 53 m höher als die Einmündung des Großen Kas in den Jenissei. Daher müssten neben dem Bau eines Verbindungskanals zwischen beiden Flusssystemen auch einige Flussschleifen abgeschnitten beziehungsweise begradigt werden und auf der Westseite acht, auf der Ostseite 25 Schleusen gebaut werden. Die Fahrrinne sollte Schiffe mit einem Tiefgang von 1,2 m zulassen. Wenn man zusätzlich durch Sprengungen der Stromschnellen die Angara schiffbar machen könnte, würde man zwischen Tjumen und Irkutsk einen durchgehenden ost-westlich ausgerichteten Wasserweg von 5000 km Länge erhalten.

Das waren Reißbrettutopien, denn die bewilligten Mittel für den Ob-Jenissei-Kanal sollten nicht einmal für die Projektierung reichen. Immerhin begannen 1883 unter Ingenieur Aminow die Erdarbeiten. Vor allem die flachen Flüsschen Lomowataja, Jasewa und Kleiner Kas mussten vertieft und verbreitert sowie von hineingestürzten Bäumen befreit werden. Große Flussschlingen wurden durch Durchstiche abgeschnitten. Der 7,5 km lange Kanal zwischen dem Großen See und dem Kleinen Kas sollte eigentlich 19,3 m breit werden, doch aus Geldmangel wurde die Breite um ein Drittel verkürzt. Geldmangel nötigte auch dazu, sowohl die Dimensionen der Schleusen zu verkleinern als auch die Schiffsgröße zu reduzieren; dies hatte zur Folge, dass statt der vorgesehenen Tragfähigkeit von 288 Tonnen nur noch 80 Tonnen zugelassen werden konnten.

In Betrieb genommen wurde der 370 km lange Wasserweg 1894. Die Praxis zeigte jedoch, dass selbst Schiffe mit einer Tragfähigkeit von 80 Tonnen nur während der etwa fünf bis sechs Wochen, in welchen die Flüsschen Vollwasser führten, passieren konnten. Während der übrigen Navigationszeit betrug die Wassertiefe teilweise ganze 36 cm, was nur Boote mit fünf bis sechs Tonnen Tragfähigkeit zuließ. Damit waren die 3 452 000 aufgewendeten Rubel nur bedingt sinnvoll eingesetzt. Das Verkehrsministerium plante nach Abnahme des Wasserweges im Jahre 1895 den weiteren Ausbau, aber die dafür veranschlagten 7,7 Millionen Rubel trafen nie ein. Mit dem Bau der Transsib verlor die weitere Finanzierung an Dringlichkeit und wurde 1902 offiziell eingestellt. Danach benutzten im Sommer meist nur ein bis zwei kleine Schiffe den Wasserweg.[616] 1921 wurde er endgültig geschlossen, der Unterhalt eingestellt. Doch 1942 erinnerte man sich nochmals an den Kanal und versuchte drei Raddampfer und einen Motorkutter vom Jenissei in den Ob zu verlegen. Die ganze Aktion beanspruchte volle vier Monate und gelang nur, weil Begleitmannschaften unterwegs immer wieder Stauanlagen bauten, um den Wasserspiegel zu heben.[617] Damit war das Schicksal des Kanals endgültig besiegelt. 1991 erklärte man ihn zu einem schutzwürdigen Objekt von nationaler Bedeutung. Befahren wird er heutzutage nur noch von Kanuten und Ruderbooten (Abb. 10).[618]

### Pioniere des Nördlichen Seeweges

Die Dampfschifffahrt beflügelte sowohl am Jenissei als auch in Westeuropa Pläne einer kommerziell nutzbaren Hochseeverbindung zwischen England und der Mündung des Jenissei. Aber von Norwegen her über die Karasee die Zugänge zu den Mündungen von Ob, Jenissei und Lena zu erkunden war das eine, daraus eine gewinnträchtige kommerzielle Handelsverbindung zu entwickeln das andere. Und dieses andere erwies sich alles andere als einfach. Zum ersten hatte man nur wenige Sommermonate zur Verfügung, in denen man auf eine einigermaßen eisfreie See hoffen durfte. Zum zweiten endeten die Ausläufer des Golfstroms an den Westküsten der Inselgruppe von Nowaja Semlja. Die östlich anschließende Karasee hat der deutschbaltische Naturforscher Karl Ernst von Baer einmal als «Russlands Eiskeller» bezeichnet. Doch das Problem für den Nördlichen Seeweg war weniger die Karasee, die im Sommer meist eisfrei war, sondern die Eisbarriere, die sich häufig vor der Ostküste von Nowaja Semlja bildete, weil die Ostwinde das Treibeis dort aufstauten (Abb. 26). Von Westen her gab es nur vier Zugänge zur Karasee: nördlich um Nowaja Semlja herum; durch die Matotschkinstraße zwischen den beiden Inseln von Nowaja Semlja; durch die Karapforte zwischen der Südinsel von Nowaja Semlja und der Insel Waigatsch; schließlich durch die Jugorstraße zwischen Waigatsch und der sibirischen Küste. Für die Pioniere des Nördlichen Seeweges ging es letztlich darum, die wegen unterschiedlicher Vereisung von Jahr zu Jahr wechselnde beste Zugangsvariante zu finden. Das erforderte oft mehrere Anläufe und Geduld.[619]

Treibende Kräfte für Erforschung und kommerzielle Nutzung des Nördlichen Seeweges waren russischerseits die beiden Goldunternehmer und Großkaufleute Michail Konstantinowitsch Sidorow (1823–1887) und Aleksandr Michailowitsch Sibirjakow (1849–1933), die selber an Erkundungsreisen teilnahmen und wissenschaftliche Forschungen finanzierten. Mit ihnen begann in den siebziger und achtziger Jahren die erste Pionierphase, um die Zugangsmöglichkeiten zwischen Atlantik und Karasee zu testen.

1874 brachte als erster Westeuropäer der britische Kapitän Joseph Wiggins auf dem Dampfsegler *Diana* Waren aus Westeuropa an den Jenissei, um die von Sidorow dafür ausgesetzte Prämie von 14 000 Rubel zu kassieren und auf dem Rückweg Graphit mitzunehmen.[620] 1875 gelang es Nordenskiöld, mit der Yacht *Pröven* durch die Jugor-Straße und die fast eisfreie Karasee bis zur Jenisseimündung vorzudringen, wo das Schiff in der späteren Hafenbucht der Dickson-Insel ankerte. Während Nordenskiöld über Jenisseisk und Krasnojarsk heimreiste, kehrte die *Pröven* durch die Matotschkin-Straße nach Norwegen zurück. Weil sich aber in der westlichen Öffentlichkeit Stimmen erhoben, welche diesen Erfolg wegen besonders günstiger eisfreier Verhältnisse für einen Zufall erklärten, wiederholte Nordenskiöld im folgenden Jahr seine Fahrt mit dem Dampfer *Ymer* und nahm zugleich Waren mit, um zu beweisen, dass die Route auch kommerziell zukunftsträchtig sei. Er verließ Norwegen am 26. Juli und erreichte Goltschicha im Mündungsästuar des Jenissei bereits am 16. August.

1876 machte sich auch Kapitän Joseph Wiggins mit dem von Sibirjakow gekauften Dampfer *Thames* zum Ob auf, traf dort aber auf so viele Untiefen, dass er zum Jenissei weiterfuhr. Dieser Erfolg veranlasste Sibirjakow, für die Polarmeerfahrt 1877 den schwedischen Schraubendampfer *Fraser* in Dienst zu stellen. Unter dem Kommando des deutschen Kapitäns Dallmann brachte dieser Waren von Hammerfest nach Goltschicha und kehrte von dort wohlbehalten zurück. Das Jahr 1877 sah auch eine seemännische Meisterleistung: Der uns schon bekannte Kapitän David Schwanenberg fuhr im Auftrag Sidorows mit der in Jenisseisk gebauten Halbdeckschaluppe *Utrennjaja Zarja* (Morgenröte) den Jenissei hinab, durchquerte die Karische Pforte, segelte um Norwegen herum nach Göteborg und erreichte über den Göta-Kanal Stockholm, um schließlich nach dreimonatigem Segeltörn unter dem Jubel der Bevölkerung am 19. November in St. Petersburg einzutreffen – und das mit einer Nussschale (Textabb. 17) und einer nur fünfköpfigen Besatzung, die außer ihm und zwei Steuerleuten aus zwei verschickten Verbrechern als Matrosen bestand! Diese wurden für ihren Einsatz amnestiert. Als Ladung hatte Schwanenberg auf seiner Nussschale kleinere Partien Graphit, Fisch und Pelzwerk mitgenommen.[621]

1878 startete Nordenskiöld zu einem noch kühneren Experiment: Er wollte mit dem Dampfsegler *Vega* über den Jenissei hinaus zur Beringstraße, um zu beweisen, dass es auch möglich sei, vom Nordatlantik längs der Eismeerküste Nordamerika zu erreichen. Von den drei Begleitfahrzeugen trennten sich in Dicksonshafen der *Express* und der *Fraser* von dem Hauptteil der Expedition, die unter dem Kommando Nordenskiölds weiter in Richtung Beringstraße fuhr. Das Kommando über die beiden zurückbleibenden Schiffe übernahm ein Beauftragter des Kaufmanns Sibirjakow, Serebrenikow. *Fraser* nahm den *Express* ins Schlepp und lief im Jenissei-Ästuar die Insel Koreopowski an, wo Nordenskiöld 1876 mit dem *Ymer* die mitgeführten Waren abgeladen hatte. Gewisse Probleme boten allerdings die zahlreichen Untiefen, denn von der Fahrrinne des Jenissei gab es nur unklare Vorstellungen. Nachdem man die Ladung des *Ymer* an Bord genommen hatte, wurde sie weiter südwärts bei Saostrows-

Textabb. 17: Die Utrennjaja Zarja. Mit dieser Nussschale segelte Kapitän Schwanenberg 1877 von Jenisseisk nach St. Petersburg

koi in der Jenisseimündung auf Leichter umgeladen. Der *Fraser* dampfte noch weiter stromauf nach Dudinka, um die dort lagernden Waren wie Talg, Weizen, Roggen und Hafer zu laden, und kehrte am 2. September nach Saostrowskoi zurück, wo inzwischen der *Express* beladen worden war. Fünf Tage später begann die Rückfahrt. Bei Tolstyj Nos gesellte sich ihnen am 9. September der Dampfer *Moskva* unter Kapitän Dallmann hinzu, der auch die Besatzung des in der Jenisseimündung gestrandeten norwegischen Dampfers *Zaritza* unter Kapitän Brun an Bord hatte. Am 13. September passierte man das gestrandete Schiff, pumpte es aus und machte es wieder flott, so dass die Besatzung es nach Norwegen zurückführen konnte. Alle drei Schiffe erreichten noch rechtzeitig durch die Matotschkinstraße den Atlantik und trafen am 26. September wohlbehalten in Hammerfest ein. Damit war erstmals Ladegut auf dem Seeweg vom Jenissei nach Europa verschifft worden: 600 Tonnen Talg, Weizen, Roggen und Hafer, während die Schiffe auf dem Hinweg 16 Tonnen Nägel, 8 Tonnen Hufeisen, 4 Tonnen Hufeisennägel, 16,5 Tonnen Stabeisen, 33 Tonnen Tabak, 60 Tonnen Salz, 24 Fässer Petroleum und einen zerlegten Eisenprahm nebst Ankern nach Sibirien gebracht hatten.[622]

Diese anfänglichen Erfolge führten 1887 in Newcastle zur Gründung der Handelsgesellschaft «The Phoenix Company Ltd.», die sich zum Ziel setzte, den Nördlichen Seeweg zum Jenissei kommerziell zu nutzen. Weil die Briten aber die Bedürfnisse des russischen Marktes zu wenig kannten, reüssierte der Handel nicht, und die Firma musste schon 1890 liquidiert werden.[623]

Im Vorfeld des transsibirischen Bahnbaus wurde nun aber das russländische Verkehrsministerium auf die Möglichkeiten des Seetransportes zum Jenissei aufmerksam. 1893 versuchte man, auf dem Nördlichen Seeweg Gleismaterial für die Transsib nach Sibirien zu schaffen, hoffnungsvoll begleitet von Joseph Wiggins und dem britischen Unternehmer Francis Leybourn-Popham auf der Yacht *Blankarta*. In diesen

Jahren weckten Expeditionen wie diejenige Nansens mit der *Fram* das internationale Interesse an der Arktisfahrt; diese Atmosphäre begünstigte weitere kommerzielle Versuche. Der britische Gesandte in Russland, R. Morier, hatte für die Jahre 1887, 1888 und 1890 eine zollfreie Wareneinfuhr nach Sibirien erwirkt, und nun sollten diese Versuche fortgesetzt werden. Daher gründete Leybourn-Popham 1890 das «Leybourn-Popham Maritime Syndicate», dessen Aufgabe es sein sollte, eine regelmäßige Frachtverbindung zwischen Newcastle und den sibirischen Strömen, primär dem Jenissei, herzustellen. In Zusammenarbeit mit dem Russländischen Verkehrsministerium gelangte 1894 ein erster Transport mit Maschinen, Zement, Gleisen und zwei Flussdampfern an den Jenissei. 1895 folgten zwei Dampfer mit 31 000 Pud Fracht. Begünstigt wurden diese Reisen bald auch dadurch, dass seit 1896 neue Seekarten für den Nördlichen Seeweg zur Verfügung standen, welche die hydrographische Expedition A. I. Wilkizkis erarbeitet hatte. 1896 verlängerte die Regierung die zollfreie Wareneinfuhr via Ob und Jenissei. Doch von den fünf Dampfern des Jahres 1896 kamen nur zwei durch, die 4500 Pud Ziegeltee, 4000 Pud Stearinkerzen, 2000 Pud Reis und 28 500 Pud Baumaterial und Maschinen geladen hatten. Die anderen drei Schiffe vermochten die Durchfahrten von Nowaja Semlja nicht zu passieren und kehrten nach England zurück. Erfolgreich war hingegen die Saison 1897, als zwölf Schiffe durchkamen – acht zur Mündung des Jenissei und vier zu der des Ob. Sie brachten 280 000 Pud Ladegut mit, davon mehr als die Hälfte Ziegeltee. Auch Maschinen für Goldunternehmer waren dabei, vor allem Schwimmbagger. In den Jahren 1894–1898 führten Popham-Schiffe insgesamt 27 Fahrten nach sibirischen Flüssen, primär zum Jenissei durch und transportierten allein 1897 und 1898 auf 17 Fahrten 452 500 Pud Fracht.

Allerdings zeigte sich von vornherein ein gewisses Ungleichgewicht zwischen Im- und Exportgütern, denn 1897 nahmen Schiffe als Ausfuhr nur 170 000 Pud Hafer und Weizen mit zurück. Zudem lieferte England primär billige Ausschussware. Das Paradoxe bei der Einfuhr großer Mengen des in Russland so beliebten Ziegeltees war, dass dieser vom Moskauer Handelshaus Wogau im chinesischen Hankau gekauft, dann per Schiff nach London und von dort über den Nördlichen Seeweg zum Jenissei verfrachtet wurde. Auf dieser Route brauchte der Tee bis Krasnojarsk nur vier Monate, während der viel kürzere Landweg von China über Kiachta anderthalb bis zwei Jahre benötigte und teurer war.

Ende 1897 wurde die «Jenissei-Dampfschifffahrtsgesellschaft» *(Tovariščestvo parochodstva po reke Enisej)* gegründet, die den Warenumschlag zwischen der Mündung des Jenissei und Krasnojarsk besorgte. Sie wollte sich aber auch in das Hochseegeschäft einschalten und kaufte zu diesem Zweck von Leybourn-Popham zwei Dampfer, die Holz, Graphit, Kohle und Mammutelfenbein in den Westen verschiffen sollten. Mittlerweile formierte sich jedoch bei den Unternehmern im europäischen Russland zunehmend Widerstand gegen die Billigkonkurrenz des Nördlichen Seeweges. Daraufhin entschied das Ministerkabinett, auf 1899 die Zollfreiheit aufzuheben und nur für bestimmte dringend benötigte Waren, zum Beispiel Maschinen, auf Antrag zu bewilligen. Doch nicht nur die Interessen der Fabrikanten des europäischen Russland führten zur Aufhebung der Zollfreiheit, sondern auch die Sorge der Regierung vor einer Gefahr der Monopolbildung für den Seehandel in britischen Händen sowie einer möglichen Beeinträchtigung der Wirtschaftlichkeit der Transsib. 1899 brachen zwar noch einmal fünf Popham-Schiffe von England zum Jenissei auf, doch mussten alle wegen schwieriger Eisverhältnisse in der Karasee wieder umkehren. Dass der private Frachtverkehr zwischen England und dem Jenissei 1899 einstweilen zum Erliegen kam, ist also dem Zusammentreffen einer Phase ungünstiger Eisverhältnisse mit der Aufhebung der Zollfreiheit zuzuschreiben.[624]

Erst der Russisch-Japanische Krieg brachte die Regierung dazu, am 5. Mai 1905 in Jenisseisk einen Freihafen für kriegswichtige Importgüter zu installieren. Nach Kriegsende wurde der Freihafen jedoch wieder aufgehoben und ein Antrag sibirischer Unternehmer auf Verlängerung abgelehnt. Diese suchten daher 1908 bei der Reichsduma um Unterstützung nach. Auf zehn Jahre sollten Waren aus dem Westen auf dem Seeweg zollfrei über den Ob und den Jenissei nach Sibirien eingeführt werden dürfen mit Ausnahme von Zucker, Tee, Manufakturwaren, Ziegeln, Soda, Alkohol und Tabak, desgleichen Produkte aus dem europäischen Russland. Die Antragsteller sahen darin ein wirksames Mittel, um den überteuerten Verkauf von Importwaren auf dem Landweg für den sibirischen Binnenmarkt zu bekämpfen.[625] Da die Regierung bei ihrer Verweigerungshaltung blieb, lag der Ball nun wieder beim Ausland.

Einer, der die Bedeutung des Nördlichen Seeweges für den Handel zwischen Europa und Sibirien richtig einschätzte, war der uns bereits bekannte norwegische Konsul für Russland, Jonas Lied, der Anfang 1912 die anglo-norwegische «Sibirische Aktiengesellschaft für Dampfschifffahrt, Industrie und Handel» *(Sibirskaja torgovo-promyšlennaja parochodnaja kompanija)* mit Sitz in St. Petersburg und Krasnojarsk gründete. Noch im gleichen Jahr unternahm die Gesellschaft einen Versuch, mit dem eisgängigen norwegischen Dampfer *Tulla* über die Karasee zum Jenissei vorzudringen, wo Lied persönlich mit mehreren Leichtern wartete, um die in Krasnojarsk an Bord genommene Fracht in das Hochseeschiff umzuladen. Doch die *Tulla* erschien nicht, weil sie in frühes Packeis geriet. Nach dieser Enttäuschung brauchte Lied dringend einen Erfolg, wenn seine Gesellschaft nicht gleich wieder bankrott gehen sollte. Er kam auf die Idee, den bekannten Polarforscher Fridtjof Nansen, der eine Sibirienreise plante, für einen neuen Versuch einzuspannen. Nansen war begeistert, ging im August 1913 in Tromsö mit an Bord des norwegischen Dampfers *Correct*, und diesmal klappte alles. Vor der Nossonowski-Insel im Mündungsästuar des Jenissei traf das Schiff mit dem Flussdampfer *Turuchansk*, der zwei Leichter im Schlepp hatte, zusammen. Der *Correct* hatte Zement geladen, den er nun gegen Holz, Ballen mit Flachs, Hanf, Häuten und Wolle sowie gegen 30 Tonnen Graphit austauschte (notabene waren auch zwei Kamele, zwei Bären, ein Wolf und ein Rehbock dabei).[626]

Mit dem Ersten Weltkrieg gewann die Schiffsverbindung vom Atlantik zum Jenissei zusätzliche Aktualität. Lied gelang es in den ersten drei Kriegsjahren, wegen Eis und U-Boot-Gefahr riskante, aber erfolgreiche Seetransporte durchzuführen. Exportiert wurde 1914 vor allem Holz. Dabei handelte es sich um hochwertige sibirische Zedernstämme. Sie wurden etwa 150 Werst südlich Jenisseisk abseits des Stromes geschlagen, da die Holzqualität in Flussnähe schlechter war. Die gefällten Stämme wurden von Rossen zu einer Landungsstelle am Fluss geschleift und dort auf Leichter verladen. Diese wurden dann stromabwärts zur Insel Nossonowski im oberen Mündungsästuar geschleppt und das Holz dort mit Kränen an Bord der norwegischen Dampfer *Ragna* und *Skule* gehievt.[627]

1914 machte ein Konsortium von drei belgischen und zwei holländischen Schifffahrtsgesellschaften der Zarenregierung den Vorschlag, sich an einer Organisierung «regelmäßiger Fahrten zwischen Antwerpen und den Mündungen der sibirischen Ströme» zu beteiligen unter der Bedingung eines zollfreien Warenimportes nach Sibirien für 20 Jahre. Doch Russland lehnte erneut ab.[628]

Lied erkannte, dass an der Jenisseimündung ein richtiger Umschlaghafen gebaut werden müsse, um die Holzprodukte seines Sägewerks in Maklakowo auf Hochseeschiffe und deren Importgüter auf Leichter zu verladen. An einem Seitenarm des Jenissei fand er in einer Bucht einen geeigneten und vor dem Eisgang einigermaßen geschützten Ort, den er Ust-Jenisseisk nannte (später umbenannt in Ust-Port). Geplant waren eine Kaianlage mit Kränen, der Bau eines Getreideelevators, ein Netz befestigter Straßen und ein Wohnquartier. Angepeilt wurde zunächst eine Jahresumschlagskapazität von 300 000 Tonnen. Die Bauarbeiten begannen im Sommer 1916. Um die Rentabilität auch im Winter zu sichern, wollte Lied eine Konservenfabrik errichten, für die er Maschinen und Ausrüstung in Norwegen kaufte. Doch der Krieg verhinderte weitere Arbeiten. Fortgeführt wurden sie erst in sowjetischer Zeit.[629]

Port Dickson auf der Dicksoninsel vor der Jenisseimündung war als Umschlaghafen zwischen Hochsee- und Flusstransporten nicht geeignet – einerseits wegen der nur zweimonatigen Eisfreiheit des Hafens, andererseits wegen der großen und nicht ungefährlichen Überfahrtsstrecke, welche die Flussdampfer vom Jenissei durch den ganzen Mündungstrichter bis dorthin hätten zurücklegen müssen. Allerdings erhielt Dickson 1915 in Zusammenhang mit dem Krieg eine ständige Funkstation.[630]

Auch wenn der Nördliche Seeweg zwischen Westeuropa und Sibirien von 1874 bis in den Ersten Weltkrieg hinein kommerziell nicht durchgängig genutzt werden konnte, waren die Anfänge dennoch gemacht. Zudem ist aus heutiger Sicht bewunderungswürdig, dass man es allen klimatischen Unwägbarkeiten zum Trotz gewagt hatte, selbst mit einem kleinen Segelschiff wie der *Utrennjaja Zarja*, mit Flussraddampfern wie dem *Dallmann* oder mit Flusskähnen beziehungsweise Leichtern im Dampferschlepp die über 3000 Kilometer lange Reise zwischen Ost- und Nordsee und dem Jenissei auf sich zu nehmen.

## Die Landwege

Landwege als Verbindungen zwischen Ortschaften entstanden nur im dichter besiedelten Süden des Jenissei-Stromlandes oder begleiteten den Jenissei auf seinem Hochufer. Allerdings waren sie nie mehr als unbefestigte Pisten. Weil man zur Zeit der «Wegelosigkeit» *(rasputica)* – bei Tauwetter im Frühjahr oder Herbstregen – im Schlamm versank, benutzte man zum Reisen mit Vorteil keine Wagen, sondern wie im Winter Bootsschlitten; desgleichen in der Tundra.[631]

## Frühe Poststraßen

Im 17. und frühen 18. Jahrhundert bevorzugten die Transitrouten vom europäischen Russland nach Transbaikalien die Wasserwege. Die ersten eigentlichen Straßen, die von Kurieren, staatlich privilegierten Reisenden und Lastkarawanen benutzt wurden, verbanden das westsibirische Stromsystem mit dem des Jenissei, beschränkten sich also auf die Wasserscheiden.[632] Der Landweg von Jenisseisk bis zum Fort Makowskoje am Ket erstreckte sich über 90 alte Werst, also etwa 180 km. Messerschmidt benötigte dafür im August 1725 über 30 Stunden. Am ersten Tag fand er einen meist guten Weg auf hartem Boden vor, am zweiten Tag häufig «sehr tiefe, ausgefahrene, sümpfichte Wege, so dass wir kaum mehr denn 3 bis 4 neue Werst in jeder Stunde mochten avancieren». Am vierten Tag bis Makowski ostrog «hatte [ich] den halben Weg hindurch lauter Tannenwald und sehr üblen, ausgefahrenen, sumpfichten, morastigen Weg, folglich aber mehrenteils Fichtenwald und trocken harten Weg».[633] Besser zu befahren war die Piste mit Schlitten im Winter, wie Bell 1720 anerkennend lobt; er habe sogar nachts reisen können, und in den Dörfern unterwegs hätten immer frische Pferde als Vorspann bereit gestanden.[634] Joyeux rechnet für die frühen Poststraßen mit einer Tagesleistung von 50 Werst. Das heißt, für die Strecke von Tobolsk nach Jenisseisk brauchte man zwei bis drei Monate, von Jenisseisk nach Irkutsk die Angara aufwärts 49–80 Tage; im Winter schaffte man die Distanz zwischen beiden Städten in siebeneinhalb Wochen.[635]

Der Große Sibirische oder Moskau-Sibirische Trakt, den man erst im zweiten Drittel des 18. Jahrhunderts nach der Sicherung der südsibirischen Steppenregion verwirklichen konnte, suchte die kürzestmögliche West-Ost-Verbindung zwischen den Strömen und machte die alten Woloki überflüssig. Nur der nördlicher gelegene Wolok Ketsk-Sym behielt noch längere Zeit seine alte Bedeutung.[636]

## Der Große Sibirische Trakt

In den Grenzen der Provinz Jenissei entfielen auf den Trakt nur 586,5 Werst. Er verband Atschinsk, Krasnojarsk und Kansk und wurde auf diesem Abschnitt 1768 in Betrieb genommen.[637] Im Unterschied zu den früheren Poststraßen, die eigentlich nur allmählich gewachsene Fahrschneisen waren, wurde der Trakt von Landmessern ausgesteckt, mit Werstmarkierungen versehen und durch Bauvorschriften reguliert. Allerdings befand er sich ständig im Umbau. In der zweiten Hälfte des 18. Jahrhunderts entstanden noch Abzweigungen von Atschinsk südwärts nach Minussinsk und von Krasnojarsk nordwärts nach Jenisseisk.[638]

## Bau und Unterhalt

Ein Ukas vom 4. Mai 1819, welcher die Straßenbauvorschriften vom 13. Dezember 1817 ergänzte, schrieb für die sibirischen Gouvernements in § 13 vor, grundsätzlich seien Fahrschneisen von 30 Saschen Breite frei zu halten, doch wo es viel Wald und wenig Fronarbeiter gebe, seien mindestens 10 Saschen einzuhalten. Die eigentliche Straßentrasse müsse bei trockenem und festem Untergrund eine Breite von fünf, bei weichem, lehmigem oder Schwarzerde-Untergrund von zehn Saschen aufweisen. Bei sumpfigem Boden seien Dämme aus Faschinen zu schütten und mit Erde zu bedecken, die dann festzutreten sei. Darauf solle man nochmals eine Schicht aus Steinen, Stangenholz oder Rasensoden auftragen, die wiederum mit grobem Sand oder Kies zu bedecken sei. Beidseits des Fahrdamms waren Gräben vorgesehen. Wo regelrechte Dammschüttungen und Seitengräben entstanden, kam die Straße einer Chaussee schon recht nahe. Das Hauptproblem bildeten sumpfige Niederungen, wo Unterhaltsarbeiten besonders aufwändig waren und meist nur für kurze Zeit halfen.[639] Hinter Kansk in Richtung Irkutsk durchquerte der Trakt beispielsweise einen Sumpf auf zahlreichen Knüppeldämmen *(mosty)*, deren längster sich über einen Werst erstreckte.[640]

Die Bau- und Unterhaltsarbeiten am Trakt oblagen anfänglich den Bauern, die direkt am Trakt lebten, später allen Bauern des weiteren Umlandes. Das war eine schwere Last.[641] Hinzu kam, dass das Begleitkommando eines offiziell Reisenden aus den Bauern in der Nähe von Poststationen Verpflegung und Pferde zum Wechseln herauszuprügeln pflegte.[642] Als Cochrane diese Praxis zu «humanisieren» suchte und den Dorfältesten durch Vorweisen seines Reisepasses und gute Worte bewegen wollte, Pferde bereitzustellen, passierte nichts. Erst als der Begleitkosak wieder zu prügeln anfing, hatte er Erfolg.[643] Daher wohnten die Bauern ungern direkt an einer Poststraße, bis die Fronpflicht auch auf weit entfernt Lebende ausgedehnt wurde. Ende der 1880er Jahre betrug in den davon betroffenen Kreisen Atschinsk, Krasnojarsk, Kansk und Minussinsk die Wegefron in Geld umgerechnet 75 Kopeken pro Jahr und Seele. Das scheint auf den ersten Blick wenig, war aber viel belastender als im europäischen Russland, wo zu dieser Zeit die Naturalleistung bereits durch eine Geldzahlung an das Semstwo abgelöst war, welches die Straßen durch Kontraktarbeiter in Stand halten ließ. Dass die Belastung vergleichsweise hoch war, hing mit der Länge der Straßen bei relativ dünner Bevölkerung zusammen. Um 1825 betrug der Anteil der Wegefron an den Leistungen der Bauern zugunsten des Mir ein Viertel ihrer gesamten Lasten. Besonders lästig für sie war es, dass die Instandstellung der Straßen vor allem in das Frühjahr fiel, wenn sie pflügen und säen mussten. Daher drängten sie auf die Ablösung der Fron durch einen Geldzins, vor allem in der zweiten Hälfte des 19. Jahrhunderts, als sie schon eher über Geld verfügten. 1884 zum Beispiel listete ein Schreiben der Wolostverwaltung von Uschurskoje an den Kreisamtmann auf, welche Last die Fron denjenigen Bauern auflud, die weit vom Trakt entfernt lebten: sechs bis acht Tage benötigten sie für die An- und Rückreise und schufteten bis zu 42 Arbeitstage vor Ort. Wohlhabende Bauern ließen sich häufig durch eine gemietete Arbeitskraft vertreten. Die Behörden schafften die Fronpflicht jedoch nicht grundsätzlich ab, sondern überließen es den verantwortlichen Landgemeinden, ihre Unterhaltspflicht nach eigenem Gutdünken zu regeln. 1890 hielten es zum Beispiel die Landgemeinden des Kreises Atschinsk, die für einen bestimmten Abschnitt des Traktes verantwortlich waren, so, dass sie kollektiv Instandhaltungs-Artele mieteten, welche sie den zuständigen staatlichen Straßenmeistern zur Verfügung stellten.[644]

### Der Betrieb des Traktes

Als vom Staat unterhaltene Fernstraße diente der Trakt aus offizieller Sicht in erster Linie der Beförderung von Kurierpost, staatlich privilegierten Reisenden und als Heerstraße. Privatreisende oder Handelskarawanen waren zweitrangig.

Den Trakt säumten Poststationen, wo man sich ausruhen, die Pferde füttern oder wechseln konnte, wo es Tee und oft auch Essen für die Reisenden gab, gelegentlich auch eine primitive Übernachtungsmöglichkeit. Die Distanzen zwischen den Poststationen schwankten stark, betrugen meist aber 30–40 Werst.[645] Am Ende des 19. Jahrhunderts waren auf jeder Poststation im Mittel fünf bis sechs Kutscher und sieben Paar Pferde stationiert, wobei bis zu 40 Prozent der Pferde für den Postdienst reserviert blieben. Die «Vorschriften über den geregelten Lastenbetrieb auf dem Hauptposttrakt Sibiriens zwischen den Städten Irkutsk und Tomsk» von 1891 bestimmten, dass Karren sich scharf rechts zu halten und die Mitte des Traktes für eilige Postfahrzeuge frei zu lassen hatten. Glöckchen durften nur Gespanne von Postillionen und Angehörigen der Landpolizei tragen. Wenn ein Fuhrmann mehrere Karren führte, mussten die Rosse hintereinander mit Zwischenleinen angeschirrt sein usw. Die mittlere Reisegeschwindigkeit für Lastkarren betrug 35–45 Werst pro 24 Stunden, Eilkuriere legten 200–300 Werst pro Tag zurück. Am stärksten befahren war der Trakt im Winter, weil man auf Schnee und gefrorenem Untergrund am schnellsten vorankam. Dann fanden auch viele Bauern Zeit, um sich als private Fuhrleute Geld zu verdienen. Im Sommerhalbjahr waren auf dem Trakt ganze Scharen zu Fuß unterwegs, vor allem Truppen, Verschickte und Umsiedler.[646] «Die Bäche sowohl als auch Sümpfe und steile Schluchten sind mit hölzernen Pfahl-Brücken versehen, von denen die längste fast drei Werst weit über den Fluss Poima und dessen sumpfige Umgebungen führt», erinnert sich Erman an den Trakt zwischen Krasnojarsk und Kansk. «Werstpfähle zur Seite des Weges bezeichnen die Entfernungen von den nächsten Stationen, auch sieht man hier wieder in mehreren Dörfern die früher erwähnten *ostrogi* oder mit Palisaden umgebenen Herbergen für durchgehende Verbannte, und die Häuser und Ställe für die Kosaken, die sie begleiten, und für deren Pferde.»[647] Größere Flüsse überquerte man im Winter auf dem Eis, im Sommer mit Fähren.

Die Postillione (*jamščiki*) trugen keine Uniform, sondern vorne an der Kappe eine Blechplakette mit dem Kaiseradler. Das Gespann bildete eine Troika aus drei Pferden, deren mittleres, das Leitpferd, am Joch zwei Glöckchen trug. Ein Postillion fuhr durchschnittlich 45 Werst von Station zu Station und kehrte dann wieder an seinen Standort zurück. James Young Simpson, dem wir eine detaillierte Beschreibung des Postbetriebes auf dem Trakt verdanken, kurz bevor dieser liquidiert wurde, fand seinen Postillion nicht selten betrunken vor.[648]

1868 gab es längs des Traktes in allen Dörfern drei bis vier private Ausspannhöfe (*postojalye dvory*), welche Fuhrdienste übernahmen und Postpferde stellten. Dies geschah außerhalb des staatlichen Postdienstes, der auf Kontraktbasis funktionierte, während die Bauern nur Warenfuhren übernahmen, Postpferde stellten und auf freiwilliger Basis gegen Bezahlung auch Personen beförderten. Im letzten Viertel des 19. Jahrhunderts wuchs ihre Zahl stark. In den neunziger Jahren arbeiteten auf dem Streckenabschnitt Tomsk–Irkutsk etwa 16 000 Fuhrleute. Im G. Jenissei gab es

1890/91 insgesamt 6872 Betriebe, die vom staatlichen wie vom privaten Fuhrwesen oder dem Unterhalt von Ausspannhöfen lebten.[649] Für die meisten dieser Betriebe bedeutete die Fertigstellung der Transsibirischen Eisenbahn das Ende.

Wer nicht mit Staatspriviles oder offizieller Post reiste, war arm dran, weil die anderen Vorrang hatten und er die Ställe an den Poststationen infolgedessen meist schon leer vorfand. Dann musste man ein Gefährt bei Bauern mieten, und die wussten die Notlage des Reisenden finanziell auszunutzen.[650]

### Auf dem Trakt unterwegs

Auch wenn die Vorschriften für den Straßenbau ein annehmbares Reisen ermöglichen sollten – die Wirklichkeit sah häufig anders aus. Wenn nach langen Regenfällen die Straße völlig verschlammt war, ging fast nichts mehr. So berichtete der Generalgouverneur von Irkutsk im Herbst 1895: «Die Post brauchte von einer Station zur nächsten bisweilen volle 24 Stunden, wodurch die Post sich um fast einen Monat verspätete, die Reisenden litten unaussprechlich, und die Fuhren mit Kaufmannsgütern brauchten für den Weg von einer Station zur nächsten (28–30 Werst) bis zu einer Woche; die Rosse fielen vor Erschöpfung, und die örtlichen Bauern verlangten bis zu drei Rubel pro Fuhre, um sie nur durch das ganze Dorf hindurchzuschleppen.» Wenn die Straße sich als unbefahrbar erwies, wich man seitwärts aus und erweiterte damit die eigentliche Trasse zu einer Fahrschneise, die bis zu hundert Meter breit werden konnte.[651] Das hielt man auch im Winter so, denn wo der Wind den Schnee von der Straße geblasen hatte, suchten die Kutscher mit dem Schlitten auf Schneestreifen seitlich im Gelände auszuweichen. Das zwang sie, ständig von einer Straßenseite zur anderen zu wechseln. Knox meint daher, dadurch habe sich die reale Wegstrecke um ein Drittel bis die Hälfte verlängert, und «die Straße war sowohl horizontal als auch vertikal krumm».[652] Am schlimmsten waren die kilometerlangen Dorfstraßen. Weil diese Straßenabschnitte keinen staatlichen Vorschriften unterlagen, blieben sie naturbelassen und verwandelten sich nach längeren Regenfällen in tiefgründige Schlammwüsten, in denen die Spannpferde mühsam vorwärtswateten.[653]

Daran wird schon ersichtlich, dass auch im Winter auf gefrorener Straße das Reisen alles andere als angenehm war. Auf dem Gebiet des G. Jenissei waren wegen der vorherrschenden starken Winde immer wieder lange Wegstrecken schneefrei. Dann stiegen die Reisenden oft in einen Bauernwagen *(telega)* um. Aber nicht nur die ständige Umsteigerei vom Schlitten in den Wagen und umgekehrt kostete Nerven. Viel schlimmer noch waren die fürchterlichen Stöße des ungefederten Wagens auf gefrorenen Unebenheiten.[654] Aber auch bei verschneiter Straße konnte man wie Knox sein blaues Wunder erleben, denn unter der Schneedecke verbargen sich immer wieder *uchaby* (schneegefüllte Löcher, die man nicht sieht). «In eines davon hineinzukrachen bei vollem Tempo gibt einen Stoß, wie wenn ein Boot aufs Ufer aufschlägt. Nur mit Hilfe von Kissen, Pelzen und Heu kann ein Reisender Verletzungen entgehen.»[655] Samuel Hill, der im Winter 1847/48 von Tomsk nach Krasnojarsk unterwegs war, behauptet, «der Kutscher und ich wurden nun vier- oder fünfmal von unseren Sitzen in den Schnee geschleudert».[656] Cochrane, der im Sommer 1820 auf dem Trakt gen Osten fuhr, musste zwischen Atschinsk und Krasnojarsk auf seinem Wagen solche

Stöße einstecken, dass er zeitweise ausstieg und lieber zu Fuß ging. Die Rückreise 1823 im Schlitten war aber nicht besser: «Ich erreichte den Schwarzen Fluß in einem zerbrochenen Schlitten; der Weg war so bergig und voller Fahrgeleise, dass wir häufig und heftig stürzten; die Stöße verursachten mir viel Schmerz. Die Schnelligkeit, mit welcher wir reisten, betrug auf die Stunde 10 Meilen, und während der Weg ganz eben war, wurde manchmal das Fuhrwerk plötzlich 6 Fuß weit über 2 Fuß hohe Absätze hinweggerissen, so dass die Pferde durch den Stoß bedeutend litten.»[657] Auch wer privilegiert reiste, hatte es nicht besser. Lucy Atkinson, die mit Mann und Kind im Sommer 1850 mit der offiziellen Post die berüchtigte Strecke von Krasnojarsk nach Atschinsk gleichfalls kennenlernte, klagte über den Wagen ohne Federung: «Es war unmöglich zu sitzen, zu stehen oder zu liegen» – und das noch mit einem Säugling auf den Armen. Grauenhaft![658] Reverend Lansdell empfahl, sich gegen die Stöße des Wagens dadurch abzusichern, dass man sich rundum polsterte und mit angezogenen Beinen hocken blieb. Dann könne man höchstens nach oben geschleudert werden, falle aber weich.[659] Wer als Fuhrwerk einen Tarantas erwischte, fuhr zwar «naturgefedert», weil der mit Fellen gepolsterte Weidenkorb, in welchem der Reisende lag, auf biegsamen Birkenstangen aufruhte, aber diese verstärkten jede Unebenheit der Straße, so dass man immer wieder hin und her und hochgeschleudert wurde.[660]

Auch Anton Tschechow – im Mai 1890 unterwegs zur Sträflingsinsel Sachalin – weiß von den Schrecken der Kosulka zu berichten: «Kosulka heißt die zweiundzwanzig Werst lange Strecke zwischen den Stationen Tschernoretschenskaja und Kosulka, die zwischen den Städten Atschinsk und Krasnojarsk liegen.» «Je mehr wir uns der Kosulka nähern, desto schrecklicher werden die Vorzeichen. Unweit der Station Tschernoretschenskaja, zur Abendzeit, kippt der Wagen mit meinen Gefährten plötzlich um, und die Leutnants und der Doktor fliegen in den Schmutz, mit ihnen Koffer, Bündel, Säbel und ein Geigenkasten. In der Nacht bin ich an der Reihe. Unmittelbar vor der Station Tschernoretschenskaja erklärt mir der Kutscher plötzlich, an meinem Fahrzeug habe sich der Achsennagel verbogen (ein eiserner Bolzen, der die Vorderräder mit dem Achsgestell verbindet; wenn er sich verbiegt oder bricht, so legt sich das Fahrzeug mit dem Vorderteil auf die Erde).» Auf der Poststation muss also erst einmal der Schaden behoben werden – Zeit genug, um im Haus mit anderen Reisenden Erfahrungen auszutauschen: «Alle diese Stationsgespräche drehen sich auf der ganzen Poststraße um ein und dasselbe Thema: man kritisiert die örtliche Obrigkeit und schimpft auf den Weg.» Die Fahrbahn erinnerte Tschechow an eine Berglandschaft: «Da versinken die rechten Räder in einem tiefen Loch, und die linken stehen auf Berggipfeln, da sind wieder zwei Räder im Schlamm steckengeblieben, das dritte ruht auf einem Berg, und das vierte dreht sich in der Luft.» Aber trotz allem: «Es ist schwierig zu fahren, aber es wird noch schwieriger, wenn man daran denkt, dass dieser scheußliche, wie von schwarzen Pocken blatternarbige Erdstreifen die einzige Verkehrsader bildet, die Europa mit Sibirien verbindet! Und durch diese Ader strömt, so sagt man, die Zivilisation nach Sibirien!»[661]

Hätte Tschechow seine Reise zehn Jahre später angetreten, wäre er mit der Transsibirischen Eisenbahn viel schneller und bequemer ans Ziel gekommen. Wenn man seinen Reisebericht liest,[662] dann vermag man zu ermessen, welch ungeheuren Fortschritt die Transsib den Ost-West-Reisenden beschert hat.

Wer den Trakt hoch zu Ross unter die Hufe nahm wie der Sotnik des Amurkosakenheeres, Dmitri Peschkow, der im Januar und Februar 1890 aus kavalleristischem Ehrgeiz die Strecke von Blagoweschtschensk nach St. Petersburg mit seinem Leibpferd bewältigen wollte, hatte es nur teilweise besser. Auch er erlebte auf der Kosulka seinen Meister. Hier Ausschnitte aus seinem Tagebuch: «30. Januar. Die Straße nach Atschinsk ist unbeschreiblich. Teilweise voller Schneewehen, teilweise solche Löcher, dass man mitsamt dem Ross in eine Grube stürzen kann.» 1. Februar, hinter Atschinsk: «Die Straße ist dermaßen scheußlich, wie man es sich nur schwer vorstellen kann. Solche Löcher und Höhlungen, dass das Pferd die ganze Zeit hinauf- und hinunterklettert. Ich wünsche dem Chef, der für diesen Trakt zuständig ist, dass er gezwungen wird, auf ihm einmal selber spazieren zu fahren.» 2. Februar (schon knapp hinter der Grenze zum G. Tomsk). «In einem Semstwo-Quartier übernachtet. Dreckig, widerlich, ekelhaft. Die Wirtin kochte Schtschi, aber einen dermaßen ekligen, dass man ihn nicht essen konnte. Auch das Wasser war überhaupt nicht gut, so dass nicht einmal das Pferd es saufen mochte und ich beschloss, ihm trockenen Schnee vorzusetzen.»[663]

Den ohnehin schon geplagten Reisenden gesellten sich jedoch auch weniger willkommene Begleiter hinzu, wie die Lehrerin Kalerija Jakowlewa beklagte, die im Juli 1891 von Irkutsk nach St. Petersburg unterwegs war. Nach neuntägiger Fahrt auf dem Trakt zerschlagen und todmüde in Krasnojarsk gelandet und froh über ein frisches Bad im Hotel, fielen dort nachts die Wanzen über sie her. «Unterwegs hatten wir nur unter Flöhen gelitten, die wir auf den Stationen aufgelesen hatten.»[664]

Auch den Pferden setzte der Trakt zu. Brach eines tot zusammen, schirrte der Kutscher es kurzerhand aus, schleifte es auf die Seite und ließ es dort liegen. Im Winter sahen die Reisenden immer wieder steif gefrorene Pferde am Straßenrand.[665]

### Die Transportleistungen des Traktes

Fast alle Reisenden, die ihre Abenteuer auf dem Trakt beschrieben haben, erwähnen die endlosen Lastkarawanen, denen sie begegnet sind. Schlitten mit Handelsgütern bildeten meistens zu viert oder zu fünft eine Gruppe mit nur einem Kutscher auf dem vordersten Schlitten, während die Pferde der kutscherlosen Schlitten dem ersten brav folgten.[666] Bei Georgi lesen wir über den Lastverkehr auf dem Trakt zwischen Irkutsk und Krasnojarsk im Januar 1773: «Die Landstraße ist von Kaufmannskarawanen, die nach und von Irkutsk gehen, fast bedeckt, die kleinen einspännigen Schlitten aber machen die Bahn so schmal, dass meistens die Pferde hinter einander gespannt werden müssen und nur etwas breitere Schlitten sich leicht überspannen und umwerfen, um so eher da an den Bergen viele Schleuderbahn ist.»[667] Die Lastkarawanen, die auf dem Trakt ostwärts zogen, transportierten vor allem westliche Importgüter und in der zweiten Hälfte des 19. Jahrhunderts auch Kerosin für Lampen, die westwärts strebenden Ziegeltee.[668]

In den Jahren 1887–1891 waren zwischen Tomsk und Irkutsk im Durchschnitt jährlich 70 000 Fuhren unterwegs, von denen 30 000 bis Irkutsk durchgingen, während der Rest vorher umgeschlagen wurde. Dabei rechnete man auf eine Fuhre 25 Pud. Dies entsprach einer Jahrestransportleistung von 1,6–1,7 Millionen Pud. 1894/95 wuchs diese auf 2 897 900 Pud an.[669] Von den insgesamt 2,3 Millionen Pud Tee, die im Jahre 1894 nach Russland eingeführt wurden, kamen fast zwei Drittel über den Irkutsker Zoll und den Großen Trakt ins Land.[670]

## Eisenwege – die Transsibirische Eisenbahn

Das rapide Wachstum des Transportvolumens auf dem Sibirischen Trakt gegen Ende des 19. Jahrhunderts signalisierte, wie dringlich es wurde, die viel geschmähte Straßenpiste durch eine witterungsunabhängige Eisenbahnlinie zu ersetzen – die Transsib.

Schon 1877/78 hatte man die Planung in Angriff genommen, 1887/88 den günstigsten Verlauf der Eisenbahntrasse erkundet und sie vermessen. Doch erst im Februar 1893 erteilte das Eisenbahnkomitee der endgültigen Linienführung des mittelsibirischen Streckenabschnitts die Genehmigung. Dann ging für russische Verhältnisse alles sehr schnell. Mit dem Bau des 760 km langen Streckenabschnitts von der Station Ob bis Krasnojarsk begann man im Mai 1893, mit dem des 1070 km langen Abschnitts Krasnojarsk–Irkutsk im Juni 1894.

Der mittelsibirische Abschnitt der Transsib[671] folgte nicht zufällig weitgehend dem Verlauf des Großen Sibirischen Traktes – zum einen, weil dieser bereits die kürzestmögliche Route gewählt hatte, zum anderen aber auch, weil sich dort die größten Städte herausgebildet hatten. Um die Arbeiten zu beschleunigen, baute man nicht nur von den Enden her aufeinander zu, sondern begann auch dazwischen mit Teilstrecken, die wie beim Tschulym auf dem Wasserweg mit Baumaterial und Schienen beliefert werden konnten.

Wegen der schwierigen topographischen Verhältnisse zwischen Atschinsk und Irkutsk kam der Bau der Mittelsibirischen Bahn besonders teuer und erforderte Spezialarbeiter aus dem europäischen Russland. Um Geld zu sparen, wurden als Hilfsarbeiter vielfach Katorga-Sträflinge herangezogen. Das strenge Klima, der Permafrostboden, die hektische Arbeit während der kurzen Sommersaison und die harten Lebensbedingungen der Arbeiter führten zu hohen Krankenständen, erhöhter Sterblichkeit und starker Arbeitsfluktuation. Nicht nur die Trasse musste ja gebaut werden, sondern allein zwischen Krasnojarsk und Irkutsk waren 491 Holz-, 24 Stein- und 13 Eisenbrücken zu erstellen. Besondere Anforderungen stellte der Bau der Wasserzapfstellen für die Dampflokomotiven, weil die Zuleitungen wegen des strengen Frostes im Winter nur unterirdisch geführt werden konnten. Angesichts dieser Umstände erscheint es unglaublich, dass die Mittelsibirische Eisenbahn bereits 1898 – zwei Jahre früher als geplant – in Betrieb gehen konnte. In Krasnojarsk traf der erste Zug von Atschinsk bereits am 6. Dezember 1895 ein, in Kansk am 29. September 1896.

Allerdings waren die großen Strombrücken noch nicht fertig. Während des Sommers kamen Fähren zum Einsatz, im Winter wurden die Gleise provisorisch auf dem Eis verlegt. Selbst für erfahrene Bahnreisende war das gewöhnungsbedürftig. Als Robert L. Jefferson und seine drei Kollegen im Spätwinter 1897 mit dem Zug nach Krasnojarsk reisten, befand sich die Brücke über den Tschulym vor Atschinsk noch im Bau. Daher mussten die Passagiere aussteigen und zu Fuß an das andere Ufer laufen, während der Zug seitlich an der halb fertigen Brücke vorbei über eine Rampe im Schritttempo abwärts auf das Eis glitt. Würde die Eisdecke das Gewicht der schweren

Lok und der 15 Waggons aushalten? Jefferson fielen fast die Augen aus dem Kopf. «Als er [der Zug] uns passierte, spürten wir das Eis beben und hörten es immer wieder knallen wie entfernte Pistolenschüsse. Doch der Zug überquerte die Flussmitte problemlos, beschleunigte sein Tempo, als er sich dem anderen Ufer näherte, schob sich empor und war wieder auf der *terra firma*.» Die Gleisschwellen wurden, damit sie auf dem Eis hafteten, nicht mit Nägeln befestigt, sondern mit Wasser begossen und froren dadurch auf dem Eis an.[672]

Die Eisenbahnbrücke über den Jenissei bei Krasnojarsk, die als die schönste der Transsib gilt, wurde von Lawr Dmitrijewitsch Proskurjakow (1858–1926) entworfen, Professor an der Moskauer Ingenieurschule, der ein neues, metallsparendes Konstruktionsprinzip aus Fachwerkträgern und Verstrebungen vorsah und dafür an der Pariser Weltausstellung von 1900 eine Goldmedaille erhielt. Für den Bau verantwortlich war der Ingenieur Jewgeni Knorre, der am Polytechnikum in Zürich studiert und an der Errichtung der bekannten Eisenbahnbrücke über die Wolga bei Sysran mitgearbeitet hatte. Das damals erstmals angewandte Caissonprinzip, bei dem die Brückenpfeiler in wasserdichten Eisenkästen aufgemauert wurden, kam nun auch am Jenissei zum Tragen. Die 950 m lange Jenisseibrücke besteht aus sechs großen Durchlässen mit einer Spannweite von 144 m und zwei kleinen mit einer Spannweite von 21 m. Die Vorarbeiten begannen am 1. August 1896, der Bau der Trägerpfeiler, deren Fundamente 18 m unterhalb des Niedrigwasserspiegels liegen und die mit mächtigen Eisabweisern versehen wurden, im Sommer 1898. Die eisernen Brückenelemente wurden am Ufer vormontiert. Sobald der Fluss gefroren war, errichtete man auf der festen Eisdecke hölzerne Traggerüste, auf denen dann ein Riesenkran die Brückensegmente absetzte, so dass nach deren Verankerung auf den Widerlagern der Pfeiler die hölzerne Hilfskonstruktion entfernt werden konnte. Am 27./28. März 1899 erfolgten die Belastungsproben, danach wurde die Brücke für den Betrieb freigegeben.[673]

Im Unterschied zu Atschinsk und Kansk erhielt Krasnojarsk ein repräsentatives steinernes Bahnhofsgebäude und die größten Eisenbahnwerkstätten Mittelsibiriens, in denen anfänglich 1500, dann 2000 Arbeiter Reparaturarbeiten durchführten – auch schon mit Elektromotoren. In Krasnojarsk befanden sich ferner ein Depot für 25 Dampflokomotiven, ein Krankenhaus für Eisenbahner mit 30 Betten und die Werksapotheke. Unweit des Bahnhofs lag die Eisenbahnersiedlung Nikolski posjolok, wo auch die erste eisenbahntechnische Lehranstalt Sibiriens entstand. Eine durchgehende Telegrafenlinie mit 72 Morseapparaten verband alle Stationen. An Rollmaterial für die Strecke Krasnojarsk–Irkutsk standen 117 vierachsige Dampflokomotiven, 43 Personenwagen, 760 gedeckte Güterwagen, 595 Flachwagen und zehn Gefängniswagen zur Verfügung. Nachdem 1899 die gesamte Strecke von Nowonikolajewsk (heute Nowosibirsk) bis Irkutsk offiziell in Betrieb gegangen war, wurden die West- und die Mittelsibirische Bahn im Jahre 1900 zur Sibirischen Eisenbahn vereinigt. Der Passagier- und Güterverkehr entwickelte sich rasant: Schon von Oktober 1895 bis Ende 1898 wurden zwischen Tscheljabinsk und dem Streckenkopf (das war ab 1898 Irkutsk) über 43 Millionen Pud Güter und 3 352 000 Passagiere befördert.[674] Diese Zahlen bestätigen, wie dringend die Bahn gebraucht wurde, um Sibirien weiterzuentwickeln.

Dabei blieb die wirtschaftliche Leistungsfähigkeit des Bahnstrangs begrenzt, weil er einspurig gebaut wurde und Gegenzüge auf Kreuzungsstationen abgewartet werden mussten. Daher ließen sich auf der Strecke Ob–Irkutsk anfänglich pro 24 Stunden nur drei Zugpaare durchschleusen, nämlich ein gemischtes Personen- und Güterzugpaar mit 25 Stundenkilometern und zwei Güterzugpaare mit 15 Stundenkilometern Reisegeschwindigkeit.[675] Nach dem Einbau von mehr Ausweichstellen hoffte man die Zugdichte allerdings auf sieben Paare pro Tag steigern zu können. Auf den Stationen zwischen Ob und Krasnojarsk betrug die Aufenthaltsdauer der gemischten Passagier- und Güterzüge zwischen 5 und 55 Minuten, auf einer Station sogar zwei Stunden. Allerdings war die Reisegeschwindigkeit auch durch die Beschaffenheit der Strecke bestimmt, denn auf dem bergigen Teilstück zwischen Atschinsk und Krasnojarsk schafften die Züge kaum mehr als 12 Stundenkilometer.[676]

Schon bald nach der Eröffnung zeigten sich die Pferdefüße des schnellen Bahnbaus. Nicht nur hatte man viel zu leichte Gleise verlegt, die sich rasch abnutzten, sondern auch das Gleisbett, das man statt mit Schotter entweder mit Sand oder auf geraden Strecken oft nur mit Erde aufgeschüttet hatte, war statt eines halben Meters nur 25 Zentimeter mächtig und federte daher das Zuggewicht bei der Durchfahrt kaum ab.[677] Ein Brite, der im Herbst 1901 die Strecke erstmals befuhr, billigte ihr zwar den Rang eines Weltwunders zu, aber er meinte auch: «Es gab wenig Geländeeinschnitte und wenig Bahndämme. Man war der Linie des geringsten Widerstandes gefolgt, und wenn es unterwegs nur einen kleinen Erdbuckel gab, dann führte die Strecke eher um ihn herum als durch ihn hindurch. Das Resultat war derart, dass die Trasse meistens aus nichts anderem bestand, als aus einem Fuß hoch Erde, die man von beiden Seiten her zusammengeschaufelt hatte. Die Eisenbahnschwellen wurden darauf geworfen und die Schienen an ihnen befestigt. Auf einer solchen Strecke konnte man nicht schnell fahren.[678]

Es bedurfte des Russisch-Japanischen Krieges von 1904/05, um auch der Regierung drastisch vor Augen zu führen, dass die Transsibirische Eisenbahn vor allem wegen ihrer Eingleisigkeit nicht in der Lage war, den Nachschub für den fernöstlichen Kriegsschauplatz heranzuschaffen. Daher begann man damit, Doppelspurabschnitte anzulegen, den Unterbau zu verbessern und das Gleismaterial zu verstärken. Auf dem Teilstück der Mittelsibirischen Bahn mit ihrem bergigen Gelände wurden zwischen 1907 und 1910 neben dem weitgehenden Einbau einer Doppelspur auch die Rampen verflacht, die Kurven begradigt und bei besonders steilen Abschnitten Umfahrungen gebaut; an 36 Stellen wurde sogar die alte Strecke verlegt und damit um 28 km verlängert. Verstärkt kamen dabei nun auch Maschinen wie Bagger und Kräne zum Einsatz. Nach der Entdeckung der Kohlevorkommen von Tscheremchowo (1899), die am Weg lagen, konnte man mehr und mehr auch dazu übergehen, die Lokomotiven mit Kohle zu befeuern und damit die Anzahl und Dauer der Zwischenhalte zu vermindern.[679] Nach und nach kamen auch neue, zugkräftigere Lokomotivtypen zum Einsatz, die in der Lage waren, die größeren Güterwaggons mit einer Tragfähigkeit von 15–16 Tonnen zu schleppen.[680] Bis 1909 gelang es zudem, die mittlere Reisegeschwindigkeit der Expresszüge von 27,6 auf 34,2 Werst pro Stunde zu steigern, und der Teilausbau auf Doppelspur ermöglichte nun Frequenzen von 48 Zugpaaren pro Tag. Alle diese Bemühungen zahlten sich aus. Im Jahre 1913 transportierte die Sibirische Bahn zwischen Tscheljabinsk und Irkutsk 4652000 Passagiere, und das Güteraufkommen wuchs von 44 Millionen (1900) auf 355 Millionen Pud (1913).[681]

Noch vor dem Ersten Weltkrieg wurde – wie bereits erwähnt – die Trasse einer Stichbahn von Atschinsk nach Minussinsk erkundet und fixiert, um die Kohlenlager von Minussinsk zu erschließen, die ein hochwertigeres Brennmaterial lieferten als das Becken von Tscheremchowo. Mit den Bauarbeiten begann man 1913, doch Krieg und Bürgerkrieg verhinderten die Fertigstellung, so dass nur ein 84 km langes Teilstück von Atschinsk bis Gljaden eröffnet werden konnte. Schon 1920 wurden die Bauarbeiten jedoch wiederaufgenommen und im Jahre 1926 die Strecke mit einer Gesamtlänge von 450 km vollendet.[682]

## Drähte

Es gab ein Mittel, welches besonders geeignet war, Sibirien aus seinem Dornröschenschlaf zu reißen – den Telegrafen.

1863 war die Telegrafenlinie vom europäischen Russland bis Krasnojarsk gediehen, und 1864 hatte sie Irkutsk erreicht. Damit verfügten am Jenissei zumindest Atschinsk, Krasnojarsk und Kansk über eine schnelle Kommunikation mit dem europäischen Russland. 1876 wurde auch die alte Hauptstadt Jenisseisk an diese Linie angeschlossen, und 1887 folgte Minussinsk.[683] Damit waren die wichtigsten Zentren des Gouvernements telegraphisch miteinander und mit dem europäischen Russland verknüpft.

Aber bis der Draht von Jenisseisk aus auch den Turuchansker Krai erreichte, sollte noch viel Zeit verstreichen. Erst 1912 ging man energisch zur Sache und setzte als Arbeitskräfte vor allem Sträflinge ein. Um Arbeit zu sparen, wurden die Schneisen für die Telegrafenlinie nicht gerodet, sondern die Bäume in etwa einem Meter Höhe einfach gekappt, die Strünke ließ man stehen. Im Frühjahr 1913 war die Telegrafenlinie immerhin bis Werchne-Inbatskoje gediehen. «Als aber während der Überschwemmung das Wasser des Flusses so hoch gestiegen war, hatten die Masten eines Dampfers den weiter aufwärts bei den Stromschnellen über den Fluss gespannten Draht durchgerissen», notierte Fridtjof Nansen in Mirnaja. Daher war im September 1913 die Linie erst bis Worogowo in Betrieb. Bis zum Winter 1913/14 sollte sie Monastyrskoje erreicht haben. Als Endpunkt hatte man Dudinka angepeilt,[684] doch die Arbeiten dauerten 1916 noch an.

# Staatsmacht und Gesellschaft

Seit dem 16. Jahrhundert hat sich in Russland ein Staats- und Gesellschaftsmodell herauskristallisiert, an dessen Spitze der nach damaliger Überzeugung von Gott eingesetzte «Selbstherrscher» (Autokrat) stand, dem alle anderen «Stände» zuzudienen hatten. Theoretisch vermochte außer den Sittengesetzen des Christentums nichts seine Allmacht einzuschränken, doch in der Praxis war er gezwungen, sich in der Ausübung seiner Macht auf Gehilfen zu stützen, die daran in gewisser Weise ebenfalls partizipierten – den Adel und die orthodoxe Kirche. Die große Masse der Bevölkerung – die Bauern und die nur schwach ausgeprägten städtischen Stände – hatte vor allem eine Aufgabe: den Staat und die mit ihm verfilzten privilegierten Eliten zu alimentieren. Dieses hierarchische Staats- und Gesellschaftsmodell mit dem als «heilig», das heißt unantastbar gedachten «Väterchen Zar» an der Spitze fand einen idealen Nährboden in der noch durch und durch patriarchalen Gesellschaft, in welcher Familie und Landgemeinde diese Hierarchie auch auf unteren Stufen widerspiegelten.[685] Weil anders als in den meisten Ländern des europäischen Westens Staat und Gesellschaft distanzlos miteinander verschmolzen, habe ich mich zur Kennzeichnung dieses politischen Systems des Begriffs einer «staatsfixierten Gesellschaft» bedient.[686]

Die vom Staat gebeutelten Lastenpflichtigen – bis 1861 etwa zur Hälfte noch Leibeigene des Adels – entwickelten ein Denkschema, das ihnen helfen sollte, ihre als ungerecht empfundenen Lebensbedingungen zu erklären und dafür Verantwortliche zu benennen, ohne dem «heiligen» Zaren dafür die Schuld geben zu müssen. Sie taten dies, indem sie ihr Bild des Zaren von der Realität abkoppelten und alle Schuld seinen «bösen» Ratgebern, den Adligen und den Beamten, zuschoben. Ihnen gegenüber galt Widerstand – in welcher Form auch immer – als gerechtfertigt.

## Die Werkzeuge der Staatsmacht

Die sibirischen Bauern hatten ihren Standesgenossen im europäischen Russland eines voraus: Sie wurden nicht durch landsässige Gutsherren ausgebeutet und kannten daher keine Leibeigenschaft. Ihre Feinde sahen sie ausschließlich in der staatlichen Bürokratie, in der Polizei und im Militär.

### Die Staatsbürokratie

Russland sei in der Zarenzeit «überbürokratisiert», aber «unterverwaltet» gewesen, liest man immer wieder.[687] Für das dünn besiedelte Sibirien galt das erst recht. Dort hatte auch ein anderes russisches Sprichwort seine Berechtigung: «Der Himmel ist hoch, und der Zar ist weit», will besagen, dass aller strikten Ausrichtung der Verwaltung auf die Machtzentrale zum Trotz den Vertretern des Zaren in der sibirischen Abgeschiedenheit ein breiter persönlicher Handlungsspielraum offenstand. Wie war das Herrschaftsgebiet des «Provinzzaren» im Stromland des Jenissei beschaffen und welche Veränderungen haben seine weiteren Untergliederungen durchlaufen? Wie verhielt es sich mit Anzahl und Qualifikation des Personals auf den verschiedenen Ebenen der Verwaltung angesichts der gegebenen Herausforderungen?

## Die Entwicklung der staatlichen Verwaltung in Sibirien

Bis zu den Reformen Peters des Großen amteten auf der obersten Stufe der Territorialverwaltungen die Wojewoden (wörtlich übersetzt Heerführer, Herzog), die in ihren Händen exekutive, richterliche und militärische Gewalt vereinigten und so in der Tat einen regionalen Zaren im Kleinen verkörperten. Allerdings fehlte ihnen die Aura der Unantastbarkeit, die den Zaren umgab, und ihre Kompetenzen waren selbstverständlich begrenzt.

Im 17. Jahrhundert gliederte sich Mittelsibirien in drei Wojewodschaften: im Norden die Wojewodschaft Mangaseja (seit 1672 mit Sitz in Turuchansk), die vom westsibirischen Tas-Fluss auf das gesamte untere Becken des Jenissei und die Halbinsel Taimyr hinübergriff; den Jenissei aufwärts schloss sich die Wojewodschaft Jenisseisk an, die auch das Becken der Angara umfasste und zeitweise bis nach Jakutien hinüberreichte; seit 1628 folgte weiter stromaufwärts die anfänglich noch kleine Wojewodschaft Krasnojarsk. Alle drei Wojewodschaften unterstanden dem Wojewoden von Tobolsk, der eine Art sibirischen Vizekönigs verkörperte. Und über allem thronte als Zentralbehörde seit 1637 das Sibirische Amt *(Sibirskij prikaz)* in Moskau.

Mit den Verwaltungsreformen von 1708 und 1711 wurde ein einheitliches G. Sibirien geschaffen, und die Kompetenzen des Sibirischen Amtes gingen größtenteils auf den Gouverneur über. Aber über alle territorialen Neuordnungen hinweg, denen Sibirien im 18. Jahrhundert unterworfen wurde (siehe oben S. 44–46), blieb die hierarchische Verwaltungsabstufung auf vier territorialen Ebenen weiterhin bestehen. Zuoberst stand der Generalgouverneur, darunter folgten die ehemaligen Wojewodschaften, die seit den Verwaltungsreformen Peters des Großen «Provinzen» hießen und einem Provinzwojewoden oder Kommandanten unterstellt waren. Die Provinzen wiederum gliederten sich in kleinere Gebietseinheiten oder Distrikte mit wechselnden Bezeichnungen, und die Basis dieser Distrikte bildeten die bäuerlichen Landgemeinden mit Selbstverwaltung.[688] Die Provinzreformen von 1719–1727 sollten auf Stufe der Kreise die Verwaltung entflechten und erstmals in der Geschichte Russlands innerhalb der Administration Gerichtsbarkeit und Fiskus verselbständigen. In der Realität gelang dies jedoch nur sehr unvollkommen, denn die Verteilung der Verantwortlichkeiten nach dem Kollegialprinzip[689] änderte kaum etwas an den alten Praktiken der Selbstbereicherung. Zudem stellte eine staatliche Anweisung von 1728 die Konzentrierung der administrativ-polizeilichen, gerichtlichen und fiskalischen Kompetenzen in den Händen der Wojewoden ausdrücklich wieder her. Kaiserin Katharinas II. Gouvernementsreform von 1775 beließ den sibirischen Gouverneuren die Polizei- und Militärgewalt, schränkte ihre gerichtlichen Kompetenzen aber auf ein reines Recht zur Aufsicht über die Richter ein. Diese waren zwar an die Gesetze gebunden und formell von der Administration unabhängig, doch die Realität sah meistens anders aus. Die Macht der Gouverneure erstreckte sich in Sibirien auf die Kontrolle der gesamten

Bevölkerung, auch die der Städte, weil es anders als im europäischen Russland so gut wie keine Leibeigenen gab, die ausschließlich ihren Gutsherren unterstanden.[690]

Die Speranski-Reform von 1822 brachte die Rationalisierung und Bindung der Verwaltung an die Gesetze einen bedeutenden Schritt voran. Die Gouvernementsverwaltung wurde in die vier Ressorts der allgemeinen Verwaltung, der Finanzen *(Kazennaja palata)*, des Gerichts und der Staatsanwaltschaft aufgegliedert, aber nach wie vor waren Justiz und Staatsverwaltung nicht strikt getrennt. Speranski stellte dem Generalgouverneur, den Gouverneuren und Kreischefs einen Beirat *(sovet)* aus den vier Ressortchefs zur Seite, der gegen Entscheidungen des Gouverneurs Einspruch einlegen und diese an eine höhere Instanz weiterziehen konnte.[691] Immerhin hatten Generalgouverneur und Gouverneure damit einen Teil ihrer zuvor fast unbeschränkten Machtstellung eingebüßt. Aus der Sicht des Herrschers bestand ihre vornehmste Aufgabe darin, die ihnen unterstellte Verwaltung sowie das ihnen anvertraute Territorium genauestens zu kontrollieren und darüber regelmäßig nach Petersburg zu berichten. Doch die Aktenflut, die nunmehr über sie hereinbrach, machte diese Aufgabe zur Farce und erlaubte lediglich eine bürokratisch formalisierte Kontrolle. Anders als vorgesehen kam dies nur der Allmacht der Bürokratie zugute.[692] Waren die sibirischen Gouvernementsverwaltungen in den letzten Jahrzehnten des Zarenreiches von der Personalausstattung her zumindest halbwegs funktionsfähig, so blieb das Verwaltungspersonal der Kreischefs *(okružnye načal'niki* beziehungsweise *ispravniki)* personell und finanziell derart unterdotiert, dass diese ihre vielfältigen Aufgaben – von der polizeilichen Überwachung insbesondere der zahlreichen Verschickten über die Einhebung der Steuern, die Kontrolle der ihnen unterstellten Distriktsvorsteher bis hin zur Bearbeitung der zahlreichen Klagen gegen die untersten Verwaltungsinstanzen – nur unzureichend wahrnehmen konnten.[693]

### Die «Provinzzaren»

Oberstes Staatsziel bei der Verwaltung Sibiriens war es, ein Maximum an Staatseinnahmen zu erzielen oder wörtlich: «den Nutzen des Herrschers zu mehren» *(kak gosudarevu delu pribyl'nee)*. Dies galt als die vornehmste Pflicht der Wojewoden. Zum «Nutzen des Herrschers» gehörten außer einer maximalen Ausbeutung der Indigenen in Form des Pelzjassak die Ausweitung der Jassakgebiete, die Erschließung neuer Silber-, Kupfer- und Eisenvorkommen sowie die Erweiterung der Zehntäcker.[694]

Zu den weiteren Kompetenzen zählte die Gerichtsbarkeit bis hin zu Todesurteilen. Ging es um gewichtige politische Angelegenheiten *(gosudarevye dela)*, musste der Fall aber nach Abklärung zur Begutachtung und abschließenden Entscheidung nach Moskau weitergeleitet werden.[695] Indigene wurden zunächst nach ihren eigenen Normen gerichtet. 1693 erbat der Jenisseisker Wojewode S. W. Korobjin vom Sibirischen Amt in Moskau eine Entscheidung darüber, ob diese Praxis nach wie vor gelte, weil nicht alle seiner Amtsleute sich daran hielten und die Burjäten sich deswegen beklagt hätten. Moskau drückte sich aber um eine klare Antwort, so dass die Wojewoden in Sibirien bei Streitfällen zwischen Indigenen es weiterhin handhabten, «wie es bis dahin Brauch war und wie Gott es ihnen eingibt» *(smotrja po tamošnemu delu i kak ich Bog vrazumit)*.[696]

Drittens hatten die Wojewoden dafür zu sorgen, dass sie über genügend Militärdienstleute für die ihrem Amtsbezirk unterstellten Garnisonen verfügten. Diese mussten sie mit dem aus Moskau zu diesem Zweck übersandten Geld besolden und beköstigen.[697] Kreiswojewoden konnten im Prinzip die untergeordneten Verwaltungsposten innerhalb ihres Amtsbezirks – die Verwalter der kleinen Forts, Simowjen und Sloboden – nach eigenem Gutdünken besetzen. Diese Ernennungen musste man bei ihnen kaufen. Oft aber reichten die Interessenten Bittschriften in Moskau ein, und dann verfügte das zuständige Zentralamt die Ernennungen.[698] Seit dem Anfang des 18. Jahrhunderts scheint dies zur Regel geworden zu sein, um die Korruptionsanfälligkeit des Wojewodenamtes zu vermindern.[699]

An der Basis ihres Verwaltungsgebietes waren die Wojewoden auf die eingespielte Selbstorganisation der bäuerlichen Amts- und Landgemeinden angewiesen. Wojewodenverwaltung und bäuerlicher «Mir» bildeten in Sibirien einander ergänzende Bestandteile des administrativen Systems. Daraus leiteten die Bauern aber auch das Recht ab, gegen Amtsmissbrauch der staatlichen Bürokratie Klage zu führen.[700]

Auf die lukrativen Wojewodenposten Mittelsibiriens drängten vor allem Angehörige des höheren Moskauer Hofadels *(stol'niki)*, vereinzelt aber auch Bojaren, die alle aus dem europäischen Russland kamen. Jungbojaren *(deti bojarskie)*, die das niedere Offiziers- und Verwaltungskorps stellten, stammten in der Regel jedoch aus Sibirien selber. In diese Schicht des niederen Adels konnten auch Angehörige der untersten Schicht von Dienstleuten wie Strelitzen und Kosaken aufsteigen.[701]

Erfolgreiche Wojewoden durften auf staatliche Gnadengeschenke in Geld oder auf Vermehrung ihrer Dienstgüter hoffen. Besonders fürstlich bedacht wurde wegen seiner Verdienste Fjodor Potapowitsch Polibin, Wojewode in Jenisseisk von 1647 bis 1650. Er vermochte die Jassakeinnahmen gegenüber seinen Vorgängern um 10 000 Rubel zu erhöhen, eruierte unter der russischen Bevölkerung des Kreises Jenisseisk Dutzende von Halbpächtern *(polovniki)* und «Hintersitzern» *(zachrebetniki)*, die keinerlei Abgaben zahlten und die er als Bauern auf Zehntacker ansetzte oder unter die Possadleute einreihte. Außerdem erschloss er neue Jassakgebiete an der Angara und erwies sich bei der gewaltigen Frühjahrsüberschwemmung von 1649 in Jenisseisk als umsichtiger Krisenmanager. Daher erhielt er im europäischen Russland zusätzliche Dienstgüter, und sein Sold wurde mehr als verdreifacht. Zudem beschenkte der Zar ihn mit einem Silberpokal, mit einem Goldstoff und mit 40 Zobeln. Besonders belohnt wurden die wenigen Wojewoden, die sich nicht persönlich bereicherten und die Bevölkerung schonten.[702]

Seit den Verwaltungsreformen Peters des Großen waren die Wojewodschaften Krasnojarsk und Turuchansk der Wojewodschaft Jenisseisk unterstellt, «welche nunmehr die Ehre hat, eine Provinz zu heißen», bemerkt Johann Eberhard Fischer 1741, «jedoch ist kein Vice-Gouverneur daselbst, sondern nur ein Wojewod, der von Tobol dependieret»,[703] das heißt seinerseits dem Generalgouverneur in Tobolsk untergeordnet war. Im Prinzip änderte sich also kaum etwas. Strahlenberg bezeichnet die Generalgouverneure und Gouverneure zur Zeit Peters des Großen ganz offen als «Pächter», die dem Staat eine Steuersumme garantieren, selber aber darüber hinaus möglichst viel Geld für sich privat aus ihrem Amtsbereich herauspressen wollen. Zu diesem

Behufe dürften sie die ihnen unterstellten Posten der Vizegouverneure, Wojewoden, Verwalter etc. auf eigene Rechnung verpachten.[704]

Mit der Gründung des G. Jenissei im Jahre 1822 fand Mittelsibirien bis zum Ende der Zarenzeit seine endgültige Verwaltungsgliederung. Anstelle von Jenisseisk stieg Krasnojarsk zum administrativen Zentrum auf, dem die fünf Kreise (*okrugi*, zuvor *uezdy*) Krasnojarsk, Atschinsk, Minussinsk, Kansk und Jenisseisk unterstellt waren. Der dünn besiedelte Kreis Turuchansk wurde mit seinen drei Distrikten (*učastki*) Turuchansk, Dudinka und Werchneimbatsk zu einem *kraj* unter Aufsicht eines Assessors (*zasedatel'*) herabgestuft und Jenisseisk unterstellt. Oberster Verwaltungschef war nunmehr der Gouverneur in Krasnojarsk mit Weisungsbefugnis gegenüber den Kreischefs. Die Kreise selber untergliederten sich weiterhin in Amtsbezirke (*volosti*, zuvor *prisudy*) mit einem Amtmann an der Spitze. In den beiden Turuchansker Distrikten Dudinka und Werchneimbatsk lag den besonderen Bedingungen entsprechend die Verwaltung in den Händen eines Wachtmeisters der Landpolizei (*urjadnik-smotritel'*), der die Getreidemagazine und die Abgabe von Getreide an die Bevölkerung beaufsichtigte und den Verkauf von Staatssalz, Pulver und Blei für die Jäger sowie den Eingang des Jassak kontrollierte.[705]

### Die subalterne Bürokratie

Im 17. und 18. Jahrhundert war der Verwaltungsapparat auf allen Stufen höchst rudimentär ausgebildet. Im Distriktzentrum Rybny am Unterlauf der Angara – bestehend aus einem Fort, 13 Wohnhäusern und dem Amtshaus des Distriktvorstehers (*prikazčik*) – war es für Messerschmidt 1725 unmöglich, seine Reisedokumente quittieren zu lassen, denn «der Prikastschik Iwan Brjuchow konnte weder lesen noch schreiben, hatte auch keinen Podiatsche [Kanzleischreiber]».[706] Das war damals auf dieser Stufe der Verwaltung kein Einzelfall. 1697/98 arbeiteten in der Jenisseisker Amtsstube (*prikaznaja izba*) ganze sechs Kanzleisekretäre (*pod-jačie*).[707] Bis weit in das 19. Jahrhundert hinein besserten sich personelle Dotierung und Bildungsstand der Verwaltung nur sehr allmählich. Um die Mitte des 18. Jahrhunderts verfügten die Administration der Provinz Jenissei über 15, die Kreiswojewoden über durchschnittlich elf Bürobedienstete (drei Kanzleibeamte, vier Unterkanzleibeamte und vier Kopisten).[708] Noch 1840 zählte das Verwaltungspersonal des gesamten G. Jenissei am Hauptsitz ganze 29 Personen, davon vermochte nur jeder Sechste einen Grundschulabschluss vorzuweisen und lediglich zwei eine mittlere Bildung. Das Gros konnte lediglich lesen und schreiben. Im Jahre 1867 waren in der Finanzverwaltung des Gouvernements sowie auf der Ebene der Kreise immerhin schon 47 Beamte beschäftigt. Davon hatten 24 nur eine Grundschule besucht, 10 ein Gymnasium, eine Kadettenanstalt oder ein Priesterseminar absolviert, sechs verfügten immerhin schon über einen Hochschulabschluss, vier hatten ihre Bildung durch Hauslehrer erhalten und wurden nur auf Probe angestellt; bei dreien ist die Qualifikation unbekannt. Zahlenmäßig wie qualitativ zeigte sich die Verwaltung also immer noch unterdotiert. Die Hälfte der Beamten gehörte zur unteren Ebene des Kanzleipersonals. Dabei war die Finanzverwaltung des Gouvernements neben den Steuern zuständig auch für Staatsmonopole, Staatsimmobilien, den Verkauf von Briefmarken und Banderolen, für die Ausgabe von Wirtspatenten, Beglaubigungen, kurz für alles, was Gebühren kostete. Der Staat versuchte allerdings nicht ohne Erfolg, Beamte aus dem europäischen Russland nach Sibirien zu locken, weil ihnen dort eine schnellere Beförderung winkte.[709]

Überfordert und schlecht bezahlt, agierte die Provinzbürokratie im Urteil westeuropäischer Zeitzeugen grundsätzlich nach den Maximen «liegen lassen», «Zuständigkeit bestreiten», «passiver Widerstand». Messerschmidt – 1725 in Jenisseisk gelandet – lernte die Verwaltungstechniken der Staatsdiener gründlich kennen. Am 19. Juli hatte sich sein «Junge» (Page), ein Kosakensohn, heimlich aus dem Staub gemacht. Ein Sekretär der Wojewodschaftskanzlei setzte daraufhin ein Protokoll auf, welches auch die Bitte um umgehende Neuzuteilung eines Jungen enthielt. Das Memorial wurde von einem Diener Messerschmidts noch am Abend selbigen Tages in die Kanzlei gebracht und – da dort nur die Wache war – weiter in das Privathaus des Kämmerers spediert. Dieser verweigerte die Annahme und verlangte, dass es am nächsten Tag auf sein Büro eingeliefert würde, machte jedoch darauf aufmerksam, dass nicht er zuständig sei, sondern der Oberst, welcher die Kosaken kommandiere. Als Messerschmidt es am nächsten Tag ihm trotzdem zusandte, ließ er es zurückgehen mit dem Rat, es dem Oberst zuzuleiten. Da jedoch gerade der Eliastag gefeiert wurde, vertröstete man Messerschmidt auf den folgenden Tag. Dem am Morgen des 21. Juli auf die Kanzlei geschickten Diener ließ der Kämmerer ausrichten, der Kosakenjunge sei unterwegs von einem Amtmann zu seinem Dienst gezwungen worden und daher zu Recht entlaufen. Daraufhin sandte Messerschmidt erneut auf die Kanzlei und bat um einen Schreiber, der ihm ein neues Memorial aufsetzen könne. Der Kämmerer ließ ihm antworten, seine Schreiber hätten keine Zeit (notabene für ein offizielles Schreiben an die staatliche Zentralverwaltung). Eine Stunde später schickte Messerschmidt erneut auf die Kanzlei, doch der Kämmerer hatte sich schon entfernt, und die Sekretäre weigerten sich, ohne direkte Anweisung von ihm auch nur einen Finger zu rühren. Daraufhin startete Messerschmidt eine Stunde später seinen vierten Versuch und befahl dem Diener, das Memorial auf den Kanzleitisch mit der an die Zentralverwaltung abgehenden Post zu legen. Der diensthabende Sekretär verhinderte dies jedoch. Auch der fünfte Versuch, das Memorial zunächst auf der Kanzlei, dann dem Kämmerer direkt in sein Wohnhaus zuzustellen, scheiterte, man drohte dem Diener sogar mit der Wache. Der Kämmerer verweigerte die Annahme erneut und bestand darauf, zuständig für den Fall sei der Präsident Andrei Timofejewitsch Wasnezow. Am Abend sandte Messerschmidt daher zum sechsten Mal einen seiner Diener aus, diesmal zum Präsidenten, der sich jedoch für unzuständig erklärte und ausrichten ließ, zuständig sei die Kanzlei, und diese habe sich zu Unrecht geweigert, das Memorial entgegenzunehmen und zu bearbeiten. Am 22. Juli bat Messerschmidt direkt um eine Audienz beim Präsidenten, um die Sache zu beschleunigen. Das war um zwei Uhr nachmittags, doch der Präsident hielt seinen Mittagsschlaf. Erst um vier Uhr wurde Messerschmidt vorgelassen und bat den Präsidenten, sein Anliegen persönlich voranzutreiben, was dieser zusagte, nachdem Messerschmidt dessen Frau auf deren Wunsch Medikamente versprochen hatte. Aber bis zum 24. Juli passierte gar nichts. Am 26. Juli teilte die Kanzlei Messerschmidts Diener mit, man habe einen neuen Kosakenjungen bereits zur nächsten Reisestation vorausgeschickt, doch in Messerschmidts weiteren Tagebucheintragungen gibt es keine Hinweise auf einen solchen Pagen.

Auch die in einem Memorial vom 16. Juli 1725, dem Tag nach seinem Eintreffen in Jenisseisk, in acht Punkten aufgelisteten Wünsche, seine Weiterreise über das Fort Makowskoje nach Tobolsk zu organisieren und zu beschleunigen, fanden hinhaltenden Widerstand der Kanzlei. Erst am 31. Juli «kam ein Podiatsche des Kontors namens Aleksei Gradschew und händigte mir endlich [die] Resolution über [mein] Memorial No. 277 ein, so auf den 30. Iulii zurückdatiert und in 6 Punkten verfasset war, doch also, dass kein Punkt in der Ordnung [mit den Punkten] meines Memorials harmonierte, auch viele Dinge unbeantwortet blieben, einige auch fälschlich angeführt worden, wider die Beschaffenheit der Wahrheit, wesfalls [weshalb] ich solches bloß entgegennahm, mit Bedinge [mit dem Vorbehalt], dagegen schriftlich zu protestieren».[710]

Noch schwieriger wurde es, wenn die Provinzkanzlei Gelder auszahlen sollte. Als Gmelin und Müller im Rahmen der zweiten Kamtschatka-Expedition 1738 und 1739 in Krasnojarsk und Jenisseisk arbeiteten, waren sie zeitweise ohne finanzielle Mittel für sich und ihren Tross, weil die sibirische Bürokratie überfordert war, die ihnen zustehenden Löhne rechtzeitig auszuhändigen. Ursachen waren einerseits der mehrmalige Ortswechsel der Expedition und die langen Postwege, andererseits aber die leeren Kassen der Provinzverwaltung. Daher schickten Gmelin und Müller immer wieder Eingaben an den Senat in St. Petersburg mit der dringenden Bitte um Abhilfe. Die Bürokratie blieb keineswegs untätig: Im Herbst 1738 hatte die Jenisseisker Provinzialkanzlei ihre Finanzorgane angewiesen, die Einnahmen aus den Schenken und aus anderen Quellen unbedingt zu den gesetzlich vorgeschriebenen Terminen einzuziehen, um daraus Gmelin und seine Mitarbeiter zu entschädigen. Überdies ging am 2. Februar 1739 in der Jenisseisker Provinzialkanzlei ein kaiserlicher Ukas ein, der verlangte, die für 1739 benötigten Gelder für die Akademie-Expedition aus den Zolleinnahmen, Schankgebühren und allen weiteren Einnahmen außer Kopfsteuer, Salzakzise und Steuer für Stempelpapier (Stempelmarke für öffentliche Beurkundungen) zu entrichten. Da aber aus diesen Einnahmen auch noch eine bestimmte Summe der Bergbauverwaltung in Krasnojarsk zustand, zudem ein Teil für aus Tobolsk abkommandierte Marineangehörige und Soldaten einbehalten werden sollte, reichte das verfügbare Geld nur bis Ende Januar 1739. In ihrer Antwort an die Petersburger Zentralbehörden konstatierte die Jenisseisker Provinzialkanzlei, ihr werde dann nur noch ein Betrag von 209 Rubel und 39 2/3 Kopeken in der Kasse verbleiben. Man werde daher die nächsten Soldzahlungen auch weiterhin nur ratenweise im Mai und September bereitstellen können. Aus diesem Grunde möge der Senat (wie schon in bisherigen Eingaben Müllers und Gmelins immer wieder, aber vergeblich verlangt) veranlassen, wie ursprünglich vorgesehen, den gesamten Sold Anfang jeden Jahres auf einmal und im Voraus auszuzahlen, um Verzögerungen und unnützen Schriftverkehr zu vermeiden.[711]

## Die Fäuste des Staates

Um seine fiskalischen Interessen durchzusetzen sowie Ruhe und Ordnung auf dem riesigen Territorium Mittelsibiriens mit seiner weit verstreuten Bevölkerung aufrechtzuerhalten, standen dem Staat gewissermaßen zwei «Fäuste» zur Verfügung: Kosaken und Polizei.

### Die Kosaken

Im 17. Jahrhundert waren es in Mittel- und Ostsibirien die Kosaken, welche weit vor den Strelitzen das wichtigste Machtmittel der Wojewoden bildeten. Da es noch keine eigentliche Polizei gab, hatten sie sowohl militärische als auch polizeiliche Funktionen. Als «ausgelesene Dienstleute» *(služilye ljudi po priboru)* zählten sie wie Strelitzen und Kanoniere zur niedrigsten, nichtadligen Kategorie des Militärs. Als irreguläre Truppeneinheiten unterstanden sie dem Kommando des jeweiligen Wojewoden und gliederten sich in eine Minderheit berittener und eine große Mehrheit von Fußkosaken. Der Sold, den der Staat ihnen zahlte, war karg, ließ öfters auf sich warten und deckte kaum die existenziellen Bedürfnisse. Da mit fortschreitender Durchdringung Sibiriens die Aussichten auf Beute abnahmen, suchten die Kosaken nach Möglichkeiten, im Rahmen ihrer dienstlichen Obliegenheiten in die eigene Tasche zu wirtschaften. Für die Wojewoden waren und blieben sie eine unbequeme und unberechenbare Streitmacht.[712]

Noch zu Beginn des 18. Jahrhunderts stellten Kosaken mit ihren Familienangehörigen etwa ein Drittel der russischsprachigen Bevölkerung Mittel- und Ostsibiriens. Doch diese Pionierzeit ging nun zu Ende. Die Reformen Peters des Großen begrenzten die Anzahl besoldeter Kosaken für jeden sibirischen Kreis auf ein festgelegtes Register *(štat)* und teilten die Überzähligen der steuerpflichtigen Bevölkerung zu. 1724 betrug das Register für die gesamte Provinz Jenissei 5492 männliche Seelen (einschließlich der minderjährigen Söhne). Dabei wurden sie eingeteilt in Stadt- *(gorodovye)* und Grenzkosaken *(graničnye)*. Stadtkosaken hatten neben Aufträgen der Provinz- oder Kreisverwaltung auch polizeiliche Aufgaben wahrzunehmen, Grenzkosaken den Grenzwachtdienst zu versehen. Daher waren sie im Kreis Krasnojarsk besonders stark vertreten. In den vierziger Jahren des 18. Jahrhunderts begann die Militarisierung der sibirischen Kosaken. Sie wurden militärischem Kommando unterstellt und uniformiert, ihre Befehlshaber stammten mehr und mehr aus dem russischen Adel. Zudem verloren sie weitgehend ihre Selbstverwaltung, das Recht auf kollektive Entscheidungsbefugnisse bei der Verteilung der auf sie entfallenden finanziellen und beruflichen Pflichten sowie das Recht auf die Wahl ihrer Anführer. Auch ihre Anzahl verringerte sich im Laufe der Zeit, weil Teile der Register- und der überzähligen Kosaken an die neue südsibirische Militärgrenze umgesiedelt oder in die regulären Truppenverbände überführt wurden. 1820 war das Register der Provinz Jenissei auf ganze 733 Mann zurückgegangen. Darin spiegelt sich der wachsende Bedeutungsverlust des sibirischen Kosakentums, das faktisch zu einer Landmiliz abgesunken war, die den kargen staatlichen Sold durch eine kleine Landwirtschaft oder ein nebenberufliches Gewerbe aufbessern musste.[713]

Mit den Reformen Graf Speranskis von 1822 wurde das sibirische Kosakentum neu formiert. Die Kosakenkommandos von Krasnojarsk, Jenisseisk, Turuchansk, Minussinsk und Kansk bildeten seitdem das Jenissei-Stadtkosakenregiment *(Enisejskij gorodovoj kazač'ij polk)*. Dieses zählte 500 Kosaken, 46 Unterführer *(urjadniki)* und fünf Sotniki. An die Spitze trat ein gewählter und vom Gouverneur bestätigter Ataman. Das Regiment gliederte sich in Regiments- und Stanizakosaken. Letztere lebten von einem Stück Land im Umfang von 30 Desjatinen und taten Dienst in der Nähe ihres Wohnortes *(stanica)*. Die erstgenannten waren landlos oder dienten fern ihrem Wohnort, erhielten dafür aber einen Sold. Das Regiment galt als Bestandteil der Kreispolizei und unterstand daher den Zivilbehörden, einzelne Einheiten auch den örtlichen Polizeimeistern. Ihre Aufgaben bestanden in Wachdiensten, im Einfangen geflohener Verbannter, in der Eskortierung von Werttransporten, von Häftlingen, in der Sicherung von Recht und Ordnung bei den Goldgruben, in der Bewachung staatlicher Warenlager und in Polizeiaufgaben im engeren Sinne. Im Süden des G. Jenissei hatten sie im Sajangebirge entlang der Grenzmarkierungen zu China auch regelmäßig zu patrouillieren.[714]

## Polizei und Gendarmerie

Um die Mitte des 18. Jahrhunderts stand dem Wojewoden für Dienste außerhalb der eigentlichen Kanzlei ein Kommando von bis zu zwei Dutzend «Kurieren» *(razsyl'čiki)* zur Verfügung, die aus verabschiedeten Soldaten rekrutiert wurden und auch Wachaufgaben wahrnahmen. Waren Banditen zu bekämpfen oder zahlungsunwillige Steuerschuldner zur Räson zu bringen, konnten die Wojewoden neben ihren Kosaken auch auf die Garnison zurückgreifen. Wojewoden von Grenzkreisen hatten ohnehin die volle Befehlsgewalt über ein gemischtes Kontingent aus regulärem Militär und Kosaken.[715]

Die Anfänge einer eigentlichen Polizei in den sibirischen Gouvernementsstädten[716] gehen auf die Einrichtung eines Polizeimeisterkontors im Jahre 1733 zurück. Es setzte sich zusammen aus dem Polizeimeister *(policmejster)* im Rang eines Hauptmanns, zwei Kanzleibeamten, einem Unteroffizier, einem Korporal und acht Gemeinen. Der Aufgabenbereich der Polizei umfasste die Aufrechterhaltung der öffentlichen Ordnung und Sicherheit in der Stadt, die Überwachung der Vorschriften für Feuerschutz, Sauberkeit von Straßen und Gewässern sowie für Lebensmittelhygiene auf dem Markt, die Aufspürung von arbeitsscheuen und zweifelhaften Elementen sowie von entlaufenen Bauern aus dem europäischen Russland. Bußen für kleinere Vergehen wie Kneipenbesuche außerhalb der zugelassenen Zeiten, Trunkenheit auf der Straße, den Verkauf verdorbener Lebensmittel und die Beherbergung von Personen ohne Pass durfte die Polizei in eigener Kompetenz verhängen. Gegenüber den Organen der städtischen Selbstverwaltung war sie weisungsberechtigt und konnte aus ihnen bei Bedarf eine Hilfspolizei rekrutieren.[717]

Im Jahre 1819 bestand das Polizeikorps der Provinz Jenissei aus insgesamt 73 Personen; davon waren aber lediglich 14 hauptamtliche Polizeifunktionäre. In Krasnojarsk bildeten das Korps ein Polizeimeister oder Gorodnitschi, zwei Abschnittsvorsteher *(častnye pristavy)*, zwei Quartieraufseher *(kvartal'nye nadzirateli)*, 12 Wächter *(budočniki)* und 13 Zehnerschafter; Wächter und Zehnerschafter standen nicht im Staatsdienst, sondern wurden in turnusmäßigem Wechsel als Hilfspolizisten von der Stadt gestellt. Jenisseisk – damals noch größer als Krasnojarsk und Provinzhauptort – verfügte neben dem Polizeimeister, zwei Abschnittsvorstehern und vier Quartieraufsehern über 14 Wächter und 18 Zehnerschafter, wohingegen das armselige Turuchansk lediglich auf einen Polizeimeister, einen Quartieraufseher und zwei Zehnerschafter kam.[718] 14 hauptamtliche Polizisten für eine Provinz, die vom Sajangebirge im Süden bis zur Eismeerküste im Norden reichte! Da liegt es auf der Hand, dass die Polizeiorgane das flache Land gar nicht abzudecken vermochten und die öffentliche Ordnung dort durch die Landgemeinden gewährleistet werden musste.

Als der «Dekabristenaufstand» vom 14. Dezember 1825 in St. Petersburg dem neuen Kaiser Nikolaus I. offenbarte, dass nicht einmal mehr ein Teil des adligen Offizierskorps hinter dem politischen System der Autokratie stand, suchte er der aufkeimenden Opposition durch Schaffung einer allerhöchsten Kontrollinstanz in Gestalt des Gendarmeriekorps zu begegnen. Dieses wurde der dritten Abteilung seiner persönlichen Kanzlei eingegliedert und hatte die Funktion einer politischen und geheimen Polizei, die befugt war, als verlängerter Arm des Selbstherrschers «ihre Nase überall in alles hineinzustecken», wie Zeitgenossen sich entrüsteten. Die Gendarmerie besaß in allen Gouvernements ihre Vertretungen, die nicht nur die staatliche Bürokratie auf Fehlverhalten genauestens zu überwachen hatten, sondern auch die Bevölkerung bespitzelten, um politische Gefahrenherde möglichst schon im Ansatz zu ersticken. In Sibirien bildete dabei die Überwachung der zahlreichen aus politischen Gründen Verschickten einen besonderen Schwerpunkt der geheimpolizeilichen Tätigkeit. Daher war die Gendarmerie nunmehr auch auf dem flachen Lande mehr oder minder präsent.[719] Nach der Ermordung Kaiser Alexanders II. gründete sein Nachfolger, Alexander III., eine spezielle Geheimpolizei, die Ochrana, die anders als die uniformierte Gendarmerie im Verborgenen wirkte und insbesondere den revolutionären Untergrund ausspionierte.[720] Bis zum Ende des Zarenregimes blieb die Polizei «das wichtigste Institut der Staatsverwaltung in Sibirien, desgleichen nahm sie eine besondere Stellung im Rechtssystem ein».[721]

Wie sah die «Faust» des Staates kurz vor dem Ersten Weltkrieg in der tiefsten Provinz aus, sagen wir in Monastyrskoje, dem neuen Hauptort des Distriktes Turuchansk?

Als Fridtjof Nansen am 10. September 1913 dort Halt machte, ließ er sich, wie oben schon berichtet, von Polizeimeister Kibirow informieren.[722] «In dem Dorfe wohnen 10 Kosaken, aber auch 20 politische Verbannte und Verbrecher. Im ganzen Turuchansker Kreise gibt es 90 politische Verbannte, und allein im letzten Jahre sind 35 politische Verbannte und Verbrecher angekommen, die nach teilweise verbüßter Strafe dorthin geschickt worden waren. 10 Kosaken scheinen keine Macht zu sein, um diesen Leuten Furcht einzuflößen. Aber die Verbannten, die Kosaken und die Polizei sahen alle miteinander gleich friedlich und ungefährlich aus, nur einige freigelassene Verbrecher machten einen weniger angenehmen Eindruck.» Kibirow hatte, wie wir aus anderen Quellen wissen, unter den politischen Verbannten tatsächlich einen guten Ruf. Es hieß, er sei selber hierhin in den hohen Norden strafversetzt worden. Was

Kibirow seinem Gast verschwieg, war, dass ihm zusätzlich für je 15 aus politischen Gründen Verschickte ein spezieller Wachmann *(stražnik)* zur Verfügung stand. Als 1914 die Anzahl der Verschickten massiv zunahm und Monastyrskoje zum Zentrum verbannter Bolschewiki erkoren wurde, erhielt er von der politischen Polizei den Auftrag, Stalin und Swerdlow, die als besonders gefährlich galten, Tag und Nacht sogar durch zwei eigens dafür rekrutierte Wachmänner beaufsichtigen zu lassen.[723] Kibirow agierte als Polizeimeister des Turuchansker Distrikts daher in einer dreifachen Rolle: als Verwaltungschef, als Polizeichef und als Verbindungsmann zur Geheimpolizei.

Noch etwas fiel Nansen auf. «Das Merkwürdigste, was ich dort sah, war ein fast gänzlich leeres Zimmer neben seinem [Kibirows] Bureau; darin befand sich nur ein eiserner Schrank, der die Regierungsgelder enthielt, und daneben stand ein Kosak mit Säbel und Flinte, um den Schatz zu bewachen. Der Wächter wirkte aber nicht gerade furchterregend; er war ein schwächlicher, treuherzig aussehender Bursche, der uns erzählte, er sei ein Nachkomme der ersten Kosaken, die das Land erobert hätten, und es gebe nur noch wenige Abkömmlinge von ihnen. Tagaus, tagein, vom frühen Morgen bis zum späten Abend, steht ein Kosak neben jenem Schrank. Dieser Brauch wurde seit dem Räuberzug vor einigen Jahren eingeführt. In dem Zimmer standen an einer Wand mehrere Kisten aufgestapelt. Sie enthielten Wodka, der nichtkonzessionierten Schnapshändlern weggenommen worden war, gewiss nur ein kleiner Bruchteil dessen, was eigentlich hätte konfisziert werden müssen.»[724]

### Die große Korruption

Wir haben gesehen, dass westeuropäische Besucher sich fast immer mit einer Mischung aus Staunen und Abscheu über die «einnehmenden Praktiken» der sibirischen Bürokratie vom einfachen Kanzleibeamten bis hin zum Gouverneur ausließen. Dabei nahmen sie die ethischen Maßstäbe ihrer eigenen Kultur ganz selbstverständlich als allgemeinverbindlich. Aber auch wenn Peter der Große oder Katharina II. die schwedischen oder preußischen Verwaltungstechniken ihrer Zeit auf Russland zu übertragen suchten – das damit vielfach verbundene Beamtenethos ließ sich nicht einfach kopieren.

Die Amtszeit der Wojewoden des 17. Jahrhunderts war in der Regel auf zwei bis drei Jahre begrenzt, und in den wichtigen Städten amtierten oft zwei von ihnen. Aus guten Gründen: Zum einen sollten dadurch möglichst viele Angehörige der adligen Elite von diesem Amt profitieren, zum anderen wollte man durch Amtszeitbeschränkung und gegenseitige Kontrolle ihrer Selbstbereicherung durch die Pfründe Grenzen setzen und zugleich verhindern, dass sie sich mit der lokalen Elite zu stark verfilzten. Was die Selbstbereicherung anbelangt, so bewirkte die Amtszeitbeschränkung eher das Gegenteil, denn dadurch sahen sich die Amtsträger angespornt, umso schneller zusammenzuraffen, was sich zusammenraffen ließ. Damit sind wir beim russischen Dauerthema der Korruption. Das ganze 17. Jahrhundert hindurch führten die Zentralbehörden in Moskau einen vergeblichen Kampf gegen die Tradition der Amtspfründe («kormitsja ot del»), also die Praxis, sich jede Amtshandlung teuer bezahlen zu lassen. Um dies zu verhindern, erhielten die Amtsträger Geld für ihre Amtszeit im Voraus, dazu Lebensmittel auf Vorrat und Reisegeld. Die Amtspfründe war aber nur ein Aspekt der Bereicherung. Der andere bestand in privaten Geschäften, Nötigung der anvertrauten Bevölkerung, direkter Bestechung und selbst erfundenen Abgaben wie Antrittsgeschenken und Abreisegeschenken, überhaupt «Ehrengeschenken» *(v počest')*. Missbräuche der Amtsstellung waren eher die Regel als die Ausnahme, wie die Flut von Klageschriften der Bevölkerung beweist. Der Kampf der Zentralbehörden gegen diese Amtsauffassung erwies sich als hoffnungslos, er wurde auch nicht konsequent durchgeführt, weil die Amtsträger von der offiziellen Entlöhnung nicht standesgemäß leben konnten und die Verwaltung daher, um diese nicht massiv erhöhen zu müssen, letztlich die Unterschleife stillschweigend duldete; nur in krassen Fällen statuierte man ein Exempel.[725] An Denunziationen von Wojewoden wegen Korruption und Unterschlagung von Jassak herrschte wahrlich kein Mangel. Sie stammten häufig von Kollegen oder unmittelbar Untergebenen, häufig aus Angst, selber mit zur Verantwortung gezogen zu werden. Andere Denunzianten waren häufig Städter, die sich unrechtmäßig ausgebeutet fühlten.[726] Am Ende des 17. Jahrhunderts verschärften die Zentralbehörden vorübergehend den Kampf gegen die Amtskorruption, weil sie nicht ganz zu Unrecht davon ausgingen, dass der Rückgang des Jassakaufkommens damit zu tun hatte. Mehrere Erlasse von 1695 bis 1697 verboten, dass Wojewoden und Jassakeintreiber die besten Felle für sich abzweigten und dem Staat die minderwertigen andrehten oder dass sie Zobel ohne Schwänze ablieferten und die Schwänze auf eigene Rechnung verkauften, dass Dienstleute den Indigenen Tabak gegen Felle verhökerten usw. Allen, die sich nicht an diese Vorschriften hielten, drohten die Todesstrafe und die Konfiskation ihres gesamten Vermögens einschließlich ihrer Gutsbesitzungen. Gleichzeitig raffte man sich wieder einmal dazu auf, den privaten Erwerb von jassakpflichtigem Pelzwerk zu verbieten.[727] 1696 wurde aus Moskau – wie die sibirische Chronik vermerkt – ein hochrangiger Beamter, der Dumasekretär *(dumnoj d'jak)* Danilo Leontjewitsch Poljanski, «unter Umgehung von Tobolsk» in die «unteren sibirischen Städte», darunter auch Jenisseisk und Krasnojarsk, geschickt, «wegen der Untersuchung sämtlicher die Wojewoden und die Städter betreffenden Angelegenheiten, insbesondere [schwarzen] Branntweinbrennens und der Jassakeintreiber». Die Untersuchung dauerte bis zum Jahre 1700. Die Wojewoden von Irkutsk und Nertschinsk wurden auf dem Heimweg nach Moskau in Jenisseisk angehalten, inhaftiert und ihre gesamte Bagage beschlagnahmt. Einer der beiden Nertschinsker Wojewoden wurde geknutet, zum einfachen Kosaken degradiert und nach Jakutsk geschickt. Die beiden Krasnojarsker Wojewoden Miron und Aleksei Baschkowski wurden ebenfalls in Jenisseisk inhaftiert, dann nach Jakutsk geschickt und dort gefoltert. Alle Verurteilten gehörten als Truchsesse *(stol'niki)* der zweithöchsten Adelsklasse an. Ferner notiert der Chronist: «Viele Stadtbewohner von Krasnojarsk wurden gefoltert und in die Verbannung geschickt.»[728] Aber es nützte alles nichts. Die Gier war stärker angesichts des riesigen Selbstbedienungsladens, der sich vor den Mächtigen auftat.

Als Hauptproblem erwies es sich, das Geraubte aus Sibirien herauszuschaffen, da der Wojewode von Werchoturje von Staats wegen beauftragt war, bei der Ausreise aus Sibirien die betreffenden Amtsträger zu filzen *(obysk)*. Zu Anfang der 1660er Jahre wurden beispielsweise bei den zurückkreisenden ehemaligen Wojewoden von Jenisseisk und Krasnojarsk sämtliche privaten Gelder und Waren konfisziert. Das wiederum gab dem Kontrolleur die Möglichkeit, sich persönlich ebenfalls zu bereichern. Zu diesem Zweck wurde außerordentlich gründlich gefilzt. So musste etwa 1686 der aus Jakutsk zurückkreisende Wojewode M. O. Krawkow mit ansehen, wie man sogar den mitgeführten Sarg mit der Leiche seiner Gattin öffnete.[729]

Dass auch im 18. Jahrhundert alles im gewohnten Stil weiterlief, deckte Messerschmidt 1723 in Krasnojarsk auf (vgl. Quellen 3.1–3.3), und zwölf Jahre später wurde Gmelin gleichenorts Zeuge von «Ehrengeschenken», als er am letzten Tag der Butterwoche den Wojewoden auf einer Dienstreise in das 5 Werst entfernte Dorf Torguschina begleitete. «Als wir in dem Dorfe angekommen waren, und uns in einer Stube gesetzt hatten, so kam ein Bauer nach dem andern, welcher zuerst dem Wojewoden, und hernach seiner Frau etwas in Papier Eingewickeltes auf den Tisch hinlegte. Einige gaben auch dem Sohne etwas. Der Wojewode machte in meiner Gegenwart etliche Papiere auf, und in einem jeden waren 10 Kopeken. Die Wojewodin aber bekommt allezeit die Hälfte. Nun merkte ich, warum der Wojewode die ganze Butterwoche hindurch in die benachbarten Dörfer mit seiner Frau spazieren fuhr, nämlich damit er allenthalben die gewöhnlichen Geschenke einsammeln konnte. Ich habe sonst auch nicht leicht gesehen, dass jemand von dem Lande in sein Haus gekomen sei, der nicht ein Papier auf den Tisch gelegt hätte, aus welchem allem genug zu schließen ist, dass ein hiesiger Wojewode nicht leicht Hungers sterben wird. Allein, dies ist gewiss, wenn er viele Geschenke haben will, so muss er mit einem jeden Bauern, wie mit seines gleichen, leben und zuweilen mit ihm eins herum trinken. Ich habe gehört, dass wann man Geschenke haben will, man sie insonderheit in Krasnojarsk nicht besser bekommen kann, als wen man die Leute wohl bezecht von sich nach Hause lässt.»[730]

Kein Geringerer als Graf Michail Speranski, der Initiator der Verwaltungsreformen von 1822, hat das ganze Ausmaß von Korruption und Amtsmissbrauch erfasst, als er nach seiner Ernennung zum Generalgouverneur von Sibirien 1819 sein Amtsgebiet bereiste. Als Sohn eines Dorfpriesters hatte er ein Auge für die Nöte der Bevölkerung und ihre Ausbeutung durch die Verwaltung. Als er vom 6. bis 9. August 1819 in Krasnojarsk weilte, war er frappiert von dem Gegensatz zwischen dem malerischen Anblick der Stadt vom Berg aus und der Dumpfheit und den Übergriffen der Verwaltung gegenüber der Bevölkerung: «Generell fallen bei aller äußerlichen Sauberkeit der Stadt die Willkür und die Übergriffe bei den inneren Angelegenheiten auf.» Im Rückblick wird er in einem Brief an einen Verwandten noch deutlicher: «Wenn ich in Tobolsk alle vor Gericht stellen würde, soweit dies möglich wäre, dann bliebe mir hier [gemeint ist das G. Tomsk, zu dem damals auch die Provinz Jenissei gehörte] nur noch eines übrig – alle aufzuhängen.» Am Ende seiner Inspektionsreise von 1819/20 ließ Speranski zwei Gouverneure und 43 Beamte vor Gericht stellen; 681 Beamte waren in Bestechungen und Geldunterschlagungen verwickelt, in einem Gesamtbetrag von gegen 3 Millionen Rubel.[731]

Wie immer in Russland blieben drakonische Strafmaßnahmen wirkungslos. Als Christopher Hansteen im Mai und Juni 1829 seine vierwöchige Schiffsreise von Irkutsk nach Jenisseisk auf der Angara antrat, nahm er einen jüdischen Kaufmann mit, der ursprünglich aus dem Ansiedlungsrayon[732] stammte, jetzt aber in Krasnojarsk lebte und dorthin zurückkehren wollte. Er hieß Schmerka (Simeon) Girschowitsch Marmatow, war Rabbiner und Schlachter, der berechtigt war, koscher zu schlachten. In dieser Funktion kam er in den jüdischen Gemeinden Ostsibiriens viel herum. Er war nach Irkutsk, an den Sitz des Generalgouverneurs für Ostsibirien, gereist, «um über den Stadtvogt Richter Beschwerde zu führen, der ihn dreimal ins Gefängnis geworfen hatte, um Geld von ihm zu erpressen, und ihm außerdem Geld und Waren, die ihm gestohlen waren, vorenthalten hatte. Schmerka war nämlich von Krasnojarsk nach einem nahe gelegenen Markt gefahren, um eine Quantität Talg im Werte von 400 Rubeln zu verkaufen. In einem Walde war er überfallen und ausgeplündert worden; die Räuber hatte man entdeckt und ihnen die Waren genommen, aber der Stadtvogt wollte sie nicht ausliefern, obwohl er vom General-Gouverneur dazu Befehl bekommen hatte. Es ist die gewöhnliche Praxis dieser Herren, dass, wenn die Diebe entdeckt werden, der Eigentümer Gott danken kann, wenn er die Hälfte zurück bekommt; das Übrige geht in des Stadtvogts Tasche. Im vorigen Winter hatten wir die beiden eleganten steinernen Häuser gesehen, welche dieser Stadtvogt in Krasnojarsk besaß. Da der Gehalt dieser Beamten nur 400 Rubel Papier (etwa 150 Taler) beträgt, so müssen sie fast betrügen, um zu leben. Nach ein paar Jahren werden sie abgesetzt, und ein Anderer kommt an ihre Stelle, der dann genötigt ist, da anzufangen, wo sein Vorgänger aufhörte. Richter stand allgemein in dem Rufe, ein großer Spitzbube zu sein, und Schmerka sagte: ‹All mein Unglück habe ich ihm zu verdanken›. Während er in Irkutsk war, hatte er von seiner Frau einen Brief bekommen, worin sie ihm erzählte, dass sie, vielleicht auf Veranstaltung des Stadtvogts, überfallen, ausgeplündert und mit ihrer Tochter beinahe zu Schanden geschlagen worden wäre. Schmerka sagte oft, dass er nicht schlafen könne, so betrübt sei er in seinem Herzen; er schlief auch jede Nacht nur zwei Stunden und ein paar Stunden am Tage.» In Jenisseisk angelangt, überreichte Schmerka Hansteen «eine Klage über den Stadtvogt von Krasnojarsk, die er mich bat dem Gendarm-Obersten Maslow zuzustellen, der vom Kaiser abgeschickt war, um als Inquisitor oder General-Fiskal über ganz Sibirien die Protokolle aller niederen und höheren Beamten bis zum General-Gouverneur durchzusehen; – ein Mann, bei dessen Namen die Knie aller Beamten zitterten und den wir in Irkutsk getroffen hatten, und später an vier verschiedenen Orten fanden».[733]

Die Gouverneure des 19. und frühen 20. Jahrhunderts entstammten zunehmend dem gebildeten, aufgeklärten Adel,[734] vertraten mehr und mehr ein entsprechendes Beamtenethos und waren für Bestechungen wohl weniger anfällig. Bei den nachgeordneten Chargen und an der Peripherie des Gouvernements blieb die Korruption hingegen endemisch.

Ein Beispiel dafür bietet wieder einmal Turuchansk. Als Henry Seebohm auf seiner Schlittenreise von Jenisseisk an die Kureika im April 1877 kurz in Turuchansk Station machte, hatte dieses alte Verwaltungszentrum des unteren Jenisseibeckens seine besten Tage schon hinter sich. Vertreten war die Staatsgewalt vor Ort durch den Distriktvorsteher oder Assessor (*Zasedatel'*, von Seebohm verballhornt zu Zessedatel), durch seinen Sekretär (einen Polen), den Postmeister und zwei Priester. Den Vorgänger des Distriktvorstehers hatten die beiden mächtigsten Großkaufleute am unteren Jenissei bei seinen Vorgesetzten kurz zuvor verleumdet und entfernen lassen, weil er ihren korrupten und erpresserischen Geschäftspraktiken im Weg stand. Seebohm folgerte daraus messerscharf, dass ein ehrenhafter Beamter keine Chance hatte, sich in der Welt der damals Sibirien beherrschenden Geschäftsmoral zu behaupten. Nachfolger des abgeschobenen Assessors war der uns bereits bekannte «Alte von Gasenkampf», etwa fünfundsechzigjährig, der selbst die geringen Möglichkeiten zur Bereicherung, welche ihm sein schlecht bezahlter Verwaltungsposten am Rande der Welt bot, optimal auszunutzen versuchte. Um seine eigenen Ausgaben zu minimieren, hatte er sich und seinen Kosakenbediensteten bei einer wohlhabenden Witwe gegen deren Willen einquartiert – natürlich gratis. Und die Reisegesellschaft Seebohms kam ihm gerade recht, um sie zur Ader zu lassen. Seebohm porträtiert ihn in einer Mischung aus Abscheu und Bewunderung: «Einen Menschen mit solch einer Fähigkeit, sich Eigentum anzueignen, das ihm unterkam, hatte ich noch nie zuvor gesehen. […] Ich bat unseren Gastgeber, aus dem Bestand, den ich zu Geschenkzwecken mitgebracht hatte, ein oder zwei Messer auszuwählen; sofort nahm er sechs meiner besten an sich, und am nächsten Tag erbat er sich noch ein paar mehr, um sie einem Freund nach Omsk zu schicken. Er bot mir ein paar bestickte Stiefel für sechs Rubel an. Ich ging auf das Angebot ein. Daraufhin erklärte er, er habe leider einen Fehler gemacht und dass er sie nicht verkaufen könne, weil er sie seinem Freund in Omsk versprochen habe. Eine halbe Stunde später bot er mir dasselbe Paar Stiefel für zwölf Rubel an; ich gab ihm das Geld und packte sie sofort ein aus Furcht, sein Freund in Omsk könnte sich wieder melden und ich hätte am nächsten Tag zwanzig Rubel für sie zahlen müssen. Von Kapitän Wiggins erbettelte er sich alle möglichen Sachen, nahm sie sich öfters, ohne zu fragen, und bettelte schließlich wieder und wieder zugunsten seines Freundes in Omsk. Es war sehr amüsant und – sehr teuer. Andererseits war der alte Puffer so lustig wie möglich, schwatzte und lachte und machte es sich und uns gemütlich, gab uns das Beste, was er (oder genauer die Witwe) hatte, und küsste uns leidenschaftlich, als wir uns verabschiedeten.»[735]

Aber auch im Süden des Gouvernements sah es nicht anders aus, wie sich den Erinnerungen des 1880 nach Jenisseisk verbannten Narodnik Nikolai Wischnewezki entnehmen lässt. «Die Kreisstadt [Jenisseisk] war den Gewohnheiten der Verwaltung entsprechend in der Hand des Adjunkts des Isprawnik. Der Isprawnik selber erhielt, wenn er seine Besitzungen, das heißt den Kreis, bereiste, in jeder Amtsgemeinde vom Assessor Abgaben in Gestalt von Kreditbilletten, legte einen ‹Akt› über die Revision an, signierte ihn und reiste dann weiter. Von seinem Adjunkt erhielt der Isprawnik ebenfalls einen Löwenanteil und verschloss die Augen vor dessen Einnahmen von der städtischen Bourgeoisie – den Goldgrubenbesitzern und Kaufleuten. Der Polizeimeister holte aus den Städtern, den Kleinbürgern, heraus, was er konnte und vermochte. Die Adjunkten des Polizeimeisters erbettelten und erheischten sich ein ‹Trinkgeld› von den Kaufleuten, die sie großzügig mit ein paar Brocken abspeisten. Anlässlich der jährlichen Feiertage erhielt die gesamte Verwaltung Geschenke nicht etwa heimlich, sondern öffentlich. Die Kaufleute und anderen Reichen teilten auf einer Versammlung untereinander auf, wer wie viel einlegen musste und wer wie viel erhalten sollte – Geld, Naturalien, was auch immer. Diese Korruption schränkte die Macht der Verwaltung ein und erweiterte den Spielraum der Gebenden.

Einmal zerstritt sich einer der Bergwerksaufseher *(gornye ispravniki)*[736] mit den Goldgrubenbesitzern und begann wegen Nichtbeachtung der vielen Sicherheitsmaßnahmen und Vorschriften, die das Bergbaureglement verlangte, sie auf das Kleinlichste zu schikanieren. Die Taiga war von der Stadt 200 km entfernt. Die Wirte in der Taiga entschieden darauf hin: ‹*Vzjat' ego na vymorozku*›,[737] und sofort entzogen sie ihm das Dienstmädchen, hörten auf, ihm Wasser zu liefern, gaben ihm weder Brot noch andere Lebensmittel. Die Kosaken, die es gewöhnt waren, den Goldgrubenbesitzern zu gehorchen, wurden mit Paketen in entferntere Gruben geschickt und dort aufgehalten. Der Aufseher verlangte Pferde in die Stadt. Man gab sie ihm (bis zur Stadt waren es sechs Stationen im Abstand von 32 Kilometern). Aus Jenisseisk telegraphierte er dem Generalgouverneur nach Irkutsk eine detaillierte Beschwerde von mehreren hundert Wörtern. Lange musste er auf die Antwort warten: Von Irkutsk nach Krasnojarsk sind es über 1000 km und von Krasnojarsk nach Jenisseisk um die 350 km. Schließlich erhielt er eine Rüge. Er habe kein Recht, seinen Posten zu verlassen. Er habe taktvoll zu sein und die staatlichen Interessen zu wahren. Daraufhin trat der Bergwerksaufseher «krankheitshalber» zurück und reiste mit unbekanntem Ziel ab. Gegenüber den Bauern verhielt sich die Verwaltung wie ein Schwarm Raubvögel, gegen die es weder Gericht noch Gerechtigkeit gab.

Die Kaufleute schließlich hatten nur ein einziges Interesse: Geld! Man muss ihrem Korpsgeist Respekt zollen. Eine Konkurrenz gab es in Jenisseisk nicht. Alle Bedarfsgüter wurden in allen Geschäften zum gleichen Preis verkauft. Kaum gab es Waren, an denen der Kaufmann weniger als 100 Prozent verdiente.»[738]

Auch die Kleriker konnten ihre Macht missbrauchen. So wusste Wischnewezki von dem Priester im Kirchdorf Keschma an der Angara, dass er sich an einem reichen Bauern, der seiner Ansicht nach ihm persönlich zu wenig spendete, dadurch rächte, dass er seinem Sohn in der Taufe den Namen «Pud» gab und ihm androhte, jeden weiteren Sohn so zu taufen. Daraufhin wandte sich der analphabetische Bauer an einen Verschickten und bat ihn, einen Beschwerdebrief an den Gouverneur zu verfassen. Der Verschickte verlangte nur, den Brief nicht in Keschma selber auf die Post zu geben, sondern in Krasnojarsk oder einem großen Dorf am Trakt. Daraufhin erschien einen Monat später im Dorf der Propst, ließ sich vom Bauern fürstlich bewirten und über den Fall berichten. Dann schickte er nach dem Priester und dem Kirchenbuch, strich den Namen «Pud» aus und ersetzte ihn durch Michail. Den Priester belehrte er über die Vorschriften zur Namengebung, und dieser entging einer Kirchenstrafe wohl nur durch ein «Geschenk». In einem Nachbardorf gab es einen ähnlichen Fall.[739]

Dass die Kaufleute mit ihren «Kunden» nicht weniger gnadenlos umsprangen als die Staatsvertreter, erlebte auch Henry Seebohm, selber Kaufmann und Unternehmer. «Es war beklagenswert zu sehen, wie das universelle System der Ausplünderung betrieben wird. Die russischen Bauern plündern die armen Ostjaken aus, die Regierungsvertreter und die Kaufleute aus Jenisseisk plündern die russischen Bauern aus. Ein kaufmännisches Ethos schien am Jenissei vollkommen unbekannt zu sein. Nehmen wir ein Beispiel. Während unseres Aufenthaltes amtete als Bürgermeister von Jenisseisk ein Ladenbesitzer, der zuvor Hausierer gewesen war. Wie viele Ladenbesitzer dieser unseligen Stadt stammte er aus dem Gebiet südlich von Nischni-Nowgorod.

Sein Vermögen wurde zu dieser Zeit auf zwei Millionen Rubel geschätzt. Er hatte zweimal falliert – unehrenhaft, wie man sagte, und zahlte jederzeit fünf Schillinge pro Pfund. Wir hatten ein feines Probestück seiner Geschäftspraktiken. Wir kauften verschiedene Artikel von ihm, bezahlten sie und bekamen eine Quittung dafür. Sie hatten einen Wert von siebenunddreißig Rubeln und sollten mitsamt anderen bestellten Waren mit dem Dampfer den Fluss hinab zu unserem Schiff gebracht werden [welches an der Kureika überwinterte]. Als der Fluss schiffbar wurde, erhielten wir die Güter prompt geliefert und die Rechnung uns noch schnell zur Bezahlung präsentiert, gerade als der Dampfer bereits zur Weiterfahrt flussabwärts starten wollte. Glücklicherweise konnte einer aus unserer Gruppe Russisch lesen. Er entdeckte, dass die siebenunddreißig bereits bezahlten Rubel in der uns präsentierten Rechnung nochmals enthalten waren und ihre Bezahlung daher ein zweites Mal verlangt wurde. Über zwanzig Fässer mit Talg und etwa gleich viel Säcke mit Biskuit hatten mit dem Dampfer gleichfalls zu uns heruntergebracht werden sollen; in beiden Fällen erhielten wir jeweils eine Packung weniger als die genaue Menge. Der Kapitän versprach, diese beiden fehlenden Packungen noch zu finden, und fuhr nach Dudinka weiter, aber ich war mir sicher, dass wir den Wert ebenso gut sofort auf unsere schon hinreichend große Ausplünderungsrechnung hätten abschreiben können, und überflüssig zu sagen, wir hörten tatsächlich niemals mehr etwas von ihnen.

Es wäre unfair, dieses gänzliche Fehlen irgendeines kommerziellen Ehrgefühls ausschließlich dem russischen Charakter zuzuschreiben. Es ist asiatisch, orientalisch. In dem Moment, da man eine Linie überschreitet, welche man von Königsberg bis nach Triest ziehen kann, verlässt man ethnologisch Europa, und so weit Rasse und Charakter gehen, befindet man sich bezüglich aller Absichten und Ziele in Asien. Westlich dieser Linie verhalten sich Leute häufig auch unehrenhaft, aber sie schämen sich dafür, und es ist nur die Versuchung durch den Gewinn, welche sie das Risiko eingehen lässt, sich mit Schande zu bedecken, der sie eigentlich entgehen wollen. Östlich dieser Linie bereitet es einem Menschen ein viel größeres Vergnügen, dich um zwanzig Schilling zu betrügen als die zwanzig Schillinge auf legale Weise zu verdienen. Nicht nur dass er sich dabei nicht schämt, sondern er rühmt sich dessen sogar und prahlt mit seiner Gerissenheit.»[740] Seebohm führt diese Form des Geschäftsgebarens auf das Fehlen eines freiheitlichen Staatssystems und gerechter Gesetze und Justiz zurück, sie sei nur unter einem despotischen Regime möglich.

Die «große Korruption» bildete also einen endemischen Bestandteil der russischen Lebensweise, und zwar nicht nur der staatlichen Bürokratie, sondern aller Schichten. «Gibst du mir, so geb' ich dir!» Dieses Prinzip galt seit eh und je als unerlässliches Schmiermittel, um Staat und Wirtschaft in Gang zu halten. Wer sich ihm aus ethischen Gründen zu widersetzen suchte, machte sich zum Narren und scheiterte zwangsläufig.[741]

## Widerstand und Opposition

### Die Unruhen vom Ende des 17. Jahrhunderts

Unruhen, die von den Dienstleuten ausgingen, hat es in Sibirien das ganze 17. Jahrhundert hindurch gegeben, das lag nicht zuletzt auch an der noch unfertigen staatlichen Durchdringung und daran, dass die «ausgelesenen Dienstleute» – ob Kosaken oder Strelitzen – eng mit der Bevölkerung vernetzt waren.[742] Neu hingegen war die Massierung von regelrechten Aufständen in den Städten Mittel- und Ostsibiriens gegen Ende des Jahrhunderts. Getragen wurden sie von Dienstleuten, Strelitzen und Kosaken, die damals die Mehrheit der Stadtbevölkerung stellten. Sie stürzten die Wojewoden und setzten eigene gewählte Organe ein. Umstände und Rituale erinnern an Selbstverwaltungstraditionen des freien Kosakentums.[743]

1695 brach in Krasnojarsk gegen den Wojewoden und dessen Entourage ein Aufstand der Dienstleute los, der umgehend eine ganze Reihe ostsibirischer und transbaikalischer Festungen und Städte von Ilimsk und Bratsk bis hin nach Nertschinsk erfasste, auch auf die Eingeborenen übergriff und mehrere Jahre lang den Staat in Atem hielt.[744] Dieser Aufstand ist nicht einfach vom Himmel gefallen, sondern er war Reaktion auf eine Entwicklung, die sich schon seit längerem angebahnt hatte und dem Zusammenwirken mehrerer Faktoren entsprang.

Auf der wirtschaftlichen Ebene fiel ins Gewicht, dass die Pelztierbestände immer stärker zurückgingen. Wenn gegen Ende des 17. Jahrhunderts der zunehmende Kampf um das verknappte Gut «Rauchwaren» eskalierte, dann hängt dies auch damit zusammen, dass die Wojewoden immer dreister versuchten, ihre Amtsstellung zur Bereicherung auf Kosten aller Bevölkerungsschichten zu missbrauchen. So verkauften sie etwa die Jassakeinhebung an den Meistbietenden und strichen die Differenz zur festgelegten Quote selber ein. Außerdem verlangten sie von Dienstleuten und Kosaken aus den Erträgen der persönlichen Pelztierjagd und der privaten Handelsgeschäfte nun eine Gebühr. Diese, die zuvor in großer Zahl selber von der Eintreibung des Jassak und vom Geschäftemachen profitiert hatten, gerieten dadurch zunehmend unter existenziellen Druck. Die wenigsten hatten als Entschädigung für ihren Dienst vom Staat ein Stück Land erhalten und waren auf den kargen Geldlohn angewiesen, den der Staat zu zahlen hatte. Dieser ließ sich damit aber Zeit: Von 1673 bis 1691 zahlte er überhaupt nichts und stand bei seinen sibirischen Dienstleuten schließlich mit 143 000 Rubeln in der Kreide; dies entsprach einer vollen Jahreseinnahme des Fiskus aus sibirischem Pelzwerk. Weil aber die Wojewoden auch die Einkünfte ihrer Untergebenen aus dem Nebenerwerb einschränkten oder abzuschöpfen suchten, gerieten viele niedere Dienstleute in eine ausweglose Situation und mussten sich verschulden. Überdies lasteten auf ihnen überschwere Verpflichtungen, die sie oft monatelang von ihrem Wohnsitz und von Möglichkeiten, durch ihre Landwirtschaft oder einen Nebenerwerb zu Geld zu kommen, fernhielten: Kurier- und Grenzwachtdienste, Eintreibung von Jassak, Begleitung von Transporten zu Wasser und zu Land – und das bei einer vergleichsweise geringen Zahl von Dienstleuten (1690/91 waren dies in Krasnojarsk ganze 353 Mann).[745] Aber nicht nur den Krasnojarskern ging es so, auch den Dienstleuten der benachbarten Festungen Tomsk und Kusnezk. In einem gemeinsamen Bittschreiben an den Zaren monierten sie: «In Tomsk, Kusnezk und Krasnojarsk sind die Leute bedürftig und arm, auf ein Pferd kommen ihrer zwei oder drei, die anderen müssen stets zu Fuß laufen, und den Proviant müssen sie auf Schlitten hinter sich her schleppen, sie leiden Hunger und die Kriegsleute werden daher zu Opfern der Kirgisen; und die lachen darüber, dass die Soldaten des Herrschers hungrig in ihr Land kommen und gehen und ohne Getreidevorräte unterwegs verrecken.»[746] Auch wenn dieses Gesuch wie stets in solchen Fällen sich maßloser Übertreibungen bedient, lässt es den Ernst der Lage erahnen. Damit wurden die Wojewoden und ihre Selbstherrlichkeit mehr und mehr zum Ziel angestauter Wut.

Dass diese Wut sich zuerst in Krasnojarsk Bahn brach, gründete vor allem darin, dass dort die Adelsfamilie Baschkowski das Wojewodenamt seit 1686 quasi in Erbpacht genommen und ein ganzes System von Abhängigkeitsverhältnissen geschaffen hatte, welches Dienstleute, Gewerbetreibende und Händler knebelte. Sogar Waffen und Munition an Kirgisen und Kalmücken verkauften die Baschkowskis und übertraten damit mutwillig ein striktes staatliches Verbot. Da Bittschriften nach Moskau nichts nützten, entschieden die Krasnojarsker Kosaken auf einer allgemeinen Vollversammlung («Beratung», «Ring», russisch *sovet*, *krug*) am 16. Mai 1695, den Wojewoden A. Baschkowski abzusetzen und sein Eigentum zu konfiszieren. Daraufhin floh er nach Jenisseisk. An seiner Stelle wählte die Vollversammlung aus den Reihen der eigenen Dienstleute zwei Jungbojaren, also Offiziere, zu «Richtern» *(sud'i)*, die nun die staatliche Verwaltung übernahmen. Zugleich schickte man Boten nach Jenisseisk, um sich auch dort in der Stadt und auf dem Land Rückhalt zu verschaffen. Im August erschien als neuer Wojewode ein Bruder des Geflohenen in der Stadt, um «Ruhe und Ordnung» wiederherzustellen. Doch vor der Wut der Aufständischen musste er sich mit 50 Getreuen in das kleine alte Fort zurückziehen und eine zehnmonatige Belagerung über sich ergehen lassen. Daraus befreite ihn zwar ein neuer Wojewode, der nun nicht mehr aus dem Familienclan stammte, aber auch dieser sah sich bald belagert und zur Untätigkeit verurteilt. Im August 1697 mobilisierten die Dienstleute außerdem die Landbevölkerung gegen den verhassten Staatsvertreter. Daraufhin wurde er zur Rechtfertigung vor eine staatliche Untersuchungskommission nach Jenisseisk gerufen, durfte aber wieder nach Krasnojarsk zurückkehren. Diese Provokation brachte das Fass erneut zum Überlaufen: Der Lynchjustiz vermochte er nur knapp durch Flucht zu entkommen. Die zwei neuen Wojewoden konnten sich zwar in Krasnojarsk halten, hatten aber keinerlei reale Macht. Erst im April 1700 gelang es dem aus Moskau entsandten Leiter der Untersuchungskommission, den Aufruhr durch ein für die zarische Diplomatie typisches Manöver zu beenden: Alle Schuld wurde auf die «betrügerischen» Wojewoden und auf diejenigen ihrer Kanzleisekretäre abgewälzt, die nach Krasnojarsk verbannt worden waren und daher als verdächtig galten.[747] Was lehrt der Krasnojarsker Aufstand, der längste aller damaligen sibirischen Erhebungen?

Zum Ersten: Im Dienstkosakentum als Speerspitze des Aufstandes waren Traditionen wie die Wahl der Amtsträger in Vollversammlungen nach wie vor lebendig. Dazu beigetragen haben dürfte auch der Zustrom von Kosaken aus der Ukraine und vom Don, die nach den Konflikten mit dem Hetmanat der Ukraine und dem Aufstand der Donkosaken unter Stenka Rasin nach Sibirien verschickt worden waren. In dieser Kumulierung nach Sibirien verbannter mobiler, militarisierter und dem Moskauer Zartum feindlich gesinnter Elemente in den sibirischen Dienstmannschaften zeigt sich, wie zweischneidig die Verbannung als Moskauer Strafprinzip war. Indem man der Korruption überführtes staatliches Verwaltungspersonal, wegen verschiedener Vergehen verurteilte Kleinadlige, aufständische Bauern und aufrührerische Kosaken zu Tausenden nach Sibirien verbannte, um sie aus den Zentren des Landes zu erntfernen, verstärkte man das Unruhepotential des ohnehin schon unruhigen Sibirien und riskierte damit, dass daraus erst recht Aufstände entflammten. Dass man dies in Kauf nahm, zeigt, als wie peripher und ungefährlich man die Verhältnisse in Sibirien einschätzte.

Zum Zweiten: Der Preis, welchen der Staat für diese Politik zu zahlen hatte, bestand darin, dass die irregulären Militärverbände Sibiriens ein Unruhefaktor blieben. Aber wegen ihrer Bedeutung zur Sicherung der Steppengrenze im Süden Sibiriens konnte der Staat auf die Kosaken nicht verzichten. Die einzige Möglichkeit, welche er besaß, war, ihre Führer in den Adel zu inkorporieren beziehungsweise hohe Offiziere an die Spitze der Kosakenheere zu delegieren und dadurch das Kosakentum als Ganzes besser zu kontrollieren. Nach diesem Muster schuf er im 18. und 19. Jahrhundert eine ganze Reihe neuer, «administrativ angesetzter» Kosakenheere entlang der Südgrenze Sibiriens und des Fernen Ostens.

Zum Dritten: Die Selbstbereicherung als wichtigste Triebkraft der Eroberung und Verwaltung Sibiriens, an welcher ja auch Kosaken, Trapper und Dienstleute Teil hatten, stieß erst dann auf öffentlich getragenen Widerstand, wenn sie weit über die Stränge schlug und die anderen Beteiligten in ihren Bereicherungsbemühungen einschränkte; dies zeigt das Beispiel des Krasnojarsker und Jenisseisker Wojewodenclans der Baschkowski. Möglich wurde die konsequente Ausnutzung ihrer Machtfülle, um sich grenzenlos zu bereichern, durch die Entlegenheit Sibiriens. Auf die Missbräuche, die daraus erwuchsen, wusste man in Moskau nur ein einziges Mittel: noch mehr Zentralisierung.

### Die späte Formierung einer politischen Opposition

Im Laufe des 18. Jahrhunderts und vor allem seit der Reform von 1822 verloren sich bei den Dienstkosaken die anarchischen Überbleibsel, und damit fielen sie als mögliche Kristallisationskerne politischen Widerstandes gegen die Staatsbürokratie aus. Die wenigen Städte Mittelsibiriens kamen dafür ebenfalls nicht in Frage, denn trotz formeller Selbstverwaltung und hochtrabender Bezeichnungen städtischer Institutionen als Rathaus, Ratsherren und Bürgermeister genossen sie keine wirkliche Autonomie, sondern übten nur eine «staatliche Auftragsverwaltung» aus und waren letztlich dem Durchgriff der Provinz- und Kreisbürokratie weitgehend ausgeliefert. Dies änderte sich erst mit den Reformen Kaiser Alexanders II., als das Munizipalstatut von 1870 erstmals die Voraussetzungen für ein von der Staatsbürokratie unabhängiges, nach dem Zensuswahlrecht bestimmtes Stadtregiment schuf. Auch wenn der Anteil der stimmberechtigten Bürger klein war und vor allem die Gildekaufleute, Unternehmer, Ehrenbürger und Hausbesitzer begünstigte, vermochte sich nun ein Kreis politisch interessierter und aktiver Bürger zu etablieren, der auch bereit war, im Konfliktfall die Interessen der Stadt gegen die Staatsbürokratie zu verteidigen.

Seit der Gründung des ersten Gymnasiums in Krasnojarsk 1868 machte die höhere Schulbildung auch im G. Jenissei rasche Fortschritte – wichtige Voraussetzung für die Entstehung eines politischen Bewusstseins. 1915 genossen 3355 Schülerinnen und Schüler eine höhere Schulbildung; 1890 waren es erst 794 gewesen.[748] Allerdings zeigte sich zwischen den Geschlechtern eine erstaunliche Asymmetrie, denn 1915 standen 753 Knaben der beiden Gymnasien in Krasnojarsk und Jenisseisk 2602 Schülerinnen der sechs Frauengymnasien und des Progymnasiums gegenüber.[749] Eine Bühne bot der politischen Öffentlichkeit die Presse. Zwischen 1857 und 1917 erschienen allein in Krasnojarsk über 70 Zeitungen und mindestens 15 Zeitschriften, von denen die meisten sich allerdings nur für eine relativ kurze Zeit zu halten vermochten.[750]

Für die Entstehung eines politischen Bewusstseins entscheidend wurde aber, dass mit dem Wachstum und der sozialen Differenzierung der städtischen Einwohnerschaft eine Bevölkerungsgruppe besonders zulegte, deren Angehörige mit den traditionellen Standeskategorien nicht erfassbar waren und daher unter der Bezeichnung «diverse Stände» *(raznočincy)* firmierten. Dazu zählten neue Berufe wie Arzt, Rechtsanwalt, Journalist, Ingenieur, Lehrer, Künstler, Musiker. Aleksandr Lonin geht davon aus, dass in Sibirien die meisten Angehörigen der «diversen Stände» sowie durchschnittlich die Hälfte des Adels und der «Ehrenbürger» der Schicht der «Intelligenzija» zuzurechnen seien – also demjenigen Teil der Bevölkerung, der ein politisches Bewusstsein und ein politisches Interesse entwickelte. So gesehen nahm im G. Jenissei diese Gruppe zwischen 1897 und 1913 von 4700 auf 17 200 Personen zu, wobei ihr Anteil an der Bevölkerung wegen des starken allgemeinen Zuwachses allerdings von 1,9 auf 1,5 Prozent zurückging.[751] Doch entscheidend war ihre Massierung in den Städten. In Krasnojarsk stellten die «diversen Stände» zu Beginn des Jahres 1906 schon 4231 von 43 658 Einwohnern, also nahezu ein Zehntel.[752] Zusammen mit der städtischen Wirtschaftselite bildeten sie den Kern einer nun sich formierenden politischen Öffentlichkeit. Hinzuzuzählen wäre aber auch ein wesentlicher Teil der aus politischen Gründen in das Gouvernement Verschickten, die in der Regel engen Umgang mit den Einheimischen pflegten.[753]

Solange politische Parteien verboten waren, vermochte die Intelligenzija sich legal nur in Berufsverbänden und wissenschaftlichen Gesellschaften zu betätigen, so seit 1884 in der «Gesellschaft zur Förderung der Grundschulbildung», seit 1886 in der «Gesellschaft der Ärzte des G. Jenissei» und seit 1901 in der «Krasnojarsker Unterabteilung der Ostsibirischen Abteilung der Russischen Geographischen Gesellschaft». In diesen Gesellschaften wurde auch politisiert, denn sonst wären aus ihnen seit 1905 nicht führende liberale Politiker hervorgegangen.[754] Außer in der Ärztevereinigung begegneten sich in diesen Gesellschaften zudem Intelligenzija und Kaufmannschaft – eine der Voraussetzungen für die soziale Basis der späteren Partei der Konstitutionellen Demokraten.

### Volksfreunde und Regionalisten

Es gab Vorläufer politischen Engagements und politischer Opposition im G. Jenissei. Aber weil die dortige Intelligenzija vergleichsweise schwach entwickelt war – viel schwächer als im europäischen Russland –, kamen die Vorläufer zunächst von außen. Die Aufhebung der Leibeigenschaft im Zarenreich (1861) und die nachfolgenden Reformen hatten bei den antiautokratisch gesinnten Teilen der Bevölkerung die Hoffnung auf einen politischen Wandel geweckt. Einzelne Kreise der Intelligenzija wollten dem nachhelfen und wurden politisch aktiv, noch bevor die Reformen zu versanden begannen. Es bildeten sich Geheimzirkel, die das Volk über die wahre Natur der Autokratie «aufklären» wollten und revolutionäre Pläne hegten. Diese Bewegung wurde unter dem Namen «Volksfreunde» *(narodniki)* zusammengefasst. Sie wirkte in immer neuen Formationen und mit immer radikaleren Mitteln bis zu ihrer endgültigen Zerschlagung zu Beginn der 1880er Jahre.[755]

Einer ihrer frühen Wortführer war Nikolai Serno-Solowjewitsch (1834–1866), der 1861 in St. Petersburg die revolutionäre Organisation «Land und Freiheit» *(Zemlja i Volja)* mitbegründete. Bereits im Juli 1862 verhaftet und in der Peter-und-Pauls-Festung eingekerkert, wurde er 1865 zu lebenslänglicher Ansiedlung in Sibirien «begnadigt». Als er im Oktober 1865 Krasnojarsk erreichte, stieß er in der Stadt und in ihrer Umgebung auf etwa tausend Polen, die nach dem Scheitern des polnischen Januaraufstandes von 1863 zunächst nach Westsibirien deportiert, von den Behörden aus Angst vor einer zu großen Zusammenballung dann aber in das entferntere G. Jenissei verlegt worden waren. Durch das Zusammentreffen des jungen russischen Revolutionärs mit den polnischen Freiheitskämpfern, die ihre Hoffnungen auf ein freies Polen noch nicht aufgegeben hatten, braute sich nunmehr in Krasnojarsk und Kansk ein explosives Gemisch zusammen, das nach gewaltsamer Entladung strebte. Serno-Solowjewitsch und mehrere weitere russische Mitstreiter heckten mit dem militärischen Kopf der Polen, Walenty Lewandowski, einen irrwitzigen Plan aus: Mit vereinten Kräften wollte man entlang des Sibirischen Traktes alle zwangsverschickten Polen und Russen für einen bewaffneten Aufstand gewinnen, Polizei und Militär entwaffnen und die Bauern auf die eigene Seite ziehen. Mit diesen Kräften glaubte man es wagen zu können, eine freie Republik Sibirien zu errichten, von ihr aus das europäische Russland zu befreien und die Autokratie zu stürzen. Doch bevor man zur Tat schreiten konnte, hatte ein Spitzel die Pläne verraten, und 1866 setzten Massenverhaftungen ein. Serno-Solowjewitsch starb auf dem Weg nach Irkutsk, wo er eingekerkert werden sollte. Doch die Idee starb nicht. Die polnischen Verschickten im G. Irkutsk nahmen sie auf und erhoben sich im Juni 1866 entlang des Traktes am Baikalsee, um zur chinesischen Grenze durchzubrechen. Der Plan scheiterte jedoch an einem massiven militärischen Aufgebot.[756]

In das politische Umfeld des antiautokratischen Aufbruchs der sechziger Jahre gehören auch die Anfänge des sibirischen Regionalismus *(oblastničestvo)*. Sibirische Studenten, die sich in St. Petersburg wie Kommilitonen anderer Regionen zu einer losen «Landsmannschaft» *(zemljačestvo)* zusammengefunden hatten, wurden sich im Kontakt mit revolutionären Zirkeln (darunter auch bereits Serno-Solowjewitsch) der inferioren Situation ihrer Heimat als einer «von Russland ausgebeuteten Kolonie» bewusst und sannen auf Abhilfe. In diesem Milieu entstand ein handgeschriebener «Aufruf an die Patrioten Sibiriens», der zur Befreiung Sibiriens vom «räuberischen» Regime des Zaren aufrief und in Selbstbestimmung und Unabhängigkeit die Mittel sah, um den Status einer Strafkolonie und eines bloßen Rohstofflieferanten für Russland abzustreifen. Nach Sibirien fand diese Proklamation ihren Weg allerdings in einer etwas milderen Version. Als sich am 21. Mai 1865 bei einem Schüler des Omsker Kadettenkorps eine Abschrift dieser Version fand, schlug die Polizei zu. In einem durch den polnischen Aufstand von 1863/64 und die revolutionären Aktivitäten in St. Petersburg angeheizten Klima antirevolutionärer Hysterie wurden Dutzende von zwölf- bis vierzehnjährigen Kadetten und sonstige Verdächtige verhaftet, darunter auch die späteren Wortführer des sibirischen Regionalismus, Grigori Potanin (1835–1920) und Nikolai Jadrinzew (1842–1894). Von den fast 70 Inhaftierten wurde nach dreijährigem Verfahren nur ein kleiner Teil auf administrativem Weg verurteilt: Potanin zu dreijähriger Zwangsarbeit und anschließender Verschickung, die übrigen zu langjähriger Verschickung oder zumindest zu ständiger Polizeiaufsicht. Zur Absurdität gesteigert wird dieser massive Einsatz des Polizeistaates gegen separatistische Gedankenspiele dadurch, dass die radikale Urfassung des Aufrufs «An die sibirischen Patrioten» von einem Polizeispitzel stammte, der als Agent provocateur der Gendarmerie einen fabrizierten Vorwand liefern sollte, um eine vermeintlich staatsgefährdende Organisation, die als solche gar nicht existierte, bereits im Keim zu zerschlagen.[757] Erst im Nachhinein wurden die Köpfe der Bewegung sich dessen bewusst, dass ihre Aufrufe an die sibirischen «Patrioten» in Sibirien selber ohne Echo blieben. Die sibirische Gesellschaft war noch nicht reif genug, um ihre inferiore Lage selber zu reflektieren. Im G. Jenissei war das nicht anders als in Irkutsk. So blieb der frühe, «separatistische» Regionalismus ein Produkt der Hauptstadt und des westsibirischen Omsk.

Nach ihrer Begnadigung begnügten Jadrinzew und Potanin sich damit, vor allem über zahlreiche Presseartikel die sibirische Öffentlichkeit auf ihre Anliegen aufmerksam zu machen. 1882 veröffentlichte Jadrinzew sein Buch «Sibirien als Kolonie», das so großes Aufsehen erregte, dass es sogar ins Deutsche übersetzt wurde.[758] Dies und die verstärkte Formierung einer Intelligenzija in den sibirischen Städten seit dem späten 19. Jahrhundert bereiteten den Boden für eine neue Phase des politischen Regionalismus in Sibirien selber.[759]

### Die Entstehung politischer Parteien und die Revolution von 1905
Im letzten Jahrzehnt des 19. Jahrhunderts begann sich abzuzeichnen, dass die beschleunigte wirtschaftliche, soziale und Bildungsentwicklung Russlands in immer stärkeren Gegensatz zum erstarrten System von Ständegesellschaft und Autokratie geriet. Liberal Gesinnte diskutierten in aller Öffentlichkeit über die Notwendigkeit tiefgreifender politischer Reformen, und im städtischen Untergrund kristallisierten sich zahlreiche revolutionäre Zirkel heraus, die entweder das Gedankengut der «Volksfreunde» wiederaufnahmen und weiterentwickelten oder sich dem in Russland erst spät rezipierten Marxismus verschrieben. Sibirien mit seiner verzögerten sozialökonomischen Entwicklung vermochte an dieser neuen politischen Belebung erst

wirklich teilzunehmen, als die Transsibirische Eisenbahn seit der Jahrhundertwende Kommunikation und Verkehr mit dem «Mutterland» beschleunigte.

So waren es nicht zufällig das Bahnbetriebswerk und die Eisenbahnreparaturwerkstätten in Krasnojarsk mit ihrem zweitausendköpfigen Personalbestand, die in Mittelsibirien rasch zum wichtigsten Stützpunkt der 1898 in Minsk gegründeten Russländischen Sozialdemokratischen Arbeiterpartei (RSDRP) wurden.[760]

Während die Sozialdemokratie vor allem auf die Industriearbeiterschaft setzte und über eine Revolution die «Diktatur des Proletariats» anstrebte, wandte sich die «Partei der Sozialisten-Revolutionäre» (PSR), in welcher sich 1901/02 verschiedene Nachfolgegruppierungen der «Volksfreunde» zusammengeschlossen hatten, an alle «Werktätigen», die ihr Brot mit eigener Hände Arbeit verdienten – Angestellte, Arbeiter, Freiberufler, vor allem aber Bauern. Daher sollte die PSR bald zur populärsten Oppositionspartei Russlands aufsteigen. Im Zentrum ihrer politischen Ziele stand eine föderative russländische Republik, deren Basis das sozialistisch interpretierte Modell der bäuerlichen Landumteilungsgemeinde bilden sollte, auf welcher weitere regionale Selbstverwaltungsorganisationen bis hin zu einem Reichsparlament aufruhten. Im G. Jenissei war die PSR spätestens seit 1904 vertreten, zählte zu Beginn des Jahres 1905 selbst in Krasnojarsk jedoch nur zehn Mitglieder, in Jenisseisk, Atschinsk, Minussinsk und Kansk noch weniger. Diese setzten sich zusammen aus Angehörigen der Intelligenzija, kleinen Angestellten, Eisenbahnern und Gymnasiasten. Ihre geringe Zahl und die Beschränkung auf die Städte zeigen an, dass die Partei die Bauern, die sie als ihre eigentliche Basis betrachtete, noch nicht erreicht hatte.[761]

Das liberale Wirtschafts- und das Bildungsbürgertum, seit einiger Zeit in Stadtrat und Vereinen aktiv, fand seine politische Interessenvertretung am spätesten. Erst auf dem Höhepunkt der ersten Revolution – Ende Oktober 1905 – schloss es sich in Krasnojarsk zur «Freiheitlichen Volkspartei» (*Svobodnaja narodnaja partija*) zusammen, benannte sich jedoch nach dem Vorbild im europäischen Russland bald um in «Partei der konstitutionellen Demokraten» (*Partija konstitucionnych demokratov*), abgekürzt KD – KaDetten.[762] Dieser programmatische Name verdeutlicht den kleinsten gemeinsamen Nenner ihrer politischen Ziele – die Umwandlung der Autokratie in eine konstitutionelle Monarchie auf der Grundlage einer von einem frei gewählten Parlament erlassenen Verfassung, rechtsstaatlicher Prinzipien und einer freien Wirtschaft. Bei ihrer Gründung zählte die Partei in Krasnojarsk 30 Mitglieder.[763]

Auch die Nachfahren der «Regionalisten» (*oblastniki*) begannen sich 1905 wieder verstärkt zu regen. Am 28. und 29. August 1905 hielten sie in Tomsk einen Kongress ab, der eine «Sibirische Regionalunion» (*Sibirskij oblastnoj sojuz*) aus der Taufe hob. An die Spitze der Krasnojarsker Sektion trat der populäre Vorsitzende der Ärztegesellschaft des G. Jenissei, Wladimir Krutowski (1856–1938).[764] Ziel dieser Partei, die nur lose organisiert war und daher wenig Schlagkraft entwickelte, war es, Sibirien innerhalb des Russländischen Reiches Autonomie mit einem eigenen sibirischen Parlament zu sichern.[765]

Alle vier Parteien zerfielen sehr bald intern in unterschiedliche Richtungen – in eine radikalere und in eine gemäßigtere: Bei der Arbeiterpartei kam dies am stärksten zum Ausdruck, denn Lenins Bolschewiki propagierten einen bedingungslos revolutionären Kurs und suchten sich auch organisatorisch zu verselbständigen, während die gemäßigteren Menschewiki stärker auf die unmittelbare Verbesserung der Lebensbedingungen der Arbeiterschaft setzten. Die PSR spaltete sich in einen gemäßigteren, auf Propaganda setzenden und in einen radikal-terroristischen Flügel, der im G. Jenissei dominierte. Auch bei den KD lässt sich ein ähnliches Auseinanderdriften eines gemäßigten und eines eher linken, radikaldemokratischen Flügels beobachten. Selbst vor den verhältnismäßig wenigen Regionalisten machte der Spaltpilz nicht Halt und näherte ihren rechten Flügel den KaDetten an. Während die am besten organisierten Sozialdemokraten ihr Parteiprogramm bereits 1903 verabschiedet hatten, folgten PSR, KD und Regionalisten erst unter dem Druck der Revolution von 1905.[766] Dadurch wurden auch sie der breiten Öffentlichkeit bekannt. Trotz der gewaltigen politischen Gegensätze zwischen den genannten Parteien waren es bei ihnen Angehörige der Intelligenzija, welche ihren Kern und Antriebsmotor bildeten.[767]

Die erste russische Revolution von 1905 fiel keineswegs vom Himmel, sie bildete nur den Höhepunkt in einer Kette von Streiks, Bauernunruhen, Judenpogromen und Attentaten, die sich seit 1903 verdichteten. Entscheidend war, dass Russlands Niederlagen gegen Japan auf dem fernöstlichen Kriegsschauplatz (1904/05) das Prestige des Zarenregimes nachhaltig beschädigten. Sowohl die liberalen als auch die revolutionären Kräfte begannen nunmehr ihre Bemühungen zu intensivieren, um aus dieser Situation Kapital zu schlagen: die einen, um eine Konstitution zu erzwingen, die anderen, um das System durch Terroranschläge zu destabilisieren. Bereits am 25. Juli 1904 war der allseits verhasste Innenminister Plehwe dem Attentat eines Sozialrevolutionärs zum Opfer gefallen. Zu Beginn des Jahres 1905 erfasste dann eine Streikwelle nach und nach alle Industriebetriebe St. Petersburgs. Als am 9. Januar, einem Sonntag, eine riesige Menschenmenge unter Führung des Priesters Gapon mit Zarenbildern zum Winterpalast zog, um Nikolaus II. eine Petition zu überbringen, richteten die nervös gewordenen und falsch instruierten Wachmannschaften auf der Straße ein Blutbad an. Dieser «Blutsonntag» löste in allen Kreisen der Gesellschaft blankes Entsetzen aus und wurde zum Auftakt der Revolution.

Über das ganze Jahr 1905 hinweg begann die öffentliche Ordnung sich zunehmend aufzulösen. Streikwellen beutelten die Industrie, Judenpogrome häuften sich, selbst Heer und Marine blieben von Meutereien nicht verschont, und insbesondere seit dem Herbst durchwucherten Bauernunruhen das flache Land. Eine Welle des politischen Aktionismus erfasste auch die studentische Jugend, und unter den ethnischen Minderheiten, insbesondere den Polen, Finnen, Letten, Ukrainern, Armeniern und Georgiern, fand die nationalistische Agitation nun einen fruchtbaren Nährboden. Von Oktober bis Dezember gipfelte die Entwicklung in Massenstreiks, die das öffentliche Leben weitgehend lahmlegten, da sie auch von Eisenbahnern, Post- und Telegraphenpersonal getragen wurden. Dadurch sah sich ein Teil der Moskauer Arbeiterschaft im Dezember ermutigt, zu den Waffen zu greifen. Doch die Regierung verfügte immer noch über genügend loyale Truppen, um den Aufstand niederzuschlagen.[768]

Wie reagierte man im fernen G. Jenissei auf diese Ereignisse?[769] Auf die Nachricht vom Petersburger Massaker rief die Krasnojarsker Parteizelle der RSDRP die Arbeiter des Bahnbetriebswerks und der Eisenbahnwerkstätten zu einem Streik auf, an dem etwa 1000 Eisenbahner teilnahmen. Der Ausstand dauerte vom 17. bis zum 19. Januar und endete mit Massenverhaftungen durch die Gendarmerie. In der Folgezeit ergriff die politische Empörung neben der Arbeiterschaft vor allem Ärzte und Gymnasiasten. Im Anschluss an eine Sitzung der Ärztegesellschaft im Stadttheater unter dem Vorsitz Krutowskis, bei welcher zu einem «gnadenlosen Kampf mit dem herrschenden Staatssystem» aufgerufen wurde, zogen am 31. Mai 1500 Demonstranten mit roten Fahnen durch Krasnojarsk, darunter zahlreiche Gymnasiasten. Ab Juli steigerte sich in der Stadt die allgemeine Erregung. Massenmeetings mobilisierten immer mehr Menschen. Erneut flammten Streiks auf, vor allem bei den Eisenbahnern von Krasnojarsk und benachbarter Bahnbetriebswerke wie Ilanskaja bei Kansk und Bogotol. Daraufhin verlegte die Regierung am 20. August das zweite Eisenbahnbataillon nach Krasnojarsk. Doch erwiesen sich die Soldaten als wenig zuverlässig. Mit dem Manifest vom 17. Oktober, das endlich die Einberufung eines mehr oder minder frei gewählten Reichsparlaments *(Gosudarstvennaja Duma)* als Gesetzgebungsorgan sowie bürgerliche Grundrechte zusicherte, versuchte das Regime der Revolution die Spitze zu brechen. Doch dies genügte lediglich den gemäßigteren politischen Kräften, nicht jedoch allen, welche die Autokratie stürzen wollten, weil sie in ihr die Wurzel allen Übels sahen.[770]

Unterstützung fand der Staat bei den «Schwarzen Hundertschaften», die sich als Gegenbewegung gegen die antiautokratischen Kräfte formierten. Neben Ablegern der «Russischen Volksunion» war im G. Jenissei die «Union für Frieden und Ordnung» *(Sojuz mira i porjadka)* am stärksten, die 1907 etwa 230 Mitglieder zählte. Während im europäischen Russland vor allem Gutsbesitzer zu den treibenden «schwarzen» Kräften zählten, waren es im G. Jenissei Priester, Beamte und Kaufleute. Als Hauptgegner attackierten die Schwarzen Hundertschaften noch vor den Linksparteien die bürgerlichen KaDetten, die stärkste Partei. Aber auch auf die Juden in ihrer doppelten Sündenbockfunktion als «semitische Christusmörder» und als kaufmännische Konkurrenz hatten sie es abgesehen. Am 20. Oktober 1905 kam es in Krasnojarsk anlässlich einer «patriotischen Manifestation» der Schwarzen Hundertschaften zu einem Zusammenstoß mit Anhängern der Linksparteien, der elf Tote und 40 Verletzte forderte.[771]

### Die «Krasnojarsker Republik»

In der Folgezeit spitzte sich die Situation immer stärker zu.[772] Vom 15. November bis Ende Dezember streikten in großen Teilen des Reiches die Angestellten von Post und Telegraph, auch im G. Jenissei. Am 5. Dezember erklärte das zweite Eisenbahnbataillon im Gefolge der Garnisonen von Irkutsk und Tschita seine Solidarität mit der Arbeiterschaft und seine Bereitschaft, für die Revolution zu kämpfen. Am gleichen Tag entstand der «Vereinigte Rat der Soldaten- und Arbeiterdeputierten der Stadt Krasnojarsk», der am 8. Dezember die Macht ergriff. Politisch beherrscht wurde er von Vertretern der RSDRP und der PSR. Am 9. Dezember zogen 15 000 Menschen durch die Stadt und feierten den Sieg der Revolution. Mit dem Eisenbahnbataillon und Arbeiterdruschinen, die über Beutewaffen aus dem Armeedepot verfügten, hoffte man für künftige Kämpfe mit dem Regime gerüstet zu sein. Aber man war sich auch darüber im Klaren, dass dies nur gelingen könne, wenn alle Städte Sibiriens ihre Freiheit erkämpfen würden. Der «Vereinigte Rat» sah sich selber als ein Provisorium, um die Macht zu sichern. Schon am 9. Dezember rief er zu Wahlen für eine neue Stadtduma auf, die nicht mehr nach dem Zensus-, sondern nach dem allgemeinen, freien und geheimen Wahlrecht bestellt werden sollte.[773] Für kurze Zeit wurde Krasnojarsk ähnlich wie Tschita in Transbaikalien zu einer freien «Republik» – so sahen es jedenfalls die Zeitgenossen.

Viel Zeit blieb der «Krasnojarsker Republik» aber nicht – nur bis zum 26. Dezember. Am 23. Dezember näherten sich unter dem Befehl General Meller-Sakomelskis zwei Infanterieregimenter Krasnojarsk, denen es gelang, vier Tage später die Stadt zu besetzen. Die Aufständischen zogen sich auf das Gelände der Eisenbahnwerkstätten zurück. Dort verschanzten sich ungefähr 800 Bewaffnete – Angehörige der Arbeiterdruschinen und des Eisenbahnbataillons, Mitglieder der RSDRP und der PSR, des «Vereinigten Rates» sowie der Sanitätsabteilung der Feldscherschule. Die Belagerten wandten sich an die Bürger der Stadt und an die Soldaten der Garnison mit der Bitte, ihnen zu Hilfe zu kommen, doch vergeblich.

Eine volle Woche dauerte die Belagerung – vom 28. Dezember 1905 bis zum 3. Januar 1906. Am 31. Dezember eroberten Truppeneinheiten die Waggonreparaturwerkstätte und konnten damit die Belagerten von der Wasserzufuhr abschneiden. Dann schossen sie die Fenster des Hauptgebäudes ein, um bei minus 30° C die Belagerten «auszufrieren». Am 2. Januar folgte ein Dauerbeschuss aus Maschinengewehren und Karabinern, der die ausgehungerten und frierenden Revolutionäre am Folgetag zwang, zu kapitulieren.

Von Krasnojarsk aus rückten die Truppen General Meller-Sakomelskis dann am 12. Januar 1906 bis zur Bahnstation Ilanskaja östlich Kansk vor. Dort hatten sich unbewaffnete Arbeiter in der mechanischen Werkstätte versammelt und verlangten die Freilassung verhafteter Kollegen. Oberst Syropjatow befahl daraufhin, ohne Vorwarnung das Feuer zu eröffnen. Die Fliehenden wurden in den Rücken geschossen, sogar noch bis in ihre Wohnhäuser hinein verfolgt, zusammengeschlagen, mit Bajonetten erstochen oder erschossen. Die blutige Bilanz: 50 Tote, 70 Verwundete, 70 Verhaftete, fast alles Eisenbahner.

Die Nachricht vom Massaker von Ilanskaja verbreitete sich wie ein Lauffeuer in Russland. Im Juni 1906 reichte der Deputierte des G. Jenissei in der neu gewählten Reichsduma beim Kriegsminister ein Gesuch ein, General Meller-Sakomelski vor Gericht zu stellen. Doch stattdessen wurde dieser zum Generalgouverneur befördert. Die «Republik Tschita» überdauerte 20 Tage, bis zum 22. Januar 1906. Auch sie endete in einem Blutbad.

Auf das flache Land strahlte die «Krasnojarsker Republik» nur wenig aus. In mehreren Amtsgemeinden verweigerten die Bauern lediglich die Steuerzahlung, und in einer Amtsgemeinde des Kreises Kansk setzten sie den Polizeimeister und den Gendarmen fest.[774]

Von der Revolution zur Reaktion

Die Zusagen des Manifestes vom 17. Oktober 1905 hielt die Regierung zunächst weitgehend ein. Parteien und innerhalb eines gewissen Rahmens auch Gewerkschaften wurden offiziell zugelassen. Mit den «Reichsgrundgesetzen» vom 23. April 1906, welche einem von der neu gewählten Reichsduma zu erwartenden liberalen Verfassungsentwurf zuvorkommen sollten, erließ der Zar per Oktroy eine Konstitution, welche die Substanz seiner Herrschaft sicherte: Die Kompetenzen der Duma wurden im Wesentlichen auf das Budgetrecht beschränkt, wobei der kaiserliche Haushalt, Armee und Flotte ausgespart blieben. Vom Parlament verabschiedete Gesetze bedurften der Zustimmung sowohl des Zaren als auch der zweiten Kammer, des Reichsrates, der zur Hälfte vom Kaiser ernannt, zur Hälfte von eher konservativen gesellschaftlichen Institutionen beschickt wurde. Vorbehalten blieben dem Herrscher die Außenpolitik, das Recht, Duma wie Reichsrat einzuberufen beziehungsweise aufzulösen sowie innerhalb gewisser Grenzen mit Notverordnungen zu regieren. Da die Minister ausschließlich ihm und nicht dem Parlament verantwortlich waren, bot sich eine breite Palette an Möglichkeiten, um die Reichsduma zu umgehen. Die Verfassung enthielt auch einen Katalog an Grundrechten wie Pressefreiheit und Freizügigkeit, behielt dem Zaren aber das Recht vor, durch Sondergesetze diese Grundfreiheiten wieder einzuschränken. Weitere Möglichkeiten der Manipulation bot das Wahlgesetz, welches entgegen den Zusagen des Oktobermanifests ein mehrstufiges indirektes Wahlsystem mit Wahlmännern installierte, das die besitzenden Schichten deutlich bevorteilte.

Die erste Reichsduma (27. April bis 8. Juli 1906), welche trotz des manipulierten Wahlsystems eine liberale und sozialistische Mehrheit aufwies, ging bald auf Konfrontationskurs zur Regierung und wurde vom Zaren daher schnell aufgelöst. Da die zweite Reichsduma (20. Februar bis 2. Juni 1907) noch radikaler zusammengesetzt war, ereilte sie das gleiche Schicksal. Um die Blockade zwischen Parlament und Regierung zu beseitigen, oktroyierte der Zar am 3. Juni 1907 unter Bruch der Verfassung ein neues Wahlgesetz, welches über eine manipulative Verschärfung des indirekten Wahlsystems und einen strikten Vermögenszensus der kleinen Minderheit der Reichen und Wohlhabenden in der dritten und vierte Reichsduma eine Mehrheit sicherte.

Wie fügten sich in diese vier so unterschiedlichen Reichsparlamente zwischen 1906 und 1917 die Wahlergebnisse des G. Jenissei ein? Dass es dort keine Gutsbesitzer gab und die höhere Beamtenschaft schwächer vertreten war als im europäischen Reichsteil, musste die Nationalisten und Konservativen schwächen.

In den beiden ersten Reichsdumen standen dem Gouvernement zwei Abgeordnete zu. Die beiden ersten stammten aus dem bevölkerungsreichsten Kreis des Gouvernements – dem Kreis Minussinsk, der als Kornkammer Mittelsibiriens von bäuerlichen Interessen geprägt war. Simon Afanasjewitsch Jermolajew (1870–1948) war daher ein Bauer aus dem Dorf Schuschenskoje, wo wenige Jahre zuvor Lenin in der Verbannung gelebt hatte. Der zweite Deputierte, Nikolai Fjodorowitsch Nikolajewski (1870–1931?), war ein Landarzt (Abb. 78.1). Beide schlossen sich in der Reichsduma der Fraktion der Trudowiki («Vertreter der Werktätigen») an und können daher als bauernnahe gemäßigte Linke gelten. Weil sie nach der gewaltsamen Auflösung des widerspenstigen Parlaments durch die Regierung einen «Aufruf der Volksvertreter an das Volk» vom 10. Juli 1906 mit unterzeichneten, kamen sie vor Gericht, das ihnen die Bürgerrechte entzog. Ihre politische Karriere war damit beendet. Von Jermolajew wissen wir nichts Weiteres; das letzte Lebenszeichen Nikolajewskis datiert vom 7. Juli 1931, als er von einem Sondertribunal des OGPU wegen «konterrevolutionärer Umtriebe» zu fünf Jahren Arbeitslager verurteilt wurde.[775] Dass die KaDetten – obgleich mit 330 eingeschriebenen Mitgliedern im Jahre 1906 stärkste Partei – keinen Deputierten durchbrachten, hing mit internen Richtungskämpfen zusammen.[776]

Bei den Wahlen zur zweiten Reichsduma hatten KaDetten und Regionalisten noch schlechtere Karten, obgleich sie als Kandidaten unter anderem Wladimir Krutowski präsentierten. Doch angesichts der sich verhärtenden Regierungsposition wandten sich die Sympathien der Wähler den Sozialdemokraten und Sozialrevolutionären zu. Von den gemäßigten Kandidaten, hieß es abschätzig, habe «außer Allgemeinplätzen und Allgemeinurteilen niemand nie etwas vernommen».[777] Gewählt wurden stattdessen der Krasnojarsker Gewerkschafter Iwan Kornilowitsch Judin, ein Sozialdemokrat, und der Priester Aleksandr Iwanowitsch Brilliantow aus dem Kreis Minussinsk, ein Sozialrevolutionär. Auch am Jenissei zeigte sich bei den Wahlen von der ersten zur zweiten Duma also jene für ganz Russland typische Radikalisierung. Allerdings offenbarten die Wahlen, wie polarisiert die Wählerschaft inzwischen war: Während 42 Prozent der städtischen Wähler für Kandidaten der RSDRP stimmten, entschieden sich 27 Prozent für die «Union für Frieden und Ordnung».[778] In der zweiten Reichsduma schlossen sich die sibirischen Deputierten zu einer eigenen Fraktion zusammen, um im Sinne der Regionalisten für mehr Selbstbestimmung ihrer Heimat zu kämpfen.

Die Zusammensetzung der dritten und vierten Reichsduma sah allerdings völlig anders aus. Da Sibirien auf Grund seiner spezifischen Sozialstruktur eher «links» gestimmt hatte, reduzierte das neue Wahlgesetz die Anzahl seiner Volksvertreter. Trotzdem repräsentierten die 14 sibirischen Deputierten der dritten Reichsduma (1907–1912) mit 6 KaDetten, 3 Sozialdemokraten, 3 Trudowiken, einem Progressisten und einem Parteilosen eher die linke Mitte.[779] Das G. Jenissei konnte in die dritte und vierte Reichsduma nur noch einen Vertreter entsenden. Anders als im europäischen Russland, wo reaktionäre und konservative Deputierte dominierten, schlug im G. Jenissei nun endlich die Stunde der Liberalen. Gewählt wurde zunächst der Wendehals Wassili Andrejewitsch Karaulow, der jedoch während der Amtsperiode starb und durch Stepan Wassiljewitsch Wostrotin ersetzt wurde, der von den Wählern auch in die vierte Reichsduma entsandt wurde. Eingehendere Porträts dieser vier Dumadeputierten bringt das folgende Unterkapitel.

Im Unterschied zu den Liberalen fanden sich die revolutionären Parteien nicht mit den Zugeständnissen des Zarenregimes ab, sondern intensivierten den politischen Kampf aus dem Untergrund heraus. Angehörigen der PSR gelang es im G. Jenissei zwischen 1905 und 1907, den Krasnojarsker Polizeichef, einen Wachtmeister der Gendarmerie, den Vorsitzenden der rechtsnationalen «Russischen Volksunion» und mehrere Polizeispitzel zu ermorden. Für kurze Zeit vermochten die Sozialrevolutionäre auch unter den Bauern vermehrt zu agitieren und in den Kreisen Minussinsk, Kansk und Jenisseisk Bauernunionen zu etablieren. Doch der am 8. Juli 1906 neu berufene Ministerpräsident Pjotr Stolypin stellte durch rücksichtslosen Einsatz der geballten staatlichen Machtmittel nach und nach «Ruhe und Ordnung» im Reich wieder her. Bis 1908 gelang es, auch am Jenissei alle revolutionären Aktivisten zu verhaften, so dass die Reste von RSDRP und PSR sich wieder in den Untergrund zurückzogen oder ihre Tätigkeit durch Zirkel mit harmlos klingenden Namen kaschierten. So bildeten sich allein in Atschinsk zwei Untergrundgruppen der PSR, die sich als Damenzirkel oder gemeinnützige Schlosserwerkstatt tarnten. Auch die KaDetten suchten im Rahmen des Krasnojarsker Vereins «Bildungsliga» demokratisches Gedankengut unter das Volk zu bringen, und in Minussinsk veranstalteten sie Konzerte und Theateraufführungen, aus deren Erlösen man unter der Hand Opfer staatlicher Repression unterstützte.[780]

## Das sibirische Glücksrad der Fortuna – Politikerschicksale

Als ein Subkontinent im Aufbruch bot Sibirien allen Menschen, die aus der Alltagsroutine ausbrechen wollten, ungeahnte Möglichkeiten – zum Aufstieg in schwindelnde Höhen, oft aber auch mit dem Risiko zu einem jähen Absturz in tiefste Tiefen. Gerade in den Jahrzehnten vor dem Ersten Weltkrieg, als in Sibirien Wirtschaft und Politik sich belebten, gibt es dafür Beispiele zuhauf – abzulesen am wechselvollen Schicksal der Deputierten, welche das G. Jenissei in die vier Reichsdumen entsandte. Im Folgenden sollen vier der sechs Abgeordneten, die das Gouvernement zwischen 1906 und 1917 in der Hauptstadt St. Petersburg vertreten haben, näher vorgestellt werden.

### Der Gewerkschafter – Iwan Judin

Eng mit Krasnojarsk verbunden war das Leben Iwan Korniljewitsch Judins (1862–1927, Abb. 78.3). Geboren im westsibirischen Kurgan als Sohn eines kleinbürgerlichen Ladenbesitzers, absolvierte er die Kreisschule und entdeckte früh seine Liebe zur Bücherwelt. Sein Vater indessen betrachtete das alles nur als überflüssigen Ballast und zwang ihm eine kaufmännische Lehre auf, damit er den väterlichen Kramladen übernehmen konnte. Dass der Vater 1883 bankrott ging, erlaubte es Iwan, sein Leben selber zu gestalten. Nach kurzem Aufenthalt in Irbit wechselte er nach Krasnojarsk, um dort in die Dienste des Großkaufmanns N. G. Gadalow zu treten.

Seine Büchersammlung suchte er schon früh für Weiterbildungszwecke zu nutzen, hielt Berufskollegen zum Lesen an und glitt dadurch nach und nach in die Anfänge gewerkschaftlicher Arbeit hinein. Seit 1891 im Untergrund politisch tätig und frühes Mitglied der RSDRP, begann er unter den kaufmännischen Angestellten der Stadt für einen gewerkschaftlichen Zusammenschluss zu werben. Damals waren die Arbeitstage endlos lang und die Entlohnung miserabel. Daher hatte er zunehmend Erfolg, und es gelang ihm, die «Union der kaufmännischen und gewerblichen Angestellten der Stadt Krasnojarsk» aus der Taufe zu heben, welche ihn zu ihrem ersten Präsidenten wählte. Natürlich war diese Gewerkschaft illegal und musste zunächst im Untergrund arbeiten. Er selber geriet nun in das Visier der Gendarmerie, die ihn zweimal in Untersuchungshaft setzte, ohne ihm aber etwas Belastendes nachweisen zu können. Ende 1904 wurde er aus einer dritten Haft entlassen. Als Russland nach dem Petersburger «Blutsonntag» vom 9. Januar 1905 immer mehr in Aufruhr geriet, organisierte Judin im März einen Streik aller Krasnojarsker Angestellten, der für sie bessere Arbeits- und Lebensbedingungen erkämpfen sollte. Die Streikenden hatten Erfolg, vermochten den achtstündigen Arbeitstag durchzusetzen, ferner einen Ferienanspruch und die Einrichtung einer Krankenkasse zu Lasten der Arbeitgeber. 1906 streikten auf Betreiben Judins die Bediensteten der Krasnojarsker Schiffsflotte. Auch dieser Streik führte im Juli zum Erfolg, wenngleich weniger glänzend als der des Vorjahres. Allerdings zahlte er persönlich dafür einen hohen Preis, denn sein Arbeitgeber Gadalow, für den er 22 Jahre lang geschuftet hatte, entließ ihn fristlos – wohl weil er Judins Verhalten als Treubruch betrachtete, hatte dieser doch seit 1888 Gadalows Schiffsflotte administriert. Ein ganzes Jahr war Judin arbeitslos und musste schauen, wie er seine Familie durchbrachte.

Doch das Volk hatte ihn nicht vergessen. Seine nun legalisierte Gewerkschaft und die RSDRP stellten ihn für die Wahlen zur zweiten Reichsduma (1907) als Kandidaten auf, und die Stimmbürger entsandten ihn und den zweiten Sozialdemokraten, Nikitin, als Deputierte des G. Jenissei nach St. Petersburg. Nikitin wurde allerdings unter Berufung auf formelle Gründe vom Wahlbüro durch einen Bauerndeputierten aus dem Kreis Minussinsk ersetzt – den Priester Brilliantow. So unerwartet wie das Glücksrad Judin in die höchsten Höhen des politischen Erfolges emporgetragen hatte, so jäh folgte schon kurz darauf der Absturz. Die «Duma des Volkszorns», wie die radikale zweite Duma im Volksmund hieß, erlitt das gleiche Schicksal wie ihre Vorgängerin, die Regierung jagte sie auseinander, und ihre sozialdemokratischen Deputierten wurden im November 1907 zu Katorga verurteilt. Statt im Triumphzug von der Dumasession wieder heimzukehren, passierte Judin in Ketten und Sträflingskleidung in einem Gefängniswaggon der kürzlich erst eröffneten Transsibirischen Eisenbahn seinen Wahlkreis und rollte weiter nach Osten, wo er in Transbaikalien bis zum Juli 1911 als Zwangsarbeiter schuftete. Nach Ablauf der Katorgafrist erhielt er den Status eines Zwangsangesiedelten. Man wies ihm als Aufenthaltsort das Dorf Tworogowo im transbaikalischen Kreis Selenginsk zu. Als Zwangsangesiedelter erhielt er keine staatliche Unterstützung und musste sehen, wie er überlebte. Er versuchte es als Fischer. Zu seinem Glück durfte er schon im Januar 1912 ins G. Irkutsk umsiedeln und sich in der Kreisstadt Werchneudinsk niederlassen. Sein früherer Wirkungsort Krasnojarsk blieb ihm verschlossen.

Aufsehen als politischer Aktivist hat Judin in der Folgezeit nicht mehr erregt, auch nicht bei den Revolutionen von 1917 und während des Bürgerkriegs. Als überzeugter Gewerkschafter und ehemaliger Menschewik stand er in der Sowjetunion ohnehin auf dem Abstellgleis. Der Nachruf, den ein Freund ihm in der Zeitschrift «Katorga i ssylka» widmete, enthält jedenfalls keinerlei Hinweise auf eine intensivere politische Tätigkeit, und dass der Artikel nicht mit vollem Namen gezeichnet ist, lässt sich als Indiz dafür deuten, dass es 1927 nicht mehr opportun war, sich allzu sehr mit Judin zu identifizieren.[781]

### Der sozialrevolutionäre Priester – Aleksandr Iwanowitsch Brilliantow

Neben Judin hatten die Wähler den Priester Aleksandr Brilliantow (Abb. 78.3) in die zweite Reichsduma entsandt. Ihn katapultierte Fortuna zweimal in höchste Höhen.

Geboren 1869 als Sohn eines Diakons im Kirchdorf Kornilowskoje (Kreis Atschinsk), wählte er, wie es damals bei Priestersöhnen noch verbreitet war, die geistliche Laufbahn. Er durchlief die Kirchenschule in Krasnojarsk, das Priesterseminar in Tomsk und wurde, nachdem er die vorgeschriebene Ehe eingegangen war, im Alter von 22 Jahren zum Priester geweiht. Wie Stalin wurde auch er im Priesterseminar zum Revolutionär. Allerdings interessierte er sich nicht für das Proletariat wie die Marxisten, sondern für die Bauern. Während seiner ersten Stelle als Priester – 1892–1904 im Kirchdorf Jelowskoje (Kreis Krasnojarsk) – hatte er genügend Zeit, sich mit ihren Problemen und politischen Hoffnungen vertraut zu machen. Stärker in den Brennpunkt revolutionärer Umtriebe geriet er aber erst, als er 1904 an die Hauptkirche der Stadt Minussinsk versetzt wurde.

1905 überschlugen sich dann die Ereignisse. Vater Aleksandr Brilliantow engagierte sich in der Landwirtschaftlichen Gesellschaft, trat der Allrussländischen Bauernunion bei, avancierte zum stellvertretenden Vorsitzenden der Gesellschaft für Grundbildung und wurde nach dem Erlass des Manifestes vom 17. Oktober 1905 in das Komitee zur Organisierung von Meetings gewählt. Als die Opfer staatlicher Repression in großen Trauermärschen zu Grabe getragen wurden, zelebrierte er die Abdankungsliturgie und scheute sich nicht, dabei den «Kämpfern, die für die Volksfreiheit gefallen sind, ewiges Gedenken» zu geloben, wie ein Spitzelbericht der Geheimpolizei vermerkt. Als nach der Auflösung des ersten gewählten Parlaments auf 1907 Neuwahlen ausgeschrieben wurden, schickte die Mehrheit der Wahlberechtigten des G. Jenissei ihre damals populärsten Politiker nach St. Petersburg – neben Iwan Judin den Sozialrevolutionär und Bauernvertreter Vater Aleksandr Brilliantow. In der Reichsduma schloss dieser sich der Fraktion der PSR an und nahm Einsitz in die Parlamentskommission für Kirchengesetzgebung. Als Parlamentarier scheute er sich nicht, Klartext zu reden, setzte sich für aus politischen Gründen Inhaftierte ein und wandte sich in diesem Zusammenhang auch offen an die Regierung: «Mein Stand und das Kreuz, das ich trage, verpflichten mich dazu, zu erklären […], dass jede Regierung, die nicht auf die Forderungen der Volksvertreter hört […], nicht sicher ist: ihre Macht, ihre Waffen können sich irgendwann auch gegen sie selber richten.»[782] Das waren prophetische Worte, die sich aber erst zehn Jahre später bewahrheiten sollten. Brilliantow war keineswegs der einzige Geistliche im Parlament: Unter den 518 registrierten Abgeordneten fanden sich zwei Bischöfe und elf Priester, von denen vier revolutionären Parteien und drei den Konstitutionellen Demokraten angehörten; das heißt, über die Hälfte der geistlichen Deputierten zählte zum regimekritischen Lager.[783] Nach Auflösung der zweiten Reichsduma sah sich Aleksandr Brilliantow der Repression schutzlos ausgeliefert. Die russische Staatskirche nahm die Gelegenheit wahr, den ungeliebten Sohn seines Priesteramtes zu entkleiden, die staatlichen Organe setzten ihn vorübergehend fest und verwiesen ihn schließlich aus dem G. Jenissei, um seinen Einfluss auf die dortigen Bauern zu unterbinden. Brilliantow ließ sich 1908 mit seiner Familie in Ufa am Südural nieder und fristete sein Leben als Redakteur der linken Zeitung «Land und Freiheit».

Seine eigentliche Stunde als Politiker schlug erst wieder nach der Februarrevolution von 1917. Er wurde zum Vorsitzenden des Gouvernementskomitees der PSR sowie des Gouvernementssowjets der Bauerndeputierten gewählt und amtete von März bis Oktober als Präsident der städtischen Duma, also als Bürgermeister von Ufa. Damit noch nicht genug: Die Sozialrevolutionäre und Bauerndeputierten des Wahlkreises 9 entsandten ihn als ihren Delegierten in die Verfassunggebende Nationalversammlung *(Učreditel'noe sobranie)* nach St. Petersburg/Petrograd. Ein zweites Mal trug ihn das Glücksrad der Fortuna weit nach oben, doch auch dieses Mal währte der Erfolg nicht lange, nur erfolgte der erneute Absturz in Raten. Als die Bolschewiki auf Geheiß Lenins am 5. Januar 1918 die Verfassunggebende Nationalversammlung sprengten, weil sie in ihr keine Mehrheit hatten, war Brilliantow anwesend. Trotz dieser negativen Erfahrungen mit den Bolschewiki blieb er der linken Abspaltung der PSR treu, die mit den Bolschewiki im Dezember 1917 eine Koalitionsregierung eingegangen war. Er selber arbeitete für die linken Sozialrevolutionäre als Minister «ohne Portefeuille» im Volkskommissariat für Finanzen, ist aber offensichtlich im März 1918 aus Protest gegen die Unterzeichnung des Friedens von Brest-Litowsk aus der Sowjetregierung zurückgetreten. Er zog sich nach Ufa zurück, engagierte sich nur noch in der Lokalpolitik und fristete sein Leben als bloßer Buchhalter im Gouvernementskomitee für das Versorgungswesen.[784] Doch die lokale Tscheka hatte ein Auge auf ihn. Immer wieder wurde er verhaftet, bis er 1932 im Gulag verschwand. Man weiß nur, dass er in das Swirlag kam – einen Lagerkomplex am Fluss Swir, der Ladoga- und Onegasee miteinander verbindet. 1937 soll er dort verstorben sein.[785]

### Der Renegat – Wassili Andrejewitsch Karaulow

Nach der Auflösung auch der zweiten Reichsduma und der Manipulation des Wahlrechts wurden die dritte und vierte Duma von regimetreuen Parteien beherrscht. Linke Priester gab es nun nicht mehr, obgleich die Anzahl der Geistlichen unter den Deputierten sich massiv auf 45 beziehungsweise 46 vervielfacht hatte.[786]

In der dritten Reichsduma (1907–1912) vertrat das G. Jenissei der 1854 im europäischen Russland geborene Wassili Andrejewitsch Karaulow (Abb. 78.2). Obgleich er adliger Herkunft war, hatte er sich in jungen Jahren der revolutionären Organisation Narodnaja Wolja angeschlossen, bis er 1884 verhaftet und zu vier Jahren Zwangsarbeit in der Festung Schlüsselburg verurteilt wurde. Als er die Strafe abgebüßt hatte, verbannte man ihn in das G. Irkutsk. Dort arbeitete er als Feldscher auf dem Lande. Dann gelang es ihm, sich in Krasnojarsk niederzulassen und eine Stelle als Lehrer anzunehmen, jedoch immer noch unter Polizeiaufsicht. In politischer Hinsicht wäre er daher ein würdiger Nachfolger Aleksandr Brilliantows in der Reichsduma gewesen, aber unter den Umständen eines radikal eingeengten Wahlrechts natürlich ohne jede Chance, gewählt zu werden. Wenn er es trotzdem in die dritte Reichsduma geschafft hat, dann durch opportunistische Geschmeidigkeit. Er wurde Mitglied der Liberalen, der späteren Partei der KD, und übernahm im Herbst 1905 deren Vorsitz in Krasnojarsk. Als diese sich in Freiheitliche Volkspartei umbenannte, schlug er vor, diesem Namen noch den Zusatz «konstitutionell-monarchistisch» hinzuzufügen. Damit gab er die politische Linie vor, der er nunmehr konsequent folgte – der eines monarchistischen Rechtsliberalen, obgleich seine Partei mehrheitlich weiter links stand. Mit öffentlichen Tiraden gegen alle Linken und Revolutionäre erregte er das Wohlgefallen rechtsbürgerlicher Wähler, die ihn als ihren Kandidaten für die erste und die zweite Reichsduma aufstellten, allerdings chancenlos. Dafür zog er aber die Aufmerksamkeit höchster Regierungskreise auf sich. Sein «Fall» wurde erneut aufgerollt, und am 2. Februar 1906 gewährte der Zar ihm offiziell die volle Begnadigung. Damit erhielt er auch seine bürgerlichen Rechte zurück. Einer nunmehr «gewendeten» politischen Karriere stand nichts mehr im Weg. Da das neue Wahlgesetz regierungstreue Parteien massiv bevorteilte, kam er als Kandidat der rechtsbürgerlichen und konservativen Bevölkerungsminderheit bei den Wahlen zur dritten Reichsduma durch und vertrat das G. Jenissei bis zu seinem unerwarteten Tod am 19. Dezember 1910. Kurz zuvor hatte man ihn noch in das Zentralkomitee der Partei kooptiert.[787]

Über die Frage, warum Karaulow zum politischen Renegaten wurde, kann man nur mutmaßen. Als Angehöriger einer radikal gesinnten Generation, die beim revolutionären Neuaufbruch am Ende des 19. und Anfang des 20. Jahrhunderts den Anschluss an die jungen Marxisten oder Sozialrevolutionäre vielfach nicht mehr schaffte, mag ihm das erforderliche Netzwerk gefehlt haben. Aber ich denke, dass ihm eher wohl die fünfzehnjährige politische Diskriminierung in der Verbannung zugesetzt und er nur in einer radikalen Kehrtwendung einen Ausweg gesehen hat. Dass er nicht zu den eigentlichen rechten Parteien übergelaufen ist, sondern als Vertreter des rechten Flügels der KaDetten auftrat, mag in ihm die Überzeugung wachgehalten haben, als gemäßigter Reformer wenigstens einen Rest seiner ursprünglichen politischen Ziele auf pragmatische Weise zu verfolgen.

### Der Umtriebige – Stepan Wassiljewitsch Wostrotin

Karaulows plötzlicher Tod mitten in der Legislaturperiode katapultierte 1911 als Nachrücker keinen rechten, sondern einen echten Liberalen in die Reichsduma. Dieser vertrat die Interessen des G. Jenissei so überzeugend, dass er problemlos auch in die vierte Duma gewählt wurde – Stepan Wassiljewitsch Wostrotin (Abb. 78.4). 1864 geboren als Sohn eines Jenisseisker Goldminenbesitzers und persönlicher Ehrenbürger – dem nach dem Adel zweithöchsten Stand – bezog er nach der Absolvierung des Krasnojarsker Gymnasiums die Universität Kasan, um Veterinärmedizin zu studieren. Nach dem Studienabschluss 1887 folgte noch ein kurzes Ergänzungsstudium in Paris. Wostrotin muss seine Zeitgenossen früh beeindruckt haben, denn schon als zweiundzwanzigjähriger Student avancierte er zum Bürgermeister von Jenisseisk und bekleidete dieses Amt bis 1899.

Aber seine Ambitionen reichten weit über Jenisseisk hinaus. Er wollte wie zuvor M. K. Sidorow den Jenissei für den internationalen Seehandel öffnen und seine Heimat damit zum Blühen bringen. Bereits 1894 kehrte er auf dem Seeweg von London zum Jenissei zurück, um zu beweisen, dass dies problemlos möglich sei. 1905 trat er den KaDetten bei, und als er seit 1911 für das Gouvernement in der Reichsduma saß, sah er seine Stunde gekommen. 1912 gelang es ihm, den Verkehrsminister davon zu überzeugen, längs des Nördlichen Seeweges Funkstationen einzurichten, um über Wetterverhältnisse und Eisbildung in der Karasee täglich auf dem Laufenden zu sein. Unermüdlich trieb er zudem sein Lieblingsprojekt einer See- und Freihandelsverbindung zwischen Europa und dem Jenissei voran, förderte Investitionen des norwegischen Konsuls Jonas Lied in die Holzwirtschaft am Jenissei und vermochte sogar den international bekannten norwegischen Polarforscher Fridtjof Nansen werbewirksam in seine Pläne einzuspannen. Wie schon berichtet, bewegte er ihn dazu, seine Sibirienreise von 1913 per Schiff von Norwegen zum Jenissei und dann mit dem Motorboot *Omul* den Jenissei aufwärts bis nach Jenisseisk zu beginnen. Durch Nansens im Jahr darauf publizierten Reisebericht «Sibirien, ein Zukunftsland», der allein in Deutschland zwei Auflagen erlebte, wurde Wostrotin international bekannt. Nansen schreibt über ihn: «Eine bessere Gesellschaft als Wostrotin konnte man auf einer sibirischen Reise gar nicht haben. Durch das Karische Meer war er im Jahre 1894 auf seiner Hochzeitsreise gekommen und den Jenissei hatte er mehrmals auf- und abwärts befahren. Er kannte sein Land und kannte die Million Einwohner in- und auswendig und war wie ein lebendes Konversations-Lexikon für alles, was man nur über dortige Lebens- und Arbeitsverhältnisse zu erfahren wünschte. Dazu kam, dass er sich in den neunziger Jahren lange Zeit an der Schiffahrt im Karischen Meer und auf dem Jenissei beteiligt, selbst Dampfer gekauft und viel Geld dabei verloren hatte. So konnte er auch davon aus eigener Erfahrung reden.»[788] Während der Fahrt auf dem Jenissei ließ Wostrotin keine Gelegenheit aus, um – sobald man irgendwo anlegte – das Gespräch mit der Bevölkerung zu suchen. Nicht als Schreibtischpolitiker fühlte er sich, sondern trotz seines herausgehobenen Standes als ein Mann des Volkes.

In der Reichsduma fiel er auf, war Mitglied der Budget-, Finanz- und Feuerschutzkommission und galt als Spezialist für Verkehrsfragen. Als das Projekt einer Polarmagistrale aufkam, um eine Landverbindung für den Warenaustausch zwischen dem europäischen Russland und Nordsibirien herzustellen, nachdem Freihafenprojekte an der Eismeerküste am Widerstand der Regierung gescheitert waren, focht Wostrotin in der Duma vehement für den Seeweg, weil eine Eisenbahnverbindung unter dem Polarkreis völlig unrentabel sein werde.[789] Es sollte Stalin vorbehalten bleiben, ein derart irrwitziges Projekt in Gang zu bringen.

Nach der Februarrevolution von 1917 wurde Wostrotin zum stellvertretenden Landwirtschaftsminister in der Provisorischen Regierung ernannt und rückte innerhalb seiner Partei, die sich nach dem Ende der Monarchie wieder Partei der Volksfreiheit nannte, in das Zentralkomitee auf. Nach der Oktoberrevolution ging er in den Fernen Osten und diente der provisorischen «weißen» Regionalregierung des Generals Chorwat in Wladiwostok als Bevollmächtigter für die Verhandlungen mit Japan und dann als Handels- und Gewerbeminister. Admiral Koltschak ernannte ihn schließlich zum Obersten Bevollmächtigten der Russländischen Regierung für den Fernen Osten. Als das Ende der «weißen» Herrschaft auch dort nahte, ging Wostrotin Anfang 1920 nach Charbin in der Mandschurei, wo sich seit dem Bau der Ostchinesischen Bahn von Tschita über chinesisches Territorium nach Wladiwostok eine große russische Kolonie befand. Dort redigierte er die Zeitung «Russische Stimme» *(Russkij golos)*, bevor er 1927 nach Frankreich emigrierte. Er starb 1943 in Nizza.[790]

## Verschickt, verbannt, verfemt – der Staat schlägt zurück

«Verschickt» werden nach normalem Sprachgebrauch Pakete. In Russland wurden sowohl unter dem Zaren- als auch unter dem Sowjetregime Menschen «verschickt». Dabei kennzeichnete das Wort «Verschickung» *(ssylka)* eine administrative Amtshandlung, die häufig unter Umgehung des ordentlichen Rechtsweges Personen in periphere Gebiete Russlands deportierte. Das entlegene, riesige und dünn besiedelte Sibirien schien dafür in besonderem Maße geeignet und entwickelte sich dadurch zum «größten Gefängnis der Welt».[791] Im deutschen Sprachgebrauch hat sich statt «Verschickung» die Bezeichnung «Verbannung» eingebürgert. Damit nimmt man dem Phänomen aber die Schärfe.

### Das System der Verschickung (Ssylka)

#### Katorga und Ssylka
Die russische Verwaltungssprache wusste während der Zarenzeit sehr diffizil zwischen Kriminellen, die zu Katorga verurteilt worden waren *(katoržniki)*, und aus politischen Gründen zu Zwangsarbeit Verurteilten *(katoržane)* zu unterscheiden.[792] Die Ersteren trugen ein Brandmal im Gesicht, seit dem 19. Jahrhundert auf dem Rücken als Markierung. Den «Politverbrechern» blieb diese Demütigung erspart, zumal sich unter ihnen viele Adlige befanden (Abb. 85). Systematisch und in größerem Ausmaß sind Katorgastrafen erst seit Kaiser Peter dem Großen in Mode gekommen, denn es war eine der Maximen Peters, alle seine Untertanen zu nützlicher Tätigkeit anzuhalten, auch die Gefangenen.[793] Zum Einsatz kamen die Katorga-Sträflinge beider Kategorien zumeist in staatlichen Fabriken und Bergwerken. Im G. Jenissei arbeiteten sie nur zu einem kleinen Teil in den Goldminen,[794] in den Eisenhütten von Wosnessensk und Irbit. In der Mitte des 18. Jahrhunderts hatten sie den «Großen Sibirischen Trakt» zu planieren und um 1900 beim Aufschütten der Trasse für die Transsibirische Eisenbahn zu helfen, insbesondere beim Bau der Eisenbahnbrücke über den Jenissei bei Krasnojarsk (Station Baraki).[795]

Aus politischen Gründen zu Katorga Verurteilte[796] waren im G. Jenissei bis zum 20. Jahrhundert ein Randphänomen. Die Biographien von 403 Politsträflingen der Jahre 1861–1893 (in der Regel Narodniki) sind näher erforscht. Von ihnen verbüßten die meisten ihre Strafe in den Kerkern der Peter-und-Pauls-Festung von St. Petersburg oder in Schlüsselburg. Die übrigen wurden in die Gruben des fernöstlichen Nertschinsk oder seit 1886 auch auf die Insel Sachalin deportiert. Nur Vereinzelte saßen für kürzere Zeit im Krasnojarsker Gefängnis.[797] Jedenfalls gab es im G. Jenissei keine permanenten Katorga-Gefängnisse, und bei den kasernierten Sträflingen handelte es sich um vergleichsweise kleine Kontingente, die nur für die Dauer eines bestimmten Projektes am Arbeitsort stationiert waren.[798]

Bei den zu Zwangsarbeit Verschickten unterschied man zwischen solchen ohne und solchen mit Befristung. Politische *katoržane* verloren ihre Rechte, durften sich aber nach Ablauf der Frist als Ansiedler in einem Gouvernement Ostsibiriens niederlassen, das die Behörden ihnen zuwiesen. Nach Ablauf von 13 Jahren konnten sie in ein sibirisches Gouvernement ihrer Wahl wechseln und sich in den Bauernstand einschreiben. Eine Rückkehr in das europäische Russland blieb ihnen jedoch verwehrt.

Bei den ohne Zwangsarbeitspflicht Verschickten gab es drei Kategorien:

1. Für auf Grund eines Gerichtsurteils «zur Ansiedlung Verschickte» *(ssyl'noposelency)* galt diese Maßnahme gemäß Gesetz von 1845 lebenslänglich; hinzu kam der Entzug aller Rechte und die Ansiedlung in einem abgelegenen Gouvernement Sibiriens. Ihren Lebensunterhalt mussten sie selber verdienen.

2. Eine durch Gerichtsurteil ausgesprochene «Verschickung zum Wohnen» *(ssylka na žit'ë)* regelten Gesetze von 1839 und 1845. Sie kam vor allem bei Privilegierten zur Anwendung und war befristet. Die Verurteilten behielten ihre Standesrechte und durften ihre Familien mit nach Sibirien nehmen.

3. Alle auf administrativem Weg, also ohne Gerichtsurteil, Verschickten (und das waren in der Regel «politische Delinquenten») kennzeichneten die Behörden als «zur Ansetzung Verschickte» *(soslannye na vodvorenie)*. Kurz vor dem Ersten Weltkrieg betrug ihre Strafzeit maximal fünf Jahre. Der Staat zahlte ihnen einen monatlichen Unterhaltszuschuss von 15 Rubel. Daneben durften sie sich selber Geld verdienen. Nach Ablauf der Frist erhielten sie in der Regel die volle Freizügigkeit zurück und konnten sich überall in Russland niederlassen.[799]

Allerdings wurden die Unterschiede zwischen gerichtlich und administrativ Verschickten immer wieder verwischt, und im Laufe der Zeit wechselten Kategorisierungen, Strafmaß und Zusammensetzung der Delinquenten, so dass die genannten Unterscheidungen nur sehr allgemeiner Natur sein können.[800]

Von Anfang an verfolgte die Regierung mit der Verschickung zwei Ziele: zum einen «Missetäter» vom russischen Kernland fernzuhalten, zum anderen Sibirien zu «peuplieren» und wirtschaftlich zu erschließen. Einen Nutzen sollten diese Deportierten dem Staat noch erbringen, jeder nach seinen Fähigkeiten – als Bauer, Handwerker oder im Militärdienst.[801] Im Laufe der Zeit vermochte diese Politik auf immer weitere Zulieferer zurückzugreifen. Als kaiserliche Verfügungen von 1760 und 1765 Gutsbesitzern und Dorfgemeinschaften gestatteten, unbequeme oder renitente Personen auf administrativem Weg nach Sibirien zu spedieren, nahm das «Verschickungsvolumen» drastisch zu. Seit den 1820er Jahren wuchs auch die Zahl der gerichtlich Verschickten stark an. In den 1830er Jahren wurden jährlich im Durchschnitt 9000–10000 gerichtlich und administrativ verurteilte Personen nach Sibirien verfrachtet, und zwar zu Fuß. Dies überforderte nicht nur die staatliche Organisation, sondern führte auch zu immer größeren Problemen in Sibirien selbst.

Im Gefolge der Bauernbefreiung von 1861 wurde lediglich die administrative Verschickung durch den Willen von Gutsbesitzern abgeschafft, nicht die durch Entscheid von Stadt- und Dorfgemeinden. Weitere Reformen schob man immer wieder auf die lange Bank, bis gegen Ende des 19. Jahrhunderts immer deutlicher wurde, dass es so nicht weiterging, weil die sibirische Gesellschaft durch die Masse der Deportierten aus der Balance zu geraten drohte. Im Jahre 1900 verfügte Nikolaus II. daher, die Verschickung zum Wohnen zu liquidieren und die Verschickung zur Ansiedlung auf «politische und religiöse Delinquenten» zu beschränken. Um die öffentliche Ordnung in Sibirien zu verbessern, sollten Kriminelle nur noch zu Zwangsarbeit oder Gefängnishaft verurteilt werden.[802]

### Die statistischen Dimensionen

Genauere Zahlenangaben über die Entwicklung des «Verschickungsvolumens» lassen sich für das 17. und 18. Jahrhundert nicht und selbst für das 19. Jahrhundert bis 1880 nur sehr grob machen. Statistische Sorgfalt hat sich die überforderte russische Bürokratie nie auf ihre Fahnen geschrieben.

Für den Anfang des 19. Jahrhunderts schätzt man den Anteil der Deportierten an der Gesamtbevölkerung Sibiriens auf etwa ein Sechstel.[803] Erman zitiert Angaben des Gouverneurs Stepanow, nach denen 1829 im G. Jenissei die Bevölkerung durch Geburten jährlich um 1547, durch Verbannte jedoch um 3500 Personen zugenommen habe. Daher sei es kein Wunder, dass längs der Poststraße von Krasnojarsk nach Kansk die Dörfer «fast ausschließlich» von Verbannten bewohnt seien.[804] Für das Jahr 1824 werden von den 85 671 Verschickten Sibiriens 12 219 für das G. Jenissei ausgewiesen. Diese Zahl stieg im Jahre 1835 nach dem ersten polnischen Aufstand (1830/31) auf 31 249 von insgesamt 122 198 Personen. 1868 – die Verbannungswelle nach dem polnischen Aufstand von 1863/64 machte sich bemerkbar – lebten in Sibirien bereits 238 744 Verschickte (Frauen und Kinder nicht eingerechnet), davon 81 600 im G. Jenissei. Weil seit der Jahrhundertmitte immer mehr freie Kolonisten nach Sibirien einströmten, sank der Anteil Verschickter an der Bevölkerung Sibiriens auf 6 Prozent, doch im G. Jenissei lag er bei 23 Prozent.[805] Die Volkszählung von 1897 weist für ganz Sibirien einen Anteil von 5,2 Prozent Verschickter (ohne Familienangehörige)[806] aus. Mit 9,1 Prozent lag allerdings das G. Jenissei nach Sachalin (mit 31,8 und dem G. Irkutsk mit 14,2 Prozent) weit über dem Durchschnitt.[807]

Die Zwangsarbeit als Kettensträfling trat im Laufe des 19. Jahrhunderts anteilsmäßig in den Hintergrund. Stellten Katorga-Deportierte im zweiten Drittel des 19. Jahrhunderts noch fast ein Sechstel aller Verschickten, betrug ihr Anteil im Jahre 1898 nur noch 3,2 Prozent.[808]

Zu Beginn des 20. Jahrhunderts erreichte der Anteil der «Politischen» an den Verschickten einen Tiefpunkt. Auf den 1. Januar 1901 lag er bei 0,42 Prozent von 309 265 offiziell Registrierten.[809] Nach der Revolution von 1905 schlug die staatliche Vergeltung allerdings wieder voll zu. In den Jahren 1906–1917 wanderten über 26 000 Personen in die Politverschickung nach Sibirien, zwei Drittel von ihnen auf administrativem Weg.[810] Zwischen 1914 und dem Frühjahr 1917 lebten von 16 108 administrativ Verschickten 3368 im G. Jenissei. Laut einer Erhebung zum 1. Januar 1917 waren Nichtrussen unter ihnen weit überproportional vertreten; Polen, Letten, Esten und Ukrainer stellten mehr als ein Viertel der Deportierten. Darin spiegelt sich auch der nationale Aspekt der antiautokratischen Bewegungen. Interessant ist, dass vier Fünftel der Deportierten den Ständen von Kosaken, Bauern und Kleinbürgern angehörten. Mit 6,7 Prozent war die Staatselite (Adel, höhere Beamte, Ehrenbürger) immer noch überproportional vertreten, während nur wenige dem Industrieproletariat angehörten, auf das Lenin so große politische Hoffnungen setzte. Nach Parteizugehörigkeit aufgeschlüsselt rechneten sich über ein Drittel den Sozialrevolutionären zu, ein Viertel den Bolschewiki, ein knappes Sechstel den Menschewiki, jeder Zwölfte betrachtete sich als Anarchist, und der Rest verteilte sich auf Mitglieder des Allgemeinen Jüdischen Arbeiterbundes in Polen und Litauen, der Polnischen Sozialistischen Partei oder war parteilos.[811]

**Unterwegs**
Als Thomas W. Knox im Winter 1869/70 auf dem Großen Sibirischen Trakt mit dem Postschlitten westwärts reiste, begegnete er zwischen Krasnojarsk und Atschinsk einer Sträflingskolonne, die sich nach Osten bewegte – dem Ort ihrer Zwangsarbeit entgegen. Es waren etwa 30 Mann, die in zwei Reihen, aber ungeordnet und unförmig vermummt, dahintrotteten. Vor und hinter ihnen marschierten jeweils zwei Soldaten mit aufgepflanztem Bajonett. Dann folgten mehrere Schlitten mit dem Gepäck und fußkranken Sträflingen sowie ein halbes Dutzend weiterer Soldaten und zwei Frauen. Den Konvoi beschloss ein offener Schlitten mit zwei weiteren Soldaten, die ihr Bajonett aufgepflanzt hatten. Viele Monate war ein solcher Konvoi unterwegs, denn pro Tag legte er im Mittel nicht mehr als 20 Werst zurück. In diesem Abstand war der Trakt gespickt mit Etappengefängnissen, in denen die Konvois übernachten konnten. Zwei Tage mussten die Sträflinge marschieren, dann gab es einen Ruhetag.[812] Sobald die Transsibirische Eisenbahn fertig war, wurden die kraftraubenden Fußmärsche durch den bequemeren und schnelleren Bahntransport ersetzt. Dafür baute man spezielle Gefängniswaggons, vom Volksmund nach dem damaligen Ministerpräsidenten Stolypinwaggon oder Wagonsak *(wagon dlja perevozki zaključennych)* tituliert.

Ein Etappengefängnis aus der Voreisenbahnzeit hat noch Stackelberg kennengelernt, als er im Sommer 1915 mit einem Bahntransport nach Atschinsk kam. «Das Gefängnis lag auch hier weit draußen, es war ein altes, ganz aus Holz gebautes Dörfchen, das von einem Palisadenzaun umgeben war. Rohe, spitze Baumstämme von Telegrafenmastgröße waren einer dicht neben dem anderen in den Boden getrieben. Auch die Häuschen, in denen die Gefangenen untergebracht wurden, das einfache Krankenhaus und die kleine Kirche waren aus rohen Kiefernbalken gezimmert. Bretter waren hier kostbarer als Balken; jene mussten damals noch von Hand herausgesägt werden. […] Es war schon Abend, als wir ins Gefängnis kamen. Wir wurden in eine schmale, längliche Zelle gebracht, die nur durch eine Talgkerze erhellt war. Decke und Wände bestanden aus rohen schwarzen Balken. Man hörte ständig ein eigentümliches Summen und leises Knacken, das wir uns nicht erklären konnten. Wir legten uns gleich auf die Pritschen, in der Erwartung, dass dies die letzte Nacht im Gefängnis sei. Am Morgen sahen wir, woher die dunkle Farbe der Decke und der Wände stammte, und erkannten zugleich die Ursache des rätselhaften Summens. Myriaden von Fliegen saßen dicht an dicht an Decke und Wänden. Sie stürzten sich jetzt auf uns, und obgleich wir Tausende zerdrückten, half es nicht viel.»[813]

Innerhalb des G. Jenissei bildete der Strom die wichtigste Transportachse für Verschickte. Jakow Schumjazki wurde im August 1909 auf dem Flussweg mit etwa 70 Häftlingen von Krasnojarsk nach Turuchansk geschafft. «Unsere Barke, die an den Schleppdampfer *Deduschka* angehängt war,[814] bildete eine Art besonderes schwimmendes Gefängnis, welches auf den Wellen des Jenissei zum fernen Norden schwamm. Wenn da nicht die tierische Physiognomie des Konvoioffiziers und die Gewehre der Soldaten gewesen wären, hätte das Publikum in den grauen Mänteln sich ganz wie in der Sommerfrische fühlen können. Von irgendwoher tauchten lange Ruten mit Angelhaken auf, bei irgendeinem Besatzungsmitglied wurde ein Körbchen mit Würmern gekauft, und irgendwer begann damit zu arbeiten *(promyšljat')*.»[815]

Stackelberg machte im Spätsommer 1915 die Reise von Krasnojarsk nach Jenisseisk nicht auf einer Barke, sondern auf einem Dampfer, allerdings nicht zu seinem Vorteil. «Wir waren im Laderaum verstaut worden, der so niedrig war, dass man nicht stehen konnte. Der Boden war glitschig und nass. Es roch nach Unrat und verfaulten Fischen. Im Schlepptau führten wir eine Barke mit, die auch voller Gefangener war. Diese hatten es besser als wir; sie durften sich bei Tage auf das Deck setzen und in die weite Landschaft schauen. [...] Wir konnten aus unserem Bunker nur durch das Bullauge hinaussehen und erhielten nie die Erlaubnis, oben frische Luft zu schöpfen, da Passagiere an Bord waren.»[816]

Jakow Schumjazki erlebte nach der Ankunft in Turuchansk übrigens noch eine spezielle Transportvariante. Mit zehn bis zwölf meist «zur Ansiedlung» Verschickten blieb er dort nur einen Monat. Dann wurde er Ende September mit drei weiteren Gefährten unter Bewachung zweier Kosaken in einem Ruderboot nach Dudinka weitergeschickt. Unterwegs fiel der erste Wintersturm über sie her, und sie kamen nur knapp mit dem Leben davon (Quelle 5.3).

## Der Adel

Innerhalb der Massen Verschickter stellten aus politischen Gründen Verurteilte – von den Einheimischen am Jenissei *politika* genannt – je nach Zeitläufen eine wechselnde, aber insgesamt nur kleine Minderheit. Ihnen soll im Folgenden unsere Aufmerksamkeit gelten.[817]

Auch für Adlige brauchte es nicht viel, um in Sibirien zu landen. Jenisseisk wird erstmals 1646 als Verschickungsort des Truchsesses *(stol'nik)* Iwan Nikititsch Chowanski genannt, der die weite Reise von Moskau «mit seinem gesamten Hause» anzutreten hatte, aber schon nach anderthalb Jahren begnadigt wurde.[818] 1688 verschickte Moskau den tscherkassischen (ukrainischen) Hetman Iwan Samuilow nach Tobolsk und seinen Sohn weiter nach Jenisseisk «zur strengsten Bewachung».[819]

Stepan Kolowskoi, «aus polnischen Landen», der 1632 in zarische Dienste getreten, durch Neutaufe zur Orthodoxie konvertiert war und einen neuen Namen angenommen hatte, diente als Rittmeister in einem nach abendländischem Vorbild aufgestellten Regiment. Als er 1639 dienstlich abwesend war, wurde bei seiner Frau Tabak gefunden. Das genügte, um ihn dafür 1640 nach Krasnojarsk strafzuversetzen. Dort diente er in Kavallerie, Infanterie und auf Flussschiffen, hob Jassak bei Indigenen ein, kämpfte gegen Braten und Steppenvölker, leitete den Bau eines Forts und wurde im Kampf mehrmals verwundet. Dies alles hat er in einer Bittschrift aufgelistet mit dem Ziel, für seine langjährigen Verdienste zum Jungbojaren befördert zu werden.[820]

Während der raschen Thronwechsel und Palastrevolten im zweiten Viertel des 18. Jahrhunderts kam es in Mode, die gefährlichsten Machtkonkurrenten der jeweils unterlegenen Seite zu «Staatsverbrechern» zu erklären, einige hinzurichten und die übrigen in Sibirien zu entsorgen. Von 1725 bis 1740 betraf dies insgesamt 74 Personen der höchsten Staatselite, davon 38 aus tituliertem Adel (Fürsten, Grafen etc.). 63 von ihnen wurden in entlegene Forts und Winterlager deportiert und dort «unter strenger Aufsicht» gehalten. Die Provinz Jenissei spielte dabei allerdings nur eine Nebenrolle. Zu den Prominenten, die es dorthin verschlug, gehörte Graf Anton Manuilowitsch Devier, Generalpolizeimeister von St. Petersburg, den man eines Komplotts zum Sturz des damaligen Favoriten der Kaiserin Katharina I., Fürst A. D. Menschikow, beschuldigte. Er verbrachte die Jahre 1728–1739 als Verschickter im armseligen Neu-Mangaseja (Turuchansk). Sein angeblicher Mitverschworener, Graf Francesco di Santi, Oberzeremonienmeister, der 1728–1740 unter teilweise erbärmlichen Verhältnissen in Jakutsk, Wercholensk und Ust-Wiljuisk gelebt hatte, durfte 1741 den Rest seiner Deportation im etwas komfortableren Jenisseisk verbringen.[821] Der Ahndung eines Komplotts, das sich gegen die am Hof Kaiserin Annas herrschenden «Deutschen» gerichtet hatte, fiel 1740 nicht nur dessen Kopf, der Kabinettsminister Fürst Artemi Petrowitsch Wolynski zum Opfer, sondern auch seine beiden völlig unbeteiligten Töchter, die im Zuge der damals üblichen Sippenhaft zwangsweise zur Nonne geschoren wurden: Anna steckte man ins Irkutsker Snamenski-Kloster, die erst fünfzehnjährige Marija bis 1742 ins Jenisseisker Roschdestwenski-Kloster.[822] Als im November 1741 dann die «Deutschen» ihrerseits gestürzt wurden und Kaiserin Elisabeth den Thron bestieg, gehörte zu den Opfern auch der Wirkliche Staatsrat Iwan Nasarjewitsch Temirjasew, der zunächst in Tobolsk, dann in Neu-Mangaseja einsaß.[823] Sibirische Klöster waren bei den Zaren überhaupt sehr beliebt, um politische Gegner zu neutralisieren. Diese lebten dort als Namenlose, und ihr Aufenthaltsort galt als streng geheim. Als 1775 das Saporoger Kosakenheer an den Dnjepr-Stromschnellen endgültig liquidiert wurde, ließ Katharina II. die dreiköpfige Führungsspitze auf Lebenszeit in fernen Klöstern gefangen halten: den Heeresataman Petr Kalnischewski im Kloster auf den Solowki-Inseln, den Heeresrichter Pawel Holowaty in einem unbekannten sibirischen Kloster und den Heeresschreiber Iwan Hloba im Dreifaltigkeitskloster von Monastyrskoje.[824]

Eine neue Welle teilweise hochrangiger Adliger spülten die Prozesse gegen die am Dezemberaufstand von 1825 beteiligten «Dekabristen» in die sibirischen Gefängnisse und Verbannungsorte. Von 121 Verurteilten wurden fünf gehenkt, die übrigen zu Katorga oder Verbannung nach Sibirien deportiert. 32 von ihnen lebten vorübergehend oder endgültig im G. Jenissei, vor allem in Krasnojarsk, Minussinsk und Turuchansk.[825] Unter den Verhafteten befand sich auch ein Krasnojarsker, Rafail Aleksandrowitsch Tschernoswitow. Geboren als Sohn eines kleinen Gutsbesitzers im G. Jaroslawl, war er bei der Niederschlagung des polnischen Aufstands 1831 als Leutnant schwer verwundet in polnische Kriegsgefangenschaft geraten und hatte die Ideale der Aufständischen schätzen gelernt. Durch seine aus Irbit gebürtige Frau wurde er auf Sibirien aufmerksam und lebte seit 1843 als Teilhaber eines Goldminenunternehmens in Krasnojarsk. Als er 1848 geschäftlich in St. Petersburg weilte, wurde er in den Petraschewski-Zirkel eingeführt und trat dort ganz im Sinne der späteren Regionalisten als Anwalt eines freien Sibirien auf. Obgleich er für die Geheimpolizei nicht zum engsten Kreis der Verdächtigen gehörte, verbrachte er fast zehn Jahre in Festungshaft, bevor er zu seiner Familie nach Krasnojarsk zurückkehren durfte.[826]

Einer der vornehmsten war der 1796 geborene Fürst Fjodor Petrowitsch Schachowskoi. Wie die meisten Dekabristen hatte er 1813/14 am Frankreichfeldzug teilgenommen und wurde 1816 Gründungsmitglied des geheimen Wohlfahrtsbundes *(Sojuz blagodenstvija)*. Er vertrat die These, dass der Zar getötet werden müsse, um Russland von der Autokratie zu befreien. Zu Anfang der zwanziger Jahre quittierte er den aktiven Militärdienst als Major. Da er das Los seiner Bauern zu erleichtern suchte, isolierte er sich unter seinen Standesgenossen und stand seit 1821 unter geheimpolizeilicher Aufsicht. Als Mitverschwörer zu lebenslänglicher Verschickung nach Sibirien verurteilt, lebte er von 1826 bis 1827 in Turuchansk. Dort unterrichtete er analphabetische Kinder, suchte den Bauern den Kartoffelanbau nahezubringen, nutzte seine medizinischen und pharmakologischen Kenntnisse, um Kranken zu helfen, erforschte Natur und Geschichte des Turuchansker Krai und unterstützte Mittellose durch Geldzuwendungen. Speziell dies erregte den Unwillen der Administration, die ihn auf Schritt und Tritt überwachte. Der Turuchansker Assessor, Sotnik Saposchnikow, rapportierte über den «Staatsverbrecher» regelmäßig schriftlich nach Jenisseisk an den Kreischef. Der Jenisseisker Zivilgouverneur Stepanow verbot dem Dekabristen daraufhin am 7. Mai 1827, ärztlich und pädagogisch tätig zu sein, weil die Bauern Schachowskoi zu verehren begannen. Am 12. August 1827 wurde er nach Krasnojarsk und dann nach Jenisseisk verlegt, um ihn besser unter Kontrolle zu haben. Doch im Sommer 1828 fiel er in Wahnsinn und wurde daraufhin nach Susdal transportiert und im Spasso-Jefimiew-Kloster unter strengem Arrest gehalten. Am 24. Mai 1829 ist er dort verstorben.[827]

Ebenfalls nach Turuchansk verschickt wurde der 1800 geborene Nikolai Sergejewitsch Bobrischtschew-Puschkin, Oberleutnant im Quartiermeisterdienst. Verurteilt zu lebenslänglicher, dann aber begnadigt zu 20 Jahren Verschickung, lebte er zunächst in Jakutien und ab 1827 in Turuchansk, wo er kurze Zeit mit Schachowskoi zusammen war. Er wollte ins Dreifaltigkeitskloster in Monastyrskoje eintreten, wo er zeitweise lebte, kapselte sich aber immer mehr ab, begann zu verwahrlosen und zeigte zunehmend Anzeichen einer geistigen Erkrankung. 1828 verlegte man ihn daher nach Jenisseisk in das Spas-Kloster.[828] Dort traf ihn Hansteen ein Jahr später und war erschüttert: «Sein Gang war noch rasch und voll adligen Anstandes, das Gesicht edel, geschmückt mit einer Adlernase, die Augen aber eingefallen und von grünlichen Ringen umgeben; seine Kleidung war jämmerlich und nicht frei von Ungeziefer. Er redete mich mit Gewandtheit in französischer Sprache an und fragte mich, ob ich Zutritt zum Kaiser hätte. In diesem Falle bäte er mich, demselben auf der Rückreise auseinanderzusetzen, dass er verkannt wäre. Man hätte ihn verwiesen, weil er erklärt habe, dass er, um seines Gewissens willen, seinen Bruder, der am Aufstande beteiligt gewesen, nicht angeben *könnte*; dies hätte man aber so gedeutet, als ob er das nicht tun *wollte*, – ein Benehmen, welches er für eine Grobheit und Widerspenstigkeit gegen Se. Majestät erklärte. Er fügte hinzu, dass er dem Kaiser in Betreff des damaligen Türkenkrieges wichtige Mitteilungen zu machen hätte. Ich suchte ihm vergebens deutlich zu machen, dass ich vielleicht keine Audienz beim Kaiser bekäme, und wenn das auch geschähe, es sich nicht schicken würde, dass ich mich als ein Fremder in solche Sachen mit ihm einließe. Als er fort war und ich bald hernach auf den Flur trat, fand ich ihn dort, den einen Fuß auf einen Schemel stützend, und Gustav vor ihm auf den Knien. Seine Beinkleider waren nämlich von unten an bis an die Knie aufgerissen, und Gustav hatte ihn um Erlaubnis gebeten, sie zusammenzunähen. Als Gustav später ins Zimmer kam, und ich ihn wegen seiner Gutmütigkeit lobte, sagte er: Ich weiß nicht, wie es mit mir ist, Herr Professor. Wenn ich einen solchen Menschen sehe, der einst gekleidet war wie eine Puppe, und dazu ein großer Mann, und jetzt so unglücklich ist, und schlechter gekleidet, als der ärmste Bauer, so wird es mir so sonderbar ums Herz.»[829]

1850 lebten noch drei betagte, verbitterte Dekabristen in Minussinsk, die sich – obgleich dies offiziell verboten war – als Hauslehrer betätigten, um das bisschen Geld, das ihnen Verwandte schickten, etwas aufzubessern. Die Atkinsons besuchten den alten Pjotr Iwanowitsch Falenberg, ehemals Oberstleutnant im Quartiermeisterdienst, der in der Nähe auf dem Lande lebte und seinen Unterhalt aus der Kultivierung von Tabak zog. Da man nach der Verurteilung seiner Frau gesagt hatte, er sei tot, hatte diese sich neu verehelicht. Er selber heiratete schließlich in der Verbannung eine Kosakentochter und hatte mit ihr zwei Kinder.[830]

Von den 116 nach Sibirien verschickten Dekabristen kehrten nur 19 in das europäische Russland zurück. Alle übrigen starben in der Verbannung, acht von ihnen ruhen in der Erde des Jenissei-Stromlandes. Die oben skizzierten, mit dem G. Jenissei verknüpften Schicksale einzelner Dekabristen decken nicht das gesamte Spektrum ab, dürften jedoch in dreierlei Hinsicht repräsentativ sein: Sie zeigen die Gnadenlosigkeit des zaristischen Regimes, das durch den «Treuebruch» eines Teils seiner eigenen jungen Elite zutiefst verunsichert war; sie zeigen überdies, wie schwer es nicht wenigen der verwöhnten Adelssöhne fiel, sich mit den ihnen aufgezwungenen Umständen abzufinden, und dass manche darüber den Verstand verloren; vor allem aber zeigen sie, dass sehr viele der Verbannten ihre Bildung nutzten, um unter der sibirischen Bevölkerung kulturell zu wirken, insbesondere den Bauern das Lesen und Schreiben beizubringen.[831]

In gewisser Weise als einen Nachklang der dekabristischen Geheimzirkel kann man den Gesprächskreis betrachten, der sich seit 1844 in St. Petersburg um Michail Wassiljewitsch Butaschewitsch-Petraschewski (1821–1866) bildete, einen Dolmetscher im Außenministerium. Dort kamen einige Dutzend jüngere Leute zusammen, größtenteils Studierte, höhere Beamte oder Gardeoffiziere, darunter auch der junge Ingenieuroffizier Fjodor Dostojewski. Was sie einte, war ihr Freidenkertum, ihre Abneigung gegen die Autokratie und ihre Diskussionen über die Zukunft Russlands, die unter dem Einfluss der französischen utopischen Sozialisten standen. Obgleich der Petraschewski-Zirkel keine konkreten Pläne für einen Umsturz hegte, sprengte ihn die Geheimpolizei im Frühjahr 1849. Von etwa 40 Verhafteten wurden 21 zum Tode verurteilt, nach einer makabren Scheinhinrichtung aber zu Katorgastrafen in Sibirien begnadigt. Seine Omsker Gefängnishaft hat Dostojewski im autobiographischen Roman

«Aufzeichnungen aus einem Totenhause» verarbeitet. Butaschewitsch-Petraschewski als Kopf des Ganzen erhielt eine lebenslängliche Katorgastrafe, die er bis 1856 an der Schilka in Transbaikalien ableistete. 1857 wurde er zu lebenslänglicher Ansiedlungsverschickung begnadigt, aber immer tiefer in die Provinz verlegt, weil er als politisch gefährlich galt. Zunächst in Irkutsk und von Februar bis Juli 1864 in Schuschenskoje (Kreis Minussinsk), verschickte man ihn danach in ein noch entlegeneres Kaff, das in der Taiga des Sajangebirges auf dem Weg nach Tuwa lag. Weil er aber auch dort nicht aufhörte politisch zu agitieren, verlangte der sibirische Generalgouverneur Korsakow in einem Schreiben vom 21. Februar 1866 an den Militärgouverneur von Krasnojarsk, Samjatin, «Petraschewski in eine Örtlichkeit des Kreises Minussinsk oder Jenisseisk zu überführen, wo er keinerlei Verbindungen mit Politverbrechern eingehen kann». Der Mai 1866 fand den Unermüdlichen im Kirchdorf Belskoje zwischen Atschinsk und Jenisseisk, wo er weiter agitierte, aber im Dezember einem Hirnschlag erlag.[832]

## Die Polen

Das polnisch-litauische Doppelreich focht im 17. Jahrhundert mit Moskau mehrere Grenzkriege aus. Polnische und ukrainische Militärs, die dabei in russische Kriegsgefangenschaft gerieten, wurden sehr häufig sofort nach Sibirien weitergeschickt, um die dortigen unterbesetzten Garnisonen zu verstärken. Dabei scheute Moskau sich nicht, ihnen sogar Kommandoposten anzuvertrauen. So befehligte ein P. Chmelewski 1622/23 die Garnison des gerade erst gegründeten Forts Jenisseisk. 1631/32 wurden Pawel Biucki und Mykołai Radukowski wegen versuchter Flucht in die Heimat nach Jenisseisk verschickt, wo sie als Jungbojaren, also im Offiziersrang, Militärdienst leisteten. Die meisten Kriegsgefangenen kehrten allerdings später in ihre Heimat zurück. 1677 zählten zur Jenisseisker Garnison jedoch immer noch elf Jungbojaren und vier Kosaken polnischer oder ukrainischer Herkunft, die freiwillig geblieben waren, wohl weil sie dort Familien gegründet hatten. Das heißt, Polen stellten in diesem Jahr fast ein Drittel des Offizierskorps der Garnison.[833]

Doch erst die polnischen Aufstände von 1830/31 und 1863/64 gegen die russische Herrschaft spülten Tausende ehemaliger Kombattanten in die sibirische Zwangsverschickung. Das Zarenregime fürchtete die Polen wie die Pest, denn schon Zwangsverschickte des ersten Aufstandes hatten 1832 versucht, sich im westsibirischen Omsk für den Kampf gegen die Autokratie neu zu formieren. Doch kaum waren – nachdem der Plan verraten worden war – 41 Verschwörer zu Katorga und Gefängnishaft verurteilt worden, machten schon im nächsten Jahr Gerüchte die Runde, die zwangsverschickten Polen beabsichtigten eine Massenflucht, um über Buchara und Indien nach Westeuropa durchzubrechen.[834] Die Polen entwickelten sehr schnell gute Kontakte zu den Einheimischen, und nicht wenige Russinnen erlagen ihrem Charme. Daher sah sich die Kirchenverwaltung des G. Jenissei 1838 genötigt, die Priester der Kirchgemeinden Bogutschansk und Panowo im Amtsbezirk Keschma anzuweisen, «dass ihr fürderhin ohne Erlaubnis der Behörde keine polnischen Aufrührer *(mjatežniki)*, die im Kreis Jenisseisk leben, trauen dürft».[835]

1864 deportierte das Zarenregime 18 606 Polen nach Sibirien. Ein gutes Viertel von ihnen landete im G. Jenissei – so viel wie noch nie. Speziell für sie wurden 1866 Richtlinien erlassen, die den Amtsstellen in der sibirischen Provinz vorschrieben, darauf zu achten, dass Polen keinerlei Unterrichtstätigkeit ausüben, Apotheken, Druckereien und Fotoateliers führen oder in solchen Etablissements arbeiten, nicht in Gebäuden von Post und Telegraf wohnen und in keinerlei staatlichen Behörden dienen dürften.[836] Warum, ist klar: Man wollte verhindern, dass sie die Einheimischen politisch indoktrinierten, Flugblätter druckten, Bomben bastelten oder in die russischen Kommunikationssysteme eindrangen. Aber die Kontakte zur einheimischen Bevölkerung ließen sich nicht nur nicht verhindern, sondern wie zuvor schon entwickelten sie sich sehr intensiv, und die Verbote wurden nicht einmal von den sibirischen Behördenvertretern beachtet. Da unter den Polen im Gouvernement Gebildete überproportional vertreten waren, lag es nahe, sie bei der Behebung der Bildungsdefizite mit heranzuziehen. Unterrichtstätigkeit wurde daher ihre wichtigste Domäne.[837]

In Krasnojarsk lebten mehrere Dutzend Polen, aber auch fünf Franzosen, die wegen Beteiligung am Januaraufstand ebenfalls verschickt worden waren. Speziell die Franzosen genossen allerhöchste lokale Protektion: Sie arbeiteten als Hauslehrer für Französisch beim Chef der Gouvernementsverwaltung, beim Präsidenten des Gouvernementsgerichts und bei der Witwe des früheren Krasnojarsker Kreispolizeikommandanten Sybin als Erzieher ihrer drei Kinder. Dies missfiel dem Gendarmerieobersten Bork, und er beschwerte sich im November 1864 beim Chef des Gendarmeriekorps in St. Petersburg. Daraufhin schrieb Volksbildungsminister D. Tolstoi an den Generalgouverneur von Ostsibirien: «In Krasnojarsk […] heißt es gerüchteweise, dass in allen nur einigermaßen wohlhabenden Häusern, selbst bei Behördenvertretern, verbannte Polen ohne Erlaubnis der Aufsichtsorgane Unterricht erteilen und dass die lokale Gesellschaft, insbesondere die Damen, Personen dieser Art protegieren und dies betreffende Gegenmaßnahmen von Seiten des lokalen Gendarmerie-Stabsoffiziers barbarisch nennen.» Tolstoi bittet darum, Maßnahmen «bezüglich eines Verbots der Unterrichtserteilung für Kinder durch ausnahmslos sämtliche polnische Verbannte» zu ergreifen, und fügt abschließend hinzu: «Meiner Ansicht nach ist kein Unterricht besser als ein schädlicher Unterricht.» Die Maßnahmen, die man dann ergriff, gingen aber sogar darüber hinaus: 1865 wurde allen politischen Verbannten nicht nur jegliche Unterrichtstätigkeit untersagt, sondern sie durften sogar nicht einmal mehr in Krasnojarsk wohnen. Allerdings wurde die Suppe nicht so heiß gegessen wie gekocht. In Jenisseisk etwa erteilten Polen auch weiterhin Unterricht an Kinder von Beamten und Kaufleuten, ohne dass die Behörden einschritten. Ähnliches wird aus Minussinsk berichtet, wo man auch Zeichnen, Tanz und Gesang unterrichtete. Offenbar wagten die lokalen Behörden es nicht, sich mit dem ortsansässigen Bürgertum anzulegen.[838]

Von den polnischen Verschickten blieben nicht wenige für immer in Sibirien. In allen sibirischen Städten gab es Läden mit der Aufschrift «Warschauer Verkaufsgeschäft». Die Waren – vor allem Kleider und Schuhe – kamen direkt aus Warschau. Viele Polen arbeiteten in den Goldgruben, andere in eigenen Werkstätten. In Jenisseisk gab es noch in den achtziger Jahren sehr viele Polen. Zwei hatten eigene Schreinereien. Viele arbeiteten aber auch in staatlichen Institutionen, bei der Polizei oder in der Finanzverwaltung.

In politischer Hinsicht blieben alle Polen ausnahmslos glühende Patrioten, aber eher bürgerlich ausgerichtet. Die meisten waren überdies überzeugte Katholiken. Dies hinderte viele aber nicht daran, mit Russinnen in wilder Ehe zu leben (wohl, weil es keinen katholischen Priester gab und sie die Orthodoxie ablehnten). Dies hatte zur Folge, dass das Missverhältnis zwischen Geburten und Eheschließungen sogar dem Erzbischof von Krasnojarsk auffiel. In einem Schreiben an die Priester von Jenisseisk ließ er verlauten: «Aus der Taufstatistik geht hervor, dass in der Stadt Jenisseisk jährlich nicht wenige Kinder geboren werden. Gleichzeitig ist ersichtlich, dass es im Lauf der letzten Jahre fast keine Trauungen gegeben hat. Fast alle sind unehelich geboren. Ich ermahne euch ernstlich, eure geistliche Herde dazu anzuhalten, nicht in einer sündhaften Beziehung zu leben.»[839]

Jonas Stadling traf auf seiner Schlittenreise von der Lenamündung nach Dudinka Ende 1898 in der Nähe der Halbinsel Taimyr unter den Dolganen einen alten polnischen Adligen, J. A. Tscherniak, der als Teilnehmer des Aufstandes von 1863 nach Sibirien verbannt worden war. Er hatte 15 Jahre lang als Handelsagent in der Tundra tausend Meilen östlich des Jenissei unter Dolganen gelebt und im höheren Alter eine neunzehnjährige Dolganin für einen Kaufpreis von 45 Rubeln geheiratet. Er hatte die Lebensweise der Dolganen angenommen, jagte und fischte. Mit seinem Geschick war er im Reinen.[840]

### Die Sozialisten

Die sechziger bis achtziger Jahre des 19. Jahrhunderts standen ganz im Zeichen der Narodniki, die zu Hunderten in der Verschickung verschwanden. Auch Frauen wurden zu Zwangsarbeit verurteilt. Einzelne Frauen folgten ihren Ehemännern freiwillig in die Verbannung, sogar an die Kara. Um das Missfallen der Obrigkeit zu erregen, brauchte es nicht viel. Für eine Ohrfeige, welche Sofja Nowakowskaja dem Polizeimeister von Minussinsk gab, wurde sie aller Rechte entkleidet und nach Jakutien deportiert.[841]

Krasnojarsk avancierte in zweierlei Hinsicht zu einem wichtigen Zentrum der Untergrundarbeit: Zum einen befand sich dort ein wichtiges Durchgangsgefängnis, in welchem zu Katorga Verurteilte oder Zwangsverschickte auf dem Weg nach Transbaikalien oft Monate verbringen mussten; zum anderen beherbergte die Stadt am Ende der siebziger Jahre mit 27 Personen die größte Kolonie verbannter Narodniki im Gouvernement. Diese Gelegenheit nutzte man, um im Untergrund ein Netzwerk aufzubauen, welches unter dem Tarnnamen Rotes Kreuz neben der Unterstützung Hilfsbedürftiger Kontakte zu den Gefängnisinsassen herstellte und Fluchthilfe leistete. Die Pässe, die eine Untergrunddruckerei in der Stadt fabrizierte, sollen so gut gewesen sein, dass man sie von echten nicht unterscheiden konnte. Auch unter den Einwohnern der Stadt, insbesondere den Gymnasiasten, agitierten die Verbannten erfolgreich. Doch für längere Zeit vermochte man der Gendarmerie kein Schnippchen zu schlagen, 1882 zersprengte sie das Netzwerk des Roten Kreuzes.[842]

Ihren Ideen entsprechend nutzten viele Narodniki die Verbannung, um im Rahmen des Möglichen das «Volk» zu bilden und politisch aufzuklären. Nicht wenige betätigten sich sogar wissenschaftlich und haben bedeutende Beiträge zur Erforschung von Natur, Geschichte und Völkern des Jenissei-Stromlandes geleistet.

M. O. Marks, ehemals Mitglied des terroristischen Geheimzirkels um Dmitri Karakosow,[843] durfte nach Ableistung einer mehrjährigen Katorga seine anschließende Verbannungszeit in Jeniseisk verbringen. Er begann 1871 regelmäßig Klimadaten für die Stadt zu erheben, und es gelang ihm sogar, die Messreihe 1887 in den Aufzeichnungen der Akademie der Wissenschaften zu publizieren. Zudem sammelte er als Erster kosmischen Staub und konnte dessen Herkunft nachweisen. Auch gehörte er zu den Mitbegründern des Museums und der Meteorologischen Station in Jeniseisk.

Dmitri Aleksandrowitsch Klemenz (1847–1914) konnte sein naturwissenschaftliches Studium an der Universität St. Petersburg nicht abschließen, weil er sich zu intensiv in verschiedenen Geheimzirkeln der Narodniki engagierte und 1874 in die Schweiz flüchten musste. Als er nach wenigen Jahren zurückkehrte, wurde bald die Geheimpolizei seiner habhaft. Nach zweijähriger Festungshaft wurde er 1881 nach Jakutien deportiert, erkrankte unterwegs aber so schwer, dass er sechs Monate im Krasnojarsker Gefängnislazarett verbringen musste. Wieder genesen, erhielt er die Erlaubnis, seine Verbannung in Minussinsk verleben zu dürfen. Dies erwies sich für ihn als Glücksfall, denn dadurch wurde in ihm der vielseitige Forscher geboren, der heute als einer der Mitbegründer der russischen Landeskunde *(kraevedenie)* gilt. Dem Spiritus Rector des schon erwähnten Heimatkundlichen Museums in Minussinsk, N. M. Martjanow, ging er zur Hand, unternahm mehrere Expeditionen in das Sajangebirge, nach Tuwa und in die Grenzgebiete zur Mongolei und publizierte regelmäßig in sibirischen Zeitschriften und im «Journal der Russländischen Geographischen Gesellschaft». Aus freien Stücken blieb er über den Ablauf seiner Verbannungszeit hinaus in Minussinsk. Als er 1902 nach Petersburg zurückkehrte, hatte der Staat ihm seine Jugendsünden längst verziehen und ernannte ihn zum Kurator der Ethnographischen Abteilung des Russischen Museums.

Noch zwei weitere bekannte Persönlichkeiten aus dem Umfeld der Narodniki gehören in diesen Zusammenhang. Die erste ist Fürst Aleksandr Aleksejewitsch Kropotkin (1841–1886), studierter Mathematiker und Astronom. Er war der ältere Bruder des bekannten anarchistischen Theoretikers Pjotr Kropotkin und wie dieser in Zirkeln der Narodniki aktiv. Das lange Pjotr zugeschriebene Programm revolutionärer Propaganda (1874) stammt von ihm. Wegen seiner Untergrundtätigkeit wurde er im Dezember 1874 verhaftet, administrativ nach Minussinsk verschickt und unter Polizeiaufsicht gestellt. Seine Familie folgte etwas später. Anfänglich waren die Kropotkins die einzigen Verbannten in der Stadt und erfreuten sich, auch wegen ihres Adelsstandes, einer gewissen Sympathie der Einwohner, die noch eine Erinnerung an die Dekabristen bewahrt hatten. Aleksandr Kropotkin vertrieb sich seine Zeit mit meteorologischen Messungen, deren Ergebnisse er über den Leiter des Heimatkundlichen Museums, Martjanow, an die Universität Kasan schickte. Als im Winter 1878/79 fünfzehn weitere Verschickte, meist Ukrainer, in Minussinsk eintrafen, begann sich die Stimmung in der Einwohnerschaft zu ändern. Auftretende Feuersbrünste schrieb man ihnen zu mit der Behauptung, dadurch wollten sie das Volk gegen die Obrigkeit aufhetzen. Anlass bot ein Vorfall, bei dem ein junger Verbannter, der auf dem Dach eines abgebrannten Hauses stand, und ein Untenstehender miteinander scherzten und lachten. Hinter den Gerüchten schienen auch lokale Behördenvertreter zu stecken, da Bürgermeister und Stadtkommandant ein Plakat anschlagen ließen, dass Verbannte, die Freude über die Brände offen zeigten, in die brennenden Häuser getrieben werden dürften, ohne dass man Strafen befürchten müsse. Die Verbanntenkolonie reagierte aufgebracht und beschwerte sich bei den Behörden. Dies schürte Ängste bei den Amtsvertretern. Wie Kropotkins Witwe sich zu erinnern meint, habe der Bürgermeister alle Wertsachen in seinen Steinkeller geschafft und nachts Wache auf seinem Hausdach gehalten, weil er eine neue «Brandstiftung» befürchtete, und der Stadtkommandant habe die Wachen vor seinem Haus aus Angst vor einem Mordanschlag verstärkt. Schließlich setzten die beiden durch, dass die fünfzehn jungen Verschickten nach Abakan umquartiert wurden, während die Kropotkins in der Stadt bleiben durften. 1882 wurden sie in das G. Tomsk verschickt mit der durchaus richtigen Begründung, Aleksandr habe seinem Bruder im Ausland regelmäßig Geld aus den Einkünften des Familienguts zukommen lassen. Wohl weil Kropotkin anders als dem umtriebigen Klemenz die erhoffte wissenschaftliche Resonanz versagt blieb, hat er sich 1886 erschossen.

Die zweite Persönlichkeit ist Feliks Jakowlewitsch Kon (1864–1941), ein polnischer Jude, der sich schon während des Studiums einer Vorläuferorganisation der Polnischen Sozialistischen Partei (PPS) angeschlossen und Kontakte auch zu den russischen Narodniki geknüpft hatte. 1884 verhaftet und zu zehn Jahren Katorga in Ostsibirien verurteilt, landete er nach deren Ableistung und unterschiedlichen Verbannungsorten von 1897 bis 1904 ebenfalls in Minussinsk, immer noch unter Polizeiaufsicht. Dies hinderte ihn aber nicht daran, ausgedehnte Forschungsexpeditionen zu unternehmen, um Leben und Bräuche der Chakassen und Tuwiner zu studieren und Exponate und Archivmaterial für das Minussinsker Heimatkundliche Museum zu sammeln.[844]

Der aus heutiger Sicht wohl prominenteste Verbannte des Kreises Minussinsk sollte der Rechtsanwalt Wladimir Iljitsch Uljanow werden, nachmals besser bekannt unter seinem Pseudonym Lenin (1870–1924). Er markiert zugleich den Übergang von der Generation der Narodniki unter den Verschickten zu den marxistischen Sozialdemokraten. Über Lenins Zwangsaufenthalt im Kirchdorf Schuschenskoje vom 8. Mai 1897 bis zum 29. Januar 1900 hat die sowjetische Polithagiographie ein großes Gewese veranstaltet. 1930 wurde in Schuschenskoje ein Leninmuseum eröffnet. Aber im Vergleich mit den Lebensbedingungen, die Lenins eigenes Regime später politischen Häftlingen und Zwangsverschickten zumutete, lebte er geradezu idyllisch. Bis Juli 1898 hatte er ein geräumiges, helles Zimmer im Hause des Großbauern A. D. Syrjanow gemietet. Danach nötigten die Ankunft seiner Verlobten Nadeschda Krupskaja und die Heirat vom 10. Juli 1898 in der Dorfkirche die junge Familie, zu der auch Krupskajas Mutter gehörte, dazu, sich bei der Getreidehändlerswitwe Praskowja Petrowa einzumieten. Dort bezogen die drei eine Haushälfte, die aus einem Schlafzimmer, das Lenin zugleich zum Arbeiten diente, aus einer Wohnstube, wo auch die

Schwiegermutter schlief, und einer Küche bestand. Der ganze Lebenszuschnitt war gutbürgerlich, es fehlte an nichts, Geldüberweisungen von Lenins Mutter kamen regelmäßig, er selber ging mit einem eigenen Gewehr auf die Jagd, und man hatte sogar ein Bauernmädchen als Haushaltshilfe angestellt.[845] Trotz Polizeiaufsicht unterhielt Lenin umfangreiche Korrespondenzen, konnte sogar an einem Geheimtreffen in den Kreis Minussinsk verbannter Sozialdemokraten teilnehmen und stellte seine nachmals bekannt gewordene Kampfschrift «Die Entwicklung des Kapitalismus in Russland» fertig.[846]

Die Tausende, die nach der Revolution von 1905 durch administrative Verfügung nach Sibirien deportiert wurden, gehörten vielfach einer revolutionären Partei an oder standen ihr nahe – der PSR, der RSDRP, nichtrussischen sozialistischen Parteien oder den verschiedenen anarchistischen Grüppchen. Da innerhalb der Sozialdemokratischen Partei die ideologischen und organisatorischen Differenzen zwischen den Bolschewiki Lenins und den Menschewiki Plechanows bis zur faktischen Trennung beider Parteiflügel 1912 nicht sehr ausgeprägt waren und auch danach noch in der Verbannung durch das gemeinsame Schicksal überdeckt wurden, vermochte sich unter den «Politischen» im Untergrund ein häufig parteiübergreifendes Netzwerk von Selbstorganisationen und politischen Aktivitäten zu entwickeln. Davon wird noch die Rede sein. Wenn man die Mitgliederliste der Ehemaligenorganisation «Jenissei-Landsmannschaft» *(Enisejskoe zemljačestvo)* auswertet, die sich 1924 etablierte und vor allem Sozialisten umfasste, dann hatten von den 345 Mitgliedern 166 ihre Verbannungszeit im Kreis Jenisseisk verbracht (mit Schwerpunkt in den Amtsbezirken Belskoje und Pintschuga), 131 im Kreis Kansk, nur zehn im Kreis Minussinsk und ganze neun im Krai Turuchansk.[847] Wenn sich die Konzentration führender Bolschewiki gerade in der Turuchanka während des Ersten Weltkrieges in dieser Liste nicht abzeichnet, dann dürfte dies damit zusammenhängen, dass einige von ihnen wie Swerdlow und Spandarjan zu diesem Zeitpunkt schon tot waren und viele andere wie Stalin und Kamenew wegen ihrer politischen Prominenz keine Zeit hatten, sich um Lappalien wie Vereinsmitgliedschaften zu kümmern.

Im Folgenden soll es um diese Konzentration führender Bolschewiki im Krai Turuchansk gehen. Wie kam es dazu? Bei den Wahlen in die vierte Reichsduma 1912 war es den Bolschewiki gelungen, trotz der massiven Behinderungen der Unterschichten durch das Wahlgesetz sechs Deputierte durchzubringen. Weil der Vorsitzende der Fraktion, Roman Malinowski, bald als Spitzel der Geheimpolizei entlarvt wurde, zählte die Fraktion bei Kriegsausbruch nur noch fünf Deputierte. Es genügte, dass sie Brandreden gegen den Eintritt Russlands in den Ersten Weltkrieg hielten, um sie verhaften und vom Staatsgericht zu lebenslanger Ansiedlung in Sibirien verurteilen zu lassen.

## Bolschewistische Prominenz in Monastyrskoje

Weil die Turuchanka so entlegen war, verfrachtete die Polizeiverwaltung entweder besonders gefährliche politische Delinquenten dorthin oder solche, die bereits mehrmals erfolgreich geflüchtet waren. So kam es, dass während des Ersten Weltkrieges das Dorf Monastyrskoje an der Mündung der Unteren Tunguska – definitiv seit 1912 neues Verwaltungszentrum des Distrikts Turuchansk – einem großen Teil der bolschewistischen Führungselite als unfreiwillige Residenz diente.

In Monastyrskoje befanden sich seit 1913 beziehungsweise 1914 vier Mitglieder des Zentralkomitees der Bolschewiki, nämlich Filipp Goloschtschekin, Suren Spandarjan, Jakow Swerdlow und Josef Stalin. Spandarjan wurde von seiner Lebensgefährtin Wera Schweitzer begleitet, die der Partei ebenfalls angehörte. Ursprünglich sollte auch eine Kandidatin des Zentralkomitees, Jelena Dmitrijewna Stassowa, dorthin verlegt werden, doch schickte man sie stattdessen in den Süden des G. Jenissei, zunächst in den Kreis Kansk, dann in den Kreis Minussinsk. Verstärkung erhielten die vier ZK-Mitglieder in Monastyrskoje im Frühsommer 1915 durch die fünf ehemaligen Deputierten der Bolschewiki in der Reichsduma. Diese Fünfergruppe oder «Pjatjorka» bestand aus Alexei Badajew, Matwei Muranow, Grigori Petrowski, Fjodor Samoilow und Nikolai Schagow. Verstärkt wurde die Gruppe noch durch den Chefredakteur der Parteizeitung «Prawda», Lew Kamenew.

Warum die Polizeiverwaltung das Risiko einging, so viele Angehörige der bolschewistischen Führungselite an einem einzigen Ort zu konzentrieren, ist unklar. Vermutlich meinte man durch verschärfte Polizeiaufsicht möglichen Fluchtversuchen begegnen zu können. Die Verschickten wurden durch einen Sonderkommissar überwacht, der unmittelbar dem Gouverneur unterstellt war und über nahezu unbeschränkte Vollmacht verfügte. Jeden Morgen um sechs Uhr erschienen Polizisten in den Wohnungen der prominenten Bolschewiki, um ihre Anwesenheit zu kontrollieren, bisweilen auch unangemeldet oder sogar nachts. Doch dass die Verschickten untereinander trotzdem ungeniert Parteiarbeit betreiben konnten, scheint man unterschätzt zu haben.[848]

In der Tat vermochten die in und um Monastyrskoje konzentrierten Bolschewiki – kaum dass die «Pjatjorka» eingetroffen war – am 5. Juli 1915 eine Versammlung abzuhalten, an welcher fast das gesamte Büro des Zentralkomitees, die verschickten Dumadeputierten sowie weitere Parteimitglieder teilnahmen, insgesamt 18 Personen. Petrowski referierte über den Prozess gegen die Dumadeputierten. Dann diskutierte man die Kriegsfrage, und abschließend wurde eine von Swerdlow verfasste Resolution verabschiedet, welche die von den bolschewistischen Duma-Deputierten eingenommene Haltung zum Weltkrieg als gerechtfertigt, internationalistisch und den Interessen des russischen Proletariats entsprechend unterstützte. Danach begaben sich die Versammelten ins Freie und ließen sich fotografieren (Abb. 81).[849]

Nicht alle prominenten Bolschewiki durften ihre Verbannung in Monastyrskoje selber verbringen. Zu den in dieser Hinsicht Privilegierten zählte Spandarjan, der an fortgeschrittener Lungentuberkulose litt und nach der Versammlung vom 5. Juli 1915 mehr und mehr verfiel. Er starb am 11. September 1916 im Krasnojarsker Stadtspital.[850]

Swerdlow, dem es zweimal – 1910 und 1912 – gelungen war, aus der Verschickung in Westsibirien zu fliehen, wurde nach erneuter Verbannung in die Turuchanka 1913 zunächst in Seliwanicha einquartiert, danach in Kostino.[851] Dorthin wurde zur selben Zeit auch ein gewisser (laut Pass) Pjotr Tschischikow[852] deportiert, hinter dem sich niemand anderer verbarg als der Georgier Iossif Dschugaschwili, parteiintern und später weltweit bekannt unter dem von ihm selber gewählten Pseudonym Stalin («der Stählerne»). Er konnte auf noch größere Fluchterfahrungen zurückblicken als Swerdlow. Doch weil der Gendarmeriechef des G. Jenissei, Oberst Baibakow, wusste, dass das Zentralkomitee der Bolschewiki eine erneute Flucht der beiden politischen Schwergewichte vorbereitete und ihnen Geld und falsche Pässe zukommen lassen wollte, ließ er sie im März 1914 in das weit abgelegene Dörfchen Kureika unter dem Polarkreis verlegen.[853]

Kureika, etwa 200 Kilometer stromab von Monastyrskoje gegenüber der Einmündung des gleichnamigen Flusses auf dem linken Ufer des Jenissei gelegen, war in den sechziger Jahren des 19. Jahrhunderts von einem wegen Landstreitigkeiten in die Turuchanka verschickten Bauern namens Tarassejew gegründet worden. 1915 gab es im Ort zehn Höfe; in acht von ihnen lebten Enkel Tarassejews.[854]

Anfänglich bezogen Stalin und Swerdlow in der Bauernkate Alexei und Anfissa Tarassejews gemeinsam ein Zimmerchen. Doch lange hielt Swerdlow das Zusammenleben mit Stalin nicht aus, zu verschieden waren beider Charaktere und Interessen. Zwangsläufig entwickelten sich zwischen ihnen Unzuträglichkeiten und Konflikte, die durch den ausgeprägten Individualismus beider und durch Stalins ungehobelte Manieren noch verstärkt wurden. Chruschtschow, der zur Vorbereitung seiner Entstalinisierungskampagne das Vorleben Stalins vom KGB sehr genau recherchieren ließ, überliefert im zweiten Band seiner Memoiren, dass die Einwohner Kureikas Stalin «Ossip, den Pockennarbigen» nannten und Swerdlow «Doktor», wohl weil dieser als ehemaliger Provisor Kranken aus seiner Hausapotheke Mittelchen verabreichte. Swerdlow habe sein Geschirr nach den Mahlzeiten immer selber abgewaschen, während Stalin es von seinem Hund habe ablecken lassen.[855] Daher zog Swerdlow bald aus dem gemeinsamen Zimmer aus und suchte in Kureika ein anderes Quartier. Doch auch dort blieb er nicht für lange. Ende September 1914 erlangte er wegen seiner angegriffenen Gesundheit die Erlaubnis, nach Seliwanicha und schließlich in das Hauptdorf Monastyrskoje umzuziehen. Seit Juni 1915 durfte seine Frau Klawdija mit den zwei kleinen Kindern das Exil mit ihm teilen, und das tat ihm gut (Quelle 6.1).

### Der einsame Wolf von Kureika

Nach Swerdlows Wegzug blieb Stalin allein in Kureika zurück. Das war ihm sogar recht. Allerdings wissen wir über die mehr als zwei Jahre, die er allein in Kureika verbracht hat, wenig. Dies gab Anlass zu zahlreichen Gerüchten und Kolportagen.[856]

An das raue, harte Leben im subpolaren Kureika scheint Stalin sich nicht schlecht angepasst zu haben. Geld bekam er genügend geschickt, so dass er Lebensmittel und Kleider kaufen konnte. Er hielt einen Hund, den er Tischka nannte, und durfte ein Jagdgewehr besitzen. Jagd- und Angeltechniken schaute er den Tungusen und Keten ab, die regelmäßig ins Dorf kamen. Auch wie den Wölfen zu begegnen war, die vor allem im Winter Kureika ständig umkreisten, lernte er. Ansonsten ging er jagen und fischen. Vor allem im Winter war das nicht ungefährlich, kam er doch mehrere Male wegen einer plötzlich hereinbrechenden Purga nur knapp mit dem Leben davon. Trotzdem scheint es, dass die harten Jahre 1915 und 1916 in Kureika paradoxerweise zu seinen glücklichsten zählten.[857] Mit den einfachen Dorfbewohnern kam er gut zurecht, er fühlte sich wohl unter ihnen. Dass sie ihre Tiere höher schätzten als ein Menschenleben, beeindruckte ihn. Aber viel Umgang scheint er mit ihnen trotzdem nicht gehabt zu haben, er war und blieb ein Einzelgänger.

In Kureika war Stalin ein persönlicher Wachmann zugeteilt, der ihn täglich zweimal (um neun Uhr morgens und abends) aufsuchen musste. Als dieser eines Tages, ohne anzuklopfen, das Haus betrat, ging Stalin mit Fäusten auf ihn los, der Wachmann zog seinen Säbel, wagte aber nicht, ihn zu gebrauchen, und floh aus dem Haus. Da solche Vorfälle sich häuften, beschwerte Stalin sich bei Polizeimeister Kibirow in Monastyrskoje. Dieser scheint als gebürtiger Ossete seinen beiden kaukasischen Landsleuten, dem Armenier Spandarjan und dem Georgier Dschugaschwili alias Stalin, wohl gesinnt gewesen zu sein. So erhielt Stalin mit Michail Mersljakow einen neuen Polizeiaufseher, der den Auftrag hatte, sich mit ihm, soweit möglich, zu arrangieren. Die Vorschriften speziell für Dschugaschwili verlangten eigentlich, dass er keine Feuerwaffe besitzen, nicht Boot fahren, nicht zum Dampfer gehen und keine Zeitungen und Journale lesen sowie mit der Dorfjugend keinen Umgang haben dürfe. Doch der neue Aufseher beschränkte sich auf Anwesenheitskontrollen und hatte mit seinem «Schützling» fortan keine Probleme mehr. Selbst wenn Stalin wochenlang wegblieb, um auf der 18 Werst entfernten Insel Polowinka zu fischen, machte Mersljakow sich keine Sorgen. Stalin dankte es ihm später, als der ehemalige Polizeiaufseher zur Zeit der Zwangskollektivierung aus seinem Kolchos in der Nähe von Krasnojarsk ausgeschlossen werden sollte und der hohe Chef auf Bitten Mersljakows sich für ihn beim Dorfsowjet mit einem persönlichen Schreiben verwendete.[858]

Schon zu Stalins Lebzeiten kursierten Gerüchte über sein Sexualleben in Kureika. Chruschtschow machte bei seiner Entstalinisierungskampagne 1956 davon reichlich Gebrauch, denn der KGB befragte dazu sowohl seinen ehemaligen «Leibgendarmen» Mersljakow als auch seine damalige Geliebte sowie ältere Dorfbewohner. Demnach begann Stalin wohl schon Anfang 1914 eine Affäre mit der erst dreizehnjährigen Lidija Pereprygina,[859] einem frühreifen Waisenkind, das mit sechs weiteren Geschwistern ein Häuschen bewohnte. Die Pereprygins lebten vor allem von Hilfsarbeiten für die anderen Bauern. Stalins schon erwähnte Attacke auf seinen ersten Polizeiaufseher gründet offensichtlich darin, dass dieser ihn, wie sich Fjodor Tarassejew erinnert, in flagranti mit dem Mädchen ertappt hatte. Um sein Sexualleben einfacher zu gestalten, zog Stalin nach der Trennung von Swerdlow in die Kate der sieben Geschwister Pereprygin, welche aus zwei völlig verrußten Räumen und einem angebauten kleinen Stall für die Kuh bestand. Stalin mietete für sich und Lidija den kleineren Raum, während ihre sechs Geschwister sich in dem größeren Raum zusammendrängen mussten. Einzelne Fensterscheiben der Kate waren zerbrochen, die Schadstellen mit Zeitungspapier verkleidet oder mit Brettern vernagelt. Das Essen bekam Stalin aber nicht von den Pereprygins, sondern von seiner alten Hauswirtin Tarassejewa – wohl ein Zeichen dafür, dass Lidijas Brüder die Beziehung ihrer Schwester missbilligten. Aber sie waren auf Stalins Mietgeld angewiesen. Lidija wurde schwanger und kam im Dezember 1914 nieder, doch das Kind starb nur wenig später. Im Frühjahr 1916 begann sich ein zweites Kind anzumelden. Als Lidija im sechsten Monat war und mit nunmehr sechzehn Jahren die offizielle Ehemündigkeit erreicht hatte, nötigten ihre Brüder Stalin, sich mit ihr offiziell zu verloben, das heißt ihr die Ehe zu versprechen. Allerdings kam der Sohn Aleksandr erst Anfang 1917 zur Welt, als sein leiblicher Vater Kureika bereits verlassen hatte.[860] Einige Jahre nach Stalins Abreise heiratete Lidija einen Bauern des Dorfes, Jakow Dawydow, der bereit war, Stalins Sohn Aleksandr zu adoptieren. Sie gebar ihm acht weitere Kinder. Während Stalin sich nie mehr für das Schicksal seiner früheren Bettgenossin interessierte, versuchte er, als Aleksandr siebzehnjährig wurde, ihn zu sich nach Moskau zu holen, doch Mutter und Sohn lehnten ab. Aleksandr trat in die Sowjetarmee ein und verließ sie im Range eines Majors.[861] Seine Mutter starb 1964.

Zu seinen verbannten Parteikollegen scheint Stalin kein engeres Verhältnis gehabt zu haben. Eine Ausnahme bildete sein Landsmann Suren Spandarjan. Ihn vor allem hat er besucht, wenn er nach Monastyrskoje kam – während der zweieinhalb Jahre seines Einsiedlerlebens in Kureika etwa zehnmal. Jedes Mal musste er die 200 Kilometer auf dem Jenissei gemeinsam mit seinem Wachmann im Ruderboot oder des Winters mit dem Hundeschlitten zurücklegen. Einmal – im Februar 1915 – war es Spandarjan, der mit Wera Schweitzer zu ihm im Hundeschlitten auf Besuch kam. Dass Stalin seinen übrigen Kollegen gegenüber derart reserviert auftrat, hängt wohl nicht nur mit seinem ausgeprägten Individualismus zusammen, sondern auch mit seinen Minderwertigkeitskomplexen Intellektuellen gegenüber. Daher blieb das Verhältnis zum eigentlichen Kopf der Kolonie, Swerdlow, kühl; Kamenew hasste er geradezu. Dieser, der aus seiner Verachtung Stalins keinen Hehl machte und nach Lenins Tod 1924 nur für kurze Zeit zusammen mit Stalin und Sinowjew die KPdSU leitete, musste bei dem Schauprozess von 1936 dafür mit seinem Leben büßen. Swerdlow, der 1918 zum faktisch ersten Staatspräsidenten der RSFSR aufsteigen sollte, entging diesem Schicksal wohl nur durch seinen frühen Tod im März 1919.

Wenn jemand 1915 oder 1916 hätte erraten sollen, welches der in die Turuchanka verschickten Parteimitglieder nach einem Sturz des Zarenregimes am ehesten eine politische Karriere machen würde, wäre der Name Stalins wohl kaum gefallen. In der Partei war er wenig bekannt, in der Parteispitze unbeliebt. Gegenüber einer politisch wie kulturell so vielseitig interessierten und vor Produktivität sprühenden Persönlichkeit wie Swerdlow fiel er deutlich ab. Während der zweieinhalb Jahre in Kureika befasste er sich eher halbherzig mit seinem Spezialgebiet, der Nationalitätenfrage, und suchte seine Deutsch- und Englischkenntnisse zu verbessern. Das war eigentlich alles. Leo Trotzki, der seinem Intimfeind Stalin eine Biographie gewidmet hat, höhnte daher nach einem Vergleich von Stalins Produktivität mit derjenigen Swerdlows und Kamenews während der Verbannung: «Die Jahre des Krieges und der Vorbereitung der Oktoberrevolution ergeben für die Schilderung der ideologischen Entwicklung Stalins nur ein leeres Blatt.»[862] Das mag weitgehend stimmen, hatte doch auch Swerdlow in dieser Hinsicht seine Zweifel,[863] aber das Leben als einsamer Wolf hat Stalin in Kureika fit gemacht für den erfolgreichen Kampf um die Macht über Partei und Sowjetunion. Das sollte ihm die Möglichkeit geben, auch den Spötter Trotzki zu liquidieren.

Das Ende der Verbannung für die Bolschewiki in der Turuchanka kam unverhofft. Nach den gewaltigen Menschenverlusten Russlands an der Kriegsfront suchte der

Staat im Herbst 1916 die letzten Reserven zu mobilisieren und war nunmehr bereit, auch auf die kriegstauglichen Verschickten zurückzugreifen. Im Oktober wurde selbst Stalin zur Musterung nach Krasnojarsk aufgeboten. Der erste Transport ging in Rentierschlitten am 12. Dezember aus Monastyrskoje ab; die Verbannten hatten es nicht eilig, sich in das Getümmel eines Krieges zu stürzen, der nicht der ihre war. Sie taten alles, um den Transport zu verzögern, und trafen erst am 9. Februar 1917 in Krasnojarsk ein. Bei der Musterung wurde Stalin wegen seines verkrüppelten linken Arms für kriegsuntauglich erklärt. Daraufhin stellte er den Antrag, die letzten vier Monate seiner Verbannungszeit in Atschinsk verbringen zu dürfen, wo neben Kamenew mit Familie auch Spandarjans Witwe Wera Schweitzer lebte. Spätestens hier ging Stalin eine intime Beziehung zu ihr ein. Diese blieb aber nicht von Dauer. Später diente Schweitzer dem Sowjetregime in höheren Positionen. Ihrem einstigen Idol huldigte sie 1940 mit einem schönfärberischen Büchlein über ihre Begegnungen in der Turuchanka.[864] Weitere Spuren hinterließ sie nicht.

Als sich die Nachricht vom Sturz des Zarenregimes durch die Februarrevolution verbreitete, nahm das bolschewistische Trio am 7. März 1917 unverzüglich den Zug und traf fünf Tage später in der Hauptstadt Petrograd ein.[865] Dort versammelten sich nach und nach alle Angehörigen der Parteikolonie von Monastyrskoje. Swerdlow, der erst Anfang März Monastyrskoje verlassen konnte, erreichte die Hauptstadt am 23. März. Nun wurde ein neues Kapitel der Parteigeschichte aufgeschlagen, das ein gutes Jahrzehnt später Stalin an die Macht bringen sollte. Er selber ist nie mehr in die Turuchanka zurückgekehrt. Einmal noch – 1928 – weilte er in Zusammenhang mit der Getreidekrise für wenige Tage in Westsibirien und auf einer Nachtsitzung vom 31. Januar auf den 1. Februar auch in Krasnojarsk, um sich vor Ort ein Bild von den Ursachen zu machen.[866] Er sah Getreide, welches die Bauern horteten, um es zu günstigeren Zeiten auf den Markt zu werfen. Dies war mit ein Grund für seinen Kurswechsel in der Agrarpolitik und die Liquidierung der NEP. Zugleich erlebte er in Sibirien Parteivertreter, die sich als relativ unabhängig betrachteten und nicht vor ihm zu Kreuze krochen. Dies vermag wohl auch zu erklären, warum er besonders die sibirische Parteielite verfolgte. Schon im Februar 1929 war die Hälfte der Mitglieder und Kandidaten des ZK von Sibkrai «weggesäubert».[867]

## Stalins «Pantheon»

Kurz vor seinem Tod müssen Stalin die zweieinhalb Jahre in Kureika wieder in den Sinn gekommen sein. Schon 1934 hatte die Parteileitung des Distrikts Turuchansk verfügt, das Häuschen in Kureika als Stalin-Museum umzunutzen. Aber dem alten Stalin war das zu wenig. Wie alle größenwahnsinnigen Diktatoren wollte er sich ein Denkmal für die Ewigkeit setzen. So wie er über dem Häuschen im georgischen Gori, in welchem er 1878 zur Welt gekommen war, einen Schutzbau errichten ließ, um es zu konservieren, sollte auch in Kureika die Kate der Pereprygins, in welcher er den größten Teil seiner Verbannungszeit zugebracht hatte, für die Nachwelt erhalten bleiben. Die Vorbereitungen begannen 1948, die eigentlichen Bauarbeiten erfolgten 1951/52. Das Baukonzept entwarf der Norilsker Architekt Sergei Chorunschi. Es sah einen kubischen Hallenbau von 12 Metern Höhe in neoklassizistischem Stil vor, der wegen des Permafrostbodens kein allzu schweres Gewicht haben durfte und daher aus leichtem, außen verputztem Lärchenholz gefertigt wurde. Schmale, hohe, dreifach verglaste Fenster erhellten das Innere, eine Bodenheizung sorgte für angenehme Temperaturen auch im Winter, ein eigenes Kesselhaus und eine Elektrostation lieferten die nötige Wärme und Beleuchtung, während im Dorf daneben die Einwohner immer noch Kerosinlampen benutzen mussten. Um das eigentliche Heiligtum in der Mitte des Kubus zog sich ein Parkettboden, und an der innen blau bemalten Kuppel prangte ein goldener Sternenhimmel. In den Wandecken kündeten Fotografien und Dokumente vom heroischen Leben des «großen Führers». Vor dem Bau sollte ein weiter, von jungen Tannen gesäumter Platz entstehen, den mächtige Kandelaber beleuchteten und dessen Mitte ein schneeweißes Stalindenkmal einnahm (Abb. 82). Inmitten der fast unbesiedelten Waldtundra ringsum wirkte dieser innen wohl temperierte Kubus wie eine exterrestrische Raumstation auf einem unwirtlichen Planeten. Daher kam für diese überdimensionierte Gedenkstätte quasireligiösen Charakters bald die Bezeichnung «Stalins Pantheon» auf.[868]

Die Bauausführung lag in den Händen des Bauingenieurs Wladimir Poluektow, der von 1947 bis 1951 als politischer Häftling im Lagerkomplex von Norilsk einsaß und 1951 begnadigt wurde, um Stalins «Pavillon» zu bauen. Wie seine Witwe, die spätere Chefarchitektin von Norilsk Larissa Nasarowa, sich erinnert, wollte man den Pavillon jedoch weiter vom Ufer entfernt bauen, um ihn allfälligen Überschwemmungen zu entziehen. Zu diesem Zweck musste das Häuschen der Pereprygins abgebrochen und versetzt werden. Doch wegen der stark verfaulten Wände zerfiel es beim Abbruch. Es musste völlig neu gebaut werden, und um es möglichst originalgetreu zu möblieren, holte man zeitgenössische Möbel aus dem ganzen Dorf zusammen. Das Stalindenkmal davor durften nur Arbeiter bauen, die eine «saubere» Biographie hatten.[869]

1952 fand mit Pauken und Trompeten die offizielle Einweihung statt. Zumindest während der kurzen Sommersaison sorgte man dafür, dass Besucher dem «großen Führer» huldigten: Jedes Passagierschiff, das an Kureika vorbeikam, musste für zwei Stunden stoppen und seine Fahrgäste an Land setzen. Anfänglich suchte man bei Führungen einen Dorfbewohner, der sich an Stalin noch erinnern konnte. Mit Mühe fand man einen Mann namens Dejew. Doch schon beim ersten Mal erschien er betrunken und wusste nur zu erzählen: «Stalin war klein, krummbeinig, pockennarbig, mit einer kranken Hand. Er fischte gerne, rauchte viel und über Politik redete er nie.»[870]

Nach Stalins Tod 1953 lief der Betrieb weiter und überstand sogar die ersten Jahre von Chruschtschows Entstalinisierungskampagne. Erst 1961 fiel die Entscheidung, das Museum zu schließen und alles abzumontieren, was an Stalin erinnerte. Das Allerheiligste – die Hütte – wurde abgebrochen und verbrannt, die Ausstellungsstücke entfernt. Aus dem Kesselhaus und der Elektrozentrale verschwanden auch die Maschinen. Das Denkmal stürzten die Dorfbewohner, viele von ihnen ehemalige Verschickte, vom Sockel und versenkten es im Jenissei. Die leere Hülle des Pavillons blieb sich selber überlassen, nachdem man alle Fenster zerschlagen hatte. Was für die Ewigkeit gedacht war, dauerte gerade neun Jahre!

Aber es gab noch ein Nachspiel. «Im Jahr nach der Versenkung der Statue trat starker Eisgang auf», so rapportiert Larissa Nasarowa einen Leserbrief von 1993.

«Am Rande der Eisdrift wurde die Statue vom Grund des Jenisseis emporgehoben. Die Büste ragte aus dem Wasser. Ein Schiff mit Touristen kam vorbei, die natürlich fotografierten. In Krasnojarsk konfiszierte man bei allen die Filme. Doch im Westen erschien trotzdem in den Zeitungen diese Fotografie.»[871]

*2. September 1993, abends. Die «Anton Tschechow» wirft vor Kureika Anker. Auf dem Hochufer erhebt sich – hingeduckt zwischen Tannen – ein kubischer Bau, durch dessen hohe Fenster das Abendlicht scheint (Abb. 83). Stalins Pantheon! Wir booten aus. Unsere Barkassen setzen uns am Strand ab. Von dort müssen wir noch das Steilufer erklimmen, und dann gilt es, sich mühsam einen Weg durch den von Unkraut überwucherten Vorplatz des Gebäudes zu bahnen. Von dem einstigen hell leuchtenden Denkmal steht nur noch ein aller Marmorverkleidung beraubter Betonsockel.*

*Durch die Türöffnung treten wir ein in das Allerheiligste (Abb. 84). Die Fensteröffnungen gähnen leer. Wo in der Mitte früher einmal das Häuschen der Pereprygins stand, umgibt ein bröckeliges Ziegelfundament eine von Gras durchwucherte rechteckige Vertiefung, in welcher noch einzelne Holzbalken liegen geblieben sind. Der Parkettboden ringsum ist aufgequollen und zersplittert. In den Wandecken, wo sich früher die Exponate befanden, breitet sich schwarzer Schimmel aus, vereinzelt sieht man dort auch noch umgestürzte verrostete Heizkörper. An einzelnen Stellen ist der Putz abgeplatzt. Der Sternenhimmel oben am Gewölbe ist noch schwach erkennbar, aber auch er wird schon von Feuchtigkeit und Schimmel angefressen. Hinten führt ein teilweise eingestürzter Tunnel mit den Resten von Kesselrohren zum ehemaligen Maschinenhaus. Auch das ist nur noch eine Ruine.*

*Unweit des Pantheons ziehen sich einige Höfe eine ausgefahrene Naturstraße entlang – Alt-Kureika. Die meisten Häuser stehen leer. Im ganzen Dorf leben noch drei Erwachsene und vier Kinder. Eine Frau lädt uns ein, ihre ärmliche Hütte zu besichtigen, doch ein stockbesoffener jüngerer Mann, der bei ihr zu Besuch weilt, geht angesichts der Kameras tätlich auf uns los und beschimpft uns als «dreckige Ausländer». Es ist möglicherweise dieser aufkommende «Stalin-Tourismus», der die Einheimischen, insbesondere aus dem einen Kilometer flussaufwärts gelegenen und bevölkerungsreicheren Neu-Kureika, veranlasst hat, 1996 auch noch die Hülle des Pantheons abzufackeln. Seitdem gibt es nichts mehr zu besichtigen.*[872]

2006 war im «Krasnojarskij Komsomolec» zu lesen, dass Geschäftsleute und Tourismusverantwortliche des Krasnojarsker Krai ein Projekt lancieren wollten, um eine Million Dollar für eine Originalrekonstruktion des Pantheons in Kureika zusammenzubringen.[873] Davon erhoffte man sich, den Tourismus im hohen Norden anzukurbeln. In der Tat scheint der Krasnojarsker Multimillonär Michail Ponomarjow noch im Sommer 2006 in Kureika eine Rekonstruktion des «Pantheons» aus dem Boden gestampft zu haben. Aus der festlichen Einweihung am 16. September wurde aber nichts, da die Verwaltung des Kreises Turuchansk Anweisung gab, das Monument unverzüglich wieder abzubrechen – diesmal gegen den Willen der Anwohner, denen Ponomarjow Arbeitsplätze in Aussicht gestellt hatte.[874] Nach Bildern, die ein russischer Tourist 2009 gemacht hat, stehen von der Rekonstruktion nur noch Wandreste und der untere Teil der Stalinstatue.[875] Zwar ändern sich die Zeiten, Stalin aber lebt immer noch.

## Sozialbanditismus – der «Turuchansker Aufruhr» von 1908/09

Unter den administrativ Verschickten gab es immer wieder Kriminelle, die als Anarchisten oder «Expropriateure» auftraten, um sich einen politischen Anstrich zu geben.[876] In diesen Zusammenhang, aber auch in den eines abenteuerlichen Fluchtplans gehört der «Turuchansker Aufruhr».

Nachdem es der harten Hand Ministerpräsident Stolypins gelungen war, die Revolution von 1905 bis 1907 niederzuschlagen, setzte ein wahrer Strom von Verschickungen nach Sibirien ein. Allein im Turuchansker Krai lebten 1908 rund tausend Deportierte. Dadurch, dass am unteren Jenissei zwei Typen von Verschickten zusammenkamen – einerseits echte Banditen, andererseits immer noch von revolutionärem Fieber befallene Sozialrevolutionäre, Anarchisten und Sozialisten –, braute sich dort auf engem Raum eine hochexplosive Mischung zusammen, die nach einer Entladung drängte. Das, was in der Folge als «Turuchansker Aufruhr» *(Turuchanskij bunt)* in die Annalen der Geschichte eingehen sollte, hat von den Zeitgenossen in manchen Details abweichende Darstellungen erfahren.[877]

Ausgelöst wurde die Aktion im Herbst 1908 durch zwei voneinander unabhängige Ereignisse, die sich dann aber verhängnisvoll miteinander verstrickten. Es begann damit, dass am 24. und 25. August eine Gruppe von Verschickten die Agentur des Pelzhandelshauses Rochet & Co. im Dorf Seliwanicha, etwa 30 Kilometer von Turuchansk entfernt, überfielen und 11 000–12 000 Rubel erbeuteten. Diese als «Expropriation» gerechtfertigte Aktion diente dem Ziel, Geld für eine Flucht aus Sibirien zu beschaffen. Mit ähnlichen Fluchtgedanken trug sich eine eher anarchistisch gesinnte Gruppe um den ehemaligen Lehrer Dronow und den blutjungen Seminaristen Samoilow, die von Ossinowo aus (unweit der gleichnamigen Stromschnellen des Jenissei) sich nach Jenisseisk durchschlagen wollte. Das Zusammentreffen dieser beiden Gruppen sollte den Funken zum Aufstand zünden. Der Polizei war es nämlich gelungen, vier Leute zu verhaften, die sich am Überfall in Seliwanicha beteiligt hatten. Zwei wurden unverzüglich nach Krasnojarsk spediert und dort inhaftiert, zwei andere – Kadiner (oder Kadoner) und Lewin – zunächst in Turuchansk behalten, um sie dann unter starker Bewachung nach Jenisseisk zu schaffen. In dem hellhörigen Verschicktenmilieu längs des Jenissei sprach sich das wie ein Lauffeuer herum, so dass die Anarchisten um Dronow dem Konvoi in Ossinowo auflauern und einen Überraschungsangriff starten konnten. Es entbrannte eine nächtliche Schießerei, bei der mehrere Kosaken der Begleitmannschaft ihr Leben verloren oder verwundet wurden, so dass es gelang, Kadiner und Lewin zu befreien.

Aber was nun? Der Winter war mittlerweile voll ausgebrochen. Kein Schiff ging mehr. Der Weg nach Süden war versperrt – nicht nur wegen des regulären Kosakenkordons im Dorf Worogowo, der Fluchtversuche von Deportierten stromaufwärts verhindern sollte, sondern auch, weil man in Krasnojarsk mittlerweile Truppen mobilisiert hatte. Sich an die Mündung des Jenissei abzusetzen, um auf einem der seltenen ausländischen Dampfer dem Zugriff der russischen Polizei zu entkommen, schied ebenfalls aus, weil die Schifffahrt schon eingestellt war. So blieb den Abenteurern nur noch die vage Hoffnung, vom Unterlauf des Jenissei über Tausende von Kilometern nach Jakutien durchzubrechen, sich mit den dortigen Zwangsverschickten zu vereinen und einen großen ostsibirischen Aufstand zu entfesseln. Einige ganz Tollkühne träumten sogar davon, sich bis zur Tschuktschenhalbinsel durchzuschlagen und über die zugefrorene Beringstraße Alaska zu erreichen. Zu verlieren hatten sie nichts mehr, denn nach der Tötung der Kosakeneskorte bei Ossinowo drohte ihren Anführern ohnehin die Todesstrafe.

Unter den Politverbannten waren nur wenige Gesinnungsgenossen bereit, sich an dem aussichtslosen Unternehmen zu beteiligen. Was die Abenteurer hingegen erwarten durften, war die dringend notwendige logistische Unterstützung. Unterwegs nahmen sie sich mit Gewalt, was sie brauchten, und plünderten die Kaufmannshäuser aus. In Sumarokowo brachten sie den Ortspolizisten um. In Apinskoje hielten sie dem Kaufmann Kutscherenko so lange einen Revolver an den Kopf, bis er sein Geldversteck preisgab. An die Armen in den Dörfern verteilten sie großzügig von ihrer Beute, aber die meisten Dorfbewohner reagierten mit Angst und Hass. Am 20. Dezember erreichte die Gruppe den Hauptort Turuchansk. Mit ihren mittlerweile etwa 20 Schwerbewaffneten war sie den dortigen Polizeikräften weit überlegen. Von mehreren Seiten her drangen die Dronowleute nachts in das Städtchen ein, erschossen den Stellvertreter des Polizeimeisters (dieser selber hatte sich rechtzeitig in Sicherheit gebracht), zwei Kosaken und den Kaufmann Wjatkin, der sich in der Kirche verschanzt hatte und mit seiner Jagdflinte einen der Angreifer verwundete. Nun ging es daran, die Stadt gründlich zu plündern. Das Polizeigebäude zündete man an, durchwühlte die Kanzlei, um Hinweise auf Spitzel ausfindig zu machen und alle Akten, welche Verbannte betrafen, zu vernichten. Bei dieser Verbrennungsaktion ging das gesamte Distriktsarchiv zugrunde, darunter unersetzliche Dokumente aus dem 17. und 18. Jahrhundert. Die 40 000–50 000 Rubel, die sich in der Amtskasse befanden, wurden expropriiert und zur Bezahlung der Indigenen verwendet, auf deren Rentierschlitten man ab Dudinka angewiesen war. Ein lokaler Ochranaspitzel, auf den man in den Polizeiakten gestoßen war, wurde in einem nahe gelegenen Versteck aufgespürt und exekutiert.

Nachdem die Abenteurer sich reichlich mit Waffen, Munition, Proviant und Kisten voller wertvoller Pelze versehen hatten, zogen sie weiter nach Dudinka. Der Ruf, der ihnen vorauseilte, war mittlerweile derart, dass die dortigen Kaufleute am 15. Januar nach kurzer Schießerei ihren Widerstand aufgaben und die ungebetenen Gäste stattdessen reichlich mit Wodka traktierten.

Doch auch die Staatsmacht war nicht untätig geblieben. Der Gouverneur in Krasnojarsk hatte das Kriegsrecht ausgerufen und eine ganze Abteilung Infanterie unter Stabshauptmann Nagurny in Marsch gesetzt. Überdies hatte auch der Irkutsker Generalgouverneur Truppeneinheiten an die Lena delegiert, um den Aufrührern den Weg nach Osten abzuschneiden. Nagurny waren weitreichende Vollmachten erteilt worden, um auf seinem Weg auch Mitwisser und Helfer der Dronowgruppe aufzuspüren, zu verhaften oder sogar standrechtlich zu erschießen. Insgesamt wurden in Ossinowo, Sumarokowo, Werchne-Inbatskoje, Turuchansk und anderen Ortschaften 172 Zwangsverschickte als vorgebliche Helfershelfer der Verfolgten verhaftet und ins Jenisseisker Gefängnis gesteckt. Wer von den Einheimischen einen «Aufrührer» beherbergt hatte, musste froh sein, wenn die Staatsmacht sich damit begnügte, als Vergeltung sein Haus anzuzünden.

Auf der Flucht vor den Verfolgern zog Dronow mit seinen Leuten von Dudinka aus flussabwärts nach Goltschicha. Von dort aus suchte die Bande mit Rentierschlitten nordostwärts zur Chatanga durchzukommen. Die zwei, die am Raubüberfall auf die Firma Rochet in Seliwanicha teilgenommen hatten, waren schon nicht mehr dabei: Kadiner war auf dem Weg nach Turuchansk bei einem Streit um Beutestücke von einem Kumpan erschossen worden, und Lewin hatte in der eisigen Schneewüste seinem Leben selber ein Ende gesetzt. Unterwegs in der Tundra stießen sie auf einen Konvoi des Kaufmanns Woiloschnikow, der mit Pelzen schwer beladen auf dem Rückweg nach Dudinka war. Dronow exekutierte höchstpersönlich den «Kulaken» und seine Gehilfen und verteilte nach der Devise «Raub' das Geraubte!» die Beute großmütig an die Indigenen der Umgebung. Im Siedlungspunkt Chatanga lebten nur ein alter russischer Trapper und ein Missionar. Dort wollten die Sozialbanditen für eine Weile rasten, sich erholen und die weitere Route zur Lena auskundschaften. Viele von ihnen hatten mittlerweile die Hoffnung verloren, dass sie ihrer ausweglosen Lage noch entschlüpfen könnten. Sie suchten sich mit Wodka zu betäuben und lebten in den Tag hinein. Doch ehe sie es sich versahen, hatte Hauptmann Nagurny sie aufgespürt und am 5. Februar ihr Blockhaus umstellt. Eine lange Schießerei setzte ein, die Dronow, Samoilow und mehreren weiteren Banditen das Leben kostete. Elf oder zwölf Überlebende ergaben sich. Allerdings erreichten nur acht von ihnen Turuchansk, die übrigen erlagen unterwegs entweder den Wunden, die sie bei der Schießerei davongetragen hatten, oder den Misshandlungen durch die Eskorte.

In Krasnojarsk wurde dem Rest der Bande und zehn weiteren angeblichen Helfershelfern der Prozess gemacht. Vier der acht Überlebenden kassierten ein Todesurteil, vier unbefristete Zwangsarbeit. Einer der zum Tode Verurteilten, Akselrod, dem auf dem Transport von Chatanga nach Turuchansk beide Füße abgefroren waren, wurde als Beinamputierter gehenkt. Von den Helfershelfern erhielt ein Teil Gefängnisstrafen, ein Teil wurde freigesprochen. So endete der ursprüngliche Traum von einer Flucht in die Freiheit in einer Orgie von wechselseitiger Gewalt und schlichtem Sozialbanditismus. Der ursprüngliche Kopf der Anarchisten, Lew Tscherny, war in Ossinowo zurückgeblieben, weil er die Aussichtslosigkeit der Flucht realistisch einschätzte. Damit nahm er auch Abschied von der Utopie einer «Republik Turuchansk», die er mit ein paar Kanonen an den Stromschnellen von Ossinowo gegen Angriffe von Süden glaubte verteidigen zu können, um sie dann den USA als Bundesstaat anzudienen.[878]

Wer waren diese Leute, die sich zu so viel Brutalitäten hinreißen ließen? Das Gros bestand aus zumeist analphabetischen Arbeitern, die an der Revolution von 1905 teilgenommen hatten; die Anführer zählten eher zur anarchistisch gesinnten Intelligenzija.

## Verbannungsalltag

Wie lebte es sich in der Verbannung? Mit welchen Problemen hatten die Verschickten zu kämpfen, wie strikt war die Polizeiaufsicht, welche Kontaktmöglichkeiten hatten sie zu Gleichgesinnten? Im Folgenden sollen die Lebensbedingungen in drei verschiedenen Verschickungsregionen des G. Jenissei zur Sprache kommen, beschränkt auf die beiden Jahrzehnte vor der Oktoberrevolution.

### Die Turuchanka

Als Jakow Schumjazki, der ursprünglich Mitglied des Allgemeinen Jüdischen Arbeiterbundes gewesen, 1908 aber zu den Bolschewiki übergetreten war, 1909 nach dem glücklich überstandenen Sturm auf dem Jenissei in Dudinka eintraf, fand er dort etwa 20 Verschickte vor, darunter auch einige Kriminelle und nicht wenige Polen. Die Verschickten verbrachten den Tag mit Fischen, Fallenstellen, Lesen oder Unterrichten. Ein Gefährte arbeitete als Agent für das Pelzhandelshaus Pusse. Schumjazki selber gab Mathematikunterricht, versuchte sich als Heilkundiger und arbeitete bei der lokalen Wetterstation mit. Zeitungen gab es, aber sie kamen mit drei- bis viermonatiger Verspätung. Die Familie Borkowski unterhielt einen Mittagstisch und eine Art Klub, wo man abends diskutierte oder genauer gesagt stritt, denn schon diese kleine Kolonie umfasste das ganze politische Spektrum von Anarchisten, Sozialrevolutionären, Menschewiki, Bolschewiki und polnischen Sozialisten. Beendet wurden die abendliche Diskussionen meist dadurch, dass der Dorfpolizist Sidelnikow, wenn es zu laut wurde, an den Fensterladen klopfte und die Versammlung aufforderte, schlafen zu gehen.[879]

1911 wurde Schumjazki wieder nach Alt-Turuchansk zurückverlegt, das nach der 1909 begonnenen Umsiedlung des Verwaltungssitzes für den Gesamtdistrikt nach Monastyrskoje noch verschlafener war als zuvor. Schumjazki musste nun Geld verdienen, da er auf Grund einer Neubeurteilung seines Falles als Verschickter «auf Ansiedlung» keinen staatlichen Unterhaltszuschuss mehr bezog. Mit mehreren Kameraden machte er sich im Winter für den Turuchansker Kaufmann Lukaschewitsch ans Holzfällen. Im Frühjahr mietete Lukaschewitsch die gesamte Verschicktenkolonie, um die für Turuchansk bestimmten Waren aus Jeniseisk in Monastyrskoje vom Dampfer in spezielle Boote umzuladen. Sie mussten über den Jenisseiarm Schara nach Turuchansk geschafft werden, weil reguläre Dampfer Alt-Turuchansk wegen des seichten Wassers nicht anlaufen konnten.

In dieser Zeit häuften sich Selbstmorde wegen Depressionen oder tödliche Arbeitsunfälle. Der Pole Rogowski erfror auf dem Weg von Turuchansk nach Monastyrskoje. Der Anarchist Lekach, der wegen eines Bombenattentats in Odessa verschickt worden war, wurde auf der Straße bei Seliwanicha von der Purga überrascht und erfror ebenfalls. Der zur Ansiedlung verschickte Lette Galins, ein Instrumentenmacher und Schlosser, hatte sich ein Haus mit eigener Werkstatt gebaut. Über Arbeit konnte er nicht klagen, so dass er seine Frau aus Mitau nachholte. Doch im Frühjahr 1912 nutzte er eine momentane Abwesenheit der Frau, um sich in seinem Haus zu verbarrikadieren und es mit Hilfe von Kerosin anzuzünden. Da auch die Vorräte von Säuren und von Pulver für das Jagdgewehr explodierten, brannte das Haus rasch lichterloh. In Wereschtschagino vergiftete sich zur gleichen Zeit die Genossin Zwetkowa. Im Frühjahr 1913 wurde der in der Partei nicht unbekannte Iossif Fedorowitsch Dubrowinski, seit 1907 Mitglied des ZK der RSDRP, ermordet. Er lebte als Verschickter im Dorf Saboburino-Boischinskoje und erregte dort die Aufmerksamkeit eines jungen Trunkenboldes, der sich als Gelegenheitsarbeiter bei Bauern durchschlug und mitbekam, dass Dubrowinski Postsendungen erhielt. In der Erwartung, bei ihm Geld zu finden, erschlug er ihn während eines Spaziergangs mit einem Stein und raubte ihn aus. Den Leichnam warf er in den Jenissei. Im Frühjahr 1913 beging auch der Menschewik

Wolfson aus Odessa in einer kleinen Siedlung bei Werchne-Inbatskoje Selbstmord. Er litt an Depressionen, und als die ihm vertrauten Schicksalsgenossen einer nach dem anderen die Turuchanka verließen, sprengte er sich eines Tages durch einen Schuss in den Mund die Schädeldecke weg. Kurz zuvor hatte sich schon auf der Station Alenskoje der administrativ Verschickte Filipenko selber die Kehle durchgeschnitten, weil herausgekommen war, dass er der Gendarmerie in Turuchansk als Spitzel gedient hatte.

Diese ganzen Unglücksfälle und Selbstmorde hatten zur Folge, dass die Verschickten enger zusammenrückten, um gemeinsam Depression und Hunger zu bekämpfen. Man bildete einen Chor und eine Theatergruppe und gab eine Zeitung heraus, die jedoch mangels genügender Informationen ein Schattendasein führte. Allerdings brachen immer wieder Streitereien aus, die auch ernsthafte Verletzungen nach sich zogen, beispielsweise beim Kartenspiel.[880]

Und wie versuchten die Bolschewiki in Monastyrskoje ihr Leben zu gestalten? Ihren unbestrittenen Mittelpunkt bildeten Swerdlow und Spandarjan. Natürlich war die politische Arbeit ein gewichtiger Schwerpunkt ihrer Tätigkeit, vor allem die Einberufung und Leitung von Versammlungen mit politischen Diskussionen. Sie wollten eine Kooperative auf die Beine stellen, an der sich sowohl Verschickte als auch Einheimische beteiligen konnten. Doch die Gründungsversammlung wurde vorzeitig von der Polizei aufgelöst. Daraufhin sandten sowohl die Einheimischen als auch die Verschickten ein Telegramm an den Gouverneur in Krasnojarsk mit der Bitte, die gemeinsame Kooperative zu bewilligen. Die Antwort kam aus St. Petersburg direkt vom Innenminister, und sie lautete positiv. Außerdem suchte Swerdlow Kontakt zu der einheimischen Jugend, die damals ethnisch noch stark gemischt war. Vor allem aber arbeitete er wissenschaftlich, befasste sich mit der Geschichte des Turuchansker Krai und studierte den «Turuchansker Aufruhr» von 1908/09, um zu ergründen, wie man eine Revolution keinesfalls machen sollte. Er korrespondierte mit sibirischen Zeitungen und inspizierte dreimal am Tag die meteorologische Station, die er zu betreuen hatte.[881] Die wissenschaftliche und literarische Arbeit wurde für diesen Intellektuellen zum wichtigsten Lebenselixier, um den trostlosen Alltag durchzuhalten, wie er in einem Brief vom 12. Dezember 1916 offenbart (Quelle 6.1).

Als auf dem Höhepunkt der Verschickungswelle im Gefolge der Revolution von 1905 sich in der Turuchanka rund 460–470 «Politische» sammelten, kursierten Pläne, um eine Organisation zu gegenseitiger Unterstützung zu gründen. Während die administrativ Verschickten wenigstens einen staatlichen Unterhaltszuschuss von 15 Rubeln bekamen, sahen sich die 60–70 «zur Ansiedlung Verschickten» nämlich auf sich selbst gestellt. Da kaum Arbeitsmöglichkeiten bestanden, war ihre materielle Situation beklagenswert. Daher trafen sich vom 20. bis 22. Juli 1908 im Kirchdorf Werchne-Inbatskoje heimlich 18 Delegierte aus zwölf Kolonien, die etwa die Hälfte der politischen Verschickten repräsentierten. Man tagte im Haus des administrativ verschickten Künstlers und Fotografen Georgi Iwanowitsch Koslow. Die Diskussion drehte sich vor allem um die Verbesserung der materiellen Lage und um die Möglichkeiten kulturaufklärerischer Arbeit. Die Konferenz beschloss, die «Administrativen» aufzufordern, einen Teil ihres Unterhaltszuschusses zugunsten der Bedürftigen in einen Solidaritätsfonds einzuzahlen, der von einem ständigen Büro in Turuchansk verwaltet werden sollte. Allerdings hielt sich die Solidarität der «Besitzenden» in Grenzen, und als anlässlich des «Turuchansker Aufruhrs» vom Ende des Jahres das Kriegsrecht verhängt wurde, erwies sich für längere Zeit eine konspirative Arbeit ohnehin als unmöglich.[882]

### Der Kreis Jenisseisk

Da nach dem «Turuchansker Aufruhr» von 1908/09 die Behörden die Deportation administrativ Verschickter in den Turuchansker Krai vorübergehend stoppten und an die untere Angara umlenkten, begannen sich politische Delinquenten dort zusätzlich zu konzentrieren.[883] Im Frühjahr 1909 nahm eine «Union politisch Verschickter», die 200 Leute vereinigte, ihre Untergrundarbeit auf. Die Ziele entsprachen im Kern denen der Konferenz von Werchne-Inbatskoje vom Juli 1908, doch wollte man darüber hinaus Artels bilden, um die Verdienstmöglichkeiten zu verbessern, sowie Kurse organisieren und legale und illegale Publikationen drucken. Doch im Februar 1910 erfolgte ein groß angelegter Gegenschlag der Krasnojarsker Gendarmeriezentrale, die ein Kommando unter Oberstleutnant Komissarow an die Angara entsandte. Dieses hob das Archiv der «Union» aus und beschlagnahmte die gesamte Korrespondenz.[884] Während des Ersten Weltkrieges war es wieder eher möglich, sich neu zu organisieren. 1915 entstand die «Korporation zu wechselseitiger Hilfe der politisch Verschickten des Angaragebietes». Informationen liefen brieflich chiffriert. Wenn es in einem Brief von 1915 hieß, dass bei einem der Genossen «Geburt und Taufe des fünften Kindes» gefeiert worden seien, so hieß dies, dass die fünfte Untergrundkonferenz der Hilfsorganisationen von der Angara erfolgreich stattgefunden habe. Auf den 15. Dezember 1915 zählte die Korporation 198 Mitglieder, das waren zwei Drittel aller «Politischen». Von diesem Datum ist auch die politische Selbsteinschätzung aller 273 «Politischen» an der unteren Angara bekannt: 98 bezeichneten sich als Sozialdemokraten (davon 55 als Bolschewiki, 25 als Menschewiki, 15 als Fraktionslose und 3 als Bundisten), 68 als Sozialrevolutionäre, 26 als polnische Sozialisten, 19 als Anarchisten, 6 als Narodniki und 56 als Parteilose.[885]

Ein wichtiges Zentrum der Untergrundarbeit war das Kirchdorf Belskoje – Hauptort einer Wolost zwischen Atschinsk und Jenisseisk. Dort gab es 1909/10 insgesamt 308 politisch Verschickte, die sich jedoch auf zahlreiche Siedlungen verteilten. Ende August 1909 trafen sich im Hauptdorf heimlich Delegierte aller benachbarten Amtsgemeinden, um das Konzept für eine Zusammenarbeit zu entwickeln – den Aufbau eines Postwesens, einer medizinischen Versorgung, einer Bibliothek sowie einer Fluchthilfeorganisation; außerdem wollte man unter Verschickten und Bauern politische Aufklärungsarbeit betreiben. Die Koordination all dieser Aufgaben wurde einem gewählten Zentralbüro zugedacht.

Am erfolgreichsten gestaltete sich der Aufbau der Postorganisation. Zwischen dem Wolostzentrum Belskoje und Jenisseisk gab es nämlich keine Postverbindung. Briefe nach Belskoje blieben in Jenisseisk auf der Post liegen und mussten dort abgeholt werden. Da dies auch Zeitungen und Bücher betraf, waren gerade die Verschickten am Aufbau einer Postverbindung interessiert. Die Wolost hatte kein Geld, um einen Postboten zu bezahlen. Daher trafen die Verschickten mit der Verwaltung ein Übereinkommen: Sie zahlten aus ihrer (illegalen!) Bürokasse den Lohn des Postboten und die Bauern stellten die erforderlichen Pferde für den Transport der Postsendungen. Das Wolostbüro der Verschickten finanzierte den Postboten aus einem Abschlag von 10 Prozent auf jede Geldüberweisung, welche Verschickte erhielten. Dieses System funktionierte und zeigt, wie politische Delinquenten und bäuerliche Selbstverwaltung bei stillschweigender Duldung durch die staatlichen Stellen zu beiderseitigem Nutzen zu kooperieren vermochten.[886]

Als es den Sozialdemokraten Aleksei Wodolasski 1909 als Ansiedlungsverschickten nach Belskoje verschlug, kam er auf die Idee, mit geeigneten Leidensgefährten, die wie er ihren Lebensunterhalt selber verdienen mussten, eine Produktionskommune zu gründen. Von 72 Verschickten, die Arbeit suchten, waren nämlich 20 echte Arbeiter. An Startkapital brachte man 53 Rubel zusammen, und bei zwei Jenisseisker Kaufleuten gelang es, einen Kredit von 1500 Rubeln zu erhalten, um die notwendigen Werkzeuge und Materialien zu beschaffen. Zum Leiter der Kooperative wurde Wodolasski selber gewählt. Der Kooperative schlossen sich vier Genossen an, die während des Sommers und Frühherbstes in der Taiga Zedernnüsse sammelten und über zwei Pferde verfügten. Andere Genossen produzierten Ziegelsteine, die sie zwar nicht hart genug brennen konnten, die den Bauern aber allemal gut genug waren, um damit ihre russischen Öfen zu flicken. Der Bezirkspolizeimeister Tschujew ließ sich von Wodolasski nach langen Diskussionen die Erlaubnis abringen, dass die Angehörigen der Kooperative, die in anderen Siedlungen der Wolost wohnten, sich in Belskoje selber niederlassen durften – wohl weil er daran interessiert sein musste, dass seine Schäfchen arbeiteten und keine revolutionären Pläne wälzten; außerdem konnte er sie so besser kontrollieren. Vodolasski mietete für die Kooperative zwei Häuser und eine verlassene Schmiede. Ein Haus diente als Werkstatt für Schlosserei, Spenglerei und Büchsenmacherei, das andere für Tischlerei und Böttcherei.

Die Kooperative konnte über Aufträge nicht klagen. Am besten lief die Werkstatt des Büchsenmachers Ljaskowski, der die Jagdflinten der Bauern revidierte. Die Schlosserei reparierte Metallgegenstände, stellte Schlösser und Schlüssel her und war sehr gefragt wegen der Jagdmesser, welche die Bauern benötigten. Die Spenglerei spezialisierte sich auf die Herstellung eiserner Zimmeröfen, die zusätzlich mit Ziegeln verkleidet waren, um die Wärme zu speichern (anders als die reinen Eisenöfen, die man auf dem Markt haben konnte). Tischlerei und Böttcherei liefen hingegen weniger gut, weil die Bauern sich selber auf Holzarbeiten verstanden. Ein Problem war die Bezahlung, weil die Bauern als Entgelt Naturalien bevorzugten. Diese brauchte die Kooperative auch, um ihre Bäckerei und die Kantine zu versorgen, doch die Kreditoren wollten natürlich Geld sehen. Daher blieb Bargeld knapp, und man konnte nicht alle Kredite zurückzahlen. Obgleich die Kooperative gut lief und Auftraggeber aus der ganzen Umgebung kamen, blieb sie von Abgängen nicht verschont. Es flohen sowohl der Büchsenmacher als auch der Schlosser Pjotr Starostin. Als weitere Handwerker verschwunden waren und die Schulden sich häuften, mussten die Werkstätten schließen. Dies auch deshalb, weil eine geordnete Buchführung nicht mehr möglich war, nachdem die Gendarmen bei einer Haussuchung Bücher und Schriftverkehr beschlagnahmt hatten. 400 Rubel Schulden blieben stehen und konnten nur getilgt werden, weil parteinahe Bürger in Jenisseisk die Summe aufbrachten.

Nach dem Ende der Kooperative taten sich vor vielen wieder Leere und mangelnde Verdienstmöglichkeiten auf. Daher entstand die Idee, ein Theaterstück aufzuführen. Da es unter den Verschickten viele Ukrainer gab, wurde ein ukrainisches Stück ausgewählt, nämlich «Der Gast aus der Steppe» von Boris Grintschenko, einem ukrainischen Nationalisten. Nach Einsichtnahme in einen (ins Russische übersetzten!) Text bewilligte Tschujew die Aufführung. Der Eintritt betrug 10 Kopeken. Das ganze Dorf einschließlich Obrigkeit und Polizei erschien. Die Bauern zahlten zum Teil mit Eiern oder Butter. Der Polizeimeister fand das Stück gut, aber die Thematik etwas zu politisch. Es gab in der ganzen Region viel Gerede über das Stück, die Bauern wünschten eine zweite Aufführung, vor allem die Gopak-Tänze hatten es ihnen angetan. Doch der Kreispolizeichef in Jenisseisk rüffelte Tschujew, weil das Stück Grintschenkos in Russland verboten sei.

Wodolasski hatte beruflich Glück. Ein anderer Verbannter (Aleksandr Schlichter), der studierter Ökonom war und durch Protektion eines aus Petersburg angereisten Bergbauingenieurs aus einflussreicher Familie zum Hauptbuchhalter der Nord-Jenisseiker Goldminen berufen wurde, verschaffte ihm mit Einwilligung der Krasnojarsker Behörden eine Stelle als Buchhalter in seinem Büro. Auf diese Weise war Wodolasski seiner existenziellen Sorgen bis zur Februarrevolution enthoben.[887]

### Der Kreis Minussinsk

1911 rückte der Kreis Minussinsk zu einem Hauptzentrum der Verschickung auf, weil die Turuchanka und die untere Angara überfüllt waren. Die politisch Verschickten setzten sich etwa hälftig aus Sozialdemokraten und Sozialrevolutionären zusammen. Da sie sich mehrheitlich auf Angehörige von Intelligenzija und Dienstleistern verteilten, sahen sie berufliche Chancen am ehesten in der Kreisstadt. Dort bestanden bei Kindern der lokalen Intelligenzija, der Kaufmannschaft und der Großbürger gute Möglichkeiten für Nachhilfeunterricht und Vorbereitungen auf das Abitur und die Universität Tomsk. In Minussinsk gab es ein Mädchengymnasium, eine höhere Grundschule, eine Realschule, später auch ein Lehrerseminar und eine Handelsschule. Da in Sibirien damals Mädchen der Universitätszugang offenstand, bot sich den verschickten Gebildeten also ein breiter Nachfragemarkt für privaten Unterricht. Ärzte durften zunächst nur verdeckt praktizieren, doch der uns schon bekannte Apotheker Martjanow arbeitete eng mit ihnen zusammen, und nachdem die Familie des Kreispolizeichefs Solonin schwer erkrankt war und der verschickte Arzt A. P. Golubkow Abhilfe zu schaffen wusste, ließ Solonin die Ärzte offiziell gewähren. Golubkow erfreute sich seitdem in der Bevölkerung großer Beliebtheit, und der Tierarzt A. A. Ljubuschin wurde zu einem bei den Bauern hoch geschätzten «Viehdochtur». Dem Bakteriologen A. W. Pribylew wurde gestattet, an Martjanows Apotheke ein Labor für Blutanalysen aufzubauen. Die Agronomen legten Versuchsfelder an, befassten sich mit Samenhandel und Pflanzenzucht und arbeiteten zum Teil auch für die Kooperativen. Wie in Belskoje versuchten Arbeiter und Handwerker auf dem Lande Werkstätten aufzubauen, doch wegen der ständigen Fluktuation der Verschickten blieben die

Unternehmungen nicht von Dauer. Ein spezielles Profil wies die Verbanntenkolonie im Dorf Grigorjewka auf. Dort sammelten sich nämlich die Straßenbauer, um sich am Bau der Chaussee nach Tuwinien zu beteiligen. Dabei kam es so weit, dass der gesamte technische Planungsstab außer dem Chefingenieur Eppinger sich von 1913 bis zum Sommer 1916 aus Verschickten rekrutierte.

In der Stadt mussten die Verbannten in unregelmäßigen Abständen persönlich beim Kreispolizeichef erscheinen, um ihre Anwesenheit bestätigen zu lassen. In den Kirchdörfern führte der Bezirkspolizeimeister die Aufsicht und schickte Listen an den diensthabenden Hundertschaftsmann, in denen jeder Verschickte seine Anwesenheit durch Unterschrift bestätigen musste. Allerdings nahm der Hilfspolizist es manchmal nicht sehr genau. In Jermakowskoje akzeptierte er beispielsweise, wenn ein Verschickter für alle in einem Haus Wohnenden unterschrieb. Doch musste man stets mit Straßenkontrollen durch die Landpolizei oder überraschenden Haussuchungen rechnen, und das Spitzelsystem blieb virulent.

Selbstverständlich ruhte auch in der Verschickung die politische Arbeit nicht. Zahlreiche Verbannte schrieben Artikel für die Zeitung «Minusinskij Kraj», doch dies setzte eine gewisse politische Zurückhaltung voraus. Tätigkeiten als Hauslehrer boten demgegenüber viele Möglichkeiten, die Zöglinge politisch zu beeinflussen. Daher versuchte Kreispolizeichef Solonin, derartige Tätigkeiten zu unterbinden, stieß jedoch auf den entschiedenen Widerstand der einflussreichen Auftraggeber, und die Verschickten ihrerseits erpressten Solonin mit der Drohung, sie würden entlaufen, und dann ginge er seiner Pension verlustig. Weitere Möglichkeit politischer Indoktrination boten die Kooperativen. Die Bauern jedoch blieben außer denjenigen, die an der Bauernbewegung von 1906 beteiligt gewesen waren, in der Regel politisch unzugänglich, und Arbeiter gab es relativ wenige. Daher wurden die breiten Massen für politische Parolen erst empfänglich, als der Erste Weltkrieg die gesellschaftlichen Parameter veränderte.[888]

## Flüchten?

Zu fliehen war in Sibirien für Verbannte nicht schwierig. 1906/07 wurde im G. Jenissei jeder dritte Politverschickte als «abgängig» geführt.[889] Das eigentliche Problem war, die Flucht erfolgreich durchzustehen. Daher galt es diese sorgfältig vorzubereiten. Die revolutionären Parteien hatten ab 1905 im sibirischen Untergrund eine Hilfs- und Fluchthilfeorganisation aufgebaut, welcher sie – wie zuvor schon die Narodniki – den doppeldeutigen Namen Rotes Kreuz gaben. Auch in Krasnojarsk entstand ein Ableger. Man sammelte Geld zur Unterstützung von Verschickten und Katorga-Sträflingen. Vor allem besorgte man sich über Untergrundorganisationen der Parteien im europäischen Russland oder im Ausland falsche Papiere und Reisepässe. Eine erfolgreiche Flucht hing auch von der Unterstützung durch Einheimische ab. Das waren Bauern, Schiffsbesatzungen, Händler, Beamte und Angehörige der lokalen Intelligenzija. In Jenisseisk zählten dazu die Ärzte Pawski und Stankejew, der Angestellte der Stadtverwaltung M. P. Mindarowski und sogar der Goldindustrielle A. A. Wlassow.[890] Bei Bauern an Durchgangsstraßen war es üblich, für entsprungene Häftlinge oder Verschickte nachts auf Tischen unter den Fenstern Brot, Quark, Milch und Kwas bereitzustellen, um durch Hunger verursachten Einbrüchen vorzubeugen.[891]

Die Fertigstellung der Transsibirischen Eisenbahn und die Revolution von 1905 steigerten die Fluchtanreize. Daraufhin erhöhte die Regierung die Strafen für Fluchtversuche: Zu lebenslanger Katorga Verurteilte erhielten Einzelhaft von 60–80 Tagen und wurden anschließend zehn bis zwölf Jahre in einer speziellen Abteilung des Gefängnisses untergebracht; für weitere Fluchtversuche wurde die Dosierung entsprechend erhöht. Befristet zu Katorga Verurteilte erhielten Einzelhaft von 25–30 Tagen mit Verlängerung der Zwangsarbeit um 10–15 Jahre, bei wiederholten Fluchtversuchen mit entsprechend höherer Dosierung. Einzelhaft hieß Einzelkerker bei Wasser und Brot und warmes Essen nur alle drei Tage.[892]

Kriminelle, die von Katorga oder Verschickung fliehen konnten, blieben nicht selten in Sibirien und rotteten sich zu Banden zusammen. Gouverneur A. P. Stepanow notierte 1830: «Sie verschaffen sich bei Trappern mit Gewalt Gewehre, bei Siedlern Pferde und berauben unter Anführung eines Atamans die Bauern. Solche Banden gibt es pro Jahr zwei bis drei. Sie brennen die Häuser nieder, foltern die Hauswirte über dem Feuer und raffen alles zusammen, was sich zusammenraffen lässt. Die große Straße ist völlig ruhig, doch die entlegenen Gegenden sind gefährdet. Die Kosaken verfolgen sie mit Hilfe der Bauern, töten oder fangen sie.»[893] Noch um die Jahrhundertwende besagte die Statistik, dass mehr als Hälfte aller Verbrechen in Sibirien von Zwangsverschickten begangen wurden, obgleich sie nur 6 Prozent der Bevölkerung stellten. Darunter befanden sich besonders brutale Morde.[894] Banden von Landstreichern, meist ehemalige Sträflinge, spezialisierten sich wie früher darauf, abgelegene Bauernhöfe zu plündern.[895] Als die Transsib 1897 Krasnojarsk erreichte, sammelten sich dort so viel entflohene Verbrecher und kriminelle Verschickte, dass sie die Stadt und ihre Umgebung regelrecht zu terrorisieren vermochten. Die Einwohner schlossen sich in ihren Häusern ein und wagten sich selbst am helllichten Tag nur gruppenweise und bewaffnet auf die Straße. Doch die Obrigkeit schritt erst ein, als Postämter und sogar Armeekonvois überfallen wurden. Standgerichte machten mit den Banden kurzen Prozess.[896] Die Jahrhundertwende sah in den Städten von Tscheljabinsk bis Wladiwostok eine hohe Kriminalität. Verbreitet seien Raubüberfälle auf offener Straße, lesen wir bei Gerrare, wobei die Opfer von hinten mit einer Schnur erdrosselt würden, so dass sie nicht um Hilfe schreien könnten. Überfälle ereigneten sich sogar auf Hauptstraßen und am helllichten Tag.[897]

Detailliert studieren lässt sich eine Fluchtgeschichte anhand der Lebenserinnerungen des Mediziners A. W. Pribylew. Ende 1909 landete er in dem ihm zugewiesenen Verschickungsort Minussinsk. Mit der nachgereisten Familie lebte er dort zwei Jahre und baute ein Verbindungsnetz auf, in dessen Zentrum sein ärztlicher Kollege A. P. Golubkow stand. Nach zwei Jahren endete die Verbannungsfrist von Pribylews Frau, die im Frühsommer 1911 mit der Tochter nach Russland zurückreiste. Nun bereitete Pribylew sorgfältig die Flucht vor. Zunächst musste er seine Wirtsleute an längere Abwesenheiten gewöhnen, spazierte viel in der Umgebung und gab vor, auf die Jagd zu gehen. So wollte er Zeit gewinnen, bevor sie die Polizei benachrichtigten. Für die erste Etappe der Flucht hatte er den Dampfer *Sibirjak* vorgesehen, dessen Kapitän ein Patient von Dr. Golubkow war. Er reservierte für Pribylew eine Kajüte, die dieser nachts vor der Abfahrt bezog und bis Krasnojarsk nie verließ. Auf halbem Weg stieg der Adjunkt des Minussinsker Kreispolizeichefs zu, um die Passagiere zu kontrollieren. Der Kapitän gab vor, in besagter Kajüte liege ein Schwerkranker, so dass Pribylew unbehelligt blieb. In Krasnojarsk ging er als Letzter von Bord und übernachtete in der Wohnung einer Gleichgesinnten, Anna Lwowna Dombrowskaja, welche die Fluchthilfeorganisation vermittelt hatte. Am nächsten Tag brachte sie ihn zum Zug, für den sie ein Billett gelöst hatte. Er fand einen Platz in einem Coupé, das bereits von drei Personen besetzt war – einem gebrechlichen Admiral a. D. in Begleitung zweier fülliger Damen. Für Pribylew erwies sich dies als ein Glücksfall, vermochte er den Damen doch einen Teil der Betreuung abzunehmen, führte den Admiral in den Speisewagen und erweckte so den Eindruck, zu dessen Entourage zu gehören. So konnte er damit rechnen, nicht kontrolliert zu werden. Drei Wochen nach der Abreise aus Minussinsk erreichte er über St. Petersburg, Torneå, Stockholm, Berlin und Köln Anfang August 1911 Paris, wo er nach drei Jahren am Pasteur-Institut seine Ausbildung als Bakteriologe abschloss.

Sein ehemaliger Hauswirt hatte allerdings für ihn die Zeche zu zahlen. Er kam wegen mangelnder Aufsicht über seinen Untermieter mehrere Tage lang in Arrest und wurde zu einer Buße verurteilt, für welche die Verschickten der Stadt jedoch das Geld zusammenlegten. Kreispolizeichef Solonin geriet in Panik, als er hörte, dass ein weiterer, sogar kranker Verschickter aus Jermakowskoje geflohen sei und schon Minussinsk erreicht habe. Das stimmte zwar nicht, doch Solonin eilte durch die Quartiere und beschwor die Verschickten unter Tränen (seine Pension sei dahin ...!), auf den Flüchtigen einzuwirken, in Minussinsk zu bleiben, er werde sich persönlich beim Gouverneur für ihn einsetzen. Das nutzte die Kolonie, um den Kranken, der bettlägerig war, ins Minussinsker Spital zu transportieren. Seitdem war Solonin zurückhaltender. In den Dörfern gab es keine organisierten Fluchten. Die Leute verschwanden einfach, und bis das bei der nächsten Kontrolle auffiel, konnte es dauern.[898]

In Paris plagte Pribylew aber zunehmend das Heimweh, so dass er beschloss, nach Russland zurückzukehren und den Rest seiner Verbannung abzusitzen. Von Nizza aus fragte er beim zuständigen Departement in St. Petersburg an, ob er dafür eine Reisebewilligung haben könne, und erhielt eine briefliche Bestätigung, dass diese am Grenzübergang bereitliegen werde. So tauchte er am 1. Mai 1914 wieder in Krasnojarsk auf. Gouverneur Kraft war in den Ferien, und als Pribylew mit seiner Reisebewilligung bei der Gouvernementsverwaltung erschien, wollte man zunächst nicht glauben, dass jemand aus dem Ausland freiwillig in die Verbannung zurückgekehrt sei. Seitdem hielt man ihn für leicht verrückt. Der Vertreter des Gouverneurs, Pissarenkow, begegnete ihm aber sehr freundlich und wies ihm das Kirchdorf Kasatschenskoje am Jenissei als Aufenthaltsort zu. Pribylews Hauptproblem blieb, dass er keine Arbeit fand, da er wegen vorgerückten Alters keine körperliche Schwerarbeit leisten konnte. Immerhin kamen Frau und Tochter nach, die er drei Jahre lang nicht gesehen hatte. Als Gouverneur Kraft wieder zurückgekehrt war, reiste Pribylews Frau nach Krasnojarsk, bat um eine Audienz und darum, ihren Mann nach Krasnojarsk zu verlegen, wo er der Gesellschaft besser dienen könne.

Der Gouverneur zeigte sich bereit, ein entsprechendes Gesuch an das Ministerium weiterzuleiten, doch der Kriegsausbruch im Juli verzögerte die Zustimmung um vier Monate.[899]

Der uns schon bekannte Jakow Schumjazki wurde Anfang 1909 in das Amt Keschma an der unteren Angara zwangsverschickt. Doch mit dem Eisaufbruch der Angara im Frühjahr gelang es ihm problemlos, mit mehreren anderen Genossen zu fliehen. Er wurde aber nach zwei Tagen in Krasnojarsk auf dem Bahnhof erkannt und wieder verhaftet. Als Wiederholungstäter spedierte man ihn diesmal in das weniger fluchtgefährdete Dudinka. Von dort gab es nur zwei Fluchtmöglichkeiten: entweder sich in Monastyrskoje an Bord eines Dampfers nach Jenisseisk zu schmuggeln und von dort auf dem Land- und Bahnweg nach Russland zu gelangen oder sich nach Goltschicha durchzuschlagen und dort an Bord eines ausländischen Dampfers zu gehen, der meist im Hochsommer kam.[900]

1907 war es fünf «Politischen» gelungen, von Dudinka aus in einem Boot die Karasee zu erreichen, um in ihrer Nussschale die abenteuerliche Überfahrt nach Norwegen zu wagen. Sie hatten Glück, weil ein norwegischer Fischkutter sie unterwegs an Bord nahm.[901] Aber diese Art von Flucht riskierten nur Tollkühne, die bereit waren, alles auf eine Karte zu setzen. Daher erschien Schumjazki eine andere Möglichkeit vielversprechender. Es gab einen britischen Kapitän, Webster, der bereit war, politische Verschickte, als Schiffsjungen getarnt, nach Hammerfest mitzunehmen. Er war ein Liberaler und Mitglied des britischen Unterhauses. Sein mit Salz und Manufakturwaren beladenes Schiff leichterte er an einem der Umschlagplätze des Jenissei-Ästuars. Auf diesem Weg war es 1909 schon drei Genossen Schumjazkis gelungen, nach Hammerfest zu fliehen. Webster wurde aber 1910 bei einem Abstecher nach Krasnojarsk verhaftet wegen Beihilfe zur Flucht von «Staatsverbrechern». Es bedurfte einer energischen Intervention des britischen Konsuls in Irkutsk, um ihn aus der Haft zu befreien. Im britischen Parlament wurde in dieser Angelegenheit sogar eine Anfrage an den Staatssekretär des Äußeren, Sir Edward Grey, eingebracht, doch dieser hatte keine Lust, deswegen mit der Zarenregierung einen Streit anzufangen. 1910 erschien jedenfalls kein britisches Schiff am Jenissei. Die russischen Behörden waren jedoch gewarnt. Als der norwegische Unternehmer Jonas Lied für seine Sägereien am Jenissei den Nördlichen Seeweg wiederbelebte, konnte er nicht in die Fußstapfen Websters treten, weil er dem Gouverneur in Krasnojarsk sein Wort geben musste, auf seinen Schiffen keine Verbannten aus dem Land zu schmuggeln.[902]

## Krieg, Revolution und Bürgerkrieg

Der Erste Weltkrieg hat in Russland eine Kettenreaktion gezündet, die über die beiden Revolutionen von 1917 und den nachfolgenden Bürgerkrieg den Bolschewiki Lenins an die Macht verhalf. Sibirien – während des Weltkrieges bloße Peripherie, wo man Kriegsgefangene deponierte – fand sich nach der Oktoberrevolution plötzlich in der Rolle eines Rückzugs- und Regenerationsraums antibolschewistischer Kräfte wieder.

Der Versuch der «Weißen», auch von dort aus die Macht über das europäische Russland zurückzugewinnen, scheiterte jedoch und gab damit Sibirien der Rückeroberung durch die Rote Armee preis.

## Die Ereignisse im Überblick

Dass Russland nach spektakulären Anfangserfolgen seiner Armee ab 1915 in die Defensive geriet und schwerste Verluste an Menschenleben hinnehmen musste, offenbarte die Schwäche seiner industriellen Basis und seiner Infrastruktur, die einem länger andauernden Krieg nicht gewachsen waren. Dass Regierung wie gesellschaftliche Eliten sich unfähig zeigten, eine effiziente Kriegswirtschaft auf die Beine zu stellen, verstärkte diese Probleme. Infolgedessen verschlechterte sich insbesondere in den Großstädten die Versorgungslage. Ab Herbst 1916 setzte eine Kette von Streiks und öffentlichen Demonstrationen ein, die schließlich 1917 in die spontane «Februarrevolution» mündeten und das mittlerweile völlig diskreditierte Zarenregime am 3. März definitiv zum Aufgeben zwangen.

An seine Stelle trat eine «Provisorische Regierung» aus Angehörigen der Partei der Konstitutionellen Demokraten und zunehmend auch gemäßigter Sozialrevolutionäre, die jedoch durch Wahlen nicht legitimiert war und nach der Zerschlagung des Polizeiapparates kaum noch über innere Machtmittel verfügte. Außerdem musste sie sich die Herrschaft mit den Arbeiter- und Soldatenräten teilen, die nach dem Vorbild der Revolution von 1905 basisdemokratisch organisiert waren und letztlich eine Republik freier Räte (Sowjets) anstrebten. Dass die Provisorische Regierung den Krieg an der Seite der Alliierten fortsetzte, obgleich er beim eigenen Volk immer unpopulärer wurde, beschleunigte zusammen mit dem wachsenden Chaos im Lande und den sich zuspitzenden Versorgungsproblemen eine Radikalisierung der politischen Kräfte sowohl nach rechts als auch nach links. Ein letzter Versuch der Regierung, an deren Spitze seit Juli der Trudowik Aleksandr Kerenski stand, ihre Legitimität durch eine demokratische Wahl abzusichern, kam zu spät. Als sie am 12. November stattfand, hatten die Bolschewiki in der Nacht vom 24. zum 25. Oktober in der Hauptstadt bereits die Macht übernommen. Dass die Bolschewiki dies erreichten und die Macht bis zum Frühjahr 1918 auf die wichtigsten Städte des europäischen Russland und Sibiriens auszudehnen vermochten, obgleich sie kaum über militärische Mittel verfügten, ist vor allem zwei Faktoren zuzuschreiben: dem Zerfall der Armee sowie der Propagandawirkung dreier Dekrete des neuen Chefs der Sowjetregierung, Lenin, in denen er einen unverzüglichen Friedensschluss ankündigte, den Bauern allen noch nicht in ihrem Besitz stehenden Grund und Boden und den Räten alle Macht zusprach. Die im Dezember 1917 demokratisch gewählte Konstituierende Nationalversammlung, in welcher die Bolschewiki keine Mehrheit besaßen, ließ er am 6. Januar 1918 zersprengen.

Der antibolschewistische Widerstand begann sich zögernd erst im Frühjahr 1918 von den Rändern des europäischen Russland her zu formieren, und zwar hinter dem Schutzschild alliierter Interventionstruppen, der Tschechoslowakischen Legion, die aus ehemaligen österreichisch-ungarischen Kriegsgefangenen in Sibirien hervorwuchs, einer «Freiwilligenarmee» unter General Denikin sowie der weitgehend loyal gebliebenen Kosakengebiete an Don und Kuban. Bis Ende August 1918 gelang es, den Sowjetstaat auf das Kerngebiet des europäischen Russland zurückzudrängen. In den befreiten Territorien hatten sich seit Juni provisorische Regionalregierungen gebildet. Allein in Sibirien gab es im Laufe der Zeit deren vier, die miteinander konkurrierten: Die «Provisorische Sibirische Regierung» in Omsk unter P. W. Wologodski, in welcher KaDetten, gemäßigte Sozialrevolutionäre und sibirische Regionalisten vertreten waren; die Regierung des Kosakenatamans Semjonow in Transbaikalien; die «Regierung des autonomen Sibirien» unter dem Sozialrevolutionär P. Ja. Derber in Wladiwostok und die Regierung des «Provisorischen Regenten von ganz Russland», des Generals I. D. Chorwat, in Charbin.

Unter dem Eindruck der erfolgreichen Gegenoffensive einer von Leo Trotzki als Kriegskommissar aus dem Boden gestampften Roten Armee an der mittleren Wolga bemühten sich die politisch zersplitterten «Weißen» im Herbst 1918, eine gemeinsame provisorische Dachregierung mit Sitz in Omsk zu bilden. Diese erschien den erstarkenden nationalkonservativen Kräften und den Alliierten jedoch als «zu links». Sie brachten am 18. November 1918 in einem Militärputsch den Admiral Aleksandr Koltschak als «Obersten Regenten Russlands» an die Macht. Damit wurden die demokratischen Parteien auch außerhalb des sowjetischen Machtbereichs in den Untergrund abgedrängt, und an ihre Stelle trat eine Militärdiktatur.

Durch breit angelegte Zwangsmobilisierungen in die «Weißen» Armeen und die Autorität Admiral Koltschaks gewannen die antibolschewistischen Kräfte neuen Schub. Koltschak eröffnete im Februar 1919 von Sibirien aus eine Offensive gegen die Rote Armee, die diese im Juni jedoch zu stoppen vermochte, bevor sie die Wolga erreicht hatte. Als General Denikin im Mai von Süden her ebenfalls in die Offensive ging und seine Truppen Mitte Oktober 250 km südlich Moskau standen, befand sich die Armee Koltschaks bereits auf dem Rückzug. Ende Juli überschritt die Rote Armee den Ural und hatte bis zum Herbst 1919 Westsibirien und bis März 1920 Ostsibirien bis zum Baikalsee erobert. Transbaikalien war von Japanern besetzt. Koltschak trat am 4. Januar 1920 als «Oberster Regent» zurück und wurde am 7. Februar in Irkutsk von den Bolschewiki ohne Gerichtsurteil erschossen. Auch General Denikins Kriegsglück wendete sich. Eine Gegenoffensive der Roten Armee schlug seine Truppen ab Mitte Oktober 1919 in die Flucht und trieb sie bis März 1920 auf die Krim zurück. Im November 1920 mussten die Reste der Weißen Armee auch diese letzte Bastion räumen.

## Die Entwicklung im Gouvernement Jenissei

### Auf dem Weg zur Februarrevolution
Weil Krasnojarsk nicht nur größte Stadt und Verwaltungszentrum des Gouvernements war, sondern auch die meisten Arbeiter beherbergte und einen zentralen Verkehrsknotenpunkt an der Transsibirischen Eisenbahn bildete, entschied sich dort auch das politische Schicksal des gesamten Jenissei-Stromlandes.

Nach dem patriotischen Rausch der ersten Kriegsmonate, der sogar Teile der Arbeiterschaft erfasste, kehrte bald Ernüchterung ein.[903] Je länger der Krieg andauerte, desto erfolgreicher vermochten aus dem Untergrund heraus revolutionäre Zellen, die sich oft um verschickte Sozialdemokraten und Sozialrevolutionäre bildeten, die Arbeiter zu indoktrinieren. Dass von Herbst 1915 bis Anfang 1916 die Drucker in der Stadt streikten und seitdem ein allmählicher politischer Stimmungsumschwung unter den Arbeitern einsetzte, beflügelte vor allem die bis dahin wenig präsenten Bolschewiki. Doch als sie eine Flugblattaktion gegen den Krieg starteten, verhaftete die Ochrana sämtliche Aktivisten, so dass politische Untergrundarbeit bis zur Februarrevolution kaum noch möglich war.[904]

Anders sah es in Minussinsk aus, dessen Kolonie von etwa 30 Politverschickten fast nur aus Angehörigen der Intelligenzija bestand. Die meisten waren Menschewiki und Sozialrevolutionäre, nur fünf oder sechs rechneten sich den Bolschewiki zu. Auch im Landkreis gab es wenig Bolschewiki, die bekannteste war Jelena Stassowa. In der Stadt scharte man sich um zwei prominente Linke: Der eine war der Menschewik und Arzt Fjodor Iljitsch Dan (1871–1947), der regelmäßig politische «Teestunden» abhielt. Konkurrenz machte ihm der Sozialrevolutionär Naum Jakowlewitsch Bychowski, ein Journalist, mit seinen «Donnerstagen», an denen auch Menschewiki und Angehörige der lokalen bürgerlich-demokratischen Intelligenzija teilnahmen und wo heftige politische Diskussionen tobten. Als jedoch 1916 Jekaterina Breschko-Breschkowskaja (1844–1934) von Irkutsk nach Minussinsk übersiedeln durfte, war sie es, die als weithin verehrte «Großmutter der Revolution» und Fossil der Narodniki-Generation zu einem neuen Zentrum der sozialrevolutionären Kolonie wurde. Die Bolschewiki fanden in Minussinsk keinen Boden, Arbeiter gab es kaum, und das Kleinbürgertum war politisch noch nicht erwacht. Mittelpunkt der wenigen Bolschewiki war Wadim Aleksandrowitsch Watin (1886–1940), der im lokalen Museum arbeitete und an einer Geschichte des Minussinsker Kreises schrieb.

Im Herbst 1916 trafen zahlreiche neue Verschickte ein, die aus dem Kreis Kansk und von der Angara nach Minussinsk umgruppiert worden waren, darunter auch ein Dutzend Bolschewiki, meistens Arbeiter und Handwerker. Nun begann man unter den Arbeitern der beiden lokalen Druckereien zu agitieren und organisierte im Januar 1917 erstmals in der Stadt einen Streik. Doch schon nach einer Woche schritten Polizei und Gendarmerie ein und machten dem Spuk ein Ende.[905]

Nach der Februarrevolution fiel die Verschicktengesellschaft auseinander und sortierte sich noch stärker als vorher nach den politischen Überzeugungen. Aus politischen Gegnern wurden Feinde, und die letzten Reste von Solidarität schwanden.[906]

Das Jahr 1916 wurde in der Südhälfte des Gouvernements zu einem Vorboten des Kommenden – der wachsenden Politisierung der Bauern und der zunehmenden Sympathisierung der fast durchweg dem Bauerntum entstammenden Soldaten mit ihren Standesgenossen. Im Mai weigerten sich 3000 Bauern des Kreises Kansk, das von den Behörden zwangsrequirierte Getreide abzuliefern. Der Gouverneur musste die Armee zu Hilfe rufen und ließ 109 Rädelsführer verhaften. Noch waren die Soldaten willig, doch als am 7. Mai auf dem Krasnojarsker Markt ein Pogrom vor allem gegen jüdische Händler losbrach, solidarisierten sich die abkommandierten Soldaten mit den

Tätern und ließen es zu, dass die aufgebrachte Meute ihren Kommandeur, Rittmeister N. I. Ignatow, vom Pferd riss und fast totgeschlagen hätte. Daraufhin wurde über die Stadt das Kriegsrecht verhängt, und der Kriegsminister befahl, die Garnison gegen Truppenteile von auswärts auszutauschen. Als im Kreis Kansk neue Bauernunruhen ausbrachen, versetzte man auch die dortige Garnison, weil die unteren Dienstgrade mit den Bauern sympathisierten.[907]

In Bogutschansk an der unteren Angara begann schon im Winter 1916/17 die staatliche Ordnung zu zerfallen. Stackelberg erinnert sich, dass die Verbannten sich ungeniert auch außerhalb ihrer Bannmeile bewegten, ohne dass die Gendarmerie einschritt. Die Bauern brannten ihren «schwarzen» Schnaps jetzt öffentlich und bezeugten den Vertretern des Staates keinen Respekt mehr. Im Spätwinter wagten es die Gendarmen kaum noch, sich zu zeigen. Sie spürten, dass ihre Zeit abzulaufen begann. Die Selbstversorgung der Bauern funktionierte auch 1917 noch normal, während in Krasnojarsk Lebensmittel schon schwerer zu beschaffen waren und vor allem immer teurer wurden. Nur Petroleum und Zucker wurden in Bogutschansk rar, und Pulver und Schrot gab es kaum noch, so dass die Jäger aus erlegtem Wild Kugeln und Schrot zur Wiederverwendung herausschnitten.[908]

### Von der Februar- zur Oktoberrevolution

Die Februarrevolution hielt in Krasnojarsk am 3. März Einzug.[909] Als die Nachricht vom Machtwechsel in Petrograd eintraf, bildete sich ein Vereinigter Arbeiter- und Soldatenrat, der sofort ein Stadtkomitee zur Aufrechterhaltung der öffentlichen Ordnung einsetzte, sich Post und Telegraf unterstellte und alle Gendarmen sowie den Kommandanten der Kosakendivision, den Jessaul Mogilew, verhaften ließ. In Jenisseisk organisierten die Linksparteien am gleichen Tag ebenfalls ein Komitee für öffentliche Sicherheit, das unverzüglich verfügte, den Kreispolizeichef, den Gendarmerierittmeister und den Vorsteher des Post- und Telegraphenkontors zu verhaften, die Polizei aufzulösen, Kommissionen für Miliz, Finanzen, Post, Telegraf und die Volksgerichtsbarkeit zu bilden sowie eine Miliz von 75 Mann aufzustellen. Alle 700 Zwangsverschickten des Kreises sollten unverzüglich nach Jenisseisk geholt werden. Auf dem Lande erfolgte der Systemwechsel etwas später, so in Bogutschansk. Weil das Dorf an keine Telegrafenlinie angeschlossen war und wegen des Eisgangs im Frühjahr zwei Monate lang keine Post erhielt, erfuhr man von der Abdankung des Zaren, der Einsetzung der Provisorischen Regierung und der Freilassung aller Verschickten erst zwei Monate später. Bis dahin hatte man in der Kirche immer noch für den Zaren gebetet. Die Politverschickten im Dorf bildeten sofort ein Regierungskomitee, beließen aber den geachteten Gemeindevorsteher Moltschanow und die Gemeindeältesten im Amt. Nur der Polizeimeister mit seinen Gendarmen wurde nach Krasnojarsk entlassen. Auf einem Revolutionsfest feierte man ausgiebig den Sturz des Zarenregimes. Verschickte und Bauern zogen gemeinsam durch das Dorf und sangen revolutionäre Lieder, die bis dahin verboten waren. Auf dem Kirchplatz wurde sogar das Denkmal Alexanders II., des «Befreierzaren», gestürzt und zertrümmert.[910] Im ganzen Gouvernement vollzog sich der Machtwechsel ohne größeren Widerstand.[911]

Was die demokratische Elite sofort in Angriff nahm, war die Einführung der Semstwo-Selbstverwaltung, die den sibirischen Gouvernements von der Zarenregierung verwehrt worden war. Semstwo-Institutionen entstanden seit Frühjahr 1917 nicht nur auf Gouvernements-, sondern auch auf Kreis- und Wolostebene, um Einfluss auf die Organisation des öffentlichen Lebens und der öffentlichen Dienste zu nehmen. Allerdings blieb ihre Rolle in der Politik begrenzt, weil die Räte und insbesondere die Bolschewiki sie als unerwünschte Konkurrenz betrachteten. 1920 wurden sie daher sofort abgeschafft.[912] Über die weitere politische Entwicklung im G. Jenissei bis zum Oktoberumsturz von 1917 entschieden die Verschiebungen im Parallelogramm der Kräfte – dem von der Provisorischen Regierung eingesetzten Gouvernementskommissar als Vertreter des Staates, den Soldaten, den Bauern und dem Arbeiter- und Soldatenrat in Krasnojarsk.

Der Gouvernementskommissar, der Arzt Wladimir Michailowitsch Krutowski, der als langjähriges Mitglied der Krasnojarsker Stadtduma und ehemaliger Narodnik regionalistische Positionen vertreten hatte, verfügte faktisch über keinerlei Machtmittel und musste sich darauf beschränken, Anordnungen der Provisorischen Regierung zu plakatieren und über die Entwicklung in seinem Amtsbereich nach Petrograd zu berichten.[913] Anfänglich gab es noch eine Demonstration zur Fortsetzung des Krieges im Zeichen des Antiimperialismus (Abb. 79), doch damit war es rasch wieder vorbei.

Die Armee zählte 1917 in Krasnojarsk zwar 40 000 Mann, vor allem Angehörige von Reserveformationen; in Kansk und Atschinsk standen 20 000 und in Minussinsk weitere rund 1000 Mann. Ihre Ausrüstung ließ jedoch zu wünschen übrig. Die Soldaten entstammten fast ausschließlich dem bäuerlichen Milieu. Eine ausgesprochene Politisierung setzte unter ihnen erst nach der Februarrevolution ein. In den PSR-Organisationen stellten sie die Hälfte, in den bolschewistischen ein Drittel und in den menschewistischen ein Fünftel der Mitglieder. Dabei spielte weniger eine revolutionäre Gesinnung die Hauptrolle, sondern die Sorge der Bauern um ihr Land und ihre Familie. Die meisten Soldaten hatten keine spezielle politische Überzeugung, aber sie waren klar antibürgerlich, diffus linksradikal und antistädtisch, und das war eine Ebene, auf welcher die Bolschewiki sie zu erreichen vermochten. Auf Soldatenmeetings liebte man kein langes Palaver und argumentative Diskussionen wie bei den Intellektuellen, es ging lärmig und handgreiflich zu, jegliche politische Toleranz war den Teilnehmern fremd, eigene Standpunkte wurden absolut gesetzt und allenfalls mit Gewalt durchgeboxt. Diese politische «Kultur» hielt mit den Soldaten Einzug auch in die Räte. Der im März 1917 gewählte Krasnojarsker Sowjet zählte 217 Deputierte, davon waren 111 Soldaten; zum Exekutivkomitee des Sowjet gehörten 36 Soldaten und 29 Arbeiter. Als Stackelberg Ende Mai von Bogutschansk her in Krasnojarsk eintraf und sich als Unterarzt in das 15. Sibirische Schützenregiment einschreiben ließ, um ein vorläufiges Auskommen zu haben, fand er folgende Situation vor: «Im Regiment gab es keinen Dienst, weder wurde exerziert, noch hielt man Instruktionen ab. Die Soldaten trieben sich auf den Straßen herum, kamen und gingen, wann es ihnen gefiel. Sie warteten nur darauf, entlassen zu werden. [...] Sie trugen noch alle die alte, zaristische Uniform, wenn auch die Offiziere ihre persönlichen Änderungen daran vorgenommen hatten.»[914] Militärisch waren diese Soldaten wertlos, als Unruhepotential vor Ort jedoch ausgesprochen gefährlich. Dies zeigte die weitere Entwicklung im Laufe des Sommers. Frontheimkehrer radikalisierten die allgemeine Stimmung unter den Soldaten und in den Räten und spielten den Bolschewiki in die Hände. Wo Soldaten in ihre Dörfer zurückkehrten, begannen sie dort vielfach bolschewistische Zellen aufzubauen.[915]

Die Bauern standen bis zum Herbst 1917 stark unter dem Einfluss der Sozialrevolutionäre, die gezielt auf dem Lande agitierten. Dabei folgte die PSR der offiziellen Linie der Provisorischen Regierung, die den Bauern zwar wie die Bolschewiki das Recht auf den gesamten Grund und Boden zusprach, doch erst nach einer gesetzlichen Legitimierung durch die künftige, gewählte Konstituante. Entsprechende Resolutionen verabschiedete auch der erste Gouvernements-Bauernkongress, der vom 6. bis 9. April in Krasnojarsk stattfand. Doch schon die fast gleichzeitig tagenden Kreisbauernkongresse von Krasnojarsk und Kansk verlangten, dass alle Guts-, Staats- und Kirchenländereien unverzüglich zu konfiszieren seien beziehungsweise dass Privateigentum an Grund und Boden beseitigt und alles Land ohne Rückkaufsrecht an diejenigen übergeben werden müsse, die es durch eigene Arbeit nutzen könnten. In Kreisen wie Kansk und Jenisseisk und Amtsbezirken wie Kasatschinskoje begannen sich nach städtischem Vorbild Kreis- oder Wolost-Sowjets der Bauerndeputierten zu bilden, die ein bevollmächtigtes Exekutivkomitee wählten. Diese Exekutivkomitees erklärten sich für autonom und berechtigt, auf ihrem Gebiet gültige Gesetze zu erlassen und unmittelbar mit den zuständigen Ministerien der Provisorischen Regierung zu verkehren.[916] Vereinzelt kam es auf lokaler Ebene auch schon zu Zusammenschlüssen der Räte der Soldaten- und Arbeiter- mit denen der Bauerndeputierten. Am 14. Juni forderte der Krasnojarsker Rat der Arbeiter- und Soldatendeputierten in einer Resolution «An die Bauern des Gouvernements Jenissei», unverzüglich einen Bauernkongress einzuberufen, einen vereinigten Rat der Arbeiter-, Soldaten- und Bauerndeputierten zu bilden, alle zaristischen Amtsträger abzusetzen und alles Land den Bauern zu übereignen. Doch der zweite Gouvernements-Bauernkongress vom 20. bis 29. Juni folgte mit großer Mehrheit noch der Linie der rechten Sozialrevolutionäre, sprach der Provisorischen Regierung sein Vertrauen aus und wandte sich gegen eigenmächtige Landenteignungen. Allerdings versuchte man gegen die Konkurrenz der Bolschewiki das Heft in der Hand zu behalten. Daher publizierte das Exekutivkomitee, das auf dem Gouvernements-Bauernkongress gewählt worden war, am 20. Juli einen Aufruf, überall Wolost-Sowjets zu gründen, weil alle «Macht dem Volk selber gehören soll».[917] Doch Bauernräte und Resolutionen hin oder her – vor Ort zersetzte sich die öffentliche Ordnung auch auf dem Lande immer mehr, und auf Gesetze wurde gepfiffen. Schon im April hatte zum Beispiel das Bauernkomitee der Wolost Irbeiskaja im Kreis Kansk beim Verwalter des Naturschutzgebietes Sajan alle Staatsgelder beschlagnahmt, die Nationalparkwächter verjagt und den Nationalpark für liquidiert erklärt, so dass fortan jedermann dort wieder frei Holz schlagen und jagen durfte.[918] Schon im Spätsommer 1917 begannen auch Konflikte innerhalb der Bauernschaft die traditionelle Solidarität zu zersetzen: Man registrierte zunehmend Brandstiftungen an Getreidespeichern von Großbauern und Mühlenbesitzern. Bauern trieben ihr Vieh auf abgeerntete Felder von Kosaken und zündeten deren Heustöcke an, und Neusiedler usurpierten gewaltsam Land von Altbauern.[919] Dass Ende August die Bauernversammlungen mehrerer Amtsbezirke des Kreises Atschinsk forderten, alle Macht im Gouvernement dem Krasnojarsker Arbeiter-, Soldaten- und Bauernrat zu übergeben,[920] offenbarte, wie auch auf dem flachen Lande die politische Entwicklung einem allgemeinen Kulminationspunkt entgegentrieb.

Ein Umschwung begann sich schon bei den Wahlen vom 2. Juli in die bis dahin politisch gemäßigte Krasnojarsker Stadtduma abzuzeichnen. Die Bolschewiki vermochten 41 der 83 Sitze zu erringen, während der PSR nur noch 27 und den Menschewiki gar nur 7 zufielen.[921] Ende August schickte der Kommandant des ostsibirischen Militärkreises 400 Soldaten aus Irkutsk nach Krasnojarsk, um die revolutionär gestimmte Garnison zur Räson zu bringen, doch dieser Versuch scheiterte auf der ganzen Linie. Bei den Wahlen vom 4. September in das Exekutivkomitee des Krasnojarsker Sowjets errangen die Bolschewiki und die mit ihnen verbündeten linken Sozialrevolutionäre bereits die Mehrheit, einen Tag später zog die Stadtduma nach. Auf dem Kongress aller Soldaten-, Arbeiter- und Bauernräte Mittelsibiriens vom 5. bis 10. September in Krasnojarsk und auf der Gesamtstädtischen Konferenz der Krasnojarsker Gewerkschaften vom 1. bis 5. Oktober hatten die Bolschewiki bereits eindeutig das Sagen. Dieses politische Übergewicht, das sie seit dem Spätsommer errangen, wussten sie zu nutzen, und als Hebel dazu diente ihnen der Krasnojarsker Sowjet.

Als Gouvernementskommissar Krutowski von der Machtübernahme der Bolschewiki in der Hauptstadt erfuhr, forderte er am 27. Oktober die Bevölkerung auf, sich von Aktionen gegen die Provisorische Regierung fernzuhalten, und erklärte, er werde revolutionäre Aufstände mit den entschiedensten Maßnahmen niederschlagen. Doch dafür standen ihm keine Mittel zur Verfügung. Vielmehr ließ der Militärstab des Krasnojarsker Sowjets unter Führung des linken Sozialrevolutionärs Sergei Laso in der Nacht auf den 29. Oktober durch revolutionär gesinnte Soldaten alle Schlüsselpunkte der Stadt besetzen. Noch gleichentags erklärte der Rat, dass er im gesamten Gouvernement die Macht übernommen habe und dass alle leitenden Vertreter der Provisorischen Regierung abgesetzt seien. Allerdings konnten diese Maßnahmen erst am 2. November vollzogen werden. Einer militärischen Nachhilfe für die Anerkennung des neuen Regimes bedurfte es auf dem flachen Lande zunächst nicht. Krasnojarsk genügte es, sich von den Kreissowjets ihre Loyalität zusichern zu lassen; in Jenisseisk und im Turuchansker Krai dauerte dies jedoch bis zum 17. November.[922]

### Roter und weißer Machtkampf um das Gouvernement Jenissei
Die Sowjetmacht im Jenissei-Stromland stützte sich anfänglich also auf das Vertrauen und die Zukunftshoffnungen breiter Kreise der Bevölkerung – auch auf dem Lande. Der Krasnojarsker Rat der Arbeiter-, Soldaten- und nunmehr auch Bauerndeputierten als höchstes regionales Organ wurde noch nicht als Machtinstrument der Bolschewiki betrachtet, denn in ihm waren in führenden Positionen auch linke Sozialrevolutionäre vertreten. Nach den Wahlen vom 12. bis 14. November 1917, bei denen nicht die Bolschewiki, sondern die Sozialrevolutionäre einen überwältigenden Wahlsieg errangen, erwartete die Öffentlichkeit, dass die Konstituante nun schnellstmöglich einberufen werde, um den Staat auf neue Grundlagen zu stellen. Typisch dafür ist etwa die Re-

solution des Semstwo der Wolost Anziferowskaja (Kreis Jenisseisk) vom 19. Dezember, die dem Rat der Arbeiter-, Soldaten- und Bauerndeputierten ihre Unterstützung zusichert, jedoch die rascheste Einberufung der Konstituante verlangt, um zu einem raschen Friedensschluss zu kommen und die Bodenspekulation zu beenden.[923] Da es am Jenissei kaum Gutsländereien gab und die Mehrheit der Bauern wohlsituiert war, spielte Lenins Dekret über den Grund und Boden kaum eine Rolle, um sie für die Bolschewiki zu gewinnen. Es zog aber bei den landarmen und landlosen Neusiedlern.[924]

Im Dezember gaben die neuen Herren in Krasnojarsk ihrem Regime eine konkretere Struktur und legten auf Gouvernements- wie auf Kreisebene alle Macht in die Hände eines vom jeweiligen Sowjet gewählten Vereinigten Exekutivkomitees, das fast völlig von Bolschewiki beherrscht war (Abb. 80).[925] In der Folge begannen diese systematisch damit, die Bauernräte auf dem Lande durch eigene Leute auf ihre Linie zu bringen, alle «Kulaken» aus ihnen zu entfernen und dort, wo dies nicht möglich war, Dorfarmensowjets zu gründen, um die Bauernschaft zu spalten.[926] Als ihre wichtigsten Propagandisten traten dabei die demobilisierten Soldaten auf, die ab November in ihre Heimatdörfer entlassen wurden und großmehrheitlich bolschewistisch gesinnt waren.[927] Die lokalen Semstvo-Organisationen, die sich gegen die Bolschewisierung als resistenter erwiesen, wurden bis zum Frühjahr 1918 liquidiert. Doch insgesamt sollte man den Einfluss der Bolschewiki auf dem Lande nicht überschätzen. Sogar noch im Mai 1918 gab es nur in gut 100 von 195 Amtsgemeinden einen Wolost-Sowjet, und dessen Arme reichten kaum bis in die einzelnen Dörfer. Von den 924 Siedlungen des Kreises Minussinsk gab es lediglich in 32 eine Sowjetorganisation.[928] Diese konzentrierten sich vor allem auf größere Siedlungen an der Bahnlinie und in der Umgebung von Städten. Im Juni 1918 zählten die Bolschewiki im gesamten G. Jenissei etwa 4000–4500 Parteimitglieder, von denen jedoch nur ein Zehntel auf dem Lande tätig war.[929]

Im Laufe des Winters 1917/18 nationalisierte das neue Regime die Banken, die Bergwerke und die Schifffahrt. Diese Maßnahmen interessierten die Massen weniger. Doch als Lenin Anfang Januar 1918 die Konstituante in Petrograd auflösen ließ, öffnete dies auch vielen Linken die Augen über die wahren Absichten der Bolschewiki. Allerdings blieb bewaffneter Widerstand, der sich ab Mitte Februar zu regen begann, auf die Jenisseikosaken beschränkt. Ihr blutjunger Ataman Aleksandr Sotnikow (1891–1920), der im Juli 1917 zum Vorsitzenden des Krasnojarsker Garnisonsowjets und als Mitglied der PSR später sogar in das Exekutivkomitee des Gouvernementssowjets gewählt worden war (Abb. 78.5), wehrte sich gegen den Versuch der Bolschewiki, das Heer der Jenisseikosaken zu entwaffnen und seiner Autonomie zu berauben. Doch nur 145 der 350 verfügbaren Kosaken waren bereit, ihm bei einem Aufstand gegen die Sowjetmacht zu folgen, der im März 1918 von den Kosakenbasen bei Minussinsk ausgehen sollte. Gegen die 900–1000 Rotgardisten, die aus der gesamten Region herangekarrt wurden, hatte das kleine Häuflein jedoch keine Chance und wurde zersprengt.[930]

Allerdings begann sich im Laufe der folgenden Monate die anfänglich verbreitete Sympathie für die Sache der Bolschewiki mehr und mehr zu legen. Dass die Bauern für ihre Produkte kaum noch landwirtschaftliches Gerät und Kerosin eintauschen konnten und ihr Getreide von Rotgardisten mit vorgehaltener Waffe zwangsrequiriert wurde, erbitterte sie.[931] Zudem verschwanden Hunderte von echten und vermeintlichen Gegnern des neuen Regimes im Gefängnis, und dass einige der neuen Herren sich skrupellos bereicherten und stolz in schicken Automobilen durch die Straßen kutschierten, passte nicht ganz zu ihrem proletarischen Legitimationsanspruch. Zudem zeigten sie immer mehr, dass sie mit der Verwaltung des riesigen Territoriums völlig überfordert waren, denn die meisten von ihnen waren vorher nur Soldaten gewesen, und nicht wenige konnten weder lesen noch schreiben.

Doch erst als im Mai 1918 die Tschechoslowakische Legion im Auftrag der Alliierten gegen die Bolschewiki Front machte und die Transsibirische Eisenbahn in ihre Hand zu bringen suchte, spitzte sich die Lage der Bolschewiki zu. Die Tschechoslowaken nahmen Krasnojarsk mit seinen wichtigen Eisenbahnwerkstätten von Westen wie Osten her in die Zange: Nach Marijinsk im Westen fiel am 29. Mai auch Kansk im Osten. Damit musste das revolutionäre Exekutivkomitee sich auf die Verteidigung von Krasnojarsk vorbereiten.[932] Allerdings war seine Position mittlerweile außerordentlich geschwächt, und zwar aus zwei Gründen: Zum einen verfügte es nur über völlig unzureichende militärische Kräfte, denn die Masse der Krasnojarsker Roten Garde, die sich insbesondere aus den loyalsten Arbeitern der Eisenbahnwerkstätten zusammensetzte, stand an der Front gegen die Tschechoslowaken. In der Stadt selber befanden sich noch einige hundert Rotgardisten (großenteils Letten und ehemalige ungarische Kriegsgefangene) – und das bei einer Einwohnerschaft von gegen 70 000. In dieser Situation hingen die Verteidigungschancen letztlich von den verbliebenen Eisenbahnarbeitern ab, doch diese versagten den Bolschewiken mehrheitlich die Gefolgschaft.

Wie kam es zu diesem plötzlichen politischen Gesinnungswandel? Einerseits hatte dies damit zu tun, dass angesichts der militärischen Erfolge der Tschechoslowakischen Legion das Sowjetregime in Sibirien zu wanken begann, und nun auch die Agitation der Menschewiki, Sozialrevolutionäre und Anarchisten gegen die Bolschewiki offenere Ohren fand. Andererseits trugen diese aber auch selber dazu bei, gerade die Arbeiterschaft gegen sich aufzubringen, bereitete doch das Revolutionäre Exekutivkomitee schon auffällig früh die eigene Flucht vor. In der Nacht auf den 17. Juni ließ es neben Waffen und Lebensmitteln (angeblich für die Hungernden im Turuchansker Krai) auch sämtliche Werte der Staatsbank – 34 Pud Gold und 32 Millionen Rubel in Banknoten – auf die Schiffe der Jenisseiflotte schaffen, um sich stromabwärts über die Karasee nach Archangelsk abzusetzen. Das sprach sich schnell herum, und als am 18. Juni die Schiffe nacheinander abzulegen begannen, wurden sie bereits vom Ufer aus beschossen. Am Morgen des 19. Juni ergriffen in der Stadt lebende ehemalige Offiziere offen die Macht und verständigten sich mit den Eisenbahnarbeitern, die zur gleichen Zeit ein Meeting abhielten. Diese sahen sich von den geflohenen Bolschewiki im Stich gelassen und widersetzten sich einem Machtwechsel nicht. Auch die verbliebenen Rotgardisten leisteten kaum Widerstand, sie gaben ihre Waffen ab oder versteckten sich in ihren Häusern. Als kurz darauf Einheiten der Tschechoslowakischen Legion eintrafen, befand Krasnojarsk sich bereits in der Hand der antibolschewistischen Kräfte. Am späten Nachmittag des 19. Juni paradierten die

Sieger stolz durch die Straßen der Stadt, viele von ihnen mit grün-weißen Bändern geschmückt – den Farben des autonomen Sibirien. An Opfern hatte der «Krasnojarsker Umsturz» fünf Tote und sieben Verwundete gekostet – fast nichts im Vergleich zu dem, was noch folgen sollte.

Bolschewiki und Rotgardisten flohen aus Krasnojarsk auf fünf Dampfern, mit zwei Leichtern und zwei Barken im Schlepp, und erreichten am 22. Juni Jenisseisk. Doch auch dort waren die lokalen Bolschewiki und Rotgardisten bereits in die Wälder geflohen, wo sie von den Bauern aufgespürt, an die neue Stadtregierung ausgeliefert oder erschossen wurden. Daher brach die Fluchtgesellschaft am 27. Juni erneut auf, wobei sie aus der Bank nochmals 7 Pud Gold mitgehen ließ. Doch schon kurz hinter Jenisseisk zerstritten sich 50 Rotgardisten und die Bolschewiki, und die Gardisten ließen sich mit Waffen und Geld an Land absetzen. Auf der Weiterfahrt requirierten die Bolschewiki in den Dörfern Vieh. Bauern, die sich widersetzten, wurden erschossen. Doch die rote Fluchtgemeinschaft zerfiel mehr und mehr. Die «Internationalisten», vor allem die hundert Letten, revoltierten und weigerten sich weiterzukämpfen. Auch Teile der Schiffsbesatzungen streikten.

Verfolgt wurden die Fliehenden von einem Kommando unter Oberstleutnant Modest Maltschewski auf vier Dampfern und zwei Leichtern mit aufmontierten Geschützen und Maschinengewehren. Am 8. oder 9. Juli stellten die Verfolger die fliehende Flottille an der Mündung der Unteren Tunguska bei Monastyrskoje. Einen Durchbruchsversuch der Roten vereitelten sie mit Geschützfeuer. Einige Schiffe der Roten hissten daraufhin die weiße Flagge, ihre Besatzungen flohen an Land und versteckten sich in den Wäldern. Am Strand blieben etwa 20 Tote zurück. Bis Ende Juli wurden die meisten der in die Wälder Geflohenen aufgespürt und gefangen genommen, insgesamt 237 oder 238 Mann. Das Gold konnte sichergestellt werden. Mehrere der führenden Bolschewiki wurden an Ort und Stelle auf viehische Art und Weise umgebracht. Am 26. Juli kehrte die Abteilung Maltschewski mit allen Schiffen, dem Gold und den Gefangenen im Triumph nach Krasnojarsk zurück.[933]

Die dortigen neuen Herren[934] sahen sich mit den gleichen Problemen konfrontiert wie ihre roten Vorgänger. Auch sie mussten das riesige Territorium mit völlig unzureichenden, wenngleich kompetenteren Kräften verwalten. In den ihnen verbleibenden anderthalb Jahren gelang dies nur unzulänglich. Juri Schurow teilt die politische Einstellung der Bauern gegenüber der – immerhin sozialistisch-liberalen – Provisorischen Sibirischen Regierung (Juli bis November 1918) in drei Gruppen: Die Mehrheit der Landbezirke unterstützte das antibolschewistische Regime nur bedingt. Eine große Minderheit erklärte der Regierung zwar ihre Loyalität, verhielt sich aber abwartend-passiv nach dem Motto «Wer regiert, ist egal, Hauptsache, es betrifft mich nicht». Eine kleine Minderheit trat offen gegen die Provisorische Regierung auf.[935]

Weil Sibirien seit dem Sommer 1918 zum wichtigsten Zentrum des antibolschewistischen Widerstandes avancierte, hatte es Lebensmittel, Geld und Soldaten für die Front zu liefern, und seit der Machtergreifung Admiral Koltschaks ging dies mehr noch als zuvor nur mit Gewalt – mit Zwangsmobilisierung in die Armee, Zwangsrequisitionen von Getreide und Zwangseintreibung von Steuern, sogar von Steuerrückständen vergangener Jahre. Dagegen agitierten neben den Bolschewiken nicht nur die nunmehr in den Untergrund abgedrängten Sozialrevolutionäre, Menschewiken und Regionalisten, sondern auch die Bauern sahen sich nunmehr genötigt, selber zu reagieren.

Eigentlich waren die meisten Bauern immer noch unpolitisch, daher weder explizit für die Roten noch für die Weißen. Während die politisch engagierte Intelligenzija die Freiräume, welche die Februarrevolution eröffnet hatte, begeistert nutzte, um sich in eine Unzahl von Konferenzen und Kongressen zu stürzen, auf denen die Zukunft Sibiriens diskutiert wurde,[936] wollten die Bauern im Grunde nur eines: in Ruhe gelassen werden. Von dem seit der Februarrevolution sich ausbreitenden Chaos im Landesinneren hatten sie ganz gut gelebt, sie konnten sich selber verwalten und zahlten wegen des Zusammenbruchs der staatlichen Institutionen auf dem Lande oft nicht einmal Steuern. Nun rückte ihnen der Staat noch viel enger auf den Pelz als die Bolschewiki, denen dafür zu wenig Zeit geblieben war. So fand die Partisanenbewegung, die nach Koltschaks Machtübernahme im Süden des Gouvernements zu sprießen begann, mehr und mehr Unterstützung. Die sowjetischen Historiker haben als treibende Kraft hinter der Partisanenbewegung die Bolschewiki gesehen. Doch dies ist angesichts der geringen Zahl verfügbarer Parteikader auf dem Lande stark übertrieben, denn die Bauern waren in ihrer großen Mehrheit nicht bereit, sich vor den Karren irgendwelcher Parteiinteressen spannen zu lassen, schon gar nicht, wenn Städter sie vertraten.[937] Dies war daher keine koordinierte Bewegung, welche die Bolschewiki und damit neue Herren wieder an die Macht bringen sollte, sondern sie zerfiel in lokale Einzelaktionen; zudem war sie einerseits defensiv gegen die «weißen» Machtstrukturen gerichtet, trug andererseits aber auch anarchische Züge. Zum Vorboten des Kommenden wurde bereits der Minussinsker Aufstand vom November 1918. Ausgelöst durch das brutale Vorgehen eines Kosakenkommandos, das in einem Dorf Schwarzbrennereien ausheben wollte, rotteten sich um mehrere Frontheimkehrer schließlich an die zehntausend Bauern zusammen, die mit den verhassten Kosaken abrechnen und deren Heimatstanzen im Kreis Minussinsk vernichten wollten. Die Machthaber in Krasnojarsk sahen sich gezwungen, den gesamten Kreis unter Kriegsrecht zu stellen und alle verfügbaren militärischen Kräfte zu mobilisieren. Als es den schlecht bewaffneten Aufständischen am 21. November nicht gelang, die Stadt Minussinsk im Sturm zu nehmen, brach das ganze Unternehmen jedoch zusammen. Nicht wenige Bauern wurden schon auf der Flucht erschossen, von den 770 Verhafteten verurteilte das Krasnojarsker Militärtribunal insgesamt 195 Teilnehmer, davon 87 zum Tode.[938] Es folgten Ende Dezember ein Aufstandsversuch von Eisenbahnern des Bahnbetriebswerks Ilanskaja bei Kansk im Verein mit Teilen der Kansker Garnison, der ebenfalls blutig niedergeschlagen wurde, und dann der große Jenisseisker Aufstand vom Februar 1919. Ausgelöst von einigen Anarchisten und Bolschewiki, die im Untergrund der Stadt Jenisseisk überlebt hatten und das Erscheinen von zwei Dutzend Bauernpartisanen aus der Taiga nutzten, um gemeinsam mit Deserteuren der Garnison die Stadt in ihre Hand zu bringen, entblößte ausgerechnet in dieser idyllischen alten Metropole erstmals der Bürgerkrieg seine brutalste Fratze. Die Revolutionäre, unter ihnen viele aus dem Gefängnis befreite Verbrecher, schlachteten nicht nur alle ab, die sich ihnen aktiv in den Weg stellten, sondern auch Priester, «Kapitalisten» und «Burschui». Wenn ihnen mehr Zeit beschieden gewesen wäre, hätten sie wohl auch noch 800 Angehörige der Intelligenzija umgebracht, von denen sie bereits eine Liste angelegt hatten. Die Bürgerhäuser wurden ausgeplündert und von den Einwohnern große Summen Geldes erpresst. Unterstützung erhielten die Aufständischen auch von den Arbeitern der Sägewerke in Maklakowo und benachbarten Bauern. Den anrückenden Kosaken war der Mob jedoch nicht gewachsen. Die Abrechnung war nicht weniger brutal als das Vorgehen der Aufständischen: Zu Dutzenden wurden die Überlebenden unter das Eis des Jenissei gestoßen.[939]

Ihren Höhepunkt erreichte die Flut dieser weitgehend unabhängig voneinander operierenden Partisanengruppen oder «Partisanenrepubliken» im Frühsommer 1919, als die «Volksarmee von Tassejewo» unter Führung des legendären Wassili Jakowenko den gesamten Nordwesten des Kreises Kansk und auf 200 Werst das gesamte östliche Jenisseiufer von der Mündung der Kama bis zur Angara kontrollierte.[940] Die für die «Weißen» überlebenswichtige Sicherung der Bahnstrecke zwischen Krasnojarsk und Kljukwennaja übernahm von April 1919 bis Anfang 1920 der ehemalige tschechische Volksschullehrer und k. u. k. Fähnrich Frederík Václav Ruml mit seinem Panzerzug *Udarnik*.[941] Massive Einsätze tschechischer und russischer Einheiten vermochten bis August 1919 die Partisanenverbände zwar zu dezimieren, aber nicht zu vernichten.[942] Dabei erwiesen sich die brutalen Vergeltungsmaßnahmen der Weißen Armee als derart kontraproduktiv, dass selbst Gouvernementsverwalter Troizki[943] an die Regierung schrieb, dadurch müsse beim Bauern der Eindruck entstehen, «dass es für ihn nur bei den Roten Rettung gebe».[944]

Gerade das Beispiel des Jenisseisker Aufstandes zeigt, dass es sich im Grunde um anarchische Eruptionen der Landbevölkerung handelte, welche die Schwäche der staatlichen Strukturen ausnutzte, um ihrer Wut gegen Vertreter des Staates und der Stadt Luft zu machen und zugleich nach Kräften zu plündern. Zu den Anführern zählten in der Regel nur wenige Angehörige der linken Intelligenzija wie in Jenisseisk der relegierte Gymnasiast und Deserteur N. Baikalow, der sich zum Vorsitzenden des Sowjet wählen ließ, während als Stadtkommandant ein gewisser Kusnezow fungierte, ein ehemaliger Goldminenarbeiter, den Augenzeugen als brutalen Kriminellen mit indifferenten politischen Anschauungen einschätzten. Dass Soldaten häufig beteiligt waren, ändert an dieser Beurteilung nichts, denn sie waren durch die Bank zwangsmobilisierte Bauern, die mit den Aufständischen sympathisierten; nicht wenige von ihnen hatten zuvor unfreiwillig schon den roten Stern an der Feldmütze getragen und waren nach Gefangennahme durch die Weißen ebenso unfreiwillig in die Armee Koltschaks gezwungen worden. Aleksandr Schekschejew hat meines Erachtens daher nicht unrecht, wenn er diese Partisanenaktionen und Aufstände in die Tradition der russischen Bauernaufstände des 17. und 18. Jahrhunderts stellt.[945]

Da, wo die rote Partisanenbewegung sich zu ihren politischen Zielen äußert wie in der «Deklaration des Kongresses der Vertreter der Bauernarmee» des Kreises Minussinsk vom Oktober 1919, strebt sie keinen Sowjetstaat bolschewistischer Prägung an, sondern eine echte Rätedemokratie: eine «Sowjetmacht, wo die Regierungsorgane Räte sein werden, in welche das Volk selber seine Vertreter nach der viergliedrigen Formel wählt [das heißt nach dem allgemeinen, gleichen, direkten und geheimen

Wahlrecht]. Das Bürgertum, Personen und Kreise, welche dieses unterstützen, gehen als Feinde des werktätigen Volkes des Wahlrechtes verlustig.» Speziell gefordert werden die Freiheit des Wortes und der Presse für jeden Menschen; Vereinigungsfreiheit; Freiheit der Person; unentgeltliche und für alle gleiche Rechtsprechung durch vom Volk selber gewählte Richter; Recht auf Selbstverwaltung auf allen Ebenen bei gleichzeitig strikter zentraler Aufsicht; Trennung von Kirche und Staat, von Kirche und Schule; allgemeine Schulpflicht und unentgeltlicher Unterricht auf allen Stufen; volle rechtliche Gleichstellung aller Nationen; Gleichberechtigung der Frauen usw.[946] Diese Deklaration verrät die Handschrift nicht von Bolschewiki, sondern von Sozialrevolutionären.

Aktiv wurden die Partisanen erst wieder, als sich gegen Ende des Jahres 1919 die Niederlage der Weißen an der sibirischen Front abzuzeichnen begann. Als die Rote Armee am 4. Januar 1920 Atschinsk erobert hatte und von Norden her sich Partisanen Krasnojarsk näherten, griffen dort gleichentags die Bolschewiki aus dem Untergrund heraus zu den Waffen und übernahmen die Macht, ohne dass die demoralisierte Garnison unter General Sinewitsch Widerstand leistete. Damit war ein *fait accompli* geschaffen, das die von Atschinsk her zurückflutende Weiße Armee General Kappels zwang, auf ihrer Flucht Krasnojarsk zu umgehen. In der Nacht auf den 7. Januar rückte die Rote Armee dort ein. Damit begann ein neues Kapitel in der Geschichte des Jenissei-Stromlandes.[947]

Warum wurden die anderthalb Jahre «weißer» Herrschaft im G. Jenissei trotz seiner gut situierten bäuerlichen Mehrheit ein Misserfolg? Der oberste Verwalter des Gouvernements, P. S. Troizki, urteilt in einem Rechenschaftsbericht von 1919: «Der Sturz des Bolschewismus im Sommer vergangenen Jahres im Gouvernement Jenissei kam für die Landbevölkerung zu früh, insbesondere für die entfernteren Gegenden des Gouvernements, bis wohin ihre Maßnahmen zu diesem Zeitpunkt noch überhaupt nicht gelangt waren. Selbst bei der wohlhabenden Bevölkerung herrschte über die Bolschewiki die Vorstellung als von einer Macht, die keine Steuern verlangt, Schwarzbrennerei nicht verfolgt und keine Soldaten mobilisiert.» Und sein Stellvertreter A. Bondar mokiert sich darüber, dass selbst Großbauern in der Wolost Tassejewo, die Hunderte von Pud Getreide im Speicher eingelagert hatten und fünf bis sechs Kühe, acht bis zehn Pferde und zehn bis zwanzig Schafe hielten, sich als Bolschewiken betrachteten.[948] Diese Illusionen wurden den Bauern von den neuen Herren seit 1920 gründlich ausgetrieben.

**Die neue Zeit**

Vom alten, zaristischen unterschied sich das neue, das sowjetische Russland in vielerlei Hinsicht. Zum einen wurde die alte Elite aus Adel, Beamtenschaft, Klerus und Bürgertum – insoweit sie nicht im Bürgerkrieg umgekommen oder ins Ausland geflohen war – nicht nur entmachtet, sondern bis 1936 auch entrechtet und diskriminiert. An ihre Stelle trat eine neue, bolschewistische Elite, die sich zwar proletarisch gebärdete und in welcher Arbeiter in der Tat weit überproportional vertreten waren, doch in welcher zahlenmäßig mehr und mehr aus dem Bauerntum aufgestiegene Funktionäre zu dominieren begannen. Zum anderen wurden seit dem Ende der zwanziger Jahre auch die letzten Wirtschaftsbereiche wie die immer noch dominierende Landwirtschaft der privaten Initiative entzogen und faktisch verstaatlicht. Seit den dreißiger Jahren verwandelte eine forcierte Entwicklungspolitik das industrielle Schwellenland nach und nach in einen modernen Industriestaat. Zum dritten kümmerte sich der Staat nun intensiv um die Alphabetisierung der Bevölkerung, den Aufbau einer breit gefächerten, vor allem technischen Weiterbildung und eines flächendeckenden, wenngleich bescheiden ausgestatteten Gesundheitswesens. Zum vierten verschwanden zumindest äußerlich die zuvor markanten gesellschaftlichen Klassenunterschiede. In einem Bereich blieb jedoch das sowjetische Russland strukturell dem zaristischen verhaftet: in seinem politischen System, welches – wenngleich in neuer Kostümierung – weiterhin auf die politische Bevormundung der Bevölkerung, auf Zwang und auf die Zentralisierung der Macht setzte.[1]

## Staatsmacht und Gesellschaft

Lenins konsequentes Festhalten an den von ihm schon 1917 verkündeten Parolen «Sofortiger Frieden ohne Annexionen und Kontributionen!», «Alles Land den Bauern!» und «Alle Macht den Räten!» hatte wesentlich dazu beigetragen, dass die Bolschewiki den Bürgerkrieg schließlich doch für sich zu entscheiden vermochten. Das erste Versprechen hatte er mit dem Separatfrieden eingelöst, den seine Regierung am 3. März 1918 mit den Mittelmächten abschloss. Das zweite Versprechen hatte zumindest über seinen Tod hinaus Bestand, denn die Sowjetregierung ermunterte die Bauern, alles Nutzland unter sich aufzuteilen, und mischte sich unter dem Zeichen der Neuen Ökonomischen Politik (NEP) bis in die zweite Hälfte der zwanziger Jahre nicht wesentlich in diese Praxis ein. Allerdings sah sie sich gezwungen, solange der Bürgerkrieg andauerte, durch Zwangsrequisitionen bäuerlicher Produkte *(prodrazvërstka)* die Ernährung der Roten Armee und der darbenden Industriearbeiter sicherzustellen. Das dritte Versprechen brach sie von Anfang an. Denn ein Sowjetstaat, der auf einem System frei gewählter Räte fußte und nicht nur Sozialrevolutionären und Anarchisten, sondern auch vielen Bolschewiki vorgeschwebt hatte, war nie ein politisches Ziel Lenins gewesen. Dann hätte seine Partei nicht mehr die alleinige Kontrolle über die Entwicklung von Staat, Gesellschaft und Wirtschaft gehabt, um seine Vorstellung von einer Diktatur des Proletariats zu verwirklichen. Ein Sowjetstaat entstand zwar und verwandelte sich am 30. Dezember 1922 in eine föderative Union der sozialistischen Sowjetrepubliken (UdSSR). Doch die Übernahme des Rätemodells auf allen Stufen der Union verschleierte, dass in diesen Räten allein die Partei der Bolschewiki unter dem neuen Namen der Kommunistischen Partei der Sowjetunion (KPdSU) das Sagen hatte und dass sich hinter dem föderalen Staatsaufbau ein strikt auf die Spitze der Partei in Moskau ausgerichteter Zentralismus verbarg. Dass die beiden bestimmenden Institutionen des neuen Russland – das Zentralkomitee der KPdSU und der Rat der Volkskommissare als Sowjetregierung – eine «Diktatur des Proletariats» ausriefen, entbehrt nicht einer gewissen Absurdität, war doch kaum einer der führenden Genossen ein echter Proletarier, schon gar nicht der als Sohn eines Erbadligen geborene Lenin.

Die NEP – obgleich nur aus taktischen Erwägungen eingeführt, damit die Wirtschaft sich aus eigenen Kräften zu erholen vermochte und um den Widerstand der Bauern zu unterminieren – ging aber schneller zu Ende, als ursprünglich wohl gedacht. Anfänglich war sie zwar sehr erfolgreich, und die Lebensumstände breiter Kreise verbesserten sich rapide. Doch das gemischte System aus privater Land- und Kleinwirtschaft und industrieller Staatswirtschaft funktionierte immer schlechter. Weil die Bauern im Austausch gegen ihre Erzeugnisse zu wenig industrielle Bedarfsgüter erhielten und daher ihre Produktion zu drosseln begannen, sah sich der Staat gezwungen, seit Mitte der zwanziger Jahre mehr und mehr Getreide wieder zwangsweise zu requirieren. Vor allem auf Betreiben Stalins wurde gegen Ende der zwanziger Jahre die NEP ganz abgebrochen. Hand in Hand ging dieser Kurswechsel mit einem seit dem Tode

Lenins (1924) schwelenden Machtkampf innerhalb der Parteiführung, bei welchem die Frage, ob man die NEP noch eine Zeit lang beibehalten oder beenden solle, eine wesentliche Rolle spielte. Dass es Stalin gelang, den Übergang zur Zwangskollektivierung durchzusetzen, diente ihm zugleich als Mittel, seine innerparteilichen Gegner kaltzustellen und – sobald er seine Alleinherrschaft über die Partei konsolidiert hatte – in den Schauprozessen von 1936–1938 vollends auszuschalten. Fünfjahrpläne setzten der forcierten Industrialisierung zeitlich eng getaktete höchst ehrgeizige Ziele. Um sie und die Zwangskollektivierung gegen alle Widerstände durchzusetzen, machte Stalin den allmächtigen Apparat der politischen Polizei (GPU, später NKWD) zu seiner wichtigsten Waffe, die nicht nur die Bevölkerung einzuschüchtern, sondern auch die KPdSU durch wiederholte «Säuberungen» zu disziplinieren hatte. Welchem Zweck die große Terrorwelle von 1936 bis 1938 diente, die Hunderttausende von Kommunisten und vorgeblichen Staatsfeinden im Genickschusskeller der GPU enden ließ und weitere Millionen in Straflager und Verbannung spülte, ist umstritten. Auf jeden Fall sollte sie die persönliche Herrschaft Stalins und seiner ihm bedingungslos ergebenen Entourage angesichts eines international immer labileren politischen Umfeldes noch fester zementieren.

Russlands 1941 vorzeitig erzwungene Teilnahme am Zweiten Weltkrieg katapultierte das Land an den Rand des Abgrundes. Doch weil es Stalin gelang, durch eindringliche Appelle an den nationalen Patriotismus sämtliche Kräfte der Bevölkerung zu mobilisieren, ging die Sowjetunion aus dem Krieg als der große Sieger auf dem europäischen Kontinent hervor. Sibirien und der Ural spielten während dieser Jahre eine zentrale Rolle für die Kriegswirtschaft, da sie von Kampfhandlungen nicht betroffen waren.

Der nationale Schulterschluss hielt jedoch nicht lange an und wurde mit dem Aufflammen des Kalten Krieges ab 1946 wieder überlagert durch eine neue Phase von Gewaltherrschaft und innerem Terror. Die Straflager füllten sich mit Deportierten aus den von der Sowjetunion 1944/45 wiederbesetzten Gebieten Weißrusslands, der Ukraine, der baltischen Republiken sowie der künftigen Satellitenstaaten Ostmitteleuropas. Zudem mussten die Heimkehrer aus der deutschen Kriegsgefangenschaft als «Vaterlandsverräter» einige Jahre im Gulag büßen.

Das Terrorregime, das Stalin geschaffen hatte, überlebte den 1953 Gestorbenen jedoch nicht lange, zu sehr hatte es auch seine eigenen Adlaten bedroht. Den Startschuss zu einer Neuformierung der Machtstruktur gab Nikita Chruschtschow 1956 mit einer Entstalinisierungskampagne. Im Inneren wich die offene Gewaltherrschaft sublimeren Mitteln der Repression, und um den Lebensstandard der Bevölkerung zu heben, setzte man sich einen zentralistischen sozialistischen Wohlfahrtsstaat zum Ziel.[2] Außenpolitisch versuchte die Sowjetregierung auf der Basis des atomaren Patts die Westmächte wirtschaftlich abzuhängen, beispielsweise durch eine Pionierrolle in der Raketen- und Raumfahrttechnologie. Allerdings erwies es sich im Laufe der Zeit als immer schwieriger, mit der ineffizienten Sowjetwirtschaft alle diese Ziele gleichzeitig zu erreichen. Doch Michail Gorbatschows Versuch, dem maroden Gesellschafts- und Wirtschaftsmodell durch systemimmanente Reformen neuen Schwung zu verleihen, produzierte ein wachsendes Chaos und endete 1991 mit dem Zusammenbruch von Sowjetsystem und Sowjetunion.

Durch dieses epochale Ereignis wurden die Karten anfänglich insofern neu gemischt, als marktwirtschaftliche Prinzipien die Staatswirtschaft aufzuweichen begannen und sich die Lebensmittelversorgung der Bevölkerung markant verbesserte. Der einstige Zentralismus wich einer stärkeren Dezentralisierung der Macht, verteilt auf 85 Gebiete und Republiken. Auch konnten nun politische Parteien miteinander um Einfluss und Macht konkurrieren, und das staatliche Informationsmonopol verschwand ebenso wie die Angst der Menschen, ihre politischen Ansichten öffentlich kundzutun. Dieser Bruch mit den überkommenen Strukturen ist in der «Ära Putin» seit dem Jahr 2000 jedoch mehr und mehr rückgängig gemacht worden. Die Macht konzentriert sich heute in den Händen einer miteinander verfilzten Neuelite aus Angehörigen der Sicherheitsorgane, Armee, Bürokratie, staatsnaher Wirtschaftskonzerne, der Justiz und Polizei, die ihre Positionen nutzen, um sich auf Kosten des Volkes zu bereichern. Wer sich gegen dieses System zur Wehr setzt, muss wieder dafür büßen. Die Dezentralisierung der Macht wurde zwar nicht aufgehoben, aber abgeschwächt und in Moskau genehme Bahnen gelenkt. Zwar gibt es keine eigentliche Staatswirtschaft mehr, doch der Staat nimmt massiv Einfluss auf die Großkonzerne und sucht sie für eigene Interessen zu instrumentalisieren, zum Beispiel als außenpolitische Waffe einzusetzen. Die Korruption blüht schlimmer als selbst zur Zarenzeit, die Justiz ist käuflich oder staatsbeflissen, die meisten Medien sind staatshörig. Überzuckert wird diese Rückkehr zu autoritären Mustern durch einen staatlich verordneten Patriotismus, der die Demütigung durch den Zusammenbruch des einstigen sowjetischen Imperiums zu lindern hat.

## Machtproben

Am Ende der Zarenzeit zeigte sich das G. Jenissei immer noch kaum industrialisiert und nur schwach urbanisiert. Bauern stellten im Jahre 1917 rund 90 Prozent der Bevölkerung, und dieser Anteil sank bis 1929 nur unwesentlich auf 86–88 Prozent.[3] Solange die Sowjetregierung über keinen Repressionsapparat verfügte, der auch das flache Land verlässlich erfasste, konnte sie es sich daher nicht leisten, die Bauern gegen sich aufzubringen. Denn obgleich die sibirischen Bauernpartisanen 1919/20 zum militärischen Erfolg der Bolschewiki im Bürgerkrieg beigetragen hatten, zeigten sie sich dennoch bereit, auch die neuen Herren zu bekämpfen, als diese ihren Erwartungen nicht entsprachen.[4]

### Bandenterror und Bauernkrieg
Vor allem in Westsibirien und im Altaigebiet war der Übergang vom Partisanenkrieg gegen die antibolschewistischen «Weißen» zum Partisanenkrieg gegen die bolschewistischen «Roten» vielfach fließend. Darin offenbarte sich eine anarchische Grundstimmung, die durch die von Krieg und Bürgerkrieg geförderte allgemeine moralische Enthemmung immer stärker an die Oberfläche trat und sich in Massenschlächtereien an allen «Besitzenden» austobte. Am schlimmsten trieb es wohl die Partisanenabtei-

lung G. F. Rogows, die im Dezember 1919 die Kleinstadt Nowokusnezk einnahm, die meisten Frauen vergewaltigte und etwa ein Drittel der 3000 Einwohner massakrierte – in erster Linie Angehörige des Bürgertums und Angestellte. Überlebende berichteten, die Partisanen hätten ihre Opfer geköpft, gevierteilt, aufgespießt oder bei lebendigem Leibe verbrannt. Andere Partisanenabteilungen waren faktisch zu reinen Räuberbanden abgesunken, die töteten, vergewaltigten und plünderten, was sie an ihrem Weg vorfanden. Besonders zu leiden hatten auch die Indigenen an der Grenze zur Mongolei, wo ganze Dörfer von den Partisanen ausgelöscht wurden.[5]

Im G. Jenissei formierte sich ein erster bewaffneter Widerstand der Bauern gegen das Sowjetregime bereits im Frühjahr, vor allem aber im Herbst 1920, als die Behörden für die Zwangsablieferung von Getreide, Fleisch, Heu und Holz pro Hof bei minimaler Entschädigung eine weit überhöhte Quote verordneten.[6] Viele Bauernräte fügten sich in das Unvermeidliche, doch der Bauernsowjet der viertausendköpfigen Wolost Seresch im Kreis Atschinsk verweigerte am 27. Oktober die Ablieferung und gab stattdessen die Parole aus: «Nieder mit der Zwangsrequisition! Schlagt die Juden und Kommunisten!» Angehörige, die in der Roten Armee dienten, beschafften Waffen, Zwangsmobilisierte, die in Atschinsk auf den Abmarsch warteten, schlossen sich den aufständischen Bauern an, und in der Nacht auf den 2. November gelang es, die wenigen Rotgardisten im Hauptdorf zu entwaffnen. Alle Einwohner der Wolost, die als Kommunisten bekannt waren – und das waren mehrere Dutzend –, wurden aufgespürt und auf bestialische Weise umgebracht. Viele Opfer waren bis zur Unkenntlichkeit verstümmelt. Die aus Atschinsk unverzüglich in Marsch gesetzten 220 Rotgardisten vermochten der Aufständischen, die sich in Schützengräben verschanzt und auf dem Glockenturm ein Maschinengewehr installiert hatten, nicht Herr zu werden. Erst als aus Krasnojarsk ein ganzes Bataillon Sondertruppen mit drei Geschützen anrückte, gelang es, den Aufstand niederzuschlagen. Das «Volksgericht» verurteilte 75 «Rädelsführer» zum Tode, 45 Männer zu zwanzigjähriger, 54 zu zehnjähriger und eine Reihe weiterer zu fünfjähriger Zwangsarbeit. Dass zu den Verurteilten nicht nur Groß- und Mittelbauern, sondern auch zahlreiche von den Bolschewiki als «Landproletarier» gehätschelte Landarme *(bednjaki)* gehörten, verrät, dass die traditionelle innerdörfliche Solidarität immer noch existierte und die Dorfarmut sich in diesem Falle nicht gegen die Mehrheit hatte ausspielen lassen.[7]

Während der ersten Hälfte der zwanziger Jahre zählte man im G. Jenissei insgesamt 17 lokale Aufstände mit schätzungsweise 2400 Beteiligten, in der Regel Bauern, Deserteure, Indigene, ehemalige Offiziere und Kosaken; nur in einem Falle handelte es sich um eine reine Verbrecherbande.[8] Die eigentlichen Zentren bewaffneten bäuerlichen Widerstandes lagen im Winter 1920/21 und Sommer 1921 in Westsibirien. Weitere Aufstandsherde hielten sich bis 1924 in Gebieten, die natürliche Rückzugsmöglichkeiten boten wie der Hoch-Altai, Jakutien und im G. Jenissei Chakassien mit dem Sajangebirge, wo die Bauernpartisanen um die Mitte des Jahres 1922 weite Gebiete kontrollierten. Allerdings beteiligten sich an den Aufständen in Sibirien erheblich weniger Bauern als beim Kampf gegen die Weißen; für das Jahr 1921 wird ihre Gesamtzahl auf höchstens 70 000 geschätzt. Doch gegen die Rote Armee, die nach dem endgültigen Sieg im offenen Bürgerkrieg nun massiv auch gegen die Partisanen vorgehen konnte, hatte der

Widerstand keine Chance. Die Vergeltung fiel nicht weniger brutal aus als bei den Partisanen; viele Gefangene wurden auf der Stelle erschossen.[9]

Über die gesamten zwanziger Jahre verteilt, flammten immer wieder kleinere Eruptionen auf, in denen sich der Hass der Bauern auf das Sowjetregime entlud. Im G. Jenissei listeten die Sowjetbehörden penibel auf, wie die 413 als «Terror» klassifizierten Aktionen gegen Kommunisten während der Jahre 1920–1929 beschaffen waren: Dazu zählten 162 Morde (davon 60 an Aktivisten, Funktionären und Milizionären), 60 Attentate, 83 Körperverletzungen und 105 Brandstiftungen. Ihren Höhepunkt hatten sie charakteristischerweise im Jahr 1921 und dann wieder in Zusammenhang mit dem Beginn der Zwangskollektivierung 1929.[10]

In Chakassien spielten nationale Emotionen eine zusätzliche Rolle. Wegen der Natur des Landes und der breiten Unterstützung der Bevölkerung vermochte sich daher die Partisanenarmee des legendären Kosaken Iwan Solowjow («Alles sieht er. Alles hört er. Keine Kugel trifft ihn») selbst gegen größere Verbände der Roten Armee zu behaupten. Doch als im November 1923 aus den Kreisen Atschinsk und Minussinsk ein eigener chakassischer Distrikt ausgegliedert wurde, entzog dies der Partisanenbewegung den nationalen Rückhalt. Die sowjetische Seite dezimierte durch massiven Militäreinsatz Solowjows Partisanen und nahm Hunderte ihrer Familienangehörigen in Geiselhaft. Schließlich war Solowjow im April 1924 zu Verhandlungen bereit, wurde jedoch überlistet und mit sieben Begleitern erschossen. Versprengte Reste seiner Bewegung hielten sich noch bis 1926.[11] Weil die Fertigstellung der Bahnlinie Atschinsk–Minussinsk allein bis zum Sommer 1924 über 8000 russische Neusiedler in das Siedlungsgebiet der Chakassen spülte, steigerten sich die Animositäten gegen die Russen in eine Aggressivität, die sich in Bandenaktionen nicht nur gegen Sowjetfunktionäre und reiche Chakassen, sondern auch gegen Russen allgemein entlud. Die Entkulakisierungs- und Kollektivierungskampagnen seit 1929 entfesselten vorübergehend nochmals einen regelrechten Partisanenkrieg. Doch auch nachdem dieser abgeflaut war, hielten Reste von Partisanengruppen sich im Sajangebirge noch bis in den Zweiten Weltkrieg hinein.[12]

## Entkulakisierung, Entbauerung, Entnomadisierung und letzter Widerstand

Auch wenn das Allrussländische Zentrale Exekutivkomitee der KPR mit Dekret vom 21. März 1921 die schematischen und häufig gewaltsam eingetriebenen Zwangsabgaben aus der Phase des «Kriegskommunismus» durch eine Naturalabgabe *(prodnalog)* ersetzte, die einen deutlich niedrigeren Anteil der jeweiligen Ernte einforderte und den Bauern das Recht zugestand, Überschüsse frei zu verkaufen, normalisierte sich die Situation der Bauern Sibiriens nicht sofort. Das hing einerseits mit dem Zerrüttungsgrad der Landwirtschaft nach Bürgerkrieg und Kriegskommunismus zusammen, andererseits aber auch damit, dass zahlreiche weitere Abgaben und Lasten, insbesondere Arbeitsverpflichtungen für den Staat, in Kraft blieben.[13] Daher gaben die sibirischen Bauern der neuen Abgabeform die wenig schmeichelhafte Bezeichnung «Knüppelkorn» *(paločnyj chleb)*.[14] Erst nach der großen Hungersnot von 1921/22, die auch Sibirien traf, allerdings in geringerem Ausmaß als das europäische Russland, versuchte der Staat die Abgaben zu vereinheitlichen und durch eine fixe Landwirtschaftssteuer zu ersetzen, die mehr und mehr in Geld erhoben wurde. Doch weil die sibirischen Bauern 1923 eine Missernte einfuhren, hungerte man im Winter 1923/24 erneut.[15] Im G. Jenissei begann sich die Landwirtschaft daher erst 1924/25 zu normalisieren.

Die überkommene Landgemeinde blieb zunächst bestehen und verfügte weiterhin über das Recht, das Nutzland neu zu verteilen, doch spielten Landumteilungen im Jenisseigebiet nur eine geringe Rolle. Ihre fiskalischen und zivilrechtlichen Kompetenzen musste die Dorfversammlung aber an den Gemeindesowjet abtreten. Allerdings gab es auch noch andere Veränderungen, und sie betrafen das G. Jenissei überdurchschnittlich. Schon in den letzten Vorkriegsjahren und während des Krieges war der Zustrom landloser Bauern aus dem europäischen Russland ungebrochen weitergegangen, so dass 1917 die Altsiedler im Gouvernement mit nur noch 35,9 Prozent gegenüber 57,3 Prozent Neusiedlern schon massiv in die Minderheit geraten waren, während sie im sibirischen Durchschnitt immerhin noch 42 Prozent stellten. Die zwanziger Jahre spülten weitere 100 000 Zuwanderer in das Jenisseigebiet, vor allem in die nahe der Transsib gelegenen Kreise Kansk, Atschinsk und Minussinsk.[16] Landstreitigkeiten zwischen Alt- und Neusiedlern waren unausweichlich und vergifteten in vielen Landgemeinden die Atmosphäre. Die Altsiedler bewirtschafteten nicht nur die ertragreicheren Böden, sondern verfügten auch über sehr viel mehr Nutzland. Daher sammelten sich bei vielen Zuwanderern Neid und Missgunst gegen die Eingesessenen, doch da sie selber größtenteils in das Mittelbauerntum aufzusteigen vermochten, gelang es den Sowjetbehörden nicht, sie zu Handlangern ihrer eigenen Politik zu machen.[17] Auch bei den landarmen Bauern war dies kaum der Fall, denn sie orientierten sich ebenfalls am Aufstieg in das Mittelbauerntum. Im August 1921 schätzte selbst das Gouvernementskomitee der KP den Anteil der Landarmen auf 25–35, den der Mittelbauern auf 50–60 und den der «Kulaken» auf 15 Prozent. Dass der Durchschnittsbauer im Vergleich etwa zum europäischen Russland sehr gut gestellt war, zeigt das Beispiel eines ehemaligen Partisanen der «Republik Tassejewo» im Kreis Kansk: Mit zwei bis drei männlichen Arbeitskräften bewirtschaftete er 10 Desjatinen Saatfläche, nannte acht Rinder, sechs Pferde, 20 Schafe und Ziegen sowie mehrere landwirtschaftliche Maschinen sein Eigen und galt doch «nur» als Mittelbauer *(serednjak)*. Im Distrikt Chakassien ging der Parteisekretär 1925 davon aus, dass selbst Mittelbauern bis zu zwei Lohnarbeiter beschäftigten.[18] Traditionellerweise betrachteten die Bauern jedoch Besitzunterschiede in ihrer Mitte als ein normales, zyklisches Phänomen, das trotz der üblichen gemeindeinternen Konflikte keine Klassenunterschiede zementierte.

Als die Partei seit 1927 angesichts des zunehmenden Stockens der NEP Spaltkeile in die Landgemeinden zu treiben begann, musste sie daher zunächst definieren, wer ein «Kulak» zu sein habe – nämlich ein Bauer, der von der Arbeit anderer lebe.[19] Aber erst als auch die verschärften Requisitionen, die Stalin im Gefolge seines Kurzabstechers nach Westsibirien und Krasnojarsk Ende Januar 1928 anordnete, das Getreideaufkommen nicht grundlegend zu steigern vermochten, schob die Partei den «Kulaken» die Hauptschuld an der Misere zu und warf ihnen vor, ihr

Getreide zu Spekulationszwecken zu horten. 1929 entfesselte sie daher nicht nur eine massive Propagandakampagne gegen sie, sondern zielte darauf ab, sie durch massiv überhöhte Abgabenquoten in Verschuldung und Ruin zu treiben. Dabei gab Moskau für alle Regionen der Sowjetunion jeweils fixe Kulakenquoten vor (für Sibirien 3–4,5 Prozent aller Betriebe), unabhängig von den realen Verhältnissen. Wo es zu wenig Großbauern gab, erklärten die regionalen Parteiinstanzen kurzerhand auch Mittelbauern zu Kulaken, um die Quote zu erfüllen, oder, wenn auch das nicht reichte, alle Bauern, die als sowjetfeindlich galten. Zu Anfang des Jahres 1930 lasteten auf den «Kulakenwirtschaften» 41 Prozent sämtlicher von den Bauern Sibiriens zu leistenden Abgaben.[20] Die Folgen dieser Willkürpolitik sahen aber ganz anders aus, als man sich das am grünen Tisch ausgedacht hatte, denn nun brach das reinste Chaos aus. Die Bauern, die ja im Krai Krasnojarsk mehrheitlich gut situiert waren, begannen ihre Saatflächen drastisch zu reduzieren und wieder Subsistenzwirtschaft zu betreiben, um nicht als Kulaken zu gelten. In einem Brief an die «Bauernzeitung» brachte es ein Mittelbauer auf den Punkt: «Heutzutage versucht jeder ärmer zu sein, während man früher reicher werden wollte.»[21] Dadurch verschärfte die Getreidekrise sich nur noch mehr. Weit herum konnte man hören (selbst bei Landarmen), dies sei kein Sowjet-, sondern ein Koltschakstaat. Die Bauern klagten, dass es «schlechter ist, als es früher war, auf den höchsten Posten sitzen Juden und Deutsche, und wieder Befehle und wieder schinden sie uns». Im Kirchdorf Aginskoje (Kreis Kansk) stürmten aufgebrachte Bauern sogar das Gefängnis, in welchem wegen Hortens von Getreide verhaftete Dorfgenossen einsaßen.[22] Die Sowjetbehörden reagierten auf den bäuerlichen Widerstand mit Kommandoaktionen, die zu eigentlichen Getreideraubzügen ausarteten, sowie mit Massenverhaftungen – in ganz Sibirien über 23 000 allein im Jahr 1929.[23]

Die zunehmende Produktionsverweigerung der Bauern bewies, dass die NEP in der bisherigen Form am Ende war. Dass die auf dem Land aufgestaute Wut sich zu einem neuen Flächenbrand auszuweiten drohte, verriet die rapide Vermehrung der in ganz Sibirien von den Sicherheitsorganen registrierten bewaffneten Banden von 67 im Jahre 1928 auf 456 im folgenden Jahr.[24] Und nichts fürchteten die Bolschewiki mehr als Kontrollverlust! Daher und um den ersten Fünfjahrplan mit genügend Einnahmen aus der Landwirtschaft zu unterfüttern, entschloss Stalin sich im November 1929 zu einem radikalen Schritt, der die NEP endgültig beerdigte und zwei Zielen zugleich dienen sollte: die vollständige Verfügung über die landwirtschaftliche Produktion zu erlangen und damit zugleich auch die überkommenen Strukturen des Bauerntums zu zerschlagen. Um diese Ziele zu erreichen, sollten im Eilverfahren sämtliche Bauernbetriebe in lokale Kollektivwirtschaften (Kolchosen) überführt, das heißt vergesellschaftet werden. Davon versprach sich die Partei ein höheres Maß an Kontrolle über die Produktion. Um die Bauern auch ihrer Verankerung in der althergebrachten Dorfversammlung (Mir) zu berauben, wurde diese Institution der Selbstverwaltung aufgelöst. Der Dorfsowjet vermochte die Selbstverwaltungstradition nicht weiterzuführen, weil er mehr und mehr unter die vollständige Kontrolle der Partei geriet. Auch die Kirchgemeinde als weiteres Refugium der Tradition wurde nun endgültig zum Abschuss freigegeben.[25]

In das Jahr 1930 startete die Partei mit einem Doppelschlag: Sie verkündete, dass in den wichtigsten Getreidebaugebieten der Sowjetunion eine umfassende Kollektivierung im Laufe von zwölf Monaten und in den übrigen Regionen bis spätestens zum Frühjahr 1932 abgeschlossen sein müsse. Ferner sei das Kulakenproblem ab sofort endgültig zu lösen.

Die Parteiinstanzen vor Ort machten sich unverzüglich an die Arbeit, um den Anordnungen Stalins nachzukommen, und sie machten es «auf Russisch», das heißt sofort, radikal und mit Gewalt. Der Kreis Minussinsk sei binnen 24 Stunden «entkulakisiert» worden, wurde stolz nach oben gemeldet. Wie das konkret aussah, schildert ein entsetztes Parteimitglied, das Augenzeuge der Vorgänge im Kreis Jenisseisk wurde: «Im Gebiet an der Angara, insbesondere im Rayon Keschma, herrscht Anarchie. […] Bauern – sowohl Mittelbauern als auch Landarmut (von den Kulaken und ihren Kindern ganz zu schweigen, doch die stehen außerhalb des Gesetzes) – werden mit stillschweigender Billigung des Sekretärs des Rayonkomitees, des Vorsitzenden des Rayonexekutivkomitees und des Bevollmächtigten des OGPU willkürlich verhaftet und festgehalten. Man prügelt, foltert, verstümmelt und erschießt die Bauern ohne jegliches Gerichtsurteil, wobei man Beschuldigungen einfach erfindet, gleich wie man es bei der Umteilung von Mittelbauern in Kulakengruppen und ihrer Entkulakisierung gemacht hat, nur weil ihre Physiognomie dieser Gruppe nicht gefiel.»[26]

Mitten im Winter, im Februar, begann man Zehntausende von Kulakenfamilien in die Taiga zu deportieren, um dort – inmitten der Wildnis – «den Sozialismus aufzubauen». Was das für die Betroffenen bedeutete, können wir einem Protestbrief entnehmen, den Einwohner von Jenisseisk an Staatspräsident Kalinin sandten: «In die Stadt Jenisseisk hat man Tausende von Bauern mitsamt Familien geschickt, mit ihnen die Häuser vollgestopft, die Erwachsenen bekommen pro Tag 300 Gramm Brot, die Kinder 200 Gramm und sonst nichts. Nicht einmal heißes Wasser gibt man ihnen. Die Kinder krepieren, die Alten ebenso. Die Bauern bestürmen die Einwohner von Stadt und Land mit Bitten wegen ihrer Misere und zerreißen allen mit ihren Erzählungen und ihrem Kummer das Herz. Unter ihnen beginnen Krankheiten zu grassieren wegen Hunger und drangvoller Enge, und jeden Augenblick kann eine Typhusepidemie aufflammen. Alle sind entsetzt über ihre Berichte von den Grausamkeiten, die ihnen bei der Aussiedlung von ihrem Wohnort und unterwegs widerfahren sind. Man hat sie folgendermaßen ausgesiedelt: die Männer steckten sie ins Gefängnis, ihre Familien jagten sie mitsamt den Kindern bei minus 50 Grad auf die Straße, verboten ihnen sogar die Kinder zu Hause zu lassen […]. Am 14. März nachts um ein Uhr befahlen sie ihnen, sich auf der Straße zu versammeln, und zeigten dabei eine erschreckende Brutalität. […] Bis Krasnojarsk hatten sie noch Mehl bei sich, aber in Krasnojarsk nahm man ihnen alles weg, und nun ernähren sie sich von milden Gaben der Einwohner. Kulaken gibt es unter ihnen wenige, viel zahlreicher sind die Armen, und der Kummer nagt allen am Herzen. […] Gewaltbereitschaft, Brutalität und Rohheit haben insbesondere der Vorsitzende […], die Miliz und der Bevollmächtigte gezeigt.»[27]

Von Jenisseisk aus wurden die Deportierten dann als «Sondersiedler» (*specposelency*) an die Örtlichkeiten in der Taiga weitergeschickt, wo sie Neusiedlungen anlegen sollten. Ein damaliger Polizeikommandant erinnert sich: «Die rasch zusammengeschusterten Siedlungen zum Überwintern wurden an Orten errichtet, die zum Leben ungeeignet waren. Das faulige Sumpfwasser konnte man zum Trinken nicht gebrauchen. Krankheiten breiteten sich aus. Doch das Schlimmste war der Hunger. Die Menschen hatten buchstäblich nichts zum Essen. [...] Skorbut streckte die Leute nieder, Auszehrung und Typhus fällten Tausende. Zu begraben vermochte man die Toten nicht. Man schichtete die Leichen einfach am Flussufer stapelweise auf.»[28]

Bis Mitte 1930 hatte man in den Kreisen Atschinsk, Minussinsk, Krasnojarsk, Kansk und Chakassien 10621 Bauernfamilien «entkulakisiert»; 339 weitere hatten sich der Deportation durch Flucht mit der ganzen Familie entzogen, und 421 Bauern hatten sich ohne ihre Angehörigen aus dem Staub gemacht.[29] Von der Deportation betroffen waren also schätzungsweise 65000–70000 Männer, Frauen und Kinder.

Der Eintritt in einen Kolchos war «natürlich» freiwillig, doch die übereifrigen Genossen an der Basis halfen gerne nach, so dass sie für den Sibkrai schon am 10. März nach Moskau melden konnten, 52 Prozent aller Bauernbetriebe seien kollektiviert. Noch einmal griffen viele Bauern zu den Waffen.[30]

Wegen dieses offenen Widerstandes und um nicht die Frühjahrsaussaat zu gefährden, pochte Moskau plötzlich auf die Einhaltung «sozialistischer Gesetzlichkeit» bei der Kollektivierung, und siehe da: Die meisten Bauern traten wieder aus den Kolchosen aus und die Kollektivierungsquote ging von 52 auf ganze 13 Prozent zurück.[31] Doch als es an der Agrarfront wieder etwas ruhiger geworden war und der Staat seine Kontrollorgane vor Ort verstärkt hatte, begann man ab Herbst 1930 das Kollektivierungstempo wieder zu verschärfen. Nun wurden diejenigen Bauern aufs Korn genommen, die sich weigerten, in die Kolchosen einzutreten, indem man sie zu Kulaken erklärte und mit massiv überhöhten Abgaben mürbe zu machen suchte. Die Bauern beantworteten diesen neuen Angriff des Sowjetstaates auf ihre Weise. Zum einen griffen sie nochmals zu den Waffen. Im Kreis Kansk, insbesondere in der Wolost Tassejewo – dem ehemaligen Zentrum der legendären «Partisanenrepublik» von 1919/20 –, waren es im Juni und Juli 1931 ihrer 1200, darunter zahlreiche ehemalige «rote» Partisanen. Ernüchtert von der Vergeblichkeit ihrer früheren politischen Erwartungen, kämpften sie nun für ein echtes Sowjetsystem ohne Kommunisten. Doch gegen den Militärapparat der Machthaber hatten sie keine Chance, 500 Aufständische gerieten in die Mühlen der Repression.[32] Zum anderen schränkten die Bauern ihre Agrarproduktion noch weiter ein und schlachteten reihenweise ihr Vieh ab. Im gesamten Sibkrai gab es im Jahre 1931 2,5 Millionen Rinder, über 800000 Pferde und 4,6 Millionen Schafe weniger als 1930.[33] Von 1928 bis 1932 schrumpfte die Getreideproduktion Sibiriens um ein Viertel, der Viehbestand um mehr als die Hälfte.[34] 1932/33 brachen Hungersnöte aus, weil die einstmals blühende Landwirtschaft nicht mehr in der Lage war, die eigene Bevölkerung zu versorgen. Viele Bauern resignierten und zogen in die Städte. Die Kolchosen, die so viel an den Staat abzuliefern hatten, dass ihnen zu wenig für Eigenbedarf und Saatgut verblieb, begannen nun mit Wissen ihrer eigenen Kolchosleitungen selber Getreide vor den Requisitionskommandos zu verstecken. Stalin geißelte diese Taktik im Januar 1933 als «antisowjetisch», drohte mit schärfsten Strafen und beauftragte die «Organe», in den Kolchosleitungen nach «inneren Feinden» zu suchen. Diese staatliche Nachhilfe trug schließlich Früchte.

Auf der 17. Parteikonferenz der KPdSU vom Januar 1934 konnte ein stolzgeschwellter Stalin verkünden, der «Kampf um den Sozialismus auf dem Dorfe» sei siegreich beendet.[35] Im Krasnojarsker Krai lag die Kollektivierungsquote allerdings sogar noch am 1. Oktober 1935 erst bei 88 Prozent.[36]

Nur wenige schafften es, allen Repressionen zum Trotz als Einzelbauern *(edinoličniki)* auch außerhalb der Kolchosen weiterzuexistieren. Sie sind die eigentlichen Helden in diesem ungleichen Kampf zwischen Individuum und Moloch Sowjetstaat. 1939 stellten sie in Ostsibirien jedoch nur noch 1,1 Prozent der Betriebe.[37] Der Zweite Weltkrieg machte ihnen dann endgültig den Garaus. Was bis zum Ende der Sowjetunion nun das flache Land beherrschte, war – wie wir noch sehen werden – ein «entbauertes» Landarbeitertum, das sich der überkommenen bäuerlichen Wirtschaftsweise, Mentalität, Solidarität und Kultur mehr und mehr entfremdete.

Nach den Bauern sollten 1930/31 auch die Rentiernomaden mit den Segnungen kollektiven Wirtschaftens beglückt werden. Für die in den Tundren des Taimyr nomadisierenden Clans der Samojeden, Nenzen, Dolganen und Jakuten sah die Partei die Zusammenfassung in zwei Sowchosen und 13 Kolchosen vor. Herdenbesitzer und Schamanen wurden entmachtet, indem man sie zu «Kulaken» erklärte und enteignete. 40 000 Rentiere wurden vom Staat konfisziert, und der Bereitwilligkeit aller Tundrenbewohner, in die Kolchosen einzutreten, half man durch überhöhte Ablieferungsquoten für Pelzwerk und Rentiere nach.[38]

Daraufhin versammelten sich 50 Clanchefs, Schamanen und Kaufleute am 28. März 1932 in Wolotschanka zu einer Protestversammlung, aus der heraus sich in den folgenden Wochen offene Aufstände unter Führung des Schamanen R. Barchatow entwickelten. Die in den Dorfzentren stationierten Milizionäre wurden vertrieben und die drei «Sonderbevollmächtigten», welche die Enteignungen durchführen sollten, verhaftet. Am 14. April sandte Barchatow aus Mironowskoje eine Botschaft an alle Clans, sämtliche Russen zu fassen und «nach Gewissen» abzuurteilen. Schon am folgenden Tag rechnete man mit zwei der «Sonderbevollmächtigten» ab, band sie an Rentierschlitten und schleifte sie zu Tode. Parlamentäre, die von den Sowjetbehörden in Dudinka zu Verhandlungen nach Mironowskoje entsandt wurden, nahm man als Geiseln. Als Dudinka Rotgardisten mobilisierte und in die Tundra schickte, kam es zu heftigen Feuergefechten, bei denen die Angreifer 23 Mann verloren. Daraufhin wurden die Geiseln erschossen. Am 21. April eroberten die Aufständischen auch Chatanga, brachten alle Kommunisten um und nahmen hundert Russen als Geiseln. Zu diesem Zeitpunkt beherrschten die etwa 300 bewaffneten Aufständischen (ein Zehntel der männlichen Bevölkerung) große Teile der Taimyrtundra. Am 24. April formulierte ihr Stab eine Botschaft an die internationale Öffentlichkeit, «den Indigenen zu helfen und sie von der russischen Unterdrückung zu befreien», doch Barchatow, der sie persönlich zur Funkstation in Port Dickson überbringen wollte, ging auf der viele hundert Kilometer langen Reise zu Grunde. Ende Mai zerschlugen Rotgardisten und GPU-Einheiten den Widerstand mit massiven militärischen Mitteln. Überlebende Anführer wurden erschossen. Immerhin hatte der Aufstand etwas gebracht: Die Kollektivierung wurde fürs Erste teilweise rückgängig gemacht und erst gegen Ende der dreißiger Jahre abgeschlossen. Zudem verstärkten die Sowjetbehörden ihre Kontrolle über die indigenen Clans, indem sie in jedem Rayon eine Residentur des GPU und in jedem Clansowjet neben zwei bis drei Indigenen auch zwei Russen platzierten.[39]

## Die Säulen der Sowjetmacht

Den Bürgerkrieg hatten die Bolschewiki nicht nur wegen ihrer populistischen Taktik gewonnen, sondern auch wegen ihrer straffen zentralistischen Führung. Lenin war sich dessen bewusst, dass die Arbeiterschaft als einzige Klasse, auf welche seine Partei sich stützen konnte, innerhalb der Gesellschaft nur eine kleine Minderheit bildete und dass die Bauern als das größte Bevölkerungssegment allenfalls als taktische, niemals aber als natürliche Verbündete einzuschätzen waren. Um sich die Macht über Russland auf Dauer zu sichern und die Gesellschaft nach den politischen Vorstellungen der Bolschewiki umzuformen, bedurfte es nach Meinung Lenins und seiner Vertrauten zweier grundlegender Maßnahmen: Zum einen musste ein effizienter, von der Spitze aus gesteuerter Partei- und Staatsapparat aufgebaut werden, zum anderen brauchte es eine schlagkräftige Polizei und politische Polizei.

### Die Kader
Zum Zeitpunkt der Oktoberrevolution zählten die Bolschewiken im G. Jenissei nur einige hundert Genossen. Viele von ihnen waren keine Einheimischen, sondern als Zwangsverschickte dorthin gelangt. Ihren Schwerpunkt hatte die Partei in den wenigen Städten, vor allem in Krasnojarsk mit seinen Eisenbahnwerkstätten. Zwar hatten politisierte Frontheimkehrer sowie die «rote» Partisanenbewegung während des Bürgerkrieges der Partei enormen Zuzug gebracht, doch waren dadurch die klassenbewussten und ideologisch bewanderten Altbolschewiken mit ihrem nicht unbeträchtlichen Anteil an Gebildeten zu einer kleinen Minderheit geworden. Zudem hatte gerade diese Gruppe während des Bürgerkriegs einen hohen Blutzoll entrichtet. Als 1920 am Jenissei sowohl die Parteiorganisation flächendeckend aufgebaut als auch die staatliche Verwaltung übernommen und mit eigenen Leuten besetzt werden mussten, erwies sich die Kaderdecke als sehr dünn. Dabei waren Partei- und korrespondierende Verwaltungsposten gleich auf vier hierarchischen Ebenen zu «bemannen»: von der Dorfexekutive und dem Dorfsowjet über die Rayonverwaltung und den Rayonsowjet sowie die Kreisverwaltung und den Kreissowjet bis hinauf zur Exekutive und dem Sowjet des Gouvernements beziehungsweise Krai Krasnojarsk. Die Sowjets waren auch mit Parteilosen bestückt, doch lag die Kontrolle in den Händen von Kommunisten.

#### Die erste Kadergeneration
Das menschliche Potential, auf welches die Bolschewiki anfänglich in der Provinz zurückgreifen mussten, um die unteren und mittleren Kaderpositionen zu besetzen, bezeichnet Aleksandr Schekschejew als «Marginale» – Randständige, durch Krieg und Bürgerkrieg Entwurzelte und der überkommenen Gesellschaft Entfremdete. Dabei arbeitet er zwei Typen heraus: zum einen den landlosen Bauern, der vor 1914 sein

Dorf verlassen hatte und, nachdem er in der Stadt oberflächlich politisiert worden war, 1917/18 auf das Land zurückkam und dort Parteizellen und Sowjets organisierte; zum anderen den jungen Soldaten, der mit militaristischen Ansichten und bolschewistisch indoktriniert von der Front heimkehrte und davon überzeugt war, dass die Verhältnisse auf dem Lande total umgestürzt und die überkommene patriarchale Hierarchie liquidiert werden müsse.[40] Die meisten Angehörigen dieser neuen «roten» Elite hatten nicht mehr als ein paar Volksschuljahre vorzuweisen oder zählten gar nur zu den Halbalphabetisierten, nicht wenige waren Analphabeten. Ihren neuen Status als Partei- oder Verwaltungskader kosteten sie in einer Art und Weise aus, dass sie sich sehr rasch den Hass der Bauern zuzogen, die sie als «Bourgeoiskommissare», «kleine Fürstlein» oder «Genossen in Lederjacken» beschimpften. Weil diese Vertreter der Partei und des Parteistaates ungebildet und von Krieg und Bürgerkrieg her gewohnt waren, Befehle auszuführen, erwiesen sie sich für die Partei leninschen Typs als ideale Transmissionsriemen. Ihnen genügten Anweisungen von oben und Parteiparolen, um ihren politischen Horizont auszufüllen. Zur Durchsetzung von Maßnahmen bevorzugten sie den «kurzen Weg», wenn nötig unter Anwendung von Gewalt. Persönliche Skrupel kannten die wenigsten. Ohne Kader dieses Schlages wäre die Umgestaltung des Sowjetstaates durch Stalin wohl kaum so glatt verlaufen.

An die Spitze der KP des Krai Krasnojarsk wurden – um lokalen Filz zu verhindern – in der Regel keine Einheimischen berufen, und wie schon die Wojewoden und Gouverneure der Zarenzeit blieben sie nur wenige Jahre. Sogar die Inhaber dieser Spitzenposten waren typische Vertreter der ersten Kadergeneration. P. D. Akulinuschkin, Parteisekretär von 1934 bis 1937, 1899 geboren und Parteimitglied seit 1917, besaß lediglich Grundschulbildung. Bevor er nach Krasnojarsk versetzt wurde, hatte er die parteiinterne Ochsentour in verschiedenen Gebieten des europäischen Russland durchlaufen. Er wurde 1937 erschossen. Sein Nachfolger, der ein Jahr jüngere S. M. Sobolew, hatte seine Bildung in Marxismus-Leninismus-Kursen erworben und war über die Komsomolzenorganisation in die Kaderkarriere eingestiegen, die ihn von Leningrad über die Krim und Aserbaidschan an den Jenissei spülte. Er vermochte sich nicht einmal ein Jahr im Amt zu halten, bevor auch er erschossen wurde. P. Ch. Kulakow, der ihn beerbte, hatte Glück. Geboren 1910, war er eine halbe Generation jünger als seine beiden Vorgänger und kam als blutjunger Stalin-Adlat erst 1938 auf den Posten des Gebietssekretärs, als der Höhepunkt des «Großen Terrors» bereits überschritten war. Nach zwei Jahren auf dem Weg natürlicher Rotation abberufen, machte er später Karriere in der Politverwaltung der Sowjetarmee.[41]

Als Stalin und seine Entourage 1936 ihre große Säuberungswelle auslösten, zählten innerhalb der Partei die Angehörigen der ersten Kadergeneration zu den Hauptopfern. Überall suchten die Sicherheitsorgane nach «Volksfeinden», «Schädlingen», «Saboteuren» oder «Trotzkisten», die sich in die Partei eingeschlichen hätten und nun diese und den Staatsapparat zersetzen wollten. Schädlingsquoten wurden von oben vorgegeben. So verlangte Stalin in einem Rundschreiben vom 3. August 1937 an die Parteileitungen der Gebiete und Rayons, sogar auf Rayonebene zwei bis drei Schauprozesse gegen «Volksfeinde» zu fabrizieren. Als Opfer wurden im Krasnojarsker Krai vor allem Funktionäre der Fleisch-, Milch- und Getreidetrusts ausersehen, denen man mangelnde Effizienz vorwarf. Angeklagt wurden etwa Parteikader und Verwaltungsfunktionäre des Rayons Kuragino, darunter sämtliche Kolchosvorsitzenden. Diese wurden dafür verantwortlich gemacht, dass unter den Kolchosniki «Unzufriedenheit mit der Partei und der Sowjetmacht» sich ausgebreitet habe.[42]

Bis zum 1. März 1938 hatte der NKWD im Krai Krasnojarsk 9747 Parteimitglieder verhaftet. 5289 von ihnen wurden erschossen, 4391 zu langjähriger Lagerhaft verurteilt.[43] Im kleinen Chakassien gerieten von 1930 bis 1939 insgesamt 2864 Menschen in die Mühlen des Terrors – mehr als ein Prozent der Bevölkerung. 2087 endeten im Genickschusskeller.[44]

### Vom Partisanenführer zum Volkskommissar

Allerdings gab es auch in dieser ersten Kadergeneration, welche Partei und Staat bis zum Ende der Stalinzeit prägen sollte, Persönlichkeiten, die wider den Stachel löckten. Als Beispiel dafür möge der legendäre ehemalige Partisanenführer Wassili Grigorjewitsch Jakowenko stehen (Abb. 78.7).

Geboren wurde er 1889 im Kirchdorf Tassejewo (Kreis Kansk) als Sohn eines Mittelbauern. Schon als Jugendlicher musste er den elterlichen Hof übernehmen, weil sein Vater früh starb. Da im Dorf traditionell zahlreiche Politverbannte lebten, lernte er durch sie lesen und schreiben und wurde zugleich früh auf die sozialen Ungerechtigkeiten und die politische Unfreiheit des Zarenregimes aufmerksam. 1910 oder 1911 zur Armee eingezogen, wurde er im Ersten Weltkrieg mehrmals verwundet, zum Sergeanten und Zugführer befördert und im Sommer 1917 hoch dekoriert ins heimatliche Kansk zum 16. Sibirischen Reserveregiment zurückversetzt. Dort trat er in die Partei der Bolschewiki ein und wurde prompt in den Arbeiter- und Soldatenrat gewählt. Auf Ende Jahr aus der Armee entlassen, kehrte er in sein Heimatdorf zurück und avancierte dort zum Vorsitzenden des Wolostsowjets. Als im Juli 1918 die Weißen Tassejewo einnahmen, floh Jakowenko mit einigen Getreuen in die Taiga, wo er ungestört eine Partisanenabteilung sammelte und trainierte. Dieser Gruppe gelang es, Ende Dezember Tassejewo zurückzuerobern. Jakowenko, zum Vorsitzenden des Militärrevolutionären Stabes gewählt, baute nun seine berühmt gewordene Partisanenarmee auf, die bis zum Juni 1919 die gesamte Wolost Tassejewo mit 68 Siedlungen und über 18000 Einwohnern sowie vier Nachbarbezirke des Kreises Kansk zu kontrollieren vermochte und als «Partisanenrepublik Tassejewo» in die Annalen des Gouvernements einging. Im Sommer 1919 gelang es den Weißen für kurze Zeit noch einmal, die Partisanen zurückzudrängen. Doch weil die durch die Offensive der Roten Armee gegen den Ural bedrängte Koltschakarmee ihre Truppen an der Westfront massieren musste, vermochten die Partisanen, die zwischen drei- und fünftausend Mann zählten, seit September den gesamten Kreis Kansk nördlich der Transsibirischen Eisenbahn unter ihre Kontrolle zu bringen.

Nach der Vertreibung der Weißen begann Jakowenkos Parteikarriere. Im August 1920 zum Vorsitzenden des Exekutivkomitees des Kreises Kansk gewählt (also zum Kreischef) und im September zum Mitglied des Exekutivkomitees des G. Jenissei (also zum Mitglied der revolutionären Regierung), war er mit dem Wiederaufbau der daniederliegenden Wirtschaft auch auf dem Lande befasst. Als überzeugter Anhänger der NEP trat er immer wieder dafür ein, gegenüber den Bauern keinerlei Gewalt anzuwenden. Man machte Lenin auf ihn aufmerksam und dieser sorgte dafür, dass er im Januar 1922 zum Volkskommissar für Landwirtschaft der RSFSR ernannt wurde. Doch verblieb er in diesem Amt nur anderthalb Jahre, weil er sich zu deutlich dafür einsetzte, auch «bürgerliche» Spezialisten mit Aufgaben zu betrauen. Er diente aber weiterhin der Sowjetregierung als Experte für Fragen der Landwirtschaft in der Zentralen Kontrollkommission, im Arbeiter- und Bauerninspektorat und von 1924 bis 1926 auch als Volkskommissar für Sozialversicherung der RSFSR. Mit seinen 1924 publizierten «Erinnerungen eines Partisanen» stieß er daheim in ein Wespennest, nahm er doch kein Blatt vor den Mund. Er entlarvte den Mythos vom armen Landproletariat als Hauptträger der Partisanenbewegung und wies darauf hin, dass die Partisanen der «Republik von Tassejewo» nicht nur Mittel-, sondern durchaus auch Großbauern umfasst und dass sich unter die Bewegung auch viele zweifelhafte und kriminelle Elemente gemischt hatten. Von 1926 an plagten Jakowenko wachsende gesundheitliche Probleme, und er vermochte nur noch zeitweise im Apparat des Zentralen Exekutivkomitees der UdSSR zu arbeiten. Als dezidierter Sympathisant Nikolai Bucharins und dessen Festhaltens an der NEP manövrierte er sich am Ende der zwanziger Jahre zunehmend ins politische Abseits. Von Moskau aus war er immer in Kontakt mit «seinen» Tassejewer Bauern geblieben. Als er 1928 sein Heimatdorf besuchte, zeigte er sich so entsetzt über die Folgen der Zwangsrequisitionen und die düstere Stimmung unter den Bauern, dass er am 3. Oktober an Stalin schrieb, den Bauern habe man «das Rückgrat gebrochen», weil ihnen nicht einmal das Saatgut für 1929 geblieben sei. Damit hatte er sich so exponiert, dass er in das Raster der Säuberungsmaßnahmen passte, die 1929 gegen den sogenannten trotzkistisch-sinowjewistischen Block ergriffen wurden. Doch kam er noch einmal davon. Dass 1931 «seine» Tassejewer Bauern wieder zu den Waffen griffen, um sich gegen die Zwangskollektivierung zu wehren, muss ihn zutiefst geschmerzt haben. 1932 trat er in das Präsidium des Gosplans der UdSSR ein, welches für die Ausarbeitung der Wirtschaftspläne verantwortlich war. Doch die Schlinge um seinen Hals zog sich allmählich zu, da er aus seinem Herzen nie eine Mördergrube zu machen vermochte. In Zusammenhang mit dem Projekt einer offiziellen «Geschichte des Bürgerkrieges» überarbeitete er 1934 nochmals seine Memoiren und provozierte damit mehrere seiner früheren Mitpartisanen, denen er bescheinigte, als ehemalige «Bürgerliche» aus rein opportunistischen Gründen die Seite gewechselt zu haben. Da einige von ihnen mittlerweile im NKWD Karriere gemacht hatten, setzten diese nun alles daran, sich an ihm zu rächen. Er wurde zum Mitverschwörer eines vom NKWD erfundenen «konterrevolutionären rechten Zentrums» um Nikolai Bucharin und Aleksei Rykow abgestempelt, am 9. Februar 1937 verhaftet und der Mitgliedschaft in einer vom «Rechten Zentrum» gegründeten «konterrevolutionären terroristischen Aufstandsorganisation in Sibirien» beschuldigt. Das Militärtribunal des Obersten Gerichtshofs der UdSSR machte kurzen Prozess und verurteilte Jakowenko, der sich um den Sieg der Sowjetmacht im Kreis Kansk so verdient gemacht hatte, am 29. Juli zum Tod durch Erschießen. Das Urteil wurde gleichentags vollstreckt.[45]

Die zweite Kadergeneration

Seit Stalins Tod rückte mehr und mehr eine neue Generation in die Kaderpositionen von Partei und Staat nach. Ihre Angehörigen waren wie Michail Gorbatschow erst nach der Revolution geboren, hatten eine bessere Ausbildung durchlaufen, teilweise sogar ein Studium absolviert, häufig einen höheren technischen Beruf erlernt und verstanden sich eher als Technokraten denn als Politideologen. Die revolutionäre Begeisterung ihrer Vorgängergeneration ging ihnen meist ab. Wenn sie sich politisch zu äußern hatten, spulten sie in der Regel abgedroschene Phrasen und eingeschliffene Politslogans ab. Partei und Staat erstarrten zu einem komplexen, ineffizienten bürokratischen Monster, das seine Kader als privilegierte «Nomenklatura» zwar nicht fürstlich, aber doch weit überdurchschnittlich alimentierte. Es war vor allem wohl das Interesse, sich diese Privilegien zu bewahren, das die Nomenklatura zusammenschweißte.[46]

Für den Krasnojarsker Krai gibt es zu dieser Kadergeneration bislang leider keine Untersuchung, die nähere Aufschlüsse und eine differenziertere Innensicht erlauben würde.

## Schwert und Schild der Partei

Für ihre Sicherheitsorgane verwendete die KPR natürlich andere Namen, als sie zur Zarenzeit üblich gewesen waren. Schon unter der Provisorischen Regierung hatte man ja die zaristische Ordnungspolizei durch eine «Miliz» ersetzt, und diese unverfängliche, Volksnähe suggerierende Bezeichnung übernahm auch die Sowjetregierung. Neben der Miliz aktivierte die Partei während der kritischen Phase des ersten Fünfjahrplans und der Zwangskollektivierung noch eine Hilfspolizei aus Komsomolzen und Arbeitern *(Osodmil)*, die vor allem die öffentliche Ordnung überwachen sollte.

An die Stelle der früheren uniformierten politischen Polizei (Gendarmerie) und der Geheimpolizei *(Ochrana)* trat während des Bürgerkriegs die «Außerordentliche Kommission» (Tscheka), die insbesondere Konterrevolution und Sabotage bekämpfen sollte. Seit 1923 übernahm eine neue, faktisch einem Volkskommissariat gleichgestellte Behörde unter dem unverfänglichen Namen «Vereinigte Staatliche Politische Verwaltung» (OGPU, GPU) den Schutz der Staatssicherheit, welche unter Stalin immer größere Machtbefugnisse an sich zog. 1934 wurde sie in das Volkskommissariat für innere Angelegenheiten (NKWD) integriert – wieder der Versuch, ein verbrecherisches Monstrum öffentlich zu verharmlosen. Erst 1941 gab man die vergeblichen Versuche auf, diesen Schreckensapparat zu bemänteln, und nannte ihn Volkskommissariat oder dann Ministerium für Staatssicherheit (KGB, MGB).

Ihrer personellen Zusammensetzung nach unterschieden sich die Sicherheitsorgane der zwanziger Jahre und der frühen Stalinzeit im Krai Krasnojarsk nicht von derjenigen der Parteikader generell, ja es gibt sogar Indizien dafür, dass die «Tschekisten» im Durchschnitt noch ungebildeter und primitiver waren. Gerne rekrutierten die Sicherheitsorgane beispielsweise ihren Nachwuchs auch unter den elternlosen Straßenkindern, weil diese ohne jegliche Wertvorstellungen aufgewachsen waren. Umso verwunderlicher ist es, dass sich gerade in den Reihen der «Staatssicherheit» auch Opportunisten und ehemalige «Kleinbürger» befanden. Immerhin waren es

13 eingeschriebene Parteimitglieder – ehemalige Partisanenführer aus dem Kreis Kansk –, die 1934 nach Lektüre des Manuskripts von Jakowenkos Memoiren beim Verlag und dann auch bei der Parteikontrollkommission des Krai Protest einlegten, weil sie ihre Rolle in den Jahren 1919 und 1920 falsch dargestellt fanden. Was hatte Jakowenko über sie geschrieben? Bei jedem Einzelnen hatte er Klassenhintergrund und politisches Verhalten charakterisiert. Der eine hatte sich als Spross einer alten Arbeiterfamilie ausgegeben, war aber in Wirklichkeit Sohn eines reichen Immobilienbesitzers. Ein anderer stammte aus einer Kaufmannsfamilie und hatte zwei Häuser und Vieh besessen. Auch ein Dritter kam aus wohlsituierten Verhältnissen und war zu den Bolschewiki lediglich aus opportunistischen Gründen gestoßen. Alle drei hatten in den Augen Jakowenkos als Partisanen, wenn es hart auf hart ging, versagt und waren desertiert, bis die Luft wieder rein war. Trotzdem hatten sie bis zum Ende des Jahres 1934 sämtliche parteiinternen Säuberungen überstanden. Besonders peinlich waren Jakowenkos Enthüllungen für S. M. Buda, der 1934 eine höhere Position im NKWD bekleidete. Nach Jakowenko hatte der Vater der Gebrüder S. M. und N. M. Buda als leitender Angestellter einer Fabrik und dann einer Goldmine gearbeitet, und die Söhne waren während des Winterhalbjahrs, wenn die Minenarbeit ruhte, in einer Atmosphäre von Müßiggang, Trinkgelagen, Kartenspiel, Picknicks und Jagdausflügen aufgewachsen. Nunmehr stramme Stalinisten, versuchten die Entlarvten Jakowenko als «Kulakenfreund» und «Rechtsabweichler» ans Messer zu liefern.[47] Aber auch Tschekisten, deren Klassenzugehörigkeit keine Zweifel aufkommen ließ, erwiesen sich nicht unbedingt als Ruhmesblätter ihrer Profession. So sah sich die Kontrollkommission der KPR 1923 veranlasst, den Chef der Geheimabteilung des OGPU im G. Jenissei, A. S. Makarow, aus den Sicherheitsorganen und sogar aus der Partei zu entfernen, weil er trunksüchtig war, sich verschiedener Dienstvergehen schuldig gemacht und ihm unterstellte Mitarbeiterinnen sexuell ausgebeutet hatte. Als daraufhin das Gouvernementskomitee der Partei gegen diesen Entscheid protestierte, musste er jedoch wieder rückgängig gemacht werden mit der Begründung, Makarow sei ein «guter Tschekist», der mehrere «konterrevolutionäre Verschwörungen aufgedeckt» habe und dessen Trunksucht auf eine «erbliche Veranlagung» zurückzuführen sei.[48]

Anfänglich konnten die Staatssicherheitsorgane auf nur wenige Mitarbeiter zurückgreifen – für das gesamte G. Jenissei im Mai 1920 auf rund 170.[49] Doch mit den zunehmenden Anforderungen an die Kontrolle breiter Bevölkerungskreise stieg ihre Anzahl schnell. Tscheka und GPU konzentrierten sich auf die Sicherung der Transportwege, vernachlässigten dabei jedoch das flache Land. Infolgedessen vermochten während der gesamten zwanziger Jahre Dutzende von kriminellen und politischen Banden ihr Unwesen zu treiben, die sich aus entwurzeltem Treibgut des Bürgerkrieges rekrutierten, darunter zahlreiche Zusammenrottungen von «verwilderten» Kindern *(besprizornye)*. Aus ihren Verstecken in der Taiga heraus terrorisierten sie die Bevölkerung und verschwanden so schnell wieder, wie sie aufgetaucht waren. Während diese Banden in Westsibirien meist aus apolitischen Verbrechern bestanden, verfolgten sie in Ostsibirien speziell kommunistische Funktionäre. Doch auch die Bauern selber litten über den ganzen Zeitraum hinweg unter Überfällen krimineller Banden, die sich im Schutz der Taiga jahrelang zu halten vermochten. Da konnte man froh sein, wenn die Banditen sich damit begnügten, das Vieh zu stehlen, und einem nicht auch noch das Dach über dem Kopf anzündeten oder die Frauen vergewaltigten.[50]

Hinzu trat in der Mitte der zwanziger Jahre ein neues Phänomen – das der Hooligans. Das waren junge Männer, die es bewusst darauf anlegten, die öffentliche Ordnung zu stören, Parteifunktionäre und Miliz zu provozieren und Randale zu machen. Was die Bevölkerung besonders erbitterte, war, dass nach Schätzungen der Polizei etwa ein Drittel der Hooligans dem Kommunistischen Jugendverband (Komsomol) oder sogar der Partei angehörten. Viele Hooligans schlossen sich in Gruppen zusammen, denen sie martialische Namen gaben, um die Funktionäre zu erschrecken: zum Beispiel im Kreis Kansk das «Eiserne Todesbataillon». Der Hooliganismus war eine vorübergehende Erscheinung, aber das Bandenwesen erwies sich als eine Hydra, der für jeden von der OGPU abgeschlagenen Kopf mehrere neue nachwuchsen.[51]

Um die Kontrolle der Bevölkerung zu verstärken, baute das OGPU nicht nur ihren eigenen Apparat hauptamtlicher Mitarbeiter stetig aus, sondern durchsetzte Stadt und Land auch mit einem ausgedehnten Netz an informellen Mitarbeitern in Gestalt von Spitzeln und Zuträgern. Um Spitzel anzuwerben, griff man neben finanziellen oder materiellen Zuwendungen am liebsten auf Methoden zurück, die nichts kosteten und trotzdem wirksam waren – von Appellen an die Loyalität von Parteimitgliedern über Drohungen mit Konsequenzen, falls man sich weigere, bis hin zur Erpressung. Erpressbare gab es in den zwanziger Jahren zu Hauf: ehemalige «weiße» Offiziere, Priester, «Nepmänner», frühere antikommunistische Partisanen oder Bauern, die sich gegen Zwangsrequisitionen gewehrt hatten. Doch auch unter hochrangigen Partei- und Staatsfunktionären hatten die Sicherheitsorgane ihre Informanten, so etwa das OGPU des Kreises Atschinsk den Sekretär des Kreiskomitees der KP und den Sekretär des Kreisexekutivkomitees. Damit war die Staatssicherheit über alles, was sich dort auf Partei- wie auf Verwaltungsebene tat, im Bilde.[52]

Eine zentrale Rolle spielten die Sicherheitsorgane beim administrativen Strafsystem. Obgleich die Bolschewiki während der Zarenzeit gerade unter diesem System gelitten hatten, führten sie es unter den Bedingungen des Bürgerkriegs weiter. Dass es auch danach nicht erlosch, sondern neben der ordentlichen Gerichtsbarkeit weiterlief und zeitweise apokalyptische Ausmaße annahm, spiegelt die Ängste der Machthaber vor Kontrollverlust wider. Praktiziert wurde die Administrativgerichtsbarkeit in Gestalt von «Dreierkommissionen» *(Trojki)*, in denen je ein führender Vertreter des OGPU beziehungsweise NKWD, der Partei und der Staatsanwaltschaft allein über das Schicksal Beschuldigter entschieden und ein ordentliches Gerichtsverfahren ausgeschlossen war. Die Troiki waren in Sibirien besonders aktiv im Jahr 1921, in der Mitte der zwanziger Jahre, während der Entkulakisierungs- und Kollektivierungskampagnen sowie bei den «Säuberungen» von 1937/38.

Wie Exekutionen vor sich gingen, enthüllen die Aussagen, die der frühere NKWD-Chef von Igarka, P. M. Kurbatow, im Juli 1956 vor einem Untersuchungsausschuss machte, welcher «Ungesetzlichkeiten» der Stalinzeit aufdecken sollte. Er, Kurbatow, habe noch 1939 rund 1000 Personen in Igarka verhaften und verhören lassen (zumeist administrativ Verschickte). Die Urteile seien aber von der Krasnojarsker Troika gefällt und über chiffrierte Telegramme an ihn übermittelt worden. Makaber war der Ort, an dem Todesurteile vollstreckt wurden. Dazu Kurbatow in seiner Bürokratensprache: «Die Erschießungen der Verhafteten wurden in demjenigen Raum der Stadtabteilung [des NKWD] vollzogen, wo sich früher die Lenin-Ecke[53] befand. Unter dem Fußboden des Raums wurde durch Kräfte der Mitarbeiter der Stadtabteilung eine große, sieben bis acht Meter tiefe Grube ausgehoben. In diese Grube legte man die Leichen der Getöteten. An den Erschießungen nahmen teil: ich, Tolstichin, Abramow, Sarubin und Sinizyn. Ich selber war bei allen Erschießungen dabei. Die Erschießungen der Häftlinge wurden im Sommer 1939 vollzogen, als es rund um die Uhr hell war ... Im Leninraum zu erschießen war günstig, weil von den Einwohnern niemand dies sehen oder hören konnte. Erschossen worden sind von mir, Tolstichin, Abramow und von den anderen viele, wie viele – daran kann ich mich heute nicht mehr erinnern.»[54] Wie sinnig – die Henker saßen in ihren Büros direkt über den Leichen ihrer Opfer. In Jeniseisk erschoss der NKWD seine Opfer im Gefängnis und ließ sie auf unbebauten Grundstücken verscharren. Jedenfalls stießen Bauarbeiter vor einigen Jahren beim Ausheben einer Baugrube auf die Überreste von Hunderten Hingerichteter aus den dreißiger Jahren.[55]

Auch die Kirche zahlte ihren Tribut. Allein 1937 nahm die Krasnojarsker «Troika» sich in drei Aktionen 74 Priester, Nonnen, Kirchenälteste und bereits zur Verschickung verurteilte Geistliche vor und bezichtigte sie auf Grund vorfabrizierter Akten einer konterrevolutionären Verschwörung. 63 von ihnen wurden erschossen, auch der Bischof.[56]

Nach der Entstalinisierung nahm die Partei die Sicherheitsorgane stärker an die Kandare. Aus Henkern wurden nun Bürokraten, die sich auf die verschiedensten Spielarten direkter und indirekter, aber in der Regel unblutiger Repression spezialisierten. In einer Gesellschaft mit allmählich steigendem Lebensstandard genügte dies fürs Erste, um die Herrschaft der Partei abzusichern.

## Zerfall und Neukonsolidierung der Staatsmacht

Sibirien gehörte nicht gerade zu den Keimzellen der Perestroika. Erst die Streiks der Bergarbeiter im westsibirischen Kusbass (1989) beschleunigten den Niedergang des Sowjetsystems. Die ohnehin gegebene dezentrale Struktur der KPdSU in Sibirien bildete dabei einen geeigneten Boden, auf welchem sich regionalistisch ausgerichtete oppositionelle Bewegungen zu entfalten vermochten. Charakteristisch war, dass die Transformation in ein postsowjetisches System sich im wirtschaftsstarken Krasnojarsker Krai relativ konfliktfrei und ohne radikale Brüche vollzog. Als ausgesprochene Machtbasis des ersten Präsidenten der Russländischen Föderation, Boris Jelzins, trat der Krai jedoch nicht in Erscheinung.[57] Bis zu einem gewissen Grad ist das verständlich, wenn man bedenkt, in welchem Maße die Bevölkerung vor allem der Nordhälfte des Krai von staatlichen Subventionen abhing und daher allen massiven Veränderungen des politischen und wirtschaftlichen Systems zurückhaltend bis ablehnend gegenüberstand.

Die unter Präsident Jelzin 1993 in Kraft gesetzte Verfassung der Russländischen Föderation (anstelle der früheren RSFSR) definierte den Staat als eine Gesamtheit von 83 selbstverwalteten «Föderationssubjekten» – den ehemaligen Regionen *(oblasti)*, nationalen Republiken, Krajen und den beiden Hauptstädten Moskau und St. Petersburg. Die Föderationssubjekte erhielten mit ihrem jeweiligen Präsidenten und Parlamentspräsidenten Sitz und Stimme in der neben der Staatsduma zweiten Kammer, dem Föderationsrat. Dabei vermochte der Krasnojarsker Krai als eines der wirtschaftsstärksten Föderationssubjekte auf die Moskauer Zentralregierung oft erheblichen Einfluss auszuüben.

Die hektische ökonomische Transformation während der Anfangsjahre der Präsidentschaft Jelzins übereignete die Staatswirtschaft ungewollt denjenigen, die sie schon zu sowjetischen Zeiten administriert hatten, oder jungen cleveren Aufsteigern, die skrupellos alle Möglichkeiten nutzten, um die Kontrolle über Banken und Industriekomplexe an sich zu reißen. Dieser «Raubritterkapitalismus» brachte zwar eine Reihe beim Volk verhasster Oligarchen hervor, doch trotz marktwirtschaftlicher Mechanismen bewahrte auch das neue System mit seiner hochgradigen Trustbildung und unter Präsident Putin wieder erzwungenen Staatsnähe viele aus der Sowjetzeit überkommene Züge.

### Wildost in Krasnojarsk

Dies zeigte sich bald auch daran, dass einer der politischen Neuaufsteiger der neunziger Jahre, der junge General Aleksandr Lebed, sich nach dem Scheitern seines Versuchs, Jelzin bei den Präsidentschaftswahlen von 1996 abzulösen, entschloss, Krasnojarsk als Sprungbrett für ein nationales Comeback zu benutzen und dort für die Gouverneurswahl von 1998 zu kandidieren. In Krasnojarsk stach er damit allerdings in ein Wespennest, denn der lokale Oligarch Anatoli Bykow – ein ehemaliger Lehrer –, dem es im Zuge der wirtschaftlichen Transformation gelungen war, die Aluminiumindustrie und den gesamten energetischen Komplex Atschinsk-Krasnojarsk-Kansk unter seine Kontrolle zu bringen, benutzte ihn seinerseits, um den seit 1993 amtierenden Gouverneur Waleri Subow aus dem Amt zu werfen. Der populäre Subow stemmte sich entschieden gegen die Oligarchisierung der Wirtschaft des Krai, sowohl der Aluminiumindustrie als auch des Norilsker Kombinats. Aber der geballten Propaganda des von Moskau und Bykow unterstützten Lebed, orchestriert durch eine Schmutz- und Verleumdungskampagne gigantischen Ausmaßes, hatte er wenig entgegenzusetzen. Lebed siegte zwar, aber nicht spektakulär: Eine Mehrheit erhielt er nur in den Städten außer Norilsk. Der Wahlausgang bedeutete zugleich eine Niederlage der Regionaleliten, denn der neue Gouverneur besetzte nahezu sämtliche Schlüsselpositionen mit Leuten aus dem «Mutterland».[58]

Lebed begann sofort seine Macht auszubauen. Dabei stützte er sich auf die «Machtstrukturen» *(silovye struktury)*, also Polizei und OMON, aus Moskau eingeflogene Spezialisten zur Diskreditierung politischer Konkurrenten und eine massive Medienkampagne, die sein persönliches Image aufpolieren sollte. Die Gelegenheit nutzten ebenfalls Moskauer Oligarchen und diverse Finanzgruppen, um über die lukrativen Industrieobjekte des Krasnojarsker Krai herzufallen. Lebed seinerseits machte bald Front gegen seinen Gönner Bykow und räumte ihn schließlich aus dem Weg durch die in Russland damals üblich gewordenen Kompromate, fingierte Anklagen wegen angeblicher Rechtsverstöße und eine Schmutzkampagne, die ihn zu einem Mafiaboss hochstilisierte. Die Gesetzgebende Versammlung des Krai, die über alle Parteigrenzen hinweg gegen die Verdrängung der lokalen Eliten aus Wirtschaft und Politik Front machte, wurde von Lebed ebenso übergangen wie die Zivilgesellschaft der Hauptstadt, die sich in ihren Hoffnungen auf andere politische Umgangsformen betrogen sah. Schon nach zwei Jahren fand sich die Industrie des Krai in den Fängen von Finanzkreisen aus dem Umfeld des Staatspräsidenten der Föderation und von Oligarchen wie Wladimir Potanin und Michail Prochorow (Norilsk Nickel) oder Roman Abramowitsch und Oleg Deripaska (Aluminium).[59] Lebed sah sich genötigt, dazwischen zu lavieren und seine Popularität aufzubessern, indem er versuchte, die Steuervermeidungsstrategien der Wirtschaftsgiganten zu durchkreuzen.[60]

Die Machtkämpfe wurden mit Hilfe der Unterwelt auch gewaltsam ausgetragen. Lebed, der sich gerne als Saubermann inszenierte, hatte sich nach Ansicht der Krasnojarsker Intelligenzija sehr schnell mit der lokalen Mafia verbandelt. Während der Reise auf der *Tschechow* im Jahr 2000 war mir schon aufgefallen, dass sich unter der Besatzung ein etwa zehnjähriges Mädchen befand, die Enkelin des zweiten Ingenieurs. Bei der internen Geburtstagsfeier der Schiffsärztin an Bord erfuhr ich, warum die Enkelin den Großvater begleiten durfte: Ihr Vater war bei einer Mafiaauseinandersetzung kurz zuvor erschossen worden.

Noch 1998 hatte Lebed ein auf sieben Internate verteiltes Kadettenkorps gegründet, in dem Kinder aus schwierigen sozialen und familiären Verhältnissen auf Staatskosten eine schulische und vormilitärische Ausbildung erhielten.[61] Als ich im Herbst 2000 mit der wissenschaftlichen Reiseleiterin unserer Exkursion, Ljudmila, vom Krasnojarsker Flussbahnhof in die Stadt unterwegs war, begegneten uns drei halbwüchsige Burschen, deren Schultaschen zu ihren Tarnanzügen und Tellermützen nicht so recht passen wollten. Kadetten! «Lebeds künftige Privatarmee!», sagte Ljudmila ironisch. Zum Sprung aus Krasnojarsk auf den Präsidentensitz in Moskau sollte Lebed allerdings keine Zeit mehr bleiben. Am 28. April 2002 streifte der Helikopter, mit dem er gerade unterwegs war, im Nebel eine Hochspannungsleitung und stürzte ab. Hätte ein Staatspräsident Lebed die Geschicke Russlands in andere Bahnen gelenkt als Wladimir Putin? Wohl schwerlich, denn im persönlichen Zuschnitt und in ihren politischen Überzeugungen waren sich beide recht ähnlich.

Nach Lebeds Tod blieben die von ihm hinterlassenen Strukturen bestehen. Nachfolger wurde ausgerechnet Aleksandr Chloponin, bis 2001 Generaldirektor von Norilsk Nickel und danach Gouverneur des Autonomen Bezirks Taimyr. Die Wahl wurde wegen massiver Unregelmäßigkeiten zwar von der Wahlkommission für ungültig erklärt, doch ein Machtwort Präsident Putins genügte, um Chloponin trotzdem zu inthronisieren.[62] Den Krasnojarsker Krai beherrschen seitdem faktisch diejenigen, welche die Wirtschaft kontrollieren. Der Gouverneur wird zwar formell gewählt, muss aber seit den föderalen Reformen Putins der Moskauer Zentrale genehm sein. Für spezifisch regionale Interessen bleibt damit wenig Spielraum. Und wie die Umstände der Wahl Chloponins zeigen, ist die Zentralmacht in Moskau jederzeit bereit, ihren Willen auch unter Bruch des Rechts gegen die regionalen Interessen durchzusetzen.

# Wirtschaftsräume

## Die Neue Ökonomische Politik in Sibirien

Die NEP sah vor, dass der Staat sich die alleinige Kontrolle über die wichtigsten wirtschaftlichen Bereiche (Banken, Schwerindustrie, Groß- und Außenhandel, Verkehrswesen) vorbehielt, während Landwirtschaft, Kleinhandel und Kleingewerbe weitgehend der Privatinitiative überlassen wurden. Der neue wirtschaftspolitische Kurs bescherte dem Sibkrai und mit ihm dem Jenisseigebiet eine Phase der wirtschaftlichen Erholung und Konsolidierung, eröffnete aber kaum neue Entwicklungsperspektiven und löste nur in der Kleinproduktion Wachstumsschübe aus.

### Die Landwirtschaft

Die Landwirtschaft wandelte sich bis zur Kollektivierung kaum. In der Taigazone an Jenissei und Angara herrschte immer noch die Zweifelderwirtschaft vor, bei der die Hälfte des Ackerlandes ein oder mehrere Jahre lang brachlag, ergänzt durch periphere Schwendwirtschaft. Im Rayon Keschma entfielen im Wirtschaftsjahr 1928/29 durchschnittlich 6,4 Desjatinen Ackerland auf einen Betrieb (1,07 pro Kopf). 1926 bewirtschaftete die Mehrheit der Betriebe 3–6 Desjatinen. Immer noch bezogen die Bauern 15–20 Prozent ihres Einkommens aus Nebenerwerb. Der Einsatz von Landmaschinen blieb auf wohlhabendere Betriebe konzentriert, doch schlossen sich bereits mehrere Höfe zu Maschinengenossenschaften zusammen, und der Staat organisierte Maschinenausleihstationen. Ausgesät wurden zur Hälfte Weizen und zu einem Drittel Sommerroggen. 1928 entfielen im Rayon Keschma im Mittel auf einen Bauernhof 3,8 Pferde, knapp 5 Milchkühe, 5,7 Schafe und 0,4 Schweine. Nach wie vor spielte die Jagd eine wichtige Rolle. Doch während vor der Revolution jeder Jäger seine eigene Jagdparzelle von bis zu 50 Quadratkilometern bewirtschaftete, wurden nach der Revolution persönliche Jagdreviere verboten.[63]

Die Milcherzeugung übertraf 1927 erstmals leicht das Vorkriegsniveau, aber an die Molkereien abgeliefert wurde sehr viel weniger, weil die Aufkaufpreise des Staates so niedrig waren, dass die Bauern einen Teil der Milch lieber selber verbrauchten. Außerdem gab es immer weniger Betriebe mit vier und mehr Kühen, die in der Lage waren, Überschüsse zu vermarkten. Waren dies 1915 noch mehr als die Hälfte aller Betriebe gewesen, so 1927 nur noch jeder achte.[64] Der «Boom» der Butterei, den die Fertigstellung der Transsibirischen Eisenbahn dem Süden Westsibiriens beschert hatte und der nach den schweren Einbrüchen der Kriegs- und Bürgerkriegsjahre in der Mitte der zwanziger Jahre einen bescheidenen Neuaufschwung erlebte, hatte auf das G. Jenissei kaum ausgestrahlt. Daran änderte auch die NEP nichts. Für 1924/25 sah der Plan eine Quote von 40000 Pud Butter vor, abgeliefert wurden jedoch ganze 6300 Pud – nicht einmal ein halbes Prozent der sibirischen Jahresproduktion.[65]

## Kleinbetriebe und Kustargewerbe

Im Vergleich zur RSFSR insgesamt wies Sibirien 1920 immer noch eine ausgeprägte Kleinproduktionsstruktur auf; drei Viertel aller produzierenden Betriebe verfügten über höchstens fünf Arbeitskräfte. Es gab ganze vier Großbetriebe mit mehr als 1000 Arbeitskräften, und das waren entweder Bergwerke oder Eisenbahnreparaturwerkstätten wie in Krasnojarsk. Dementsprechend verfügten auch nur halb so viel Betriebe über Dampfmaschinen wie der Durchschnitt der RSFSR.[66]

Die NEP begann im Sibkrai gegen Ende des Jahres 1921. Die wichtigen Großbetriebe blieben in der Hand des Staates, den Rest verpachtete man, gab sie den früheren Besitzern zurück oder liquidierte sie. Bis Ende 1922 fielen von den 1920 enteigneten 1640 Betrieben 45 Prozent zurück an private Eigentümer oder Pächter. Bis Ende 1924 erfolgte in der Staatsindustrie ein starker Konzentrationsprozess. Zugleich wurden Großunternehmen, die sich auf die Gewinnung bestimmter Rohstoffe spezialisiert hatten, mit kleineren zudienenden Betrieben zu Trusts zusammengeschlossen wie Lenzoloto (Lenagold), Sibsol' (Sibirisches Salz), Sibles (Sibirisches Holz), Kuzbass (Kusnezbecken). Trotzdem ging beispielsweise die Goldproduktion in den zwanziger Jahren stark zurück. Im Jahre 1928 – am Vorabend des ersten Fünfjahrplans – zeichneten sich immer noch die traditionellen Wirtschaftsstrukturen ab: Die Landwirtschaft steuerte über drei Viertel zum Bruttoproduktionswert bei (im Durchschnitt der UdSSR weniger als die Hälfte), die Großindustrie nicht einmal ein Viertel. Außerdem stellte die Kleinproduktion über die Hälfte des Bruttoproduktionswertes der Industrie. Auch das Gesamtgewicht des Sibkrai innerhalb der Sowjetwirtschaft blieb schwach: Auf einem Territorium von 19 Prozent der Gesamtfläche bei einem Bevölkerungsanteil von 6 Prozent erwirtschafteten 1,35 Prozent der Arbeiterschaft ganze 0,9 Prozent der industriellen Bruttoproduktion und 2 Prozent der Elektroenergiegewinnung.[67]

Dass das Klein- und Kustargewerbe in Sibirien eine besondere Rolle spielte, erklärt sich aus der schwachen industriellen Entfaltung, dem wenig entwickelten Verkehrssystem und der Abgelegenheit vieler Siedlungen. Im Jahre 1913 war über ein Drittel seiner 131 600 Beschäftigten mit der Holzverarbeitung, fast ein Drittel mit der Textil- und Seifenherstellung, ein Achtel mit der Metallverarbeitung und ein Elftel mit dem Abbau und der Verarbeitung von Mineralien beschäftigt – vielfach zusammengeschlossen in freiwilligen Kooperativen. Noch 1920 fanden sich über 85 Prozent dieser Betriebe auf dem Lande, und jede siebente Bauernfamilie – vor allem landarme und landlose Bauern – zog einen wesentlichen Teil ihres Lebensunterhalts aus dieser Gewerbeform.[68]

Unmittelbar nach dem Ende des Bürgerkrieges suchten die Bolschewiki die Kooperativen Sibiriens zu enthaupten. Am 16. März 1920 wurden zum Beispiel 116 Angehörige der Krasnojarsker Kooperativen verhaftet. Damit wollte man sie einschüchtern und auf Sowjetkurs bringen. Außerdem suchte man das Kooperativenwesen von oben stark zu regulieren. Allerdings lockerte die NEP die Staatskontrolle wieder und führte ein Patentsystem mit steuerlicher Privilegierung ein; man löste ein Patent, welches ein Kustargewerbe bewilligte, und zahlte dafür lediglich eine attraktive Jahresprämie. Die Folgen waren ambivalent: Einerseits blühte das private Kustarwesen auf, andererseits verließen Kustarleute massenweise die staatlich kontrollierten Artele.

1925 gab es im Sibkrai 100 600 Kustar- und Kleingewerbetreibende, immer noch vor allem auf dem Lande. Besonders stabil zeigte sich das holzverarbeitende Gewerbe: Jeder sechste Dorfkustar stellte Fässer her oder arbeitete als Tischler. In der zweiten Hälfte der zwanziger Jahre weiteten sich die Mineralgewinnung (Kohle, Ton, Alabaster) und die Produktion von Baumaterialien (Ziegel, Gips, Kalk) stark aus, und die Anzahl Beschäftigter wuchs von 155 100 (1926/27) auf 200 600 (1928/29). Nach wie vor dominierten landlose und landarme Bauern.

Als 1926/27 für Sibirien ein auf 15 Jahre ausgerichtetes ökonomisches Generalschema ausgearbeitet wurde, sah es mehr als eine Verdoppelung der in Kustar und Kleingewerbe Beschäftigten vor, davon 43 Prozent in Kooperativen. Daraus wurde jedoch nichts, denn im Herbst 1928 verlangte der Staat, die privaten Kustar- und Kleinunternehmungen zu liquidieren und in Produktionskooperativen zu überführen. Doch diese Promkooperativen *(promyslovye kooperativy)* wurden von oben strikt reguliert und beraubten ihre Angehörigen der Motivation. Tausende von Kustarleuten und Kleingewerblern hielten sich trotzdem noch mehrere Jahre, weil sie unersetzlich waren und Angebotslücken füllten. Sie arbeiteten auf Bestellung und boten ihre Produkte über den Basarhandel feil, obgleich sie als «Kleinkapitalisten» ihrer Bürgerrechte beraubt wurden. Den Garaus machten diesen letzten Einzelkämpfern des freien Gewerbes dann seit der Mitte der dreißiger Jahre massiv erhöhte Abgaben. Den Promkooperativen diktierte der Staat überhöhte Planauflagen, die sie nicht einzuhalten vermochten.[69]

So zeigte sich schon früh der Grundwiderspruch der Sowjetwirtschaft: Dadurch, dass das stalinistische System die staatlich kontrollierte wirtschaftliche Ineffizienz der privaten Effizienz vorzog, torpedierte es letztlich seine eigenen ökonomischen Entwicklungsziele.

## GOËLRO und Elektrifizierung

Die im Februar 1920 gegründete «Staatliche Kommission zur Elektrifizierung Russlands» (GOËLRO) befasste sich bereits mit den Nutzungsmöglichkeiten sibirischer Energieträger für Industrie, Transport und Beleuchtung, konzentrierte sich dabei aber auf Westsibirien und das Altaigebiet. Auf dem flachen Land entstand schon im Mai 1920 ein erstes kleines Elektrizitätswerk in Suchobusim (Kreis Krasnojarsk), doch nicht wenige Einwohner wüteten gegen «das Licht des Antichrist». Aber wo Elektrizität installiert worden war, schwärmten viele vom «Lämpchen Iljitschs»: «Ein großes Dankeschön Wladimir Iljitsch, der den Blitz vom Himmel gezwungen hat, dem Muschik zu dienen», wie die Zeitung «Sowjetisches Sibirien» 1924 schrieb.[70] Doch die Elektrostationen auf dem Dorf waren immer noch primitiv und leistungsschwach, der Antrieb erfolgte meist über Wassermühlen. Die Elektrifizierung des flachen Landes blieb in der Vorkriegszeit weit hinter dem europäischen Russland zurück. 1937 existierten auf dem Lande in Westsibirien 165 Elektrostationen mit einer Leistung von 4498 KW, davon stand aber knapp die Hälfte in Sowchosen und Kolchosen. In Ostsibirien gab es hingegen nur 50 Stationen mit einer Leistung von 1163 KW. Auf den Krasnojarsker Krai entfielen davon ganze 24.[71]

An kommunalen, insbesondere städtischen Elektrizitätswerken gab es 1937 im ganzen Krasnojarsker Krai (ohne E-Werke, die für die Industrie arbeiteten) insgesamt deren sechs. Sie speisten das Netz mit einer äußerst bescheidenen Leistung von 10 100 KW. Da der industrielle Bedarf an Elektroenergie schneller wuchs als das Leistungsvermögen, zerschlug sich beispielsweise 1937 der geplante Bau eines Papierkombinats in Krasnojarsk.[72]

**Die Nepmänner**

Da unternehmerisches Denken in Sibirien stärker verbreitet gewesen sein dürfte als im europäischen Teil des Staates, bot die NEP dieser Wirtschaftsmentalität in besonderem Maße neue Spielräume, beispielsweise bei der Handelsvermittlung zwischen der staatlichen Handelsorganisation Gostorg und privaten Produzenten. Gerade im dünn besiedelten Sibirien verfügte Gostorg über viel zu wenig Filialen, und in diese Lücke sprangen bereitwillig private Zwischenhändler, die «Nepmänner» (Profiteure der NEP). In Sibirien waren das mehrheitlich keine ehemaligen Kaufleute, sondern Angehörige verschiedenster Schichten, die über ein kleines Anfangskapital verfügten und sich für ihre Handelsoperationen von Gostorg bevorschussen ließen. Im G. Jenissei sammelten sie für den Staat bei Jägern und Fallenstellern Pelzwerk und Felle ein und schauten darauf, dass sie selber dabei nicht zu kurz kamen. Andere Nepmänner sicherten sich reprivatisierte oder vom Staat an Private verpachtete Kleinunternehmungen wie Handwerks- und Kustarbetriebe oder Mühlen.[73]

Allerdings nutzten die Nepmänner die schwache Staatspräsenz im Binnenhandel Sibiriens sehr rasch auch dazu, um sich lukrativen illegalen Geschäften zuzuwenden. So ermahnte das Krasnojarsker Exekutivkomitee im Jahre 1927 die Kreisexekutivkomitees von Kansk und Turuchansk, dem Verbot des Schnapshandels mit Indigenen Nachachtung zu verschaffen, desgleichen dem Verbot für Russen, in Indigenengebieten zu jagen. Die Sanktionen, mit denen man widerspenstigen Händlern drohte, dürften jedoch kaum wirksam gewesen sein: Sie sollten lediglich zwangsausgesiedelt werden.[74]

Jedenfalls zeigte es sich, dass es des Schmiermittels unternehmerischer Privatinitiative bedurfte, um die knarrende Maschinerie des gemischtwirtschaftlichen Systems der zwanziger Jahre in Gang zu halten. Mit dem Ende der NEP verschwanden zwar die unbeliebten Nepmänner, doch mit ihnen auch das Schmieröl für die Wirtschaft. In der reinen Staatswirtschaft der Folgezeit musste es sich in die Dunkelzonen der Schattenwirtschaft zurückziehen.

## Die Zeit der Staatswirtschaft

Mit der beschleunigten Zwangskollektivierung aller bäuerlichen Betriebe oder – wie es in der Historiographie heißt – der «Entbauerung» *(raskrest'janivanie)* erlangte der Sowjetstaat die totale Kontrolle über die Landwirtschaft. Dies erlaubte es ihm, die aus der Ausbeutung der Bauern erzielten Überschüsse in die Finanzierung der forcierten Industrialisierung zu stecken, die zeitgleich mit dem ersten Fünfjahrplan anlief.

## Die kollektivierte Landwirtschaft

Die aus heutiger Sicht verhängnisvolle Entscheidung, die Landwirtschaft zwangsweise zu kollektivieren, hat nicht nur die ländliche Gesellschaft radikal verändert, sondern auch der landwirtschaftlichen Produktivität schweren Schaden zugefügt, denn die Kolchosbauern sanken faktisch zu Zwangsarbeitern ab, deren immenser Arbeitseinsatz nur knapp das Existenzminimum einbrachte. Wer daraufhin seine Kräfte zu schonen suchte oder gar Teile der Ernte unterschlug, riskierte zehn Jahre Lagerhaft oder gar ein Todesurteil.[75]

## Das Kolchossystem

Die Hungersnot von 1932/33 hatte Stalin gezeigt, dass die den Kolchosen auferlegten hohen Ablieferungsquoten für Getreide nur beibehalten werden konnten, wenn man den Bauern die Gelegenheit gab, sich unabhängig vom Kolchos weitgehend aus eigenen Kräften zu ernähren. Darum verzichtete man darauf, die landwirtschaftliche Kommune als strikteren Typ der Kollektivwirtschaft durchzusetzen, und propagierte stattdessen das Artel, welches einen privaten landwirtschaftlichen Nebenerwerb der Kolchosbauern auf durchschnittlich einem halben Hektar Hofland zuließ. Mit dem Eintritt in den Kolchos vom vorherrschenden Typ des Artels hatte der Bauer bis auf diesen für die «persönliche Nebenwirtschaft» reservierten Anteil sein gesamtes Nutzland und den größten Teil seiner Produktionsmittel in die Genossenschaft einzubringen.

Mit der Zusammenlegung der zuvor privat genutzten Ackerparzellen entstanden riesige Feldschläge. Bei Maschineneinsatz mochte dies in den Steppengebieten des Minussinsker Beckens noch einen gewissen Sinn machen. Doch in den meisten Dörfern der Taiga mit ihren in den Wäldern weit verstreuten Außenäckern brachte der Systemwechsel ökonomisch nichts. Dass man in den fünfziger und vor allem sechziger Jahren benachbarte Kolchosen zusammenlegte, «nichtperspektivische» Siedlungen, das heißt kleinere Dörfer, liquidierte und die Bevölkerung in größeren Dörfern konzentrierte, schließlich die Sowchosen zu Lasten der Kolchosen weiter ausbaute und mehr und mehr auf Maschinen setzte, vermochte die landwirtschaftliche Effizienz kaum zu steigern.[76]

Vom «Großen Terror» der Jahre 1937/38 blieb auch die Landwirtschaft nicht verschont. Das Prinzip hieß: Disziplinierung durch Abschreckung. Als 1936 im Rayon Jermakowo massenhaft Vieh verendete, wurden auf persönliche Direktive Stalins und Molotows 1937 der Direktor des Minussinsker Fleisch/Milch-Trusts und die Direktoren zweier Fleisch/Milch-Sowchosen in Schauprozessen wegen «Schädlingstums» abgeurteilt. Das gleiche Schicksal traf mehrere Sündenböcke aus Landwirtschaft und Verarbeitung landwirtschaftlicher Produkte des Kreises Kansk, denen man vorwarf, als «Volksfeinde» die Leitungsorgane unterwandert zu haben, um «Schaden» zu stiften.[77]

Die Landbevölkerung – gleich ob Kolchosbauern oder Sowchosarbeiter – konzentrierte ihren ganzen Arbeitseifer auf die persönliche Nebenwirtschaft, die sich zu einer enormen Effizienz aufschwang. Das wiederum missfiel aus ideologischen Gründen der Parteiführung. Nikita Chruschtschow suchte daher die persönliche Nebenwirtschaft massiv einzudämmen, doch die Agrarkrise vom Anfang der sechziger Jahre zwang die Partei zu einem Kurswechsel. Weil sich durch eine Reihe von Reformen seitdem die wirtschaftliche und finanzielle Lage der Kolchosbauern zu bessern begann, ging die Bedeutung der persönlichen Nebenwirtschaft zwar allmählich zurück, doch blieb sie für die Versorgung der Bevölkerung weiterhin unverzichtbar. Dass auf den zwei Morgen privaten Nutzlandes pro Familie noch im Jahre 1988 59 Prozent aller Kartoffeln, 31 Prozent des Gemüses, 28 Prozent des Fleisches und 26 Prozent der Eier Sibiriens erwirtschaftet wurden, spricht Bände über die Ineffizienz der Staatswirtschaft. Unter diesen Umständen ist es nicht verwunderlich, dass immer mehr junge Leute der Kolchoswirtschaft den Rücken kehrten und ihre Zukunft in der Stadt sahen. Das flache Land aber verlor dadurch seine besten Köpfe. Unter denen, die blieben, weil sie sich einen Wechsel in ein völlig anderes Milieu nicht zutrauten, blühte der Alkoholismus, und das hatte zur Folge, dass Schlendrian und Absenzen zunahmen, Arbeitsgeräte entwendet wurden, Maschinen verrotteten und die Produktivität weiter absank.[78]

### Subpolare Landwirtschaft

Ein großes Verdienst der Sowjetzeit war es, das landwirtschaftliche Areal weiter nach Norden vorgeschoben zu haben. Das lag auch im ureigenen Interesse, um die im hohen Norden entstehenden neuen Industriezentren wie Norilsk wenigstens teilweise mit Frischkost aus der Region zu versorgen. Um die Züchtung geeigneter Pflanzensorten zu koordinieren, wurde 1937 in Leningrad das Staatsinstitut für subpolaren Landbau gegründet. Fand sich die Ackerbaugrenze bis zum Ersten Weltkrieg am Jenissei bei etwa 62° nördlicher Breite (Worogowo), wanderte sie danach bis auf 70°, ja stellenweise sogar 72° nördlicher Breite (Chatanga). Schnellwüchsige und frostresistente Getreidesorten, welche die langen Tage im Sommer nutzten, gediehen noch unter dem Polarkreis, weiter nördlich allerdings nur Kartoffeln, Gurken und Kohl.[79] Der Staat errichtete auch vor Ort landwirtschaftliche Forschungs- und Versuchsstationen für subarktischen Gemüsebau wie etwa in Kureika. In der keimarmen Luft des hohen Nordens züchtete man unter anderem virusfreie Kartoffeln, deren Samen dann in das europäische Russland versandt wurden, um die Resistenz der dortigen Kartoffelsorten gegen Schädlinge zu stärken. Als ich 1993 Kureika besuchte, hatte der Staat jedoch seine Subventionszahlungen eingestellt, weil ihm nach dem Zusammenbruch des Sowjetsystems das Geld ausgegangen war. Die Gewächshäuser standen leer, von ihrem Gestänge hingen nur noch zerfetzte Plastikbahnen herunter. *Eine jüngere Agronomin ist noch geblieben und bebaut einen Teil des früheren Versuchsareals auf eigene Rechnung mit Kartoffeln, Gurken und Kohl. Aber während der drei letzten Nächte um die Monatswende August/September hat bereits leichter Nachtfrost zugeschlagen, daher sind die Blätter der Kartoffelstauden an den Rändern braun verfärbt. Ihre letzte Gurkenernte bietet die Frau uns zum Geschenk an. «Nehmen Sie! Garantiert ökologisch!»*[80]

Ein Kolchos am Jenissei (1954)
Karl Steiner, der als politischer Verbannter im Sägewerk von Maklakowo bei Jenisseisk Arbeit gefunden hatte, wurde 1954 zweimal unfreiwillig auch zu Landarbeit abgeordnet. Im Juni und dann noch einmal im August schloss sein Betrieb für zwei Wochen die Tore, damit die Belegschaft dem Kolchos «Weg zum Sozialismus» auf der gegenüberliegenden Seite des Jenissei bei der Heu- und dann bei der Getreideernte helfen konnte. Diese beiden Arbeitsaufenthalte erlaubten Steiner einen gründlichen Einblick in die wirtschaftliche Situation dieser landwirtschaftlichen Genossenschaft und den Alltag ihrer Mitglieder.

In wirtschaftlicher Hinsicht lief es schlecht. Im Winter 1953/54 waren die meisten Schafe und achtzehn der fünfundvierzig Kühe verhungert, weil die Heuvorräte nicht reichten. Die Heuschläge lagen auf einer Insel im Strom, und man konnte das in großen Schobern zusammengetragene Heu nur im Winter auf Schlitten zum Dorf schaffen, wenn der Jenissei zugefroren war. Vom Weizen hatte man im Sommer 1953 nur die Hälfte einbringen können. Der Grund: Es fehlten Arbeitskräfte. Der Kolchos blutete aus, weil die jungen Leute entweder in die Stadt abwanderten oder nach Maklakowo pendelten, wo sie in der Holzindustrie erheblich mehr verdienten. Der Landwirtschaft blieben die Alten und die jungen Immobilen, etwa die beiden halbdebilen Töchter von Steiners Gastfamilie, die nach getaner Arbeit nur die Stiefel auszogen und mit allen Kleidern ins Bett schlüpften. Dass die Produktivität des Kolchos so niedrig war, spiegelte sich auch in der Entlöhnung der Genossenschafter: An Naturallohn gab es gar kein Getreide und pro Tagewerk nur ein weniges an Mais und vier Kilogramm Kartoffeln. Die Bauern lebten sehr ärmlich, viele Hausdächer wiesen Löcher auf. Obgleich die Kolchosniki auf die auswärtigen Hilfskräfte angewiesen waren, behandelten sie die Fremden unfreundlich, wohl weil sie ihnen deren «besseres» Leben missgönnten.[81]

Dass man die für den Staat wegen des Exports lukrative Holzindustrie Maklakowos während vier Wochen drosselte, um Arbeitskräfte für den Kolchos freizustellen, gehört zu den vielen Paradoxien sowjetischer Staatswirtschaft.

Ein Fischereikolchos (1950)
Hatten sich seit langem jedes Jahr mit Beginn der Flussschifffahrt Tausende von Familien aus dem Süden aufgemacht, um während der kurzen Sommersaison am Unterlauf und im Mündungsästuar des Jenissei für einen Großunternehmer oder auf eigene Rechnung zu fischen, schob die Sowjetregierung im Zuge ihrer Kollektivierungspolitik seit dem Ende der zwanziger Jahre diesen «Auswüchsen des Kapitalismus» einen Riegel vor. Fischereirechte erhielten nur noch genossenschaftliche Kollektive. Dies hatte für den Staat einen doppelten Vorteil: Einerseits sicherte er sich damit die Kontrolle über das Fischereiwesen, andererseits konnte er den Kollektiven Ablieferungsquoten aufzwingen. Um die Fischbestände der nordsibirischen Flüsse für die Kriegswirtschaft optimal zu nutzen, ordnete der Rat der Volkskommissare am 6. Januar 1942 an, mithilfe Zehntausender Zwangsverschickter – vor allem Wolgadeutscher – an den Unterläufen von Ob, Jenissei und Lena Fischereikolchosen anzulegen. Ein Zeitzeuge,

der Wolgadeutsche Leo Petri vom Fischereikolchos Ernst Thälmann in Ust-Chantaika, schätzt den jährlichen Fangertrag der am unteren Jenissei gelegenen und im «Staatlichen Taimyrfischtrust» zusammengeschlossenen Betriebe auf 6000–6500 Tonnen. Allerdings ging dieser nach mehreren Jahren immer stärker zurück, weil die hohen Herren in Moskau die Regenerationsfähigkeit der Fischpopulation in überfischten subarktischen Süßgewässern krass überschätzt hatten. Daher wurden 1948 etwa 2000 der «Zwangsfischer» nach Nordsachalin umgeschichtet.[82]

Im Juni 1942 landeten 750 Familien deportierter Wolgadeutscher an elf Uferstellen des Jenissei im Rayon Dudinka, um Fischereikolchosen aufzubauen.[83] Eine dieser Fischereikolchosen namens «Roter Dudinker» *(Krasnyj Dudinec)*, etwa zwölf Kilometer flussabwärts Dudinka auf dem Westufer des Jenissei gelegen, lernte Unto Parvilahti im Spätsommer 1950 näher kennen. Das Dorf bestand aus einer Ansammlung grauer Holzhütten am Rande der Tundra. Die meisten seiner Einwohner stellten deportierte Wolgadeutsche – etwa sechzig Familien, mehrheitlich Witwen und Waisenkinder. Nur der Vorsteher des Kolchos und der Sicherheitschef, ein Oberleutnant des MWD, sowie einige wenige Familien waren Russen. Ferner lebten mehrere Kalmückenfamilien im Dorf. Zum Kolchos zählte man aber auch einige Dutzend Rentiernomaden aus indigenen Völkerschaften, die in der Nähe ihre Herden weideten.

Wichtigste Existenzgrundlage des Kolchos bildete natürlich die Fischerei, obgleich weder Wolgadeutsche noch Kalmücken gelernte Fischer waren. Erschwerend kam hinzu, dass überwiegend Frauen und Halbwüchsige diese harte Arbeit verrichten mussten. Es galt, die etwa fünfhundert Meter langen Schleppnetze auf den Strom hinaus zu rudern und im Halbkreis ins Wasser hinabzulassen. Dann wurden die Enden der Leinen ans Ufer gebracht und von dort der Fang mit handbetriebenen Winden eingezogen. Parvilahti, als politisch Deportierter frisch in Dudinka eingetroffen, wurde vom Vorsteher auserkoren, um ein Dieselaggregat zusammenzubauen und in Betrieb zu nehmen, welches für die Winden und das ganze Dorf Strom produzieren sollte. Dabei war er gar kein Elektriker oder Ingenieur, aber er begriff rasch, dass man in Russland und insbesondere als Deportierter improvisieren musste, um zu überleben.

Um nicht völlig von der saisonalen Lebensmittelzufuhr aus dem 2000 Kilometer entfernten Süden abhängig zu sein, versuchte die Wirtschaftsverwaltung in Dudinka die rasch wachsende Bevölkerung der Industrieregion Norilsk-Dudinka so weit wie möglich aus lokalen Erzeugnissen zu ernähren. Daher sollte die Tundra auch Milch abwerfen, und zu diesem Behuf wurden im «Roten Dudinker» vierzig Kühe eingestallt. Das Futter mussten die Gräser der Tundra liefern. Bei dieser extensiven, zugleich aber sehr arbeitsaufwändigen Methode blieb es, denn der Versuch, Futtergräser einzusäen, brachte keinen Erfolg, weil die Vegetationsperiode viel zu kurz war. Auch der Anbau von Kartoffeln zeitigte höchst bescheidene Erfolge – sie blieben winzig. Zudem hatte im Sommer 1950 ein Sturm die Kartoffelfelder halbmeterhoch mit Sand überschüttet, so dass man auf eine Ernte verzichten musste. Ein Sowchos in der Umgebung Dudinkas musste mit dem Anbau von Kohl experimentieren, aber auch die Kohlköpfe erreichten bestenfalls Faustgröße. So blieb es bei der Abhängigkeit der Region von den sommerlichen Lebensmitteltransporten aus Krasnojarsk.

Das größte Problem für den Fischereikolchos bildeten aber die Ablieferungsquoten, deren «Normen» Jahr für Jahr erhöht wurden. Die Erträge der Fangsaison des Jahres 1950 erwiesen sich als weit unterdurchschnittlich. Der Kolchos durfte selber keine Fische verkaufen oder einen Teil für die eigene Ernährung verwenden, bevor das Soll nicht erfüllt war. Wenn die Fischer nach Schichtende die Boote verließen, wurden sie vom Vorsteher und dem Sicherheitsoffizier genauestens gefilzt. Wer es gewagt hatte, ein paar Fische für seine Familie abzuzweigen, riskierte zwei Jahre Zwangsarbeit. Daher schlangen viele Arbeiter noch auf den Booten rohen Fisch hinunter. Dass aus Dudinka einige Aktivisten anreisten, um die Kolchosniki durch Propaganda zu besseren Arbeitsleistungen anzustacheln, interessierte die Fische nicht; die Fangquoten ließen sich dadurch nicht steigern. Auch die Milcherträge vermochten das Defizit nicht zu decken. Wenn man nicht per Zufall in der Nähe einen gestrandeten Wal entdeckt hätte, dessen Tran man nach langen Verhandlungen mit der Wirtschaftsverwaltung und einer telegraphischen Rückfrage beim zuständigen Ministerium auf die Norm anrechnen durfte, hätte der Kolchos Strafpunkte eingefangen.

Er blieb auch im folgenden Jahr vom Pech verfolgt. Im Frühjahr 1951 verloren die dem «Roten Dudinker» zugeschriebenen Rentiernomaden nämlich ihre Herde. Als die Hirten nach einem ausgiebigen Wodkagelage in ihren Zelten den Rausch ausschliefen, nutzten ihre Tiere die Gelegenheit, um sich einer vorbeiziehenden Gruppe wilder Rens anzuschließen. Natürlich wurden die Hirten für den Verlust «sozialistischen Eigentums» vor Gericht gestellt.

Das Leben im Fischereikolchos war hart. Während dreier Wintermonate sah man die Sonne nie. Schneestürme tobten über die Häuser hinweg. Der kurze Sommer entließ Myriaden von Mücken aus den Tundrasümpfen, so dass man sich ohne Mückenschutz im Freien kaum bewegen konnte. Äußerst kärglich sah die Entlöhnung aus. Und was konnte man sich davon im Dorfladen kaufen? Mehl für das Schwarzbrot, das man selber buk, Kohl, Obst- und Fischkonserven (!) sowie sechsundneunzigprozentigen Alkohol. Butter, Eier und Zucker waren sehr teuer; vor hohen Staatsfeiertagen kam auch Weizenmehl herein. Die Mitglieder des Kolchos hatten aber das seltene Glück, dass sie aus ihrer Milchwirtschaft auch Milch und gewisse Molkereiprodukte beziehen konnten.[84]

## Die Waldwirtschaft

«Die Wälder Sibiriens: vom Wildwuchs zur Ordnung» *(ot vol'nicy k porjadku)*, so lautet eine Kapitelüberschrift in einem Buch über die Wälder des Krasnojarsker Krai.[85] Dieser Titel signalisiert lediglich ein Ziel, denn forstwirtschaftlich vollständig erfasst ist die Taiga des Jenisseibeckens bis heute nicht. Als die neu installierte sowjetische Forstverwaltung 1925 einen ersten Versuch unternahm, die Waldbestände zu taxieren, schätzte sie die Waldfläche auf 1,28 Millionen Quadratkilometer – 56 Prozent der Gesamtfläche des Krai. Von dieser Waldfläche waren jedoch nur ein Prozent regulär bewirtschaftet und 9 Prozent genauer erfasst. Unter Einschluss Chakassiens betrug die gesamte Waldfläche 1,448 Millionen Quadratkilometer, mit einer auf 14,5 Milliarden Festmeter geschätzten Holzmasse.[86] In der Folgezeit ging es daher zunächst einmal darum, den gesamten Waldbestand zu vermessen und zu klassifizieren. Diesem Ziel kam man jedoch erst nach dem Zweiten Weltkrieg näher, als man in großem Maßstab von Flugzeugen und dann auch Helikoptern aus die Luftfotografie zu nutzen vermochte. Heute weiß man daher, dass auf 48 Prozent der Waldfläche die Sibirische Lärche vorherrscht, gefolgt von der Kiefer in den zentralen Teilen des Krai und danach von der Sibirischen Zeder oder Zirbelkiefer. Laubhölzer stocken nur auf 17 Prozent der Waldfläche – meist Birken und auf nicht einmal zwei Prozent Espen.[87]

Holz genoss in den staatlichen Wirtschaftsplänen einen hohen Stellenwert, sowohl für die inländische Nachfrage als auch für den Export. Daher wurden sämtliche Wälder zum Staatseigentum erklärt mit Ausnahme derjenigen siedlungsnahen Reviere, die von Kolchosen und Sowchosen bewirtschaftet wurden. Der Staatswald wurde in riesige Forst- oder Waldbewirtschaftungsbezirke *(leschozy)* unterteilt, die wiederum in eine Reihe von Forstrevieren *(lesničestva)* zerfielen. 1965 gab es 43 Forstbezirke mit 196 Forstrevieren.[88] Wenn man die Anzahl der Forstreviere auf den Durchschnitt der gesamten Waldfläche umrechnet, sieht man sofort, dass an eine reguläre Bewirtschaftung im mitteleuropäischen Sinne nicht zu denken war. Die eigentliche Forstarbeit konzentrierte sich daher auf die flussnahen Regionen, weil der Jenissei und seine Nebenflüsse sich für den Abtransport des Stammholzes am besten eignen (Abb. 9, 72.1). Dies war natürlich nur während der kurzen Sommersaison möglich. Dann schwammen zu riesigen Lindwürmern zusammengekoppelte Flöße stromabwärts – vorne gezogen von einem Schleppschiff, hinten gesteuert von einem quer gestellten Prahm aus (Abb. 72.2). Doch schon zu Beginn der achtziger Jahre waren die Waldbestände längs der Hauptverkehrsachsen teilweise erschöpft.[89]

Holzeinschlag erfordert intensive Handarbeit. Während der Stalinzeit kamen dafür vor allem deportierte «Spezialsiedler», Sträflinge aus dem Gulag und seit 1942 Kriegsgefangene zum Einsatz. Als diese Arbeitskräfte wegfielen, setzte man auf Maschinen. Doch trotz Raupen- und Rädertraktoren sowie Lastwagen kann von einer intensiven Waldbewirtschaftung nicht die Rede sein, da es kaum Waldstraßen gibt. Für die Holzabfuhr zum nächstgelegenen Fluss müssen daher Knüppeldämme oder Bohlenpisten gebaut werden (Abb. 73). An der Extensität der Bewirtschaftung änderte dies jedoch nichts, denn ein Viertel bis ein Drittel des geschlagenen Holzes blieb liegen und verrottete. Dies war auch eine Folge der hohen Planvorgaben, die den Wald ausschließlich als Ausbeutungsobjekt betrachteten und damit in Kauf nahmen, dass letztlich Raubbau betrieben wurde. Trotzdem konnten die Vorgaben etwa des Siebenjahrplans von 1959 bis 1965 nicht erfüllt werden. Im Forstbezirk Bogutschany, der mit 49 000 Quadratkilometern das Einzugsgebiet der unteren Angara umfasst, wurden auf dem Höhepunkt der Abholzungskampagnen im Jahre 1989 von 10,3 Millionen theoretisch verfügbaren Festmetern Holz nur knapp 7 Millionen geschlagen. Bis zum Anfang des 21. Jahrhunderts sanken die Erträge auf ganze 3–3,5 Millionen Festmeter ab – nicht einmal ein Drittel der möglichen Holzernte. Auch wenn in den Forstbezirken mehr und mehr Baumschulen entstanden, deren Setzlinge der Wiederaufforstung dienen sollten, vermochte ihr Ausstoß mit dem Bedarf immer weniger Schritt zu halten. Hinzu kommt, dass die Setzlinge meist von Hand ausgepflanzt werden müssen, denn sogar auf ebenen Flächen lässt sich dies nur bei 10–15 Prozent maschinell bewerkstelligen. Daher gelang es selbst auf dem Höhepunkt der Waldsanierung im Jahre 1985 nur 442 Quadratkilometer aufzuforsten. Wie groß das Missverhältnis zwischen Abholzung und Wiederaufforstung mit Setzlingen ist, veranschaulicht die Bilanz des größten Holzverwertungskonzerns *Enisejles* (Jenisseiwald) für das Wirtschaftsjahr 1991: Abgeholzt wurden 84 400 Hektar Wald, wiederaufgeforstet ganze 830 Hektar. Vor allem die entlegeneren Kahlschläge bleiben sich selber überlassen. Doch angesichts der relativ kurzen Vegetationsperiode regeneriert sich der nordsibirische Wald zehnmal langsamer als in den gemäßigten Breiten. Daher begnügen sich die Forstverwaltungen eher damit, die natürliche Wiederbewaldung mit pflegerischen Maßnahmen zu unterstützen. Von 1975 bis 1995 kam aber auch diese Strategie nicht mehr als 6000 Quadratkilometern Jungwald zugute.

Verheerend wirken sich Waldbrände aus, die überwiegend durch menschliche Nachlässigkeit und in geringerem Maße durch Blitzschläge ausgelöst werden. 1957 und 1962 brannten beispielsweise je über 2000 Quadratkilometer ab. Im Jahre 1999 registrierte die Luftüberwachung 1195 Waldbrände, die ein Gesamtgebiet von 676 Quadratkilometern erfassten – das dürfte in etwa dem jährlichen Durchschnitt entsprechen. Früher gab es kaum Möglichkeiten, Brände in entlegenen Gebieten zu löschen. Seit den sechziger und siebziger Jahren stehen auf den wichtigsten Forstbasen Flugzeuge und orangerot gestrichene Feuerwehrhelikopter bereit, die Feuerwehrmänner an lenkbaren Gleitschirmen über Brandherden absetzen oder Löschtrupps auf den Boden bringen. Wo Wasser in der Nähe ist, setzt man auch Löschflugzeuge ein.[90]

Der Zusammenbruch des Sowjetsystems hatte für den Wald und die Waldwirtschaft verheerende Folgen. Zum einen deshalb, weil zumindest in den neunziger Jahren die staatlichen Subventionen für das Forstwesen massiv schrumpften und sich dies auf Baumschulen, Aufforstungen und die Fortführung des Waldkatasters negativ auswirkte. Zum anderen, weil die Nachfrage nach Holz wegen der chaotischen wirtschaftlichen Entwicklung Russlands zurückging und das reale Einschlagvolumen auf rund ein Drittel schrumpfte. Zum dritten schließlich, weil der Staat zum einfachsten Mittel griff, um schnell zu Geld zu kommen, ohne in die Forstverwaltung viel investieren zu müssen – durch öffentliche Versteigerung von Waldlosen an private Kleinunternehmer oder an große Holzkonzerne.[91] Was das bedeutete, kann man sich ausmalen: Die Begünstigten hatten nur ein Interesse – mit einem Minimum an Aufwand ein Maximum an Ertrag zu generieren. Die Wiederbewaldung zu erleichtern oder gar Waldpflege interessierten nicht. Unbeschreibliche Waldverwüstungen waren die Folge.

## Die Anfänge der Industrialisierung des Krasnojarsker Krai

Bis zum Ende der Zarenzeit blieb das G. Jenissei kaum industrialisiert. 1913 arbeiteten ganze 13 000 Personen im industriellen Sektor – weitgehend in Klein- und Mittelbetrieben. Daran änderte sich auch während der NEP nichts, denn sowohl Privaten als auch dem Staat fehlte das erforderliche Geld. Selbst die ersten beiden Fünfjahrpläne (1929–1937) beließen Ostsibirien im Windschatten Westsibiriens. Dem Krai bescherten sie neben dem Ausbau bereits bestehender Betriebe wie der Schuh- und der Porzellan- und Fayencenfabrik sowie des Maschinenbaus in Krasnojarsk die Gründung einiger weniger neuer von nur regionaler Bedeutung. In Kansk etwa wurden Lederfabrik und Mühlenwerke erweitert, und es entstanden ein Fleischkombinat, ein Sägewerk, eine Likördestillerie, je eine Kondensmilch-, Brot-, Konditoreiwaren-, Trikotagenfabrik sowie eine Bierbrauerei.[92] 1930/31 begann man damit, die Asbestvorkommen in Chakassien auszubeuten. Noch 1937 lag der Krasnojarsker Krai von allen sieben Regionen Sibiriens dem Bruttoproduktionswert nach bei Maschinenbau und Metallverarbeitung sowie bei der Textilindustrie abgeschlagen auf Rang fünf, bei der Lebensmittelindustrie auf Rang vier und lediglich bei der Holzindustrie nach Nowosibirsk auf Rang zwei. Insgesamt erreichte der Krai mit großem Abstand hinter Nowosibirsk und knapp vor Irkutsk Rang zwei.[93] Handarbeit wurde nur schleppend durch Maschinen ersetzt. In der Holzindustrie bedienten 1939 nur drei Prozent der Arbeitskräfte Maschinen, und selbst 1959 waren es erst 30 Prozent. In allen Industriezweigen lag der Anteil mit 31 Prozent aber auch nicht höher.[94] Die Anzahl der Industriearbeiter stieg nur langsam von 20 600 im Wirtschaftsjahr 1927/28 auf 72 800 im Jahre 1937.[95]

Während des Krieges profitierte der Krasnojarsker Krai von neuen Impulsen durch die Verlagerung vieler Industriebetriebe aus dem europäischen Russland nach Sibirien. Dies betraf vor allem Maschinenbau und Metallverarbeitung sowie die Herstellung von Uniformtuchen.[96] Bei den Planungen für die industrielle Entwicklung nach dem Krieg genoss bis zur Mitte der fünfziger Jahre die Region Irkutsk Vorrang. Dort ging es um den Aufbau einer Kaskade von Stau- und hydroelektrischen Kraftwerken längs der Angara. Am Krasnojarsker Krai interessierte den Gosplan bis dahin primär das Kohlenrevier von Kansk-Atschinsk. Dessen Vorzug lag zum einen in der relativ dichten Besiedelung, das heißt dem Arbeitskräftepotential vor Ort, zum anderen in der Möglichkeit des offenen Tagebaus; dies erforderte nur die Hälfte der Förderkosten des Tagebaus im Kusbass und Tscherembass und nur ein Viertel der Kosten beim Schachtabbau im Kusbass.[97]

Allerdings zeigten sich aller ideologisch bedingten Aufbaueuphorie zum Trotz bei den Industrieprojekten erhebliche Mängel, als sie im Zuge der politischen Tauwetterphase unter Chruschtschow 1955 kritisch durchleuchtet wurden: Registriert wurden mangelnde Arbeitsdisziplin und Schlendrian; ungenügende Einführung und Schulung neuer Technologien; die maschinellen Nutzungsmöglichkeiten würden nicht ausgeschöpft, ebenso wenig wie die Steigerung der Effizienz durch eine bessere Arbeitsorganisation; zu viel Ausschuss und ungenügende Qualität der Produkte wurden beanstandet und dass die Werkzeugindustrie weiterhin veraltete Maschinen ausliefere; schließlich mischten sich die Parteiorgane zu viel in rein innerbetriebliche Angelegenheiten ein, von denen sie nichts verstünden.[98]

### Inseln der Industrialisierung – der erste Gigant: Norilsk

Gesamtwirtschaftlich war das alles von lediglich regionaler Bedeutung. Erst als der Entschluss fiel, die Mineralvorkommen von Norilsk in großem Maßstab zu erschließen, entstand im Krai das erste Industrierevier von nationaler, ja internationaler Bedeutung.

### Die Anfänge

Ernstlich stellte sich die Frage nach der Nutzung der Kohlevorkommen um Norilsk, als während des russischen Bürgerkrieges Sibirien zum Rückgrat der antibolschewistischen Streitkräfte wurde und die Alliierten Koltschak mit Kriegsmaterial zu beliefern begannen. Diese Gelegenheit benutzte der uns schon bekannte Aleksandr Aleksandrowitsch Sotnikow aus der gleichnamigen Turuchansker Unternehmerfamilie, um die Ergebnisse eigener Feldforschungen an die Öffentlichkeit zu bringen. Schon sein Großvater hatte versucht, die Kohle- und Erzvorkommen von Norilsk zu erschließen, und dort das erste Kupfer erschmolzen. Während des Studiums am Technologischen Institut in Tomsk (seit 1911) hatte Aleksandr als Studienkollegen Nikolai Nikolajewitsch Urwanzew (1893–1985) kennengelernt. Beide bereisten 1915 den Taimyr und sammelten Erzproben. 1918 erhielt Urwanzew sein Diplom als Bergbauingenieur und wurde zum Adjunktgeologen beim Sibirischen Geologischen Komitee ernannt. Sotnikow, inzwischen Ataman des Jenissei-Kosakenheeres und 1919 zum Leiter der Hydrographischen Abteilung im Marineministerium der Regierung Koltschak ernannt, erwirkte in dieser Funktion, dass im Sommer 1919 eine Forschungsexpedition unter Leitung Urwanzews auf die Taimyrhalbinsel entsandt werden sollte, um geeignete Kohleclaims für die Schiffe der Entente abzustecken. Zur Unterstützung des Projekts publizierte er Ende März 1919 die Broschüre «Zur Frage der Ausbeutung der Norilsker (Dudinsker) Lagerstätten von Steinkohle und Kupfererzen in Verbindung mit der praktischen Verwirklichung und Entwicklung des Nördlichen Seeweges». Zugleich skizzierte er das Projekt einer Bahnverbindung von den Norilsker Lagerstätten zur Mündung des Jenissei.[99] Diese Expedition scheint aber wegen der angespannten Kriegssituation nie zustande gekommen zu sein. Beide Initianten gerieten Anfang 1920 in die Fänge der Tscheka. Sotnikow wurde bald darauf als «Konterrevolutionär» erschossen – geradezu sinnwidrig, wenn man bedenkt, dass er der eigentliche Initiator des späteren Norilsker Industrierevieres war. Urwanzew hatte mehr Glück. Das nunmehr den Sowjetbehörden unterstellte Sibirische Geologische Komitee forderte ihn als Spezialisten an, um die unter Koltschak geplante Taimyr-Expedition nun doch durchzuführen. Die Expedition kam 1920/21 zustande. Schon 1920 wurde ein erster Probestollen an der Schmidticha abgeteuft, um die Ergiebigkeit der Kohleflöze zu sondieren. 1921 gelang es auch, Kupfer-/Zinkerze mit hohem Platingehalt zu erschließen.[100] 1923/24 baute Urwanzew die ersten 1000 Pud Nickel-/Kupfererze ab, transportierte sie mit Rentieren nach Dudinka und von dort nach Leningrad zur genaueren Untersuchung. Daraufhin erfolgten ab 1926 weitere Schürfungen. Zu dieser Zeit arbeiteten bereits 150 Personen in Norilsk.[101]

### In der Verantwortung des NKWD

Als die erforderlichen geologischen und mineralogischen Abklärungen abgeschlossen waren, verabschiedete der Rat der Volkskommissare im Verein mit dem ZK der Partei am 23. Juni 1935 ein Dekret über den Bau des Industriekombinats Norilsk. Dieses sollte den Abbau von Kohle mit dem anderer Bodenschätze und ihrer Verarbeitung kombinieren, setzte also auf die Verhüttung der Erze vor Ort. Die Norilsker Lagerstätten an Kupferkies, aus dem in technisch aufwändigen Prozessen neben Kupfer und Kobalt auch Nickel erschmolzen werden konnte, hatten an Reichhaltigkeit nicht ihresgleichen. Primär ging es dabei um die Gewinnung von Nickel, da die Sowjetunion bis dahin den Bedarf durch Importe decken musste.[102] Kobalt und insbesondere Nickel dienten vor allem der Stahlveredelung und spielten angesichts der wachsenden Bedrohung durch Hitlerdeutschland für die Aufrüstung der Sowjetarmee eine wichtige Rolle. Aufbau und Leitung des Kombinats wurden dem NKWD übertragen, da nur er mit seinem Heer von Gulag-Insassen über die benötigten Arbeitskräfte verfügte und die knapp bemessene Zeit bis zur Inbetriebnahme im Jahre 1938 einzuhalten versprach. So entstand 1936 als Teil des GULAG Norillag, der Lagerkomplex von Norilsk.

Der Aufbau ging in rasantem Tempo und unter schier unvorstellbaren Lebens- und Arbeitsbedingungen vonstatten. Außer an Sklavenarbeitern fehlte es an allem. Im Winter lieferte die Tundra nur dürftiges Brennholz für die Kanonenöfen. Auch Bauholz war kaum verfügbar. Als erstes stellten sich daher zwei zentrale Aufgaben: Zum einen musste die rasch wachsende Zahl der Zwangsarbeiter beköstigt und untergebracht werden (nach Ende der Navigationsperiode 1936 waren es ihrer bereits 9139), zum anderen galt es Baumaterial und Ausrüstungsgüter nach Norilsk zu transportieren. Die ersten Monate musste man in Zelten leben, dann in Bretterverschlägen. Transportmittel waren Pferde. Lebensmittel wurden vom Flugzeug mit Fallschirmen abgeworfen. Für den Winter wurden Traktoren angelandet, die bis zu 40 zusammengekoppelte Schlitten hinter sich herschleppten («Tundra-Express») und für den Weg Dudinka–Norilsk bis zu zwei Wochen benötigten.

Daher brauchte man Transportmittel, welche Massengüter effizienter heranzuschaffen vermochten. Dies konnten nur der Wasser- und der Schienenweg sein. Der Wasserweg schien vielversprechender, um Holz, Ausrüstungsgüter, Lokomotiven und Maschinen per Schiff von Krasnojarsk aus möglichst nahe an Norilsk heran zu transportieren, und zwar über den Jenissei, dann 500 km weit durch die Karasee um die Dickson-Insel herum, anschließend 900 km die Pjassina aufwärts und durch den Pjassinasee und über die Norilka bis zum 8 km von Norilsk entfernten Flüsschen Waljok. Diese Verbindung wurde aber beeinträchtigt durch die außerordentlich kurze Navigationsperiode und die Seichtheit der Gewässer. Bis Januar 1936 gelang es, eine 14 km lange Schmalspurbahn von Norilsk zum Flusshafen Waljok fertigzustellen. Als man im Juli 1935 den Wasserweg erstmals testen wollte, kamen die Schleppzüge bis Waljok durch. Im folgenden Jahr startete das Unternehmen wegen der langen Umladedauer von den See- auf die Flussschiffe vor Dickson jedoch so spät, dass die Pjassina im Spätsommer bereits ihren niedrigsten Wasserstand erreicht hatte. Daher liefen die meisten der völlig überladenen 35 bis 40 Schleppkähne auf Grund und froren infolge des früh einsetzenden Frosts fest. Erst im Januar 1938 gelang es, sie zu entladen und die Güter mit Pferdeschlitten und Traktorenbespannung über das Eis nach Waljok zu schaffen.

So schnell wie möglich galt es daher, Norilsk über eine weitere Bahnlinie mit dem Jenissei zu verbinden. Die beiden Schmalspurlinien Norilsk–Waljok und Dudinka–Norilsk, von denen die Überlebensfähigkeit des entstehenden Industriegiganten abhing, waren zwar schnell fertiggestellt, doch alle anderen Planvorgaben vermochte man nicht einzuhalten, weil Unterernährung, Krankheiten und Tod die Zwangsarbeiter dezimierten und ihre Arbeitsleistungen minderten, aber auch weil das notwendige Material entweder gar nicht oder viel zu spät eintraf. Daher standen nicht nur die Häftlinge, sondern auch der verantwortliche oberste Chef unter einem enormen Druck von oben. Der erste, Singer, wurde bereits 1935 abgesetzt und 1936 erschossen. Der zweite, Matwejow, versuchte zwar durch eine Mischung aus finanziellen Anreizen, Verlängerung der Arbeitszeit und drakonischen Strafen gegen «Bummelei» und «Sabotage» die Effizienz zu steigern, doch vergeblich. Daher wurde auch er 1938 abgelöst, ein Jahr lang vom NKWD beobachtet, dann verhaftet und zum Sündenbock gestempelt. 1939 kassierte er wegen «konterrevolutionärer Tätigkeit» und «Schädlingsarbeit» 15 Jahre Lager, die er nicht überlebte.[103] Welche Bedeutung der Staat dem Projekt Norilsk beimaß, offenbart die Karriere des dritten, außerordentlich energischen und weitsichtigen Kombinatsdirektors Awraami Sawenjagin, eines Bergbauingenieurs, der nach drei Norilsker Jahren 1941 zu einem der Stellvertreter des Volkskommissars für innere Angelegenheiten, Lawrenti Berija, aufstieg.[104]

Zwar nicht – wie vorgegeben – 1938, aber doch 1940 begannen in Norilsk die Schlote zu rauchen, wurde in Dudinka erstmals Nickel verladen.[105]

Nach dem Eintritt der Sowjetunion in den Zweiten Weltkrieg evakuierte man im Sommer 1941 das seit 1938 auf der Halbinsel Kola arbeitende Kombinat Seweronickel über See nach Norilsk. Zahlreiche Frachter hatten die gesamte demontierte Industrieausrüstung und 4000 Menschen zu transportieren. Dadurch kam in Norilsk im Laufe des Krieges die Produktion von Nickel durch Elektrolyse immer mehr in Schwung. Doch eine nennenswerte Nickelproduktion setzte erst 1943 ein. Im Jahre 1954 lieferte das Norilsker Kombinat fast 16 000 von unionsweit gut 51 000 Tonnen, ferner mehr als ein Viertel des sowjetischen Kobalt, über 70 Prozent des sowjetischen Rohkupfers und nahezu 97 Prozent der sowjetischen Platinoide.[106] Dass die für 1938 anvisierte Quote von 10 000 Tonnen Nickel erst 1945 annähernd erreicht wurde, lag einerseits daran, dass man die generellen Schwierigkeiten beim Aufbau eines so ambitionierten Industrieprojekts in der subpolaren Tundra unterschätzt hatte, anderseits an einer planerischen Kursänderung im Jahre 1938, die einen Vollausbau der Nickelproduktion anstatt einer Beschränkung auf eine Zwischenstufe der Nickelgewinnung (Feinstein) vorsah. Es hatte sich nämlich herausgestellt, dass die Steinkohle von Norilsk sich auch für die Verkokung eignete. Ferner erforderte dieser Kurswechsel die Mitarbeit zahlreicher ziviler Spezialisten, für die ebenfalls Wohn- und Lebensmöglichkeiten aus dem Boden gestampft werden mussten. Das Norilsk dieser Aufbaujahre charakterisierte ein Zeitgenosse als «Stadt aus kleinen Hütten und Werksgiganten».[107] Gigantisch waren in der Tat die 150 m hohen und an der Basis 20 m weiten Schornsteine des Großkraftwerks, die mit ihrem schwarzen Qualm bei ungünstigen Winden die ganze Stadt in feinen Kohlenstaub hüllten. Gigantisch war auch die – wenngleich lückenhafte – Ausdehnung des gesamten Kombinats, das schon in den frühen Nachkriegsjahren ein Areal von 30 mal 40 km überdeckte.[108]

Nach dem Krieg begann man zunehmend die Produktion zu diversifizieren: Die Kupferschmelze wurde ausgeweitet, seit Ende 1945 auch Kobalt erschmolzen, seit Anfang der fünfziger Jahre die Gewinnung von Platinoiden forciert. Damit begann sich auch das Kräfteverhältnis zwischen Zwangs- und freien Arbeitern zu verändern. Hatte 1936 die Relation noch 4552 zu 223 betragen, so lag es 1941 schon bei 16 532 zu 3734 (4,4:1) und 1949 bei 44 897 zu 20 930 (2,1:1).[109] Um das Kombinat für freie Arbeitskräfte attraktiv zu machen, bot man die Befreiung vom Kriegsdienst, eine Verdoppelung des Grundlohns als Polarzuschlag, eine halbjährige Lohnsteigerung um 10 Prozent und einen sechsmonatigen bezahlten Urlaub nebst Freifahrschein pro Dreijahresarbeitsvertrag. Von solchen Konditionen konnte man damals in der Sowjetunion nur träumen. Den Hauptteil der «freien» Lohnarbeiter stellten allerdings mehr und mehr ehemalige Häftlinge, deren Niederlassungsfreiheit beschränkt blieb und die großenteils zum Verbleib in Norilsk gezwungen wurden. Sie erhielten aber nicht die Vergünstigungen der auf dem Arbeitsmarkt angeworbenen «freien» Lohnarbeiter. Hinzu kamen Zwangsangesiedelte aus den Reihen ehemaliger Sowjetarmisten, die aus deutscher Kriegsgefangenschaft zurückkehrten. Allein 1945 waren dies 10 000. 1950 arbeiteten im Kombinat 25 000 zivile Beschäftigte, davon waren 15 000 ehemalige Sträflinge, 3997 Spezialsiedler und 1000 Verbannte. Das heißt, 80 Prozent aller Zivilbeschäftigten hatten den staatlichen Straf- und Repressionsapparat auf verschiedenste Art bereits durchlaufen und waren keine «echten» Freien.[110]

Als im Zuge der Entstalinisierung seit Mitte 1953 die Zahl der Zwangsarbeiter drastisch schrumpfte, bis im Herbst 1956 die letzten Lager aufgelöst wurden, stürzte dies das Kombinat in eine schwere Krise. Freie Arbeitskräfte – häufig wenig qualifiziert – mussten angeworben, Wohnraum für sie beschafft und die Produktion, um Lohnkosten zu sparen, zunehmend mechanisiert werden. Daher wurden 1954 die Planziele mehrheitlich um 10 bis 20 Prozent verfehlt. Erst im Herbst 1956 hatte die Produktion wieder Tritt gefasst.[111]

### Auf neuen Grundlagen

1956 ging das Norilsker Industriekombinat vom MWD an das Ministerium für Buntmetallurgie über. Noch einmal verschärfte sich nunmehr der Arbeitskräftemangel, denn die ehemaligen Sträflinge waren nun nicht mehr zum Verbleiben gezwungen. Man führte Werbeaktionen bei Armeeabsolventen und Komsomolzen durch, winkte mit hohen Löhnen und appellierte an die patriotische Gesinnung.

Als 1960 das Kombinat seinen 25. Geburtstag feierte, umfasste es
- sieben Kohlengruben mit einer Jahresausbeute von 2,3 Millionen Tonnen zur Energiegewinnung und Verkokung,
- drei Tagebaustätten und zwei Schächte zur Gewinnung von Buntmetallerzen,
- eine Anreicherungsanlage zur Gewinnung von Kupfer- und Nickelkonzentrat,
- je eine Kupfer-, Nickel- und Kobaltschmelze,

- ein Kohlegroßkraftwerk zur Versorgung von Industrie und Stadt mit Fernwärme und Elektrizität,
- mehrere Hüttenwerke sowie eine diversifizierte Industrie zur Erzeugung von Eisen, Stählen und deren Verarbeitung,
- eine werkseigene Bauindustrie zur Herstellung von Beton, Zement und Ziegelsteinen,
- ferner die Bahnlinie Dudinka–Norilsk als nördlichste Eisenbahn der Welt mit Abzweigungen zu den einzelnen Industrieanlagen und entsprechendem Lok- und Wagenpark (E-Loks und Dieselloks),
- schließlich 700 schwere Lastwagen.[112]

Zu Anfang der sechziger Jahre wurden bei Talnach, etwa 20 km nordwestlich Norilsk, weitere, jedoch tief liegende Lagerstätten von Nickel entdeckt, ferner Palladium- und Platinvorkommen. Neue Bergwerke entstanden. Der Erzüberschuss wurde aus der Rohverhüttung von Nickelerz zum Zwischenprodukt Nickelmatte oder Feinstein per Schiff auf die Halbinsel Kola verfrachtet und dort weiterverarbeitet; 1989 gingen die dortigen Kombinate an Norilsk Nickel über. Seit der Mitte der siebziger Jahre verfügte die Sowjetunion über so viel Nickel, dass sie den Überschuss in die Länder des RGW und ins westliche Ausland exportieren konnte.[113] Zu Beginn der achtziger Jahre steuerte der Industriekomplex Norilsk für die sowjetische Wirtschaft bei: fast zwei Drittel des Nickels (das entsprach 17 Prozent der Weltförderung und dem zweiten Platz nach Kanada), 95–98 Prozent des Platins, 90 Prozent des Kobalts, 10–12 Prozent des Kupfers und die überwiegende Ausbeute von Selen und Tellur.[114]

### In den Fängen von Oligarchen

Nach dem Zusammenbruch des Sowjetsystems musste in den Jahren des «Raubtierkapitalismus» ein industrielles Filetstück wie das Norilsker Kombinat unter der neu sich formierenden Wirtschaftselite Begehrlichkeiten wecken. Schon unter Gorbatschow war Norilsk Nickel aus der Zuständigkeit des Ministeriums für Metallurgie herausgelöst und betriebswirtschaftlich verselbständigt worden. Nach dem Ende der Planwirtschaft und einer chaotischen Übergangszeit wurde das Kombinat 1993 in eine AG umgewandelt und damit dem Zugriff wagemutiger Spekulanten ausgeliefert. Wladimir Potanin, der 1996/97 als Vizepremier geamtet hatte, und der Bankenspezialist Michail Prochorow kauften mit Hilfe ihrer Industrieholding Interross für ganze 170 Millionen Dollar das Kontrollpaket der Aktien, deren Taxwert in der Mitte der neunziger Jahre mehr als 2 Milliarden Dollar betrug und bis zum Jahre 2004 bereits auf 12,6 Milliarden Dollar stieg. In den Folgejahren veräußerten die beiden einen Teil ihrer Aktien, behielten aber etwas mehr als 50 Prozent. Anfang 2007 verkaufte Prochorow seine Aktien an Potanin, der seitdem den Konzern Norilsk Nickel alleine kontrolliert. Dieser ist heute der größte Palladium- und Platinproduzent der Welt und hält 18 Prozent des Weltmarktes für Nickel und 13 Prozent für Palladium.

Um die Produktivität zu steigern, wurden seit dem Ende der Sowjetunion beim Kombinat kontinuierlich Arbeitsplätze abgebaut. Seit Anfang der neunziger Jahre sank die Zahl der Beschäftigten von 160 000 auf 96 000, davon 48 733 in der Region Norilsk. Dadurch gelang es, die Produktivität von 27 000 USD pro Arbeitskraft (1999) auf 53 000 USD (2003) zu steigern. Im Vergleich zu kanadischen Bergbauunternehmungen mit Umsätzen zwischen 236 000 und 325 000 USD pro Arbeitskraft liegt man allerdings immer noch weit zurück, da die Arbeitskosten um ein Viertel höher sind. Zu Buche schlagen dabei höhere Löhne, um überhaupt Arbeiter anzulocken, sowie die Subventionen für Versorgung und Infrastruktur.

Um den Transport von Nickelmatte nach Murmansk und die Versorgung von Norilsk via See und Fluss sicherzustellen, gehört der Hafen von Dudinka zu 100 Prozent dem Kombinat, ferner ein eigener Erzterminal im Hafen von Murmansk. Hinzu kommt der Aufbau einer eigenen eisgängigen Transportflotte.[115]

Weil das Industriegebiet verkehrsmäßig isoliert, Bevölkerung und Siedlungen untrennbar mit dem Kombinat verschmolzen und auf Gedeih und Verderb von ihm als Monopolisten abhängig sind, betrachtet der Kulturgeograph Wladimir Kaganski das Kombinat als eine Kulturlandschaft eigenen Typs: Es sei «fast ein Staat im Staate». Für die Sowjetindustrie sei dies zwar typisch gewesen, aber nach der Wende singulär geblieben. Ja, es sei dies heute sogar in einem viel höheren Maße als zur Sowjetzeit, denn von der Privatisierung seien nicht nur die Industrieanlagen betroffen gewesen, sondern privatisiert worden sei die gesamte Region einschließlich aller vom Kombinat direkt oder indirekt abhängigen Menschen. Die Agglomeration Norilsk mitsamt ihrem durch Immissionen verseuchten Umland sei letztlich nichts anderes als eine «Kolonie» des Kombinats. Das Kombinat zahle keine Steuern, bezahle keine Schulden und respektiere keine Gesetze. Die Bevölkerung sehe sich als passives Objekt des allmächtigen Oligarchen, sage: «Verkauft haben sie uns», und warte darauf, «was sie mit uns wohl noch machen werden». Trotzdem blieben die Menschen und zeichneten sogar Aktien, um sich wenigstens einbilden zu können, formell über ihr Arbeitsleben mitzubestimmen.[116]

Außerhalb des Öl- und Gassektors hat sich Norilsk Nickel zum umsatzstärksten Privatunternehmen der Russländischen Föderation entwickelt. Im Jahre 2005 steuerte es fast ein Drittel zu den Einnahmen des Krasnojarsker Krai bei.[117]

### Inseln der Industrialisierung: die TPK

Mit dem Konzept des territorialen Produktionskomplexes (*territorial'no-proizvodstvennyj kompleks*, TPK) suchte die sowjetische Wirtschaftsplanung seit Mitte der fünfziger Jahre für die wirtschaftliche Entwicklung in Sibirien regionale Industriezentren aufzubauen, in denen sich Bevölkerungsschwerpunkte, günstige Verkehrslage, infrastrukturelle Erschließung, Nahrungsmittelproduktion, Energieträger und deren industrielle Nutzung verdichten ließen.[118] Dabei stand zunächst die Gewinnung von Elektroenergie durch große Flusskraftwerke im Zentrum.

Die ersten Pläne trugen noch die Handschrift des typisch sowjetischen Gigantismus. Da man die Hydroressourcen Mittel- und Ostsibiriens so hoch einschätzte wie diejenigen der USA, Kanadas, Frankreichs und Deutschlands zusammengenommen, spielte der Aufbau von Wasserkraftwerken als Basis der TPK eine zentrale Rolle. Die größte Effizienz schien ein Großprojekt zu versprechen, das einen Verbund von Angara und Jenissei vorsah, wobei man von einer Staffelung hintereinandergeschalteter Stauwerke ausging («Kaskadenprinzip»). Für die Angara sah man vier solcher Stauwerke bei Irkutsk, Bratsk, Ust-Ilimsk und Bogutschany vor. Der Jenissei sollte an sieben Stellen aufgestaut werden: am Oberlauf dreimal, am Mittellauf ebenfalls dreimal – und zwar bei Krasnojarsk, an der Mündung der Angara (Stau- und Grosskraftwerk Mittlerer Jenissei) und an der Mündung der Steinigen Tunguska bei Ossinowo, schließlich am Unterlauf bei Igarka. Um das Stauwerk Mittlerer Jenissei verwirklichen zu können, wollte man sogar den Mündungslauf der Angara nach Süden verlegen, weil im Bereich des Altlaufs abbauwürdige Polymetalle gefunden worden waren. Selbst ein Projekt für den Aufstau der Unteren Tunguska unweit der Mündung wurde ausgearbeitet; es sah eine 180 bis 185 m hohe Staumauer vor! Glücklicherweise scheiterten die meisten dieser Projekte an den unzureichenden finanziellen Mitteln und materiellen Möglichkeiten.[119] Ihren Schwerpunkt hatten diejenigen, die schließlich realisiert werden konnten, im von der Eisenbahn erschlossenen und verkehrsbegünstigten Süden Mittel- und Ostsibiriens.

### Die Angara-Kaskaden

Begonnen wurde mit dem Aufstau der Angara bei Irkutsk, etwa 60 km unterhalb ihres Ausflusses aus dem Baikalsee. Das Kraftwerk konnte seinen Betrieb schon Ende 1956 aufnehmen, doch die elektrische Leistung von 660 MW reichte eigentlich nur für die Stromversorgung der Agglomeration Irkutsk und ihrer Industrie. Ganz andere Dimensionen hatte aber wegen des größeren Gefälles der Stau der mittleren Angara bei Bratsk. Die über 124 m hohe Talsperre staute das Wasser auf 5478 Quadratkilometern – bis weit in die Täler der Nebenflüsse hinein. Mit 4500 MW war Bratsk von 1967 bis 1971 das leistungsfähigste Flusskraftwerk der Welt. Als nächste Kaskade nahm man 1963 unmittelbar stromabwärts unterhalb der Einmündung des Ilim in die Angara das Stauwerk von Ust-Ilimsk in Angriff, dessen Bauzeit angesichts einer Staumauer von 105 m Höhe und fast 1,5 km Breite jedoch siebzehn Jahre benötigte. Seit Ende der siebziger Jahre bildeten beide Kraftwerksknoten einen regionalen Verbund, dessen energetisches Potential zahlreiche neu angesiedelte Industriebetriebe aus stromfressenden Branchen speiste – Aluminiumhütten, Holzverarbeitungswerke, Zellulosefabriken und die Eisenhütte von Schelesnogorsk Ilimski, welche Erze der Umgebung verarbeitet.[120] Ein Blick auf die Karte zeigt die Dimensionen des Doppelstausees von Bratsk und Ust-Ilimsk: Seine Windungen und zahlreichen Verästelungen in die Täler der Nebenflüsse hinein nicht eingerechnet, erstreckt sich der See auf der Luftlinie von Süden nach Norden über 550 km. Mit seinem Stauvolumen von mehr als 228 Kubikkilometern übertrifft er den Bodensee um mehr als das Viereinhalbfache.

Die vierte Stufe der Angara-Kaskade reicht bereits in das Territorium des Krasnojarsker Krai hinein; die Staumauer kam 120 km flussaufwärts von Bogutschany bei Kodinsk zu liegen. Stackelberg würde sein geliebtes Bogutschansk heute wohl kaum wiedererkennen, denn der Bau des Stauwehrs hat die Einwohnerzahl des Dorfes auf über 11 000 anschwellen lassen. Die Bauzeit von Sperr- und Kraftwerk war selbst für sowjetische Verhältnisse rekordverdächtig – sie dauerte von 1974 bis 2012. Das hatte nicht zuletzt auch seinen Grund in den Dimensionen des Stauwehrs, das sich von Ufer zu Ufer über fast 2,7 km erstreckt und aus einer kombinierten Blockschüttung mit einer 96 m hohen Betonmauer in der Mitte besteht. Das erste Aggregat ging Ende 2012 ans Netz, ihre volle Leistung von 3000 MW sollte die Anlage 2014 erreichen, wenn auch der See sich gefüllt hat. Dieser überdeckt 1494 Quadratkilometer, davon 296 Quadratkilometer Kulturland. Mehr als 13 000 Menschen mussten weichen, 29 Dörfer verschwanden, darunter das Rayonzentrum Keschma. Nach dem Ende der Sowjetunion geriet das Projekt Bogutschany im In- und Ausland unter heftigen Beschuss. Seine Auslastung durch den Bau einer Aluminiumschmelze, die Stromversorgung des Holzverarbeitungszentrums von Lessosibirsk am Jenissei und einer Gasverflüssigungsanlage weit nördlich der Angara erscheint fraglich, seine ökologischen Folgen desaströs. Aus Kostengründen hat man nämlich darauf verzichtet, die Wälder und Torfmoore im Überflutungsgebiet zu roden, so dass damit zu rechnen ist, dass in Zukunft Faulgase die Wasserqualität von Stausee und Abfluss erheblich beeinträchtigen werden.[121]

### Die Jenissei-Kaskaden

Von den ursprünglich geplanten Stauwerken am Jenissei nahm man 1956 als Erstes die Talsperre bei Diwnogorsk, 30 km oberhalb Krasnojarsk in Angriff. Um die 124 m hohe und mehr als einen Kilometer weite Staumauer zu betonieren, brauchte man fünfzehn Jahre. Als das Kraftwerk 1971 seine volle Leistung von 6000 MW erreichte, löste es Bratsk als leistungsstärkstes Flusskraftwerk ab. Mehr als vier Fünftel der gewonnenen Elektrizität zapft die Krasnojarsker Aluminiumschmelze ab, in das öffentliche Netz fließt lediglich der bescheidene Rest.[122] Doch schon 1978 trat seine Nachfolge als leistungsstärkstes Flusskraftwerk Sajano-Schuschensk an, das den Oberlauf des Jenissei kurz nach seinem Durchbruch durch das Sajangebirge staut und wegen des starken Gefälles und einer Höhe der Staumauer von 242 m (!) 6400 MW zu produzieren vermag. Um aber die starken Schwankungen des Wasserspiegels, vor allem durch die Schneeschmelze im Gebirge, ausgleichen und stärker regulieren zu können, wurde anschließend noch zwischen beide Stauseen als Puffer das kleinere Flusskraftwerk bei Maina eingeschoben, das jedoch nur eine vergleichsweise bescheidene Leistung erbringt.

### Die Talsperren an den Nebenflüssen des unteren Jenissei

Dass man nördlich des Polarkreises unter den dort herrschenden klimatischen und landschaftlichen Bedingungen an den Bau von Flusskraftwerken überhaupt dachte, hängt mit dem Industrierevier von Norilsk zusammen. Die Leistung des dortigen Wärmekraftwerks, das mit lokaler Kohle gefüttert wurde, hielt mit der industriellen Entwicklung, insbesondere dem immensen Strombedarf der Schmelzhütten, immer weniger Schritt. Daher begann man 1963 damit, die nahe gelegene Chantaika aufzustauen. Das Kraftwerk von Swetlogorsk, das 1972 in Betrieb ging, erbrachte zwar eine Leistung von 441 MW, aber es war absehbar, dass auch dies auf die Dauer nicht genügen würde, um neben Norilsk auch die Umschlaghäfen von Dudinka und Igarka mit Strom zu beliefern. Da bot sich die Nutzung der Kureika an. Der Bau des Stauwehrs dauerte allerdings – auch wegen der politischen Verwerfungen – von 1975 bis 2002, doch die Elektrostation, die 1994 ans Netz ging, kam auf eine Leistung von 600 MW.

Pläne, ähnlich wie Maina am Jenissei, ein kleineres Flusskraftwerk zur Regulierung des Wasserspiegels demjenigen von Kureika vorzuschalten (Nischne Kureika), liegen in den Schubladen; ob sie jedoch verwirklicht werden, hängt von der weiteren wirtschaftlichen Entwicklung und den finanziellen Möglichkeiten des Staates ab.

### Energieverbünde und industrielle Agglomerationen

Mit der Stromproduktion der Flusskraftwerke wurden energieintensive Industriebranchen gespeist, die sich in ihrer Umgebung ansiedelten und im Verbund mit ihnen und den rasch wachsenden städtischen Zentren jeweils einen TPK bildeten.[123] Von den TPK Norilsk und Bratsk/Ust-Ilimsk mit ihren industriellen Agglomerationen war bereits die Rede, ebenso vom TPK, der sich um das Kraftwerk Bogutschany zu bilden beginnt.

Dieser TPK schließt auch das Holzverarbeitungszentrum Lessosibirsk mit ein – das ehemalige Maklakowo am Jenissei, etwa 40 km stromaufwärts Jenisseisk. Dort hatte das von Jonas Lied 1915 gegründete und von den Sowjets enteignete Sägewerk im Lauf der Zeit drei Holzkombinate gezeugt – die größte holzindustrielle Ballung der Welt. Daher schloss man 1975 Maklakowo mit seinen Nachbarorten zur Stadt Lessosibirsk zusammen. Produziert wurden Bretter, Spanplatten, Holzfliesen und Möbel. Mindestens die Hälfte der Produkte ging in den Export. Sie wurden auf Leichtern stromabwärts nach Igarka geschleppt und dort in Hochseeschiffe umgeladen. Da die Güter nach Igarka geschafft werden mussten, bevor der Jenissei zufror, ging es am Ladekai stets hektisch zu. Karl Steiner schreibt: «Die Erfüllung des Exportplans ist die wichtigste Aufgabe der Sägewerke; schon so mancher Sägewerksdirektor ist wegen Nichterfüllung des Exportplans ins Gefängnis gewandert. Es gibt nicht genug Transportarbeiter, um in der kurzen Periode [der Schiffbarkeit des Jenissei] die Beladung der Schiffe und Barken zu sichern; deshalb stellen um diese Zeit alle Sägewerke die Produktion zum Teil oder gänzlich ein, und alle Arbeiter und Angestellten werden bei den Ladearbeiten eingesetzt. Kaum waren wir aus der Kolchose zurück [etwa Mitte Juni 1954, vgl. oben ‹Ein Kolchos am Jenissei 1954›], hieß es auf Ladearbeit gehen. Fast zwei Monate lang arbeitete ich auf dem Anlegeplatz des Sägewerks von Maklakowo. Auch mehrere Hundert Soldaten aus der nächsten Garnison wurden zu dieser Arbeit abkommandiert. Tausende Menschen schufteten Tag und Nacht, um den Exportplan zu erfüllen; ein Sonderbevollmächtigter des Ministeriums für Holzwirtschaft überwachte das Tempo der Arbeiten. Während der Ladeperiode bekamen die Arbeiter Lebensmittel zu kaufen, die sonst nicht zu haben waren: Wurst, Käse, Obst – aber nur so lange, bis die letzte Barke beladen war, dann verschwanden die guten Dinge wieder aus den Läden.»[124]

Da der Jenissei von der Mündung bis Igarka für Hochseeschiffe befahrbar ist, entwickelte sich diese erst 1928/29 gegründete Ortschaft angesichts der internationalen Nachfrage nach Sägereiprodukten zum wichtigsten Umschlagplatz zwischen Binnen- und Hochseeschifffahrt. Wegen des internationalen Marktes wurde die Produktionstechnik nach dem Zweiten Weltkrieg modernisiert, wie Parvilahti 1950 feststellen konnte: «Alle Maschinen im großen Sägewerk in Igarka, die Spannsägen, die Dynamos wie alle übrigen Sägen waren finnischer Herkunft. Die großen Maschinen kamen von der Karhula-Fabrik und die Elektromotoren von Strömberg. Die alte Sägewerksmaschinerie war daher nach dem Krieg gegen finnische Apparaturen ausgetauscht worden, und mit ihrer Hilfe arbeitete das Werk für den Export.»[125] Im Holzlager des Sägewerks stapelten sich die Bretter auf einer Fläche von einem Quadratkilometer, um in der subarktischen Luft auszutrocknen. In den siebziger und achtziger Jahren lagen 120 bis 140 Hochseeschiffe im Hafen.[126] 1978 erreichte das Umschlagvolumen mit 1 350 000 Festmetern seinen Höhepunkt. Seit 1989 begannen Ausstoß des lokalen Holzkombinats und Güterumschlag zu schrumpfen, gingen im Lauf der neunziger Jahre in freien Fall über und lagen zu Beginn des 21. Jahrhunderts bei lediglich einigen zehntausend Festmetern. Drei Ursachen waren dafür verantwortlich: erstens die mit dem Übergang zur Marktwirtschaft rapide steigenden Energiepreise und fiskalischen Abgaben, welche die Rentabilität der Sägereien untergruben; zweitens der Rückgang der Nachfrage nach russischen Holzprodukten in Westeuropa; schließlich drittens die Verlagerung der Holzprodukte aus Lessosibirsk auf den Schienenweg.[127]

Nordöstlich von Jenisseisk lagerte sich in den Pit-Bergen an den TPK das traditionelle Goldabbaugebiet an, dessen Tagebaustätten 1920 in der Staatsgesellschaft «Jengold» *(Enzoloto)* zusammengefasst wurden, aber eine Zeit lang noch durch private Konzessionäre betrieben werden durften. Nach der definitiven Nationalisierung des Goldbergbaus entstand daraus 1932 der Trust *Enisejzoloto* («Jenisseigold»). Welches wirtschaftliche Gewicht der Staat dem Goldbergbau beimaß, zeigte die territoriale Zusammenfassung der wichtigsten Abbaustätten im Rayon Sewero-Jenisseisk.[128] Als weitere Goldtrusts entstanden im oberen Becken des Jenissei *Chakaszoloto, Minusazoloto* und *Tuvazoloto*. Alle Lagerstätten des Krasnojarsker Krai dürften heute etwa ein Viertel bis ein Fünftel der Goldvorräte Russlands beherbergen. Der Abbau sowohl des goldhaltigen Gesteins wie der Goldsande wurde seit den fünfziger Jahren mehr und mehr mechanisiert. Mit dem Verkauf seiner Goldreserven finanzierte der Sowjetstaat seine Schulden gegenüber den Alliierten aus dem Zweiten Weltkrieg und einen großen Teil der Importe. Experten schätzen, dass von 1934 bis 1989 auf diesem Weg etwa 7000 Tonnen Gold ins Ausland abgeflossen sind.[129] Der Zusammenbruch des Sowjetsystems brachte den Goldbergbau zeitweise fast zum Erliegen. Seit dem Ende der neunziger Jahre sind aber große Aktiengesellschaften in den Goldabbau eingestiegen.[130]

Ein weiterer TPK ist um das Flusskraftwerk Sajano-Schuschensk entstanden. Dazu gehören eine leistungsstarke Aluminiumhütte, die ihre Produktion 1985 aufnahm, ferner eine Waggonfabrik in Abakan sowie zahlreiche Fabriken der Leicht- und Elektroindustrie in und um Minussinsk und Tschernogorsk. Minussinsker Lebensmittelfabriken verarbeiten die Agrarprodukte aus dem gleichnamigen fruchtbaren Becken.

Die größte Diversifizierung weist der TPK Krasnojarsk-Atschinsk-Kansk auf. Schon 1961 – noch bevor das Krasnojarsker Flusskraftwerk Strom erzeugte – ging in Atschinsk auf der Grundlage der riesigen lokalen Braunkohlevorkommen, die preisgünstig im Tagebau ausgebeutet werden konnten,[131] ein gewaltiges Wärmekraftwerk ans Netz. Dieses produzierte den Strom für die entstehende Industrieagglomeration. Die preisgünstige Elektrizität verleitete die zuständigen Parteigremien 1976 dazu, insgesamt zehn solcher Großkraftwerke mit einer Gesamtleistung von 300 Milliarden KWh in Auftrag zu geben, die den «Kansk-Atschinsker Wärmeenergetischen Komplex» (KATEK) bilden und Strom sogar in das europäische Russland liefern sollten. Weil jedoch allein schon das bestehende Kraftwerk die Atmosphäre derart verschmutzte, dass die Ackerflächen und ein Drittel der Wälder stark geschädigt waren, wurde das Projekt immer stärker beschnitten, bis man schließlich auf den Bau neuer Kohlekraftwerke ganz verzichtete. Stattdessen soll die Braunkohle der Umwandlung in chemische Produkte dienen. In Atschinsk entstand auch ein Tonerdekombinat, welches als Einziges in der Welt Tonerde aus Nefelingestein extrahiert, aber dabei und bei der Herstellung von Tonerde, Zement und Sodaprodukten die Umwelt extrem verschmutzt. Versuche, die Umweltbelastung zu reduzieren, brachten bislang kaum Resultate.[132] Im Krasnojarsker Teil des TPK entwickelten sich Betriebe der Chemie, Aluminium- und Zellulosegewinnung, der Buntmetallurgie, des Maschinenbaus, der Bauwirtschaft sowie der Leicht- und Lebensmittelindustrie. Weiter östlich lagert sich der Industrieverbund Kansk-Tassejewo an, der anfänglich seinen Strom aus der regionalen Braunkohle bezog, in Zukunft aber wohl stärker das Elektronetz von Bogutschany anzapfen wird. Im Zentrum stehen die industrielle Ausbeutung und elektrochemische Verarbeitung der schon seit dem 17. Jahrhundert genutzten Salzlagerstätten an der Tassejewa, die Holzindustrie, das Baumwollkombinat in Kansk und die Lebensmittelindustrie. Allerdings zeigten sich bei der Effizienz der Industrieanlagen die üblichen Pferdefüße sowjetischer Wirtschaftsweise: Schlendrian, schlechte Qualität und ein viel zu hoher Prozentsatz an Ausschussprodukten, so dass die gesetzten Planziele selten erreicht werden konnten.[133]

Seit den sechziger Jahren des 20. Jahrhunderts haben sich also entlang der Transsibirischen Eisenbahn, der Angara und des oberen Jenissei industrielle Ballungsräume entwickelt, welche den bis dahin wirtschaftlich eher rückständigen Krasnojarsker Krai zu einem Filetstück sowjetischer und russländischer Wirtschaft machen, insbesondere wenn man auch das isolierte Norilsker Industrierevier einbezieht. Dabei darf man aber nicht vergessen, dass diese Industrielandschaften auch heute noch lediglich Inseln in einem unermesslich scheinenden Meer aus Gebirgen, Wäldern und Tundren bilden.

### Industriekombinate, die offiziell gar nicht existierten – Krasnojarsk-26 und Tajoschny

Auf keiner Karte war die Industrieanlage verzeichnet, offiziell wurde ein Mantel des Schweigens über sie gebreitet, und doch gab es sie. Aber sie lag unter der Erdoberfläche. Was hatte es damit auf sich? Wir müssen zurückgehen bis zu den Anfängen des Kalten Krieges. Die USA waren beim Bau von Atombomben der Sowjetunion um eine Nasenlänge voraus. Daher wollte Stalin so schnell wie möglich gleichziehen. Für den Bau einer Anlage, die genügend Plutonium erbrüten sollte, um sowjetische Atombomben zu füllen, suchte man eine geeignete Örtlichkeit, die verkehrsmäßig gut erschlossen war, aber dennoch tief im Landesinneren lag und sich gut tarnen ließ. 1949 wurde nach intensiven geologischen und hydrologischen Untersuchungen ein Gelände 64 km nordöstlich Krasnojarsk am Ostufer des Jenissei ausgewählt. Dort bricht ein aus massivem Gneis bestehender Höhenrücken steil zum Strom hin ab. Im Inneren dieses Gesteinsmassivs sollte die Anlage entstehen – geschützt gegen jeglichen Angriff von außen, sogar gegen einen mit Atomwaffen. Die Anlage erhielt die unverfängliche Bezeichnung Kombinat 815 beziehungsweise Krasnojarsk-26. Neben den Anlagen bei Tscheljabinsk (Tscheljabinsk-40) und Tomsk (Tomsk-7) wurde dies die dritte und größte Produktionsstätte für waffenfähiges Plutonium.

Am 26. Februar 1950 fiel der Startschuss: «Mit dem Ziel einer erfolgversprechenden Tarnung des Kombinats Nr. 815 vor Luftangriffen und der Gewährleistung seiner reibungslosen Arbeit verfügt der Ministerrat der UdSSR: 1. Das Kombinat Nr. 815 zur Herstellung von Tellur (Plutonium) [...] ist unterirdisch in Gesteinsschichten in einer Tiefe von mindestens 230 Metern – gerechnet ab Deckenhöhe der Anlage – zu erstellen. 2. Für den Bau des Kombinats Nr. 815 ist ein Gelände am rechten Ufer des Jenissei 50 km unterhalb der Stadt Krasnojarsk zu bestimmen ...» Unterschrift: J. Stalin. Die Verfügung unterlag der strengsten Geheimhaltungsstufe.[134]

Die Bauarbeiten begannen unverzüglich. Ein großes Team von Physikern, Ingenieuren, Bergbauingenieuren, Tiefbauspezialisten (insbesondere Leute mit Erfahrungen vom Bau der Moskauer Metro), Pionieren der Armee, Technikern und Sprengmeistern wurde zusammengezogen, um den Bau voranzutreiben. Für ihre Unterbringung stampfte man 10 km südlich der Anlage eine eigene Stadt aus dem Boden, deren älteste Teile noch ganz den «neobyzantinischen» Baustil der Stalinzeit verkörpern – Schelesnogorsk, das bis 1991 auf über 97 000 Einwohner anwuchs.[135] Die körperliche Schwerarbeit lastete auf den Schultern Hunderter von abkommandierten Soldaten und eines Heeres von Zwangsarbeitern.[136] Es entstanden kilometerlange unterirdische Stollen und riesige Werkhallen, die horizontal in den Berg gesprengt wurden. Aber auch von der Erdoberfläche aus wurde in die Tiefe gebohrt, um Schächte für die Entlüftungsanlagen zu schaffen. Da alle diese Arbeiten der Öffentlichkeit nicht verborgen bleiben konnten, deklarierte man die Anlage als Eisenbergwerk. Damit vertrug sich nicht ganz, dass das ausgedehnte Gelände mit Stacheldraht und Wachtürmen gesichert war. Als ich 1993 auf dem Jenissei den flussseitigen Steilhang passierte, waren Stacheldrahtverhaue und riesige Warnschilder noch zu sehen. Sieben Jahre später gab es keine Spur mehr davon. Der Geheimdienst der USA bekam offenbar erst zu Beginn der sechziger Jahre Wind von dem Projekt, konnte es aber nicht exakt lokalisieren und verlor es bis zum Ende der achtziger Jahre wieder aus den Augen. So gut funktionierte die strikte Geheimhaltung. Erst 1994 wurde die Geheimhaltung aufgehoben, und Schelesnogorsk fand nun auch einen Platz auf den Landkarten.[137]

1964 nahm das geheime «Chemische Bergkombinat» seinen Betrieb auf. Es produzierte mit schließlich drei Atomreaktoren die Energie für die Anreicherungsanlagen, mit denen aus Uran pro Jahr zwei Tonnen atomwaffenfähiges Plutonium-239 erbrütet werden konnten. Um dies zu erreichen, brauchte es gigantische Kühl- und Entlüftungsanlagen. Das Kühlwasser pumpte man aus dem Jenissei ab und leitete es, nachdem es seine Aufgabe erfüllt hatte, aufgeheizt wieder in den Strom zurück. Welche Wassermengen das Werk schluckte, mag man daraus ersehen, dass ein einziger Reaktor das Fünffache des täglichen Wasserbedarfs von Moskau benötigte.[138] Mit der Abwärme und dem gewonnenen Wasserdampf ließen sich nicht nur das Kombinat und Schelesnogorsk beheizen und mit Elektrizität versorgen, sondern ein Teil des Stromes floss auch in das Krasnojarsker Netz. Die Belegschaft fuhr auf einer eigenen

Eisenbahnlinie zum Schichtwechsel in den Berg ein. Trotz des langjährigen Betriebs kam es zu keinen ernsthaften Störfällen. Als nach der «Wende» die USA und die Russländische Föderation einen Vertrag geschlossen hatten, der die beiderseitige Produktion von atomwaffenfähigem Plutonium beendete, wurden 1992 zwei der Reaktoren von Krasnojarsk-26 abgeschaltet. Der dritte blieb als Lieferant von Heißwasser und Elektrizität für zivile Zwecke noch bis 2010 in Betrieb.[139]

Es ist Zufall, dass in nicht allzu großer Entfernung von Krasnojarsk-26 eine andere Ortschaft existierte, die mit dem Bau der Atombombe zu tun hatte: das geheime Kombinat Taraka, die heutige «Siedlung städtischen Typs» Tajoschny. Am Flüsschen Taraka westlich Kansk hatten Geologen vor dem Krieg monazithaltige Schwemmsande gefunden. Weil Monazit auch das radioaktive Element Thorium enthält, das für den Bau von Atombomben benötigt wird, wurde seit 1938 die Abbauwürdigkeit untersucht. 1946 nahm das «Bergindustriekombinat Taraka» seine Arbeit auf, zunächst unter der Aufsicht des Unionsministeriums für Metallurgie, von 1949 bis 1954 des MWD, das in einem Lagerkomplex 5000 Gulag-Häftlinge schuften ließ. Die Sande wurden nicht nur abgebaut, sondern in acht Werken das aus ihnen gelöste Thorium auch angereichert, bevor es zu den Bombenbauern auf die Reise ging. 1961 stellte man die Produktion ein – drei Jahre bevor Krasnojarsk-26 zu arbeiten begann. Statt des Abbaus von Monazitsanden lebten die Einwohner Tajoschnys fortan vom Holzkombinat, das zuvor nur die Rolle eines Zulieferers gespielt hatte.[140]

### Die industrielle Sickerwanderung in Taiga und Tundra

Der Siebenjahrplan 1959–1966 für Mittel- und Ostsibirien hatte an Angara, oberem und mittlerem Jenissei eine fieberhafte Bautätigkeit in Gang gebracht. Auch geologisch wurde dieses Gebiet intensiv erforscht, neue Lagerstätten entdeckt: bei Gorewskoje im Mündungsbereich der Angara gewaltige Vorkommen an Blei-/Zinkerzen, deren Ausbeutung 1975 einsetzte; bei Motygino an der unteren Angara die reichhaltigsten Fundstätten von Magnesit, welche die Sowjetunion von Importen weitgehend unabhängig machen sollten; am Tschadobez nördlich Kodinsk stieß man auf reichhaltige Bauxitlager, die künftig in einer vom Bogutschansker Flusskraftwerk gespeisten Aluminiumfabrik verarbeitet werden sollen; daneben ortete man in der ganzen Region abbauwürdige Lagerstätten von Eisenerzen, Magnesit, Steinsalz, Phosphorit, Ilmenit und seltenen Erden.[141] Doch entgegen den Plänen haperte es mit der konkreten Erschließung, weil der Bau der Flusskraftwerke die verfügbaren Mittel aufzehrte.[142]

Nachdem der Süden des Krasnojarsker Krai mineralogisch erforscht schien, wandte sich die Aufmerksamkeit der Wissenschaft seit 1978 dem Becken des unteren Jenissei zu. 1982 stieß man auf die Erdöl- und Erdgasfelder von Jurubtscheno-Tochomskoje, die sich etwa 280 km südwestlich der Stadt Tura an der Unteren Tunguska über 20 000 Quadratkilometer erstrecken. Öl und Gas sollten zunächst für die regionalen Bedürfnisse von Industrie und Städten genutzt werden, das Öl auch durch eine Pipeline über Bogutschany nach Atschinsk fließen, um dort in einem künftigen petrochemischen Kombinat weiterverarbeitet zu werden. Doch die Umsetzung des Plans scheiterte an der sich verschlechternden ökonomischen Lage der Sowjetunion in den achtziger Jahren und den nachfolgenden Turbulenzen.[143] Es sollte noch bis 2009 dauern, bevor man mit der Erschließung der Lagerstätten beginnen konnte.[144] Die Vorkommen innerhalb der Grenzen des Krai wurden um 2005 auf 618 Millionen Tonnen Erdöl und 1126 Milliarden Kubikmeter Erdgas geschätzt.[145]

Aber auch in die Tundra beginnt sich die Suche nach Erdöl und Erdgas vorzuschieben, weil man vermutete, dass sich die Lagerstätten Westsibiriens bis an die Jenisseimündung und darüber hinaus fortsetzen. Diese Vermutung hat sich bestätigt. Die meisten Aufschlüsse liegen hart am Westrand des Krasnojarsker Krai in der subpolaren Tundra: Susunskoje und Tagulskoje westlich des Jenissei-Ästuars, Lodotschnoje 130 km westlich Igarka. Die bislang nördlichste Fundstelle auf dem sibirischen Festland ist die von Messojacha. Wegen der Abgelegenheit der Fundstellen stockt die kommerzielle Erschließung bis heute oder kommt nur langsam in Gang. Von Messojacha leitet seit 1970 eine auf Stelzen verlegte Pipeline, die den Jenissei und die Große und die Kleine Cheta unterquert, Gas nach Norilsk.[146] In Wankor westlich Igarka hat Vankorneft 2009 in Anwesenheit Präsident Putins mit der Ausbeutung begonnen. Eine Pipeline leitet von dort aus Erdöl über 556 km nach Purpe im Norden Westsibiriens und speist es dort in die Transkontinentalleitung Transneft ein.[147]

Riesige, auf 2,3 Trillionen Tonnen geschätzte Steinkohlenfelder, die sich halbmondförmig vom Oberlauf des Wiljui über die mittlere Angara und das Bergland zwischen Steiniger und Unterer Tunguska bis hin nach Norilsk ziehen, sind bisher punktuell nur dort erschlossen. Sollten auch sie künftiger Nutzung unterliegen, steht angesichts des fehlenden Umweltbewusstseins der russischen Staatsbürokratie und Wirtschaftsbosse für die Landschaft das Schlimmste zu befürchten.

## Die Industrialisierung – Segen und Fluch

Diese Industrielandschaften haben große Bevölkerungsströme angelockt und in urbanen Ballungsräumen konzentriert. Parallel dazu entleerte sich das flache Land immer stärker. Wenn im Krai 1959 insgesamt 2,6 Millionen Menschen gelebt hatten (davon noch gut die Hälfte auf dem Lande), war die Gesamtbevölkerung 1989 auf 3,6 Millionen gestiegen, doch fand sich davon nur noch ein gutes Viertel auf dem Lande.[148] Wegen der wirtschaftlichen und finanziellen Probleme, welche sich schon gegen Ende der Gorbatschow-Ära abzeichneten und dann nach dem Zusammenbruch des Sowjetsystems massiv zu Buche schlugen, ging die Bevölkerungszahl seit 1990 zurück, hat sich 2014 aber bei 2,85 Millionen stabilisiert. Vier Fünftel davon ballen sich auf dem industrialisierten Landstreifen südlich der Angara – auf nur einem Zehntel des Territoriums.[149]

Unzweifelhaft waren Industrialisierung und Urbanisierung für den Krai und darüber hinaus für ganz Russland ein Gewinn. Die Volkswirtschaft insgesamt trug erheblichen Nutzen davon, der Lebensstandard der meisten Menschen stieg, bis zu einem gewissen Grad auch die Lebensqualität der Stadtbevölkerung, welche in den strengen Wintern ihre fernbeheizten Wohnungen genießen und von dem schulischen und kulturellen Angebot profitieren konnte. Hunderttausende neuer Arbeitsplätze brachten Zuwanderer aus anderen Regionen und Abwanderer vom Lande in Lohn und Brot.

Aber der Preis, der dafür bezahlt werden musste, war hoch, und dies in vielfacher Hinsicht. Nirgends wird die innere Widersprüchlichkeit dieser Modernisierung so deutlich wie beim Konzept der TPK. Dass man primär auf die ökologisch saubere Wasserkraft als Energieerzeuger setzte (obgleich die Ökologie in den damaligen Plänen noch überhaupt keine Rolle spielte), hatte Klima- und Landschaftsveränderungen großen Ausmaßes zur Folge. Wenn seit dem Aufstau des Jenissei bei Diwnogorsk das Mikroklima bis zu 300 km flussabwärts messbar feuchter und milder geworden ist und der Jenissei bei Krasnojarsk im Winter kaum noch zufriert, dann mag dies nicht unwillkommen sein. Aber unter den Wassermassen der Stauseen versanken auch die berühmt-berüchtigten Stromschnellen der Angara, die jahrhundertelang so vielen Reisenden das Leben schwer gemacht, aber ebenso viele fasziniert hatten; auch eine alte Stadt wie Bratsk und viele traditionsreiche Rayonzentren wie Ust-Ilimsk und Keschma an der Angara, Daursk, Nowosjolowo und Krasnoturansk am oberen Jenissei mussten an höher gelegene Orte verlegt werden. Allein im Krasnojarsker Stausee verschwanden 132 Siedlungen, und 60 000 Menschen verloren ihre Heimat. Landwirtschaftlich fällt ins Gewicht, dass unter den gigantischen Stauseen die ergiebigsten Kulturlandflächen versanken. Um aber die vielen Menschen, die sich in den neuen Industrieagglomerationen zusammenballten, wenigstens teilweise aus dem Umland zu ernähren, musste man nunmehr auf minderwertigen Böden Kolchosen und Sowchosen anlegen, deren Erträge in keinem Verhältnis zu den Kosten standen.[150] Wo beispielsweise an der mittleren Angara 1939 noch 59 700 Menschen gelebt hatten, mussten 1970 bereits 378 400 ernährt werden.[151] Vor allem Frischprodukte sollten im Einzugsbereich der TPK hergestellt werden, wie ein agrarischer Entwicklungsplan von 1982 verlangte. Denn dass vor allem junge Familien aus den Städten wieder abwanderten, hatte vor allem zwei Gründe: das unzureichende Wohnungsangebot und der Mangel an frischem Gemüse, Obst und Milchprodukten.[152] 1978 vermochten Kolchosen und Sowchosen des Angara-Jenissei-Reviers nämlich im Durchschnitt nur 22 kg Fleisch, 115 Liter Milch, 10 kg Kartoffeln und 7 kg Gemüse pro Kopf und Jahr zu liefern – viel zu wenig, um den Bedarf auch nur halbwegs zu decken. Daher setzte man vermehrt auf beheizte Treibhauskulturen und Milchfarmen – sogar in klimatisch ungünstigen Gebieten wie Norilsk. Doch selbst die knapp 1000 Tonnen Gemüse, welche der Sowchos Norilski 1982 in seinen Gewächshäusern zu ernten vermochte, bedeutete für die 183 000 Einwohner der Stadt kaum mehr als einen Tropfen auf den heißen Stein.[153]

Aber das Schlimmste waren die ökologischen Folgen der TPK, denn in sowjetischer Zeit produzierte man ohne jegliche Rücksichtnahme auf die Umweltbelastung: Luft- und Wasserverschmutzung nahmen daher Ausmaße an, welche nicht nur den Wäldern und Böden zusetzten, sondern auch der menschlichen Gesundheit.[154] Die Abwässer der Zellulosefabriken entleerten sich ungeklärt in Angara und Jenissei, die Gewässer des Tschulymbeckens wurden durch Erdölrückstände und Phenole verunreinigt, das Braunkohlegroßkraftwerk Atschinsk und die Aluminiumhütten von Krasnojarsk, Sajansk und Ust-Ilimsk verpesteten neben Hochöfen und vielen anderen Fabriken die Atmosphäre in gigantischen Ausmaßen. Die Krasnojarsker Atemluft enthält nach Messungen aus dem Jahre 2000 so viel Schwefelwasserstoff wie sonst nirgendwo in Russland.[155] Wenn man bei Windstille und genügender Luftfeuchtigkeit vom Wachtberg auf Krasnojarsk hinabschaut, liegt über dem Flusstal eine so dichte Smogdecke, dass die Stadt fast nicht zu erkennen ist. Auf dem Höhepunkt der industriellen Produktion im Jahre 1985 betrug die Schadstoffbelastung der Einwohnerschaft von Krasnojarsk das Vierfache des städtischen Durchschnitts der RSFSR. Der Krasnojarsker Krai hatte neben der westsibirischen Region Tjumen die höchste Prokopfbelastung der gesamten UdSSR. Dies war nicht nur eine Folge unzureichender staatlicher Investitionen in den Umweltschutz, sondern auch der überproportionalen Nutzung veralteter Technologien. Erste staatliche Maßnahmen, die den Einbau von Filtern zur Reinigung industrieller Abgase vorschrieben, wurden entweder ignoriert oder hielten mit der Entwicklung nicht Schritt. Und was den Bau von Kläranlagen städtischer Abwässer betrifft, so lag der Krasnojarsker Krai noch 1980 weit hinter den anderen ostsibirischen Regionen Irkutsk und Tschita, ja sogar Burjätien zurück.[156]

Seit den siebziger Jahren versuchte der Staat zwar auf dem Gesetzgebungsweg erste zaghafte Maßnahmen zum Umweltschutz in Gang zu setzen, doch wie so oft in Russland blieben sie ohne nennenswerte Wirkung. Erst die Atomkatastrophe von Tschernobyl (1986) rüttelte Regierung und Öffentlichkeit auf und verlieh der Umweltschutzbewegung innerhalb der Sowjetunion einen enormen Schub. Doch seit nach dem Zusammenbruch des Sowjetsystems Kosten in der Wirtschaft eine zentrale Rolle zu spielen begannen, setzten sich Unternehmer und Industriekonzerne rücksichtslos über Umweltvorschriften hinweg – stillschweigend toleriert von den Behörden. Präsident Putin nämlich betrachtet Umweltaktivisten als fortschrittsfeindliche Elemente, welche nur die wirtschaftliche Prosperität hemmen.[157]

Ökologische Geschichte schreibt das Norilsker Industrierevier. Wegen der spezifischen klimatischen Bedingungen dieser subpolaren Region – langanhaltende Winter mit stabilen Hochdrucklagen und geringem Austausch der Luftmassen, kurze Vegetationsperioden und stark eingeschränkte Regenerationsfähigkeit der Natur – wirken sich dort die Emissionen von Schadstoffen in die Luft und die Gewässer besonders verheerend aus. Norilsk hält in Russland den Spitzenplatz bei der chemischen Luftverschmutzung und gemeinsam mit den Erdölfördergebieten im Norden Westsibiriens bei der Bodenverschmutzung durch die Industrie.[158] Nach Messungen von 1989 rieselten täglich 30 Tonnen Schadstoffe auf die Einwohnerschaft der Stadt herab – mehr als das Achtfache des sibirischen Durchschnitts.[159] Als Oleg Remeiko, der während der frühen Nachkriegsjahre in Norilsk aufgewachsen war, im Juli 1986 auf einer Dienstreise mit dem Flugzeug erstmals wieder in seine Heimatstadt zurückkehrte, fiel ihm bei der Annäherung an die Stadt von oben ein für die Jahreszeit ungewöhnlicher Farbwechsel der Vegetation auf: «Ich bemerke von oben den gut sichtbaren allmählichen Übergang von der dunkelgrünen Färbung zu einer graugelblichen rund um die Stadt und ihre Vorstädte.»[160] In der Tat zeigen sich Zehntausende von Quadratkilometern im Umland von Norilsk auf das Schwerste geschädigt. Die Flüsse und Seen sind derart belastet, dass der Fischfang seine wirtschaftliche Bedeutung verloren hat. Wegen der Wasserverschmutzung müssen ganze Siedlungen verlegt werden.[161]

In diesen Zusammenhang gehört auch die Geschichte der atomaren Sprengungen, die tief im Gesteinsuntergrund des südlichen Taimyr unterirdische Kavernen öffnen sollten, in welche man Gasreserven für Notfälle pumpen wollte. Im September 1975 zündete man in einer 800 m tief gelegenen Steinsalzschicht die erste atomare Sprengung am Lama-See, 80 km östlich Norilsk. 20 000 Kubikmeter Gestein wurden pulverisiert, in den Hohlraum hätte man mit hohem Druck Gas pressen können. Im Sommer 1977 folgte bei Sewero-Soleninsk eine zweite Sprengung. Offiziell verlautbarte, es seien keinerlei Umweltschäden festgestellt worden, doch Augenzeugen erzählten später, dass in allen Flüssen und Bächen der Umgebung das Wasser kaffeebraun und die Fische tot gewesen seien. Die Natur kam unter Stress und trieb an gewissen Stellen für die Tundra ganz ungewöhnlich üppige Gräser und Gehölze. Dass in der Folge im Taimyrgebiet die Atomversuche versandeten, geschah aber nicht aus Rücksicht auf die Umwelt, sondern weil die Kavernen zu klein waren und es zu teuer gekommen wäre, die nötigen Anlagen und Leitungen zu installieren. Außerdem hätte der Transport von Speichergas aus den radioaktiven Kavernen nach Norilsk die Stadt nuklear infizieren können. Daher begnügte man sich damit, eine zusätzliche Reserveleitung vom Gasfeld Messojacha nach Norilsk zu legen.

Trotzdem verfolgten die atomaren Sprengungen vom Lama-See die Norilsker auch weiterhin. Anfang Februar 1979 brach die Hauptgasleitung, und Norilsk blieb tagelang ohne Gas. Das Wasserkraftwerk Ust-Chantaika musste maximale Leistung fahren, um für die Einwohner das Schlimmste zu verhindern. Am 14. November 1989 brach die Gasversorgung erneut zusammen, weil wegen der enormen Temperaturschwankungen die Rohre spröde geworden waren und auf einer Länge von 40 km kollabierten. Ganz offensichtlich waren dies auch Folgen der vorhergehenden unterirdischen Atomexplosionen und der dadurch verursachten Destabilisierung des Untergrundes. Da man keine Messungen der Radioaktivität in den Sprengungsgebieten mehr macht, seit man die Projekte aufgegeben hat, hängt die Angst vor Verstrahlung wie ein Damoklesschwert über der Bevölkerung des Norilsker Industriereviers. Eines Besseren belehrt sahen sich die sowjetischen Wirtschaftsplaner aber immer noch nicht. Am 4. September 1982 zündete man 190 km westlich Dudinka in einer Tiefe von 960 m erneut einen atomaren Sprengsatz, um ein potentielles unterirdisches Gasreservoir zu schaffen.[162]

Für Gesundheit und Lebenserwartung der Menschen, die in den Industrieagglomerationen des Krai lebten, aber auch für die indigenen Fischer und Rentiernomaden musste dies alles Folgen haben. In ganz Sibirien ist entgegen den Erwartungen, dass man dort eigentlich gesünder und länger lebe als im europäischen Russland, die Sterblichkeit höher und die Lebenserwartung niedriger. Für Mittel- und Ostsibirien gilt dies noch mehr. Nicht zuletzt auch damit in Zusammenhang stehen dürfte, dass die Selbstmordrate unter der älteren Bevölkerung neben Moskau und dem fernöstlichen Magadan im Krasnojarsker Krai am höchsten ist.[163]

Mit dem Ende der Sowjetwirtschaft ist es nicht etwa besser, sondern noch schlechter geworden, weil unter reinen Marktbedingungen ohne strikte gesetzliche Regulierung durch den Staat die letzten Hemmschwellen gefallen sind. Dass in der zweiten Hälfte der achtziger und in den neunziger Jahren die Schadstoffimmissionen vorübergehend etwas sanken, war nicht etwa das Ergebnis staatlicher Maßnahmen zum Umweltschutz, sondern lediglich des Rückgangs der Industrieproduktion.[164]

# Verkehrsschneisen

Die Sowjetregierung hatte anfänglich nicht die Mittel, um die bestehenden Transportsysteme auszubauen und zu modernisieren. Sie musste sich zunächst damit begnügen, Eisenbahnen und Schiffsflotten zu verstaatlichen.

## Die Wasserwege

Der Jenissei blieb auch in sowjetischer Zeit die Hauptverkehrsachse des Krasnojarsker Krai, ja sie nahm an Bedeutung laufend zu. Schon vor dem Ende des Bürgerkrieges, am 2. März 1918, verfügte die Sowjetregierung, dass alle Schiffsflotten auf dem Jenissei zu nationalisieren seien. Zusammengeschlossen wurden sie in der Nationalen Jenissei-Dampfschifffahrt *(Enisejskoe nacional'noe parochodstvo)*, der wegen der Machtübernahme der Weißen jedoch nur eine Lebensdauer von dreieinhalb Monaten beschieden war. Sie gebot über 30 Dampfer, zwölf Dampfkutter, sechs Motorboote, einen Schwimmbagger, ein Kühlschiff, zehn Eisenleichter sowie 56 hölzerne Schlepp-Prähme.[165] Erst 1920 konnte man die Flotte erneut verstaatlichen.

### Flotte, Häfen und Signalisation

Neubauten lagen anfänglich finanziell und technisch außerhalb des Möglichen, doch was das neue Regime nichts kostete, war die sozialistische Umtaufe der meisten Schiffe. So wurde aus dem jüngsten Passagierdampfer, dem 1902 in Dienst gestellten *Sokol* (Falke), der *Spartak*, aus dem Kettenschleppschiff *Sw. Innokenti* die *Angara* und aus dem *Sw. Nikolai,* der einst Lenin in die Verbannung geführt hatte, einfach ein *Nikolai*.[166] Als Heller 1929 auf dem Jenissei unterwegs war, hatten die Dampfer durchwegs dreißig bis fünfzig Jahre auf dem Buckel und wurden immer noch mit Holz befeuert. Das minderte die Leistung und verzögerte wegen der vielen Ladehalte die Fahrtdauer.[167] In den zwanziger Jahren ersetzte man die Schiffsverluste durch Zukäufe aus den Niederlanden und Großbritannien und durch die Verlegung einzelner Schiffe aus Westsibirien. 1930 kaufte man drei leistungsstarke Schlepper in Deutschland. Erst ab 1936 war die Krasnojarsker Flusswerft, die bis dahin nur Reparaturen und Umbauten übernommen hatte, technisch in der Lage, auch wieder neue Schiffe auf Kiel zu legen. 1939 und 1940 liefen dort die ersten selbst gebauten Dieselmotorschiffe *Iossif Stalin* und *Sergo Ordschonikidse* vom Stapel, die – wie schon vor der Revolution üblich – als kombinierte Fracht- und Passagierschiffe in der Folgezeit auch zahlreiche Gulaghäftlinge zu transportieren hatten. Im Jahre 1940 zählte die gesamte Jenisseiflotte 321 Schiffseinheiten (darunter 24 Passagier-/Frachtschiffe, 49 Schlepper und 196 Leichter). Befördert wurden 973 800 Tonnen Fracht und 1 245 700 Passagiere.[168]

Weil seit Beginn des Kalten Krieges die verfügbare Werftkapazität der Sowjetunion zunächst durch die Aufrüstung der Kriegsflotte absorbiert war, konnte man erst in der Mitte der fünfziger Jahre intensiv damit beginnen, auch die Handelsflotte auszubauen und zu modernisieren.[169] Nunmehr stellte man nur noch Dieselmotorschiffe und Schiffe mit dieselelektrischem Antrieb in Dienst. Die letzten Dinosaurier des Dampfzeitalters wie die *Sokol* und das Kettenschleppschiff *Angara* wurden 1964 abgewrackt. Zahlreiche neue Schiffe stammten aus Reparationslieferungen der DDR, kamen aber auch aus Finnland und der Tschechoslowakei. Die Krasnojarsker Werft lieferte jährlich zwei oder drei Frachter ab. So wurde die Jenisseiflotte allmählich nicht nur größer, sondern auch bunter und umfasste Öltanker, Schlepper, Schubschiffe, Eisbrecher, Kühlschiffe und zahlreiche eiserne Leichter. 1959 verkehrten auf dem Stromsystem bereits 37 Passagier-/Frachtschiffe verschiedener Größen, 65 Flussfrachter, 5 Flusstanker, 203 Schlepper und 425 Leichter.[170] Bis zum bisherigen Höhepunkt der Jenisseischifffahrt im Jahre 1989 hatte sich die Anzahl der Schiffseinheiten auf 573 Motorschiffe aller Typen und 445 Leichter vermehrt.[171]

Als erste Dreidecker für den kombinierten Passagier- und Frachtverkehr entstanden auf Werften der DDR 1954 die *W. Tschkalow* und die *Aleksandr Matrossow*. Bis 1978 der in Österreich gebaute Vierdecker *Anton Tschechow* mit seinen fast 3000 Tonnen Wasserverdrängung (Abb. 13) hinzustieß, spielte das Dreideckerpaar die Rolle der Jenissei-Flaggschiffe. Da die *Tschechow* einen Tiefgang von 2,8 m aufwies, konnte sie den Kasatschinsker Porog bei Niedrigwasser erst passieren, nachdem das Krasnojarsker Stauwerk zusätzliche Wassermengen in den Jenissei abgelassen hatte.[172]

Aber wie gelangten Flussschiffe aus der DDR und Österreich nach Sibirien? Die *Tschechow* war auch als küstengängiges Seeschiff ausgelegt. In Korneuburg ohne Sonnendeck gebaut, da sie sonst nicht unter den Donaubrücken hätte hindurchfahren können, erhielt sie im rumänischen Galatz ihre endgültige Gestalt. Danach nahm sie ihren Weg über das Schwarze und Asowsche Meer, den Don-Wolga-Kanal, die Wolga und das Wolga-Ostsee-Kanalsystem nach Leningrad. Weil sie anders als die *Tschkalow* und die *Matrossow* wegen ihres Tiefgangs den Ostsee-Weißmeer-Kanal nicht passieren konnte, musste sie ganz Skandinavien umrunden, bis sie nach Passage der Karasee die Jenisseimündung erreichte – am Ende einer Reise über 13 000 km. Auf dem Jenissei wurde sie bald für Kreuzfahrten mit Touristen abgestellt, seit 1992 vor allem für das lukrative Geschäft mit ausländischen Reisegruppen. Als dieses jedoch immer schlechter lief und auch der Inlandtourismus lahmte, wurde sie 2003 in das europäische Russland überführt und wird seitdem für Kreuzfahrten auf der Wolga eingesetzt.[173] Unterwegs geriet sie vor Norwegen in einen veritablen Sturm und vermochte sich mit schweren Schäden an den Aufbauten vor dem Untergang nur durch Flucht in die Schären zu retten.[174]

Seit 1925 versuchte man, den Nördlichen Seeweg wieder kommerziell zu nutzen. Im Zentrum stand dabei der Export von Holz und Holzprodukten aus dem Kombinat Maklakowo. Damit stellte sich erneut die Frage nach einem Hafen, in welchem die Güter zwischen Fluss- und Hochseefrachtern umgeladen werden konnten. Schon 1917 – noch vor der Oktoberrevolution – hatte die Provisorische sibirische Regierung

Pläne Jonas Lieds fortgeführt, am Ostufer des Jenissei, und zwar dort, wo der Strom sich zu seinem Mündungsästuar öffnet, unter dem Namen Ust Jenissei Port einen Umschlaghafen anzulegen, um eine blockadefreie Seeverbindung mit alliierten Häfen zu ermöglichen. Die Sowjetregierung nahm dieses Konzept auf. Es entstanden in Ust-Port, wie die Siedlung nun abgekürzt hieß, eine Funkstation, eine Kaianlage, zwei große Lagerhäuser und zwei Kasernen (Abb. 60). Doch die Strömungsverhältnisse nötigten zum Ankern im Fluss, so dass der Warenumschlag in freiem Wasser erfolgen musste.[175] Daher hielt man weiter stromaufwärts nach einem geeigneteren Umschlagplatz Ausschau und wurde beim heutigen Igarka fündig. Dort bietet ein östlicher Nebenarm des Stroms einen gewissen Schutz vor Stürmen und Eisdruck; die Wassertiefe reicht noch für Hochseeschiffe; im Unterschied zu Ust-Port liegt Igarka in der Waldtundra und verfügt daher über hinreichend Bau- und Brennholz. 1928/29 wurde in aller Eile ein Hafen aus dem Boden gestampft.[176] Igarka avancierte seitdem – wie bereits geschildert – bis zum Ende der Sowjetunion zum wichtigsten Umschlaghafen zwischen Hochsee- und Binnenschifffahrt, insbesondere für Holzprodukte.[177] Dudinka, weiter nördlich, schon am Rande der Tundra gelegen, hatte bereits während der Zarenzeit eine wichtige Rolle für den Binnenhandel gespielt. Als Hafen (Abb. 57) ausgebaut wurde es jedoch erst seit 1935, um das künftige Industriekombinat Norilsk über eine Bahnlinie an den Jenissei anzubinden.[178]

Allerdings bedurfte es für den Hafenbetrieb in Dudinka eines enormen Aufwandes, denn der Eisaufbruch auf dem Jenissei und das Frühjahrshochwasser setzen den Hafenanlagen schwer zu, wie Unto Parvilahti sich erinnert: «Die Rangiergeleise und Bahnanlagen wurden beschädigt, die Werften und Hafenbauten von der Strömung fortgerissen. Manchmal stieg das Wasser unerwartet hoch und trug sogar Wohnhäuser mit allem Inhalt mit sich fort, wenn sie nicht rechtzeitig geräumt werden konnten. Sobald das Eis gebrochen war, begannen tausende Gefangene Tag und Nacht zu arbeiten und neue Werften und Rangiergeleise für den Dampfschiffverkehr zu bauen, der bald danach begann. Ungefähr am 20. Juni kamen die ersten Schiffe und Schleppzüge aus Krasnojarsk an, und Dudinkas hektisch geschäftiger, kurzer Sommer begann. Innerhalb von drei Monaten mussten alle Waren und Vorräte, die die Provinz für ein ganzes Jahr brauchte, ausgeladen und weitergeleitet werden.»[179]

Einer, der dabei selber Hand anlegen musste, war Karl Steiner. «Beim Schienenlegen standen wir oft knietief im Wasser», erinnert er sich – und das in eisigem Wasser. «Um die Arbeit voranzutreiben, gab man für jeden Gefangenen sogar fünfzig Gramm Wodka aus. Allerdings tranken den Schnaps nicht die Gefangenen, sondern die Bahnmeister, die Wachesoldaten und die Brigadiere.» Als sich ein Gefangener deshalb einmal bei der Eisenbahnverwaltung beschwerte, teilte der Brigadier aus einer Wodkaflasche großzügig «Wässerchen» aus (so die wörtliche Bedeutung von Wodka im Russischen), doch das Wässerchen erwies sich als Jenisseiwasser.[180]

Heutzutage überlässt man die technische Ausrüstung des Hafens nicht mehr dem Frühjahrshochwasser, sondern evakuiert sämtliche Ladekräne rechtzeitig auf das Hochufer. Aber nach wie vor müssen nach dem Ende der Überflutung die bis zu 20 cm dicke Schlammschicht abgetragen und vom Eis demolierte Schienenstränge ersetzt werden. Insgesamt verfügt Dudinka sowohl am Ostufer des Jenissei als auch im Mündungsgebiet des Nebenflusses Dudinka über 4,2 km ausgebaute Kaianlagen, die mit 112 Schienenkränen und fünf Schwimmkränen bestückt sind. In gewisser Weise hat Dudinka heute auch für den Umschlag von Holz und Holzprodukten Igarka abgelöst, zumal es über ein eigenes Holzkombinat verfügt.[181]

Mit dem Ausbau des Flottenbestandes stellte sich immer drängender auch die Frage nach einem sicheren Winterhafen. Krasnojarsk war dafür wenig geeignet. 1936 entschied man sich für einen abgeschnürten östlichen Altarm des Jenissei etwa 100 km unterhalb der Angaramündung beim Dorf Podtjossowo. Da der Altarm nur stromabwärts offen war, blieb er vom Eisgang auf dem Jenissei verschont. Während des Winterhalbjahres versammeln sich dort bis heute die meisten Jenisseischiffe. Derzeit sind das rund 300, die Leichter eingerechnet. Um sie zu überholen, ist dort das größte Reparaturwerk Sibiriens für Flussschiffe entstanden.[182] 1958 ergänzte man Podtjossowo durch einen weiteren, kleineren Winterhafen bei Jermolajewo, 35 km unterhalb Krasnojarsk. Seit 1983 ist er jedoch für Öltanker reserviert.[183]

Da die größeren Passagierschiffe auf den Fernverkehr ausgelegt waren und durch Zwischenhalte bei jedem Dorf zu viel Zeit verloren hätten, wurde es im Zuge der Bevölkerungszunahme immer dringlicher, auch die kleineren Siedlungen entlang der Ströme für den Personenverkehr zu erschließen. Zwei Aufgaben stellten sich dabei: Zum einen mussten schnelle Verbindungen geschaffen werden, zum anderen war den konkreten Anlegemöglichkeiten Rechnung zu tragen. Schwimmende Stationspontons, an denen auch größere Schiffe anlegen konnten, gab es nur bei Städten und den Dörfern im dichter besiedelten Süden. Die Siedlungen am unteren Jenissei hatten nichts als den Uferstrand. Daher konstruierten die sowjetischen Schiffbauer in den sechziger und siebziger Jahren zwei Typen von Fluss-Schnellbooten: zum einen Tragflügelboote des Typs Wos-chod (Osten) (volkstümlich als «Raketa» bezeichnet, Abb. 31), die längsseits an einem Kai oder an einem Stationsponton anlegen müssen, zum anderen schnelle Wasserbusse der Typen Sarja (Morgenröte) und Sarniza (Wetterleuchten), die wegen ihres geringen Tiefgangs von nur 0,4 m mit dem stumpfen Bug am Strand auflaufen können und über einen ausziehbaren Steg betretbar sind (Abb. 32). Mit diesen Schnellbootverbindungen gelang es, auch die Flussdörfer für den Verkehr zu erschließen und den Einwohnern günstige und schnelle Besuche von Städten und Rayonzentren zu ermöglichen. Allerdings ist die Flotte mittlerweile in die Jahre gekommen und der Bau neuer Schnellboote für den Linienverkehr bislang offenbar nicht in Sicht.[184]

Da der Jenissei bis weit in sein Mündungsästuar hinein felsige Untiefen und Sandbänke aufweist, versuchte man die Signalisation zu verbessern und den Lotsendienst auszubauen. Nach jedem Eisgang müssen die entlang des Jenissei in eigenen kleinen Siedlungen lebenden Flusswärter an kritischen Stellen die Markierungsbojen neu setzen (Abb. 28). Das ist auch deshalb wichtig, weil sich die Lage der Sandbänke jedes Jahr ändern kann. Um dem Steuermann die Orientierung bereits auf größere Distanzen zu erleichtern, wurden an den Uferhängen vor Flussbiegungen mehrere Meter hohe Doppelvisiere errichtet (Abb. 29). Wie die Orientierung funktioniert, habe ich im Jahre 2000 auf der Brücke der *Anton Tschechow* selber verfolgen können. Der diensthabende Steuermann hatte ständig sein Fernglas bei der Hand. Wenn eine Flussbiegung auftauchte, beobachtete er das Doppelvisier genau, und sobald Kimme und Korn übereinstimmten, gab er dem Rudergänger den Befehl, den Kurs um so und so viel Strich zu ändern. Zudem musste ständig das Echolot eingeschaltet bleiben, weil selbst in der Fahrrinne des mittleren Stromabschnitts unter dem Kiel der *Tschechow* bisweilen nur 30–40 cm Wasser verblieben.

Weiter ausgebaut wurde auch das System der Lotsenhandbücher für gefährliche Passagen, mit dem man ja bereits kurz vor dem Ersten Weltkrieg begonnen hatte. Aber am wichtigsten waren auch weiterhin die langjährige Erfahrung und der Instinkt eines altgedienten Flusskapitäns.

Am Kasatschinsker Porog blieb für Frachter, Schleppzüge, Schubschiffe und kleinere Passagierschiffe bei der Fahrt gegen die starke Strömung das Kettenschleppschiff *Jenissei* unverzichtbar, um sie auf den Haken zu nehmen und an der Kette entlang hochzuwinden. Nur die großen Passagierschiffe durften die Stromschnellen aus eigener Kraft meistern, weil ihre starken Maschinen genug Schub lieferten und sie mit ihren Schrauben sowohl am Heck als auch am Bug auf engem Raum zu manövrieren vermochten.[185] Als ich im Jahre 2000 auf der *Anton Tschechow* den Kasatschinsker Porog bergwärts passierte, lag die *Jenissei* daher untätig am Ufer und wartete auf andere Kundschaft (Abb. 6).

Die Fertigstellung der Staudämme und Flusskraftwerke an Angara und Jenissei hatte für den Verkehr ihren Preis: Durchgehende Passagier- und Frachtverbindungen auf der gesamten bis dahin schiffbaren Stromlänge waren nun nicht mehr möglich, weil die Staustufen wegen der Hubhöhe keine Schleusen besaßen. Dafür können aber auf den Teilstrecken der Stauseen wegen der Wassertiefe auch größere Schiffe verkehren. So hat sich beispielsweise das jährliche Frachtaufkommen auf der Strecke Irkutsk–Bratsk von 0,9 Millionen Tonnen (1956) auf fast 5,7 Millionen Tonnen (1966) gesteigert.[186]

Ähnliches gilt für den Krasnojarsker Stausee. Die Staumauer von Diwnogorsk verfügt zwar über keine Schleuse, aber über eine Rampe, auf welcher seit 1976 kleinere Frachtschiffe in einem schwimmenden Trog hochgewunden werden konnten. Doch weil diese Möglichkeit nur wenig genutzt wurde und in den achtziger Jahren zwischen Krasnojarsk und Abakan eine Fernstraße und eine Eisenbahnlinie entstanden, fiel das Diwnogorsker Schiffshebewerk nach und nach in einen Dornröschenschlummer.[187]

Solange die Pläne, auch den mittleren Jenissei und die untere Angara aufzustauen, noch in den Schubladen bleiben, ist der Jenissei ab Krasnojarsk bis zur Mündung uneingeschränkt befahrbar, die untere Angara seit der Fertigstellung des Flusskraftwerks Bogutschany immerhin noch ab Kodinsk. Steinige und Untere Tunguska bleiben für Frachter und Schleppzüge weiterhin passierbar, wegen der Stromschnellen aber in der Regel nur bei Frühjahrshochwasser.

## Tödlicher Jenissei

Alle Vorkehrungen zur Sicherung des Fahrweges und die Modernisierung der Flotte fanden auch weiterhin ihre Grenzen an der Unberechenbarkeit des Stromes. Weil der Verkehr zunahm und die Schleppzüge länger wurden, stieg auch die Anzahl der Havarien.[188] Nicht einmal weit unterhalb Krasnojarsk gibt es einen Stromabschnitt, den ein erfahrener Kapitän als das «Bermudadreieck» des Jenissei bezeichnet hat.[189] Mit drei Gefahren hatte die Flussschifffahrt zu rechnen: mit nicht kartierten oder mäandernden Sandbänken; mit dem erhöhten Risiko, bei Niedrigwasser auf Sandbänke oder Riffe aufzulaufen; vor allem aber mit verfrühten Wintereinbrüchen.

Dass Schiffe auf Sandbänke aufliefen, war häufig. Gab es dabei einen Totalverlust, konnte das in der Stalinzeit den Kapitän den Kopf kosten. So geschehen, nachdem am 12. September 1941 der Frachter *Sadko* in der Karasee nordöstlich Port Dickson auf eine unbekannte Sandbank auflief und nicht mehr freikam. Der Kapitän, A. G. Karelski, wurde daraufhin wegen Sabotage angeklagt und erschossen. Vier Tage später widerfuhr das Gleiche Kapitän Georgi Kononowitsch mit der *W. Tschkalow* im Mündungsbusen des Jenissei. 16 Tage lang harrte er mit der Besatzung auf dem Schiff aus, um es freizubekommen, überstand sogar drei Stürme. Dann mussten die Seeleute von Bord. Kononowitsch wurde in der Folge wegen «Schädlingstums» angeklagt und wusste, dass ihm das Schicksal Karelskis drohte, denn es war Krieg. Doch weil er im folgenden Jahr das Schiff bei Hochwasser freischleppen konnte, ließ das Gericht Gnade walten.[190]

Niedrigwasser im Hoch- und Spätsommer erhöhte das Risiko vor allem für Schleppzüge, die sich ohnehin schwierig manövrieren ließen. Eine der schwersten Schiffskatastrophen dieses Typs ereignete sich im September 1942, als zwei vom Dampfer *Papanin* gezogene Barken bei Prediwinsk – auf halbem Weg zwischen Krasnojarsk und der Angaramündung – ein Unterwasserriff streiften, welches bei einem von ihnen den Flachboden aufschlitzte. Im Unterdeck waren über tausend Gulaghäftlinge eingeschlossen, von denen die meisten ertranken, weil der Prahm auch Eisen geladen hatte und wie ein Stein sank. Diese Stelle wurde später noch vielen Schiffen zum Verhängnis.[191]

Weil die Schifffahrtsaison auf dem mittleren und unteren Stromabschnitt bestenfalls fünf Monate dauert, versuchte die Staatsreederei diese Zeitspanne voll auszureizen, um den anfallenden Güterstrom zu bewältigen. Bei frühen Wintereinbrüchen konnte das verheerende Folgen nach sich ziehen. Von den 1936 im Pjassinasee eingefrorenen Schleppzügen mit Baumaterial für Norilsk war schon die Rede. Einen ähnlichen Fall sechzehn Jahre später schildert Parvilahti: «Im Frühwinter 1952 war ein Schleppzug mit wertvoller Ladung auf dem Weg nach Dudinka in der Nähe von Igarka eingefroren. Schiffe und Ladung standen in Gefahr, vom Eisdruck vernichtet zu werden. Eine technisch fähige und körperlich starke Rettungsmannschaft wurde rasch in der ganzen Provinz mobilisiert, und man schaffte die Männer sofort zur Stelle, um den Schleppzug, der in einer verzweifelten Notlage steckte, zu retten. Das Ministerium für Flussschifffahrt hatte für die Rettungsmannschaft eine große Geldsumme als Belohnung ausgesetzt. Die Männer plagten sich in dem erstarrten Wasser und der polaren Dunkelheit ein paar Tage lang, und es gelang ihnen auch, die wertvolle Ladung zu retten, aber ein oder zwei Lastkähne wurden vom Eis zerquetscht und sackten ab, eine größere Anzahl von Traktoren, Lastwagen und teuren Bergbaumaschinen versank dabei in den Fluten.» Die ausgesetzte Prämie kassierten jedoch die führenden Genossen in der Hafenverwaltung von Dudinka für sich. Den daraufhin umlaufenden

Gerüchten ging ausnahmsweise die Lokalzeitung «Sowjetski Taimyr» auf den Grund und deckte den Unterschleif auf.[192]

Bei den Versuchen, die Ladung eingefrorener Schiffe zu bergen, nutzte man den Jenissei als Straße, sobald das Eis dick genug war. Im Oktober 1938 beispielsweise fror ein Schleppzug mit Prähmen, die wichtigen Nachschub für den Aufbau von Norilsk nach Dudinka bringen sollten, wegen früher Fröste bei Igarka ein. Daraufhin wurde der Depotchef der Lastwagenbasis des Sägewerks Igarka, Iossif Feofanowitsch Safronez (ein 1932 dorthin zwangsverschickter Ukrainer), beauftragt, die dringlichsten Teile der Ladung per Lastwagen nach Dudinka zu transportieren. Es war der erste Lastwagentransport auf dem Eis in der Geschichte des Jenissei. Zehn nagelneue Lastwagen vom Typ ZIS-5, die sich ebenfalls auf den Prähmen befanden, wurden abgeladen, betankt und für den Fall, dass einer der Wagen im Eis einbrechen sollte, durch Stahlseile miteinander verbunden. Zum Nachtanken nahm man drei Fässer Kraftstoff mit. Allerdings musste man warten, bis das Eis eine Dicke von mindestens 40 cm erreicht hatte. Schließlich konnte man am 9. November um 16 Uhr starten, als es schon dunkelte. Man hatte auf klaren Himmel und Mondschein gehofft, doch es kam Wind auf, der sich – man hatte ca. 70 km zurückgelegt – zu einer Purga steigerte, und dies bei minus 40 Grad. Weil man im Schneesturm völlig die Orientierung verlor, stoppte die Kolonne, bis die Sicht sich besserte. Nachdem man in Chantaika übernachtet hatte, mussten am Morgen zuerst die eingeschneiten Wagen freigeschaufelt werden. Pro Stunde schaffte die Kolonne nicht mehr als 15–20 km. Vor Dudinka versperrte ein breiter Spalt im Eis den Weg. Die Fahrer überbrückten ihn mit Brettern, und Wagen um Wagen fuhr vorsichtig darüber. Doch der vorletzte Wagen brach ein, nur durch Straffspannung der Trossen zwischen dem letzten und dem drittletzten Wagen konnte man verhindern, dass er unterging. Dudinka schickte der Karawane Hilfe entgegen – auf Schlitten. Die begleiteten zwei der Lastwagen nach Dudinka, wo sie entladen, mit Bohlen beladen und mit einer Gruppe freiwilliger Helfer zurückgeschickt wurden, um den verunglückten LKW endgültig auf das Eis zu ziehen. Die ganze Fahrt von Igarka nach Dudinka dauerte so drei Tage. Den Rückweg nach Igarka schaffte man in 24 Stunden, weil kein Wind wehte und man die Piste bereits kannte. Der zweite Lastwagentransport von Igarka nach Dudinka erfolgte bereits bei so starkem Frost, dass die Motoren streikten. Dabei bestand die Ladung aus einer Funkausrüstung für Norilsk, die dringend gebraucht wurde, gerade im Winter. Daher musste man die Motoren anwärmen und zwar durch kraftstoffgetränkte Kleidungsstücke, die man auf einem Kohlenbecken unter die Vergaser legte und anzündete. Anders ließ sich der verdickte Kraftstoff nicht verflüssigen. Diesmal benötigte man für die Strecke fünf Tage.[193]

Auch heute noch kann man vom Eisdruck zerquetschte Schiffswracks am Ufer des Jenissei liegen sehen (Abb. 6 und 7).

## Der Nördliche Seeweg

Lange litt die Schiffsroute aus dem Nordatlantik durch die Karasee zu den Mündungen der sibirischen Ströme unter der kurzen und dazu noch unsicheren Navigationsperiode, denn als verhältnismäßig sicheres Zeitfenster standen dafür nur August und

September zur Verfügung. Von den insgesamt 62 Schiffen, die zwischen 1920 und 1928 nach den nordsibirischen Häfen fuhren, endeten daher 43 am Ob und nur 19 am Jenissei.

Entscheidende Bedeutung für den Nördlichen Seeweg gewann der Jenissei erst 1929 durch die Inbetriebnahme des Tiefwasserhafens Igarka für den Holzexport. 1933 erhielt Port Dickson eine erste Bekohlungsanlage für Seeschiffe. Die Gründung des Norilsker Industriekombinats (1935) und der Bau der Schmalspurbahn Norilsk–Dudinka wertete Dudinka als Hafen enorm auf; 1937 konnten die ersten Kohlen exportiert werden, seit 1938 verfrachtete man auch in Norilsk erschmolzenen Feinstein per Schiff zur Weiterverarbeitung zum Kombinat Seweronickel auf der Halbinsel Kola. So entstand eine Frachtstraße zwischen Dudinka und Murmansk und eine weitere zwischen Dudinka und Kandalakscha. 1939 wanderten auf diesen Routen noch bescheidene 20 000 Tonnen Güter nach Dudinka und auf dem Rückweg 6000 Tonnen Kohle westwärts. Ab 1940 bestand eine reguläre Frachtstraße Murmansk–Archangelsk–Dudinka–Igarka für gemischte Güter, Holz und Kohle. In dieser Navigationsperiode gelangten auf sowjetischen Schiffen immerhin schon 148 300 Tonnen Holz nach Nordeuropa. 1941 wurde auf der Linie Murmansk–Dudinka der gemischte Fracht-/Personenverkehr eröffnet, also mit Frachtdampfern, die auch Passagiere beförderten.

Ab 1929 plante man, große, auch internationale Konvois von schweren Eisbrechern begleiten zu lassen und zur Eisbeobachtung in der Karasee Flugzeuge einzusetzen. Damit hoffte man die Navigationsperiode auf zweieinhalb Monate verlängern zu können. Um den Nördlichen Seeweg über die Jenisseimündung hinaus wirtschaftlich zu nutzen, ja sogar das Eismeer bis zur Beringstraße und zur Westküste Nordamerikas für den Schiffsverkehr zu erschließen, startete man systematische Vorstöße mit Eisbrechern. 1932 gelang es erstmals dem Eisbrecher *A. Sibirjakow* unter Kapitän W. I. Woronin und der wissenschaftlichen Leitung des sowjetischen Polarforschers Otto Juljewitsch Schmidt, den Nördlichen Seeweg auf seiner ganzen Länge von Archangelsk bis Wladiwostok in zwei Monaten und vier Tagen zu durchmessen. Seitdem versuchten immer wieder kleine Schiffskarawanen im Tross eines Eisbrechers den direkten Seeweg von Murmansk nach Wladiwostok oder umgekehrt zu wagen. Doch die Eisverhältnisse vor der nordsibirischen Küste blieben tückisch. Schon das Jahr 1937 bescherte der Nordmeerfahrt eine extrem kurze Navigationsperiode, so dass 25 von 64 Schiffen sich gezwungen sahen, an verschiedenen Stellen des Eismeeres zu überwintern. Eine Gruppe von Schiffen, die in der Chatanga-Bucht Schutz gesucht hatten, wurde von der Eisdrift 292 Tage lang in die Arktis hinausgetrieben, bevor Eisbrecher sie bis auf eines befreien konnten. Regulärer Frachtverkehr auf der gesamten Strecke Murmansk–Wladiwostok war daher nicht möglich; 1937 kam kein Schiff durch, 1938 und 1940 nur je eines und 1939 drei. Daher blieb der Jenissei fürs Erste der wichtigste östliche Endpunkt der Nordmeerfahrten.

Die Bedeutung des Jenissei wuchs noch stärker während des Zweiten Weltkrieges, als den Produkten des Norilsker Industriekombinats eine Schlüsselrolle für die Rüstungsindustrie zukam. Aber auch der gesamte nordsibirische Seeweg gewann nun wieder an Bedeutung, weil die USA Kriegsmaterial an die Sowjetunion nicht nur über den Nordatlantik lieferten, sondern auch auf der Route Wladiwostok–Archangelsk.

Zwischen Archangelsk und Port Dickson beziehungsweise Igarka entwickelte sich ein lebhafter Pendelverkehr. Auch die drei schweren Eisbrecher *Stalin*, *Lenin* und *Krassin*, die während des Winters die für Murmansk bestimmten amerikanischen Konvois durch das Packeis schleusten, wurden während des Sommers nach Port Dickson verlegt, um sie deutschen Luftangriffen zu entziehen und Schiffskarawanen entlang der nordsibirischen Küste nach Wladiwostok zu führen. Allerdings lauerten in der Kara- und Barentssee deutsche U-Boote, denen es 1943 und 1944 gelang, insgesamt zehn Schiffe zu torpedieren.

Ende August 1942 stieß auch das deutsche «Westentaschenschlachtschiff» *Admiral Scheer* vom norwegischen Narvik aus im Alleingang weit nach Osten in die Karasee vor, um einen alliierten Konvoi abzufangen, der von Alaska her auf dem Nördlichen Seeweg die sowjetischen Eismeerhäfen ansteuerte. Allerdings vermochte die *Scheer* nur einen weit vorausfahrenden Eisbrecher zu versenken, das Geleit selber aber nicht aufzuspüren. Dann wandte sie sich der Jenisseimündung zu und tauchte am 28. August vor Port Dickson auf. Den mit Geschützen armierten Dampfer *Aleksandr Sibirjakow*, der sich ihr in den Weg stellte, vernichtete die *Admiral Scheer* und ließ dann einen Hagel von 77 Granaten schweren und 379 Granaten mittleren Kalibers auf den Hafen und die schwache Küstenbatterie niedergehen. Dieser Beschuss richtete nicht nur schwere Verwüstungen an, sondern hinterließ auch sieben Tote und 30 Verwundete. Noch gleichentags wurde aus Norilsk nach Port Dickson mit einem Wasserflugzeug ein vierköpfiges Arztteam eingeflogen, das in zwei Tagen 30 Operationen durchführte. Pikant daran war, dass drei Angehörige des Teams zur Ansiedlung begnadigte ehemalige Lagerinsassen waren, die sich also nur bedingter Freiheit erfreuten, während der vierte, der Anästhesist und Assistenzchirurg A. A. Bajew – ein späteres Mitglied der Akademie der Wissenschaften – sogar noch im Norilsker Gulag einsaß. Für die sowjetische Parteiführung zählten die menschlichen und materiellen Folgen des Raids der *Scheer* jedoch weniger, sondern als eigentlichen Skandal betrachtete sie, dass ein deutsches Kriegsschiff ungehindert so weit im Hinterland der Front auftauchen konnte. Daher unterlag der Vorfall höchster Geheimhaltungsstufe.[194] Allerdings wurde – wie es scheint – der bei dem Überfall schwer verwundete Hafenkommandant, Kapitän z. S. Menschikow, wegen «Agententätigkeit zugunsten der Deutschen» verhaftet und nach Norilsk verschickt, wo er dem österreichischen Kommunisten Karl Steiner seine Geschichte erzählte.[195] Allerdings lässt diese sich so, wie sie dargestellt wird, nicht verifizieren.[196]

Im folgenden Jahr kehrte der Krieg noch einmal an den Jenissei zurück. In einer streng geheimen Nachricht vom 14. September 1943 teilte das für die Nordmeerroute zuständige Marinekommando der Krasnojarsker Parteileitung mit, dass der mit Kohlen aus Dudinka beladene Dampfer *Tbilissi* um den 6. September in der Jenisseimündung auf eine deutsche Mine gelaufen und gesunken sei.[197] Die Mine hatte vermutlich ein deutsches U-Boot gelegt. Möglicherweise handelte es sich um dasselbe U-Boot, das am 27. Juli vor Nowaja Semlja das sowjetische Forschungsschiff *Akademik Schokalski* durch Artilleriefeuer versenkt hatte.[198]

Nach dem Krieg[199] hatte die Handelsflotte der Nordmeerhäfen nicht nur schwere Verluste zu verkraften, sondern die Schiffe waren auch völlig überaltert. Gelindert wurde der Mangel schon während der letzten Kriegsjahre durch amerikanische und britische Schiffe, die der Sowjetunion im Rahmen des Lend-lease-Abkommens ausgeliehen wurden. Ab 1946 trafen dann Schiffe ein, die als Reparationsleistungen von Ostdeutschland, Italien und Rumänien abgeliefert wurden, aber das waren in der Regel ebenfalls alte Kähne. Diese kamen vor allem den Ostsee- und Schwarzmeerflotten zugute, welche die stärksten Verluste erlitten hatten. Die Nordmeerflotte konnte in den ersten Nachkriegsjahren aus diesen Lieferungen nur gerade die Einbußen ausgleichen. Man versuchte, die Tonnage dadurch zu vergrößern, dass man Schleppzüge aus jeweils einem Hochseeschlepper und einem Leichter von 3000 Tonnen zusammenstellte. Ende 1950 verfügte die Nordmeerhandelsflotte über 12 Schlepper und 7 Leichter. Aber es zeigte sich bald, dass dieses Verfahren nicht wirtschaftlich war, weil ein Schlepper, der einen Leichter zog, sich weniger rechnete als ein großer Dampfer. Zudem waren Schleppzüge nur im Kabotageverkehr einsetzbar, etwa zwischen Archangelsk und Dudinka. Generell lebte der regelmäßige Linienverkehr zwischen Archangelsk und Dudinka mit Kohle, Stammholz, Getreide, Fisch und Baumaterial wieder auf.

Unter Nikita Chruschtschow stieg das Interesse der sowjetischen Politik am Nördlichen Seeweg. Mit neuen, eisgängigen dieselelektrischen Transportern und schweren Eisbrechern versuchte die Nordmeerhandelsflotte die Navigationsperiode auszuweiten und einen regulären Fernverkehr über Port Dickson hinaus entlang der gesamten nordsibirischen Küste aufzubauen. 1974 erhielt sie von der Asowflotte wegen des rasch wachsenden Volumens der Kohle- und Erztransporte aus Dudinka acht eisgängige Spezialfrachter von 6300 Tonnen, die 1958/59 in der DDR gebaut worden waren. Überhaupt stammten die Neuzugänge der Nordmeerhandelsflotte in den Jahren 1959–1985 mehrheitlich von Werften in Finnland und der DDR. Am Ende des Jahres 1985 verfügte die Flotte über fünf Passagierschiffe und 57 Frachter, davon 30 Erztransporter.

Ausländische Schiffe durften den Nördlichen Seeweg nur ausnahmsweise benutzen. Um dem Mangel an eigenem Schiffsraum zu begegnen, charterte die Sowjetunion für den Holztransport Frachter vor allem in Norwegen und Großbritannien.[200] Seit 1964 konnten die Holzexporte ab Igarka jedoch völlig von sowjetischen Schiffen abgewickelt werden. Dabei wuchs der Anteil bereits verarbeiteten Holzes auf Kosten reinen Stammholzes von drei Prozent (1969) auf 65 Prozent (1975). Im Kabotageverkehr wurden nach Osten die Eismeerhäfen Dickson, Tiksi etc. und hafennahe Städte wie Norilsk, Dudinka, Igarka, die auf dem Landweg nicht bedient werden konnten, über See mit den erforderlichen Bedarfsgütern versorgt. Auf dem Rückweg luden die Schiffe vor allem Erze und Metalle aus Norilsk. 1976 wurden aus Dudinka mehr als eine Million Tonnen Nickel-Kupfererze verschifft, aus Igarka über 1,2 Millionen Festmeter Holz und Holzprodukte. 1977 transportierte die Flotte auf der Linie Murmansk–Dudinka bereits über 2 Millionen Tonnen. Eine wichtige Rolle spielte der Zubringerdienst Leningrad–Dudinka mit Turbinen und Ausrüstungen für die neuen Wasserkraftwerke an Jenissei und Angara. Welchen Aufschwung Dudinka als Hochseehafen nahm, zeigt das Register der Ein- und Ausfuhren: Betrugen die Einfuhren im Jahre 1970 erst 295 000, die Ausfuhren 199 000 Tonnen, so lag die Relation im Jahre

1985 bei 487 000 beziehungsweise 1 390 000 Tonnen. Daraus ergibt sich ein charakteristisches Missverhältnis zwischen der Einfuhr von Bedarfsgütern und der Ausfuhr von Rohstoffen. Der Flussverkehr stellte in den achtziger Jahren etwa zwei Drittel des Güterumschlags der Hochseehäfen Igarka und Dudinka, war aber weit überwiegend stromabwärts orientiert. Mit einem geschätzten Güteraufkommen von 36 Millionen Tonnen im Jahre 1985 lag unter den Strömen Sibiriens der Jenissei hinter Ob und Irtysch (70 Millionen Tonnen) an zweiter Stelle – weit vor dem Amur mit 17 und der Lena mit 13 Millionen Tonnen.[201]

Diese Expansion des Frachtverkehrs war nur möglich, weil die Sowjetunion ihre Eisbrecherflotte gewaltig aufrüstete. 1960 wurde der erste atomgetriebene Eisbrecher in Dienst gestellt – die *Lenin* mit 44 000 PS. Weitere schwere Dieseleisbrecher folgten. Auf diesem Weg wollte man versuchen, die Schifffahrtslinie Murmansk–Dudinka ganzjährig offen zu halten. Dies gelang zwar nicht ganz, doch konnte man die Navigationsperiode von 143 Tagen (1973) auf 193 Tage (1975) ausdehnen, das heißt bis tief in den Polarwinter hinein, zugleich auch das Konvoitempo verdoppeln. 1975 kam erstmals der mit 75 000 PS damals stärkste Atomeisbrecher *Arktika* zum Einsatz.[202]

Doch die Arktis blieb unberechenbar. 1983 blockierten gewaltige Packeismassen die nordostsibirischen Küsten und hielten 51 Schiffe fest. Daraufhin wurden die neun stärksten Eisbrecher dorthin entsandt. Tatsächlich gelang es ihnen, die Schiffe zu befreien, bis auf eines, das vom Eis zerdrückt wurde. Ein stetiger Verkehr auf dem gesamten Nördlichen Seeweg zwischen Murmansk, Magadan und Wladiwostok war immer noch nicht möglich.[203] Das Konzept, im Ost-West-Verkehr zwischen Europa und Asien durch den Nördlichen Seeweg die Transsibirische Eisenbahn spürbar zu entlasten, ist zu sowjetischen Zeiten daher nicht aufgegangen. Der Jenissei blieb die wichtigste Endstation der von Westen kommenden Schifffahrt.

## Die Landwege

Der Landverkehr spielte auch während der sowjetischen Zeit nur im dichter besiedelten Süden des Krasnojarsker Krai eine zentrale Rolle. Das gesamte untere Becken des Jenissei blieb vom Eisenbahn- und Straßennetz abgeschnitten, seine Siedlungen auf die Wasserwege angewiesen.

### Der Ausbau der Eisenbahn

Von den utopischen Eisenbahnprojekten der ausgehenden Stalinzeit, in der man mit Hilfe des Millionenheeres von Zwangsarbeitern glaubte, scheinbar Unmögliches möglich machen zu können, nahm man 1949 nur die Transpolarmagistrale von Salechard nach Igarka in Angriff. Sie sollte den unteren Ob und den unteren Jenissei miteinander verbinden und war als subpolare Parallele zur Transsibirischen Eisenbahn gedacht. Doch sie überlebte Stalin nicht (dazu unten mehr). Daher musste man sich für den Ost-West-Verkehr notgedrungen auf das Vorhandene und Bewährte konzentrieren – den Ausbau der Transsibirischen Eisenbahn.

Die Transsib als einziger ganzjährig nutzbarer Verkehrsweg, der den nach Norden strömenden Jenissei kreuzt und die sibirischen Strombecken miteinander verbindet, blieb daher der wichtigste Landweg, ja sie nahm wegen des starken Bevölkerungswachstums im Krasnojarsker Süden an Bedeutung noch zu.

Doch die mit den Fünfjahrplänen wachsende Schere zwischen Anforderungen und Leistungsmöglichkeiten nötigte seit 1933 zu massiven Investitionen in die Modernisierung von Infrastruktur und Rollmaterial. So kamen seit Mitte der dreißiger Jahre neue Serien leistungsstarker Dampflokomotiven in die Depots. Ab 1935 erhielten auch Güterzüge hydraulische Bremsen; dadurch wurden zahlreiche Bremser überflüssig. Die Reisegeschwindigkeit der Güterzüge vermochte man so von 25–30 km pro Stunde auf 30–40 km pro Stunde zu steigern und Züge mit 35 bis 45 zweiachsigen Güterwagen zusammenzustellen.[204]

Von 1941 bis 1945 arbeitete die Transsib am Anschlag, Infrastruktur und Rollmaterial wurden extrem beansprucht. Nach dem Krieg erwies es sich daher als notwendig, die Bahn zu sanieren und neue Zugtechnologien zu entwickeln. In den fünfziger Jahren lösten zunehmend Diesel- die alten Dampfloks ab, seit den sechziger Jahren vor allem dieselelektrische Lokomotiven. Um die Effizienz der Transsib zu steigern, wurde die Umstellung auf Doppelspur vorangetrieben, 1951 mit der Elektrifizierung begonnen, jedoch zunächst vom Ural her, um die Kohlentransporte aus dem westsibirischen Kusbass zu beschleunigen. 1958 erreichte die Elektrifizierung den Krasnojarsker Streckenabschnitt, 1965 war auch die Umstellung von mechanischen auf elektrische Signale abgeschlossen. Nun kamen brandneue Elektroloks zum Einsatz. Den erforderlichen Strom konnte man bald aus den neuen Wasserkraftwerken beziehen.[205]

Die forcierte Industrialisierung Sibiriens zwischen 1965 und 1985 führte erneut zu einer massiven Mehrbelastung der Transsib. Dieser suchte man durch weitere Modernisierungsschritte zu begegnen: Auf den am stärksten beanspruchten Streckenabschnitten wurden Oberbau und Gleismaterial verstärkt, neue zugkräftige Loktypen in Betrieb genommen, die Elektrifizierung abgeschlossen, die Züge mit automatischen Kupplungen ausgerüstet und Containertransporte eingeführt.[206]

Krasnojarsk behielt auch weiterhin sein 1894 gegründetes Technikum für Eisenbahntransport, welches mittlere Eisenbahnkader heranzieht. Doch die höhere Ausbildung erfolgt seit 1932 in Irkutsk.[207]

Der Krasnojarsker Streckenabschnitt der Ostsibirischen Bahn wurde zweimal aus dieser Verwaltungseinheit herausgelöst und verselbständigt (1961–1965 sowie 1979–1997). Die Dezentralisierung der Ostsibirischen Bahn und ihre Aufgliederung in die drei Teilbereiche Krasnojarsker Bahn, Ostsibirische Bahn und Transbaikalbahn sollten Effizienz und Transparenz steigern. Bei dieser Gelegenheit erhielt die Krasnojarsker Eisenbahn auch ihren Anteil am materiellen Bahnimperium; dazu zählten im Jahre 1991 141 betriebseigene Bildungseinrichtungen vom Kindergarten bis zur Mittelschule mit über 10 000 Plätzen.[208]

1965 konnte man eine neue Eisenbahnlinie in Betrieb nehmen, die Abakan am oberen Jenissei mit Taischet verbindet, wo sie sich mit der Transsib vereinigt. Die 647 km lange Strecke führt fast nur durch bergiges Gelände und muss zudem den Gebirgszug des Östlichen Sajan durchstoßen. Ein Dutzend Tunnels mussten gebohrt und 688 Brücken gebaut werden, die auch große Flüsse wie den Abakan, den Jenissei, die Tuba, den Kan und die Birjussa sowie zahlreiche Schluchten zu überqueren hatten. Die Strecke war von vornherein für den elektrischen Betrieb ausgelegt, aber weitgehend eingleisig mit zwischengeschalteten Doppelspurabschnitten. Dass sie trotz der gewaltigen Anforderungen, die das Gelände an den Bau stellte, schon nach acht Jahren vollendet werden konnte, war nicht zuletzt dem Einsatz zahlreicher Freiwilliger aus den Reihen der Komsomolzen zu verdanken. Daher erhielt sie auch den Ehrennamen «Strecke der Mannhaftigkeit» (*Trassa mužestva*).[209]

Abakan war seit 1925 durch die Vollendung der 459 km langen Stichbahn mit Atschinsk an der Transsib verbunden. Weil dort, wo die neue Strecke Abakan–Taischet sich etwa 250 km südöstlich Krasnojarsk der Transsib am stärksten nähert, ein Verbindungsstück zwischen beiden Linien eingefügt wurde, entstand eine Ringbahn. Diese schließt den Krasnojarsker Stausee weiträumig ein und verbindet Krasnojarsk über Atschinsk im Westen und Ujar im Osten zweifach mit Minussinsk und Abakan.[210] Von all diesen Strecken führen Stichbahnen zu abseits gelegenen wirtschaftlich interessanten Standorten, so von Krasnojarsk zum Flusskraftwerk Diwnogorsk oder von Askis am Abakanfluss 70 km flussaufwärts bis Abasa. Eine Verlängerung bis Kysyl in Tywa ist geplant.

Doch viel wichtiger war, dass Abakan schon seit 1959 durch die Fertigstellung einer Gebirgsstrecke, die den Westlichen Sajan durchstößt, über den Oberlauf des Tom und die Stadt Meschduretschensk an das Netz der Westsibirischen Eisenbahn angeschlossen ist.[211] Dadurch ging seit 1965 eine südsibirische Parallele zur Transsib in Betrieb, die auf der 1024 km langen Strecke Nowokusnezk–Taischet die alte Magistrale etwas zu entlasten vermag.[212]

Als dringlich erwies es sich aus wirtschaftlichen Gründen, auch das Holzkombinat in Lessosibirsk über eine ganzjährig nutzbare Bahnlinie an die Transsib anzubinden. Statt für Krasnojarsk als Ausgangspunkt entschied man sich jedoch für Atschinsk, das damit zu einem Drehkreuz der Transsib aufstieg. Die 274 km lange Stichbahn erreichte Lessosibirsk jedoch erst 1976.[213] Sie noch um das kurze Stück bis zur alten Hauptstadt Jenisseisk zu verlängern, fiel außer Betracht – offensichtlich, weil die Stadt wirtschaftlich uninteressant war. Die für den Schienentransport der Holzprodukte aus Lessosibirsk nicht unerhebliche Linie ist jedoch auch heute noch nicht vollständig elektrifiziert. Eine weitere Stichbahn, die von der Transsib nach Norden führt, sollte bei Reschoty, 62 km westlich Taischet, nach Norden abzweigen und die untere Angara westlich Bogutschany erreichen. Der ambitionierte Bau der Trasse wurde Anfang der siebziger Jahre in Angriff genommen, aber schon 1977 wieder eingestellt, obgleich bis Bogutschany nur noch gut 50 km hätten gebaut werden müssen.[214] Wohl in Zusammenhang mit der Fertigstellung des Flusskraftwerks Bogutschany sollen die Bauarbeiten an einer Verlängerung der Linie bis Jarki seit einigen Jahren wieder im Gange sein.[215]

Bis heute sind die beiden nördlichen Abzweigungen der Transsib lediglich Zubringer zum Jenissei und zur Angara geblieben. Inwieweit in Zukunft weitere Bahnprojekte in die Taiga vorgetrieben werden, dürfte davon abhängen, ob die geplanten gigantischen Stauwerkvorhaben sowie die Erschließung der Bodenschätze des unteren Angara- und mittleren Jenisseibeckens dies erfordern.[216]

Die nördlichste Eisenbahnlinie der Welt entstand als Verbindung zwischen dem Industriekombinat Norilsk und dem Jenisseihafen Dudinka. Gebaut wurde sie seit Juni 1936[217] unter unsäglichen Begleitumständen von Zwangsarbeitern aus dem Gulag. Wegen der Dringlichkeit des Projekts und der Beschaffenheit des Geländes konnte dies fürs Erste nur eine Schmalspurbahn sein. Die Häftlinge begannen mit dem Bau von beiden Enden her, und sie bauten sommers wie winters und bei jedem Wetter. Am 17. Mai 1937 war die Strecke fertig. Doch da man die trockeneren Bodenpartien in der sumpfigen Tundra hatte nutzen müssen, summierte sich die Länge des Schienenstranges schließlich auf 114 statt der etwa 90 Streckenkilometer, die zwischen Dudinka und Norilsk möglich gewesen wären. Bereits am 18. Mai verließ der erste durchgehende Zug Dudinka. Er benötigte für die Strecke volle sieben Tage, weil die Gleise vielfach direkt auf dem Schnee lagen oder die Steigungen nur in Intervallen zu bewältigen waren. Das heißt, die Lok (Abb. 77) konnte sie nur mit zwei Wagen schaffen und musste die anderen schubweise nachholen. Die Personenwaggons waren so niedrig, dass größere Passagiere beim Einsteigen den Kopf einziehen mussten. Von Juni bis Oktober ging auf der Strecke schon nichts mehr, weil der Schneeunterbau unter den Gleisen wegtaute. Obgleich die Bahn ein Problemkind blieb (im Dezember 1938 benötigte beispielsweise ein Zug wegen Schneeverwehungen für die Fahrt von Dudinka nach Norilsk volle 28 Tage!), ermöglichte sie es von nun an, Güter und Menschen einfacher zu transportieren. Vielen, die freiwillig oder «unfreiwillig» ihre Dienste in Anspruch nehmen mussten, blieb sie jedenfalls im Gedächtnis. Boris Witman, den sie im Spätwinter 1949 nach Norilsk transportierte, erinnert sich, die Fahrt in sieben Stunden geschafft zu haben, aber die Wägelchen schwankten und schlingerten dermaßen, dass der Zug an einer Stelle fast entgleist wäre.[218] Juri Sacharow fuhr mit seiner Mutter im Herbst 1946 von Dudinka nach Norilsk. Sie brauchten zehn bis zwölf Stunden. Weil es in den kleinen Wägelchen keine Toiletten gab, hielt der Zug manchmal inmitten der Tundra, und dann ertönte das Kommando: «Männer – links, Frauen – rechts!»[219]

Erst 1953 konnte eine Breitspurbahn (152 cm) in Betrieb gehen, die den Fahrweg auf 101 km verkürzte und wesentlich solider gebaut war. Um das durch den Wechsel der Jahreszeiten bedingte Bodenfließen auf der ewigen Gefrornis abzufedern, hob man die Bahntrasse bis in den Permafrostboden hinein aus und schüttete einen mächtigen Bahndamm aus einem Sand-Kies-Gemisch auf. Die neue, immer noch eingleisige Strecke steigerte nicht nur die Leistungsfähigkeit enorm, sondern auch die Geschwindigkeit. Personenzüge brauchten für die Distanz nur noch vier Stunden. Von 1957 bis 1968 wurde die Strecke etappenweise elektrifiziert (Strom floss ja reichlich). Im Jahre 1970 erreichte die Bahn erstmals ein Transportvolumen von 10 Millionen Tonnen und auf dem Höhepunkt im Jahre 1988 von 22 Millionen Tonnen – so viel wie die schmalspurige Vorgängerin während ihrer ganzen Lebensdauer von 1937 bis 1953 geschafft hatte. Nach dem Ende der Sowjetunion hielt der Kapitalismus Einzug in Norilsk. Die Leitung des nunmehr privatisierten Industriekombinats Norilsk Nickel, zu dessen Imperium die Bahn gehörte, versuchte Kosten zu sparen und verfügte 1998, den Passagiertransport einzustellen. Als Begründung führte man an, dass immer mehr Einwohner ein eigenes Auto besäßen und die übrigen die Autobusverbindung über die kurz zuvor asphaltierte Straßentrasse benutzen könnten. Da auch eine Generalüberholung der Fahrleitungen anstand, entschied das Direktorium im folgenden Jahr kurzerhand, den elektrischen Bahnbetrieb ebenfalls zu beenden und die Leitungen zu demontieren. Den Güterverkehr stellte man vollständig auf den Betrieb mit dieselelektrischen Lokomotiven um.[220]

**Die «tote Eisenbahn»**
Die Eisenbahnlinie Dudinka–Norilsk sollte auf die Dauer nicht isoliert bleiben, sondern über eine nordsibirische Magistrale unter dem Polarkreis an das Bahnnetz Nordrusslands angeschlossen werden. Was ist daraus geworden? Die «tote Eisenbahn»!

**Was blieb**
*31. 8. 2000. Zwei große, orangerot gestrichene Feuerwehrhelikopter landen laut röhrend auf einer breiten Kiesbank an der Mündung der Unteren Tunguska in den Jenissei. Sie nehmen je zwanzig Passagiere auf, um sie auf eine der Inseln des «Archipels Gulag» zu fliegen. Unser Ziel ist eines der vielen kleinen Lager, welche die Trasse der «toten Eisenbahn» säumen. Vielen von uns fällt das Herz in die Hose, als sie die verrussten Mühlen von innen sehen: lose Kabel, mit Klebband notdürftig umwickelt, nach hinten zur Ladeluke hin klaffende Spalten in der Verkleidung und ein Lärm, der jede Unterhaltung fast unmöglich macht.*

*Wir fliegen etwa drei Viertelstunden nach Nordwesten. Unter uns dehnt sich die Waldtundra: ein Wechsel von Waldstücken mit offenen Sumpf- und Moorflächen, durchsetzt mit Weihern und kleinen Seen. Lärchen und Birken beginnen sich bereits herbstlich zu verfärben, und ein leuchtend rot flammender Espenhain mischt einen Hauch von «indian summer» unter das Landschaftsbild. Als ein Flüsschen in Sicht kommt, gehen wir tiefer. Unter uns dehnt sich lichter Wald. Wo sollen wir da landen, ohne dass es uns die Rotorblätter zerreißt? Wir brauchen zum Landen eine kahle Anhöhe, welche die Rotorblätter über die Baumwipfel hebt. Der Kopilot öffnet die Ausstiegsluke und hängt sich weit hinaus, um nach unten spähen zu können. Dann dirigiert er über Sprechfunk den Piloten zum vorgesehenen Landeplatz unter uns – einer beim Bahnbau künstlich aufgeschütteten Erdrampe, welche die Bahntrasse bis zur Flussbrücke andacht. Die hölzerne Eisenbahnbrücke über den Fluss ist durch das Bodenfließen völlig verzogen und verschoben. Zentimetergenau zapfen die Stützräder des Helikopters in zwei mit Brettern ausgekleidete Haltelöcher auf der Rampe ein. Wenn der Pilot sie nicht getroffen hätte, wäre der Helikopter seitlich die Böschung hinuntergestürzt, so schmal ist der Bahndamm. Glücklicherweise bemerken wir das erst beim Aussteigen.*

*Das ehemalige Lager jener Baubrigade, die diesen Streckenabschnitt der Eisenbahn zu erstellen hatte, liegt nicht weit entfernt, unmittelbar neben dem Bahndamm. Wie einer unserer Exkursionsteilnehmer mit seinem Satellitennavigationsgerät ermittelt, befindet sich das Lager auf 66 Grad und 14,3 Minuten nördlicher Breite und 85 Grad und 52,8 Minuten östlicher Länge. Gleise sind nicht mehr zu sehen, sie wurden nach Stalins Tod und der Aufgabe des Bahnprojekts abmontiert und für den Bau des einzigen in Betrieb genommenen Abschnitts der Nordpolarbahn verwendet – der neuen Vollspurstrecke von Dudinka nach Norilsk. Die Schienenschwellen hat man liegen lassen. Sie zeichnen sich als quaderförmige, von bunten Flechten und von Pilzen zerfressene schwarze Humusstreifen noch deutlich auf dem Damm ab.*

*Das Lagergelände ist heute von scheinbar jungem, lichtem Kiefern- und Birkenwald überwachsen. Da das Lager 1953 aufgegeben wurde, ist der Wald in Wirklichkeit aber schon fast ein halbes Jahrhundert alt. Dieses verlangsamte Wachstum hängt mit der kurzen Vegetationsperiode und dem Permafrostboden zusammen, der hier wohl in höchstens einem Meter Tiefe zu erwarten ist. Darum sind auch die Baulichkeiten im allgemeinen recht gut konserviert, nur die Bodenbewegungen haben einige Lagerbaracken in Schieflage gebracht oder gar völlig zusammenstürzen lassen. Auch der Lehmbewurf von den hölzernen Barackenwänden ist größtenteils abgeplatzt.*

*Stacheldrahtzaun, Wachtürme, Telefonmasten sind noch vorhanden. Aber Wald und Unterwuchs aus Stauden, Gräsern und Sträuchern mildern den Schrecken des Gulag, den wir in unserer Erwartung mitgebracht haben. Auch wenn die Vergangenheit in ihren Einzelheiten mit Händen zu greifen ist, wenn man in die Baracken hineingeht und etwa über ein paar ausgetretene Filzpantoffeln stolpert – sie scheint wie in einer Art Naturmuseum erstarrt zu sein.*

*Die früheren Funktionen der einzelnen Baulichkeiten sind unschwer zu erkennen: Hier die Lagerbäckerei, dort das Badehaus – noch mit einem Holzzuber auf dem Dach und einem Zinkeimer vor der Türe. Hier das Klubhaus mit «roter Ecke» und gemaltem Ölfries an den Wänden, dort die Verwaltung mit dem berüchtigten Schalter in einer hölzernen Wand, vor dem man anstehen musste; und hinter dem Schalter heute Staub, Dreck und über den ganzen Boden Unmassen an Papieren verstreut – keine wichtigen Dokumente, sondern Routinekram, Lohnquittungen. Trotzdem wäre das für die Geschichtswissenschaft eine interessante Quellengattung, weil sie die Namen der Inhaftierten erschlösse. Nicht an jeder Schlafpritsche hat sich nämlich ihr früherer Bewohner verewigt wie an jener des Koleschow, Wladimir Petrowitsch. Auch das Lagergefängnis – Gefängnis im Gefängnis – lässt sich an den vergitterten Fenstern unschwer ausmachen. Um außerhalb der Umzäunung noch nach dem Friedhof zu suchen, haben wir leider keine Zeit.*

*Wir kehren zum Helikopter zurück. Auch die Piloten kommen aus dem Wald – mit Eimern voller Pilze. Wo einstmals Angst, Schweiß und Tod ihr Regiment geführt haben, sprießt heute neues Leben.*

*Als wir abheben und auf einer anderen Route zurückfliegen, sehen wir durch das Bullauge, wie unter uns die Schneise der früheren Bahntrasse, den waldbestandenen trockeneren Bodenrücken folgend, sich in großen Schwüngen durch die Landschaft zieht. Gelegentlich kommt eine Brücke in Sicht, verbogen oder schon eingestürzt. Was hätte der Unterhalt dieser Bahn wohl gekostet, wenn sie das Stadium des Werkverkehrs hinter sich gelassen und tatsächlich in regulären Betrieb gegangen wäre?*[221]
(Abb. 89, 90, 93, 94)

Das Projekt

Man zählte den 29. Januar 1949, als Josef Stalin eine Verfügung folgenden Inhalts unterschrieb: «Der Ministerrat der UdSSR ordnet an: Zu erstellen sind ein Meereshafen, ein Werk für Schiffsreparaturen und eine Wohnsiedlung der Hauptverwaltung des Nördlichen Seewegs beim Ministerrat der UdSSR im Rayon Igarka am Fluss Jenissei an Stelle von Mys Kamenny in der Mündungsbucht des Ob. In Zusammenhang damit ist die Linienführung der Eisenbahn Station Tschum–Mys Kamenny abzuändern, nämlich dergestalt, dass sie von der Stadt Salechard zum Ort des neuen Hafens führt, im Rayon Igarka am Fluss Jenissei.»[222]

Man könnte das Projekt, auf der Höhe des Polarkreises über mehr als 1200 km hinweg durch die Waldtundra eine Eisenbahn vom Ob bis zum Jenissei zu bauen, für eine Wahnidee halten – entsprungen dem Hirn eines alternden Diktators, der bereits jeglichen Realitätsbezug verloren hatte. Schließlich liefen ja zur gleichen Zeit die Vorbereitungen für das Stalin-«Pantheon» in Kureika an, das sich ebenfalls dem Größenwahn seines Urhebers verdankte. Aber abgesehen davon, dass utopische Spielereien, auch Nordsibirien durch eine Eisenbahn zu erschließen, bereits in die späte Zarenzeit zurückreichen,[223] gingen die konkreten Planungen schon auf die Zeit des Zweiten Weltkrieges zurück. Der Feuerüberfall des deutschen Kreuzers *Admiral Scheer* vom August 1942 auf Port Dickson vor der Jenisseimündung hatte der sowjetischen Führung drastisch vor Augen geführt, wie ungeschützt sich die Eismeerflanke Sibiriens darbot. Größere Mengen an Nachschub auf dem Flussweg heranzuführen, war nur während der kurzen Sommersaison möglich. Eine Eisenbahnverbindung hingegen wäre ganzjährig nutzbar. Schon 1943/44 begannen daher die konkreten Planungen. Beschleunigt wurden sie, als seit 1946/47 der Kalte Krieg in Gang kam und die sowjetische Führung mit der Möglichkeit einer Invasion der USA in Sibirien zu rechnen begann. Dass die «Polarmagistrale» also vor allem unter strategischen Gesichtspunkten gebaut werden sollte, entschieden allein Stalin und seine Entourage. Wissenschaftler, die hätten Bedenken äußern können, wurden nicht beigezogen. So wurde unter den Auspizien des Kalten Krieges eine neue, gigantische Großbaustelle des Kommunismus aus dem Boden gestampft, die finanziell ein Fass ohne Boden geworden wäre und daher von vornherein dazu verurteilt war, als «tote Eisenbahn» zu enden.[224] Noch 1952 gab man sich in Moskau sogar weiterreichenden Utopien hin: einer Fortsetzung der Nordmagistrale von Igarka bis Jakutsk an der Lena sowie einer Eisenbahnverbindung von Ust-Kut bis zur Beringstraße.[225]

Auch die Idee einer verkürzten Bahnlinie von Nordrussland lediglich bis zur Obmündung bei Mys Kamenny verwarf man schließlich und entschied sich stattdessen dafür, von Tschum an der Workutabahn eine Abzweigung über den Nordural hinweg nach Labytnangi am unteren Ob zu bauen. Diese Linie wurde schon 1948 fertiggestellt. Vom gegenüberliegenden Salechard hätte dann die Fortführung der Trasse Igarka anzielen sollen. Der Grund dafür liegt wohl darin, dass Igarka sich auf dem Flussweg mit Dudinka und von dort über die Eisenbahn mit dem Industriekomplex Norilsk vernetzen ließ. Doch weil dies dazu genötigt hätte, die Strecke weiter nördlich durch versumpfte Gebiete zu führen, wählte man eine südlichere, kürzere Variante von Salechard nach Jermakowo auf dem Westufer des unteren Jenissei. Dort war der Strom zu überqueren und auf dessen Ostufer die Strecke nordwärts über weitere 63 km bis nach Igarka zu führen.[226] Die Bahnlinie sollte eingleisig gebaut werden und 28 Stationen sowie 106 Ausweichstellen aufweisen.[227] Schwerwiegende Probleme bereitete allerdings die Überquerung der Stromunterläufe von Ob und Jenissei, welche Brücken von mehreren Kilometern Länge erfordert hätte. So entschied man, fürs Erste von Labytnangi am Westufer des dort fast 9 km breiten Ob nach Salechard am Ostufer und von Jermakowo am Westufer des Jenissei zum Ostufer Eisenbahnfähren zu verwenden, wie sie sich auf dem Amur bei Komsomolsk bewährt hatten. Während des Winters sollten die Gleise auf dem Eis der beiden Ströme verlegt werden.[228] Der zeitliche Rahmen, den die sowjetische Führung setzte, war mindestens so ambitiös wie das Unternehmen selbst – Baubeginn noch im März 1949, Inbetriebnahme für den Werksverkehr im vierten Quartal 1952, Eröffnung für den regulären Betrieb 1955.[229] Das konnte nur gelingen, wenn man die Ausführung der Eisenbahnabteilung des NKWD übergab, die mit ihren unerschöpflichen Reserven an Häftlingssklaven unter dem sibirischen Polarkreis ein neues Netzwerk ihres GULAG-Imperiums eröffnen konnte.[230]

Für den Bau der Trasse bildete die Eisenbahnverwaltung des GULAG zwei Baukomplexe: Stroika 501 sollte vom Ob aus den Bau bis nach Urengoi am Fluss Pur vorantreiben, Stroika 503 vom Jenissei aus ihm entgegenarbeiten. Die Gesamtbauleitung residierte von März bis Oktober 1949 in Igarka, danach in Jermakowo.[231] Dieses anfangs winzige Dörfchen explodierte bis 1950 buchstäblich zu einer Stadt mit gegen 15 000 Einwohnern, die Seki nicht eingerechnet (Abb. 92). Innerhalb eines Jahres wurde für den Ort eine komplette Infrastruktur aus Schule, Kindergarten, Spital, Kulturhaus, sechs Läden, Restaurant und Gästehaus aus dem Boden gestampft. Die Häuser wurden über oberirdisch geführte, dick isolierte Heißwasserleitungen fernbeheizt. Sogar eine Abendschule für Analphabeten gab es. Als ob Jermakowo für die Ewigkeit gebaut worden wäre![232] Dabei muss es selbst für die Seki einen gewissen Charme entwickelt haben, denn einer von ihnen nannte es im nostalgischen Rückblick sogar ein «kleines Paris dort in der Taiga».[233]

Auf Ende des Jahres 1949 arbeiteten allein für Stroika 503 – also die Osthälfte der Trasse – 29 234 Häftlinge, 2487 «freie» Lohnarbeiter und 1772 Wachsoldaten, insgesamt also 33 493 Personen. Sie waren vier Lagerbereichen zugewiesen: Igarka, Jermakowo, Turuchan und Tas,[234] verteilten sich aber auf zahlreiche Unterlager *(lagpunkty)*, die alle 6–8 km der Trasse entlang aufeinanderfolgten.[235] Diese waren in der Regel nach folgendem Modell angelegt: «Eine Fläche von 500 auf 500 Metern, mit einem Stacheldrahtzaun ringsherum und Wachtürmen an den Ecken. Im Inneren einstöckige Baracken, eine Kantine, ein Strafisolator, ein Wachthaus am einzigen Tor. Außerhalb der Umzäunung – vorgefertigte Finnenhäuser für die Wachmannschaft und die freien Lohnarbeiter, dann gab es den Laden, das Badehaus, Lagerhäuser, den Klub … In jedem Lager hatte es zwischen 500 und 1500 Häftlinge.»[236]

Die Oberaufsicht über das Projekt hatte Oberst Wassili Arsentjewitsch Barabanow (1900–1962) – unter den höheren Offizieren des NKWD eine Ausnahmeerscheinung. Dies nicht nur wegen seines eher aristokratischen Äußeren, das ihm zahlreiche Frauenherzen zufliegen ließ, sondern auch wegen seines Umgangs mit den

Häftlingen. «Onkel Wassja» nannten sie ihn. Er genoss Respekt, galt als hart, aber gerecht. Übergriffe gegen Häftlinge duldete er nicht, hatte er doch selber die «Säuberungen» des Jahres 1937 innerhalb des NKWD nur knapp überlebt und ein halbes Jahr in Einzelhaft gesessen. Daher konnte er sich in die Situation seiner «Schützlinge» einfühlen. Allerdings ließ auch er sich einen Wohnpalast im Cottagestil bauen. Vor allem aber war er ein begeisterter Theaterfreund. Aus allen ihm unterstellten Lagern ließ er Schauspieler, Sänger und Sängerinnen, Regisseure, Musiker und Maler nach Igarka holen. Sie lebten unter privilegierten Lebensbedingungen in einem eigenen Teillager, während die 6000 übrigen Seki versuchen mussten, das nackte Leben zu fristen. Als Gegenleistung erhielt Igarka für kurze Zeit ein künstlerisch hochstehendes Dramen- und Operettentheater. Zeitzeugen nannten es in Anspielung an die leibeigenen Schauspielensembles hoher Aristokraten des ausgehenden 18. Jahrhunderts ironisch Barabanows «Leibeigenentheater». Dass Barabanow fast keine Vorstellung versäumte und den Mitwirkenden begeistert applaudierte, missfiel dem Chef der Politverwaltung, Oberstleutnant Schtanko, der mit seiner Grobheit und Stumpfsinnigkeit als typischer NKWD-Offizier charakterisiert wird. Schtanko erließ eine Verfügung, die es verbot, «Volksfeinden» zu applaudieren. Als nach der nächsten Aufführung Barabanow aufstand und demonstrativ donnernden Applaus spendete, verschaffte er Schtanko damit einen Vorwand, um sich den Freund der «Volksfeinde» vom Hals zu schaffen. Barabanow wurde im Juli 1950 abberufen, und Schtanko hatte nun die Möglichkeit, dem Theaterkult den Garaus zu machen.[237]

Stroika 501 startete 1949 mit über 50 000 Häftlingen, deren Zahl dann allerdings bis März 1953 auf knapp 28 000 zurückging.[238]

### Der Bau der Strecke

Weil man «oben» für die Fertigstellung der Strecke eine unrealistisch kurze Frist gesetzt hatte, waren die für das Projekt Verantwortlichen gezwungen, schnell und einfach zu bauen. Während die Eisenbahningenieure Kanadas und Alaskas in subarktischen Gebieten mit Permafrostboden die durch das sommerliche Auftauen instabile Bodenschicht über dem gefrorenen Untergrund entfernten und durch ein Torfbett ersetzten oder ein Kühlrohrsystem einbauten,[239] verzichtete man für Stroika 501/503 auf jegliche Drainage und verlegte den Schienenunterbau meistens direkt auf der Bodenoberfläche. Dadurch war er dem jahreszeitlichen «Bodenfließen» schutzlos ausgesetzt. Die Linienführung der Trasse oszillierte im Grenzbereich zwischen den nördlichen Ausläufern der Taiga und der Tundra (Abb. 87). Zwar versuchten die Geometer den Streckenverlauf über trockenere und sandige Erhebungen zu führen und sumpfige Niederungen zu umgehen, doch war dies, um nicht allzu sehr von der kürzesten Linienführung abzuweichen, nur begrenzt möglich. Mit dieser Billigvariante der Bauausführung trug die Polarmagistrale aber von vornherein den Keim der Selbstzerstörung in sich.

Allein schon der Antransport des schweren Materials erwies sich als außerordentlich mühsam. Zunächst konnte er nur auf dem Flussweg erfolgen, Igarka beziehungsweise Jermakowo und Salechard hatten als Zwischenlager zu dienen. Im Winter, wenn der Boden gefroren war, erfolgte dann die Feinverteilung mit Lastwagen oder

Raupentraktoren. Dafür standen im Winter 1949/50 insgesamt 371 LKW und 64 Traktoren zur Verfügung.[240] Zuvor aber lastete die Zugarbeit weitgehend auf 500 Pferden, die man aus Tuwa und der Mongolei herbeigeschafft hatte; sie waren zwar klein und nicht sehr kräftig, aber ausdauernd und an das Klima angepasst. Aber letztlich lastete die Hauptarbeit auf den Häftlingen. Es gab zwar Kleinbagger, aber die hatten relativ schwache Schaufeln und waren für den Permafrostboden untauglich, weil die Zähne der Schaufeln immer wieder abbrachen. Dem Permafrostboden vermochten nur Häftlinge mit Spitzhacken, Brecheisen und Schaufeln zu Leibe zu rücken.[241]

Um aber den mittleren Sektor der Trasse auf dem Flussweg direkt bedienen zu können, versuchte man auch den Tas zu nutzen, der gut 200 km westlich des Jenissei parallel fließt und sich mit einem eigenen schlauchförmigen Ästuar in die Mündungsbucht des Ob ergießt. Dort, wo der Tas die zukünftige Trasse der Eisenbahnlinie kreuzte, wurde im Juli 1949 binnen dreier Tage ein provisorischer Anlegeplatz aus dem Boden gestampft. Der Projektierungsingenieur A. A. Poboschi, der dort seinen Standort aufgeschlagen hatte, kann sich noch gut an den Tag erinnern, als der erste Schleppzug mit Häftlingen, Ausrüstungsmaterial, Schienen und Lokomotiven den Tas heraufgedampft kam und entladen werden musste: «Am vierten Tag gingen alle drei Leichter am Anlegeplatz längsseits. Die Häftlinge umschwärmten buchstäblich die Schiffe. Sie schleppten Säcke und Kisten ans Ufer, führten die Pferde hinaus. Es knarrten die Haspeln und Winden, die Leute quälten sich an Hebeln aus ganzen Balken ab, um schwere Maschinen hochzuwuchten und an dafür vorbereitete Plätze am Ufer weiterzuschleifen. Bei dieser Arbeit, die an Selbstaufopferung grenzte, gingen die Leute jede Minute ein tollkühnes Risiko ein. Seliwanow erstellte mit den Brigaden der Zimmerleute eine schiefe Ebene aus Brettern und Schwellen auf Brückenböcken, über die von Bord des Leichters Schienen ans Ufer verlegt wurden. Vorsichtig ließ man die Lokomotiven die Gleise hinabgleiten – gehalten von Haspeln und Winden ...» Dabei wäre eine Lok fast ins Wasser gekracht.[242]

Dass der Gleisbau den Geometern auf den Fersen bleiben konnte, war nicht nur dem Zeitdruck zuzuschreiben, sondern auch der *Tufta*. Dieses Wort aus dem Lagerjargon bezeichnete eine Arbeitsmentalität, die – um Zeit und Kräfte zu sparen – auf Täuschung aus war und Pfusch produzierte. Alexander Snowski schildert, wie das ablief. Um die Norm erfüllen zu können, «warfen die Häftlinge in den aufzuschüttenden Bahndamm Baumstrünke und gefrorene, mit Schnee vermischte Erdschollen; bei der Vermessung des Aushubs betrogen sie, wo es ging und gaben mehr Aushub an, als der Realität entsprach.» Snowski konnte das beurteilen, weil er zeitweise als Gehilfe des Geometers R. A. Schtilmark arbeitete und die Nivellierlatte halten musste. Er selbst half nach, indem er diese so hoch wie möglich stellte, um den Dammscheitel höher erscheinen zu lassen, als er war. Er hatte dabei kein schlechtes Gewissen, weil er das ganze Bahnprojekt für eine Wahnidee auf Kosten zahlreicher Menschenleben hielt. Doch auch die Projektleitung machte bei der *Tufta* mit, weil anders der Plan gar nicht einzuhalten war.[243] Als 1953 die Bauarbeiten eingestellt wurden, hatte Snowski die Gelegenheit, große Teile der fast fertiggestellten Strecke abzulaufen, abzureiten oder mit der Draisine abzufahren: «Es gab Stellen, wo der Unterbau sich gesenkt hatte, sie waren schnell ausgebessert, es gab wellenförmige Aufwölbungen der Strecke – *chlysty*. Das waren Rechenfehler der Ingenieure, natürliche Bodenbewegungen oder unser Pfusch – die *Tufta*.»[244]

Dieser Pfusch lässt sich noch heute feststellen. Der Metallurg Wladimir Pawinski, der 1998 die gesamte Strecke zu Fuß abgelaufen ist, hat den Zustand von Unterbau, Gleisen, Brücken und Rollmaterial protokolliert und fotografiert. Auf zahlreichen Streckenabschnitten insbesondere in der Tundra war der Unterbau unter den Gleisen zerflossen oder völlig weggespült (Abb. 91). Im Bereich des Tas sind Schienen und Schwellen offensichtlich im Winter ohne Unterbau einfach auf Holzklötze gesetzt worden; der Damm wurde erst im Sommer nachträglich von Eisenbahnwaggons aus zwischen die Gleise geschüttet[245] – also bloßer Schein. Bis auf die breiteren Flussübergänge bestanden alle Brücken aus Holz. Da ihre Lebensdauer in diesen Breiten bei höchstens zehn bis fünfzehn Jahren liegt, waren vier Fünftel von ihnen nach fünfundvierzig Jahren bereits eingestürzt oder in Einsturz begriffen.[246] Überhaupt die Brücken: «Ein Großteil der Planungen [...] musste revidiert werden, da sich die Ingenieure nach der Wasserhöhe im Sommer orientiert hatten, die – am Beispiel des Flusses Neno-Jacha – um sechs bis sieben Meter unter dem Niveau des Frühjahrs rangierte.»[247]

Spezielle Anforderungen stellten Klima und Boden auch an das Schienenmaterial. Die starken Temperaturschwankungen im Jahresgang erforderten Gleise aus hochelastischem Stahl. Da die sowjetische Stahlindustrie seit Anfang der vierziger Jahre vor allem schwere Schienen produzierte, die langlebig waren und hohe Achslasten aushielten, dafür aber extremen Frösten nicht standhielten, wurden bei Stroika 501 und 503 überwiegend gebrauchte Gleise eingebaut, die aus der Zeit vor der Oktoberrevolution oder aus den zwanziger Jahren stammten und die erforderliche Elastizität besaßen. Allerdings waren sie auch dünner und konnten nur mit geringeren Achslasten befahren werden.[248] Teilweise finden sich aber auch Schienen, die aus deutschem Demontagegut stammten, wie das Foto eines Gleisstücks zeigt, welches den Prägestempel «H-HÜTTE IV 1879» trägt.[249] Nicht nur der labile Gleisunterbau, sondern auch die Beschaffenheit des Schienenmaterials mussten daher die Effizienz der Polarmagistrale erheblich beeinträchtigen.

Der Plan sah vor, Güterzüge mit einer Reisegeschwindigkeit von 40 Stundenkilometern verkehren zu lassen.[250] Zwischenhalte auf Ausweichstellen und die Übernahme von Wasser und Heizmaterial für die Dampflok unterwegs eingerechnet, hätte ein Zug die 1200 km zwischen Jermakowo und Salechard also in zwei bis höchstens drei Tagen bewältigen können. In Wahrheit brauchte eine ostpreußische Deportierte, die im März 1953 vom Stroi 501 nach Deutschland entlassen wurde, schon nur für die Westhälfte der fast fertigen Strecke zwölf Tage.[251]

### Die Zwangsarbeiter

Der letzte Chefbauleiter, Aleksandr Dmitrijewitsch Schigin, beziffert die Gesamtzahl der beim Bahnbau eingesetzten Häftlinge auf 60 000.[252] Einer von ihnen war Aleksei Salangin. Er kam während des Sommers 1949 im Bauch einer Barke mit einem Häftlingstransport nach Jermakowo. «In Jermakowo trafen wir auf einen vollkommen öden Ort. Die Zone war von einem Stacheldrahtzaun umgeben. Ringsum Sümpfe,

Gestrüpp, in der Luft – Mückenschwärme. Anfänglich lebten wir in Zwanzigmeterzelten, zweistöckige Pritschen dicht an dicht. Wir rupften Moos wie Ziegelsteine und legten damit die Zelte aus. An den Ecken Kanonenöfen, in der Mitte ein Tisch. 200 Menschen auf den Pritschen – 40 cm für jeden einzelnen. Morgens waren die Haare an der Pritsche angefroren. Den ersten Winter verbrachten wir in den Zelten, allmählich bauten wir Baracken.»[253]

Unsäglich zu leiden hatten diejenigen Seki, die im Sommer 1949 mit den Vermessungsingenieuren überall in der Taiga oder Tundra den Verlauf der Eisenbahntrasse ausstecken und mit den ersten Erdarbeiten beginnen mussten. Der Projektierungsingenieur Poboschi erinnert sich an den Baubeginn am Tas: «Neben den Partien verteilten sich die Häftlinge mit den Wächtern und Bauleitern. Sie blieben den Erkundungstrupps auf den Fersen, schleppten das technische Gerät 5 bis 10 km durch die Tundra. Sie lebten in hastig errichteten Hütten aus Zweigen und Moos. Die Stechmücken zerfraßen ihre Leiber, wegen der Sumpfjauche wurden ihre Kleider nie trocken. Die Wächter verzichteten darauf, sie zu begleiten, sondern begnügten sich damit, sie abends zu zählen. Für Telegrafenmasten gab es vielerorts überhaupt kein Holz, und dann mussten die Häftlinge sehr weit laufen und kehrten nach zwei-drei Tagen zurück, wobei sie eine schwere Bürde schleppten. Aber ihrer gab es viele, sie beeilten sich, um noch vor Einbruch der Kälte wieder in ihre Lagerpunkte zurückkehren zu können, und jede Abteilung bewegte sich täglich einen Kilometer oder mehr vorwärts. Es erschienen die ersten Gräber in der unfruchtbaren Polarerde. Man tiefte sie nur leicht in den Dauerfrostboden ein und schüttete sie wieder zu, nachdem man den Menschen, so wie er war, hineingelegt hatte, ohne Sarg.»[254]

Es scheint, dass man auf Stroika 501 und 503 in besonderem Maße ein spezielles Regime mit drei Kategorien von Wachpersonal praktiziert hat: reguläre NKWD-Soldaten, Aufseher und «Selbstbewacher» (samoochranniki). Letztere stellten Ende 1949 sogar 54 Prozent des Wachpersonals, obgleich der NKWD einen Höchstanteil von lediglich 30 Prozent erlaubte. In Frage kamen dafür Häftlinge, die weder aus politischen Gründen verurteilt worden waren noch wegen Bandenkriminalität, die schon mehr als zwei Drittel ihrer Lagerhaft verbüßt und sich der Lagerleitung gegenüber loyal verhalten hatten. Sie trugen die gleiche Uniform wie die Wachsoldaten, allerdings ohne rote Sterne. Wohnen durften sie außerhalb der Lagerzone. Sie waren also Hilfswillige (HIWIS), wie sie während des Zweiten Weltkrieges die Deutschen auf dem von ihnen besetzten sowjetischen Territorium eingesetzt hatten. Dass sie häufig gefürchteter waren als die NKWD-Wachen, bezeugen viele ehemalige Lagerhäftlinge. Einer schreibt: «Die freien Soldaten – das waren Menschen wie Menschen auch. Aber wenn ein Selbstbewacher auf Posten stand, dann war das ein Tier, nein, schlimmer als ein Tier, schlimmer als ein Faschist. Sie verhielten sich einem Menschen gegenüber, als wenn er ein Tier wäre. In die Selbstbewachung traten Sadisten ein, wirklich, das waren Verbrecher. Ein ehrenhafter Mensch geht niemals dorthin.»[255] Aleksei Salangin schreibt, die Selbstbewacher hätten auf ihren «Taubenschlägen» (Wachtürmen) gesessen und sofort geschossen, schon wenn nur jemand die Hand nach einer Schöpfkelle Wasser in der «verbotenen Zone» ausgestreckt habe. Es habe auch Fälle gegeben, wo sie ihnen Missliebige an Bäume gebunden und als Zielscheiben benutzt hätten.[256]

Auch Irina Alfjorowa meint, schlimmer als die Soldaten seien im Frauenlager die «Selbstbewacher» gewesen: «Sie ließen natürlich keine Gelegenheit aus, um uns ihre Macht und ihre Überlegenheit spüren zu lassen. Auf den Objekten verhöhnten sie gelegentlich die Häftlinge sogar. Ich selber habe so etwas aber nie erlebt. Die Selbstbewachung war nicht bewaffnet. In der Zone nahmen sie an Durchsuchungen und Anwesenheitskontrollen teil.»[257]

Ernährt wurden die Häftlinge – abgesehen von den anfänglichen Schwierigkeiten – auskömmlich. Das bezeugen neben der Buchführung des MWD auch die meisten Erinnerungsberichte.[258] Wassili Bassowski, der beim Brückenbau eingesetzt war, findet die Beköstigung im Rückblick «sättigend»: 900 Gramm Brot pro Tag, ein großer Teller Grütze mit Graupen oder Ähnlichem.[259] Von Mitte 1950 bis Ende 1951 bezogen die Häftlinge einen bescheidenen Lohn, der es ihnen ermöglichte, im Lagerkiosk zusätzliche Lebensmittel zu kaufen.[260] Was bei der Kost fehlte, war frisches Gemüse. Daher litt ein Teil der Arbeiter an Skorbut. Allerdings versuchte man auch hier, dem Skorbut vorzubeugen, indem man die Seki nötigte, *chwoika* zu trinken – einen vitaminhaltigen Sud aus Tannennadeln.[261] Wer die Norm zu 150 Prozent erfüllte, bekam eine Zulage mit Schweinefleisch, Wurst oder Schinken. Doch nicht nur dies spornte den Arbeitswillen der Seki an. Wer die Norm ständig übererfüllte, dem rechnete man für ein Arbeitsjahr drei Jahre seiner Strafe an.[262] Auf Stroika 501 ist den Vorausabteilungen, die es besonders schwer hatten, offensichtlich generell ein Arbeitstag für drei gutgeschrieben worden.[263]

Wie lange konnte ein Häftling unter diesen Arbeits- und Lebensbedingungen durchhalten? Sergo Lominadse meint, höchstens ein Jahr. Wer nicht an Entkräftung starb, kam ins Lazarett, in ein Lager mit leichter Arbeit oder wurde für Dienstleistungen abgeordnet.[264] Andererseits verfolgte die GULAG-Verwaltung grundsätzlich das Prinzip, keinen Häftling für längere Zeit am selben Ort zu lassen, um Parteibildungen zu verhindern. Deshalb dürfte kaum ein Sek die gesamte Bauzeit der Polarmagistrale auf Schwerarbeit gewesen sein. Aleksandr Snowski beispielsweise war während seiner Zeit als Häftling von Ende August 1949 bis Frühjahr 1955 an vier Orten (Igarka, Jermakowo, Dudinka und Norilsk) in sieben verschiedenen Lagern und übte während dieser Zeit fünfzehn unterschiedliche Funktionen aus.[265]

In einer sexuell so ausgehungerten Männergesellschaft wie in der Lagerwelt hatten Frauen es schwer. Bei Stroika 503 gab es ein Frauenlager in Igarka mit 500 und eines in Jermakowo mit 1500 Frauen, großenteils Deportierten aus dem Baltikum. Sie mussten nicht immer die gleiche körperliche Schwerarbeit leisten wie Männer. Aber Wachmannschaften und freie Arbeitskräfte erwarteten von ihnen auch noch besondere Dienstleistungen, und nicht wenige Frauen nahmen dies in Kauf, weil eine Schwangerschaft sie vor körperlicher Arbeit bewahrte. Den mehr oder minder unfreiwilligen Müttern stand in Jermakowo das «Haus für Mutter und Kind» offen, das, um den Andrang zu bewältigen, zweistöckig gebaut werden musste.[266] Auch in Salechard (Stroika 501) gab es ein «Haus für Mutter und Kind». Dieses «Haus» bestand aus einem Lager für mehr als tausend Schwangere und Mütter mit Kindern, die in Verschlägen von 1,75 × 2,5 Metern eingepfercht lebten. Der «Haus»-Herr, ein Oberleutnant, schikanierte die Frauen auf jede erdenkliche Art und Weise, verbot ihnen sogar, Spielzeug für die Kinder zu beschaffen.[267] Als in Salechard 1951 direkt neben den Frauenbaracken eine Bande von 78 Kriminellen einquartiert wurde, weil die Lagerleitung von deren Status nichts wusste, war plötzlich die Hölle los. «Sie versuchten mit allen Mitteln in unsere Unterkunft mit Hilfe selbstgefertigter Nachschlüssel einzudringen», schreibt eine deutsche Lagerinsassin. «Sie brachen auch Dielen und Wände und Deckenteile heraus. Die ständige russische Bewachung bot keinen genügenden Schutz. Erst nach 12 Tagen gelang es nach Heranziehung von MWD-Beamten, die Verbrecher abzutransportieren.»[268]

A propos Verbrecher. Auch in den Lagern an der Eisenbahntrasse zerfielen die Kriminellen in diejenigen, die ihr Leben zu erleichtern suchten, indem sie sich bei der Lagerleitung anbiederten, und in die eigentlichen Professionellen, die wegen ihrer guten Organisation unter Bandenchefs sich dem Zugriff des MWD entzogen, die Arbeit verweigerten und ihre Mithäftlinge bestahlen und einschüchterten. In Igarka steckte die Lagerleitung die schlimmsten Exemplare dieser Spezies winters in den ungeheizten Karzer, um sie dann im Sommer per Schiff nach Norilsk zu verfrachten, wo sie in den Sonderlagern Kajerkan und Kolargon zum Schuften gezwungen wurden.[269] In Sergo Lominadses Lager suchten die Häftlinge den Terror dadurch zu beenden, dass sie in großer Zahl die Verbrecher mit Stich- und Schlagwerkzeugen attackierten und sie so einschüchterten.[270] Das funktionierte aber nur, wenn genügend kampferprobte «Politische» dazu bereit waren.

Wie viele Menschenleben Stroika 501 und 503 gekostet haben, lässt sich nicht mehr feststellen. Die Gerüchteküche brodelte und produzierte abenteuerliche Zahlen. Es hieß, man habe Leichen im Unterbau der Gleise verbuddelt oder gar: Unter jeder Schwelle liege ein Toter.[271] Auf Stroika 501 scheint es nach Befragung von Augenzeugen zeitweise in der Tat eine erhebliche Sterblichkeit gegeben zu haben. Ein ehemaliger Automechaniker (kein Häftling) hat zu Protokoll gegeben, dass man im Winter für die Toten tiefe Gruben habe in den Boden sprengen müssen, weil in manchen Nächten 20 bis 30 Häftlinge gestorben seien – an Entkräftung, Hunger und Skorbut. Wer die Norm auf Dauer nicht habe erfüllen können, habe wenig Chancen gehabt zu überleben.[272]

Nicht wenige Häftlinge sind von der Arbeit gar nie in ihr Lager zurückgekehrt. Als Snowski nach Einstellung der Bauarbeiten sich im Sommer 1953 entlang der Strecke frei bewegen konnte, kam er manchem Geheimnis auf die Spur. «Bei einem Ritt zu Pferde durch die Taiga ohne Konvoi stieß man ständig auf schreckliche Funde – auf Fetzen vermoderter Lumpen (Überreste von Wattejacken und -hosen, aus denen Oberschenkel- oder Unterschenkelknochen herausschauten, bisweilen auch ein zähnebleckender Schädel). Gewöhnen konnte man sich daran nie, doch die Seele war damals ohnehin verhärtet, nur einen Gedanken gab es: überleben, überleben!»[273] Aleksei Salangin hat beim Holzholen im Wald unweit des Lagers ähnliche Entdeckungen gemacht: «Du gehst in den Wald – dort liegt ein Erschlagener, dort ein Erschossener» – seiner Meinung nach Opfer der «Selbstbewacher».[274] Pawinski hat bei seiner Begehung der Strecke im Jahre 1998 etwa 60 km östlich Salechard eine einzige Stelle gefunden, die auf ein Massengrab hindeutet.[275] Doch selbst da, wo man systematisch die Umgebung eines ehemaligen Lagers abgesucht und verdächtige rechteckige Bodenflecken aufzugraben versucht hat, ist man nicht fündig geworden.[276] Die Toten haben sich verflüchtigt. Einige wurden einfach in den Fluss geworfen. Im Turuchan trieben während des Eisgangs und danach immer wieder verstümmelte Leichen.[277] Also doch eine hohe Dunkelziffer von Umgekommenen?

Diesen subjektiven Wahrnehmungen widersprechen die Statistiken. Die Sterbeliste des MWD für die ersten drei Quartale des Jahres 1949 weist für Stroika 503 ganze 49 Todesfälle aus – 0,21 Prozent des Häftlingsbestandes.[278] Für das Jahr 1950, als die Bauarbeiten voll im Gang waren, gibt das MWD 140 Tote an. Rechnet man die offiziellen Zahlen für 1949 und 1950 auf die gesamte Bauperiode hoch und verdoppelt sie durch Einbezug von Stroika 501, dann käme man auf ein Minimum von 1000–1200 Toten. Dass die Anzahl der Todesopfer des Bahnbaus ihrer Meinung nach vergleichsweise gering war, führen Gricenko und Kalinin ähnlich wie Simon Ertz für den Norillag auf zwei Ursachen zurück: zum einen darauf, dass die Häftlinge ausreichend ernährt wurden, weil es sonst aussichtslos gewesen wäre, den Termin für die Fertigstellung einzuhalten, zum anderen darauf, dass man auch deswegen für die Bauarbeiten nur die gesündesten und kräftigsten Seki ausgewählt habe. Unabhängig von Ertz sind auch sie der Meinung, dass die Sterbestatistiken der GULAG-Verwaltung im Großen und Ganzen verlässlich seien, weil sie ausschließlich dem internen Gebrauch gedient hätten.[279] Snowski, der ein Jahr als Feldscher im Lagerlazarett von Igarka gearbeitet hat, hält solche Zahlen jedoch für geschönt. Allein in Igarka habe er etwa hundert Tote persönlich gekannt.[280]

Bedenkt man, dass die klimatischen und landschaftlichen Rahmenbedingungen des Bahnbaus wohl zu den schwierigsten der Geschichte des Gulag gehören, könnte man auch davon ausgehen, dass die Todesrate im Durchschnitt mindestens so hoch lag wie in den Anfangsjahren des Gulag – das heißt bei 3–5 Prozent eines Jahresbestandes. Dies würde die Gesamtzahl der Opfer auf 7000–12 000 erhöhen. Doch dünkt mich diese Variante eher unwahrscheinlich.

Bedrückender als die Zahl der Toten ist die würdelose Art ihrer Bestattung. Sie entsprach der Menschenverachtung des Stalinregimes. In Igarka wurden die Toten erst nach dem Abendappell, wenn die Lagergassen leer waren, aus der «Zone» geschafft, und zwar sinnigerweise vom Latrinenfuhrmann, der auch die Fäkalien aus den Aborten zu entsorgen hatte. Der Leichnam wurde in der Unterwäsche bestattet und lag für den Transport in einer einfachen Holzkiste, die nach Entsorgung des Leichnams wieder ins Lager zurückgebracht wurde. Am Lagertor prüfte ein Wachsoldat, ob die Leiche auf dem Wagen oder Schlitten wirklich tot war, indem er eine angespitzte Stange in ihren Bauch stieß. Der Latrinenfuhrmann musste auch die Grube ausheben und den Leichnam hineinlegen. Auf den Grabhügel steckte er einen Pfahl mit einem Holzschildchen, auf dem die Häftlingsnummer des Toten aufgepinselt war. Bei gefrorenem Boden im Winter war die Grube naturgemäß nicht tief, der Tote wurde nur oberflächlich verscharrt. Nachts konnte man im Lager die Füchse hören, wie sie sich um die Überreste der Leichen balgten. Daher ist von den Friedhöfen heute in der Regel nichts mehr zu sehen.[281]

## Das chaotische Ende

Am 5. März 1953 starb Stalin. Die Polarmagistrale war «sein» Kind gewesen. Was nun? Schon zuvor hatte sich mehr und mehr gezeigt, dass die Baukosten völlig aus dem Ruder liefen, weil immer wieder bereits fertiggestellte Teile der Strecke geflickt werden mussten. Daher beantragte der Chef des MWD, Lawrenti Berija, unverzüglich, die Polarmagistrale aus Kostengründen zu liquidieren. Schon am 28. März gab der Ministerrat diesem Antrag statt. Die bis dahin aufgelaufenen Gesamtbaukosten von 6,5 Milliarden Rubel waren also buchstäblich in den Sumpf gesetzt. Zu diesem Zeitpunkt arbeiteten an der Strecke 28 000 Häftlinge, 2500 Konvoisoldaten, 2800 freie Lohnarbeiter, 4500 technisch-administrative Mitarbeiter sowie 1200 Angestellte des Lagerapparats.[282] Um die gigantische Fehlplanung zu verschleiern, wurde die Devise ausgegeben, die Bahn lediglich zu «konservieren», um sie zu einem späteren Zeitpunkt fertig zu bauen. Immerhin lief auf 911 der 1200 Streckenkilometer bereits der Werksverkehr. Am 26. Mai folgte die Entscheidung, den Streckenabschnitt Tschum–Labytnangi und damit die Anbindung des unteren Ob an das europäische Eisenbahnnetz weiterzubetreiben, aber die Bau- und Unterhaltsarbeiten auf der Linie Salechard–Jermakowo–Igarka bis zum 1. September endgültig einzustellen und das wertvollste Inventar abzutransportieren.[283]

Aber die Umsetzung dieser Entscheidung vor Ort lief erst mit großer Verzögerung an. So lange saßen Ingenieure, Personal und Seki beschäftigungslos herum. Die Disziplin lockerte sich, Glücksspiele und Raubüberfälle häuften sich, sogar Morde geschahen. Es war klar, dass das Rollmaterial und der Maschinenpark insbesondere aus den flussfernen Streckenabschnitten auf den 1. September gar nicht zu den Flusshäfen überführt werden konnten. Immerhin waren zu diesem Zeitpunkt über 56 Dampflokomotiven und 1616 Waggons im Einsatz.[284] Pawinski fand bei seiner Begehung im Jahre 1998 noch elf Dampflokomotiven und zahlreiche Waggons vor, die man einfach irgendwo auf der Strecke hatte stehen lassen (Abb. 88).[285] Die Gleise des Streckenabschnitts nahe Jermakowo brach man ab und transportierte sie per Schiff nach Dudinka und weiter nach Norilsk.[286] Die technische Ausrüstung entlang der Strecke wurde weggeschafft, verkauft oder gestohlen: rund 400 Militär-LKW verschiedener Typen, von denen der ZIS-5 im Winter nachts sogar im Freien abgestellt werden konnte; an die 60 Raupentraktoren, 10 Kleinbagger, 24 Lokomobile, über 100 mobile Elektrostationen verschiedener Stärken, unzählige Pumpen, Kompressoren, Dampfkessel. Sogar die besseren Häuser der Chefs wurden abgebrochen, die Balken nummeriert und für den Abtransport an einen anderen Ort aufgeschichtet. Ein großer Teil des Mehls im Hauptdepot wurde weggebracht – unklar, wohin. Zurück blieb alles, was sich schwer transportieren ließ, vor allem Kohlen- und Ziegelvorräte. Die Offiziere, Ingenieure und Bauleiter begriffen sehr schnell, dass alles sonst noch Brauchbare auf Dauer verderben würde und dass man selber zugreifen müsse, bevor andere es taten. So verschwanden die wertvolleren Gebrauchsgegenstände wie von Zauberhand.[287]

Was noch übrig blieb und zeitgerecht nicht mehr weggeschafft werden konnte, wurde sinnlos vernichtet. Snowski, zu diesem Zeitpunkt Brigadier einer Pferdekolonne im Lagpunkt 31 bei Jermakowo, erhielt von einem Intendanturoffizier den Auftrag, im Hauptwarenlager die Spitzen aller Filzstiefel abzuschneiden und die

Schafpelzjacken zu zerstückeln, statt sie den teilweise unzureichend oder in alte Klamotten gekleideten Häftlingen zu überlassen. Vernichtet wurden 13 260 Büstenhalter, 5075 Paar Frauenstrümpfe, 11 Tonnen Puder und Babypuder, 5 Tonnen medizinische Watte[288] – im «realen» Russland damals alles Mangelware. Auf Stroika 501 konnten 2000 Arbeitspferde «wegen der sanitarischen Vorschriften», wie der letzte Chefbauleiter Schigin es bürokratisch formulierte, nicht in das «Große Land» (das europäische Russland) zurücktransportiert, sondern mussten erschossen werden.[289] Da hatten Snowskis 254 Pferde, die den Bau überlebt hatten, es besser: Sie fanden in Dudinka Verwendung.[290] Nach und nach wurden auch die Häftlinge per Schiff nach Dudinka und weiter nach Norilsk geschafft.

Was bis Anfang 1953 wirklich fertigzustellen gelang, war parallel zur Eisenbahntrasse eine Telefonleitung von Salechard über Igarka nach Norilsk.[291] Doch auch sie hatte keinen Bestand. Nur ihretwegen entlang der Strecke Unterhaltsequipen zu stationieren, lohnte sich nicht. Auch Pläne, in Zusammenhang mit der Erschließung der Gasvorkommen zwischen Ob-Busen und unterem Pur zumindest die 700 westlichen Bahnkilometer bis zum Pur in Betrieb zu halten, verfolgte man nicht weiter.[292] Eine Inspektion der Strecke im Jahre 1965 ließ auf nicht allzu hohe Kosten bei einer Wiederinbetriebnahme hoffen. Doch dann entschloss man sich, stattdessen vom südlich am Ob gelegenen Surgut aus eine meridionale Bahnlinie parallel zum Pur bis nach Nowy Urengoi in der Tundra zu bauen. Sie wurde 1983 fertiggestellt,[293] doch musste der Passagierverkehr, der 1985 aufgenommen wurde, auch hier wegen Gleis- und Unterbauschäden von 1996 bis 2003 wieder unterbrochen werden.[294] Obgleich das an der Querung des Nadymflusses durch die «tote Eisenbahn» gelegene Örtchen Nadym in Zusammenhang mit dem Gasboom 1972 zur Stadt aufgestiegen war und heute fast 50 000 Einwohner zählt, begrub man auch die Pläne, wenigstens die Strecke Salechard–Nadym wieder in Stand zu stellen. Die Kosten hätten den Nutzen weit überstiegen. 1992 wurde daher auch der letzte Telefondraht zwischen Salechard und Nadym gekappt.[295]

Seitdem ist die Polarmagistrale wirklich «tot». Nicht nur Aleksandr Snowski, der während der ganzen Bauzeit unfreiwillig dabei war, bedauert das. Bei seinen Ausflügen entlang der Trasse erfüllte ihn immer wieder ein Gefühl des Stolzes über diese Pionierleistung dort im hohen Norden. Auch wenn er von der «toten Eisenbahn» *(mërtvaja doroga)* in Erinnerung an die vielen beim Bau Umgekommenen als «Toteneisenbahn» *(umeršaja doroga)* spricht, findet er, diese dürften nicht umsonst gestorben sein.[296]

## Gulagtourismus und Eisenbahnschrott

Schon in den achtziger Jahren begann es sich in Russland herumzusprechen, dass im Norden Sibiriens eine «tote Eisenbahn» existierte. Erste Neugierige nahmen einen persönlichen Augenschein. Seit Beginn der neunziger Jahre brachen dann alle Dämme. Mit dem Helikopter flogen Journalisten und Fotografen die Strecke ab, kleine Gruppen befuhren die noch vorhandenen Gleise mit Fahrraddraisinen, andere benutzten die Trasse als Wanderroute.[297] Von Igarka, später von Turuchansk aus wurden insbesondere für ausländische Touristen, die mit der *Anton Tschechow* auf dem

Jenissei unterwegs waren, Helikopterflüge zu einzelnen Lagern angeboten. In den Genuss eines solchen Fluges bin im Jahre 2000 auch ich gekommen.

Dies alles hat der «toten Eisenbahn» jedoch kaum geschadet – mit Ausnahme des am Jenissei günstig gelegenen Jermakowo und des Streckenabschnitts um die Stadt Nadym im Westen. Goldberg schreibt: «In den Lagern in der Nähe von Nadym waren die Spuren von Vandalenakten sichtbar: leere Flaschen, Brandstellen, Graffiti wie *Wanja + Kolja* ..., Einschusslöcher in den Signalen.»[298] Bei Jermakowo gab es in den traurigen Überresten der einstmals blühenden Stadt immer noch genug zu holen, was des Andenkens wert war. Dieser «Andenkenklau» nahm bereits in den ersten Monaten nach der Wende ein solches Ausmaß an, dass die Bürgermeisterin von Igarka eine Verfügung erließ, welche vom 1. November 1992 an Jermakowo und Umgebung zu einem geschützten historisch-architektonischen Denkmal erklärte, das nur von Touristengruppen und mit besonderer Erlaubnis betreten werden dürfe.[299] Genützt hat dies wenig, obwohl das Verbot mehrmals bekräftigt wurde. Dadurch, dass Filmequipen sich des Themas annahmen und immer mehr Veröffentlichungen erschienen, wurde die «tote Eisenbahn» auch international bekannt. Einem Massentourismus setzt jedoch die Natur Grenzen. So bleiben die Überreste der Bahnlinie, der Brücken und Lager sich selber überlassen.

Es gibt allerdings noch andere Kräfte, die dem allmählichen Verschwinden von Stroika 503 nachhelfen wollen. Im Sommer 2005 erfuhr die Museumsleitung in Igarka, dass ohne ihr Wissen zwei der alten Dampflokomotiven, die am Lokdepot Jermakowo vor sich hin rosteten und zahlreichen Fotografen als Sinnbild für den Verfallsprozess gedient hatten, abtransportiert würden. Ein Augenschein vor Ort offenbarte Unerhörtes: Eine ganze Equipe von Arbeitern war damit beschäftigt, die mit Hilfe von Bulldozern und Kränen an das Ufer des Jenissei geschafften, völlig ramponierten Lokomotiven auf einen Leichter zu verladen.[300] Auftraggeber des Piratenunternehmens war nicht etwa ein Mafiaboss, sondern der Direktor des Wasserkraftwerks Kureika im Einvernehmen mit dem administrativen Chef des Rayons Turuchansk. Der Behauptung, die beiden Lokomotiven sollten nach Swetlogorsk geschafft, dort restauriert und im Museum aufgestellt werden, konnte man angesichts der Heimlichkeit der Aktion sowie der massiven Beschädigungen, die beide Fahrzeuge beim Transport ans Ufer erlitten hatten, schwerlich Glauben schenken. Die Vermutung liegt nahe, dass es darum ging, wertvollen Metallschrott zu gewinnen.[301] So wird die «tote Eisenbahn» auch als Leiche nochmals gefleddert.

## Straßen

Befestigte Allwetterstraßen hatte es während der Zarenzeit nicht gegeben. In der Sowjetzeit hat sich anfänglich daran kaum etwas geändert. Wo Lastwagenverkehr anfiel, behalf man sich mit einer Schotterung. Erst nach dem Zweiten Weltkrieg begann man damit, Fernstraßen zu bauen, die zunächst nur geschottert waren und später eine Asphaltdecke erhielten. Landstraßen blieben Schotterbänder und wurden allenfalls erst in jüngster Zeit asphaltiert. Wo Stichstraßen in die Taiga abzweigten, begnügte man sich mit Naturpisten. Sumpfige Stellen wurden wie in alten Zeiten mit Knüppeldämmen überbrückt. Im Winter waren diese Pisten auf dem gefrorenen Boden ohnehin befahrbar. Wo weiter nördlich der Permafrostboden schon wenige Dezimeter unter der Oberfläche begann, probierten die Straßenbauer während der Stalinzeit eine spezielle Technik aus. Was dabei herausgekommen ist, habe ich 1993 in Igarka gesehen. *Anfänglich versuchte man, eine vielbefahrene Straße mit Holz zu befestigen – quasi als moderne Neuauflage der mittelalterlichen Knüppeldämme (mosty): Eine Bohlenschicht wurde schräg auf dem Erdboden verlegt, eine weitere längs zur Fahrtrichtung darauf verschraubt. So entstand eine Art fester Holzbrücke. Die Überreste kann man noch heute besichtigen. Weil über der Permafrostschicht beim Wechsel von Auftauen und Gefrieren starke Bodenbewegungen stattfinden, sind vielfach ganze Straßenstücke hochgeschoben, die Verschraubungen gesprengt oder einzelne Bohlen abgesplittert worden. Daher musste man die Straße aufgeben, mancherorts haben bereits junge Birken mittendrauf Wurzel geschlagen. Heute fängt man es schlauer an: Als Fahrdämme benutzt man anderthalb Meter dicke Kiespolster. Im Stadtzentrum selber werden auf dem Kies noch Betonplatten verlegt, die zusätzlich eine Asphaltschicht erhalten.*[302]

Das Straßensystem des Krasnojarsker Krai entspricht weitgehend dem der Schienenwege. Es konzentriert sich auf den dichter besiedelten Süden, erschließt ihn aber engmaschiger.[303] Es gibt zwei Magistralen, die sich in Krasnojarsk kreuzen: Die Ost-West-Magistrale M 53 folgt dem Verlauf der Transsibirischen Eisenbahn und verbindet Bogotol, Atschinsk, Krasnojarsk und Kansk; in Krasnojarsk zweigt von ihr die Südmagistrale M 54 ab, die parallel zum Jenissei über Abakan nach Kysyl in Tywa führt. Von Krasnojarsk nach Norden wird sie verlängert durch die Fernstraße K 01, die den Jenissei westlich begleitet, aber über Lessosibirsk hinaus nur bis Jenisseisk reicht.

Alle Siedlungen weiter stromabwärts – sogar Großdörfer wie Worogowo und Jarzewo – haben ein isoliertes Straßensystem, das über die engere Gemarkung nicht hinausreicht. Diese Straßen sind unbefestigt und bei Regen verschlammt. Trotzdem gibt es in diesen isolierten Siedlungen Fahrzeuge: Traktoren, Lastwagen und den «Lastesel des kleinen Mannes» – das Beiwagenmotorrad mit einer seitlich montierten Lastpritsche. Alle diese Fahrzeuge sind auf dem Flussweg an ihren Bestimmungsort gelangt. Auch die Städte des unteren Jenisseibeckens wie Turuchansk, Igarka, Dudinka und Norilsk haben keine Landverbindung mit dem Süden, verfügen heute aber auf ihrem Territorium über befestigte Straßen und ein eigenes Verkehrsleben mit Privatautos. Besonders lebhaft ist dies heutzutage in Norilsk und Dudinka, die über eine 100 km lange Autostraße miteinander verbunden sind. Diese ist zu Beginn der neunziger Jahre auf einem mächtigen Schotterdamm zweispurig zu einer Magistrale ausgebaut und asphaltiert worden. Allerdings ist sie im Winter oft tagelang wegen Schneeverwehungen oder starker Stürme gesperrt.[304] Die Stadtlandschaften Dudinka/Norilsk bilden wohl nördlich des Polarkreises den ausgedehntesten isolierten Verkehrsverbund der Welt.

Östlich und westlich des Jenissei strahlen von der M 53 ähnlich wie bei der Eisenbahn Straßenarme nach Norden aus, die jedoch ebenfalls an einem Fluss oder einer wirtschaftlich wichtigen Siedlung enden – in Sewero-Jenisseisk, Pit-Gorodok, Bogutschany oder Kodinsk.³⁰⁵ 2011 konnte unterhalb Bogutschany eine 1,6 km lange Brücke über die untere Angara eingeweiht werden.³⁰⁶ Sie ermöglicht seitdem eine direkte Straßenverbindung von Krasnojarsk über Jurubtschen nach Baikit an der Steinigen Tunguska. Man hat sie ungeachtet der gigantischen Kosten beschleunigt gebaut, um die 2009 in Angriff genommene Ausbeutung der Erdöl- und Erdgasfelder von Jurubtscheno-Tochomsk zu erleichtern.³⁰⁷ Ansonsten hat man sich für Stromübergänge die Staumauern der großen Flusskraftwerke zunutze gemacht: bei Diwnogorsk und Sajano-Schuschenskoje am Jenissei sowie bei Kodinsk an der Angara.

## Luftlinien

Mit dem Aufkommen des Luftverkehrs ließen sich die riesigen Lücken, welche vor allem die nördlichen zwei Drittel des Krasnojarsker Krai im Straßen- und Schienennetz aufrissen, effizient schließen, denn dafür brauchte es am Boden keine kostspielige Infrastruktur.

Der Aufbau eines eigentlichen Luftverkehrssystems und einer eigenen Flugzeugproduktion fällt allerdings auch hier erst in die Stalinzeit. 1932 wurde die staatliche Luftverkehrsgesellschaft Aeroflot gegründet, die schon im folgenden Jahr die erste transuralische Direktverbindung von Moskau nach Irkutsk eröffnete, mit einem Zwischenhalt unter anderem in Krasnojarsk. Für den Fernverkehr im In- und Ausland entwickelte die sowjetische Flugzeugindustrie, die auf begnadete Konstrukteure wie A. N. Tupolew, S. W. Iljuschin und A. S. Jakowlew zählen konnte, eigene, an den wachsenden Bedarf angepasste Großflugzeuge. Viel wichtiger aber wurde es, für den Mittelstrecken- und Nahverkehr gerade in Sibirien eine abgestufte Modellpalette zu entwickeln, die den klimatischen Gegensätzen Rechnung trug sowie jedem Bedarf und jeglichen Arten von Landemöglichkeiten genügte. Vor allem nach dem Zweiten Weltkrieg richtete sich der sowjetische Flugzeugbau mehr und mehr auf diese Anforderungen aus. Was dies bedeutete, ersieht man daraus, dass Aeroflot schon im Jahre 1970 auf über 2000 Nahverkehrsrouten 40 Prozent des gesamten Passagieraufkommens abwickelte. Aber auch an die Versorgung entlegener Ortschaften mit allen erforderlichen Bedarfsgütern musste man denken. Für das alles benötigte man Flugzeuge, die sowohl auf dem Wasser als auch auf Schnee- und Graspisten zu starten und zu landen vermochten, die mehrere Dutzend oder auch nur drei oder vier Passagiere, mehrere Tonnen Fracht oder nur die Post transportierten. Mit der 1959 entwickelten An-10, die 80 bis 100 Passagiere befördern konnte, und ihrer Frachtvariante, der An-12, gelang es dem Konstrukteur Oleg Konstantinowitsch Antonow, ein mittelgroßes Flugzeug zu schaffen, das keine betonierten Rollbahnen benötigte und im Winter mit Kufen ausgestattet wurde. Zu einer der erfolgreichsten einmotorigen Vielzweckmaschinen avancierte Antonows An-2, die im europäischen Russland vor allem im Dienst der Landwirtschaft gebraucht wurde, in Sibirien aber für die Forstwirtschaft, für die Bekämpfung von Waldbränden, als Ambulanz- und Verbindungsflugzeug zu entlegenen Ortschaften zum Einsatz kam.³⁰⁸ Später wurde es durch Helikopter ergänzt oder ersetzt.

Um das dichte Luftverkehrsaufkommen besser steuern zu können, dezentralisierte Aeroflot seine Verwaltung. Dadurch stieg auch Krasnojarsk zum Sitz einer Regionaldirektion auf. Sein Flughafen entwickelte sich zum Luftdrehkreuz Mittelsibiriens mit direkten Verbindungen nach Moskau und Fernost, vor allem aber als Feinverteiler zu den wichtigeren Nebenzentren des Krasnojarsker Krai. Nach ihm rangierte in einer ähnlichen Position nur noch Norilsk und auf dem dritten Platz der Bedeutung nach Chatanga im Taimyr.[309]

Ein derart dichtes Netz, das imstande war, fast jedes größere Dorf aus der Luft zu erreichen, konnte nur aufgebaut und unterhalten werden, weil in sowjetischen Zeiten Kosten keine Rolle spielten.

Von Oktober 1942 bis Oktober 1945 war Krasnojarsk übrigens kriegsbedingt der westliche Endpunkt einer der seltsamsten Luftstraßen der Geschichte – der 6500 km langen «Alsib» (Alaska–Sibirien). Auf ihr wurden – beginnend in Fairbanks in Alaska – mit Zwischenhalten auf mehreren fernöstlichen und ostsibirischen Flugfeldern über 128 000 Passagiere (darunter 1944 auch der Vizepräsident der USA, Henry Wallace) und über 18 500 Tonnen Fracht befördert. Am wichtigsten aber war, dass auf diesem Weg 7831 Militärflugzeuge von den USA nach Russland überführt wurden – mehr als auf dem Luftweg über den Iran und auf dem Seeweg über den Atlantik nach Murmansk und Archangelsk.[310]

## Die Verkehrsschneisen im Vergleich

Welche Bedeutung den Wasserwegen für die Wirtschaft des Krasnojarsker Krai zukommt, zeigt sich, wenn man ihr Transportaufkommen miteinander vergleicht. Im Jahre 1990 – auf dem Höhepunkt der wirtschaftlichen Entwicklung – entfielen trotz der jahreszeitlich eingeschränkten Navigation 69,7 Prozent des Transportvolumens auf die Flüsse. Einen erheblichen Anteil daran hatte die Holzflößerei. Weit abgeschlagen folgten dahinter fast gleichauf mit 15,4 Prozent die Straße und mit 14,8 Prozent die Eisenbahn. Der Lufttransport spielte mit 0,1 Prozent für den Lastverkehr fast keine Rolle.[311] Die wirtschaftliche Bedeutung der Eisenbahn ruht nach wie vor auf der ost-westlichen Transportachse. In den Jahren 1997–1999, als schon die Umstellung auf die Marktwirtschaft das Verkehrsaufkommen schwächte, bewältigte die Ostsibirische Eisenbahn mehr als 88 Prozent des ost-westlichen Gütertransports; befördert wurden (in dieser Reihenfolge) Kohle, Erdöl und Erdölprodukte, Holz und Holzprodukte sowie Erze. Rund ein Zehntel des Transportvolumens entfiel auf die Straße, die vor allem den Nahverkehr und die Feinverteilung besorgte. Wasserwege spielten im Ost-West-Verkehr nur eine marginale Rolle.[312] Wachsende Einnahmen verspricht sich die Ostsibirische Bahn vom Ausbau des Transit-Containerverkehrs, der auf der Transsib von Europa nach Asien zehn bis fünfzehn Tage schneller ist als auf der Meeresroute über den Pazifischen Ozean.[313]

Nach dem Ende des Sowjetsystems hat der Übergang zur Marktwirtschaft, in welcher Kostenfaktoren eine zentrale Rolle spielen, auch das Verkehrswesen vor völlig neue Herausforderungen gestellt. Die zu Sowjetzeiten hoch subventionierten Fahrpreise deckten ja nur einen Bruchteil der wahren Kosten – sowohl bei der Eisenbahn als auch im Schiffsverkehr und ganz besonders bei den für Sibirien so wichtigen Flugverbindungen. Um Preise und Aufwand einander zumindest anzunähern, musste man Personal abbauen, die Frequenzen ausdünnen, bei der Eisenbahn Dispatcherzentralen und Bahnbetriebswerkstätten zusammenlegen und die Automatisierung vorantreiben. Für viele Normalverbraucher wurde dadurch das Reisen schier unerschwinglich. Das Transport- und Passagieraufkommen ging in allen Branchen des Verkehrs zurück.[314] Allein auf dem Jenissei schrumpfte die Transportleistung von 28 auf 4 Millionen Jahrestonnen, und ein Teil der Flotte wurde in das europäische Russland verlegt.[315] Massive Einbrüche verzeichnete auch der Nördliche Seeweg östlich Nowaja Semlja.[316]

Am schlimmsten trifft diese Entwicklung die abgelegenen Siedlungen, die für die Verbindung zur Außenwelt ausschließlich auf ein Nahverkehrsflugzeug angewiesen sind, das auch auf Graspisten und Schnee zu starten und zu landen vermag. Dass unter diesen Bedingungen die junge Generation aus ihrer Heimat fortstrebt, verheißt für die Zukunft der Peripherie nichts Gutes.

# Lebensräume

Wie haben die Menschen des Jenissei-Stromlandes unter dem Damoklesschwert der Repression durch den Sowjetstaat und seine Sicherheitsorgane, insbesondere unter Stalin, gelebt? Wie haben Wirtschafts- und Verkehrsbedingungen sich auf ihren Alltag ausgewirkt?

## Das Leben auf dem Lande

Wie schon erwähnt, zog zu Beginn der Sowjetzeit die übergroße Mehrheit der Bevölkerung des G. Jenissei ihren Lebensunterhalt aus der Landwirtschaft – im Jahre 1920 von 1,2 Millionen über eine Million. In ihrer großen Masse konzentrierten sich diese nach wie vor auf die südlichen Kreise Minussinsk, Atschinsk, Kansk und Krasnojarsk. Einen besonderen Zustrom von Neusiedlern erlebte seit der Mitte der zwanziger Jahre Chakassien. Dies hing mit der Eröffnung der Bahnlinie Atschinsk–Minussinsk und der dadurch ausgelösten industriellen Entwicklung zusammen. Hatten auf den knapp 50 000 Quadratkilometern im Jahre 1925 erst 75 000 Menschen gelebt, waren es 1935 über 175 000 und 1939 bereits mehr als 275 000. Damit gerieten die Chakassen, die 1930 noch mehr als die Hälfte der Einwohner gestellt hatten, immer stärker in die Minderheit und wurden zur reinen Titularnation.[317]

### Die Übergangszeit
Die Normalisierung in der Landwirtschaft, die 1924/25 einsetzte, begann auf bescheidenem Niveau. Die Bauern hatten Saatflächen und Viehbestand radikal verringert, um dem Staat nicht zu viel abgeben zu müssen. Allerdings betraf die «Normalisierung» auf dem Lande weniger den Alltag.[318] Verbitterung und Verunsicherung waren überall mit Händen zu greifen. Dem neuen Staat trauten die meisten Bauern nicht über den Weg. Anders stand es um die junge Generation. Die Frontheimkehrer waren dem Leben auf dem Dorf entfremdet, sie hatten die Welt und insbesondere das städtische Leben außerhalb ihrer engeren Heimat kennengelernt und waren desillusioniert. Teilweise erhofften sie sich vom Sowjetstaat einen Aufbruch in eine bessere Zukunft. Vor allem aber drängte es sie, ihr neues Leben in vollen Zügen zu genießen. Waren die jungen Leute auf dem sibirischen Lande schon vor dem Krieg eine gewisse Freizügigkeit gewöhnt gewesen, so brachen nun alle Dämme. Zugleich begehrten diejenigen, die mehrere Jahre Krieg hinter sich hatten, gegen die Herrschaft der alten Männer in Haus und Gemeinde auf.[319] Lebensformen und Modevorbilder aus der Stadt sickerten ein wie die Zigarette oder der Paar- anstatt des Reigentanzes. Anstelle der Abendzirkel, an denen sich früher die jungen Burschen und Mädchen reihum in einer Stube getroffen hatten, um erste scheue Kontakte zu knüpfen, kam man nun sofort zur Sache.[320] Damit gingen bei den jungen Leuten allmählich auch die alten Volkslieder

vergessen. Der Kirche entfremdeten sie sich.[321] Zwar hatten die meisten Sibirjaken zuvor schon ein eher loses Verhältnis zur Staatskirche gehabt, doch als Komsomolzen aus Kasatschinskoje begannen, die Kapelle als Abort zu benutzen, platzte den Einwohnern dann doch der Kragen. Die «neue Zeit» begann auch mehr und mehr die Mehrgenerationenhaushalte zu zersetzen, die in den entlegeneren Gebieten des Jenissei-Stromlandes immer noch stark vertreten waren.[322] Generationenkonflikte, das Aufkommen eines durch die NEP begünstigten Individualismus und auseinanderdriftende Vorstellungen über die zukünftige Gestaltung der Besitzformen schwächten auch die dörfliche Solidargemeinschaft. Stärker trug zu deren Verfall jedoch bei, dass die überkommene Dorfversammlung, der Mir, nur noch Entscheidungen treffen durfte, welche im eigentlichen Sinne landwirtschaftliche Probleme betrafen.[323]

Dass alle diese Neuerungen, die vor allem über die verkehrsgünstig gelegenen Großdörfer hereinbrachen, sich summierten, überforderte viele Ältere. Zuflucht suchten sie im Alkohol. Noch nie in der Geschichte Sibiriens war die Schwarzbrennerei so verbreitet wie in den zwanziger Jahren.[324] Eine Instruktorin der Sibirischen Frauenabteilung *(Sibženotdel)* notierte, nachdem sie eine Reihe von Dörfern der Wolost Suchobusim im Kreis Krasnojarsk besucht hatte: «Die Schwarzbrennerei ist bis zum Äußersten entwickelt. Der *Samogon*, wie er genannt wird, fließt in Strömen. […] Eine Bäuerin meinte: Je stärker die Sowjetmacht geworden ist, desto mehr haben sie versucht Samogonka zu brennen, und trotzdem haben sie denen da oben die Hölle heiß gemacht, dass sie ihnen ein Monopolchen gäben, doch damit werden sie sogar das bisschen Brot verderben, das wir noch haben.» Und ein anderer Bericht vermerkt lapidar: «Das Bild eines Vakuums von fehlender staatlicher Autorität, Anarchie, Chaos und Gesetzlosigkeit auf dem Dorf ergänzen Trunksucht und Schwarzbrennerei, welche geradezu katastrophale Ausmaße angenommen haben. Es saufen Alt und Jung.»[325]

Wenig Neigung zeigten speziell die Bauern des Jenissei-Stromlandes, freiwillig in eine Kollektivwirtschaft einzutreten, welche die Sowjetbehörden von Anfang an als das landwirtschaftliche Non plus ultra anpriesen. Doch die Bauern sahen das völlig anders. Die wenigsten wollten auf ihre gerade in Sibirien hoch geschätzte wirtschaftliche Selbstbestimmung verzichten. L. P. Popow, der Bevollmächtigte der Kommission zur Rekonstruktion der Landwirtschaft, rapportierte Anfang der zwanziger Jahre nach einer Rundreise durch die Kornkammern am Oberlauf des Jenissei ernüchtert: «Der Eigentumsinstinkt sitzt in jedem einzelnen Landwirt so fest, die Hoffnung auf die Anhäufung von Reichtümern ist so stark, dass selbst die breiteste Perspektive der Möglichkeit, durch kollektives Zusammengehen alle nur erdenklichen Rechte von den Staatsorganen zu erhalten, in den Herzen der bäuerlichen Eigentümer nicht den erforderlichen Widerhall findet. Die Mehrheit der Bauern bestreitet die Möglichkeit solcher Zusammenschlüsse nicht, doch mit allen Kräften versuchen sie sich von ihnen abzugrenzen durch die Hindernisse lokaler Besonderheiten.»[326]

1925 gab es im ganzen G. Jenissei nur 39 Kollektivbetriebe. Das waren lediglich 6,9 Prozent aller sibirischen Kollektivwirtschaften, deren Schwerpunkt in Westsibirien lag. Und diese Kollektivwirtschaften stellten sogar noch im Jahre 1927 nicht einmal ein Prozent aller sibirischen Landwirtschaftsbetriebe. Dass sich in ihnen vor allem landlose und landarme Bauern sammelten, die kaum etwas in die gemeinsame Wirtschaft mit einbrachten, war auch nicht gerade dazu angetan, ihre Attraktivität zu steigern.[327]

Am Vorabend der Zwangskollektivierung präsentierten sich die Dörfer des Jenissei-Stromlandes Besuchern äußerlich also noch in etwa so wie vor der Oktoberrevolution.

## Das Kolchosdorf

Unter diesen Umständen ist der erbitterte Widerstand gegen die Zwangskollektivierung verständlich. Die sibirischen Bauern – in ihrer großen Mehrheit weit besser situiert als ihre Kollegen im europäischen Russland[328] – hatten mehr zu verlieren.

Am bittersten spürten die neuen Kolchosbauern ihre wirtschaftliche Entmündigung. Der Theorie nach war der Kolchos zwar landwirtschaftlich autonom, doch in der Praxis blieb seinen Mitgliedern wenig eigener Entscheidungsspielraum. Mit seinen Aussaatplänen gab der Staat jedem Kolchos nicht nur vor, was er anzubauen hatte, sondern auch wie viel. Sogar der halbe Hektar der persönlichen Nebenwirtschaft war davon betroffen, denn wenn der Staat aus den Erträgen der Kolchosen vor allem seinen Bedarf an Getreide und Kartoffeln deckte, dann zog er aus dem bescheidenen privatwirtschaftlichen Nebenerwerb in erster Linie Gemüse, Milch und Fleisch. Weil die Agrarbürokratie dabei nach einem Einheitsschema vorging, waren Kolchosbauern, die über kein eigenes Vieh verfügten, sogar gezwungen, die von ihnen abzuliefernde Milch- und Fleischquote anderweitig zu beschaffen. Dies ließ sich aber nur deshalb bewerkstelligen, weil es ihnen seit 1932 gestattet war, von den Erzeugnissen ihrer Eigenwirtschaft alles, was über die Ablieferungsquoten hinausging, frei auf den Kolchosmärkten zu verkaufen.

Für die anfallenden landwirtschaftlichen Arbeiten wurden die Bauern in Arbeitskolonnen («Brigaden») eingeteilt, die unter der Aufsicht eines Vorarbeiters («Brigadiers») standen. Dieser wies seiner Brigade die täglichen Aufgaben zu, hatte sie zu beaufsichtigen und darüber zu entscheiden, ob die Brigademitglieder das Tagessoll erfüllt hatten. Ein entsprechender Eintrag in das Arbeitsbuch berechtigte dazu, sich beim Jahresabschluss ein volles Tagewerk *(trudoden')* vergüten zu lassen. Dies entsprach im Grunde der Praxis des Tagelöhnertums in früheren Gutsbesitzerzeiten. Anbaupläne und Termine wurden zentral von oben reguliert – ohne Rücksicht darauf, dass auf einem so riesigen Gebiet wie der RSFSR die Jahreszeiten gewissen Phasenverschiebungen unterlagen.

Allerdings lastete die Arbeit auf den Kolchosfeldern die Bauern nicht voll aus. Hektisch ging es vor allem während der Aussaat- und der Erntezeit zu. Dazwischen blieb ihnen Spielraum genug, um sich ihrer Nebenwirtschaft zu widmen. Der Kolchos beanspruchte die bäuerliche Arbeitskraft jedoch auch durch obligatorische Aufgebote zugunsten der Allgemeinheit. Wie schon zur Zarenzeit hatten die Kolchosniki mehrere Wochen, ja sogar Monate pro Jahr Fuhr- und Arbeitsdienste im Wegebau, bei staatlichen Transporten und in der Forstwirtschaft zu leisten. Zum Arbeitszentrum wurde nun der große Wirtschaftshof, wo sich Stallungen und Scheunen befanden und nach und nach auch ein paar Maschinen auftauchten.

Die von oben verordneten Arbeitslasten fanden auf der Einnahmenseite keine Entsprechung. Abgerechnet wurde erst nach dem Ende des Erntejahres. Damit die Kollektivbauern aber in der Zwischenzeit über die Runden kamen, erhielten sie Vorschüsse an Getreide. Diese wurden dann gegen die Ansprüche, die aus der Anzahl der Tagewerke resultierten, aufgerechnet. Was die Kolchosniki am Schluss des Zahltags nach Hause trugen, entsprach aber bei weitem nicht ihren Erwartungen. Die Ernte wurde nämlich nach Prioritäten aufgeteilt. Vorrang besaßen die Ablieferungsquoten an den Staat. Diese hatten sich vom Ende der zwanziger bis zum Ende der dreißiger Jahre jedoch verdreifacht – selbstverständlich zu Lasten des bäuerlichen Konsums. Zweite Priorität genoss die Aussonderung des Saatguts für das nächste Wirtschaftsjahr, und nur was dann noch übrig blieb, wurde unter den Bauern entsprechend den von ihnen geleisteten Tagewerken verteilt. In der Regel war das nicht viel, im Durchschnitt der Jahre 1938–1940 beispielsweise acht bis neun Doppelzentner pro Hof. Das reichte bestenfalls knapp, um den Eigenkonsum an Brotgetreide zu decken. Kartoffeln, Gemüse, Fleisch und Milch musste man aus der eigenen Wirtschaft nehmen. Neben der Naturalentschädigung gab es auch noch etwas Geld. Dass der Kolchos nur wenig Bargeld auszahlen konnte, hing einerseits mit den niedrigen staatlichen Aufkaufpreisen zusammen, die eher symbolischen Charakter hatten, andererseits damit, dass die Kolchosleitung Rücklagen für Bauten und Anschaffungen machen musste, aber auch sich selbst nicht vergaß.

Da ist es verständlich, dass die Bauern die Kolchosarbeit lustlos, ja widerwillig verrichteten, sich kein Bein ausrissen, zu spät zur Arbeit erschienen, so früh wie möglich wieder verschwanden und mit allen möglichen Tricks versuchten, Kolchos und Staat zu betrügen, ja sogar Sabotage zu betreiben. Was Dorfsowjetvorsitzende als Böswilligkeit und mangelndes Engagement für den Aufbau des Sozialismus auslegten, war nach dem herkömmlichen bäuerlichen Gerechtigkeitsgefühl in Tat und Wahrheit nichts anderes als der Gegenwert an Arbeitsleistung, den das jämmerliche Entgelt verdiente.[329] Die Leitungsorgane kannten gegen diese Arbeitsmoral nur zwei Patentrezepte: Da das erste – intensivere Propagandaarbeit – nichts fruchtete, nahmen sie zum zweiten Zuflucht, der Repression als sowjetischem Allheilmittel.[330] Damit trieb man aber die besten Leute in die Städte.

Weil Leben und Überleben weniger von der Kolchosarbeit als vielmehr von der Hoflandwirtschaft abhingen, konnten die Bauern sich kaum Freizeit gönnen. Arbeiten, essen, schlafen – dieser Rhythmus bestimmte ihren Alltag. Im Grunde genommen hat die Kollektivierung auf dem Lande also nicht die sozialistische Produktionsweise eingeführt, sondern ein auf Selbstausbeutung beruhendes, aber hocheffizientes privates Zwergbauerntum etabliert.

Nicht nur die Natural- und Geldeinkünfte der Kolchosbauern waren mager. Sie hatten darüber hinaus auch schwere Lasten zugunsten von Staat und Gemeinde zu tragen. Von Fuhr- und Baudiensten für öffentliche Zwecke war bereits die Rede. Die Gemeinde zog außerdem noch eine Lokalsteuer ein *(samoobloženie)*, mit der sie den Aufbau einer eigenen Infrastruktur finanzierte. In die Staatskasse flossen die Naturalsteuer, eine Kulturabgabe und die obligatorischen Versicherungsprämien gegen Schäden durch Feuer, Wasser, Hagel, Frost und Tierseuchen. Gegenüber der Zarenzeit, wo ein derartiges Versicherungsobligatorium noch nicht existiert hatte, war dies ein unbezweifelbarer Fortschritt, und die Bauern hatten gegen diese Abgabe auch am wenigsten einzuwenden. Am schlimmsten traf sie aber die Staatsanleihe *(zaim)*, die vor allem zur Finanzierung des Fünfjahrplanes gedacht war und die etwa die Hälfte ihrer Gesamtzahlungen an den Staat ausgemacht haben dürfte. Theoretisch handelte es sich um ein rückzahlbares Darlehen, aber was der Staat (erst seit 1958!) tatsächlich rückvergütete, hatte eher symbolischen Charakter, so dass die Anleihe in Wirklichkeit nichts anderes darstellte als eine hohe Sondersteuer. Natürlich handelte es sich um eine «freiwillige» Angelegenheit, doch wer sich nicht beteiligte oder zu wenig einzahlte, lief Gefahr, zum Volksfeind gestempelt zu werden. Auf diese Weise bemühte sich der Sowjetstaat, möglichst viel von dem Bargeld abzuschöpfen, das die Kolchosniki aus dem Verkauf ihrer privaten Überschüsse auf den öffentlichen Märkten erlöst hatten, und dieser erbrachte in der Mitte der dreißiger Jahre immerhin bis zur Hälfte ihrer Bareinnahmen.[331]

Die durchschnittliche Gesamtbelastung der Kolchosbauern durch Steuern, Abgaben und Prämienzahlungen schätzt Stephan Merl unter Einbezug der gesteigerten Selbstausbeutung der Kolchosniki in ihren privaten Nebenwirtschaften auf etwa die Hälfte des Familienbudgets.[332] Dies würde bedeuten, dass der Staatssozialismus die Bauern gegenüber der Zarenzeit mit einer Verdoppelung ihrer Abgabenlast beglückt hat. Die Taigabauern konnten dabei wie zuvor schon einen Teil ihrer Lebensmittel und privaten Einnahmen in Gestalt von Zedernnüssen, Beeren, Pilzen aus dem Wald beziehen oder aus dem Fischfang und der Jagd auf Wassergeflügel.

Einen Einblick in die Lebensumstände eines Kolchosdorfs kurz vor dem Zweiten Weltkrieg gibt uns Galina Scheludtschenko, geboren in Jenisseisk und aufgewachsen zunächst im Goldminendistrikt am Pit als Tochter eines Schulleiters. Nach der Verhaftung ihres Vaters 1938 floh sie mit der Mutter in das Dorf Michailowka im Rayon Daurskoje, etwa 250 km flussaufwärts Krasnojarsk. Dort lebte eine Schwester ihrer Mutter, die bereit war, die Familie eines «Volksfeindes» zu beherbergen. In der Hütte, die aus einem einzigen Raum bestand, wohnten nunmehr zehn Personen – die Tante und ihr zweiter Mann mit je drei Kindern aus erster Ehe sowie Galina und ihre Mutter. «Wir, alle sieben Kinderchen, schliefen auf Hochgestellen unter der Decke. Mama auf dem Ofen. Und nur die Hauswirte in einem Bett.» Gegessen wurde auf Wandbänken um einen großen Tisch unter der Ikonenecke. Die vielen hungrigen Mäuler suchte die Tante mit einer Hauptmahlzeit aus gekochten Kartoffeln und Salzgurken zu sättigen. Oft gab es auch eine Mehlsuppe, in der Mehlklumpen schwammen, oder eine Suppe aus Sauerkohl, als Nachtisch gedämpfte Steckrüben. Brot buk die Tante selber. Für die Dorfkinder war die Ankunft einer Städterin etwas so Außergewöhnliches, dass sie Galina auf Schritt und Tritt folgten. Die Dorfschule bestand aus einem einzigen Raum, in dem vier Klassen in zwei Schichten unterrichtet wurden. Kein Haushalt besaß damals ein Radio. Über einen Telefonanschluss verfügte lediglich die Kolchosverwaltung.[333]

Für den Kolchosnik hatte das neue System in gewisser Hinsicht durchaus auch Vorteile. Da er und seine Frau nun im Rahmen der zeitlichen Möglichkeiten ihr ganzes persönliches Arbeitsengagement der Bewirtschaftung ihres Hoflandes widmeten, hatten sie dafür wenigstens keine weiten Wege mehr zurückzulegen. Das Nutzland lag gerade hinter dem Haus. Allerdings waren die Wirtschaftsgebäude, die sie für den früheren Betrieb benötigt hatten, nun großenteils funktionslos geworden. Ein kleiner Stall für Kuh und Schwein, ein Schuppen für das Brennholz, einer für die Arbeitsgeräte, ein Verschlag für das Geflügel genügten in den meisten Fällen. Überflüssige Wirtschaftsgebäude wurden verheizt oder als Reserve für Baumaterialien ausgeschlachtet und verschwanden nach und nach. Damit fand der traditionelle, in einen «sauberen» vorderen und in einen hinteren «schmutzigen» Teil untergliederte sibirische Bauernhof sein Ende. Auch die stattlichen, mit zahlreichen Fenstern und Schnitzereien geschmückten Wohnhäuser der ehemaligen Großbauern verschwanden nach und nach. Hatte es früher geheißen, der Begüterte habe für jedes Familienmitglied ein eigenes Fenster, während beim Mittelbauern sieben aus einem Fenster schauen müssten,[334] so wurde dies nun zur neuen Norm. Da neben den eigentlichen Bauernhöfen und den prächtigeren Wohnhäusern auch die Kirchen verschwanden, verwandelten sich die Dörfer des Jenissei-Stromlandes seit den dreißiger Jahren ihrem äußeren Erscheinungsbild nach in Ansammlungen wenig voneinander unterschiedener einfacher Holzhäuser in Einheitsgrau.

Lenins bekannte Formel, Kommunismus sei Sowjetmacht plus Elektrifizierung, kam zunächst nur der Industrie und den Städten zugute. Das flache Land merkte von den Segnungen der Elektrizität bis zum Zweiten Weltkrieg so gut wie nichts. Ein bis zwei Kerosinlampen für die Wohnräume und eine Sturmlaterne für den Weg in den Stall mussten als Lichtquellen ausreichen. Von Leitungswasser konnten die Kolchosbauern nur träumen. Der Ziehbrunnen hinter dem Haus und das Plumpsklo blieben ihre täglichen Weggenossen. Für die Frauen, die ja durch Haus- und Landwirtschaft doppelt belastet waren, bedeutete dies, dass die Einführung des Sozialismus ihnen nicht einmal das tägliche Wasserschleppen ersparte.

Um die Produktivität der Kolchosen zu steigern, richtete der Staat zentrale Maschinen-Traktoren-Stationen (MTS) ein. Mit ihren Traktoren, Sämaschinen und Mähdreschern sollten die MTS die Bauern in ihrer Arbeit unterstützen und sie an die Maschinisierung der Zukunft gewöhnen. Allerdings hatte eine MTS 1944 im Krasnojarsker Krai mit durchschnittlich 46 Traktoren im Mittel 21,5 Kolchosen zu betreuen, und da die ostsibirischen Kolchosen größer waren als im europäischen Russland und in Westsibirien, waren selbst die MTS nicht imstande, alle Kolchosfelder zu bearbeiten. Zudem fuhren die nur oberflächlich angelernten Traktoristen und Mähdrescherfahrer ihre Maschinen oft rasch zu Schrott. 1958 wurden die MTS organisatorisch aufgehoben, Gebäude und Maschinenpark an die Kolchosen verkauft. Betriebstechnisch war dies wegen der inzwischen erfolgten Zusammenlegung vieler Kolchosen zu Großbetrieben sinnvoll. Doch ging dadurch viel technisches Fachwissen verloren, die Reparaturkapazitäten nahmen ab und immer mehr Maschinen verrotteten.

Sowchosen waren wie die MTS Staatsbetriebe, die mit angestellten Arbeitern wirtschafteten. Sie sollten den umwohnenden Bauern die Vorzüge sozialistischer Großraumwirtschaft vor Augen führen und waren dementsprechend hochgradig maschinisiert. Erreicht wurde jedoch das Gegenteil. Gerade weil die Sowchosen alles hatten und die Landarbeiter in stadtähnlichen Siedlungen lebten, galten sie den Kolchosniki als Fremde.[335] Allerdings gab es im Krai Krasnojarsk vergleichsweise wenig

Sowchosen, da Großgrundbesitz zuvor keine große Rolle gespielt hatte. Im Jahre 1944 existierten im Krai 2544 Kolchosen, 67 Sowchosen, 118 MTS und 4000 persönliche Nebenwirtschaften von Industriearbeitern. Die insgesamt 1 422 300 Hektar Ackerland verteilten sich zu 81,7 Prozent auf Kolchosen, zu 9,1 Prozent auf Sowchosen, zu 6,1 Prozent auf persönliche Nebenwirtschaften, und 2,8 Prozent nutzten Kolchosniki für sich. Es gab immer noch Einzelbauern, die bis 1944 durchgehalten hatten, aber auf sie entfielen ganze 700 Hektar.[336] Von den Sowchosen waren allerdings die wenigsten Getreidegüter; fast die Hälfte hatte sich auf Milchwirtschaft, die übrigen auf Viehzucht spezialisiert. Doch über Arbeitsdisziplin und organisatorische Qualitäten der meisten Sowchosen fällte ein Bericht der Krasnojarsker Parteizentrale von 1945 ein vernichtendes Urteil und beklagte, dass seit 1940 die Hälfte des Maschinenparks und der Zugpferde abhanden gekommen sei.[337]

Die Erbitterung der Bauern über ihre schwere, fremdbestimmte Arbeit, die ihnen kaum mehr als das Existenzminimum einbrachte, entlud sich in permanenten Handgreiflichkeiten gegen Vorgesetzte und Aktivisten.[338] Auch dass der vom Staat im Vorfeld des eigenen Kriegseintritts am 26. Juni 1940 erlassene vielsagenden Ukas «Über den Übergang zum achtstündigen Arbeitstag, zur siebentägigen Arbeitswoche und über das Verbot eigenmächtigen Verlassens des Arbeitsplatzes von Arbeitern und Angestellten» strenge Strafen androhte, nützte nichts. Allein im zweiten Halbjahr 1940 kamen im Krasnojarsker Krai 22 148 Personen wegen Verstoßes gegen den Ukas vor Gericht. Interessanterweise befanden sich darunter allein 1200 Traktoristen.[339]

Als die Sowjetunion ein Jahr später in den Krieg eintrat, wurden die Strafbestimmungen nochmals drastisch verschärft. Dies galt auch für Unterschlagungen und Diebstähle von Saatgut, Getreide und Heu aus den Speichern von Kolchosen und Sowchosen. Was die Kolchosniki auf ihren eigenen zwei Morgen Land nicht zur Genüge anbauen konnten, war Getreide. Daher gehörten Unterschlagungen und Diebstähle von Getreide auf Kolchosen wie Sowchosen zum Alltag. Häufig steckten Kolchosverwaltungen und Bauern dabei unter einer Decke. Wo derartige Unterschleife ans Licht kamen, gab es dafür während des Krieges vier bis fünf Jahre Freiheitsentzug.[340] Gerade die vom Krieg auferlegten zusätzlichen Entbehrungen schürten den Unmut der Landbevölkerung und machten sich in antisowjetischen Parolen und Gerüchten Luft, etwa dass die Sowjetregierung zur Tilgung der Kriegsschulden die Goldminen an die USA verkaufen wolle oder nach Kriegsende die USA die Herrschaft über Sibirien übernehmen und die Kolchosen abschaffen würden.[341]

Wie man auf dem Lande während des Krieges gelebt hat, schildert Innokenti Popow aus Maklakowo im Rayon Jenisseisk: «Wir lebten im Krieg von dem, was für uns die persönliche Wirtschaft abwarf. Davon mussten wir aber auch dem Staat Käse, Butter, Eier, Fleisch, Wolle abgeben. All das holten Agenten, die auf die Höfe kamen. Trotz aller Schwierigkeiten gingen die Kinder zur Schule. Wir hatten sogar einen Kindergarten mit Kinderkrippen. In der Schule war es kalt, Holz für die Schule gaben sie nicht. Licht gab es auch nicht. So wurde unterrichtet. Ernährt haben wir uns damals schlecht. Grundnahrung waren Kartoffeln, Gemüse, Flussfisch. Fleisch gab es äußerst selten, oft haben wir gehungert. Drei Tage lang nur Salz und Wasser. Brot kriegten wir 100 Gramm pro Person und Tag. Es war schwer. Angezogen waren wir miserabel. Wir trugen einfache Stiefel, Kleider nähten wir uns selber aus Säcken. Aus dem Dorfladen kriegten wir nichts. Winterkleider machten wir ebenfalls selber. An Möbeln hatten wir außer einem Tisch und Bänken nichts. Der Fußboden bestand aus blanker Erde, Fußmatten hatten wir nicht. Selbst Vorhänge vor den Fenstern gab es nicht. Außer Arbeit, Arbeit, Arbeit gab es für uns nichts anderes. Wenn es mal keine gab, waren wir erschöpft. In das Schwitzbad haben uns die Chefs nur unter Geschimpfe gelassen, daher wagten wir es kaum, um Erlaubnis zu bitten.»[342]

Galina Scheludtschenko, die mit ihrer Mutter im Sommer 1941 nach Jenisseisk umgezogen war und dort am Stadtrand bei einer anderen Tante Unterschlupf gefunden hatte, kehrte 1943 nach Michailowka zurück. Dort waren die Lebensbedingungen noch härter geworden. Im eigenen Garten pflanzte die Tante zwar Kartoffeln, Rüben und sogar Hirse. Die Ernte erbrachte jedoch kaum mehr als eine Zugabe zu den eigentlichen Lebensmitteln. Die allgemeine Stimmung war gedrückt, immer wieder hörte man, dass ein Angehöriger gefallen war, und sorgte sich um das Schicksal der anderen. «Den Kummer ertränkte man mit Selbstgebranntem aus Steckrüben und mit dem ersten Morgengrauen – an die Arbeit: für sich selber die Gärten zu pflügen und auf den Kolchosfeldern den auf sie entfallenden Anteil an Gemüse zu setzen. Pferde gab es nicht genug. Die Leute arbeiteten ihre Sklaventagewerke ab, bekamen dafür aber keinen Lohn. Alles für die Front. Von jedem Hof musste man dem Staat bis zu 300 Litern Milch, 70 Eier, einen Schafspelz und sogar eine Schweinehaut geben. Alles lastete auf den Schultern der Frauen und Kinder. Einige Familien waren nicht in der Lage, diese Abgaben zu entrichten. Viele Kinder gingen nicht zur Schule. Man konnte nicht auf sie verzichten. Einmal Anfang Januar [1944] kam eine Nachbarin in unsere Hütte gestürzt und berichtete: Taska Kamowitschewa [eine Kriegerwitwe] haben sie verhaftet. Es kam die Miliz mit unserem Abgabenbeauftragten, diesem Lumpen Kasakow, und verlangt die Ausstände. Aber wo soll sie Eier hernehmen, wenn sie keine Hühner hat? Womit soll sie die füttern? Und das Schaf ist krepiert, die Kuh gibt nur wenig Milch, weil sie anstelle der Pferde auf dem Acker als Zugtier dient. Dann hol sie, die Kuh, gib sie anstelle der Abgabe, sagt der Milizchef. Oder hast du etwa etwas versteckt? Hast du noch etwas? – Und Taska: Schau dich um [...] und hob die Zipfel ihres zerschlissenen Rocks ...» Daraufhin nahmen die beiden Vertreter der kommunistischen Staatsmacht sie sofort mit. Zurück blieben drei Kinder, die verängstigt auf dem russischen Ofen hockten.[343]

Aber nicht immer führten die staatlichen Organe die beschlagnahmte Familienkuh dem Wohle der Frontsoldaten zu. Nail Baigutdinowa, die in einem von wolgatatarischen Umsiedlern kurz vor dem Ersten Weltkrieg gegründeten Dorf 400 km nördlich von Krasnojarsk aufgewachsen war,[344] erinnert sich. Weil der Vater an der Front angeblich gefallen war, durfte die Familie ihre Privatkuh behalten. Doch sobald ruchbar wurde, dass er «nur» schwer verwundet in einem Lazarett lag, kamen die Organe und holten die Kuh ab. «Unsere Kuh haben die Abgabeneintreiber aber nicht bis zum Rayonzentrum getrieben. In einem Wald ganz in der Nähe von Pirowskoje haben sie sie geschlachtet, enthäutet, zerlegt und untereinander und mit ihren Chefs geteilt. Seit diesem Tag blieb der Hunger unser ständiger Begleiter. Gerade erst hatte das Frühjahr begonnen. Die Kartoffeln hatten wir schon allesamt gegessen. Übrig waren nur noch Kartoffelschalen. Mama hatte sie aufbewahrt, um damit zu pflanzen. Aufbewahrt wurden sie im Keller, unter einer Ascheschicht. Grünzeug gab es im Wald noch nicht. Damit entfiel fürs Erste die Hoffnung auf Bärenklau, Brennnesseln, Melde und Lilien. Irgendetwas aus unserem Hausrat gegen Essen einzutauschen, erschien uns unmöglich. Wir hatten alles schon aufgegessen. Außer dem hölzernen Hochbett, auf dem wir alle gemeinsam nebeneinander schliefen, abgerissenen Kleidern, dem russischen Ofen mit einer Aussparung für die Kienspanbeleuchtung des Hauses, einem gusseisernen Kessel, einer Pfanne, zwei verzinkten Kannen, hölzernen Bechern und Löffeln war nichts da.» «Mama sah ich selten. Sie ging zum Frühmelken um 5 Uhr morgens aus dem Haus. Dann kam sie kurz heim, während ich noch schlief, weckte meinen älteren Bruder, sagte ihm, was tagsüber zu tun sei, was wir essen sollten. Abends, nach dem Arbeitstag im Kolchos, ging sie Arbeit suchen. Hier weißelte sie mit Kalk ein Haus oder einen Ofen, dort half sie den Garten umzugraben, spaltete Holz. Sie machte jede Arbeit. Dafür gab man ihr entweder einen Korb Kartoffeln oder ein Säckchen Mehl. Alles zusammen reichte gerade zum Überleben.»[345]

Aus dem ländlichen Lebensraum war seit den späten dreißiger Jahren ein prägender Bestandteil verschwunden – die Kirchgemeinde. Während in der Sowjetunion zusammen genommen von den 77 727 Kirchen des Jahres 1916 sich immerhin noch 3021 in das Jahr 1941 hinübergerettet hatten (allerdings fast alle in den 1939/40 okkupierten westukrainischen und ostpolnischen Gebieten), gab es von den 329 Kirchgemeinden des G. Jenissei aus dem Jahre 1916 keine einzige mehr.[346] Die meisten Kirchen standen seit den dreißiger Jahren nicht nur leer oder wurden als Kolchosställe oder Lagerräume zweckentfremdet, sondern vielfach sogar abgebrochen. Damit verloren die Kirchdörfer den sichtbaren Teil ihrer Identität. 1943 hielt Stalin es angesichts des Krieges und der Notwendigkeit eines nationalen Schulterschlusses dann doch für opportun, mit der orthodoxen Kirche einen Burgfrieden zu schließen, und erlaubte, eine sehr begrenzte Anzahl von Kirchen wieder zu öffnen. 1948 waren im Krasnojarsker Krai 20 Kirchgemeinden offiziell registriert – acht in Städten und zwölf auf dem Lande. Doch als unter Nikita Chruschtschow eine neue Welle der Kirchenverfolgung einsetzte, schmolzen diese 1959 auf 16 zusammen. 16 Kirchgemeinden auf 2,6 Millionen Einwohner! Als ein großes Problem erwies sich der Priestermangel, denn die meisten Geistlichen der Vorkriegszeit waren in den Verfolgungen umgekommen, deportiert worden oder hatten einen weltlichen Beruf ergriffen. Nachwuchs konnte fürs Erste nicht hinreichend ausgebildet werden. Von 21 Priestern, die 1946 wieder amtieren durften, zählten 19 daher bereits über sechzig Jahre. Die meisten hatten eine langjährige Lagerhaft hinter sich, und aus dem Gulag rekrutierte sich auch die Hauptmasse der Geistlichen, die in den folgenden Jahren Kirchgemeinden übernahmen. Erst seit den sechziger Jahren erfolgte ein Generationswechsel. Von den im Jahre 1984 registrierten 20 Priestern des Krai war die Hälfte jünger als 40 Jahre und nur noch einer älter als 60.[347] Aber auch dies konnte nicht darüber hinwegtäuschen, dass Kirche und kirchliches Leben bis zum Ende der Sowjetzeit völlig marginalisiert blieben.

## Landflucht und Urbanisierung

Die Abwanderung vom Land vollzog sich im Krasnojarsker Krai – verglichen mit dem europäischen Russland – anfangs eher gemächlich, da die eigentliche Industrialisierung dort erst in der zweiten Hälfte der dreißiger Jahre einsetzte. Lebten im Jahre 1926 erst 11,7 Prozent der Bevölkerung in Städten (in der RSFSR 18 Prozent), stieg dieser Anteil bis 1939 auf 29,8 Prozent und hatte damit das Niveau in der RSFSR (33,7 Prozent) fast erreicht.[348] Als die Sowjetunion angesichts des raschen deutschen Vormarsches sich seit dem Sommer 1941 genötigt sah, kriegswichtige Industriebetriebe aus dem europäischen Russland nach Sibirien zu evakuieren, wurden Arbeitskräfte auch im Umland der Transsib für die Rüstung mobilisiert. In Krasnojarsk, Kansk und Atschinsk, die auf derartige Massen Evakuierter und Zwangsmobilisierter vom Lande nicht vorbereitet waren, mussten sich die Neuzuzüger in den bestehenden Altbauten zusammendrängen oder mit Baracken- oder gar Zeltsiedlungen vorliebnehmen.

Doch auch nach Kriegsende änderten sich die Lebensbedingungen und Wohnverhältnisse in der Stadt nur sehr allmählich. Trotzdem muss den jungen Menschen vom Lande selbst dies attraktiver erschienen sein als das Verbleiben im Kolchos. Es dünkt paradox, dass die Landflucht ungebrochen fortging, obgleich sich der Lebensstandard der Kolchosbauern seit 1953, insbesondere aber seit der Mitte der sechziger Jahre merklich hob. Dies ging einerseits auf die von Chruschtschow schon in den fünfziger Jahren verfügte drastische Erhöhung der staatlichen Ankaufspreise für Agrarprodukte zurück, die mehr Geld in die Kassen der Kolchosen spülte. Aber fast noch wichtiger war, dass die Kolchosbauern seit 1965 Leistungen aus der staatlichen Renten-, Waisen- und Invalidenversicherung erhielten und dass ein Jahr später auch ihre Entschädigung durch den Kolchos von Tagewerken auf garantierte, von Ertragsschwankungen unabhängige Minimallöhne umgestellt wurde. Massive staatliche Subventionen in die «gesellschaftlichen Bedarfsfonds» kamen hinzu. Damit wurden die Einkünfte nun kalkulierbarer und flossen gleichmäßiger – vor allem in Form von Bargeld, kaum noch als Naturalien. Da zugleich auch im Familienbudget der Anteil der Ausgaben für Lebensmittel von über 59 Prozent (1965) auf knapp 35 Prozent (1984) sank, blieb vermehrt Geld für langlebige Bedarfsgüter, Tabak, Alkohol und den Spartopf übrig. Aber was nützte das alles in den Dörfern am unteren Jenissei, die an keine Straßen angebunden waren – fern jeden reichhaltigeren Angebots an Haushaltswaren? In der Südhälfte des Krai existierte zwar ein Straßennetz, aber es war in schlechtem Zustand, und ein Auto war für die meisten Bauern nicht erschwinglich. Dass es den Kolchosniki allmählich besser ging, wirkte sich auch auf ihre private Nebenwirtschaft aus. Bis zu den fünfziger Jahren hatten sie diesen halben Hektar privat bewirtschafteten Hoflandes als das Herzstück ihres Wirtschaftslebens gegen wiederholte staatliche Attacken erbittert verteidigt. Auf diese kaum mechanisierbare Plackerei waren sie nun immer weniger angewiesen, so dass Anteil und Bedeutung des Hoflandes rapide schrumpften. Vielfach diente es nur noch dazu, den familiären Eigenbedarf an Kartoffeln und Gemüse zu decken. Damit war aber ein weiterer Schritt zur «Entbauerung» der Dorfgesellschaft getan.[349]

Dabei hatte der Sowjetstaat durchaus Erfolge bei der medizinischen und schulischen Entwicklung auch der entlegenen Gebiete Sibiriens vorzuweisen. Waren 1940 im Krai erst 4,5 Ärzte auf 10 000 Einwohner entfallen (in der RSFSR 7,4), so im Jahre 1959 bereits 14 (in der RSFSR 18,6), und die Anzahl Spitalbetten hatte sich im gleichen Zeitraum von 37,3 pro 10 000 Einwohner auf 80 erhöht – mehr als im Durchschnitt der RSFSR (1959: 78,7).[350] Allerdings täuschen die Durchschnittszahlen. Wenn seit Mitte der sechziger Jahre vermehrt auch ländliche Rayonspitäler entstanden, so beschränkte sich ihre Ausrüstung in der Regel auf einen Röntgenapparat und die wichtigsten ärztlichen Instrumente. Diagnosen für Herz- und Krebserkrankungen ließen sich damit nicht erstellen – wohl mit ein Grund für die überdurchschnittliche Sterblichkeit auf dem Lande. 1965 hatten 30 Prozent der Landspitäler keinen eigenen Arzt, 1977 immer noch 18 Prozent. Ähnliches kannte man schon aus der Zarenzeit. Landärzte blieben rar, weil die meisten nach ihrem dreijährigen Landobligatorium in die Stadt zurückkehrten. So blieben auf dem Lande häufig Feldscherpunkte mit unzureichender Ausstattung oder bestenfalls Ambulatorien immer noch die einzige medizinische Versorgungsbasis.[351] Gegenüber der Zarenzeit vermochte man die Kindersterblichkeit zwar massiv zu senken, sie lag in Ostsibirien aber noch 1989 mit 24,3 auf 1000 Geburten über dem Durchschnitt der RSFSR (19,0).[352] Auch die Alphabetisierung der Landbevölkerung schritt im Vergleich zur Zarenzeit rasch voran. Schon 1939 waren im Krai auf dem Lande praktisch alle Jugendlichen und immerhin fast drei Viertel der Erwachsenen bis zu 50 Jahren des Lesens und Schreibens kundig.[353] In den fünfziger Jahren hatte die Alphabetisierung auch die abgelegensten Dörfer erreicht. Aber das änderte nichts daran, dass die Unterrichtsqualität auf dem sibirischen Dorf hinter derjenigen der Stadt zurückblieb.[354]

Diese negativen Faktoren einer seit 1953 im Allgemeinen erfreulichen Entwicklung fanden Verstärkung durch das Bestreben Chruschtschows, den Lebensstandard der Landbevölkerung dem der Stadt anzugleichen. Um die Produktivität zu steigern, wurden Kolchosen zu Großkolchosen zusammengelegt oder an Sowchosen angegliedert. Da dies in der Nordhälfte des Krai wegen der Einschränkungen durch die Natur nicht oder nur sehr begrenzt möglich war, griff der Staat besonders dort zum Mittel der Umsiedlung. Kleinere Dörfer, denen man «Perspektivlosigkeit» bescheinigte, sollten aufgelöst und ihre Bewohner in große «Perspektivsiedlungen» verpflanzt werden. Nur diesen wollte man fortan alle Mittel für eine entwickelte moderne Infrastruktur zukommen lassen. Doch das Ergebnis dieser Politik entsprach nicht ganz den Erwartungen. Von der eigenen Scholle künstlich getrennt und zu eng spezialisierten Landarbeitern abgesunken, vom Staat auch noch aus vielen ihrer «perspektivlosen» Heimatdörfer vertrieben, verloren die Kolchosbauern nicht nur das Interesse an ihrer Arbeit, sondern am Landleben überhaupt. Statt in die «Perspektivsiedlung» zogen sie lieber gleich in die Stadt, zumal die Industrialisierung im Krai zwischen 1959 und 1989 insgesamt 13 neue Städte hervorbrachte und 38 Dörfer in Siedlungen «städtischen Typs» verwandelte. Ihren Höhepunkt erreichte die Landflucht zwischen 1959 und 1969. Zugleich verschwanden zahlreiche Dörfer. Von 4736 ländlichen Siedlungen des Jahres 1959 gab es 1979 nur noch 2046. Erst 1989 stabilisierte sich der Anteil der Land- an der Gesamtbevölkerung bei 27,2 Prozent; 1959 hatte er noch 50,7 Prozent betragen. Allerdings blieb die Südhälfte des Krai Abwanderungsgebiet, während sich die Bevölkerung des Tundragürtels im Norden – insbesondere unter den Indigenen – während dieser dreißig

Jahre verdoppelte bis verdreifachte. Ganz verschwanden die Kleindörfer nicht, weil das Konzept der Perspektivsiedlungen wegen unzureichender Finanzierung der Infrastruktur die Erwartungen nicht erfüllte und daher viele Dörfler lieber in ihrem Kleindorf blieben.[355] Allerdings erreichten auch die großen Dörfer gegen Ende der Sowjetzeit nach Infrastruktur und Lebensstandard im Allgemeinen nicht das Durchschnittsniveau der Dörfer des europäischen Russland.[356] Immerhin verfügten auch mittelgroße Dörfer seit den sechziger Jahren über ein Dieselaggregat zur Stromerzeugung, und damit vermochten die Einwohner sich über ihre Fernsehgeräte in die sowjetische Informations- und Unterhaltungsszenerie einzuklinken und die langen Winterabende aufzuhellen. Wer am Strom lebt, hat in der Regel sein eigenes Boot am Strand liegen (Abb. 51, 53, 60). Motor und Zubehör zum Fischen werden in fahrbaren Stahlcontainern verschlossen (Abb. 57), die man vor Wintereinbruch rechtzeitig auf der Uferkante in Sicherheit bringt. Doch Leitungswasser gibt es im Dorf meist ebenso wenig wie Zentralheizungen. So ging wie überall in Russland die Abwanderung der jungen Generation – nun auch der Mädchen – und der besser Ausgebildeten in die Stadt weiter.[357]

Von 1959 bis 1989 wuchs die Bevölkerungszahl des Krai von 2,6 auf 3,6 Millionen, das heißt um 37,5 Prozent, während sich die Stadtbevölkerung sogar verdoppelte. Dies ging wesentlich auf Zuwanderung von außen zurück, angesogen vor allem durch den Aufbau der neuen Wasserkraftwerke an Angara und oberem Jenissei und der angelagerten Industriekomplexe. Allerdings ging die Zuwanderung in den achtziger Jahren stark zurück. Ein Gleiches gilt für die Abwanderung vom Lande, doch hing das nicht nur mit den zunehmenden Versorgungsschwierigkeiten der Städte zusammen, sondern auch damit, dass das Dorf ausgeblutet war.[358]

Dass die Bevölkerung auf dem Lande die Lücken nicht mehr auf natürlichem Weg zu ersetzen vermochte, hing seit den sechziger Jahren auch mit dem Übergang vom «traditionalen Typ» der Reproduktion (hohe Geburtlichkeit und hohe Sterblichkeit) zum «rationalen Typ» (niedrige Geburtlichkeit und Sterblichkeit bei hoher Mobilität) zusammen. Zwischen 1959 und 1989 halbierte sich in den Dörfern des Krai der Anteil der Frauen im besten Geburtsalter, das heißt im dritten Lebensjahrzehnt. Da auch die Lebenserwartung zunahm, begann das Dorf nach und nach zu vergreisen.[359]

Das Ende des Sowjetsystems und die nachfolgende wirtschaftliche Krisenphase verschärften die demographische Situation zusätzlich. Zwischen 1985 und 1997 kam es im Krai zu einer Halbierung der Geburtenrate (von 18,8 auf 9,1 Geburten pro 1000 Einwohner). Erst seit der Jahrtausendwende setzte eine zögernde Erholung ein, die seit 2007 kontinuierlich voranschreitet und im Jahre 2013 mit 14,5 Geburten auf 1000 Einwohner den Stand von 1990 immerhin schon wieder leicht übertroffen hat. Dementsprechend zeigte der Krai von 1993 bis 2008 eine negative Bevölkerungsentwicklung.[360] Wenn seitdem ein nur minimaler natürlicher Bevölkerungsüberschuss erkennbar ist, so hängt dies vor allem mit der alkoholbedingten tiefen Lebenserwartung der Männer zusammen.[361] Immerhin konnten die Statistiker stolz vermelden, dass im Jahre 2014 erstmals der natürliche Zuwachs die Anzahl der Zuwanderer übertroffen habe. Allerdings ist der Bruttozuwachs bescheiden: Die Einwohnerzahl des Krai hat sich von ihrem Tiefpunkt im Jahre 2011 mit 2 829 105 auf lediglich 2 859 777 am Jahresende 2014 gesteigert. Zugleich setzte sich die Entvölkerung des flachen Landes fort.[362]

**Unter der Last der neuen Freiheit**
Der Zusammenbruch des Sowjetsystems lieferte die Landbevölkerung Herausforderungen aus, denen die meisten Menschen nicht gewachsen waren.[363] Von der Generation, die noch vor der Kollektivierung eine eigenverantwortliche Landwirtschaft betrieben hatte, lebte fast niemand mehr, und die Landarbeiter auf Kolchosen und Sowchosen scheuten größtenteils die Risiken, die sich mit der Privatisierung stellten. Daher blieben die meisten Kollektivbetriebe bestehen, wurden aber – um dem Zeitgeist Tribut zu zollen – in Aktiengesellschaften umgewandelt. Eine Umfrage unter der sibirischen Landbevölkerung ergab in der Mitte der neunziger Jahre, dass gut die Hälfte das Kolchos- und Sowchossystem weiterzuführen wünschte, etwas über sechs Prozent sich auf ihre persönliche Nebenwirtschaft zurückziehen wollten und ganze zehn Prozent sich ein Leben als Privatbauer *(fermer)* vorstellen konnten.[364] Tatsächlich bildete schon damals die persönliche Nebenwirtschaft für etwa 40 Prozent der Familien die wichtigste Lebensgrundlage. Zu diesem Behuf pachtete man Land von Kolchos oder Sowchos hinzu. Was auf diese Weise entstand, war ein selbstgenügsames Zwerg-, bestenfalls Kleinbauerntum mit wenigen Hektar Land und zwei bis drei Stück Rindvieh.[365] Bei einer Umfrage auf ihre Einstellung zu privaten Geschäften angesprochen, antworteten 42 Prozent: «Es gibt alles mögliche Business – Betrug und Spekulation.»[366] So weit war es mit dem einstmals so stolzen und geschäftstüchtigen sibirischen Bauerntum gekommen!

Von 1990 bis 1995 gingen im Krai die landwirtschaftlichen Erträge um mehr als die Hälfte zurück – stärker als im gesamtstaatlichen Durchschnitt.[367] Das flache Land begann noch mehr zu verarmen. Die Arbeitslöhne in den landwirtschaftlichen Großbetrieben sanken weit unter den gesamtrussischen Durchschnitt. In der Mitte der neunziger Jahre beklagten fast 40 Prozent der Befragten, dass ihre Ernährungssituation sich verschlechtert habe.[368] Noch für das Jahr 2003 hielten die Statistiker fest, dass die Arbeitslosigkeit auf dem Krasnojarsker Land erheblich höher und das Durchschnittseinkommen niedriger war als in den Städten und dass mehr als die Hälfte aller Kinder zusätzliche Unterstützung benötigten. Auch die medizinische Versorgung ließ mehr und mehr zu wünschen übrig. Kein Wunder, dass die Kindersterblichkeit auf dem Krasnojarsker Land im Jahre 2003 um 80 Prozent über derjenigen der Stadtfamilien lag.[369]

An der Grundstruktur der Landwirtschaftsbetriebe hat sich seit dem Jahr 2000 wenig geändert: Im Jahre 2014 verteilten sich die nur noch 32 500 hauptberuflich in der Landwirtschaft Tätigen auf 538 Großbetriebe (Genossenschaften und Aktiengesellschaften), 680 Großbauern (Farmer) und 280 000 persönliche Nebenwirtschaften (Zwerg- und Kleinbauern). Die landwirtschaftlichen Daten für die Entwicklung von 2000 bis 2014 zeigen dreierlei: Zum Ersten hat die Produktion sich erholt, der Krai vermag sich wieder selber zu ernähren und sogar geringe Überschüsse auszuführen. Doch bleiben wegen der traditionellen Klimakapriolen alle Erträge labil. Zum Zweiten haben die Betriebe sich stärker auf Schweine- und Geflügelzucht spezialisiert, während die Haltung von Großvieh, Schafen und Ziegen zurückgegangen ist und die Milchproduktion stagniert. Zum Dritten liegen die Getreideerträge mit im Mittel 2,4 Tonnen pro Hektar immer noch um einiges über dem Durchschnitt Gesamtsibiriens (1,5 Tonnen), doch geht dies fast vollständig auf das Konto des Minussinsker Beckens.[370] Selbst diese Erträge sind im internationalen Vergleich bescheiden.[371] Daher versucht das Landwirtschaftsministerium des Krai mit Milliarden von Rubeln die Agrarproduktion zu steigern – mit bislang zweifelhaftem Erfolg. Nichtsdestoweniger hat der Krai am 30. September 2013 eine Verfügung erlassen, die ein detailliertes Programm zur «Entwicklung der Landwirtschaft und der Marktregulierung landwirtschaftlicher Produkte, Rohstoffe und Versorgungsgüter» für den Zeitraum von 2014 bis 2020 absegnet.[372] Wieder einmal soll der Staat es richten!

**Fluchtinseln**
Die unendlichen Weiten der sibirischen Taiga verlockten dazu, sich aus dem bestehenden gesellschaftlichen System auszuklinken und irgendwo weitab in der Einsamkeit ein völlig selbstbestimmtes Leben zu führen. Diese Möglichkeit nutzten vor allem religiöse Gemeinschaften wie schon seit der Mitte des 17. Jahrhunderts die Altgläubigen. Dieser Vorgang wiederholte sich in sowjetischer Zeit.

Im Straflager Taischet begegnete Karl Steiner Anfang der fünfziger Jahre einem alten, weißbärtigen Mann namens Nikifor, der als Kopf einer «amerikanischen Spionage- und Diversionsbande» fünfundzwanzig Jahre Lagerhaft kassiert hatte. Natürlich war er kein amerikanischer Spion, sondern der Älteste einer streng religiösen Glaubensgemeinschaft, der Erinnerung Steiners nach handelte es sich um Täufer. Die Gemeinschaft war schon vor dem Ersten Weltkrieg von den zarischen Behörden aus der Gegend von Kursk in die Nähe der Stadt Atschinsk umgesiedelt worden. Als die Sowjetzeit anbrach, tangierte sie das nicht besonders, ja selbst mit der Zwangskollektivierung von 1929/30 konnten sie sich abfinden, da sie den Grund und Boden ohnehin gemeinschaftlich bewirtschafteten. Doch als sie auch noch ihr Bethaus schließen sollten, fassten sie den Beschluss, gemeinsam mitsamt Vieh, Saatgut und den transportablen Gerätschaften ihr Dorf zu verlassen und in die Taiga zu ziehen. Zehn Tagemärsche brachten sie hinter sich, bis sie tief im Urwald eine Stelle fanden, an der es sich lohnte, den Wald zu roden und eine neue Siedlung zu gründen. Zwanzig überlebten den Marsch nicht.

Am neuen Ort lebte die Gemeinschaft zwei Jahrzehnte lang völlig autark und ungestört, bis im Winter 1951 Jäger zufällig die Siedlung fanden und den Sowjetbehörden meldeten. Kurz darauf tauchten Soldaten auf Skiern im Dorf auf, die alle Einwohner – mehr als zweihundert – nach Atschinsk ins Gefängnis schafften. Man machte ihnen den Prozess als angeblichen amerikanischen Spionen, die in der Abgelegenheit der Taiga als fünfte Kolonne der USA einen politischen Umsturz in Sowjetrussland vorbereitet hätten. Jeder Erwachsene bekam 25 Jahre Zwangsarbeit, die Familien wurden auseinandergerissen, die Kinder ihren Eltern weggenommen.[373]

Andere «Aussteiger» wurden sogar viel später entdeckt – weil sie sich noch tiefer in die Bergwildnis zurückgezogen hatten und weil ihrer nur wenige waren. Das geschah zuletzt am 2. Juni des Jahres 7486 – so hatten sie selbst es ausgerechnet, denn sie benutzten noch die Zeitrechnung, wie sie in Russland vor dem 18. Jahrhundert gegolten hatte, als man von einem fiktiven Schöpfungsjahr 5508 vor Christi Geburt ausging. Es war also (nach dem gregorianischen Kalender) der 15. Juni des Jahres 1978, als die Familie Lykow in das Licht der Öffentlichkeit trat. Im Quellgebiet des Abakanflusses inmitten der Bergwildnis des chakassischen Sajangebirges, 250 km von der nächsten Siedlung entfernt, hatte sie seit 32 Jahren in völliger Abgeschiedenheit gelebt. Wer weiß, wie lange dieses Einsiedlerdasein noch weitergegangen wäre, wenn nicht die Besatzung eines Helikopters auf der Suche nach einem Landeplatz für ein Geologenteam am Hang des Flusstals zufällig eine kleine Waldlichtung bemerkt hätte, die auf menschliche Bewohner hindeutete.

Einige Tage später machte sich das Geologenteam von seinem Basislager weiter flussabwärts an den Aufstieg, um der Sache näher auf den Grund zu gehen. Sie fanden, noch bevor sie die Waldlichtung erreichten, mannigfache Spuren menschlicher Tätigkeit und dann schließlich unweit eines Baches eine Behausung. Aber die Begegnung der «Menschen von heute» mit den Menschen von «vorgestern» wurde für beide Seiten zu einem Kulturschock. Galina Pismenskaja, die leitende Geologin des Teams erzählt: «Rund um die von Zeit und Regen schwarz gewordene Hütte sahen wir allerlei Dinge, die man in der Taiga findet: Baumrinden, Stangen und Bretter. Wäre da nicht das Fensterchen von der Größe meiner Rucksacktasche gewesen, hätte man es kaum für möglich gehalten, dass hier Menschen lebten. Aber es gab keinen Zweifel daran: Neben der Hütte grünte ein gepflegter Gemüsegarten mit Kartoffeln, Zwiebeln und Rüben. Am Rand lag eine Hacke, an der frische Erde klebte. Unsere Ankunft war offensichtlich bemerkt worden. Die kleine Tür quietschte. Und dann trat, wie im Märchen, die Gestalt eines altertümlichen Greises heraus. Er war barfuß. Am Leib trug er ein über und über geflicktes Hemd aus Sackleinen. Aus dem gleichen Stoff waren die Hosen, und auch sie waren voller Flicken. Sein Bart war ungekämmt, auf dem Kopf trug er zottiges Haar. Er hatte einen erschrockenen, sehr aufmerksamen Blick und wirkte unentschlossen. Von einem Fuß auf den anderen tretend, als ob die Erde plötzlich heiß geworden wäre, schaute der Alte uns stumm an. Auch wir schwiegen. So ging es eine ganze Weile. Irgendetwas mussten wir sagen. Schließlich brachte ich heraus: ‹Guten Tag, Großvater! Wir wollten euch besuchen …› Der Alte antwortete nicht sofort. Er lief umher, schaute sich um, berührte mit der Hand einen Riemen, der an der Wand hing, und schließlich hörten wir eine leise, unentschlossene Stimme: ‹Kommt herein, wenn ihr schon da seid …›»[374] (vgl. Abb 78.9)

Der Alte, das war Karp Ossipowitsch Lykow, das Familienoberhaupt. Es muss ihm schwergefallen sein, sich dieser Konfrontation mit der sowjetischen Gegenwart zu stellen, denn die Familie befand sich schon seit mehr als einem halben Jahrhundert auf der Flucht vor der «sündigen Welt». Sie gehörte zu den Altgläubigen, von denen viele die völlige Einsamkeit suchten, um dem Zugriff des Staates zu entgehen und damit zugleich auch den Versuchungen der modernen Welt. Karps Eltern hatten sich aus dem westsibirischen Tjumen an den Oberlauf des Abakan geflüchtet, wo sie mit mehreren anderen gleichgesinnten Familien eine Siedlung gründeten. Weil der Ort wegen häufigen Nebels und Überschwemmungsgefahr keine optimalen Lebensmöglichkeiten bot, zudem Gerüchte von der bevorstehenden Zwangskollektivierung die Runde machten, zogen die Lykows mit vier anderen Familien gegen Ende der zwanziger Jahre weiter flussaufwärts – noch tiefer in die Bergwildnis Chakassiens hinein. Doch schon seit 1931 drohte den Siedlern Ungemach, als der gesamte Oberlauf des Abakan dem neu geschaffenen Naturschutzgebiet des Altai zugeschlagen und dort jegliche wirtschaftliche Nutzung untersagt wurde. Als 1934 und 1935 die Behörden zunächst friedlich, dann gewaltsam die Siedlung liquidieren wollten, packten die Lykows Arbeitsgeräte, Saatgut und liturgische Bücher in ein Boot und schleppten dieses gegen die reißende Strömung des Abakan tiefer in die Bergwildnis. Nach mehreren Zwischenetappen fanden sie 1946 ihre endgültige Bleibe an jenem Ort, wo sie bis 1978 unentdeckt bleiben sollten.

Zu diesem Zeitpunkt waren es ihrer nur noch fünf: Vater Karp, die Töchter Natalja und Agafja, die mit ihrem Vater die Hütte teilten, sowie die Söhne Sawin und Dmitri, die weiter unterhalb in einer eigenen Hütte lebten. Die Mutter Akulina war 1961 in einem Hungerjahr gestorben.[375]

Es war ein armseliges Leben, das die Familie fristete, in völliger Autarkie, wie im Mittelalter.[376] Tag für Tag ging es nur ums Überleben. Hauptnahrungslieferant war der Gemüsegarten, der sich einen Sonnenhang hinabzog und Kartoffeln, Zwiebeln, Rüben, Erbsen, Hanf und Roggen trug. Die Kartoffeln wurden nicht nur gekocht oder geröstet, sondern als Wintervorrat auch in Scheiben gedörrt. «Brot» buken sie aus Kartoffelmehl, das mit etwas Roggenschrot und zerstoßenem Hanfsamen vermischt wurde. Vieh, selbst Hühner, hatten sie nicht, Fleisch lieferten die Jagd und der Fischfang. Aber auch die Taiga war überlebenswichtig mit ihren Pilzen, Beeren und den Nüssen der Zirbelkiefer. Feuer entfachte man mit einem Zunder aus getrocknetem Moos und einem Feuerstein, Licht in den Hütten gaben Kienspäne. Kleidungsstoff gewann man aus Hanffasern, die zu dicken Fäden versponnen und zu grober Sackleinwand verwebt wurden. In der Regel liefen die Lykows barfuß, doch für den Winter fertigten sie Schuhe aus Birkenbast. Messer und Äxte, die man vor Jahrzehnten mitgebracht hatte, waren im Laufe der Zeit durch Gebrauch und ständiges Nachschärfen fast bis auf die Klingenrücken zusammengeschrumpft. Auch gusseiserne Kochtöpfe waren rar geworden. Als Behälter zum Aufbewahren von Lebensmitteln dienten selbst verfertigte Gefäße aus Birkenrinde. Vom Leben im Mittelalter unterschied sich das der Einsiedler in einer positiven Hinsicht: Sie hatten keinerlei beißende oder saugende sechsbeinige Plagegeister mitgebracht. Das Einzige, was die Lykows bitter entbehrten, war Salz. Daher konnten Besucher ihnen mit einem Salzgeschenk die größte Freude bereiten.

Gegliedert wurde der Tag durch Gebete und Lesungen aus den «heiligen Büchern», denn selbst in diesem selbstgenügsamen, stets bedrohten Leben lehrte der Vater seine Kinder das Lesen, weil nur dies die Glaubensgrundlage zu sichern vermochte. Und dass Glück nicht vom Wohlstand abhängt, registrierten die Besucher der Familie sehr wohl, strahlte doch insbesondere die Tochter Agafja eine auffällige Glückseligkeit aus.

Weil am Schicksal der Lykows in der Folgezeit durch Zeitungsberichte ganz Russland Anteil nahm und immer wieder Besucher sich zu ihnen durchkämpften, hätten sie die Möglichkeit gehabt, ihr Leben angenehmer zu gestalten. Doch außer Salz, Reis, Stoffen, Kleidern, Gummistiefeln, Kerzen, Geschirr, Nähzeug, neuem

Werkzeug, einem Paar Ziegen und zwei Katzen machten sie davon kaum Gebrauch, sondern stapelten die Geschenke einfach in einem Schuppen auf. Auch wenn sie nun gelegentlich selber aktiv wurden und das Geologencamp aus eigenem Antrieb besuchten: Vater Karp achtete strikt darauf, dass die moderne Lebenswelt der ihrigen nicht zu nahe kam. Man vermied körperliche Berührungen mit den Fremden und lehnte es ab, fotografiert zu werden, um sich dadurch nicht «geistlich zu verunreinigen». Wo die Grenze zwischen beiden Welten lag, bestimmte der Familienpatriarch, wenn er jeweils sagte: «Das ist uns nicht möglich!»

Aber der Einbruch der fremden Welt in die der altgläubigen Einsiedler forderte sehr rasch seine Opfer. Drei Jahre nach dem ersten Besuch der Geologen starben kurz hintereinander Sawin, Dmitri und Natalja. Sie standen noch im besten Alter und waren ausgesprochen abgehärtet. Ob sie sich durch ihre sporadischen Kontakte mit der «sündigen Welt» ein tödliches Virus eingefangen hatten oder ihr Immunsystem wegen des ihnen ungewohnten Kulturstresses kollabierte,[377] bleibe dahingestellt. Karp starb 1988 siebenundachtzigjährig an Altersschwäche. Die Freunde der Familie wollten Agafja aus der Einsamkeit wegholen, bei altgläubigen Verwandten im Altaigebirge oder bei einer altgläubigen Nonnengemeinschaft am oberen Jenissei unterbringen. Agafja machte alles bereitwillig mit, aber sie fand, die anderen hätten nicht den gleichen Glauben wie sie. Auch ein Versuch, sie zu verheiraten, scheiterte – wegen der damit verbundenen fleischlichen «Sünde». So lebte sie weiterhin, nun allein, in ihrer Einsiedelei im Quellgebiet des wilden Abakan, aber in einem wohnlicheren Blockhaus. «Uns ist es mit der Welt nicht möglich» – diese Devise ihres Vaters wollte sie getreu befolgen bis in den Tod. Im Winter 2011/12 erkrankte sie so schwer, dass sie die nötigen hauswirtschaftlichen Arbeiten nicht mehr erledigen konnte. Sobald der Schnee geschmolzen war, flog mit dem Helikopter ein Arzt ein, der sie in das nächste, 250 km entfernt liegende Spital bringen wollte. Doch das lehnte sie ab.[378] Ihr bislang letztes mir bekanntes Lebenszeichen stammt von einem Brief, den die Zeitung «Krasnojarskij rabočij» am 14. Januar 2014 veröffentlichte. Darin berichtet sie, dass es ihr nach einem verregneten Sommer und einem frühen Wintereinbruch immer schwerer falle, sich durchzubringen, und dass man ihr im März einen guten Menschen schicken möge, der ihr bei der Arbeit helfen könne.[379]

## Dörfer am Strom

Begeben wir uns in Krasnojarsk auf eine über 2200 km lange Schiffsreise bis nach Ust-Port am Beginn des Jenissei-Ästuars, um in Momentaufnahmen einzelner Dörfer aus dem Spätsommer der Jahre 1993 und 2000 zu sehen, wohin vierhundert Jahre der Besiedlung geführt haben.

## Jarzewo

*2. 9. 2000. Schon 1605 als befestigtes Simowje in den Quellen erwähnt und damit eine der ältesten russischen Siedlungen am Jenissei, liegt das Dorf am niedrigen westlichen Ufer des Stromes etwa auf zwei Dritteln des Weges von der Mündung der Angara zur Mündung der Steinigen Tunguska. Mit 3000 Einwohnern ist es ein für die Zone der mittleren Taiga respektables Dorf. Daher müssen wir auch nicht ausbooten, sondern können an einem Stationsponton anlegen. Teilweise schmucke Holzhäuser reihen sich locker über eine größere, von einem gitterförmigen Netz breiter Straßen durchzogene Fläche. Kein Haus ohne Gemüsegarten.*

*Gelegentlich rattert ein Traktor durch die Straßen – kein schwerer Raupen-, sondern ein Rädertraktor. Landwirtschaft ist in Jarzewo immer noch möglich. Aber auch vereinzelte Personenautos tauchen auf, sogar westliche Marken. Dabei hat das Dorf gar keinen Straßenanschluss zur Außenwelt. Diese Autos gehören Kaderleuten der lokalen Forstverwaltung, die hier als Hauptarbeitgeber in Erscheinung tritt. Der PKW als Statussymbol?*

*Überall in den Gärten sieht man die Leute beim Kartoffelausmachen. An den Straßenrändern grasen Privatkühe. Auch die Holzvorräte wachsen neben den Häusern in die Höhe, denn für den langen Winter benötigt jedes Häuschen 20 Kubikmeter Heizmaterial.*

*Als größtes Gebäude im Ort machen wir die Schule aus – einen mehrstöckigen und mehrflügeligen rohen Ziegelbau, der schon etwas ramponiert wirkt. 600 Schülerinnen und Schüler gehen hier ein und aus. Wer aus entfernten Dörfern kommt, lebt in einem nahe gelegenen Internat. Noch sind Sommerferien, daher prangt ein großes Vorhängeschloss vor dem Hauptportal. Wir läuten so lange, bis die Wächterin erscheint. Nein, die Schule dürfe sie uns nicht zeigen, da müsse sie mit dem Direktor telefonieren, der sei momentan aber leider, leider, leider nicht erreichbar.*

*Unweit der Schule stechen uns die Ruinen eines abgebrannten Sägewerks in die Augen. Das staatliche Kaufhaus ist geschlossen, doch die Privatläden haben geöffnet. Die Inhaberin des Magazins «Debjut» kauft ihre Waren im weit entfernten Nowosibirsk ein, weil sie dort billiger zu haben seien als in Krasnojarsk. Hier beginnt die Marktwirtschaft tatsächlich zu spielen. Das Warenangebot deckt eine breite Palette ab wie in einem amerikanischen Drug Store, aber vieles ist billiger Plastikschund aus China.*

*Doch diese positiven Eindrücke werden sofort wieder zunichte, als wir das Krankenhaus betreten, einen zweistöckigen langgestreckten Holzbau, der schon einige Jahrzehnte auf dem Buckel haben dürfte. Aber kaum ein Patient ist in Sicht. Die kargen Zimmer mit ihren Plastikvorhängen an den Fenstern sind meist leer, die Matratzen auf den Bettgestellen aufgerollt. Das darf aber beileibe nicht als Anzeichen für die besondere Heilkraft der lokalen Mediziner gewertet werden. Es herrscht Erntezeit, und alle, die noch eine Hand rühren können, werden im Garten oder auf dem Feld benötigt, denn der Winter kommt hier früh. Der Chefarzt des Spitals ist bereit, uns Red und Antwort zu stehen. Früher wäre das nicht möglich gewesen (heute vermutlich auch nicht mehr). Der Arzt ist etwa vierzigjährig, bleich, mit eingefallenem Gesicht. Mit seiner tonlosen Redeweise wirkt er resigniert, und es ist ihm sichtlich peinlich, uns mit den medizinischen Realitäten seines Hauses vertraut zu machen. Das Spital hat 60 Betten, sechs Ärzte tun Dienst. Die Ausstattung mit Apparaten und Medikamenten sei unzureichend, sagt der Chefarzt. Spritzen müssten die Patienten selber mitbringen. Er sagt es auf Russisch, das ist natürlich sein gutes Recht als Gastgeber, aber, obgleich er eigentlich Akademiker ist, versteht er keine andere Sprache, nicht einmal Englisch. Sein Monatslohn: umgerechnet etwa 90 Dollar.*

*Jarzewo ist in den letzten drei Frühjahrsperioden vom Hochwasser heimgesucht worden. Obgleich das Dorf sicherlich gut zehn Meter über dem Flussspiegel liegt, stand das Wasser im vergangenen Frühjahr noch einen halben Kilometer landeinwärts anderthalb Meter hoch in den Häusern. Man habe die Eisdecke des Jenissei viel zu spät gesprengt, sagt Ljudmila. Die Regierung beeilte sich, jedem geschädigten Haushalt 800 Rubel zu versprechen, doch eingetroffen ist das Geld nie. Auch bei dem alten wolgadeutschen Ehepaar, das mir sein Haus zeigt, stand das Wasser anderthalb Meter hoch in der Küche. Zu sehen ist davon nichts mehr, alles ist wieder sauber geputzt und gemalt wie in allen wolgadeutschen Wohnungen, die ich in Sibirien gesehen habe.*[380]

## Worogowo

*Als wir am Morgen des 30. August 1993 linksseits des Jenissei am Schiffsanleger von Worogowo festmachen, hat es in der Nacht gestürmt und geschneit. Wir befinden uns nunmehr gut 700 Stromkilometer flussabwärts von Krasnojarsk. Bis zur Einmündung der Steinigen Tunguska ist es nicht mehr weit.*

*Worogowo zeigt dem Flussreisenden eine geduckte Reihe grauer Holzhäuser, die das Hochufer des Jenissei säumen. Nur ein zweistöckiges Haus lässt sich ausmachen, an dessen dem Fluss zugekehrter Längsseite ein großes, politisch mittlerweile aber überholtes Transparent prangt: «Der Erfolg der Perestroika liegt allein in Deinen Händen!» Aha, das Gemeindehaus!*

*1637 als kleiner Handels- und Nachschubstützpunkt unter dem Namen Dubtschesskaja sloboda von im Dienst des Zaren stehenden Kosaken gegründet, zählt das Dorf heute etwa 400 Höfe mit 1200 Einwohnern. Traditionell gilt Worogowo als nördlichstes Bauerndorf am Jenissei. Bis in die vierziger Jahre wurde hier noch Getreide angebaut, seitdem ist man zur Grünlandwirtschaft übergegangen. Sowchos und Kolchos betreiben nur noch Viehwirtschaft. Die Jagd auf Zobel und Eichhörnchen und die Fischerei spielen auch heute noch eine gewisse Rolle, insofern führt die Gemeinde Stör und Eichhörnchen (belka) nicht zu Unrecht in ihrem Wappen. Dass die ersten Siedler aus dem Gebiet von Archangelsk in Nordrussland kamen, sieht man noch an den Häusern, bei denen Wohn- und Wirtschaftsteil hintereinander gebaut sind.*

*Fridtjof Nansen, der 1913 über einen Wall aus Stallmist und Unrat hinweg hatte das Hochufer erklimmen müssen und über die vom Regen aufgeweichten und ebenfalls mit Mist bedeckten Dorfstraßen klagte, würde genau achtzig Jahre später vieles wiedererkannt haben. Wir hatten ähnliches Wetter. Das Hochufer müssen wir nicht mehr über Haufen von Stallmist erklimmen, denn auch hier hat der Fortschritt Einzug gehalten: Es ist der Kulturschutt, den man über die Böschung kippt, damit das Hochwasser des Jenissei ihn einmal jährlich gratis entsorge. Auch auf den Naturstraßen des Dorfes ist kein Stallmist mehr auszumachen. Nach dem nächtlichen Regen sind sie grundlos und von kleinen Teichen durchzogen, in denen Fahrradfahrer bis zu den Naben einsinken. Bretterstege liegen nur dort aus, wo es unumgänglich scheint. Autos verkehren ohnehin kaum, denn Worogowo ist nicht an das nationale Straßennetz angeschlossen. Seine Wege enden dort, wo das Kulturland aufhört. Von hier aus kommt man nur mit dem Schiff oder im Notfall mit Flugzeug oder Helikopter weg.*

*Die pavillonartigen Gebäude von Schule und Kindergarten mit einem liebevoll gestalteten Spielplatz scheinen die einzigen modernen Bauten hier im Dorf zu sein. Und es hat Strom aus dem Dieselaggregat, damit aber auch einen Zugang zum Fernsehprogramm für die lange Winterzeit. Sonst dürfte sich am Dorfbild seit dem Besuch Nansens kaum etwas geändert haben. Allerdings finden sich nur noch selten rohe Blockbauten aus behauenen Baumstämmen, es dominieren bretterverkleidete Häuser. Auch die Dächer sind meist mit Blech beschlagen oder mit Eternitplatten gedeckt. Bloße Bretterbedachungen tragen nur noch alte Hütten, die meist unbewohnt sind und sich selbst überlassen bleiben, bis sie zusammenstürzen. Auch die «Perestroika» hat bisher offenbar nur auf dem Transparent am Gemeindehaus stattgefunden. Im Ortsmuseum jedenfalls ist noch nichts von ihr zu spüren. Im Vordergrund der Sammlung stehen die Geschichte des Kolchos und die Helden des «Großen Vaterländischen Krieges» von 1941 bis 1945. Ach ja, ein paar Dekabristen hatte es als Verbannte auch hierher verschlagen.*

*Aber wo steht die Kirche? Nansen war sie bereits von weitem aufgefallen: «Ganz in der Ferne sah ich schon die weißen Mauern und die Kuppeln der Kirche von Worogowo hoch über dem platten Lande und dem Wald.»[381] Lange muss ich nicht suchen, dann stehe ich vor ihr oder genauer vor dem, was von ihr noch übrig geblieben ist: Hinter einem großen Haufen hölzerner Kloben, die einem jungen Mann mit Axt als Nachschub für seinen Hauklotz dienen, leuchten die weiß getünchten Ziegelreste eines gestuften, reich verzierten und nach oben mit einem waagerechten Fries abgeschlossenen Rundportals hervor. Sie sind Bestandteil eines großen hölzernen Baukomplexes, aus dessen Kamin dichter Rauch aufsteigt – der Dorfbäckerei. Das also ist aus dem alten Wahrzeichen von Worogowo – der Dreifaltigkeitskirche – geworden! (Abb. 42) Das Brot aus der Bäckerei fährt ein Halbwüchsiger mit einem Maultierkarren aus (Abb. 43).[382]*

## Lebed

*Als es am 31. August 1993 Tag wird, ist es bei 3° C kalt und klar. Über dem Jenissei, der hier ein bis anderthalb Kilometer breit und laut Echolot 60–70 Meter tief ist, liegt ein dünner Nebelstreifen. Wir ankern einige hundert Meter vom Ostufer entfernt mit dem Bug gegen den Strom. Über dem kiesigen Strand und der steilen, bebuschten Uferböschung sind Hausdächer gerade noch sichtbar. Dort liegt Lebed (übersetzt: «Schwan»), etwa 120 km stromab von Worogowo und schon einiges nördlich der Stelle, wo die Steinige Tunguska zum Jenissei stößt. Die Matrosen lassen zwei Motorbarkassen zu Wasser und setzen uns am Strand ab. Von nun an wird es eigentliche Anlegestellen für Passagierschiffe nur noch in den wenigen Städten am Strom geben – in Turuchansk, Igarka und Dudinka.*

*Auf morschen Holztreppen erklimmen wir das Hochufer und stehen plötzlich mitten in der Vergangenheit. Das knappe Dutzend Holzhütten, das sich dort lose aneinanderreiht, verschwindet fast zwischen wild wuchernden Stauden, Sträuchern und meterhohen Gräsern. Trampelpfade winden sich durch die Wildnis. Aus vielen Hütten lugen leere Fensterhöhlen, manche Dächer sind bereits eingestürzt. Dort, wo früher Kulturland die Siedlung umgab, erstreckt sich auf einem halben Quadratkilometer offenes Gelände, überwachsen von Brennnesseln, Rainfarn, Weidenröschen, Klappertopf und Herkulesstauden. Hier und da beginnen bereits einzelne Gruppen junger Birken und Weiden Fuß zu fassen. Im Abstand von einem halben Kilometer steht dicht und dunkel die Taiga.*

*Das Dorf lag zunächst auf dem Westufer, wurde aber 1887 auf das von Hochwasser weniger bedrohte Ostufer verlegt. Dort bot eine trockene Bodeninsel zwischen dem Jenissei und zwei Bachtälern relativ günstige Bedingungen für die Landwirtschaft, zumal an dieser Stelle ein permafrostfreier Brückenkopf von Westen her über den Jenissei nach Osten ausgreift. Ursprünglich soll das Dorf etwa 70 Hausstellen mit rund 350 Einwohnern umfasst haben. Die meisten Häuser sind heute verschwunden, auch die ursprünglich drei Straßenreihen haben keine Spuren hinterlassen. In den frühen dreißiger Jahren mussten die Bauern ihr Dorf in einen Kolchos umwandeln. Damals gab es ein Kolchosgebäude, eine Fuchsfarm, einen Dorfladen, eine Krankenstation, eine Post, einen Klub, eine Schule und eine kleine Ziegelei. Doch selbst die Kolchosphase währte nur kurz. Als im Zuge der agrarischen Rationalisierungspolitik auch in Sibirien die Kleinkolchosen zusammengelegt oder an Großkolchosen angeschlossen wurden, mussten zwischen 1967 und 1972 auch die Einwohner von Lebed ihr Dorf verlassen. Bis 1976 blieben noch fünf altgläubige Familien zurück, doch dann mussten auch sie gehen.*

*Wegen der langen Winter schreitet der Zerfallsprozess der Bauten nur allmählich voran, daher hat man den Eindruck, die Siedlung liege erst seit kurzem wüst. An die Post erinnert ein rostiger Briefkasten, und auf dem Fußboden der ehemaligen Krankenstation liegen noch Schachteln, Medizinfläschchen und Verbandszeug verstreut. Aber dafür, dass die Siedlungsreste nicht völlig verlassen sind, gibt es Anzeichen. Vor einzelnen Hütten hängen Fischernetze, und auf einem Tisch dörrt der abgeschnittene Kopf eines Riesenhechts. Es gibt noch Bewohner – staatliche Wildhüter, die den Nationalpark beaufsichtigen, der hier am Jenissei beginnt und eine Fläche so groß wie die Schweiz umfasst. In einer weiteren Hütte hat die Moskauer Universität eine wissenschaftliche Außenstation eingerichtet. Dort lebt für diesen Sommer eine junge Ornithologin, die für ihre Diplomarbeit eine Vogelart beobachtet, deren Winterquartier in Ostasien liegt.*[383]

## Mirnoje

In Mirnoje, der nächsten Siedlung 28 km weiter flussabwärts, hat unser Schiff am 31. August 1993 nicht gehalten. Für die Geschichte dieser Siedlung in ihrer Wechselwirkung mit der Natur vermag ich jedoch auf die Ergebnisse einer Forschungsgruppe des Geographischen Instituts der Universität Münster zurückzugreifen, die während desselben Sommers in Mirnoje weilte.[384]

Mirnoje gehört neben Lebed und Bachta zu einer Gruppe von Dörfern, deren Anfänge auf das 17. Jahrhundert zurückgehen und die jeweils rund 30 km voneinander entfernt liegen. Um 1940 zählte es 300–400 Einwohner, die sich auf drei Häuserreihen mit etwa 50 Wohngebäuden verteilten. Die beiden Dorfstraßen blieben naturbelassen und verwandelten sich bei Regen in Schlammpisten. Allerdings liefen Bretterstege an den Häuserreihen entlang. Den Bevölkerungskern bildeten die vier alteingesessenen Großfamilien der Chochlows, Nikiforows, Popows und Stepanows, die immer noch im Dorfzentrum lebten. Dort lagen auch die Gemeinschaftseinrichtungen – die Kolchosverwaltung, das Haus des Dorfsowjets, Post und Telegraf, die Krankenstation, ein kleiner Laden und das Kulturhaus, wo Versammlungen, Tanzveranstaltungen und Kinovorführungen stattfanden. Die Filme gelangten einmal im Monat von Moskau per Flugzeug über Zwischenstationen nach Turuchansk, wurden von dort aus per Schiff oder Schlitten auf die Dörfer verteilt und von diesen untereinander ausgetauscht. Die Schule von Mirnoje war als Mittelpunktschule auch für Lebed und Bachta zuständig; von den etwa 100 Schülerinnen und Schülern stammten daher etwa 70 nicht aus Mirnoje und waren in einem Internat untergebracht. Auf einem erhöhten Standort am östlichen Dorfrand hatte früher die Kirche das ganze Dorf weit überragt. Sie war auch Gemeindekirche für Lebed und Bachta. Doch in den späten dreißiger Jahren wurde sie geschlossen und nach 1940 abgebrochen.

In der Mitte der dreißiger Jahre wurden die Bauern genötigt, ihre Einzelwirtschaften in einem Kolchos zu vergesellschaften. Die zugehörigen Wirtschaftsgebäude – Pferde-, Kuh-, Kälber- und Schweineställe, Molkerei, Gewächshäuser und Kartoffellager – entstanden am Nordwestrand des Dorfes. Wie überall in den isolierten Dörfern der mittleren Taiga blieb der Umfang auch der Genossenschaftswirtschaft bescheiden: 70 Kühe, 50–100 Arbeitspferde (vor allem für Waldarbeiten und Transporte), über 100 Schweine und Kleinvieh. Das Kulturland bildete einen etwa 200 Meter breiten Gürtel um das Dorf und wurde nach außen hin durch einen Zaun begrenzt. Dort lagen die Wiesen, dort baute man Gemüse an und säte auf den trockeneren Standorten Hafer für die Pferde. Das Vieh weidete während des kurzen Sommers außerhalb des Zaunes. Um genügend Futter für den langen Winter zu gewinnen, hatte man Heuschläge auch an entlegeneren Standorten und sogar auf dem Westufer des Jenissei gerodet. Die Bevölkerung lebte aber nicht nur von der Landwirtschaft, sondern in gleicher Weise auch von Jagd und Fischfang. Daher gab es Einrichtungen zur Fell- und Fischverarbeitung. Außerhalb des Dorfes bewirtschaftete man eine Fuchsfarm mit rund 200 Tieren, die wegen ihrer Pelze gezüchtet wurden.

Als Stalin nach dem deutschen Angriff vom Juni 1941 die Wolgadeutschen nach Sibirien und Kasachstan deportieren ließ, verschlug es auch 20 Familien nach Mirnoje. Sie brachten nicht nur den Anbau bis dahin dort unbekannter Gemüsesorten wie Rote Bete und Tomaten mit, sondern wussten auch, wie man Kartoffeln und Gemüse winterfest lagern kann.

Obgleich Mirnoje von den drei Dörfern das Schulzentrum war, fiel es in den sechziger Jahren wie Lebed den Siedlungszusammenlegungen zum Opfer. Die Abwanderung erfolgte nicht abrupt. Aber was blieb den Menschen anderes übrig, als ihre Heimat zu verlassen, nachdem der Staat Post, Schule und Dorfladen geschlossen, die Verwaltungsgebäude abgerissen hatte und auch Schiffe nicht mehr anlegten? Viele Familien zogen in das benachbarte Bachta, die meisten gingen in den Süden. Nur Anschura Chochlowa mit ihrem Mann und dem gelähmten Vater blieb (vgl. Lebensschicksale am Jenissei, 5). Als 1969 das Zentralsibirische Biosphärenreservat geschaffen wurde, lag es nahe, in der Dorfwüstung auch eine biologische Forschungsstation zu eröffnen, die sich in einem Teil der leer stehenden Gebäude einnistete. 1980 wurde Mirnoje als ökologische Station dem Sewerzow-Institut für Probleme von Ökologie und Evolution der Russländischen Akademie der Wissenschaften unterstellt.[385] Da seitdem jeden Sommer 20–25 Wissenschaftlerinnen und Wissenschaftler nach Mirnoje kommen, braucht es dort eine gewisse Versorgungsbasis. Anschura Chochlowa blieb als letzte «Ureinwohnerin» daher nicht allein. 1976 kehrte auch der frühere Filmvorführer dorthin zurück und arbeitete fortan als staatlicher Kontrolleur eines größeren Flussabschnitts. 1987 siedelte aus Bachta noch der junge, aus einer deutsch-russischen Ehe stammende Viktor Lyniewski mit Frau und Töchterchen nach Mirnoje um, wo er als Hausmeister auch während des Winters die Gebäude der Forschungsstation beaufsichtigt und nebenbei eine eigene Landwirtschaft betreibt. Das ehemalige Schulhaus dient ihm dabei als Scheune und Stall. So kam es, dass 1993 in den wenigen noch erhaltenen Häusern von Mirnoje des Sommers 30–35 und des Winters fünf Menschen lebten.

### Wereschtschagino

*1. September 1993. Es ist noch früher Vormittag. Der Jäger, der da in Lederjacke und Gummistiefeln vor uns steht, um über seinen Beruf Auskunft zu geben, ist höchstens Anfang Dreißig, aber das Gesicht hat bereits der Alkohol verwüstet, und als er sich eine Zigarette anzustecken versucht, zittern seine Hände so stark, dass er mehrere Anläufe braucht. «Die durchschnittliche Lebenserwartung der Männer in unserem Dorf liegt bei 55 Jahren», sagt eine Frau Anfang Vierzig, die ich vor dem Primarschulhaus anspreche. Sie selber ist Geographielehrerin und mit einem Jäger verheiratet. Den Folgen exzessiven Alkoholkonsums bei den Männern werden wir noch verschiedentlich begegnen.*

*Wir durchstreifen ein typisches Dorf der nördlichen Taiga. Der Wald beginnt gleich hinter den letzten Häusern, sogar den Friedhof hat man ins Dorf mit einbezogen. Wereschtschagino liegt auf etwa zwei Dritteln des Weges zwischen der Mündung der Steinigen und der Mündung der Unteren Tunguska auf dem hohen Ostufer des Jenissei. Zwei Doppelreihen der üblichen Holzhäuser parallel zum Fluss, durch eine Bachniederung davon getrennt auf einem Hügel im Süden das kleinere Oberdorf. In der Niederung zwischen beiden Ortsteilen lagern die Einwohner vom letzten Frühjahrshochwasser angetriebene Baumstämme, die als Nachschub an Bauholz dienen (Abb. 45). Der Bach wird auf eine sehr praktische Weise überbrückt: mittels eines umgestürzten, verrosteten Flusskahns, durch dessen Bullaugen das Wasser strömt, während der Weg auf einem Erddamm über ihn hinwegführt.*

*Eine eigentliche Landwirtschaft ist hier auf dem Dauerfrostboden nicht mehr möglich, nur ein paar Rinder bringt man durch, und die Schweine laufen frei im Dorf herum. Die 500 Einwohner leben von der Jagd, vom Fischfang oder arbeiten wäh-*

*rend der Sommersaison in der Flussschifffahrt. Die Jäger haben übrigens 1991 ihre Genossenschaft in eine Aktiengesellschaft umgewandelt; geändert hat sich dadurch vermutlich aber nichts. Gejagt werden Polarfüchse, Eichhörnchen, Vielfraße und der seltener gewordene Zobel. Zu jedem Haus gehört ein Gemüsegarten, in dem Kohl, Mohrrüben, Randen, Sellerie, Dill und Mangold angebaut werden. Hinter Glas kann man auch Tomatenstauden sehen. Kartoffeln bezieht man von gesonderten kleinen Äckern.*

*Auf den ersten Blick wirkt das Dorf grün. Die Straßen sind mit Gras bewachsen, weil es hier keine Motorfahrzeuge gibt. Allerdings tritt man ständig auf alte Jacken, Schuhsohlen und Konservendosen, die einfach weggeworfen werden. Dazwischen wühlen Schweine herum, und ganze Rudel von Polarhunden beleben das Straßenbild. Ein Ross zieht ein auf Räder gesetztes großes Eisenfass von Haus zu Haus, der Kutscher hockt oben drauf. Er bringt das Trinkwasser aus dem Fluss.*

*Das kleine Dorf verfügt über eine erstaunliche Infrastruktur, die es ihm auch während des langen Winters ermöglicht, autark zu sein: ein eigenes kleines Sägewerk, ein Dieselaggregat für die Stromerzeugung, ein gut sortiertes Magazin mit den wichtigsten Bedarfsgütern bis hin zur Klosettschüssel, ein Postamt mit Funk- und Satellitenempfangsstation (Abb. 44), zwei Schulen und eine Sanitätsstelle, die von einer Feldscherin betreut wird. Für ernsthaftere medizinische Fälle muss ein Helikopter angefordert werden, der die Patienten ins Spital von Turuchansk fliegt.*

*Am meisten fasziniert haben mich die beiden Schulen – langgestreckte, behäbige Holzbauten unter einem niedrigen Walmdach: die vierklassige Primarschule (Abb. 45) und die fünfklassige polytechnische Oberschule mit einer Erweiterung um die Klassen 10 und 11 für diejenigen, die über den Ablauf der neunjährigen Schulpflicht hinaus noch die Matur erwerben wollen. Die Matur – hier in diesem Dörfchen inmitten der einsamen Taiga!*

*Es ist der letzte Tag vor Unterrichtsbeginn. Daher wird die Primarschule bereits vorgeheizt. Der lange Mittelgang, von dem rechts und links die vier Klassenräume, das Lehrerzimmer, die Küche, der Singsaal und die Schulbibliothek abzweigen, steht wie das ganze Haus voller Rauch. Jeder Raum verfügt über einen großen Steinofen, der mit Kohlen geheizt wird. Die Klassenzimmer sind überraschend gemütlich eingerichtet, sie unterscheiden sich kaum von denen auf dem Land in der Schweiz. Der Singsaal ist noch vom letzten Reinemachen ausgeräumt, auf dem Fußboden in der Ecke stehen – ich traue meinen Augen nicht – noch in ihrer Originalverpackung sieben gerade eingetroffene Kleincomputer.*

*Im Bibliotheksraum herrscht ein ständiges Kommen und Gehen. Schülerinnen und Schüler beider Schulen holen sich die Lehrbücher für das neue Schuljahr. Die junge, hübsche Bibliothekarin hat nichts dagegen, dass ich mich umsehe. An der einen Wand stehen die Lehrbücher in den Regalen, die gegenüberliegende Wand wird von der Lehrerbibliothek eingenommen. Die Bibliothekarin mustert gerade die ideologisch obsolet gewordenen Schulbücher aus und ersetzt sie durch neue. Ich blättere in «Vaterländische Geschichte», Band 10, der die ideologisch heikle Periode von 1900 bis 1940 behandelt und 1992 herausgekommen ist. Das Buch ist völlig neu geschrieben worden. Die historische Entwicklung erscheint aus neutraler Sicht dargestellt, Fakten und Interpretation (unter der Rubrik «Unser Standpunkt») werden deutlich getrennt. Breiten Raum nehmen in der Schilderung der Jahre vor der Oktoberrevolution die verschiedenen Parteien mit ihren Programmen ein, auch die Wahlen vom November/ Dezember 1917 zur Konstituierenden Nationalversammlung werden erstmals unvoreingenommen beschrieben. Hier wird der nächsten Generation tatsächlich ein völlig neues, differenziertes Geschichtsbild vermittelt. Das ist mittlerweile mehr als zwanzig Jahre her. Unter Präsident Putin sind die Geschichtsbücher erneut umgeschrieben worden, diesmal in einer nationalistischen Reideologisierung. Vorwärts in die Vergangenheit!*

*Beeindruckt haben mich in diesem kleinen Dorf die Frauen, mit denen ich gesprochen habe – die Geographielehrerin und die Bibliothekarin. Gepflegt gekleidet, sorgfältig, aber dezent geschminkt, die Geographielehrerin mit wohlondulierten Haaren – in dieser winzigen menschlichen Oase inmitten der Taiga, wozu? «Wir haben keine Friseuse im Dorf», sagt die Geographielehrerin, «wir helfen uns untereinander.» Es geht um kul'tura, für die sich die Frauen selbst hier am Ende der Welt verantwortlich fühlen. Sich nicht einfach fallen zu lassen wie viele Männer, die nur noch mit Hilfe des Alkohols ihr hartes Leben glauben ertragen zu können.*[386]

## Ust-Port

*28. August 2000. Das nördlichste Dorf am Jenissei. Dort mündet der Strom offiziell in sein lang gezogenes Ästuar. Hier sollte in den zwanziger Jahren der große Umschlaghafen zwischen Fluss- und Hochseeverkehr entstehen, bis die Wahl auf Igarka fiel. Die Dorfbewohner mussten seitdem ihren Lebensunterhalt aus einer Fischkonservenfabrik und einem großen Pelztierkolchos ziehen. Nach dem Ende der Planwirtschaft rentierte beides nicht mehr. Als Letztes wurde 1998 die Pelztierzucht aufgegeben. Über mehr als einen Hektar erstrecken sich die leeren Holzkäfige.*

*Hier sind wir am Ende der Welt. Die «Tschechow» ist einen halben Kilometer vom Strand entfernt vor Anker gegangen. Wer an Land will, muss ins Boot. Das Dorf liegt grau und geduckt auf dem östlichen Hochufer des Jenissei. Kein Baum, kein Strauch ist zu sehen. Vor dem Strand ragt der rostige Bug eines untergegangenen Fischkutters aus dem Wasser (Abb. 60).*

*Wovon leben die Menschen jetzt? Das Dorf zählt noch 300 Einwohner. Registriert sind ferner etwa eben so viele Eingeborene, vor allem Nenzen, die großenteils als Jäger oder Rentiernomaden unterwegs sind. Sergei, der junge Chefreiseleiter, der die Entwicklung während der letzten Jahre verfolgen konnte, sagt, die Abwanderung sei sehr stark, und er rechne damit, dass das Dorf auf längere Sicht eingehen werde. Die Menschen lebten nur noch von der Hand in den Mund, das heißt von Fischerei und Jagd.*

*Beim Gang durch das Dorf krampft sich einem das Herz zusammen. Noch nie in meinem Leben habe ich Menschen unter so erbärmlichen Bedingungen vegetieren gesehen. Nicht wenige Häuser stehen leer, bei anderen sind die Fenster ohne Scheiben, dafür mit Plastikfolien bespannt. Um die Häuser herum ist auch nicht der Anflug eines Gartens zu sehen. Die Straßen glänzen schwarz, weil sie mit Kohlengrus befestigt sind. Vor der steinernen Krankenhausbaracke lagert ein riesiger Haufen Kohle, der*

*Heizvorrat für den Winter. Doch selbst hier präsentiert ein Mann stolz das gängige sibirische Transportmittel – das Beiwagenmotorrad mit Lastpritsche (Abb. 61). Und es gibt noch Kinder, die fröhlich lachend auf einer Bank sitzen und sich über die Fremden lustig machen. Früher haben im Dorf auch wolgadeutsche Familien gelebt, die 1941 von Stalin nach Sibirien deportiert worden waren. Doch der letzte Wolgadeutsche ist 1999 gestorben.*[387]

### Bachta – ein Taigadorf im Zyklus der Jahreszeiten

Bachta, mehr als 1000 km stromabwärts von Krasnojarsk gelegen, war von den drei Dörfern, die eine gemeinsame Schul- und Kirchgemeinde bildeten, das kleinste gewesen. Als in den sechziger Jahren des vorigen Jahrhunderts Lebed und Mirnoje zu «perspektivlosen» Dörfern erklärt und aufgegeben wurden, zogen, wie erwähnt, mehrere Familien nach Bachta um. Warum mussten Lebed und Mirnoje in den sechziger Jahren aufgegeben werden und gerade Bachta nicht? Ein Blick auf die Karte zeigt es: Bei Bachta mündet ein größerer Nebenfluss gleichen Namens in den Jenissei, und dieser Nebenfluss erschließt zusammen mit seinen eigenen Zuflüssen das unbesiedelte Berg- und Hügelland zwischen den Wasserscheiden gegen die Untere Tunguska im Norden und gegen die Steinige Tunguska im Süden – ein Gebiet so groß wie das deutsche Bundesland Baden-Württemberg. Für Jäger war dies eine unschätzbare Möglichkeit, sich sommers wie winters einen gut befahrbaren Zugang zu den Tiefen der mittelsibirischen Taiga zu verschaffen.

Bachta mit seinen rund 300 Einwohnern lebt daher auch heute noch weitgehend von Jagd und Fischerei. Die Zeit scheint dort stehen geblieben zu sein. Das hat den russischen Dokumentarfilmer Dmitri Wasjukow in Zusammenarbeit mit dem bekannten deutschen Filmregisseur Werner Herzog dazu bewogen, drei Trapper Bachtas (Gennadi Solowjow, Anatoli Blumei und Michail Tarkowski) vom Frühjahr 2004 bis zum Frühjahr 2005 mit der Kamera zu begleiten und ihre Arbeit im Wechsel der Jahreszeiten filmisch zu dokumentieren. Daraus ist eine eindrückliche anderthalbstündige Filmversion entstanden, die Werner Herzog in deutscher Sprache kommentiert. Die 2013 erschienene DVD enthält aber zusätzlich noch etwa gleich viel Szenen, die in die Filmversion keinen Eingang gefunden haben. Wasjukow und Herzog haben uns mit ihrem Filmmaterial die einmalige Möglichkeit verschafft, optisch hautnah in das Leben der Trapper und Fischer Bachtas einzutauchen und ihrer Anpassung an die wechselnden Herausforderungen der Jahreszeiten in der Taiga nachzuspüren.[388] Ich muss mich darauf beschränken, das Wesentliche in dürren Worten nachzuerzählen.

Das Dorf selber liegt auf einem Sporn des Hochufers an der Mündung des Bachta-Flusses in den Jenissei. Wir sehen typische sibirische Blockhäuser mit eternitgedeckten Giebeldächern. Die Bevölkerung lebt immer noch weitgehend autark. Während acht Monaten ist das Dorf von der Außenwelt völlig abgeschnitten. Was es von dort braucht – Benzin, Dieselkraftstoff für den Generator, der den Strom erzeugt, Schneemobile, Munition für die Jagdgewehre, Fischernetze und Angelgerät, Eisen für die Dorfschmiede, Fensterglas, Mehl und Maisgrütze, Zündhölzer, Tee und Salz – kommt Anfang Sommer mit dem flach gehenden Proviantschiff, der *Marusa*, die mit dem Bug auf den Strand auflaufen kann. Die *Marusa* bringt auch Waren, die man im Vorjahr individuell bestellt hat, etwa Kleider und Schuhe, sogar Ziegelsteine, um den Schornstein auszubessern. Alles andere, was lebensnotwendig ist, erzeugen die Einwohner selber – Fleisch, Fisch, Milch, Kartoffeln, Gemüse, Brenn- und Bauholz, Boote, Schneeschuhe, oder sie sammeln es im Wald wie Beeren, Pilze und Kräuter. Trinkwasser holt man in Kannen aus dem Jenissei, denn wegen des Permafrostbodens ist das Wasser, das sich im Sommer darauf staut, faulig. An Motorfahrzeugen verfügt das Dorf über einen LKW, der die Lasttransporte zwischen Strand und Dorf besorgt, sowie über ein paar Traktoren und Beiwagenmotorräder mit Lastpritsche. Ihr Aktionsradius beschränkt sich auf weniger als einen Kilometer.

*Frühjahr.* Wenn es in unseren Breiten während des Aprils schon überall grünt und blüht, herrscht in Bachta immer noch Winter. Die Flüsse verbergen sich unter einer schneebedeckten Eisschicht, und auch die Taiga zeigt sich noch ganz winterlich. Für die Trapper des Dorfes, die schon im frühen März aus ihren Jagdrevieren zurückgekehrt sind, ist es jetzt an der Zeit, die länger werdenden Tage zu nutzen, um sich auf die Jagdsaison des kommenden Winters vorzubereiten. Solange das Eis der Flüsse und Bäche noch trägt, können sie auf kleinen Motorschlitten rasch ihre Reviere erreichen, die teilweise über 150 km entfernt tief in der Taiga liegen. Gennadi Solowjows Revier umfasst etwa 1500 Quadratkilometer. Um während der Wintersaison, wenn der Trapper ständig in seinem Revier lebt, keine allzu großen Wege zur Versorgungsbasis zurücklegen zu müssen, hat er ein Netz aus einer komfortablen, massiven Winterhütte und mehreren einfacheren Notquartieren errichtet. Die Basishütte liegt direkt an einem Flüsschen, um schwere Lasten dort problemlos abladen zu können. Die Notunterkünfte erreicht er mit dem Schneemobil flussaufwärts. Zu ihnen führen vom Fluss schmale, mit dem Motorschlitten befahrbare Schneisen. Diese Hütten müssen nun noch einmal inspiziert, die Dächer von der Schneelast befreit und ausgebessert werden, denn es geschieht gar nicht selten, dass ein umstürzender Baum auf die Hütte fällt oder ein gerade aus dem Winterschlaf erwachter Bär sie aufgebrochen hat, um nach Essbarem zu suchen. Keine Hütte ist vor ihnen sicher, daher schützen die Trapper ihren Dauerproviant in festen Baumhütten. Viel Zeit braucht es, Brennholz zu schlagen, zu zerkleinern und unter dem überhängenden Dach aufzuschichten, damit es den Sommer über trocknen kann. Während der Trapper die Runde von Hütte zu Hütte durch sein Revier macht, inspiziert er zugleich die hölzernen Schlagfallen, in denen er die Zobel fängt, und repariert oder erneuert sie. Dies ist auch eine letzte Gelegenheit, tote und steif gefrorene Zobel aus den Fallen zu befreien, bevor sie unter den steigenden Temperaturen zu verwesen beginnen. Noch bevor auf Bächen und Flüssen das Eis aufbricht, ist Solowjow mit seinem Schneemobil und dem Hund wieder zurück im Dorf.

Während des Mai ist der Trapper in der Regel daheim, denn nun beginnt nach und nach das Eis zu tauen. Auch auf dem Jenissei setzt sich die Eismasse allmählich in Bewegung und wird stromabwärts geschoben. Gegen Ende Mai bilden sich im Eis erste Wasserlöcher und Wasserrinnen, vor allem in der Flussmitte (Abb. 11). Wer wagemutig ist, wassert nun sein Boot und jagt mit dem Außenbordmotor zu offenen

Stellen, an denen man bereits Netze in den Fluss hinablassen kann. Es gibt eine reiche Ernte, die Fische werden für den Sommer geräuchert. Nun beginnt auch die Jagd auf Wasservögel. In großen Schwärmen kommen die verschiedensten Entenarten aus dem Süden angeflogen und wassern auf den zahlreichen kleinen Seen und Tümpeln, die das Hochwasser in den Uferregionen des Jenissei und seiner Zuflüsse gebildet hat. Die Trapper lassen hölzerne Lockenten auf dem Wasser schwimmen und warten in getarnten Unterständen auf ihre misstrauische Beute. Wenn die Enten geschossen sind, werden sie von den Hunden an Land geholt. Da der Bewegungsradius des Trappers klein ist, solange der Eisaufbruch währt, hat er nun auch Zeit, auf dem eigenen Hof die nötigen Reparaturen an Haus und Arbeitsgerät vorzunehmen, beispielsweise neue Schneeschuhe zu fertigen. Zu diesem Zweck fällt er einen Baum mit gleichmäßiger Maserung, zerteilt ihn in passende Stücke und spaltet mit Axt und Holzkeil ein Stück von der benötigten Länge in Bretter. Jedes Brett hobelt er dann zurecht, lässt die Spitzen in heißem Wasser weichen, um sie biegen zu können, und härtet den Ski schließlich über offenem Feuer, bevor er ihn mit dem Beinfell eines Elchs bespannt. Wenn nötig, bekommen die Jagdflinten neue Holzschäfte.

Der Mai ist auch ein Monat, der dem Dorf reichlich Gelegenheit zum Feiern gibt. Den 1. Mai begeht man hier weniger als einen Tag der proletarischen Arbeit, sondern als Frühlingsfest, bei dem symbolisch der Winter in Gestalt einer mannshohen Puppe verbrannt wird. Nur neun Tage später steigt anlässlich des Sieges über Hitlerdeutschland ein noch viel größeres Fest. Am Ehrenmal werden Blumen und Kränze niedergelegt, die Jäger des Dorfes stellen sich auf der Uferkante in einer Reihe auf und feuern aus ihren Flinten Salutschüsse in die Luft. Der Schulchor singt patriotische Lieder, und das ganze Dorf macht den beiden noch lebenden Kriegsveteranen seine Aufwartung. Natürlich fließt auch der Wodka in Strömen.

*Sommer.* Sobald das Eis weggetaut ist – irgendwann im Juni – starten die Trapper die Außenbordmotoren ihrer Boote, um sich erneut in ihre Jagdreviere aufzumachen. Auf den kleineren Nebenflüssen der Bachta und des Tynep müssen die Motoren gegen die starke Strömung Schwerarbeit leisten. Manchmal muss man staken oder das Boot an einer Leine schleppen, weil die Motorkraft nicht ausreicht oder der steinige Untergrund den Propeller zu zerschlagen droht. Es gibt Tage, da schafft man nicht mehr als 25–30 km. Ziel ist die Basishütte direkt am Wasser. Dort werden erste Vorräte eingelagert. Soweit dies nicht schon am Ende des Winters geschehen ist, werden nun die Winterhütten repariert. Beim Bau neuer Simowjen helfen sich die Trapper gegenseitig. Anschließend kehrt man wieder in das Dorf zurück, denn Sommer ist keine Jagdsaison. Die Pelztiere tragen nur ihr dünnes Sommerfell, und außerdem streifen Bären durch die Taiga, und mit denen ist nicht zu spaßen.

Stattdessen beginnt nun die Hochsaison der Fischerei auf dem Jenissei. Die Fische kommen frisch auf den Tisch oder werden für den Winter geräuchert. Sie sind auch das wichtigste Futter für die Hunde. Neue Boote werden gebaut, Treibholz wird an Land gezogen und als Bau- und Brennholz getrocknet. Es braucht Berge an Heizmaterial, denn die Heizperiode dauert hier von Ende August bis Ende Mai. Birkenrinde schneidet man in Stücke und verschwelt sie unter Luftabschluss zu Birkenteer. Dieser wird mit Fischöl verdünnt. Wenn man Mensch und Tier damit bestreicht, ergibt das einen wirksamen Schutz vor den Myriaden von Moschki. Während des Sommers riecht das ganze Dorf nach Birkenteer. Daher müssen alle abends in das Dampfbad.

Auch die Landwirtschaft kommt nun zu ihrem Recht. Die über den Winter stark abgemagerten Kühe können wieder auf den Wiesen um das Dorf und in den Flussauen grasen. Die Gewächshäuser müssen gerichtet werden, der Dünger, der sich in den Ställen während des Winters gesammelt hat, wird in Gewächshaus und Gemüsegarten ausgebracht, Kartoffeln, Kohl, Zwiebeln, Gurken und Tomaten werden gepflanzt. Die Sommersaison dauert zwar nur kurz, aber wegen der langen Tage wächst alles sehr schnell. Im Spätsommer zieht das Dorf auch in den Wald, um die Kerne der Zirbelkiefern zu ernten. Mit großen Holzhämmern werden die Stämme angeschlagen, und schon prasseln die Zapfen zur Erde. Zuhause schüttet man sie in den Trichter einer Handmühle, dann muss man kurbeln, und unten rieseln die verschroteten Reste des Zapfens heraus. Man schüttet sie auf eine Platte, trägt diese ins Freie und bläst die Spreu von den Nüssen. Diese ähneln Pinienkernen und bilden wegen ihres Fettgehalts eine wichtige Zusatzspeise für den Winter.

*Herbst.* Der Herbst kommt früh in Bachta, und er ist kurz, beschränkt sich im Grunde auf den September und frühen Oktober. Nun heißt es sich sputen. Die Kartoffeln werden ausgemacht, das Gemüse geerntet, in Erdkellern zum Kühlen eingelagert oder durch Einsäuern oder Einsalzen für den Winter konserviert. Wer eine Kuh hält, muss nun große Mengen an Wildheu mähen und für den langen Winter unter einem Schutzdach aufschichten. Rinderhaltung war in Bachta während der Sowjetzeit nicht erwünscht, man hat damit erst wieder begonnen, als der Kolchos sich in Privatwirtschaften auflöste. Frauen und Kinder ziehen in den Wald, um Beeren und Pilze zu sammeln. Die Beeren pflückt man nicht einzeln, sondern streift sie büschelweise mit einem kleinen Handrechen ab, dessen nach hinten gebogene Wölbung als Sammelgefäß dient. Die Männer geben noch einmal alles, um eine reiche Fischernte einzufahren. Neben der Netzfischerei bei Tageslicht locken sie auch nachts mit Fackeln den Süßwasserkabeljau an. Sobald einer im Lichtkreis der Fackel auftaucht, wird er mit einem vielzackigen Speer aufgespießt. Auch die Jagd auf Wasservögel, vor allem Enten und Gänse, strebt nun ihrem Höhepunkt zu.

Der Herbstregen, der aus tiefen Wolkenvorhängen herniederprasselt, verwandelt die Wege in Schlammpisten. Niemand geht mehr ohne Gummistiefel aus dem Haus. Die Männer sehen es mit Wohlgefallen, denn Flüsse und Bäche schwellen vom Dauerregen an. Damit ist für die Trapper die Zeit gekommen, die erste Etappe ihrer Winterarbeit in Angriff zu nehmen; der hohe Wasserstand ermöglicht es ihnen nun, schwere Lasten zu ihren Simowjen zu transportieren. Der LKW bringt Schneemobil, Benzinfass und Vorräte zum Strand, wo sie mit vereinten Kräften auf das Boot verladen werden. Den Start feiern alle gemeinsam mit einem Becher Wodka. Eine letzte Umarmung von Frau und Kindern, und dann röhren die schwer beladenen Boote die Bachta aufwärts oder den Jenissei entlang, bis jeder irgendwann in einen Nebenfluss einbiegt und seinem eigenen entfernten Revier zustrebt.

Erste Station ist wieder die am Flüsschen gelegene Basishütte. Dort verstaut der Trapper den Hauptteil der mitgebrachten Vorräte: Hartbrot, Maisgrütze, Hundefutter, Petrol für die Lampen und natürlich das Benzinfass. Tagsüber gilt es so viele Hechte wie möglich zu fangen, sie werden den Winter über die wichtigste Nahrung für den Hund bilden. Da es nun anfängt zu frieren, bleiben sie haltbar. Sobald sich auf dem Flüsschen eine Eisschicht zu bilden beginnt, muss das Boot ausgewassert und auf dem hohen Ufer schneesicher aufgebockt werden. Wenn die Bären in Winterschlaf gesunken sind und der erste Schnee den Boden bedeckt, kann der Trapper mit dem Motorschlitten gefahrlos seine Jagdhütten abklappern und die Vorräte in den Baumhütten niedriger setzen. Hauptfeind der Nahrungsvorräte sind jetzt nur noch die Mäuse. Die Baumhütten schützt man gegen sie durch Plastikfolien, die man um die Baumstämme wickelt, und die Lebensmittel in der Wohnhütte hängt man in gut verschlossenen Säcken unter die Decke.

*Winter.* Die eigentliche Jagdsaison beginnt im späten Oktober und reicht bis zum März. Nun knattert der Trapper auf dem Schneemobil von Jagdhütte zu Jagdhütte durch sein Taigarevier. In jeder Hütte übernachtet er so lange, bis er alle Schlagfallen der Umgebung kontrolliert hat. Diese kürzeren Wege legt er auf Schneeschuhen zurück. Mit seinem Vollbart, der Pelzkappe, der umgehängten Flinte, den selbst verfertigten kurzen Skiern und dem einzigen dicken Stock, den er als Stütze bei ansteigendem Gelände oder zum Abstoßen benutzt, sieht er aus der Distanz haargenau so aus wie ein Trapper auf frühen Fotos des 19. Jahrhunderts. Bei näherem Hinschauen gewahrt man aber, dass er meistens einen Tarnanzug der Armee trägt. Auch die verschiedenen Typen der aus Holz selbst gebauten Schlagfallen sind seit Jahrhunderten dieselben; die russischen Trapper haben diese Technik im 17. Jahrhundert von den indigenen Waldvölkern gelernt. Ein Köder lockt den Zobel an; sobald dieser am Köder zerrt, saust ein Schlagbalken hernieder und bricht dem Tier das Genick. Da der kleine Kadaver in wenigen Minuten steif gefroren ist, wird er von keinem tierischen Beutejäger behelligt und der Trapper kann ihn auch noch nach Wochen unbeschädigt aus der Falle herauslösen. Die Fallenstellerei stellt sicher, dass das kostbare kleine Pelzchen nicht durch ein Einschussloch beschädigt wird. Falls der Hund des Trappers unterwegs einen lebenden Zobel aufspürt, verfolgt er ihn so lange, bis er sich auf einen Baum flüchtet. Dann holt sein Herr und Meister die Axt heraus und fällt den Baum. Vom Sturz halb betäubt, wird der Zobel meist sofort eine Beute des Hundes. Dieser ist aber so abgerichtet, dass er ihn nicht verletzt, sondern tötet, indem er ihn mit dem Kopf gegen einen Baumstamm schlägt. Eichhörnchen *(belki)* fangen die Trapper von Bachta in der Regel nicht, weil Eichhörnchenfelle anders als früher fast nichts mehr einbringen. Die Zobelbestände – lange rückläufig und gebietsweise sogar vom Aussterben bedroht – haben sich im Becken des Bachtaflusses wieder erholt, weil die Trapper versuchen, die Balance zwischen Jagd und Regenerationsmöglichkeiten für die Zobelpopulation zu wahren.

Die halbdunklen Wintermonate sind eine schwere Zeit. Ganz auf sich allein gestellt, monatelang ohne einen anderen Menschen zu Gesicht zu bekommen, nur ein gelegentliches Schwätzchen über das Funktelefon mit der Ehefrau daheim – das stehen nur Menschen durch, die über Gleichmut und ein unerschütterliches Selbstvertrauen verfügen und alle für das Überleben in der Taiga unerlässlichen Kniffe und Techniken beherrschen. In dieser Einsamkeit wird der Hund zum wichtigsten Partner, zu dem der Trapper eine tiefe emotionale Beziehung entwickelt. Schon unter den kleinen Welpen zu Hause spürt er seinen künftigen idealen Jagdbegleiter heraus und verwendet viel Zeit darauf, ihn zu erziehen. Die meisten seiner Hunde seien nur vier oder fünf Jahre alt geworden, erzählt Gennadi. An jeden erinnert er sich noch ganz genau und seinen Tod betrauert er fast wie den eines Familienangehörigen. Nur einer seiner Hunde ist alt geworden und wird auf dem Hof als verdienter Pensionär bis an das Lebensende mitgefüttert. An den langen Winterabenden in der Haupthütte, wenn der Trapper beim Schein der Petroleumlampe seine Jagdbeute abhäutet, hat er Zeit zum Sinnieren. Im Gespräch zeigt es sich, dass er über seine Arbeit sehr bewusst nachdenkt. Ihm ist es wichtig, dass die Natur im Gleichgewicht bleibt. In Zeiten, wo Zobelweibchen trächtig sind oder Jungtiere füttern, wird nicht gejagt. Auch Jungfische, die im Netz zappeln, wirft man wieder ins Wasser zurück.

Zum Neujahrsfest unterbrechen die Trapper ihr mönchisches Leben in der winterlichen Taiga und kehren mit dem beutebeladenen Motorschlitten nach Bachta zurück. Das geht auf der Schneedecke, welche den Fluss bedeckt, sehr schnell; Anatolij schafft die 150 km in einem Rutsch, und der Hund läuft während der ganzen Fahrt neben dem Schneemobil her. Jetzt bleibt es auch tagsüber halbdunkel, und als Anatoli endlich Bachta erreicht, herrscht schon seit Stunden tiefe Nacht. Der Blick auf das verschneite, bläulich schimmernde Dorf ist traumhaft. Hell gleißt das halbe Dutzend Straßenlampen zwischen den Hausdächern, aus den Schornsteinen steigen weiße Dampfsäulen hoch empor und stehen unbeweglich vor dem gestirnten Firmament (Abb. 52). Für ein, zwei Wochen tauchen die Heimkehrer wieder ein in die Gemeinschaft von Familie und Dorf. Man sieht es ihnen an, wie gut es tut, wieder einmal in der eigenen Stube die Füße zu strecken und im Kreise ihrer Lieben genüsslich ein Glas Tee zu schlürfen. Auch Weihnachten – nach orthodoxem Brauch am 6. Januar – wird noch mitgefeiert. Aber hier in der Einsamkeit der Taiga ist Weihnachten kein kirchliches Fest; einen Priester hat niemand der Lebenden je zu Gesicht bekommen. Man feiert im Gemeindesaal auf sowjetische Art: In der Mitte steht ein kitschig geschmückter großer Weihnachtsbaum. Die Kinder, mit billigen altrussischen Imitaten kostümiert, besingen «Väterchen Frost» *(ded moroz)*. Und dann wird gezecht.

Noch ein paar Tage Karenzzeit – und die Trapper schwingen sich wieder auf die Schneemobile, deren Anhängerschlitten sie mit neuem Proviantnachschub beladen haben. Nach ein, zwei Reisetagen auf den beschneiten Eisdecken der Flussläufe haben die meisten wieder ihr Basislager erreicht. Zwei Monate harter Knochenarbeit und Einsamkeit liegen nochmals vor ihnen, bevor sie die Ihrigen wieder zu Gesicht bekommen, dann aber für längere Zeit.

Im Dorf geht den ganzen Winter über das Leben seinen normalen Gang. Die Alten und die Männer, die nicht als Trapper unterwegs sind, widmen sich der Eisfischerei. Mit angespitzten Eisenstangen brechen sie Löcher in die Eisdecke des Jenissei oder der Bachta und lassen Angeln oder Netze in den Strom hinab, der unter der dicken

Eisdecke beständig fließt. Fisch ist eine Grundnahrung für Mensch und Hund, und jetzt im Winter muss man ihn nicht räuchern, sondern kann ihn, an die frische Luft gehängt, gefroren monatelang aufbewahren.

Etwas Abwechslung in das immer gleiche Dorfleben bringt außer dem Satellitenfernsehen nur der Sommer. Gelegentlich wirft ein Touristenschiff vor Bachta Anker und setzt kaufinteressierte Passagiere für eine Stunde an Land. In der Regel sind das Russen, welche die Gelegenheit nutzen wollen, um sich günstig mit Räucherfisch oder Kaviar vom Stör einzudecken. Neben dem Verkauf der Zobelfelle an professionelle Aufkäufer bringt dies Bargeld ins Dorf. Einmal ankert auch ein kleines Passagierschiff mit wenig Tiefgang so nah am Ufer, dass man einen Steg hinüberlegen kann. Ein Politiker hat es gemietet, der entlang des Jenissei auf Wahlkampftournee unterwegs ist. Von der Schiffsbrücke aus wendet er sich per Lautsprecher an die wenigen Dörfler, die sich auf dem Hochufer aufgereiht haben. Er verspricht ihnen, sich für politische Transparenz und soziale Gerechtigkeit einzusetzen und die Korruption zu bekämpfen. Dann treten drei farbig kostümierte junge Showgirls in Aktion, die sich zu Musik vom Band rhythmisch bewegen und singen, und auch der Wahlkämpfer greift wieder zum Mikrofon und versucht sein Sangestalent zu zeigen, während unten am Strand Mehlsäcke in den Lastwagen des Dorfes verladen werden. Dieses Wahlgeschenk vermag die Stimmberechtigten gewiss mehr zu beeindrucken als die Wahlversprechen. Regungen bei diesem Kurzbesuch der Politik zeigt nur die Dorfjugend, die zur Lautsprechermusik fröhlich schunkelt.

Auch einige Keten leben – oder sollte man sagen vegetieren? – in Bachta. Sie hausen am Rande des Dorfes, werden geduldet, sind aber nicht eigentlich ein Teil der Dorfgemeinschaft. Sie leben vom Fischen und von Gelegenheitsarbeiten. Ihre spezielle Fangtechnik, das Fischen auf den Stör mit einer hakenbesetzten langen Leine, die im Strom ausgelegt wird, ist offiziell verboten. Aber niemand schert sich darum, auch die Russen nicht, schließlich haben sie diese Fangmethode abgekupfert. Wenn einmal jährlich die staatlichen Fischereiinspektoren auf Kontrolle kommen, schafft man die Beweismittel rechtzeitig beiseite, und wenn man doch erwischt wird, läuft immer der gleiche Film ab: Die Kontrolleure müssten die Hakenleinen eigentlich vernichten und die Besitzer mit einer Buße belegen. Doch sie begnügen sich damit, die an den Haken hängenden Störe einzusammeln und mitzunehmen. Für sie eine lukrative Nebeneinnahme! Aber so ist Russland! Wer an einem Zipfel staatlicher Macht Teil hat, versteht sie zu seinen eigenen Gunsten ungehemmt zu nutzen. Ein alter Keto weiß als Einziger noch, wie man ein Kanu mit dünnen Bordwänden herstellt, dem kein Mensch ansehen würde, dass es aus einem einzigen Baumstamm ausgehöhlt worden ist. Ihren Zusammenhalt haben die Keten verloren. Sie sind Entwurzelte, setzen alles, was sie verkaufen können, sofort in Wodka um. Einem im Dorfladen um Wodka bettelnden Keto verweigert die Verkäuferin eine neue Flasche, weil seine Schuldenliste schon zu lang ist. Nur Brot und Zigaretten schreibt sie ihm an. Als eines Sommertages die Hütte einer Ketenfamilie niederbrennt, können die Leute nur ihre «Puppen» retten – Holzidole, die sie als Hausgötter verehren. Das ist das Letzte, was ihnen vom Kern ihrer traditionalen Kultur verblieben ist.

Was hält die Menschen in diesem Dorf, das so abgeschieden von der übrigen Welt lebt? «Hier bin ich mein eigener Herr», erklärt einer der Alten. «Niemand befiehlt mir, was ich zu tun habe. Alles entscheide ich selbst.» Es ist dieses Gefühl vollkommener Freiheit bei der Arbeit und in der Dorfgemeinschaft, das die Menschen beseelt. Bescheiden leben sie zwar, aber auskömmlich. Sie wissen, dass sie immer auf den Nahrungsreichtum der Natur bauen können, ebenso auf die Nachbarschaftshilfe. Ihr Wissen, welches das Überleben sichert, geben sie an ihre Kinder weiter. «Allrounder» sind sie. Dass sie fast alles, was sie brauchen, mit eigener Hände Arbeit als Fallensteller, Jäger, Fischer, Zimmermann, Dachdecker, Ofenbauer, Schreiner und Mechaniker herbeischaffen, herstellen oder reparieren können, schenkt ihnen eine beneidenswerte Lebenszufriedenheit. Um dieses Lebensgefühl mit ihnen zu teilen, kommen selbst Städter zu ihnen, um Trapper zu werden wie Michail Tarkowski aus der Familie des berühmten Filmregisseurs. In Bachta leben die Menschen im Rhythmus der Jahreszeiten und im Einklang mit der Natur. Politik interessiert sie nicht. Krasnojarsk und gar erst Moskau sind weit weg, in einer anderen Welt, mit der sie nur am Rande zu tun haben und die sie lediglich aus dem Fernsehen kennen. Die Menschen Bachtas leben ihr Leben so, wie es immer schon war, selbst noch zu Beginn des 21. Jahrhunderts – gelassen und beschaulich, frei vom Gehetze der modernen Gesellschaft mit ihrer Gier nach Zerstreuung, Mammon und Wachstum um jeden Preis – «happy people» eben.

## Die Altvölker

Ihrem Fortschrittskonzept entsprechend wollte die Sowjetregierung die Indigenen in die Moderne führen, ihre Lebensumstände verbessern und ihre Wirtschaft optimieren, wie man heute sagen würde. Dass die Betroffenen sich gegen die Zwangskollektivierung auflehnten und damit wenigstens eine Verzögerung der Maßnahme erreichten, ist bereits oben geschildert worden. Um die Situation zu entspannen, propagierte der Staat anfänglich nur eine lockere Vergemeinschaftung der Wirtschaft von Fischern, Jägern und Rentierzüchtern. Dies sollte in Form von Genossenschaften geschehen, in denen die «Produktionsmittel» noch in Privatbesitz blieben, aber gemeinsam genutzt wurden. Am liebsten hätte die Partei verhindert, dass die Kolchosen dieses Typs sich auf der Basis bestehender Clans formierten, weil sich dadurch gegenüber der geltenden Praxis kaum etwas änderte. Doch sah sie sich gezwungen, auch «Clan-Kolchosen» zuzulassen, die sich durch Clansowjets verwalteten.[389] Kolchosen mit voll vergemeinschafteten Produktionsmitteln gründeten anfänglich fast nur Indigene, die gar keine oder nur wenige Rentiere ihr Eigen nannten.[390] Werbewirksam war das nicht.

1938 begannen die Behörden – begünstigt von dem allgemeinen Klima der Angst – den Druck auf die indigene Bevölkerung massiv zu erhöhen, um die Kollektivierung voranzutreiben und die losen durch strenge Formen der Vergemeinschaftung zu ersetzen. Repressionen sollten der Willigkeit nachhelfen. Eine alte Ewenkin erinnert sich: «Viele Ewenken steckten sie während dieser Jahre in den Bau. Selbst wenn jemand nur 30 Rens besaß – in den Bau. Gleb schlachtete für die Chefs ein Ren, um sie zu bewirten, und auch dafür schickten sie ihn in den Bau. Sie schickten im Sommer und im Winter. Hier gab es Schamanen, einer heiratete. Kambagir und Chirogir setzten sich nach Ewenkien ab, doch dort wurden sie verhaftet, als Schamanen.»[391] Auf Ende des Jahres 1940 waren bereits drei Viertel aller Betriebe im sibirischen Norden kollektiviert.

## Die Tundravölker

Planvorgaben für jeden Kolchos sollten die Erträge steigern. Bei Fischern und Jägern gelang dies weitgehend, doch die Rentiernomaden erwiesen sich als besonders hartnäckig, weil viele von ihnen so lange wie möglich ihre gewohnte Lebensweise weiterführen wollten. Noch 1938 standen 39 Prozent der Rentiere Nordsibiriens in Privatbesitz. Danach ging es mit diesem aber rapide bergab, und 1946 umfasste er nur noch ein gutes Zehntel aller Rens.[392] Im Krasnojarsker Krai war man noch nicht so weit. Der Bericht des Rayonkomitees der Partei für Ust-Awam an das Kreiskomitee des Nationalen Bezirks der Ewenken vom 7. Februar 1946, der die Wirtschaftsergebnisse für das Rechnungsjahr 1945 zusammenfasst, zeigt ein charakteristisches Bild: Er lobt die Fischer- und Jägerkolchosen, weil sie den vorgegebenen Jahresplan übererfüllt hätten, doch von den 24 480 Rentieren stünden immer noch 6838 in Privatbesitz.[393] Dessen ungeachtet verkündete die Partei im Jahre 1948 stolz, die Kollektivierung der «kleinen Völker des Nordens» sei nunmehr zu 97 Prozent abgeschlossen.[394] Aber mit der Sesshaftigkeit haperte es noch, denn von den 30 Kolchosen des Nationalen Bezirks Taimyr war nur ein Kolchos sesshaft, während 22 ein halbnomadisches und 7 immer noch ein rein nomadisches Leben führten. Selbst bis 1960, als der Staat verlangte, spätestens bis 1963 die vagierenden Ethnien zur Sesshaftigkeit zu zwingen, hatte ein gutes Viertel der Nganassanen des Taimyr ihre ursprüngliche Mobilität bewahren können.[395] Allerdings versuchte das Krasnojarsker Exekutivkomitee, die Umsetzung der Direktive bis 1965 hinauszuzögern.[396]

Als nächsten Schritt fusionierte man zwischen 1960 und 1967 kleinere Kolchosen zu großen Sowchosen, welche sich auf Rentierzucht, Pelzgewinnung und Pelztierzucht zu spezialisieren hatten sowie durch Teilmechanisierung und Planvorgaben eine höhere Produktivität erreichen sollten. Wo dies möglich schien, versuchte man sich in den Siedlungen auch mit Milchwirtschaft und Ackerbau. Zugleich sollte die Existenz der Indigenen durch garantierte Löhne und Altersrenten gesichert werden. Beides ließ sich jedoch nur erreichen, wenn die Rentiernomaden in Siedlungen sesshaft wurden, die mit Elektrizität, medizinischen und schulischen Einrichtungen ausgestattet waren. Allerdings blieben die Rentierzüchter Halbnomaden: Die Familien wohnten in Dauersiedlungen, die Männer zogen mit ihren Herden weiterhin umher. Dass russische Spezialisten und Verwaltungskader in die Siedlungen zuwanderten und dadurch ethnisch und sozial gemischte Dorfgesellschaften entstanden, war durchaus beabsichtigt und wurde als Aufbau einer sozialistischen Gemeinschaft propagiert.[397] Aus den 24 Genossenschaften und Kolchosen des Taimyrgebiets formte der Staat 1975 fünf große Sowchosbetriebe. Damit sollte der letzte Rest traditionaler Strukturen zerschlagen werden, denn nun sanken die Indigenen endgültig zu Arbeitern ab, die – in Brigaden zusammengefasst und von Brigadieren kommandiert – den ihnen auferlegten Jahresplan an Erträgen in Fischerei, Jagd und Rentierzucht zu erfüllen und möglichst überzuerfüllen hatten.[398]

Aber was hat die erzwungene Sesshaftigkeit den nomadisierenden Altvölkern gebracht? «Einerseits intensivere Beziehungen zwischen dem russischen Volk und den indigenen Völkern, andererseits die Ausbreitung von Krankheiten und Alkoholismus; einerseits verbesserte Lebens- und Ernährungsbedingungen, andererseits den Verlust des ganzheitlichen Lebens mit der Natur; einerseits die Entstehung eines neuen Gesellschaftstyps, von ‹Keimen› einer bürgerlichen Gesellschaft, andererseits den Verlust einer Reihe eigener Traditionen.»[399] In den neuen Siedlungen lebten die Indigenen nicht nur mit anderssprachigen Indigenen zusammen, sondern auch mit Russen. Interethnische Mischehen nahmen zu, und dies bedeutete, dass die indigenen Sprachen zugunsten des Russischen rapide schwanden und die nationalen Identitäten sich zunehmend bedroht sahen.

Wichtige Argumente des Staates, um die indigenen Clans in kommunistischem Sinne zu «sozialisieren», waren die Schulbildung und die medizinische Versorgung. Im Taimyrgebiet gab es 1930 ganze drei Schulen, nämlich in Dudinka, Chatanga und Norilsk, und die waren vorwiegend für die russische Bevölkerung zugänglich. Daher behalf man sich für die Nomaden mit mobilen Schulen. 1936 existierten im Gebiet des Taimyr bereits 14 stationäre und 9 mobile Schulen, die von 600 indigenen Kindern besucht wurden.[400] Auch mobile Teams aus Feldschern und Ärzten machten unter den Rentiernomaden die Runde, um hygienische Aufklärung und medizinische Hilfe zu leisten.[401]

Um die Ewenken an die Sesshaftigkeit zu gewöhnen, wurde 1951/52 am Chantaikasee anstelle einer älteren Faktorei die Siedlung Chantaiski gegründet, deren Zentrum eine Internatsschule, eine Feldscherpraxis, eine Faktorei, ein Dampfbad und eine Funkstation bildeten. Die Kolchosniki wurden angehalten, dort unter dem Polarkreis Kartoffelfelder anzulegen und Gemüse zu pflanzen. In der Nähe entstand auch eine Zuchtanlage für Schwarzfüchse.[402] Als der kanadische Ethnologe David George Anderson während des Winters 1992/93 in der Siedlung das Leben der Indigenen erforschte, fand er eine Situation vor, die noch von der Endphase der Sowjetzeit geprägt war. Der alte Teil des Dörfchens bestand aus dem früheren Schulhaus und zwei Reihen von Holzhütten, die nach dem Krieg von Deportierten gebaut worden waren. Als man die Kolchose 1968 in eine Sowchose umwandelte, war eine dritte Häuserreihe hinzugekommen: ein größeres Schulhaus, die Gebäude der Sowchos- und Dorfverwaltung, die Bäckerei, der Dorfladen und mehrere Mehrfamilienhäuser für die Angestellten und Sowchosarbeiter. Ferner waren 1969 noch 48 Familien von Dolganen und jakutischsprachigen Ewenken zwangsweise in den Ort verpflanzt worden. Für sie hatte man 1970 etwas abseits eine eigene Siedlung mit Einraumhütten und Mehrfamilienhäusern errichtet, in denen die Umgesiedelten sehr beengt lebten.[403]

«Am Ende des Monats, wenn auf dem See ein Flugzeug landen kann, versammeln sich die Rentner im Postkontor und die allein lebenden Mütter im Gebäude der Siedlungsverwaltung, um ihre Geldrenten abzuholen. Um 11 Uhr vormittags bringen die Kinder, die an diesem Tag schulfrei haben, den Eltern frisches Brot aus der Bäckerei. Wenn das Frachtflugzeug landet, versammeln sich die Frauen im Dorfladen, um die neu angekommenen Waren und Textilien zu begutachten. Manchmal, wenn es dämmert, spielen Gruppen Jugendlicher am einzigen beleuchteten Ort der Siedlung, dem Sowchoskontor, Fußball. Im Licht dieser Straßenlampe schlendern Grüppchen betrunkener Männer, den Hunden vorsichtig ausweichend, von Haus zu Haus auf der Jagd nach Geld, um sich dann zum Seeufer zu begeben, wo, wie allgemein bekannt, ein Händler lebt, der geschmuggelten Schnaps verkauft. Bisweilen wird der Tageslauf der Siedlung unterbrochen von den in der Ferne auf dem See auftauchenden Scheinwerfern eines Schneemobils, welche die Rückkehr eines Jägers mit frischem Fleisch eines wilden Rentiers anzeigen, manchmal aber auch dadurch, dass sich eine Karawane von Rentiergespannen nähert, die Rentierzüchter in die Siedlung geleiten. [...] Das augenfälligste soziale Problem in der Siedlung ist außer dem Alkoholismus, dass auf dieser schmalen Halbinsel Ressourcen für Heizung, Unterbringung und Beleuchtung der hier lebenden mehr als 600 Menschen fehlen. Wer hier aufgewachsen ist, erinnert sich, dass im Sommer die Landzunge mit Beeren übersät war und es im Winter übergenug leicht zugänglichen Wald gab – allerdings vor der Umsiedlung von 1969, welche die Einwohnerzahl der Siedlung verdoppelte. Heutzutage muss der Sowchostraktor, um Holz in die Siedlung zu schaffen, auf dem Eis eine Wegstrecke von zehn bis fünfzig Kilometern bis zu den nächsten Höhen zurücklegen. Wasser hat es im Sommer genug, aber im Winter schafft man das Wasser von der Mitte des Sees auf Schneemobilen, mit Rentieren oder dem einzigen Sowchospferd heran. Im Frühjahr sickern die Pfützen aus Küchen- und anderen Abfällen, die man unmittelbar zwischen die Häuser geschüttet hatte, in den See und rufen Darmerkrankungen und periodische Ausbrüche von Unterleibstyphus hervor.»[404]

Die Geschichte von Chantaiski belegt, was dabei herauskommt, wenn eine staatliche Behörde – unbeleckt von jeglicher Orts- und Wirtschaftskenntnis – vom grünen Tisch aus eine Umsiedlungsaktion befiehlt, nur um das Schema der von oben angeordneten Siedlungskonzentration zu befolgen: statt einer Steigerung eine Verminderung von Wirtschaftlichkeit und Lebensqualität durch Übernutzung.

Die einer ewenkischen Familie entstammende Volkskundlerin Tatjana Bolina-Ukotschior vermittelt in einem reich bebilderten Büchlein Einblicke in das Innenleben der Siedlung, blendet aber alles aus, was den nostalgischen Rückblick trüben könnte.[405] Dabei fällt auf, wie stark immer noch das Clandenken bei den Einwohnern verwurzelt ist, auch wenn sich die unterschiedlichen Ethnien des Russischen als Verständigungsmittel bedienen. In der jüngeren Generation ist der Anteil der ethnischen Mischehen hoch, und wer die Bildungsleiter hinaufsteigt, vermag der Russifizierung kaum auszuweichen.[406]

Wesentlich beeinträchtigt wurde die Rentierzucht der Taimyrregion in spätsowjetischer Zeit durch zwei Faktoren: die Überweidung der Tundra und die wachsende Umweltverschmutzung. Schuld an der Überweidung des südlichen Tundrengürtels waren die Hunderttausende wilder Rentiere, deren Anzahl sich von 110 000–120 000 (1959) auf etwa 680 000 im Jahre 1988 fast versechsfachte, so dass die Jagdbrigaden der Sowchosen, denen die Fleischbeschaffung für den Verkauf oblag, mit Abschüssen nicht mehr nachkamen. Für die halbzahmen Rentierherden der Sowchosen schrumpfte daher das Nahrungsangebot an Rentierflechten immer bedrohlicher. Noch bedrohlicher für die Rentierzucht waren die giftigen Emissionen, die vom Norilsker Industriekombinat ausgingen und sich allein in den achtziger Jahren verdoppelten. Jährlich regneten 30 000 Tonnen Schwermetallstäube und über zwei Millionen Tonnen schwefliger Säuren auf die Tundra hernieder. Auf Zehntausenden von Quadratkilometern verschwand nicht nur die Rentierflechte vollkommen, sondern es starben auch sämtliche Bäume am Nordrand der Waldtundra ab, und die Kräuter, Wildstauden und Zwergsträucher verkümmerten. Stark litt unter dieser Umweltverschmutzung auch die Sowchose Chantaiski, die etwa ein Fünftel ihres Weidegebietes einbüßte. Wegen Übernutzung und Umweltverschmutzung ging daher die Anzahl der Zuchtrens östlich des unteren Jenissei seit Mitte der siebziger Jahre stark zurück.[407] Infolgedessen stellten die Sowchosen sich vermehrt darauf ein, das wilde Ren zu jagen und das Fleisch nach Norilsk zu liefern. Wenn im Frühherbst die Herden westwärts strebten und an bestimmten Stellen die Flüsse durchschwammen, warteten dort bereits die Jagdbrigaden der Sowchosen (Abb. 70). Diese schossen die Rens von Motorbooten aus, koppelten die toten Tiere wie Flöße aneinander und schleppten sie zu Sammelstellen, wo sie zerlegt und verarbeitet wurden, um dann mit Helikoptern nach Norilsk geschafft zu werden. In den achtziger Jahren lag die Ausbeute dieser industriellen Fleischgewinnung bei durchschnittlich 100 000 Tieren. Doch der Vermehrung der wilden Rens tat dies keinen wirksamen Abbruch. Allerdings stellte sich nun ein anderes Problem – das Fleisch der wilden Rens wies wegen der weit reichenden Emissionen des Norilsker Industriereviers einen zunehmenden Gehalt an Schwermetallen auf.[408] Damit kehrte die Luftverpestung auf den Esstisch der Norilsker zurück.

Einzig die Nenzen, die westlich des unteren Jenissei und seines Ästuars leben, entgingen diesen Problemen. Wilde Rens, welche den Zuchtrens die Weidegründe streitig machten, gab es dort nur wenig, und die Norilsker Emissionen tangierten das Gebiet kaum. Auch konnten die Nenzen ihre Produkte aus Rentierzucht, Jagd und Fischerei über den Wasserweg via Dudinka in Norilsk, in den neuen Öl- und Gasförderanlagen westlich des unteren Jenissei oder auch in denen des angrenzenden subpolaren Westsibirien absetzen. Daher blieben die traditionellen Lebens- und Wirtschaftsgrundlagen unter ihnen am besten erhalten, zumal ihre Ethnie auch von der Anzahl her in ihrer Existenz weniger bedroht ist (vgl. Tab. 7.2).[409] Ihre Bedrohung ist anderer Art. Sie wurzelt in Konflikten mit übergeordneten Wirtschaftsinteressen der Öl- und Gaskonzerne. Obgleich die Verfassung der Russländischen Föderation von 1993 und spätere Gesetze die Rechte der Indigenen auf Nutzung ihres Landes, auf ihre Lebensweise und Kultur sowie auf die Erhaltung der Biodiversität schützen, sind sie in einem Staat ohne wirkliche Rechtssicherheit wenig wert.[410]

## Die Taigavölker

Bei den Ewenken, die im waldigen Becken der Unteren und der Steinigen Tunguska leben und seit 1930 im Nationalen Bezirk der Ewenken eine gewisse Autonomie genossen, war schon zur Zarenzeit die Rentierhaltung gegenüber Jagd und Fischerei etwas weniger ausgeprägt gewesen. Daher versprachen sich die Sowjetorgane dort eher Erfolge bei der Bildung von Kolchosen. In der Regel entstanden diese um eine bereits bestehende Faktorei, wo die an den Staat abzuliefernden Erträge gesammelt wurden. Ekonda beispielsweise, das nordöstlich der Unteren Tunguska am Oberlauf des Wiljui liegt, zählte noch 1938 ganze drei Holzhäuser, welche sich die Kolchosverwaltung, der Laden, die Bäckerei, die Funk- und die Sanitätsstation teilen mussten; Chef war ein Russe. Die indigene Bevölkerung war immer noch unterwegs und erschien nur in der Siedlung, um Produkte abzuliefern und einzukaufen. Nach dem Krieg kamen eine Schule, ein Klubhaus mit Bibliothek und ein Kindergarten hinzu. Außerdem entstand eine Pelztierfarm, und die Rentierzucht wurde auch für die Milchwirtschaft genutzt. Es gelang sogar, Kartoffeln und Gemüse über den Eigenbedarf hinaus anzubauen. Im Zuge dieser Diversifizierung wurden immer mehr Ewenken in Ekonda sesshaft. Zu Anfang der sechziger Jahre zählte der Ort bereits 80 Höfe mit 246 Einwohnern. Mit Tura, dem Hauptort des Nationalen Bezirks der Ewenken, bestand sogar eine Flugverbindung. Aber die Erträge aus Rentier- und Pelztierzucht blieben wegen Schlendrians und Desinteresse häufig unter den Planvorgaben.[411] Insofern hatte das neue System die Produktivität nicht wirksam zu steigern vermocht.

Den Keten mit ihren Hausbooten und kegelförmigen Tschums war Nansen am Strand des Jenissei noch in großer Anzahl begegnet. Als Otto Heller 1929 mit dem *Spartak* den gleichen Weg nahm, bemerkte er unterwegs stellenweise kaum mehr als zwei bis drei Tschums. Lediglich an der Mündung der Steinigen Tunguska hatte sich eine etwas größere Gruppe versammelt.[412] Immerhin führten am Vorabend der Zwangskollektivierung nicht wenige Keten offenbar immer noch ihre Lebensweise als Flussnomaden während der Sommersaison weiter. In der Mitte der zwanziger Jahre hatte eine Forschungsexpedition der Sowjetischen Akademie der Wissenschaften ihr Leben und Wirtschaften noch eingehend dokumentieren können[413] – glücklicherweise. Denn ein bis anderthalb Jahrzehnte später war es damit schon vorbei.[414] Dadurch, dass man sie zwang, sich in russischen Dörfern anzusiedeln, ging nicht nur ihre saisonale Mobilität verloren, sondern auch der innere Zusammenhalt. Ihre hervorragenden Kenntnisse als Jäger und Fischer (Abb. 65) mussten sie nun in ein – ethnisch häufig gemischtes – Kollektiv einbringen. Als zu Beginn der neunziger Jahre wiederum eine ethnologische Forschungsexpedition ausschwärmte, um die Situation der Keten zu durchleuchten, zeigte es sich, dass sie sich auf 23 Siedlungen im Becken des unteren Jenissei verteilten, jedoch nur in drei mehr als die Hälfte der Einwohner stellten. Ihrem traditionellen Gewerbe ging lediglich die Mehrheit der Älteren nach. Während des Sommers lebten nur noch zwei alte Ehepaare in einem Tschum, alle anderen in Blockhäusern wie die Russen. Durch das Zusammenleben mit Russischsprachigen und die zunehmende Anzahl ethnischer Mischehen verliert sich auch das Ketische als Muttersprache; nur die über Dreißigjährigen beherrschten sie zu Beginn der neunziger Jahre noch, zumindest mehrheitlich. Was die Bildung anbelangt, so waren die Keten im Vergleich mit Russen sehr viel schlechter dran; nur die Frauen scheinen eher motiviert zu sein, durch bessere Schulbildung sozial aufzusteigen. Auch wenn die Gesamtzahl der Keten seit dem Ende des 19. Jahrhunderts mit im Mittel tausend Personen stabil geblieben ist, dürften ihre Tage als eigenständige Ethnie gezählt sein.[415] Den Trend zur «Entketisierung» bestätigt eine weitere Erhebung, die zehn Jahre später durchgeführt wurde.[416]

Die Flucht in den Alkohol, wie sie 1913 Nansen bereits beschrieben hat, ist bei den Keten endemisch geblieben. Dadurch bedingte Degenerationserscheinungen sind unübersehbar. In den Dörfern sind die Keten daher schlecht integriert. Das habe ich selber 1993 in Wereschtschagino erlebt: *Am Wegrand steht ein untersetzter Mann, der erkennbar kein Russe ist: braunhäutig, rundköpfig, mit schwarzen Haaren und einem flachen Gesicht. Das Alter lässt sich beim besten Willen nicht bestimmen. Die Haut ist zwar noch glatt, aber der Mund bereits fast völlig zahnlos. Dafür trägt der Mann aber eine große Hornbrille. Aus einem schäbigen Rucksack zieht er getrocknete Fische heraus und bietet sie uns an. Das ist Nikolai Gawrilowitsch Dibikow – nach eigener Bekundung in Wereschtschagino der letzte Keto. Er spricht fließend Russisch, ist aber seiner fehlenden Zähne wegen schwer zu verstehen. Auch schreiben kann er – er malt mir langsam, Wort für Wort, seine Adresse auf einen Zettel. Am Rande des Dorfes in der Taiga lebe er, sagt er. Und er sei «dumm» (glupyj). Tatsächlich kommt er mir beschränkt, irgendwie degeneriert vor. Mit Rechnen hat er Mühe. Für einen getrockneten Fisch verlangt er einen Dollar. Als ich ihm zwei Fische abnehme und dafür eine Fünfdollarnote gebe, verlangt er einen zweiten Schein. Für ihn ist ein Schein eben ein Dollar – ganz gleich, welche Zahl darauf steht. Für die Einwohner von Wereschtschagino scheint er so etwas wie der Dorftrottel zu sein. Es ist ihnen unangenehm, dass ich mich so sehr für ihn interessiere; ein halbwüchsiger Bursche, der selber wie ein Mischling aussieht, versucht ihn wegzustoßen.*

*Nach seinem Volk versuche ich Nikolai Gawrilowitsch auszufragen. Warum ist er der Letzte hier? «Sie sind weggegangen» (ušli), ist seine stereotype Antwort, und dabei legt er die Hände zu einem Kreuz übereinander. Und: Auch sie seien «dumm» gewesen. Was meint er damit? Gestorben, am Suff zugrunde gegangen? Ich versuche es immer wieder, schließlich schaut er sich vorsichtig um und flüstert mir etwas ins Ohr. Dabei sticht er sich mit dem rechten Zeigefinger immer wieder gegen den Hals. Aha: die in Russland übliche Geste für Trunksucht. Nein, auch das Sowjetsystem hat den Keten kein Glück gebracht.*[417]

Eigentlich gilt diese Feststellung für alle nordsibirischen Altvölker.[418] Der Verlust ihrer althergebrachten Lebensweise, der damit einhergehenden sozialen Bindungen, ihrer Muttersprache, die Armut, fehlende Aussichten auf ein besseres Leben und die Unfähigkeit vieler, sich an sozialökonomische Veränderungen anzupassen, sowie der Alkoholismus hatten zur Folge, dass die Indigenen um die Jahrtausendwende eine um rund zehn Jahre tiefere Lebenserwartung besaßen als der Durchschnitt der Föderation und dass die Selbstmordrate dreimal so hoch lag.[419] Welche Rolle der Alkohol im Alltag bei den Ewenken an der Unteren Tunguska spielt, offenbart die Statistik: 1978 und 1979 gaben sie bei ihren Einkäufen etwa 40 Prozent des Warenwertes für Wodka aus.[420]

## Die Turkvölker

Dass die Halbnomaden des Minussinsker Beckens, am Abakan und am Tschulym schon gegen Ende der Zarenzeit weitgehend zur Sesshaftigkeit und zu verstärktem Ackerbau mit Grünlandwirtschaft übergegangen waren, wurde oben bereits erwähnt, auch dass diese verschiedenen Turkvölker in der frühen Sowjetzeit zur Nationalität der Chakassen vereinigt wurden.

Weil sich ihre Gesamtzahl von 42 700 im Jahre 1897 auf 80 300 im Jahre 1989 fast verdoppelt hat, scheinen sie im Unterschied zu den kleinen Ethnien des unteren Jenisseibeckens als Volkskörper nicht unmittelbar bedroht zu sein. Dabei haben sie sich in ihrer Wirtschafts- und Lebensweise seit den zwanziger Jahren immer stärker derjenigen ihrer russischen Nachbarn angenähert. Sie lebten in Holzhäusern, zunehmend Typenhäusern, die sich äußerlich von den russischen nicht unterschieden. Lediglich die Sommerjurte, die neben dem Wohnhaus Platz fand und fortan als Sommerwohnung, schließlich nur noch als Sommerküche diente, erinnerte an die halbnomadische Lebensweise, bis auch sie in den letzten Jahrzehnten ganz aus dem Siedlungsbild verschwand. In ihrer Wirtschaftsweise unterschieden sich die Chakassen von den Russen vor allem dadurch, dass sie sich auf Großviehzucht spezialisierten – ein letzter Nachklang ihres einstigen Nomadenlebens. Allerdings arbeitet heute nur noch eine kleine Minderheit der Berufstätigen in diesem Bereich, das Berufsprofil der meisten unterscheidet sich kaum von demjenigen der russischen Nachbarn. Nur das Reiten ist noch sehr verbreitet.

Wenn die Zukunft der Chakassen als Ethnie trotz ihrer verhältnismäßig großen Anzahl auch nach eigener Einschätzung[421] fragil erscheint, dann aus drei Gründen: Zum einen hat durch die Zusammenlegung der kleineren Dörfer, in denen die Turksprachigen vor allem lebten, sowie durch ihre Abwanderung in die Städte der Sprach- und Kulturkontakt mit Russen zugenommen. Dies gilt zum anderen auch durch ihre verstärkte Integration in die moderne Arbeitswelt. Zum dritten ist dadurch der Anteil der ethnischen Mischehen immer stärker gestiegen. All dies zusammen genommen hat dazu geführt, dass das Russische mehr und mehr zur Umgangssprache der Chakassen geworden ist, insbesondere bei den jüngeren. Dabei konzentrieren sich die Turksprachigen mehr und mehr auf den Süden Chakassiens, wo sie größere Überlebenschancen haben dürften. Andererseits darf man nicht vergessen, dass die Chakassen als Titularnation in ihrer Republik schon 1939 nur ein Sechstel der Gesamtbevölkerung gestellt haben, und dieser Anteil bis 2002 auf nur noch ein Achtel geschrumpft ist.[422]

Die Tuwinzen – die Titularnation der heutigen Republik Tywa (Tuwa) – zählen zur sajanischen Gruppe der Turksprachen. Ihr buddhistischer Kulturhintergrund verbindet sie historisch stark mit der Mongolei. Da sie innerhalb ihrer seit 1991 eigenständigen Republik nicht nur die große Bevölkerungsmehrheit stellen,[423] sondern neben Tschetschenen und Inguschen auch den höchsten Geburtenzuwachs der gesamten Föderation aufweisen,[424] darf die Wahrung ihrer ethnischen Identität als sicher gelten.

### Die Zukunft der Altvölker

Wer wissen möchte, wie es um die Zukunft der Indigenen des Jenisseibeckens bestellt sein dürfte, muss nur verfolgen, wie sich zwischen 1990 und 2005 bei den jeweils zehnjährigen Kindern der Anteil des Russischen auf Kosten der ursprünglichen Muttersprache entwickelt hat. Selbst bei den kulturell besonders widerstandsfähigen Jenissei-Nenzen ist der Anteil der Muttersprache zugunsten des Russischen bei den

Zehnjährigen von nicht ganz zwei Dritteln (1990) auf nur noch knapp die Hälfte (2005) zurückgegangen, bei den Dolganen von einem Drittel auf nur noch ein Neuntel, während die zehnjährigen Nganassanen um 2005 fast vollständig, Enzen, Keten und Tschulymzen vollständig russifiziert waren. Nicht so rasch fort schritt infolge ethnischer Mischehen die anthropologische Mestizisierung – am langsamsten bei Nenzen, Dolganen und Nganassanen, also den eigentlichen Rentiernomaden, am schnellsten bei den Turkvölkern des Südens, die im intensivsten Kulturkontakt standen.[425]

## Das Leben in der Stadt

1920 lebten in den fünf Städten Krasnojarsk, Atschinsk, Kansk, Minussinsk und Jenisseisk ganze 12,1 Prozent der Bevölkerung des Gouvernements. Während der zwanziger Jahre nahm die Stadtbevölkerung zwar zu,[426] doch an Aussehen und Leben der Städte änderte sich dadurch kaum etwas. Erst mit der Industrialisierung der dreißiger Jahre setzte ein Bevölkerungszustrom vom Land ein. Mit der vorübergehenden Ansiedlung aus dem europäischen Russland evakuierter Industriebetriebe in den Jahren 1941–1945 fand dieser seinen ersten Höhepunkt.

Zwischen 1956 und 1970 begann mit der beschleunigten Industrialisierung und dem Aufbau der TPK die Urbanisierung zu galoppieren. Dabei war zunächst die Zuwanderung größer als der natürliche Zuwachs. Erst seit 1975 kehrte sich im Zuge einer moderateren Entwicklung dieses Verhältnis um. Von den sechziger bis zu den achtziger Jahren lag das Wachstumstempo der Städte im Krai immer noch über dem Durchschnitt der RSFSR und sogar demjenigen Ostsibiriens. Wohnraumzuwachs und Infrastruktur kamen bei diesem Tempo nicht nach. Dies und eine maßlose Umweltverschmutzung beeinträchtigten die Gesundheit der Bevölkerung. Von Dysenterie besonders betroffen waren Krasnojarsk, Norilsk, Kansk und Atschinsk – eine Folge des teilweisen oder völligen Fehlens von Kanalisation. In vielen Städten war auch das Leitungswasser nicht trinkbar. Einzelne Gebiete wurden sogar von den Ärzten als zum Leben ungeeignet erklärt, zum Beispiel die Siedlung Industrialny bei Krasnojarsk. Seit den siebziger Jahren breiteten sich Alkoholismus, Depressionen, Selbstmorde und Geschlechtskrankheiten überdurchschnittlich aus.

Bereits in den achtziger Jahren begann die Einwohnerzahl verschiedener Städte zu schrumpfen. Dies betraf insbesondere Atschinsk, Kansk und Norilsk. Zurückführen lässt sich dies auf die mehr und mehr stotternde Wirtschaft, aber auch auf die Wohn- und Lebensbedingungen, die vor allem junge und hoch qualifizierte Arbeitskräfte dazu bewogen, den Krai zu verlassen.[427]

## Krasnojarsk

Die Hauptstadt des G. Jenissei, die nach dem Anschluss an die Transsibirische Eisenbahn einen rasanten Aufschwung erlebt hatte und während des Ersten Weltkriegs bereits auf 90 000 Einwohner angeschwollen war, verlor nach den Turbulenzen des Bürgerkriegs vorübergehend ein Drittel ihrer Bevölkerung. Erst seit dem Ende der zwanziger Jahre setzte ein rasantes Wachstum ein, schon in der Mitte der dreißiger Jahre überschritt die Einwohnerzahl die Hunderttausender-, in der Mitte der sechziger Jahre die Halbmillionen- und im Jahre 2012 als vierzehnte Stadt der Russländischen Föderation die Millionengrenze.[428]

Dass die Sowjetunion in den Zweiten Weltkrieg eingetreten war, spürte die Bevölkerung unmittelbar daran, dass schlagartig sämtliche Radioapparate konfisziert wurden.[429] Weil die Kriegsumstände nicht nur eine Reihe aus Frontnähe evakuierter Industriebetriebe in den Krai verfrachteten, sondern auch neue kriegswichtige Produktionsstätten aus dem Boden stampften, schnellte die Einwohnerzahl der Stadt auf vermutlich 250 000 empor. Dies hatte Konsequenzen für die Lebensbedingungen. In den bestehenden Altbauten mussten sich noch mehr Familien eine Wohnung teilen, so dass die Belegungsdichte durchschnittlich auf nur noch drei Quadratmeter pro Person sank.[430] Am Krasnojarsker Stadtrand und um die Fabriken schossen Siedlungen aus Baracken und in den Erdboden eingetieften Holzhütten, ja ganze Zeltlager aus dem Boden, in denen Zehntausende von Arbeitern und Arbeiterinnen dahinvegetierten.[431] Ein Ukas vom 13. Februar 1942 verfügte, dass die gesamte Bevölkerung, die keinen Kriegsdienst leiste, zwangsweise zur Fabrikarbeit zu mobilisieren sei – Männer im Alter von 16 bis 55 und Frauen von 16 bis 45 Jahren. Allerdings wurden auch Kinder ab 14 Jahren zwangsverpflichtet. Walentina Bulyga aus Krasnojarsk arbeitete als Fünfzehnjährige in einer Ziegelei – wie die Erwachsenen in Zwölfstundenschichten, ohne einen freien Tag. «In der Fabrik arbeiteten Frauen, Greise, Heranwachsende und Gefangene. Fachleute gab es nur in leitenden Positionen. Winters war es im Werk kalt, sommers stickig. Die Arbeit in den 15 bis 30 aufeinander folgenden Nachtschichten laugte die Leute aus. Man wollte nur eines: schlafen. In den Minuten, die von der Essenspause verblieben, und wenn der Strom ausfiel, fielen wir sofort in Schlaf. Die Leute waren übermüdet, manchmal verloren sie die Selbstkontrolle, und es kam zu Unglücksfällen.» «Nach Brot, das wir auf Karten erhielten, bildeten sich lange Schlangen, man musste sich schon abends in die Schlange einreihen. Was man auf Karten kriegte, war rasch ausverkauft.» «Die Fabrikkantine speiste uns mit – wie es damals hieß – Balanda [einer dünnen Suppe aus Speiseresten], Grützbrei und Kohl. In der Kantine hing ständig ein und derselbe Geruch von verkochtem Kohl.»[432] Trotz strenger Strafen desertierte aus dieser Hölle 1943 in Westsibirien rund ein Fünftel aller Arbeitskräfte. Vor allem Frauen und Jugendliche zeigten sich den brutalen Lebens- und Arbeitsbedingungen nicht gewachsen und landeten vor Sondertribunalen, die sie in eine noch schlimmere Hölle, in den Gulag, verfrachteten.[433] Obgleich die Tribunale sich gezwungen sahen, strenge Strafen zu verhängen, gingen sie manchmal gleichwohl den Ursachen der Arbeitsflucht nach. So hielt der Staatsanwalt des Krasnojarsker Krai in einem Schreiben vom 20. März 1942 an den Parteisekretär des Krai fest, warum in den ersten zehn Wochen des Jahres allein aus der Fabrik Nr. 4 insgesamt 435 Personen die Arbeit geschwänzt hatten und 72 Arbeitskräfte gar desertiert waren: Der Hauptgrund sei «das Fehlen elementarster Wohn- und Lebensbedingungen für die Arbeiter, die in den Baracken leben. Sowohl die Vorarbeiter als auch die Arbeiter beanstandeten, dass es in den Baracken schmutzig sei, das Wasser fehle und es kalt sei.»[434] Bis zum Juni, als 666 Komsomolzen für die Fabrik mobilisiert werden konnten, hatten sich die Verhältnisse nicht verbessert. «Bis heute gibt es in den Baracken und Zelten, in denen die Mobilisierten untergebracht sind, keinerlei Waschgelegenheit», moniert ein Parteiinspektor, «keine Möglichkeit, heißes Wasser zuzubereiten, keine Tische, Stühle, kein Licht, keine Uhren.» Diebstähle seien an der Tagesordnung, und waschen könnten sich die Komsomolzen nur alle zwei bis drei Wochen.[435]

Dass sich derartige Menschenmassen unter primitiven Lebens- und harten Arbeitsbedingungen auf so engem Raum konzentrierten, hatte gesundheitliche Konsequenzen, zumal die Großstadt Krasnojarsk selbst 1945 immer noch über keine Kanalisation verfügte. Infektionskrankheiten wie Typhus, Pocken, Diphtherie und Masern breiteten sich aus.[436] Da war es ein Glücksfall, wenn eine Familie wenigstens ein oder zwei Zimmer in einer Wohnung erwischte, die sie mit anderen Familien teilen musste. «Bald evakuierte man aus Charkow eine Kinofabrik nach Krasnojarsk», erinnert sich Ljudmila Titowa. «Das zweistöckige Holzhaus, in dem wir lebten, wurde als Unterkunft für die Feuerwehr beschlagnahmt, uns aber – mich, Mama, meine Schwester, die Großmutter – siedelte man in ein Nachbarhaus um, in zwei kleine Zimmer einer Gemeinschaftswohnung. Massive Möbelstücke verstopften den ganzen Raum. Betten gab es nur zwei. Der Tisch, an dem an Feiertagen bis zu 20 Personen Platz hatten, war überladen. Auf ihm lagerten Sessel, Stühle, Bänke. Allerdings aßen wir im Lauf der Zeit den größten Teil der Möbel auf. Für Essbares tauschten wir alles: Möbel, Geschirr, Kleider, Bücher.» Im Winter hatten Lebensmittel manchmal eine etwas seltsame Gestalt: «Sonntags gingen Mama und ich Milch holen. Sie wurde in Säcken angeliefert, in gefrorenen Rundblöcken. Oben auf dem Block war ein Häufchen von gefrorenem Rahm. Mama schnitt es mit einem Messerchen ab und schmierte es zum Tee auf das Brot, das aus getrockneten Mohrrüben oder getrockneten Blättern bestand, manchmal aus Johannis-, manchmal aus Himbeeren.»[437]

Schon 1939 hatte man sich mit Plänen beschäftigt, den links- und den rechtsufrigen Stadtteil durch eine Straßenbrücke miteinander zu verbinden. Unter den kriegswirtschaftlichen Bedingungen erhöhte sich der Druck, denn allein 1941 hatten Seilfähre, Kleindampfer und Motorboote 1,1 Millionen Passagiere zwischen dem alten Stadtkern mit dem Verwaltungszentrum links und dem Industriegebiet rechts des Stromes übergesetzt und mehr als 100 000 Tonnen Güter befördert. Um Zeit zu sparen, fiel im Februar 1942 der Beschluss, für die Dauer der Navigationsperiode eine schwimmende Pontonbrücke zu errichten.[438] Zu seiner über 2 km langen Straßenbrücke über den Jenissei kam Krasnojarsk erst 1961.[439]

Um den anhaltenden Bevölkerungszustrom unter menschenwürdigen Bedingungen integrieren zu können, schossen seit Ende der fünfziger Jahre große Neubauquartiere aus dem Boden, deren aus vorgefertigten Wandteilen montierte Wohnblöcke schnell fertiggestellt waren und mit fließendem Wasser und Fernheizung ein Minimum an Komfort boten. Allerdings waren die Wohnungen für Familien mit Kindern eigentlich viel zu klein. Erst später entstanden Blöcke mit familiengerechteren Wohnungen.

Um die wachsenden Distanzen innerhalb des Stadtgebietes durch den Ausbau des öffentlichen Verkehrs auszugleichen, erwiesen sich die Autobuslinien, die seit 1932 bestanden, und das Dampftram (seit 1935) als zu leistungsschwach. Die Straßenbahn wurde 1958 elektrifiziert und ein Jahr später der Trolleybus eingeführt. 1995 schließlich fiel der Startschuss zum Bau einer städtischen Untergrundbahn, welcher in 60 bis 70 Metern Tiefe angesichts des Permafrostbodens besondere Anforderungen an die Kunst der Ingenieure stellte. Die Bauarbeiten an der 5,5 km langen Kernlinie wurden jedoch immer wieder durch Finanzierungsprobleme behindert und 2011 vorläufig eingestellt. Allerdings besteht die vage Hoffnung, dass die Krasnojarsk für das Jahr 2019 aufgetragene Winterolympiade neue Subventionen in die Kasse spülen wird und die Kernlinie dann in Betrieb gehen kann.[440] Schon 1952 entstand noch ganz im Stile des stalinistischen Neoklassizismus am Passagierhafen ein voluminöser Flussbahnhof *(rečnoj vokzal)*. Da die 1961 eingeweihte Kommunalbrücke den Anforderungen des wachsenden Straßenverkehrs immer weniger genügte, entstanden 1978–1986 die Oktoberbrücke und 1979–1984 die Korkinbrücke. Diese sollte sowohl die nördliche Umgehungsstraße von Krasnojarsk aufnehmen als auch die weiter im Süden gelegene alte Eisenbahnbrücke durch eine eingleisige Bahnstrecke entlasten. Doch wenn auf Ende des Jahres 2015 die seit 2008 im Bau befindliche vierte Straßenbrücke über den Jenissei tatsächlich fertig werden sollte, wird der Fern- und Umfahrungsverkehr den Jenissei dort überqueren.[441] Dies wäre dann die nördlichste Jenisseibrücke. Weiter stromabwärts gibt es nur noch Fährverbindungen.

Krasnojarsk hat sich seit den sechziger Jahren zu einem bedeutenden wirtschaftlichen, wissenschaftlichen und kulturellen Zentrum nicht nur Sibiriens, sondern der gesamten Russländischen Föderation entwickelt. Vom Wachtberg aus präsentiert sich der Stadtkern als ein kompaktes Ensemble zahlreicher Wohnblöcke und öffentlicher Bauten, unweit des Flussbahnhofs überragt von einzelnen Hochhäusern und einem ursprünglich pilzgekrönten 104 m hohen Turm, der als Verwaltungszentrale des Kansk-Atschinsker Wärmeenergetischen Komplexes (KATEK) vorgesehen war. Schon 1989 im Rohbau erstellt, aber wegen fehlender Mittel bis heute nicht vollendet, wird er von den Einwohnern der Stadt als «Ewigbaustelle» *(dolgostroj)* verspottet, soll jedoch 2014 seiner Nutzung als «Business-Center Panorama» übergeben werden.[442] Auch heute noch wird das moderne Stadtzentrum von einem Kranz alter, malerischer Holzhäuser umwuchert, die größtenteils noch aus der Zarenzeit stammen (vgl. Abb. 33 und 34). Unwiederbringlich dahin sind jedoch die meisten Stadtkirchen, die in den dreißiger Jahren abgebrochen wurden. Vor allem die weiß schimmernde Kathedralkirche Zur Geburt der Jungfrau Maria *(sobor Roždestva Presvjatoj Bogorodicy)*, die zuvor die ganze Stadt aus ihrer Mitte heraus überstrahlt hatte, fehlt seitdem als Wahrzeichen. Bis 1944 stand den Gläubigen als Gotteshaus nur die abseits gelegene Friedhofkirche Zur Heiligen Dreifaltigkeit offen. Erst nachdem ihr Priester Nikolai Popow 1943 und 1944 in seiner Gemeinde 220 000 Rubel für die Ausrüstung der Panzerabteilung *Dmitri Donskoi* gesammelt und Stalin seine Kirchenpolitik geändert hatte, erhielt die Krasnojarsker Gemeinde die Barockkirche Mariä Schutz und Fürbitte *(Pokrov)* vom Ende des 18. Jahrhunderts wieder zurück, die bis dahin als Lagerraum und Werkstatt missbraucht worden war.[443] Heute als Kathedralkirche liebevoll restauriert, lässt außer einigen wenigen klassizistischen Straßenzeilen gerade sie die Schönheit des alten Stadtzentrums noch erahnen.

Den modernen Bauten und dem pulsierenden Leben zum Trotz schleppt die Stadt zahlreiche Probleme mit sich herum, die einerseits noch sowjetischem Schlendrian entstammen, andererseits auf die Löcher in den öffentlichen Finanzen der letzten zweieinhalb Jahrzehnte zurückgehen. Dazu meine persönlichen Erlebnisse von Anfang September 2000.

*Eine unserer Studentinnen fragt Ljudmila [Dozentin an der Krasnojarsker Pädagogischen Universität], ob es für Frauen nicht gefährlich sei, abends allein in die Stadt zu gehen. Ljudmila lacht ironisch und erwidert, die Gefahr, im Dunkeln in ein Loch zu stürzen, das sich im Trottoir über einem eingebrochenen Abwasserkanal auftue, sei um ein Vielfaches größer als die Gefahr, überfallen zu werden. Es stimmt, die Einsenkungen in den Bürgersteigen und die Löcher in den Straßen sind unübersehbar. […]*

*Am späten Nachmittag fährt uns ein klappriger Bus zur Talstation des Sessellifts, der uns in den Naturpark Stolby emportragen soll. Die Sitze im Bus reichen nicht für alle. Kein Problem, die Begleiter schleppen Campingstühle herbei und stellen sie im Mittelgang auf. Ich sitze auf der Rückbank, unmittelbar vor meinen Füßen klafft im Wagenboden ein kopfgroßes Loch, unter dem die Straße dahinsaust. […]*

*Die fünfundzwanzigminütige Fahrt mit dem Sessellift durch den schweigenden und schon dämmrigen Bergwald ist ein Erlebnis, aber auch der Sessel weiter vor mir, der bei jedem Halterungsmast einen solchen Hopser über die Laufrolle macht, dass ich mich frage, ob wir hier wirklich lebend wieder herunterkommen. Doch die anschließende halbstündige Wanderung zum Felsen Takmak entschädigt für den Schrecken. Aus der Ferne winkt von jenseits des Jenissei das abendliche Krasnojarsk zu uns herüber mit bunten Leuchtreklamen und vielen Lichterpünktchen. Auf diese Distanz wirkt es fast schon wie eine westliche Stadt.*[444]

Löcher im Stadtsäckel, das Riesenloch der eingemotteten U-Bahn-Baustelle, Löcher in den Trottoirs, das Loch im Wagenboden des Autobusses – Krasnojarsk, eine Stadt der Löcher. Die Stadt kommt mir vor wie ein Hybrid aus aufgeputzter Schönheit und Bauruine – nie fertig gebaut wie der KATEK-Wolkenkratzer und die U-Bahn, und unten beginnt es schon wieder zu bröckeln. Ein Russland im Kleinen.

### Atschinsk, Kansk, Minussinsk

Begünstigt durch seine Lage als Drehkreuz des Bahn- und Straßenverkehrs und den Bau des Großkraftwerks KATEK, entwickelte Atschinsk sich seit den siebziger Jahren nach Krasnojarsk zur größten Stadt im südlichen Drittel des Krai. Das 1970 aus der Taufe gehobene, mittlerweile weltweit größte Unternehmen zur Gewinnung von Aluminiumoxid aus Nephelinen versorgt die Aluminiumhütten von Krasnojarsk, Sajanogorsk, Bratsk und anderen sibirischen Standorten mit dem erforderlichen Rohstoff. Die Abfallprodukte der Nephelinverarbeitung speisen ein Zementwerk. Eine Ölraffinerie komplettiert die Exponenten der Schwerindustrie. Dass die Einwohnerzahl der Stadt in den achtziger und neunziger Jahren bei rund 120 000 stagnierte und seit 1999 kontinuierlich auf 106 500 im Jahre 2014 zu sinken begann, ist nicht nur den ökonomischen Folgen der Perestroika und des Überganges zur Marktwirtschaft zuzuschreiben, sondern auch der ungeheuren Umweltverschmutzung durch die Schwerindustrie. Wie stark die Abwanderung ist, spiegelt sich in dem Sterbeüberschuss, der in den Jahren 1999 bis 2005 zu einem Drittel oder gar zur Hälfte über der Geburtenrate lag.[445]

Auch Kansk erreichte seinen Bevölkerungszenit mit 110 000 Einwohnern gegen Ende der Sowjetzeit. In den neunziger Jahren begann die Einwohnerzahl zu schrumpfen und lag 2014 mit 92 000 wieder auf dem Niveau der sechziger Jahre. Wie bei Atschinsk übertrifft die Sterbe- die Geburtenrate um bis zu 50 Prozent.[446] Das wirtschaftliche Profil der Stadt prägen das Großkraftwerk, das holzchemische Kombinat und der Maschinenbau. Auch hier ist die Umweltverschmutzung enorm. Die traditionsreiche Wodka- und Likörfabrik hat den Betrieb eingestellt.[447]

Minussinsk als traditionelle Landstadt hat sich gemächlicher entwickelt. Von 42 000 Einwohnern im Jahre 1967 stieg die Bevölkerungszahl auf 74 400 im Jahre 1992 und pendelte sich dann seit 2005 bei etwa 70 000 ein. Dass es sowohl von Umweltverschmutzung als auch vom Bevölkerungsrückgang weniger betroffen ist als Atschinsk und Kansk, hängt auch mit der fortdauernden Dominanz der Lebensmittelindustrie zusammen sowie mit der Spezialisierung auf die Herstellung von Elektroartikeln.[448]

### Die Städte am oberen Jenissei

Keinen Bevölkerungsrückgang zu verzeichnen hat die Hauptstadt der Republik Chakassien – Abakan. Ausgehend von bescheidenen 7700 Einwohnern im Jahre 1931 wuchs es seitdem zügig (Tab. 6.2) und pendelt seit 1996 – den wirtschaftlich ungünstigen Zeitläuften zum Trotz – zwischen 163 000 und 170 000. Geschuldet ist diese wirtschaftliche und demographische Stabilität seiner zentralen Verwaltungsfunktion und seiner gemischten Wirtschaftsstruktur mit Betrieben der Lebensmittel-, Leicht-, Bau- und Maschinenindustrie. Die Stadt hatte zwischen 1999 und 2005 zwar auch einen Sterbeüberschuss zu verzeichnen, aber im Unterschied zu Atschinsk und Kansk nur einen leichten.[449] Neuere Daten sind nicht erhältlich.

Kysyl, 1914 als Belozarsk am Zusammenfluss des Großen und des Kleinen Jenissei gegründet und seit 1991 Hauptstadt der Republik Tywa, hat eine ganz ähnliche Entwicklung genommen. Der erste Steinbau erschien erst 1928. Eigentliche Industriebetriebe gab es bis zum Ende des Zweiten Weltkrieges nicht. Noch 1939 zählte die Stadt ganze 10 000 und 1959 erst 34 500 Einwohner. Sie wuchs gemächlich, aber kontinuierlich weiter. Am Ende der Sowjetzeit stand die Einwohnerzahl bei 90 000, nahm im Unterschied zu den Städten des Krasnojarsker Krai jedoch weiter zu und lag im Jahre 2014 bei 114 000.[450] Auch heute noch ist es keine Industriestadt und lebt von seinen vielfältigen Funktionen als Hauptstadt der Republik Tywa. Im Unterschied zu allen anderen Städten am Jenissei hat Kysyl auch in den Krisenjahren nach dem Zusammenbruch des Sowjetsystems fast stets einen Geburtenüberschuss auf die Waage gebracht – ohne Zweifel deshalb, weil seine Einwohnerschaft mehrheitlich aus Tuwinern und nicht aus Russen besteht, während in Abakan die Chakassen – obgleich Titularnation – nur eine Minderheit bilden.[451]

## Jenisseisk

Wenden wir uns vom oberen Jenissei den Städten stromabwärts zu. Otto Heller fand 1929 – kurz nach dem Abbruch der Neuen Ökonomischen Politik – in Jenisseisk noch einen Abglanz der alten Zeit vor, obgleich die Einwohnerzahl sich gegenüber der Volkszählung von 1897 fast halbiert hatte (Tab. 6). «Jenisseisk ist eine prächtige Stadt. Eine regelrechte Stadt, mit gepflasterten Straßen, Telefon, elektrischem Licht, einem schönen Uferpark, Klubs, Gewerkschaftshaus, Rayonvollzugskomitee, Parteikomitee, Schulen und einer Kaserne. Die Stadt ist heute, trotz der Verstaatlichung des Handels, sehr lebendig und die kommenden Jahre werden diese Rührigkeit noch vergrößern. Jenisseisk wird Bahnstation werden. Hier wird im Jahre 1932 die Bahn Taiga–Tomsk–Jenisseisk enden.»[452] Wir wissen, dass diese Zukunftsträume des Kommunisten Heller sich sehr bald in Nichts auflösen sollten. Die Eisenbahn hat Jenisseisk bis heute nicht erreicht, und von den ursprünglich 17 Kirchen und Kapellen, welche die Silhouette der Stadt so prächtig geschmückt hatten, haben nur zehn zumindest als Gebäude die Vernichtungsorgie der Stalinzeit überdauert.[453] Aus den Ziegeln der abgebrochenen Kirchen wurden die ersten Steinbauten Igarkas errichtet.[454]

Karl Steiner erlebte Jenisseisk im Spätwinter 1953/54, als er auf der Suche nach einem Zimmer an viele Türen klopfte. Aber die Häuser waren überfüllt, und wenn er sich als Verbannter zu erkennen gab, sanken seine Chancen ohnehin auf Null. Ihm fiel auf, wie verblichen die frühere Pracht der alten Kaufmannsstadt aussah. «Von der ursprünglichen Einwohnerschaft sind nur noch wenige alte Leute übrig, die hinter geschlossenen Türen und herabgelassenen Jalousien leben», in Zimmern, die mit alten Möbeln vollgestopft waren.[455]

*Als wir uns am 29. August 1993 auf dem Strom der Stadt nähern, wird ihre flache Silhouette unweit der Schifflände nur von einer einzigen markanten Kirche unterbrochen, und selbst diese zeigt Spuren größten Verfalls. Leer gähnt der Glockenturm, er trägt nur einen kleinen hölzernen Pavillon, und aus dem Kirchendach sticht ein wohl 10 m hoher Eisenkamin heraus. Man hat aus der ehemaligen Hauptkirche Zur Erscheinung Christi (Bogojavlenskij sobor) ein Heizkraftwerk gemacht, und die Holzlaube auf dem Turm dient der nahe gelegenen Feuerwehrzentrale als Ausguck (Abb. 41). Daneben sind mir nur noch zwei Kirchen in der Stadt aufgefallen: eine, die tatsächlich heute noch «arbeitet», wie die Russen zu sagen pflegen – die Stadtkirche Mariä Himmelfahrt (Uspen'e) und die Hauptkirche Zur Verklärung Christi (sobor Preobraženija Gospodnja) im Spas-Kloster, die gerade restauriert wird und von ihrem Hügel hinter den Klostermauern wie ein Juwel über die Holzhäuser herüberfunkelt (Abb. 37). Im Kloster selber sollen sich auch schon wieder mehrere Mönche befinden, doch die Wirtschaftsgebäude beherbergen immer noch eine Fabrik. Da, wo sich am ehemaligen Markt früher die Kathedrale erhob, findet man heute nur noch einen kleinen Park mit einem Lenindenkmal.*

*Wenn man durch Jenisseisk wandert, dürfte sich sein Äußeres immer noch so präsentieren, wie es Nansen und Steiner erlebt und beschrieben haben: Die ein- oder zweistöckigen Holzhäuser mit ihren niedrigen, blechbeschlagenen Walmdächern sind vielleicht noch mehr heruntergekommen und stammen größtenteils unverkennbar aus der Zeit vor der Oktoberrevolution; hier und da sieht man sogar noch jene charakte-*

*ristischen hohen Holzbauten mit Lüftungsschlitzen, in denen früher das Pelzwerk aufbewahrt wurde. In Hafennähe sind einzelne klassizistische Steinbauten eingestreut, gelb-weiß bemalt. Auch die Schule steht immer noch, in der Nansen vor achtzig Jahren seinen Vortrag gehalten hat – ein imposantes weiß gekälktes Steingebäude. Sie heißt jetzt wieder Gymnasium, und an der holzverschalten Eingangstür erinnert eine Gedenktafel an Nansen. Die Straßen der Stadt sind heute geteert, aber an den Grünstreifen, die sie säumen, tun sich Privatkühe gütlich, und Gänseherden schnattern im Straßengraben.*

*Hier ist wahrhaftig die Zeit stehen geblieben, man streift durch eine russische Provinzstadt des 19. Jahrhunderts. Warum hat Jenisseisk seine Vergangenheit so konservieren können (oder müssen)? Vor allem wohl deshalb, weil die industrielle Entwicklung sich auf das nahe Lessosibirsk konzentriert hat und Jenisseisk immer noch keinen Eisenbahnanschluss besitzt. So hat sich seine Einwohnerzahl mit knapp 23 000 gegenüber dem Jahr 1913 nicht einmal verdoppelt. Jenisseisk lebt von der Verwaltung, vom nahen Flughafen und von der Schiffsreparaturwerft. Wenn das Aschenputtel einmal wieder herausgeputzt sein wird, dann dürfte es zu königlichen Ehren kommen.*[456]

*Ende August 2000. Die Perle des Krasnojarsker Krai empfängt uns mit Regen. Immer noch 23 000 Einwohner wie vor sieben Jahren. Heute weitgehend eine Rentnerstadt. Die jungen Leute pendeln in das nahe Lessosibirsk mit seiner Holzindustrie oder siedeln sich ganz dort an.*

*Auf den ersten Blick scheint sich während der vergangenen sieben Jahre nichts geändert zu haben. Der verfallene Bogojavlenskij sobor dient immer noch als Heizkraftwerk und sein Turm als Ausguck für das benachbarte Feuerwehrdepot. Doch ein paar hundert Meter weiter prangt auf der Kuppel der Auferstehungskirche (Voskresenskaja cerkov') ein frisch vergoldetes Kreuz. Noch vor sieben Jahren war mir diese Kirche gar nicht aufgefallen. Sie wäre auch nicht zugänglich gewesen, weil sie auf einem Fabrikareal liegt. Jetzt möchten Nonnen dort ein Kloster eröffnen, und die Fabrikleitung hat sich beeilt, beim lieben Gott gut Wetter zu machen, und das Blattgold für das Kreuz gespendet.*

*Im Spas-Kloster auf dem Boden der alten Zitadelle hat die Restauration von Fassade und Türmen Fortschritte gemacht. Das Gelände, das noch vor sieben Jahren von einer Brauerei belegt war, ist freigegeben worden, und in den Baulichkeiten des ehemaligen Klosters hat sich wieder eine kleine Mönchsgemeinschaft zusammengefunden. Gottesdienst kann aber erst wieder in einem Seitenschiff der Kirche gefeiert werden. Es ist Sonntag, die Liturgie geht gerade zu Ende, zelebriert von einem älteren Priester, dem ein junger Mönch assistiert. Im Refektorium stellt sich ein anderer junger Mönch unseren Fragen. Er trägt eine Mönchskappe, eine Parka und Jeans, repräsentiert einen in Russland heute verbreiteten Typus des «Temporärmönchs», der nur zeitweise im Kloster lebt. Die Mönche helfen bei der Restauration des Klosters mit. Ljudmila ist davon nicht begeistert. Sie meint, die Arbeiten würden zu wenig professionell ausgeführt und richteten außer der bloßen Konservierung des Gebäudes mehr Schaden als Nutzen an. Ihren Lebensunterhalt zieht die Klostergemeinschaft ein gutes Stück weit aus ihrem Gemüsegarten.*

*In der Stadtkirche Uspen'e, die seit 1946 immer geöffnet war, zelebriert ein junger Priester die Liturgie nicht in kirchenslawischer, sondern in russischer Sprache. Die Gottesdienstgemeinde besteht überwiegend aus Frauen, keineswegs nur älteren, aber auch junge Männer sind zu sehen. Vom Glockenturm aus hat man einen guten Überblick über die Altstadt. Immer noch breitet sich das typische Bild einer sibirischen Provinzstadt des 19. Jahrhunderts unter uns aus: Längs der Straßengevierte locker aufgereihte ein- und zweistöckige Holzhäuser, mit der Traufseite zur Straße; den Zugang zum Haus findet man nur über den Hof und durch ein wuchtiges Hoftor, das in einen hohen Bretterzaun eingelassen ist (Abb. 40). Diese Abriegelung des Stadthofes gegen die Straße lässt sich über mehr als tausend Jahre hinweg bis zu den frühen Städten des Kiewer Reiches zurückverfolgen.*

*Ein Streifzug durch die Stadt fördert auch bei den Zivilbauten kleinere Veränderungen zutage. Viele ältere Holzhäuser aus dem 19. Jahrhundert beginnen zu verrotten, weil die harzreichen Lärchenstämme, die das Fundament bilden, faul werden. Sie müssten ersetzt werden, aber wer soll das bezahlen? Damit droht ein unersetzliches Kulturerbe längerfristig vor die Hunde zu gehen. Hier und da leuchtet in hellem Rot ein neues Einfamilienhaus zwischen den verwitterten Holzbauten hervor. Häuser dieses Typs sind in Klinkerbauweise erstellt und übertragen eher westeuropäischen Architekturgeschmack nach Sibirien, als sich an russische Bautraditionen anzulehnen. Dort residieren die nach der «Wende» zu Geld gekommenen «neuen Russen».*[457]

Bevor wir unsere Städtereise stromabwärts fortsetzen, soll noch eine gute Nachricht folgen. Im Hinblick auf das 400-Jahre-Jubiläum von Jenisseisk im Jahre 2019 will man den sichtbarsten Schandfleck der Stadt tilgen: Der *Bogojavlenskij Sobor* wird seit 2010 restauriert und soll bis zum Jubiläum wieder im alten Glanz erstrahlen.[458] Das Aschenputtel macht sich.

## Turuchansk

Was ist aus dem ehemaligen Monastyrskoje an der Mündung der unteren Tunguska geworden, seit 1912 Hauptort des Turuchansker Krai?

1929 fand Otto Heller immer noch ein verschlafenes Dorf mit nicht mehr als 400 Einwohnern vor. Immerhin gab es eine Radiostation, ferner ein geräumiges Gebäude für das Exekutivkomitee des Rayons, eine große zweistöckige Schule und auf einem Hügel ein kleines Spital, das von zwei Ärzten betreut wurde. Das Grab des hl. Wassili Mangaseiski war immer noch zu sehen, doch das ehemalige Kloster beherbergte nun ein Internat für junge Samojeden und Tungusen, die dort sozialistisch umgepolt werden sollten, um dann in ihren Clangemeinschaften als Multiplikatoren zu wirken.[459]

*Als wir uns am Morgen des 2. September 1993 dem Schiffsanleger von Turuchansk nähern, zeigt die Silhouette der Siedlung, zu der vom Strand eine breite Holztreppe hinaufführt, nichts Auffälliges – außer einer großen Radarstation am Ostrand. Auch hier scheint das frühere Wahrzeichen – die Klosterkirche zur heiligen Dreifaltigkeit – verschwunden zu sein.*

*Das Städtchen, das offiziell immer noch als Großdorf (selo) geführt wird, zählt heute gegen 9000 Einwohner und verfügt sogar über einen eigenen Flughafen. Im*

*Ortszentrum stehen einige größere öffentliche Gebäude – bereits mehr oder minder heruntergekommen. Die geometrisch angelegten Straßen sind schwarz geschottert, die Gehsteige im Zentrum mit Betonplatten belegt. Die Holzhäuser, in denen Swerdlow und Spandarjan während ihrer Verbannungszeit gelebt haben, hat man sorgfältig konserviert und zu Museen umfunktioniert. Im Übrigen besteht der Ortskern aus einem Gewirr traditioneller zweiräumiger Holzhütten, von denen manche bereits verlassen sind und ihrem Einsturz entgegensehen.*

*Neben der Funkstation sticht über dem Uferhang zur Tunguska plötzlich ein großes, weiß gekälktes Ziegelgebäude ins Auge, das mit einem hölzernen Walmdach provisorisch bedeckt ist und an seiner Stirnseite ein helles orthodoxes Kreuz führt (Abb. 49). Sollte das etwa …? Ja, ohne Zweifel, vor uns liegt der traurige Überrest der früheren Klosterkirche zur Heiligen Dreifaltigkeit. Turm und Kuppel sind abgebrochen, die Gebeine des hl. Wassili von Mangaseja wohl in alle Winde zerstreut und aus dem Kirchenschiff hat man ein Lagerhaus gemacht. Aber seit kurzem wird hier in einem Seitenraum nun wieder die Liturgie gefeiert. Die Kirche selber ist verschlossen, auch hineinschauen kann man nicht, denn vor den meisten Fensteröffnungen liegen Blendläden.*

*Als wir am frühen Nachmittag ablegen, steht die Sonne auf der niedrigen Silhouette von Turuchansk, und nun leuchtet auch die Troiza-Kirche hell vor dem blauen Horizont – verstümmelt zwar, aber doch als ein sichtbarer Überrest aus jener Zeit, da sie der Siedlung ihren Namen gegeben hatte: Monastyrskoje.*[460]

Als ich Turuchansk im Jahre 2000 wiedersah, hatte sich auf den ersten Blick nichts verändert. Dass die Einwohnerzahl in steilem Sinkflug begriffen war und nur noch gegen 5000 zählte,[461] blieb mir verborgen. Ich möchte wissen, was aus der Kirche geworden ist. Diesmal haben wir Glück. Nicht nur findet sich das Gelände um das Gotteshaus nunmehr von einem freundlichen Holzzaun eingehagt und der Vorplatz liebevoll mit Blumen bepflanzt, sondern die rechte Hälfte des Gebäudes, die für den Gottesdienst genutzt wird, ist auch geöffnet. Ein bärtiger junger Mann gibt Auskunft, verkauft Kerzen und geistliche Schriften. Das Kircheninnere wird von der Sonne erleuchtet und strahlt hell. Im Nebenraum sollen sich auch die Gebeine des hl. Wassili von Mangaseja wieder befinden, die der Kirche früher ihre überregionale Bedeutung verliehen haben. Sollte es tatsächlich so gewesen sein, dass Gläubige die Reliquien über viele Jahrzehnte hinweg vor den Bolschewiki verstecken konnten?[462]

Im Jahre 2008 hat man übrigens ein Projekt zur Wiederherstellung der Kirche in ihrer ursprünglichen Gestalt ausgearbeitet.[463] Vielleicht ersteht ja auch sie wieder als jenes Wahrzeichen hoch über der Tunguska, das so viele Reisende schon von Ferne begrüßt hat.

## Igarka

Otto Heller platzte 1929 gerade in die erste Aufbauphase dieser bereits nördlich des Polarkreises gelegenen Siedlung hinein und war begeistert. «Bretter, gerodeter Wald, Hütten und schon ein paar halbfertige Häuser; Menschengewimmel, Fahnen, Zelte, Pferde, Zementsäcke, Blech, Ziegel (Frauen mit bunten Kopftüchern schichten sie zu

Mauern) – das alles zwanzig Meter über dem Wasser. Unten abenteuerliche Boote aus Stenka Rasins Zeiten, Kanus, ein Motor knattert, Fähnchen, die das Fahrwasser markieren, zwei improvisierte Anlegekais, ein riesiges Wohnschiff mit einer Radiostation, irgendwo Hundegebell, Kuhglockenläuten, Enten jagen vorbei, Möven kreischen, Hämmern, Rufe, Klopfen, Pochen, Sägen, Klappern, Sirenen brüllen: Port Igarka, der Hafen im Urwald! Auf 67 Grad 25 Minuten nördlicher Breite.»[464]

Für ihn als Kommunisten lohte dort unter den Arbeitskräften bereits der Enthusiasmus, der Berge versetzt. Auf einem improvisierten internationalen Meeting vom 1. September 1929 zwischen den Arbeitern von Igarka und den Besatzungen der ausländischen Schiffe, die dort vor Anker lagen, hielt Emilian Kurnosenko, Rayonsekretär der KP in Turuchansk, die Begrüßungsansprache: «Kurnosenko sprach. Zehn Minuten. Jedes Wort – eine Sprenggranate. Jede Silbe – Fanatismus. Fanatismus für eine Sache, die siegen wird. Gold wird sein, und Platin und Grafit. Fabriken werden ihre Schlote aus dem Urwald zum Nordlicht emporrecken, elektrisches Licht wird kommen und neue Dampfer werden fahren. Der Hafen wird, zwei Monate im Jahr, Sibirien mit den Weltmeeren verbinden und aus dem Eis wird der Sozialismus entstehen, wie im Süden aus den Giganten der schwarzen Erde. Da muss man Hurra rufen! Es war nur feuergefährlich, weil vor lauter Hurrarufen die Petroleumlampen zu schaukeln anfingen.»[465]

Sehr viel nüchterner sah das der künftige Stadtbaumeister von Norilsk, Witold Nepokoitschitski, als er zehn Jahre später auf dem Weg zu seiner künftigen Wirkungsstätte mit dem Wasserflugzeug in Igarka zwischenlanden musste. Er war gespannt auf «das legendäre Igarka, über das eine Zeit lang viel in Zeitungen und Journalen geschrieben worden war». Aber die Enttäuschung war groß. «Nichts von Gemütlichkeit, nichts von Ideen. Alle diese präzise aus dem Boden hervorwachsenden, unansehnlichen Halbbaracken schienen zusammen mit ihrem Umfeld nicht von Menschen geschaffen, sondern von einer seelenlosen, schlecht montierten Maschine.»[466]

Bereits 1931 zur Stadt erhoben, lebte Igarka von seinen Sägewerken und dem Umschlag von Holz und Holzprodukten auf den Hochseeweg. 1941 kamen ein Fischverarbeitungskombinat und eine Schiffsreparaturwerft hinzu. Dass bis in die fünfziger Jahre Zwangsarbeiter und Ansiedlungsverbannte die Hauptmasse der Arbeitskräfte stellten, hätte Otto Heller sich wohl noch nicht vorstellen können. Die Zahl der Einwohner schnellte von 3000 im Jahre 1931 auf 23 600 im Jahre 1939 empor und pendelte nach dem Krieg zwischen 15 000 und 18 000.[467]

*Als ich Anfang September 1993 Igarka besuchte, befand die Stadt sich wirtschaftlich bereits im Niedergang. Noch wurden während der Navigationsperiode 800 000 Festmeter Schnittholz umgeschlagen, doch dies waren nur noch zwei Drittel des Volumens zu den Glanzzeiten. Entsprechend gedrückt schien mir auch die allgemeine Stimmung.*

*An dem klapprigen Bus, der uns von der Schiffsanlegestelle in die Stadt führen sollte, erwartete uns ein älterer Herr mit langem grauem Bart, Baskenmütze und einem kleinen weißen Spitz auf dem Arm, der uns neugierig musterte. So lernte ich den legendären Leopold Baranowski (1926–1998) noch persönlich kennen – den Stadtchronisten, Begründer der historischen Gulag-Abteilung im Volkskundemuseum von Igarka und ersten Erforscher der «toten Eisenbahn». Als Fünfzehnjähriger mit Eltern und Geschwistern aus Lettland nach Sibirien deportiert, kam er 1943 nach Igarka und arbeitete sich dort trotz seines Status als Verbannter vom Bauarbeiter zum Chefbuchhalter der Planungsabteilung empor, kehrte nach seiner Rehabilitierung aus Rücksicht auf seine russische Frau aber nicht nach Lettland zurück, sondern machte in Igarka Karriere, zuletzt als Direktor der städtischen Versorgungsbetriebe und Deputierter im Stadtrat.*[468] *Er war uns ein hochkompetenter Stadtführer, der in seinem baltisch gefärbten Deutsch offen auch die heikelsten Fragen beantwortete und alle Zahlen im Kopf hatte. Für die Zukunft der Stadt, in der er fünf Jahrzehnte seines Lebens verbracht hatte, sah er schwarz und ist auch zwei Jahre später mit seiner Frau nach Smolensk gezogen.*

*Bis 1962 gab es in der Stadt nur Holzhäuser, selbst zweistöckige. Nachdem ein Großbrand am 27. Juli 1962 das Holzkombinat, das riesige Holzlager und große Teile der Stadt eingeäschert hatte, musste Igarka faktisch neu gebaut werden.*[469] *Nun wagte man sich auch an gemauerte zweigeschossige Wohnblocks, die unmittelbar auf den Dauerfrostboden gesetzt wurden. Durch die Eigenwärme des umbauten Raumes taute aber die ewige Gefrornis unter den Gebäuden auf, und diese begannen auseinanderzubrechen. Heute stehen die meisten von ihnen bereits leer, breite Spalten klaffen in den Wänden, und wenn sie nicht mit dicken Balken abgestützt würden, wären sie wohl schon zusammengestürzt (Abb. 54). Neuerdings baut man mehrgeschossige Wohnblocks anders (Abb. 53). Die Baukörper werden auf Betonstelzen gesetzt, die tief in den Dauerfrostboden hinabreichen. Damit dieser aber durch den Baukörper nicht erwärmt wird, lässt man zwischen der Oberfläche des Bodens und der Grundplatte des Gebäudes etwa einen Meter Spielraum, durch den die Luft ungehindert zirkulieren kann (am Beispiel Dudinkas Abb. 58, 59). Außenisolation kennen die Wohnblocks allerdings ebenso wenig wie Außenverputz. Sie zeigen dem Betrachter ganz ungeniert ihr rohes Ziegelmauerwerk, und um die strenge Winterkälte weniger ins Hausinnere dringen zu lassen, sind die Wände doppelt so dick wie in unseren Breiten.*

*Alle Häuser und Wohnblocks hängen am Tropf der Versorgungsleitungen, die ebenfalls auf Stelzen stehen, um nicht den Verwerfungen durch das sommerliche Bodenfließen auf dem gefrorenen Untergrund ausgesetzt zu sein. Fernheizungs- und Wasserleitungsrohre sind dick verpackt und nach außen von Brettermanschetten umhüllt (Abb. 56). Ältere Versorgungsleitungen laufen in sägemehlgefüllten Holzkästen.*

*Auf die Privatisierungsprobleme der Wirtschaft angesprochen, meinte Baranowski, die Privatisierung habe sich bislang auf Restaurants und kleine Geschäfte oder genauer Kioske beschränkt. Sie treffe in Nordsibirien ohnehin auf große Schwierigkeiten, weil alle Lebensmittel und Bedarfsgüter schon wegen der riesigen Transportdistanzen immer noch durch staatliche Vermittlung angeliefert würden. Dies schränke das Konkurrenzprinzip von vornherein stark ein. Außerdem sei die Anlieferung nur im Sommer möglich, und dies setze für die sieben bis acht Wintermonate Lagerkapazitäten voraus, über welche Private kaum verfügten.*[470]

*Igarka, das seit 1928/29 mit so viel Elan aufgebaut wurde, ist heute eine sterbende Stadt. Im Jahre 2000 fiel ihre Einwohnerzahl bereits unter die Zehntausendermarke, im Jahre 2014 betrug sie nur noch gut 5000.*[471] *Bei meiner zweiten Reise auf dem Jenissei* im Jahre 2000 wurde uns Igarka vorenthalten. Als Begründung teilte man uns mit, die dortige Permafroststation, die wir 1993 besucht hatten, habe ihre Eintrittspreise so stark erhöht, dass dies finanziell nicht drin sei. Offensichtlich schämte man sich, Ausländern eine sterbende Stadt zu zeigen. Der letzte Großbetrieb schloss 2005. Damit verschwanden auf einen Schlag 500 Arbeitsplätze. Da kein Gartenbau möglich ist, kann man sich nicht einmal mit eigenen Kartoffeln und eigenem Gemüse über Wasser halten, allenfalls mit etwas Vieh. Die Regierung hat angekündigt, sie wolle «in naher Zukunft» 2000 Rentner in das «Mutterland» *(materik)* umsiedeln.[472] Und dann?

## Dudinka

Otto Heller fand 1929 noch ein verschlafenes Dudinskoje vor, mit 350 russischen Einwohnern und einigen Indigenen. In dem prächtigen Holzhaus der Kaufmannsfamilie Sotnikow, das schon 1877 Nordenskiöld und 1913 Nansen in Erstaunen versetzt hatte, residierte nun eine Filiale der Staatshandelsorganisation Gostorg.[473] Dass das Dorf 1930 zum Verwaltungszentrum des Autonomen Taimyr-Bezirks der Dolganen und Nenzen aufstieg, hat ihm weniger Impulse gegeben als seit 1935 seine Hafenfunktion für Norilsk. 1936 war die erste provisorische Kaianlage fertig, 1939 die Einwohnerzahl auf 3600 gestiegen. Danach explodierte die Zahl und lag 1959 bei 16 300. Noch in der ersten Hälfte der fünfziger Jahre dürfte sie aber doppelt so hoch gewesen sein, wenn man die zahlreichen Verbannten der Stalinzeit mitrechnet. Umgeben war die Stadt noch von mehreren Lagern mit Zwangsarbeitern. 1951 wurde der Ort unter dem Namen Dudinka zur Stadt erhoben.[474]

Wie die Bevölkerungsexplosion die Lebensumstände in dieser jungen Stadt nördlich des Polarkreises geprägt hat, vermag uns für die frühen fünfziger Jahre Unto Parvilahti nahezubringen. «Die Wohnungsnot in Dudinka zwang die Einwohner zur Selbsthilfe, trotz aller Schwierigkeiten. Überall in der Umgebung der Stadt entstanden neue Hütten. Der Jenissej brachte nach dem Eisstoß viel Treibholz mit, und mit diesem baute man. Die gebräuchlichste Type aber war doch die Hütte aus Abfallholz, wobei der Raum zwischen den doppelten Wänden mit Sägemehl, Kohlenstaub und Schlacke angefüllt wurde.

Die Stadtbauverwaltung unterstützte diese private Bautätigkeit tatkräftigst. Jeder, der bauen konnte und einen Bauplatz wollte, bekam einen neunundneunzig Jahre gültigen Pachtvertrag, der Pachtzins war nur ein symbolischer. Andrerseits standen dem Bauen alle möglichen Hindernisse entgegen, hauptsächlich Transportschwierigkeiten und Probleme in der Beschaffung von Baumaterialien. Nägel konnte man zum Beispiel nur in Sonderfällen im Geschäft kaufen, Dachpappe fast gar nie. Auf dem Basar aber, der jeden Sonntag auf dem Marktplatz abgehalten wurde, gab es gebrauchte, verbogene Nägel zum vier- bis fünffachen Preis von neuen zu kaufen, und auch Dachpappe ließ sich organisieren. Sie wurde mitten in der Nacht «per Nachnahme» und unter der Bedingung strengsten Stillschweigens zur Haustür gebracht. Dachpappe fand irgendwie immer wieder ihren Weg aus dem TMIO-Depot.

Es war schwer zu glauben, dass Dudinka auf einer so kleinen Fläche fast fünfunddreißigtausend Einwohner beherbergen konnte, man verstand es aber, wenn man die

Bevölkerungsdichte und die Übervölkerung in der Stadt kennenlernte. Wenn wir die etwas geräumigeren Wohnungen der Parteimitglieder außer Acht lassen – und selbst die genügten europäischen Anforderungen nicht –, lebten die Leute von Dudinka unter unvorstellbar bedrängten Verhältnissen. Zwei Familien mit ihren Kindern in einem etwa zwölf Quadratmeter großen Raum waren durchaus nichts Ungewöhnliches.»[475]

Parvilahti fährt fort: «Ich schätze, dass etwa die Hälfte der Einwohner von Dudinka politische Gefangene waren. Von den freien Arbeitern, die sich wegen der besseren Verdienstmöglichkeiten freiwillig für die Arktis gemeldet hatten, gab es vielleicht ein paar Tausend in der Stadt. Die Oberschicht des MWD, der GPU und der kommunistischen Parteifunktionäre umfasste etwa tausend Menschen, während die ganze übrige Bevölkerung aus ehemaligen Sträflingen bestand, die nach Abbüßung ihrer Strafzeit zur Kolonisation von Nordsibirien beordert worden waren. Außerdem gab es eine Abteilung GPU-Soldaten in der Stadt, etwa ein Bataillon, die in den Zwangsarbeitslagern Wachdienst taten.»[476]

Etwas bestimmte das damalige Alltagsleben ganz entscheidend – die Angst. «Die Verbrechensstatistik dieser kleinen Stadt konnte mit jeder europäischen Großstadt konkurrieren. Manchmal geschahen zwei bis drei Morde am Tag, meist Raubmorde. Diebstähle und Räubereien, bei denen Gewalt angewendet wurde, waren so sehr an der Tagesordnung, dass man es nicht der Mühe wert fand, sie in der Statistik anzuführen. Auch von gewöhnlichen Messerstechereien und Schlägereien machte man nicht viel Aufhebens. Die Einwohner von Dudinka lebten mehr oder weniger im Belagerungszustand. Die Fenster waren meist mit Eisenstangen oder Scherengittern gesichert und mit starken Fensterläden verschlossen, die im Winter überhaupt nicht geöffnet wurden. Auch die Türen baute man sehr fest, um Diebstähle zu verhindern, und bewehrte sie mit starken Riegeln. Es gab viele Wachhunde, und wer kein Gewehr im Hause hatte, legte sich eine Axt unter dem Bett bereit. Die Unverfrorenheit der Räuber ging so weit, dass sie selbst den Chef der Miliz im Stadtzentrum auszogen – sie ließen ihm nur die Unterhosen und Socken, und er musste ums liebe Leben nach Hause laufen, um nicht steifzufrieren.»[477] (vgl. auch Quelle 2.2)

Seit den sechziger Jahren begann sich die Stadt der Bretterhütten allmählich in eine normale Stadt aus Wohnblöcken zu verwandeln, die auf Betonstelzen über dem Erdboden schweben (Abb. 58, 59). Die Einwohnerzahl stieg in den achtziger und frühen neunziger Jahren auf über 30 000 und ging dann – bedingt durch die wirtschaftlichen Verwerfungen des Systemwechsels – bis heute auf gut 22 000 zurück.[478] Wegen ihrer Bedeutung als Hafen für Norilsk ist die Stadt anders als Igarka existenziell jedoch nicht gefährdet (Abb. 57).

*Uns erwarten am 4. September 1993 in Dudinka keine Blaumützen von der Staatssicherheit und keine Stacheldrahtzäune. Von der Stadt selber ist hier unten vom Schiffsanleger aus nichts zu sehen. Erst auf einer langen, verschlammten Straßenrampe, die sich parallel zu dem Gewirr von Hafenkränen und Kaianlagen den Uferhang emporschiebt, erreicht man die ersten Wohnhäuser. Dudinka, das heute 32 000 Einwohner zählt, macht fast schon den Eindruck einer Großstadt – zumindest in seinen Kernbereichen. Zwischen den großen, auf Betonstelzen gesetzten Wohnblocks verlaufen vierspurige betonierte Boulevards, deren Schlaglochbestückung jedoch die wenigen Autofahrer zu halsbrecherischen Slaloms zwingt. Grünanlagen gibt es nicht. Um die Tristesse dieser Stadt inmitten der Tundra zu mildern, sind die Wohnblocks bunt gestrichen und die Mittelstreifen der Boulevards mit Weidenbüschen und niedrigen Lärchen bepflanzt. Zur Peripherie der Stadt gehören allerdings auch hier die traditionellen Holzhäuser und als Straßen Kiesdämme.*[479]

Fast auf den Tag genau sieben Jahre später sah ich Dudinka wieder. *Die «Anton Tschechow» liegt außerhalb des Industriehafens an einem schwimmenden Stationsponton. Neben uns schiebt sich der Zweidecker «Ippolitow-Iwanow», der neben Passagieren auch andere kostbare Fracht aus dem Süden geladen hat: Auf den Umgängen am Heck stapeln sich Säcke voller Kohl und Kistenberge mit Kartoffeln. Die Wintervorräte für die Stadt rollen an und werden von Gruppen junger Männer in drei Lastwagen verladen, die am Strand warten. Das Oberdeck der «Ippolitow-Iwanow» ist vollgestopft mit gebrauchten Personenwagen, deren Rechtssteuerung verrät, woher sie kommen: aus Japan. Ein Milizionär, der die Autos offenbar registrieren will, zwängt sich zwischen ihnen hindurch, und die Besitzer, darunter erstaunlich viele Eingeborene, gestikulieren auf ihn ein. Der Aktionsradius eines Autofahrers beschränkt sich hier oben nördlich des Polarkreises allerdings auf die beiden Städte Dudinka und Norilsk und die 100 km lange Straße, die beide verbindet. Ein eigentliches Straßennetz beginnt erst mehr als anderthalb tausend Kilometer weiter im Süden. Wer es sich leisten kann, nutzt das Auto daher hier oben im Norden offenbar vor allem als Statussymbol.*

*Die neueren Häuserblocks in der Stadt strahlen immer noch in leuchtenden Farben, um das fehlende Grün der Bäume zu ersetzen. Doch viele Wohnungen gähnen leer. Zwischen den Häusern stehen große Wasserlachen, denn der Auftauhorizont reicht nicht tief in den Boden hinein* (Abb. 59). *Ein Bautrupp ist damit beschäftigt, einen älteren Wohnblock, den das Bodenfließen auf dem Permafrost ins Wanken gebracht hat, einzureißen. Dafür wächst an der flussseitigen Kante des Hauptplatzes ein Kirchlein in die Höhe – just schräg gegenüber der grün gestrichenen Post, dem im Neo-Empirestil lila-weiß prunkenden Kulturhaus und dem Lenindenkmal. Das Kirchlein steht vermutlich dort, wo Fridtjof Nansen 1913 die damalige hölzerne Kapelle von Dudinskoje gesehen hat. Klinkerbauweise, Ziermauerwerk und Kupferbeschläge des Glockenturmes verraten, dass hier einiges Geld fließt, um Gott in diese lange Zeit gottlose Stadt zurückzuholen. Als Unterpfand für eine glücklichere Zukunft?*[480]

## Norilsk

Vom subpolaren Industriegiganten Norilsk war bereits die Rede, von der ebenso gigantischen Umweltverschmutzung des Kombinats ebenfalls. Aber was bedeutete das für die Entwicklung der Stadt und ihre Lebensbedingungen?[481]

Typisch für das Image der Stadt im Russland der sechziger Jahre scheint mir die Reaktion eines Vaters zu sein, der auf die Heimkehr seines Sohnes Kolja aus dem Militärdienst wartete und dann per Brief erfuhr: «‹Ich bin in Norilsk.› O, Gott! Was für ein Idiot, denke ich, nicht wahr? Nun, ist er halt ein Idiot.»[482] Dazu muss man wissen, dass Norilsk bis 1986 immer noch eine «geschlossene Stadt» war, die Auswärtige nur mit einer Sondergenehmigung betreten durften. Die Norilsker begegneten dieser negativen Außenwahrnehmung mit übersteigerter lokalpatriotischer Euphorie wie in dem Gedicht «Heimatstadt» von Mark Sirowski:

Moj gorod, kak ljublju tvoi prospekty ja,
Doma i krany, rvuščiesja vvys'!
Kak voploščen'e večnogo bessmertija
Stoit sred' dikoj tundry moj Noril'sk!

Meine Stadt, wie lieb' ich deine Prospekte,
Die Häuser und Kräne, die himmelwärts ragen!
Wie die Verkörperung ewiger Unsterblichkeit
Steht in der wilden Tundra mein Norilsk![483]

Zu Lebzeiten Stalins blieb Norilsk eine Un-Stadt, die auf keiner Karte verzeichnet war. Intern galt sie auch nicht als Stadt, sondern nur als «Ansiedlung» *(poselok)*. Dabei hatte sie schon gegen Ende der vierziger Jahre über hunderttausend Einwohner. Aber sie war wohl auch die einzige Großstadt der Welt, deren Einwohnerschaft bis 1956 meistenteils aus Häftlingen bestand.[484] Entsprechend ungewöhnlich präsentierte sich diese «Großstadt» auch der Litauerin Johanna Ulinauskaite, die mit einem Frauentransport im Juni 1950 nach Norilsk kam: «Ein Polartag – die Sonne ging Tag und Nacht nicht unter. Berge waren zu sehen, Bergwerke, Fabriken. Aus den Fabrikschornsteinen stieg Rauch in verschiedenen Farben. Die ganze Stadt lag unter einem Rauchmantel. Auf den Höhen und darunter, in der Stadt, soweit das Auge reichte, standen wie Zündholzschachteln gleichmäßig aufgereiht Baracken – die Lager. Doch es gab auch viele Wohnhäuser.»[485] Damals noch bestand das Siedlungsgebiet aus zahlreichen voneinander getrennten Einzelteilen, die wie ein Flickenteppich die Tundra durchsetzten. Dem Ganzen den Namen gab das Flüsschen Norilskaja.

Die Hoch- und Tiefbauten von Norilsk wurden bis Mitte der fünfziger Jahre fast nur von Zwangsarbeitern erstellt. Ferner stand ein Heer von Verbannten bereit, die nach Abbüßung ihrer Lagerhaft nach Norilsk verschickt wurden beziehungsweise dort bleiben mussten. Der eklatante Mangel an Ingenieuren und Technikern zwang dazu, auf Verbannte und mehr und mehr auch auf Seki zurückzugreifen, die tagsüber Freigang hatten. Es seien diese erfahrenen Spezialisten gewesen, von denen die jungen freien Ingenieure für die Praxis am meisten profitiert und die letztlich den industriellen Aufbau von Norilsk getragen hätten, meinte rückblickend die Metallurgin Miriam Ferberg. Die Verbannten durften ihre Familien nachholen, und vor allem dadurch begann Norilsk sich zu verändern und äußerlich einer mehr oder minder «normalen» Stadt zu ähneln. Dass bis Mitte der fünfziger Jahre Seki und Verbannte einen wesentlichen Teil des öffentlichen Raums besetzten, wurde von den Freien als völlig normal betrachtet. Man hinterfragte das nicht oder verdrängte die Hintergründe (vgl. Quelle 4.3).[486]

Das Leben in der Stadt war hart, schon wegen des Klimas. Aber noch schlimmer waren bis zu den sechziger Jahren die Wohn- und Ernährungsbedingungen.

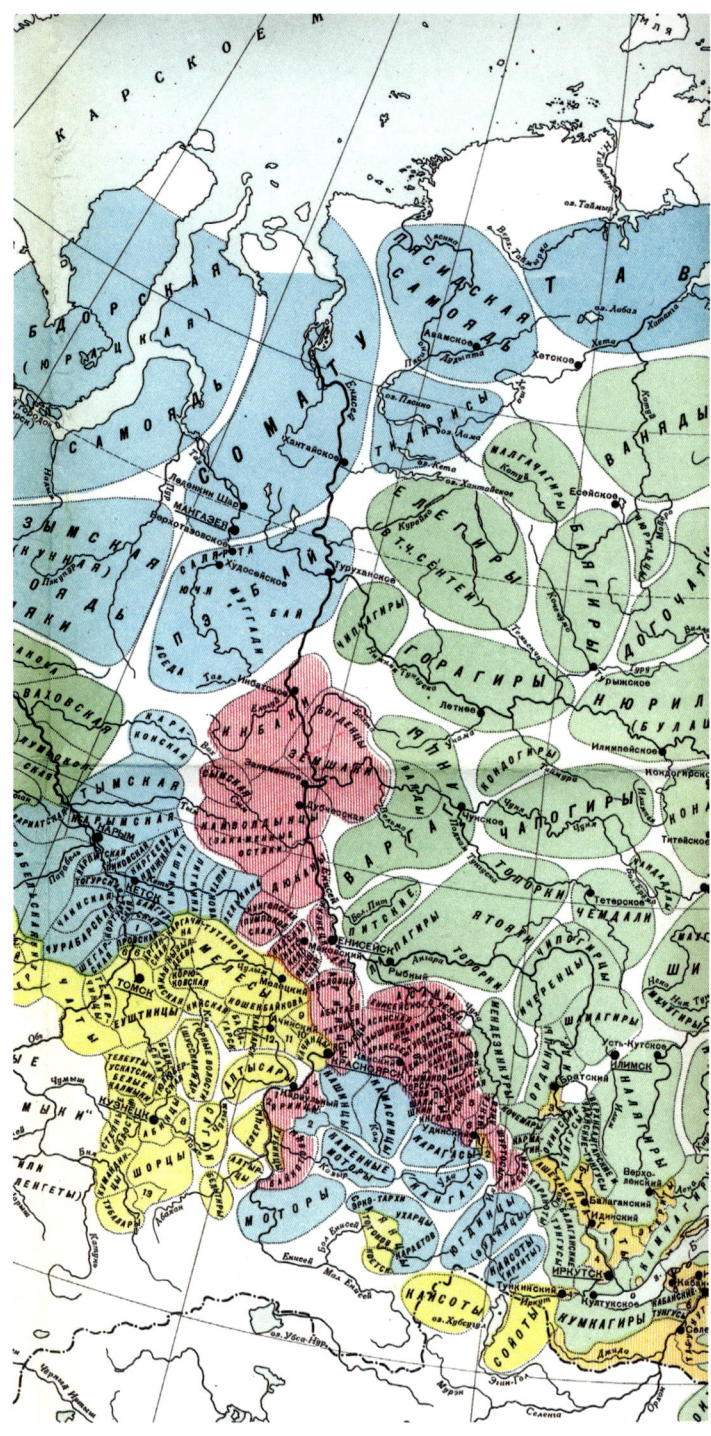

64. Karte der Sprachvölker des Jenisseibeckens im 17. Jh. (Rekonstruktionsversuch). Signaturen: blau – Samojeden, grün – Tungusen, rot schraffiert – Keten, gelb – Turkvölker.

65. Fischer aus dem Volk der Keten.

66. Hausboot *(ilimka)* der Keten.

67. Tschum und Rentierschlitten eines Indigenenclans in der Taimyrtundra.

68. Rentiernomaden des Taimyr. Im Hintergrund heizbarer Wohnschlitten.

69. Trapper einst ...

70. ... und jetzt.

71. Treidler auf der Unteren Tunguska. Der Vorderste trägt einen Mückenschutz.

72.1. Auf der Angara wird ein Floß zusammengestellt.

72.2. Ein Floß wird stromabwärts geschleppt – nach Lessosibirsk oder Igarka.

73. Holzarbeiter: Das geschlagene Stammholz wird mit Lastwagen auf einem Knüppeldamm zum Fluss geschafft. Das Foto muss während des Zweiten Weltkrieges entstanden sein, denn die alten SIS-5-Lastwagen haben Holzgasantrieb.

74. Goldsandabbau in den Pitbergen um 1900 (Roschdestwenski-Mine).

75. Güterzug und Weichenwärter der Mittelsibirischen Bahn (Anfang des 20. Jh.).

76. Vor Fertigstellung der Eisenbahnbrücke bei Krasnojarsk (im Hintergrund) wird eine Lok über den Jenissei transportiert.

77. Güterzug der Schmalspurbahn Norilsk – Dudinka vor der Kulisse des entstehenden Norilsk (1956).

78.1. N.F. Nikolajewski, Deputierter des G. Jenissei in der 1. Reichsduma.
78.2. W.A. Karaulow, Deputierter des G. Jenissei in der 3. Reichsduma.
78.3. A.I. Brilliantow (links) und I.K. Judin, Deputierte des G. Jenissei in der 2. Reichsduma.
78.4. S.W. Wostrotin, Deputierter des G. Jenissei in der 3. und 4. Reichsduma.
78.5. A.A. Sotnikow, Ataman der Jenisseikosaken, Ingenieur und Polarforscher (mit Frau und Kind, 1919).
78.6. M.K. Sidorow, Unternehmer, Mäzen, Polarforscher.
78.7. W.G. Jakowenko, Roter Partisanenführer und Volkskommissar.
78.8. Lyda Hrischa, an den Jenissei deportierte Ukrainerin (1945).
78.9. Karp Ossipowitsch Lykow, altgläubiger Robinson.

79. Politische Demonstration auf der Katschabrücke in Krasnojarsk (10. 3. 1917). Auf den Fahnen die Parolen «Sieg!» sowie «Land und Freiheit!»

80. Das Exekutivkomitee des Krasnojarsker Arbeiter- und Soldatenrates (1918).

81. Treffen in den Turuchansker Krai deportierter führender Bolschewiki in Monastyrskoje (5. 7. 1915). Hintere Reihe: Zweiter von links Spandarjan, dritter von links Stalin; Dritter von rechts Swerdlow, links daneben Kamenew; die Frau vorne ist Spandarjans Lebensgefährtin Wera Schweitzer, das Kind Swerdlows Sohn Andrei, später GPU-Offizier.

82. Das Stalin-«Pantheon» in Kureika (um 1953). Hinten links das Maschinenhaus.

83. Das Stalin-«Pantheon» – nur noch eine ausgeweidete Hülle. Ansicht vom Jenissei her (2. 9. 1993).

84. Das Stalin-«Pantheon» von innen. Von der Hütte der Pereprygins finden sich nur noch ein paar Bretter (2. 9. 1993).

85. Zu Katorga verurteilte Sträflinge (um 1900).

86. Nachschub für den Gulag. Seki auf dem Weg nach Norilsk (1935).

87. Die «Tote Eisenbahn» Salechard – Jermakowo (Zustand um 2000).

88. «Tote Eisenbahn»: Diese stehen gelassene Lok rostet seit 1953 vor sich hin.

89. Flug mit Feuerwehrhelikoptern in den Gulag. Landung neben einem ehemaligen Lager auf den Rampen einer einsturzgefährdeten Flussbrücke der «Toten Eisenbahn» (31.8.2000).

90. Die vom Bodenfließen verschobene Eisenbahnbrücke aus der Nähe.

91. Abrutschende Gleise der «Toten Eisenbahn».

92. Luftbild des ehemaligen Endpunktes der «Toten Eisenbahn» am Jenissei – Jermakowo, bis 1953 eine Lagerstadt.

93. Vom Einsturz bedrohte Baracke des ehemaligen Baulagers an der in Abb. 89 und 90 gezeigten Brückenrampe der «Toten Eisenbahn» (31.8.2000).

94.1. Pritschen in einer Lagerbaracke.

94.2. Schlafstätte des Lagerhäftlings Wladimir Petrowitsch Kobeschow.

94.3. Der berüchtigte Schalter in der früheren Verwaltungsbaracke.

94.4. Seit 47 Jahren einsamer Besitzer eines Stuhls: Holzpantine vor dem früheren Bad

Viele Leute lebten in selbstgezimmerten «Balki». Wladimir Rassadin kam 1950 als Sechsjähriger mit den Eltern nach Norilsk, der Vater arbeitete als Unterhaltungsmusiker. «Ich beschreibe einen Balok. Das ist ein Meisterwerk der Lagerarchitektur, so etwas in der Mitte zwischen Schuppen und Grubenhaus, eigenhändig entworfen und erbaut aus dem, was an Material zur Hand war. Die Balki pferchen sich alle zusammen, indem sie sich wie Waisenkinder aneinanderschmiegen. Im Winter führt zu jedem Balok ein Tunnel, und alles zusammen bildet so ein Labyrinth. Dieser ganze ‹Mikrorayon› führt inoffiziell, aber sehr treffend die Bezeichnung Schanghai. Ich lerne bald nicht schlecht, mich in dem verwinkelten System der Balki zurechtzufinden, und klopfe an die vertraute Tür eines Freundes. Wowka öffnet die Tür, nachdem er vorher gefragt hat, wer da gekommen sei. In die Nase dringt schlagartig der säuerlich-dumpfe Muff eines niemals gelüfteten Wohnraums. Ein Fenster ist im Balok ein ungeheurer Luxus, erstens ist es ohne Fenster wärmer, und zweitens können dadurch keine Banditen eindringen. Obgleich nach Überschlagsrechnung es dort absolut nichts zu holen gibt.»[487]

Juri Wiktorowitsch Sacharow, dessen Vater 1938 verhaftet, 1940 auf fünf Jahre nach Norilsk deportiert und seit 1944 in leitender Funktion im Industriekombinat tätig war, durfte mit seiner Mutter 1946 von Moskau zum Vater nach Norilsk übersiedeln. Damals lebte der Vater in einem Balok. «Der Balok bestand aus zwei Bretterwänden, zwischen die man Schlacke gefüllt hatte. Billig, schnell und warm. Im Balok gab es drei Zimmer: zwei kleine zu je 10 Quadratmetern und ein großes zu 20 Quadratmetern. Vater lebte in einem kleinen. Darin stand ein kleiner Sperrholzschrank für die Leibwäsche, ein eisernes Bettgestell und ein Tischchen unter der Fensterluke, auf welchem drei Teller Platz hatten. Dort befand sich auch ein breites Bett, ein Kleiderrechen und eine nackte 100-Watt-Glühbirne.» «Mit der Ankunft der Familie gab man Vater ein Zimmer in einem neuen Haus. Wir zogen in den Rayon Gorstroi um. Wir wohnten in der fünften Etage eines neu erstellten Ziegelhauses mit Zentralheizung. Allerdings den Komfort gab es zunächst noch auf der Straße, Wasser mussten wir an einem Hydranten holen, aber dafür hatten wir heißes Wasser, das wir aus einem Kran zapften, der an das Fernheizungsrohr angeschlossen war.» «Unser Zimmer hatte 25 Quadratmeter.» So lebte eine Kaderfamilie.[488]

Die Ingenieurin Mirjam Ferberg lebte mit Ehemann, drei Kindern und ihrer Mutter in einem Raum von 16 Quadratmetern, ohne ein Recht auf Küchenbenutzung. 1953 erhielt die Familie endlich andernorts in einer Dreizimmerwohnung zwei Räume und erst 1960 eine eigene Dreizimmerwohnung. «Lange konnten wir nicht glauben, dass wir endlich für uns allein leben!»[489]

Gefangene und Stadtbewohner entwickelten, um an Baumaterial zu gelangen, «eine Vielzahl von Methoden, um die Bestimmungen und Kontrollen zu umgehen. Da Baumaterial von der Regierung scharf kontrolliert wurde, stahlen sie es aus den Fabriken und anderen Unternehmen, die einen amtlichen Anspruch darauf hatten. Mit Hilfe von Freunden wurde völlig einwandfreies Baumaterial als ‹Ausschuss› erklärt. In Lastwagen der Werke wurde es dann, häufig ganz offen, zur nicht genehmigten Baustelle gefahren. Die Baustelle lag gewöhnlich im Schutz eines bereits bestehenden Gebäudes, wie etwa den Unverheirateten-Baracken in der ‹Altstadt›, die alteingesessene Rechte auf Gas, Elektrizität, Dampf usw. hatten. Die illegalen Hütten wurden dem legalen Gebäudekomplex angefügt, und die Bewohner konnten so nicht nur an gewissen Diensten wie z. B. Strom teilhaben, sondern erwarben sich auch Schutz gegen die Behörden.»[490]

Die Ernährung bewegte sich am Rande der Zumutbarkeit. Maja Korotajewa, die in den ersten Nachkriegsjahren in Norilsk aufwuchs, beschrieb den Gegensatz zwischen den tadellosen Schuluniformen ihrer Klassenkameradinnen und der Mangelernährung: «Uns fehlten nur Vitamine und Süßigkeiten. Alles war trocken: Kartoffeln, Kohl, Mohrrüben, Zwiebeln. An Konfekt war nicht einmal zu denken. Aber samstags erhielt jeder in der Schule einen Talon, der einen berechtigte, im Laden eine Büchse mit Kondensmilch zu kaufen – das war ein Festtag! Und was Früchte anbetraf, so ahnten wir nicht einmal, dass es sie auf der Welt überhaupt gab. Und doch wurden wir satt, es gab viele leckere amerikanische Fleischkonserven, Eipulver in schönen, mit Paraffin überzogenen Packungen, Feldhühner, goldfarbene große Fische. Nach dem Hungerleben in Moskau war ich in heller Aufregung über die neuen Speisen.» Eine spezielle Geschichte ereignete sich zu Beginn des Winters 1948 in der Schule. Wegen eines Schneesturms hatten nur die Oberklassen Unterricht. Während der großen Pause schauten die Kinder aus dem Fenster und sahen, dass die Purga von der Brücke, die über den nahen, noch nicht zugefrorenen See führte, einen Lastwagen in den See geblasen hatte und dass seine Ladung aus Kohlköpfen an das Ufer zu treiben begann. Die ganze Klasse stürzte ins Freie, ohne Rücksicht auf Wind und Kälte und suchte Kohlköpfe zu ergattern. Zurück in der Klasse begannen jede Schülerin, jeder Schüler, die Blätter vom Strunk abzureißen und unverzüglich zu kauen. Dabei bemerkte niemand, dass die stellvertretende Direktorin in den Klassenraum getreten war. Während die Schüler schweigend weiter aßen, wurden sie ermahnt, den Kohl zurückzugeben, der Chauffeur habe überlebt und sei ans Ufer geschwommen. Ihre Worte schienen in weiter Ferne zu verhallen, bis sie die Schüler beschwor: «Kinder, hört auf! Sonst wird der Chauffeur bestraft, er ist aus der ‹Zone›, gebt den Kohl zurück!» Mit diesen Äußerungen hatte sie schließlich Erfolg. Es fielen noch Bemerkungen wie, die Ladung sei für einen «hohen Chef» bestimmt. So wurden die schon arg gerupften und angefressenen Kohlköpfe alle wieder eingesammelt.[491]

Aleksandr Smirnow kam als blutjunger Ingenieur 1948 nach Norilsk und schlief zunächst mitsamt fünf Kollegen in einem Zimmer des kombinatseigenen Wohnheims. «Wir lebten hauptsächlich von Konserven und speisten gewöhnlich in der Kantine. Am Eingang nahmen wir einen Löffel, den wir am Ausgang wieder abgeben mussten – darauf achtete der Türsteher. Fleischgerichte in der Kantine bereitete man aus uraltem Gepökeltem. Es gab viele amerikanische Konserven und Dosenwurst sowie schwarzen Presskaviar. Mehrere Jahre waren in den Geschäften alle Auslagen voller Krabbenkonserven.» «Frisches Gemüse gab es nicht. Auch Kartoffeln waren nur getrocknet zu haben, und manchmal war auch gepresster Kohl erhältlich in Gestalt runder Briketts von einem halben Meter Durchmesser. Auf dem Markt stand auch Sauerkraut zum Verkauf, das nach Hausmacherart aus gedörrtem Kohl gewonnen worden war. Im Herbst gaben sie in den Betrieben auch frische Kartoffeln aus, von denen durfte man mehrere Säcke mitnehmen. Wir konnten sie jedoch nicht lagern und nahmen daher für unseren ganzen ‹Kolchos› (das heißt die Wohngemeinschaft) 2–3 Säcke, die wir so schnell wie möglich verzehrten. Ich erinnere mich auch an eine Konfitüre aus Rosenblättern und grünen Walnüssen. An Tee gab es amerikanischen zu kaufen, der einen Aufguss von herrlich roter Farbe ergab.» «Wodka und andere Spirituosen waren während des Winters nicht im Verkauf erhältlich, sie tauchten erst mit Beginn der Navigation auf und waren im Nu ausverkauft. Stets vorhanden war Spiritus. Um ihn geschmacklich zu verbessern, gewannen wir aus ihm ‹Likör› und zwar mithilfe karamellierten Zuckers.»[492]

Schon wegen der lange beengten Wohnverhältnisse nutzte man in der Freizeit die Erholungsmöglichkeiten der weiteren Umgebung: Man ging fischen in Flüssen und Seen, lief im Winter Ski, bewunderte die gefrorenen Wasserfälle, ging im Sommer wandern, suchte Beeren und Pilze. Die Sommer hatten ihre Besonderheiten: Im Frühsommer koexistierten Schnee und Blumen, im Juli «spazieren wir im Badekleid über Schneeflächen», schreibt Mirjam Ferberg, «baden in einem See, an dessen Ufern und auf dessen Grund noch nicht getautes Eis sichtbar ist.» «Noch im Juni kann man auf Skiern durch den schütteren Lärchenwald gleiten, obgleich es schon große schneefreie Flecken gibt.»[493]

In ihrer Begeisterung für die damals noch kaum geschädigte Natur sind sich alle Ehemaligen im Rückblick einig. Ada Neljubina, Tochter des stellvertretenden Chefgeologen, kam noch vor dem Krieg mit acht Jahren nach Norilsk. «Ich erinnere mich, wie mich der Polartag beeindruckt: die ganze Nacht scheint die Sonne! Ich wollte mich nicht schlafen legen. Im Winter bezauberte uns das Wabern des Nordlichts. Wir legten uns hinterrücks in den Schnee, starrten in den Himmel und beobachteten das Farbspiel. Und wenn sich Mitte Februar nach der Polarnacht der erste Sonnenstrahl zeigte, stürzte die ganze Klasse wie auf Kommando an die Fenster und jauchzte vor Freude!»[494] Auch Jelena Woronzowa schildert begeistert die Natur und die Abenteuer. «Niemals haben die Seki die Kinder von Norilsk angetastet. Um Pilze zu suchen, gingen wir weit und fürchteten eher die Bären, aber nicht die Seki. Einmal pflückten wir herrliche Johannisbeeren am Kohlenbach *(Ugol'nyj ručej)*. Wir naschen, schwatzen und erstarren plötzlich – neben uns tut sich an Johannisbeeren ein Bär gütlich. Wir rannten so schnell wir konnten, aber er machte sich nichts aus uns.»[495] Und Mirjam Ferberg bilanziert: «Vom Schicksal in den hohen Norden verschlagen, wo ich seine Landschaften, seine oft dürftige und wilde Natur kennenlernte, bin ich auf ewig dem Subpolargebiet verfallen. Keine Landschaften Mittelrusslands, keine heißen und überreichen Gefilde und Berge des Kaukasus und Usbekistans, die warmen Gewässer des Kaspischen und Schwarzen Meeres haben mich so stark beeindruckt wie die Umgebung von Norilsk und des Taimyr.»[496] Heutzutage hält sich dieser Naturgenuss angesichts der schweren Umweltschäden wohl eher in engen Grenzen (Abb. 63).

Nach der Auflösung der Arbeitslager begann sich der urbane Raum schnell zu entwickeln. Das Zentrum prägen zwar noch neoklassizistische Monumentalbauten nach dem Geschmack Stalins, doch mehr und mehr entstanden entlang der breiten Boulevards moderne farbige, fernbeheizte Wohnblocks (meistens Plattenbauten), Schulen, ein Polytechnikum, Bibliotheken, Kinos, ein Theater, eine Schwimmhalle und ein Sportstadion (Abb. 62).

Ein Problem war nach dem Wegfall der Zwangsarbeiter die Beschaffung von Arbeitskräften. 1956 schloss die Kombinatsleitung als Übergangslösung mit der Moskauer Komsomolzentrale einen Vertrag über die Entsendung von 5000 Komsomolzen für eine Arbeitssaison nach Norilsk. Die künftige Parteielite fuhr per Bahn nach Krasnojarsk und von dort mit dem neuen Motorschiff *Aleksandr Matrossow* bis Dudinka. In Norilsk wurden die Ankömmlinge stürmisch begrüßt. Doch aus Dudinka telefonierte der Hafenmeister dem Rechnungsführer des Kombinats, Aiwasow, nach Norilsk, diese Bande (wie er sich wörtlich ausdrückte) habe in dem nagelneuen Passagierschiff die Lederpolster der Sitze aufgeschlitzt. Ein Teil der Ankömmlinge wurde in einem neuen Wohnheim einquartiert, das eigentlich für Metallarbeiter vorgesehen war. Am Abend des Ankunftstages in Norilsk ging es hoch her. «Nach der ersten Nacht konnten alle, die am Morgen zur Arbeit gingen und an dem neuen Haus vorbeikamen, sehen, wie zwei nackte betrunkene Mädchen an Betttüchern hingen. Man hatte sie aus dem Fenster gehängt und, zugegebenermaßen, sehr vorsichtig angebunden, so dass ihnen nichts passieren konnte.» Daraufhin wurden die schlimmsten Radaubrüder (und das waren nicht wenige!) in eines der kombinatseigenen Flugzeuge gesetzt und unverzüglich zurück nach Krasnojarsk und von dort nach Moskau spediert.[497] Die meisten Komsomolzen wurden in ehemaligen Häftlingsbaracken einquartiert, die man durch Zwischenwände in Zimmer unterteilt hatte. Die Seki waren zwar weg, nicht aber andere Hausgenossen: «Mitten in der Nacht ging in einem der Zimmer das Licht an, und in der gesamten Baracke setzte wildes Geschrei ein. Auch in anderen Zimmern machte man nun Licht. Und was sahen unsere Augen? Auf dem Fußboden, an den Wänden, auf den Kopfkissen und Bettlaken unzählige Horden von Wanzen und schwarzen Tarakanen. Eine solche Masse habe ich später nie mehr und nirgendwo zu Gesicht bekommen.» In den anderen Baracken sah es auch so aus. Daraufhin verweigerten rund hundert Komsomolzen die Arbeit. Die Kombinatsleitung musste Abhilfe schaffen.[498] In der Folgezeit kam sie nicht darum herum, junge Arbeitskräfte aus dem europäischen Russland durch hohe Löhne und subventionierte Lebenshaltungskosten anzulocken.

Der Schriftsteller Viktor Jerofejew besuchte Norilsk mehr als ein Jahrzehnt nach dem Ende der Sowjetunion. Die Stadt machte ihn eher trübsinnig. «Die Häuser sind verschiedenfarbig, bunt angemalt wie Indianer. Ihre Kriegsbemalung soll die Stimmung der Bevölkerung heben. Doch kaum hat man sich positiv eingestimmt, ist man, nach näherem Hinsehen, auch schon wieder verstimmt. Die Häuser sind fürchterlich heruntergekommen. In den Permafrostboden eingerammt, verhalten sich ihre Stützpfeiler unberechenbar, und ihre Lebenszeit ist begrenzt. Ein sterbendes Haus funkelt aus leeren Fensterhöhlen – es wird abgerissen; die Straßen verlieren ihre Häuser wie Zähne.» Für Ausländer sei die Stadt ohne Sondergenehmigung immer noch tabu – vermutlich aus militärischen Gründen. Auf dem Friedhof haben Polen und Balten ihren hier umgekommenen Landsleuten würdige Denkmäler gesetzt. Und Russland? «Ein wenig abseits eine orthodoxe Kapelle mit einer im Wind auf- und zuklappenden Eisentür. Auf dem Altar fand ich einen angebissenen Osterkuchen, eine Handvoll Rubelmünzen und ein Dutzend Zigaretten unterschiedlichster Marken. [...] Meine Stadtführer erwähnten mit keiner Silbe den Aufstand der Norilsker Zwangsarbeiter im Sommer 1953.» «Bei der Kapelle längst verwelkte Kränze, drapiert um eine im Matsch liegende steinerne Gedenktafel. Die zu diesem Ort hinaufführenden Stufen versacken im weichen, glucksenden, nie erstarrten Beton. Man hat das Gefühl, vor einer Gedenkstätte nicht für Menschen, sondern für streunende Hunde zu stehen, die wegen Tollwut abgeknallt wurden.» Allerdings findet er auch Tröstliches: «Der positive Einfluss der hier ums Leben gekommenen intellektuellen Sträflinge auf die Gesellschaft ist keine Legende. Ich habe eine Vorstellung im Majakowski-Theater besucht und ausschließlich dankbares Publikum gesehen. Meine Norilsker Leser stellten ebenfalls ein dankbares und ernstes Publikum dar. Sie bedauerten es nicht, in Norilsk zu leben. Sie waren empört darüber, dass die Rentner dazu gedrängt werden, die Stadt zu verlassen und auf dem ‹Festland› zu leben – das erschien ihnen ungerecht. Nastja, eine achtzehnjährige Kellnerin, erzählte mir, was sie vom Leben wolle. Es war das volle Programm der entstehenden Mittelklasse. Im Hotel wurde ein Massagestudio mit dem Namen *Geschickte Hände* eröffnet. An den Hauswänden hingen rechtzeitig vor Frühlingseinbruch menschenfreundliche Hinweisschilder: *Vorsicht, Eiszapfen!*»[499]

Bei den Rentnern, die zum Verlassen der Stadt gedrängt würden, bezieht Jerofejew sich auf die Bevölkerungspolitik des «Stadtherrn» Norilsk Nickel. Um die Produktivität zu steigern, baut der Konzern nämlich systematisch Arbeitsplätze ab. Einerseits versucht er, durch hohe Löhne für junge Zuwanderer attraktiv zu bleiben, andererseits aber wegen der hohen sozialen Infrastrukturkosten die «unproduktive» Bevölkerung der Stadt zu reduzieren. Seit 2001 hat er daher mit Hilfe der Weltbank große Umsiedlungsprojekte aufgelegt, welche die Einwohnerzahl um zwei Drittel reduzieren sollen; Zielgruppen waren vor allem Rentner, Arbeitslose und Invaliden. Das Programm blieb weitgehend erfolglos. Lediglich die Zahl der aktiv Beschäftigten ist von 60 000 (1996) auf 50 000 (2005) zurückgegangen. Ein neues Umsiedlungsprogramm, welches Umzugswilligen am neuen Wohnort fünf Jahre lang die Weiterzahlung der hohen Norilsker Rente garantiert, hat bislang offensichtlich ebenfalls keinen durchschlagenden Erfolg gehabt.[500] Warum das so ist, hat mir eine Deutschlehrerin aus Norilsk erklärt. Die meisten Rentnerinnen und Rentner sind seit der Jelzin-Ära Eigentümer ihrer Wohnung. Sie ist das einzige Kapital, über das sie verfügen. Wenn man sie verkaufen könnte, hätte man für ein Leben im europäischen Russland wenigstens ein kleines Startvermögen. Aber wer kauft schon in einer schrumpfenden subpolaren Stadt eine heruntergekommene Altbauwohnung? Daher verbringen die von der Industrie Ausgemusterten ihre restlichen Lebensjahre lieber in den vertrauten vier Wänden.

Aus Sicht eines kapitalistischen Großkonzerns wie Norilsk Nickel ist das Hauptproblem der Stadt die Abhängigkeit von subventioniertem Benzin, Lebensmitteln und Transporttarifen. Dadurch verteuern sich nicht nur die Lebenshaltungs-, sondern auch die Produktionskosten enorm. Wegen der klimatischen Extrembedingungen gilt dies auch für Baukosten und den Unterhalt von Bauten. Wenn sich das «Rentnerproblem» einmal auf natürlichem Weg gelöst haben wird, läge es daher nahe, die Zukunft von Norilsk am kanadischen Modell auszurichten, wie es schon auf den neuen Öl- und Gasförderanlagen im Norden Westsibiriens praktiziert wird: Die Belegschaften arbeiten dort auf Zeit und werden im Wechsel turnusmäßig ausgetauscht. Vor Ort lebt man vor allem in Containersiedlungen. Für das überdimensionierte Norilsk würde dies aber bedeuten, dass eine subpolare Großstadt in einer Marktwirtschaft keine Zukunft mehr hätte, weil sie zu hohe Kosten für die soziale Infrastruktur verlangt. Einer zu radikalen Schrumpfung von Norilsk steht aber seine zentralörtliche Funktion für die Taimyr-Region entgegen.[501]

Das für Norilsk Gesagte gilt in gleicher Weise auch für andere subpolare Ortschaften – Dickson, Dudinka, Igarka, Turuchansk. Sie werden in Zukunft auf ihre wirtschaftlichen und zentralörtlichen Kernfunktionen schrumpfen. Sämtliche Städte und Rayons des Nordens bis hinunter zur unteren Angara und zur Stadt Jenisseisk hatten von 1990 bis 2000 einen negativen Wanderungssaldo zu verzeichnen. Die autonomen Bezirke des Taimyr und der Ewenken haben zwischen 1989 und 2006 fast ein Drittel ihrer Bevölkerung verloren. Am stärksten geblutet hat der Rayon Dickson, dessen Bevölkerungszahl von 4100 im Jahre 1991 innerhalb nur zweier Jahre auf 1600 geschrumpft ist.[502]

Wer freiwillig bleibt oder bleiben muss, setzt nach wie vor auf die schützende und alimentierende Hand des Staates. Von einer auf Marktwirtschaft und Demokratie gegründeten Zukunft schien sich schon bei meinen Besuchen in den Jahren 1993 und 2000 kaum jemand etwas zu erwarten. Eine meiner Gewährspersonen – die Lehrerin aus Norilsk, die immerhin schon einmal in Köln gewesen war – hat sich in Resignation zurückgezogen. Was in Moskau passierte, widerte sie an. Das politische Geschehen verfolgte sie nicht mehr, und weder von Boris Jelzin noch von der Zukunft erwartete sie irgendetwas Gutes.

Warum die Menschen des Nordens solche Hoffnungen auf den Staat setzen, wird einem bereits klar, wenn man mit dem Helikopter einen Rundflug über Dudinka unternimmt. Aus der Vogelperspektive schrumpft das, was seit 1935 unter ungeheuren Opfern als Vorposten der Industriegesellschaft aus dem Boden gestampft worden ist, mehr und mehr zu einer Pockennarbe auf der Haut der Natur zusammen. «Eingezwängt zwischen dem majestätischen Strom im Westen und den weglosen Sümpfen der Tundra, deren Tümpel und Seen am Horizont verschwimmen, ersehen die Menschen, die hier leben, nur eines: einen starken Staat, der sie nicht vergisst.»[503]

# Welten der Unfreiheit

## Im Gulag Stalins

Wenn der Schüler Oleg Remeiko aus Norilsk während der frühen Nachkriegsjahre jeden Sommer mit dem Schiff in das Pionier- und Komsomol-Lager Tajoschny (80 km nördlich Krasnojarsk) fuhr, dann erblickte er überall Lager, Lager, Lager. «Wir begriffen, dass der Krasnojarsker Krai den ganzen Jenissei entlang eine einzige große Lagerzone völlig anderer Bestimmung war.»[504] Wie kam es dazu?

### Eine kurze Geschichte des Gulag

Als die Bolschewiki 1920 den Bürgerkrieg für sich entschieden hatten, verschickten sie ihre politischen Gegner auf die Solowki-Inseln im Weißen Meer. Dort entstand ein erstes umfangreiches Konzentrationslager mit (1928/29) 21 900 Häftlingen. Weitere, als politisch gefährlich eingestufte Personen sowie zahlreiche Kriminelle waren auf kleinere Straflager und Gefängnisse über ganz Russland verteilt. Mitte 1927 lag die Gesamtzahl der Inhaftierten mit 200 000 jedoch nicht höher als im Jahre 1912, allerdings bei geschrumpftem Staatsterritorium. Die Häftlinge wurden zu Arbeitseinsätzen herangezogen, aber nur, damit die Haftanstalten sich dadurch selber finanzieren konnten. Außerdem hofften die Bolschewiki, dass der Arbeitseinsatz die Häftlinge «bessern» werde.[505]

Erst am 11. Juli 1929 änderte sich diese Politik, denn der Rat der Volkskommissare der UdSSR verfügte, dass nunmehr alle Personen, die zu mindestens drei Jahren Haft verurteilt worden waren, «mit dem Ziel der Kolonisierung» entlegener Gebiete durch Erschließung und Ausbeutung von Bodenschätzen in «Besserungsarbeitslager» *(ispravitel'no-trudovye lageri)* zu verlegen seien, die der zentralen Aufsicht des OGPU unterstehen sollten. Minderjährige und zu weniger als drei Jahren Haft Verurteilte hatten hingegen in Haftanstalten zu verbleiben, die den Innenministerien der einzelnen Unionsrepubliken unterstanden. Doch sollten auch sie nach Möglichkeit sich in Arbeitskolonien für die Gesellschaft nützlich machen. Besonders perfide war, dass Häftlinge, die wegen guter Führung vorzeitig das Lager verlassen durften, oder solche, die nach Verbüßung ihrer Frist laut Urteil ihren Wohnsitz nicht frei wählen konnten, zur Ansiedlung in der Nähe ihres Lagers verpflichtet werden sollten.[506] Mit diesem Erlass wurde nicht nur das Strafsystem zweigeteilt, sondern es zeigt sich auch eine völlig neue Strategie, welche darauf abzielte, die Arbeitskraft der Langzeithäftlinge – gleich, ob sie aus politischen oder kriminellen Gründen inhaftiert waren – für die wirtschaftliche Erschließung dünn besiedelter Randzonen des Landes auszubeuten. Der Häftling wurde damit zu einem wichtigen Wirtschaftsfaktor. Dies geschah nicht zufällig zur gleichen Zeit, als die Sowjetregierung auf Drängen Stalins zu einer Politik der forcierten Industrialisierung im Rahmen von Fünfjahrplänen und zur Zwangskollektivierung überging.[507]

Das gesteigerte Interesse des Sowjetstaates an der wirtschaftlichen Kolonisation entlegener Regionen durch billige Zwangsarbeiter spülte nun einen rasch wachsenden Strom von Häftlingen in die Lager des OGPU: Zählten diese am 1. Juli 1929 erst 22 848 Personen, waren es am 1. Juni 1930 bereits über 155 000. Hinzu kamen 250 000– 300 000 Häftlinge in den Lagern und Kolonien des Innenministeriums (NKWD). Am 25. April 1930 entstand innerhalb des OGPU eine spezielle Lagerverwaltung, die ein knappes Jahr später umbenannt wurde in «Hauptverwaltung der Besserungsarbeitslager und -kolonien des OGPU» *(Glavnoe upravlenie ispravitel'no-trudovych lagerej i kolonij),* kurz GULAG. Damit war ein administratives Kürzel geboren, das im Lauf der Zeit zum Synonym für einen Kernbereich von Stalins Schreckensherrschaft geworden ist. Um die eigentliche zentrale Lagerverwaltung von ihrem Lagerreich zu unterscheiden, das seit Alexander Solschenizyns Buch «Archipel Gulag» umgangssprachlich ebenfalls so betitelt zu werden pflegt, soll im Folgenden für das erste die Schreibung GULAG, für das zweite die Schreibung Gulag Verwendung finden.

Als besonders gefräßige Moloche, die es nach Zwangsarbeitern verlangte, erwiesen sich in den dreißiger Jahren die «Großbaustellen des Kommunismus» – die Erstellung des Ostsee-Weißmeer-Kanals mit über 100 000 Lagerhäftlingen, der Bau der Baikal-Amur-Eisenbahnmagistrale und des Moskwa-Wolga-Kanals. Schon im Lauf des Jahres 1933 hatte die Zahl der vom GULAG verwalteten Zwangsarbeiter die des NKWD überholt, so dass die Regierung es 1934 für erforderlich hielt, die GULAG-Zentrale des OGPU in den NKWD zu integrieren und so das gesamte Häftlingswesen zu zentralisieren. Damit hatte dieser – eigentlich das Innenkommissariat – sich zu einem gewichtigen Konkurrenten des Volkskommissariats für Wirtschaft aufgeschwungen und kommandierte Anfang 1935 bereits über eine Million Zwangsarbeiter. Zunehmend lud die Regierung Stalins dem GULAG weitere Projekte auf: die Erstellung von strategisch wichtigen Straßen, von Bergwerken, Flugplätzen, Industriekombinaten, der ersten Großkraftwerke an Strömen, die Erschließung von Erdölfeldern und überließ ihm große Teile der Holzwirtschaft.

Als Stalin Mitte 1937 eine Phase des Massenterrors mit millionenfachen Verhaftungen, Massenerschießungen und Deportationen einleitete, begann der Moloch Gulag jäh krebsartig zu wuchern, befiel allein in den neun Monaten vom 1. Juli 1937 bis zum 1. April 1938 rund 800 000 Menschen und hielt über zwei Millionen Häftlinge in seinem Bann. Dieser Zustrom und die damit verbundene Vermehrung der Lager begannen die Zentralverwaltung zu überfordern, und es wurde nötig, spezialisierte Unterabteilungen zu bilden. 1940 entstanden so die Hauptverwaltung für Eisenbahnbau des GULAG und die Hauptverwaltung für hydrotechnische Bauten. 1941 bestanden innerhalb des GULAG neun auf spezifische Aufgaben oder Produktionsschwerpunkte ausgerichtete Hauptverwaltungen. Die einzelnen Lagerkomplexe erhielten Kennnummern und Namenkürzel, die auf Anhieb eine Identifikation erlaubten, wie zum Beispiel Bamlag (Baikal-Amur-Eisenbahn-Lagerkomplex), Norillag (Norilsker Lagerkomplex).

Der Eintritt der Sowjetunion in den Zweiten Weltkrieg im Juni 1941 zwang dazu, andere Prioritäten zu setzen und viele Großprojekte zurückzufahren. Hunderttausende Häftlinge wurden vorzeitig entlassen und in die Sowjetarmee eingezogen. Die Verbliebenen mussten umso stärker schuften. Dies und die schlechte Versorgungslage ließen die Sterblichkeit in den Lagern rapide anschwellen. Anfang 1944 war die Zahl der Lagerinsassen von 2 350 000 vor dem Kriegseintritt auf nur noch die Hälfte gesunken und erreichte nach einer Amnestie, die 1945 anlässlich der Siegesfeier erlassen wurde, auf den 1. Januar 1946 mit 600 000 den tiefsten Stand seit 1935.

Doch das Kriegsende gab Millionen deutsche und japanische Kriegsgefangene in sowjetische Hand, und es entstand eine neue Inselwelt Hunderter von Lagern, in denen die Kriegsgefangenen Arbeitseinsätze leisten mussten. Eine Reihe von Gefangenen verschlug es auch direkt in den Gulag. Mit dem Beginn des Kalten Krieges begann seit 1946 der Moloch Gulag seinen Appetit erneut sowjetischem Fleisch zuzuwenden und verschlang Hunderttausende von ukrainischen, weißrussischen, polnischen und baltischen Widerstandskämpfern, von aus Deutschland repatriierten sowjetischen Kriegsgefangenen und Zwangsarbeitern (männlich wie weiblich), so dass im Sommer 1950 ein absolutes Maximum von 2,6 Millionen Menschen in den Lagern des GULAG schmachtete. Weil diese neue Zusammensetzung der Insassen als politisch explosiv galt, schuf man 1948 ein weiteres Institut – das der Sonderlager *(osobye lagerja)*, in denen besonders hartgesottene Gegner des Sowjetregimes unter erschwerten Bedingungen neutralisiert werden sollten. Am 1. Januar 1952 erreichte deren Anzahl mit 257 000 den Höhepunkt. Nun nahm man den Bau gigantischer Großprojekte wieder auf, die vor allem Lagerhäftlingen aufgeladen wurden: Flussgroßkraftwerke, der Wolga-Don-Kanal, die Eisenbahn-Polarmagistrale, Erdölchemiekombinate und neue Bergwerke. 1949 erarbeitete der GULAG ein Zehntel des Industrieprodukts der Sowjetunion, die Zahl der Lager stieg bis 1953 auf 166. Im Jahre 1950 lebten in der Sowjetunion 5,2 Millionen Menschen in Unfreiheit – davon 2,7 Millionen in Lagern, Gefängnissen und Arbeitskolonien des MWD und weitere 2,5 Millionen als Zwangsangesiedelte in der «Verschickung»; das waren vor allem ehemalige Lagerhäftlinge, die nicht in das europäische Russland zurückkehren durften. Wenn man davon ausgeht, dass damals 18,6 Millionen Arbeitskräfte in der sowjetischen Industrie und Bauwirtschaft beschäftigt waren, und ihnen die rund 2 Millionen Zwangsarbeiter hinzurechnet, dann dürfte rund jeder zehnte Industrie- und Bauarbeiter im Gulag geschuftet haben.

Allerdings begann sich immer deutlicher abzuzeichnen, dass die GULAG-Wirtschaft allein schon mit ihrem gewaltigen Bewachungsapparat hohe Kosten verursachte, ohne dass der Ertrag damit Schritt zu halten vermochte. Der Produktionsfaktor Zwangsarbeit erwies sich als wenig effizient, nicht nur, weil den Häftlingen die Motivation fehlte, sondern auch weil ihr gesundheitlicher Verschleiß ins Gewicht fiel und die Ersetzung von Handarbeit durch Maschinen bessere Zukunftsperspektiven bot. Daher versuchte das MWD der Arbeitsmotivation nachzuhelfen, indem es 1950 die Zwangsarbeiter bescheiden zu entlöhnen begann. Häftlinge, die als ungefährlich beurteilt wurden, durften außerhalb der Lager auch ohne Begleitkonvoi ihrer Arbeit nachgehen – als *raskonvojrovannye*, quasi Halbfreie. Wer die Normen ständig übererfüllte, sollte früher freikommen, aber weiterhin auf Baustellen des MWD arbeiten. Doch das war reine Symptombekämpfung, die an dem Grundproblem der GULAG-Wirtschaft nichts zu ändern vermochte.[508]

Erst der Tod Stalins am 5. März 1953 machte den Weg frei für weiterreichende Änderungen und läutete den Niedergang des Lagersystems ein. Eine Amnestie vom 27. März entließ alle Häftlinge in die Freiheit, die zu weniger als fünf Jahren verurteilt gewesen waren und keine «konterrevolutionären Verbrechen» begangen hatten, das heißt aus politischen Gründen einsaßen. Auf Grund der Lageraufstände von 1953 und 1954 wurden die Sonderlager liquidiert und die als Politische Verurteilten schubweise freigelassen. Allerdings blieb die Entwicklung widersprüchlich: 1954/55 gingen erste Rehabilitationen und neuer Nachschub für den Gulag Hand in Hand. Aber die Zahl der Lager schrumpfte rapide. Als Produktionsfaktor hatten sie ausgedient und drohten für die KPdSU unter Chruschtschow auch innenpolitisch zur Belastung zu werden. Am 13. Januar 1960 verfügte daher das Präsidium des Obersten Sowjets, dass die Hauptverwaltung der Lager (GULAG) aufzulösen sei. Die Lager, die noch übrig blieben, wurden 1961 euphemistisch in «Kolonien» umbenannt.

Während der Stalinzeit hatten die Lagerverwaltungen die Kriminellen den aus politischen Gründen Verurteilten gegenüber privilegiert, weil man sie als dem Proletariat «sozial nahe Elemente» *(social'no blizkie elementy)* betrachtete. Beim kommunistischen Staat genossen sie damit paradoxerweise mehr Vertrauen als die «Politischen». Man setzte sie daher zur lagerinternen Kontrolle der Politischen ein. Dieses Konzept wirkte in doppelter Weise verhängnisvoll: Einerseits erhöhte es den Druck auf die «Politischen» in den Lagern, andererseits ermutigte es die Berufsverbrecher generell und steigerte die Kriminalität im Lande. Damit wurden die auch in der Sowjetunion zunächst vorgegebenen Ziele einer Besserung der Kriminellen durch Arbeitslager völlig desavouiert.[509]

Erst als unter Chruschtschow Partei und Staat endlich damit begannen, die Kriminalität im Land zu bekämpfen, verloren die Verbrecher in den Lagern ihre Vorrangstellung. Das Lagerregime wurde etwas gelockert und man versuchte, die Berufsverbrecher von den übrigen Häftlingen zu trennen. Doch schon in der zweiten Hälfte der sechziger Jahre begann die Entwicklung sich wieder umzukehren; in den «Kolonien» bildete sich erneut eine Verbrechermafia heraus, ohne aber die frühere privilegierte Position wiederzuerlangen.[510]

### Der «Archipel Gulag» des Krasnojarsker Krai

Noch während der zwanziger Jahre machte der Krasnojarsker Krai nicht durch Lager von sich reden. Allerdings war wie alle anderen auch das Durchgangslager Krasnojarsk von den Häftlingsmassen, die 1931/32 auf dem Weg in den Gulag dort Station machten, völlig überfordert. Der Lagerchef teilte der Zentrale mit: «Die Häftlinge essen Abfälle jeglicher Art, Hülsen, Klauen und anderen Dreck. Infolge der Unterernährung hat sich die Erkrankungsrate unter den Häftlingen erhöht. Wer zur Produktion geführt wird, bricht vor Erschöpfung zusammen.» Typhus und andere Seuchen begannen sich von den Durchgangslagern, Bahnhöfen und der Transsibirischen Eisenbahn her auszubreiten und auch auf die Zivilbevölkerung überzugreifen. Der Notstand musste ausgerufen werden.[511]

Selbst das Bestandsregister des GULAG für das Jahr 1935 über die Häftlinge in Stadt und Land wies von den gut 1 1/4 Millionen Inhaftierten der gesamten UdSSR für den Krasnojarsker Krai ganze 7500 aus, und zwar 3500 in Städten und 4000 in «Kolonien» auf dem Lande.[512] Damals konzentrierten sich die Lager vor allem auf das Moskauer Gebiet und den Fernen Osten.[513]

Das Jenisseibecken kam erst zum Zuge, als die Norilsker Bodenschätze von der Industrialisierung erfasst wurden. Im März 1935 verabschiedete der Rat der Volkskommissare den Plan für den Aufbau des Industriekombinats in Norilsk. Dies war der Anfang einer der berüchtigtsten «Großbaustellen des Kommunismus», des Norillag, welcher auf seinem Höhepunkt 1951 ein riesiges Lagerkonglomerat mit über 92 000 Häftlingen umfasste.

Am 15. Februar 1938 entstand unter dem Kürzel Kraslag (von Krasnojarsker Besserungsarbeitslager) ein weiteres Lagerkonglomerat, das bis 1960 Bestand hatte. Seine Verwaltungszentren residierten in der Stadt Kansk und in Reschoty an der Transsibirischen Eisenbahn. Die insgesamt sieben zugehörigen Lager starteten mit knapp 10 000 Häftlingen und zählten zwischen 1948 und Anfang 1953 immer zwischen 20 000 und 30 000 Seki. Die Arbeitsaufträge waren wie die Lager gemischter Natur und wechselten immer wieder: Haus-, Straßen-, Eisenbahnbau, Bau der Hydrolysefabrik in Kansk, Holzeinschlag und -verarbeitung bis hin zur Herstellung von Möbeln und Skiern, Ziegelsteinen, Geschirr, Schuhen und Kleidern.[514]

Aber weder Norillag noch Kraslag konnten sich ihrer Ausdehnung und Häftlingszahl nach messen mit dem Jenisseilag, der im November 1940 aus dem Boden gestampft wurde und bereits im Mai 1941 über nahezu 100 000 Zwangsarbeiter gebot. Gesteuert wurde das Gesprengsel aus 22 Lagern, vier Speziallagern, sieben Industrie- und drei landwirtschaftlichen Kolonien, welches von Igarka und Jarzewo im Norden, Bogutschany und Kansk im Osten bis nach Minussinsk im Süden reichte, von Krasnojarsk aus. Auch der Jenisseilag entwickelte sich zu einem breit gefächerten Gemischtwarenladen für Straßen-, Berg- und Fabrikbau, Holzeinschlag und -verarbeitung sowie die Produktion von Möbeln und Haushaltsartikeln.[515]

Für eine Weile unterbrach der Krieg eine weitere Ausdehnung des «Archipel Gulag». Erst ab 1947 begannen neue Lager zu entstehen, und von 1949 bis 1953 schossen sie überall im Krasnojarsker Krai wie Pilze aus dem Boden. Im Süden hatten sie vor allem die Aufgabe, Gold, Eisen und Buntmetalle zu fördern und zu verarbeiten, die dafür nötigen Industrieanlagen und Straßenverbindungen zu erstellen sowie Holz zu schlagen und zu verarbeiten. Den Norden dominierte von 1949 bis 1953 der Bau der oben schon dargestellten Polarmagistrale. Zwischen 1953 und 1960 entstanden nur noch ganz vereinzelt neue Lager.[516] Die Gesamtzahl der Zwangsarbeitslager, die der Krasnojarsker Krai während der Stalinzeit beherbergt hat, genau zu ermitteln, ist kaum möglich, da ihre Benennungen und administrativen Unterstellungen ständig wechselten.[517] Aus diesem Grunde würde es langwieriger Recherchen bedürfen, um den Stellenwert des Krasnojarsker Krai innerhalb des GULAG-Systems nach Anzahl der Häftlinge und wirtschaftlicher Bedeutung einzuschätzen. Ich denke jedoch, dass er in dieser Hinsicht wohl als ziemlich repräsentativ gelten kann.

Es wäre zu einseitig, die GULAG-Verwaltung nur unter dem Aspekt mörderischen Ausbeutertums gegenüber großenteils unschuldigen Opfern zu betrachten. Natürlich traf das auch zu, aber es gab doch immer wieder Anwandlungen einer gewissen Fürsorglichkeit, allerdings schwerlich aus humanen Gründen, sondern um die Arbeitskraft der Lagerinsassen zu erhalten. Hunderte von Beschwerden über unmenschliche Behandlung oder unzureichende Ernährung konnten in der GULAG-Zentrale sang- und klanglos verschwinden, doch irgendeine zeigte dann doch Wirkung. So diejenige des Häftlings Archangelski aus dem Kraslag, die zur Folge hatte, dass ein NKWD-Offizier aus Moskau gemeinsam mit dem Vizechef der Arbeitslageraufsicht des Krasnojarsker Krai am 29. Oktober 1939 eine vierwöchige Inspektionsreise durch die Abteilungen des Kraslag antrat, in denen zu diesem Zeitpunkt knapp 15 000 Häftlinge registriert waren. In ihrem Untersuchungsbericht vom 8. Dezember hielten die Inspektoren zahlreiche Verstöße gegen die «revolutionäre Gesetzlichkeit» fest: permanente willkürliche Misshandlungen, besonders wieder eingefangener Flüchtlinge, auf die das Lagerpersonal Hunde hetzte oder die es fast bis zur Bewusstlosigkeit zusammenschlug; willkürlicher und ungerechtfertigter Schusswaffengebrauch; die beliebte Methode, Häftlinge halbnackt stundenlang im Freien hocken zu lassen und im Sommer den Mücken und Moschki, im Winter strengem Frost auszusetzen; fehlendes Einschreiten der Lageradministration gegen Eigenmächtigkeiten des Wachpersonals und die interne Lagerherrschaft der Kriminellen; unzureichende Separierung Minderjähriger in einigen Lagern und die dadurch bedingte weite Verbreitung von Vergewaltigungen und homosexuellen Praktiken; systematische Fälschung der Statistiken des erzielten Holzschlagvolumens durch die Lagerleitungen; teilweise völlig mangelhafte Unterbringung und Ernährung der Häftlinge. Den letzten Punkt allein der Lagerverwaltung anzulasten, war allerdings heuchlerisch, denn diese wurde bei Material- und Nahrungsmittellieferungen immer wieder auch von den höheren GULAG-Instanzen im Stich gelassen. Die Inspektoren verlangten ein hartes Durchgreifen gegenüber den Schuldigen auf Lagerebene.[518] Das Regime brauchte einen Sündenbock, um unverändert weiterexistieren zu können. Daher blieben solche Inspektionen, welche Missstände abstellen sollten, Einzelfälle und letztlich folgenlos.

Ein Wort noch zu den Quellen, auf die wir heute zugreifen können. Zum einen sind die meisten Akten der GULAG-Verwaltung mittlerweile zugänglich, teilweise auch publiziert, zum anderen hat das Ende des Sowjetsystems zahlreiche Überlebende des Gulag ermutigt, ihre Lagererinnerungen niederzuschreiben. Nur schon diejenigen der Ehemaligen des Norillag sprudelten so reichlich, dass sie bislang zwölf Bände einer eigenen Publikationsreihe füllen.[519] Daher sind wir in der Lage, sowohl die «amtliche» Perspektive der «Sklavenhalterbürokratie» als auch die «Froschperspektive» der Opfer einander konfrontieren zu können. Dass die Häftlingsmemoiren sich einem größtenteils politisch engagierten und eher intellektuellen Umfeld verdanken und dass sie eine subjektive, auf winzige Ausschnitte des Lageralltags beschränkte, vielfach einseitige Sichtweise wiedergeben, gleicht sich in gewisser Weise durch ihre schiere Masse aus.[520]

## Moloch Norillag

Bis zur Auflösung der meisten Lager in der Mitte der fünfziger Jahre blieb Norilsk zu großen Teilen eine Lagerstadt. Zivilstadt, Industrieanlagen und Lagerkomplexe bildeten ein ineinander verschachteltes, weiträumiges Konglomerat. Das war insofern kein Problem, als von Anfang an beide Aufgabenbereiche des Großprojekts – der Aufbau von Stadt und Industrieanlagen einerseits, die Bereitstellung wie Beaufsichtigung der erforderlichen Arbeitskräfte andererseits – in den Händen des GULAG lagen. Das eine lief unter der Bezeichnung Norilstroi (*Noril'skoe stroitel'stvo*, Bauprojekt Norilsk), das andere unter dem Kürzel Norillag. Die Aufsicht über beide Bereiche führte ein hochrangiger technischer NKWD-Offizier, dem der Kommandant des Lagerkomplexes formell unterstellt war. Dies offenbart bereits, welchen Schwerpunkt der Aufbau des «Objektes Norilsk» zu setzen hatte: Vorrang hatte das Ziel, so rasch wie möglich Schächte abzuteufen und metallurgische Fabriken aus dem Boden zu stampfen, um Buntmetalle, vor allem Nickel, zu gewinnen. Diese Asymmetrie ging zu Lasten der Zwangsarbeiter, was sogar die GULAG-Führung verschiedentlich beklagte. Als 1941 im Zuge der Bildung spezialisierter Verwaltungen innerhalb des GULAG eine «Hauptverwaltung der Lager der Montan- und metallurgischen Unternehmen» (*Glavnoe upravlenie lagerej gorno-metallurgičeskich predprijatij*) geschaffen wurde, übernahm diese unverzüglich die Aufsicht auch über das Projekt Norilsk. Allerdings dauerte es bis 1953, ehe der permanente Zielkonflikt zwischen dem Aufbau und Betrieb des Industriekombinats und den Aufgaben des Norillag als Haftanstalt gelöst wurde, indem das Industriekombinat in die Verantwortung des Unionsministeriums für Metallurgie überging und nur die Lager bei der GULAG-Verwaltung verblieben.[521]

## Die Anfänge

Anfänglich stand der Aufbau von Norilsk nahezu völlig im Zeichen der Lagerhäftlinge (Abb. 86). Am 1. Juli 1935 spie der Raddampfer *Spartak* – derselbe, auf welchem der österreichische Kommunist Otto Heller sechs Jahre zuvor die Segnungen des sozialistischen Aufbaus am Jenissei gepriesen hatte (siehe Quelle 5.5) – mit zahlreichen Barken im Schlepp in Dudinka 1200 Häftlinge aus. Von dort trieb man sie zu Fuß durch die sumpfige Tundra, immer wieder bis zum Bauch im Wasser watend, zu der 80 km entfernten Stelle, wo die ersten Häuschen der zukünftigen Stadt standen. Mehrere Wochen dauerte der Marsch.[522]

Die ersten drei Jahre waren mörderisch.[523] Als Karl Steiner 1939 dorthin kam, hatten Winterkälte, Unterernährung, Skorbut und Entkräftung bereits Tausende dahingerafft – oberflächlich verscharrt, weil der Dauerfrostboden schon in einem halben Meter Tiefe begann.

Den Bauprojekten, die in rascher Folge aus dem Permafrostboden schossen – Bahn- und Hafenanlagen, Industriewerke, Wohnbauten und Bergwerke – gesellten sich als Zwillinge jeweils Arbeitslager hinzu. Alles war über ein weitläufiges Territorium verstreut; das künftige Stadtgebiet maß alleine über 23, der gesamte engere Wirtschaftsraum einschließlich der wichtigsten Bergwerke 284 Quadratkilometer.

Wenn 1938 erst fünf einzelne Lager den Norillag bildeten, waren es 1951 deren 24 mit 23 zusätzlichen «Lagerpunkten» und sechs weiteren Unterstrukturen. Nicht alle diese Lager unterstanden dem gleichen Regime. Am «besten» gestellt sahen sich die Häftlinge in Lagern «allgemeinen Regimes». Daneben existierten Sonderlager mit verschärftem Regime und seit 1945 auch Katorga-Lager, welche das Vorbild der Zarenzeit nachahmten; zwar mussten die Katorgasträflinge in der Regel keine Ketten tragen, doch sie waren weithin kenntlich durch große auf den Jacken aufgenähte Nummern und wurden ebenfalls zu schweren körperlichen Arbeiten mit verlängerter Arbeitszeit, verminderten Rationen und verschärften Haftbedingungen herangezogen. Berüchtigt war das Bergwerkslager Kolargon, wo Schwerverbrecher sich unter härtesten Bedingungen zu Tode schuften mussten.[524]

1948 wurden innerhalb des Norillag Bereiche verschärften Katorga-Regimes geschaffen, wie sie ein Geheimbeschluss des Präsidiums des Obersten Sowjets der UdSSR vom 19. April 1943 speziell für kriegsbedingte neue Feindkategorien vorgesehen hatte: für «Vaterlandsverräter», «Spione», Überläufer, «Kollaborateure», antikommunistische Partisanen, Nationalisten, nach Kriegsende auch für sowjetische Armeeangehörige, die in deutsche Gefangenschaft geraten waren, für deutsche und japanische Kriegsgefangene etc. Diese Zwangsarbeiter wurden von den übrigen Häftlingen isoliert gehalten, die wenigen Vergünstigungen der normalen Seki galten für sie nicht (das bedeutete keinerlei Briefkontakte mit oder Geldsendungen von Angehörigen). Sie mussten auf ihrer Kleidung weithin sichtbare Nummern tragen, ihre Baracken wurden nachts verriegelt, die Fenster waren vergittert. Die Stacheldrahtzäune um diese Lager waren dichter und höher als bei Normallagern. Das verschärfte Strafregime hatte zur Folge, dass schon kleinste Vergehen Karzer (Einzelhaft) nach sich zogen, nicht für zehn Tage wie bei normalen Seki, sondern für einen ganzen Monat. Der Arbeitstag dauerte offiziell zehn, faktisch zwölf bis vierzehn Stunden. Auch invalide Katorga-Häftlinge (das waren 10 bis 15 Prozent) mussten im Lager bleiben und weiterhin, wenn auch reduzierte, Schwerarbeit leisten.[525] Diese Sonderlager mit verschärftem Regime wurden unter der Sammelbezeichnung Gorlag zusammengefasst. Der Gorlag sog fünf bereits bestehende Lager des Norillag auf; ein sechstes, neu gegründetes kam hinzu. Laut Belegungsplan des GULAG sollte der Gorlag 20 000 Häftlinge aufnehmen. Damit umfasste der Norillag einen vergleichsweise hohen Anteil von Zwangsarbeitern, welche verschiedenen Spielarten verschärften Regimes unterlagen. Doch dürften sie innerhalb der Gesamtzahl von Häftlingen[526] trotzdem nicht die Mehrheit gestellt haben.[527]

Das durchbürokratisierte GULAG pflegte seine Häftlinge in vier Kategorien einzuteilen: Gruppe A umfasste alle voll Arbeitsfähigen, die man auf den Bau- und Arbeitsstellen außerhalb der Lager einsetzen konnte; Gruppe B verrichtete leichtere Arbeiten innerhalb des Lagers; Gruppe C schloss die vorübergehend nicht Arbeitsfähigen ein, insbesondere Kranke, Schwangere und stillende Mütter; in Gruppe D eingeteilt wurden alle Übrigen, die im Prinzip arbeitsfähig waren, aber aus verschiedensten Gründen zum Zeitpunkt der Erfassung nicht arbeiteten, sei es, weil sie in Untersuchungs- oder Isolationshaft saßen oder für sie nicht die notwendige Kleidung und Ausrüstung oder Arbeitsplätze zur Verfügung standen, sei es, weil sie die Arbeit verweigerten. Dass der Norillag mit einem Anteil von durchschnittlich 80 Prozent Häftlingen der Kategorie A den Durchschnittswert aller Lager des GULAG um ca. 10 Prozent übertraf, weist ihm einen Spitzenplatz in der Nutzung der Zwangsarbeit zu und unterstreicht zugleich die eminente Bedeutung, welche ihm in den staatlichen Industrialisierungsplänen zukam.[528]

Um die Arbeitsproduktivität zu steigern, bediente sich die Administration der sowjetischen Lager verschiedener Methoden: Nur wer die vorgeschriebene Arbeitsnorm erfüllte, bekam die «normale» Essensration; wer darunter blieb, erhielt weniger und geriet auf diese Weise über Unterernährung allmählich in eine Abwärtsspirale seiner Leistungsfähigkeit, die ihn ins Lagerspital, in die Invalidität oder in den Tod schickte. Wer die Normen ständig übererfüllte, konnte durch Arbeitstaggutschriften auf Haftzeitverkürzung oder auf monetäre Prämien hoffen. Für herausragende Arbeitsleistungen verteilte das MWD an seine Sträflinge sogar Anerkennungsurkunden. So erhielt Innokenti Kusnezow am 24. Mai 1946 für Übererfüllung der Arbeitsnorm um 644 Prozent in einem Norilsker Bergwerk als *rekordist* eine Ehrenurkunde mit der Überschrift «Arbeit in der UdSSR – eine Sache der Ehre, eine Sache des Ruhms, eine Sache des Heldenmuts und des Heroismus».[529] Und das war nicht einmal zynisch gemeint. 1950 wurden dann auch für Zwangsarbeiter reguläre Arbeitslöhne eingeführt – eine erste Annäherung an die zivile Arbeitswelt. Auch wenn diese Lohnzahlungen in Norilsk nur etwa ein Drittel dessen betrugen, was ein freier Lohnarbeiter (die «Polarzuschläge» nicht einberechnet) verdiente, reichte dies jedoch, um die Arbeitsproduktivität messbar zu steigern. Zudem wurden den Zwangsarbeitern des Norillag höhere Löhne gezahlt als in anderen Lagerregionen.[530]

### Arbeits- und Lebensumstände
Aber welche konkreten Situationen verbargen sich hinter den Statistiken des GULAG über die Arbeitsproduktivität seiner Sklaven?

Witali Nikolajewitsch Babitschew, Bolschewik aus Dnepropetrowsk, der 1937 im Zuge der Säuberungen Stalins zum Volksfeind erklärt und 1939 in den Norillag verfrachtet worden war, beschreibt seinen Arbeitsalltag folgendermaßen: «Das Schicksal wollte es, dass ich der Grube Schmidticha (6. Lagerabteilung) zur Arbeit zugewiesen wurde. Anfangs lebten wir in Zelten und bauten uns aus Brettern selber Baracken. Die Baracken wurden mit Kanonenöfen *(buržujki)* geheizt, die aus Eisenfässern gemacht wurden. Wasser gewannen wir aus Schnee. Die Suppe holten wir in der Küchenbaracke, die erste Zeit noch entlang von Seilen, weil man sich wegen der häufigen Schneestürme verlaufen konnte und nie mehr zurückfand. Toiletten gab es nicht – wir erleichterten uns im Freien. Im Lager wurden wir eingekleidet. Wir erhielten Wattejacken, Wattehosen, Kittel, Filzstiefel, Kappen und Handschuhe. Wir schliefen in voller Montur, um die feucht gewordenen Kleidungsstücke am Leibe zu trocknen. Morgens standen wir auf und rissen die an den Pritschen angefrorenen Kittel und Kappen ab. Zur Arbeit trieben sie uns anfänglich, um für uns ein eigenes Gefängnis zu bauen, für die «Freien» aber Häuser und Cottages. Ferner hoben wir im Permafrostboden die Fundamente für das Wärmekraftwerk und die metallurgischen Fabriken aus.»[531]

Eine andere «Lagerkarriere».⁵³² Der Bergingenieur Moisei Issaakowitsch Jewsjorow, wie Babitschew 1937 nach § 58 zu zehn Jahren Lagerhaft verurteilt, kam in der zweiten Junihälfte 1939 nach Norilsk. Er wurde seinem Beruf entsprechend dem Lagpunkt bei der Kohlengrube «Hoffnung» *(Nadežda)* zugeteilt, die selber erst im Aufbau war. Sie lag etwa 8 km vom Endpunkt der Schmalspurbahn entfernt, und die Seki mussten ihr Gepäck durch die moorige Tundra schleppen; dafür brauchten sie fast einen Tag. Der Lagpunkt hatte erst zwei Baracken, in einer lagen schon Kriminelle. Die Neuankömmlinge wurden in der leeren Baracke einquartiert mit engen Reihen zweistöckiger Pritschen. «Die Baracke war in Skelettbauweise mit Erdbewurf *(karkasno-zasypnyj)* erstellt. Den Erdbewurf hatte man offensichtlich in der Winterperiode gemacht, denn er war mit Schnee vermischt. Als dieser taute, sackte der Erdbewurf ein, und nun zog es durch die Wände.»

Über die Verpflegung schreibt er: «Warmes Essen gab es einmal am Tag, am Mittag. Das war eine dünne Kartoffelsuppe mit Fleisch oder Fisch. Als zweite Mahlzeit gab es Hafer- oder Gerstengrütze. Brot bekam man einmal am Tag – morgens, 700 Gramm, Zucker einmal im Monat, ein Kilogramm.» Fleisch gab es nur gepökelt, Fisch getrocknet oder eingesalzen. Das Essen reichte nicht, vor allem wenn man seine Norm nicht erfüllte. Es gab einen Lagerkiosk, wo man zusätzlich Brot, Öl, Konserven, Kompott und Zucker kaufen konnte, aber nur, wenn man Geld hatte. Die Bemessung des Essens richtete sich nach der jeweiligen Häftlingskategorie, in welche die Ärzte jeden eingeteilt hatten. Diätkranken wurde monatlich eine Spezialkost verschrieben. Die technischen Spezialisten erhielten separates Essen, dessen Qualität und Menge sich nach Erfüllung der Monatsvorgaben richtete. Bei guter Leistung gab es einmal im Monat noch eine trockene *Pajka* obendrein. Ein Teil der technischen Spezialisten lebte außerhalb des Lagpunktes, wenn auch innerhalb der «Zone» des Norillag. Den Küchendienst hatten sich meist Kriminelle gesichert.

Zur Arbeit in der Grube mit dem euphemistischen Namen «Hoffnung» Nr. 12 bemerkt Jewsjorow: Gefördert wurde noch nicht, nur abgeteuft und an der Oberfläche die Infrastruktur erstellt. Grubenleiter war ein junger Bergbautechniker, Liberman, ein freier Angestellter, der täglich von Norilsk herüberkam, wo er mit seiner Frau lebte. Er war ein umgänglicher Mensch, kein Schinder, war auch bereit, immer wieder Briefe seiner Spezialisten illegal mit nach Norilsk zu nehmen und dort auf den normalen Postweg zu bringen, um so die Lagerzensur zu umgehen. Er wurde nach einiger Zeit abgelöst, wohl weil er mit seinen Leuten zu human umgegangen war. Fachlich war er überfordert und auf die Kompetenz Jewsjorows sowie des Bergmeisters Dreher angewiesen, eines gleichfalls zu 10 Jahren verurteilten Deutschen. Der Sprengmeister Sagrebalenko war ein verurteilter krimineller Wiederholungstäter, Spezialist im Ausräumen von Vorratslagern und Eisenbahnwaggons, aber als Sprengmeister ein Experte und zudem ein Gemütsmensch. Er durfte das Lager in seiner Freizeit ohne Bewachung verlassen und in einem der zahlreichen Seen fischen gehen, was die Speisekarte der technischen Spezialisten sehr bereicherte. Die Kohlenflöze lagen relativ oberflächennah, damit aber im Permafrost. Daher musste beim Abteufen der Schächte mehr gesprengt als gebohrt werden. Das Hauptproblem war die Entwässerung, weil von oben eindringendes Wasser sofort gefror. Dem Abhilfe zu schaffen, war eine der

Aufgaben Jewsjorows. Da die Grube 8 km von der Schmalspurbahn entfernt lag, mussten Baumaterial, Maschinen etc. durch die sumpfige Tundra transportiert werden, im Winter mit Schlitten, im Sommer mit Traktoren oder Pferden, wobei die Traktoren oft den Geist aufgaben. Als einmal überhaupt kein Zugmaterial verfügbar war, schleppte das gesamte Lager das benötigte Holz für Grubenstempel vom Abladepunkt an der Bahn auf dem Rücken zum Schacht, eine Leistung, auf die Jewsjorow sehr stolz war.

Johanna Ulinauskaite, seit Juni 1950 mit anderen Litauerinnen im Frauenlager Nr. 6 einquartiert, schildert, wie auch das weibliche Geschlecht zu schwerster körperlicher Arbeit gezwungen wurde. Zunächst war ihre Gruppe mit Ausschachtungsarbeiten für Fundamente im Dauerfrostboden beschäftigt. Dann folgte eine weitere Tortur: «Im Winter schickte man unsere Brigade zur Ziegelei. Wenn es eine Hölle gibt, dann haben wir sie erlebt, und wirklich haben wir alle unsere Sünden dort abgebüßt. Wir schaufelten Lehm. Schoben die Wägelchen mit dem Lehm und entluden sie vor dem Brennofen, und wenn der Lehm aufgetaut war, dann schaufelten wir ihn nach unten. Die Hitze war nicht zum Aushalten und der Lehm sehr schwer, er klebte am Spaten, den man kaum heben konnte, und die Wägelchen wollten entladen werden. Nach einer Zwölfstundenschicht schleppten einen die Füße kaum in die Zone zurück. Am Tage schliefen wir schlecht – die Hände schmerzten so sehr, dass wir nicht wussten, wohin mit ihnen.»

Nach einer Typhusepidemie, der viele zum Opfer fielen, wurde die Frauenbrigade für ein Tiefbauobjekt eingeteilt. «Zunächst säuberten wir das Territorium vom Schnee, zäunten die Zone ein und bauten einen Balok, um uns irgendwo aufwärmen zu können. Jedes Norilsker Haus steht auf Pfählen, weil unter ihm Dauerfrostboden liegt, daher war es sehr schwer, die Pfähle in den Permafrost zu rammen. In der ewigen Gefrornis muss man Neunmeterlöcher ausheben. Wir Frauen hoben diese Löcher aus. Jeder wurde das ihrige zugeteilt. Solange man die Spitzhacke hoch schwingen kann, sieht man noch seine Gefährtinnen, doch wenn du dich tiefer wühlst, bleibst du völlig allein. Der Frost knistert – dich hinsetzen darfst du nicht, sonst könntest du erfrieren. Während der 11 Stunden in diesem Loch denkst du über alles nach, du betest und haderst, und die Tränen fließen und werden sofort zu Eis. Die Normen waren so hoch, dass man sie nicht erfüllen konnte, daher bekamst du weniger Brot.»

«Im Frühling geriet ich in eine Brigade, die am Waljok einen Kuhstall bauen sollte. Wir hoben Löcher für die Pfosten aus. Solange der Boden noch gefroren war – macht nichts: Wir hacken ihn auf und schachten ihn aus. Im Frühling und Sommer geht es schlechter – der Boden taut 20–30 cm tief auf, und das Wasser fängt an von der Erdoberfläche in das Loch zu sickern, die Erde verflüssigt sich und wird zu Schlamm. Wie haben wir mit diesem Schlamm gekämpft! Du hebst eine Schaufel mit flüssiger Erde, wirfst diese nach oben, aber sogleich fließt doppelt so viel in das Loch zurück. Von Kopf bis Fuß sind wir nass und dreckig. Und das tagelang, monatelang. In den Schlamm hineinzutreten ist unmöglich, die Füße würden steckenbleiben. Ziehst du einen Stiefel heraus, bleibt der andere in der Erde stecken. Und auf dem Rücken musst du noch Balken schleppen und in das Loch hinunterlassen.»[533]

## Opferbilanzen

Angesichts solcher Lebens- und Arbeitsbedingungen sollte man meinen, dass der Norillag eine hohe Sterblichkeitsrate aufwies. Immer wieder kann man lesen, dass Norilsk buchstäblich auf den Knochen von Zwangsarbeitern erbaut worden sei.[534] Tatsächlich hatten bestimmte Häftlingsgruppen wohl nicht zufällig überproportionale Verluste zu verzeichnen. Das galt insbesondere für die 961 Offiziere aus den baltischen Republiken, die seit 1941 im Sonderlager 7 unter verschärftem Regime schmachteten. Von den 377 Litauern unter ihnen überlebten das Lager nur 121 – ein knappes Drittel.[535] Wenn in diesem Falle die Grenze vom Straf- zum Vernichtungslager nur gestreift worden ist, so gab es durchaus auch Gruppenexekutionen, insbesondere in den Jahren des Massenterrors. Bestätigt sind für den Norillag 238 Hinrichtungen im Oktober und November 1937 und 211 von Februar bis April 1938. Sie wurden nicht als Sterbefälle verbucht, sondern kryptisch als «Verlegungen in andere Haftverbüßungsorte».[536] In der Außenstelle Dudinka fanden 1937/38 ebenfalls außergerichtliche Exekutionen statt; von 61 Personen sind die Namen bekannt.[537]

Aber was weiß man vom «stillen Sterben» der Durchschnittshäftlinge? In den Erinnerungen Ehemaliger spielen Sterben und Tod eine gewichtige Rolle, sie vermitteln den Eindruck, dass ein Großteil der Insassen ihre Lagerhaft nicht überlebt hat. Dafür klopften sie ihre von Galgenhumor geprägten Sprüche. Der Berg, neben dem Norilsk sich erstreckt, genoss einen traurigen Ruhm, und zwar deshalb, weil an seinem Fuß ein riesiges Gräberfeld lag, genauer gesagt der Ort, wo man die Norilsker Häftlinge beerdigte. Das Wort «Schmidticha» (wörtlich «Schmidts Ruhe»), so heißt dieser Berg, wurde zu einem Synonym für den Tod. «Unter die Schmidticha gehen» bedeutete zu sterben, «ich werde dich in die Schmidticha jagen» – «ich werde dich erschlagen».[538] Oleg Remeiko, 1944–1953 Schüler in Norilsk, wusste auch, was die Schmidticha bedeutete: «Dort lag der Friedhof, von dort hörte man oft dumpfe Explosionen. In dem felsigen Untergrund wurden die Gräber nicht ausgehoben, sondern in den Boden gesprengt.»[539] Die Bestattung der Leichen am Fuß der Schmidticha ging nach Evhen Hrycjak so vor sich: Nach dem Tod zogen sie dem Sek die Kleider aus, machten eine Obduktion und legten ihn in den «hölzernen Matrosenkittel», in welchem sie ihn in den Korridor trugen. Dort überzeugte sich der Begleitsoldat davon, dass es sich wirklich um die betreffende Leiche handelte, und um ganz sicher zu gehen, versetzte er mit einer Eisenstange dem Schädel einen Hieb. Nach dieser detaillierten Inspektion schafften sie die Leiche sofort an den Fuß der Schmidticha. Hrycjak meint gesehen zu haben, dass man, um der Toten Herr zu werden, im Sommer von Baggern und Bulldozern zwanzig riesige Zwanzigmetergruben habe ausheben lassen, «um ohne weiteren Arbeitsaufwand die Leichen über mehrere Jahre hinweg dort hineinwerfen zu können. Doch die Rechnung ging nicht auf: Vierhundert Meter Gruben waren schon nach zwei Jahren mit Leichen gefüllt.»[540]

1986 war Remeiko erstmals seit 1953 wieder in Norilsk. Um zusammen mit Kollegen einen Angelausflug in die Umgebung zu organisieren, ging er zur lokalen Autotransportbasis, die unterhalb der Schmidticha lag. Da fiel ihm der frühere Friedhof ein; er suchte und fand ihn nicht. Erst da kam ihm zu Bewusstsein, dass er zubetoniert sein musste und darauf jetzt die Autotransportbasis lag. Er fragte den Chef der Basis,

Gromtschenko, ob er wisse, was sich unter dem Beton befinde. «Er sagte: ‹Klar!› Diese Basis habe er ja selber gebaut, und erzählte Folgendes. Als die Bulldozer die Fläche planierten, wurden diejenigen freigelegt, die man hier begraben hatte: im Dauerfrostboden hatten sich ihre Überreste gut konserviert. Da hörten die Fahrer auf zu arbeiten, denn sie, die Lebenden, sahen, dass da etwas passierte, was nicht gut war. ‹Aber du verstehst, dass im Norden der Rubel alles regelt, man hat den Lohn erhöht, und ziemlich schnell war alles zu Ende gebracht›, schloss Gromtschenko seinen Bericht. Diese Rohheit blieb meine schwerste Erinnerung an Norilsk. Während meiner Schulzeit habe ich ja gesehen, wie man die Leute zur Beerdigung dorthin gebracht hat. Ich weiß nicht, wie viele dort begraben sind, ich denke, es waren mehrere hunderttausend. Und dann ist dabei dieses zynische, der Welt unbekannte Massengrab herausgekommen.»[541]

Diese «gefühlten» Eindrücke und Erinnerungen finden allerdings in den internen Statistiken des NKWD keine Entsprechung, ganz im Gegenteil. Trotz der harten klimatischen Bedingungen und des verschärften Lagerregimes, dem ein großer Teil der Häftlinge ausgesetzt war, scheint die Todesrate im Norillag eine der niedrigsten des ganzen Gulag gewesen zu sein. Sie lag nach Bajew im Gesamtdurchschnitt bei 0,86 Prozent der Belegschaft pro Jahr. Allerdings gab es «Ausreißer», die spezifischen Bedingungen geschuldet waren, so etwa im Kriegsjahr 1942, als mit 1727 Toten auf 30 757 Seki die Sterberate auf 5,6 Prozent kletterte. Als häufigste Todesursachen notierten die NKWD-Statistiker in 20 Prozent der Fälle Darminfektion, in 12,8 Prozent Tuberkulose, in 9,2 Prozent Vitaminmangel, in 5,1 Prozent Erschöpfung und in 1 Prozent Arbeitsunfall.[542] Differenziertere Berechnungen von Simon Ertz haben ergeben, dass die mittlere jährliche Sterberate von 1936 bis 1938 und dann wieder von 1951 bis 1953 unter einem Prozent lag, 1940/41 um die 1,5 Prozent (nur 1939 bei knapp 2,5 Prozent) und 1948–1950 zwischen 1 und 2 Prozent. Während der Kriegs- und ersten Nachkriegsjahre schnellte die Todesrate dann auf Werte zwischen 3 und 5 Prozent empor mit einer Spitze von nahezu 7,5 Prozent im Jahre 1943. Nahezu in allen Jahren blieb die Rate erheblich, zum Teil um das Doppelte bis Dreifache unter den Durchschnittswerten aller Lager des NKWD.[543] Die interne Erfassung durch die Verwaltung des GULAG dokumentiert für die achtzehneinhalb Jahre der Existenz des Norillag (1935–1954) den Tod von 15 438 Gefangenen. Hinzuzuzählen wären die 1275 Todesfälle im Sonderlager Nr. 2.[544]

Aber kann man den Opferstatistiken der Täter trauen? Simon Ertz misst ihnen ein hohes, wenngleich kein absolutes Maß an Glaubwürdigkeit zu, da es sich ja um geheime interne Datensammlungen handelte, die den Parteiverantwortlichen verlässliche Werte für die Entwicklung innerhalb des Zwangsarbeitssektors liefern sollten. Zudem wäre es sehr schwierig und für die Verantwortlichen gefährlich gewesen, Sterbedaten grundsätzlich zu manipulieren, da es Parallelbuchungen gab. Für die anderthalb Jahre von Herbst 1946 bis Frühjahr 1948 existiert überdies eine individuelle Liste der leitenden Pathologin des Norilsker Zentralkrankenhauses über die von ihr obduzierten Leichen, deren bereinigte Werte nicht wesentlich von der GULAG-Statistik abweichen. Da außer den Exekutierten sowohl die Häftlinge, die auf dem Transport starben, als auch diejenigen, die todkrank vorzeitig entlassen wurden,[545] sowie die hohe Säuglingssterblichkeit des Frauenlagers in den internen Statistiken keine Berücksichtigung fanden, wird man die ermittelten Werte noch leicht nach oben korrigieren müssen. Das Gesamtbild vermag jedoch auch diese Korrektur nicht grundsätzlich zu ändern.[546]

Wie lässt sich – ähnlich der «toten Eisenbahn» – dieses unerwartete Ergebnis erklären? Ertz führt drei Hauptgründe an: Erstens wurden für die harten Arbeitsbedingungen im Norillag gezielt junge Häftlinge mit möglichst robuster Konstitution ausgesucht; zweitens war ihre Ernährung im Allgemeinen etwas besser als in Normallagern, da der Aufbau des Norilsker Industriekombinats absolute Priorität genoss und dies einigermaßen leistungsfähige Zwangsarbeiter voraussetzte; und drittens wurde Norilsk während der Kriegs- und ersten Nachkriegsjahre über See von den USA aus mit Lebensmitteln beliefert. Nach 1950 verbesserte sich die Ernährungssituation auch der anderen Lager generell. Dies führte dazu, dass die Sterberaten von Norilsk sich denen der übrigen Lager annäherten, ja sie erstmals sogar leicht übertrafen – eine Folge vor allem der hohen Quote tödlicher Arbeitsunfälle, die von einem Achtel 1946/47 auf zwei Drittel im Jahre 1952 stieg.[547] Dem entsprach auch, dass der Kranken- und Invalidenanteil unter den Norilsker Häftlingen unter dem Durchschnitt aller Lager lag.[548] Zudem singen fast alle «Ehemaligen» in ihren Lagererinnerungen das Hohelied der Lagerärzte, die – zumeist selber Häftlinge – selbst unter den sehr beschränkten medizinischen Möglichkeiten ihr Bestes gaben, um selbst mit unkonventionellen Mitteln so viele Leben wie möglich zu retten.

Nur ein besonders eindrückliches Beispiel. Der Litauer Antanas Volungiavičius, der 1952 in Norilsk einem Lager strengen Regimes zugeteilt worden war und im Hochbau schuftete, schreibt: «Nach zwei Monaten Arbeitshölle entzündete sich mein Bein, sogar der Unterschenkelknochen lag frei. Da schickten sie mich bloß in die Krankenstation des 4. Lagerpunktes. Doch das Schicksal meinte es gut mit mir: Dort geriet ich in die Hände des vortrefflichen Arztes Jemiltschuk, der zunächst erklärte, dass man das Beim amputieren müsse (ich war ganze 23 Jahre alt!). Doch dann fügte er hinzu: ‹Amputieren können wir immer noch› – und machte sich daran, mich zu behandeln. Natürlich war die Behandlung schrecklich: statt Antibiotika band man auf die Wunde gefrorene Menschendärme, die alle drei Tage gewechselt wurden und währenddessen sehr stanken. Ferner schoben sie in einen Einschnitt zwischen den Rippen den Teil einer menschlichen Gebärmutter (gefrorene Stückchen von der Größe eines Hühnereis) und vernähten den Schnitt wieder. So kurierte mich Jemiltschuk. Das erscheint unheimlich und unbegreiflich, doch die Resultate waren beachtlich: Die Wunde hörte auf zu eitern, und dann konnte man auch den Knochen operieren. Die Operation (ohne Narkose) dauerte drei Stunden. Natürlich wurde ich dadurch noch schwächer, konnte zwei Wochen lang nicht einmal sitzen. Doch Gottseidank laufe ich auch heute noch auf meinen zwei Beinen.»[549]

Die Probleme mit der Ernährung, Unterbringung und sanitarischen Betreuung der Häftlinge waren in den «oberen Etagen» des GULAG durchaus bekannt, wie die Protokolle der Parteikonferenzen der GULAG-Sektionen belegen. Es wurden immer wieder auch Anstrengungen unternommen, um die Situation zu verbessern, aber es reichte in einem Staatssystem der Mangelwirtschaft meistens hinten und vorne nicht.[550]

Haben sich diese Opfer für das Sowjetsystem wenigstens in wirtschaftlicher Hinsicht ausgezahlt? Simon Ertz kommt für den Norillag nach sorgfältiger Abwägung der vielen für ein Urteil maßgeblichen, aber vielfach uneindeutigen Faktoren zu dem Schluss, «dass sich die Entscheidung, in Norilsk ein Nickelkombinat zu errichten, aus betriebswirtschaftlicher Perspektive ausgezahlt hat und der Einsatz von Zwangsarbeit half, dieses Vorhaben rasch und kostengünstig zu realisieren.»[551] Allerdings dürfte dieser Nutzeffekt nur für Wirtschaftsprojekte in entlegenen und klimatisch extremen Randregionen gelten und nicht für den «Archipel Gulag» generell.

## Paradoxe Nebenwelten

Es wäre zu einseitig, wenn man nur die Schattenseiten der Norilsker Gulagwelt beschreiben wollte. Es gab auch andere, zum Beispiel das Kulturleben. Das existierte tatsächlich! Viele Seki waren zuvor Lehrer, Künstler, Musiker, Schauspieler oder Schriftsteller gewesen. Aber nur relativ wenigen war es vergönnt, im Lager ihr Leben durch kulturelle Tätigkeiten zu erleichtern statt sich mit körperlicher Schwerarbeit zu verschleißen. Auch die Lagerleitung selber war daran interessiert, ihren «Klienten» etwas Abwechslung zu bieten, um sie bei Laune zu halten. Daher gab es eine Kultur- und Erziehungsabteilung (*kul'turno-vospitatel'nyj otdel*, KVO), die vor allem an Festtagen in den verschiedenen «Lagpunkten» mit Künstlern aus den Reihen der Häftlinge Konzerte und Vorführungen organisierte. Zu den Ensembles gehörte für anderthalb bis zwei Jahre auch die Lemberger Musikkapelle Datzko, die nach der Rückeroberung Lembergs 1944 *in corpore* in den Norillag gesteckt worden war, weil sie während der deutschen Besatzungszeit, um zu überleben, weitergespielt hatte. Die Sänger verschwanden allerdings nach anderthalb bis zwei Jahren wieder, weil das Klima, das Leben in feuchtkalten Räumen und die häufigen Auftritte im Freien ihre Stimmen ruinierten. Am Norilsker Dramatischen Theater brillierte der bekannte Schauspieler Georgi Schschjonow (1915–2005), der nach Verbüßung seiner Lagerhaft in Magadan nach Norilsk verbannt worden war, also als «halbfreier» Angestellter dort wirkte.[552]

Das Zentrum des Norilsker Kulturlebens für die Zivilbevölkerung bildete der DITR *(Dom inženerno-techničeskich rabotnikov)*, der über einen großen Saal mit geräumiger Bühne, kleinere Nebensäle, ein Foyer für Tänze sowie Klubräume verfügte. Dort traten auch Ensembles aus Häftlingen auf (siehe Quelle 4.3). Im Aufbau befand sich dort ferner eine technische Bibliothek, die sich der Dienste Sprachkundiger aus den Reihen der Seki bediente, um für die Ingenieure des Kombinats ausländische Fachliteratur ins Russische zu übersetzen.[553]

Zu einer der vielen Paradoxien des Norillag gehörte, dass im dortigen Untergrund eine demokratische Partei geboren wurde. Vater dieser Idee war Sergei Dmitrijewitsch Solowjow, ein Techniker aus Jarzewo bei Smolensk (1916–2009).[554] Die deutsche Kriegsgefangenschaft hatte er überlebt, nach dem Krieg mehrere Jahre in Frankreich und Belgien gearbeitet und war erst im November 1949 freiwillig in seine Heimat zurückgekehrt. Sie hat es ihm nicht gedankt, schenkte ihm aber etwas Zeit, um sich wieder in ein Land einzuleben, das ihm nach acht Auslandjahren armselig und in einem schlimmeren Zustand begegnete als vor dem Krieg. 1951 schlug der KGB zu, und ein Militärtribunal verurteilte Solowjow 1952 wegen «Vaterlandsverrats» zu langjähriger verschärfter Lagerhaft. Er kam nach Norilsk in den Gorlag, verbrachte die längste Zeit im Lager 5 und erlebte dort den Aufstand von 1953. In diesem Lager entstanden während des Winters 1952/53 auch das Programm und das Statut der «Demokratischen Partei Russlands» (DPR).[555] Als Solowjow ein halbes Jahrhundert später in einem Interview gefragt wurde, wie er auf diese Idee gekommen sei und ob seine Jahre in Frankreich und Belgien dafür eine Rolle gespielt hätten, antwortete er, im Gorlag habe es eine demokratisch gesinnte Untergrundbewegung gegeben, eines Tages habe ihn auf der Baustelle ein Mithäftling aus Lager 4 angesprochen und gefragt, ob er sich zutraue, für die DPR ein Programm und ein Statut zu entwerfen. In Anbetracht möglicher Spitzeleien schrieb er beides zunächst auf Französisch, bevor eine russische Fassung in den Lagern kursieren konnte. Interessenten wurden im Geheimen auf beides vereidigt. So entstand eine auf mehrere Lager verteilte geheime Parteiorganisation, die aber nur mehrere Dutzend Mitglieder zählte. Darauf angesprochen, wie die Partei unter den Bedingungen des Stalinismus ihre politischen Chancen beurteilt habe, meinte Solowjow: «Letztlich können wir das Geschick Russlands so lange nicht beeinflussen, bis eine bestimmte Situation heranreift und Veränderungen aus anderen Gründen sichtbar werden. Noch ist die Zeit nicht gekommen ... Von uns, den kleinen Leuten, hängt sehr wenig ab. Solange der Apfel nicht reif ist, fällt er nicht vom Baum. Wir denken, dass wir diese Bedingungen fördern können. Doch auch dies hängt nicht immer von uns ab.»[556] Solowjow kam erst nach 26 Jahren Lagerhaft frei, betätigte sich aber auch nach dem Ende des Sowjetsystems aus Altersgründen nicht mehr politisch.

### Die Norilsker Gulagwelt im Spiegel einer Lagerbiographie
Unter welchen Bedingungen die erste Generation der Arbeitskräfte, die den Industriekomplex Norilsk aufbauten, zu schuften hatte, soll vertieft werden aus der Sicht eines langjährigen Zwangsarbeiters, des österreichisch-jugoslawischen Kommunisten Karl Steiner (Karlo Štajner).[557]

Es war eine bunte Lagerwelt, gemischt aus Sträflingen, die wegen krimineller Delikte einsaßen, aus Menschen, die das System nicht wegen ihrer Gesinnung in den Gulag gesteckt hatte, sondern um ihre beruflichen Fähigkeiten zu nutzen, und aus «Politischen», deren Spektrum von Antikommunisten bis hin zu überzeugten Kommunisten reichte. Auch in sozialer Hinsicht fand sich die gesamte gesellschaftliche Bandbreite. Selbst an Internationalität war Norillag kaum zu überbieten. Am Anfang standen vor allem Kommunisten, die wie Steiner aus ihren europäischen Heimatländern in die Sowjetunion geflüchtet waren und sich seit der «Großen Säuberung» als vorgebliche Parteischädlinge oder ausländische Spione in einem Arbeitslager wiederfanden. In der Folgezeit spiegelte die Internationalität des Norillag getreulich den Wandel der sowjetischen Außenpolitik ab. Da kamen ehemalige österreichische «Schutzbündler», spanische Anarchisten und Kommunisten, die nach dem Ende des Bürgerkrieges aus Spanien geflohen waren; sowjetische Rotarmisten, die während des sowjetisch-finnischen Winterkrieges von 1939/40 in Kriegsgefangenschaft geraten waren und verdächtigt wurden, sich mit dem Virus des Antisowjetismus und Kapitalismus infiziert zu haben; im Juni 1941 nach der Annexion der baltischen Republiken kamen 2600 litauische, lettische und estnische Offiziere. Mit dem Frühjahr 1944 setzte dann der Zustrom in Gefangenschaft geratener deutscher Offiziere sowie ukrainischer und weißrussischer Sowjetbürger ein, die man der Kollaboration mit den deutschen Besatzungstruppen verdächtigte.[558]

Karl Steiner wurde zunächst zum Bau der Eisenbahntrasse eingeteilt und schuftete dann in einem Betrieb für die Aufarbeitung von Kupfer- und Nickelerzen. «Die Arbeitszeit dauerte von acht Uhr morgens bis acht Uhr abends. In diesen zwölf Stunden musste jeder Gefangene sechzehn Tonnen Erz ausladen. Für diese Arbeit bekam der Gefangene sechshundert Gramm Brot und zweimal täglich warmes Essen, bestehend aus einem halben Liter Suppe, zweihundert Gramm Brei und einem Hering. Wer die Norm nicht erfüllte, bekam dementsprechend weniger Essen.»[559] Steiner wurde krank. Im Lagerspital einigermaßen wieder zu Kräften gekommen, wurde er zu Erdarbeiten für den Bau einer großen Metallfabrik eingeteilt. «Die Arbeit war furchtbar schwer; wir mussten mit Spitzhacken und Brechstangen das Fundament ausheben. Der ewige Frostboden war härter als Granit.»[560]

Der Winter mit Temperaturen bis zu minus 45 Grad Celsius war schon hart genug. Wenn aber noch die Purga hinzukam, die Tage, ja manchmal Wochen anhielt, wurde die Arbeit noch mehr zur Qual. «Die Purga häufte so viel Schnee an, dass manchmal die Baracken völlig verweht waren, man konnte weder heraus noch hinein. An solchen Tagen war es unmöglich, auch nur die fünfzig bis sechzig Meter weit zu gehen, um das Essen aus der Küche zu holen, man wurde vom Sturm zu Boden geworfen. […] Am Arbeitsplatz hatte man kaum Möglichkeit, sich etwas aufzuwärmen, besonders in den ersten Jahren, als es noch keine fertigen Bauwerke gab, wo man Unterschlupf hätte finden können. Bei äußerster Kälte erlaubte man den Gefangenen, offene Feuer anzuzünden, dort drängten sich die Menschen, um wenigstens Hände und Füße ein bisschen zu erwärmen. Besonders schlimm war es, wenn einen die Purga auf dem Weg zum oder vom Arbeitsplatz überraschte. Dann ging alles drunter und drüber, die Wache verlor die Gefangenen aus den Augen, und wir kamen gewöhnlich in kleinen Gruppen ohne Wache ins Lager. Es kam vor, dass Wachsoldaten oder einzelne Gefangene zwanzig bis dreißig Meter vor dem Lager erfroren, weil sie das Lager nicht finden konnten.»[561]

In diesen Verhältnissen spielte die Bekleidung der Gefangenen eine große Rolle. Sie bestand aus Wattehosen, Wattejacken *(telogrejka)*, einem kurzen Wattemantel *(bušlat)* und Filzstiefeln *(valenki)*. «In der Regel bekam der politische Häftling keine neuen Kleidungsstücke; diese waren hauptsächlich den Lagerbeamten vorbehalten, die sie am wenigsten benötigten, da sie ja nicht im Freien arbeiteten. Alte, geflickte Kleider wärmen natürlich viel weniger als neue. Um sich vor der schlimmsten Kälte zu schützen, hüllten sich die Gefangenen in alle möglichen Fetzen. Das Gesicht wurde gewöhnlich durch eine Maske geschützt. In voller *Uniform* sah man aus wie ein Bär, wir erkannten einander oft gar nicht.»[562] Nach so einem winterlichen harten Arbeitstag stürzten sich die Sträflinge wie eine Horde wilder Tiere in ihre Baracke, «jeder auf seinen Platz, um sich zunächst ein wenig zu erwärmen. Alle waren von Kopf bis Fuß in Wattekleider gehüllt; an Mund, Nase und Augen hingen ihnen Eisklumpen, die sie bis zur Unkenntlichkeit veränderten. Die Hände waren steifgefroren, so dass keiner imstande war, die Knöpfe aufzumachen oder die Schnüre loszubinden, mit denen man sich umwickelt hatte, um sich ein wenig vor dem Wind zu schützen.» Dann sah man sich auf die Hilfe von Kameraden angewiesen, die krankheitshalber von der Arbeit dispensiert waren.[563]

«In den Lagern gab es Brigaden, die aus völlig ausgemergelten, erschöpften Menschen bestanden; sie wurden *Inder* genannt, weil sie von der schweren Arbeit und dem Hunger so mager waren wie Gandhi. Diese Unglücklichen litten doppelt unter der Kälte. Solche Brigaden wurden für Hilfsarbeiten verwendet, die nicht direkt zum Produktionsprozess gehörten, wie Schneeräumen und verschiedene Handlangerdienste; sie bekamen als Kleidung zusammengeflickte Lumpen und statt der Filzstiefel *Burki*, das waren Schuhe aus alten, unbrauchbar gewordenen Kleidern mit Sohlen aus alten Autoreifen. Natürlich kam es da zu schweren Erfrierungen, die gewöhnlich eine Amputation notwendig machten. So wurden alljährlich Hunderte Krüppel von Norilsk in andere Lager gebracht, wo sie Kleider und Schuhe machen mussten – hätten sie selbst Kleider und Schuhe gehabt, wären sie nicht zu Krüppeln geworden.»[564]

Seit die Sowjetunion in den Zweiten Weltkrieg eingetreten war, wurde überall im Land die Versorgung der einheimischen Bevölkerung noch karger als zuvor. Dies traf Nordsibirien doppelt, weil seine Menschen während des langen Winters ausschliesslich auf die eingelagerten Vorräte angewiesen waren. Die Lagerinsassen traf es zusätzlich, weil man ihre ohnehin schon knappen Rationen weiter kürzte. Beides konnte sich aber auch zu einer drohenden Versorgungskatastrophe summieren, wenn früh einsetzender Winter und Schneestürme die Lebensmittellieferungen aus dem Süden unterbrachen. Dies war beispielsweise im Winter 1940/41 der Fall. Steiner schreibt: «Die in Dudinka lagernden Lebensmittel sollten mit der halbfertigen Schmalspurbahn zu uns gebracht werden, doch tobten so heftige Schneestürme, dass die Bahnlinie völlig verweht war. Obwohl Tausende Gefangene Tag und Nacht an der Schneeräumung arbeiteten, gelang es nicht, den Schienenstrang auszuschaufeln. Auch die drei Schneepflüge, die eingesetzt wurden, blieben bald stecken und wurden verweht. Vier Monate wohnten wir in Zelten entlang der Bahnlinie. Hier war es unerträglich. Die Pritschen waren kreisförmig aufgestellt, in der Mitte stand ein eiserner Ofen, nur dort war es warm; rund um die Pritschen lag Schnee, der Boden war vereist. Wenn wir von der Arbeit heimkehrten, waren unsere Kleider steif gefroren. Wir drängten uns um den Ofen, um die Kleider aufzutauen, da wir sie auch als Bettzeug benutzen mussten. Am Ofen war jedoch nicht für alle Platz; oft kam es zu Schlägereien. [...] Vier Monate lang war der Verkehr zwischen Dudinka und Norilsk unterbrochen. Die Lebensmittel gingen zur Neige. In Norilsk gab es nur weißes Mehl, das nicht für die Gefangenen bestimmt war. Um jedoch die Häftlinge nicht verhungern zu lassen, musste man Brot aus weißem Mehl für sie backen; auch Knödel wurden aus Weißmehl gekocht, wochenlang gab es nichts als Knödel.»[565]

Im übernächsten Winter wiederholte sich die Ernährungskrise, aber diesmal war sie nicht witterungsbedingt. Während des Krieges hatten es die Westalliierten übernommen, den Industriekomplex Norilsk über See mit Lebensmitteln zu beliefern und für den Rücktransport in Dudinka wertvolle Buntmetalle aus der Produktion zu übernehmen. Die Schiffskonvois aus Nordamerika wurden bis zur Insel Nowaja Semlja von Kriegsschiffen eskortiert. Weil Anfang Juli 1942 der für Murmansk bestimmte alliierte Geleitzug PQ 17 vor Nowaja Semlja von deutschen Flugzeugen und Unterseebooten angegriffen und weitgehend vernichtet wurde,[566] konnte Norilsk seine auf zwei bis drei Monate berechneten Vorräte nicht mehr ergänzen und musste im Winter 1942/43 hungern. Die vorhandenen Lebensmittel kamen in erster Linie den NKWD-Leuten, den Wachmannschaften und den wenigen freien Arbeitskräften zugute. «Für die Gefangenen blieb fast nichts. Die Brotration, die im Gefängnis vierhundert Gramm betrug, wurde auf dreihundert gekürzt, desgleichen geschah im Lager. Das warme Essen bestand aus den ungenießbaren Krautblättern und Salzfisch. Fleisch, Fett und Zucker verschwanden gänzlich. Um eine Katastrophe zu vermeiden, begann man, auf dem Luftweg Lebensmittel nach Norilsk zu bringen. Die Unruhe wuchs von Tag zu Tag, nicht nur unter den Gefangenen, auch unter den Freien. Den Gefangenen versprach man, sie würden alle ihnen jetzt zustehenden Lebensmittel später bekommen, aber davon wurde man nicht satt. Es vergingen Wochen und Monate, und das Essen wurde nicht besser, sondern schlechter. Auch der Salzfisch blieb aus.» Der NKWD «bereinigte» die Situation auf seine Weise, indem er Sündenböcke ausfindig machte. Man verhaftete den Versorgungschef von Norilsk und seine beiden Stellvertreter und beschuldigte sie, als konterrevolutionäre Agenten die eingelagerten Lebensmittel bewusst verdorben zu haben, um der Bevölkerung zu schaden.

Nicht einmal zwei Jahre lang «genoss» Steiner die Norilsker Lagerwelt, dann spie sie ihn schon wieder aus – in eine noch schlimmere Hölle. Die Nachricht vom Kriegseintritt der UdSSR hatte sich kaum unter den Gefangenen verbreitet, als ein NKWD-Kommando ihn von seiner Pritsche herunter verhaftete und ins Norilsker Zentralgefängnis einlieferte. Anklagepunkt: Er sei zwar jugoslawischer Staatsbürger, aber deutscher Muttersprache und deshalb ein deutscher Spion und Diversant. Wenn man bedenkt, dass er immer noch überzeugter Kommunist, wenngleich glühender Antistalinist war und um seiner politischen Überzeugung willen zuerst aus Österreich und dann aus Jugoslawien hatte fliehen müssen, so war dies ein geradezu grotesker Vorwurf, aber Logik spielte beim NKWD ohnehin keine Rolle. Zwei Jahre verbrachte Steiner im Gefängnis, in stetem Wechsel zwischen überfüllter Zelle, Einzelhaft und Aufenthalten im Gefängniskrankenhaus.

Im Lager wie im Gefängnis wurden vom NKWD mit Bedacht Kriminelle und «Politische» durcheinandergemischt, um zu verhindern, dass sich geschlossene Gesellschaften zu bilden vermochten, die sich der Kontrolle entzogen. Das Zusammenleben von «Politischen» und Kriminellen bescherte dem ohnehin schon schweren Leben der Häftlinge noch zusätzliche Gefahren. «Die Kriminellen spielten die ganze Zeit Karten. Die Spielkarten wurden aus Zeitungspapier gemacht: Man schnitt es in kleine Stücke, erzeugte Kleister aus weichem Brot und klebte jeweils mehrere Papierstücke übereinander; dann holte man einen Tintenstift aus dem Versteck und zeichnete damit die Karten. Gespielt wurde um Brot, um Suppe oder sogar um Kleidungsstücke. Oft verspielte ein Krimineller seine Rationen für mehrere Tage im Voraus; dann musste er hungern, wenn er nicht einem Neuankömmling etwas stehlen konnte oder vom Gewinner etwas geschenkt bekam; für solche Geschenke hatte er sich durch besondere Unterwürfigkeit dankbar zu zeigen. Die *Urkas* [Kriminelle] spielten aber nicht nur um ihre eigenen Kleidungsstücke, sondern auch um die der anderen Zelleninsassen. Dabei war es Ehrensache, einen *Freier* zu berauben. Das Opfer saß ahnungslos auf seinem Platz, da trat der Kriminelle an ihn heran, zeigte auf ein Kleidungsstück und sagte: Zieh das aus! Selten wagte jemand zu widersprechen. Gelegentlich wurde auch um Menschenleben gespielt. Wenn kein Einsatz zur Hand war oder wenn unter den Kriminellen ein Konflikt ausgetragen wurde, setzte man das Leben des zum Opfer Ausersehenen ein. Wer verlor, musste den Mord durchführen. War das Opfer zur Stelle, stand der Mörder auf, holte ein Werkzeug oder einen Stein und erledigte die Angelegenheit unverzüglich.»[567]

Das Wachpersonal im Lager wie im Gefängnis ging mit den Häftlingen im Allgemeinen ziemlich ruppig oder gar brutal um. Es rekrutierte sich in der Regel aus einfachen, völlig ungebildeten oder gar analphabetischen Männern, die den Handlungsspielraum, welchen das Regime ihnen ließ, häufig benutzten, um den Frust über ihre eigene gesellschaftliche Underdog-Position an den Gefangenen auszulassen, standen diese doch in der Hackordnung als völlig Rechtlose nochmals unter ihnen.

Im Mai 1943 wurde Steiner schließlich in Norilsk der Prozess gemacht. Das Sondertribunal verhängte über ihn «wegen fortgesetzter konterrevolutionärer Tätigkeit» die Todesstrafe. Da er sich aber stets geweigert hatte, Protokolle zu unterschreiben, hob der Oberste Gerichtshof der UdSSR das Urteil aus formaljuristischen Gründen erstaunlicherweise auf und verlangte eine Neuverhandlung. Daraufhin wurde der Todeskandidat auf administrativem Weg zu weiteren zehn Jahren Lagerhaft mit schwerer körperlicher Arbeit begnadigt.[568] Zunächst musste er den Dauerfrostboden für die Fundamente eines Fabrikgebäudes aufhacken, arbeitete dann beim Unterhalt der Eisenbahnstrecke von Norilsk nach Dudinka, wurde zum Weichensteller befördert und durfte sich wegen seiner Wiener Herkunft als Lagerkoch versuchen.

Im Frühjahr 1944 verlegte der NKWD ihn wieder nach Dudinka. Dort arbeitete er im Hafen, zunächst als Schauermann, später als Übernahmeinspektor. Gegenüber Norilsk erschien der Lagerbetrieb in Dudinka ihm als «fideles Gefängnis», weil Häftlinge, Freie und Verwaltungspersonal unter einer Decke steckten, wenn es darum ging, beim Ausladen der Schiffe Waren beiseitezuschaffen.[569] Da seit 1944 die deutsche Wehrmacht den alliierten Schiffskonvois kaum mehr etwas anhaben konnte, trafen immer mehr Transporte aus Nordamerika und England ein. Nun kam wieder die bewährte sowjetische *pokasucha* zum Einsatz – das Vortäuschen nicht existierender Tatsachen. «Zum Ausladen der Schiffe wurden nur Freie herangezogen; sie erhielten zu diesem Zweck spezielle Kleider und Schuhe, die sie nach Beendigung der Arbeit der Hafenverwaltung zurückgeben mussten. Für die ausländischen Schiffe gab es besondere Anlegestellen, weit weg von dem Ort, wo die Gefangenen arbeiteten.»[570]

Im Sommer 1945 schob der NKWD Steiner wieder zurück nach Norilsk. Zu Beginn seiner Karriere im Norillag hatte er beim Aufbau des großen Hüttenwerks BMS mit Hand angelegt: «Damals war es ein riesiger Bauplatz gewesen, wo Zehntausende Gefangene mit Spitzhacken, Schaufeln und Spaten den ewigen Frostboden aufgruben. Dann wurde die kleine Metallgießerei fertig, die nur sehr wenig produzierte. Nun sah man rechts und links, soweit das Auge reichte, große Anlagen mit riesigen Schloten, Hallen, Werkstätten, Lagerhäusern. Ein dichtes Schienennetz überzog das ganze Gelände, aus allen Schloten qualmte Rauch. Auf Loren, von Lokomotiven gezogen, wurde die heiße Erzschlacke zur Halde transportiert. Auf den noch unverbauten Plätzen arbeiteten Gefangene mit den gleichen Werkzeugen wie seinerzeit meine Kameraden und ich an der Errichtung weiterer Betriebe, die noch mehr wertvolles Buntmetall liefern sollten.»[571]

In Norilsk arbeitete Steiner als Erdarbeiter, Ladeinspektor und schließlich Transportarbeiter im streng geheimen Hüttenwerk zur Kobaltgewinnung. Im Frühjahr 1948 gelang es ihm über sein Beziehungsnetz, in die Schlosserei der Norilsker Kommunalverwaltung und schließlich in die Transportaufsicht des Bahnhofs Norilsk II versetzt zu werden. Dort genoss er ein hohes Maß an Bewegungsfreiheit. Als der anlaufende Kalte Krieg die Lebensmittellieferungen aus Nordamerika zum Erliegen brachte, übernahm im Norillag wieder Meister Schmalhans das Küchenregime, zumal die beiden ersten Nachkriegsjahre in der Sowjetunion ohnehin Hungerjahre waren. Daher ging auch in Norilsk die Produktivität in der Industrie stark zurück.

Als im Sommer 1948 Tito-Jugoslawien die Vormundschaft der Sowjetunion abschüttelte, sah Steiner sich vor eine völlig neue Situation gestellt. Plötzlich begann man ihn zu umwerben. Das Manöver war durchsichtig. Der NKWD wollte ihn als Belastungszeugen zur Desavouierung des Tito-Regimes gewinnen und bot ihm dafür die Freiheit an. Steiner lehnte ab und wurde daraufhin Anfang September 1948 per Schiff nach Krasnojarsk spediert. Anders als sein Genosse Otto Heller, der die Reise neunzehn Jahre zuvor als Oberdeckspassagier absolviert hatte, um sich von den Segnungen des Kommunismus im «Zukunftsland Sibirien» zu überzeugen (Quelle 5.5), reiste Kommunist Steiner im Unterdeck, das der NKWD in ein Gefängnis umgerüstet hatte. Der Name des Schiffs – *Josef Stalin* – passte mit seinen beiden gegensätzlichen Passagierwelten bestens zu dieser Reise.

Im Etappenlager Krasnojarsk herrschten Kriminelle, die auf ihren Abtransport nach Norilsk warteten. Zu fünfundzwanzig Jahren Zwangsarbeit verurteilt, hatten sie nichts mehr zu verlieren und plünderten Neuankömmlinge bis aufs Hemd aus. Die Beute wurde mit Hilfe der NKWD-Wachen, sogar der Offiziere, aus dem Lager geschafft und verhökert, der Erlös geteilt.[572] Von Krasnojarsk verschlug es Steiner in das schon seit der Zarenzeit berüchtigte Gefängnis Alexandrowski Zentral bei Irkutsk, wo er ein Jahr lang einem verschärften Haftregime unterlag. Als er dieses abgebüßt hatte, begnadigte der NKWD ihn erneut zu Lagerhaft, und zwar im Lager Taischet zwischen Irkutsk und Krasnojarsk, dessen Insassen für den Bau der neuen Eisenbahnstrecke nach Bratsk zu schuften hatten. Dort blieb Steiner von Februar 1950 bis September 1953. Dann hatte er seine Lagerhaft absolviert und wurde zu lebenslänglicher Verbannung im Gebiet Krasnojarsk «begnadigt». Im Frühjahr 1956 wurde er rehabilitiert und konnte im Sommer zusammen mit seiner Frau, welche die ganze Haftzeit in Moskau auf ihn gewartet hatte, die Sowjetunion verlassen – die «Pestgrube», wie der immer noch überzeugte Kommunist ihr als Abschiedsgruß hinterherrief.[573]

## Fluchtversuche
Als Karl Steiner im Winter 1939/40 in eines der vielen Lager in und um Norilsk eingeliefert wurde, erlebte er gleich am ersten Arbeitstag beim Ausmarsch einen Albtraum, aber einen realen: «Am Torpfosten hing ein nackter Leichnam, Hände und Füße mit

Draht gebunden, den Kopf zur Seite geneigt, die starren Augen halb offen, darüber eine Tafel: *So ergeht es jedem, der in Norilsk einen Fluchtversuch unternimmt!*» Der Tote kam ihm irgendwie vertraut vor, aber erst später fiel ihm ein, wer das war: ein Bekannter aus einem früheren Lager. Während der folgenden Tage versuchte er Näheres über die Todesumstände herauszubekommen und erfuhr schließlich von einem Lagerarzt, dass er richtig vermutet hatte, sein Bekannter aber nicht auf der Flucht, sondern an Entkräftung im Lagerspital gestorben war.[574] Der NKWD hatte auf perfide Art den Leichnam missbraucht, um den Gefangenen Fluchtgedanken durch eine Schocktherapie auszutreiben.

Fluchtpläne wälzten im Gulag fast nur Neuankömmlinge, denen noch nicht bewusst war, welche Risiken sie eingingen. Die alten Lagerhasen kannten sich da besser aus. Das Gebiet, das man durchqueren musste, bevor man reguläre Siedlungen erreichte, war riesig und so gut wie unbewohnt. «Die Tundra ist zum Großteil versumpft und nur im Winter passierbar», notiert Steiner, «darum flüchteten die meisten im Winter, Kälte und Schnee schienen ihnen leichter zu bewältigen als die Sümpfe und die Mücken, gegen die es im Sommer keinen Schutz gab. Auch die zahllosen Flüsse, welche die Tundra und die Taiga durchqueren, bilden im Sommer fast unüberwindliche Hindernisse. Dagegen besteht keine Gefahr, auf Menschen zu stoßen, denn so weit wagen sich auch die Jäger nicht hinaus.» Nur Rentiernomaden leben in den Weiten der Tundra. Wenn der Flüchtling auf ein Nomadencamp trifft – voller Hoffnung auf gastliche Aufnahme und Nahrung –, scheint er vorübergehend in Sicherheit zu sein. «Der Fremde ist ein gern gesehener Gast, und wenn er gar Spiritus bei sich hat, wird er freudig willkommen geheißen. Nachts wird sich auf seinem Schlafplatz die Frau oder die Tochter des Gastgebers einfinden, was bei den Nomaden als besondere Ehre gilt. Der Fremde wird nicht gefragt, wer er sei, er wird mit grünem Tee bewirtet, der mit Salz und Rentierfett getrunken wird. Später will der Nomade, vom NKWD angelernt, wissen, ob der Gast Dokumente besitze; wenn er keine hat, wird er noch besser bewirtet. Während der Flüchtling die Gastfreundschaft genießt und sich über die freundliche Aufnahme freut, ist schon jemand auf dem Weg zum nächsten NKWD-Posten (solche Posten befinden sich in der Wildnis in Abständen von drei- bis fünfhundert Kilometern). Auf Rentier- oder Hundeschlitten eilen nun NKWD-Leute herbei, um den Flüchtling festzunehmen. Für jeden eingefangenen Flüchtling bekommt der Nomade vom NKWD die gleiche Belohnung wie für das Fell eines Silberfuchses.»[575]

Um in der Taiga zu überleben, griffen die Flüchtigen gelegentlich zu verzweifelten Mitteln. Die Wolgadeutsche Viktoria Petri, geb. Walter, die 1943/44 in Ust-Chantaika als Erzieherin in einer Waldschule arbeitete, erzählt: «Auf einem unserer Spaziergänge durch die Tundra, in der Nähe der Baracke, ging plötzlich der kleine, vierjährige Aljoscha verloren. Die ganze Gegend wurde abgesucht; man fand nichts. Erst später erfuhren wir von den Einsatzkräften, dass mein Aljoscha das Opfer einer Häftlingsgruppe aus Norilsk geworden war, die das Jungchen gegessen hatten. Die gesamte Gruppe wurde am Fluss Chantaika erschossen. Der Tod dieses kleinen Jungen ging mir zu Herzen und machte mir lange zu schaffen, denn irgendwann kehrte sein Vater von der Front nach Dudinka zurück. Jedoch wollte er gegen die Waldschule kein Strafverfahren anstrengen, sondern beurteilte die Angelegenheit vielmehr als einen tragischen Unglücksfall.»[576]

Nach Kriegsende häuften sich im Norillag die Fluchtversuche, zum einen weil die von der Front zurückgekehrten Wachsoldaten in ihrer Dienstauffassung viel laxer waren, zum anderen weil der Krieg viele NKWD-Archive vernichtet und die Bevölkerung durcheinandergewirbelt hatte, so dass eine gewisse Hoffnung bestand, wenn man erst einmal bewohnte Gebiete erreicht hatte, dort untertauchen und wieder in Freiheit leben zu können. Einigen wenigen gelang dies auch.[577]

Manchmal war es aber auch die schiere Verzweiflung, die sich plötzlich in einer Fluchtaktion Luft machte, so bei Dudinka im Winter 1944/45. «Weit vom Hafen entfernt war eine Gruppe von fünfzig Katorganern damit beschäftigt, Rundholz aus dem Eis des Jenissej loszuhacken. Das Holz war auf Flößen herangebracht, aber nicht rechtzeitig ausgeladen worden und festgefroren. Die Häftlinge arbeiteten unter starker Bewachung. Einigen von ihnen gelang es, einen Soldaten zu packen und ihm die Maschinenpistole zu entreißen; sie töteten zwei Soldaten und verwundeten drei weitere. Ein sechster entkam und schlug Alarm. Inzwischen flüchteten fünfundvierzig Gefangene, fünf wollten nicht fliehen und blieben am Platz. Innerhalb weniger Stunden wurden die Flüchtigen gefasst. Sie wurden an Ort und Stelle erschossen, bis auf drei, die man am Leben ließ, um sie als Zeugen zu verwenden. Uns alten Gefangenen war es ein Rätsel, wie die Katorganer sich auf einen so aussichtslosen Fluchtversuch hatten einlassen können. Selbst wenn man sie nicht eingeholt hätte, wären sie irgendwo in der endlosen Eiswüste umgekommen. Wir hatten nur eine Erklärung: Die Lage der Katorganer war derart verzweifelt – die meisten hatten zwanzig bis fünfundzwanzig Jahre abzubüßen –, dass sie sich zu einer Art Selbstmord entschlossen hatten.»[578]

Schlimmeres hat 1949 der Litauer Bronjus Zlatkus erlebt, der im Lager Nr. 1 (Kohlenbach, *Ugol'nyj ruč'ej*) am Fuß der Rudnaja gora im Bergwerk schuftete. Von den ca. 10 000 Lagerinsassen bestand die Mehrheit aus Kriminellen. Im April 1949 flohen zwei Häftlinge. Nach einer Woche wurden die beiden geschnappt. «Morgens traten die Brigaden zum Appell an. Es blies ein kalter Wind, 20 Grad minus. Mein Gott! Was sahen wir am Tor der Hauptwache! Am Wachtgebäude zwei Burschen, mit nacktem Oberkörper, blau von Schlägen, mit Stacheldraht an Pfosten gefesselt. Sie zeigten noch Lebenszeichen. Vieles habe ich im Lager erlebt: Hunger, Erniedrigung, das Balancieren auf der Grenze zum Tode. Doch eine solche Verhöhnung des Menschen erschütterte alle! Wir sollten begreifen, dass man dem Lager nicht entkommen kann. So dachten die Tschekisten.»[579]

### Die «Republiken von Norilsk» ...

Unerhörtes ereignete sich im Frühsommer 1953. Im Norilsker Sonderlager, dem Gorlag mit seinen über 19 500 Insassen, weigerten sich die Häftlinge, zur Arbeit zu gehen, wochenlang, teilweise sogar monatelang. Es war der erste große Massenstreik in der Sowjetunion der Stalinzeit, und er fand ausgerechnet dort statt, wo die Staatsmacht die strikteste Kontrolle ausübte – im Imperium des GULAG.[580] Wie kam es dazu? Nur wenig später hat man sich dafür auch im Westen interessiert und zu diesem Zweck sogar einige japanische Spätheimkehrer befragt, die 1953 in den Norilsker Sonderlagern 3 bis 5 dabei gewesen waren.[581] In meiner Darstellung folge ich weitgehend der Rekonstruktion des Geschehens durch die derzeit beste Kennerin, Alla Makarowa.[582]

Unruhen hatte es schon immer gegeben, aber sie blieben auf einzelne Lager beschränkt und kontrollierbar. Als die deutsche Wehrmacht im Juni 1941 die Sowjetunion überfallen hatte, beflügelten ihre Anfangserfolge in verschiedenen Lagern des NKWD antisowjetisch Gesinnte, nicht zuletzt deportierte Wolgadeutsche und Balten, dazu, geheime Gruppen zu bilden, um einen bewaffneten Aufstand anzuzetteln. Schon im August 1941 war im Norillag eine 20 Personen zählende antisowjetische Gruppe ausgehoben worden, die aus gestohlenem Sprengstoff drei Bomben gebastelt hatte.[583] Am 18. November flog eine Gruppe auf, die sogar 100 Mann zählte, aus ehemaligen Sowjetarmisten und Arbeitssiedlern *(Trudposelency)* bestand, und deren Angehörige in der Schlosserei des Kombinats bereits 20 Handgranatenmäntel, mehrere Dolche sowie Krallen zur Unterbrechung der Telefonleitungen gebaut hatten.[584] Und am 5. Februar 1945 vermeldete der NKWD stolz, er habe im Norillag sechs «Kampfgruppen» zerschlagen, die einen bewaffneten Ausbruch geplant hätten.[585]

Dafür dass 1953 der große «Aufstand» entbrennen konnte, brauchte es Voraussetzungen, die letztlich in dem spezifischen Nährboden eines verschärften Strafregimes für aus politischen Gründen Verurteilte wurzelten. Anfang 1953 bildeten den Norilsker Gorlag, der speziell für «Politische» geschaffen worden war, sechs große Einzellager mit je 3500 bis 6000 Zwangsarbeitern – darunter ein Lager mit etwa 500 Frauen, die eine Sonderzone innerhalb des allgemeinen Frauenlagers bewohnten.

Aber es bedurfte innerhalb der Lager einer veränderten Mentalität, um aktiven Widerstand wachsen zu lassen. Hauptursache war die veränderte Zusammensetzung der Lagerbelegschaft nach dem Krieg. Auch wenn in die Sonderlager Seki aus Normallagern strafversetzt wurden, bestand die Mehrheit der Insassen nun aus ehemaligen sowjetischen Frontsoldaten, die aus deutscher Kriegsgefangenschaft heimgekehrt waren, ferner aus ehemaligen «Ostarbeitern», ukrainischen, polnischen, weißrussischen und baltischen Widerstandskämpfern, ehemaligen russischen Emigranten und Ausländern. Insgesamt 68 Nationalitäten waren im Gorlag vertreten, der durchschnittlich 20000–30000 Häftlinge zählte (von insgesamt 80000–100000 im Norillag). Diese Mischung war für die Lagerleitung brisant. Die Ausländer bildeten rasch ihre eigenen, in sich geschlossenen Zirkel, in die auch Spitzel kaum einzudringen vermochten, weil die Ausländer nicht nur antisowjetisch, sondern auch antirussisch gesinnt waren. Sie, aber auch die ehemaligen russischen Sowjetarmisten waren meist jung, kampferprobt, furchtloser als die gewöhnlichen Seki und ließen sich nicht alles bieten. Die Lagerleitung versuchte sie durch Kapos und Brigadiere aus Kreisen der Schwerkriminellen zu disziplinieren, aber anders als in Normallagern wurde das für die Verbrecher ein lebensgefährlicher Job, auch für Spitzel, denn nicht wenige von ihnen wurden umgebracht. Zusätzlich verschärfend wirkte sich aus, dass die Wachmannschaften des Gorlag die Erlaubnis hatten, bei «Gefahr im Verzuge» von ihrer Schusswaffe nach eigenem Ermessen Gebrauch zu machen, und dies auch taten, da es für die Verhinderung eines angeblichen Fluchtversuchs oder Verlassens der «Zone» Prämien und Sonderurlaub gab.

Erkennbare Dynamik in das innere Leben des Gorlag brachte eine Etappe mit 1200 Sonderhäftlingen, die Anfang September 1952 aus den Lagern Karaganda und Taischet in den Gorlag verlegt wurden, weil sie als besonders renitent galten und im Norillag zur Raison gebracht werden sollten. Es handelte sich bei ihnen größtenteils um Westukrainer und Balten aus der antisowjetischen Widerstandsbewegung, junge, furchtlose Leute. Sie erhielten eigene Nummernserien, um sie besser identifizieren zu können (U und F). Gerade sie wurden nun zu Kristallisationskernen des inneren Widerstandes und im Frühjahr 1953 zu den Initianten von Streikkomitees. Noch 1952 stießen zu ihnen 1000 Häftlinge, die beim Bau der Subpolarbahn Salechard–Igarka eingesetzt gewesen waren und auch dort Unruhen angezettelt hatten, ferner Häftlinge aus dem Lagerkomplex Omskstroi, wo bei Unruhen ein Aufseher und ein Offizier ums Leben gekommen waren (Quellen 6.3.2 und 6.3.3).

Die latente Unruhe im Gorlag wurde durch Stalins Tod am 5. März 1953 noch verschärft. Dass die Amnestie anlässlich seines Todes nur den Kriminellen und den zu kürzeren Haftzeiten Verurteilten zugutekam, nicht aber den nach § 58 des Strafgesetzbuchs der RSFSR aus politischen Gründen Verurteilten, schürten Wut und Widerstandswillen.

Der Lagerleitung blieb dies nicht verborgen. Sie wurde zunehmend nervös, weil man einen Aufstandsversuch befürchtete. Sie wies daher die Wachmannschaften an, bei der geringsten Widersetzlichkeit sofort von der Schusswaffe Gebrauch zu machen. Daraus erwuchs eine erste Welle teilweise offensichtlich gezielter Provokationen. Am 21. Mai schleuste der Kommandant des Gorlag, Generalmajor Semjonow, in die zweite Lagerabteilung mit Messern bewaffnete Verbrecher ein, die dort wahllos Häftlinge niederstachen. Daraufhin legten die Insassen für fünf Tage die Arbeit nieder. Dies war die erste Massenreaktion. Als am 23. Mai bei der Verlegung einer Gruppe von Häftlingen aus der ersten Lagerabteilung zwei Angehörige einer christlichen Gemeinschaft, die getrennt werden sollten, darum baten, zusammenbleiben zu dürfen, zog Oberleutnant Schirjajew, der den Transport leitete, auf der Stelle seine Pistole, erschoss den einen und verwundete den anderen schwer.[586] Am 25. Mai sollte eine Gruppe von Konvoisoldaten 16 Häftlinge aus dem Strafisolator der vierten Lagerabteilung in die fünfte Lagerabteilung eskortieren. Statt wie üblich den Häftlingen zu gestatten, ihre Säcke auf die Lastwagenpritsche zu laden und sich dann darauf zu setzen, befahl der kommandierende Unterführer, Feldwebel W. I. Zygankow, das Gepäck in den Frühjahrsschlamm zu legen und erst dann aufzuladen. Doch die ob dieser Schikane aufgebrachten Häftlinge warfen die Säcke wieder in den Schlamm zurück. Daraufhin befahl Zygankow, das Gepäck mit dem Laster abzutransportieren, während die Häftlinge zu Fuß marschieren sollten, obgleich die meisten nicht einmal richtiges Schuhwerk besaßen. Die Häftlinge reagierten mit einem Sitzstreik und riefen nach einem Offizier. Daraufhin verlangte Zygankow barsch den Namen des Initianten. Die Häftlinge wiesen auf den Mittleren in der ersten Reihe mit der Nummer F-630. «Erste Fünferreihe aufstehen!» befahl Zygankow. Niemand rührte sich. Daraufhin brüllte Zygankow: «Nummer F-630 – aufstehen!» Als dieser sich ebenfalls nicht rührte, trat der Feldwebel an ihn heran und schoss ihn in den Kopf. Das Opfer war Emil Sofronik, ein 25-jähriger Deutscher aus der Ukraine, der mit der Karaganda-Etappe nach Norilsk gekommen war. In einem Rechtfertigungsschreiben vom 2. September 1954 an das Untersuchungsgericht suchte Zygankow sein Vorgehen damit zu begründen, dass man einen allgemeinen Lageraufstand befürchtet habe und die Wachen daher angewiesen worden seien, in allen Situationen, bei denen der Normalbetrieb unterbrochen wurde (Schichtwechsel, Verlegung von Häftlingen usw.) jegliche Unregelmäßigkeit strikt zu ahnden, um die Kontrolle zu behalten; so habe man verhindern wollen, dass die Häftlinge den Konvoi entwaffneten und die Kontrolle über die Lager gewännen, «sich in den Besitz der übrigen Waffen und Waffenarsenale setzten, [...] schließlich Norilsk und Dudinka in ihre Hand brächten und danach über Radio mit den USA Kontakt aufnähmen».[587] Es scheint, als ob in den Hirnen der Verantwortlichen vom NKWD die Kalte-Krieg-Propaganda geradezu apokalyptische Ängste ausgelöst hat und dass man zu allem entschlossenen ehemaligen «Waldbrüdern» aus der Westukraine und Litauen sogar die Eroberung von Städten zutraute.

In dieser aufgeheizten Stimmung bedurfte es nur noch eines Funkens, um den Widerstand auch auf andere Lagerabteilungen überspringen zu lassen. Für den Ausbruch des Streiks in der fünften Lagerabteilung war ein Vorfall verantwortlich, über den es verschiedene Versionen gibt und der wahrscheinlich am 26. Mai passierte. Abends gegen 19 Uhr war im benachbarten Frauenlager (Lagerabteilung 6) Schichtwechsel, und 300 Frauen waren am Tor angetreten, um zur Nachtschicht in die Ziegelei abzumarschieren. Am Stacheldrahtzaun des unmittelbar anschließenden Männerlagers gab es einen kleinen Auflauf, weil die Häftlinge sich mit den Frauen unterhalten wollten (was die Lagerleitung später als «antisowjetische Verabredungen» klassifizierte). Daraufhin gab der diensthabende Feldwebel Djatlow eine Reihe von Feuerstößen aus seiner Maschinenpistole ab, die mehrere Häftlinge töteten und verwundeten. Querschläger verletzten sogar einen unbeteiligten Insaßen der nächstgelegenen Männerbaracke. Am folgenden Morgen verweigerten alle 5000 Insassen der fünften Lagerabteilung den Ausmarsch zur Arbeit und zogen eine große schwarze Flagge auf. Auch die Frauen der sechsten Lagerabteilung legten die Arbeit nieder, ja sie traten sogar in einen siebentägigen Hungerstreik und blieben einfach auf ihren Pritschen liegen.[588] Der Weißrusse Ryhor Klimowitsch aus der vierten Lagerabteilung befand sich zur Zeit des Zwischenfalls gerade auf Schicht innerhalb der umzäunten Baustelle des Gorstroi, die direkt an die Hauptstraße der Stadt angrenzte und nur einen halben Kilometer vom Lager 5 entfernt lag. Nach der Schießerei ließen die 1500 Häftlinge auf der Baustelle die Dampfsirene so lange heulen, bis alle Seki zusammengelaufen waren und zu schreien begannen. Ihre Stimmen vereinigten sich zu einem einzigen Dauerschrei, der auch im Lager 5 gehört und aufgenommen wurde. Plötzlich wurde die Stimme zu einer gewaltigen Waffe gespürter Solidarität und Stärke, nun konnte man die ganze angestaute Wut herauslassen. Auf den Balkonen und in den Fenstern der angrenzenden Stadtstraße erschienen Einwohner und wurden Zeugen des Ganzen, und dies verhinderte auch, dass die Lagerleitung sofort mit Waffengewalt reagieren konnte. Nachdem man sich müde geschrien hatte, nahmen die Häftlinge die Arbeit nicht wieder auf und weigerten sich, die Bauzone zu verlassen. Um elf Uhr abends erschienen die leitenden Offiziere und Chefs auf dem Bauplatz, um die Ordnung wiederherzustellen, vermochten aber nichts auszurichten. Im Gegenteil: Noch in der Nacht bildeten die auf der Baustelle versammelten Seki ein Streikkomitee.[589]

Damit kam der Aufstand ins Rollen. Doch die Lagerleitung fuhr mit ihren Provokationen fort. Selbst noch am 4. Juni drohten in den Strafisolator der dritten Lagerabteilung eingeschleuste Verbrecher zwei dort einsitzende «Politische» niederzustechen. Darauf schrien die beiden um Hilfe, woraufhin andere Häftlinge ihre Zellentür aufbrachen, mit ihnen in den Hof des Strafisolators rannten und dort nach dem Chef des Gorlag riefen. Aus Angst vor Vergeltung machten sich die Verbrecher über das Dach davon. Dann rückten 50 bis 70 knüppelbewaffnete Wachsoldaten ins Lager ein und begannen die in den Hof des Isolators geflüchteten Häftlinge gewaltsam wieder in ihre Zelle zu treiben. Auf deren Schreie hin kamen ihnen andere Häftlinge zu Hilfe und durchbrachen den Sicherheitszaun um den Strafisolator. Inzwischen war Generalmajor Semjonow vor Ort erschienen, um an der Krankenstation mit Häftlingen wegen eines Schwerverletzten zu verhandeln. In diesem Moment ließ der Kommandant der Wachmannschaft, Major Polostjanoi, das Feuer auf alle Häftlinge eröffnen, die sich blicken ließen. General Semjonow rannte auf die Schüsse hin zum Strafisolator, wo er nur etwa 20 m von Polostjanoi entfernt war, ballte die Fäuste über den Kopf und schrie: «Polostjanoi! Was machst du, du Hurensohn! Sofort aufhören!» Aber schon lagen vier Tote und 17 Verwundete am Boden, von denen zwei bald starben.[590] Nun rief auch Lager 3 einen unbefristeten Streik aus. Das Mittel der Provokationen und des harten Durchgreifens hatte das Gegenteil von dem bewirkt, was die Lagerleitung erreichen wollte: Statt die volle Kontrolle über den Gorlag zu behalten, begann diese ihr zu entgleiten.

Der «Norilsker Aufstand» setzte in den verschiedenen Unterlagern nicht gleichzeitig ein und war nicht zentral koordiniert. Nur Gerüchte sprangen von Lager zu Lager über. Er begann am 21. Mai im Lager 2, das weit abseits neben dem Bergwerk Kajerkan lag, dauerte aber nur wenige Tage. Er fand seine Fortsetzung am 26. Mai nach der Erschießung Emil Sofroniks mit der Arbeitsniederlegung in der vierten Lagerabteilung (3500 Insassen) und den in der Umzäunung des Gorstroi verbliebenen 1500 Häftlingen. Die sechste Zone (Frauenlager) streikte seit dem Morgen des 28. Mai nach der Erschießung der Häftlinge im Wohnbereich der fünften Lagerabteilung. Die erste Lagerabteilung begann erst am 1. Juni zu streiken und die dritte Lagerabteilung am 4. Juni nach dem Vorfall am Strafisolator und der Erschießung von Häftlingen durch Major Polostjanoi.[591]

Insofern die verschiedenen Lager Sichtkontakt hatten, lief die Verständigung über Flaggensignale (Semaphor), wie sie noch während des Krieges bei der Flotte und den Panzertruppen gebräuchlich waren.[592] «Ich erinnere mich an Leute auf den obersten Plattformen der Kräne im Gorstroi (unsere Schule lag gerade daneben), welche Flaggensignale übermittelten», berichtet der damals sechzehnjährige Oleg Remeiko.[593] Ryhor Klimowitsch, der in Lager 4 am 25. Mai zum Mitglied des Streikkomitees gewählt worden war, schreibt: «Am Morgen des 26. Mai gab ein Matrose mit Winkflaggen die Information darüber an Lager 5 durch, und dieses antwortete auf dieselbe Weise, dass auch sie ein Streikkomitee gebildet hätten».[594]

Um ihre Trauer über die Toten und ihre Wut sichtbar zu machen, hissten die Streikenden in den Wohnzonen auf den Barackendächern und in den Bauzonen auf den

Spitzen der Kräne schwarze Fahnen. Die NKWD-Offiziere sahen sich dadurch in ihrer Vermutung bestätigt, dass in den Lagern Anarchisten am Werk seien. Aber auch bei den Häftlingen, insbesondere den Russen unter ihnen, wurden Befürchtungen laut, dass man damit an die Stadtbevölkerung falsche Signale aussenden könnte, so dass man dazu überging, viele der schwarzen Fahnen mit einem roten Streifen zu versehen.[595] Dieser sollte nach Antanas Volungiavičus signalisieren: Wir leisten Widerstand «bis zum letzten Blutstropfen».[596] Die russischen Häftlinge zogen auch rote Fahnen mit schwarzem Trauerflor auf.[597] Der Schüler Oleg Remeiko will auch blaugelbe Fahnen gesehen haben, also die ukrainischen Nationalfarben.[598] Das erscheint durchaus plausibel, wenn man bedenkt, dass die besonders radikale dritte Lagerabteilung zu 80 Prozent aus Westukrainern bestand.[599]

Ihre Forderungen an die Lagerleitung malten die Streikenden auf große Bretter und in den Bauzonen auf die Hauswände. Anfänglich waren diese von den Ausländern bestimmt und dementsprechend radikal: «Freiheit für die Völker und den Menschen!»; «Nieder mit Gefängnis und Lager!»; «Wir verlangen die Rückkehr zu unseren Familien!» und auf einem großen Schild: «Moskau, an die Regierung. 1. Wir fordern eine Regierungskommission. 2. Wir fordern strenge Bestrafung der für die Erschießung von Häftlingen Verantwortlichen. 3. Wir fordern die Achtung der Menschenrechte!»[600] Dort, wo die Losungen für die Stadtbevölkerung allzu sichtbar waren wie im Gorstroi, ließ die Lagerleitung sie so schnell wie möglich wieder übermalen.[601] Wenn es darum ging, die Zivilbevölkerung von Norilsk zu informieren, kannte der Erfindungsreichtum der Streikenden keine Grenzen. In der dritten und vierten Lagerabteilung stellte man Papierdrachen her, die Flugblätter über der Stadt abwerfen konnten. In Lager 4 von einem ukrainischen Typographen auf Steinen gedruckt mit allem Papier, das man im Lager auftreiben konnte oder auch handgeschrieben, wurden je 300 Flugblätter in einer Röhre an sieben Papierdrachen gebunden; unter der Röhre hing eine brennende Lunte, die nach einigen Minuten Flug den Faden, der die Röhre zusammenhielt, in Brand setzte, so dass die Flugblätter auf die Stadt hinabregnen konnten.[602] Auf den Flugblättern war zu lesen: «Man erschießt uns und hungert uns aus. Wir wünschen eine Regierungskommission. Bitten die Sowjetbürger, die Regierung über die Willkür gegen die Seki in Norilsk zu informieren. Die Katorgahäftlinge des Gorlag».[603] Lager 3 druckte seine Flugblätter auf dem Papier von Zementsäcken.[604] Einige Flugblätter flogen sogar bis nach Igarka. Insgesamt wurden etwa 40 000 Flugblätter abgeworfen. Da Versuche des NKWD, die Drachen abzuschießen, keinen Erfolg hatten, wurden spezielle Jagdbrigaden aus Komsomolzen und Parteimitgliedern durch die Stadt gehetzt, um die Flugblätter aufzulesen. Doch schon die erste Flugblattserie führte dazu, dass der NKWD die Versorgung der Lager wieder aufnahm. So etwas hatte bis dahin noch keine Widerstandsaktion erreicht.[605] In der Folgezeit wurden Parolen und Forderungen der Streikkomitees gemäßigter, um die Chancen ihrer Verwirklichung zu verbessern.[606] Und die Zivilbevölkerung in Norilsk, wie reagierte sie? «Welch unheilschwangere Stille herrschte in der Stadt zur Zeit des Aufstandes der Seki!», erinnert sich Albina Brilewa. «Niemand schoss. Die Chefs kamen. Die Bevölkerung starb fast vor Spannung: Wie wird es weitergehen? Ich verstand: Die Leute fühlten insgeheim mit den Seki mit …»[607]

Der Massenstreik stürzte die Leitung des Gorlag in völlige Verwirrung. Auf eine derartige Aktion war man nicht vorbereitet und sah sich zwischen Scylla und Charybdis. Einerseits drängten sich massive Gegenmaßnahmen auf, weil die gesamten Bauarbeiten an Wohnhäusern und Fabrikanlagen zum Stillstand gekommen waren, und das ausgerechnet während der so wichtigen kurzen Sommersaison. Es zeichnete sich ab, dass man den Jahresplan nicht würde einhalten können. Andererseits befand man sich nicht mehr in der Ära Stalin, und die Erstürmung der über das Stadtgebiet verteilten Lagerzonen unter einem Kugelhagel hätte bei der Zivilbevölkerung einen denkbar schlechten Eindruck hinterlassen. Daher wartete man das Erscheinen der von den Streikkomitees geforderten bevollmächtigten Delegation aus Moskau ab.[608] Aber an Stelle Staatspräsident Woroschilows und Marschall Schukows, wie es sich die Streikenden vorgestellt hatten,[609] flog am 5. Juni nur Oberst M. W. Kusnezow ein, der Chef der Gefängnisverwaltung im Innenministerium. Dieser erklärte, er komme im persönlichen Auftrag Berijas, um mit den Streikkomitees zu verhandeln. Während der folgenden Woche besuchte er jedes streikende Lager, um den Forderungen zu lauschen und sich ein Bild von der Lage zu verschaffen. Dann versuchte er den gordischen Knoten mit einer Kombination von Zuckerbrot und Peitsche zu durchschlagen. Am 15. Juni erklärte die von Kusnezow geleitete Kommission sich zu folgenden Zugeständnissen bereit: 1. Die diskriminierenden Nummern auf der Häftlingskleidung seien zu entfernen; 2. Briefe an Angehörige sollten einmal im Monat erlaubt sein; 3. Die Arbeitstage wolle man von zehn auf neun Stunden reduzieren; andere Forderungen würden noch überprüft.[610] Das waren minimale Zugeständnisse. Allerdings schlug Kusnezow in einem Geheimbericht an die Zentrale des MWD in Moskau sogar weiter gehende Verbesserungen vor, für die er selber vor Ort offensichtlich nicht die Verantwortung übernehmen wollte: dass die Häftlinge genau wie in «normalen» Arbeitslagern den Besuch Angehöriger empfangen dürften; dass die Gitter von den Fenstern der Wohnbaracken zu entfernen und die Barackentüren nachts nicht mehr zu verriegeln seien. Ferner: freier Besuchsverkehr der Häftlinge innerhalb der Wohnzone bis zum Abendsignal; Ausarbeitung eines verbindlichen Lagerregimes; Angleichung des Platzanspruchs der Seki an die 2 Quadratmeter der ITL; alle zwei Monate Überprüfung des Status jedes Häftlings hinsichtlich einer Verlegungsmöglichkeit in ein Normallager.[611]

Schon die öffentlich zugesagten minimalen Verbesserungen hatten zur Folge, dass ein Teil der Häftlinge bereit war, den Streik zu beenden. Kusnezow half mit der Peitsche nach. Die Lager wurden von Lautsprechern dauerbeschallt, die Streikenden aufgefordert, die Arbeit wieder aufzunehmen, andernfalls man Gewalt anwenden müsse. Über Spitzel und eingeschleuste NKWD-Agenten versuchte man die Häftlinge zu spalten und die Russen gegen die «Bandera-Leute» (banderovcy),[612] welche den Kern der Aktivisten stellten, aufzuhetzen. Während Lager 2 nur vom 21. bis 26. Mai gestreikt hatte, nahmen die Lager 4, 5 und 6 die Arbeit am 7. beziehungsweise 8. Juni und Lager 1 am 13. Juni wieder auf, während die dritte Lagerabteilung der eigentlichen Katorgahäftlinge am 4. Juni überhaupt erst zu streiken begann. Doch schon am 26. Juni legten die vierte, fünfte und sechste Lagerabteilung die Arbeit erneut nieder.[613] Ende Juni stellten die Streikkomitees in zwei ausführlichen schriftlichen

Stellungnahmen der Regierung in Moskau dar, warum sie streikten (wobei sie das gesamte sowjetische Strafsystem einer treffenden Analyse unterzogen), welches ihre Forderungen seien und warum sie es für unabdingbar hielten, dass eine Regierungsdelegation ihre Situation untersuche.[614]

Ab Ende Juni begann der NKWD durchzugreifen. Das besonders radikale Lager 3 erhielt in der Nacht auf den 29. Juni – so erzählt es jedenfalls der lettische Eisenbahntechniker Alexander Valjums – überraschenden Besuch: «In der Nacht auf den 29. Juni erschienen in Begleitung zweier mit Maschinenpistolen Bewaffneter von der Wache 2 her im Lager der betrunkene Major Polostjanoi, Hauptmann Tarchow, der Chef der Stabswache Oberleutnant Nikiforow und der Operationsbevollmächtigte, Hauptfeldwebel Kalaschnikow. Als er neben einer der Baracken mehrere Häftlinge stehen sah, gab Major Polostjanoi den MP-Schützen den Befehl: ‹Auf die Faschisten – Feuer!› Die Soldaten führten klugerweise den Befehl ihres betrunkenen Kommandeurs nicht aus. Daraufhin versuchte Polostjanoi einem der Soldaten die MPi zu entreißen, doch dieser wehrte sich. Polostjanoi riss seine Pistole aus dem Halfter und wollte auf die Seki schießen, doch Oberleutnant Nikiforow entriss seinem Befehlshaber die Pistole. Da ließ der vertierte Major, unter unflätigem Geschimpfe hin und her schwankend, seine Hosen herunter und krähte: ‹Das da kriegt ihr! Das da kriegt ihr, und keine Kommission!› Dann bückte er sich, zeigte den Seki immer noch unflätig fluchend seinen nackten Hintern und schrie noch ein paar Mal: ‹Das kriegt ihr und keine Regierungskommission!› Nikiforow und die Soldaten packten den betrunkenen Hooligan unter die Arme und entfernten sich mit ihm aus dem Lager.»[615]

Dann aber machte Oberst Kusnezow Ernst. In der ersten Juliwoche wurden die Lager 4, 5 und 6 (das Frauenlager) gestürmt. Zunächst gab es über Lautsprecher ein Ultimatum. Ryhor Klimowitsch erinnert sich, beim Lager 4 habe Kusnezow geschrien: «Die Volynka ist zu einem konterrevolutionären Aufruhr geworden!» Als die Häftlinge nicht reagierten, gab er den Einsatzbefehl.[616] Die Soldaten drangen jeweils durch das Tor sowie durch mehrere in den Stacheldrahtverhau geschnittene Öffnungen von allen Seiten in das Lager ein; wo die Häftlinge mit Brettern und Ziegelsteinen Widerstand leisteten, wurde rücksichtslos geschossen; «zufälligerweise» kamen dabei vor allem Aktivisten ums Leben. Beim Sturm des Frauenlagers setzte man keine Schusswaffen, sondern Hochdruckstrahlen aus Feuerwehrschläuchen ein, welche die Frauen von den Beinen rissen; dann kamen Knüppel zum Einsatz.[617] Nur an Lager 3, das Katorgalager mit den hartgesottenen Ukrainern, traute man sich noch nicht heran. Erst in der Nacht auf den 4. August, zwei Monate nach Streikbeginn, umstellten drei Ketten von Soldaten und Freiwilligen aus der Stadt Norilsk (Parteimitglieder und Komsomolzen, welche die dritte Kette bildeten) das Lager. Dann brachen durch Panzerplatten geschützte Lastwagen mit aufgesessenen Soldaten in das Lager ein, welche aus automatischen Waffen das Feuer eröffneten; 57 Tote und 98 Verwundete blieben auf der Strecke. Und dies, obwohl es mit wenigen Ausnahmen keinen Widerstand gab, denn die meisten Insassen wurden in den Baracken und zwischen den Pritschen erschossen, wie Fotos bei den Untersuchungsakten beweisen. Auch findet sich in den Akten kein Hinweis darauf, dass es auf Seiten des NKWD Tote oder Verwundete gegeben hätte.[618] 100 Aktivisten wurden von Schwerverbrechern zusammengeschlagen, welche die Lagerleitung herbeigekarrt hatte; die halbtoten Opfer steckte man in den zentralen Strafisolator des Gorlag, wo der berüchtigte Oberleutnant Schirjajew das «Fleischkombinat Schirjajew» betrieb, wie die Seki es nannten. Komiteemitglieder und Aktivisten aller am Aufstand beteiligten Lager kamen in das Sondergefängnis des MWD in Krasnojarsk, die meisten übrigen Beteiligten wurden auf andere Lager und Gefängnisse verteilt.[619] Die Anzahl Toter auf Seiten der Insassen bei den verschiedenen Provokationen der Wachen und bei der Erstürmung der Lager lässt sich nur unzureichend beziffern, die Zahlen differieren. Im Bestattungsbuch von Norilsk gibt es für 1953 einen Eintrag, dass in einem Massengrab 150 Namenlose bestattet worden seien. Das dürften die Opfer des Aufstandes sein.[620]

Waren diese Opfer umsonst? Im Gegenteil, die Aufständischen hatten doch etwas erreicht. Zum einen wurden die Haftbedingungen noch 1953 gemildert, der Gorlag als solcher 1954 schließlich liquidiert, die Insassen in den normalen Gulag überführt; darüber hinaus wurden einige leitende Funktionäre des Gorlag abgelöst und teilweise aus dem MWD entlassen. Zum anderen kam es 1954 zu einer gerichtlichen Untersuchung wegen unangemessenen Schusswaffengebrauchs. Zur Rechenschaft zog man jedoch nur einzelne Täter, die im Rahmen von Provokationen getötet hatten wie Feldwebel Zygankow. Der Ranghöchste, Major Polostjanoi, erhielt eine bedingte Haftstrafe, wurde aber degradiert und aus Norilsk versetzt. Im Gerichtssaal hatte seine Frau die drei als Zeugen geladenen Häftlinge angefleht, ihrem Mann um seiner kranken, im Saal ebenfalls anwesenden Kinder willen zu verzeihen. Die Zeugen waren bereit dazu, weil die Toten so oder so nicht wieder lebendig gemacht werden könnten.[621] Ein Geheimbericht des MWD vom 1. September 1953 über Ursachen und Verlauf des Aufstandes im Gorlag bezeichnet als Hauptursachen für Ausbruch und lange Aufstandsdauer die zahlenmäßige Unterbesetzung und die unzureichende und «zu bürokratische» Arbeit der operativen (Spitzelführung) und der Verwaltungsapparate der Lagerabteilungen sowie den groben Umgang des Wachpersonals mit den Insassen.[622] Diese Einschätzung bleibt systembedingt an der Oberfläche des Problems. Die eigentliche Antwort erfolgte erst drei Jahre später, als der «Archipel Gulag» aufgelöst wurde.

Die tiefere Bedeutung des Norilsker Aufstandes liegt darin, dass dies der erste große und lang andauernde Massenaufstand nach Stalins Tod war, an dem über 16 000 Häftlinge beteiligt waren. Ein Aufstand, der ausschließlich auf passiven Widerstand setzte und trotzdem bewies, dass man damit auch in einem totalitären Regime letztlich etwas erreichen konnte, wenn auch unter hohen Opfern. Dies konnte wohl nur deshalb gelingen, weil die Mehrzahl seiner Anführer nicht aus der eigentlichen Sowjetunion stammte; es waren Westukrainer, Westweißrussen, Polen, Litauer, Letten und Esten, die noch nicht durch zwei Jahrzehnte Stalinismus eingeschüchtert waren und die Sowjetherrschaft von 1939/40–1941 und dann wieder seit 1944/45 als reine Repression erlebt hatten. Zudem waren sie jung und setzten sich überproportional aus gezielt verschleppten Angehörigen der intellektuellen, technischen und militärischen Elite zusammen, die sich Mut, Augenmaß beim Handeln und humanitäre Ideale bewahrt hatten.[623]

Noch etwas: Während der Wochen oder gar Monate der Streikaktionen in den einzelnen Lagern, als der NKWD sich aus den Lagerzonen zurückzog und sie lediglich gegen außen strikt abschottete, vermochten darin ungeahnte Freiräume zu entstehen, deren Selbstverwaltung den Häftlingen überlassen blieb. Daher ist in der Literatur von den streikenden Lagerzonen auch als den «Norilsker Republiken» die Rede. Ihren höchsten Ausdruck fand diese «Freiheit inmitten der Unfreiheit» auf einer denkwürdigen Vollversammlung der Seki des Lagers 4 an einem der ersten Streiktage. Das Lagerkomitee unter Leitung Evhen Hrycjaks hatte sie einberufen, um den Entwurf eines Schreibens an die Sowjetregierung mit Forderungen zur Änderung des Strafsystems gutzuheißen. Man traf sich in der Lagermitte, um weit genug von den Wachttürmen entfernt zu sein, und Hrycjak verlas den Text von einem erhöhten Platz aus. Mit lauten Hurrarufen wurde die Adresse angenommen, und ob der spürbaren allgemeinen Solidarität machte sich im Lager vorübergehend eine regelrechte Euphorie breit.[624] Hrycjaks Mitstreiter Ivan Kryvuckyj verwendet bei der Charakterisierung dieser Vollversammlung sogar den Begriff «Wetsche» und vergleicht sie so mit den Volksversammlungen der spätmittelalterlichen Stadtrepublik Groß-Nowgorod.[625]

Dass diese kurzlebigen «Norilsker Republiken» in der Lage waren, dem Sowjetstaat massiven wirtschaftlichen Schaden zuzufügen, verrät der «Rechenschaftsbericht über die Kapitalinvestitionen des Jahres 1953» des Norilsker Industriekombinats. Dort heißt es kryptisch: «Vom 26. Mai bis zum Monat August des Jahres 1953 erwies sich wegen einer Reihe von Umständen, die nicht vom Kombinat abhingen, der Ausbau in einer außerordentlich schweren Lage sowohl bei der Versorgung mit Arbeitskräften als auch mit der Anlieferung von Baumaterialien. [...] Dies alles führte dazu, dass der Bau der Stadt Norilsk und der wichtigsten Industrieobjekte während eines bedeutenden Zeitabschnitts und in der besten Sommerzeit des Jahres entweder völlig zum Stillstand kam oder sich sehr verlangsamte, noch dazu auf einer begrenzten Zahl von Parzellen. Der Kapitalinvestitionsplan wurde im zweiten Quartal zu 95,2 Prozent erfüllt, für das dritte Quartal jedoch nur zu 73,4 Prozent.»[626] Welche Ironie der Geschichte, dass die Streiklosung der frühen Arbeiterbewegung «Alle Räder stehen still, wenn dein starker Arm es will!» ausgerechnet von Opfern des Sowjetregimes auf dessen eigenem Territorium verwirklicht wurde!

Beurteilt wird der Norilsker Aufstand von 1953 sehr unterschiedlich. Ein «Aufstand» im Sinne einer bewaffneten Erhebung war er ja nicht. Während die aktiv Beteiligten dazu neigten, ihn im Rückblick zu idealisieren oder gar zu heroisieren und dabei die Spannungen zwischen Aktivisten und Risikoscheuen in den Lagern herunterzuspielen, suchte der NKWD – wie die Akten zeigen – das Ganze zu kriminalisieren, zu bagatellisieren und die Zerwürfnisse innerhalb der Streikenden stärker hervorzuheben. Daher weisen die subjektiven Erinnerungen der Beteiligten sowohl untereinander als auch gegenüber den NKWD-Akten teilweise erhebliche Widersprüche auf. Eine abschließende historisch-kritische Darstellung des Aufstandes wird aber kaum noch möglich sein, weil die meisten Zeitzeugen beider Seiten mittlerweile nicht mehr leben. Die sowjetische Öffentlichkeit erfuhr von den Vorgängen nichts, und selbst in Norilsk, wo alle Zeitgenossen Bescheid wussten, blieb es bis zur Perestroika verboten, über den Aufstand zu sprechen.

## ... und ihre Nachhuten

Nach Stalins Tod musste das neu-alte Regime versuchen, sich mit dem überkommenen Strafsystem irgendwie zu arrangieren und es gleichzeitig wenigstens etwas zu humanisieren. Paradoxerweise hatte damit ja bereits Berija angefangen, als er Anfang Juni 1953 seinen Chef der Gefängnisverwaltung, Oberst Kusnezow, in den aufständischen Gorlag schickte und versuchte, sich mit Zugeständnissen an die Aufständischen im Kampf um Stalins Nachfolge als «Reformer» zu profilieren. Daher gingen auch nach Berijas Liquidierung in den Jahren 1954 und 1955 erste Rehabilitationen und neuer Nachschub für den Gulag Hand in Hand, und auch «schwere Rechtsverletzungen» im Umgang mit den Seki durch das Personal sind weiterhin aktenkundig. Von 1953 bis 1955 sind vermutlich ca. 200 000 aus politischen Gründen Verurteilte aus dem Gulag entlassen worden, dafür kamen 1955 12 765 aus politischen Gründen neu Verurteilte in den Gulag und ins Gefängnis.[627] Diese Widersprüche mussten die Häftlinge in den Lagern geradezu ermutigen, in der Hoffnung auf weiter gehende Reformen den Aufstand zu proben.

Am 11., 17. und 25. Juli 1953 brachen in vier Abteilungen des Norillag nochmals Unruhen aus. Es kam zu Massenschlägereien zwischen Russen und Kaukasiern, die unter der Oberfläche schon immer gelauert hatten, nun aber, da man gesehen hatte, wie zögerlich der MWD auf die Massenstreiks im Gorlag reagiert hatte, erstmals offen ausgetragen wurden und Tote und Verletzte hinterließen. Auch in Massenschlägereien zwischen Kriminellen und Kaukasiern tobten sich nun offene Kämpfe um die Vorherrschaft innerhalb des Lagers aus.[628]

Trotz des Bemühens um Geheimhaltung schwirrten Gerüchte über den Aufstand im Gorlag nicht nur durch die ganze Norilsker Lagerwelt, sondern drangen auch nach außen. Dudinka lag am nächsten. Unto Parvilahti berichtet, dass Anfang Juli 1953 dort eine Revolte losgebrochen sei, die sich am Tod eines Häftlings entzündete. An die tausend Gefangene waren damit beschäftigt, mit dem Schiff aus Krasnojarsk eingetroffene Güter im Hafen umzuladen, als einer von ihnen mit einem Wächter in Streit geriet. Da dieser ihn mit der Waffe bedrohte, lenkte der Häftling ein und ging weg. Trotzdem schoss der Wachmann ihn in den Rücken. Als das eine Gruppe Gefangener sah, die unweit des Schauplatzes einen Eisenbahnwaggon beluden, stürzten sie sich wutentbrannt mit Brechstangen und Ziegelsteinen auf den Täter, der sich schleunigst im nahe gelegenen Wachlokal in Sicherheit brachte. Seine Kollegen schossen aus den Fenstern auf die schnell anwachsende erregte Menge der Gefangenen, die damit drohten, alle MWD-Soldaten zu lynchen. Erst als Verstärkungen aus der MWD-Kaserne mit Lastwagen herangekarrt worden waren und diese den Platz unter Einsatz ihrer Schusswaffen gewaltsam räumten, gelang es, die belagerten Wächter zu befreien. Doch sechs Tage lang weigerten sich alle im Hafen von Dudinka eingesetzten Häftlinge, ihre Arbeit wieder aufzunehmen. Erst als der Leiter des Industriekombinats Norilsk, General Swerjew, sich höchstpersönlich auf den Schauplatz bemühte und den Streikenden versprach, den schuldigen MWD-Wächter zu bestrafen, ihnen außerdem besseres Essen und bessere Kleidung in Aussicht stellte, kam die Arbeit im Hafen wieder in Gang.[629] Sechs verlorene Arbeitstage während der kurzen Sommersaison von drei Monaten brachte das Räderwerk der Versorgungskette ganz schön in Rückstand.

Die Gefangenen hatten gemerkt, was ihre Solidarität zu bewirken vermochte, und die Parteichargen agierten in der Folge etwas vorsichtiger.

Ein Geheimbericht des MWD vom 26. September 1953 hielt fest, dass die Häftlinge auch anderer Lagerkomplexe von den Aufständen in Norilsk und Workuta wussten.[630] Im nordrussischen Lagerkomplex von Workuta, der vor allem der Kohleförderung diente, begann am 19. Juli eine Streikwelle, die schließlich 9 von 17 Lagerabteilungen mit 15 600 Häftlingen erfasste und am 1. August gewaltsam niedergeschlagen wurde. Ausgelöst wurde sie durch die Nachricht von der Verhaftung Berijas, welche eine Häftlingsgruppe unverzüglich zu der Forderung veranlasste, die Sonderlager und die Katorga abzuschaffen und die Strafen zu reduzieren. 1954 erfasste ein Massenstreik auch den Lagerkomplex Steplag bei Karaganda, welcher vom 17. Mai bis zum 27. Juni nach und nach 10 800 Beteiligte erfasste. Dort wurden zur Liquidierung des Widerstandes sogar fünf Panzer eingesetzt.[631]

### Der Gulag nach dem GULAG

Weder die Auflösung der Hauptverwaltung der Lager (GULAG) im Jahre 1960 noch die Umbenennung der Lager in «Kolonien» (1961) haben das Lagersystem Russlands aus der Welt geschafft. Zwar diente es nun vornehmlich dazu, Kriminelle zu neutralisieren und «nützlicher Arbeit» zuzuführen, aber auch aus politischen Gründen Verurteilte saßen weiterhin dort ein – im Westen nunmehr bekannt als «Dissidenten». Lager zu bauen kam günstiger als steinerne Gefängnisse, und sie ließen sich auch problemloser erweitern.

Avraham Shifrin, ein ehemaliger «Politischer», der in Israel lebt, hat durch jahrelange Recherchen und Befragungen «Ehemaliger» zu ermitteln versucht, wie die Landkarte der Lager und Gefängnisse in der Sowjetunion der siebziger Jahre beschaffen war. Er kam auf 1976 Lager, 273 Gefängnisse und 85 psychiatrische Haftanstalten, die nicht nur, aber auch Dissidenten beherbergten. Allerdings haben vor allem die Lager nicht immer gleichzeitig existiert. Das hängt unter anderem damit zusammen, dass die Häftlinge besonders in der Holzwirtschaft eingesetzt wurden und die Lager daher alle paar Jahre an einen neuen Ort wanderten. Gut zeigen lässt sich das am Beispiel des Krasnojarsker Krai. Die – um ein Bild aus der amerikanischen Pionierzeit zu gebrauchen – «Lager-Frontier» hat sich in den siebziger Jahren von den industriellen «Großbaustellen des Kommunismus» im Norden (Norilsk, Dudinka, Igarka) nach Süden an die Steinige Tunguska und in das Becken des oberen Jenissei mit seinem Holzreichtum verschoben, wo allein 34 von 68 Lagern mit Holzeinschlag beschäftigt waren. Auch die übrigen Lager befanden sich größtenteils im oberen Becken des Jenissei. Ihre Insassen arbeiteten im Berg- und Kraftwerksbau, in Industrie und Landwirtschaft. Nach wie vor gab es neben Lagern «allgemeinen Regimes» auch solche mit «strengem Regime». Berüchtigt war das Lager «strengen Regimes» bei Atschinsk, dessen Insassen Uranerz fördern mussten und eine dementsprechend hohe Sterblichkeit aufwiesen. Von 119 Lagern für Frauen und Kinder, die Shifrin ermittelt hat, lagen nur drei oder vier im Krasnojarsker Krai, doch die in Atschinsk und in Abakan waren reine Lager für Jugendliche.[632]

Das generelle Lagerregime hatte sich gegenüber der Stalinzeit kaum geändert, nur der Willkür waren engere Grenzen gesetzt. Ein «Politischer», der 1975 bei Biriljussy am Tschulym in einem Holzschlaglager mit 1200–1300 Häftlingen gearbeitet hat, erinnert sich: «Wir arbeiteten bei jedem Frost (oft weit unter minus 40° C). Und bei der Wache am Lagertor hing das Plakat: ‹In der Taiga gibt es keinen Frost! – bei der Arbeit, heißt es, wird es euch schon warm werden.› Und so arbeiteten wir, schweißgebadet bei unheimlichen Frösten, und die ganze Zeit erkrankten Häftlinge an Lungenentzündung. Es ist fast unmöglich, vom Feldscher eine Freistellung von der Arbeit zu bekommen: Die Lagerleitung hat die ‹Norm› für Kranke festgesetzt – 10 Personen und nicht mehr ... Außer der Kälte setzte uns der Hunger zu: Wir aßen fauligen Kohl, erfrorene Kartoffeln und stinkenden Hering. Ein Paket von den Angehörigen durfte man erst in Empfang nehmen, wenn man die Hälfte der Haftstrafe verbüßt hatte – 5 kg pro Jahr.»[633]

Das war beileibe kein Einzelfall. Eindrücklich ist die Gefängnis- und Lagerkarriere von Reschat Dschemilew während der Chruschtschow- und Breschnewzeit.[634] Im Krasnojarsker Gefängnis saß er im Januar 1980 in einer Zelle an einem «Spezialkorridor», auf welchen die Zellen der zum Tode Verurteilten *(smertniki)* hinausgingen. Die Außenluke war verblendet, so dass kein Tageslicht hinein konnte. Hofgang gab es nicht. «Die Kälte von draußen derart groß, dass es eine zwei bis drei Finger dicke Eisschicht gab, die Pritsche mit Eisenblech beschlagen, ich bin buchstäblich dran kleben geblieben. Wenn man die Hand an dieses Blech gehalten hat, blieb die Hand haften. Es war Januar. Eiseskälte. Insgesamt verbrachte ich dort 14 Tage, schlafen unmöglich, du stehst auf, rennst herum, suchst dich aufzuwärmen. Danach transportierten sie mich nach Norilsk, und in Norilsk steckten sie mich nochmals 10 Tage in Einzelhaft.» «Generell war ich in diesem Lager, in der 15. Zone, umzingelt. Alle waren gegen dich, dieser Häftling, dieser Schwerverbrecher und jener sogenannte *Wor*.[635] Das war schrecklich. Viermal setzten sie mich in den Strafisolator, brummten mir 15 Tage auf, und dann gaben sie mir noch 5 obendrein, und ich riss 20 Tage ab.»

1980 wechselte er zwischen Norilsk, Krasnojarsk und wieder Norilsk. In Krasnojarsk kam er aus ihm unerfindlichen Gründen ins Lagerkrankenhaus. Da ihm nichts fehlte, vermutete er, dass die Lagerleitung einen unbequemen Politischen wie ihn auf elegante Weise los werden wollte. «Sie brachten mich dorthin und steckten mich anfangs in die Therapie. Aber die Therapie war der reinste Albtraum [...]. Von Menschen überfüllte Korridore, von den Zimmern gar nicht zu sprechen. Man gab mir irgendeine verdreckte Matratze. Ich sagte: ‹Nehmt die Matratze weg, auf dem nackten Boden werde ich besser liegen.›» Am nächsten Tag verlegte man ihn daraufhin in die Infektionsabteilung. Die leitende Ärztin hatte Mitleid mit ihm und gab ihm ein Zweierzimmer zusammen mit dem Spitalelektriker, ebenfalls einem Sek, der wegen einer Erkältung dort lag. Nach zwei Monaten verlegte man ihn zurück ins Lager und dann wieder nach Norilsk. Dort wie in Krasnojarsk wurden im Lager Möbel fabriziert – Ess-, Schlafzimmer- und Küchengarnituren, die von den Angehörigen der Lagerleitung unter der Hand zu Schleuderpreisen verkauft wurden; das Geld wanderte in die eigene Tasche. Korruption allgegenwärtig.

Und weiter: «Wieder diese Provokationen. Sie hetzen einen Sek gegen den anderen auf. Und die können sich gegenseitig sogar abstechen. Dazu gibt man Gelegenheit. Da haben sie mich im Zimmer zusammengeschlagen. Haben mir auf den Kopf gehauen, so dass ich ganz blutig war [...]. Und das alles weiß die Verwaltung, das passierte alles mit ihrer Erlaubnis. In den Strafisolator ließen sie auch welche mit einem Messer rein. Normalerweise muss man sich dort völlig nackt ausziehen, sie kontrollieren alles. Und trotzdem konnten mehrere mit einem Messer dort hinein. Deshalb, weil dort jemand sitzt, den man zu einem Streit provozieren will.» «Und dort sah ich auch, ihr werdet es nicht glauben, einen Mann, der dort 36 Jahre ohne Unterbrechung saß. 36 Jahre! Schon während des Krieges saß er dort. 1984 habe ich ein Gesuch an die zuständigen Behörden geschrieben, und sie haben ihn begnadigt. Er hat niemals das Tageslicht gesehen, er hat keine Ahnung, was in der Welt passiert. Der Mann sitzt seit seiner Kindheit, seit er 11 Jahre alt war. Man verlängerte seine Frist immer wieder. Der Nationalität nach war er Usbeke. Persönliche Kränkungen ertrug er nicht. Man nannte ihn «Tier», und das vertrug er nicht. Den, der ihn kränkte, attackierte er mit einem Messer oder mit sonst irgend etwas, und sie haben ihm die Frist erneut verlängert. So kamen 36 Jahre zusammen. Auch in anderen Zonen und Gefängnissen habe ich Erwachsene getroffen, die seit der Kindheit einsaßen.» Und das noch im Jahre 1980!

Rückblickend hält Dschemilew das Lagerregime der Chruschtschowzeit für das lockerste, «um vieles besser» als zuvor und danach.

Allerdings dauerte das harte Regime noch bis weit in die achtziger Jahre hinein. Waleri Abramkin, der Herausgeber einer Sammlung von Lagererinnerungen der Nachstalinzeit, kommentiert seine eigenen Erfahrungen so: «Ich kam im Jahre 85 aus dem Lager mit dem Empfinden, dass sie jeden Beliebigen brechen können, mit jedem Beliebigen machen, was sie wollen. Und wenn sie jemanden nicht bis zum Letzten gebrochen haben, dann heißt das, sie wollten nicht. Auch 1986 kam ich heraus – hörte ‹Stimmen› in dem Dorf, wohin sie mich unter Aufsicht verfrachteten. Damals ließen sie gerade Schtscharanski[636] raus. Das war eine Zeit, wo sie besonders heftig die Polithäftlinge drangsalierten, und das haben nicht alle ausgehalten. Es gab einen ganzen Strom von Reuebekenntnissen, von Auftritten am Fernsehen mit Absagen an weitere Tätigkeit. Nach den Sendungen im Westradio sah es so aus, als ob Schtscharanski der einzige Held sei: Alles habe er ausgehalten, alle Prüfungen standhaft ertragen, sei nicht gebrochen worden. Ich hatte aber das Empfinden (ich spreche nicht über das, was wirklich war, sondern über meine Empfindungen), dass dem nicht so war. Sie hatten es einfach nicht nötig, dass er zerbrach. Deshalb kam er als Held heraus. Wenn sie ihn hätten brechen wollen, dann hätten sie es getan.»[637]

Lager gibt es auch heute noch, beispielsweise wieder in Norilsk. Dort schufteten gegen Ende der neunziger Jahre 3000 Seki «strengen Regimes» an ökologisch schwerstbelasteten Arbeitsplätzen. Im Unterschied zur Sowjetzeit wurden sie jedoch gut verpflegt.[638] Seit Wladimir Putin den Kurs der russischen Politik bestimmt und die Gerichte wieder politisch motivierte Willkürurteile sprechen, sitzen in den Lagern auch vermehrt wieder «Politische» – vom ehemaligen Oligarchen Chodorkowski bis hin zum Blogger Nawalny.

# Die «rote» Verschickung

«Deportierter – das ist ein Mensch, der auf Bewährungsfrist lebt.»[639] Wie ihr Vorgängerregime sah sich die Sowjetmacht nach dem Ende des Bürgerkrieges genötigt, neben der Katorga auch auf das bewährte Zwangsmittel der Ssylka zurückzugreifen, um ihre Herrschaft zu festigen.[640]

## Rahmenbedingungen

Schon der Strafkodex der RSFSR von 1922 sah in § 49 vor, dass «sozial schädliche Elemente» für bis zu drei Jahre aus bestimmten Gebieten «weggewiesen» werden durften *(vysylka)*. Die Neufassung des Kodex von 1926 erweiterte das Spektrum der Gründe erheblich und übertrug dem NKWD die Befugnis, den neuen Aufenthaltsort zu bestimmen. Damit begann die Wegweisung sich allmählich in eine Zwangsverschickung zu verwandeln. Gerichtliche Verschickungen galten drei unterschiedlichen Zielgruppen: Interessanterweise gleichgestellt und am schwersten bestraft wurden «konterrevolutionäre» Aktionen, Banditismus, Geldfälschungen und Pferdediebstahl; als mittlere Vergehen galten Hehlerei, Raub, Unterschlagungen, Hooligantum; als weniger gefährlich eingestuft wurde beispielsweise Wucher. Drastisch verschärft mit zunehmend politischer Ausrichtung wurden die gerichtlich verhängten Verschickungen durch die Verfügung der obersten Organe der RSFSR vom 10. Januar 1930: die Maximalfrist der Wegweisung erhöhte sich auf fünf, die der Verschickung auf zehn Jahre, diese konnte nun auch mit Zwangsarbeit einhergehen.

Für politische Delikte wurde aus dem Strafgesetzbuch der RSFSR von 1926 in der Regel § 58 («konterrevolutionäre Tätigkeit») herangezogen. Als «konterrevolutionäre Tätigkeit» definierte Punkt 1 jegliche auf den Sturz der Sowjetmacht gerichtete oder diesen begünstigende Aktivität. Eine Reihe weiterer Punkte spezifizierten diesen Tatbestand: «Bewaffneter Aufstand» oder gewaltsame Versuche, die Sowjetmacht zu stürzen; Verbindung mit Vertretern ausländischer Staaten, um dieses Ziel zu erreichen; Spionage; Unterminierung von staatlicher Industrie, Transportwesen, Handel usw.; «terroristische Akte» gegen Vertreter der Sowjetmacht; antisowjetische Propaganda; Bildung oder Beteiligung an antisowjetischen Organisationen; Nichtmeldung von Kenntnissen über konterrevolutionäre Absichten oder Tätigkeiten; konterrevolutionäre Sabotage (bewusste Nichtbefolgung von Anweisungen oder gezielte Schädigung staatlicher Einrichtungen).[641] Dieses breit gestreute Spektrum als «politisch» qualifizierter Delikte öffnete der gerichtlichen Willkür Tür und Tor und überließ es den Richtern, ob ein Angeklagter nur zwangsverschickt oder als Zwangsarbeiter in den Gulag gesteckt wurde.

Nichtgerichtliche, durch GPU beziehungsweise NKWD administrativ verfügte Verschickungen wurden bereits durch ein Dekret des Zentralen Exekutivkomitees der RSFSR vom 10. August 1922 abgesichert. Dass die Organe der geheimen Staatspolizei in dieser Beziehung auch auf Unionsebene eine Monopolstellung erhielten, untermauerte eine Verfügung des zentralen Exekutivkomitees der UdSSR vom 28. März 1924 mit dem sprechenden Titel «Die Rechte des OGPU bezüglich administrativer Wegweisungen, Verschickungen und Inhaftierungen in einem Konzentrationslager». Damit erhielten die Sicherheitsorgane weitgehende Vollmachten, eigenständig zu handeln.

**Die zwanziger Jahre**
Anfänglich bildeten vor allem Angehörige nichtbolschewistischer Parteien, Kleriker und «Ehemalige» *(byvšie)*, das heißt Adlige und Bürgerliche, die politischen Opfer. Im Zuge der NEP erweiterte sich das Spektrum auch um «Wirtschaftsschädlinge». Doch im Vergleich zu dem, was noch folgen sollte, nimmt sich die Anzahl von 16 000 Verschickten, die 1930 im Krai Sibirien lebten, bescheiden aus. Zentren bildeten neben Tomsk die Kreise Krasnojarsk und Kansk sowie der Turuchansker Krai. Durchschnittlich ein Zehntel der Betroffenen zählte zu den im engeren Sinne «Politischen». Dies änderte sich seit dem Ende der zwanziger Jahre, als etwa 8000 aus der KP als «Abweichler» Ausgeschlossene, vor allem Trotzkisten, in sibirischen Städten wie Abakan, Minussinsk, Atschinsk und Kansk zwangsweise Wohnsitz nehmen mussten. Wie in der Zarenzeit erhielten administrativ Verschickte vom Staat einen Unterhaltszuschuss, der jedoch nicht einmal das Existenzminimum deckte. Ob man arbeiten durfte, hing von den lokalen Behörden ab. Doch da vor allem in der Nordhälfte des Krai Fachkräfte fehlten, ergaben sich durchaus Möglichkeiten; allerdings mussten vor allem Intellektuelle oft mit Arbeitsstellen vorliebnehmen, die weit unter ihrem Niveau lagen. Im Übrigen versuchten die «Politischen» wie schon zur Zarenzeit, Selbsthilfeorganisationen aufzubauen.

Otto Heller interessierte sich auf seiner Jenisseireise von 1929 auch für die Verbannten. Schon an Bord des *Spartak* lernte er den weißrussischen Anarchisten Baturko kennen, der nach dreijähriger Verschickung aus Turuchansk nach Jenisseisk fuhr, um dort die letzten drei Monate seiner Verbannungszeit zu verbringen und dann sein weiteres Schicksal abzuwarten. Auf dem Schiff befand sich auch ein georgischer Menschewik, der nach Jenisseisk beordert worden war. In Dudinka hatte Heller zwei andere Anarchisten kennengelernt, die aber seiner Behauptung nach Alkoholiker waren. Bei einem Zwischenhalt in Sumarokowo traf er als Verbannte burjätische Kulaken, zwei georgische Menschewiki und einen jungen Spekulanten mit Frau und zwei kleinen Kindern. Vom Leben der Verschickten malt er ein helles Bild: Sie dürften ungehindert zur Schiffsstation kommen, Kontakt mit Reisenden aufnehmen, erhielten Post und Zeitungen.[642]

Nur ein Jahr später war es vorbei mit der scheinbaren Idylle. Die Stalinära brach an und verwandelte den Krasnojarsker Krai nicht nur in einen «Archipel Gulag» aus Zwangsarbeitern, sondern überschwemmte ihn zusätzlich mit ganzen Heerscharen von Zwangsverschickten, die nunmehr auch einer für den «Aufbau des Sozialismus» nützlichen Tätigkeit zugeführt wurden.

**Die düsteren Jahre**
Unter Stalin wurde die Verschickung zu einem Massenphänomen. Sie vollzog sich unter wechselnden Bezeichnungen in Schüben, erfasste nicht nur Einzelne, son-

dern oft ganze Familien, war mit dem Verlust der Bürgerrechte und fast immer mit Zwangsarbeit verbunden.

Die «Spezialsiedler» *(specposelency)* – unter dieser euphemistischen Sammelrubrik figurierten sie offiziell – waren ohne Gerichtsverfahren pauschal deklassiert worden und lebten in eigens von ihnen angelegten Siedlungen. Im Unterschied zur Praxis der zwanziger Jahre kam bei ihnen erschwerend hinzu, dass die Deportation unbefristet war. Dies zeigt, dass die neue Qualität der Zwangsverschickung neben der politischen Neutralisierung vor allem einem Zweck diente: der für den Staat preiswerten Kolonisierung peripherer Gebiete.

Die erste Welle von «Spezialsiedlern» setzte im Zuge der Zwangskollektivierung 1930/31 ein und erfasste allein schon in diesem kurzen Zeitraum über 381 000 Familien sogenannter Kulaken – insgesamt mehr als 1,8 Millionen Menschen.[643] Kolonnenweise wurden sie an die nördliche Peripherie des europäischen Russland, in die Bergwerke des Ural und des Kusbass oder in das westsibirische Narymbecken verfrachtet, um die sumpfige Taiga zu roden. Die dortigen Lebensbedingungen waren fürchterlich, Kinder und alte Leute starben wie die Fliegen.[644] Der Krasnojarsker Krai wurde ebenfalls «entkulakisiert»,[645] war jedoch von der Ansiedlung fremder Entrechteter weniger betroffen.[646]

Seit Mitte der dreißiger Jahre bürgerte sich für die Spezialsiedler vorübergehend die Bezeichnung «Arbeitssiedler» *(trudposelency)* ein,[647] doch gebrauchten NKWD und GULAG die Begriffe Arbeits- und Spezialsiedler häufig auch synonym. Im Prinzip gehörten beide ohnehin in den gleichen Topf, denn auch die GULAG-Verwaltung gebot über eigene Lager mit Arbeitssiedlern. Nach einem Bericht des Volkskommissariats des Inneren vom 8. April 1938 verteilten sich die 880 007 erfassten Arbeitssiedler zu 362 429 auf die Schwerindustrie, zu 170 683 auf die Wald- und zu 169 842 auf die Landwirtschaft.[648] Der Krai Krasnojarsk lag unter den beteiligten Regionen mit 59 309 Arbeitssiedlern jedoch nur auf Platz 5.[649] Arbeitssiedler lebten aber keineswegs nur in getrennten Siedlungen. In Igarka beispielsweise wohnten 1939 über 3500 von ihnen zerstreut unter der Stadtbevölkerung. Der Partei schmeckte das ganz und gar nicht, denn dadurch würden antisowjetische und konterrevolutionäre Einflüsse unter der Jugend verbreitet; daher müsse die Regierung alle «repressierten Elemente» aus Igarka entfernen und andernorts unter strikte Kontrolle stellen.[650] Spezial- und Arbeitssiedler erhielten einen kärglichen Lohn und waren bis 1934 von Steuern und Abgaben befreit. Lebten sie in geschlossenen Dörfern, durften sie ihren Wohnsitz ohne Genehmigung des Ortskommandanten nicht verlassen. Faktisch waren sie also wie früher die leibeigenen Bauern an den Wohnsitz gebunden. 1935 wurde den ehemaligen Kulaken allerdings das Wahlrecht wieder zugestanden, und ihre Kinder erhielten seit 1938 sogar eigene Pässe und damit die Freizügigkeit, wenn sie sich am Ausbildungsplatz oder in der Stachanowbewegung besonders bewährt hatten.[651]

Mit dem Zweiten Weltkrieg brandete eine ganze Serie neuer Deportationswellen über Sibirien hinweg. Sie trafen auf ein seit der «Entkulakisierung» eingespieltes System administrativer «Verarbeitung», deren Kern vor Ort eine «Troika» aus je einem Vertreter des NKWD, der Partei und des Exekutivkomitees der Räte bildete.[652]

Den Anfang machten Polen, Westukrainer und Weißrussen, die nach dem Hitler-Stalin-Pakt von 1939 in den sowjetischen Okkupationsbereich geraten waren und als politisch gefährlich neutralisiert werden sollten. 1940/41 wurden zwischen 320 000 und 380 000 Polen und 32 000 Westukrainer und Weißrussen verhaftet und entweder zu Lagerhaft verurteilt oder als Spezialsiedler deportiert.[653] Von den rund 100 000 Deportierten verschlug es 27 000 in den Krasnojarsker Krai, der immer noch Erinnerungen an die polnischen Verschickten der Zarenzeit in sich barg. Die von der polnischen Gemeinde 1911 in Krasnojarsk erbaute neugotische Kirche mit ihren filigranen Doppeltürmen vermochten sie jedoch nicht mehr zu nutzen, denn die Stadtverwaltung hatte sie mittlerweile in einen Konzertsaal verwandelt.

Nach der Besetzung der baltischen Republiken folgten den Polen in der ersten Hälfte des Jahres 1941 rund 77 000 Angehörige der estnischen, lettischen und litauischen Eliten, von denen über 8000 im Krasnojarsker Krai landeten, insbesondere Letten.[654] Als die Armeen Hitlerdeutschlands nach dem Angriff auf die Sowjetunion im Juni 1941 sich überraschend schnell Leningrad zu nähern begannen und Finnland gegen die UdSSR militärisch ebenfalls aktiv wurde, betrachtete die sowjetische Führung die auf dem Territorium Nordwestrusslands lebende finnischsprachige Bevölkerung als Sicherheitsrisiko und siedelte rund 50 000 Finnen und Ingermanländer nach Sibirien aus. 17 837 von ihnen landeten 1942 als Spezialsiedler im Krasnojarsker Krai.[655] Im Winter 1943/44 folgten als nächste Deportationswelle 25 000 von 95 000 Kalmücken, die wegen angeblicher Kollaboration mit der deutschen Armee kollektiv bestraft wurden. Die kollektive Deportation kaukasischer Völker berührte den Krai jedoch nicht.[656] Eingesetzt wurden die Deportierten vor allem in der Land- und Waldwirtschaft.

Die größte Deportationswelle katapultierte in der zweiten Jahreshälfte 1941 etwa eine Million Russlanddeutsche vom europäischen in den asiatischen Teil der UdSSR. Mehr als 450 000 von ihnen waren Wolgadeutsche. Die meisten landeten im Altaigebiet und in Westsibirien, den Krai Krasnojarsk bestimmte man zu ihrem östlichsten Ziel. Im Spätherbst 1941 wurden über 75 000 Männer, Frauen und Kinder in Güterzügen dorthin verfrachtet[657] und entweder als Spezialsiedler in Taiga und Tundra ausgesetzt oder in die «Arbeitsarmee» *(trudarmija)* des NKWD gesteckt. Das waren Baubataillone, die vor allem beim Eisenbahn-, Straßen- und Hochbau sowie in Bergwerken zu schuften hatten.[658]

Eine besondere Rolle spielte der Krasnojarsker Krai bei der Realisierung des von der Regierung im Januar 1942 befohlenen Aufbaus einer Fischereiindustrie im Norden Sibiriens.[659] Mehr als ein Drittel der 67 000 Deportierten entfiel auf den Jenissei. Die meisten der 23 000 Unglücklichen waren Wolgadeutsche, aber es gab auch viele Balten, Russen, Griechen und Finnen.[660] Fast keiner von ihnen hatte jemals etwas mit Fischerei zu tun gehabt, und das Lehrgeld, das sie zahlen mussten, kostete viele von ihnen das Leben. Näheres vermitteln die Erinnerungen Überlebender, welche zwei Schicksalsgenossen – Leo und Viktoria Petri – gesammelt und im Internet auf Deutsch, als Buch 2006 auch auf Russisch herausgegeben haben.[661] Leo Petri wurde als damals Sechzehnjähriger mit Eltern und Geschwistern sowie zahlreichen anderen Familien im Juni 1942 in Ust-Chantaika – 18 km unterhalb der Mündung der Chantaika in den Jenissei – ausgeladen. Damals lebten dort nur drei russische Familien. Weil auch sie zwangsverschickten Familien entstammten, entwickelten sich zwischen ihnen und den Neuankömmlingen bald freundschaftliche Beziehungen. Die Siedlung, die zum Zentrum des künftigen Fischereikolchos «Ernst Thälmann» werden sollte, zählte nach dem Eintreffen zweier weiterer Schübe 450 Einwohner. Um den Frost zu überstehen, mussten zunächst winterfeste Unterkünfte gebaut werden – beheizbare Erdlöcher, um die herum aus Schwemmholz Hütten entstanden. Für das Überleben entscheidend war der Zusammenhalt der Familie. Ein alleinstehender Finne, der auf dem Friedhof ein altes Grab ausräumte und sich darin einzurichten versuchte, erfror im Winter. Um nicht an Skorbut zu erkranken, kochte man aus Tannennadeln einen Sud, die Chwoika. Doch half das wenig. «Im Winter 1942–1943 wurde mehr als die Hälfte der Bevölkerung durch Kälte, Hunger und Skorbut in den Tod gerissen. Eltern starben, Kinder überlebten; manchmal starben auch ganze Familien aus. Die Menschen waren dermaßen geschwächt, dass sie nicht mehr die Kraft besaßen, die verwaisten Kinder aus den Erdhütten zu holen. Eine Erdhöhle wurde geräumt, und man trug die sterbenden Kinder in Körben hinaus. Die Särge wurden von zwei alten Männern angefertigt, aber natürlich kamen sie mit der Arbeit nicht nach. Auf dem ‹Friedhof› wurde ein Massengrab ausgehoben; dorthin transportierten die Bestattungsbrigaden die Särge. In der Nacht nahm man die Toten heraus, damit man ‹die Nächsten› hineinlegen konnte. Es kam nicht selten vor, dass Verwandte einen ihrer Verstorbenen versteckt hielten, um die ihm laut Lebensmittelkarte zustehende Brotration zu erhalten. Als der Frühling näher rückte und die Menschen anfingen, aus ihren Erdhöhlen wieder zum Vorschein zu kriechen, da waren sie schwarz vom Ruß, aufgequollen von Hungerödemen und an Skorbut erkrankt – man konnte sie überhaupt nicht wiedererkennen.» Einziger Lichtblick in dem Elend war der Chor der lettischen Schicksalsgenossen, der mit seinen vierstimmigen Liedern Entbehrungen und Dunkelheit des Winters wenigstens für Augenblicke vergessen ließ.[662] Leo Petris spätere Ehefrau Viktoria Walter verschlug es mit ihren Angehörigen nach Potapowo. Doch die Flöße, die als überlebenswichtiges Baumaterial dienen sollten, trafen aus Igarka so spät ein, dass sie festfroren, bevor man die Stämme an Land schaffen konnte. Daher mussten die geschwächten Menschen – meist Frauen – sie einzeln aus dem meterdicken Eis des Jenissei heraushacken und den steilen Uferhang hinaufwuchten, bevor der Eisaufbruch im Frühjahr 1942 alles wegschwemmte.[663] Von Entstehung und Arbeitsbedingungen einer ähnlichen Siedlung bei Dudinka berichtet der Abschnitt «Ein Fischereikolchos (1950)» (siehe oben S. 370–372).

Als die GULAG-Verwaltung am 24. Oktober 1943 zusammenfasste, wie es um die von Spezialsiedlern betriebene Fischereiwirtschaft am unteren Jenissei stand, war das Ergebnis ernüchternd: «Im Rayon Dudinka werden von 2057 Arbeitsfähigen in der Fischerei nur 257 Personen eingesetzt, die übrigen werden auf dem Bau, im Pelzgewerbe und anderen Arbeiten beschäftigt, die mit der Fischerei nichts zu tun haben. Im Rayon Turuchansk arbeiten 200 Personen überhaupt nicht wegen Fehlens warmer Kleidung und Schuhwerks. Die Mehrheit der Arbeitskräfte ist in Kolchosen beschäftigt, die mit dem Fischfang nichts zu tun haben. Im Rayon Igarka arbeiten 119 Personen nicht im Fischfang wegen mangelnder Ausstattung mit Fanggeräten, die anderen Wirtschaftsorganisationen übergeben worden sind.» «Die Wohnumstände des Spezkontingents sind äußerst unbefriedigend. Wegen Fehlens von Baumaterial baut man Grubenhäuser und einfachste Wohnbehausungen mit primitiver Ausstattung (Fensterglas wird durch Eis und Lappen ersetzt, Öfen durch offene Feuerstellen aus Steinen). Heizmaterial fehlt. Im Rayon Dudinka ist das Spezkontingent auf 32 Grubenhäuser verteilt, Holz gibt es nicht, deshalb ist die Bevölkerung gezwungen, als Heizmaterial ungeeignete Weidensträucher abzuhauen. Im Rayon Ust-Jenissei leben auf der Station Sopotschnaja Karga 245 Personen in Erdbaracken unter größter Beengung. Heizmaterial gibt es nicht. Auf der Insel Lopatnoje leben 97 Personen in acht Grubenhäusern, die zum Wohnen völlig ungeeignet sind. Die Lebensmittelversorgung, Brot ausgenommen, ist bei der Mehrzahl der Punkte nicht organisiert. Molkereiprodukte und Gemüse fehlen. Die medizinische Versorgung ist wegen des Mangels an medizinischem Personal und Medikamenten unbefriedigend. In einer Reihe von Punkten fehlen Bäder und Waschküchen, weshalb unter dem Kontingent Läusebefall und Krätze auftreten.»[664]

Während des Krieges litten alle mehr oder minder Hunger, nicht nur die Deportierten. Die Tatarin Nail Baigutdinov, die als Kind in einem Dorf des Rayons Pirowskoje etwa 400 km nördlich von Krasnojarsk lebte, erinnert sich an eine Begebenheit, die sie ihr ganzes Leben lang nicht mehr aus dem Gedächtnis zu löschen vermochte. Eines Mittags, als sie zu Hause gerade Kartoffelplätzchen aßen, klopfte es zaghaft an ihre Türe. Die Mutter öffnete. «In der Türöffnung stand ein ausgemergeltes Mädchen von etwa zwölf Jahren und wiederholte tonlos immer wieder auf Deutsch das Wort *Bittäää! Bittäää!* Bis heute höre ich, wenn ich vom Schicksal geschlagene Kinder sehe, dieses *Bittäää, bittäää!* Mama begriff sofort: Das Mädchen bettelte um Essen. Sie ging zum Topf, nahm zwei ihrer eigenen Kartoffelplätzchen und bot sie dem Mädchen an. Dieses ergriff das Geschenk, presste es mit den Händchen an die Brust, versuchte zu lächeln, irgendetwas zu sagen ... Langsam rückwärts gehend verschwand es schließlich auf dem Hof.» Als die Mutter sich einige Zeit später zur Arbeit aufmachen wollte, klopfte es erneut, diesmal ans Fenster. Es war die Nachbarin Sainap-opa: «Oi, wie schrecklich, wie schrecklich! Warum muss uns so was zustoßen? – schrie sie. Wir stürzten auf die Straße. Sainap-opa jammerte weiter und zeigte mit der Hand auf unseren Zaun. Neben dem Hoftor, mit dem Rücken an den Zaun gelehnt, saß dasselbe Mädchen, das kurz zuvor noch bei uns gewesen war. Immer noch drückte es mit den Händchen die beiden schwarzen Kartoffelplätzchen an ihre Brust und auf den blassen Lippen hatte es noch das gleiche zaghafte Lächeln, doch die Augen waren schon verglast. Das Mädchen war an Auszehrung gestorben. Wohin es die Kartoffelplätzchen tragen wollte, haben wir nie erfahren.»[665]

Die ersten Nachkriegsjahre spülten eine gewaltige Woge neuer Deportationen nach Sibirien. Sie zog ihre Kräfte vor allem aus jenen Gebieten, die von 1939 bis 1941 schon einmal gelitten hatten. Nun galt es im Baltikum, in Polen, in der Ukraine und in Weißrussland mit all jenen Bevölkerungsgruppen gründlich aufzuräumen, die zuvor mit den deutschen Besatzungstruppen kollaboriert hatten oder der Kollaboration verdächtigt wurden, die als Partisanen oder «Waldbrüder» gegen die Sowjetarmee für die Unabhängigkeit ihrer Heimat weiterkämpften sowie mit all denjenigen, die generell als politisch gefährlich eingestuft wurden. Als neue Gruppe hinzu kamen nunmehr auch die «Wlassow-Leute» – in deutsche Kriegsgefangenschaft geratene Sowjetarmisten, die sich für die auf deutscher Seite kämpfenden Wlassow-Armee hatten rekrutieren lassen (allein im Krasnojarsker Krai waren das über 5800).[666] Wie gewohnt kamen die einen in den Gulag, die anderen wurden deportiert. Nur schon die lebenslänglich aus der Westukraine Zwangsverschickten zählten 203 000; mit den aus Weißrussland und dem Baltikum bis 1951 Deportierten kommen die Statistiker auf insgesamt 400 000 Opfer – Männer, Frauen und Kinder.[667]

Auf den 1. Januar 1953 – Stalins Todesjahr – hatten die Buchhalter des MWD 2 3/4 Millionen Deportierter in ihren Listen. Im Krasnojarsker Krai lebten von ihnen jedoch nur noch 108 000.[668]

Nach Abbüßung der Lagerhaft wiesen die Sicherheitsorgane einem aus politischen Gründen verurteilten Gulag-Insassen in der Regel den Status des Verbannten, genauer «Ansiedlungsverschickten» *(ssyl'noposelenec)*, zu. Meistens konnte er seinen neuen Aufenthaltsort innerhalb der Region frei wählen – es sei denn, er wäre ein unabkömmlicher Spezialist. Nur ein Beispiel: Der Ingenieur Viktor Wassiljewitsch Sacharow, 1938 verhaftet und 1940 zu fünf Jahren Lager in Norilsk verurteilt, wurde dort 1943 vorzeitig zu Verschickung am Ort «begnadigt», weil man ihn als technischen Spezialisten brauchte. Das Kombinat, das ihn zum Chefingenieur der Energieverwaltung befördert hatte, betrachtete ihn als so unentbehrlich, dass man ihn, als 1948 unter den Verschickten eine neue Verhaftungswelle einsetzte, mit einem einfachen Trick schützte: Er erhielt Urlaub, um sich in die Tundra zu einem ihm bekannten Ewenken abzusetzen, bei dem er fast drei Monate lebte. Der NKWD fragte nach ihm, doch die Kombinatsverwaltung antwortete, der Betreffende sei unerreichbar auf Urlaub in der Tundra, um zu jagen und zu fischen. Als nach drei Monaten die vorgesehene «Verhaftungsquote» erfüllt war, kehrte Sacharow unbehelligt wieder zurück, wurde vorsichtshalber aber in eine andere Abteilung des Kombinats versetzt.[669]

Wie man nach der Entlassung aus dem Norilsker Gulag in Dudinka als Ansiedlungsverschickter lebte, schildert für den Anfang der fünfziger Jahre Unto Parvilahti. «Alle Deportierten mussten sich zweimal im Monat in der GPU-Kommandantur melden, in der eine Kartei von politisch verdächtigen Bewohnern geführt wurde. Diese Registrierung, *otmetka* genannt, war eine trostlose Angelegenheit. Sie fand immer abends nach der Arbeitszeit statt, und man musste sich oft stundenlang anstellen, bevor man in das Kabinett des zuständigen Funktionärs eingelassen wurde. Es konnte einem auch passieren, dass nach stundenlangem Anstellen nichts aus der *otmetka* wurde. Die GPU-Beamten waren dann betrunken und durften nicht gestört werden. Man musste am nächsten Abend wiederkommen und sich wiederum anstellen. Wer es versäumte, sich zu melden, hatte hohe Strafen zu zahlen. Die ganze Sache war nur Zeitverschwendung, da man die Stadt ohne Erlaubnis ja nicht verlassen konnte. Es gab nichts als trostlose, unbewohnte Tundra auf allen Seiten, und von der nächsten Eisenbahnstation trennten uns mehr als zweitausend Kilometer ödes Land ohne Straßen. Wenn einer nur einen halben Tag nicht an seiner Arbeitsstätte erschien, wusste die GPU schon davon, und der Mann wurde sofort gesucht.»[670]

Wer befristet verschickt worden war, durfte wieder in das europäische Russland zurückkehren. Doch nicht wenige entschlossen sich, in Sibirien zu bleiben. Einer von ihnen, der 1949 in das heimische Krasnodar hätte zurückkehren können, begründete seinen Entscheid mit den Worten: «Warum soll ich dorthin zurückkehren, woher sie mich ausgesiedelt haben, dort nennt mich jeder einen Verschickten, hier aber arbeite und lebe ich nicht schlechter als vorher dort.»[671]

Als Karl Steiner im September 1953 nach vierzehnjähriger Lager- und Gefängnishaft in Sibirien seine Strafe verbüßt hatte und das Lager Taischet verlassen durfte, musste er zuvor eine Verfügung des Staatssicherheitsministeriums unterschreiben, welche folgendermaßen lautete: «Das Sondertribunal des MGB hat beschlossen, Karl Steiner, der aufgrund von Paragraph 58, Absatz 6, 8, 9, 10 und 11, Strafen von insgesamt siebzehn Jahren Gefängnis und Lager verbüßt hat, auf ewig ins Gebiet Krasnojarsk zu verbannen. Die Gebietsverwaltung Krasnojarsk des MGB wird angewiesen, den Ort zu bestimmen, an dem Karl Steiner seinen ständigen Wohnsitz zu nehmen hat. Diesen Ort darf Karl Steiner nicht verlassen, widrigenfalls er mit zwanzig Jahren Katorga zu bestrafen ist.»[672]

Ob er sich auf die neu gewonnene «Freiheit» freuen sollte, bezweifelte Steiner. Von Taischet in das Krasnojarsker Gefängnis transportiert, sollte sich dort entscheiden, welcher Verbannungsort ihm zugewiesen werden würde. Das geschah auf einer Art Sklavenmarkt im Gefängnishof, wo ein «Käufer» Arbeitskräfte für seine Baustelle bei Jenisseisk suchte. So kam Steiner nach Nowostroika («Neubau»), etwa 30 km von Jenisseisk entfernt, wo eine Siedlung für Kriegsinvaliden entstand. Nicht weit davon hatte das MWD in einem halb verlassenen Bauerndorf eine Siedlung für Lagerhäftlinge eingerichtet, die wegen Vollinvalidität als Zwangsarbeiter nicht mehr taugten. Da sie für das Sowjetregime keine Gefahr mehr darstellten, herrschte dort eine Freiheit, wie sie in der Sowjetunion sonst unbekannt war. Verschiedene Konfessionen hielten dort ungestört Gottesdienst, man diskutierte ungeniert über alles und las, was einem in die Hände fiel.

Worin unterschied sich das Leben eines Verbannten vom Lagerleben? Zum einen wohnte man, wenn man es richtig anstellte, in den eigenen vier Wänden, wenngleich höchst bescheiden. Zum anderen durfte man seine Familie nachholen oder wenn keine existierte, sich am Ort eine Partnerin suchen. Auch die Arbeit, die einem das Existenzminimum sichern musste, konnte man frei wählen – nur war die Auswahl denkbar klein. Ein Gleiches galt für die Nahrung: Man konnte essen, was man wollte – doch auch in dieser Beziehung zogen die finanziellen Möglichkeiten und die vorhandene Auswahl an Waren dem Appetit enge Grenzen. Nicht unwichtig war für Verbannte, die in der Ferne Angehörige hatten, dass ihr Briefverkehr keinen Quoten unterlag. Von den «freien» Kollegen unterschied der Verbannte sich am stärksten in seiner eingeschränkten Bewegungsfreiheit. Wollte er die Siedlung, der er zugewiesen war, verlassen – etwa um in die Bezirksstadt Jenisseisk zu fahren, brauchte er dazu eine Genehmigung des MWD, desgleichen, wenn er eine Arbeitsstelle in einem anderen Ort annehmen wollte. Außerdem kontrollierte die Staatssicherheit regelmäßig, ob die Verbannten an ihrem Arbeitsplatz auch tatsächlich anzutreffen waren.

In Nowostroika arbeitete Steiner im Wald, doch die Arbeit war so schwer, der Lohn so karg, dass er sich sehr rasch nach einer anderen Existenzgrundlage umsah. Beim MWD in Jenisseisk schickte man ihn in das Sägewerk von Ust-Kem auf der östlichen Seite des Stromes. Achtzig Prozent der Einwohner von Ust-Kem waren Verbannte, die Hälfte davon stammte aus den früheren deutschen Kolonien der Ukraine. Der strenge Winter und die schwere Arbeit setzten Steiner sehr zu, so dass er eine sich bietende Gelegenheit wahrnahm, mit einem Erlaubnisschein der zuständigen MWD-Behörde Anfang 1954 Ust-Kem zu verlassen. Aber weil er in Jenisseisk trotz intensiver Suche kein Zimmer fand, entschloss er sich, im nahe gelegenen Maklakowo beim Sägewerk eine Stelle als Bautischler anzunehmen. Zunächst erhielt er ein Bett im Wohnheim des Werks, zog dann aber in das winzige Eigenheim eines bulgarischen Kollegen, wo er in der warmen Küche eine Bettstelle aufstellen konnte. Doch als der Kollege in der Küche Ferkel zu mästen begann, sah er nur eine Möglichkeit, um zu einem eigenen Zimmer zu kommen: Mit dem Leiter des Wohnungsamtes von Maklakowo einen ganzen Monatslohn zu verzechen. Dieses Zimmer wurde nun bis zum Ende der Verbannungszeit im Frühjahr 1956 seine ganz persönliche Lebenswelt. Er richtete es nach seinen eigenen Vorstellungen ein und konnte 1955 sogar zweimal seine Frau kommen lassen. Um die Ernährungssituation zu verbessern, mietete er ein Grundstück und baute dort selber Kartoffeln an.[673]

Was seine Frau, die aus Moskau anreiste, erwarten würde, schilderte er ihr in einem Brief: «Was Maklakowo und das Leben hier betrifft, so musst Du Dich auf sehr primitive Verhältnisse gefasst machen. Zwar habe ich ein gutes Zimmer, und ich hoffe, auch Du wirst damit zufrieden sein. Doch erwartet Dich keine Federmatratze, sondern nur ein Strohsack – das wird aber unser Glück nicht stören. Du kannst selbst für uns kochen, oder wir können für zwanzig Rubel im Speisehaus essen. Auf dem Markt verkaufen die Bauern Gemüse, Schweinefleisch und Milch. Es gibt auch vier Läden, in denen man verschiedene Lebensmittel bekommt, nur Zucker ist rar, und es wird also gut sein, wenn Du welchen aus Moskau mitbringst. Maklakowo ist ein großes Dorf mit mehr als zehntausend Einwohnern, die teils in alten Bauernhäusern, teils in neu gebauten Baracken leben. Natürlich wurden die Einwohner – wie überall in Sibirien – zwangsweise hier angesiedelt; die Hälfte von ihnen sind Litauer, die übrigen Letten, Deutsche, Russen, Ukrainer, Polen, Juden und Rumänen. Der Kreis, in dem ich verkehre, besteht aus Intellektuellen aller dieser Nationalitäten; darunter sind viele interessante Menschen. Wundere Dich nicht, dass ich über die Sibirier selbst nichts schreibe – ich hatte bis jetzt keine Gelegenheit, mit ihnen in Berührung zu kommen. Für die Hygiene der zehntausend Einwohner ist ein Bad da, halbverfallen, aber mit zwei Kabinen, die von Ehepaaren gemeinsam benutzt werden dürfen. Für die kulturellen Bedürfnisse der Bevölkerung sorgt ein Kino, das in einer alten Baracke untergebracht ist. Man hat den Trost, dass es besser werden soll; schon das dritte Jahr wird an einem neuen Bad gebaut, und die Leute haben noch nicht die Hoffnung aufgegeben, dass es schließlich doch fertig wird, man weiß allerdings nicht, wann ...»[674]

**Das Auslaufen der Zwangsverschickung**
Wie der Gulag begann die Zwangsverschickung ab 1954 auszulaufen und wurde als Institution 1956 liquidiert. Nun durften auch die unbefristet Verbannten in ihre Heimatorte zurückkehren, aus «politischen» Gründen Verurteilte wurden nach und nach offiziell rehabilitiert. Nicht wenige aber blieben, vor allem, weil sie in der Verbannung eine Familie gegründet hatten oder der Wohnort ihnen zu einer neuen Heimat geworden war.

Den wolgadeutschen Deportierten – im Jahre 1959 mit 66 700 Angehörigen nach Russen und Ukrainern im Krai immerhin die drittgrößte Nationalität – blieb gar nichts anderes übrig als zu bleiben. Ein Ukas des Präsidiums des Obersten Sowjet vom 13. Dezember 1955 sprach ihnen zwar die Freizügigkeit wieder zu, verbot ihnen aber, in ihre Ursprungsheimat an der Wolga zurückzukehren. Auch diese Einschränkung fiel zwar 1972, doch da sich mittlerweile in den früheren Siedlungsgebieten an der mittleren Wolga Russen niedergelassen hatten, reizte eine Rückwanderung die wenigsten. Am ehesten zog es sie aus den unwirtlichen nördlichen Gebieten des Krai in den wärmeren Süden oder zu Verwandten in Kasachstan und Westsibirien. 1989 lebten immer noch 54 300 Deutschstämmige im Krai. Nach dem Ende der Sowjetunion siedelten viele auch nach Deutschland aus, doch die meisten Alten blieben, um dort zu sterben, wo sie den größten Teil ihres Lebens verbracht hatten. Das war nicht ohne Folgen für ihre Identität geblieben. Ihre verstreute Lebensweise auf dem Lande, die keine eigentliche Koloniebildung erlaubte, das Fehlen eigener Schulen, ihr geringer Bildungsgrad und die zunehmende Zahl ethnischer Mischehen beschleunigten den Schwund ihrer Muttersprache und die Russifizierung. Hatten 1959 noch fast drei Viertel Deutsch als Muttersprache angegeben, war es 1989 nur noch ein gutes Drittel.[675]

Persönlich kennengelernt habe ich ein altes wolgadeutsches Ehepaar 1993 in Worogowo. *Ihr Haus unterscheidet sich schon rein äußerlich von denen der Umgebung: Blumen vor den Fenstern, Blumen im Garten, und im Innern blitzt alles vor Sauberkeit und Ordnung. Wie haben diese Menschen, die doch 1941 als Kinder nach Sibirien deportiert worden sind, über die Brüche ihres Lebens hinweg inmitten einer völlig anders gearteten Umgebung ihre Wertkategorien nur ungeschmälert bewahren können? Beide haben bis 1952 in Krasnojarsk gelebt und sind dann in Worogowo gelandet. Er hat als Träger an der Schiffsstation gearbeitet, sie als Putzfrau. Sie sprechen ein lückenhaftes, stark mundartlich gefärbtes Deutsch, ihre Kinder nur noch Russisch. Die beiden Alten sind nicht glücklich hier, wo sie mittlerweile den größten Teil ihres Lebens verbracht haben, aber einer Umsiedlung nach Deutschland fühlen sie sich nicht mehr gewachsen.*[676]

Sieben Jahre später in Turuchansk. *Am Schiffsanleger empfängt uns ein untersetzter, nahezu zahnloser Alter mit wettergegerbtem Gesicht, Schnapsnase und struppigem Bart: ein Wolgadeutscher, der mit den Besuchern in seiner Muttersprache reden möchte. Aber ist das noch seine Muttersprache, diese Mischung aus Kolonistendialekt, Hochdeutsch und Russisch? Diese Generation, der Stalin ihre Identität geraubt hat, stirbt jetzt allmählich aus.*[677]

## Katorga und Ssylka – Rückblick und Vergleich

Stalin hinterließ bei seinem Tode am 5. März 1953 mehr als 5 Millionen noch lebende Opfer – 2 1/2 Millionen Zwangsarbeiter im Gulag und 2 3/4 Millionen Zwangsverschickte.[678] Das entsprach 2,8 Prozent der damaligen Einwohnerzahl der Sowjetunion.[679] Nach einem Vierteljahrhundert Stalinära dürfte es demnach kaum eine Familie gegeben haben, die nicht in irgendeiner Form mit den Welten der Unfreiheit Bekanntschaft geschlossen hatte. Gerade dies macht einen der Hauptunterschiede zwischen der Zaren- und der Sowjetzeit aus. Unter den Zaren hat es nie einen derart hohen Anteil von Zwangsarbeitern und Deportierten gegeben. Das Überwachungssystem war lockerer, die Möglichkeit zur Flucht größer. Die bürokratische Perfektionierung, totale wirtschaftliche Instrumentalisierung und soziale Ausgrenzung der «Repressierten», wie sie unter Stalin erreicht wurde, gab es zur Zarenzeit nicht.[680]

Auch das Wiedereinleben der Heimkehrenden war – solange das Sowjetregime andauerte – nicht einfach.[681] Angehörige und ehemalige Seki oder Verschickte hatten in unterschiedlichen Welten gelebt, die im Laufe der Zeit auseinandergedriftet waren. Die früheren Seki durften bis 1956 nicht über ihre Lagerzeit reden, und taten es auch später eher selten und unter großen Mühen. Viele waren traumatisiert. Erst nach dem Ende des Sowjetsystems begannen einige ihre Vergangenheit aufzuarbeiten, zum Teil im Rahmen von *Memorial*. In diesen Rahmen gehört auch die Entstehung des «Nichtkommerziellen Herausgeberfonds *Noril'skij*», der von Ehemaligen des Norillag finanziert wird und die Reihe «O vremeni, o Noril'ske, ...» (OVONOS) herausgibt.

Erstaunlich ist, dass nicht wenige der ehemaligen Seki trotz ihrer Lagererfahrungen keineswegs antisowjetisch wurden, sondern sie dem Stalinismus als Verirrung des Sozialismus zugeschrieben haben. Sie waren nicht bereit, die tieferen Ursachen zu ergründen.

Ich habe mich immer wieder gefragt, wie nicht nur Stalin, sondern faktisch alle Angehörigen der frühen sowjetischen Führungsgarde ihren eigenen Leidenserfahrungen in der zaristischen Verschickung zum Trotz das unselige Zwillingspaar Katorga und Ssylka wiederaufnehmen, perfektionieren und ausbauen konnten. Die Antwort liegt auf der Hand: Zur Sicherung ihrer Macht sahen sie genau wie das Zarenregime keine andere Antwort als die Anwendung von Gewalt. Der Überzeugungskraft ihres sozialistischen Gesellschaftsmodells trauten sie offensichtlich ebenso wenig wie den Zukunftsprognosen ihres «Religionsstifters» Karl Marx.

Dass Stalin und sein Kreis sich der Parallelen zwischen ihrem und dem zaristischen Repressionssystem durchaus bewusst waren, verrät ihr Umgang mit der «Allunionsgesellschaft politischer Zwangsarbeiter und Ansiedlungsverschickter» (*Vsesojuznoe obščestvo političeskich katoržan i ssyl'no-poselencev*), die 1921 gegründet worden war. Diese gab unter dem Titel «Zwangsarbeit und Verschickung. Revolutionshistorisches Informationsblatt» (*Katorga i ssylka. Istoriko-revoljucionnyj Vestnik*) eine Publikationsreihe heraus, deren immer gewichtiger werdende Bände sich in fünf Abteilungen gliederten: 1. «Aus der Geschichte der revolutionären Bewegung»; 2. «Gefängnis, Katorga, Ssylka und Emigration» (Erinnerungen Ehemaliger); 3. Nachrufe auf Ehemalige; 4. Bibliographie; allenfalls 5. Chronik (Nachrichten aus regionalen

Organisationen der Ehemaligen). Abteilung 2 bildet eine wichtige und unverzichtbare Quelle für das Leben und die Schicksale politischer Sträflinge und Verbannter der ausgehenden Zarenzeit, primär natürlich sozialistischer Provenienz. Nicht ganz zufällig verschwand gerade diese Abteilung seit 1931 aus den Sammelbänden – wegen der zu großen Parallelen zum nun massiv sich bevölkernden Gulag und der Zunahme der Verschickungen. Tatsächlich hatte sich bereits seit 1929 der Druck auf die Redaktion erheblich verschärft. Er gipfelte 1931 in der Gleichschaltung und schließlich 1935 in der Einstellung der Reihe, nachdem seit 1921 insgesamt 116 Bände erschienen waren.[682]

Ein ähnliches Schicksal traf die «Landsmannschaften» *(zemljačestva)* der Ehemaligen, die sich nach den Gouvernements der Verbannungsorte gruppierten. Auch in Krasnojarsk wurde im Mai 1924 die «Jenissei-Landsmannschaft» *(Enisejskoe zemljačestvo)* aus der Taufe gehoben. 1926 hatte die Organisation 345 Mitglieder, die meisten in Moskau; in Krasnojarsk selber lebten ganze zwölf. Natürlich erfasste die Organisation nicht alle noch lebenden Ehemaligen, sondern vor allem Bolschewiki. Man traf sich zu regelmäßigen Sitzungen, lauschte den Vorträgen Ehemaliger, publizierte Erinnerungen, begann ein Archiv und eine Fotosammlung aufzubauen.[683] Damit war in den dreißiger Jahren dann Schluss.

# Das Jenissei-Stromland –
# Regionalprofil und Selbstwahrnehmung

Dass in Sibirien die Uhren anders gingen als im europäischen Russland, dass seine Menschen freiheitsliebender und unternehmerischer eingestellt waren, haben nicht nur Ausländer mit ihrem fremden Blick wahrgenommen.[684] Aber lässt sich auch die eingangs des Buches geäußerte Annahme erhärten, dass das Jenissei-Stromland als repräsentativ für ganz Sibirien gelten kann, jedoch auch gewisse regionale Besonderheiten aufweist, die ihm eine eigene räumliche und historische Identität verleihen?

Repräsentativ für ganz Sibirien mit Ausnahme des Fernen Ostens ist das Jenissei-Stromland (einschließlich des Taimyr) in landschaftlicher Hinsicht. Dies gilt auch für die Anlage seines Flussnetzes. Dieses und die darauf fußende Kreuzstruktur aus Wasser- und Landwegen diente als Grundlage des Verkehrssystems und verklammerte es mit seinen westlichen wie östlichen Nachbarregionen. Klimatisch bildet es einen Übergangsraum zwischen West- und Ostsibirien. In historischer Hinsicht teilt es mit den anderen Regionen Sibiriens die Entwicklung der staatlichen Strukturen und ihrer Auswirkungen auf Wirtschaft, Gesellschaft und Alltag. Aber innerhalb dieses Rahmens ließen sich in diesem Buch gewisse Besonderheiten aufzeigen, die dazu geführt haben, dass das Jenissei-Stromland ein gegenüber West- wie Ostsibirien eigenständiges Regionalprofil aufweist. Woran lässt sich das festmachen?

Gegenüber Westsibirien (dem Becken von Ob und Irtysch) ist das Jenissei-Stromland in mancherlei Hinsicht ein Spätling. Dies gilt bis in die frühe Sowjetzeit hinein für die Entwicklung der Bevölkerungszahl, der Industrialisierung, der Dampfschifffahrt, der Elektrifizierung sowie der Steinbauten in Stadt und Land. Bis dahin verfügte es im Unterschied zu West- und Ostsibirien auch über keine Kohleindustrie. Trotz des fruchtbaren Minussinsker Beckens blieben die landwirtschaftlichen Erträge hinter denen Westsibiriens zurück. Selbst die Milchwirtschaft spielte eine viel geringere Rolle. Dies alles hängt vor allem damit zusammen, dass das Jenissei-Stromland vom europäischen Russland weiter entfernt liegt.

Lediglich bei der Urbanisierungsquote holte es seit der Fertigstellung der Transsibirischen Eisenbahn Westsibirien ein, blieb aber in dieser Beziehung bis zum Zweiten Weltkrieg immer noch hinter Ostsibirien mit der Region Irkutsk zurück.

Bis zum 20. Jahrhundert gab es im G. Jenissei im Unterschied zu Ostsibirien kaum Katorga-Sträflinge, also Zwangsarbeiter. Dafür schickte das Zarenregime überdurchschnittlich viele Verbannte dorthin, insbesondere solche, die als politisch besonders gefährlich galten, und solche, die aus der westsibirischen Verbannung hatten flüchten können. Dies spricht dafür, dass die größere Entfernung des Jenissei vom europäischen Russland diese Zielwahl bestimmt hat. Daher spielte gerade der Turuchansker Krai am unteren Jenissei für die Verbannung eine besondere Rolle, nicht nur für die Konzentrierung führender Bolschewiki während der letzten Jahre des Zarenregimes.

Seine inferiore wirtschaftliche Bedeutung während der Zarenzeit hat das Jenissei-Stromland nur im zweiten Drittel des 19. Jahrhunderts durchbrochen, als es vorübergehend den Spitzenplatz in der Goldproduktion erklomm. Doch wegen rückständiger Abbautechniken und organisatorischer Defizite war dieser Durchbruch nicht nachhaltig.

Wirtschaftlich holte der Krasnojarsker Krai erst seit den dreißiger Jahren des 20. Jahrhunderts gewaltig auf. Dies war nicht nur eine Folge der sowjetischen Kommandowirtschaft, sondern auch des massenhaften Einsatzes von Zwangsarbeitern in den Straflagern des GULAG. Nur so konnte in der unwirtlichen Tundra des Nordens in kürzester Zeit die Basis für die Ausbeutung der Buntmetall-, vor allem Nickelvorkommen von Norilsk gelegt werden, die zu den bedeutendsten der Welt zählen. Im Verein mit der von gigantischen Stauwerken an Jenissei und Angara erzeugten Elektroenergie und den angelagerten Industriekomplexen bildete der Krasnojarsker Krai in spätsowjetischer Zeit daher das wirtschaftliche Filetstück Sibiriens. Fürwahr geradezu eine Umkehrung seines vorherigen ökonomischen Schattendaseins! Dieser rasante Aufstieg brachte dem Krai einen weiteren Spitzenplatz ein – den des größten Umweltverschmutzers im gesamten Land.

Einen Spitzenplatz hielt der Krai bis zum Ende der Sowjetunion auch beim Export sibirischer Rohstoffe auf dem Nördlichen Seeweg. Dies betraf vor allem Holz und Holzprodukte via Igarka sowie Buntmetalle aus Norilsk via Dudinka. Damit stieg der Jenissei zum ökonomisch wichtigsten Verkehrsträger Sibiriens auf.

Noch eine historische Reminiszenz wäre erwähnenswert: Das mittlere Jenissei-Stromland ist die einzige Region Sibiriens, die eine Kultur des Flussnomadentums ausgebildet hat, getragen vom einzigartigen Volk der Keten.

Dass das Jenissei-Stromland auf der Grundlage seiner naturräumlichen Gegebenheiten und seiner spezifischen historischen Entwicklung ein eigenes, unverwechselbares Regionalprofil entwickelt hat, spiegelt sich auch darin, dass es seit 1822 in drei verschiedenen politischen und wirtschaftlichen Systemen (mit Ausnahme der Jahre 1925–1934) eine eigene Verwaltungseinheit gebildet hat. Versuche, diese zu zerschlagen, haben sich als nicht zweckdienlich erwiesen.

Hat diese territoriale Stabilität in Selbstwahrnehmung und Identitätsfindung der Menschen des Krai Spuren hinterlassen? Spielt der Jenissei in Denken und Kultur als Erinnerungsort eine ähnliche Rolle wie die Wolga oder sogar eine größere? Immerhin ist er ja die zentrale Achse eines Raumes, der historisch und verwaltungstechnisch in sich geschlossener ist als das Gebiet, welches «Mütterchen Wolga» durchströmt.

Bei einer repräsentativen Erhebung unter der Krasnojarsker Einwohnerschaft in den Jahren 2007 und 2008 ging es darum, welche primäre Identität die Befragten sich selber zuschrieben. Mehrfachnennungen waren möglich. 55,2 Prozent sahen sich in erster Linie als Staatsbürger der Russländischen Föderation, 51,7 Prozent verstanden sich in gleicher Weise als Russländer und als Sibirjaken oder nur als Sibirjaken, während 12,2 Prozent sagten, sie identifizierten sich primär mit dem Krasnojarsker Krai oder mit der Stadt Krasnojarsk.[685] Bei einer Befragung auf dem Lande wäre der Anteil derjenigen, die eine regionale Selbstzuschreibung bevorzugen, wohl noch größer, denn dort konzentrieren sich die Alteingesessenen. Die meisten stärker im

Krai Verwurzelten stehen dem europäischen Russland und der dortigen Machtzentrale distanziert gegenüber und bezeichnen sie als «Festland» *(materik)*. Allerdings findet sich das gleiche Phänomen auch innerhalb des Krasnojarsker Krai zwischen der Turuchanka und Norilsk im Norden einerseits, dem Süden mit Krasnojarsk andererseits.[686]

Kann man also davon ausgehen, dass die mittlerweile fast zweihundertjährige territoriale Einheit des Jenissei-Stromlandes auch eine regionale Identität hat entstehen lassen, die man bewusst wahrnimmt? Der Jenissei ist auch hier ein besonderer Erinnerungsort, der sich nicht nur in dem beliebten «Jenisseiwalzer»,[687] sondern auch in Gedichten und Erzählungen widerspiegelt. Seit 2004 erscheint in Krasnojarsk unter dem Titel «Jenissei-Poesie» *(Poėzija na Enisee)* alljährlich ein literarischer Sammelband, der Lyriker und Erzähler des gesamten Jenissei-Stromlandes vereint.[688] Und kein Zufall dürfte es sein, dass die 2010 erschienene Sammlung von Jenissei-Novellen bereits fünf Jahre später erneut aufgelegt werden musste.[689] Einzeltitel wie die Gedichtanthologie «Kerze über dem Jenissei. Gedichte Krasnojarsker Lyriker» *(Sveča nad Eniseem. Stichotvorenija krasnojarskich poėtov)*, «Der Neue Jenissei-Literat. Prosa-, Lyrik-, Publizistik-Almanach» *(Novyj Enisejskij Literator. Al'manach prozy, poėzii, publicistiki)* oder «Dichter von den Ufern des Jenissei: Aida Fedorova» *(Poėty na beregach Eniseja: Aida Fedorova)* beziehen sich stets auf den Strom als Muse und einigendes Band. Vergleichbares über andere sibirische Ströme wie Ob, Irtysch, Lena und Amur lässt sich über Internetrecherchen nicht ausmachen.

Anders als selbst bei der Wolga geht jedoch – so scheint mir – die Beziehung eines nicht unerheblichen Teiles der Menschen des Jenissei-Stromlandes zu ihrer Heimat über eine bloße Nostalgie hinaus. Festmachen lässt sich dies an der Entstehung einer politischen Bewegung, die nach dem Ende des sowjetischen Verwaltungszentralismus für ihre regionalen Interessen auch gegen die neuen Herren zu kämpfen bereit ist.

# Quellen

## 1 Erkundungen

### Auftrag des Zaren zur Erkundung der Jenisseimündung (20. März 1616)

Vom Zaren und Großfürsten Michail Fedorowitsch der ganzen Rus nach Sibirien, in die Stadt Mangaseja, unserem Wojewoden Iwan Iwanowitsch Birkin und Woin Afanasjewitsch Nowokreschtschenow.

Im jetzigen 124. Jahr am 17. März schrieben uns aus Tobolsk unser Bojar und Wojewode Fürst Iwan Semjonowitsch Kurakin, Fürst Grigori Gagarin und der Sekretär Iwan Bulygin: Es habe ihnen der Handelsmann Kondraschko Kurkin von der Dwina berichtet: Im vergangenen 118. Jahr waren sie in Mangaseja, und von Mangaseja gingen sie an den Jenissei, zu Nikola am Turuchan, und er, Kondraschko, habe, nachdem er sich mit anderen Handelsmännern von der Dwina, Ossipko Schipunow und Genossen, zusammengetan habe, Kotschen gebaut, und sie seien auf Gewerbe *(promysel)* zum Fluss Pessida gefahren und seien den Jenissei abwärts vier Wochen bis zur Mündung des Jenissei gefahren, und sie hätten die Jenisseimündung am Anfang des Petersfastens erreicht, und die Jenisseimündung sei vom Meer her mit Eis verstopft gewesen, und das Eis sei 30 Saschen und dicker gewesen; der Jenissei münde in eine Meeresbucht des Eismeeres *(Studenoe more)*, auf welchem die Ausländer *(nemcy)* aus ihren Ländern zu Schiff zur Archangelsker Mündung fahren;[1] und sie standen an der Jenisseimündung hinter dem Eis fünf Wochen lang, weil es nicht möglich war, aus dem Fluss in die Bucht zu fahren);[2] doch dann kam Südwind auf, und von diesem Wind wurde das Eis aus der Mündung hinaus ins Meer getrieben; und zu dieser Zeit ist es auch großen Schiffen möglich, vom Meer in den Jenissei zu gelangen;[3] der Fluss ist angenehm, es gibt Nadel- und Laubwald und Ackerplätze und jegliche Fische in diesem Fluss wie in der Wolga, und viele unserer jassakpflichtigen und Gewerbsleute *(jasašnye i promyšlennye ljudi)* lebten am Fluss.[4]

Ihnen habe aber der Ausländer Sawa der Franzose erzählt: Vor sieben Jahren seien Holländer zu Schiff über das Meer nach Mangaseja gefahren und wollten weiter zum Jenissei, doch kamen sie im selben Jahr zurück und berichteten, dass der Sommer sehr streng war und das Eis sie nicht in den Jenissei gelassen habe, sobald aber Südwind zu erwarten sei, wäre es ihnen möglich, in den Jenissei hineinzufahren.

Was den Weg zum Jenissei angeht, so hätten ihnen [Kurakin und Gagarin] Kondraschka Kurotschkin und der Tobolsker Strelitze Kondraschka Korela ebenfalls berichtet, dass von der Stadt Archangelsk nach Mangaseja viele Handels- und Gewerbsleute jedes Jahr auf Kotschen mit jeglichen ausländischen Waren und Getreide fahren, und sie brauchen auf See bis zur Kara-Bucht von der Stadt zwei Wochen, und aus der Kara-Bucht gehen sie den Fluss Mutnaja bis zum Wolok fünf Tage aufwärts, über den Wolok aber zu gehen und die Kotschen zu schleppen, sind es anderthalb Werst, und wenn sie den Wolok hinter sich haben, lassen sie die Kotschen in den Fluss Selenaja und fahren vier Tagereisen abwärts, vom Fluss Selenaja in den Tas und auf dem Tas bis Mangaseja, und vom Fluss Mutnyja bis Mangaseja braucht man insgesamt zwei Wochen.[5]

Dem Bojaren Fürst Iwan Semjonowitsch berichtete Stepan Sabelin: Gewerbsleute hätten ihm in Mangaseja erzählt, dass in der Stadt Archangelsk Ausländer sie als Führer gemietet hätten, um sie nach Mangaseja zu bringen, doch ohne unseren Ukas hätten sie es nicht gewagt, dies zu tun.[6]

Auf Grund dieser eingezogenen Erkundigungen haben sie [die Tobolsker Wojewoden] nach Mangaseja den Tobolsker Strelitzen Grischka Bogdanow geschickt und ihm aufgetragen, auf Schneeschuhen nach Surgut zu gehen und von Surgut nach Mangaseja. Dir aber, Woin, haben sie geschrieben: Sobald Gott es gibt, dass das Eis aufbricht und die Flüsse befahrbar sind, sollst du Dienst- und Gewerbsleute zur Jenisseimündung schicken, so viele Leute wie nötig, und die Jenisseimündung untersuchen lassen, ob das Eis noch nicht offen ist, und wenn es offen ist, sollst du befehlen abzuwarten, ob der Südwind das Eis aus dem Jenissei vollständig vertreibt oder nicht; die Gewerbs- und Handels- und jegliche Leute, die am Jenissei häufig leben, sind genauestens zu befragen: Ob der Wind das Eis aus der Jenisseimündung jedes Jahr hinaustreibt oder wann und zu welcher Jahreszeit es möglich ist, mit Hochseeschiffen *(korabli)* oder anderen Schiffen *(sudni)* vom Meer in den Jenissei hineinzufahren; und diesbezüglich ist den Handels- und Gewerbs- und jeglichen anderen Leuten strengstens zu verbieten, den Ausländern den Weg nach Mangaseja zu zeigen und sie an besagte Orte zu führen; falls aber die Ausländer wegen des Handels an den Jenissei oder nach Mangaseja gelangen sollten, dürfen sie dort keinen Handel treiben; wenn es möglich ist, soll man sie mit allen erdenklichen Mitteln in die Stadt holen und in der Stadt Mangaseja festhalten, bis unser Ukas ergeht.[7]

Wir werden dieserhalb einen Ukas erstellen lassen. Sobald ihr unsere Urkunde erhalten habt, habt ihr unverzüglich unsere Dienst- und Gewerbsleute, so viel es ihrer bedarf, zur Jenisseimündung zu schicken und die Jenisseimündung daraufhin zu prüfen, wo man nahe der Mündung ein Fort bauen kann, ob um das Fort Ackerland, Heuschläge und Wald für die Einwohner genug vorhanden ist und welche und wie viele Leute an der Mündung des Jenissei leben. Und es ist Befehl zu geben, genauestens darüber nachzuforschen, welche unserer sibirischen Städte dieser Jenisseimündung am nächsten liegen und wie viel Tagereisen in Werst es bis zu welcher Stadt von dort sowohl zu Wasser als auch zu Lande sind; wenn es aber der Wasserweg ist, mit welchen Schiffen er befahrbar ist: mit großen oder mit Kotschen; wo man den Ort für den Bau des Forts vorsieht, soll man genauestens darauf achten, wie viel Ackerland, Wald und Heuschläge für dieses Fort zur Verfügung stehen und wie viel Leute dieses Fort benötigt.

Und es ist ihnen zu befehlen, rund um diesen Ort auf 2, 3, 5, 6, 10, 15, 20, 30, 40, 50, ja auf hundert oder mehr Werst alle Menschen namentlich aufzuschreiben und wer wessen Sohn ist und mit Zunamen, was für ein Gewerbe sie treiben und an welche Stadt sie Jassak entrichten und warum sie Jassak abliefern oder ob sie ohne Jassak leben; und es ist ihnen zu befehlen, das alles genauestens einzeln in die Bücher einzutragen. Und diese Leute sind genauestens zu befragen, ob Ausländer zuvor schon mit Hochseeschiffen oder Kotschen vom Meer in den Jenissei gekommen sind, um Handel zu treiben, und falls ja, mit welchen Waren und ob das viele Leute waren; und wer was dieserhalb berichtet, das sollt ihr alles genauestens notieren und diese Bücher sollt ihr an das Kasaner Amt *(Kazanskij dvorec)* unserem Dumasekretär Pjotr Tretjakow und Pjotr Wikulin mit Genossen senden.

Und dieserhalb sollt ihr ein striktes Verbot an die Gewerbsleute und Jassaktataren erlassen, Ausländer an den Jenissei und nach Mangaseja durchzulassen, mit ihnen Handel zu treiben und ihnen die Wege wohin auch immer zu weisen. Wenn aber jemand mit Ausländern anfängt Handel zu treiben oder ihnen den Weg zu weisen, diese Leute werden in unsere allerhöchste Ungnade fallen und bestraft werden.

Geschrieben zu Moskau im 7124ten Jahr am 20. März.

Auf der Rückseite: Sekretär Iwan Schewyrjow.

*Aus: G. F. Miller, Istorija Sibiri, 2 (2000), Nr. 116, S. 271–273.*

# 2 Im «Wilden Osten»

## 2.1 Die wilden Jahre von Jenisseisk und Krasnojarsk

*Aus einem Rapport des Wojewoden von Jenisseisk, Wassili Argamakow, nach Moskau (Ende Juli 1629)*

Dem Herrn, Zaren und Großfürsten Michail Fedorowitsch der ganzen Rus eine tiefe Verneigung deines Knechtes Waska Argamakow.
[...]
Am 27. Juli, Herr, kamen in das Fort Jenisseisk aus dem Katschinsker Ländchen aus Krasnoi Jar die zum Fort Jenisseisk gehörenden Dienstleute Iwaschko Konowal und Kondraschka Mikiforow, die nach Krasnoi Jar gesandt worden waren, um bei den Kirgisen Pferde zu kaufen. Auf Befragung hin erklärte Kondraschka, er habe in der Festung Krasnoi Jar von Katschinsker Dienstleuten, Jakunka Petrow nebst Genossen, vernommen, dass die Katschinsker Dienstleute sich damit brüsteten, zum Fort Jenisseisk ziehen zu wollen, um dieses auszurauben, und zwar deswegen, weil man ihnen aus dem Fort Jenisseisk nach Krasnoi Jar keinen Proviant schicke; deshalb wollten sie zum Jenisseisker Fort ziehen, um im Fort Jenisseisk zu plündern so viel als möglich, und sie würden in das Fort mehr als zehn Mann schicken und das Tungusentor besetzen und im Fort auf jede mögliche Weise plündern. Andrei Dubenskoi [der Wojewode von Krasnojarsk] sagte ihnen aber, ich schicke euch nicht, ich mache nicht, was ihr wollt.
Am 30. Juni, Herr, kamen in einem Schiff *(struga)* unter das Fort Jenisseisk ohne Signalschüsse und ohne Nachricht von Krasnoi Jar folgende Dienstleute: der Pjatidesjatnik Ofonka Putimez und der Desjatnik Fedka Pskowitin nebst Genossen, 30 Mann. Nun aber stehen diese Dienstleute mit zwei Schiffen und zwei Flachbodenbooten *(doščaniki)* westlich der Insel oberhalb des Forts Jenisseisk, um zu beraten. Und ich, dein Knecht, habe den Befehl gegeben, das Fort vor ihnen zuzusperren, weil sie bis unter das Fort gerudert sind, ohne zuvor von sich Kunde zu geben – dies ist ein Grenzfort, ohne vorherige Benachrichtigung und Erkennungssignale ist es nicht gestattet, das Fort zu betreten. Denn, Herr, es war klar, dass sie in verbrecherischer Absicht gekommen waren. Und der Katschinsker Pjatidesjatnik Afonka Putimez und der Desjatnik Fedka Pskowitin erschienen im Fort mit einer schriftlichen Nachricht von Ondrei Dubenskoi, und in der Nachricht war geschrieben, dass sie, Ofonka, zu deinem herrscherlichen Dienst an die Tunguska zu den Bratsker Leuten geschickt worden seien, und bei ihnen, den Katschinsker Dienstleuten, seien 137 Mann, und ihr Getreidedeputat sei ihnen gemäß diesem Schreiben Andreis im Fort Jenisseisk aus dem Katschinsker Proviantdepot anteilsmäßig zu entrichten. Nur dadurch würde es ihnen möglich sein, ihren Dienstauftrag zu erfüllen, und es sei genau aufgeschrieben, für wie viele Wochen sie an die Tunguska entsandt würden und wie viel an Proviant ihnen mitzugeben sei. [...]
Und ich, dein Knecht, habe den Befehl gegeben, den Pjatidesjatnik Ofonka Putimez und den Desjatnik Fedka Pskowitin unter Bewachung zu stellen, bis über sie Genaueres bekannt ist, zu welchem Zweck sie in so großer Anzahl zum Fort Jenisseisk gekommen sind und wohin sie wollen. Und dass sie in dieser großen Anzahl zum Tunguska-Fluss wollen, kann nicht stimmen, weil am Tunguska-Fluss bis hin zu den Bratsker Stromschnellen deine zum Jenisseisker Fort gehörigen herrscherlichen Jassak-Leute leben. Jenseits der Bratsker Stromschnellen aber haben in diesem 137. Jahr die Bratsker Leute, die an der Tunguska und an der Oka leben, sich bereits friedlich unter deine hohe herrscherliche Hand begeben, und sie haben für sich dem Strelitzenhauptmann Petr Beketow mit seinen Dienstleuten den Jassak nach Jenisseisk gezahlt. Dem Ondrei Dubenskoi ist aus dem Kreis Jenisseisk aber gemäß deinem herrscherlichen Ukas kein Auftrag erteilt worden, an der Tunguska in den Jassakbezirken Jassak einzuziehen. [...]
Die Katschinsker Dienstleute aber, Herr, die sich unter dem Fort zusammengerottet hatten, standen dort zwei Tage lang. Und der Getreideaufkäufer Bogdaschko Goloi, der ins Fort

kam, sagte im Verhör, dass die Katschinsker Dienstleute Makarko und Klimko Beresowski ihn aufgefordert hätten, mit ihnen an die Tunguska und in das Bratsker Ländchen zu kommen, und sie hätten ihm, Bogdaschko, erzählt, dass sie in Krasnoi Jar einen Aufruhr verursacht und den Ataman Iwan Kolzow totgeschlagen und ins Wasser geworfen hätten, aber er, Bogdaschko, habe sich ihnen nicht angeschlossen. Am 1. Juli aber, Herrscher, erschien der Katschinsker Dienstmann Waska Anissimow im Fort und gab auf der Kanzlei Auskunft über die Katschinsker Dienstleute, den Pjatidesjatnik Afonka Putimez und Fedka Pskowitin mit Genossen. Er erklärte, als der Katschinsker Ataman Iwan Kolzow aus dem Fort Jenisseisk mit deiner herrscherlichen Staatskasse nach Krasnoi Jar gekommen sei, die aus Tobolsk zur Besoldung der Katschinsker Dienstleute geschickt worden war, da habe Ondrei Dubenskoi die Kasse von ihm entgegengenommen, ihn aber, Iwan habe er aus der Kanzlei weggeschickt. Die Katschinsker Dienstleute Ofonko Putimez, Fedka Pskowitin, Iwaschko Chaldei und Onaschka Wassiljew mit Spießgesellen aber hätten Iwan Kolzow von der Kanzlei auf den Platz geschleift, mit einem Streitkolben geschlagen, vor die Befestigung geschleift und, nachdem sie ihn tot geschlagen hatten, in den Fluss Katscha geworfen. Totgeschlagen hätten sie ihn aber deshalb, weil er daran schuld gewesen sein soll, dass sie in Krasnoi Jar keinen Proviant erhalten hätten. Nachdem sie den Ataman erschlagen hatten, hätten sie Andrei Dubenskoi gebeten, sie zum Dienst an die Tunguska zu schicken. Nachdem sie 140 Mann zusammengebracht hatten, wollten sie zur Tunguska aufbrechen, und Andrei gab ihnen eine Bestätigung mit, dass sie an die Tunguska gehen sollten. Als sie aber, Herr, vor das Fort Jenisseisk gekommen waren, brüsteten sie sich damit, mich, deinen Knecht, töten zu wollen und das Fort Jenisseisk zu plündern, weil unsere Dienstleute den Proviant nicht zu ihnen nach Krasnoi Jar transportiert haben. Und wenn es ihnen gelungen wäre, den Proviant in Jenisseisk an sich zu reißen, dann wollten sie an die Tunguska und in das Bratsker Ländchen ziehen, um, nachdem sie die Bratsker Leute überfallen hätten, nach Krasnoi Jar zurückzukehren, um damit ihre verbrecherischen Handlungen zu vertuschen. [...]

[Die Vernehmung des verabschiedeten Dienstmanns Semjonko Jelissejew syn Seroi auf der Folter ergab neue Einzelheiten der Verschwörung]

Er fuhr mit den Katschinsker Dienstleuten aus Krasnoi Jar, und sie gingen ans Ufer und formierten einen «Ring» *(krug)* und wählten sich als Älteste den Ofonko Putimez und den Fedka Pskowitin und den Onaschka Wassiljew, und sie gaben ihnen [als Zeichen ihres Amtes] einen Streitkolben, und als Jessaule wählten sie Paschka Balachonez und Grischka Tschjussowitin, und ihn, Semjonko, holten sie nicht aus dem Schiff zu sich, weil er aus dem Dienst verabschiedet war. Als sie zu den Schiffen zurückgekehrt waren, suchte Ofonko Putimez nebst Genossen 30 Mann für das eine Schiff aus und fuhr mit ihm voraus, den anderen Schiffen aber mit dem Ältesten Onaschka Wassiljew mit Genossen befahl er, ihm später zu folgen. Er, Semjonko, habe von ihnen gehört, dass sie, wenn sie das Fort Jenisseisk erreicht hätten, den Wojewoden töten und das Fort plündern wollten.

Die Katschinsker Dienstleute Onaschka Wassiljew und Iwaschko Nosko mit Spießgesellen, Herr, standen unter dem Fort drei Tage, und nachdem sie sich mit Trappern und Gaunern verstärkt hatten, zogen sie an die Tunguska, und am Tunguska-Fluss, Herr, plünderten sie viele Trapper, die dort auf Zobeljagd waren, restlos aus und nahmen ihnen Vorräte, Zobelfelle, Kochkessel, Waffen und Boote weg. Die ausgeraubten Trapper aber schlugen sich von ihren Jagdrevieren zum Fort Jenisseisk durch. Auf Befragen erklärten diese beraubten Trapper, Waska Wesna und Genossen, wie die Katschinsker Dienstleute Onaschka Wassiljew und Iwaschko Nosko mit Spießgesellen sie an der Tunguska ausgeraubt hätten, und die Räuber, sagten sie, wollten nicht gleich mit ihrer ganzen Masse vor das Fort Jenisseisk ziehen, sondern nur einen Ältesten in das Fort schicken, und damit man im Fort keinen Verdacht schöpfe, sollten nur zehn Mann vorneweg vor das Fort ziehen, damit man sie in das Fort einlasse, die übrigen Männer aber sollten im oberen Dorf die Bauern wegführen, damit keine Nachrichten in das Fort gelangen könnten. Sie selbst aber wollten nachts zum Fort ziehen, und dort würden uns die zehn Mann das Tor öffnen und wir, indem wir das Fort stürmen, würden den Wojewoden töten und das Fort plündern. Und das machen wir einfach deshalb, damit sie in Krasnoi Jar den

Jenisseisker Dienstmann Kondraschka Nikiforow nicht töteten, damit keine Nachrichten in das Fort Jenisseisk gelangen würden.

Am 4. Juli, Herr, kam der Ackerbauer Waska Kargapol in das Fort Jenisseisk und sagte im Verhör aus, wie auf dem Weg vom Fort zur Tunguska die Katschinsker Dienstleute zu ihnen in das obere Dorf gekommen seien, und ihm, Waska, habe Iwaschko Nosko nebst Spießgesellen gedroht, du hast uns auf der Folter verraten, von dir haben sie im Fort Jenisseisk Nachrichten über uns erhalten, und jemand anderen hätten wir vielleicht nur geknutet, dich aber werden wir totschlagen.

Am 9. Juli, Herr, wurden die Katschinsker Dienstleute Ofonka Putimez und Fedka Pskowitin wegen der im Verhör und auf der Folter gemachten Aussagen der Katschinsker Kosaken Waska Onissimow, Iwaschko Klementjew und Semjonko Seroi sowie wegen der Aussagen der Trapper Waska Wesna mit Genossen befragt, doch im Verhör leugneten sie alles ab, dass sie keinerlei Absicht in Bezug auf das Fort Jenisseisk und auf mich, deinen Knecht, gehabt hätten und dass Andrei Dubenskoi sie im dienstlichen Auftrag an die Tunguska zu den Bratsker Leuten geschickt habe. Ich aber, Herr, befahl, sie zu foltern, doch auch auf der Folter gestanden sie in Bezug auf sich und ihre Spießgesellen nichts. Da wurde der Katschinsker Kosak Iwaschko Klementjew erneut gefoltert, und unter der Folter sagte er in Bezug auf Ofonka und Fedka mit Spießgesellen dasselbe, was er auf der vorhergehenden Folter gesagt hatte. Am 16. Juli, Herr, befahl ich, die beiden Ältesten Ofonka und Fedka wegen ihrer vorhergehenden Aussagen ein zweites Mal zu foltern, ihnen den Kopf zu scheren und Wasser auf ihn zu gießen wegen ihres Starrsinns und weil Knute und Feuer ihnen nichts anhaben konnten und sie über sich unter der Folter nichts aussagten. Und nun haben Fedka und Ofonka unter der Folter gestanden und haben bezüglich ihrer und ihrer Spießgesellen dasselbe ausgesagt, was im Verhör und auf der Folter die Katschinsker Kosaken Waska Onissimow und Iwaschko Klementjew über sie ausgesagt haben und der verabschiedete Kosak Semjonko Seroi und die Trapper Waska Pawlow nebst Genossen: dass nämlich sie im Sinn gehabt hätten, in das Fort Jenisseisk einzudringen, mich, deinen Knecht, zu töten und das Fort auszurauben und dann mit den geraubten Vorräten an die Tunguska zu ziehen in das Bratsker Land in kriegerischer Absicht. Und nach der Folter, Herr, befahl ich diese beiden Ältesten, Ofonka und Fedka, ins Gefängnis zu werfen, bis dein herrscherlicher Ukas eintrifft. Diejenigen aber, die über sie ausgesagt haben, Waska Onissimow, und auf der Folter geredet haben, Iwaschka Klementjew und Semjonko Seroi, habe ich unter Bewachung nach Tobolsk geschickt. Diejenigen Trapper aber, welche die Katschinsker Dienstleute Onaschka Wassiljew und Iwaschko Nosko nebst Spießgesellen an der Tunguska beraubt haben und wie viel und welche Vorräte sie ihnen gewaltsam entwendet haben, darüber haben die Kaufleute und Trapper Luka Oleksejew mit Genossen eine Bittschrift verfasst, und diese Bittschrift habe ich mit meiner Unterschrift an dich geschickt, meinen Herrn.

*Aus: G. F. Miller, Istorija Sibiri, 3 (2005), Nr. 6, S. 133–137.*

## 2.2 Ausnahmezustand in Dudinka

*Nach Stalins Tod wurde im März 1953 eine Amnestie erlassen, von der fast ausschließlich kriminelle Sträflinge profitierten, welche in Zwangsarbeitslagern und Gefängnissen eingesperrt waren; so auch im Krasnojarsker Krai.*

Tausende Kriminelle wurden sofort aus den Zwangsarbeitslagern in Norilsk und Dudinka entlassen. Sie durften in ihre frühere Heimat zurückkehren, aber vor Beginn der Dampfschiffsaison, vor Ende Juni, gab es keine Reisemöglichkeit. [...] Viele tausend Kriminelle, die sich in den Arbeitslagern nicht eben gebessert hatten,[8] mussten also ein paar Monate warten, bis der Strom wieder schiffbar wurde, und die Zeit bis dahin entwickelte sich in Dudinka zu einem ereignisreichen Frühjahr.

Es war jedem klar, dass die befreiten Kriminellen keineswegs die Absicht hatten, ihr Leben nun nach dem schmalen und geraden Pfad des Gesetzes einzurichten. Sobald die ersten Gefangenen freigelassen waren, begannen Raubüberfälle auf Geschäfte und Privatpersonen. Ganze Banden von Radaubrüdern stürmten durch die Straßen und nahmen brutal alles, was sie wollten. Nach ein paar schüchternen Versuchen, die Ordnung aufrechtzuerhalten, musste die stark unterlegene Militärpolizei schließlich in den Baracken bleiben. Die Einwohner mussten sich verteidigen, so gut sie konnten, oder sich vollkommen berauben lassen, um die eigene Haut zu retten. Die Militärpolizisten wagten nicht mehr, Uniform zu tragen, und wenn sie schon einmal von der Polizeistation in die Stadt mussten, so geschah es in Zivil und in Gruppen von mehreren Mann.

In der Sowjetunion ist es üblich, dass Fabriken, Warenhäuser und selbst gewöhnliche Lebensmittelgeschäfte nach Ladenschluss von Bewaffneten bewacht werden. Diese mussten nun ihre Waffen den Banditen übergeben und verschwanden aus dem Straßenbild. Die in der Gegend stationierten MWD-Einheiten mussten ihre Lagerposten verstärken, da auch dort Unruhe und Gewalt herrschte. Die Gefangenen, für welche die Amnestie nicht galt, verursachten ernste Störungen in den Lagern und Fabriken, und die Blaukappen der MWD konnten der Miliz offiziell nicht helfen. Die sowjetische Autorität verlor für etwa einen Monat die Macht in der Stadt, und es herrschte vollkommene Anarchie. Die Einwohner der Stadt nannten sie «Banditokratie».

Die Schreckensherrschaft der Banditen bedrohte nicht in erster Linie die Einwohner, viele der freigelassenen «Atamane»[9] gerieten sich vielmehr über die Kontrolle der Banden in die Haare, das Blut floss in Strömen. Die Spitäler hatten mit den Verwundeten alle Hände voll zu tun, selbst ein Platz in der Prosektur[10] hatte Seltenheitswert. [...]

Die Behörden versuchten, die freigelassenen Gefangenen für Arbeiten in der Gegend zu gewinnen. Es wurde ihnen alles erdenklich Gute versprochen, wenn sie sich verpflichteten, im Kombinat von Norilsk oder in einer der städtischen Fabriken zu arbeiten. Man versprach ihnen ein paar tausend Rubel für die Anschaffung von Kleidern, langfristige Darlehen für den Bau von Eigenheimen und die verschiedensten Privilegien. Darin sahen die Kriminellen sofort eine wunderbare Chance, zu Geld zu kommen. Sie unterschrieben eifrig jeden beliebigen Vertrag und behoben die versprochene Unterstützung und das Baugeld sofort. Auch unser Sägewerk hatte mehrere von diesen befreiten Gefangenen eingestellt, aber nur die allerwenigsten von ihnen hatten auch nur die geringste Arbeitslust. Viele vertranken all ihr Geld sofort und kamen überhaupt nie zur Arbeit.

Ich sprach mit einem Mann und einer Frau, die sich für unsere Fabrik gemeldet hatten. Sie hatten zusammen achtundzwanzigtausend Rubel behoben – ihre beiden Bauhilfen und außerdem das Unterstützungsgeld für die Gründung einer Familie. Keiner von beiden aber beabsichtigte, in der Arktis zu bleiben, geschweige denn zu heiraten. Sie erklärten ganz offen, dass sie, sobald der Fluss frei sei, nach dem Süden gehen würden.

Andererseits war die Stimmung der befreiten Gefangenen verständlich. Jahrelang hatten sie in Zwangsarbeit unter den harten Bedingungen der Arktis schuften müssen, ihr Lohn war ihnen zum Großteil für «Verpflegung, Wohnung und Kleidung» abgenommen worden, und was dann noch übrig blieb, war ohne Zustimmung des Gefangenen für Zwangsstaatsanleihen verwendet worden. Der einzige Ertrag ihrer meist jahrelangen Arbeit waren ein paar lumpige Rubel oder gar nichts. Nun fanden sie, dass die Gemeinschaft ihnen etwas schuldete, und nahmen alles, was sie vom Staat bekommen konnten ... und auch von Mitbürgern, denen es besser ging.

Ungefähr einen Monat nach der Amnestie wurden die hier stationierten MWD-Truppen um ein Bataillon verstärkt, und nun begannen sie ohne jede Rücksicht Ordnung zu schaffen. Die MWD-Maschinenpistolenschützen patrouillierten in der Stadt in Zwölfergruppen und schossen sofort, wenn einer der Banditen nicht stehen blieb oder seine Papiere nicht auf Anruf zeigte. Auch die Einwohner der Stadt kochten vor Wut über die Strolche, und als sie sahen, dass die Behörden mit ihnen wieder fertig würden, versuchten sie, mit dem Banditenunwesen selbst Schluss zu machen. Sie versahen sich mit Äxten, Hämmern und anderen Waffen, und wenn sie einen Räuber erkannten, schlugen sie sofort hemmungslos auf ihn ein. Die Miliz tat nicht nur nichts gegen dieses Gesetz des Dschungels, sie förderte sogar die Vernichtung der Banditen, die nicht willens waren, sofort an die Arbeit zu gehen und sich in die Ordnung zu fügen.

Ich erlebte ein typisches Beispiel für die Haltung der Behörden in dieser Frage, als ein paar Räuber in meine Wohnung einbrechen wollten und ich auf einen von ihnen in Notwehr mit der verkehrten Axt einschlug. Der Zwischenfall war auch typisch für die Arbeitsweise der Gauner. Die Männer klopften und verlangten Einlass. Als ich mich weigerte, gossen sie aus einer mitgebrachten Flasche Benzin in die Ritzen im Boden auf dem Hausflur und drohten, das Haus in Brand zu setzen, wenn ich nicht sofort aufmache. Ich umklammerte meine Axt und wollte mich in den Hof durchkämpfen, bevor die Räuber Zeit hatten, die Flurtür von außen zu schließen. Als ich die Haustür öffnete, versuchten sie beide hereinzukommen, aber ich traf einen mit dem stumpfen Ende meiner Axt und schlug ihn bewusstlos, der andere entfloh. Die Nachbarn sahen dem Zwischenfall von ihren Fenstern aus zu, und irgend jemand sandte nach der Miliz – nicht aus Rücksicht auf mich, sondern aus Angst vor einem Übergreifen des Feuers auf die Nachbarhütten. Die paar Polizisten, die kamen, um den Bewusstlosen auf einen Schlitten zu laden, machten mir einen Vorwurf daraus, dass ich nicht die scharfe Seite der Axt verwendet hatte. So würde der Räuber in Zukunft weit mehr Schwierigkeiten machen. [...]

Da die Miliz nun durch ein MWD-Bataillon verstärkt war, begann sie alte Schulden zu begleichen. Die Polizisten schossen beim geringsten Anlass und ließen oft die Verwundeten in den Straßen liegen, bis sie an Blutverlust starben. Auf beiden Seiten herrschte das Gesetz der Tundra ohne Gnade. Tag und Nacht hörte man in der Stadt einzelne Schüsse oder die Salven von Maschinenpistolen.

Einmal sah ich, wie ein Bandit gelyncht wurde, der im Stadtbasar den Leuten die Taschen ausgeräumt hatte. Der Mob stürzte sich auf den Mann, schlug ihn nieder und zertrampelte ihn zu einer formlosen Masse. Manche holten Pflöcke oder Feuerholz und fuhren in entmenschter Wut fort, den schon leblosen Körper weiter zu misshandeln.

Die Räubereien und Morde wurden mit fortschreitendem Frühjahr seltener, und die ärgsten Banditen wurden wieder einmal eingesperrt. Leben und Eigentum aber blieben bis Ende Juni noch sehr unsicher. Dann endlich brachten die Schleppkähne die befreiten Kriminellen nach Süden. An Stelle von Dudinka kamen nun Krasnojarsk und andere sibirische Städte an die Reihe, durch die sich der Strom der befreiten Gefangenen heimzu wälzte und die nun die gleiche Art von «Banditokratie» zu kosten bekamen. Man hörte viele wilde Geschichten über die Verbrechen, welche die Banditen begingen, besonders in den Zügen, ehe die MWD genügend Truppen nach Norden transportieren konnte, die das Reisepublikum vor den Kriminellen schützten.

*Aus: Parvilahti, In Berias Gärten (1960), S. 338 f., 341–344. – Zum Autor siehe Zeitzeugen.*

## 3 Korruption und Gewalt

### 3.1 Folgen eines Kartenspiels (Krasnojarsk 1723)

11. Februar 1723. Hierbei erzählte mir mein Diener eine schändliche Begebenheit: Saweli Wolynkin, von Tobolsk gebürtig, Gulaschnik [*guljaščij*, Freimann] und Torgowi [*torgovyj*, Händler] oder ungesessener Kaufmann, so voriges Frühjahr 1722 nach Krasnojarsk gekommen war und etwa 1000 Rubel in Vermögen zu haben geglaubt wurde, war den 8. Februar abends im Kabak gewesen, woselbst sich Iwan Dementjewitsch Beljawski, hiesiger Golowa [Bürgermeister] oder Oberzolleinnehmer nebst Kusma Maksimowitsch Majancyn, hiesiger Sluschiwe, und Spiridon Larionowitsch Butin, ein *tipovčik* oder Bärenpfeifer, auch eingefunden und zusammen in Kartenspiel gegeben. Weil aber dieser Wolynkin sehr betrunken, hätten die anderen drei in Komplott gegen selbigen gespielet, auch sogar, dass sie ihm 40 Rubel an baren Gelde und alle Kleider, sogar auch das Hemde, abgewonnen. Und weil er, ohne einen *poruka* oder Bürgen zu stellen, nach geendigtem Spiel weggehen wollen, hätten sie ihn ganz na-

ckend ausgezogen, einen Strick um den einen Fuß gebunden und so nackend aufm Boden herumgeschleifet, nachgehens über einem Balken am Fuße aufgehenket, gestoßen, geschlagen und auf mancherlei Weise grausamlich gemartert, bis er sich erkläret, einen Bürgen zu stellen. [...]
    Den folgenden Morgen, den 9. Februar, wäre dieser Wolynkin zum Woiwoden gefordert worden, weil die anderen drei ihn der Spielschulden wegen angeklaget und den Woiwoden gebeten, ihnen dazu zu verhelfen, da sie denn ein gewisses Teil der Schuld ihm zur Erkenntlichkeit offerieret, nämlich 10 Rubel für den Woiwod selbst und noch 5 Rubel für die Woiwodina, worauf die Woiwodin sofort ein neu russisches Hemde zugeschnitten und diesem Spiridon Larionowitsch für seine liberalité geschenket, den Saweli Wolynkin aber ermahnet, weil er ein Narr gewesen, soviel Geld zu verspielen, er es auch jetzo bezahlen sollte, weil er wohl wüsste, dass er mit Ihrer Majestät Karten gespielet. Hiermit aber hatte dieser Wolynkin nicht so schlechterdings zufrieden sein können, sondern gebeten, dass diese drei wegen der grausamen Marter, so sie gegen bekannten neuen Ukas von Petersburg an ihm ausgeübet, möchten gestrafet werden, worüber er nebst anderen auch meinen Diener zu Zeugen benennet. Allein der Woiwode hätte ihn sehr hart abgewiesen und gewarnet, diesen Ausländer, so um ihre Aktionen gar nichts wissen müsste, nicht in diese Sache mit einzuziehen. So dass dieser arme Kerl dieses Malheur überwinden musste, die obigen drei ihre Schuld erhalten und endlich dem Woiwoden sein Kontingent auch davon zugeflossen etc.

*Aus: Messerschmidt, Forschungsreise, 2 (1964), S. 15 f. Sprachlich von mir leicht überarbeitet und die Transliteration der Namen durch Transkription ersetzt (C. G.).*

## 3.2 Ämterkauf und Amtsmissbrauch (Krasnojarsk 1723)

4. Mai 1723. Nachmittags brachte mir mein Diener Peter Krahtz eine geschriebene Liste der Intraden [Einkünfte] des krasnojarskischen Wojewoden aus Verkaufung der Prikas-Ämter, wie nämlich Dimitri Borissowitsch Subow, auch vor ihm andere, selbige bezahlet genommen, welche ihm ein alter Russe, Iwan Stepanowitsch Kubjakow, welcher den Winter über als Sluschiwe in meinem Hause gedienet, im Beisein meiner Denstschiken Michaila, Danila und Andree in die Feder diktieret, nämlich folgendes: Abakan ostrog 300 Rubel, Werchni ostrog 50 Rubel, Sajanski ostrog 200 Rubel, Kanski ostrog 200 Rubel, Daurskaja 30 Rubel, Essaulowa 50, Lodeika-ostrog 20 Rubel, Tschastoostrowskaja 20 Rubel, Busim 20 Rubel, Pawlowskaja 10 Rubel, Baltschug 10 Rubel, Podjomnaja 10 Rubel, Saledejewa 10 Rubel, Porog 20 Rubel, summa von 14 Prikasen 950 Rubel. Alle Jahre zwei Mann, den Jassak von den Sojoten [ältere Bezeichnung für die Tuwinier] einzutreiben, müssten sich auch durch Präsente dazu kaufen. Alle Kaufleute, so jährlich bisweilen 20 Mann dahin abgelassen werden, müssten jeder für sich 10 Rubel erlegen, summa von 20 Mann 200 Rubel.
    Ich ließ diesen Iwan Stepanowitsch Kubjakow also fort vor mich kommen und befragte ihn hierüber umständlich, ob und woher er dieses so genau wissen könnte. Er gab mir zur Antwort, dass er selbst Prikastschik in Tschastoostrowskaja und Saledejewa gewesen und 10 Rubel dafür gezahlet; weiter wären ja andere wieder, von denen er es aus eigenem Munde gehöret, was jeder für sich zahlen müssen. Er war aber voller Furcht und Zittern, sogar dass dem armen Kerle der Angstschweiß für der Stirne stunde, und er bat mich um Gottes Barmherzigkeit willen, ihn nicht vor hiesigen Leuten oder gar vor dem Wojewoden kundzugeben, weil widrigens er sehr hart und elendig verfolget werden würde.
    Sonst kam auch mein Schneider, Iwan Charlamow, und lieferte mir meine Kleider. Sagte mir dabei, dass Dimitri Borissowitsch Subow, voriger Wojewode allhier, über 400 Pelze und Schauben [weite Überröcke] von Zobeln, Luchsen, Tigern, Panthern oder Irbischen, Füchsen, Wölfen, Belken [*belka*, Eichhörnchen] und dergleichen machen lassen, ihm aber und andern, so jahraus, jahrein für ihn fronen müssen, niemals anders als mit Lebensunterhalt bezahlet. Die

Zobeln, so er gehabt, wären auserlesen besser gewesen als alle die, so jemals in Ihro Majestät Jassak eingeleget worden, und hätte er die besten zwischen Kitai und Damast einfassen und vernähen müssen, wie man die baumwollene Röcke in Deutschland zu stopfen pfleget. Was den Wert dieser Peltereien betrifft, meinte er, dass der schlechteste Pelz von 18 oder 20 Rubel zu 40, 60, 80, 100 und mehr Rubel wert gewesen, welches denn, durchgehends nur zu 20 Rubel gerechnet, in summa von 400 Pelzen sich auf 8000 Rubel beläuft. An mogilischem [aus Mogilen, Hügelgräbern, stammendem] Golde schätzten ihn die Goldschmiede, so selbiges gereinigt, über etliche tausend Rubel reich. [...]

Item, dass die hiesigen Leute sehr lamentieren über den jenissejskischen Oberkommandanten, Werderevski, indem er von ihren Kindern, so zu Rekruten genommen worden, über 1000 Rubel Geschenke listigerweise ausgepresset.

*Aus: Messerschmidt, Forschungsreise, 2 (1964), S. 43 f. Von mir sprachlich leicht überarbeitet (C. G.).*

## 3.3 Ein teures Fest – Namenstag des Wojewoden in Krasnojarsk (1723)

11. Februar 1723. Um 10 Uhr ließ der Woiwod mich nötigen, mit ihm zu speisen, weil es sein Namenstag wäre. Weil ich aber von meinem Diener schon erfahren, dass er die ganze Stadt, auch die Bauren von nächsten Dörfern eingeladen und also Krethi und Plethi, Blinde und Lahme beisammen sein würden, ließ mich bedanken für die Ehre, so er mir zu erweisen gedächte, weil ich in meiner Funktion soviel zu verrichten hätte, dass ich nicht soviel Zeit abbrechen könnte, wobei es denn auch verbliebe.

12. Februar 1723. Der Woiwode hatte heute noch Feiertag oder *pochmel'nyj* [Katzenjammertag], wie bei den Deutschen die Nach-Hochzeiten pflegen gehalten zu werden. Solcher *pochmel'nyj* ist ihnen sehr zuträglich, weil an selbigem alle Gäste so vorigen Tages sich wohl bezechet gehabt, ihm nach ihrem Vermögen Geschenke bringen, und zwar also, dass auch der Allerärmste allezeit für den Kommandant 10 Kopeken, für dessen Frau 5 und 1 oder 2 Säcke Korn zum Überrest schenket, den Knechten 1 Kopeke, den Mägden auch 1 Kopeke. Es gebührte sich aber oft, dass diese Armen kein Geld mehr haben, den Knechten in ihre Büchsen zu geben, sondern dieses bei anderer Gelegenheit zwiefach zu ersetzen versprechen müssen. Eines jeden Frau, so er verheiratet, schenket für sich noch apart an die Woiwodina, so alle Weiber in ihrem Zimmer allein traktieret [hat], auch 5 Kopeken oder eine gute quantité gehechelten Flachs, Eier, Butter und dergleichen; hingegen schenket sie dem Woiwoden oder auch den Knechten nichts. Die Reichen kommen niemals unter einen halben Rubel, und nachdem er liberal [wenn einer freigebig] sein will, einen Rubel usw. Die Prikastschiken von anderen Orten schenken beim Eintritt ein paar Zobel und wieder ein paar Zobel beim Abschiede etc., so dass man wohl siehet, dass solche Gasterei nicht angestellet wird, die Gäste zu beehren, sondern zu bescheren, weil an diesem Tage der Wirt fast 100 Rubel, auch mehr, zusammenscharren kann. Und damit ja nichts versäumet werde, haben sie die Invention, ihren Namenstag des Jahres zweimal zu feiern, nämlich Winter und Sommer.

Dieser Namenstag aber oder *imeniny* des Herrn Woiwod Dimitri Kusmitsch Schetnew war ihm den Abend des 11. Februar sehr fatal gewesen, weil ein *konnyj kazak* [berittener Kosak] oder Slushiwe namens Gawrila Solowjow im trunkenen Mute dem Herrn Woiwoden eine so derbe Maulschelle gegeben, dass er fast niedergesunken. Indessen, weil es unvermutet [unabsichtlich] sollen geschehen sein, war ein Spargement [Gerücht] in der Stadt, dass er sich durch ein räsonnable Geschenk von 15 Rubel etc. mit dem Herrn Woiwoden verglichen.

*Aus: Messerschmidt, Forschungsreise, 2 (1964), S. 16 f. Von mir sprachlich leicht überarbeitet und die Transliteration von Namen durch Transkription ersetzt (C. G.).*

# 4 Aus dem Alltagsleben

## 4.1 Dorfjugend (Pirowskoje bei Jenisseisk, Winter 1915/16)

Oft kamen an Winterabenden die jungen Mädchen in den Spinnstuben bestimmter größerer Häuser zusammen. Man saß in bunter Reihe auf den Bänken, die rings an den Wänden standen; einige Burschen hockten auch auf dem Fußboden. Es war üblich, dass sie ihren Mädchen schöne Spinnrocken schnitzten, denn Spinnräder gab es hier noch nicht. Die Mädchen saßen auf einem am Rocken rechtwinklig angebrachten Sitzstück und hielten ihn auf diese Weise fest. Oben, an dem aufragenden Schenkel des Spinnrockens, war Flachs oder Wolle befestigt, welche sie mit einer Spindel spannen, die mittels Zeigefinger und Daumen wie ein Kreisel gedreht wurde. Es sah sehr anmutig aus, wenn sie in ihren weiten bunten Röcken, in den Hüften halb gedreht, die Spindeln bewegten, während die linke Hand den Faden zupfte. Dabei sangen sie meist Stegreifverse nach Art der Schnaderhüpferl, immer nach der gleichen Melodie. Zunächst sang einer allein einen Vers, den er sich ausgedacht hatte, dann fielen die anderen in den Kehrreim ein. Meistens enthielten die kleinen Dichtungen Anspielungen, die alle verstanden.

Die Spinnstuben waren nur notdürftig durch einige Kerzen, durch eine Petroleumlampe oder auch nur durch Kienspäne erleuchtet. Eins der Mädchen musste sich um das ständige Erneuern der abgebrannten Späne kümmern. Sie saß auf einer kleinen Bank, deren eine Hälfte ausgehöhlt und mit Wasser gefüllt war. Aus ihr ragte eine kunstvoll geschmiedete eiserne Gabel empor, in die die Späne eingeklemmt wurden. Diese gaben ein warmes, flackerndes Licht, die Asche fiel in den kleinen Trog und ging zischend aus. Von Zeit zu Zeit trat ein Paar in die Mitte des Raumes und begann zu tanzen. Die Burschen brachten Balalaikas, Banduren und zuweilen auch eine Handharmonika mit. Alles sang dazu und klatschte im Takt in die Hände. Die Tänze waren urwüchsig, stolz und wild. Manchmal klang es wie auf der Birkhahnbalz. Abend für Abend zog ich mit den Burschen von einer Spinnstube zur anderen und tanzte mit ihnen um die Wette. Nur ein Mädel hatte ich nie im Arm. [...] Diese abendlichen Bilder haben sich mir tief eingeprägt. Im Halbdunkel der flackernden Beleuchtung von Kerzen und Kienspänen sahen die Bewegungen und Sprünge der jungen Menschen phantastisch aus. Die Mädchen waren wie Tiere im Walde, lebensvoll, gut gewachsen, ungekünstelt, ganz natürlich. Wenn ich dann allein nach Hause kam, ging ich zu Griwka, meinem lieben Schimmel, klopfte ihm den Hals und legte mein Gesicht an seine weichen Nüstern.

*Aus: Stackelberg, Sibirien (1983), S. 163 f. – Zum Autor siehe Zeitzeugen.*

## 4.2 Die «schrecklichen Tage» in Bogutschansk an der Angara (Jahreswende 1916/17)

Eines Morgens erwachte ich, wie im Jahr zuvor in Pirowo, im Morgengrauen vom wilden Treiben der Burschen und Männer, die auf ihren Schlitten durch die Straßen jagten. Auch hier hatten sie schwarze Bären- und Wolfspelze mit dem Fell nach außen angetan und trugen Fellmasken und Mützen; am Kopf waren gewundene Bockshörner befestigt. Sie standen auf ihren Schlitten und rasten mit den Pferden durchs Dorf, panischen Schrecken verbreitend. Die Herrschaft des Ljeschi [Waldgeist] war angebrochen. Überall kamen aus den Hoftoren Bauern in den seltsamsten Vermummungen hervor. An den Pferden, an den Schlitten waren geborstene, heisere Glocken, Tuchfetzen, räudige Hundefelle, Hörner und Bärentatzen zu sehen, die im Fahrtwind klapperten und flatterten. Wie eine tolle Meute blutgieriger Wölfe galoppierten und lärmten sie die eine Straße hinauf, die andere hinab, der Taiga zu und zurück und aneinander vorbei. Die Schlitten flogen, rutschten und schwankten, während die Kerle trotz der sausenden Fahrt von einem Bein aufs andere sprangen. Einige ritten dazwischen, wohl auch Mädchen und Weiber in Männerkleidern. In den Stuben kreischten die Kinder vor Angst, in den Höfen heulten die Hunde und gebärdeten sich wie wahnsinnig. Es war ein Geschrei und Gebrüll, als wären alle Teufel der Hölle zugleich losgelassen. Stundenlang ging das so.

Inzwischen hatten die Bäuerinnen die Tische hergerichtet, Blini gebacken, Tee, Met und Samogonka [Selbstgebrannter] aufgetragen. Weit offen standen die Tore der meisten Höfe, in welche die Schlitten mit den jungen Leuten einfuhren. Dann wurde gegessen und getrunken, getanzt und gesungen, während die Pferde mit nassen Flanken dampfend im Hof standen, geduldig darauf wartend, was weiter geschehen würde. Eine mitleidige Bäuerin warf den Tieren vielleicht ein wenig Heu vor, und sie waren es zufrieden. Nach ein oder zwei Stunden kam die Gesellschaft wieder aus der überhitzten Bauernstube hervor, mit roten Gesichtern, johlend und blökend, in offenen Pelzen. Jetzt zitterten die Pferde und spitzten die Ohren, denn nun ging es weiter, im schnellsten Galopp durchs Dorf in die Taiga hinaus. Meist waren die Schlitten mit einem Burschen und seinem Mädchen besetzt, manchmal jagten sie auch leer vorbei. Dann waren die beiden Verliebten im tiefen Schnee verlorengegangen.

Gesattelte Pferde preschten ohne Reiter vorüber, als säße ihnen unsichtbar der Ljeschi im Nacken. Später sammelten sich wieder Pferde und Schlitten in irgendeinem Bauernhof. Die Männer stürzten in die Stuben, es wurde wieder Tee, Met und Samogonka getrunken und fette Blini, roter Kaviar und rohes Sauerkraut verschlungen, derweil die Pferde erschöpft, geduldig und in ihr Schicksal ergeben draußen warteten.

So ging es bis zur Dämmerung. Die Tiere fanden zuletzt ihre Ställe selbst, wenn schon die Bauern berauscht und schlafend in den Schlitten lagen. Dann klopfte es in der Nacht ans Fenster oder an die Tür. Draußen standen vermummte Gestalten, jetzt die Mädchen und Frauen mit Fellmasken. Sie riefen, lockten und kamen wohl auch herein. Wieder wurde getrunken, getanzt und gesungen. Schließlich lief alles an die Halden zum Strom. Dort setzte man sich auf Kalb- und Rentierfelle und sauste die vereisten, welligen Hänge hinab. Man hielt sich umschlungen und blieb irgendwo liegen im Schnee, in den Betten des Ljeschi. Andere leuchteten mit brennenden Kienfackeln in das schier unentwirrbare Getümmel und suchten ihre ungetreuen Weiber und Männer, bis sie umgeworfen wurden, bis die Fackeln erloschen und auch sie sich dem höllischen Spuk ergaben.

Eine Woche lang dauerte der Aufruhr. Alle Höfe kamen dran, die großen und die kleinen, erst in der Straße, die mitten durchs Dorf führte, dann in der grünen, die dem Walde am nächsten war, und endlich in der Uferstraße, die am Strom verlief. Als am Aschermittwoch die Glocken der Kirche wieder geläutet werden sollten, musste der Pope die Stränge selber ziehen, denn der Mesner und die Buben waren nicht mehr zu finden. Plötzlich war das ganze Dorf still, so dass man meinte, den Ljeschi im Walde verschwinden zu hören.

*Stackelberg ist hier in der Erinnerung einer Verwechslung der «schrecklichen Tage» zwischen Weihnachten und Epiphanias mit der Karnevalswoche aufgesessen. Den konkreten Gehalt seiner Erinnerung schmälert dies jedoch nicht.*

*Aus: Stackelberg, Sibirien (1983), S. 343–345.*

## 4.3 Kinderüberraschung in Norilsk

In der Schule wurde ein festliches Konzert angekündigt. Das Musiktheater zu besuchen lag schließlich in unserem schulischen Eigeninteresse. Und wie wir die Künstler erwarteten! Wir waren aufgeregt, hatten unsere besten Kleider angezogen, der Saal war überfüllt. Hinter dem Vorhang wurden die Instrumente gestimmt, etwas wurde hin und her gerückt, etwas angenagelt. Geduldig warteten wir, ersterbend vor Glück.

Endlich hob sich der Vorhang. Die Bühne leuchtete, wurde hell, sie glänzte von Lichtern, Blumen, irgendwelchen wunderbaren Dekorationen. Gebannt lauschten wir Ausschnitten aus Operetten, Opern, kurzen Szenen aus Theateraufführungen. Die Künstlerinnen waren in prächtigen Gewändern, die Frisuren mit herrlichen Ornamenten geschmückt, die Männer schwarz kostümiert in schneeweißen Hemden mit Fliegen – alle schön anzuschauen und fröhlich. Das Orchester klein, aber fein.

Zum Abschluss des Konzerts sangen wir und die Künstler miteinander unseren geliebten «Jenisseiwalzer». Man wollte die Künstler einfach nicht von der Bühne gehen lassen, und wir klatschten und klatschten. [...]

Wir beschlossen unverzüglich zu gehen, um einen Blick aus der Nähe auf die Künstler zu erhaschen, sie sozusagen auf Distanz zu begleiten. Als wir durch den Korridor der zweiten und dann der ersten Etage gelaufen waren, vernahmen wir in einem der Klassenzimmer Stimmen und schlossen daraus, dass sie, die Künstler, dort sein mussten. Leise, auf Zehenspitzen, schlichen wir uns zur Türe, die ein klein wenig offen stand. Als erste spähte Inna Ponomarenko hinein – und plötzlich prallte sie zurück und zischelte völlig überrascht: «Das sind keine Künstler, das sind – Seki!»

Als nächste warf ich einen Blick hinein und traute meinen Augen ebenfalls nicht – in dem beißenden, dichten Machorkarauch [aus selbst gedrehten Zigaretten] sah ich die Figuren von Leuten, die auf den Schulbänken saßen oder in der Klasse auf und ab gingen, und das waren tatsächlich Seki. Wir kannten sie – sie säuberten die Straßen, gruben nach der Purga die Häuser aus, bauten Häuser, schachteten Erde aus – alle gleich aussehend, in grauen Wattejacken, grauen Kappen mit Ohrenwärmern, mit feindseligen Augen. Wir hatten Angst vor ihnen. Warum sind sie jetzt hier, was machen sie? Und dann sah ich etwas, was mich auf der Stelle ernüchterte – Säcke, Kisten, aus denen etwas Glänzendes, Prächtiges hervorschaute. Das waren ja die Kostüme und Instrumente unserer Künstler. Das waren ja – sie, sie!

Verwirrt, erregt standen wir an der Tür, als wir Stimmen im Korridor hörten – irgendjemand näherte sich dem Klassenzimmer. Wir sprangen fort und sahen, wie die grauen Gestalten herauskamen, die Kostüme nahmen und sich zum Ausgang begaben. Ob Frauen oder Männer – alle gleich grau, niedergeschlagen, schweigend. Vor der Schule stand ein grauer Kastenwagen, in den die Leute einstiegen und fortfuhren. Wir begriffen – in die «Zone». Und wir standen alle da wie angenagelt, ohne das, was wir gesehen hatten, wirklich begreifen zu können, in den Köpfen die verlegene Frage – wozu denn das, so? Warum?

In den Saal kehrten wir nicht zurück, wir konnten einfach nicht. Und wenn ich heute wieder einmal den «Jenissei-Walzer» singe, dann denke ich immer an jenes ferne Konzert und die Seelentragödie, die wir als Kinder damals durchlitten.

*Dieses Erlebnis ereignete sich in den frühen Nachkriegsjahren, also noch während der späten Stalinzeit.*

*Aus: Maja Korotaeva (Borun), My – deti (2008), S. 380 f.*

### 4.4 Wahlfest in Dudinka (Anfang 1950er Jahre)

In Dudinka und zweifellos auch in anderen Bezirken war bei den Wahlen eine Atmosphäre von Karneval und Trinkgelage. Außer dem gewöhnlichen Alkohol gab es an den Wahltagen auch bessere Getränke – Weine, Liköre, Schnäpse. In verschiedenen Stadtteilen wurden Tanzfeste arrangiert, und auch in den Privathäusern hatte man eine gesetzliche Rechtfertigung für Fröhlichkeit. Kaum eine Hütte in Dudinka, die nicht ihr selbstgemachtes Bier, ihre *brashka*, hatte, das einen Monat früher zum Gären angesetzt wurde. Es kam in kleinen, fest verschlossenen Fässern neben den Ofen. Dort war es dann bis zum Wahltag der Mittelpunkt der Aufmerksamkeit der ganzen Familie. Wenn das Familienoberhaupt von der Arbeit nach Hause kam, ging es direkt zum Fass und presste sein Ohr daran. Ein sanftes Brausen im Innern zeigte an, dass die *brashka* fermentierte und stark wurde. Wenn dann der große Tag anbrach, öffnete man das Fass, und die ganze Familie genoss den Inhalt.

Obwohl dieses selbstgemachte Bier bis zu zwanzig Prozent Alkohol enthalten mochte, begann es nach ein paar Gläsern schal zu schmecken. Dann mischte der Familienvater noch stärkere geistige Getränke dazu. Später fing er zu singen an, und dann nahm er seine *garmoschka* und spielte und zog auf die Straße. Auch die Nachbarn mussten sehen, dass die Familie gute *brashka* machte, und wenn die Männer sich in guter Stimmung zeigten, waren es die Frauen auch. Sie gingen mit ihren Kindern hinter den Männern her und nahmen an den Festlichkeiten teil. Irgendwo im Freien bildete sich ein Kreis von hochgestimmten Leuten, in dessen Mittelpunkt dann ein weinseliger alter Junge eine Solo-*tripatschka*, einen wilden ortsüblichen Tanz, vorführte. Die Zuschauer spornten ihn mit Zurufen zu immer höheren und wilderen Sprüngen an. Später, am Abend, führte der unmäßige Alkoholgenuss zu schweren Schlägereien, und nach dem Wahltag, ebenso wie nach dem Frauentag, hatten viele der weiblichen Bewohner von Dudinka ein blaues Auge, wenn nicht gar zwei.

*Aus: Parvilahti, In Berias Gärten (1960), S. 294.*

# 5 Reisewelten auf dem Jenissei

## 5.1 Per Schlitten den Jenissei aufwärts von Krasnojarsk nach Minussinsk (Januar 1897)

*Der britische Bergbauingenieur Robert L. Jefferson reiste mit drei Kollegen im Januar 1897 per Schlitten auf dem Eis des Jenissei von Krasnojarsk nach Minussinsk, weil dies der kürzere Weg war als mit dem Zug zurück nach Atschinsk und von dort mit dem Schlitten auf der Poststraße nach Minussinsk. Der Schlitten hatte keine Sitzbänke, sondern war mit Heu und Stroh als Unterlage gefüllt. Unterwegs machte man immer wieder Zwischenhalte in einem Bauerndorf, um sich aufzuwärmen und Tee zu trinken. Aufbruch von Krasnojarsk bei einsetzender Dunkelheit.*

«Vor uns dehnte sich der Fluss, eine große weiße Masse mit einem niedrigen Horizont und einem Nebelstreifen darüber. Wir waren in eine enge Wegschlucht eingespurt, die im Zickzack um gewaltige Eisbrocken herumführte, reglos und geisterhaft in der Dunkelheit. Wie die Oberfläche des Ob war die des Jenissei ganz holperig, zerklüftet und uneben, und was mich verwunderte, war, als wir rasch die Schneedecke überquerten, welche das Eis darunter verbarg, wie vor allem die sibirischen Jamtschtschiks überhaupt einen Weg über eine derart zerwühlte Oberfläche zu finden vermochten. Der Weg war extrem rau, und wir waren noch nicht lange gefahren, als wir schon zu spüren bekamen, wie uneben unser Lager war und wie scharf die Ecken der Kisten und Bündel, die seine Unterlage bildeten.»

«Die großen Eisbrocken, die von allen Seiten auf uns eindrangen und die Oberfläche des Flusses formten, nahmen von Zeit zu Zeit enorme Ausmaße an und bildeten groteske Figuren. Manchmal türmten sie sich richtiggehend aufeinander oder erschienen wie Wälle. Brocken türmte sich auf Brocken, bis sie aussahen wie kleine Pyramiden. Auch die Ufer waren mit diesen zerbrochenen Klumpen bedeckt, von denen nicht einer weniger als drei bis vier Fuß dick war.

Als die Sonne endgültig über den Hügelspitzen aufging, bot sich uns ein erhabenes Schauspiel, das unseren staunenden Blick diesen weiten Fluss umfassen ließ, wo alles, so wie es war, gesäumt wurde von überhängenden Felsen. Da konnte man ermessen, wie dieser Fluss sich im

Sommer darbot; ein großer, stürmischer Wasserweg, der eine in ihrer Grandeur majestätische Szenerie durchfloss, nun aber mit seinem Wasser fest und unbeweglich gehalten wurde von der Gewalt des Eiskönigs.»

«Zwei Tage und Nächte lang reisten wir auf diese Weise, und als wir den Fluss aufwärts weiter vorgerückt waren bis zu den Bergketten, wurde die Szene um uns herum außerordentlich grandios und wild, bisweilen drängten sich die Ufer zu einer engen Schlucht zusammen mit Felswänden aus schwarzem Schiefer und Sandstein, die sich senkrecht mehrere hundert Fuß hoch aufsteilten. Dörfer gab es immer weniger, sie lagen weiter auseinander und wurden primitiver.»

«Vier Tage hinter Krasnojarsk wurden die Felsen beidseits des Flussweges niedriger, und wir kamen in die Minussinsker Steppe. Diese Steppe ist eine der absonderlichsten in Sibirien, so wie sie liegt auf dem Grund eines Kreises riesiger Berge, welchen der Jenissei durchströmt.»

Insgesamt sechs Tage war man von Krasnojarsk nach Minussinsk unterwegs, wobei auch nachts gefahren wurde. Vier Tage nach Abfahrt in Krasnojarsk erlebte die Gruppe ein spezielles Abenteuer: «In einem kleinen Dorf, etwa hundert Meilen nördlich Minussinsk, hatten wir sechs traurig blickende Rösser gemietet, um uns zur nächsten Etappe unserer Reise zu ziehen. Wir hatten nur die Wahl, sie zu nehmen oder nichts zu haben, und, um die Schwierigkeit der Situation noch zu vergrößern, war der Jamschtschik, der die erste Troika mit Gaskell und mir zu lenken hatte, schon beim Start hoffnungslos betrunken. Die Pferde, das war deutlich, waren miserabel gehalten worden, zwei von ihnen waren nichts als Haut und Knochen. Allerdings hatten wir schon einige erbärmliche Exemplare ähnlich kraftvoller Rösser gesehen und ersparten uns daher viele Bemerkungen darüber. Es war Nacht, als wir aufbrachen – eine Nacht so schwarz, dass man die Dunkelheit geradezu fühlen konnte. Der Kutscher, weinerlich und aufstoßend, musste sich von einigen seiner Dorfgenossen auf seinen Sitz helfen lassen, und dann legten wir die schmale Piste entlang los mit dem üblichen Galopp, der allerdings angesichts der Schwäche der Pferde bald in ein bloßes Schlurfen durch den Schnee überging. Wir waren eingeschlafen und es muss einige Stunden nach unserer Abfahrt aus dem Dorf gewesen sein, als Gaskell mich weckte und sagte, seiner Meinung nach stimme etwas nicht. Als wir unter der Schlittenplane hervorschauten, vermochten wir nichts als Dunkelheit um uns herum zu erkennen mit Ausnahme des fahlen Scheins, der von dem Schnee ausging. Der Schlitten war zum Stillstand gekommen, und unsere Rufe nach dem Jamschtschik blieben ohne Antwort.

Wo waren unsere Gefährten?

Ich schälte mich aus dem Schlitten, wobei ich mich so steif fühlte, dass ich Mühe hatte, mich zu bewegen. Ich schrie laut, als ich ausstieg, in der Hoffnung, unsere Gefährten auf uns aufmerksam zu machen, aber es kam keine Antwort. Ich tastete mich am Schlitten entlang und dachte, dass der betrunkene Kutscher sich ein Schläfchen und seinen Pferden eine Ruhepause gegönnt hatte, wobei ich bis zu den Knien in den tiefen, weichen Schnee einsank. Der Sitz des Kutschers war leer; und gerade da stolperte ich über eines der Pferde, das bis zum Hals im Schnee begraben lag. Gaskell stieß zu mir, und plötzlich brach der ganze Horror unserer Lage über uns herein. Es war klar, dass der Kutscher von seinem Sitz gefallen war und dass die Pferde, sich selber überlassen, von der Piste abgekommen und ziellos nach Gutdünken herumgeschweift waren.

Wir hatten im Schlitten eine Fahrradlampe, die von England mitgekommen war. Die zündeten wir an, und in ihrem schwachen Schein suchten wir uns über unsere Situation so gut klar zu werden wie wir konnten. Die Schlittenkufen waren vollständig im tiefen Schnee begraben; die Pferde waren dementsprechend stecken geblieben; und ein genauerer Augenschein zeigte uns, dass eines der Pferde tot war, buchstäblich zu Tode gefroren.»

Es war 3 Uhr nachts. Was war zu tun? Am sichersten schien den beiden, den Schlittenspuren entlang zurückzufahren. Aber erst mussten sie das tote Pferd ausspannen und die beiden anderen, die flach auf dem Bauch im Schnee lagen, durch Tritte und Schreie zum Aufstehen bringen. Dann mussten sie mit vereinten Kräften den Schlitten wenden. Schritt für Schritt schleppten sie sich zurück zum Flussufer, das sie nach einer Stunde erreichten. Doch keine Spur von einer Piste! Gaskell nahm dann die Laterne, um das Flusseis zu überqueren und das andere

Flussufer zu inspizieren. Dort fand er die Piste und entdeckte in der Ferne ein sich näherndes schwankendes Licht. Das waren die beiden anderen Reisegefährten, die nach ihnen suchten.

Sie waren später als sie abgefahren, doch auch bei ihnen fiel etwa 4 Werst hinter dem Dorf, wo sie aufgebrochen waren, eines der drei Pferde tot um. Daraufhin kehrten sie ins Dorf zurück, und als sie von der anderen Troika nichts hörten, machten sie sich auf die Suche.

Man war zwar nun in Sicherheit, aber was war mit dem Jamschtschik? «Was bemerkenswert war, das war die Gleichgültigkeit, welche die Dorfbewohner und seine Kutscherkollegen angesichts seines Schicksals an den Tag legten. Wir bemühten uns, eine Suchgruppe zu organisieren, aber keiner von ihnen zeigte große Bereitschaft, an dieser Expedition teilzunehmen. Warum sich aufregen? Wenn er aus sich ein Tier gemacht hat und von seinem Schlitten gefallen ist, dann ist das seine Angelegenheit. Kein Jamschtschik, der etwas auf sich hält, dürfe so etwas machen.» «Ein Leben zählt wenig in Sibirien.» Bei Tagesanbruch machten sich dann doch zwei Dörfler auf die Suche, aber das Ergebnis erfuhren die Reisenden nicht mehr, weil sie mit neuen Pferden in zwei Troikas nach Minussinsk weiterfuhren.

*Aus: Jefferson, Roughing it in Siberia (1897), S. 138 f., 150–162. – Zum Autor siehe Zeitzeugen.*

## 5.2 Jähes Ende eines Jagdausflugs auf dem Jenissei (Mai 1879)

Anfang Mai gab es einen sonnigen Tag. Wir nahmen die Gewehre und fuhren auf einem Flachbodenboot stromabwärts. Ich ruderte leicht mit den Riemen, Schibkowski steuerte mit dem Heckruder (das Boot hatte kein Steuerruder, man steuert mit dem Ruder). Da sah ich plötzlich ein mir völlig unbekanntes Phänomen: Aus dem Wald des linken Ufers schoss eine kleine schwarze Wolke hervor und löste sich ziemlich schnell auf, ohne am Himmel eine Spur zu hinterlassen. Ich konnte nur schreien: «Was ist das?» – Schibkowski schaute sich um. Eine zweite Wolke schoss aus dem Wald hervor und zerstob. Schibkowski wendete das Boot unverzüglich zurück zum Ufer und wiederholte nur: «Leg dich in die Riemen, Kolja, ein Wirbelsturm zieht auf!»

Ich pullte aus Leibeskräften, Schibkowski half mit seinem Ruder. Kaum ein paar Minuten waren vergangen, als die Sonne sich hinter Wolken verbarg. Dann kam ein schwaches Windchen auf, und es wehte kühler. [...] Wir versuchten ans Ufer zu gelangen, doch das Ufer war mitten im Wald, der Teil, welcher auf dem Uferhang wuchs, stand unter Wasser. Eine Bö traf uns, der Jenissei begann Wellen zu schlagen, der Himmel verfinsterte sich, ein Sturzregen begann niederzuprasseln. Unser Boot wurde einmal emporgeschleudert, und wir arbeiteten mit den Rudern, ein anderes Mal saß es auf Baumzweigen fest, und wir waren machtlos, dasselbe wieder und wieder. Wir hatten Angst, zu kentern – doch keine Rettung war in Sicht.

Lange hatten wir zu kämpfen. Schließlich war der Wirbelsturm vorbeigerast, die Wolken zogen weiter, die Sonne lugte hervor und wärmte uns, als wir zu guter Letzt das Ufer doch noch erreichten. Es hatte uns in die Mündung des Kem-Flusses getrieben, 15 Kilometer von der Stadt entfernt. Der Wald blieb hinter uns. Wir zogen das Boot auf den Strand, stürzten es um und schoben die Ruder darunter. Dann zogen wir uns aus, wrangen die Unterwäsche und die Hosen aus, schüttelten die Jacken aus und wandten uns heimwärts. Unterwegs wurden wir trocken. Für mich blieb das Bad folgenlos, aber Schibkowski wurde krank.

*Nikolai Wischnewezki lebte als Verschickter in Jenisseisk; Schibkowski war ein Kustar-Unternehmer, bei dem er arbeitete.*

*Aus: Višneveckij, Enisejskaja ssylka v 1878–1893 godach (1930), S. 162. – Zum Autor siehe Zeitzeugen.*

## 5.3 Im Ruderboot auf vereisendem Strom – vier Zwangsverschickte unterwegs von Turuchansk nach Dudinka (1909)

Es war Ende September. Auf dem Jenissei trieb bereits die Schtschuga (das erste Eis). Doch der gewaltige Strom zerbrach zornig die Eisketten und zerstörte ungestüm den dünnen Eisschleier, den die kalten Morgenfröste den Ufern angeheftet hatten.

Mehr als fünf Tage schwamm unser Boot unter Bewachung zweier Turuchansker Kosaken auf den Wogen des Jenissei und hielt nur bei den seltenen Dörfern, um die Ruderer zu wechseln.

Niemals werde ich die Kälte und den Schneesturm in der Nacht auf den 26. September vergessen.

Auf dem Fluss brach so etwas wie ein Eissturm los. Unser Boot wurde von einer Woge in erschreckende Höhe geschleudert, und Wasser schlug über die Bordwände. Das Steuer zu halten vermochte niemand, weil am Heck zu sitzen viel zu gefährlich war. Auch der Ruderer schmiss die Ruder hin: «Rudern ist zwecklos, lass treiben!» Auf den Bordwänden bildete sich vom Wasser eine dicke Eisschicht, die das Boot immer schwerer werden ließ, das darauf hin tiefer und tiefer sank.

Die Kosaken – Eingeborene – begannen zu beten, bekreuzigten sich unablässig und leierten das «Unser Vater» herunter, um dann kurz entschlossen, als sie sahen, dass der orthodoxe Gott nicht half, mit lautem Geschrei den Klikusch anzurufen und sich wieder auf ihren Schamanenglauben zu besinnen.

Tjutjunjuk, ein ehemaliger Matrose der Schwarzmeerflotte, saß seelenruhig da und rauchte sein Pfeifchen, und ich, Neimark und Gellert waren zu erschöpft, um mit den birkenrindenen Eimern das Wasser aus dem Boot zu schöpfen.

Nacht. Nicht einmal die Hand vor Augen konnte man sehen. Vom Ufer waren wir so weit entfernt, dass man nicht einmal die Lichter der wenigen Siedlungen sehen konnte, die auf dem hohen Ostufer lagen. Doch selbst wenn wir ein Dörfchen wahrgenommen hätten, hätten wir nach der kompetenten Meinung Tjutjunjuks es niemals erreichen können.

Neimark und ich verabredeten, im äußersten Falle die Wächter über Bord zu stoßen, um dadurch das Gewicht unseres Bootes zu verringern. Das würde keine Arbeit machen, denn die Schamanen waren im Zustand «einer Sirene in Vogelgestalt mit mächtiger Stimme: Wenn jemand den Herrgott preist, dann vergisst er sich selbst.» Nachdem sie ihre Flinten auf den Boden des Bootes geworfen hatten, vergaßen diese «Hüter der Fundamente der Autokratie» völlig, dass sie eigentlich den Aufruhr zu bewachen hatten, und ergingen sich in solchem Dauergeschrei, dass der Ukrainer Tjutjunjuk sich vor Lachen schüttelte. Gellert puffte herzhaft mal den einen, mal den anderen Kosaken in die Seite, doch sie waren in solcher Ekstase, dass keinerlei Püffe Wirkung zeigten.

Es war nicht ungefährlich, diesen Ballast über Bord zu werfen, daher ertrugen wir sie und traktierten lediglich von Zeit zu Zeit einen, der besonders außer sich war, mit einem Ruder.

So verging die Nacht. Gegen Morgen flaute der Wind ab und wir erreichten den Ort Lusino, nachdem wir 115 Werst ohne Stopp zurückgelegt hatten. Nachdem wir uns in einer «Adelswohnung» (einer einfachen Absteige) aufgewärmt und Neimark und Gellert dort zurückgelassen hatten, machten Tjutjunjuk und ich uns mit den beiden Wächtern auf den Weg nach Dudinka und trafen am 28. September an unserem Bestimmungsort ein.

*Aus: Šumjackij, Turuchanka (1925), S. 45–47. – Zum Autor Jakow Schumjazki siehe Zeitzeugen.*

## 5.4 Der erste Dampfer ab Jenisseisk nordwärts (12. Juni 1914)

Um neun Uhr [abends] begaben wir uns hinunter zum Kai und fanden den größten Teil der Stadt dort versammelt, um die Abfahrt des ersten nordwärts gehenden Dampfers zu beobachten. Die Decks waren überfüllt mit Haushaltsgeräten und Kindern, und im Unterdeck war das Gedränge noch größer. Im Bugteil des Schiffs, vor allem aber in dem engen Durchgang beidseits des Maschinenraums, standen die Schlafbänke so dicht beieinander, dass es völlig unmöglich war, sich zwischen ihnen hindurchzuzwängen. Nach vielem Getue und Geschrei schwangen wir hinaus in die Mitte des Stroms, und inmitten des Gewirbels der Schaufelräder und Abschiedsrufen vom Kai starteten wir zu unserer 1500-Meilen-Reise gen Norden.

Der Dampfer *Orjol*, in welchem wir den Jenissei hinabfuhren, gehörte einer privaten Gesellschaft, und soweit wir sahen, war er der komfortabelste aller Dampfer, welche auf dem Strom verkehrten. Er gehörte zu einer Flotte europäischer Schiffe, welche die russische Regierung 1905 gekauft und *via* Karasee zum Jenissei spediert hatte, um die wegen des großen Bedarfs durch den Russisch-Japanischen Krieg darbende Bevölkerung Sibiriens mit Lebensmitteln zu versorgen. Der *Orjol* hatte als Passagierdampfer auf dem Clyde verkehrt, und sein alter schottischer Name, *Glenmore*, prangte noch auf seiner Glocke und seinen Schaufelrädern. Er verfügte achtern über nur wenige Plätze für Erstklasspassagiere, aber das Vorderschiff war während der ganzen Fahrt überfüllt. Die Drittklasskojen teilten sich in «nummerierte» und «unnummerierte». Die Passagiere in der ersten Abteilung zahlten etwas mehr und hatten für jede Nacht einen Schlafplatz auf sicher. Die in der zweiten Abteilung schliefen, wo sie gerade konnten, und es war absolut unmöglich, sich zwischen den Decks hin und her zu bewegen, weil jeder Winkel mit Bettzeugbündeln, Butterfässern, Küchenutensilien oder schlafenden Kindern belegt war. Die älteren Leute saßen in Gruppen herum und tranken den ganzen Tag lang ständig *Tschai* oder knackten dazu noch Sonnenblumenkerne und Nüsse der sibirischen Zeder (*Pinus cembra*). Nicht nur der Dampfer selber war auf diese Weise voll besetzt. Hinter sich schleppte er eine Barke so groß wie die Arche Noah und beinahe so plump wie jenes geräumige Schiff gewesen sein muss. Jeder Winkel darauf war gedrängt voll mit armen Sibiriern und auf Deck war ein Gemisch der verschiedensten Güter aufgestapelt – leere Fischtonnen, Fischerboote, hölzerne Sparren und Mehlsäcke; und inmitten des Ganzen ein riesiges russisches Kreuz aus billigem Weißholz, offensichtlich bestimmt für eine entlegene Trappersiedlung und bestellt im vergangenen Herbst, als das letzte Dampfschiff südwärts fuhr. Hinter der Barke angeseilt waren noch ein Leichter, der mit Tonnen beladen war, und zwei oder drei Boote. Es brauchte nicht wenig Erfahrung, um diese ganze schwerfällige Kolonne auf Kurs zu halten, besonders wenn der Wind sehr stark war oder das Flussbett voller Untiefen.

Otto Ello, der Kapitän des *Orjol*, war ein Finne. Er war ein Exilierter im eigenen Lande, doch seine Verbannung war selbstauferlegt. In seiner Jugend hatte er den Einberufungstermin zum Militär versäumt und wagte daraufhin nicht heimzukehren aus Angst, als Deserteur verhaftet zu werden. Er hatte sich in Sibirien niedergelassen und eine reizende russische Frau geheiratet, die ihn auf seinen Fahrten begleitete. Er sprach ausgezeichnet Englisch. [...]

Der kleine Salon des *Orjol* war beinahe ebenso überfüllt wie das Deck. Neben den vier Angehörigen unserer eigenen Gruppe gab es da zwei Kaufleute, welche stromab reisten, um Graphitminen an der Kureika zu inspizieren, sowie einen Händler aus Jenisseisk namens Kitmanoff, einer der Eigner des Dampfers. Ferner gab es an Bord eine sehr einflussreiche Persönlichkeit, irgend so eine Amtsperson aus dem Gouvernement Jenisseisk. Er war ein mürrischer, hässlicher kleiner Mann mit einem Spitzbart, der einen großen Teil seiner Zeit damit verbrachte, Tee zu trinken und holländischen Käse zu verzehren, welchen er in einer Blechdose in seiner Kabine mit sich führte. Unsere Aufmerksamkeit erregte er erstmals in Jenisseisk, wo eine Abordnung der Stadtrepräsentanten an der Gangway wartete, um ihm ihre Aufwartung zu machen; und als wir zwei Tage später den Ort verließen, überreichte ihm die gleiche Abordnung Geschenke. Die einflussreiche Persönlichkeit war sehr erfreut über die Gaben, die klein, aber praktisch waren und aus einem Topf mit Honig und einem grünen Taschentuch bestanden.

Ab Jenisseisk ließen wir einige Förmlichkeiten des Lebens hinter uns. Nikolai, der Salonsteward, der es während vier glutheißer Tage in einem weißen Hemd mit zerknitterter Vorderseite als Zeichen seines Amtes ausgehalten hatte, lief nun für den Rest der Fahrt in einem kragenlosen bequemen Utensil herum; und Kapitän Ello durchmaß die Brücke in einer Art halbziviler Kleidung, in der Art eines wesleyanischen Geistlichen. [...]

[Nach einem schweren Krankheitsfall in der Reisegruppe entschließt man sich, auf eigene Faust Eis zur Kühlung des Kranken zu beschaffen] Die Küchentür stand offen. Drinnen stand der Koch mit dem Rücken zu uns, ohne uns zu gewahren. Sein Gesicht war in der Suppenterrine begraben, die er seiner durstigen Gurgel zugeneigt hielt. Mein Begleiter und ich schauten uns ausdruckslos an; und dann schlichen wir auf Schuhspitzen unmerklich vorbei zum Vorratsraum. Er war verschlossen, aber einige verschmitzt lächelnde Drittklasspassagiere, die gerne auf den Scherz eingingen, zeigten uns einen Trick, dessen Kenntnis der Allgemeinheit offensichtlich geläufig war und durch welchen das Vorhängeschloss beiseitegeschoben werden konnte. Wir tappten wie Verschwörer zwischen Butterfässern, eingesäuertem Kohl und blutigen Fleischstücken herum, die unsere künftigen Mahlzeiten beliefern sollten; hastig brachen wir verbotenerweise Klumpen vom Eis ab und füllten sie in eine Thermosflasche. Als wir uns umdrehten, sahen wir, dass wir von den für die Versorgung an Bord zuständigen Schiffsintendanten *in flagrante delicto* ertappt worden waren, die aber ob unserer Unverfrorenheit zu sprachlos waren, um zu intervenieren.

Wir hätten Monastir [Monastyrskoje, heute Turuchansk] am 15. Juni erreichen sollen, und wir bangten sehr darum, diese Stadt zu erreichen, weil wir hofften, dort einen Doktor für unseren Gefährten zu finden, der ernsthaft krank war. Nach dem regulären Fahrplan hätten wir um die Mittagszeit eintreffen müssen, doch um 11 Uhr kam so starker Wind auf, dass der Dampfer zum Schutz der Barke für zwei Stunden Anker werfen musste. Hinter der Barke angeseilt war ein Leichter voller leerer Fischtonnen, und als der Fluss unruhig wurde, begannen diese gefährlich herumzurollen. Ein halbes Dutzend Leute machte sich im Beiboot auf den Weg, um sie festzuzurren, doch bevor sie zur Stelle sein konnten, war ein Teil der Ladung bereits über Bord gerollt und schwamm fröhlich den Jenissei hinab. Dann wurden einige Sparren auf dem Deck der Barke buchstäblich über Bord geblasen, und es gab einige Konfusion, bevor alles gesichert war. Endlich kam das Boot zurück, aber die Crewmitglieder waren in solcher Eile, um aus dem Regen heraus an Bord zu klettern, dass sie vergaßen, die Fangleine festzumachen, und zwei Minuten später konnte man das Boot den Fischtonnen flussabwärts folgen sehen. Dem Dampfer blieb nun nichts anderes übrig, als das Tau zu lösen und zurückzufahren, um das Boot aufzupicken. Im ganzen genommen trafen wir in Monastir nicht vor sieben Uhr ein. [...]

Mittags [am 19. Juni] stoppten wir für eine halbe Stunde vor Igarka, einer typischen Ufersiedlung. Der Ort war sowohl eine Trapper- als auch eine Fischersiedlung, und ein Mann kam an Bord mit Fuchs- und Marderfellen zum Verkauf. Ein paar junge uninteressante Möwen und ein Dutzend arktischer Seeschwalben flogen um die Landungsbrücke – vielleicht in Erwartung der Überreste, die dort möglicherweise ihrer harren würden. Im Wald hinter den Häusern lag der Schnee noch tiefer als wir ihn an irgendeinem Ort unserer Fahrt bereits gesehen hatten. [...] Dies war das Reiseziel des weißen Holzkreuzes aus Jenisseisk, denn obgleich es an diesem Ort kaum ein halbes Dutzend Häuser gab, erstreckte sich neben ihnen noch ein gut gefüllter Friedhof. Zwei oder drei blasse Kinder piepsten aus den Türöffnungen zu uns hinüber, und obgleich die Siedlung nicht so ärmlich wirkte wie viele, die wir schon gesehen hatten, strömte sie doch den Eindruck unendlicher Traurigkeit aus. [...]

Als wir Dudinka hinter uns hatten, begannen sich Dampfer und Barke schnell zu leeren. Alle paar Werst gab es einen Balagan, d. i. eine niedrige, mit Erdsoden gedeckte Hütte, und hier wollte eine ganze Familie, mit Kindern, Fischernetzen und Kochtöpfen mitsamt einem Boot, einem halben Dutzend Fischtonnen und einem Sack Mehl an Land gehen. Einige dieser Leute fuhren jeden Sommer gut tausend Werst den Strom hinab und wieder zurück, nur wegen der Fischereisaison, die nur sechs Wochen dauerte.

[Wegen starken Windes musste das Schiff mit der nachgeschleppten Barke mehrere Tage vor Anker gehen, als es den Mündungsarm des Jenissei erreicht hatte]

Der Wind legte sich nicht vor dem 25. Juni. Dann begann der *Orjol* seinen geschäftigen Weg stromabwärts wieder weiterzuschnaufen, wobei er alle zehn oder zwanzig Meilen stoppte, um Fischtonnen anzulanden. Allmählich wurden wir es herzlich müde, die überfüllten Boote an den Strand kriechen zu sehen und das immer gleiche gemächliche Ausladen ihres Inhalts. Diese Zwischenhalte hemmten unser Fortkommen sehr stark und waren selten lang genug, um mir seriöse Studien an Land zu ermöglichen, außer bei Breoffsky, das wir am 26. Juni passierten.

Wir ankerten vor einer Insel auf der Ostseite des Archipels, um zehn Uhr nachts. Das Wasser war so seicht, dass der *Orjol* sich dem Ufer nur bis auf eine Meile nähern konnte; und weil zwei oder drei Familien angelandet werden mussten, waren sie in kleinen Booten hinüberzuschaffen, eine langsame und ermüdende Angelegenheit. An der Mündung eines breiten, seichten Flüsschens lagen drei oder vier kleine Balagans. Seit der vorhergehenden Saison waren sie nicht bewohnt gewesen und halb mit Schnee gefüllt; aber die Leute schienen sich wegen ihrer kalten und feuchten Quartiere überhaupt nicht zu sorgen und machten sich voller Energie auf, um an ihre Sommerarbeit zu gehen.

[Für die Autorin endete die Flussfahrt nach sechzehn Tagen am 28. Juni in Goltschicha, etwa 250 km vor der Eismeerküste, weil die Mündungsbucht des Jenissei noch vom Packeis blockiert war.]

*Aus: Haviland, Summer (1915/71), S. 15–18, 29 f., 42 f., 55–57. – Zur Autorin siehe Zeitzeugen.*

## 5.5 Eine Reise auf dem Jenissei von Igarka nach Krasnojarsk im September 1929

Man erwartete den *Spartak*, einen der vier für den allgemeinen Personenverkehr zur Verfügung stehenden Flussdampfer, um nach Zentralsibirien zurückzureisen: Kranke, Frauen mit Kindern, von der «Tschistka», der Reinigung des Staatsapparates erreichte Beamte, die entlassen worden waren und eine große Anzahl von Personen, die man gleichsam als ersten Trupp vor Einbruch des Winters zurücksenden wollte. Anfang September: noch vier Wochen bleiben für die Rückkehr. Anfang Oktober kann der Fluss bereits zufrieren. Dann ist es Schluss mit dem Reisen, vielleicht bis Mitte Dezember. Früher kann man nicht zurück und auch dann nur in kleinen Gruppen, mühsam, wenn auch rasch, mit der Schlittenpost.

Fantastische Dinge wurden von diesem *Spartak* erzählt. Die einen schilderten ihn als wahres Wunderschiff, als einen weißen Schwan. Er sei schön wie die schönsten Wolgaschiffe und man könne auf ihm speisen wie die Götter Griechenlands auf dem Olymp.

Skeptiker waren anderer Meinung. Er sei ein dreckiges, verlaustes Schiff, fahre so langsam, wie eine Schnecke auf dem Sand marschiere, und zu essen bekomme man überhaupt nichts. Außerdem gäbe es keinen Platz. Das ganze Schiff sei von der Norilski-Expedition, die unweit von Dudinka die neuen Kohlen- und Platinbergwerke vorbereitet habe, für die Heimreise gemietet.

Alles in allem: man wusste nicht, wann er kommen würde. Der Verkehr auf dem Jenissei hängt auch vom Jenissei ab. Hat er wenig Wasser, so kommt es vor, dass die Schiffe die Stromschnellen nicht passieren können, besonders dann, wenn sie noch Lastschiffe schleppen. Außerdem harrte man in Igarka fieberhaft auf drei große Flöße mit Exportholz für die wartenden Seeschiffe und mit zerlegten Häusern für Igarka selbst. Waren zuerst die Flöße durch die Stromschnellen gegangen, oder der *Spartak*? [...]

Die Matrosen auf dem Schiff des Christoph Columbus konnten nicht mit größerer Spannung nach Westen geblickt haben, als wir in diesen Tagen in Igarka auf die Hafeneinfahrt. Bei jedem Sirenensignal, kaum war eine Rauchsäule sichtbar, stürzten wir mit unserem Gepäck auf Deck. *Spartak*! *Spartak*! Dann war es meistens ein kleines Bugsierschiff. Am 4. September, nachmittags 5 Uhr, war aber der *Spartak* wirklich da. Ein schönes, weißes Schiff – so sah es wenigstens aus der Ferne aus – mit einem flachen, sonnigen Deck, und er tutete recht gemütlich. Rasch das Gepäck her und eiligst hinübergerudert! Im Fahren die Koffer auf den Dampfer geworfen und – Aufspringen während der Fahrt ist nicht verboten! – von ein paar kräftigen Fäusten an Bord gezogen. Wir waren sehr stolz. Denn alles staunte, als der Dampfer in Igarka anlegte. Wir standen oben auf Deck und taten so, als hätten wir auf dem Schiff Quartier gefunden. Das war nun freilich nicht der Fall. Der *Spartak* war tatsächlich vom Geologischen Komitee der Leningrader Akademie, vom Goldverband in Irkutsk und von einer ethnographischen Kommission mit Beschlag belegt. Er war augenblicklich noch leer, aber es gab keinen Platz zum Schlafen. […]

Am 7. September, in der Abenddämmerung, verließ der *Spartak* endgültig Port Igarka, Kurs nach Süden, stromaufwärts. […] Der *Spartak*, vom Land aus so freundlich und schneeweiß, hatte sich in ein wahres Höllenschiff verwandelt. Wir hatten unser Quartier hinter einem Bretterverschlag in der vierten Klasse aufgeschlagen. Wir mussten die Fenster, die unmittelbar über dem Wasser lagen, ununterbrochen geöffnet halten, um durch den Luftzug die Masseneinwanderung der Tarakane – das sind die lieben Käfer, die man bei uns unter dem Namen «Schaben» oder «Schwaben» kennt – zu verhindern. Nicht nur die eigentliche vierte Klasse, der Raum unter Deck, war vollgepfropft mit Menschen. Auch der Schiffsboden unter Wasser, ständig im Dunkel, spärlich beleuchtet von flackernden Stearinkerzen und Kerosinlämpchen, war mit Menschenleibern, Kisten, Ballen, Säcken gefüllt. Es war ein unbeschreibliches Chaos. Auf Bänken breiteten junge Ehepaare, die in Igarka auf Arbeit gewesen waren, ihre Decken aus und da schliefen sie nun, eng umschlungen. Familien kauerten zwischen beinahe berstenden Kisten auf dem Boden. Es war ein Geschrei, ein Geweine und Gewimmer, in das erst nach einigen Tagen ein wenig Ordnung kam. Von der Luft in diesem Schiffsboden will ich lieber nicht sprechen. Die Leute aßen ihr Schwarzbrot, dick mit Butter bestrichen, bei jeder Anlegestelle stürmten sie an Land, nach Milch und Eiern. Wer etwas mehr Geld hatte, kaufte sich in der entsetzlich schmutzigen Kantine, die von einem Perser aus Baku betrieben wurde, ein schlechtes und teures Essen. In diesen großen Trubel donnerte jeden Tag das schwere Holz, das zu großen Mauern, quer durch den Schiffsraum, aufgeschichtet lag und, brauchte man es im Heizraum, krachend und polternd durch eine Luke in der Unterwelt verschwand. Da gab es Kinder in allen Jahresklassen und von allen Rassen. Kleine Ostjaken und Tungusen, wie man sie nur bei kleinen Nomaden finden kann. Da gab es halbwüchsige Rangen, die auf Deck herumtollten, um die Wette rannten, alles umstießen, selbstbewusste Urwaldjugend. Oben auf Deck, auf dem Rundgang, saßen Tag und Nacht, ob schön, ob Regen, bärtige Fischer, Jäger, Holzfäller, eingerollt in Schafspelze, verschlissene Pelzmützen über die Ohren gezogen und aus unergründlichen Augen die Natur ringsum betrachtend.

Überall legte der Dampfer an. Es würde zu weit führen, alle Dörfer aufzuzählen. Sie liegen meistens etwa zwanzig Meter über dem Strom, auf diese Weise vor dem Hochwasser geschützt, das im Frühling den Wasserspiegel um achtzehn Meter steigen lässt. Auf den Strand gezogen, liegen nebeneinander die Fischerkähne, auf Stangen gespannt sind gewaltige Netze. Fässer, Bottiche stehen herum. Viele langhaarige, schwarze und weiße Hunde und ein Rudel Menschen. Das war tagaus, tagein das Bild bei jedem Dorf.

Das Landen dauert stets geraume Zeit. Der Dampfer stoppt und ein ungemein schweres Boot, das er mit sich schleppt, der sogenannte Kumgas, wird an Land gerudert. Dann werden Seile an den Strand geschleudert, der Dampfer wird festgebunden und vorsichtig arbeitet er sich so nahe heran, wie es die Tiefenverhältnisse gestatten. Lange Bretter werden zu einer Brücke gebaut; ist der Dampfer weiter draußen, so reichen die Bretter nur bis zum Kumgas und von diesem müssen wieder neue, bis an den Strand gelegt werden. Das alles währt oft eine halbe Stunde. Dann stürmt aus der Unterwelt des Schiffes eine Menge von zweihundert schmutzigen, hungrigen Menschen an Land. Sie laufen um die Wette in die einzelnen Bauernhäuser, wo es aber, vor allem in den stromabwärts gelegenen Orten, sehr wenig zu holen gibt. Der Mittelpunkt des Rudels Dorfbewohner, die auf das Schiff warten, ist meistens ein Postbote.

Als Postboten werden in der Regel Verbannte verwendet. Ich sah weit unten, noch nördlich von Igarka, einen ehemaligen Metropoliten, einen würdigen alten Herrn, mit langem Gottvaterbart, seidenem Metropolitenkaftan, der in einem kleinen Kajak die Post an den Dampfer brachte. [...] Neben dem Postboten steht gewöhnlich der Vorsitzende des Dorfsowjets. Vom Dampfer kommt der Bevollmächtigte der GPU, der die ganze Strecke abfährt, da werden Hände geschüttelt und rasch alle Staatsangelegenheiten, die es da im Urwald zu erledigen gibt, besprochen. In vielen Orten stehen auch einige Verbannte am Ufer. [...]

Jetzt schleppt der *Spartak* eine kleine Flotte. Zwei große Jenissei-Barken, zwei Pauzoks, seltsame, altertümliche Holzschiffe mit flachem Boden und einem eigenartigen Holzaufbau und als letztes ein Motorboot. Streckenweise fährt der Konvoi nicht mehr als sechs bis sieben Kilometer in der Stunde. An den Ufern ziehen Hunde und Menschen die Kähne stromaufwärts, einer sitzt mit einem Ruder im Kahn und steuert und der Hund oder der Reisegefährte ziehen an einem Seil. Das geht beinahe schneller, als unsere Reise vonstatten geht. [...]

In der Ferne, im Süden leuchtet eine weiße Kirche, stundenlang sieht man sie, doch man kommt nicht näher. Die Strömung ist sehr stark. Das Westufer ist weithin versandet. Eine ganze Gruppe von Schiffen trifft an dieser Stelle zusammen. Die Barken werfen Anker, die Dampfer legen Bord an Bord an, Zeitungspakete werden ausgetauscht, Bekannte begrüßen einander, die Kapitäne haben einiges zu erzählen. Spätnachts sind wir bei der Kirche, beim Dorf Werchne Inbatskoje, einem großen Fischer- und Handelsplatz. Unter gewaltigem Lärm spielt sich im Finstern der Wechsel der Passagiere ab. Das Dorf wird vom Dampfer aus mit einem kleinen Scheinwerfer beleuchtet, Pferdchen mit Karren, Hunde, Frauen mit Kindern, Fischernetze, windschiefe Hütten – tauchen auf und verschwinden wieder. Die Kirche muss einst sehr reich gewesen sein. Ihre Silhouette, schwarz auf dem etwas lichteren Himmel, ist ein Scherenschnitt, Kulisse einer gespenstischen Begebenheit.

Stundenlang liegen wir still, irgendwo, man schleppt mühselig das Holz für die Kessel an Bord. Viele gehen währenddessen auf die Jagd, andere fischen, Ostjakenboote flitzen vom anderen Ufer zum Dampfer, Fische gegen Schnaps einzuhandeln. Aber es gibt keinen Schnaps. [...]

Bald überholt uns der Dampfer *Kossior*, der uns vor zwei Tagen begegnete: wir fuhren hinauf, er hinunter. Jetzt fährt er wieder neben uns. Wir steigen um. Dörfer, Felder, Wälder. Das Ufer flach, im Uferwall Erdlöcher für die Stromwächter. Signale. Große Dörfer, mit reichen Häusern. Der Süden! Die Friedhöfe sind noch primitiv, ohne Mauern, unter Bäumen, auf niedrigen Hügeln. Kühe und Kälber weiden zwischen den einfachen Holzkreuzen.

Es regnet. Fähren hängen an langen Ketten, die aus kleinen Booten bestehen. Aus dem Uferwald tauchen lange Kähne auf und verschwinden, hinüber zum anderen Ufer. Berge, langgestreckt und noch ferne, brechen aus der Regenwand hervor.

Nochmals Nacht. Um Mitternacht heulen die Dampfsirenen, länger als sonst. Lichter am Ufer, eine große Stadt, ein richtiger Hafen, Lärm, Rufe! Alles drängt an die Landungsbrücke. Krasnojarsk!

*Aus: Heller, Sibirien (1931), S. 100–102, 124–126, 155–157, 163 f. – Zum Autor, dem Kommunisten Otto Heller, siehe Zeitzeugen.*

## 5.6 Von Krasnojarsk nach Dudinka als Massengut (1939)

Alle Häftlinge des Krasnojarsker Verschickungs-Lagpunkts, darunter auch ich, Michail Iljitsch Lewin, warteten mit Ungeduld auf die Abreise nach Norilsk. Es lockte die Fahrt auf dem Jenissei. Nach zwei Jahren im Gefängnis und im stacheldrahtumzäunten und jetzt bereits lärmigen und menschenreichen Lagpunkt erschien eine Fahrt auf dem Jenissei, die Möglichkeit, sich an seinen malerischen Ufern zu weiden, geradezu hinreißend. Natürlich ging jedermann davon aus, dass es auf dem Dampfer eine verstärkte Wache geben würde. Aber daran würde man sich gewöhnen und die Wachmannschaft als unvermeidliches Detail einer wundervollen Fahrt betrachten lernen. Die Häftlinge scherzten. [...]

An einem klaren Junitag bewegte sich die Häftlingsetappe hinab zum Jenissei. Das breite Band des mächtigen Stromes gleißte hell, übergossen von seltsamen stählernen und silbernen Tönungen. Ein wolkenloser blauer Himmel spiegelte sich im Wasser und verlieh seiner spiegelnden Oberfläche den Eindruck von Ruhe, Frieden. Der Strom aalte sich regungslos unter den Strahlen der brennenden Sommersonne. Kaum merklich schlug eine leichte Welle ans Ufer. Ach! Sich jetzt die gesamte Kleidung vom Leibe reißen und sich in das kalte Wasser des Flusses stürzen und schwimmen, schwimmen ohne aufzuhören und all den Schmutz, die Bitterkeit und die Gedanken der letzten Jahre von sich abspülen!

Aber wo sind die Dampfer? Um die Menschenmassen, die sich längs des Ufers verteilt haben, aufzunehmen, braucht es eine ganze Flottille. Doch in der Nähe liegen nur riesige Barken. Offensichtlich enthalten sie Massengüter für Norilsk, und die Dampfer nehmen sie in Schlepp.

Heilige Naivität! Die Seki dachten, dass man sie auf Dampfern transportieren würde, um ihnen die Gelegenheit zu geben, sich am Jenissei zu erfreuen.

– Auf! Sachen nehmen! Vorwärts marsch! Hintermänner aufschließen! – erschallen die Kommandos der Begleitsoldaten.

Langsam setzten sich die vorderen Reihen in Bewegung. In gewundener Kolonne folgte ihnen die ganze Etappe. Schon langten die ersten Häftlinge am Laufsteg einer der Barken an und begannen auf ihm abwärtszubalancieren. Der Kopf der Kolonne verschwand im Bauch der Barke und begann wie ein chinesischer Taschenspieler das Menschenband hinter sich her zu ziehen und zu verschlingen.

Michail Iljitsch stieg in die Barke hinab. Eine steile Leiter führte in den Laderaum. Auf beiden Seiten des engen Mittelganges türmten sich drei Etagen leerer hölzerner Pritschen. Es war düster und kalt. Die Sonnenstrahlen drangen nur schwach durch die Luke, bei der die Wache stand. Lewin besetzte einen Platz in der mittleren Reihe. Mitsamt seinem Gepäck ließ er sich auf der Pritsche nieder. Rechts und links von ihm zeigten sich Häftlinge, die er aus der Marijinsker Etappe kannte. Gut, dass er neben sich seine ihm bekannten Leute wusste. Während der Etappenphase machten sich die Häftlinge, die eine gewisse Zeit in ein und demselben Gefängnis verbrachten, miteinander bekannt, befreundeten sich und fingen an, einander zu stützen. Auf das Oberdeck ließ man die Häftlinge nicht. Belüftung gab es in den Barken keine. Vom Atmen der großen Menschenmasse wurde es im Laderaum stickig. Keine Möglichkeit, warme Mahlzeiten zuzubereiten. Heißes Wasser gab es in nur geringen Mengen, und die Leute tranken, vom Durst gepeinigt, das kalte Bilgenwasser. Es kam aus Pumpen mit schmutzigen Schläuchen, roch faulig und schmeckte nach Gummi. Darmerkrankungen waren die Folge. Die geschwächten Häftlinge hatten ihnen nichts entgegenzusetzen.

So sehen also deine Träume von der Bekanntschaft mit dem mächtigen sibirischen Strom aus, mit der Schönheit seiner waldigen Ufer und Inseln, mit der Frische und Kühle seiner durchsichtigen Wasserstrahlen!

Anstelle dieses allen ein abstoßendes, halbdunkles schwimmendes Gefängnis ohne Fenster, ohne Türen, doch mit einer ständigen Wache oben. Da ist ja auch die Parascha. Alles am Platz! Die Etappierung der «Volksfeinde» an einen neuen Punkt ihrer Leiden geht weiter.

*Aus den Erinnerungen des Bergingenieurs Moisei Isaakowitsch Jewsjorow. Da die Niederschrift bereits in sowjetischer Zeit erfolgte, verfasste er sie unter dem Pseudonym Michail Iljitsch Lewin. Ganz Ähnliches, vor allem vom schrecklichen Durst, berichtet von einem Häftlingstransport mit Barken im Juni 1950 die Litauerin Johanna Ulinauskaite-Mureikiene in: OVONOS, 7 (2005), S. 309 f.*

*Aus: Evzerov, Neraskajavšijsja vrag (2008), S. 79–81. Zum Autor siehe Zeitzeugen.*

## 5.7 Reisekomfort zehn Jahre später (1949)

Im August jagten sie uns mit Hunden durch ganz Krasnojarsk. […] Sie trieben uns ans Ufer, wo bereits zwei riesige Barken auf uns warteten, eine hinter der anderen (später erfuhr ich, dass das *Fatjanicha* und *Jermatschicha* waren). Man raunte sich zu, dass man auf ihnen schon die Dekabristen transportiert habe. Sie schoben die Eisengitter beiseite und begannen uns unter Deck zu treiben. Dort standen vierstöckige Pritschen, ich belegte irgendwo die dritte Pritsche. Die Etagen waren eng. Sitzen konnte man nur auf dem Rand. Und sonst nur liegen. Und sie waren auch nicht hoch – jede 30 cm. Es gab 2 Luken. Die Luke war vergittert, unter ihr – Pritschen, auf denen sich Berufsverbrecher *(vory v zakone)* breitgemacht hatten. Unter dem Licht. Ich litt an Schlaflosigkeit und habe kaum geschlafen. Als die Aufseher sich schlafen gelegt hatten, holten sie die gestohlenen Sachen hervor. Im Krasnojarsker Umschlaglager hatten sie gute Stiefel geklaut, chromlederne. Ich weiß nicht, von wem, von Offizieren oder wie, aber das eigentliche Problem besteht darin, dass du bei einer Durchsuchung nicht zwei bis drei Paar Stiefel bei dir haben kannst. Sie haben sie auseinandergenommen: Bund, Stiefelschaft, Sohle – alles einzeln. Und dann unter die Kleidung. So haben sie die Stiefel mit sich geschleppt. Jetzt also haben sie diese Stiefel wieder hervorgeholt. Denn die Soldátchen gingen ja in Wickelgamaschen und Segeltuchschuhen.

Teller hatten wir nicht, Krüge hatten wir nicht, Löffel hatten wir nicht. Durch die Luke reichte man einen großen Papiersack mit Zwieback nach unten. Die Seki traten einzeln vor den Soldaten und der teilte ihnen den Zwieback aus. Jedem gaben sie eine Zündholzschachtel mit Zucker und schütteten sogar mehr aus, wenn man was dafür hatte, und wer was dafür hatte – auch Wasser. Manche hielten nur die hohlen Hände hin. Womit habe ich mich über die Runden gebracht? Schon in Leningrad hat Mama mir in das «Große Haus» für ebendiesen Zweck einen Butterbrotbehälter mitgegeben (so einen ovalen, den man in zwei Hälften teilen konnte). Eine Hälfte gab ich dem Menschen, der neben mir lag (nun, in der Etappe und im Lager freunden wir uns immer mit jemandem an) und in die zweite ließ ich mir Wasser schütten, dann den Zucker hinein, und fertig war das erste Lagerkaltgericht.

Gerüchte, ich sei Feldscher, machten zwischen den Pritschen bereits die Runde. In der Lagersprache hieß der Feldscher, der Medik – *lepila*. Es heißt, dass dieser Begriff sich vom Wort *lepkom* (*lekarskij pomoščnik*, Arztgehilfe) herleitet, das man, weil es so besser auszusprechen ist, in *lepkom* und dann weiter in *lepila* umwandelte. Natürlich ging so etwas nicht ohne den Verbrecherjargon.

Wir lagen auf unseren Unterdeckpritschen, nicht weit von uns, unter anderen Luken, standen Fässer – die Paraschi oder Bedürfnisgefäße (wieder einmal eine Verhöhnung oder nicht durchdacht, so hoch waren die Fässer). Es gab keinerlei Sitzbrillen. Für das kleine Geschäft war das nachvollziehbar: du gehst und pisst. Kein Problem. Doch gelegentlich musst du auch – ich bitte um Entschuldigung – «groß». Dann muss man auf dieses Fass hinaufsteigen, muss es fertigbringen, sich irgendwie auf dessen scharfer Kante zu halten (hören Sie, wir sind hier nicht im Zirkus!), muss sein Geschäft verrichten und dann wieder heruntersteigen. Doch manche waren entweder zu schwach oder schwankten hin und her … Die Fässer standen in einer Reihe. Wer das Gleichgewicht nicht zu halten vermag, stößt an das nächste oder versucht, sich daran festzuhalten, das Resultat muss ich ihnen nicht schildern. Danach darf man dann nicht auf die Pritsche. Stattdessen saßen die armen Teufel, die Unglücklichen, in einem Haufen beieinander, versuchten sich zu helfen, so gut es ging, wuschen sich, so gut es ging. Dann, wenn die Fässer voll waren, wurde das Gitter entfernt, und ein Kommando, das sich ohne bewaffnete Begleitung bewegen durfte (es gab dort Häftlinge mit Kurzzeitstrafen), reichte über eine Menschenkette das Fass an den Henkeln nach oben und schüttete den Inhalt über Bord. Über die rechte Bordseite. Denn von der linken Bordseite (die Barke war überfüllt, und es gab riesige Bedürfnisse!) saugte man mit einem Schlauch Wasser an. Und prompt kam verständlicherweise die Dysenterie. So fuhren wir zwei Wochen, beide Barken im Schlepptau des Raddampfers *Marija Uljanowa*.

*Aus: Snovskij, Strojka No. 503 (2012), S. 34 f. – Zum Autor Alexander Snowski siehe Zeitzeugen.*

## 5.8 Der Jenissei und zwei georgische Nachbarskinder

*Sommer 1947. Auf einer Barke eines Schleppzuges, der auf dem Jenissei Häftlinge von Krasnojarsk nach Dudinka transportiert.*

Am Abend starb das kleine, dürre alte Männlein aus der Stadt Gori – Hugo Kombaraschwili. [...] Dem Tod zuzuschauen ist immer schwer, aber es war viel, viel schwerer, einen solchen Tod mitzuerleben wie den von Hugo Kombaraschwili, in dem jeder von uns sein eigenes in der Zukunft verborgenes Ende sah. Auf der Barke kannten viele Hugo und verhielten sich ihm gegenüber verständnisvoll, weil sie ihn für viel unglücklicher hielten, als sie selbst es waren. Hugo war ein Freund Stalins aus Kinderzeiten gewesen, wuchs mit Soso Dschugaschwili auf derselben Straße auf, kannte seine Schwächlichkeit, erinnerte sich an vieles, das den künftigen Gott Soso kompromittieren konnte, und genau darin lag seine Schuld – deshalb wurde er verhaftet, musste über ein Jahr in einer Einzelzelle des Gefängnisses von Tiflis verbringen, und danach schleppten sie Hugo von einem Lager zum anderen und prügelten aus ihm diese verderbliche Erinnerung weg. Zeugen der Geburt und Kindheit des Gottes durfte es nicht geben. Und nun starb Hugo. Schora Tschcheidse und Micho Kiladse trugen seinen Leichnam aus dem Laderaum und warfen den Körper Hugo Kombaraschwilis – o Ironie des spöttischen Schicksals – in die Fluten des Jenissei, unweit von Turuchansk, wo einstmals in einer anderen Zeit Jossif Dschugaschwili als Verbannter gelebt hatte und wo er, wie uns bekannt war, Frau und Sohn hinterlassen hatte. Zwei so verschiedene Leben!

*Ryhor Klymovyč, Konec Gorlaga (1999), S. 25 f. – Zum Autor siehe Zeitzeugen.*

# 6 Welten der Unfreiheit

## 6.1 In der Verbannung unter dem letzten Zaren: Swerdlow in Monastyrskoje

*Aus einem Brief vom 12. Dezember 1916 an M. S. Olminski*

Mit Vergnügen reagiere ich auf Ihren Vorschlag, über die hiesigen allgemeinen Lebensbedingungen zu berichten. Die materiellen sind folgendermaßen: Ich habe an gesicherten Einnahmen, außer der staatlichen Unterstützung von 15 Rubeln, noch 25 Rubel für die Betreuung der Meteorologischen Station und 17 Rubel für Unterrichtsstunden. Außerdem gehört zur Station ein eigenes Haus, so dass ich für die Unterbringung nichts zahlen muss. Ich wohne zusammen mit Frau und zwei Kindern, die im Mai 1915 hierhergekommen sind. [...]

Mit Familie kann man bei den hiesigen Preisen nur mit großer Mühe leben, wobei man für die verschiedenen Arbeiten und Verpflichtungen gut die Hälfte des Tages aufzuwenden hat. Nach unseren Durchschnittsberechnungen braucht es für eine Person selbst bei bescheidenster Lebensführung an die 35 Rubel. Aber irgendwie kommen wir durch, leben aber von der Hand in den Mund. Wenn einem etwas auf die Nerven geht, dann ist es die Unmasse an Zeit, die man damit totschlägt, den eigenen Magen und die Mägen der Familie zu füllen. Die moralische Atmosphäre ist, wenn ich es so ausdrücken darf, auch nicht besonders erfreulich. Die Zusammensetzung des Publikums ließ lange Zeit sehr zu wünschen übrig. Eine Reihe von Streitereien, die nur unter den Bedingungen von Haft und Verschickung möglich sind, traktieren – ungeachtet dessen, dass es um Nichtigkeiten geht – die Nerven ganz schön. Erst im Verlauf der letzten 8–10 Monate entstand eine mehr oder minder erträgliche Atmosphäre. Aber Publikum, welches Interesse zeigt, zählt insgesamt 3–4 Leute. Mit ihnen kann man sich über diese oder jene Frage austauschen. Insgesamt sind unserer, die einander ohne Missbehagen begegnen, gegen

10 Leute. Dass wir von allem Lebenden so stark abgeschnitten sind, das ist das Allerschwerste. Man muss über starke Quellen innerer Spannkraft verfügen, um nicht der geistigen Versumpfung zu unterliegen. Auf die Mehrheit wirkt die Verschickung ziemlich verhängnisvoll, weil sie dazu nötigt, sich zur Gänze mit alltäglichen Nichtigkeiten abzugeben. Das Resultat ist das Fehlen breiter Interessen und vitaler Beziehungen zum Leben. Doch manchen gelingt es, «die Seele am Leben» zu erhalten.

Bei mir persönlich stehen die Dinge nicht schlecht. Ich habe immer noch die nötigen Stimuli für eine intellektuelle Arbeit. Ohne das wäre es schlimm. Literarische Arbeit würde sehr viel bringen, natürlich die Hoffnung vorausgesetzt, dass das Geschriebene auch gedruckt würde. Sonst fällt die Lust zum Schreiben dahin. Arbeiten muss ich ausschließlich nachts auf Kosten des Schlafs, dem ich mich für maximal 4–5 Stunden hingeben kann. Neben der materiellen Bedeutung, mich von den verschiedenen wirtschaftlichen Tätigkeiten einmal befreien zu können, hätte die literarische Arbeit für mich auch eine immense moralische Bedeutung. Da haben Sie die «allgemeinen Bedingungen» meines Daseins. […]

P. S. Bei uns hat man ungefähr 20 Administrative [administrativ Verschickte] zum Militär geholt. Erst heute sind sie abgereist. Unter anderen wurde auch Stalin eingezogen, der die ganze Zeit in einem abgelegenen Kaff gelebt hat, weitab von den Genossen. Ich habe keine Ahnung, ob er sich für die Zeit seiner Verschickung mit literarischer Arbeit beschäftigt hat.

*M. S. Olminski (1863–1933), ein intellektueller Altbolschewik, arbeitete schon früh für die Untergrundpresse und nach der Machtergreifung der Bolschewiki als Redakteur verschiedener Parteiorgane.*

*Aus: Sverdlov, Izbrannye proizvedenija (1976), S. 97–99. – Zu Swerdlow siehe Zeitzeugen.*

## 6.2 Verbannt nach Selengino an der Angara (1928)

Das Dorf Selengino, wohin es mich verschlagen hat, ist ziemlich groß, 90 Höfe, aber arm, ein schreckliches Nest, liegt 700 Werst von der Stadt Kansk und der Eisenbahn entfernt. […]

Man langweilt sich zu Tode, keinerlei Intelligenzija, niemand, mit dem man sich unterhalten könnte – der nächste Arzt 350 Werst flussaufwärts in der Siedlung Nischne-Ilimsk. Keinerlei Arbeit bis in den späten Herbst hinein, wenn die Felle der getöteten Eichhörnchen da sind, die ich zu präparieren verstehe; bis dahin nage ich am Hungertuch – Geld hatte ich mal, aber es ist auf der fünfmonatigen Reise hierher draufgegangen. […]

Das Dorf, in welchem ich lebe, liegt auf einer Insel des Flusses Angara. Das ist eine kleine Insel: 3 Werst lang und etwa 2 Werst breit. Entlang der Flussufer laufen hohe Berge, dicht von Taiga bedeckt. Im Sommer Unmengen Schnaken, im Winter riesige Fröste. Verbindungsmöglichkeit nur über den Fluss, im Winter wie im Sommer, Straßen keine. Die Bauern haben nicht einmal Wagen, im Sommer fahren sie nur mit Booten, die den indischen Pirogen ähneln mit erhöhtem Bug und Heck und niedriger Bordwand … Es gibt 3 Ruder: zwei für die Fortbewegung, die wie Worfschaufeln für Korn aussehen, und eines zum Steuern am Heck, so wie auf der Zeichnung unten. Auf solchen Booten fahren sie das Vieh auf andere Inseln, wo es den ganzen Sommer über ohne Aufsicht weidet, und im Winter läuft es ohne Aufsicht am Fluss oder im Wald herum, wühlt unter dem Schnee Pflanzen hervor und begnügt sich damit. Natürlich könnt ihr euch vorstellen, was das für Vieh ist bei solchem Auslauf. Die Kühe sehen aus wie unsere einjährigen Kälber, die Pferde wie anderthalbjährige Fohlen oder sogar noch mickriger.

Jedes Mal im Herbst und im Frühjahr während der Wegelosigkeit lebt unsere Insel für zwei oder zweieinhalb Monate isoliert von der ganzen Welt, ohne jegliche Verbindung zu ihr. Du gehst dann zum Fluss und siehst – das ist kein russischer Fluss, sondern irgendein nordamerikanischer! Darauf fahren die indischen Pirogen, und darin sitzen echte Wilde, versuchen mit primitivster Ausrüstung Fische zu fangen, aber meistens erfolglos.

Hier lebt man so gut, dass es scheint, besser mit einem Stein um den Hals im Wasser, als weiter zu leiden.

*Brief Pjotr Michailowitsch Sitnikows vom 20. Juni 1928 aus Selengino, Rayon Keschma, Kreis Kansk, an Bekannte im heimatlichen Brjansk. 1922 in Moskau verhaftet, wurde er wegen angeblich konterrevolutionärer Tätigkeit zu Lagerhaft auf den Solowki-Inseln verurteilt und im November 1927 administrativ nach Selengino verschickt.*

*Aus: Izgnanniki (2008), Nr. 1.5, S. 61 f.*

## 6.3 Nachrichten aus dem Gulag

### 6.3.1 Zwangsarbeit aus amtlicher Sicht

*Rechenschaftsbericht der Hauptverwaltung der Besserungsarbeitslager und -kolonien des NKWD der UdSSR [GULAG] vom März 1940*

I

Die Hauptverwaltung der Besserungsarbeitslager und -kolonien des NKWD der UdSSR ist ein komplizierter administrativ-wirtschaftlicher Komplex, der im System der Institutionen und Wirtschaftsbereiche der Sowjetunion einen völligen Sonderplatz einnimmt.

Die Hauptverwaltung der Besserungsarbeitslager und -kolonien des NKWD ist vor allem ein vom Sowjetstaat organisiertes, zentralisiertes System der Isolierung sozial schädlicher Rechtsbrecher und konterrevolutionärer Elemente.

Die Aufgabe des Schutzes der sozialistischen Gesellschaft und des sozialistischen Aufbaus vor gefährlichen und feindlichen Elementen ist die erste grundlegende Aufgabe des GULAG des NKWD der UdSSR, und dadurch ist die Notwendigkeit seiner Verankerung im System des Volkskommissariates für innere Angelegenheiten der UdSSR gegeben, das heißt des Apparates, welcher die Staatssicherheit gewährleistet.

Gleichzeitig bildet das GULAG die Hauptverwaltung für Produktion und Wirtschaft des Innenkommissariats, welche die Arbeitsnutzung der in Lagern und Kolonien Isolierten organisiert, auf der Grundlage der alljährlich durch die Unionsregierung erstellten Pläne für Industrie und Bauwirtschaft.

Die Arbeitsnutzung der Häftlinge – mit dem Ziel der Erziehung eines bedeutenden Teiles derselben durch Arbeitsfertigkeiten und durch Heranführung ihres Gesamtbestandes an den sozialistischen Aufbau – bildet die zweite grundlegende Aufgabe des GULAG.

II
Das GULAG des NKWD als System staatlicher Isolierung von Gesetzesbrechern

Die Isolierung der Häftlinge erfolgt in den vom NKWD an verschiedenen Orten der Sowjetunion organisierten Lagern, Besserungsarbeitskolonien und Lagern für Minderjährige.

Gegenwärtig zählt das Netz der Institutionen zur Isolierung von Gesetzesbrechern:
53 Lager (inkl. der mit dem Eisenbahnbau befassten Lager),
425 Besserungsarbeitskolonien (davon 170 industrielle, 83 landwirtschaftliche und 172 sogenannte kontraktgebundene, das heißt auf Baustellen und anderen wirtschaftlichen Einrichtun-

gen arbeitende), beaufsichtigt durch die Abteilungen für Besserungsarbeitskolonien der Gebiete, Gaue und Republiken (OITK),
50 Kolonien für Minderjährige.

Neben den Isolierungsorganen gehören zum System des GULAG auch die sogenannten BIR – Büros für Besserungsarbeit *(Bjuro ispravitel'nych rabot)*, deren Aufgabe nicht in der Isolierung der Verurteilten liegt, sondern in der Sicherung der Erfüllung der Gerichtsentscheide hinsichtlich von Personen, die zu Zwangsarbeit verurteilt worden sind.

*Kontingent und Zusammensetzung der Häftlinge*

Das Gesamtkontingent der Häftlinge in den Besserungsarbeitslagern und -kolonien des GULAG beläuft sich gemäß Angaben der Gesamtberechnung zum 1. März 1940 auf 1 668 200 Personen. In dieser Zahl enthalten sind in den Besserungsarbeitskolonien 352 000 Personen (davon in Industrie- und Landwirtschaftskolonien 192 000 Personen).

Gemäß Charakter der Verbrechen gliedern die Häftlinge sich folgendermaßen auf:

| | |
|---|---:|
| – Wegen konterrevolutionärer Tätigkeit Verurteilte | 28,7 % |
| (davon wegen antisowjetischer Agitation | 12,2 % |
| Schädlingstum | 1,7 % |
| Spionage, Diversion, Terror, Vaterlandsverrat | 2,4 % |
| Rechtstrotzkistische Tätigkeit) | 1,2 % |
| – Wegen besonders gefährlicher Vergehen gegen die öffentliche Ordnung | 5,4 % |
| (davon wegen Bandenbildung und schweren Raubes) | 2,0 % |
| – Wegen Hooliganismus, Spekulation und anderer Vergehen gegen die Ordnung | 12,4 % |
| – Wegen Diebstahl | 9,7 % |
| – Wegen dienstlicher und wirtschaftlicher Vergehen | 8,9 % |
| – Wegen Vergehen gegen Leib und Leben | 5,9 % |
| – Wegen Verschleuderung sozialistischen Eigentums | 1,5 % |
| – Wegen übriger Vergehen | 27,5 % |

*Diese Angaben belegen, dass über ein Drittel des Gesamtbestandes der Isolierten auf ein einziges Kontingent entfällt (wegen konterrevolutionärer Tätigkeit und besonders gefährlicher Vergehen gegen die öffentliche Ordnung Verurteilte), deren Arbeitsnutzung mit besonderen Schwierigkeiten verbunden ist.*

Aus: Ėkonomika GULAGa (1998), Nr. 63, S. 123–155, hier S. 123–125.

## 6.3.2 Bestandsliste des NKWD für den Norilsker Gorlag auf den 1. Juli 1953

(Bezeichnung der Häftlingsgruppen nach NKWD-Diktion)

| | |
|---|---:|
| Gesamtzahl Häftlinge | 19 545/5 |
| davon | |
| Lebenslänglich | 3 |
| 25 Jahre | 4 264 |
| 20 Jahre | 2 330 |
| 11–15 Jahre | 2 586 |
| 6–10 Jahre | 10 358 |
| nicht freigelassene Invaliden | 9 |

Nach Delikt
| | |
|---|---|
| Spione | 1 862 |
| Diversanten | 248 |
| Terroristen | 849 |
| Trotzkisten | 71 |
| Rechte | 6 |
| Menschewiken | 6 |
| SR | 5 |
| Nationalisten | 10 227 |
| Weißemigranten | 24 |
| Angehörige von Widerstandsorganisationen | 966 |
| Angehörige kirchlicher Organisationen | 175 |
| Angehörige profaschistischer Organisationen | 1 120 |
| Überläufer der Armee | 244 |
| Im Dienst der Okkupanten bei Antipartisaneneinheiten | 1 219 |
| Geheimagenten | 1 694 |
| An Verbrechen der Okkupanten Beteiligte | 350 |
| Grenzverletzer | 10 |
| Sozial gefährliche Elemente | 489 |

*Aus: Istorija Stalinskogo Gulaga, 6 (2004), Nr. 165, S. 365 f.*

### 6.3.3 Willkommen im Norilsker Gorlag

*Am 8. September 1952 rückt eine Etappe aus 1200 ukrainischen Häftlingen in den Gorlag ein, die aus dem Lagerkomplex Karaganda dorthin verlegt worden waren, unter ihnen Evhen Hrycjak (russisch: Evgenij Gricjak), der spätere Anführer des Aufstandes von 1953 in der vierten Lagerabteilung. Er erinnert sich:*

Der Gorlag war schon bereit, uns zu empfangen. Die für uns vorgesehenen Baracken waren von der Hauptzone durch einen Stacheldrahtzaun abgetrennt. Allen Spitzeln *(suki)* des Lagers hatte man «zur Selbstverteidigung» Finnenmesser gegeben, weil, wie man ihnen erklärte, nach Norilsk eine große Etappe von Bandera-Halsabschneidern *(banderivs'ki holovorizi)* kommt, die alle Lageraktivisten abstechen wollen. Während vier Tagen wurden wir Formalitäten unterzogen, insbesondere auf das Genaueste gefilzt und nummeriert. Die Nummernzeichen bestanden hier aus zwei Elementen: einem Buchstaben des russischen Alphabets und einer dreistelligen Ziffer. Wir erhielten Nummern ausschließlich mit den Buchstaben «U» und «F», weil dies die Möglichkeit gab, uns unter den übrigen Häftlingen leicht ausfindig zu machen.

Als alles geregelt war, gliederten sie uns in Brigaden auf und teilten uns einem der Brigadiere ihres Vertrauens zu. Jeder Brigadier trug auf dem linken Ärmel eine Armbinde mit der Aufschrift «Brigadier». Am fünften Tag führte man uns zur Arbeit. Zu unserer großen Überraschung hörte man hier nicht das übliche «Achtung, Häftlinge ...» Die Konvoisoldaten begleiteten uns nicht, sondern standen längs des Weges aufgereiht und bildeten aus sich einen lebenden Wachkorridor. Wir marschierten durch diesen Korridor brigadeweise. Die Brigadiere gingen wie Armeekommandanten seitlich ihrer Brigaden.

Nach etwa 150 bis 200 Metern hielten wir vor dem Wachgebäude der Arbeitszone, welche Gorstroi hieß. Das war ein riesiges, stacheldrahtumzäuntes und mit Wachttürmen bestücktes Territorium in der Tundra, wo die Bauarbeiten durchgeführt wurden. Die Häftlinge des Gorlag bauten die Stadt Norilsk. Alle Arbeiten, von der Ausarbeitung des Projekts bis zur Fertigstellung der Bauten, führten Häftlinge aus.

Wir gerieten in dieses große Bauprojekt gerade zu einem Zeitpunkt, wo der zentrale Platz der Stadt gebaut wurde. Wir ebneten ihn ein, indem wir die Erde mit Schubkarren von einem Ort zu einem anderen karrten. Während der einstündigen Mittagspause zerstreuten wir uns, um Landsleute zu suchen und neue Bekanntschaften zu schließen. Im Unterschied zur Wohnzone waren wir hier von den übrigen Häftlingen nicht durch einen Stacheldrahtzaun getrennt. Außerdem arbeiteten hier nicht nur Häftlinge der 5., sondern auch der 4. Lagerabteilung, und daneben, von uns nur durch einen schmalen Sperrstreifen getrennt, arbeiteten Frauen der 6. Lagerabteilung, die uns hinter den Reihen des Stacheldrahtzauns überaus schön und anziehend erschienen. [...]

Der erste Tag unserer Arbeit auf dem Gorstroi ging zu Ende. An der Eingangswache der Wohnzone filzte man uns gründlich und entließ uns dann in die Baracken. Unsere Brigadiere aber mussten noch zum «Stab», um der Leitung über unser Verhalten zu berichten und neue Instruktionen entgegenzunehmen.

Der zweite Arbeitstag unterschied sich vom ersten durch nichts Besonderes. Am dritten Tag zerstreuten wir uns in der Mittagspause erneut über den ganzen Gorstroi, um neue Bekanntschaften zu machen und Kontakte zu knüpfen. [...] Doch diesmal schritt die Lagerleitung ein. Sich von der Brigade zu entfernen und in der Zone herumzuschlendern, auch während der Mittagspause, galt als Verletzung der Disziplin und als Zeichen mangelnder Unterordnung. Der stellvertretende Aufseher kam daher dorthin, auf den Gorstroi, um dieser Zügellosigkeit ein Ende zu machen. [...]

Der Arbeitstag ging zu Ende. Am Wachtgebäude der Wohnzone sonderten sie von uns acht Leute ab, fesselten sie mit Handschellen und führten sie ab in den BUR. Dort schlugen sie die Gefesselten, hoben sie hoch und schmetterten sie mit dem ganzen Körper auf den Boden, versetzten ihnen Fußtritte und sperrten sie schließlich in eine Einzelzelle. Das nannten sie dort «jemanden durch das Hammerschlagwerk *(molotobojka)* zu lassen».

*Aus: Hrycjak, Noryl'ske povstannja (2004), S. 15–17. – Zum Autor siehe Zeitzeugen.*

## 6.3.4 Auf Stroika 501

Im Jahre 1945 brauchte das Militärtribunal nur fünf Minuten, um mein Urteil zu sprechen – 10 Jahre plus sechs Jahre Entzug meiner Rechte. [...] Ich geriet nach Petschora und wäre dort fast an Pellagra gestorben. Dann schickte man mich zusammen mit anderen Häftlingen nach Seida, wo damals nur ein einziges Zelt stand. Irgendein Chef kam heraus und sagte: «Ihr seid die Ersten. Wir werden eine Eisenbahn bauen.» Nach der Hölle von Petschora kam es uns anfänglich normal vor: Brot bekamen wir und eine Graupensuppe. Kriminelle gab es keine, in der Kolonne nur arbeitsame Männer. Wir hoben Gräben aus, schütteten Dämme auf, doch das ging nicht lange, dann kamen neue Etappen. Zuerst Berufsverbrecher *(blatnye)*, die natürlich nicht arbeiteten, und dann die Spitzel *(suki)*. Es begann ein Gemetzel zwischen ihnen. Die Chefs aber hetzten sie absichtlich aufeinander. Ich war an der Front Panzersoldat und habe Zweikämpfe nur durch die Zieloptik gesehen. Aber das hier war artistischer. [...]

Ich kam an die Trasse. Dort auf der 501. trug jeder zweite Pflock die Aufschrift einer bestimmten Kolonne, und das war mein Pflock. Auf der Station Sob blieb ich nur ein halbes Jahr, auf den übrigen mit meinem Formular zwei bis drei Monate, länger ließ man einen nicht. Zweimal überquerte ich den Ob. Noch heute habe ich das Bild genau vor mir: Unter dem Schnee quillt schwarzes Wasser hervor, und hinter dem Rücken in sicherem Abstand der Konvoi.

Und überall Willkür, Schläge. Wenn du aus dem Zelt nicht sofort auf das Signal herauskamst, dann warteten auf dich schon die Opportunisten – die Spitzel. Jeder hielt in den Fäusten einen Birkenknüppel mit drei Buchstaben: «K. W. Tsch.» Das bedeutet «kulturerzieherische Sektion» *(kul'turno-vospitatel'naja čast')*. Mit dieser Art von «Kultur» traktierten sie uns sowohl in der Zone als auch auf dem Arbeitsplatz. Du gehst zur Arbeit, für lautes Sprechen oder für irgendeine andere kleine Übertretung befiehlt der Konvoi allen, sich in den Dreck zu werfen. Und lässt einen da, so lange er will – die Freiheit und Macht dazu hat er. Auf der Arbeit bezeichnet der Konvoi eine verbotene Zone und, wenn ihm ein Häftling nicht passt, pickt er ihn heraus und schickt ihn, um Holz zu holen, in die verbotene Zone. Und dann macht er mit ihm Schluss ... (Wahrheitsgemäß muss ich aber sagen, das war bei uns selten). Verständlich, dass die Häftlinge sich bewusst Finger abschnitten und die unterschiedlichsten Selbstverstümmelungen versuchten. Ich selbst habe einmal nachts das Zelt aufgeschnitten und die Hand hinaus gesteckt, damit sie abfröre und ich durch eine Kommission freikäme. Aber nichts ist dabei herausgekommen, ich blieb auch mit dieser Hand in der Unfreiheit. [...]

An vieles erinnere ich mich. Als einmal eine Kommission kam, beschwerten sich unerfahrene Häftlinge bei ihr, danach fielen sie dann den Aufsehern in die Hände. [...] Wie die Posten auf den Wachtürmen beim Wachwechsel schrien: «Volksfeinde übergebe ich! – Volksfeinde übernehme ich!» Ich habe überlebt.

*Aus einem Brief von Saweli Markowitsch Ossipow aus Tjumen, abgedruckt bei Gol'dberg, 501-ja (2003), S. 57 f.*

# Lebensschicksale am Jenissei

## 1 Ein Preuße am Polarkreis

Wie verschlägt es ausgerechnet einen preußischen Postmeister gegen seinen Willen an den Turuchanfluss – und noch dazu in der Mitte des 18. Jahrhunderts? Die Ursache war der Siebenjährige Krieg (1756–1763), in welchem das Königreich Preußen im Bunde mit England gegen Österreich, Frankreich und Russland kämpfte. Dabei gelang es der russischen Armee schon bis zum Beginn des Jahres 1758, Ostpreußen zu erobern. Es wurde einem eigenen Generalgouverneur unterstellt, der die vorhandenen Verwaltungsstrukturen aber bestehen ließ.

Daher blieb auch der Postmeister der Hafenstadt Pillau auf seinem Posten – ein gewisser Johann Ludwig Wagner. Dieser war nicht wenig überrascht, als er im Februar 1759 von Offizieren der Kaiserin Elisabeth von Russland – notabene deutschsprachigen Livländern – auf Grund einer Denunziation verhaftet und unter der Anklage, er habe russische Stellungen ausspionieren lassen, in Königsberg festgesetzt wurde. Militärspionage galt als Hochverrat, und so wurde der junge Postmeister nach mehrmonatiger Untersuchungshaft zum Tode durch Vierteilung verurteilt, dann aber zur Verschickung nach Sibirien begnadigt. Im Juli 1759 von Pillau aus mit zwei anderen an der Spionageaffäre Beteiligten per Schiff nach Dünamünde bei Riga transportiert, reiste er von dort zunächst auf Wagen, im Winter auf Schlitten über Moskau (wo er im Oktober anlangte), Tjumen, Tobolsk und Tomsk nach Jenisseisk, das er im Februar 1760 erreichte. Dort wurde er bei einem Kaufmann einquartiert. Groß war sein Bewegungsspielraum nicht, aber was ihm auffiel, wenn er aus seinem Fenster im Obergeschoss des Hauses auf den Hof sah, waren junge Frauen, die dort auf einem langen Brett wippten. Und die Preise! Im Vergleich zu seiner Heimat dünkten sie ihn spottbillig.

Nach zweiwöchigem Aufenthalt ging es mit sechs Hundeschlitten auf das Eis des Jenissei. Zielort: Mangaseja, genauer Neu-Mangaseja am Turuchanfluss, das später den Namen (Alt-)Turuchansk erhielt. Schlittenführer und Eskorte bestanden aus Kosaken. Nach acht Tagen geriet die kleine Karawane jedoch in einen heftigen Schneesturm. «Wir wussten bald nicht mehr, wo wir waren, und jeder riet, die Segel aufzusetzen, die Hunde auf die Schlitten zu nehmen und das Ufer zu suchen. Dies erreichten wir endlich, bemerkten es aber nicht eher, bis der erste Schlitten gegen eine Anhöhe stieß. Auch da wussten wir noch nicht, von welcher Seite des Stroms wir ans Ufer gekommen waren. Das gewaltige Schneetreiben, welches ein heftiger Wirbelwind verursachte, hatte die Kosaken ganz irre gemacht. Einen Kompass führten wir nicht bei uns, und vielleicht hätte auch niemand von der Gesellschaft sich danach zu richten gewusst.» Zwei Tage lang kampierten sie in schnell errichteten Notunterkünften am Ufer, bis der Sturm sich legte. Es schneite aber weiterhin so dicht, dass sie sich bei der Weiterfahrt nicht recht orientieren konnten, bis sie nach einigen Tagen merkten, dass sie sich schon lange in der falschen Richtung, nämlich wieder stromaufwärts bewegten. Da der Reiseproviant nun nicht mehr bis Mangaseja gereicht hätte, entschlossen sie sich, nach Jenisseisk zurückzukehren. Dort blieb Wagner unter Hausarrest bis zum Juni, als der Jenissei wieder eisfrei war. Mit einem Kajütboot fuhr er unter Bewachung den Fluss hinab und erreichte seinen Bestimmungsort im Juli 1760.

In Mangaseja durfte Wagner nicht privat wohnen, sondern musste auf dem Schiff bleiben, bis der Priester für ihn sein Haus geräumt hatte. Für den Verschickten wurde schließlich am Ortsrand ein eigenes Haus aufgestellt, dessen einen Raum er bewohnte, während den anderen sich seine Wachmannschaft zu teilen hatte. Auch dort blieb er unter Hausarrest und musste sich seine Lebensmittel kommen lassen. Die Zeit vertrieb er sich damit, selber zu kochen und zu backen, Fische für den Winter einzusalzen, auf einer selbstgeschnitzten Flöte zu musizieren, seine drei Bücher zu lesen, ein Ferkel als Haustier abzurichten und bei einem seiner Wachsoldaten Russisch zu lernen. Zunehmend Ärger bereiteten ihm aber die Eigenmächtigkeiten des

Unteroffiziers, welcher das Wachkommando befehligte. Dieser verschaffte sich einen Nebenverdienst dadurch, dass er für den Amtmann der winzigen Stadt schneiderte, und zwar bis tief in die Nacht hinein. Weil er dafür mit seinen eigenen Talgkerzen nicht auskam, bediente er sich ungeniert bei denjenigen Wagners, so dass dieser abends häufig im Dunkeln saß. Als Wagner daraufhin einmal der Geduldsfaden riss und er dem Korporal gegenüber tätlich wurde, denunzierte dieser ihn beim Amtmann. Der ergriff – da er von dem Soldaten profitierte – natürlich dessen Partei und befahl als Schikane, die Fenster von Wagners Stube zu vernageln, so dass dieser fortan völlig im Dunkeln saß. Seit im Juni 1762 Amtmann und Wachmannschaft gewechselt hatten, ging es Wagner jedoch bedeutend besser, da er den neuen Amtmann schon von Jenisseisk her kannte und dieser ihm gewogen war. Am 20. Juni 1763 verlas der Amtmann ihm dann feierlich einen kaiserlichen Ukas, der ihn wieder in die Freiheit entließ und eine Rückreise auf Staatskosten bis zur kurländischen Grenze zusicherte. Im Frühjahr 1762 war nämlich mit dem Regierungsantritt Kaiser Peters III. – eines Verehrers Friedrichs des Großen – Russland aus dem Krieg gegen Preußen ausgeschieden und hatte damit das baldige Ende des Siebenjährigen Krieges eingeläutet. Nun durfte Wagner sich in der überschaubaren Gesellschaft von Mangaseja ungezwungen bewegen und wurde von allen Seiten hofiert, erachtete man den Postmeister im Range eines Majors doch als vornehmen Herrn. Ihm lag allerdings vor allem daran, schnell wieder von dort wegzukommen, um in Jenisseisk seine Rückreise zu organisieren.

Er fuhr mit dem Schiff stromaufwärts, das teilweise getreidelt, bei günstigen Winden aber gesegelt wurde. Dass es so hoch im Norden während des Sommers nie völlig dunkel wurde, erlaubte es, den größten Teil des Tages für das Fortkommen zu nutzen. Mitte August langte das Schiff in Jenisseisk an. Wagner blieb mehrere Wochen und genoss als freier Mann von Stand auch die dortige bessere Gesellschaft. Da er der Damenwelt sehr zugetan war, verwickelte er sich in Liebeshändel, die ihm, wie er behauptete, sogar einen Giftanschlag eingebracht hätten. Er verliebte sich in eine junge Russin, die er auf seiner Rückreise mit sich zu führen versuchte, doch da sie nicht in seinem Reisepass eingetragen war, scheiterte dieses naive Unterfangen. Im Dezember 1763 erreichte er Moskau und im Februar 1764 Königsberg – fast auf den Tag genau fünf Jahre, nachdem dort mit der Inhaftierung sein sibirisches Abenteuer begonnen hatte.

Seine Hoffnung, durch eine Audienz am Hofe zu Berlin seinen Monarchen, Friedrich den Großen, zu veranlassen, ihm für die erlittenen Entbehrungen eine Entschädigung auszahlen zu lassen, zerschlugen sich jedoch, da der Staat nach siebenjährigen Kriegswirren weitgehend ruiniert war. Man bedeutete ihm jedoch, dass man ihn nicht vergessen werde, und tatsächlich wurde er einige Zeit später nach Graudenz an der Weichsel versetzt und zum Postdirektor befördert.

Wagner nahm sich viel Zeit, um seine Erinnerungen an die sibirischen Jahre zu schreiben, las sehr viel über Sibirien und publizierte das persönlich Erinnerte und das Angelesene schließlich 1789 als Buch. Dieses muss damals ein Bestseller gewesen sein und wurde in verschiedene Sprachen übersetzt.[11] Der wissenschaftliche Wert von Wagners Erinnerungen ist durchwachsen. Das äußere Gerüst seiner Reise, die Reiseumstände und viele konkrete Beobachtungen (zum Beispiel über die Landschaften, den Ort Mangaseja, die Bauart von Hundeschlitten, Schneeschuhen und die Konservierung von Fischen durch die lokale Bevölkerung) dürften zutreffen und lassen sich anderweitig überprüfen. Er war ein lernbegieriger, genauer Beobachter, allerdings dadurch eingeschränkt, dass er sich – außer wenn er unterwegs war – kaum frei bewegen durfte. Aber er neigt auch dazu, zu bramarbasieren, seine Erlebnisse zu dramatisieren und sich selber vor seiner Leserschaft darzustellen als unwiderstehlichen *homme à femmes*, obgleich die seinem Buch beigegebenen Abbildungen einen zwar jungen, aber doch schon etwas dicklichen Mann zeigen. Natürlich inszeniert er sich auch als überlegenen Vertreter westlicher Kultur. In seiner Menschenzeichnung folgt er ganz dem zeitgenössischen sentimentalischen Geschmack; es wird viel geweint, und nicht nur Frauenzimmer pflegen bei Gefühlsausbrüchen in Ohnmacht zu fallen.

## 2 Ein Italiener am Jenissei (1829)

Adolph Erman erinnert sich einer unerwarteten Begegnung im Dorf Torgaschino am rechten Jenisseiufer, 3 bis 4 Werst oberhalb Krasnojarsk:
«Unser Fuhrmann fragte, ob wir in diesem Dorfe den Steingut-Fabrikanten besuchen wollten, und man kann denken, dass eine so unerwartete Andeutung meine Neugierde reizte. Noch mehr erstaunte ich aber, als ich den Besitzer des kleinen Holz-Hauses, vor dem wir nun hielten, nach seiner Herkunft gefragt hatte, weil er durch eine etwas fremdartige Aussprache auffiel. Er hieß Anton Fornarini, war in Ancona geboren, und unter Napoleons Fahnen nach Russland gekommen. Mit mehreren anderen Kriegsgefangenen hatte er anfangs in Klein-Russland gelebt; war aber dann, wegen Teilnahme an einem Aufstande, zuerst in das Kasaner Gouvernement und später nach Krasnojarsk verwiesen worden. Hier erinnerte ihn die gebirgige Gegend an ähnliche und nutzbare Erscheinungen seines Vaterlandes, und er fand, wie er mir erzählte, nach langem Suchen bei Jenisseisk einen Ton, der sich zur Anfertigung von Fayence und Töpferwaren eignete. Viele Produkte seines Kunstfleißes sah ich teils hier, teils später in Krasnojarsk.
Der regsame Geist des Italieners, der sich in Torgaschino verheiratet und seine neue Heimat sehr liebgewonnen hatte, war aber durch diese Leistungen noch nicht befriedigt, vielmehr studierte er sehr eifrig eine russische Übersetzung von Wallerius' Mineralogie, in der Hoffnung, sich noch andere Bestandteile der Jenisseischen Gebirge zu Nutze zu machen. Außerdem betrieb er, mit sicherem Erfolge, die Bereitung von Salsicci, und machte Käse, die, nach seiner Versicherung, denen von Parma nicht nachstanden. Durch Kaufmanns-Gelegenheiten hatte er Zuchttauben aus Kasan verschrieben, und von diesen eine zahlreiche Nachkommenschaft erhalten. Er überwinterte sie im Zimmer und verkaufte sie dann an Liebhaber in sibirischen Städten.»[12]

## 3 M. K. Sidorow – ein sibirischer Sisyphos

Geboren wurde Michail Konstantinowitsch Sidorow (Abb. 78.6) 1823 in Archangelsk als Spross einer alten, mittlerweile aber verarmten Kaufmannsdynastie. Daher konnte er das Gymnasium nicht beenden, erhielt aber das Diplom als Hauslehrer. 1846 machte er sich auf den Rat des Archangelsker Reeders W. A. Popow zu Schiff nach Sibirien auf, wo gerade das Goldfieber ausgebrochen war. In Krasnojarsk trat er als Hauslehrer in die Dienste des Goldunternehmers und Reeders W. N. Latkin, besorgte nach und nach auch dessen Rechtsangelegenheiten und heiratete eine seiner Töchter. Er beteiligte sich aktiv an der Suche nach neuen Goldsänden und machte mit eigenen Goldbergwerken das große Geld. Dieses Geld setzte er ein, um seine wirtschaftlichen Visionen von der Entwicklung des sibirischen Nordens zu verwirklichen.
Er befuhr selber den Jenissei und den Ob, um sie unter wirtschaftlichen Aspekten und auf Möglichkeiten ihrer Verkehrserschließung hin zu erforschen. Auch die Küsten des Eismeeres von den norwegischen Finnmarken bis zur Westgrenze Jakutiens bereiste er. Er suchte nach Bodenschätzen, entdeckte 1859 an Kureika und Unterer Tunguska große Graphitlager und im Turuchansker Krai oberflächennahe Steinkohlenvorkommen. Um diese Bodenschätze preisgünstig nach Europa zu transportieren, kam für ihn nur der Seeweg in Frage. Schon 1859 wies er in einer Eingabe an den Gouverneur in Krasnojarsk und an diverse wissenschaftliche Gesellschaften Russlands darauf hin, welche Möglichkeiten ein solcher nördlicher Seeweg eröffne, stieß aber auf kein Interesse. Gouverneur Samjatin fand das alles sinnlos, da – wie er dem Generalgouverneur Ostsibiriens, M. S. Korsakow, schrieb – «in diesem Gebiet menschliches Leben unmöglich ist, weil hier keinerlei Brotgetreide und Gemüse zu gedeihen vermögen».
Daher finanzierte Sidorow aus eigener Tasche mehrere Expeditionen, welche Routen eines nördlichen Seeweges von den Mündungen des Jenissei und des Ob nach Westen erkunden und seine Wirtschaftlichkeit beweisen sollten. 1862 vermochte P. P. Krusenstern von Westen her

zwischen Nowaja Semlja und der Küste in die Karasee vorzudringen. Doch von Osten nach Westen gelang dies erst 1877 – und zwar mit der kleinen Schaluppe *Utrennjaja Zarja*, die unter Kapitän Schwanenberg als erstes Schiff die 11 000 Meilen von der Mündung des Jenissei bis nach St. Petersburg in einem einzigen Törn segelte. In Vorbereitung und Durchführung dieses Unternehmens hatte Sidorow bis zu 2 Millionen Rubel investiert.

1864 veröffentlichte Sidorow ein von ihm selbst entworfenes «Projekt zur Besiedelung des Nordens mittels Gewerbe und Handel und zur Entwicklung des Außenhandels Sibiriens». Unermüdlich sammelte er Mineralien, Muster von Holzarten und Gewächsen und ließ über sie Expertisen anfertigen, um den Ressourcenreichtum Nordsibiriens zu dokumentieren und Politik und Wirtschaft darauf aufmerksam zu machen. Daher beteiligte er sich auch an Ausstellungen und Wettbewerben. Er schrieb: «Ich wollte beweisen, dass unser Vaterland aus den Nordgebieten großen Nutzen ziehen kann, und das wird dem Wohlergehen seiner Bewohner zugutekommen. In dieser Zeit habe ich die Möglichkeit eines direkten Seeweges von Europa durch die Karasee zu den Mündungen von Ob und Jenissei nachgewiesen und verschiedene Maßnahmen ergriffen. [...] Weder bei Gelehrten noch bei Unternehmern habe ich Resonanz gefunden; die Verwaltung hat mich nicht nur nicht unterstützt, sondern mich sogar behindert.»

An der Weltausstellung von 1862 in London beteiligte er sich mit Proben seiner Holzsammlung, um wenigstens ausländische Kreise auf das Wirtschaftspotential Sibiriens aufmerksam zu machen. Wegen seiner Verdienste um die Entdeckung der Graphitvorkommen an der Kureika wurde er in London mit einer Bronzemedaille ausgezeichnet. Auch an der Pariser Weltausstellung von 1867 beteiligte er sich mit Exponaten von ihm gefundener Bodenschätze (Graphit, Steinkohle, Mineralien, Hölzer), desgleichen an der Wiener Weltausstellung von 1873 und an den Weltausstellungen von 1876 im amerikanischen Philadelphia und 1878 in Paris. Immer ging es ihm darum, wirtschaftliche Interessenten zu mobilisieren. Insgesamt beschickte er 25 Ausstellungen, davon 9 Weltausstellungen.

Mittlerweile kannte man ihn in ganz Russland, er wurde Mitglied vieler wissenschaftlicher und philanthropischer Gesellschaften und konnte auch dort für seine Ideen werben. 1865 verleih ihm die Kaiserlich Russische Geographische Gesellschaft eine Silbermedaille für seine «Beschreibung des Flusses Untere Tunguska nebst Karte». Aber was nützte das alles, wenn dieser sibirische Sisyphos in Wirtschaftskreisen wie bei der Regierung auf taube Ohren stieß.

Sidorows Visionen kannten keine Grenzen. Utopisch für die damaligen Möglichkeiten dünkt einen sein Antrag an die Regierung, auf eigene Kosten eine Bahnverbindung zwischen der Petschora in Nordrussland und dem Ob zu erstellen, wenn ihm für 45 Jahre die Holzverwertungsrechte der umliegenden Gebiete überlassen würden; doch die Behörden lehnten ab.

Schon 1854 brachte er die Idee auf, eine sibirische Universität zu gründen, und zahlte selber 6287 Rubel in einen dafür eröffneten Fonds ein. Doch da die übrigen Großunternehmer Sibiriens nicht mitzogen, segnete der Fonds sang- und klanglos das Zeitliche. Auch als Sidorow 1856 mehrere seiner neuen Goldgruben im Wert von ein bis drei Millionen Rubel stiftete und immer wieder Geldsummen an einzelne Gouvernements überwies, um die Sache voranzutreiben, blieb der Erfolg aus. Die Behörden blieben auch in dieser Angelegenheit untätig.

Zermürbt von dem vergeblichen Kampf gegen die staatliche Uneinsichtigkeit und das Desinteresse der sibirischen Unternehmer, in zunehmenden Finanznöten, weil sein Vermögen durch seine Tätigkeit als Förderer der Forschung, Mäzen und Wohltäter immer stärker schrumpfte, starb er überraschend 1887 bei einem Kuraufenthalt in Deutschland.[13] Er war einer der großen sibirischen Pioniere und Visionäre. Männer wie er hätten Russland wirtschaftlich vorangebracht. Aber damals wie heute ist es der Staat, der aus Trägheit und aus Angst vor Kontrollverlust die Entwicklung des Landes behindert.

## 4 Eine Amerikanerin im Bannkreis des Norillag

Im Juli 1930 bestieg die dreiundzwanzigjährige Gertrude Clevance aus Youngstown, Ohio, mit einer kleinen amerikanischen Reisegruppe im Hafen von Seattle ein japanisches Schiff, um eine Weltreise anzutreten. Zwei Jahre zuvor hatte sie am Radcliffe College der Harvard University das Studium der englischen Literatur abgeschlossen und in ihrer Heimatstadt eine Stelle als Englischlehrerin gefunden. Auf der Überfahrt von Japan nach Wladiwostok lernte die Touristengruppe Witali Primakow kennen, der seine Zeit als Militärattaché an der sowjetischen Botschaft in Tokio abgedient hatte und nun auf der Rückreise nach Moskau war. Seine begeisternden Erzählungen von dem gewaltigen Neuaufbruch, der das sowjetische Riesenreich durchschüttelte, bewegte die Amerikaner dazu, statt mit dem Schiff mit dem Transsibirien-Express weiterzureisen und dann über Deutschland in die Vereinigten Staaten zurückzukehren. Gertrude Clevance gefiel es in Moskau und sie beschloss, dort eine Zeit lang zu verweilen. Primakow verschaffte ihr eine Stelle als Englischlehrerin für eine Gruppe junger sowjetischer Ingenieure, die sich auf einen zweijährigen Weiterbildungsaufenthalt in den USA vorbereiteten. Die junge Amerikanerin blieb fast ein Jahr in Moskau und begleitete dann ihre «Schüler» im Juni 1931 bei der Reise in die Vereinigten Staaten. Zwischen ihr und einem von ihnen, Alexander Gramp, hatten sich bereits zarte Bande geknüpft, die sich in Amerika festigten. Als Gramp 1933 an der Purdue University in Lafayette, Indiana, den Master in Technical Sciences erworben hatte und nach Moskau zurückkehren musste, begleitete Gertrude ihn und wurde seine Frau. Im August 1934 erblickte der Sohn Jewgeni, genannt Jim, das Licht der Welt. Alexander Gramp arbeitete an leitender Stelle im Volkskommissariat für das Verkehrswesen, Gertrude unterrichtete Englisch an einem der Moskauer Hochschulkurse.[14]

In dieses junge Familienglück schlug jäh wie ein Blitz im August 1937 die Verhaftung Alexanders ein. Man beschuldigte ihn, ein Volksfeind zu sein und «einer rechtstrotzkistischen Schädlingsorganisation im Transportsektor» anzugehören. Als Absolvent einer amerikanischen Universität passte er genau in das Feindschema der stalinschen Repressionsmaschinerie. Im Januar 1938 verurteilte ihn das Militärkollegium des Obersten Gerichts der UdSSR zu zehnjähriger Zwangsarbeit im Norillag – der Norilsker Filiale des Gulag. Frau und Söhnchen wurden unmittelbar nach seiner Verhaftung aus der Dienstwohnung geworfen, und Gertrude verlor ihre Stelle. Mühsam brachte sie die kleine Rumpffamilie als Stenotypistin und Arbeiterin in einer Tabakfabrik durch, ohne Aufenthaltsbewilligung für Moskau und ohne Lebensmittelkarten. Beschwörungen ihrer amerikanischen Landsleute, in ihre Heimat zurückzukehren, um sich und Jewgeni in Sicherheit zu bringen, ließen sie kalt. Als 1938 alle Ausländer in der Sowjetunion vor die Wahl gestellt wurden, entweder das Land zu verlassen oder die sowjetische Staatsbürgerschaft anzunehmen, ließ sie auch diese letzte Chance ungenutzt und wurde Sowjetbürgerin – alles aus unverbrüchlicher Loyalität zu ihrem Mann. Erst als 1943 die alliierte Kriegskoalition die Beziehungen der Sowjetunion zu den USA intensivierte, konnte sie offiziell als Dolmetscherin arbeiten und sich und dem Kind ein etwas besseres Leben ermöglichen.

Das Kriegsende führte auch die Familie wieder zusammen. Alexander Gramp wurde wegen seiner Verdienste als «Stoßarbeiter zur Kriegszeit» aus dem Norillag entlassen und erhielt die Erlaubnis, sich in Norilsk als freier Arbeiter zu betätigen, durfte aber den Rayon nicht verlassen. Er fand sofort eine Anstellung als Bauleiter und konnte seine Familie nachholen. Im Januar 1946 machte Gertrude sich mit ihrem mittlerweile zwölfjährigen Sohn auf den Weg. Mehr als drei Monate mussten sie in Krasnojarsk auf zwei freie Plätze in einem Frachtflugzeug nach Dudinka warten, wo sich damals der Flugplatz von Norilsk befand. In dem einzigen Gasthof von Dudinka sollten sie, so war es abgesprochen, auf einen Telefonanruf Alexanders warten. Neun Jahre lang hatte Gertrude die Stimme ihres Mannes nicht gehört. Früher hatten sie immer Englisch miteinander gesprochen – aller Opportunität zum Trotz. «Mama war fast überzeugt», schreibt ihr Sohn in seinen Erinnerungen, «dass nach diesen langen neun Jahren von seinen Englischkenntnissen nichts mehr vorhanden war. Aber mit ihm auf Russisch zu reden, das konnte sie sich einfach nicht vorstellen. Niemals werde ich ihre aufrichtige Freude vergessen, als sie in der Telefonleitung die vertraute Stimme und die englische Sprache vernahm. [...] Bis zum Ende ihrer Tage haben sie miteinander nur auf Englisch geredet.»

Die Familie konnte in Norilsk eine kleine Zweizimmerwohnung beziehen, Gertrude fand eine Anstellung als Englischlehrerin am Technikum und Jewgeni besuchte die Norilsker Schule Nr. 1. Allerdings war das schulische Umfeld alles andere als normal: «Natürlich konnte man nicht vergessen, dass es daneben ein Lager mit 100 000 Häftlingen gab, dass wir täglich auf dem Schulweg endlose Kolonnen von Seki mit Nummern auf der Kleidung begegneten, die unter Bewachung durch Konvoisoldaten mit Hunden zur Arbeit marschierten. Und wir Kinder vernahmen immer wieder den bekannten Warnruf der Wachmannschaft, der den Seki galt: ‹Ein Schritt nach links, ein Schritt nach rechts – und ich schieße ohne Vorwarnung!› All das war tatsächlich so, aber damals nahmen wir das als etwas Selbstverständliches hin.» In der Schule fühlten sich die Kinder freigelassener Lagerhäftlinge gegenüber den Sprösslingen «normaler» Einwohner nicht offen diskriminiert. Allerdings wurde Jewgeni, obgleich Klassenbester, am Ende des Schuljahres bei der Verleihung von Auszeichnungen übergangen.

Inmitten der Aufbauhölle des Norilsker Lagerkomplexes durften die Gramps in ihrer kleinen privaten Welt ein paar Jahre familiären Glücks genießen, während um sie herum Tausende im Norillag verreckten und Karl Steiner zur gleichen Zeit als Zwangsarbeiter auf den Baustellen schuftete. Doch Ende August 1950 schlug die stalinistische Repressionsmaschine wiederum zu, denn der Verfolgungswahn des alternden Stalin witterte erneut überall Feinde. Der Leiter des Norilsker Kombinats erhielt von oben die Anweisung, «ehemalige Häftlinge wegen Unmöglichkeit weiterer Beschäftigung» zu entlassen. Damit verloren sie auch ihre Unterkunft. Überdies wussten alle aus Erfahrung, dass auf diesen ersten Schritt weitere Maßnahmen folgen würden. Daher beschlossen die Gramps, dass Vater und Sohn unverzüglich nach Krasnojarsk fliegen sollten, um sich nach Arbeitsmöglichkeiten an einem entlegenen Ort umzusehen, während Gertrude später zu Schiff mit dem Hausrat folgen würde. Alexander fand schnell Arbeit als Bauleiter in der kleinen Bergbausiedlung Irscha bei Kansk. Zwei Monate später traf auch Gertrude ein. Für Jewgeni sahen die Eltern Chancen einer weiteren Ausbildung am ehesten in Moskau, wo Alexanders jüngerer Bruder Sergei (Suren) Agadschanow[15] als Generalmajor der Luftwaffe und Chef einer Flugzeugfabrik seine Fittiche über ihn breiten könnte. Doch selbst dieser unerschrockene Mann, der nicht zögerte, sich für Bruder und Neffen bei den höchsten Stellen ins Zeug zu legen, vermochte angesichts der neuen Repressionswelle nichts auszurichten. Jewgeni kehrte daher am 7. November 1950 nach Irscha zurück, nur um zu erfahren, dass sein Vater zwei Tage zuvor erneut verhaftet worden war. Die Flucht aus Norilsk war ein verzweifelter Versuch gewesen, sich aus der Schusslinie zu bringen, aber genützt hatte er nichts, der NKWD ließ sich nicht so schnell hinters Licht führen. Alexander musste im Krasnojarsker Gefängnis immer wieder Verhöre über sich ergehen lassen mit immer derselben Frage: «Haben Sie während der ganzen Zeit Ihre konterrevolutionäre Tätigkeit fortgesetzt?» Nach vier Monaten Untersuchungshaft traf aus Moskau das Urteil ein: ihn zu «ewiger Ansiedlung» in das völlig entlegene Nest Ischimba, 100 km nördlich von Motygino an der unteren Angara, zu verschicken, wo er sich als Ingenieur bei geologischen Untersuchungen nützlich machen konnte.

Als das Schuljahr zu Ende war, reisten Gertrude und Jewgeni mit dem wenigen, was sie an Hausrat besaßen, dem Verschickten nach. In Krasnojarsk bestiegen sie ein kleines Schiff, das den Jenissei abwärtsfuhr und dann in die Angara einbog. Doch hinter Strelka an den ersten Stromschnellen erwartete sie eine Überraschung: «Als wir schon auf der Angara fuhren, rammte unser Schiffchen Nachts durch Schuld des betrunkenen Steuermanns an den Stromschnellen eine Unterwasserklippe, bekam ein Leck und begann zu sinken. Gewiss, alles endete glimpflich (wir ertranken nicht), aber während der Rettungsarbeiten verletzte Mama sich ernsthaft am rechten Bein.» Von Motygino aus waren es noch gut hundert Kilometer Weges durch die Taiga. Die erste Hälfte konnten sie auf der Ladefläche eines Lastwagens mitfahren, doch dann lief die Straße in eine Schlammpiste aus. Nun half nur noch ein schwerer Traktor, der eine Stahlplatte hinter sich herschleppte, auf welcher die beiden Reisenden mit ihrer Habe, so gut es ging, die Balance halten mussten. Doch Gertrudes Wunde begann sich zu entzünden, und bis zum Ziel schaffte sie es nicht mehr. Unterwegs musste sie notfallmäßig in eine Sanitätsstation eingeliefert werden, wo sie zwei Monate lang daniederlag. Aber dann war die Familie wieder für fast ein Jahr beisammen. Doch im Herbst 1951 musste Jewgeni in das 50 km von Ischimba entfernte Juschno-Jenisseisk umziehen, weil dort die einzige Zehnjahresschule des gesamten Distriktes lag. Als Untermieter lebte er bei Ada Kupris, einer Verschickten aus Litauen. Wenn Jewgeni seine Eltern besuchen wollte, musste er die 50 Kilometer nach Ischimba durch die Taiga meistens marschieren – zwölf Stunden hin und zwölf Stunden zurück, wenn ihn nicht gelegentlich ein Traktor mitnahm. Die Eltern fanden in Ischimba einen großen Kreis anderer Verschickter vor – Menschen aus 21 Nationen, darunter viele Gebildete, mit denen man sich freundschaftlich austauschen konnte. So erwuchs selbst dort in der hintersten Taiga zwischen Angara und Steiniger Tunguska so etwas wie Normalität innerhalb der Anormalität.

Von Jewgenis Klassenkameraden in Juschno-Jenisseisk bestand die Mehrheit aus Kindern von Verschickten. «Wenn sie sechzehn wurden, bekamen sie keinen Pass, es wurde ihnen untersagt, die Grenzen des gegebenen Rayons zu überschreiten, zweimal im Monat mussten sie sich beim Ortskommandanten melden. Davon, nach der Beendigung der Schule in irgendeine Stadt zu fahren und zu versuchen, an einem Institut unterzukommen, konnte keine Rede sein.» Genau dies wollte Jewgeni aber, als seine Schulzeit zu Ende ging. Da er mit seiner Mutter aus freien Stücken seinem verschickten Vater nachgereist war, fiel er nicht unter die Kategorie der Verschicktenkinder im eigentlichen Sinne. Aber außer dem Abschlusszeugnis brauchte er auch eine Medaille für exzellente Leistungen, wenn er weiterkommen wollte, und das war ein Präzedenzfall für die Schulverwaltung. Diese schob die Entscheidung dem Rayonkomitee der Partei zu und dieses wiederum schickte die Akten nach Krasnojarsk. So lange warten konnte Jewgeni aber nicht, verlangte unverzüglich sein Diplom auch ohne Medaille und bekam diese dann doch noch – sogar in Silber, aber erst drei Jahre später! Ende 1952 war er in Moskau und schrieb sich als Student am Institut für Transportingenieure ein – demselben, welches sein Vater in den dreißiger Jahren geleitet hatte. Und er wurde tatsächlich angenommen. Ironie der Geschichte!

Stalins Tod im März 1953 beflügelte Jewgeni in dem Bestreben, seine Eltern aus ihrem unfreiwilligen Exil in der sibirischen Taiga zu befreien. Schon im Mai reichte er beim Militärkollegium des Obersten Gerichtshofs der UdSSR einen Antrag ein, den Fall seines Vaters zu überprüfen. Tatsächlich wurde er kurze Zeit später in das Büro eines KGB-Obersten zitiert, der die Akte Alexander Gramps vor sich liegen hatte und auf deren Umschlag in einer Ecke Jewgeni den Stempel «Auf ewig aufbewahren» *(Chranit' večno)* bemerkte. Der Oberst sicherte zu, das Verfahren zu eröffnen, aber Jewgeni müsse sich angesichts der Tausenden zu erwartenden Überprüfungsanträge gedulden. In den Sommersemesterferien machte Jewgeni sich auf den langen und mühsamen Weg zu seinen Eltern nach Ischimba. Dort nahm das Leben der Verschickten immer noch seinen üblichen Gang. Als Jewgeni von der beginnenden Aufbruchstimmung in Moskau erzählte, und obgleich im Radio von der Verhaftung des Geheimpolizeichefs Berija zu hören war, herrschte unter den Verbannten die Skepsis vor. Auch Gertrude mochte nicht an eine Änderung ihrer Lage glauben, nur Alexander verbreitete Optimismus wie eh und je. Doch dann kam 1954 tatsächlich die Erlösung. Die Institution der «Verschickung auf ewig» wurde aufgehoben, die Verbannten erhielten Pässe und durften heimkehren. Alexander und Gertrude konnten sogar wieder ihre Dienstwohnung beziehen, aus der sie 1937 hinausgeworfen worden waren. Alexander wurde rehabilitiert und arbeitete als Dozent am Institut für Eisenbahningenieure, Gertrude fand im Außenhandelsverlag eine Anstellung als Übersetzerin und Redaktorin.

Ihren Eltern und Geschwistern in die USA zu schreiben wagte sie aber immer noch nicht. Bis 1946 hatte sie sporadisch von sich hören lassen, ohne aber auf das Schicksal ihres Mannes einzugehen. Als sie selber beschloss, Alexander nach Norilsk nachzureisen, brach sie die Korrespondenz aus verständlichen Gründen ab. Natürlich waren die Eltern in Sorge und setzten seit der Chruschtschow-Zeit Himmel und Hölle in Bewegung, um ihre Tochter ausfindig zu machen. Doch erst 1964 war ihnen Erfolg beschieden. Aber warum hatte Gertrude seit der Rückkehr nach Moskau sich nicht selber gemeldet? Sie tat dies wegen ihres Sohnes, dessen berufliche Stellung unter die in der Sowjetunion sehr raumgreifend ausgelegte Rubrik «Geheimnisträger» fiel und den sie durch Kontakte in die Vereinigten Staaten nicht gefährden wollte. 1966 wagte sie es dann aber doch, einer Einladung in die alte Heimat zu folgen, und nach langen und mühsamen Verhandlungen gab der KGB sein Plazet, weil dies wohl die letzte Möglichkeit der Antragstellerin war, nach 37 Jahren und zum letzten Mal in ihrem Leben die hoch betagten Eltern wiederzusehen. Sie musste aber ohne ihren Mann fahren und blieb zwei Monate. Alexander starb 1983, sie selber zwei Jahre später. Jewgeni nutzte den politischen Aufbruch unter Gorbatschow 1989 unverzüglich, um seinerseits die amerikanischen Verwandten zu besuchen. Aber da waren die Großeltern bereits tot.

## 5 Ein Taigaschicksal

Anschura Chochlowa wurde 1917 in Mirnoje am unteren Jenissei geboren. Sie weiß noch, dass auch ihr Vater schon dort das Licht der Welt erblickt hatte, aber weiter zurück reicht ihre Erinnerung nicht. Ihrer kleinen Statur und ihrem Aussehen nach haben zu ihren Vorfahren neben Russen vermutlich auch Keten gehört. Ihre Mutter starb 1919, also zwei Jahre nach Anschuras Geburt. Als das Mädchen zwölf Jahre alt war, durfte es erstmals an einer zweimonatigen Fischfangtour auf die Halbinsel Taimyr teilnehmen. Am Neujahrstag 1938 heiratete sie ihren ersten Mann. Wegen des vorzeitigen Wintereinbruchs war er mit seinem Boot in Mirnoje hängen geblieben und musste den Winter im Dorf zubringen. Da kam eine junge Frau ihm gerade recht. Sobald der Strom wieder offen war, folgte sie ihrem Mann in dessen Heimat bei Krasnojarsk. 1941 wurde er eingezogen und fiel bereits während der ersten Kriegsmonate. Daher kehrte sie 1942 nach Mirnoje zurück und brachte dort eine Tochter zur Welt. Die ganzen nächsten Jahre lebte sie mit ihrem Töchterchen und ihrem gelähmten Vater in ihrem Heimatdorf, arbeitete zunächst sieben Jahre in der Küche des Schulinternats, später vier Jahre als Dorfbäckerin. Ein neuer Schicksalsschlag traf sie, als ihre Tochter Tuberkulose bekam und 1958 im Spital von Turuchansk starb, erst sechzehnjährig.

Als in den sechziger Jahren überall die Kleinkolchosen zusammengelegt wurden und nach und nach fast alle Einwohner in das Nachbardorf Bachta oder in den Süden zogen, blieb Anschura in Mirnoje zurück, weil ihr pflegebedürftiger Vater sich weigerte, sein Heimatdorf zu verlassen. Allerdings waren ihm nicht mehr viele Jahre vergönnt. 1965 trat ein zweiter Mann in Anschuras Leben. Er war zum Beerenpflücken nach Mirnoje gekommen und wollte sie mit nach Jenisseisk nehmen, doch sie lehnte mit Rücksicht auf ihren pflegebedürftigen Vater ab. Der Beerenpflücker reiste also alleine nach Jenisseisk zurück. Doch nur wenige Monate später kam er mit seinem ganzen Hab und Gut wieder und zog bei ihr ein. Nun wurde geheiratet. Lange währte jedoch auch dieses Glück nicht. Als sie und ihr Mann 1975 auf dem Jenissei fischten, zog ein Gewitter auf. Ein Blitz schlug in ihr Boot ein und tötete ihren Mann. Sie kam mit dem Leben davon.

Auf sich alleine gestellt, lebte sie seitdem von ihrer kleinen Rente, die sie aufbesserte durch Fischen mit ihrem eigenen Boot. In ihrem Hausgarten zog sie Kartoffeln, Kohl und anderes Gemüse. Außerdem hielt sie Hühner, Enten und Gänse. 1988 musste sie ihr baufälliges Elternhaus abbrechen und neu bauen. Dabei halfen ihr Mitarbeiter der biologischen Forschungsstation, die sich mittlerweile in verlassenen Häusern des Dorfes eingerichtet hatte. 1993 gehörte Anschura zu den nur noch fünf Einwohnern von Mirnoje, die ganzjährig dort lebten, während die Forschungsstation lediglich in der Sommersaison besetzt war.

Für Politik interessierte Anschura sich nicht, auch nicht als Perestroika und das Ende des Sowjetregimes das Leben in Russland umkrempelten. Das war alles weit weg und änderte an den weithin autarken Lebensumständen dieser winzigen Außenstation am Rande der Taiga so gut wie nichts.[16]

## 6 Lyda Hrischa – eine Kindheit im Schatten Stalins

Die Ukrainerin Lyda Hrischa (Abb. 78.8) wurde 1928 im Dorf Sewerinowka, Gebiet Winnica, geboren. Während der Schulzeit russifizierte sie aus Angst vor Diskriminierung ihren Namen in Lidija Grischina (nach dem Vorbild ihres Bruders, der das schon lange gemacht hatte). Ihr Vater Georgi hatte als Angestellter in einer Branntweinbrennerei gearbeitet und im Ersten Weltkrieg als Schreiber gedient. Die Familie lebte auskömmlich, besaß ein ziemlich großes Grundstück mit geräumigem Haus, Garten und eigenem Brunnen. Um die Jahreswende 1929/30 wurde der Vater nach Krasnojarsk verschickt, wohl weil er als Dorfbourgeois galt. 1930 brach in der Ukraine eine Hungersnot aus. Daher beschloss die Mutter 1931, mit den Kindern nach Jenisseisk zu reisen, wo der Vater inzwischen als Ansiedlungsverschickter lebte. Er arbeitete in einem Laden als Verkäufer und hatte sich regelmäßig beim NKWD zu melden. Mit der Ankunft der Familie musste auch die Mutter ihren Pass abgeben, verlor das Ausreiserecht, und die ganze Familie zählte seitdem zu den Sondersiedlern *(specpereselency)*. Später wurde der Vater in eine saisonale Holzfällersiedlung am Jenissei verlegt, wo aus geschlagenem Stammholz Flöße zusammengebaut wurden. Von dort kam er nach Tassejewo an der Ussolka. Dort gab es zwar eine Schule, doch die Mutter, die mit den Kindern in Jenisseisk geblieben war, wollte sie dort zur Schule schicken.

Lydas sehr viel älterer Bruder Nikolai, der schon eine eigene Familie gegründet hatte, war in Jarzewo am Jenissei im Handel tätig. Seine Mutter und Lyda besuchten ihn gelegentlich zu Schiff. Einmal, auf der Rückreise in einem großen Boot, gerieten sie in einen veritablen Sturm, das Boot lief voll Wasser, und sie kamen nur knapp mit dem Leben davon.

Lyda wurde 1936 in Jenisseisk eingeschult. Damals lebten sie als Untermieter bei der polnisch-jüdischen Verbanntenfamilie Wowschikowski, die einen Hausteil bei der Familie Lasitschew gmietet hatte. Karl Wowschikowski war Damenschuster. Wenn die Mutter den Vater in Tassejewo besuchte, kümmerte sich Anelija Wowschikowski um Lyda. Zwei halbwüchsige Kinder der Wowschikowskis lebten damals in Polen. Erst später begriff Lyda, dass die Eltern ihre Kinder rechtzeitig über die Grenze geschickt hatten, um sie zu retten. Eines Tages wurde Karl Wowschikowski verhaftet und kam nicht mehr zurück.

Als 1936 die Stalinverfassung angenommen wurde und 1937 Wahlen in den Obersten Sowjet stattfanden, mussten die Schulkinder Gedichte von Dschambul Dschabajew[17] über die Verfassung deklamieren und patriotische Lieder vortragen – das alles im städtischen Klub, dem Kulturhaus. Nachdem Lyda 1940 die vierte Klasse absolviert hatte, schickten die Eltern sie zu ihrem älteren Bruder Nikolai, der mittlerweile in Galanino bei Jenisseisk das Holzhandelskontor *(Lespromtorg)* leitete. Da das Dorf keine Schule hatte, quartierte Nikolai seine Schwester bei Bekannten in Kasatschinskoje ein. Dort musste sie neben der Schule wie alle Halbwüchsigen im Haushalt schuften, putzen, Kerosinlampen nachfüllen und reinigen, Wasser vom Flüsschen Tschernaja heranschleppen, Kleinvieh und die Kuh füttern. Nach einem Jahr platzierte Nikolai seine Schwester bei einer anderen Familie im Dorf. Das war schon 1941, als der Krieg begann. Der Mann der Wirtin fiel, sie selber arbeitete als Bäckerin. Zu kaufen gab es nur Brot und Kartoffeln, alles andere musste der eigene Garten liefern. Warum nahm eine Kriegerwitwe ein halbwüchsiges Mädchen wie Lyda auf? Sie schreibt: «Die Rechtlosigkeit passloser Eltern, die ohne Erlaubnis der Behörden nicht einmal dorthin reisen durften, wo zum Beispiel die Schule ihrer Tochter war, nötigte dazu, irgendeinen Ausweg zu suchen. Die arme Familie nahm mich nicht nur aus Gutherzigkeit auf, sondern auch in der Hoffnung, dass sie so leichter überleben konnte.» Auch hier gab es in der Schule noch kein elektrisches Licht. An freien Tagen wanderte Lyda die 9 km zu ihrem Bruder nach Galanino, unterwegs kein Haus, nur Wald, Felder, Schluchten. Sie hatte schreckliche Angst. Für die Familie des Bruders wusch sie dann die Leibwäsche und spülte sie im Jenissei. Im Herbst 1940 trafen in Galanino die ersten deportierten Balten ein, die Lebensmittel gegen ihre mitgebrachten Sachen eintauschten. So kam Lyda zu ihren ersten Lackschuhen, die aber auf den schmutzigen Dorfstraßen ziemlich nutzlos waren.

Seit sie zehn Jahre alt war, lebte Lyda ohne ihre Eltern. Nur zweimal gelang es ihr, sie in Tassejewo zu besuchen. Die Reise auf dem Jenissei und seinen Nebenflüssen ging nur per Boot, meist auf einer Ilimka. Das war nicht ungefährlich. Bei der Fahrt auf der Angara zog ein Motorboot die anderen Boote im Schlepp durch die Stromschnellen bei Strelka. Bei ihrem ersten Besuch in Tassejewo wäre Lyda fast ertrunken, als sie auf der Rückreise auf der Ussolka von einem Boot auf eine im Fluss ankernde Ilimka umsteigen sollte; als sie sich an der höheren Bordwand der Ilimka hochziehen wollte, schwang das Boot zurück und sie fiel zwischen beide Schiffe. Dabei konnte sie nicht schwimmen. Doch man zog sie rechtzeitig aus dem Wasser. Auf der zweiten Rückreise wartete sie in Strelka darauf, dass wie verabredet ihr Bruder sie dort abholen würde. Er kam aber nicht, so dass sie einen ganzen Monat bei fremden Leuten leben musste.

Im Sommer schwärmte alles aus Galanino in die Taiga aus, um Beeren, Pilze und Zedernnüsse zu sammeln. Einen Monat lang lebte man in Laubhütten, wegen der Kriebelmücken bekleidet mit langen Hosen, selbstgefertigten Tüllgesichtsmasken und Handschuhen. In einigen Dutzend Kilometern Entfernung besaß das Holzhandelskontor, das ihr Bruder leitete, eine eigene Landwirtschaft, wo man auch Gemüse zog und deren Produkte nur den eigenen Mitarbeitern zugutekamen.

1943 kam die Frau Nikolais ohne jede Hilfe zu Hause mit Zwillingsmädchen nieder. Diese zogen später mit den Eltern nach Norilsk und wurden Lehrerinnen. Die Familie wurde jedoch vom Unglück verfolgt: Die Mutter starb früh, der Sohn verunglückte bei der Marine und Nikolai kehrte in die Ukraine zurück, nach Winniza, wo er Ende der sechziger Jahre starb.

Als Lyda 1943 die siebte Klasse beendet hatte, wurde sie an die «Schule FZO» (*škola fabrično-zavodskogo obučenija*) nach Norilsk beordert. Das war eine werkseigene Fabrikschule zur Ausbildung von Technikern. Dort wurde sie zur Elektrolytikerin ausgebildet.

Norilsk war eine geschlossene Stadt, auch «Freie» durften sie ohne Genehmigung nicht verlassen. Sie selber lebte mit 800 anderen Schülerinnen und Schülern in der «Jugendkaserne» *(Jungorodok)*, die abgeschottet und bewacht war. «Bei gewissen Bedürfnissen (Mittagessen, Bad usw.) führte man uns gruppenweise durch die Wache.» Alle Schüler stammten aus dem Krasnojarsker Krai, vor allem aus dessen Süden. Eigentlich lebten sie nicht völlig anders als die Seki: auch in Baracken, auch auf Pritschen, durften nicht ohne Erlaubnis die Jugendkaserne verlassen, marschierten kolonnenweise zur Schule oder zur praktischen Ausbildung in die Fabrik, und die Winterkleidung unterschied sich von derjenigen der Seki kaum. Aber sie lebten auskömmlich und ohne Angst. Es wäre ihnen nie in den Sinn gekommen, sich mit den Seki zu vergleichen, die sie täglich vorbeimarschieren sahen oder in den Fabriken trafen.

Nach Absolvierung der FZO durfte man nicht über sich selbst bestimmen, sondern musste sich für drei Jahre im Norilsker Industriekombinat verpflichten. Da ergriff sie die Gelegenheit, im September 1944 in das neu gegründete metallurgische Bergbautechnikum von Norilsk einzutreten und dort eine mittlere technische Ausbildung zu absolvieren. Bis Mitte 1945 musste sie weiter im Jungorodok leben, dann wurde ein nach Geschlechtern getrenntes Wohnheim für Studierende des Technikums eröffnet. Jedes Zimmer hatten sich drei bis fünf Studierende zu teilen. Es gab eine Waschecke mit Kübel (kein Fließwasser). Die Toiletten lagen draußen an der Straße. Einmal wöchentlich konnte man in die Banja. Hausaufseherin war eine ehemalige Lagerinsassin, ein richtiger Drachen, Portier ein analphabetischer Asiate, der nur schlecht Russisch sprach. 1948 beendet Lyda ihr Studium als Anreicherungstechnikerin, wurde als Brigadierin vorübergehend in das Industriekombinat Balchasch versetzt, bevor sie wieder nach Norilsk zurückkehrte und dort seit Juni 1949 als Schichtkontrollmeisterin, seit Dezember 1950 als Schichtmeisterin Dienst tat. Im Anreicherungswerk arbeiteten auch Seki, selbst Verbrecher. Doch gab es mit ihnen keine Probleme, denn sie wollten ihren im Winter warmen Arbeitsplatz nicht aufs Spiel setzen.

Im Juni 1951 heiratete Lyda den angehenden Augenarzt Aleksandr Sergejewitsch Smirnow. Von 1954 bis 1958 lebte das Ehepaar mit dem 1953 geborenen Söhnchen Sergei in Moskau, wo Aleksandr eine Augenaspirantur wahrnehmen konnte. Danach kehrte die Familie nach

Norilsk zurück. Lydas Vater – mittlerweile Witwer – durfte nach Stalins Tod in die Ukraine zurückkehren und lebte mehrere Jahre bei Verwandten, bevor er sich ein Haus kaufen konnte. Er starb 1965 im Alter von 82 Jahren.

Und Lydas Lebensbilanz? «Von Kindesbeinen an war ich auf mich selbst gestellt, aber in Norilsk habe ich erstmals ein Gespür dafür bekommen, was eine Familie ist.»[18]

# Zeitzeugen. Kurzbiographien

**Abramkin, Valerij Fedorovič (geb. 1946)**
Chemieingenieur, Mitglied des russischen Helsinki-Komitees, 1979 zu drei Jahren Lagerhaft, 1982 zu weiteren drei Jahren verschärfter Lagerhaft verurteilt. Davon saß er ein Jahr in Moskauer Gefängnissen und je zweieinhalb Jahre in Lagern des Altaigebiets und des Krasnojarsker Krai ab. Mitherausgeber eines Sammelbandes mit Interviews ehemaliger Lagerhäftlinge, auch mit eigenen Erfahrungen.

**Atkinson, Lucy (1820–1863?)**
Begleitete ihren Ehemann, den Maler Thomas Witlam Atkinson, auf seinen jahrelangen Reisen durch Sibirien und Asien und publizierte 1863 über ihre Eindrücke und Erlebnisse ein lebendig geschriebenes Buch.

**Avvakum, Petrowitsch (Avvakum, Petrovič, 1621–1682)**
Russischer Erzpriester *(protopop)*, der zu den Wortführern der «Altgläubigen» gehörte. Für seine Widersetzlichkeit wurde er von 1655 bis 1664 nach Transbaikalien verschickt, 1667 von einem ökumenischen Konzil in Moskau wie seine Gesinnungsgenossen zum Schismatiker erklärt und bis zu seiner Verbrennung auf dem Scheiterhaufen 1682 im äußersten Norden Russlands, in Pustosjorsk, in Einzelhaft gehalten. Seine 1672/73 dort entstandene Autobiographie ist das erste persönliche Selbstzeugnis der russischen Literatur und verbindet eine realistische, wenngleich häufig übersteigerte Schilderung seiner Erlebnisse mit hagiographischen Elementen einer Selbststilisierung in der Nachfolge Christi. Für seine sibirischen Jahre bildet es eine wichtige Informationsquelle.

**Bell, John (1691–1780)**
Schottischer Arzt, seit 1714 Leibarzt A. P. Wolynskis in St. Petersburg, den er auf dessen Mission als russischer Gesandter 1715–1718 nach Persien begleitete. 1719–1721 betreute er als Arzt auch die russische Gesandtschaft nach China. Bei dieser Reise passierte er auf dem Hin- und Rückweg Südsibirien. Seine Reiseerinnerungen bilden eine frühe, wichtige Quelle vor allem zu den Reisezeiten und Reiseumständen.

**Brand, Adam (gestorben nach 1720)**
Stammte möglicherweise aus Lübeck, wo er zumindest 1707 als eingebürgert galt. Er nahm an der Handelsmission von Eberhard Isbrand Ides nach China 1692–1695 teil und verfasste wie dieser eine Reisebeschreibung, die ausführlich auch auf Sibirien eingeht (siehe Beschreibung der dreijährigen chinesischen Reise, 1999). Nach der Rückkehr betätigte er sich als Kaufmann im Orienthandel.

**Castrén, Matthias Alexander (1813–1852)**
Finnlandschwedischer Ethnologe und Sprachwissenschaftler. Geboren als Pfarrerssohn in der Nähe von Rovaniemi, studierte er an der Alexander-Universität in Helsinki klassische Philologie und Sprachwissenschaft. Nach mehreren Expeditionen durch Lappland, Karelien und das Uralgebiet, um Sprachen und Kulturen vor allem finnischsprachiger Völker zu erforschen, bereiste er im Auftrag der Petersburger Akademie der Wissenschaften und der Universität Helsinki von 1845 bis 1849 Sibirien, davon 1846/47 das Jenisseigebiet. 1851 wurde er auf den ersten Lehrstuhl für finnische Sprache und Literatur der Alexander-Universität berufen, starb aber bereits kurz darauf an Tuberkulose. Die im Original deutschsprachigen Briefe und wissen-

schaftlichen Notizen über seine Sibirienreisen erschienen 1860 und als kommentierte Neuausgabe 1999 in einer russischen Übersetzung.

### Cochrane, John Dundas (1793–1825)
Schottischer Marineoffizier, der nach dem Ende der napoleonischen Kriege eine neue Aufgabe in der Bereisung Europas «zu Fuß» fand. Von 1820 bis 1823 durchreiste er Russland und Sibirien bis nach Kamtschatka, jedoch mehr mit Wagen und Schiff als zu Fuß. Sein 1823 erstmals auf Englisch erschienener, dann auch ins Deutsche übersetzter Reisebericht vermittelt wenig Originelles, aber interessante Einblicke in die Reiseumstände des frühen 19. Jahrhunderts in Sibirien.

### Cottrell, Charles Herbert (1806–1860)
Britischer Literat und Übersetzer. Bereiste Sibirien 1840/41.

### Dschemilew, Reschat (Džemilev, Rešat, geb. 1933)
Krimtatar, seit 1957 mehrfach wegen seines Einsatzes für die Wiederherstellung der Rechte seines Volkes verurteilt, letztmals 1979, Haftzeit im Gefängnis von Krasnojarsk und in der «Abeitsbesserungskolonie» von Norilsk (1980/81). Berichtet über seine Erfahrungen in der Interviewsammlung V. F. Abramkins (1998).

### Erman, Georg Adolf (1806–1877)
Berliner Physiker und Geologe aus einem hugenottischen Elsässer Geschlecht. Er studierte Naturwissenschaften in Berlin und Königsberg, amtete seit 1834 als Professor für Physik an der Universität Berlin und unternahm 1828–1830 eine Forschungsreise um die Erde, welche vor allem der geomagnetischen Bestimmung des Erdumfangs dienen sollte. Von dem fünfbändigen Reisebericht ist Band 2 Sibirien gewidmet. Allerdings kennt Erman aus eigener Anschauung nur den Süden des G. Jenissei um Krasnojarsk. Seine Eindrücke sind eine wichtige Quelle auch zu Land und Leuten.

### Fischer, Johann Eberhard (1697–1771)
Gebürtiger Deutscher, seit 1730 als Prorektor, dann Rektor des Akademischen Gymnasiums in St. Petersburg tätig. 1739 zur wissenschaftlichen Unterstützung Gerhard Friedrich Müllers nach Sibirien abgeordnet. Wir verdanken ihm eine ausführliche Routenbeschreibung der Poststraße von Tomsk über Krasnojarsk nach Balagansk (1741) einschließlich der am Weg liegenden Ortschaften, eine Beschreibung des Wasserweges vom Baikalsee zum Jenissei auf der Angara (1745) sowie eine Geschichte Sibiriens in zwei Teilen (1768). Für dieses Werk, das sich auf die Vorarbeit Gerhard Friedrich Müllers stützt, konnte Fischer zeitgenössische Dokumente aus sibirischen Kanzleiarchiven einsehen, die mittlerweile vielfach durch Brände verlorengegangen sind.

### Georgi, Johann Gottlieb (1729–1802)
Aus Pommern stammender Apotheker, der seit 1769 in St. Petersburg lebte und an den Sibirien-Expeditionen der Akademie der Wissenschaften von 1770 bis 1774 unter J. P. Falck und P. S. Pallas teilnahm. Sein in zwei Bänden publizierter Forschungsbericht gilt vor allem dem Baikalsee und streift das G. Jenissei nur am Rande.

### Gmelin, Johann Georg (1709–1755)
Der aus Tübingen stammende Mediziner und Naturforscher wurde 1731 zum Professor für Chemie und Naturgeschichte an der Akademie der Wissenschaften in St. Petersburg berufen. Neben Gerhard Friedrich Müller, Georg Wilhelm Steller und Johann Eberhard Fischer nahm er an der zweiten Kamtschatka-Expedition der Akademie (1733–1743) teil, die ihn 1739/40 auch

an den Jenissei führte. Seit 1747 Professor an der Universität Tübingen. Seine vierbändigen Reiseaufzeichnungen publizierte er 1751/52.

### Gowing, Lionel Francis (1859–1925)
Britischer Journalist und Reisender. Bereiste Sibirien im Schlitten.

### Hansteen, Christopher (1784–1873)
Dänischer Physiker und Astronom, Erforscher des Erdmagnetismus. Seit 1814 Professor an der Universität Christiania (heute Oslo). Bereiste 1828–1830 Russland und Sibirien, um erdmagnetische Messungen vorzunehmen. Seine «Reise-Erinnerungen aus Sibirien» enthalten auch ein aufschlussreiches Kapitel über die Reise auf dem Jenissei von Jenisseisk nach Turuchansk und zurück im Jahre 1829.

### Haviland, Maud D. (1889–1941)
Britische Ornithologin, die auf den Spuren Henry Seebohms und H. L. Pophams im Sommer 1914 den Jenissei bereiste und zwei Monate in der Tundra bei Goltschicha am Ästuar des Jenissei verbrachte, um Vögel zu beobachten und Land und Leute kennenzulernen.

### Heller, Otto (1897–1945)
Österreichischer Kommunist und Journalist; wiederholte 1929 die bekannte Reise Fridtjof Nansens den Jenissei aufwärts, um sich ein Bild vom wirtschaftlichen und gesellschaftlichen Aufbruch Sibiriens unter sowjetischer Führung zu machen. Ab 1933 lebte er zunächst in der Schweiz, dann in der Sowjetunion und seit 1936 in Frankreich. Während der Besetzung Frankreichs durch Deutschland im Zweiten Weltkrieg wurde er von der französischen Résistance als Dolmetscher in die deutsche Wehrmacht eingeschleust, 1943 aber verhaftet und in den Konzentrationslagern Auschwitz und Mauthausen gefangen gehalten. Er starb im KZ Mauthausen an Entkräftung. Unabhängig von der beabsichtigten Propagandawirkung liegt die Bedeutung seiner sorgfältig vorrecherchierten Sibirienreportage von 1931 in der Verbindung von Reisebericht und politisch-wissenschaftlicher Dokumentation.

### Hill, Samuel S. (nachweisbar für 1837 bis 1865)
Britischer (?) Reiseschriftsteller. Durchquerte auf seiner Weltreise 1847/48 auch Sibirien. Seine 1854 publizierten «Travels in Siberia» sind von eher geschwätziger Oberflächlichkeit, enthalten aber auch interessante Alltagsbeobachtungen.

### Hofmann, Ernst Reinhold (1801–1871)
Der in Dorpat Geborene war von 1845 bis 1863 Professor für Mineralogie an der Universität St. Petersburg und widmete sich insbesondere der geologischen und mineralogischen Erforschung des Ural. 1843 bereiste er im Auftrag der Oberbergverwaltung die Goldseifenaufschlüsse des G. Jenissei. Sein 1847 publizierter Bericht eröffnet aufschlussreiche Einblicke in die Arbeitswelt der Goldwäschen aus offiziöser Perspektive.

### Hrycjak (russisch Gricjak), Évhen, geb. 1926
Wuchs in der Nähe der westukrainischen Stadt Snjatin auf, besuchte das dortige Gymnasium und die Handelsschule, arbeitete im Untergrund gegen die deutsche Besatzungsmacht und setzte diese Tätigkeit nach Kriegsdienst in der Sowjetarmee (1944/45) in der ukrainischen nationalen Widerstandsbewegung gegen die UdSSR fort. 1949 wurde er verhaftet, zum Tode verurteilt, dann aber zu 25 Jahren Lagerhaft «begnadigt». Anfang September 1952 aus dem Lagerkomplex Karaganda mit zahlreichen anderen ukrainischen Häftlingen in das Sonderlager Gorlag im peripheren Norilsk verlegt. Auf Grund seines Charismas und seiner überlegten Taktik stieg er zu einem der bekanntesten Anführer des «Norilsker Aufstandes» von 1953 auf. Er über-

lebte die Vergeltungsaktionen wie durch ein Wunder, wurde 1956 vorübergehend entlassen, 1959–1964 aber erneut inhaftiert. Einen 1978 auf Ukrainisch verfassten ersten Entwurf seiner Lagererinnerungen publizierte er 1980 vorsichtshalber in den USA; dies brachte ihm daheim neue Repressalien ein. In einer überarbeiteten und korrigierten russischen Fassung erschienen seine Erinnerungen als eine der wichtigsten persönlichen Quellen zum Norilsker Aufstand von 1953 in Band 7 (2005) der Reihe OVONOS.

### Ides, Eberhard Isbrand (1657–1708/09)
Holsteinischer Kaufmann niederländischer Herkunft. Ließ sich Ende der 1680er Jahre in Moskau nieder, wo er die Gunst Peters d. Gr. gewann. Nachdem er 1691 bankrott gegangen war, erteilte der Zar ihm 1692 die Bewilligung zu einer offiziellen Handelsreise nach China, die ihn finanziell wieder sanierte. Sein Bericht über diese Reise von 1692 bis 1695 ist eine wichtige Quelle auch für Sibirien (siehe Beschreibung der dreijährigen chinesischen Reise, 1999).

### Jefferson, Robert L.
Britischer Bergbauingenieur. Unternahm im Winter 1896/97 mit drei Berufskollegen eine Reise per Bahn und Schlitten zu den Goldminen am Fuße des Sajangebirges nahe der chinesischen Grenze. Sein noch 1897 publizierter Reisebericht gibt eindrückliche Einblicke in Landschaft, Verkehrsprobleme und Goldbergbau des obersten Jenisseibeckens.

### Jewsjorow, Moisei Isaakowitsch (Evzerov, Mojsej Isaakovič, 1901–1985)
Bergbauingenieur. Nach der Teilnahme am Bürgerkrieg auf Seiten der Bolschewiki besuchte er die Arbeiterfakultät in Smolensk und begann 1922 ein Studium an der Moskauer Bergakademie. Später arbeitete er in Führungspositionen im Donbass und auf Spitzbergen, leitete 1934–1937 den Trust Molotowugol, wurde 1937 verhaftet und zu zehn Jahren Arbeitslager verurteilt; von 1939 bis 1945 war er als Grubentechniker in Norilsk eingesetzt. Nach der Rehabilitierung 1954 wieder in leitenden Funktionen der Bergbauindustrie. Verfasste seine Lagererinnerungen unter dem Pseudonym M. I. Lewin noch in sowjetischer Zeit (Erstpublikation 1991). Sein Rückblick ist gefärbt von seiner relativ privilegierten Position in der Lagerhierarchie.

### Klimowitsch, Ryhor (Klimovič, Ryhor, 1926–2000)
Geboren in Homel, Belarus, 1943 verhaftet wegen angeblichen Verrats von Partisanen an die deutschen Besatzungstruppen. 1947–1953 im Norillag, zuletzt in Lager 4. Einer der Anführer des dortigen Streiks von 1953. Anschließend bis zur Entlassung 1956 in verschiedenen Gefängnissen. Der Quellenwert seiner 1999 gedruckten Lagererinnerungen wird etwas geschmälert durch seine Vorliebe für die Wiedergabe ausführlicher Dialoge und Gespräche, die nach so langer Zeit im Wortlaut nicht erinnert werden können.

### Knox, Thomas Wallace (1835–1896)
Amerikanischer Journalist und Weltreisender, der das G. Jenissei auf dem «Großen Trakt» im Winter 1869/70 passierte und in seinem Reisebericht von 1871 viele interessante Beobachtungen mitteilt.

### Kropotkina, Wera Sebastjanowna (Kropotkina, Vera Sebast'janovna, 1849–1935)
Geboren als Wera Berinda-Tschaikowskaja, Tochter eines polnischen Vaters und einer russischen Mutter in Irkutsk, verbrachte sie die Jahre 1858–1860 nahe Jenisseisk in einer Siedlung des Goldbergbaus, wo ihr Vater als staatlicher Mineninspektor tätig war. Später heiratete sie den Fürsten Alexander Kropotkin, einen Kosakenoffizier, Bruder des bekannten Geographen und Anarchisten Fürst Pjotr Kropotkin. Von 1875 bis 1882 lebte die Familie als Verbannte in Minussinsk. Kropotkinas Memoiren bieten unter anderem interessante Aufschlüsse über das Reisen auf dem Jenissei, die dortigen Goldminen und das Leben der Verschickten in Minussinsk.

**Lansdell, Henry (1841–1919)**
Anglikanischer Geistlicher aus Großbritannien und Weltreisender mit religiösen Interessen. Er passierte das G. Jenissei im Sommer 1879 auf dem «Großen Trakt». Sein zweimal aufgelegter Reisebericht ist weniger ergiebig als der von Knox.

**Meakin, Annette Mary Budgett (1867–1959)**
Englische Reiseschriftstellerin. Beschrieb als erste Frau eine Reise auf der Transsibirischen Eisenbahn im Jahre 1900. Krasnojarsk, Minussinsk und die Schiffsreise zwischen beiden Städten nehmen breiten Raum ein. Ihr besonderes Interesse galt der Frauenfrage.

**Messerschmidt, Daniel Gottlieb (1685–1735)**
In Danzig geboren, trat Messerschmidt nach einem Studium der Medizin, Botanik und Zoologie an der Universität Halle 1718 in russische Dienste und wurde von Peter d. Gr. mit einer mehrjährigen Forschungsreise durch Sibirien beauftragt. Von den 1720 begonnenen Reisen sind nur die Aufzeichnungen der Jahre 1721–1727 erhalten geblieben. Sie bekunden das umfassende wissenschaftliche Interesse eines pietistisch geprägten Universalgelehrten, der unter schwierigsten Reisebedingungen, in ständigen Geldnöten und stetem Kampf mit der unwilligen Provinzadministration als erster Wissenschaftler Sibirien bereiste und Landesnatur, Pflanzen, Tiere, Mineralien, Völker und Sprachen zu erfassen und Belegstücke zu sammeln suchte. Weil Messerschmidt erst nach dem Tode Peters d. Gr. zurückkehrte und damit eine Förderung von höchster Stelle nicht mehr gegeben war, blieben seine Forschungsergebnisse und Tagebuchaufzeichnungen unpubliziert, beeinflussten aber die späteren Forschungsreisenden. Die seit 1962 in fünf Bänden von der Deutschen Akademie der Wissenschaften zu Ostberlin und der Sowjetischen Akademie der Wissenschaften edierten Tagebuchaufzeichnungen bilden eine der wichtigsten frühen Quellen auch zum Jenissei-Stromland.

**Middendorff, Alexander Theodor von (1815–1894)**
Deutschbaltischer Zoologe und Forschungsreisender, der im Auftrag der Petersburger Akademie der Wissenschaften 1842–1845 den hohen Norden Sibiriens bereiste. 1842/43 erforschte er als Erster eingehender die Küstengebiete vom Mündungstrichter des Jenissei bis zur Halbinsel Taimyr in geographischer, physikalischer, ethnographischer und naturhistorischer Hinsicht. 1843/44 dehnte er seine Forschungen auf das Lena-Becken und den Fernen Osten aus. Die Ergebnisse wurden zwischen 1847 und 1895 sehr unübersichtlich in zu vier Bänden zusammengefassten Teilbänden mit verschiedenen Fassungen publiziert.

**Müller, Ferdinand (1837–1900)**
Deutschbaltischer Astronom und Geodät. Erforschte und kartierte 1873–1875 im Auftrag der Russischen Geographischen Gesellschaft die Untere Tunguska und den Nordosten Sibiriens. Seine Reisebeschreibung «Unter Tungusen und Jakuten» von 1882 konzentriert sich allerdings auf Nordostsibirien und behandelt die Untere Tunguska nur in Rückblicken.

**Müller (russisch Miller), Gerhard Friedrich (1705–1783)**
Sohn eines Pfarrers und Gymnasialrektors in Herford/Westf. Ging nach dem Studium in Rinteln und Leipzig 1725 nach St. Petersburg und trat in die Dienste der dort gerade gegründeten Akademie der Wissenschaften, seit 1731 als Professor für Geschichte. Gemeinsam mit Johann Georg Gmelin, Georg Wilhelm Steller, Johann Eberhard Fischer und anderen nahm er von 1733 bis 1743 an der zweiten Kamtschatka-Expedition der Akademie teil mit der Aufgabe, vor allem die Geschichte und die Völker Sibiriens zu erforschen und eine detaillierte Landeskunde zu erstellen. Er bereiste insbesondere das Becken des Jenissei (1734/35, 1738–1740), Jakutien und Transbaikalien. Wichtigste Frucht seiner Studien, die neben eigenem Augenschein auf vor Ort erhobenen Archivmaterialien fußten, wurde seine «Geschichte Sibiriens». Ihr erster Teil

erschien 1750, doch die Fortsetzung brachte Müller nicht zu Ende, weil er mit anderen Arbeiten überlastet war. Mit seinem Einverständnis benutzte daher sein zeitweiliger Mitarbeiter Johann Eberhard Fischer das vorliegende Manuskript und Archivmaterial, um 1768 seine «Geschichte Sibiriens» zu veröffentlichen. Die russische Fassung von Müllers Manuskript erschien als Ganzes 1937–1941 und in einer dreibändigen, mit zahlreichen Originaldokumenten angereicherten zweiten Auflage 1999–2005.

### Nansen, Fridtjof (1861–1930)
Norwegischer Naturwissenschaftler, Polarforscher und Diplomat. Benutzte für eine Informationsreise durch Sibirien 1913 den Seeweg von Norwegen zum Jenissei. Sein 1914 erstmals veröffentlichter Reisebericht bildet eine wichtige Quelle zu Natur und Geschichte des Jenissei.

### Nordenskiöld, Adolf Erik Freiherr von (1832–1901)
Finnlandschwede, der das damals in Personalunion Russland attachierte Großfürstentum Finnland aus politischen Gründen verlassen musste und seit 1857 in Schweden lebte, wo er zum Professor für Mineralogie an der Akademie der Wissenschaften und Mitglied des schwedischen Parlaments avancierte. Sein Leben widmete er der Polarforschung, erforschte Spitzbergen und Grönland, erkundete die Passage zur Karasee (1875 und 1876 erfolgreiche Hin- und Rückfahrten zur Mündung des Jenissei) und begründete seinen eigentlichen Ruhm durch die erste Umrundung Eurasiens über die «Nordostpassage» in den Jahren 1878–1880 mit dem Dampfsegler *Vega*. Seine wissenschaftlichen Reiseberichte enthalten interessante Informationen über Natur, Land und Leute im Mündungstrichter des Jenissei und an den Küsten der Halbinsel Taimyr.

### Pallas, Peter Simon (1741–1811)
Deutscher Arzt und Naturwissenschaftler, seit 1767 Professor an der Akademie der Wissenschaften in St. Petersburg. Er leitete mehrere Expeditionen zur Erforschung des europäischen Russland und Sibiriens (1768–1774), deren Ergebnisse er in drei Bänden publizierte. Den Winter 1771/72 verbrachte er in Krasnojarsk, erkundete von dort aus aber nur den oberen Jenissei. Seine Reisebeschreibungen zählen neben denjenigen Messerschmidts, Müllers und Gmelins zu den wichtigsten landeskundlichen Informationen des 18. Jahrhunderts über Sibirien.

### Parvilahti, Unto (1907–1970)
Während des Zweiten Weltkriegs weilte er nach eigenen Angaben als finnischer Verbindungsoffizier in Berlin und kehrte noch vor Finnlands Seitenwechsel vom 4. September 1944 nach Helsinki zurück. Auf Betreiben der Kommunistischen Partei Finnlands wurde er schon am 2. September verhaftet und heimlich an die Sowjetunion ausgeliefert. Im Dezember 1945 zu Zwangsarbeit verurteilt, verbrachte er anderthalb Jahre in einem Lager Mordowiens, saß von August 1947 bis zum Frühjahr 1950 in Wladimir eine Gefängnishaft ab und wurde dann auf fünf Jahre als Verbannter mit Arbeitsrecht nach Dudinka verschickt. Nach seiner Amnestierung am 15. Juni 1954 kehrte er nach Finnland zurück. In seinen Erinnerungen verschweigt Parvilahti allerdings, dass er während des Zweiten Weltkrieges in Berlin nicht als Verbindungsoffizier der finnischen Armee, sondern der finnischen Waffen-SS weilte. Das erklärt wohl auch seine Verhaftung.

### Peschkow, Dmitri (Peškov, Dmitrij Nikolaevič, geb. 1859, Todesjahr unbekannt)
Sotnik des Amurkosakenheeres. Legte vom 7. November 1889 bis zum 19. Mai 1890 die 8283 Werst lange Strecke von Blagoweschtschensk am Amur nach St. Petersburg auf dem eigenen Leibpferd zurück. Sein Tagebuch berichtet über Straßenverhältnisse, Ortschaften und Begegnungen (siehe Putešestvie amurskogo kazaka ..., 2001).

**Rassadin, Vladimir Olegovič (geboren 1944)**
Sohn eines Moskauer Musikers, der 1936 zu acht Jahren Arbeitslager verurteilt worden war, und einer in Charbin geborenen Schauspielerin. Nach Ende der Haftzeit des Vaters lebte die Familie als Ansiedlungsverschickte zunächst in einem Dorf bei Krasnojarsk, seit 1950 in Norilsk, wo der Vater als Unterhaltungsmusiker arbeitete. Wladimir absolvierte dort die Schulen und wurde selber Musiker. Seine Erinnerungen an das Norilsk der fünfziger und sechziger Jahre bilden eine reichhaltige Quelle vor allem zum Kulturleben.

**Remeiko (Remejko), Oleg (geboren 1936)**
Sohn des hohen Parteifunktionärs Aleksandr Remeiko (erschossen 1937) und der Kinderärztin Sofja Remeiko. Als Witwe eines Volksfeindes wurde die Mutter 1939 in den Norillag verschickt, wo sie in der Poliklinik arbeitete. Als sie 1943 freigelassen wurde, aber als Ansiedlungsverschickte dort bleiben musste, konnten die Kinder im Herbst 1944 nachkommen. Oleg verbrachte seine Schulzeit bis zum Abschluss der Mittelschule 1953 in Norilsk, besuchte es nochmals 1986 auf einer Dienstreise und berichtet in seinen Erinnerungen (2008) über Erlebnisse und Beobachtungen. Er ist Mitglied von «Memorial».

**Rossi, Jacques (1909–2004)**
Französischer Kommunist und Komintern-Agent. 1937 in Moskau verhaftet und wegen «Trotzkismus» zu Lagerhaft verurteilt, die er bis 1956 großenteils in Norilsk und Dudinka verbüßte. Seine im Jahre 2000 veröffentlichten Lagererinnerungen beschränken sich auf fragmentarische Szenen und Einzelschicksale.

**Schamajew, Boris (Šamaev, Boris Aleksandrovič, 1918–1998)**
Eisenbahningenieur, als sowjetischer Pionieroffizier im Sommer 1941 in deutsche Kriegsgefangenschaft geraten. Nach der Heimkehr 1945 verhaftet und wegen «Vaterlandsverrats» zu verschärftem Arbeitslager verurteilt, seit 1946 im Norilsker Gorlag. Charismatischer und unbeugsamer Streikführer des Lagers 3 beim Aufstand von 1953. Kam erst 1968 frei. Seine umfangreiche Beschwerdeschrift von 1954 gegen seine Verurteilung ist eine der wichtigsten Quellen zum Norilsker Aufstand.

**Schumjazki, Jakow (Šumjackij, Jakov Borisovič, 1887–1963)**
Mitglied des «Allgemeinen Jüdischen Arbeiterbundes», seit 1908 der Bolschewiki. Tätigkeit im revolutionären Untergrund Sibiriens. Dreimal «zur Ansiedlung zwangsverschickt» (1907 in den Kreis Kansk und nach erfolgter Flucht und Wiederverhaftung 1908 in das Amt Keschma an der unteren Angara), von 1909 bis 1916 in den Turuchansker Krai. 1920/21 Vorsitzender des Exekutivkomitees der Stadt Irkutsk. Obgleich Vorsitzender der «Gemeinschaft der Politkatorganer und zur Ansiedlung Verschickten» blieb es ihm nicht erspart, während der Stalinzeit und sogar bis 1956 erneut Bekanntschaft mit der Lagerhaft zu machen. Seine Erinnerungen an die Verbannungszeit während der Zarenzeit wurden zweimal aufgelegt («Turuchanka», 1925 und 1926).

**Sczuka, Elisabeth (1904–2000)**
Aufgewachsen als Lehrerstochter im masurischen Dorf Popowen, Kreis Lyck in Ostpreußen, wurde Elisabeth nach dem Einmarsch der Russen 1914 mit ihrer Familie und dem gesamten Dorf nach Sibirien deportiert. Von Oktober 1914 bis November 1916 lebten die Familienangehörigen als Zivilgefangene in einem Lager am Stadtrand von Krasnojarsk, dann für anderthalb Jahre im 100 km flussabwärts gelegenen Dorf Nachwalskoje. Nach dem Vertrag von Brest-Litowsk konnte die Familie im Mai 1918 die Heimreise antreten, geriet jedoch in die Wirren des beginnenden Bürgerkrieges und erreichte Ostpreußen erst im November 1920. Die frühreife Elisabeth hat von Anfang an ein Tagebuch geführt, das größtenteils erhalten geblieben ist.

Die unbefangene und weitgehend vorurteilslose Neugier dieses jungen Mädchens, das alles, was in seiner Umgebung passierte, detailliert registrierte, sowie ihre erstaunliche Bildung machen ihre Aufzeichnungen (2001 gedruckt unter dem Titel «Gefangen in Sibirien») zu einem eindrücklichen Zeitzeugnis.

### Seebohm, Henry (1832–1895)
Sohn einer Engländerin und eines nach England ausgewanderten Deutschen. Nach einer kaufmännischen Ausbildung betätigte er sich als Stahlfabrikant in Sheffield. Der Geschäftserfolg ermöglichte es ihm, seinem Hobby als Ornithologe zu frönen und ausgedehnte Forschungsreisen zu unternehmen, unter anderem an die nordrussische Petschora und 1877 an den Jenissei. Die Reise an den Jenissei machte er im Gefolge Kapitän J. Wiggins', der zu seinem in der Kureikamündung überwinternden Dampfer zurückkehren wollte. Dort beobachtete er die Bemühungen von Wiggins, sein Schiff über den Eisaufbruch von Kureika und Jenissei hinüberzuretten. Nach einem kurzen Sommeraufenthalt in Goltschicha am Mündungsästuar des Jenissei kehrte Seebohm mit dem Dampfer nach Jenisseisk zurück und reiste dann auf dem Landweg heim. Seine Beobachtungen, welche nicht nur die Vogelwelt des Jenisseigebietes behandeln, sondern auch zahlreiche einmalige Informationen über Land und Leute und insbesondere den Eisaufbruch im Frühjahr enthalten, erschienen 1884 und wurden 1901 und 1985 nachgedruckt.

### Sievers, Johann August Carl (1762–1795)
Deutscher Botaniker und Apotheker, der 1785 nach St. Petersburg auswanderte und im staatlichen Auftrag von 1790 bis 1795 den Süden Sibiriens bereiste, um an Irtysch und Jenissei Vorkommen des echten Rhabarbers ausfindig zu machen, dessen getrocknete Wurzeln als Abführmittel in Gebrauch waren. Seine «Briefe aus Sibirien» (1796) geben auch Einblicke in Reiseumstände und Zustand von Städten und Dörfern.

### Simpson, James Young (1873–1934)
Schottischer Naturwissenschaftler, Diplomat und Theologe. Bereiste 1896 Sibirien mit dem Ziel, das Gefängniswesen zu studieren. Er war der letzte westeuropäische Reisende, der die Organisation der Reisepost auf dem «Großen Sibirischen Trakt» detailliert schildert, bevor sie der Konkurrenz der Transsibirischen Eisenbahn weichen musste.

### Snowski, Alexander (Snovskij, Aleksandr Al'bertovič, geb. 1928)
Veterinär und Kinderpsychiater. Studierte 1947–1949 in Leningrad Veterinärmedizin, wurde 1949 wegen «antisowjetischer Tätigkeit» zu zehn Jahren Lagerhaft verurteilt. Er war 1949–1953 in Igarka, Jermakowo und verschiedenen Lagern als Feldscher und Brigadier einer Transportkolonne am Bau der «toten Eisenbahn» beteiligt und verbrachte die restliche Zeit bis zu seiner Freilassung 1956 in den Lagern von Dudinka und Norilsk. Seine 2010 und 2012 veröffentlichen Lagererinnerungen sind eine wichtige, aber episodisch und unsystematisch konzipierte Quelle.

### Stackelberg, Traugott von (1891–1970)
Der deutschbaltische Adlige diente während des Ersten Weltkriegs als Militärarzt der russischen Armee im Kaukasus und wurde 1915 wegen angeblicher Spionage für Deutschland verhaftet und nach Sibirien verbannt. Anfänglich lebte er als Arzt in Pirowskoje bei Jenisseisk, vom Spätwinter 1916 bis zum Frühjahr 1917 als Krankenhausarzt in Bogutschansk (heute Bogutschany) an der Angara. Später arbeitete er als Arzt in Deutschland. Seine 1951 erstmals publizierten Erinnerungen sind ein Juwel der Literatur über Natur und Alltagsleben des alten Sibirien.

### Stadling, Jonas Jonsson (1847–1935)
Schwedischer Journalist und Reiseschriftsteller. Unternahm mit zwei Freunden von April bis Dezember 1898 – um Überlebende der verschollenen Ballonexpedition von Andrée aufzuspü-

ren – eine Reise durch Nordost- und Nordsibirien, die in einer spektakulären Fahrt im Rentierschlitten von der Mündung der Lena bis zur Mündung des Jenissei gipfelte.

### Steiner, Karl (Štajner, Karlo, 1902–1992)
Jugoslawischer Kommunist österreichischer Herkunft, gelernter Buchdrucker. Im sowjetischen Exil geriet er 1938 in die Mühlen der stalinschen Säuberungen, wurde zu zehn Jahren Lagerhaft verurteilt, die er ab 1939 in Norilsk und Dudinka ableistete. Nach dem Bruch Titos mit Stalin (1948) wurde er zu verschärftem Haftregime im Alexandrowski Zentral bei Irkutsk verurteilt und von 1949 bis 1953 in einem Lager bei Taischet beim Bahnbau eingesetzt. Bis zur Freilassung 1956 lebte er als Verbannter in Jenisseisk. Nach der Entlassung kehrte er nach Jugoslawien zurück und ließ sich in Zagreb nieder.

### Steller, Georg Wilhelm (1709–1746)
Aus dem fränkischen Windsheim stammender Adjunkt für Naturgeschichte der Akademie der Wissenschaften in St. Petersburg. Wurde zur Unterstützung J. G. Gmelins und G. F. Müllers als Mitglied der zweiten Kamtschatka-Expedition 1737 nach Sibirien geschickt, hielt sich 1739 bei Gmelin und Müller in Jenisseisk auf und wurde von ihnen nach Kamtschatka entsandt, dessen erster Erforscher er wurde. Wir verdanken ihm aus dem Jahre 1739 eine detaillierte Beschreibung der Stadt Jenisseisk und des Winterweges von Jenisseisk nach Irkutsk.

### Strahlenberg, Philip Johan (1676–1747)
Aus dem damals schwedischen Stralsund stammend, trat Philipp Johann Tabbert (der erst später als von Strahlenberg geadelt wurde) in die schwedische Armee ein, geriet als Hauptmann in der Schlacht von Poltawa (1709) in russische Kriegsgefangenschaft und nutzte seine Verschickung nach Tobolsk für wissenschaftliche Studien. 1721/22 begleitete er D. G. Messerschmidt auf dessen Sibirien-Expedition zum Jenissei und publizierte, 1722 nach Schweden zurückgekehrt, dort 1730 eine viel beachtete historisch-geographische Beschreibung sowie eine Karte Sibiriens.

### Swerdlow, Jakow (Sverdlov, Jakov Michajlovič, 1885–1919)
Führender Bolschewik, der zu den Intellektuellen der Parteielite zählte. 1906–1909 in Jekaterinburg inhaftiert. Nach kurzer Zeit in Freiheit erneut inhaftiert und 1910 für drei Jahre ins westsibirische Narym verschickt. Nach gelungener Flucht im November 1910 erneute Verhaftung und 1911 nochmalige Verschickung auf vier Jahre ins Narym-Gebiet. In Abwesenheit kooptierte ihn die Parteileitung im Januar 1912 in das Zentralkomitee der RSDRP. Im Dezember 1912 erneute Flucht, im Februar 1913 Verhaftung in St. Petersburg und im April 1913 für fünf Jahre in den Turuchansker Krai zwangsverschickt, zunächst nach Kureika und Seliwanicha (zeitweise gemeinsam mit Stalin), dann in den Hauptort Monastyrskoje, wo er die meteorologische Station betreute, unterrichtete und landeskundliche und zeitgeschichtliche Forschungen betrieb. Im März 1917 nach Petrograd zurückgekehrt, verblieb er im Führungszirkel der Partei, wurde nach der Oktoberrevolution Vorsitzender des Gesamtrussländischen Zentralen Exekutivkomitees und damit zugleich erstes Staatsoberhaupt Sowjetrusslands. Er starb im März 1919 an der Spanischen Grippe. Seine Briefe aus der Turuchansker Verbannung und seine dort niedergeschriebenen Studien zur Geschichte des Turuchansker Krai und des Turuchansker Aufstandes von 1908/09 sind wichtige Zeitzeugnisse.

### Tschechow, Anton (Čechov, Anton Petrovič, 1860–1904)
Einer der bedeutendsten Dramatiker russischer Sprache, Schriftsteller und Essayist. Als studierter Mediziner begann er sich zu Ende der 1880er Jahre für die Arbeits- und Lebensbedingungen der zu Zwangsarbeit Verurteilten auf der Insel Sachalin zu interessieren, der damals größten Sträflingskolonie des Zarenreiches. 1890 reiste er auf dem Landweg von Moskau an

den Amur, in Sibirien mit der Postkutsche auf dem «Großen Trakt», bevor er zu Schiff nach Sachalin übersetzte. Für die Rückreise bevorzugte er den bequemeren und schnelleren Seeweg. Dem dreimonatigen Forschungsaufenthalt auf der Insel entsprang sein bekanntes Buch «Die Insel Sachalin». Aber auch seine Reiseeindrücke auf der sibirischen Poststraße hat er in zahlreichen, für die Presse bestimmten Skizzen niedergelegt. Eine besondere Rolle spielt darin das Gouvernement Jenissei.

### Wodolasski, Alex (Vodolazskij, Aleksej Timofeevič, 1885–1967)
Als Sozialdemokrat beteiligt am bewaffneten Arbeiteraufstand von 1905 in Rostow am Don, 1906 verhaftet und nach dreijähriger Untersuchungshaft in den Kreis Jeniseisk zwangsverschickt. Dort verblieb er bis zur Oktoberrevolution. Anschließend war er in leitenden Funktionen in Gewerkschaft, Sowjetorganen und Wirtschaft tätig. Aus seinen im Alter niedergeschriebenen Erinnerungen an die Haft- und Verbannungsjahre 1906–1917 ist bislang nur ein kurzer, aber außerordentlich materialreicher Auszug über die Jahre 1909/10 publiziert worden.

### Wagner, Johann Ludwig
Während des Siebenjährigen Krieges als Postmeister der ostpreußischen Hafenstadt Pillau 1759 von der russischen Besatzungsmacht wegen Militärspionage bis 1763 nach Sibirien deportiert, schildert er in seinen erst 1789 erschienenen sibirischen Reminiszenzen die Hin- und Rückreise nach Sibirien und seinen Hausarrest in Jeniseisk und Neu-Mangaseja (Alt-Turuchansk). Wegen des Hausarrestes konnte er über seine Haftorte relativ wenig in Erfahrung bringen, konzentriert sich daher umso mehr auf die Umstände der Hin- und Rückreise.

### Waldburg-Zeil, Graf Karl (1841–1890)
Aus einem oberschwäbischen Adelsgeschlecht stammend, studierte er Forstwissenschaft und diente in der württembergischen Armee, doch am liebsten ging er auf Forschungsreisen (1870 nach Spitzbergen, 1876 nach Westsibirien) und begleitete 1881 eine kommerzielle Schiffsreise von Bremerhaven durch die Karasee zum Jenissei. Seine Reisetagebücher sind mehrfach publiziert.

### Wenyon, Charles Morley (1878–1948)
Englischer Bakteriologe und Parasitologe. Auf der Rückkehr von einer Chinareise durchquerte er im Sommer 1893 Sibirien westwärts auf der Großen Poststraße. Seine Reiseerinnerungen, publiziert 1896, enthalten nicht uninteressante Beobachtungen aus wissenschaftlicher Perspektive.

### Wischnewezki (Višneveckij), Nikolai Fedorowitsch (geb. um 1853, Todesjahr unbekannt)
Von adliger polnischer Herkunft, besuchte der in Sewastopol geborene Nikolai bis 1871 das Gymnasium in Nikolajewsk und studierte dann zwei Jahre am Staatlichen Forstinstitut in St. Petersburg. Er schloss sich den Narodniki an und betrieb während seiner Tätigkeit in den Eisenbahnwerkstätten von Charkow (1876/77) unter den Arbeitern politische Aufklärungsarbeit. 1878 verhaftet und gerichtlich zu vierjähriger Zwangsarbeit verurteilt, begnadigte man ihn zur Ansiedlungsverschickung nach Ostsibirien. Aus Jeniseisk konnte er Ende 1879 mit einem Gefährten in das europäische Russland fliehen, wurde vom Exekutivkomitee der Narodnaja Wolja jedoch unverzüglich wieder nach Sibirien zurückgeschickt mit dem Auftrag, entlang der Transitroute konspirative Wohnungen für Flüchtlinge anzumieten. Nach seiner erneuten Verhaftung im Juli 1880 verschlug es ihn wieder nach Jeniseisk, wo er bis zum Ende seiner Verbannungszeit 1893 lebte. Seine weitere Lebensspur verliert sich in Stawropol. Er hat informative Beobachtungen über das Leben der Verschickten und die Praktiken der Kreisverwaltung niedergeschrieben, die in «Katorga i ssylka» veröffentlicht worden sind.

# Tabellen

## Tab. 1: Die Flüsse des Krasnojarsker Krai

| Fluss | Länge in km | Mittlere Wassermenge an der Mündung in Kubikmetern pro Sekunde | Quellhöhe | Mündungshöhe |
|---|---|---|---|---|
| Jenissei inkl. Kleiner Jenissei inkl. Großer Jenissei | 3 487 4 287 4 092/4 123 Ästuar 435 | 19 800 | 619,5 ab Zusammenfluss Gr. und Kl. Jenissei | 0 |
| Angara | 1 779 | 4 530 | 456 | 76 |
| Steinige Tunguska | 1 865 | 1 587 | 510 | 27 |
| Untere Tunguska | 2 989 | 3 680 | ca. 550 | ca. 5,5 |
| Kureika | 888 | 730 | über 700 | ca. 5 |
| Pjassina | 818 Ästuar 170 | 2 550 | 28 | 0 |
| Chatanga | 227 mit Kotui 1 636 | 3 320 | 1 ab Zusammenfluss Kotui und Cheta | 0 |
| Kotui | 1 409 | | über 706 | 1 |
| Cheta | 604 | 1 370 (bei Vereinigung mit Kotui zu Chatanga) | über 700 | 1 |
| Westliche Nebenflüsse | | | | |
| Abakan | 327 mit Großem Abakan 514 | 400 | 685 | 243 |
| Kem | 356 | 13 (140 km oberhalb Mündung) | ca. 290 | 68 |
| Turuchan | 639 | 371 | ca. 135 | 5 |

*Quelle:* Russisches Internet: Flüsse

Tab. 2: Ausgewählte Klimadaten des Krasnojarsker Krai (Mittel der Jahre 1951–1960)

| Örtlichkeit | Höhe über Meeresspiegel (m) | Temperatur Januar (°C) | Temperatur Juli (°C) | Niederschlag Januar (mm) | Niederschlag Juli (mm) | Jahresniederschlag | Jahres-Mittel-T |
|---|---|---|---|---|---|---|---|
| Arktische und Tundrenzone | | | | | | | |
| Port Dickson | 20 | –25,8 | +5,2 | – | 33,0 | – | –11,6 |
| Dudinka | 28 | –26,9 | +14,6 | – | 39,8 | – | –10,4 |
| Chatanga | 24 | –33,3 | +13,1 | – | 41,0 | – | –13,4 |
| Taiga | | | | | | | |
| Turuchansk | 32 | –25,1 | +17,1 | 26,0 | 57,9 | 507,2 | –6,9 |
| Tunguska (Stein. Tung.) | 60 | –23,8 | +17,9 | 27,6 | 71,4 | 520,4 | –4,3 |
| Jenisseisk | 78 | –21,4 | +18,6 | 24,1 | 61,6 | 448,4 | –2,1 |
| Krasnojarsk | 194 | –16,0 | +18,6 | 14,0 | 79,4 | 425,7 | +0,5 |
| Tura | 140 | –36,6 | +16,8 | 12,7 | 56,8 | 324,0 | –9,8 |
| Steppenzone | | | | | | | |
| Minussinsk | 251 | –20,6 | +19,7 | 6,2 | 71,1 | 321,6 | +0,3 |

Nach Franz, Physische Geographie (1973), S. 497–500.

Tab. 3.1: Bevölkerungsstruktur Kreis Jenisseisk (1710)

| Standeszugehörigkeit | Höfe (Haushaltungen) | Männl. Seelen | Kirchen |
|---|---|---|---|
| Possadangehörige | 651 | 2 222 | |
| Staatsbauern und Freizügige | 805 | 3 825 | |
| Schollenpflichtige Bauern (Klosterbauern) | 140 | 646 | |
| Adlige | 50 | 246 | |
| Militärdienstleute | 342 | 1 392 | |
| Verschiedene (raznočincy) | 17 | 35 | |
| Klerus | 50 | (ohne Klöster) 327 (mit Klöstern) 407 | |
| Insgesamt (Stadt und Land) | 2 055 | 8 773 | 28 |

## Tab. 3.2: Bevölkerungsstruktur Kreis Krasnojarsk (1710)

| Standeszugehörigkeit | Höfe (Haushaltungen) | Männl. Seelen | Kirchen |
|---|---|---|---|
| Possadangehörige | 155 | 566 | |
| Staatsbauern und Freizügige | 149 | 823 | |
| Schollenpflichtige Bauern (Klosterbauern) | 42 | 358 | |
| Adel | 41 | 153 | |
| Militärdienstleute | 515 | 2 415 | |
| Verschiedene (*raznočincy*) | 18 | 48 | |
| Klerus | 15 | 103 106 (mit Klöstern) | |
| Insgesamt (Stadt und Land) | 935 | 4 469 | 8 |

## Tab. 3.3: Bevölkerungsstruktur Kreis Neu-Mangaseja (Turuchansk) 1710

| Standeszugehörigkeit | Höfe (Haushaltungen) | Männl. Seelen | Kirchen |
|---|---|---|---|
| Possadangehörige | 96 | 145 | |
| Staatsbauern und Freizügige | 7 | 22 | |
| Schollenpflichtige Bauern (Klosterbauern) | 5 | 13 | |
| Adel | 8 | 25 | |
| Militärdienstleute | 142 | 428 | |
| Verschiedene (*raznočincy*) | 15 | 47 | |
| Klerus | 3 | 18 (mit Klöstern) 23 | |
| Insgesamt (Stadt und Land) | 276 | 703 | 3 |

Nach Vodarskij, Čislennost' (1973), S. 200–206, basierend auf der Hofsteuerveranlagung von 1710. Summierungen von mir (C. G.). Mit einer gewissen Dunkelziffer verheimlichter Höfe ist zu rechnen, doch die Proportionen dürften stimmen. Nicht erfasst ist eine unbekannte Zahl von Trappern und Fischern, Hintersassen, Bettlern und Witwen.

Tab. 4: Bevölkerungszahl, gesellschaftliche und ethnische Struktur des Krai Jenissei nach männlichen Seelen (1803)

| Kreis | Gesamtbe-völkerung (ohne Indigene) | Possad (%) | Amts-bezirke (Volosti) | Land-bevölke-rung | Bauern | Fuhr-leute | Verschie-dene (Raz-nočincy) | Indigene |
|---|---|---|---|---|---|---|---|---|
| Turuchansk | 4 461 | 500 (11,2 %) | keine | 3 961 | 243 | keine | 13 | 3 705 |
| Jenisseisk | 16 491 | 3 903 (23,7 %) | 9 | 12 588 | 11 234 | keine | 149 | 1 205 |
| Krasnojarsk | 35 103 | 2 964 (8,4 %) | 17 | 32 139 | 23 339 | 208 | 561 | 8 031 |
| Gesamter Krai Jenissei | 56 055 | 7 367 (13,15 %) | 26 | 48 688 | 34 816 | 208 | 723 | 12 941 (18,7 %) |

Nach Rabcevič, Sibirskij gorod (1984), S. 28.

Tab. 5.1: Zusammensetzung der Stände im europäischen Russland und in Sibirien (1897)

| Stand | Europäisches Russland (in Prozent der Bevölkerung) | Sibirien (in Prozent der Bevölkerung) |
|---|---|---|
| Adel/Beamte | 1,5 | 0,9 |
| Klerus | 0,5 | 0,33 |
| Ehrenbürger, Kaufleute | 0,6 | 0,32 |
| «Kleinbürger» *(meščane)* | 10,6 | 5,6 |
| Bauern | 84,1 | 61,0 |
| Kosaken | 1,6 | 7,15 |
| Indigene Völker | 0,5 | 22,13 |
| Andere | 0,6 | 2,57 |

Nach: E. I. Solov'eva, Promysly sibirskogo krest'janstva (1981), S. 72.

Tab. 5.2: Ständische Entwicklung der Stadtbevölkerung des G. Jenissei (1863–1914)

| Stand | 1863 | % | 1897 | % | 1914 | % |
|---|---|---|---|---|---|---|
| Adel | 1 815 | 6,9 | 3 792 | 6,0 | 2 034 | 1,3 |
| Klerus | 523 | 2,0 | 644 | 1,0 | 1 111 | 0,7 |
| Städtische Stände | 12 309 | 46,7 | 28 038 | 44,6 | 61 742 | 40,3 |
| Ländliche Stände | 4 417 | 16,8 | 24 661 | 39,2 | 62 145 | 40,5 |
| Militär | 3 373* | 12,9 | 2 365 | 3,8 | 12 968 | 8,4 |
| Verschiedene (raznočincy) | 445* | 1,7 | 2 102 | 3,3 | 8 421 | 5,5 |
| Verschickte | 3 400* | 13,0 | 1 282 | 2,1 | 5 001 | 3,3 |
| Gesamt | 26 282* | 100,0 | 62 884 | 100,0 | 153 422 | 100,0 |

Nach: Kiskidosova, Povsednevnaja žizn' (2012), Tab. 6, S. 292 (* von mir korrigiert – C. G.)

Tab. 6.1: Die Einwohnerzahl der Städte des G. Jenissei (1764–1914)

| Stadt | 1764 | 1784 | 1801 | 1823 | 1842 | 1863 | 1897** | 1914** |
|---|---|---|---|---|---|---|---|---|
| Jenisseisk | ca. 4 400 | 4 899 | 5 141 | 5 824 | 6 481 | 5 359/ 6 830* | 11 500 | 12 600 |
| Krasnojarsk | ca. 2 400 | 2 813 | 3 620 | 3 962 | 6 928 | 8 776 | 26 600 | 90 000 |
| Atschinsk | ca. 800 | ca. 1 000 | ca. 1 200 | 1 659 | 2 172 | 2 704 | 6 700 | 13 700 |
| Minussinsk | ? | ca. 300 | ca. 400 | 1 112 | 1 626 | 2 884 | 10 200 | 15 200 |
| Kansk | ca. 800 | ? | ? | 1 114 | 1 588 | 2 486 | 7 500 | 21 700 |
| Turuchansk | ca. 500 | 743 | 498 | 410 | 394 | 248 | 200 | 200*** |
| Gesamtzahl | ca. 8 900 | ca. 9 700 | ca. 10 900 | 14 081 | 19 189 | 22 457 | 62 700 | 153 400 |
| (Urbanisierungsquotient) | | | | | | | 11,0 % **** | 15,5 % **** |

Nach: Komleva, Enisejskoe kupečestvo (2006), Tab. S. 30; * Höhere Zahl nach Ogly, Stroitel'stvo (1980), S. 47;** nach: Kiskidosova, Povsednevnaja žizn' gorožan (2012), S. 288; *** gemeint ist Alt-Turuchansk; **** Überhöhte Werte! Nach Asalchanov (1975), S. 17 f., lag der Urbanisierungsquotient 1914 bei nur 9,7 %, nach Ènciklopedija Sibiri: Enisejskaja gubernija im Jahr 1916 bei 10,3 %.

Tab. 6.2: Die Einwohnerzahl wichtiger Städte des Krasnojarsker Krai (1931–2015)

| Stadt | 1931 | 1939 | 1959 | 1967 | 1989 | 2000 | 2005 | 2010 | 2015 |
|---|---|---|---|---|---|---|---|---|---|
| Jenisseisk | 5 800 | 12 800 | 17 000 | 19 000 | 22 900 | 21 300 | 19 500 | | 18 359 |
| Krasnojarsk | 82 800 | 186 100 | 412 375 | 576 000 | 912 629 | 875 000 | 917 000 | 973 826 | 1 052 218 |
| Atschinsk | | 32 500 | 50 300 | 69 000 | 121 600 | 121 600 | 115 500 | 110 100 | 106 502 |
| Minussinsk | 19 900 | 31 354 | 38 318 | 42 000 | 72 942 | 71 800 | 68 700 | 71 170 | 68 867 (2014) |
| Kansk | 24 600 | 42 200 | 82 662 | | 109 607 | 108 000 | 102 000 | 94 226 | 91 658 |
| Igarka | 3 000 | 23 600 | 14 311 | 18 000 | 18 820 | 8 627 (2002) | 8 000 | 6 183 | 5 117 |
| Dudinka** | | 13 888 | 16 332 | 19 000 | 32 325 | 26 800 | 25 200 | 22 175 | 22 410 (2014) |
| Norilsk** | | 14 000 | 109 442 | 129 000 | 174 673 | 146 000 | 131 900 | 175 365* | 176 559 (2014) |
| Urbanisierungsquotient | | | | | | | | | 76,74 % |

* Nach Eingemeindung der Industriesiedlungen Talnach und Kajerkan (2005)** Ohne Insassen der Straflager

Quellen: Russisches Internet nach Städten

Tab. 7.1: Indigene Sprachvölker im G. Jenissei (1897) (mit dem heutigen Chakassien)

| Sprachvolk | |
|---|---|
| Jenissei-Ostjaken (Keten) | 993 |
| Tungusen | 2 948 |
| Samojeden | 3 272 |
| Jakuten* | 2 181 |
| Jenissei-Türken* | 37 721 |
| Tataren* | 5 991 |
| Kirgisen* | 56 |
| Sojoten* | 23 |
| Gesamtzahl | 53 185 (9,3 % der Gesamtbevölkerung)** |

* Turkvolk
** Klemenz, Naselenie (1908), S. 55 f., kommt auf 50 065 Indigene und einen Bevölkerungsanteil von 8,8 %.

Quelle: Mežětničeskie svjazi (2007), Bd. 1, Dokument Nr. 71, S. 113–117.

Tab. 7.2: Indigene Sprachvölker im Krasnojarsker Krai (2002) (ohne die Republiken Chakassien und Tywa)

| Sprachvolk | Gesamtzahl Russl. Föd. | davon im Krasnoj. Krai | (%) |
|---|---|---|---|
| Dolganen* | 7 261 | 5 805 | 80,0 |
| Ewenken (Tungusen) | 35 527 | 4 632 | 13,0 |
| Chakassen** | 76 622 | 4 489 | 5,9 |
| Nenzen (Samojeden) | 41 302 | 3 188 | 7,7 |
| Jakuten* | 443 852 | 1 368 | 0,3 |
| Keten | 1 494 | 1 189 | 79,6 |
| Nganassanen (Samojeden) | 834 | 811 | 97,2 |
| Selkupen (Samojeden) | 4 249 | 359 | 8,4 |
| Enzen (Samojeden) | 237 | 213 | 89,9 |
| Tschulymzen** | 656 | 159 | 24,2 |
| Im Krasnoj. Krai insgesamt | | 22 163 (0,75 %) | |

* Turkvolk (1897 rubriziert unter Jenissei-Türken, Tataren und Kirgisen)
** Turkvolk, dessen große Mehrheit in der Republik Chakassien lebt.

Nach: Ėtnoatlas Krasnojarskogo kraja (2008), S. 17.

# Glossar

| | |
|---|---|
| Arschin | 71 cm |
| Artel | In der Regel zeitlich befristeter freiwilliger Zusammenschluss von Handwerkern oder Arbeitern für eine gemeinsame Arbeit |
| Ataman | Gewählter oberster Anführer bei den Kosaken |
| Balagan | Provisorische, selbst gebaute, meist saisonale Unterkunft für Jäger und Fischer, oft in den Boden eingetieft und mit Grassoden gedeckt |
| Balok | Primitives selbst gebautes Haus mit doppelten Bretterwandungen, zwischen die zur Isolation gegen die Kälte Erde oder Schlacke gefüllt wurde |
| Bojar | Angehöriger der ranghöchsten Adelsgruppe Russlands im 16./17. Jahrhundert |
| Denschtschik | Diener |
| Desjatine *(desjatina)* | Flächenmaß (1,09 ha) |
| Desjatnik | siehe Zehnerschafter |
| Donbass | Donezbecken (ostukrainisches Kohlenrevier) |
| Doschtschanik | Großes, flachbödiges Lastschiff der sibirischen Flüsse mit Rudern und einem Segel, an Bug und Heck zugespitzt. Es wurde mit einem Langruder vorn und einem Langruder hinten gesteuert. |
| Druschina *(družina)* | Wörtlich «Gefolgschaft». Selbstbezeichnung für Arbeiter- oder Bauernmilizen |
| Etappe *(ėtap)* | Geschlossener Häftlingsschub |
| Funt | 409,5 g |
| Gorlag | *Gosudarstvennyj osoborežimnyj lager'*: In der Sowjetzeit Straflager mit verschärftem Sonderregime |
| GULAG | *Glavnoe upravlenie ispravitel'no-trudovych lagerej i -kolonij* (Hauptverwaltung der Besserungsarbeitslager und -kolonien). Die Unterstellungen des GULAG wechselten ständig, ohne dass dies für die Arbeit von Belang gewesen wäre: 1931–1934 OGPU; 1934–1944 NKWD; 1944–1950 NKWD/MWD; 1950–1953 MGB; 1953–1959 MWD (nach Berdinskich, Specposelency, 2005, S. 18) |
| Gulag | Umgangssprachliches Synonym für die Lagerwelt des GULAG |
| Gulaschnik *(guljaščij)* | «Freimann», Mensch ohne festen Wohnsitz |
| Ilimka | 20–25 m langes und bis zu 5 m breites, gedecktes, einmastiges Flachbodenschiff mit spitzem Bug für Personen- und Lasttransporte auf den Flüssen Mittelsibiriens. Von den Russen den kleineren Booten der Keten abgeschaut |
| Isprawnik | Kreischef |
| Jamschtschik | Kutscher (von Postpferden, meistens eines Dreiergespanns) |
| Jar | Hohes Ufer, Hang |
| Jassak | Von nichtgetauften Eingeborenen zu zahlende Naturalsteuer, in der Regel in Pelzwerk |
| Jessaul *(esaul)* | Nach dem Ataman der nächstniedere Führungsrang der Kosaken |
| Jungbojaren *(deti bojarskie)* | Niederer Adelsrang des 16. und 17. Jahrhunderts; im Militär subalterner Offiziersrang |
| Jurte | Mobile Behausung von Steppenomaden: rundes oder ovales vertikales Stangengerüst mit konischem oder zylindrischem Oberbau, außen mit Filzmatten bespannt |

| | |
|---|---|
| Kabak | Schenke |
| Katorga | Zwangsarbeit, in der Zarenzeit, häufig in Fußketten |
| Komsomolzen | Angehörige des Kommunistischen Jugendverbandes |
| Konvoi | Bewaffnete Begleitung von Häftlingen außerhalb der Lagerzone |
| Kopeke *(kopejka)* | kleine russische Münzeinheit (1/100 Rubel) |
| Kosak | Im 18. Jahrhundert eigener Dienststand, der Militärdienst vor allem an der Grenze Südsibiriens leistete und dafür abgabenfreie Nutzungsrechte auf Erbland erhielt (ohne Veräußerungsrecht). In Sibirien Bezeichnung Kosak häufig auch als Synonym für Soldat oder Sluschiwoi. J. E. Fischer bezeichnet die Kosaken auch als «Landmiliz» (J. E. Fischer, Sibirische Geschichte, I, S. 97). |
| Kotsch *(koč')* | Bis zu 24 m langes und 5–8 m breites, gedecktes, einmastiges Boot für Fluss- und Küstenschifffahrt mit gegen Treibeis verstärkter Bordwand |
| Kusbass | Kusnezbecken (westsibirisches Kohlenrevier) |
| Kustar | Gewerbliche (meist häusliche) Kleinproduktion, kaum arbeitsteilig |
| Lagpunkt | Abkürzung von Lagerpunkt, mit einer Nummer versehener Teil eines Straflagerkomplexes |
| Molokanen | «Milchtrinker». Im 18. Jahrhundert entstandene russische Sekte, die den orthodoxen Ritus ablehnte und keine geistliche Hierarchie kannte. Die Fremdbezeichnung als «Milchtrinker» auch während strikter orthodoxer Fasttage deuteten sie selber um als «Trinker geistlicher Milch» |
| Moschki | Sibirische «Beißfliegen», genauer fliegenähnliche Kriebelmücken |
| Narodnik | Angehöriger der politischen Opposition im letzten Drittel des 19. Jahrhunderts, die anstelle des Zarenregimes von unten, aus dem «Volk» heraus einen auf den Landgemeinden aufbauenden Staat anstrebte |
| Nomenklatura | Angehörige hoher und höchster Kaderfunktionen in Partei, Staat und Wirtschaft der Sowjetunion |
| Norillag | Abkürzung für Norilsker Arbeitsbesserungslager |
| OMON | *(Otrjad mobil'nyj osobogo naznačenija)* Mobile Abteilung für besondere Aufgaben. Polizeitruppe des Innenministeriums in postsowjetischer Zeit |
| Ostrog | Palisadenfestung |
| *Pajka* | Tagesration im Gulag |
| Parascha | Eisenfass als Toilettenkübel |
| *Peresyločnyj lager'* | Verteilungs-, Durchgangs- oder Umschlaglager |
| Pjatidesjatnik | Unterhauptmann der Kosaken |
| Podwodtschik | Fuhrdienstpflichtiger Bauer, der etappenweise auf Poststraßen Gespanndienst, auf Flüssen Ruder- und Treideldienst zu leisten hatte |
| Pogost | Kirchspiel |
| Porog | Gefällstufe in einem großen Strom, Stromschnellen. Nach Gmelin im Unterschied zur Schiwera deutlich sichtbare Klippen im Fluss und lautes Tosen des Wassers |
| Possadleute *(posadskie)* | In Handel und Gewerbe tätige lastenpflichtige Angehörige eines städtischen Standes mit Selbstverwaltung. In Sibirien häufig auch in Dörfern anzutreffen |
| Prikas | Amtsbezirk eines Prikaschtschik |
| Prikaschtschik | Im 17. und 18. Jahrhundert Amtmann oder Kommandant als unterster Repräsentant der Staatsmacht in einem Hauptdorf oder einem kleinen Fort |
| Pud | 16,381 kg |
| Purga | Wintersturm |

| Rasnotschinzen (raznočincy) | «Sonderständische», die nicht in die traditionellen Standeskategorien hineinpassten. Im 17. und 18. Jahrhundert zählten dazu nichtadlige Hofränge, Kanzleibeamte, ausgediente Soldaten und Invaliden, seit dem späten 18. Jahrhundert zunehmend neue Berufsgruppen vor allem im akademischen Milieu, die «Intelligenzija». |
|---|---|
| Saschen (sažen') | Russisches Längenmaß = 2,13356 m, entspricht dem deutschen Klafter |
| Sassedatel (zasedatel') | Im 19. Jahrhundert Repräsentant der Staatsverwaltung in einem dem Kreis untergeordneten Bezirk (ähnlich wie zuvor der Prikaschtschik) |
| Schiwera (šivera) | Steiniger Flussabschnitt mit schnellem Flusslauf, strudliges Wasser |
| Sek, Seki (Plural) | von russisch zk = zaključennyj, «Weggeschlossener»: umgangssprachliche Abkürzung für einen Lagerhäftling |
| Simowje (zimov'e) | «Winterhütte». Vorwiegend durch Trapper und Jassakeinnehmer im Winter temporär genutzte Hütte einfachster Bauart. Konnten auch von Reisenden zur Rast und zur Fütterung der Pferde benutzt werden (J. E. Fischer, Sibirische Geschichte, 1, S. 343 f.) |
| Skopzen | «Verschnittene» (Fremdbezeichnung). Im 18. Jahrhundert entstandene russische Sekte «geistlicher Christen», die um eines gottgefälligen Lebens willen ihren Sexualtrieb auslöschten durch Selbstkastrierung beziehungsweise Herausschneiden der weiblichen Milchdrüsen |
| Slobode, Sloboda | Von svoboda («Freiheit»), bezeichnete zunächst eine landwirtschaftliche Siedlung, die über befristete Steuerprivilegien verfügte, später auch eine gemischtwirtschaftliche Siedlung oder eine Vorstadt |
| Sluschiwoi (služivoj) | Mit staatlichen Aufgaben, meist Militärdienst beauftragte Bauern und Possadleute, die dafür Steuerfreiheit und einen bescheidenen Sold in Geld oder Naturalien erhielten. Umgangssprachlich auch gebräuchliche Bezeichnung für Kosaken und Soldaten |
| Sorok | Bündel aus 40 Pelzen als Rechnungseinheit |
| Sotnik | Hundertschaftsführer (Hauptmann) einer Kosakeneinheit |
| Strelitzen (strel'cy) | Schützen, mit Gewehren ausgestattete Angehörige des stehenden Heeres (16./17. Jahrhundert) |
| Stundisten | Abgeleitet vom deutschen Wort «Stunde». Bezeichnung pietistischer beziehungsweise freikirchlicher Gemeinden, die sich in Südrussland und in der Ukraine nach dem Vorbild deutscher Kolonistengemeinden des 19. Jahrhunderts zu Andachts- und Bibelstunden zusammenfanden |
| Subbotniki | «Samstägler». Im späten 18. Jahrhundert entstandene russische Sekte, die den Samstag heiligte |
| Tarakan | Küchenschabe |
| Trudowiki | Trudovaja gruppa (Parteigruppe der Arbeit). Fraktion der russischen Reichsduma vor dem Ersten Weltkrieg, in der sich Deputierte der Bauernschaft und der linken Intelligenzija zusammengeschlossen hatten |
| Tschaldone, Tscheldone | Alteingesessener sibirischer Bauer |
| Tscheka | (Črezvyčajnaja Komisija) Außerordentliche Kommission. Vorgängerin des OGPU |
| Tschum | Mobile Behausung der Rentier- und Flussnomaden: mit Fellen bespanntes oder mit Birkenrindenlappen belegtes kegelförmiges Stangengerüst |
| Ukas (ukaz) | Staatliches oder behördliches Dekret, Befehl |
| Ulus | Unterste, auf dem Clanprinzip beruhende Organisationseinheit reiternomadischer Turkvölker |
| Urjadnik | Unteroffizier der Landpolizei |

| | |
|---|---|
| Volynka | Spontaner Massenwiderstand, häufig auch in Gestalt passiven zivilen Ungehorsams gegenüber Autoritäten; bewusste Bummelei, Arbeitsverzögerung (im Lager), bisweilen auch ausartend in Gewaltausbrüche |
| Wataga | Zusammenschluss einer Männergruppe (vor allem Kosaken) auf Zeit, um eine Unternehmung durchzuführen |
| Werst *(versta)* | Russisches Streckenmaß; 1 «neuer» Werst = 1,0668 km, 1 «alter» Werst das Doppelte |
| Wojewode *(vojvoda)* | Im 17. und zu Beginn des 18. Jahrhunderts Statthalter einer Provinz |
| Wolok | Schleppstelle (von russisch *voločit'* = schleppen). Kürzeste Landverbindung auf der Wasserscheide zwischen zwei Flüssen, über welche man die Boote vom einen zum anderen Fluss hinüberschleppen konnte |
| Wolost *(volost')* | Mehreren Landgemeinden übergeordnete Amtsgemeinde/Amtsbezirk mit Selbstverwaltung |
| Zehnerschafter *(desjatnik)* | Kosakischer Anführer von zehn Mann; im Polizeidienst von der Land- oder Stadtgemeinde gestellter Hilfspolizist |
| Zone *(zona)* | In sowjetischer Zeit mit Stacheldraht umzäunter und bewachter Wohn- oder Arbeitsbereich von Lagerhäftlingen |

# Abkürzungsverzeichnis

| | |
|---|---|
| ASSR | Avtonomnaja socialističeskaja sovetskaja respublika (Autonome Sozialistische Sowjetrepublik) |
| BĖSKK | Bol'šoj ėnciklopedičeskij slovar' Krasnojarskogo kraja (Großes Enzyklopädisches Wörterbuch des Krasnojarsker Krai) |
| CMRS | Cahiers du Monde russe et soviétique (Zeitschrift) |
| EAS | Europe-Asia Studies. University of Glasgow (Zeitschrift) |
| ĖO | Ėtnografičeskoe obozrenie (Ethnographische Revue) |
| FOG | Forschungen zur osteuropäischen Geschichte (Serie) |
| G. | Gouvernement |
| GPU | Gosudarstvennoe političeskoe upravlenie (Staatliche Politische Verwaltung, Geheimpolizei) |
| Ist. SSSR | Istorija SSSR (Zeitschrift) |
| ITL | Ispravitel'nyj-trudovoj lager' (Arbeitsbesserungslager) |
| JGO | Jahrbücher für Geschichte Osteuropas |
| KiS | Katorga i ssylka. Istoriko-revoljucionnyj Vestnik (Zwangsarbeit und Verschickung. Historisch-revolutionärer Bote) |
| KPR | Kommunistische Partei Russlands |
| Kr. | Krasnojarsk |
| L. | Leningrad |
| M. | Moskau |
| MWD | Ministerstvo vnutrennich del (Innenministerium, auch Geheimpolizei) |
| N. | Novosibirsk |
| NEP | Novaja ėkonomičeskaja politika (Neue ökonomische Politik) |
| NKWD | Narodnyj komisariat vnutrennich del (Volkskommissariat für Inneres, auch Geheimpolizei) |
| OGPU | Ob-edinënnoe Gosudarstvennoe političeskoe upravlenie (Vereinigte staatliche politische Verwaltung, Geheimpolizei) |
| Ot. ist. | Otečestvennaja istorija (Vaterländische Geschichte, Zeitschrift) |
| OVONOS | O vremeni, o Noril'ske, o sebe … Vospominanija. Moskau |
| PSR | Partija socialistov-revoljucionerov (Partei der Sozialisten-Revolutionäre) |
| Ross. Ist. | Rossijskaja istorija (Russländische Geschichte, Zeitschrift) |
| RSDRP | Rossijskaja social'no-demokratičeskaja rabočaja partija (Russländische Sozialdemokratische Arbeiterpartei) |
| RSFSR | Rossijskaja socialističeskaja federal'naja sovetskaja respublika (Russländische Sozialistische Föderative Sowjetrepublik) |
| SĖ | Sovetskaja ėtnografija (Sowjetische Ethnographie, Zeitschrift) |
| SIA | Sibirskij istoričeskij al'manach. Krasnojarsk (Sibirischer historischer Almanach) |
| SPb | St. Petersburg |
| SR | Sozialrevolutionäre, Mitglieder der PSR |

| | |
|---|---|
| SS | Sibirskij subėtnos. Kul'tura, tradicii, mental'nost'. Krasnojarsk (Die sibirische Unterethnie. Kultur, Traditionen, Mentalität, Serie) |
| TPK | Territorial'no-Proizvodstvennyj Kompleks (Territorialer Produktionskomplex) |
| VIst | Voprosy istorii (Fragen der Geschichte, Zeitschrift) |

# Bildnachweise

Karte 1: Lautensach, Atlas zur Erdkunde. Große Ausgabe. Heidelberg 1957
Karte 2: Atlas počv SSSR (1974)
Karte 3: Stadelbauer, Nachfolgestaaten (1996)

## Abbildungen auf Tafeln
1, 68 Zemlja Islendi (2010)
2, 51, 63 Krasnojarskij kraj. Kr. 1995
3, 6, 7, 9, 12, 13, 15, 17, 18, 19.1–4, 27, 28–31, 36, 40, 42, 50, 54, 57–61, 83, 84, 89, 90, 93, 94.1–4 Carsten Goehrke
4, 5, 14, 34, 43–45, 49, 56 Gisela Goehrke
8, 11, 46, 66, 70, 71, 82, 92 Kraj Turuchanskij. M. 2007
10 Internet: www.poloniya.ru/files/flib/365. Kanal Ob'-Enisej
16, 26 Holger Heuseler (Hg.), Unbekannte UdSSR. Satellitenbilder enthüllen die Sowjetunion. Frankfurt am Main 1977
20–23 Atlas počv SSSR (1974)
24, 65, 78.7 Sibir'. Atlas Aziatskoj Rossii (2007)
25 Živoj mir Krasnojarskogo kraja (2010)
27 National Geographic 163, 2 (1983)
32, 37, 41, 52 Zemlja Sibirskaja. Vladimir Medvedev. M. 1992
33, 35.1, 38, 47, 48 Nansen, Sibirien (1916)
35.2 V. Astaf'ev, Krasnojarsk. Kr. o. J.
35.3, 39, 74, 85 Potapov, Enisejskaja gubernija (2008)
35.4 Illjustrirovannaja istorija Krasnojar'ja (2012)
53 Internet: kitv.livejournal.com/10131.html (Igarka)
55 Karl-Hermann Ebert, Krailling
62 Internet: yandex.ru/images (Norilsk)
64 Dolgich, Rodovoj i plemennoj sostav (1960), Beilage
67 Gorod pod poljarnoj zvezdoj Dudinka. M. 1997
69 Ch. Daney, le transsibérien. Paris 1980
72.1, 73 G. S. Mironov, Vojdi v mir lesa. Kr. 2013
72.2 Po Eniseju ot Krasnojarska do Diksona. O. O., o. J.
75 Železnye dorogi SSSR (1989)
76 Enzo Pifferi, Trans Sibirien. Zürich 1980
77 OVONOS, 4 (2003), S. 258
78.1, 78.2, 78.4 Gosud. Duma (2008)
78.3, 80 SIA 2 (2011)
78.5 Dudinka (2012)
78.6 Bočanova, Očerki (2000)
78.7, 86 Illjustrirovannaja istorija Krasnojar'ja (2014)
78.8 OVONOS, 12 (2012)
78.9 A. Statejnov, Agaf'ja Lykova. Kr. 2012
79 Zabytaja doblest' (2014)
81 Sebag Montefiore, Der junge Stalin (2007)
87 Gricenko, Kalinin, Istorija (2012)
88 Strojka No. 503, 2 (2007)
91 Internet: http://photochronograph.ru/2013/07/29/doroga-v-nikuda/

## Textabbildungen

1, 2 Seebohm, Birds (1901/85)
3, 14 Nikitin, Zemleprochodec (1999)
4 R. H. Fisher, Voyage (1981)
5 Belov, Mangazeja, 1 (1980)
6 Stadelbauer, Erschließung (1986)
7–9 Olaus Magnus, Historia de gentibus septentrionalibus, Rom 1555, Reprint Copenhagen 1972
10 Istorija Sibiri, 2 (1968)
11 Ėtnografija russkogo krest'janstva Sibiri (1981)
12 Kopylov, Razvitie (1978)
13 I. F. Potapov, Enisejskaja gubernija (2008)
15–17 Nordenskiöld, Umsegelung, 1 (1882)

# Bibliographie

Abaimov, A. P. et al., Lesa Krasnojarskogo Zapoljar'ja. N. 1997.
Abramkin, V. F., Česnokova, V. F., Tjuremnyj mir glazami politzaključennych. 1940–1980-e gody. M. 1998.
Adler, Nanci, The Gulag Survivor: Beyond the Soviet System. Brunswick, NJ 2002.
Aferenko, Viktor, Krasnojarskaja starina ot A do Ja (Archivnye ėtjudy). Kr. 2011.
Agrarnoe i demografičeskoe razvitie Sibiri v kontekste rossijskoj i mirovoj istorii. XVII–XX vv. N. 1999.
Ajvazov, Leon, «… noril'čane – ljudi iz osobogo materiala nevidannoj pročnosti». In: OVONOS, 1 (2008), S. 196–201.
Akišin, M. O., Policejskoe gosudarstvo i sibirskoe obščestvo. Ėpocha Petra Velikogo. N. 1996.
Aleksandrov, V. A., Narodnye vosstanija v Vostočnoj Sibiri vo vtoroj polovine XVII v. In: Istoričeskie zapiski 59 (1957), S. 255–309.
– Russkoe žilišče v Vostočnoj Sibiri v XVII – načale XVIII veka. In: SĖ 1960, 2, S. 44–56.
– Načalo chozjajstvennogo osvoenija i prisoedinenie k Rossii severnoj časti Enisejskogo kraja. In: Sibir' XVII–XVIII vv. N. 1962, S. 7–29.
– Russkoe naselenie Sibiri XVII – načala XVIII v. (Enisejskij kraj). M. 1964.
Aleksandrov, V. A., Pokrovskij, N. N., Vlast' i obščestvo. Sibir' v XVII v. N. 1991.
Alekseev, V. V., Ėlektrifikacija Sibiri. Istoričeskoe issledovanie. 1: 1885–1950 gg.; 2: 1951–1970 gg. N. 1973–1976.
– Vlijanie ėnergetičeskogo stroitel'stva na chozjajstvennoe osvoenie i zaselenie Sibiri. In: Chozjajstvennoe osvoenie Sibiri (1979), S. 48–58.
Alekseeva, V. K., Uroven' žizni naselenija Sibiri i Dal'nego Vostoka nakanune Velikoj Oktjabr'skoj socialističeskoj revljucii. In: Chozjajstvennoe osvoenie Sibiri (1979), S. 155–166.
Alfërova-Ruge, Irina Andreevna, Iz pisem v Igarskij muzej. In: Strojka No. 503, vyp. 1 (2000), S. 106–111.
Anaškin, V. N., Istoričeskie i statističeskie dannye o kačincach v Enisejskoj gubernii. Kr. 2011.
Anderson, D. Dž., Tundroviki. Ėkologija i samosoznanie tajmyrskich ėvenkov i dolgan. N. 1998.
Andjusev, B. E., Sibirskoe kraevedenie. Učebnoe posobie dlja učaščichsja i studentov. Kr. 1999.
– Tradicionnoe soznanie krest'jan-starožilov Prienisejskogo kraja 60-ch gg. XVIII – 90-ch gg. XIX vv.: opyt rekonstrukcii. Kr. 2004.
Andjusev, Boris, Geroj ili žertva: tragedija «malenkogo čeloveka» v žernovach Graždanskoj vojny. In: SIA 2 (2011), S. 298–302.
Andrjuščenko, V. K., Obrabatyvajuščaja promyšlennost' Sibiri vtoroj poloviny XIX v. In: Promyšlennost' i rabočie Sibiri (1980), S. 32–56.
Armstrong, Terence, Russian Settlement in the North. Cambridge 1965.
– The Northern Sea Route. In: Russian Transport (1975), S. 127–141.
Asalchanov, I. A., Sel'skoe chozjajstvo Sibiri konca XIX – načala XX v. N. 1975.
Asočakova, V. N., Christianizacija korennogo naselenija v Chakasskom-Minusinskom krae v XVIII–XIX vv. In: Enisejskoj gubernii 180 let (2003), S. 24–31.
Atkinson, Mrs. [Lucy], Recollections of Tartar Steppes and their Inhabitants. London 1863.
Atlas počv SSSR. Pod obščej red. I. S. Kauričeva i I. D. Gromyko. M. 1974.
Atlas SSSR. 2-e izd. M. 1969.

[Avvakum] Das Leben des Protopopen Avvakum von ihm selbst niedergeschrieben. Übersetzt aus dem Altrussischen von Gerhard Hildebrandt. Göttingen 1965.

Baev, A. A., «Ėto tol'ko dokumental'nye svidetel'stva o žizni moego otca Aleksandra Aleksandroviča Baeva». In: OVONOS, 12 (2012), S. 292–379.

Bährens, Kurt, Deutsche in Straflagern und Gefängnissen der Sowjetunion, 2, München 1965.

Bajgutdinov, Nail', Ubej menja, mamočka. In: Detstvo opalennoe vojnoj (2011), S. 87–110.

Balandin, S. N., Oboronnaja architektura Sibiri v XVII v. In: Goroda Sibiri (ėkonomika, upravlenie i kul'tura gorodov Sibiri v dosovetskij period). N. 1974, S. 7–37.

– Načalo russkogo kamennogo stroitel'stva v Sibiri. In: Sibirskie goroda XVII – načala XX veka. N. 1981, S. 174–196.

Beiträge zur Kenntniss des Russischen Reiches und der angränzenden Länder Asiens. Hg. von K. E. von Baer und Gr. von Helmersen. SPb, 4 (1841), 12 (1847), II. Folge, 6 (1883).

Belkovec, L. P., «Bol'šoj terror» i sud'by nemeckoj derevni v Sibiri (konec 1920-ch – 1930-e gody). M. 1995.

Bell, John, Travels from St. Petersburg in Russia to diverse parts of Asia, 1–2, Glasgow 1763/64.

Belokonskij, I. P., K istorii političeskoj ssylki 80-ch godov. In: KiS 31 (1927), S. 142–157.

Belov, M. I. et al., Mangazeja. 1: Mangazejskij morskoj chod. L. 1980; 2: Material'naja kul'tura russkich poljarnych morechodov i zemleprochodcev XVI–XVII vv. M. 1981.

Berdinskich, Viktor, Specposelency. Političeskaja ssylka narodov Sovetskoj Rossii. M. 2005.

Berg, L. S., Die geographischen Zonen der Sowjetunion, 1–2, Leipzig 1958/59.

Beschreibung der dreijährigen chinesischen Reise. Die russische Gesandtschaft von Moskau nach Peking 1692 bis 1695 in den Darstellungen von Eberhard Isbrand Ides und Adam Brand. Hrsg. von Michael Hundt. Stuttgart 1999.

Bibikova, Valentina, Rol' častnoj i obščestvennoj iniciativy v razvitii obrazovanija Enisejskoj gubernii v XIX – načale XX veka. Kr. 2004.

Bočanova, G. A., Sostojanie zdravoochranenija rabočich obrabatyvajuščej promyšlennosti Sibiri v dooktjabr'skij period. In: Promyšlennost' i rabočie Sibiri (1980), S. 131–151.

Bočanova, G. A. et al., Očerki istorii blagotvoritel'nosti v Sibiri vo vtoroj polovine XIX – načale XX v. N. 2000.

Bogolěpov, M., Torgovlja v Sibiri. In: Sibir' (1908), S. 169–200.

Bojaršinova, Z. Ja., Zemel'nye soobščestva v Sibiri v XVII – načale XVIII v. In: Krest'janskaja obščina v Sibiri (1977), S. 14–32.

Bolina-Ukočër, T. V., Chantajskie ėvenki. Kr. 2011.

Bolonkina, E. V., Katcina, T. A., Social'no-ėkonomičeskoe razvitie Enisejskoj gubernii vo vtoroj četverti XIX veka. Kr. 2009.

Bol'šoj ėnciklopedičeskij slovar' Krasnojarskogo kraja, 1–2, Krasnojarsk 2010.

Borisov, A. A., Klimaty SSSR. Izd. 3-e, dop. i pererab. M. 1967.

Borisova, A. P., Rodoslovnaja Stukalovych. Kr. 2010.

Brileva, A. A., «… glavnoe bogatstvo noril'skich mest – ne med' ili platina, a ljudi!». In: OVONOS, 1 (2008), S. 384–399.

Brodnikov, Aleksandr, Enisejskij ostrog. Enisejsk v XVII veke. Očerki iz istorii goroda i uezda. Enisejsk 1994.

Bulava, Ivan, Vstreči na Enisee. Kr. 2010.

Burykin, A. A., Enisej i Angara. K istorii i ėtimologii. In: Ėnciklopedija Irkutskoj oblasti i Bajkala. http://irkipedia.ru/content/enisey_i_angara_k_istorii_i_etimologii.

Butakova, A., Bulankov, V. V., Problema sel'skogo posada sibirskogo goroda v XVII–XVIII vv. In: SS, 5 (2009), S. 49–54.

Bykonja, G. F., Zaselenie russkimi prienisejskogo kraja v XVIII v. N. 1981.

– Kazačestvo i drugoe služebnoe naselenie Vostočnoj Sibiri v XVIII – načale XIX veka (demografo-soslovnyj aspekt). Kr. 2007.

- O formirovanii administrativno-territorial'nych granic Enisejskoj gubernii. In: Enisejskaja gubernija – Krasnojarskij kraj (2012), S. 3–9.
- et al., Krasnojarsk v dorevoljucionnom prošlom. XVII–XIX veka. Kr. 1990.
- et al., Enisejskoe kupečestvo v licach (XVIII – načalo XX v.). N. 2012.

Byt i iskusstvo russkogo naselenija Vostočnoj Sibiri, 1: Priangar'e. N. 1971.
[Castrén, Matthias Alexander] M. Alexander Castrén's Reiseberichte und Briefe aus den Jahren 1845–1849. Im Auftrage der Kaiserl. Akademie d. Wissensch. hrsg. von Anton Schiefner. SPb 1856.
Cenjuga, I. N., Leonid Alekseevič Kulik (K 100-letiju tungusskogo meteorita). In: SS, 4 (2008), S. 187–202.
Čerkasov, Ivan, Kozlov, Oleg, Aleksandr Ivanovič Brilliantov (1869 – posle 1924): ot sel'skogo svjaščennika do člena Sovnarkoma. In: SIA, 2 (2011), S. 289–292.
Cerkov' i gosudarstvo: prošloe i nastojaščee. Tezisy dokladov i soobščenij naučnoj konferencii. Krasnojarsk. 31 oktjabrja 2001 goda. Kr. 2001.
Chakassija v XX veke: chozjajstvennoe i social'noe razvitie. Abakan 1995.
Charčenko, L. N., Pravoslavnaja cerkov' v kul'turnom razvitii Sibiri (vtoraja polovina XIX v. – fevral' 1917 g.). SPb 2005.
Chaziachmetov, È. Š., Organizacija pobegov političeskich ssyl'nych iz Sibiri v 1906–1917 godach. In: Ssylka i obščestvenno-političeskaja žizn' (1978), S. 54–91.
Chomenko, D. Ju., Zadači christianizacii korennogo naselenija Enisejskoj gubernii vo vtoroj polovine XIX – načale XX vv. In: Enisejskaja gubernija – Krasnojarskij kraj (2012), S. 29–37.
Chorina, V. V., Ob istočnikach formirovanija intelligencii Enisejskoj gubernii v konce XIX – načale XX vv. In: SS, 6 (2010), S. 139–154.
Chozjajstvennoe osvoenie i zaselenie rajonov Sibiri (Dorevoljucionnyj period). Irkutsk 1975.
Chozjajstvennoe osvoenie Sibiri i rost ee narodonaselenija (XVIII–XX vv.). Bachrušinskie čtenija 1979 g. N. 1979.
Chromych, A. S., Sibirskij frontir. Vstreča civilizacij ot Urala do Eniseja (Poslednjaja tret' XVI – pervaja četvert' XVII veka). Kr. 2012.
Cingovatov-Korol'kov, I., Organizacija vzaimopomošči enisejskoj ssylki (Po ličnym vospominanijam i po pis'mam). In: KiS 40 (1928), S. 110–120.
Clement, Hermann, Nichtenergetische Rohstoffe Sibiriens: Ihre Bedeutung für die sowjetische Volkswirtschaft. In: Sibirien (1986), S. 192–201.
Cochrane, John Dundas, Fußreise durch Russland und die Sibirische Tartarei, und von der Chinesischen Gränze nach dem Eismeer und Kamtschatka. Aus d. Engl. Weimar 1825.
Consul Jonas Lied and Russia: collector, diplomat, industrial explorer 1910–1931. Ed. by Marit Werenskiöld. Oslo 2008.
Cottrell, Charles Herbert, Sibirien. Nach seiner Naturbeschaffenheit, seinen gesellschaftlichen und politischen Verhältnissen und als Strafcolonie geschildert. Aus dem Englischen übers. und mit Anm. begleitet von M. B. Lindau, 1–2, Dresden 1846.
Cykunov, G. A., Angaro-Enisejskie TPK: problemy i opyt (istoričeskij aspekt). Irkutsk 1991.
Cykunov, G. A., Cykunov, E. G., Problemy vzaimodejstvija obščestva i prirody v Vostočnoj Sibiri v XX v. In: Čelovek i priroda v istorii Rossii XVII–XXI vekov. Vtorye Ščapovskie čtenija. Irkutsk 2002, S. 50–54.
Dacyšen, V. G., Sajanskij rubež. Južnaja čast' Prienisejskogo kraja i russko-tuvinskie otnošenija v 1616–1911 gg. Tomsk 2005.
Dahlmann, Dittmar, Sibirien. Vom 16. Jahrhundert bis zur Gegenwart. Paderborn 2009.
Damešek, L. M., Jasačnaja politika carizma v Sibiri v XIX – načale XX veka. Irkutsk 1983.
Dar'jal'skij, V. A., «Noril'sk – gorod, sostojaščij iz malen'kich izb i zavodov-velikanov». In: OVONOS, 1 (2008), S. 444–507 (Erstausgabe unter dem Titel «Noril'sku – 25 let». Noril'sk 1960).

Demografičeskoe razvitie Sibiri. 30–80-e gg. (Istoričeskij opyt i sovremennye problemy). N. 1991.
Denisov, Vadim, Chronologija Tajmyra. Chronologija istoričeskich sobytij, genezisa Tajmyra i Noril'skogo rajona. Noril'sk 2009.
Denisov, V., et al., Istorija Noril'ska. Noril'sk 2013.
Detstvo opalennoe vojnoj. Kr. 2011.
The Development of Siberia: People and Resources. Ed. by Alan Wood and R. A. French. Houndmills, Basingstoke 1989.
Deutsch, L. G., Sechzehn Jahre in Sibirien. Erinnerungen eines russischen Revolutionärs. Stuttgart 1921.
D'jačenko, V. I., Formirovanie dolgan v processe istoričeskich svjazej tungusov, jakutov i russkich. In: Narody Sibiri (1999), S. 272–331.
Dobrovol'skij, Aleksandr, «Mërtvaja doroga». In: Otečestvo. Kraevedčeskij al'manach. M. 1994, S. 193–212.
Dolgich, B. O., Rodovoj i plemennoj sostav narodov Sibiri v XVII v. M. 1960.
– Obrazovanie sovremennych narodnostej Severa SSSR. In: SĖ 1967, 3, S. 3–15.
Dolgoljuk, A. A., Naučnaja razrabotka problem Angaro-Enisejskogo regiona v 70–80-e gody. In: Sibir': Proekty XX veka (načinanija i real'nost'). N. 1998, S. 73–96.
– Korrektirovka programmy chozjajstvennogo osvoenija Angaro-Enisejskogo regiona v 1940–1950-e gg. In: ebd., 2, N. 2000, S. 47–79.
Dolidovič, O. M., Ženščiny v obščestvenno-kul'turnoj žizni Enisejskoj gubernii v konce XIX – načale XX vv. In: Enisejskoj gubernii 180 lct (2003), S. 56–63.
Dolidovič, O. M., Fëdorova, V. I., Ženščiny Sibiri vo vtoroj polovine XIX – načale XX veka (Demografičeskij, social'nyj, professional'nyj aspekty). Kr. 2008.
«Dorogoj tovarišč Petja Čižikov». Pis'ma I. V. Stalinu ot druz'ej iz Turuchanska. In: Istočnik. Dokumenty russkoj istorii, 2001'2 (50), M. 2001, S. 50–51.
Dudinka. Vremja. Ljudi. Sud'by. Dudinka o. J. [2012].
Dvorjanov, V. N., V sibirskoj dal'nej storone ... (Očerki istorii političeskoj katorgi i ssylki 60-e gody XVIII v. – 1917 g.). Izd. 2-e, pererab. i dop. Minsk 1985.
Dzjubenko, Nina, «Noril'sk stoit na kostjach čelovečeskich ...». In: OVONOS, 4 (2003), S. 42–71.
Ėkonomika GULAGa i eë rol' v razvitii strany. 1930-e gody. Sbornik dokumentov. M. 1998.
Eliseenko, Aleksej, Krasnojarskij perevorot. Sverženie bol'ševizma v ijune 1918 goda. In: SIA 2 (2011), S. 123–130.
Enisejsk pravoslavnyj. Očerk protoiereja Gennadija Fasta. Enisejsk 1994.
Enisejskaja gubernija – Krasnojarskij kraj – 190 let istorii. VII kraevedčeskie čtenija. Kr. 2012.
Enisejskie parochody prošlych stoletij: www.river-forum.ru/archive/index.php/t-6168.html
Enisejskoe zemljačestvo. In: KiS 27 (1926), S. 269–270.
Enisejskoj gubernii 180 let. Materialy IV kraevedčeskich čtenij. Kr. 2003.
Environmental and Health Atlas of Russia. Ed. by Murray Feshbach. M. 1995.
Environmental Crime and Corruption in Russia. Federal and regional perspectives. Ed. by Sally Stoecker and Ramziya Shakirova. New York 2013.
An Environmental History of Russia. By Paul Josephson et al. Cambridge 2013.
Ermakovskij, Turuchanskie sobytija 1907–1908 g.g. (Vospominanija učastnika). In: KiS 39 (1928), S. 115–129.
Erman, Adolph, Reise um die Erde durch Nord-Asien und die beiden Oceane in den Jahren 1828, 1829 und 1830. Abt. 1, Bd. 2: Reise von Tobolsk bis zum Ochozker Meer im Jahre 1829. Berlin 1838.
Ermolova, N. V., Ėvenki central'noj Sibiri: social'naja organizacija i ėtničeskaja struktura. In: Narody Sibiri (1999), S. 69–164.

Ertz, Simon, Zwangsarbeit im stalinistischen Lagersystem. Eine Untersuchung der Methoden, Strategien und Ziele ihrer Ausnutzung am Beispiel Norilsk, 1935–1953. Berlin 2006.
Ėtnoatlas Krasnojarskogo kraja. Izd. 2-e, pererab. i dopoln. Kr. 2008.
Ėtnografija russkogo krest'janstva Sibiri XVII – seredina XIX v. M. 1981.
Evmenova, L. N., Kul'tura russkich pereselencev Prienisejskogo kraja. 2-e izd. Kr. 2007.
– Kul'turnoe podvižničestvo v istorii Krasnojarskogo kraja. Kr. 2008.
Evzerov, Moisej, «Neraskajavšijsja vrag vnov' v stroju borcov za industrializaciju svoej strany, za socializm …» Zapiski gornogo inženera. In: OVONOS, 1 (2008), S. 76–125.
Ežegodnyj doklad «O položenii detej v Krasnojarskom krae v 2003 godu». Kr. 2004.
Falk, Johann Peter, Beyträge zur Topographischen Kenntniß des Russischen Reichs. Hg. von J. G. Georgi, 1–3, SPb 1785/86.
Faust, Wolfgang, Russlands Goldener Boden. Der sibirische Regionalismus in der zweiten Hälfte des 19. Jahrhunderts. Köln 1980.
Fedorov, M. M., Pravovoe položenie narodov Vostočnoj Sibiri (XVII – načalo XIX veka). Jakutsk 1978.
Ferberg, Miriam, «Ja blagodarna sud'be …». In: OVONOS, 1 (2008), S. 292–317.
Filin, M. D., Pol'skie revoljucionery v zabajkal'skoj političeskoj ssylke v 30–40-e gg. XIX v. In: Političeskie ssyl'nye v Sibiri (1983), S. 167–177.
Fischer, Johann Eberhard, Sibirische Geschichte von der entdekkung Sibiriens bis auf die eroberung dieses Landes durch die Russische waffen, 1–2. SPb 1768.
Fisher, Raymond H., The Voyage of Semen Dezhnev in 1648: Bering's Precursor. With Selected Documents. London 1981.
Formirovanie kul'turno-istoričeskoj sredy v krae v XIX–XX vv. Materialy II kraevedčeskich čtenij g. Krasnojarsk, 1 dekabrja 1999 g. Kr. 2000.
Franz, Hans-Joachim, Physische Geographie der Sowjetunion, Gotha o. J. [1973].
[Fries, Hans Jakob] Eine Reise durch Sibirien im achtzehnten Jahrhundert. Die Fahrt des Schweizer Doktors Jakob Fries. Hg. von Walther Kirchner. München 1955
Garmaš, Trofim, Noril'skaja istorija. In: OVONOS, 12 (2012), S. 20–75.
Gaven, Ju. P., Revoljucionnoe podpol'e v period imperialističeskoj vojny v Enisejskoj gubernii. In: KiS 36 (1927), S. 112–129.
Gefangen in Sibirien. Tagebuch eines ostpreußischen Mädchens 1914–1920. Hg. von Karin Borck und Lothar Kölm. Osnabrück 2001.
Gentes, Andrew A., Exile to Siberia, 1590–1822. Houndmills, Basingstoke 2008.
Georgi, Johann Gottlieb, Bemerkungen einer Reise im Rußischen Reich im Jahre 1772, 1. SPb 1775.
– Bemerkungen einer Reise im Rußischen Reich in den Jahren 1773 und 1774, 2. SPb 1775.
Gergilev, Denis, Voprosy administrativno-territorial'nogo delenija Sibiri (načalo XX i načalo XXI vekov). Istoričeskie paralleli. In: SIA, 2 (2011), S. 8–12.
Gerrare, Wirt, Greater Russia. The Continental Empire of the Old World. London 1903.
Giese, Ernst, Klüter, Helmut, Entwicklung und Erschließung des Hohen Nordens in der Sowjetunion. In: Sibirien (1986), S. 65–71.
[Gmelin, Johann Georg] Johann Georg Gmelins Reise durch Sibirien von dem Jahr 1733–1743. Teil 1, Göttingen 1751.
– Johann Georg Gmelins Reise durch Sibirien von dem Jahr 1738 bis zu Ende 1740. 3. Theil, Göttingen 1752.
– Expedition ins unbekannte Sibirien. Hrsg., eingel. und erläutert von Dittmar Dahlmann. Sigmaringen 1999.
Goehrke, Carsten, Das «andere» Russland: Zu Sibiriens Stellenwert in der russischen Geschichte. In: Berliner Jahrbuch für osteuropäische Geschichte 1995, 2, S. 123–150.
– Die Gegenwart der Vergangenheit in Sibirien. Reise in drei Lebenswelten des 20. Jahrhunderts am Jenissei. In: Zwischen Adria und Jenissei. Reisen in die Vergangenheit. Wer-

ner G. Zimmermann zum 70. Geburtstag, hg. von Nada Boškovska et al. Zürich 1995, S. 57–126.
– Reise in drei Lebenswelten des 20. Jahrhunderts am Jenissei – zum Zweiten. In: Der Fachbereich Osteuropa am Historischen Seminar der Universität Zürich 1996–2002. Zürich 2002, S. 27–54.
– Russischer Alltag. Eine Geschichte in neun Zeitbildern vom Frühmittelalter bis zur Gegenwart, 1–3. Zürich 2003–2005.
Gol'dberg, Rafaėl', 501-ja. Tjumen' 2003.
Gončarov, A. E., Dejatel'nost' «Anglijskoj Morskoj Torgovoj Kompanii Frensis Lejborn-Popchėm» v Sibiri: 1893–1899 gg. In: SS, 7 (2012), S. 21–37.
Gončarov, Ju. M., Očerki istorii gorodskogo byta dorevoljucionnoj Sibiri (seredina XIX – načalo XX v.). N. 2004.
Gorjuškin, L. M., Krest'janskoe dviženie v Sibiri 1914–1917 gg. Chronika i istoriografija. N. 1987.
Goroda Sibiri (ėpocha feodalizma i kapitalizma). N. 1978.
Gosudarstvennaja Duma Rossijskoj imperii 1906–1917. Ėnciklopedija. M. 2008.
Gowing, Lionel Francis, Five Thousand Miles in a Sledge. A Mid-Winter Journey across Siberia. London 1889.
Gradostroitel'stvo Rossii serediny XIX – načala XX veka. 3. Stolicy i provincija. M. 2010.
Gradostroitel'stvo Sibiri. SPb 2011.
Gramp, Evgenij, «… uže čerez god posle aresta otca mat' dobrovol'no otkazalas' ot amerikanskogo graždanstva i prinjala graždanstvo SSSR». In: OVONOS, 1 (2008), S. 12–44.
Gricenko, V., Kalinin, V., Istorija «mertvoj dorogi» 501/503. Izd. 2-e Ekaterinburg 2012.
Gricjak, Evgenij, «… naiglavnejšim faktorom, podvignuvšim nas na rešitel'nye dejstvija, byli sistematičeskie provokacii protiv nas». In: OVONOS, 7 (2005), S. 8–99.
Grigor'eva, A. A., Sdvigi v geografii promyšlennosti Sibiri (XVII – načalo XX v.). In: Chozjajstvennoe osvoenie i zaselenie rajonov Sibiri (1975), S. 3–47.
Gringof, Chr., Turuchanskij s-ezd ssyl'nych v 1908 g. (Vospominanija učastnika). In: KiS 39 (1928), S. 130–131.
Gromyko, M. M., Territorial'naja krest'janskaja obščina Sibiri (30-e gg. XVIII – 60-e gg. XIX v.). In: Krest'janskaja obščina v Sibiri (1977), S. 33–103.
Großer Historischer Weltatlas. Hrsg. Vom Bayerischen Schulbuchverlag, 3. Neuzeit. München 1957.
Gur'eva, A. A., Vavilova, Ju. S., Černosotennoe dviženie v Enisejskoj gubernii 1906–1910 gg. (po materialam gazety Susanin). In: Enisejskaja gubernija – Krasnojarskij kraj (2012), S. 103–107.
Guščin, N. Ja., Tendencii demografičeskogo razvitija Sibiri v 60–80-ch gg. In: Demografičeskoe razvitie Sibiri (1991), S. 49–103.
– «Raskulačivanie» v Sibiri (1928–1934 gg.): metody, ėtapy, social'no-ėkonomičeskie i demografičeskie posledstvija. N. 1996.
Guzok, K. G., Nekotorye voprosy geografii zemledelija na territorii juga Vostočnoj Sibiri v pervoj polovine XIX v. In: Chozjajstvennoe osvoenie i zaselenie rajonov Sibiri (1975), S. 140–148.
Hansteen, Christopher, Reise-Erinnerungen aus Sibirien. Deutsch von Dr. H. Sebald. Leipzig 1854.
Happel, Jörn, Unter Ungeziefer und «Wilden». Sibirien-Reisende im 18. Jahrhundert. In: JGO 61 (2013), S. 1–25.
Happy People. Ein Jahr in der Taiga. Ein Film von Werner Herzog und Dmitry Vasyukov. Arthaus DVD 2013.
Hartley, Janet, Siberia: A History of the People. New Haven 2014.
Hausmann, Guido, Mütterchen Wolga. Ein Fluss als Erinnerungsort vom 16. bis ins frühe 20. Jahrhundert. Frankfurt am Main 2009.

Haviland, Maud D., A Summer on the Yenesei 1914. London 1915. Reprint New York 1971.
Hedeler, Wladislaw, Die Ökonomik des Terrors. Zur Organisationsgeschichte des Gulag 1939 bis 1960. Hannover 2010.
Heller, Otto, Sibirien, ein anderes Amerika. Berlin 1931.
Hill, S. S., Travels in Siberia, 1. London 1854.
Hofmann, Ernst, Reise nach den Goldwäschen Ostsibiriens. SPb 1847 (= Beiträge zur Kenntniss des Russischen Reiches ..., 12).
Horensma, Pier, The Soviet Arctic. London 1991.
Hrycjak, Evhen, Noryl'ske povstannja. Spohady i dokumenty. L'viv 2004. Russische Übersetzung siehe unter Gricjak, Evgenij (2005).
Igarka drevnjaja, Igarka zagadočnaja. Sbornik očerkov po istorii Igarskogo regiona, 2. Igarka 2013.
Il'inych, V. A., «Masljanaja vojna» 1923–1928 gg. v Sibiri. N. 1996.
– Raskrest'janivanie sibirskoj derevni v sovetskij period: osnovnye tendencii i ėtapy. In: Ot. ist. 2012, 1, S. 130–141.
Illjustrirovannaja istorija Krasnojar'ja (XVI – načalo XX v.). Kr. 2012.
Illjustrirovannaja istorija Krasnojar'ja (1917–1991 gody). Kr. 2014.
Industrial'noe razvitie Sibiri v gody poslevoennych pjatiletok (1946–1960). N. 1982.
Išmuratov, B. M., Ėkonomiko-geografičeskie osnovy opredelenija mesta Sibiri v Rossii i mire. In: Vostočnosibirskij regionalizm (2001), S. 71–80.
Istomin, A. G., Demografičeskaja situacija v Enisejskoj gubernii nakanune i v gody Pervoj mirovoj vojny. In: Krasnojarskij kraj: istoričeskie aspekty (2006), S. 155–160.
Istorija Krasnojarskogo kraja, 1–4. Kr. 2008/09.
Istorija Sibiri s drevnejšich vremen do našich dnej v pjati tomach, 1–5, L. 1968/69.
Istorija Stalinskogo Gulaga. Konec 1920-ch – pervaja polovina 1950-ch godov. Sobranie dokumentov v semi tomach, 4: Naselenie Gulaga: čislennost' i uslovija soderžanija; 5: Specpereselency v SSSR; 6: Vosstanija, bunty i zabastovki zaključennych. Otv. red. i sostavitel' V. A. Kozlov. M. 2004.
Ivanova, E. A., Krasnojarskij kraj: osnovnye ėtapy razvitija territorii. In: Krasnojarskij kraj: istoričeskie aspekty (2006), S. 53–59.
Iz istorii sem'i i byta sibirskogo krest'janstva XVII – načala XX v. N. 1975.
Izgnanniki v svoej strane. Pis'ma iz sovetskoj ssylki 1920–1930-ch godov. M. 2008.
Izučenie i osvoenie arktičeskoj zony Rossii v XVIII – načale XXI vv. Sbornik dokumentov i materialov. Otv. red. V. A. Lamin. N. 2011.
Jefferson, Robert L., Roughing it in Siberia with Some Account of the Trans-Siberian Railway, and the Gold-Mining Industry of Asiatic Russia. London 1897.
Jerofejew, Viktor, Golgatha des Nordens. In: ders., Russische Apokalypse. Berlin 2009, S. 82–87.
Joyeux, Frank, Der Transitweg von Moskau nach Daurien: Sibirische Transport- und Verkehrsprobleme im 17. Jahrhundert. Phil. Diss. Köln 1981.
Junge, Marc, Die Gesellschaft ehemaliger politischer Zwangsarbeiter und Verbannter in der Sowjetunion. Gründung, Entwicklung und Liquidierung (1921–1935). Berlin 2009.
Kabuzan, V. M., Troickij, S. M., Čislennost' i sostav naselenija Sibiri v pervoj polovine XIX v. In: Russkoe naselenie Pomor'ja i Sibiri (1973), S. 261–277.
Kaczyńska, Elżbieta, Das größte Gefängnis der Welt. Sibirien als Strafkolonie zur Zarenzeit. Frankfurt am Main 1994.
Kaganskij, Vladimir, Kul'turnyj landšaft i sovetskoe obitaemoe prostranstvo. M. 2001.
Kaliničev, V. P., Velikij Sibirskij put'. Istoriko-ėkonomičeskij očerk. M. 1991.
Kalugina, Z. I., Sel'skoe naselenie Sibiri v novom social'no-ėkonomičeskim prostranstve: orientacii i povedenie. In: Sibirskaja derevnja v period transformacii (1996), S. 33–51.
Kapčenko, N. I., Političeskaja biografija Stalina, 1 (1879–1924). M. 2004.
Karlov, S. V., Massovye repressii v 1930 gg. (na materialach Chakasii). Abakan 2011.

Kastren, Matias Aleksanteri, Putešestvie v Sibir' (1845–1849), 2. Tjumen' 1999.
Kationov, O. N., Dorožnaja povinnost' krest'jan Sibiri v XIX v. In: Obraz žizni sibirskogo krest'janstva perioda razloženija feodalizma i razvitija kapitalizma. N. 1983, S. 78–86.
– Istočniki dlja izučenija izvoznogo promysla krest'jan Moskovsko-Sibirskogo trakta vtoroj poloviny XIX v. In: Istočniki po istorii osvoenija Sibiri v period kapitalizma. N. 1989, S. 46–58.
– Moskovsko-Sibirskij trakt kak osnovnaja suchoputnaja transportnaja kommunikacija Sibiri XVIII–XIX vv. 2-e izd., pererab. i dopoln. N. 2008.
Kaufman, A., Zemel'nyj vopros i Pereselenie. In: Sibir' (1908), S. 79–140.
Kaufman, A. A., Krest'janskaja obščina v Sibiri. Po mestnym issledovanijam 1886–1892 gg. Izd. 2-e. M. 2011.
Khlevniuk, Oleg V., The History of the Gulag: From Collectivization to the Great Terror. New Haven 2004.
Khlevnyuk, Oleg, The Economy of the OGPU, NKVD, and MVD of the USSR, 1930–1953: The Sale, Structure, and Trends of Development. In: The Economics of Forced Labor: The Soviet Gulag. Ed. by Paul R. Gregory and Valery Lazarev. Stanford, CA, 2003, S. 43–66.
Kiprijanova, N. V., Sociokul'turnyj oblik rossijskogo kupečestva. Po materialam Uložennoj komissii 1767 g. Vladimir 2011.
Kiskidosova, T. A., Povsednevnaja žizn' gorožan Enisejskoj gubernii vo vtoroj polovine XIX – načale XX veka. Abakan 2012.
Klemenz, D., Naselenie Sibiri. In: Sibir' (1908), S. 37–78.
Klimovič, Ryhor, Konec Gorlaga. Mensk 1999.
Klokov, K. B., Olenevodstvo i olenevodčeskie narody Severa Rossii, 2. Sever Srednej Sibiri. SPb 2001.
Knox, Thomas W., Overland through Asia: Pictures of Siberian, Chinese, and Tartar Life. London 1871.
Kolesnikov, A. D., Ssylka i zaselenie Sibiri. In: Ssylka i katorga (1975), S. 38–58.
Komaricyn, S. G., Opyt režima ličnoj vlasti v regione: poraženie mestnych èlit. In: Vostočnosibirskij regionalizm (2001), S. 125–136.
Komarova, T. S., «Kratkaja letopis' Enisejskogo uezda i Turuchanskogo kraja Enisejskoj gubernii» A. I. Kytmanova o dekabristach. In: SS, 5 (2009), S. 144–165.
Komleva, E. V., Social'nye istočniki popolnenija krasnojarskogo kupečestva (1770-e – 1870-e gg.). In: Agrarnoe i demografičeskoe razvitie Sibiri (1999), S. 27–29.
– Kul'turno-obrazovatel'nyj uroven' krasnojarskogo kupečestva (pervaja polovina XIX v.). In: Goroda Sibiri XVIII – načala XX v. Barnaul 2001, S. 27–35.
– Enisejskoe kupečestvo (poslednjaja polovina XVIII – pervaja polovina XIX veka). M. 2006.
Komogorcev, I. I., Iz istorii černoj metallurgii Vostočnoj Sibiri v XVII–XVIII vv. In: Sibir' XVII–XVIII vv. (1962), S. 97–120.
Konovalov, I. A., Upravlenie i policija Sibiri v dorevoljucionnyj period. Stanovlenie i razvitie. M. 2014.
Konstantinova, M. V., Chlebnaja torgovlja Enisejskoj gubernii v seredine XIX – načale XX vv. Kr. 2010.
Kopylov, A. N., Russkie na Enisee v XVII v. Zemledelie, promyšlennost' i torgovye svjazi Enisejskogo uezda. N. 1965.
– K charakteristike sibirskogo goroda XVII v. (Po materialam Enisejska). In: Goroda feodal'noj Rossii. M. 1966, S. 334–342.
Kopylov, I. V., Osobennosti formirovanija gorodskogo naselenija Krasnojarskogo kraja v 1960–1980-ch gg. In: Enisejskaja gubernija – Krasnojarskij kraj (2012), S. 172–178.
Korotaeva (Borun), M. M., «My – deti svoich otcov, materej i tvoi, gorod našego detstva». In: OVONOS, 1 (2008), S. 376–383.

Kozodoj, V. I., Sibirskij razlom. Obščestvenno-političeskaja žizn' Sibiri: 1985–1996 gg. N. 2011.
Kradin, N. P., K voprosu o rekonstrukcii goroda Mangazeja. In: Goroda Sibiri (1978), S. 212–235.
Kraj Turuchanskij. 400 let Mangazeja. Kr. 2007.
Krasavcev, L. B., Morskoj transport Evropejskogo Severa Rossii (1918–1985). Problemy razvitija i modernizacii. Archangel'sk 2003.
Krasnojarskij kraj: istoričeskie aspekty territorial'nogo, ėkonomičeskogo i kul'turnogo razvitija. Tezisy dokladov i soobščenij naučnoj konferencii 14 nojabrja 2006 g. Kr. 2006.
Krasnojarskij kraj v gody Velikoj Otečestvennoj vojny 1941–1945. Sbornik dokumentov. Kr. 2010.
Krest'janskaja obščina v Sibiri XVII – načala XX v. N. 1977.
Krivonogov, V. P., Ėtničeskie processy u maločislennych narodov Srednej Sibiri. Kr. 1998.
– Kety na poroge III tysjačeletija. Kr. 1998.
– Zapadnye Ėvenki na rubeže tysjačeletij. Kr. 2001.
– Kety: desjat' let spustja (1991–2001 gg.). Kr. 2003.
– K voprosu o perspektivach ėtničeskogo razvitija narodov Sibiri (issledovanie detskich vozrastnych grupp). In: SS, 5 (2009), S. 166–180.
– Chakasy v načale XXI veka: sovremennye ėtničeskie processy. Abakan 2011.
– Chakasskie subėtnosy. In: SS, 7 (2012), S. 50–84.
Krivuckij, Ivan, «Razgovory pro noril'skoe vosstanie byli pod zapretom do 1986 goda». In: OVONOS, 7 (2005), S. 100–165.
Kropotkina, V. S., Vospominanija. In: Memuary sibirjakov XIX veka. Sost. N. P. Matchanova. Novosibirsk 2003, S. 88–156.
Krušel'nickij, Valerij, Šakirzjanova, Galina, V kraju golubych ozer. Kr. 2008.
Kucher, Katharina, Der Fall Noril'sk. Stadt, Kultur und Geschichte unter Extrembedingungen. In: Mastering Russian Spaces. Raum und Raumbewältigung als Probleme der russischen Geschichte. Hg. von Karl Schlögel. München 2011, S. 129–148.
Kučin, Sergej et al., Podpiska o nerazglašenii. Dokumental'no-istoričeskoe povestvovanie o stroitel'stve podzemnogo gorno-chimičeskogo kombinata na territorii Krasnojarskogo kraja. Kr. 2006.
Kuksanova, N. V., Ėkologičeskaja situacija v sibirskom regione v period aktivnogo promyšlennogo osvoenija (1950–1980-e gg.). In: Voprosy social'no-političeskoj istorii Sibiri (1999), S. 173–187.
Kurilov, V. N., Sibirskaja promyšlennost' v XVII v. In: Promyšlennost' Sibiri v feodal'nuju ėpochu (1982), S. 6–23.
Kurlaev, E. A., Man'kova, I. L., Osvoenie rudnych mestoroždenij Urala i Sibiri v XVII veke: u istokov rossijskoj promyšlennoj politiki. M. 2005.
Kuznecov, I. S., Na puti k «Velikomu perelomu». Ljudi i nravy sibirskoj derevni 1920-ch gg. (psichoističeskie očerki). N. 2001.
Lamin, V. A., Zolotoj sled Sibiri. N. 2002.
Lansdell, Henry, Through Siberia. 2. Aufl. London 1882.
Leont'eva. G. A., Volnenija služilych ljudej v Vostočnoj Sibiri v 80-ch godach XVII v. In: Russkoe naselenie Pomor'ja i Sibiri (1973), S. 94–105.
Litvjakova, A. B., Trofimova, S. A., Korennye maločislennye narody Enisejskogo Severa: Ėkonomičeskie, sociokul'turnye, pravovye problemy žiznedejatel'nosti i integracii. Kr. 2007.
Lominadze, Rasskaz očevidca. In: «Strojka No. 503», vyp. 2 (2007), S. 119–126.
Lonin, A. V., Intelligencija v obščestvenno-političeskoj žizni Enisejskoj gubernii konca XIX – načala XX vv. Kr. 2005.
Lopatin, I. A., Dnevnik Turuchanskoj ėkspedicii 1866 goda. In: Zapiski Imperatorskago Russkago Geografičeskago Obščestva, Bd. 28, Nr. 2, SPb 1897, S. 1–191.

L. S., Ivan Kornil'evič Judin (1862–1927). In: KiS 34 (1927), S. 189–191.
Łukawski, Zygmunt, Historia Syberii. Wrocław 1981.
Lukina, S. M., Grigor'eva, A. A., Razvitie promyšlennych očagov na juge Vostočnoj Sibiri v XVIII – načale XIX vv. In: Chozjajstvennoe osvoenie i zaselenie rajonov Sibiri (1975), S. 72–83.
Makarov, A. A., Istorija Krasnojarskogo kraja (1897–1940 gg.). Učebnoe posobie po kraevedeniju. Abakan 2013.
Makarov, N. P., Batašev, M. S., Istorija i kul'tura narodov Severa Prienisejskogo kraja (učebnoe posobie). Kr. 2007.
Makarova, Alla, Noril'skoe vosstanie. In: OVONOS, 6 (2005), S. 8–81.
– «Ėti imena dostojny pamjati potomkov ...». In: ebd., 7 (2005), S. 166–217.
Malinin, E. D., Ušakov, A. K., Naselenie Sibiri. M. 1976.
Maloletko, A. M., Drevnie narody Sibiri. Ėtničeskij sostav po dannym toponimiki, 1: Predystorija čeloveka i jazyka. Ural'cy; 2. Kety. 2-e izd., ispravl. i dopoln. Tomsk 1999–2002.
Mamsik, T. S., Krest'janskoe dviženie v Sibiri. Vtoraja četvert' XIX veka. N. 1987.
Margolis, A. D., O čislennosti i razmeščenii ssylnych v Sibiri v konce XIX v. In: Ssylka i katorga (1975), S. 223–237.
– Sociologo-statističeskij analiz biografij političeskich katoržan-učastnikov vtorogo ėtapa osvoboditel'nogo dviženija v Rossii. In: Političeskaja ssylka v Sibiri (1987), S. 119–130.
Marmyšev, A. V., Eliseenko, A. G., Graždanskaja vojna v Enisejskoj gubernii. Kr. 2008.
Marmyšev, Andrej, Padenie belogo Enisejska (dekabr' 1919 – janvar' 1920 gg.). In: SIA, 2 (2011), S. 178–184.
Mattes, Hermann, und Lienau, Cay, Natur und Mensch am Jenissei. Sozialgeographische und landschaftsökologische Feldstudien an der Biologischen Station Mirnoje in der mittelsibirischen Taiga. Münster 1994.
Meakin, Annette M. B., A Ribbon of Iron. Westminster 1901.
Melent'eva, A. P., Obrazovatel'nyj uroven' sel'skogo naselenija Sibiri v 70–80-e gody. In: Demografičeskoe razvitie Sibiri (1991), S. 128–148.
– Uslovija žizni sel'skogo naselenija Sibiri (1960–1980-e gody). In: Voprosy social'no-političeskoj istorii Sibiri (1999), S. 188–198.
Mel'nikova, T. S., Stanovlenie i razvitie promyšlennosti g. Kanska v 1925–1961 gg. In: Social'no-ėkonomičeskoe razvitie (2007), S. 14–18.
Merkulova, M. E., Merkulova, M. M., Derevjannaja zastrojka Krasnojarska XIX – načala XX v. Kr. 2013.
Mešalkin, P. N., Odincova, M. N., Pervye parochodovladel'cy na Enisee (vtoraja polovina XIX – načalo XX vv.). In: Formirovanie kul'turno-istoričeskoj sredy (2000), S. 25–31.
– Predprinimateli Enisejskoj gubernii (19 – načalo 20 veka). Kr. 2004.
Messerschmidt, Daniel Gottlieb, Forschungsreise durch Sibirien 1720–1727. Hg. von E. Winter und N. A. Figurovskij, 1: Tagebuchaufzeichnungen 1721–1722; 2: Tagebuchaufzeichnungen Januar 1723 – Mai 1724; 4: Tagebuchaufzeichnungen Februar 1725 – November 1725. Berlin 1962, 1964, 1968.
Mežėtničeskie svjazi Prienisejskogo regiona. Sbornik dokumentov. Teil 1–2. Kr. 2007.
Middendorff, Alexander Theodor von, Reise in den äussersten Norden und Osten Sibiriens während der Jahre 1843 und 1844, 1: Einleitung. Klimatologie. Geognosie. SPb 1847.
– Sibirische Reise, 4: Uebersicht der Natur Nord- und Ostsibiriens. Teil 1: Einleitung, Geographie, Hydrographie, Orographie, Geognosie, Klima und Gewächse. SPb 1867.
Mildenberger, Florian, Die Polarmagistrale. Zur Geschichte strategischer Eisenbahnprojekte in Russlands Norden und Sibirien (1943 bis 1954). In: JGO 48 (2000), S. 407–419.
Miller, G. F., Opisanie Enisejskogo uezda Enisejskoj provincii v Sibiri v nynešnem ego sostojanii, v načale 1735 g. In: Sibir' XVIII veka (1996), S. 37–53.
– Opisanie Krasnojarskogo uezda Enisejskoj provincii v Sibiri v nynešnem ego sostojanii, v fevrale 1735 goda. In: Sibir' XVIII veka (1996), S. 54–74.

- Opisanie reki Eniseja ot Enisejska vniz po tečeniju do Mangazei. 1739 g. In: Sibir' XVIII veka (1996), S. 100–120.
- Opisanie reki Eniseja ot Enisejska protiv tečenija do Krasnojarska. 1739 g. In: Sibir' XVIII veka (1996), S. 121–141.
- Putešestvie ot Krasnojarska čerez stepi reki Ijus do reki Abakana i Sajanskogo ostroga, a ottuda čerez Lugazinskij i Irbinskij mednyj i železnyj zavody do Abakanska i dalee vniz po Eniseju nazad do Krasnojarska. 1739 g. In: Sibir' XVIII veka (1996), S. 144–171.
- Istorija Sibiri, 2. Izd. 2-e, dopoln. M. 2000. (S. 173–636 Quellenbeilage mit wichtigen Dokumenten der Jahre 1596–1661)
- Istorija Sibiri, 3. M. 2005. (S. 128–441 Quellenbeilage mit wichtigen Dokumenten der Jahre 1622–1680)

Mironov, G. S. et al., Lesnoe Krasnojar'e. Istorija lesnogo chozjajstva, lesnoj nauki, lesnogo obrazovanija Krasnojarskogo kraja. Kr. 2010.

Mirošnikova, Tat'jana, Polchanova, Olesja, Deputaty Gosudarstvennych dum ot Enisejskoj gubernii (1906–1917). In: SIA, 2 (2011), S. 63–67.

«Moj gorod». Narodnaja ènciklopedija gorodov i regionov Rossii, www.mojgorod.ru/krsnjar_kraj/

Moskovskij, A. S., Promyšlennoe osvoenie Sibiri v period stroitel'stva socializma (1917–1937 gg.). Istoriko-èkonomičeskij očerk. N. 1975.

Mote, Victor L., Siberia: Worlds Apart. Boulder, CO, 1998.

Müller, Ferdinand, Unter Tungusen und Jakuten. Erlebnisse und Ergebnisse der Olenék-Expedition der Kaiserlich Russischen Geographischen Gesellschaft in St. Petersburg. Leipzig 1882.

Nacional'naja politika v imperatorskoj Rossii. Pozdnie pervobytnye i predklassovye obščestva Severa evropejskoj Rossii, Sibiri i Russkoj Ameriki. Sost. Ju. I. Semenov. M. 1998. (Dokumente)

Nansen, Fridtjof, Sibirien ein Zukunftsland. 2. Aufl. Leipzig 1916.

Narody prienisejskoj Sibiri. Istorija i sovremennost'. Kr. 2001.

Narody Sibiri v sostave gosudarstva rossijskogo (očerki ètničeskoj istorii). SPb 1999.

Naumov, Igor V., The History of Siberia. Ed. by David N. Collins. London 2006.

Nazarova, Larisa, «My, molodye architektory, ne sdavalis' i svjato verili lozungu *Vse v imja čeloveka, vse dlja blaga čeloveka*». In: OVONOS, 5 (2004), S. 472–551.

Neljubina, Ada, «… na sekundočku otpustila ruku. Menja tut že podchvatilo i poneslo …». In: OVONOS, 1 (2008), S. 362–367.

Nepokojčickij, Vitol'd, «Ja do poslednich dnej svoich ne zabudu vstreči s Avraamiem Pavlovičem Zavenjaginym …». In: OVONOS, 1 (2008), S. 240–291.

Netto, Lev, «Lozung ‹Svoboda ili smert'!› vdochnovljal i ob-edinjal ljudej, no Demokratičeskaja partija smert' otvergala». In: OVONOS, 8 (2006), S. 292–323.

Neueste Nachrichten über die nördlichste Gegend von Sibirien zwischen den Flüssen Pjäsida und Chatanga in Fragen und Antworten abgefasst. In: Beiträge zur Kenntnis des Russischen Reiches …, 4, SPb 1841, S. 269–300.

Nikitin, N. I., Načalo kazačestva Sibiri. M. 1996.
- Zemleprochodec Semen Dežnev i ego vremja. M. 1999.
- Russkaja kolonizacija s drevnejšich vremen do načala XX veka (istoričeskij obzor). M. 2010.
- Voennye faktory kolonizacii Sibiri XVII veka kak ob-ekt special'nogo izučenija. In: Ross. Ist. 2014, 3, S. 72–90.

Nikolaev, A. A., Melkaja promyšlennost' i kustarnye promysly Sibiri v sovetskoj kooperativnoj sisteme (1920 – seredina 1930-ch gg.). N. 2000.

Nikolaev, V. I., Sibirskaja političeskaja ssylka i izučenie mestnogo kraja. In: KiS 34 (1927), S. 87–116.

Nikulin, I. A., «A vokrug čudes prirody – ljudskie tragedii takogo mnogoobrazija i glubiny, kakich čelovečestvo ne videlo prežde». In: OVONOS, 1 (2008), S. 174–195.

Nordenskiöld, Adolf Erik Freiherr von, Die Umsegelung Asiens und Europas auf der Vega. Mit einem Rückblick auf frühere Reisen längs der Nordküste der Alten Welt, 1–2. Leipzig 1882.

Nordenskiöld, Adolf Erik, Nordostwärts. Die erste Umsegelung Asiens und Europas 1878– 1880. Hg. von Hans-Joachim Aubert. Stuttgart 1987. (Kurzfassung des zweibändigen Reiseberichts von 1882)

North, Robert N., The Role of Water Transport in Siberian Development. In: The Development of Siberia (1989), S. 208–227.

Očerki istorii narodnogo obrazovanija Krasnojarskogo kraja (XVII – načalo XXI vv.). Kr. 2014.

Ogly, B. I., Stroitel'stvo gorodov Sibiri. L. 1980.

Okladnikov, A. P., Archeologičeskie nachodki na ostrove Faddeja i na beregu zaliva Simsa. (= Istoričeskij pamjatnik russkogo arktičeskogo moreplavanija XVII veka). L.-M. 1951.

Oktjabr' v Sibiri. 1917 mart – maj 1918. Chronika sobytij. Otv. red. I. M. Razgon. N. 1987.

OVONOS, Bücher 1 (2. Aufl. 2008), 4 (2003), 5 (2004), 6 (2005), 7 (2005), 8 (2006), 9 (2007), 10 (2008), 12 (2012).

Pallas, Peter Simon, Reise durch verschiedene Theile des Russischen Reichs im 1771sten Jahr. SPb 1773 (= Reise durch verschiedene Provinzen des Rußischen Reichs, Teil 2, 2).

– Reise durch verschiedene Provinzen des Rußischen Reichs. Dritter Theil. Vom Jahre 1772 und 1773. SPb 1776 (= Rcisc …, Teil 3, 1–2).

Papkov, S. A., Stalinskij terror v Sibiri 1928–1941. N. 1997.

– Karatel'noe pravosudie na trudovom fronte v SSSR v 1941–1945 gg. In: VIst 2011, 12, S. 72–80.

– Obyknovennyj terror. Politika stalinizma v Sibiri. M. 2012.

– Trojki OGPU-NKWD v Sibiri v 1925–1938 gg. In: VIst 2012, 6, S. 21–38.

Parvilahti, Unto, In Berias Gärten. Zehn Jahre Gefangener in Russland und Sibirien. Salzburg 1960.

Passin, Herbert, Van Briessen, Fritz, Der Streik von Norilsk. In: Aus Politik und Zeitgeschichte. Beilage zur Wochenzeitung «Das Parlament», 6. Januar 1956.

Pavinskij, V. A., «Vorkuta – Igarka». Peškom po trasse. In: Strojka No. 503, vyp. 1 (2000), S. 112–146.

Pavlinskaja, L. R., Reki Sibiri. In: Reki i narody Sibiri. SPb 2007, S. 18–55.

Pervoe stoletie sibirskich gorodov. XVII vek. N. 1996 (= Istorija Sibiri. Pervoistočniki, VII).

Peskow, Wassili, Die Vergessenen der Taiga. Das Überleben der Familie Lykow in den Weiten Sibiriens. Hamburg 1994.

Petri, L. O., Petri, V. T., «Wahre Begebenheiten aus dem Tajmyr-Gebiet», im Internet zugänglich unter: www.memorial.krsk.ru/deu/Dokument/Memuar/Petri/01.htm

– Nemcy Tajmyra. M. 2006.

Pjaseckij, V. M., Arktičeskie putešestvija rossijan. M. 1974.

Plaggenborg, Stefan, Experiment Moderne. Der sowjetische Weg. Frankfurt am Main 2006.

Pobožij, A., «Mertvaja doroga» (Iz zapisok inženera-izyskatelja). In: Novyj Mir, 40 (1964), Nr. 8, S. 89–191.

Počvenno-geografičeskoe rajonirovanie SSSR (v svjazi s sel'skochozjajstvennym ispol'zovaniem zemel'). M. 1962.

Počvy SSSR. [T. V. Afanas'eva et al.]. M. 1979.

Poduškov, L. I., Krasnojarsk-26. Podzemnaja ATĖC. Udomlja. Kalininskaja AĖS. Vyšnij Voloček 2013.

Pokrovskij, N. N., Materialy po istorii magičeskich verovanij sibirjakov XVII–XVIII vv. In: Iz istorii sem'i i byta (1975), S. 110–130.

Političeskaja ssylka v Sibiri XIX – načalo XX v. Istoriografija i istočniki. N. 1987.

Političeskie ssyl'nye v Sibiri (XVIII – načalo XX v.). N. 1983.
Politika raskrest'janivanija v Sibiri, 1. Ėtapy i metody likvidacii krest'janskogo chozjajstva. 1930–1940 gg. N. 2000.
Potapov, A. P., K istorii osvoenija russkimi Krasnojarskogo kraja v XVIII v. In: Russkoe naselenie Pomor'ja i Sibiri (1973), S. 433–441.
Potapov, I. F., Enisejskaja gubernija. Istorija v dokumentach i fotografijach. Kr. 2008.
Predtečenskaja, N., «V 1919 godu v Tomske vyšla brošjura Aleksandra Sotnikova ...». In: OVONOS, 12 (2012), S. 206–221.
Pribylev, A. V., Minusinsk – Pariž – Kazačenskoe (Ssylka – ėmigracija – ssylka). In: KiS 39 (1928), S. 108–114.
Prichod'ko, L. N., Sel'skoe naselenie Sibiri v konce 30-ch godov. In: Demografičeskoe razvitie Sibiri (1991), S. 20–38.
Problemy Severnogo morskogo puti. M. 2006.
Promyšlennost' i rabočie Sibiri v period kapitalizma. N. 1980.
Promyšlennost' Sibiri v feodal'nuju ėpochu (konec XVI – seredina XIX v.). N. 1982.
Pronin, V. I., Izmenenija v sibirskoj promyšlennosti v konce XIX – načale XX v.v In: Rabočie Sibiri v konce XIX – načale XX vv. Tomsk 1980.
– Naselenie Sibiri za 50 let (1863–1913 gg.). In: Ist. SSSR 1981, 4, S. 50–69.
Protopopov, K., Ssylka Priangarskogo kraja v 1915–1917 godach. In: KiS 31 (1927), S. 123–134.
Putešestvie amurskogo kazaka Dmitrija Peškova ot Blagoveščenska do Peterburga. Dokumenty i kommentarii. Vladivostok 2001.
Puzanov, D., Rassloenie minusinskoj ssylki v 1917–1918 g.g In: KiS 36 (1927), S. 130–158.
– Minusinskaja ssylka 1910–1917 g.g. In: KiS 39 (1928), S. 82–107.
Rabcevič, V. V., Sibirskij gorod v doreformennoj sisteme upravlenija. N. 1984.
Rafienko, L. S., Posadskie schody v Sibiri XVIII v. In: Goroda Sibiri (ėkonomika, upravlenie i kul'tura gorodov Sibiri v dosovetskij period). N. 1974, S. 169–185.
– K voprosu o vozniknovenii cechovoj organizacii remeslennikov Sibiri v XVIII v. In: Goroda Sibiri (1978), S. 124–133.
Rassadin, Vladimir, «Noril'sk dlja menja stal tem fundamentom, na kotorom ja smog postroit' svoju žizn'». In: OVONOS, 12 (2012), S. 428–485.
Raudsepp, Sergej, «Mne ne mogli skazat', kuda ja letel, čto tam budu delat' ...» In: OVONOS, 9 (2007), S. 402–431.
Razvitie narodnogo chozjajstva Sibiri. N. 1978.
Remejko, Oleg, «Noril'sk navsegda ostalsja dlja nas rodnym vopreki vsemu.» In: OVONOS, 10 (2008), S. 344–431.
Rezun, D. Ja., O čisle remeslennikov v gorodach Sibiri XVII v. In: Promyšlennost' Sibiri v feodal'nuju ėpochu (1982), S. 23–31.
Rogačëv, A. G., Al'ternativy rossijskoj modernizacii: sibirskij aspekt (1917–1925-e gody). 2-e izd. Pererab. i dop. Kr. 2008.
Rogov, A., Po delu o «Vooružennom vosstanii v g. Krasnojarske». In: KiS 34 (1927), S. 117–122.
Romodanovskaja, E. K., Legenda o Vasilii Mangazejskom. In: Novye materialy po istorii Sibiri dosovetskogo perioda. N. 1986, S. 190–210.
Rossi, Jacques, Qu'elle était belle cette utopie! Chroniques du Goulag. Paris 2000.
Russia and the North. Ed. by Elana Wilson Rowe. Ottawa 2009.
Russian Transport. An Historical and Geographical Survey. Ed. by Leslie Symons and Colin White. London 1975.
Russkie starožily Sibiri. Istoriko-antropologičeskij očerk. M. 1973.
Russkoe naselenie Pomor'ja i Sibiri (Period feodalizma). Sbornik statej pamjati Viktora Ivanoviča Šunkova. M. 1973.

Safronov, S. A., Stolypinskaja agrarnaja reforma i ee vlijanie na chozjajstvennoe razvitie Vostočnoj Sibiri v 1906–1917 gg. (na materialach Enisejskoj i Irkutskoj gubernij). Kr. 2006.

[Sainte-Aldegonde, Camille de] Lettres à mes filles, sur mes voyages en Sibérie et en Chine (1833–1834). Par M. le comte Camille de Ste. A. Paris 1835.

Salangin, Aleksej Pavlovič, O prebyvanii v lagpunkte No. 1 Ermakovo s 1948 po 1953 gg. In: Strojka No. 503, vyp. 1 (2000), S. 52–54.

Šamaev, B. A., Žaloba na prigovor Krasnojarskogo kraevogo suda ot 17–24. 7. 1954 po delu «o besporjadkach v 3 l/o UGL g. Noril'ska», imevšich mesto s 4 ijunja po 4 avgusta 1953 goda. In: OVONOS, 8 (2006), S. 19–115.

Sapožnikov, V., Geografičeskij očerk Sibiri. In: Sibir' (1908), S. 1–23.

Schattenberg, Susanne, Die korrupte Provinz? Russische Beamte im 19. Jahrhundert. Frankfurt 2008.

Schmidt, Fr., Einige Bemerkungen zu Prof. A. E. Nordenskjöld's Reisewerk: Die Umsegelung Asien's und Europa's auf der Vega 1878–1880. Mit besonderer Berücksichtigung auf die Geschichte der russischen Entdeckungsreisen in und am Sibirischen Eismeer. In: Beiträge zur Kenntniss des Russischen Reiches, II. Folge, Bd. 6 (1883), S. 315–367.

Sebag Montefiore, Simon, Der junge Stalin. Frankfurt am Main 2007.

Seebohm, Henry, The Birds of Siberia: The Yenesei. Gloucester 1985 (Reprint der Ausgabe von 1901).

Šekšeev, A. P., Antisovetskie vosstanija enisejskogo krest'janstva v 1930 g. In: Agrarnoe i demografičeskoe razvitie Sibiri (1999), S. 109–112.

- Graždanskaja smuta na Enisee: pobediteli i pobeždënnye. Abakan 2006.
- Vlast' i krest'janstvo: načalo graždanskoj vojny na Enisee (oktjabr' 1917 – konec 1918 gg.). Abakan 2007.
- Soldatskie massy v revoljucionnom dviženii na territorii Enisejskoj gubernii (1917 – seredina 1918 gg.). In: SS, 4 (2008), S. 223–249.
- Krasnaja gvardija na territorii Enisejskoj gubernii. In: SS, 7 (2012), S. 194–225.
- Tragedija Sotnikova – atamana i poljarnika. In: OVONOS, 12 (2012), S. 240–286.
- V. G. Jakovenko – sibirskij partizan, narodnyj komissar. In: VIst 2013, 1, S. 118–133.

Šelegina, O. N., Adaptacija russkogo naselenija v uslovijach osvoenija territorii Sibiri. Sociokul'turnye aspekty XVIII – načalo XX v. Učebnoe posobie, 2. M. 2002.

- Adaptacionnye processy v kul'ture žizneobespečenija russkogo naselenija Sibiri v XVIII – načale XX veka. N. 2005.

Šeludčenko, Galina, Proščaj, bezzabotnoe detstvo. In: Detstvo opalennoe vojnoj (2011), S. 64–86.

Sentjabova, M. V., Russkaja pravoslavnaja cerkov' v Krasnojarskom krae v uslovijach sovetskogo obščestvenno-političeskogo stroja vtoroj poloviny XX veka. Kr. 2013.

Sergeev, M. A., Nekapitalističeskij put' razvitija malych narodov Severa. M.-L. 1955 (= Trudy Instituta ėtnografii im. N. N. Miklucho-Maklaja, n. s., 27).

Seroševskij, Vaclav, Ssylka i katorga v Sibiri. In: Sibir' (1908), S. 201–233.

Shifrin, Avraham, UdSSR Reiseführer durch Gefängnisse und Konzentrationslager in der Sowjetunion. Uhldingen/Seewis 1980.

Sibir'. Atlas Aziatskoj Rossii. N.-M. 2007.

Sibir'. Eja sovremennoe sostojanie i eja nuždy. Sbornik statej pod red. I. S. Mel'nika. SPb 1908.

Sibir' XVII–XVIII vv. N. 1962.

Sibir' XVIII veka v putevych opisanijach G. F. Millera. N. 1996 (= Istorija Sibiri. Pervoistočniki, VI).

Sibir' v revoljucii 1905 goda. K 100-letiju pervoj russkoj revoljucii v Rossii. Kr. 2006.

Sibirien. Ein russisches und sowjetisches Entwicklungsproblem. Hg. von Gert Leptin. Berlin 1986.

Sibirskaja derevnja v period transformacii social'no-ėkonomičeskich otnošenij. Sb. naučnych trudov. Pod red. Z. I. Kaluginoj. N. 1996.
Sibirskaja ssylka. Sb. naučnych statej. Vyp. 6 (18). Irkutsk 2011.
Sibirskie letopisi. Teil I: Gruppa Esipovskoj letopisi. M. 1987 (= Polnoe sobranie russkich letopisej, 36).
Sibirskij istoričeskij al'manach, 2. Sibir' na perelome ėpoch. Načalo XX veka. Kr. 2011.
Sibirskij subėtnos: kul'tura, tradicii, mental'nost'. Materialy Vserossijskoj naučno-praktičeskoj Internet-konferencii. Krasnojarsk, 3 (2007), 4 (2008), 5 (2009), 6 (2010), 7 (2012).
Sievers, Johann (August Carl), Briefe aus Sibirien. In: Neue Nordische Beyträge zur physikalischen und geographischen Erd- und Völkerbeschreibung, Naturgeschichte und Oekonomie, Band 7. SPb – Leipzig 1796, S. 143–370.
Šilovskij, M. V., «... Ja budu deržat'sja interesov naroda» (Vl. M. Krutovskij). In: Voprosy social'no-političeskoj istorii Sibiri (1999), S. 132–138.
Simpson, James Young, Side-Lights of Siberia: Some Account of the Great Siberian Railroad, the Prisons, and Exile System. Edinburgh 1898.
Širina, D. A., Letopis' ėkspedicij Akademii nauk na severo-vostok Azii v dorevoljucionnyj period. N. 1983.
Sistema ispravitel'no-trudovych lagerej v SSSR: 1923–1960. Spravočnik. M. 1998. (dt. 2003)
Skalon, V. N., Russkie zemleprochodcy XVII veka v Sibiri. 2-e izd. N. 2005.
Skubnevskij, V. A., Istočniki formirovanija rabočich obrabatyvajuščej promyšlennosti Sibiri konca XIX – načala XX v. In: Promyšlennost' i rabočie Sibiri (1980), S. 57–85.
Slavina, L. N., Krasnojarskaja derevnja v uslovijach urbanizacii (1950–1980-e gg.). In: Enisejskaja gubernija – Krasnojarskij kraj (2012), S. 165–171.
Slavina, L. N., Franc, E. A., Dinamika čislennosti nemcev v Krasnojarskom krae (seredina 1950 – načalo 1990-ch gg.). In: ebd., S. 178–183.
Smirnova, Lidija, «Sčitaju sebja i členov moej sem'i žertvami političeskich repressij ...». In: OVONOS, 12 (2012), S. 132–175.
Snovskij, Aleksandr, Palači i ich žertvy. SPb 2010.
[Snovskij, A. A.], «Strojka No. 503», vyp. 3, Krasnojarsk 2012. [Ergänzungen und Vertiefungen zum vorstehenden Buch]
Sobolev, M., Puti soobščenij. In: Sibir' (1908), S. 24–36.
– Dobyvajuščaja i obrabatyvajuščaja promyšlennost' Sibiri. In: ebd., S. 141–168.
Social'no-ėkonomičeskoe razvitie Krasnojarskogo kraja. 1917–2006 gg. Materialy VI kraevedčeskich čtenij. Kr. 2007.
Sokolova, Z. P., Stepanov, V. V., Korennye maločislennye narody Severa. Dinamika čislennosti po dannym perepisej naselenija. In: ĖO 2007, 5, S. 75–95.
Sokolovskij, I. R., Inostrancy v Enisejske. 1622–1692 gg. In: Agrarnoe i demografičeskoe razvitie Sibiri (1999), S. 15–17.
Solov'ev, Sergej Dmitrievič, «A my i ne znali, čto nas sčitajut samymi opasnymi.» In: OVONOS, 10 (2008), S. 228–277.
Solov'eva, E. I., Promysly sibirskogo krest'janstva v poreformennyj period. N. 1981.
Šorochov, L. P., Uzniki sibirskich monastyrej v XVIII veke. In: Ssylka i obščestvenno-političeskaja žizn' (1978), S. 294–307.
Sozdanie Velikogo Sibirskogo puti. Pod obščej red. Ju. L. Il'ina. 1–2, SPb 2005.
Sistema ispravitel'no-trudovych lagerej v SSSR 1923–1960. M. 1998.
Ssylka i katorga v Sibiri (XVIII – načalo XX v.). N. 1975.
Ssylka i obščestvenno-političeskaja žizn' v Sibiri (XVIII – načalo XX v.). N. 1978.
Stackelberg, Traugott von, Geliebtes Sibirien. Pfullingen 1951, 13. Aufl. 1983.
Stadelbauer, Jörg, Die Erschließung Sibiriens. Räumliche Gefügemuster eines historischen Prozesses. In: Sibirien (1986), S. 11–33.
– Die Nachfolgestaaten der Sowjetunion. Großraum zwischen Dauer und Wandel. Darmstadt 1996.

Stadling, J., Through Siberia. Ed. by F. H. H. Guillemard. Westminster 1901.
Štajner, Karlo, 7000 Tage in Sibirien. Wien 1975.
Stalinskie strojki GULAGA 1930–1953. Sost. A. I. Kokurin, Ju. N. Morukov, M. 2005, S. 314–322, Dokumente Nr. 109/110, S. 332–338 (= Rossija XX vek. Dokumenty).
Staroobrjadcy Prienisejskoj Sibiri: istorija i sovremennost'. Kr. 2012.
Stasova, E. D., Vospominanija. M. 1969.
Steller, Georg Wilhelm, Briefe und Dokumente 1740. Hg. von Wieland Hintzsche et al. Halle (Saale) 2000 (= Quellen zur Geschichte Sibiriens und Alaskas aus russischen Archiven, I).
– Briefe und Dokumente 1739. Bearbeitet von Wieland Hintzsche. Halle (Saale) 2001 (= Quellen zur Geschichte Sibiriens und Alaskas aus russischen Archiven, III).
Steller, Georg Wilhelm, Fischer, Johann Eberhard, Reisetagebücher 1738 bis 1745. Bearbeitet von Wieland Hintzsche. Halle (Saale) 2009 (= Quellen zur Geschichte Sibiriens und Alaskas aus russischen Archiven, VII).
Stolberg, Eva-Maria, Sibirien: Russlands «Wilder Osten». Mythos und soziale Realität im 19. und 20. Jahrhundert. Stuttgart 2009.
Strahlenberg, Philipp Johann, Das Nord- und Östliche Theil von Europa und Asia, In so weit solches Das gantze Russische Reich mit Siberien und der grossen Tatarey in sich begreiffet, In einer Historisch-Geographischen Beschreibung der alten und neuern Zeiten ... Stockholm 1730.
Strojka No. 503 (1947–1953 gg.). Dokumenty. Materialy. Issledovanija, 1–3. Kr. 2000, 2007, 2012.
Šumjackij, Ja. B., Turuchanka. Iz žizni ssylnych Turuchanskogo kraja 1908–1916. M. 1925.
Šunkov, V. I., Očerki po istorii kolonizacii Sibiri v XVII – načale XVIII vekov. M.-L. 1946.
Sverdlov, J. M., Turuchanskij bunt. In: ders., Izbrannye proizvedenija, 1. M. 1957, S. 37–45 (Erstfassung publiziert in der Zeitung *Izvestija VCIK* vom 18. März 1919).
– Izbrannye proizvedenija. Stat'i, reči, pis'ma. M. 1976.
– Turuchanskij kraj. In: ebd., S. 23–31.
– Massovaja ssylka (1906–1916 gg.). In: ebd., S. 31–53.
Sverdlov, L. M., Tajmyrskaja zagadka. M. 2001.
Symons, Leslie, Soviet Air Transport. In: Russian Transport (1975), S. 142–163.
Taseevskij partizanskij rajon v 1919 g. In: Krasnyj archiv 1937, 6 (85), S. 102–137 (Einführung und Dokumente).
Tepljakov, A. G., «Nepronicaemye nedra»: VČK-OGPU v Sibiri 1918–1929 gg. M. 2007.
Territorial'no-Proizvodstvennye Kompleksy: Nižnee Priangar'e. N. 1992.
Totyšev, S. M., Učitel'stvo i škola Chakassii v uslovijach ustanovlenija sovetskoj vlasti (po novym archivnym materialam). In: Chakassija v XX veke (1995), S. 52–64.
Transsibirskaja i Bajkalo-Amurskaja magistrali. Most meždu prošlym i buduščim Rossii. M. 2005.
Treadgold, Donald W., Russian Orthodoxy and Society. In: Russian Orthodoxy under the Old Regime, ed. by Robert L. Nichols and Theofanis G. Stavrou. Minneapolis 1978, S. 21–43.
Triputina, A. V., Ėserovskie organizacii v Enisejskoj gubernii v načale XX v. In: Enisejskaja gubernija – Krasnojarskij kraj (2012), S. 87–94.
Troickij, V. A., Russkie poselenija na severe poluostrova Tajmyr v XVIII veke. In: SĖ 1975, 3, S. 120–126.
Tschechow, Anton, In Sibirien. In: ders., Die Insel Sachalin. Reiseberichte, Feuilletons, Literarische Notizhefte. Berlin [Ost] 1969, S. 7–48.
Tugolukov, V. A., Tungusy (ėvenki i ėveny) Srednej i Zapadnoj Sibiri. M. 1985, Neudruck Kr. 2012.
Tuman-Nikiforova, I. O., Gil'dejskoe kupečestvo Enisejskoj gubernii (60-e gg. XIX – načalo XX vv.). Učebnoe posobie. Kr. 2003.

Tuman-Nikiforova, I. O., Tuman-Nikiforov, A. A., Pervogil'dejstvo Enisejskoj gubernii i ego rol' v ėkonomičeskom razvitii regiona. In: Enisejskaja gubernija – Krasnojarskij kraj (2012), S. 42–45.
Tungusskij meteorit. http://ru.wikipedia.org/wiki/
Ulinauskaite-Mureikiene, Johanna, «Vyžili potomu, čto verili: vernemsja!». In: OVONOS, 7 (2005), S. 304–321.
Urvancev, N., «U istokov Noril'ska». In: OVONOS, 12 (2012), S. 222–239.
Vajnštejn, S. I., Kety Podkamennoj Tunguski (istoriko-ėtnografičeskoe issledovanie po materialam ėkspedicij 1948–1949 gg.). Kr. 2015.
Valjum, A. A., «... u nas bylo tol'ko dva vychoda: svoboda ili smert'». In: OVONOS, 6 (2005), S. 84–151.
Važnov, Michail, «... i sejčas izbavit'sja ot trevožnych predpoloženij trudno». In: OVONOS, 9 (2007), S. 350–377.
Veršinin, E. V., «Pribyl'naja» dejatel'nost' sibirskich voevod v XVII v. In: Vestnik Moskovskogo universiteta. Istorija. 1989, Nr. 3, S. 60–70.
- Voevodskoe upravlenie v Sibiri (XVII vek). Ekaterinburg 1998.
- Zemleprochodec Petr Ivanovič Beketov. In Ot. Ist. 2003, 5, S. 35–49.
Vilkov, O. N., K istorii Enisejska, Ilimska i Kirenska v XVIII v. In: Istorija gorodov Sibiri dosovetskogo perioda (XVII – načalo XX v.). N. 1977, S. 196–214.
- K probleme naemnogo truda v sibirskoj promyšlennosti konca XVI – načala XVIII v. In: Promyšlennost' Sibiri v feodal'nuju ėpochu (1982), S. 31–60.
Višneveckij, [Nikolaj F.], Enisejskaja ssylka v 1878–1893 godach. In: KiS 69/70 (1930), S. 157–175.
Vlast' i obščestvo. Regional'nye aspekty problemy. K 180-letiju obrazovanija Enisejskoj gubernii. Kr. 2002.
Vlast' v Sibiri: XVI – načalo XX v. 2-e izd., pererab. i dopoln. N. 2005.
Vodarskij, Ja. E., Čislennost' russkogo naselenija Sibiri v XVII–XVIII vv. In: Russkoe naselenie Pomor'ja i Sibiri (1973), S. 194–213.
Vodolazskij, A. T., V Enisejskoj ssylke. In: VIst 1971, 9, S. 130–137.
Volobuev, G. T., Centr sljudjanogo proizvodstva v Krasnojarskom krae. In: SS, 5 (2009), S. 65–78.
- Tarakskie rossypi: posëlok Taëžnyj v Atomnom proekte SSSR. Kr. 2011.
Volungjavičus, Antanas, «... vse vremja do samoj nezavisimosti Litvy menja presledovali vezde i vsjudu po političeskimi motivami». In: OVONOS, 7 (2005), S. 264–285.
Voprosy social'no-političeskoj istorii Sibiri (XVII–XX veka). Bachrušinskie čtenija 1997 g. N. 1999.
Vorob'ev, V. V., Naselenie Vostočnoj Sibiri (sovremennaja dinamika i voprosy prognozirovanija). N. 1977.
Voroncova, Elena, «V našej sem'e daže deti znali, čto otca v Noril'sk poslal Stalin». In: OVONOS, 1 (2008), S. 352–361.
Vostočnosibirskij regionalizm: sociokul'turnyj, ėkonomičeskij, političeskij i meždunarodnyj aspekty. Pod red. G. N. Novikova. M. 2001.
[Wagner, Johann Ludwig], Johann Ludwig Wagners, gegenwärtig Königl. Preuß. Postdirektors zu Graudenz, Schicksale während seiner unter den Russen erlittenen Staatsgefangenschaft in den Jahren 1759 bis 1763, von ihm selbst beschrieben, und mit unterhaltenden Nachrichten und Beobachtungen über Sibirien und das Königreich Casan durchwebt. Berlin 1789.
[Waldburg-Zeil, Graf Karl] Die sibirischen Forschungsreisen des Grafen Karl Waldburg-Zeil. Nach seinen hinterlassenen Tagebüchern bearbeitet von Oskar Canstatt. Stuttgart-Berlin 1912 (Inhaltlich ergiebiger als die Neuausgabe von 1987).
Wein, Norbert, Die Landwirtschaft in den jungen Erschließungsgebieten Sibiriens (Stand, Probleme, Perspektiven). In: Sibirien (1986), S. 34–64.

- Sibirien. Gotha 1999 (Perthes Regionalprofile).
Wenyon, Charles, Across Siberia on the Great Post-Road. London 1896.
Wilson, David, Exploration for Oil and Gas in Eastern Siberia. In: The Development of Siberia (1989), S. 228–255.
Yorke, Andrew, Business and Politics in Krasnoyarsk Krai. In: EAS 55, 2 (2003), S. 241–262.
Zabytaja doblest'. Enisejskaja gubernija v gody Pervoj mirovoj vojny. Kr. 2014.
Zacharov, Jurij, «... i segodnja Noril'sk soedinjaet nas». In: OVONOS, 4 (2003), S. 334–357.
Zadorin, Artem, Migracionnaja politika v Krasnojarskom krae v 90-e gg. XX v.: problemy i osobennosti. In: SIA, 2 (2011), S. 32–41.
Zapiski putešestvennicy. «O železnoj doroge šli tol'ko odni razgovory». In: Istočnik 1996, 2, S. 92–108.
Zberovskaja, E. L., Specposelency v Sibiri (1940–1950-e gg.). Kr. 2010.
Železnodorožnyj transport Vostočnoj Sibiri iz XIX v XXI vek, 1–2. Irkutsk 2001.
Zemlja Islendi. Kr. 2010.
Zinov'ev, V. P., Gornaja promyšlennost' Sibiri i formirovanie gornorabočich (1895–1917 gg.). In: Promyšlennost' i rabočie Sibiri (1980), S. 6–31.
Živoj mir Krasnojarskogo kraja. Polnyj illjustrirovannyj ėnciklopedičeskij slovar'. Kr. 2010 (Bol'šoj ėnciklopedičeskij slovar' Krasnojarskogo kraja, 3).
Zlatkus, Bronjus, «Vosstaniju predšestvovala nemalaja podgotovka». In: OVONOS, 7 (2005), S. 286–303.
Zol'nikova, N. D., Soslovnye problemy vo vzaimootnošenijach cerkvi i gosudarstva v Sibiri (XVIII v.). N. 1981.
- Sibirskaja prichodskaja obščina v XVIII veke. N. 1990.
Zolotoe serdce Sibiri, 1–2. Kr. 2002.
Zuev, A. S., Krasil'nikov, S. A., Ssylka v Sibir' v XVII – pervoj polovine XX v. In: Ėnciklopedija Sibiri: http://russiasib.ru/ssylka-v-sibir-v-xvii-pervoj-polovine-xx-v/
Zuev, A. S., Minenko, N. A., Sekretnye uzniki sibirskich ostrogov (očerki istorii političeskoj ssylki v Sibiri vtoroj četverti XVIII v.). N. 1992.
Žulaeva, A. S., Sel'skaja ženščina Prienisejskogo regiona 1917–1927 gg. Kr. 2011.
Žulaeva, A. S., Luščaeva, G. M., Sel'skoe naselenie Sibiri pervoj poloviny 20-ch godov XX veka: Social'nye problemy i protivorečija. Kr. 2007.
ZumBrunnen, Craig, Climate Change in the Russian North: Threats Real and Potential. In: Russia and the North (2009), S. 53–85.
Žurov, Ju. V., Graždanskaja vojna v sibirskoj derevne. Kr. 1986.

# Anmerkungen

## Teil I

1 Jüngste und empfehlenswerteste Gesamtdarstellung: Dahlmann, Sibirien (2009); einen brauchbaren Überblick bieten Naumov, History of Siberia (2006), und Hartley, Siberia (2014). – Die in sowjetischer Zeit erschienene fünfbändige «Geschichte Sibiriens seit den ältesten Zeiten» zeichnet zwar ein detailliertes, aus ideologischen Gründen aber vielfach einseitiges Bild und reicht nur bis in die Mitte des 20. Jahrhunderts, siehe Istorija Sibiri s drevnejšich vremen (1968/69). – Den Zeitraum von 1890 bis 1945 behandelt Stolberg, Sibirien (2009).
2 Historiographischer Überblick bei Hausmann, Mütterchen Wolga (2009), S. 27–32.
3 Lucien Febvre, Der Rhein und seine Geschichte. Herausgegeben, übersetzt und mit einem Nachwort von Peter Schöttler. Frankfurt 1994; französische Erstausgabe 1931.
4 Hausmann, Mütterchen Wolga (2009).
5 http://russiasib.ru/krasnoyarskij-kraj.
6 Istorija Krasnojarskogo kraja (2008/09).
7 Istorija Prienisejskogo kraja. Izdatel'stvo «Bukva Statejnova», Krasnojarsk. Nähere Informationen im Internet unter: http://krasbukva.ru/index.php?option=com_content&task=view&id=609&Itemid=48.
8 I. F. Potapov, Enisejskaja gubernija (2008); Safronov, Stolypinskaja agrarnaja reforma (2006); Bolonkina, Katcina, Social'no-ėkonomičeskoe razvitie (2009).
9 Texte zu 1993 aus: Goehrke, Gegenwart (1995), zu 2000 aus: Goehrke, Reise (2002).
10 Parvilahti, In Berias Gärten (1960), S. 364.
11 Nansen, Sibirien (1916), S. 109 f.
12 Haviland, Summer (1915/71), S. 42. – Die britische Ornithologin Maud D. Haviland fuhr im Juni 1914 mit dem ersten Dampfschiff den Jenissei von Jenisseisk bis Goltschicha hinab und erlebte daher noch die unmittelbaren Folgen von Vorsommerhochwasser und Eisdrift.
13 Nordenskiöld, Nordostwärts (1987), S. 73.
14 Middendorff, Reise, 4, 1 (1867), S. 252–258, 261–263.
15 Messerschmidt, Forschungsreise, 2 (1964), S. 81.
16 Erman, Reise (1838), S. 49 f.
17 Franz, Physische Geographie (1973), S. 102.
18 Nordenskiöld, Nordostwärts (1987), S. 68 f.
19 Tabellen bei Franz, Physische Geographie (1973), S. 100 f., 103. – Maud D. Haviland startete in Jenisseisk am 12. Juni 1914 und erreichte Goltschicha am 28. Juni; das letzte stromaufwärts fahrende Schiff verließ die Insel Nossonowski im Mündungsästuar am 11. September, siehe Haviland, Summer (1915/71), S. 15, 60, 291.
20 Bulava, Vstreči (2010), S. 67.
21 Haviland, Summer (1915/71), S. 80.
22 Ebd., S. 234.
23 Wein, Sibirien (1999), Tab. S. 39.
24 Bulava, Vstreči (2010), S. 10–86.
25 Seebohm, Birds (1901/85), S. 294–296.
26 Ebd., S. 298.
27 Ebd., S. 319.
28 Ebd., S. 322 f.
29 Ebd., S. 325.
30 Ebd., S. 325 f.
31 Ebd., S. 327–329.
32 Ebd., S. 330–333.
33 Ebd., S. 340.
34 Ebd., S. 380 f.
35 So Gmelin, Reise, 3 (1752), S. 120 f., und Hofmann, Reise (1847), S. 67.

36 Gmelin, Reise, 3 (1752), S. 121. – Die Völker am Oberlauf nennen den Jenissei dementsprechend auf Chakassisch *Kim* und auf Tuwinisch *Ulug-Chem* (Großer Fluss). Vgl. im Internet: http://ru.wikipedia.org/wiki/%C5%ED%E8%F1%E5%E9 (Abfrage vom 18. September 2013).
37 Die Ewenken nennen ihn *Ionessi* (Großes Wasser), die Nenzen *Ensja-jam* («steiles, gerades Ufer»). Nur die sprachlich isolierten Keten nennen ihn völlig anders: *Chuk*. Vgl. Burykin, Enisej i Angara.
38 Steller, Fischer, Reisetagebücher (2009), S. 290 (G. W. Steller publizierte die Reisetagebücher J. E. Fischers).
39 http://ru.wikipedia.org/wiki/%C5%ED%E8%F1%E5%E9.
40 A. A. Sokolov, Gidrografija SSSR, siehe Internet: www.abratsev.narod.ru/biblio/sokolov/p1ch23b.html.
41 Artikel «Bol'šoj Enisej», «Malyj Enisej» und «Enisej» in: ru.wikipedija.org.
42 Steller, Fischer, Reisetagebücher (2009), S. 245.
43 Demgegenüber leitet der Linguist Alexei Burykin «Angara» vom ewenkischen *onga:r* ab («Winterweide für Rentiere» – nicht gerade eine einleuchtende Erklärung für einen Flussnamen!), weil er fälschlicherweise davon ausgeht, dass die Burjäten das Angarabecken erst relativ spät besiedelt und nach russischen Quellen noch im 17. Jahrhundert tungusische Ewenken dort gelebt hätten, siehe Burykin, Enisej i Angara.
44 Gerhard Friedrich Müller erklärt in seiner Beschreibung des Kreises Jenisseisk von 1735 den Namen *Tunguska Podkamenka* damit, «weil ihre Mündung etwas niedriger liegt als die Felsen», siehe Miller, Opisanie Enisejskogo uezda. 1735 g. (1996), S. 37; Middendorff übersetzt den russischen Namen mit «Felsen-Tunguska», siehe Middendorff, Sibirische Reise, 4, 1 (1867), S. 236 f.
45 htpp://ru.wikipedia.org/wiki/Podkamennaja_Tunguska.
46 Gmelin, Reise, 3 (1752), S. 220 f.
47 Messerschmidt hat diesen Wolok im September 1723 benutzt. Das Gepäck musste von Booten auf Packpferde und Schleifen umgeladen werden. Der Weg erwies sich als schlecht, eher als Reit- denn als Fahrweg. Zudem hatte Regen den Naturboden aufgeweicht, und in höheren Lagen kam man in Schnee. Daher brauchte Messerschmidt für die 20 Werst bis zur Lena anderthalb Tage, siehe Messerschmidt, Forschungsreise, 2 (1964), S. 136–138.
48 Internet: http://kureika.narod.ru/list/reka.htm; https://ru.wikipedia.org/wiki/Усть-Хантайская_ГЭС.
49 Der Name Pjassina stammt aus der Sprache der Nenzen und bedeutet «flaches, waldloses Land», also Tundra.
50 http://ru.wikipedia.org/wiki/%CF%FF%F1%E8%ED%E0.
51 http://dic.academic.ru/dic.nsf/enc_geo/5307/Хатанга.
52 Gmelin, Reise, 3 (1752), S. 191 f.
53 Ebd., S. 196.
54 [Avvakum] Das Leben des Protopopen Avvakum (1965), S. 29.
55 Hansteen, Reise-Erinnerungen (1854), S. 89.
56 Steller, Fischer, Reisetagebücher 1738 bis 1745 (2009), S. 407.
57 Hansteen, Reise-Erinnerungen (1854), S. 89.
58 Ebd., S. 90 f.
59 Ebd., S. 91 f.
60 Ebd., S. 94 f.
61 Ebd., S. 97 f.
62 Miller, Istorija Sibiri, 3 (2005), Dokument Nr. 16, S. 163–165.
63 Beschreibung der dreijährigen chinesischen Reise (1999), S. 229.
64 Steller, Fischer, Reisetagebücher (2009), S. 298.
65 http://irkipedia.ru/content/angarskie_porogi. – Eine mit zahlreichen historischen und heutigen Abbildungen unterlegte Reise auf der Angara von Irkutsk bis zur Mündung vermittelt der Prachtband: Po Angare … Irkutsk 2015 (mit beigelegtem Film auf DVD).
66 Miller, Opisanie Krasnojarskogo uezda. 1735 g. (1996), S. 55.
67 Bulava, Vstreči (2010), S. 10–13.
68 Miller, Opisanie reki Eniseja ot Enisejska protiv tečenija do Krasnojarska. 1739 g. (1996), S. 128 f.
69 Miller, Opisanie Enisejskogo uezda. 1735 g. (1996), S. 37.
70 Bulava, Vstreči (2010), S. 35 f.
71 Ebd., S. 48–50.
72 Lotsenkarte und illustrierte Beschreibung der Passage im Internet: http://bu33er.livejournal.com/161029.html.

73 Wagner, Schicksale (1789), S. 90 f.
74 Ebd., S. 160.
75 Seebohm, Birds (1901/85), S. 278, 280.
76 Nansen, Sibirien (1916), S. 184 f.
77 Miller, Opisanie reki Eniseja (1996), S. 109, 114; Gmelin, Reise durch Sibirien, 3 (1752), S. 193 f.
78 Schon Johann Eberhard Fischer fand 1768, dass der Jenissei zwei völlig unterschiedliche Welten innerhalb Sibiriens trenne (Fischer, Sibirische Geschichte, 1 [1768], S. 424); vgl. ferner Wein, Sibirien (1999), Karte S. 16; Sapožnikov, Geografičeskij očerk (1908), S. 11.
79 Pallas, Reise, 3, 1 (1776), S. 301 f.
80 Berg, Geographische Zonen 1 (1958), S. 85, 115; ebenso Mote, Siberia (1998), S. 19.
81 Vgl. etwa Wein, Sibirien (1999), Karten S. 19, 20; Atlas SSSR (1969), Karten S. 70 f., 74 f., 78 f., 81, 82, 90 f.
82 Stadelbauer, Nachfolgestaaten (1996), Karte 4; Fiziko-geografičeskoe rajonirovanie SSSR. Charakteristika regional'nych edinic. M. 1968, S. 341–381 und Kartenbeilage.
83 Dazu genügt ein Blick auf Karten zur Bevölkerungsdichte, etwa bei Wein, Sibirien (1999), S. 129; Atlas SSSR (1969), S. 100 f.
84 Bykonja, O formirovanii administrativno-territorial'nych granic (2012), S. 5 f.
85 Charčenko, Pravoslavnaja cerkov' (2005), S. 183.
86 Vgl. Großer Historischer Weltatlas, 3 (1957), S. 158.
87 BĖSKK, S. 15 f.; Sibir'. Atlas Aziatskoj Rossii (2007), S. 592 f.
88 Stadelbauer, Nachfolgestaaten (1996), S. 44 f. und Karte 1 in der Beilage.
89 Dazu informativ: Tajmyr. Putevoditel'. M. 2003.
90 Sibir'. Atlas Aziatskoj Rossii (2007), S. 593; Istorija Sibiri, 4 (1968), S. 286 f., 466.
91 www.krskstate.ru/krasnoyarskkray/about.
92 Mežėtničeskie svjazi, 2 (2007), Dokument Nr. 42, bes. S. 60.
93 http://ru.wikipedia.org/wiki/%D2%FB%E2%E0 («Tyva»).
94 Dazu Borisov, Klimaty (1967), S. 14–102; Franz, Physische Geographie (1973), S. 62–88; Stadelbauer, Nachfolgestaaten (1996), S. 352–357; Wein, Sibirien (1999), S. 18–23.
95 Stadelbauer, Nachfolgestaaten (1996), S. 353 f.
96 Franz, Physische Geographie (1973), Karte S. 65.
97 Abaimov, Lesa (1997), S. 19.
98 Borisov, Klimaty (1967), Karte S. 76.
99 Wein, Sibirien (1999), Karte S. 20.
100 Garmaš, Noril'skaja istorija (2012), S. 49.
101 Šumjackij, Turuchanka (1925), S. 48 f.
102 Ferberg, Ja blagodarna (2008), S. 297.
103 Neljubina, Na sekundočku (2008), S. 365.
104 Pallas, Reise, 3, 1 (1776), S. 3.
105 Erman, Reise (1838), S. 48.
106 Gefangen in Sibirien (2001), S. 104 f.
107 Ebd., S. 54.
108 Gmelin, Reise durch Sibirien, 3 (1752), S. 399–402, sogar mit beigefügter Zeichnung.
109 Ebd., S. 410 f.
110 Ebd., S. 411–421.
111 Garmaš, Noril'skaja istorija (2008), S. 48.
112 Gmelin, Reise, 3 (1752), S. 361.
113 Gmelin, Reise, 1 (1751), S. 356.
114 Franz, Physische Geographie (1973), S. 89–92; Stadelbauer, Nachfolgestaaten (1996), S. 346–350; Abaimov, Lesa (1997), S. 25–27; Wein, Sibirien (1999), S. 23–26.
115 Vgl. Karte bei Stadelbauer, Nachfolgestaaten (1996), S. 348.
116 Abaimov, Lesa (1997), S. 25.
117 Živoj mir Krasnojarskogo kraja. Kr. 2010 (= BĖSKK, 3).
118 Dazu Počvenno-geografičeskoe rajonirovanie (1962), S. 24–26, ferner Počvennaja karta (Bodenkarte) in der Beilage; Atlas počv SSSR (1974), S. 8 f.; Franz, Physische Geographie (1973), S. 280 f.
119 Počvy SSSR (1979), vgl. Bodenprofil auf Tafel I bei S. 256.
120 Parvilahti, In Berias Gärten (1960), S. 252. – Zur Natur der Taimyr-Halbinsel detailliert: A. A. Gavrilov, Zapovednye ugolki Chatangskoj tundry. Chatanga 2002.

121 Goehrke, Reise (2002), S. 29 (überarbeitet).
122 Haviland, Summer (1915/71), S. 253.
123 *Tunturi* bezeichnet im Finnischen flache, waldlose Höhen, wie sie für den Norden Lapplands typisch sind.
124 Goehrke, Reisetagebuch (handschriftlich).
125 Zur Tundra: Počvenno-geografičeskoe rajonirovanie (1962), S. 26–31, 38–42, sowie Počvennaja karta in der Beilage; Atlas počv SSSR (1974), S. 10–13, 18 f.; Franz, Physische Geographie (1973), S. 110 f., 282–285; Stadelbauer, Nachfolgestaaten (1996), S. 384–386; Wein, Sibirien (1999), S. 27–29.
126 Stadling, Through Siberia (1901), S. 222 f.
127 Tschechow, In Sibirien (1969), S. 44 f.
128 Ebd., S. 45.
129 Wein, Sibirien (1999), Tab. S. 26.
130 Zur Taiga grundsätzlich: Počvenno-geografičeskoe rajonirovanie (1962), S. 91–93, sowie Počvennaja karta in der Beilage; Atlas počv (1974), S. 22 f., 32 f., 52 f. (mit Bodenprofilen); Franz, Physische Geographie (1973), S. 87, 111–115, 128 f., 312 f.; Stadelbauer, Nachfolgestaaten (1996), S. 386–388; Wein, Sibirien (1999), S. 30–33; speziell zum Krasnojarsker Krai nördlich des Polarkreises: Abaimov, Lesa (1997).
131 Kastren, Putešestvie (1999), S. 233: Putevoj otčet, Agul'sk, 1./13. Dezember 1857.
132 Stadelbauer, Nachfolgestaaten (1996), S. 388.
133 Franz, Physische Geographie (1973), S. 312.
134 Goehrke, Reisetagebuch (handschriftlich).
135 Stackelberg, Sibirien (1983), S. 227 f.
136 Ebd., S. 228 f.
137 *Toska* bedeutet im Russischen so viel wie Melancholie, Schwermut, unbestimmte Sehnsucht.
138 Stackelberg, Sibirien (1983), S. 231 f.
139 Atlas SSSR (1969), Karte S. 90 f. (Vegetation).
140 «Steppe» ist ein deutsches, aus dem Russischen *step'* abgeleitetes Lehnwort; die etymologische Herkunft ist ungeklärt.
141 Die Steppenvegetation produziert durch die abgestorbenen Pflanzenreste relativ viel Humus, der nicht nur einen mehrere Dezimeter tiefen fruchtbaren Oberboden bildet, sondern auch durch die Kapillarbildung an Stelle der ehemaligen Wurzeln den Boden tiefgründig durchlüftet und mit Kalk anreichert.
142 Atlas počv (1974), S. 70 f., 80–83; Franz, Physische Geographie (1973), S. 87 f., 115–117, 131–136, 357; Stadelbauer, Nachfolgestaaten (1996), S. 390–392; Wein, Sibirien (1999), S. 37 f.; speziell zum Minussinsker Becken: Počvenno-geografičeskoe rajonirovanie (1962), S. 231–233.
143 Atlas SSSR (1969), Karte S. 86 f. (Bodenkarte).
144 Castrén, Reiseberichte und Briefe (1856), S. 347; Brief an Assessor Rabbe, Minussinsk, 22. April/4. Mai 1847.
145 Meakin, Ribbon (1901), S. 92.
146 Ebd., S. 94 f.
147 Jefferson, Roughing (1897), S. 168.
148 Franz, Physische Geographie (1973), S. 350–361, Tabelle der Vegetationsunterschiede nach Höhenlage und Exposition S. 358–360.
149 Vgl. außer den im Folgenden Zitierten auch: Bell, Travels, 2 (1764), S. 146, und Falk, Beyträge, 3 (1786), S. 439 f.
150 Gmelin, Reise, 1 (1751), S. 199–201, 202.
151 Messerschmidt, Forschungsreise, 2 (1964), S. 114.
152 Hansteen, Reise-Erinnerungen (1854), S. 121 f.
153 Gefangen in Sibirien (2001), S. 162 f.
154 Alekseev, Ėlektrifikacija Sibiri, 2 (1976), S. 68.
155 I. M. Suslov, Opros očevidcev Tungusskoj katastrofy v 1926 godu. In: Problema Tungusskogo meteorita. Sb. statej. Tomsk 1967, vyp. 2, S. 21–30, Text auch im russischen Internet.
156 Tungusskij meteorit (siehe Bibliographie).
157 Cenjuga, L. A. Kulik (2008), S. 192.
158 Ebd., S. 191 f. Liste von Kuliks Veröffentlichungen zum «Tunguska-Meteoriten» ebd., S. 197–201.
159 Tungusskij meteorit (siehe Bibliographie).

160 Padenie meteorita Čeljabinsk. http://ru.wikipedia.org/wiki/%CF%E0%E4%E5%ED%E8%E5_%EC%E5%F2%E5%EE%F0%E8%F2%E0_%D7%E5%EB%FF%E1%E8%ED%F1%EA.
161 Eingehend dazu: ZumBrunnen, Climate Change (2009).
162 Im sibirischen Norden hat man allein für die Periode von 1955 bis 1990 beim Permafrostboden eine um 20 cm höhere Auftautiefe gemessen, vgl. ebd., S. 68.
163 Gabriela Schaepman-Strub vom Institut für Evolutionsbiologie und Umweltwissenschaften der Universität Zürich, Vortrag vom 5. November 2012 an der Universität Zürich.
164 Wein, Sibirien (1999), S. 35.
165 ZumBrunnen, Climate Change (2009), S. 69.
166 Arild Moe, Elana Wilson Rowe, Northern Offshore Oil and Gas Resources: Policy Changes and Approaches. In: Russia and the North (2009), S. 107–127.
167 Gesamtüberblick bei: A. A. Azat'jan et al., Istorija otkrytija i issledovanija sovetskoj Azii. M. 1969, S. 242–494 (mit Karten); D. M. Lebedev, V. A. Esakov, Russkie geografičeskie otkrytija i issledovanija s drevnich vremen do 1917 goda. M. 1971, S. 30–306; George V. Lantzeff, Richard A. Pierce, Eastward to Empire. Exploration and Conquest on the Russian Open Frontier to 1750. Montreal-London 1973, bes. S. 127–154.
168 Näheres bei Janet Martin, Muscovy's Northeastern Expansion: The Context and a Cause. In: CMRS 24 (1983), S. 459–470, bes. S. 465–468.
169 Vgl. B. A. Rybakov, Russkie karty Moskovii XV – načala XVI veka. M. 1974; Arthur Dürst, Vadians Weltkarte von 1534, Zürich o. J., S. 6. Der St. Galler Humanist und Geograph Vadian war zwar bereits davon überzeugt, dass es eine Durchfahrt zwischen Asien und Nordamerika geben müsse, aber die *Scythia extra* östlich des Ural blieb für ihn ein weißer Fleck.
170 A. I. Pliguzov, Skazanie «O čelovecech neznaemych v vostočnej strane». In: Russian History 19 (1992), S. 401–432, bes. S. 424.
171 Povest' vremennych let. Pod red. V. P. Adrianovoj-Peretc. Teil 1, M.-L. 1950, S. 197.
172 Koč. Istorija ustrojstva. (= Istorija otečestvennogo flota: Na prostorach arktičeskich morej): http://flot7.narod.ru/ussr/koch/koch1.htm.
173 Ebd.; Samuel H. Baron, Shipbuilding and Seafaring in Sixteenth-Century Russia. In: Essays in Honor of A. A. Zimin. Columbus, Ohio 1985, S. 102–129, hier S. 119 f.; Fisher, Voyage (1981), S. 161–168.
174 Dazu Samuel H. Baron, Did the Russians Discover Spitsbergen? In: FOG 38 (1986), S. 42–63.
175 Chromych, Sibirskij frontir (2012), S. 76.
176 Ebd., S. 78.
177 Skalon, Russkie zemleprochodcy (2005), S. 46 f.
178 Chromych, Sibirskij frontir (2012), S. 77.
179 Fischer, Sibirische Geschichte, 1 (1768), S. 345.
180 L. M. Sverdlov, Tajmyrskaja zagadka (2001), S. 89. Englische Kaufleute hörten davon bereits 1611 in Pustojorsk.
181 Detaillierte Publikation des Grabungsverlaufs und des Fundmaterials bei: Okladnikov, Archeologičeskie nachodki (1951), S. 7–32.
182 Ebd., S. 32–40; L. M. Sverdlov, Tajmyrskaja zagadka (2001), S. 9–39.
183 Okladnikov, Archeologičeskie nachodki (1951), S. 29.
184 L. M. Sverdlov, Tajmyrskaja zagadka (2001), S. 27, 30.
185 Ebd., S. 40–62.
186 Troickij, Russkie poselenija (1975), S. 125 f., gelangt zu demselben Schluss, datiert die Strandung aber erst auf die Mitte der 1630er Jahre, da man die Umlaufzeit der gefundenen Münzen in Sibirien viel länger ansetzen müsse als für das europäische Russland.
187 L. M. Sverdlov, Tajmyrskaja zagadka (2001), S. 42; Okladnikov, Archeologičeskie nachodki (1951), S. 29.
188 L. M. Sverdlov, Tajmyrskaja zagadka (2001), S. 74 f. Diese Route führte vom Ob den Wach-Fluss und dessen Nebenfluss Wolotschanka aufwärts und dann über eine schmale Wasserscheide zum Jelogui.
189 Ebd., S. 75 f. Üblicherweise wird die Gründung von Makowskoje erst auf 1618 und die von Jenisseisk auf 1619 datiert.
190 Ebd., S. 78–83.
191 Ebd., S. 104–122.
192 Ebd., S. 124 f.
193 Dazu näher Aleksandrov, Načalo (1962), S. 21–28. – Dass Mangaseja seit 1672 völlig verlassen lag, hat sich für die archäologische Forschung als Glücksfall erwiesen. 1968–1973 wurden auf der

Wüstung umfangreiche Ausgrabungen durchgeführt, die es wegen der im Dauerfrostboden gut konservierten Überreste der hölzernen Bebauung erlauben, Grundriss und Struktur von Fort und Possad einer sibirischen Stadt des 17. Jahrhunderts ziemlich genau zu rekonstruieren. Eingehend dazu Belov, Mangazeja, 1 (1980).

194 Nikitin, Načalo kazačestva (1996), S. 24.
195 Dazu generell: Stadelbauer, Erschließung (1986).
196 Detailliert dazu: Brodnikov, Enisejskij ostrog (1994), S. 54–89; Nikitin, Načalo kazačestva (1996), S. 5–16. – Forschungsüberblick unter Betonung der militärischen Faktoren bei: Nikitin, Voennye faktory (2014).
197 Fischer, Sibirische Geschichte, 1 (1768), S. 501 f.
198 Ebd., S. 345 f.
199 Cottrell, Sibirien, 1 (1846), S. 113, 117.
200 Balandin, Oboronnaja architektura (1974), S. 10.
201 Miller, Istorija Sibiri, 3 (2005), Dokument Nr. 14, S. 159–161.
202 Miller, Istorija Sibiri, 2 (2000), Dokumente Nr. 253, 262.
203 Ebd., Dokument Nr. 210, S. 358 f.
204 Miller, Istorija Sibiri, 3 (2005), Dokument Nr. 34, S. 201 f.
205 I. A. Zacharenko, Russkie geografičeskie issledovanija i osvoenie Sibiri v XVII v. In: VIst 2009, 2, S. 40–50, bes. S. 42.
206 L. M. Sverdlov, Tajmyrskaja zagadka (2001), S. 83 f.; Beketows Biographie bei: V. Bachmutov, Služilyj čelovek Petr Beketov. Kr. 2015.
207 Fischer, Sibirische Geschichte, 1 (1768), S. 490–495.
208 Ebd., S. 478 f.
209 Der Kosakenataman Maxim Perfiriew hatte 1627 vom Jenisseisker Wojewoden den Auftrag erhalten, mit nur 40 Kosaken die Angara über die Wasserfälle hinaus aufwärtszugehen, um die Burjäten zu unterwerfen, siehe Fischer, Sibirische Geschichte, 1 (1768), S. 477 f.
210 Ebd., S. 479 f.
211 Miller, Istorija Sibiri, 3 (2005), Dokument Nr. 51, S. 235.
212 Ebd., Dokumente Nr. 51–53, S. 236–240.
213 Fischer, Sibirische Geschichte, 2 (1768), S. 735–740.
214 Ebd., S. 515–518.
215 Eingehend Fisher, Voyage (1981); Nikitin, Zemleprochodec (1999); Kurzüberblick: Nikitin, Načalo kazačestva (1996), S. 28–30.
216 Skalon, Russkie zemleprochodcy (2005), S. 151.
217 Fischer, Sibirische Geschichte, 1 (1768), S. 523–526.
218 Fischer, Sibirische Geschichte, 2 (1768), S. 779–794.
219 Ebd., S. 754–761.
220 Ebd., S. 853, 859.
221 Miller, Istorija Sibiri, 2 (2000), Dokument Nr. 257, S. 408.
222 Ebd., Dokument Nr. 245, S. 396 f.
223 Ebd., Dokument Nr. 249, S. 399.
224 Ebd., Dokument Nr. 263, S. 412.
225 Fischer, Sibirische Geschichte, 2 (1768), S. 552.
226 Ebd., S. 553–555.
227 Noch 1669 zählte die Krasnojarsker Garnison ganze 377 Mann und wurde erst gegen Ende des 17. Jahrhunderts auf über 600 Mann aufgestockt, siehe Aleksandrov, Russkoe naselenie (1964), S. 53.
228 Ebd., S. 42–58; A. P. Potapov, K istorii osvoenija (1973), S. 436–438.
229 Stolberg, Sibirien (2009) reklamiert diesen Übernamen auch noch für das 19. und 20. Jahrhundert, verwässert ihn dadurch jedoch.
230 Aleksandrov, Russkoe naselenie (1964), bes. S. 46, 53 f.
231 Miller, Istorija Sibiri, 2 (2000), Dokument Nr. 286, S. 439 f.
232 Fischer, Sibirische Geschichte, 1 (1768), S. 500.
233 Miller, Istorija Sibiri, 3 (2005), Dokument Nr. 37, S. 210 f.
234 Fischer, Sibirische Geschichte, 1 (1768), S. 511–513.
235 Ebd., S. 521–523.
236 Ebd., S. 523.
237 Fischer, Sibirische Geschichte, 2 (1768), S. 750.

238 Nikitin, Zemleprochodec (1999), S. 164–166.
239 Skalon, Russkie zemleprochodcy (2005), S. 230.
240 Ebd., S. 231.
241 The Atlas of Siberia by Semyon U. Remezov. Facsimile Edition with an Introduction by Leo Bagrow. 's-Gravenhage 1958; S. U. Remezov, Čertëžnaja kniga Sibiri. Reprint s izdanija 1699–1701 g. M. 2013. – Vgl. auch: http://sv-rasseniya.narod.ru/xronologiya/19-remezov_DrawingBook/default.htm.
242 Remezov, Blätter 30, 32 und 34.
243 Zu den damit verbundenen Grenzüberschreitungen der Wahrnehmung: Happel, Unter Ungeziefer (2013).
244 Širina, Letopis' ėkspedicij (1983), S. 6–15.
245 Messerschmidt, Forschungsreisen; zum Jenisseibecken: Teile 1 (1962), 2 (1964), 4 (1968).
246 Evgenii Kushnarev, Bering's Search for the Strait. The First Kamchatka Expedition 1725–1730. Ed. and translated by E. A. P. Crownhart-Vaughan. Portland, Oregon 1990, hier S. 33–37.
247 Širina, Letopis' ėkspedicij (1983), S. 20–30.
248 Steller, Briefe und Dokumente 1739 (2001), S. 362.
249 Ebd., S. 36; Auflistung unter dem Titel «Beschreibung des Wasserwegs von der Stadt Irkuck bis zur Stadt Enisejsk, auf 21 Bogen» S. 38.
250 Ebd., S. 30.
251 Reise des kaiserlich-russischen-Flotten-Lieutenants Ferdinand von Wrangel längs der Nordküste von Sibirien und auf dem Eismeere, in den Jahren 1820 bis 1824. Bearbeitet von G. Engelhardt, hg. von C. Ritter. Teil 1, Berlin 1839, S. 3–122 (enthält auch einen historischen Überblick über die Erforschung der Eismeerküste).
252 Pallas, Reise, 2, 2 (1773); Reise, 3, 1–2 (1776).
253 Neueste Nachrichten (1841).
254 Ebd., S. 284, 271, 274–276, 300.
255 Middendorff, Reise (1847); ders., Sibirische Reise (1867); Übersicht über die Expedition bei Širina, Letopis' ėkspedicij (1983), S. 69–77.
256 Nordenskiöld, Umsegelung (1882); Kurzfassung: Nordenskiöld, Nordostwärts (1987).
257 Digitale Edition: Sigismund von Herberstein, Rerum Moscoviticarum Commentarii. Synoptische Edition der lateinischen und der deutschen Fassung letzter Hand. Basel 1556 und Wien 1557. Redigiert und herausgegeben von Hermann Beyer-Thoma. München 2007, S. 271 f.; www.dokumente.ios-regensburg.de/publikationen/Herberstein_gesamt.pdf.
258 www.britishempire.co.uk/timeline/jenkinsonmap.htm.
259 Fluss nicht identifizierbar.
260 Messerschmidt, Forschungsreisen, 2 (1964), S. 22; ähnlich Messerschmidts zeitweiliger Weggefährte Strahlenberg, Das Nord- und Östliche Theil (1730), S. 324.
261 Messerschmidt, Forschungsreisen, 2 (1964), S. 53 f.
262 Erman, Reise (1838), S. 46.
263 Neueste Nachrichten (1841), S. 299.
264 Gemeint ist der Fluss Tom, Nebenfluss des Ob.
265 Strahlenberg, Das Nord- und Östliche Theil (1730), S. 350.
266 Ebd., S. 350 f.
267 Skalon, Russkie zemleprochodcy (2005), S. 59.
268 Garmaš, Noril'skaja istorija (2012), S. 42.
269 Denisov, Chronologija (2009), S. 166 f.

# Teil II

1 Im Folgenden referiere ich Pavlinskaja, Reki (2007), bes. S. 34, 39–53. – Detailliert: E. A. Alekseenko, Rečnoj komponent v kul'ture narodov Enisejskogo bassejna. In: ebd., S. 55–86.
2 Miller, Istorija Sibiri, 2 (2000), Dokument Nr. 284, S. 436 f.
3 Bykonja, Krasnojarsk (1990), S. 71.
4 Šunkov, Očerki (1946), S. 17.
5 Ganzer Abschnitt nach ebd., S. 11–56.

6 Näher dazu C. Goehrke, Die Wüstungen in der Moskauer Rus'. Studien zur Siedlungs-, Bevölkerungs- und Sozialgeschichte. Wiesbaden 1968, S. 190–192.
7 Aleksandrov, Russkoe naselenie (1964), S. 61, 63, 76.
8 Ebd., S. 64, 68 f.
9 Ebd., S. 65, 67 f. – Vgl. auch unter dem Jahr 1723 Messerschmidt, Forschungsreise, 2 (1964), S. 127.
10 Pallas, Reise, 3, 1 (1776), S. 323. – Eine im Auftrag der Akademie der Wissenschaften 1745 erstellte Karte der Jenisseimündung mit Lokalisierung aller Winterhütten findet sich bei Nordenskiöld, Umsegelung, 1 (1882), S. 167.
11 Troickij, Russkie poselenija (1975); Bykonja, Zaselenie (1981), S. 191–197.
12 Aleksandrov, Russkoe naselenie (1964), S. 71 (Umrechnung der in sich unstimmigen Tabelle durch mich – C. G.).
13 Ebd., S. 75.
14 Ebd., S. 76 f.
15 Middendorff, Reise, 1, 1 (1847), S. XXIII.
16 Stadling, Through Siberia (1901), S. 224 f.
17 Aleksandrov, Russkoe naselenie (1964), S. 76; Denisov, Chronologija (2009), S. 116.
18 Ebd., S. 162.
19 Seebohm, Birds (1901/85), S. 442–445.
20 Ebd., S. 287.
21 Nordenskiöld, Umsegelung, 1 (1882), S. 351 f.
22 Gmelin, Reise, 3 (1752), S. 194.
23 Zum Folgenden: Aleksandrov, Russkoe naselenie (1964), S. 78–118; I. V. Kopylov, Osobennosti (1965), S. 28–67; Bykonja, Zaselenic (1981); Russkie starožily (1973), S. 7–49; Brodnikov, Enisejskij ostrog (1994), S. 92–99.
24 Am Beispiel der Angara Zeitschichtenkarten bei Stadelbauer, Erschließung (1986), S. 23.
25 Russkie starožily (1973), S. 17.
26 Aleksandrov, Russkoe naselenie (1964), S. 115.
27 A. P. Potapov, K istorii osvoenija (1973), S. 439, 441.
28 Kopylov, Russkie (1965), Tab. S. 44 f.
29 Ebd., Tab. S. 51 f.
30 Ebd., S. 42.
31 Bykonja, Zaselenie (1981), S. 59–110; A. P. Potapov, K istorii osvoenija (1973), S. 437–441.
32 E. V. Leont'ev, O zaselenii russkimi južnych rajonov Prienisejskogo kraja v XVIII v. In: SS 4 (2008), S. 134–155.
33 Bykonja, Zaselenie (1981), S. 109.
34 Ebd., S. 127 f., 152 f.
35 Pallas, Reise, 2, 2 (1773), S. 666.
36 Bykonja, Zaselenie (1981), S. 153–161.
37 Stadelbauer, Erschließung (1986).
38 Allein von 1899 bis 1915 verdoppelte sich die Bevölkerungszahl des G. Jenissei, weitgehend durch Zuwanderung, siehe Aferenko, Krasnojarskaja starina (2011), S. 114.
39 Im Jahre 1926 lebten von den rund 78 800 Sibiriendeutschen nur 2 Prozent im Kreis Minussinsk, siehe P. P. Vibe, Nemeckie kolonii v Sibiri v uslovijach social'nych transformacij konca XIX – pervoj treti XX vv. Omsk 2011, S. 53, Tab. S. 159.
40 Russkie starožily (1973), S. 72–75, 119 f., 125 f.
41 Aferenko, Krasnojarskaja starina (2011), S. 121–123.
42 Vgl. auch Pronin, Naselenie (1981), S. 55, 59.
43 Wagner, Schicksale (1789), S. 127.
44 Castrén, Reiseberichte und Briefe (1856), S. 247.
45 Lopatin, Dnevnik (1897), S. 1–3, hier S. 1.
46 Nordenskiöld, Umsegelung, 1 (1882), S. 168.
47 Haviland, Summer (1915/71), S. 250–252.
48 Castrén, Reiseberichte und Briefe (1856), S. 272 f.
49 Nansen, Sibirien (1916), S. 118.
50 Predtečenskaja, V 1919 godu v Tomske (2012), S. 212 f.
51 Stadling, Through Siberia (1901), S. 247.
52 Šumjackij, Turuchanka (1925), S. 49–51.

53 Gerhard Friedrich Müllers Landesbeschreibung von 1739 verzeichnet unterhalb von Worogowo noch keine Siedlungen; vgl. Miller: Opisanie reki Eniseja ot Enisejska vniz. 1739 g. (1996), S. 100–120.
54 Castrén, Reiseberichte und Briefe (1856), S. 227–229.
55 Nordenskiöld, Umsegelung, 1 (1882), S. 350.
56 Heller, Sibirien (1931), S. 159.
57 Ja. M. Sverdlov, Turuchanskij kraj (1976), S. 23 f.
58 Wagner, Schicksale (1789), S. 191 f. Ähnlich Strahlenberg, Das Nord- und Östliche Theil (1730), S. 354.
59 Castrén, Reiseberichte und Briefe (1856), S. 270 f.
60 Seebohm, Birds (1901/85), S. 308 f.
61 Wagner, Schicksale (1789), S. 100–102.
62 B. E. Andjusev, Vlijanie klimatičeskogo faktora na sibirskoe domostroenie. In: SS 4 (2008), S. 17–26; Evmenova, Kul'tura (2007), S. 59–83; Šelegina, Adaptacionnye processy (2005), S. 39–114 (mit zahlreichen Plänen und Abbildungen); Andjusev, Sibirskoe kraevedenie (1999), S. 40–49, Abb. S. 162–170; Ètnografija russkogo krest'janstva (1981), S. 102–141; Aleksandrov, Russkoe naselenie (1964), S. 162–170.
63 Ebd., S. 170. – Zur Entwicklung der Dorfsiedlungen Sibiriens grundsätzlich: Ètnografija russkogo krest'janstva (1981), S. 57–101.
64 Lansdell, Through Siberia (1882), S. 190.
65 Pallas, Reise, 2, 2 (1773), S. 668 f. – Ähnliches berichtet der Schweizer Hans Jakob Fries, der als Militärarzt 1776 eine Dienstreise auf dem Großen Sibirischen Trakt absolvierte, siehe Fries, Reise (1955), S. 78 f.
66 Kaufman, Zemel'nyj vopros (1908), S. 104.
67 Aleksandrov, Russkoe naselenie (1964), S. 133–138.
68 Andjusev, Sibirskoe kraevedenie (1999), S. 31.
69 Ebd., S. 32 f.
70 Ebd., S. 18 f.; Asalchanov, Sel'skoe chozjajstvo (1975), S. 79 f.
71 Bojaršinova, Zemel'nye soobščestva (1977), S. 17, 30 f.; am Beispiel der Amtsgemeinde Kasatschinskoje um 1877: Gromyko, Territorial'naja krest'janskaja obščina (1977), S. 68–71, 75.
72 Kaufman, Krest'janskaja obščina (2011), bes. S. 62–96, 265–277; Andjusev, Sibirskoe kraevedenie (1999), S. 25–29; Asalchanov, Sel'skoe chozjajstvo (1975), S. 98; Aleksandrov, Russkoe naselenie (1964), S. 176–198.
73 Asalchanov, Sel'skoe chozjajstvo (1975), S. 137 f.
74 Andjusev, Sibirskoe kraevedenie (1999), S. 33, zum bäuerlichen Wirtschaftskalender S. 55–61; Kopylov, Russkie (1965), S. 74–76; Aleksandrov, Russkoe naselenie (1964), S. 179–181.
75 Gefangen in Sibirien (2001), S. 162 (Tagebucheintrag von 1917 für das Dorf Nachwalskoje im Kreis Krasnojarsk).
76 Nansen, Sibirien (1916), S. 187.
77 Heller, Sibirien (1931), S. 159.
78 Rasenpodsolböden im Kreis Jenisseisk warfen durchschnittlich den doppelten Ertrag der im europäischen Russland vorherrschenden Podsolböden ab, siehe Kopylov, Russkie (1965), S. 76 f.
79 Guzok, Nekotorye voprosy geografii zemledelija (1975), S. 143–145; Müller, Unter Tungusen und Jakuten (1882), S. 15.
80 Andjusev, Sibirskoe kraevedenie (1999), S. 43–45.
81 Dazu näher Šelegina, Adaptacionnye processy (2005), S. 115–157.
82 Nachwalskoje war schon 1741 ein Unterzentrum des Distrikts (später Kreis) Krasnojarsk mit einem eigenen Verwalter als staatlichem Statthalter; siehe Steller, Fischer, Reisetagebücher 1738 bis 1745 (2009), S. 325. – Ein konkretes Bild von Bauernhöfen dieser Zeit vermittelt auch eine Bilderserie des Heimatkundemuseums in Schuschenskoje am oberen Jenissei im Internet: shtish.livejournal.com/4874.html.
83 Gefangen in Sibirien (2001), S. 136–164.
84 Stackelberg, Sibirien (1983), S. 138–189.
85 Ebd., S. 196 f.
86 Ebd., S. 200.
87 Ebd., S. 247.
88 Gefangen in Sibirien (2001), S. 145.
89 Stackelberg, Sibirien (1983), S. 279.

90 Šelegina, Adaptacija (2002), S. 24–33; Andjusev, Sibirskoe kraevedenie (1999), S. 18–23.
91 Mamsik, Krest'janskoe dviženie (1987), S. 64 f.
92 M. T. Beljavskij, Nakazy sibirskich krest'jan v Uložennuju komissiju 1767 g. In: Archeografija i istočnikovedenie Sibiri. N. 1975, S. 177–212, bes. S. 181–184, 197, 204.
93 A. A. Vernik, Istočniki po istorii i ėtnografii russkogo starožil'skogo naselenija juga prienisejskogo kraja serediny XIX v. In: Chakasija v XX veke (1995), S. 160–174, hier S. 162 f.
94 Andjusev, Tradicionnoe soznanie (2004), S. 220–224.
95 Andjusev, Sibirskoe kraevedenie (1999), S. 26.
96 Safronov, Stolypinskaja agrarnaja reforma (2006), S. 38.
97 L. M. Gorjuškin, Agrarnye otnošenija v Sibiri perioda imperializma (1900–1917 gg.). N. 1976, S. 290 f.
98 Bočanova et al., Očerki istorii blagotvoritel'nosti (2000), S. 23.
99 Borisova, Rodoslovnaja Stukalovych (2010), S. 26 f.
100 Beide Zitate bei Andjusev, Sibirskoe kraevedenie (1999), S. 27.
101 Von 1894 bis 1898 waren dies 10,2 Prozent gegenüber 13,8 Prozent gesamtsibirisch, und von 1899 bis 1903 7,9 Prozent gegenüber 18,8 Prozent, siehe Kaufman, Zemel'nyj vopros (1908), S. 129.
102 Očerki istorii narodnogo obrazovanija (2014), S. 57, 73.
103 Alekseeva, Uroven' žizni (1979), S. 165.
104 Totyšev, Učitel'stvo i škola Chakassii (1995), S. 52 f., 56 f.
105 V. V. Černyšov, Voprosy razvitija sel'skoj mediciny v Enisejskoj gubernii na rubeže XIX–XX vv. (po dokumentam archivnogo agentstva administracii Krasnojarskogo kraja). In: Krasnojarskij kraj: istoričeskie aspekty (2006), S. 242–249.
106 Safronov, Stolypinskaja agrarnaja reforma (2006), Tab. Nr. 83, S. 680.
107 Stackelberg, Sibirien (1983), S. 199.
108 Ebd., S. 200, 207.
109 Ebd., S. 270 f.
110 Ebd., S. 272.
111 Bezeugt von Kastren, Putešestvie (1999), S. 154, und Cochrane, Fußreise (1825), S. 185.
112 Stackelberg, Sibirien (1983), S. 271 f.
113 Zol'nikova, Sibirskaja prichodskaja obščina (1990), S. 25.
114 Andjusev, Sibirskoe kraevedenie (1999), S. 76.
115 Zol'nikova, Soslovnye problemy (1981), S. 123.
116 Ebd., S. 145.
117 Eingehender dazu: Erich Bryner, Der geistliche Stand in Russland. Sozialgeschichtliche Untersuchungen zu Episkopat und Gemeindegeistlichkeit der russischen orthodoxen Kirche im 18. Jahrhundert. Göttingen 1982, bes. S. 148–237.
118 Zol'nikova, Sibirskaja prichodskaja obščina (1990), S. 129.
119 Dazu näher: Peter Hauptmann, Russlands Altgläubige. Göttingen 2005; Gabriele Scheidegger, Endzeit – Russland am Ende des 17. Jahrhunderts. Bern 1999; Aleksandrov, Pokrovskij, Vlast' i obščestvo (1991), S. 338–350.
120 Denisov, Chronologija (2009), S. 57. – Zur Konzentration der Altgläubigen im Krai Turuchansk: M. Zotkina, Staroobrjadcy v Turuchanskom krae i rajone (XX vek – nač. XXI veka). In: Staroobrjadcy (2012), S. 102–141.
121 Safronov, Stolypinskaja agrarnaja reforma (2006), S. 371 f.
122 Ebd., Tab. 107, S. 695.
123 Ebd., Tab. 108, S. 696.
124 Miller, Istorija Sibiri, 2 (2000), Nr. 179, S. 322–330, hier S. 323 f.
125 Zum Folgenden generell: Evmenova, Kul'tura (2007), S. 174–188; Andjusev, Sibirskoe kraevedenie (1999), S. 75–80; M. M. Gromyko, Dochristianskie verovanija v bytu sibirskich krest'jan XVIII–XIX vekov. In: Iz istorii sem'i i byta sibirskogo krest'janstva (1975), S. 71–109; Pokrovskij, Materialy (1975).
126 Eingehend Šelegina, Adaptacija (2002), S. 70–95.
127 L. V. Ostrovskaja, Istočniki dlja izučenija otnošenija sibirskich krest'jan k ispovedi (1861–1904 gg.). In: Issledovanija po istorii obščestvennogo soznanija ėpochi feodalizma v Rossii. N. 1984, S. 131–151.
128 Andjusev, Tradicionnoe soznanie (2004), S. 152–171.

129 Eve Levin, Dvoeverie and Popular Religion. In: Stephen K. Batalden (Ed.), Seeking God. The Recovery of Religious Identity in Orthodox Russia, Ukraine, and Georgia. DeKalb 1993, S. 31–52.
130 Gromyko, Territorial'naja krest'janskaja obščina (1977), S. 96–99.
131 Stackelberg, Sibirien (1983), S. 171 f.
132 Pokrovskij, Materialy (1975), S. 120.
133 Lansdell, Through Siberia (1882), S. 237.
134 Gmelin, Reise, 3 (1752), S. 430.
135 Steller, Fischer, Reisetagebücher (2009), S. 323.
136 Gmelin, Reise, 1 (1751), S. 383.
137 Messerschmidt, Forschungsreise, 2 (1964), S. 20 f.
138 Vgl. Goehrke, Russischer Alltag, 1 (2003), S. 194 f.
139 Andjusev, Tradicionnoe soznanie (2004), S. 164–166.
140 Detailliert beschreibt Elisabeth Sczuka die Feste und Vergnügungen der Einwohner und vor allem der Jugend von Nachwalskoje in den Jahren 1917/18 und vermittelt das Bild einer noch völlig intakten Dorfgemeinschaft, siehe Gefangen in Sibirien (2001), vor allem S. 146–154.
141 N. I. Drozdov, Sibirskij charakter. In: SS 7 (2012), S. 4–7; vgl. auch Andjusev, Sibirskoe kraevedenie (1999), S. 71–75, 140–143.
142 Klemenz, Naselenie Sibiri (1908), S. 52–54; Andjusev, Tradicionnoe soznanie (2004), S. 106–118.
143 Ebd., S. 52–59.
144 Gerrare, Greater Russia (1903), S. 105.
145 Stackelberg, Sibirien (1983), S. 341 f.
146 J. Stalin, Fragen des Leninismus. M. 1947, S. 594 f.
147 Andjusev, Tradicionnoe soznanie (2004), S. 144–147.
148 Stackelberg, Sibirien (1983), S. 278.
149 Dolidovič/Fëdorova, Ženščiny Sibiri (2008), S. 86–96.
150 Stackelberg, Sibirien (1983), S. 295, 297–299.
151 Haviland, Summer (1915/71), S. 93.
152 Ebd., S. 284.
153 Balandin, Oboronnaja architektura (1974); Gradostroitel'stvo Sibiri (2011), S. 104–126.
154 Das Fort Abakansk ist nicht identisch mit der heutigen Hauptstadt Chakassiens, Abakan, sondern mit dem Dorf Krasnoturansk, das wegen des Krasnojarsker Stausees jedoch hangaufwärts verlegt werden musste.
155 Die Forts im Steppenbereich verfügten neben spanischen Reitern als Außensicherung auch noch über Nadol(o)bi: «Nadolobi ist eine Art von Befestigung, welche nur um die hiesigen feindlichen Völker, die zu Pferde Krieg führen, abzuhalten, angelegt und auch deswegen bloß in diesen Gegenden gebräuchlich ist. Sie bestehet aus zween Reihen Balken, die in die Quere auf Pfeilern eines halben Mannes hoch liegen, und durch kleine Querbalken hin und wieder untereinander verbunden sind.» So Gmelin, Sibirische Reise, 1 (1751), S. 239.
156 Miller, Opisanie Krasnojarskogo uezda … 1735 g. (1996), S. 62 f.
157 Pallas, Reise, 2, 2 (1773), S. 689.
158 Sievers, Briefe (1796), S. 245 f.
159 Dazu näher: Goehrke, Russischer Alltag, 1 (2003), S. 102–116, 196–205, 304–316 (mit Abb.).
160 Miller, Opisanie Enisejskogo uezda … 1735 g. (1996), S. 40 f.
161 Pallas, Reise, 3, 1 (1776), S. 388.
162 Zur Bauentwicklung der sechs Städte des Jenissei-Stromlandes bis 1914 vgl.: Gradostroitel'stvo Sibiri (2011), S. 130–190, 296–358.
163 Balandin, Načalo (1981), S. 196.
164 Im Jahre 1910 verzeichnet die Statistik für das G. Jenissei, dass von den insgesamt 10 097 erfassten Stadthäusern 560 Steinbauten waren, hingegen 5836 ganz und 3693 teilweise aus Holz bestanden; acht fielen in keine dieser Kategorien. Durchschnittlich waren die Wohnhäuser mit 8,9 Personen belegt, siehe Bočanova, Sostojanie zdravoochranenija (1980), S. 133.
165 Aleksandrov, Russkoe žilišče (1960).
166 Dazu eingehender anhand eines Vergleichs: C. Goehrke, G. Tschudin, Typen städtischer Hofüberbauung im Mittelalter als Indikatoren unterschiedlicher urbaner Mentalität. Ein Vergleich zwischen Novgorod und Zürich. In: JGO 46 (1998), S. 3–38, 14 Abb.
167 Ogly, Stroitel'stvo (1980), S. 29–31.

168 Merkulova, Derevjannaja zastrojka Krasnojarska (2013), bes. S. 13, 14 und 20–30, mit Plänen und Fotografien.
169 Ebd., S. 31–120, mit zahlreichen Fotografien und Grundrissen. Vgl. auch Gradostroitel'stvo Sibiri (2011), S. 473–509; zu den Kirchenbauten ebd., S. 509–521.
170 Kiskidosova, Povsednevnaja žizn' (2012), S. 130, 133–136.
171 Alle drei Zitate nach ebd., S. 126 f.
172 Ebd., Tab. 17, S. 302.
173 Komleva, Enisejskoe kupečestvo (2006), S. 38.
174 Asalchanov, Sel'skoe chozjajstvo Sibiri (1975), S. 17 f.
175 Nach Bykonja, Zaselenie (1981), Tabellen S. 204 f. und 226.
176 Schon im Jahre 1863 war Minussinsk die größte der südlichen Kreisstädte des G. Jenissei, siehe Tab. 6.1. Allerdings weichen die Zahlenangaben zur Bevölkerungsentwicklung der Städte noch für das 19. Jahrhundert teilweise stark voneinander ab.
177 Zahlenangaben nach: Železnodorožnyj transport, 1 (2001), S. 42–44, 227; Marmyšev, Padenie belogo Enisejska (2011), S. 178; Enissejsk, in: Narodnaja ènciklopedija gorodov i regionov Rossii, S. 5; Atschinsk, in: ebd., S. 9.
178 Kiskidosova, Povsednevnaja žizn' (2012), S. 32, 92 f.
179 Tuman-Nikiforova, Pervogil'desjstvo (2012), S. 42.
180 Ebd., Tab. S. 45.
181 Ebd., S. 43–45.
182 Komleva, Enisejskoe kupečestvo (2006), S. 54, 75–85.
183 Rafienko, K voprosu (1978), S. 126, 129, 133.
184 Differenzierte ständische Aufschlüsselung der Stadtbevölkerung aller sechs Städte der Provinz Jenissei für die Jahre 1782, 1823 und 1847 bei Komleva, Enisejskoe kupečestvo (2006), Tab. 2–4, S. 40, 42, 44.
185 Zum Folgenden: Rafienko, Posadskie schody (1974).
186 Ebd., Tab. S. 181.
187 Bykonja, Krasnojarsk (1990), S. 77–81; Gorodovye magistraty. In: Vlast' v Sibiri (2005), S. 241–247.
188 Ju. M. Gončarov, Očerki istorii gorodskogo byta (2004), S. 48.
189 Aferenko, Krasnojarskaja starina (2011), S. 73.
190 Bykonja, Krasnojarsk (1990), S. 196.
191 Ebd., S. 250 f.; Kiskidosova, Povsednevnaja žizn' (2012), S. 115.
192 Ebd., S. 117.
193 Ju. M. Gončarov, Očerki istorii gorodskogo byta (2004), S. 236.
194 Ebd., S. 49, 230, 237–239; E. A. Degal'ceva, Povsednevnyj byt naselenija Sibiri vo vtoroj polovine XIX – načale XX veka. In: VIst 2005, 10, S. 75–86, hier S. 79 f.; Dolidovič/Fëdorova, Ženščiny Sibiri (2008), S. 62 f.
195 Dolidovič, Ženščiny Sibiri (2003), S. 60–62; Dolidovič/Fëdorova, Ženščiny Sibiri (2008), S. 110 f., 180–182.
196 Ebd., S. 104–113.
197 Von der Stadtbevölkerung waren 52 Prozent der Männer und 30,6 Prozent der Frauen alphabetisiert, auf dem Lande nur 18,2 Prozent der Männer und 4,7 Prozent der Frauen, siehe Očerki istorii narodnogo obrazovanija (2014), S. 58.
198 Ebd., S. 117.
199 Zum ganzen Themenbereich der Anstellung von Frauen im Staatsdienst: ebd., S. 114–119.
200 Ganzer Abschnitt nach Dolidovič/Fëdorova, Ženščiny Sibiri (2008), S. 124 f., 129–131, 139 f., 162–166, 198.
201 Komleva, Enisejskoe kupečestvo (2006), S. 99–102.
202 Castrén, Reiseberichte und Briefe (1856), S. 218 f.
203 Komleva, Enisejskoe kupečestvo (2006), S. 92–96.
204 Kiskidosova, Povsednevnaja žizn' (2012), Tab. 9–11, S. 295–297. – 1911 zählte die Stadtbevölkerung 16 343 römische Katholiken (vorwiegend Polen), 15 951 Lutheraner (vor allem Deutschrussen, Deutschbalten und Finnländer), 972 Angehörige anderer christlicher Bekenntnisse (Reformierte, Anglikaner), 8455 Juden (vor allem Handwerker und Gewerbetreibende), 5896 Moslems (aus den südsibirischen Turkvölkern), 215 Buddhisten (insbesondere Burjäten) sowie 521 andere, siehe Kiskidosova, Povsednevnaja žizn' (2012), Tab. 107, S. 695; zu den Juden ausführlich: N. A. Orechova, Istorija evrejskich obščin Enisejskoj gubernii. In: Narody prienisejskoj Sibiri (2001), S. 124–131.

205 Miller, Istorija Sibiri, 2 (2000), Dokumente Nr. 164 und 165, S. 308–310.
206 Denisov, Chronologija (2009), S. 36.
207 Gradostroitel'stvo Sibiri (2011), S. 171–176; Kradin, K voprosu o rekonstrukcii (1978), bes. S. 233–235.
208 Pervoe stoletie sibiriskich gorodov (1996), Dokument Nr. 51, S. 157 f.
209 Gradostroitel'stvo Sibiri (2011), S. 177.
210 Messerschmidt, Forschungsreise, 2 (1964), S. 75.
211 Bykonja, Zaselenie (1981), Tab. S. 236 und S. 237–239.
212 Miller, Opisanie reki Eniseja ot Enisejska vniz (1996), S. 119; Gmelin, Reise, 3 (1752), S. 206 f.
213 Bykonja, Zaselenie (1981), S. 238.
214 Wagner, Schicksale (1789), S. 126 f., 109.
215 Hansteen, Reise-Erinnerungen (1854), S. 129 f., 128 f.
216 Castrén's Reiseberichte und Briefe (1856), S. 233–236.
217 Ebd., S. 251 f., 256.
218 Stadling, Through Siberia (1901), S. 256.
219 Castrén, Reiseberichte und Briefe (1856), S. 253.
220 Gradostroitel'stvo Sibiri (2011), S. 179 f.
221 Stadling, Through Siberia (1901), S. 253.
222 Vollständiger Abdruck der Vita Wassilis bei: Romodanovskaja, Legenda (1986).
223 Ebd., S. 199–202, 206.
224 Kastren, Putešestvie, 2 (1999), redaktionelle Anmerkung 90, S. 336; Klemenz, Naselenie Sibiri (1908), S. 43.
225 Nansen, Sibirien (1916), S. 146 f.
226 Denisov, Chronologija (2009), S. 43 f.
227 Šorochov, Uzniki (1978), S. 295 f.
228 Romodanovskaja, Legenda (1986), S. 207.
229 Miller, Opisanie reki Eniseja ot Enisejska protiv tečenija do Krasnojarska. 1739 g. (1996), S. 121.
230 Miller, Opisanie reki Eniseja ot Enisejska vniz po tečeniju do Mangazei. 1739 g. (1996), S. 118.
231 Gmelin, Reise durch Sibirien, 3 (1752), S. 222 f.
232 Hansteen, Reise-Erinnerungen (1854), S. 123 f.
233 Kastren, Putešestvie, 2 (1999), S. 231; Müller, Unter Tungusen und Jakuten (1882), S. 143; Seebohm, Birds (1901/85), S. 284 f.
234 Zum Aufenthalt in Monastyrskoje vgl. Nansen, Sibirien (1916), S. 141–151.
235 Während des Ersten Weltkrieges hatte Monastyrskoje 45 hölzerne Wohnhäuser und drei Kioske, die Lebensmittel feilboten. Es dürfte also etwa 250–300 Einwohner gezählt haben. Vgl. Dvorjanov, V sibirskoj dal'nej storone (1985), S. 227.
236 Zu den Anfängen der Stadt: Brodnikov, Enisejskij ostrog (1994), S. 16–24. – Zur Baugeschichte: Gradostroitel'stvo Sibiri (2011), S. 130–156.
237 Ebd., S. 133–137 (mit Abb.).
238 Ebd., S. 137 f.
239 Miller, Opisanie Enisejskogo uezda … 1735 g. (1996), S. 40.
240 Komleva, Enisejskoe kupečestvo (2006), S. 34.
241 Steller, Fischer, Reisetagebücher (2009), S. 3 f.
242 Pervoe stoletie sibirskich gorodov (1996), Dokument Nr. 51, S. 147–149.
243 Brodnikov, Enisejskij ostrog (1994), S. 71–73.
244 Veršinin, Zemleprochodec (2003), S. 37.
245 Brodnikov, Enisejskij ostrog (1994), S. 74.
246 Veršinin, Zemleprochodec (2003), S. 38.
247 Pervoe stoletie sibirskich gorodov (1996), Dokument Nr. 51.
248 A. N. Kopylov, K charakteristike (1966), S. 339.
249 Unter Pfahl- oder Ausbürgern verstand das alte deutsche Stadtrecht Inhaber des Stadtrechts, die außerhalb der Stadt wohnten.
250 In seiner Beschreibung des Wasserweges von Irkutsk nach Jenisseisk von 1745 registriert J. E. Fischer im Dorf Maklakowo (dem Kern des heutigen Lessosibirsk) 25 Höfe, davon ein Viertel Bauern- und drei Viertel Possadhöfe, im 6 Werst entfernten Kirchdorf Markowo 27 Bauern- und drei Possadhöfe; siehe Steller, Fischer, Reisetagebücher (2009), S. 426. – Noch 1790 außer für Jenisseisk auch für Turuchansk und Atschinsk bezeugt, siehe Rabcevič, Sibirskij gorod (1984), S. 98 f.

251 Butakova, Bulankov, Problema sel'skogo posada (2009), S. 51. Da für den städtischen Possad nur die männlichen Seelen angegeben waren (794 respektive 1981), habe ich diese Zahlen verdoppelt, um die Gesamtzahl für beide Geschlechter zu ermitteln (C. G.).
252 Bykonja, Zaselenie russkimi (1981), S. 226.
253 Enisejsk pravoslavnyj (1994), S. 51–54; Kiskidosova, Povsednevnaja žizn' (2012), S. 115.
254 Rezun, O čisle remeslennikov (1982), S. 25 f.
255 A. N. Kopylov, K charakteristike (1966), Tab. S. 340; ders., Russkie na Enisee (1965), S. 117 f.
256 Komogorcev, Iz istorii černoj metallurgii (1962), S. 105 f.
257 Pallas, Reise, 3, 1 (1776), S. 171.
258 Ebd., S. 309 f.
259 Ugoria = Ugrien, der Ural.
260 Strahlenberg, Das Nord- und Östliche Theil (1730), S. 332.
261 Kurilov, Sibirskaja promyšlennost' (1982), S. 14.
262 Bykonja, Zaselenie russkimi (1981), S. 235.
263 Pervoe stoletie sibirskich gorodov (1996), Dokument Nr. 51.
264 Rezun, O čisle remeslennikov (1982), S. 25 f.
265 Dazu gehörten Moskau, St. Petersburg, Nischni Nowgorod, Jaroslawl, Kaluga, Orjol, Astrachan, Simbirsk, Tobolsk und Charkow, siehe Kiprijanova, Sociokul'turnyj oblik (2011), S. 55 f.
266 Miller, Opisanie Enisejskogo uezda … 1735 g. (1996), S. 40.
267 Dazu vergleiche man die beiden Tabellen in: P. N. Pavlov, Vyvoz pušniny iz Sibiri v XVII v. In: Sibir' XVII–XVIII vv. (1962), S. 97–138, hier S. 126, 128.
268 Bell, Travels, 1 (1763), S. 221 f.
269 Miller, Opisanie Enisejskogo uezda. 1735 g. (1996), S. 39.
270 Dazu für das 17. Jahrhundert generell A. N. Kopylov, Russkie (1965), S. 230–241.
271 Vilkov, K istorii Enisejska (1977), S. 200.
272 Miller, Opisanie Enisejskogo uezda. 1735 g. (1996), S. 40.
273 Vilkov, K istorii Enisejska (1977), S. 199.
274 Messerschmidt, Forschungsreise, 1 (1962), S. 201.
275 Vilkov, K istorii Enisejska (1977), S. 198.
276 Steller, Fischer, Reisetagebücher (2009), S. 5–7.
277 Enisejsk pravoslavnyj (1994), S. 16.
278 Steller, Fischer, Reisetagebücher (2009), S. 5.
279 Kiprijanova, Sociokul'turnyj oblik (2011), S. 18, 154.
280 Ebd., S. 131, 251 f.; Vilkov, K istorii Enisejska (1977), S. 199.
281 Kiprijanova, Sociokul'turnyj oblik (2011), S. 155, 255.
282 Komarova, Kratkaja letopis' (2009), S. 144–147.
283 Enisejsk pravoslavnyj (1994), S. 12 f., 20, 27, 30, 47, 61 f., 64 f.
284 Pervoe stoletie sibirskich gorodov (1996), Dokument Nr. 13, S. 48. – Forschungsstand zur Gründung und zur Person des Gründers der Stadt bei: G. F. Bykonja, Andrej Dubenskij – osnovatel' Krasnojarska. Kr. 2008.
285 Sievers, Briefe (1796), S. 236.
286 Miller, Istorija Sibiri, 2 (2000), Dokument Nr. 257, S. 408.
287 Miller, Opisanie Krasnojarskogo uezda. 1735 g. (1996), S. 61.
288 Tjumen (1586) 1,36 ha, Tobolsk (1587) 1,4 ha, Tomsk (1604) 0,25–1,23 ha, Irkutsk (1661) 1,53 ha; siehe Ogly, Stroitel'stvo (1980), S. 18 f.
289 Gradostroitel'stvo Sibiri (2011), S. 157.
290 Pervoe stoletie sibirskich gorodov (1996), Dokument Nr. 51, S. 146 f.
291 Bykonja, Krasnojarsk (1990), S. 82.
292 Miller, Opisanie Krasnojarskogo uezda 1735 g. (1996), S. 62.
293 Steller, Fischer, Reisetagebücher (2009), S. 321 f.
294 Cochrane, Fußreise (1825), S. 113.
295 Steller, Fischer, Reisetagebücher (2009), S. 322.
296 Steller, Briefe und Dokumente 1740 (2000), S. 17.
297 Pallas, Reise, 2, 2 (1773), S. 4 f.
298 Komleva, Enisejskoe kupečestvo (2006), S. 35.
299 Erman, Reise (1838), S. 29 f.
300 Hofmann, Reise (1847), S. 31 f.

301 Hill, Travels, 1 (1854), S. 359–386.
302 Bykonja, Krasnojarsk (1990), S. 237–240.
303 Kiskidosova, Povsednevnaja žizn' (2012), S. 131, 162.
304 Das Ob-Irtysch-System wurde von der Werft in Tjumen bedient, die von den 193 Dampfschiffen, welche 1913 auf den west- und mittelsibirischen Flüssen verkehrten, 135 gebaut hatte; der Rest entfiel auf in Krasnojarsk gebaute und auf aus dem Ausland angekaufte Schiffe, siehe Pronin, Izmenenija v sibirskoj promyšlennosti (1980), S. 63.
305 Kaliničev, Velikij Sibirskij put' (1991), S. 93.
306 Ogly, Stroitel'stvo (1980), S. 63; zu den Mietpreisen: Kiskidosova, Povsednevnaja žizn' (2012), S. 147–150.
307 Ebd., S. 78.
308 Fries, Reise (1955), S. 80.
309 Sievers, Briefe (1796), S. 236.
310 Erman, Reise (1838), S. 29.
311 Hofmann, Reise (1847), S. 33.
312 Atkinson, Tartar Steppes (1863), S. 223.
313 Lansdell, Through Siberia (1882), S. 228.
314 Gowing, Five Thousand Miles (1889), S. 223.
315 Gefangen in Sibirien (2001), S. 42.
316 Kiskidosova, Povsednevnaja žizn' (2012), S. 161 f.
317 Ebd., S. 136 f.
318 Ebd., S. 163.
319 Bykonja, Krasnojarsk (1990), S. 139 f., 246 f.
320 Meakin, Ribbon (1901), S. 85; begeistert vom Stadtpark zeigte sich 1891 auch die Irkutsker Lehrerin Kalerija Jakowlewa, die auf der Durchreise nach St. Petersburg zwei Tage in Krasnojarsk verbrachte: Zapiski putešestvennicy (1996), S. 98.
321 Meakin, Ribbon (1901), S. 84 f., 86 f., 119.
322 Ebd., S. 242–245.
323 Knox, Overland through Asia (1871), S. 467 f.
324 Kiskidosova, Povsednevnaja žizn' (2012), S. 159 f., 156 f.
325 Gefangen in Sibirien (2001), S. 91.
326 Kiskidosova, Povsednevnaja žizn' (2012), S. 226–228.
327 O. M. Dolidovič, Ženskaja prostitucija v Sibiri vo vtoroj polovine XIX – načale XX vv. In: SS 4 (2008), S. 46–62.
328 Bykonja, Zaselenie russkimi (1981), S. 239.
329 Messerschmidt, Forschungsreise, 1 (1962), S. 243 f.
330 Pallas, Reise, 2, 2 (1773), S. 667 f.
331 Sievers, Briefe (1796), S. 236. – Atschinsk zählte damals 638 steuerpflichtige männliche Einwohner, siehe Bykonja, Zaselenie russkimi (1981), S. 241.
332 Cochrane, Fußreise (1825), S. 112.
333 Sainte-Aldegonde, Lettres (1835), S. 69.
334 Knox, Overland through Asia (1871), S. 500.
335 Wenyon, Across Siberia (1896), S. 193 f.
336 Kaliničev, Velikij Sibirskij put' (1991), S. 92.
337 Stackelberg, Sibirien (1983), S. 122.
338 Quellen dazu bei Miller, Istorija Sibiri, 2 (2000), Dokumente Nr. 253, 255, 286, 342, 358, 365.
339 Miller, Opisanie Krasnojarskogo uezda 1735 g. (1996), S. 63.
340 Pallas, Reise, 3, 1 (1776), S. 307 f.
341 Rabcevič, Sibirskij gorod (1984), S. 32.
342 Kaliničev, Velikij Sibirskij put' (1991), S. 94.
343 Castrén, Reiseberichte (1856), S. 301 f.
344 Kropotkina, Vospominanija (2003), S. 118–120.
345 Meakin, Ribbon of Iron (1901), S. 99 f., Beschreibung des Museums und seiner Sammlungen S. 102–108.
346 Šelegina, Adaptacija (2002), S. 130.
347 Meakin, Ribbon of Iron (1901), S. 98, 101, 109.
348 Jefferson, Roughing it in Siberia (1897), S. 163–165.

349 Stasova, Vospominanija (1969), S. 119.
350 Nikitin, Russkaja kolonizacija (2010), S. 73.
351 Dolgich, Rodovoj i plemennoj sostav (1960), Tab. S. 616 f.
352 Klemenz, Naselenie Sibiri (1908), S. 55 f.
353 Dolgich, Rodovoj i plemennoj sostav (1960), Tab. S. 616 f.
354 Dolgich, Obrazovanie (1967), S. 5.
355 Näher dazu: A. V. Golovnev, Ėtničnost': ustojčivost' i izmenčivost' (opyt Severa). In: ĖO 2012, 2, S. 3–12.
356 Zum Folgenden siehe Dolgich, Rodovoj i plemennoj sostav (1960), S. 119–275; Brodnikov, Enisejskij ostrog (1994), S. 44–52; derzeitiger Forschungsstand für die Tundren- und Taigavölker bei: Makarov, Batašev, Istorija i kul'tura (2007), S. 50–205.
357 Vom tatarischen *Üschtäk* (Barbar, Fremder), der Bezeichnung der westsibirischen Tataren für alle nicht sprachverwandten Völker bis zum Jenissei, so Fischer, Sibirische Geschichte (1768), 1, S. 139–141.
358 Maloletko, Drevnie narody Sibiri, 2: Kety (2002); Edward J. Vajda, Yeniseian Peoples and Languages: A History of Yeniseian Studies with an Annotated Bibliography. Richmond 2001.
359 Ketskaja problema. In: Ėtnogenez narodov Severa. Otv. red. I. S. Gurvič, M. 1980, S. 118–140; Makarov, Batašev, Istorija i kul'tura (2007), S. 182–185.
360 Vajnštejn, Kety (2015); Sibir'. Atlas (2007), S. 670 f.
361 Tugolukov, Tungusy (2012), S. 272; Dolgich, Rodovoj i plemennoj sostav (1960), S. 616 f.
362 Forschungsstand bei Ermolova, Ėvenki (1999); vgl. auch Tugolukov, Tungusy (2012).
363 Dolgich, Rodovoj i plemennnoj sostav (1960), S. 616 f.
364 Maloletko, Drevnie narody, 1 (1999), Karte S. 216; historischer Überblick: S. 215–221.
365 Dolgich, Rodovoj i plemennoj sostav (1960), S. 616 f.
366 Maloletko, Drevnie narody, 1 (1999), S. 221–230; Dolgich, Rodovoj i plemennoj sostav (1960), S. 222–271.
367 Dazu Forschungsstand bei D'jačenko, Formirovanie dolgan (1999); Kurzüberblick bei Dolgich, Obrazovanie (1967), S. 8; Sibir'. Atlas (2007), S. 734 f.
368 Sibir'. Atlas (2007), S. 664 f.
369 Anaškin, Istoričeskie i statističeskie dannye (2011), S. 3–6.
370 S. G. Kljaštornyj, D. G. Savinov, Stepnye imperii drevnej Evrazii. SPb 2005, S. 251–275; Sibir'. Atlas (2007), Karten S. 462 f.
371 Ebd., Karten S. 480 f. und 721; Chromych, Sibirskij frontir (2012), S. 95 f.
372 Sibir'. Atlas (2007), S. 492 f.
373 Istorija Sibiri, 1 (1968), S. 296–303; Dacyšen, Sajanskij rubež (2005), S. 20–28.
374 Istorija Sibiri, 2 (1968), S. 57 f.
375 Krivonogov, Chakasskie subėtnosy (2012).
376 Anaškin, Istoričeskie i statističeskie dannye (2011), S. 21–41; Sibir'. Atlas (2007), S. 720 f.
377 Vgl. die detaillierte Sprachenkarte in: Sibir'. Atlas (2007), S. 629.
378 Istorija Sibiri, 1 (1968), S. 253–257, 274–291, 372–377; Sibir'. Atlas (2007), S. 710–713; Ėtnoatlas (2008), S. 140–142.
379 Dazu grundsätzlich: Klokov, Olenevodstvo (2001).
380 Ebd., S. 40.
381 Damešek, Jasačnaja politika (1983), S. 44.
382 Messerschmidt, Forschungsreise, 2 (1964), S. 90.
383 Kropotkina, Vospominanija (2003), S. 91 f. – Die fast ausschließlich aus Rentierfellen gefertigte Kleidung der Tungusen beschreibt eingehend Stackelberg, Sibirien (1983), S. 145–147.
384 Mežėtničeskie svjazi, 1 (2007), Dokument Nr. 16, S. 32–34.
385 Erman, Reise (1838), S. 37.
386 Nansen, Sibirien (1916), S. 168, 175 f.
387 Ebd., S. 176.
388 Hansteen, Reise-Erinnerungen (1854), S. 118 f., 133 f.
389 Seebohm, Birds (1901/85), S. 450.
390 Makarov, Batašev, Istorija i kul'tura (2007), S. 185–205; generell: Ėtnoatlas (2008), S. 148 f.
391 Mežėtničeskie svjazi, 1 (2007), Dokument Nr. 16, S. 32.
392 Castrén, Reiseberichte und Briefe (1856), S. 237.

393 Gemeint sind natürlich Familienhäupter, so dass das ganze Völkchen mindestens 100 Menschen umfasst haben dürfte.
394 Mežėtničeskie svjazi, 1 (2007), Dokument Nr. 13, S. 26–28.
395 Ebd., Dokument Nr. 14, S. 28–30.
396 Istorija Sibiri, 2 (1968), S. 106 f., 297–299; Anaškin, Istoričeskie i statističeskie dannye (2011), bes. S. 140–148, 202 f.; E. V. Samrina, Chakassko-minusinskij krai v XVII–XVIII vv. (Transformacija tradicionnoj žiznedejatel'nosti chakasov). Machačkala-Abakan 2015.
397 Mežėtničeskie svjazi, 1 (2007), Dokument Nr. 107, S. 177 f.
398 Anaškin, Istoričeskie i statističeskie dannye (2011), S. 21.
399 Ebd., S. 16–41; Krivonogov, Chakasy (2011), S. 46–52.
400 Für die Tundren- und Waldvölker Überblick siehe Makarov, Batašev, Istorija i kul'tura (2007), S. 50–205, für die Steppennomaden am Beispiel der Katschinzer Tataren bei Anaškin, Istoričeskie i statističeskie dannye (2011), bes. S. 79–102.
401 Vgl. etwa Müller, Unter Tungusen und Jakuten (1882), S. 52–56; Seebohm, Birds (1901/85), S. 436 f.; Steller, Fischer, Reisetagebücher 1738 bis 1745 (2009), S. 26, S. 43; Haviland, Summer (1915/71), S. 108. – Generell: D. Ju. Chomenko, Zadači christianizacii korennogo naselenija Enisejskoj gubernii vo vtoroj polovine XIX – načale XX vv. In: Enisejskaja gubernija – Krasnojarskij kraj (2012), S. 29–37.
402 Steller, Fischer, Reisetagebücher 1738 bis 1745 (2009), S. 26.
403 Nansen, Sibirien (1916), S. 178–181.
404 Stadling, Through Siberia (1901), S. 227.
405 Haviland, Summer (1915/71), S. 107 f., 265 f.
406 Ebd., S. 109.
407 Seebohm, Birds (1901/85), S. 434 f.
408 Steller, Fischer, Reisetagebücher 1738 bis 1745 (2009), S. 338.
409 Miller, Istorija Sibiri, 3 (2005), Dokumente Nr. 25 und 26, S. 182, 185.
410 Ebd., Dokument Nr. 26, S. 187.
411 Ebd., Dokument Nr. 7, S. 138, 141.
412 Skalon, Russkie zemleprochodcy (2005), S. 130.
413 Fedorov, Pravovoe položenie (1978), S. 13, 25 f.
414 Dieses Verbot galt noch in der Mitte des 18. Jahrhunderts, siehe Fischer, Sibirische Geschichte, 1 (1768), S. 315.
415 A. Zuev, «Konkvistadory imperii»: Russkie zemleprochodcy na severo-vostoke Sibiri. In: Ab Imperio 4/2001, S. 81–108.
416 Messerschmidt, Forschungsreise, 2 (1964), S. 64, 24.
417 Miller, Istorija Sibiri, 2 (2000), Dokument Nr. 158, S. 302–304, hier S. 303; zahlreiche weitere Beispiele.
418 Skalon, Russkie zemleprochodcy (2005), S. 147.
419 So 1735 am Beispiel der Krasnojarsker Tataren: Gmelin, Sibirische Reise, 1 (1751), S. 365 f.
420 Fedorov, Pravovoe položenie (1978), S. 49–54.
421 Damešek, Jasačnaja politika (1983), S. 47–54, 112, 122.
422 Fischer, Sibirische Geschichte, 1 (1768), S. 474 f.; siehe auch Miller, Istorija Sibiri, 3 (2005), Dokument Nr. 2, S. 130.
423 Ebd., Dokument Nr. 3, S. 131.
424 Fischer, Sibirische Geschichte, 1 (1768), S. 475 f.
425 Gmelin, Reise, 3 (1752), S. 79 f., 99.
426 Ebd., S. 409.
427 Mežėtničeskie svjazi, 1 (2007), Dokument Nr. 15, S. 30 f.
428 Fedorov, Pravovoe položenie (1978), S. 35, 116 f.
429 Gmelin, Reise, 3 (1752), S. 448–450.
430 Fedorov, Pravovoe položenie (1978), S. 37–41; Dacyšen, Sajanskij rubež (2005), bes. S. 60–65.
431 Nacional'naja politika (1998), Dokument Nr. 28, S. 141–176.
432 Anaškin, Istoričeskie i statističeskie dannye (2011), bes. S. 8–16.
433 Nacional'naja politika (1998), Dokument Nr. 36, S. 229–352 (mitsamt Ergänzungen bis 1912).
434 Mežėtničeskie svjazi, 1 (2007), Dokumente Nr. 78–80, S. 126–136.
435 Fedorov, Pravovoe položenie (1978), S. 82–87.
436 Asočakova, Christianizacija (2003), S. 29 f.

437 Chomenko, Zadači christianizacii (2012), S. 29–37; E. V. Vydrin, Turuchanskaja missija v načale 1850-ch godov. In: Enisejskaja gubernija – Krasnojarskij kraj (2012), S. 15–19; Asočakova, Christianizacija (2003); T. I. Mirošnikova, Missionerskaja dejatel'nost' pravoslavnoj cerkvi v Enisejskoj gubernii (vtoraja polovina XIX v.). In: Cerkov' i gosudarstvo (2001), S. 33–37.
438 Miller, Istorija Sibiri, 2 (2000), Dokument Nr. 313, S. 469–471.
439 Seebohm, Birds (1901/85), S. 351.
440 Heller, Sibirien (1931), S. 140, auf Grund eines Berichtes des Rayonsekretärs der KP in Turuchansk.
441 Cottrell, Sibirien, 1 (1846), S. 118–122.
442 Haviland, Summer (1915/71), S. 195.
443 Nansen, Sibirien (1916), S. 169.
444 Ebd., S. 171, 173.
445 Predtečenskaja, V 1919 godu (2012), S. 215 f.; Denisov, Chronologija (2009), S. 123.
446 Allerdings durfte er seine Verbannungszeit in Krasnojarsk verbringen, siehe Predtečenskaja, V 1919 godu (2012), S. 216 f.
447 Gert Robel, Zur Versorgung der russischen Bevölkerung Sibiriens im 17. Jahrhundert. In: Probleme des Industrialismus in Ost und West. Festschrift für Hans Raupach, hg. von W. Gumpel und D. Keese. München 1973, S. 493–506. – Zum ganzen Abschnitt: Grigor'eva, Sdvigi (1975).
448 Gmelin, Sibirische Reise, 1 (1751), S. 391.
449 F. G. Safronov, Russkie promysly i torgi na severo-vostoke Azii v XVII – seredine XIX v. M. 1980, S. 26–30.
450 P. N. Pavlov, Nekotorye osobennosti pušnoj torgovli v Vostočnoj Sibiri vremeni rascveta sobolinnogo promysla (30–50-e gody XVII v.). In: Iz istorii Sibiri. Vyp. 5, Kr. 1971, S. 79–123, hier Tab. S. 111–114.
451 Kurilov, Sibirskaja promyšlennost' (1982), S. 12.
452 Ebd., S. 69.
453 Denisov, Chronologija (2009), S. 75.
454 E. B. Bolonkina, Razvitie pušnogo promysla na severe Enisejskoj gubernii v 1820 – načale 1860-ch godov. In: Krasnojarskij kraj: istoričeskie aspekty (2006), S. 87–92, hier S. 89.
455 Sobolev, Dobyvajuščaja promyšlennost' (1908), S. 154 f.
456 Heller, Sibirien (1931), S. 96.
457 Skalon, Russkie zemleprochodcy (2005), S. 144 f.
458 Mironov, Lesnoe Krasnojar'e (2010), S. 6.
459 Ebd., S. 7.
460 Mešalkin, Odincova, Predprinimateli (2004), S. 73.
461 Zum Wirken Lieds: Alla Krasko, Jonas Lied in Siberia (1910–1919). In: Consul Jonas Lied (2008), S. 85–96.
462 Egil Hegge, Jonas Lied and the idea of a northern sea route to Siberia. In: ebd., S. 109–116.
463 Stackelberg, Sibirien (1983), S. 324 f.
464 Zu Lied: Jonas Lid, Sibir' – strannaja nostal'gija. Avtobiografija. M. 2009 (Übersetzung aus dem Norwegischen). – Mešalkin, Odincova, Predprinimateli (2004), S. 77 f.
465 N. P. Makarov, M. S. Batašev, Istorija i kul'tura (2007), beispielsweise S. 54, 76, 92, 185.
466 Pallas, Reise, 3, 1 (1776), S. 13.
467 Nordenskiöld, Umsegelung, 1 (1882), S. 168 f.
468 Seebohm, Birds (1901/85), S. 405.
469 Ebd., S. 399 f.
470 Denisov, Chronologija (2009), S. 123; zur Fischerei im Ästuar auch Nansen, Sibirien (1916), S. 83–87.
471 Denisov, Chronologija (2009), S. 123; Komarova, Kratkaja letopis' Enisejskogo uezda (2009), S. 144–147.
472 Sobolev, Dobyvajuščaja promyšlennost' (1908), S. 152–154.
473 Beschreibung der dreijährigen chinesischen Reise (1999), S. 226.
474 Nordenskiöld, Umsegelung, 1 (1882), S. 168.
475 Müller, Unter Tungusen (1882), S. 15.
476 Byt i iskusstvo (1971), S. 34.
477 Ebd., S. 30 f., 79.
478 Asalchanov, Sel'skoe chozjajstvo (1975), Tab. S. 127.
479 Erman, Reise (1838), S. 41 f.

480 Asalchanov, Sel'skoe chozjajstvo (1975), S. 147.
481 Konstantinova, Chlebnaja torgovlja (2010), S. 28–33.
482 Ebd., S. 48 f.
483 Aferenko, Krasnojarskaja starina (2011), S. 73.
484 Dazu trugen auch die tiefen Löhne der Brennereiarbeiter bei, siehe Konstantinova, Chlebnaja torgovlja (2010), S. 53 f.; Tuman-Nikiforova, Gil'dejskoe kupečestvo (2003), S. 69.
485 Bykonja, Krasnojarsk (1990), S. 181 (bezogen auf das Jahr 1883).
486 Tuman-Nikiforova, Gil'dejskoe kupečestvo (2003), S. 69.
487 Konstantinova, Chlebnaja torgovlja (2010), S. 73, 75.
488 Pallas, Reise, 2, 2 (1773), S. 690.
489 Asalchanov, Sel'skoe chozjajstvo (1975), S. 260 f.
490 Pallas, Reise, 3, 1 (1776), S. 8 f.
491 Ebd., S. 8.
492 Skubnevskij, Istočniki formirovanija rabočich (1980), S. 79.
493 Alekseeva, Uroven' žizni (1979), S. 159.
494 Asalchanov, Sel'skoe chozjajstvo (1975), S. 137 f., 177.
495 Alekseeva, Uroven' žizni (1979), S. 157 f., 161.
496 Ebd., S. 156.
497 Miller, Istorija Sibiri, 3 (2005), Dokument Nr. 131, S. 342 f.
498 Ebd., Dokument Nr. 92, S. 306.
499 Steller, Fischer, Reisetagebücher (2009), S. 19 f.
500 Miller, Istorija Sibiri, 3 (2005), Dokument Nr. 92, S. 307.
501 Gmelin, Reise, 3 (1752), S. 427–429.
502 Steller, Fischer, Reisetagebücher (2009), S. 20.
503 Sievers, Briefe (1796), S. 244 f.
504 Erman, Reise (1838), S. 46 f.
505 Zinov'ev, Gornaja promyšlennost' (1980), S. 11 f.
506 Ausführlich dazu Kurlaev, Man'kova, Osvoenie rudnych mestoroždenij (2005), bes. S. 205–208, 231–234.
507 Kurilov, Sibirskaja promyšlennost' (1982), S. 10.
508 Skalon, Russkie zemleprochodcy (2005), S. 91.
509 Kurlaev, Man'kova, Osvoenie rudnych mestoroždenij (2005), S. 227–231.
510 Komogorcev, Iz istorii černoj metallurgii (1962), S. 114 f.
511 Gmelin, Reise, 3 (1752), S. 303–306.
512 Ebd., S. 115 f.
513 Sobolev, Promyšlennost' (1908), S. 150 f.
514 Gmelin, Reise, 3 (1752), S. 298 f.
515 Ebd., S. 297–299, 321; vgl. auch Miller, Putešestvie ot Krasnojarska čerez stepi. 1739 g. In: Sibir' XVIII veka (1996), S. 156 f.
516 Bykonja, Zaselenie (1981), S. 75–84.
517 Komleva, Enisejskoe kupečestvo (2006), S. 34.
518 Cottrell, Sibirien, 2 (1846), S. 7, 9.
519 Knox, Overland through Asia (1871), S. 471.
520 Cottrell, Sibirien, 2 (1846), S. 10 f.
521 Sobolev, Promyšlennost' (1908), S. 143 f.; Zinov'ev, Gornaja promyšlennost' (1980), S. 14. – Karte der goldhaltigen Flusstäler des Gouvernements Jenissei in: Zolotoe serdce, 1 (2002), S. 20.
522 Ebd., S. 12.
523 Sobolev, Promyšlennost' (1908), S. 147.
524 Hofmann, Reise (1847), S. 58 f., 60 f., 70, 94 f.
525 Enisejsk pravoslavnyj (1994), S. 41, 51.
526 Lansdell, Through Siberia (1882), S. 230 f.
527 Knox, Overland through Siberia (1871), S. 469 f.
528 Lansdell, Through Siberia (1882), S. 214.
529 Knox, Overland through Siberia (1871), S. 470 f.; ähnlich Lansdell, Through Siberia (1882), S. 222.
530 Kropotkina, Vospominanija (2003), S. 90.
531 Jefferson, Roughing it in Siberia (1897), S. 195–228.

532 Von den fünf Brüdern Kusnezow muss es sich hier um Innokenti Petrowitsch K. (1851–1916) handeln, dessen Goldfelder am Abakan lagen und der sich öfters dort aufhielt, siehe Mešalkin, Odincova, Predprinimateli (2004), S. 17 f.
533 Lansdell, Through Siberia (1882), S. 211–226.
534 Knox, Overland through Siberia (1871), S. 467 f.
535 Aleferenko, Krasnojarskaja starina (2011), S. 73.
536 Bykonja, Krasnojarsk (1990), S. 102.
537 Komleva, Kupečestvo (2006), S. 146.
538 Müller, Unter Tungusen und Jakuten (1882), S. 275.
539 Sobolev, Promyšlennost' (1908), S. 145.
540 G. Irkutsk: 487 Pud (insbesondere aus dem Witim-Gebiet); Amurbecken: 358 Pud (insbesondere von Bureja und Seja); Transbaikalien: 213,5 Pud; Ferner Osten (Primorje): 182 Pud; G. Jenissei: 140 Pud; G. Tomsk: 102 Pud; Jakutien: 50 Pud, siehe Sobolev, Promyšlennost' (1908), S. 143.
541 Grigor'eva, Sdvigi (1975), S. 34.
542 Hofmann, Reise (1847), S. 67.
543 Mešalkin, Odincova, Predprinimateli (2004), S. 14.
544 Pronin, Izmenenija (1980), S. 58–61; Zinov'ev, Gornaja promyšlennost' (1980), S. 13 f.
545 Lamin, Zolotoj sled (2002), S. 51 f.
546 Ebd., S. 108.
547 Volobuev, Centr sljudjanogo proizvodstva (2009), S. 68.
548 Mešalkin, Odincova, Predprinimateli (2004), S. 6; Sobolev, Dobyvajuščaja i obrabatyvajuščaja promyšlennost' (1908), S. 151.
549 Seebohm, Birds (1901/85), S. 290.
550 Nansen, Sibirien (1916), S. 139.
551 Dar'jal'skij, Noril'sk (2008), S. 453–455.
552 Nansen, Sibirien (1916), S. 122 f.
553 Moskovskij, Promyšlennoe osvoenie (1975), S. 18–20.
554 A. A. Grigor'eva, Sdvigi (1975), S. 29.
555 Moskovskij, Promyšlennoe osvoenie (1975), S. 23.
556 Vgl. die Zeitschichtenkarten zur wirtschaftlichen Entwicklung Südsibiriens bei Grigor'eva, Sdvigi (1975), S. 9, 21, 43.
557 Moskovskij, Promyšlennoe osvoenie (1975), S. 27.
558 Messerschmidt, Forschungsreise, 2 (1964), S. 57–69; Gmelin, Reise, 3 (1752), S. 189–200.
559 Ebd., S. 224–241.
560 Messerschmidt, Forschungsreise, 2 (1964), S. 46–52.
561 Gmelin, Reise, 3 (1752), S. 254–268.
562 Messerschmidt, Forschungsreise, 4 (1968), Tab. S. 130.
563 Aleferenko, Krasnojarskaja starina (2011), S. 46 f.
564 Georgi, Bemerkungen, 1 (1775), S. 47 f.
565 Messerschmidt, Forschungsreise, 2 (1964), S. 124 f.
566 Železnodorožnyj transport, 1 (2001), S. 59.
567 L. V. Belovinskij, Ènciklopedičeskij slovar' rossijskoj žizni i istorii XVIII – načalo XX v. M. 2003, S. 316 f.
568 Ebd., S. 758.
569 Messerschmidt, Forschungsreise, 1 (1962), S. 233–235.
570 Hansteen, Reise-Erinnerungen (1854), S. 113–136.
571 Müller, Unter Tungusen (1882), S. 180.
572 Castrén, Reiseberichte und Briefe (1856), S. 239 f.
573 Messerschmidt, Forschungsreise, 2 (1964), S. 84.
574 Gmelin, Reise, 3 (1752), S. 237–241.
575 Ebd., S. 263 f.
576 Messerschmidt, Forschungsreise, 2 (1964), S. 43.
577 Messerschmidt, Forschungsreise, 4 (1968), S. 156 f.
578 Fischer, Sibirische Geschichte, 1 (1768), S. 282 f.
579 Wagner, Schicksale (1789), S. 78–80.
580 Middendorff, Sibirische Reise, 1, 1 (1847), S. XXII.
581 Castrén, Reiseberichte und Briefe (1856), S. 242–244.

582 Müller, Unter Tungusen (1882), S. 42, 208.
583 Stadling, Through Siberia (1901), S. 214–246.
584 Seebohm, Birds (1901/85), S. 276–278, 283 f., 293.
585 Ebd., S. 276–278, 283 f., 293.
586 Beschreibung der dreijährigen chinesischen Reise (1999), S. 140.
587 Bell, Travels, 1 (1763), S. 223.
588 Georgi, Bemerkungen, 2 (1775), S. 509.
589 Gmelin, Reise, 3 (1752), S. 328.
590 Messerschmidt, Forschungsreise, 1 (1962), S. 188.
591 Castrén, Reiseberichte und Briefe (1856), S. 279 f.
592 Stadling, Through Siberia (1901), S. 249.
593 Stackelberg, Sibirien (1983), S. 356.
594 Sobolev, Puti (1908), S. 24; zur Jenisseiflotte ausführlich: Mešalkin, Odincova, Pervye parochodovladel'cy (2000).
595 Denisov, Chronologija (2009), S. 98. Zum Konsortium zählten namhafte Jeniseisker Kaufleute wie die Brüder Kytmanow, A. S. Balandin, die Gebrüder Kalaschnikow und Grjasnow.
596 Ebd., S. 99.
597 Nordenskiöld, Umsegelung, 1 (1882), S. 357 f.
598 Waldburg-Zeil, Forschungsreisen (1912), S. 257, 260; Železnodorožnyj transport, 1 (2001), S. 62; Safronov, Stolypinskaja agrarnaja reforma (2006), S. 304–306.
599 Sobolev, Puti (1908), S. 34.
600 Železnodorožnyj transport, 1 (2001), S. 65.
601 Mešalkin, Odincova, Pervye parochodovladel'cy (2000), S. 29.
602 I. F. Potapov, Enisejskaja gubernija (2008), S. 345.
603 Denisov, Chronologija (2009), S. 118 f.
604 Nansen, Sibirien (1916), S. 115 f.
605 Sverdlov, Turuchanskij kraj (1976), S. 25.
606 Konstantinova, Chlebnaja torgovlja (2010), S. 71.
607 Stackelberg, Sibirien (1983), S. 365.
608 Bulava, Vstreči (2010), S. 257 f.
609 Aferenko, Krasnojarskaja starina (2011), S. 85.
610 Müller, Unter Tungusen (1882), S. 143.
611 Nansen, Sibirien (1916), S. 141, 151.
612 Heller, Sibirien (1931), S. 156.
613 Ebd., S. 163.
614 Bulava, Vstreči (2010), S. 35.
615 Nansen, Sibirien (1916), S. 185.
616 Železnodorožnyj transport, 1 (2001), S. 66–70.
617 Enisejskie parochody prošlych stoletij, S. 25.
618 Zemlja Islendi (2010), S. 86 f.
619 Waldburg-Zeil, Forschungsreisen (1912), S. 254 f., 267, Karte S. 263. – Historischer Gesamtüberblick: «Geschichte der Nordostfahrten von 1556 bis 1878», in: Nordenskiöld, Umsegelung, 1 (1882), S. 188–287.
620 Gončarov, Dejatel'nost' (2012), S. 24.
621 Nordenskiöld, Umsegelung, 1 (1882), S. 280–287.
622 Ebd., S. 322–326.
623 Gončarov, Dejatel'nost' (2012), S. 24.
624 Ebd., S. 24–34.
625 Publiziert in: *Sibirskij Listok*, Nr. 90, 31. Juli 1908, neu publiziert in: *Sibirskij Listok* 1908–1911. Sost. V. Beloborodov. Tjumen' 2003, S. 92–96.
626 Nansen, Sibirien (1916), bes. S. 2–6, 62–65.
627 Haviland, Summer (1915/71), S. 288–290.
628 Denisov, Chronologija (2009), S. 131.
629 Ivanova, Krasnojarskij kraj (2006), S. 56.
630 Heller, Sibirien (1931), S. 52–55, 77.
631 So Castrén im April 1847 auf der Reise von Atschinsk nach Minussinsk, siehe Kastren, Putešestvie (1999), S. 202 f. – Auch die Turuchanskeer Forschungsexpedition I. A. Lopatins benutzte im Juli 1866

in der Tundra östlich des Jenissei-Ästuars leichte Dolganenschlitten, siehe Lopatin, Dnevnik (1897), S. 2; vgl. auch Haviland, Summer (1915/71), S. 205.
632 Detaillierte Routenbeschreibung bei Joyeux, Transitweg (1981), S. 65–140.
633 Messerschmidt, Forschungsreise, 4 (1968), S. 197–201. – Diese Piste benutzten ebenfalls 1692 Isbrand Ides und Adam Brand, 1739 ein Kurier Gmelins und 1721 John Bell auf dem Rückweg von China, siehe Beschreibung der dreijährigen chinesischen Reise (1999), S. 129–143, 222–235; Steller, Briefe und Dokumente 1739 (2001), S. 205–207; Bell, Travels, 2 (1764), S. 159–161.
634 Bell benutzte auf dem Weg von Tomsk ostwärts allerdings den südlicher gelegenen Wolok vom Fort Melezkoje am Tschulym nach Jenisseisk, siehe Bell, Travels, 1 (1764), S. 229–233.
635 Joyeux, Transitweg (1981), S. 69, 88, 105 f.
636 Skalon, Zemleprochodcy (2005), S. 233.
637 Kationov, Moskovsko-Sibirskij trakt (2008), S. 49; Karte des Traktes und seiner Stationen auf dem Gebiet des G. Jenissei ebd., S. 82.
638 Ebd., S. 68.
639 Ebd., S. 96–105; ders., Dorožnaja povinnost' (1983), S. 80–84.
640 Hofmann, Reise (1847), S. 40.
641 Kationov, Moskovsko-Sibirskij trakt (2008), S. 105–109.
642 Wagner, Schicksale (1789), S. 174 f.
643 Cochrane, Fußreise (1825), S. 434 f.
644 Ebd., S. 78 f., 82, 84.
645 Kationov, Moskovsko-Sibirskij trakt (2008), Tab. S. 325.
646 Železnodorožnyj transport, 1 (2001), S. 47–49.
647 Erman, Reise (1838), S. 51.
648 Simpson, Side-Lights (1898), S. 62–75.
649 Železnodorožnyj transport, 1 (2001), S. 47.
650 Simpson, Side-Lights (1898), S. 63–65.
651 Železnodorožnyj transport, 1 (2001), S. 51, 53.
652 Knox, Overland (1871), S. 484.
653 Zapiski putešestvennicy (1996), S. 97.
654 Knox, Overland (1871), S. 480.
655 Ebd., S. 455 f.
656 Hill, Travels, 1 (1854), S. 352.
657 Cochrane, Fußreise (1825), S. 112, 439.
658 Atkinson, Tartar Steppes (1863), S. 223.
659 Lansdell, Through Siberia (1882), S. 187.
660 Ausführlich Stackelberg, Sibirien (1983), S. 135–137.
661 Tschechow, Sibirien (1969), S. 35–37, 39–41.
662 Von unterwegs berichtete Tschechow immer wieder in der Zeitung *Novoe vremja*, Neuabdruck unter dem Titel «In Sibirien» in: Tschechow, Sibirien (1969).
663 Putešestvie amurskogo kazaka (2001), S. 52 f.
664 Zapiski putešestvennicy (1996), S. 98.
665 Knox, Overland (1871), S. 456; Gowing, Five Thousand Miles (1889), S. 214.
666 Knox, Overland (1871), S. 452.
667 Georgi, Bemerkungen, 2 (1775), S. 510.
668 Knox, Overland (1871), S. 453; Gowing, Five Thousand Miles (1889), S. 214.
669 Železnodorožnyj transport, 1 (2001), S. 46 f.
670 Kationov, Moskovsko-Sibirskij trakt (2008), S. 139.
671 Dazu detailliert Kaliničev, Velikij Sibirskij put' (1991), S. 88–98; Železnodorožnyj transport, 1 (2002), S. 81–150; Sozdanie Velikogo Sibirskogo puti, 1 (2005), S. 131–172.
672 Jefferson, Roughing (1897), S. 104–107, Zitat S. 106.
673 Beschreibung der Bauarbeiten und Fotodokumentation: Sozdanie Velikogo Sibirskogo puti (2005), S. 151–163. – Vgl. auch Železnodorožnyj transport, 1 (2001), S. 107–109, und Transsibirskaja i Bajkalo-Amurskaja magistrali (2005), S. 90–92.
674 Železnodorožnyj transport, 1 (2001), S. 113 f., 202.
675 Kaliničev, Velikij Sibirskij put' (1991), S. 89 f.
676 Železnodorožnyj transport, 1 (2001), S. 100, 139.
677 Transsibirskaja i Bajkalo-Amurskaja magistrali (2005), S. 59 f.

678 John Foster Fraser, The real Siberia. London 1902, Kap. VII.
679 Železnodorožnyj transport, 1 (2001), S. 201, 214 f.
680 Vgl. Transsibirskaja i Bajkalo-Amurskaja magistrali (2005), Bildteil nach S. 96, Bildseiten 39/40.
681 Ebd., S. 217–219, 221 f.
682 Ebd., S. 215 f.
683 BĖSKK, 2 (2010), S. 430.
684 Nansen, Sibirien (1916), S. 167, 148.
685 Zum Grundsätzlichen: C. Goehrke, Russland. Eine Strukturgeschichte. Paderborn-Zürich 2010, bes. S. 157–174, 196–216.
686 Ebd., S. 161.
687 Verweise bei Schattenberg, Korrupte Provinz (2008), S. 16 f.
688 Akišin, Policejskoe gosudarstvo (1996), S. 89–10; Vlast' v Sibiri (2005), S. 51.
689 Die Provinzialkanzlei gliederte sich nunmehr in das Ressort des Kämmerers (zuständig für Steuern und Staatsbesitz), das des Rentmeisters (zuständig für die Rechnungsführung) und das des Proviantmeisters (zuständig für die Naturalabgaben).
690 Schattenberg, Korrupte Provinz (2008), S. 64 f.
691 Vlast' v Sibiri (2005), S. 262–264.
692 Eingehend Schattenberg, Korrupte Provinz (2008), S. 138–140.
693 Dieser Kurzabriss der sibirischen Verwaltungsentwicklung folgt: Vlast' v Sibiri (2005), S. 7–227; zum 18. und 19. Jahrhundert generell: Schattenberg, Korrupte Provinz (2008).
694 Veršinin, Voevodskoe upravlenie (1998), S. 65. – Zur Wojewodenverwaltung des 17. Jahrhunderts generell: Aleksandrov, Pokrovskij, Vlast' i obščestvo (1991), S. 107–141.
695 Ebd., S. 104–131.
696 Ebd., S. 132–137.
697 Ebd., S. 80.
698 Ebd., S. 28.
699 Akišin, Policejskoe gosudarstvo (1996), S. 82.
700 Aleksandrov, Pokrovskij, Vlast' i obščestvo (1991), S. 141–233.
701 Veršinin, Voevodskoe upravlenie (1998), S. 40 f.; Listen der Wojewoden von Jenisseisk, Krasnojarsk und Neu-Mangaseja mit Rang und Amtsdauer: ebd., S. 154–156, 159 f., 162 f.
702 Veršinin, Voevodskoe upravlenie (1998), S. 90 f.
703 Steller, Fischer, Reisetagebücher 1738 bis 1745 (2009), S. 326.
704 Strahlenberg, Das Nord- und Östliche Theil (1730), S. 236–239.
705 Predtečenskaja, Maloizvestnoe (2012), S. 214.
706 Messerschmidt, Forschungsreise, 4 (1968), S. 158.
707 Vlast' v Sibiri (2005), S. 234.
708 Ebd., S. 89; Bykonja, Kazačestvo (2007), S. 102 f.
709 T. G. Verchoturova, Kačestvennaja charakteristika ličnogo sostava Enisejskoj Kazennoj palaty (1822–1860 gg.). In: SS 4 (2008), S. 35–46.
710 Messerschmidt, Forschungsreise, 4 (1968), S. 170–175, 179.
711 Steller, Briefe und Dokumente 1739 (2001), S. 121–127.
712 Nikitin, Načalo kazačestva (1996), bes. S. 40–60.
713 Bykonja, Kazačestvo (2007), S. 219–297 und Tabellen S. 358, 360, 365.
714 N. M. Karelin, Sostav služb Enisejskogo kazačestva vo vtoroj četverti XIX v. In: SS 6 (2010), S. 61–67.
715 Vlast' v Sibiri (2005), S. 89.
716 Dazu speziell I. A. Konovalov, Upravlenie i policija (2014).
717 Ebd., S. 94.
718 Rabcevič, Sibirskij gorod (1984), S. 70.
719 Schattenberg, Korrupte Provinz (2008), S. 178–198; Vlast' v Sibiri (2005), S. 168–170.
720 Dazu: Charles A. Ruud, Sergej A. Stepanov, Fontanka 16: The Tsars' Secret Police. Montreal 1999; Fredric S. Zuckerman, The Tsarist Secret Police in Russian Society, 1880–1917. New York 1996.
721 I. A. Konovalov, Upravlenie i policija (2014), S. 283.
722 Nansen, Sibirien (1916), S. 144.
723 Michail Merzljakov, Vospominanija o Staline. Siehe http: levoradikal.ru/archives/1459. Der Autor ließ sich 1914, um dem Kriegsdienst zu entgehen, von der politischen Polizei als Wachmann für den Distrikt Turuchansk anwerben.

724 Nansen, Sibirien (1916), S. 144.
725 Veršinin, Voevodskoe upravlenie (1998), S. 48–55.
726 Veršinin, «Pribyl'naja dejatel'nost'» (1989), S. 66–68.
727 Fedorov, Pravovoe položenie (1978), S. 28–31.
728 Sibirskie Letopisi (1987), S. 105.
729 Veršinin, «Pribyl'naja dejatel'nost'» (1989), S. 69 f.
730 Gmelin, Sibirische Reise, 1 (1751), S. 384 f.
731 Bykonja, O formirovanii (2012), S. 4.
732 Das an das Zarenreich gefallene Gebiet der ehemaligen polnisch-litauischen Adelsrepublik – Zentrum des osteuropäischen Judentums – wurde nach seiner Aufteilung unter Russland, Preußen und Österreich (1772–1795) zum «Ansiedlungsrayon» erklärt, den Juden nur mit besonderer Genehmigung verlassen durften.
733 Hansteen, Reise-Erinnerungen (1854), S. 86 f., 108.
734 N. P. Matchanova, Vysšaja administracija Vostočnoj Sibiri v seredine XIX veka. N. 2002, S. 41. Im G. Jenissei zählten sämtliche Gouverneure zur gebildeten Adelsschicht, vgl. Evmenova, Kul'turnoe podvižničestvo (2008), S. 143–149.
735 Seebohm, Birds (1901/85), S. 288 f.
736 Der Bergwerksaufseher erhielt aus der Staatskasse 600 Rubel pro Jahr und von den Goldgrubenbesitzern, je nach Zahl der Arbeiter, 2–3 Rubel pro Person. Insgesamt hatte er also bis zu 6000 Rubel zur Verfügung, zehnmal mehr als vom Staat. Außerdem erhielt er Brennholz, Trinkwasser, gebackenes Brot, Fleisch, Gemüse und andere Lebensmittel gratis. Zur Verfügung hatte er drei «Kosaken» und eine weibliche Bedienstete zu Lasten der Goldunternehmer.
737 *Vymorozka* ist eine der Techniken, um Gold aus dem Grund von Bergbächen zu schürfen.
738 Višneveckij, Enisejskaja ssylka (1930), S. 168 f.
739 Ebd., S. 170.
740 Seebohm, Birds (1901/85), S. 366–368.
741 Wie Susanne Schattenberg herausgearbeitet hat, darf man die in der russischen Bürokratie endemische Korruption nicht isoliert betrachten, sondern muss sie als einen in der gesamten traditionalen Kultur der russischen Gesellschaft verankerten Bestandteil der Alltagspraxis werten, siehe Schattenberg, Korrupte Provinz (2008), S. 23–134.
742 Aleksandrov, Pokrovskij, Vlast' i obščestvo (1991), S. 234–271.
743 V. A. Aleksandrov, Materialy o narodnych dviženijach v Sibiri v konce XVII veka. In: Archeografičeskij ežegodnik za 1961 god. M. 1962, S. 345–386, hier S. 346. Die abgedruckten Dokumente beziehen sich allerdings vor allem auf Transbaikalien. – Vgl. auch Aleksandrov, Pokrovskij, Vlast' i obščestvo (1991), S. 290–329; Akišin, Policejskoe gosudarstvo (1996), S. 5–21. – Zu den Aufständen von 1684/85 siehe Leont'eva, Volnenija (1973).
744 Überblick bei Aleksandrov, Narodnye vosstanija (1957).
745 Ebd., S. 260 f.
746 Skalon, Russkie zemleprochodcy (2005), S. 255.
747 Kurzüberblick: ebd., S. 282–284; ausführlich: N. N. Ogloblin, Krasnojarskij bunt 1695–1698. In: Žurnal Ministerstva narodnago prosveščenija, 1901, Nr. 5, S. 25–70.
748 Zwischen 1872 und 1885 entstanden Progymnasien und Gymnasien in Jenisseisk, Minussinsk, Atschinsk und 1917 auch in Kansk, siehe Očerki istorii narodnogo obrazovanija (2014), S. 80.
749 Bibikova, Rol' (2004), S. 89. – Zu den Frauengymnasien vgl. auch Dolidovič, Fëdorova, Ženščiny Sibiri (2008), S. 155–166.
750 A. P. Michanev, Periodičeskaja pečat' Krasnojarska i ee rol' v kul'turnoj žizni Enisejskoj gubernii vtoroj poloviny XIX – načala XX vv. In: Formirovanie kul'turno-istoričeskoj sredy (2000), S. 31–34.
751 Lonin, Intelligencija (2005), S. 20.
752 I. F. Potapov, Enisejskaja gubernija (2008), S. 356 f.
753 Lonin, Intelligencija (2005), S. 22.
754 Ebd., S. 46–52; Evmenova, Kul'turnoe podvižničestvo (2008), S. 152–182; Bibikova, Rol' (2004), S. 142–152.
755 Dazu immer noch lesenswert: Franco Venturi, Roots of Revolution: A History of the Populist and Socialist Movements in Nineteenth-Century Russia. Chicago 1960 (Original: Il populismo Russo, 1952).
756 Łukawski, Historia (1981), S. 215–212.
757 Faust, Russlands Goldener Boden (1980), bes. S. 36–249; M. V. Šilovskij, Sibirskoe oblastničestvo v obščestvenno-političeskoj žizni regiona vo vtoroj polovine XIX – pervoj četverti XX v. N. 2008.

758 N. M. Jadrincev, Sibir' kak kolonija v geografičeskom, ėtnografičeskom i istoričeskom otnošenii. SPb 1882, Neuausgabe N. 2003; deutsch unter dem unverfänglicheren Titel: Sibirien. Geographische, ethnographische und historische Studien. Bearbeitet und vervollständigt von Dr. Ed. Petri. Jena 1886.
759 Faust, Russlands Goldener Boden (1980), S. 343–590.
760 Zu den Anfängen der RSDRP: Dietrich Geyer, Lenin in der russischen Sozialdemokratie. Die Arbeiterbewegung im Zarenreich als Organisationsproblem der revolutionären Intelligenz 1890–1903. Köln 1962.
761 Triputina, Ėserovskie organizacii (2012), S. 87 f. – Zur PSR generell: Manfred Hildermeier, Die Sozialrevolutionäre Partei Russlands. Agrarsozialismus und Modernisierung im Zarenreich (1900–1914). Köln 1978; exemplarisch für die mühsame Untergrundarbeit der PSR auf dem Lande: Karin Huser, Eine revolutionäre Ehe in Briefen. Die Sozialrevolutionärin Lidija Petrowna Kotschetkowa und der Anarchist Fritz Brupbacher. Zürich 2003.
762 Zur Geschichte der KD: Dittmar Dahlmann, Die Provinz wählt. Russlands Konstitutionell-Demokratische Partei und die Dumawahlen 1906–1912. Köln 1996.
763 Lonin, Intelligencija (2005), S. 67 f.
764 Zu seiner Person: A. V. Brodneva, Kto Vy, doktor Krutovskij? Kr. 2014.
765 Ebd., S. 69.
766 Vgl. Die russischen politischen Parteien von 1905 bis 1917. Ein Dokumentationsband. Hg. von Peter Scheibert. Darmstadt 1972. – Zur Geschichte aller relevanten Parteien: Istorija političeskich partij Rossii, pod red. A. I. Zeveleva. M. 1994. – Zu Größe, Sozialstruktur und räumlichen Schwerpunkten der Parteien während der Revolution: I. N. Kiselev et al., Političeskie partii v Rossii v 1905–1907 gg.: čislennost', sostav, razmeščenie (Količestvennyj analiz). In: Ist. SSSR, 1990, 4, S. 71–87.
767 Lonin, Intelligencija (2005), S. 66 f.
768 Kurzüberblick bei Oskar Anweiler, Die russische Revolution von 1905, in: JGO, 3 (1955), S. 161–193; Ausführlich: Abraham Ascher, The Revolution of 1905: A Short History. Stanford, CA, 2004; Teodor Shanin, The Roots of Otherness: Russia's Turn of the Century, 1–2, London, 1985/86.
769 Chronologie der Krasnojarsker Ereignisse in: Sibir' v revoljucii 1905 goda (2006), S. 103–116.
770 Lonin, Intelligencija (2005), S. 75 f.
771 Gur'eva, Vavilova, Černosotennoe dviženie (2012), bes. S. 106 f.
772 Nach: Sibir' v revoljucii 1905 goda (2006) und Železnodorožnyj transport, 1 (2001), S. 211–213.
773 Sibir' v revoljucii 1905 goda (2006), S. 24.
774 Ebd., S. 112.
775 Daten beider Deputierter nach: Sibirjaki – deputaty pervoj Gosudarstvennoj dumy (1906 g.); http://tomskhistory.lib.tomsk.ru sowie Gosudarstvennaja Duma (2008), S. 186 und 411.
776 Lonin, Intelligencija (2005), S. 73.
777 Ebd., S. 74.
778 Gur'eva, Vavilova, Černosotennoe dviženie (2012), S. 107.
779 Lonin, Intelligencija (2005), S. 82.
780 Triputina, Ėserovskie organizacii (2012), S. 89–92; Lonin, Intelligencija (2005), S. 83 f.; Enisejskoj gubernii 180 let (2003), S. 78 f.
781 L. S., Ivan Kornil'evič Judin. In: KiS 34 (1927), S. 189–191; Gosudarstvennaja Duma (2008), S. 718.
782 Čerkasov, Kozlov, Aleksandr Ivanovič Brilliantov (2011), S. 290.
783 Treadgold, Russian Orthodoxy and Society (1978), S. 36.
784 Čerkasov, Kozlov, Brilliantov (2011); Gosudarstvennaja Duma (2008), S. 67 f.
785 Zu Brilliantows Schicksal in der Sowjetzeit siehe Internet: Brilliantov A. I. in www.Towiki.ru.
786 Treadgold, Russian Orthodoxy and Society (1978), S. 36 f.
787 ru.wikipedia.org/wiki/Karaulov,_Vasili_Andreevič; Gosudarstvennaja Duma (2008), S. 239.
788 Nansen, Sibirien (1916), S. 4 f.
789 Vlast' i obščestvo (2002), S. 59.
790 Gosudarstvennaja Duma (2008), S. 106 f.; ausführlicher: http://hrono.ru/biograf/bio_we/vostrotinsv.php.
791 Kaczyńska, Gefängnis (1994).
792 Aferenko, Krasnojarskaja starina (2011), S. 63 f.
793 Seroševskij, Ssylka i katorga (1908), S. 214–126. – Zum wirtschaftlichen Nutzen der Ssylka generell: V. P. Šacherov, Ssylka kak faktor chozjajstvennogo i sociokul'turnogo osvoenija Sibiri. In: Sibirskaja ssylka 6 (18), 2011, S. 208–223; speziell zum G. Jenissei: E. V. Bolonkina, Ssylka v istorii Enisejskoj gubernii (1820-e – načalo 1860-ch gg.). In: ebd., S. 313–315.

794 Lucy Atkinson fand 1850 bei einem Besuch der Goldwäschen am Peskino angeblich 9000 «convicts» (eine massiv überhöhte Zahl!) als Arbeitskräfte vor, bewacht von nur 80 Kosaken. Die Arbeiter bekämen reichlich Brot, 1 Pfund Fleisch/Tag, Kwass, an Festtagen Wodka, siehe Atkinson, Recollections (1863), S. 232. Im Prinzip dominierten bei den Goldwäschen im G. Jenissei aber weitaus Lohnarbeiter, sowohl Freie als auch Verbannte.
795 Aferenko, Krasnojarskaja starina (2011), S. 63 f.
796 In ganz Sibirien waren dies: 16 000 (1908), 28 000 (1910), 31 000 (1912), nach ebd.
797 Margolis, Sociologo-statističeskij analiz (1987), S. 127.
798 Dvorjanov, V sibirskoj dal'nej storone (1985), S. 269 f., Tab. 7.
799 Ebd., S. 32; J. M. Sverdlov, Turuchanskij kraj (1976), S. 26 f.; Šumjackij, Turuchanka (1925), S. 42 f.
800 Vgl. dazu auch Kaczyńska, Gefängnis (1994), S. 31–36.
801 Ausführlich Gentes, Exile (2008), S. 56–94.
802 Margolis, O čislennosti (1975), S. 137–139.
803 Kaczyńska, Gefängnis (1994), S. 51.
804 Erman, Reise (1838), S. 50.
805 Dvorjanov, V sibirskoj da'nej storone (1985), S. 33, 59, 86.
806 Nach Kaczyńska, Gefängnis (1994), S. 53, würde sich dieser Anteil durch Einbezug von ca. 100 000 Familienangehörigen auf 6,8 Prozent erhöhen.
807 Solov'eva, Promysly sibirskogo krest'janstva (1981), S. 67.
808 Kaczyńska, Gefängnis (1994), S. 58.
809 Margolis, O čislennosti (1975), S. 235.
810 Chaziachmetov, Organizacija (1978), S. 59.
811 Dvorjanov, V sibirskoj dal'nej storone (1985), S. 213 f.
812 Knox, Overland (1871), S. 496–498. – Zu Organisation und Etappen der Verschickungsmärsche: Kationov, Moskovsko-Sibirskij trakt (2008), S. 190–207, Karte der Etappenstationen S. 192.
813 Stackelberg, Sibirien (1983), S. 122 f.
814 Der 1881 in Deutschland gekaufte Flussraddampfer *Dallmann* (auf dem Jenissei umgetauft in *Deduschka*) war 1909 also immer noch im Einsatz.
815 Šumjackij, Turuchanka (1925), S. 21.
816 Stackelberg, Sibirien (1983), S. 128 f.
817 Dazu im Überblick: Kaczyńska, Gefängnis (1994), S. 161–191.
818 Šeroševskij, Ssylka i katorga (1908), S. 4, 155.
819 Sibirskie letopisi (1987), S. 103.
820 Miller, Istorija Sibiri 3 (2005), Dokument Nr. 188, S. 403–405.
821 Zuev, Minenko, Sekretnye uzniki (1992), S. 26 f., 32, 42, 46 f., 155.
822 Šorochov, Uzniki (1978), S. 302 f.
823 Zuev, Minenko, Sekretnye uzniki (1992), S. 8, 160.
824 Šorochov, Uzniki (1978), S. 305–307.
825 E. P. Beregovaja, Dekabristy v Enisejskoj ssylke. In: Enisejskoj gubernii 180 let (2003), S. 18–23; Namensliste und Aufenthaltsdauer bei: I. F. Potapov, Enisejskaja gubernija (2008), S. 273 f.; Details bei: Bykonja, Krasnojarsk (1990), S. 124–133.
826 Ebd., S. 134–137.
827 S. I. Suvorova, Dekabrist F. P. Šachovskoj v turuchanskoj ssylke. In: Dekabristy v Sibiri. N. 1977, S. 143–150.
828 Komarova, Kratkaja letopis' (2009), S. 149 f.
829 Hansteen, Reise-Erinnerungen (1854), S. 109.
830 Atkinson, Tartar Steppes (1863), S. 225.
831 Evmenova, Kul'turnoe podvižničestvo (2008), S. 90–106.
832 Dvorjanov, V sibirskoj dal'nej storone (1985), S. 61–66; Bykonja, Krasnojarsk (1990), S. 198–201.
833 Sokolovskij, Inostrancy v Enisejske (1999), S. 15–17.
834 A. S. Nagaev, Istočniki i literatura po istorii «omskogo dela» 1832–1833 gg. In: Političeskaja ssylka v Sibiri (1987), S. 130–137; Filin, Pol'skie revoljucionery (1983), bes. S. 168–171.
835 Byt i iskusstvo russkogo naselenija Vostočnoj Sibiri, 1 (1971), S. 32.
836 Dvorjanov, V sibirskoj dal'nej storone (1985), S. 69.
837 Łukawski, Historia (1981), S. 215–217.
838 E. P. Beregovaja, Prosvetitel'skaja dejatel'nost' ssyl'nych učastnikov pol'skogo vosstanija 1863 g. v Enisejskoj gubernii. In: SS, 3 (2007), S. 26–30.

839 Višneveckij, Enisejskaja ssylka (1930), S. 170 f.
840 Stadling, Through Siberia (1901), S. 219 f.
841 Belokonskij, K istorii političeskoj ssylki (1927), S. 151.
842 Bykonja, Krasnojarsk (1990), S. 203–227.
843 Karakosow war nach einem Attentatsversuch auf Kaiser Alexander II. 1866 gehenkt worden.
844 Vgl. zu diesem Abschnitt: V. I. Nikolaev, Sibirskaja političeskaja ssylka i izučenie mestnogo kraja, in: KiS 34 (1927), bes. S. 96–101; zu A. Kropotkin: Kropotkina, Vospominanija (2003), S. 116–123.
845 Dvorjanov, V sibirskoj dal'nej storone (1985), S. 104–125; Bilderserie und Kommentar zu Lenins Lebensbedingungen in Schuschenskoje im Internet unter: shtish.livejournal.com/4874.html.
846 Darin rechnet er mit den politischen Zielen der Narodniki ab, die glaubten, dass man in Russland einen auf den bäuerlichen Selbstverwaltungsgemeinden gründenden Sozialismus unter Umgehung des Kapitalismus aufbauen könne.
847 Enisejskoe zemljačestvo (1926), S. 269 f.
848 Dvorjanov, V sibirskoj dal'nej storone (1985), S. 215–217.
849 Sverdlov, Izbrannye proizvedenija (1976), S. 344; Sebag Montefiore, Stalin (2007), S. 392–394.
850 Dvorjanov, V sibirskoj dal'nej storone (1985), S. 230.
851 Chronik von Swerdlows Aufenthalt in der Turuchanka in: Sverdlov, Izbrannye proizvedenija (1976), S. 342–346.
852 «Dorogoj tovarišč Petja Čižikov» (2001), S. 51, Anm. 1.
853 Dvorjanov, V sibirskoj dal'nej storone (1985), S. 189 f.; Kapčenko, Politič. biografija (2004), S. 309 f.
854 Auf Grund einer Befragung der Enkel durch Swerdlow selber, vgl. Sverdlov, Turuchanskij kraj (1976), S. 25, Anm. – Der ehemalige Dorflehrer Solomin nennt in einem Brief an Stalin von 1947 für die Zeit von dessen Aufenthalt in Kureika allerdings 12 Höfe mit insgesamt 67 Einwohnern, vgl. «Dorogoj tovarišč Petja Čižikov» (2001), S. 50.
855 Nach Kapčenko, Politič. Biografija (2004), S. 311.
856 Die Quellenlage ist dürftig. Stalin schrieb aus der Turuchanka einige wenige Briefe, in denen er anfänglich Geldsendungen erbat. Später ging es um die Edition seiner Broschüre «Über national-kulturelle Autonomie» und darum, ihm Lektüre zu diesem Themenbereich zukommen zu lassen, denn Lenin hatte ihn zum Spezialisten für Nationalitätenfragen bestimmt. Über Stalins Lebensführung geben Swerdlows Briefe aus der Turuchanka, Polizeiakten sowie die von Nikita Chruschtschow veranlassten Nachforschungen Aufschluss. Erinnerungen von Dorfbewohnern und Mitverbannten sind schon fragwürdiger, vor allem wenn sie wie die von Spandarjans Partnerin Wera Schweitzer 1937 publiziert wurden. – Am ausführlichsten über die Jahre Stalins in Kureika handeln (kritisch-differenziert) Kapčenko, Politič. biografija (2004), S. 302–330, und (reißerischer) Sebag Montefiore, Stalin (2007), S. 372–399, beide im Detail gelegentlich abweichend.
857 Sebag Montefiore, Stalin (2007), S. 384–387.
858 Kapčenko, Politič. biografija (2004), S. 316 f.
859 Die Schreibungen variieren zwischen Pereprygina und Perelygina. Doch weil der ehemalige Dorflehrer Wassili Solomin in seinem Bettelbrief von 1947 an Stalin nur die Familie Pereprygin erwähnt, dürfte diese Schreibung zutreffen, siehe «Dorogoj tovarišč Petja Čižikov» (2001), S. 50.
860 Sebag Montefiore, Stalin (2007), S. 380–382, 390 f.
861 Gelij Klejmenov, Pereprygina Lidija Platonovna (1900–1964). Internet: www.proza.ru/2013/05/011/894.
862 Leo Trotzki, Stalin. Eine Biographie, 1. Reinbek bei Hamburg 1971, S. 271.
863 Swerdlow fügte einem Brief vom 12. Dezember 1916 an einen Parteifreund die Nachschrift hinzu: «Bei uns hat man für den Krieg 20 Administrative [zu ergänzen: Verschickte] geholt. Erst heute sind sie abgereist. Unter den übrigen ist auch Stalin einberufen worden, der die ganze Zeit in einer entlegenen Station gelebt hat, fernab von den Genossen. Ich weiß nicht, ob er sich während der Zeit der Verbannung mit literarischer Arbeit beschäftigt hat»; siehe Sverdlov, Izbrannye proizvedenija (1976), S. 99.
864 Vera Švejcer, Stalin v turuchanskoj ssylke. Vospominanija podpol'ščika. M. 1940.
865 Sebag Montefiore, Stalin (2007), S. 400–405.
866 Papkov, Obyknovennyj terror (2012), S. 34 f.
867 Mote, Siberia (1998), S. 88 f.
868 http://metalchemist.livejournal.com/42536.html; vgl. auch die Augenzeugenberichte und Feldforschungen aus dem Jahre 1993 in: Igarka drevnjaja (2013), S. 158–174.

869 Nazarova, «My, molodye architektory» (2004), S. 513 f.
870 Ebd., S. 514.
871 Ebd., S. 514, Anm.
872 Nach Goehrke, Die Gegenwart der Vergangenheit (1995), S. 98–100 (aktualisiert).
873 Krasnojarskij Komsomolec, Nr. 17 (9117), 26. April 2006.
874 «Strojka No. 503», 2 (2007), S. 219–221.
875 http://bu33er.livejournal.com/224998.html.
876 Cingovatov-Korol'kov, Organizacija (1928), S. 111.
877 Jakow Swerdlow, den es wenige Jahre nach dem Aufstand ebenfalls in die Turuchansker Verbannung verschlug, hat versucht, die Ereignisse zu rekonstruieren, und Jakow Schumjazki, der in seinen Erinnerungen an die Turuchanka dem Aufstand ein ganzes Kapitel widmet, hat 1909 im Krasnojarsker Gefängnis mit Teilnehmern der Aktion über Klopfzeichen verkehrt; vgl. Sverdlov, Turuchanskij bunt (1957); Šumjackij, Turuchanka (1925), S. 18–20, 24–40. – Die Erinnerungen des einzigen bis 1920 Überlebenden der Gruppe, Jermakowski, suchen die Aktion zu beschönigen und enthalten auch Datierungsfehler, siehe Ermakovskij, Turuchanskie sobytija 1907–1908 g.g. (1928), S. 115–126, mit Korrekturen des nur am Rande beteiligten Augenzeugen Sergušev in der Beilage II, S. 127–129. – Kurzüberblick über die Ereignisse bei Denisov, Chronologija Tajmyra (2008), S. 125–127; zu Details: D. A. Bakšt, Podavlenie «Turuchanskogo bunta»: karatel'nyj apparat carskoj Rossii za Poljarnym krugom. In: Sibirskaja ssylka, 6 (18), 2011, S. 137–144.
878 Sergušev in Beilage II zu: Ermakovskij, Turuchanskie sobytija (1928), S. 128.
879 Šumjacki, Turuchanka (1925), S. 50–55.
880 Ebd., S. 72–81.
881 Sverdlov, Turuchanskij bunt (1957); Turuchanskij kraj; Massovaja ssylka (1906–1916 gg.), in: ders., Izbrannye proizvedenija (1976), S. 23–51. – Außerdem konnte er eine Reihe von politisch unverfänglichen Artikeln in der Zeitung «Sibirskaja žizn'» und in den Krasnojarsker Zeitungen «Otkliki Sibiri», «Sibirskaja mysl'» und «Enisejskij kraj» publizieren, siehe Dvorjanov, V sibirskoj dal'nej storone (1985), S. 190 f.
882 Gringof, Turuchanskij s-ezd (1928), S. 130 f.; Dvorjanov, V sibirskoj dal'nej storone (1985), S. 184.
883 Dazu: Protopopov, Ssylka Priangarskogo kraja (1927); Cingovatov-Korol'kov, Organizacija vzaimopomošči (1928), bes. S. 115–118.
884 Dvorjanov, V sibirskoj dal'nej storone (1985), S. 184 f.
885 Protopopov, Ssylka Priangarskogo kraja (1927), S. 124.
886 Vodolazskij, V Enisejskoj ssylke (1971), S. 130 f.
887 Ebd., S. 131–137.
888 Ganzer Abschnitt nach Puzanov, Minusinskaja ssylka (1928), S. 87–102.
889 Chaziachmetov, Organizacija pobegov (1978), Tab. S. 68.
890 Ebd., S. 63, 70–73, 81.
891 Mamsik, Krest'janskoe dviženie (1987), S. 119.
892 Dvorjanov, V sibirskoj dal'nej storone (1985), S. 165 f.
893 Mamsik, Krest'janskoe dviženie (1987), S. 116.
894 Stadling, Through Siberia (1901), S. 269–271.
895 Gerrare, Greater Russia (1903), S. 119.
896 Kaczyńska, Gefängnis (1994), S. 234.
897 Gerrare, Greater Russia (1903), S. 118 f.
898 Puzanov, Minusinskaja ssylka (1928), S. 96–98.
899 Die ganze Geschichte nach: Pribylev, Minusinsk (1928).
900 Šumjackij, Turuchanka (1925), S. 15–17, 55, 57.
901 Vodolazskij, V Enisejskoj ssylke (1971), S. 133.
902 Šumjackij, Turuchanka (1925), S. 71 f.
903 Zum G. Jenissei während des Ersten Weltkriegs ausführlich: Zabytaja doblest' (2014).
904 Gaven, Revoljucionnoe podpol'e (1927), S. 115–124.
905 Ebd., S. 124–128.
906 Puzanov, Rassloenie minusinskoj ssylki (1927), S. 136–138.
907 D. A. Bakšt, Dejstvija voenno-policejskogo apparata v chode sobytij 7 maja 1916 g. v Krasnojarske. In: Enisejskaja gubernija – Krasnojarskij kraj (2012), S. 67–70; N. A. Orechova, Evrejskij pogrom v Krasnojarske v 1916 godu (pozicija vlasti i pravoslavnoj cerkvi). In: Cerkov' i gosudarstvo (2001), S. 24–28; Šekšeev, Soldatskie massy (2008), S. 225.

908 Stackelberg, Sibirien (1983), S. 325, 349.
909 Alle Daten und Ereignisse im G. Jenissei von der Februarrevolution bis Mai 1918 nach: Oktabr' v Sibiri (1987).
910 Stackelberg, Sibirien (1983), S. 359 f.
911 A. A. Makarov, Istorija Krasnojarskogo kraja (2013), S. 24.
912 Rogačev, Al'ternativy (2008), S. 98–100, 127 f.
913 Krutovskij Vladimir Michajlovič, nach Internet: www.hrono.ru/biograf/bio_k/krutovsky.html.
914 Stackelberg, Sibirien (1983), S. 368.
915 Šekšeev, Soldatskie massy (2008), S. 224–238.
916 Gorjuškin, Krest'janskoe dviženie (1987), S. 73, 75, 145, 156 f., 169, 185 f., 209.
917 Oktjabr' v Sibiri (1987), S. 118.
918 Ebd., S. 68 f. – Generell: A. P. Šekšeev, Revoljucija 1917 g. i enisejskoe krest'janstvo. In: VIst 2015,8, S. 39–54.
919 Gorjuškin, Krest'janskoe dviženie (1987), S. 112 f., 118 f., 208.
920 Oktjabr' v Sibiri (1987), S. 142–144.
921 Rogačev, Al'ternativy (2008), S. 96.
922 Oktjabr' v Sibiri (1987), S. 180 f., 183, 186, 189, 196; Marmyšev, Eliseenko, Graždanskaja vojna (2008), S. 11–19; Šekšeev, Vlast' i krest'janstvo (2007), S. 13–20.
923 Oktjabr' v Sibiri (1987), S. 214.
924 Šekšeev, Vlast' i krest'janstvo (2007), S. 9–11.
925 Marmyšev, Eliseenko, Graždanskaja vojna (2008), S. 19.
926 Oktjabr' v Sibiri (1987), S. 212 f., 258, 288.
927 Šekšeev, Soldatskie massy (2008), S. 237 f.
928 Šekšeev, Vlast' i krest'janstvo (2007), S. 22–24, 30 f.
929 Žurov, Graždanskaja vojna (1986), S. 6.
930 Šekšeev, Tragedija Sotnikova (2012), S. 251–268.
931 Šekšeev, Vlast' i krest'janstvo (2007), S. 61–75.
932 Bei der Schilderung der Ereignisse folge ich weitgehend Marmyšev, Eliseenko, Graždanskaja vojna (2008), S. 52–55; Eliseenko, Krasnojarskij perevorot (2011).
933 Šekšeev, Krasnaja gvardija (2012), S. 217–220.
934 Zur «weißen» Phase des Bürgerkriegs im G. Jenissei: Marmyšev, Eliseenko, Graždanskaja vojna (2008), S. 65–241.
935 Žurov, Graždanskaja vojna (1986), S. 38.
936 Forschungsüberblick: S-ezdy, konferencii i soveščanija social'no-klassovych, političeskich, religioznych, nacional'nych organizacij v Sibiri (mart 1917 – nojabr' 1918 gg.). In: Ot. ist. 1994, 3, S. 209–214.
937 Šekšeev, Vlast' i krest'janstvo (2007), S. 88–98.
938 Ebd., S. 115–132.
939 Ebd., S. 132–139; Marmyšev, Eliseenko, Graždanskaja vojna (2008), S. 95–125.
940 Šekšeev, V. G. Jakovenko (2013), S. 120 f.; Taseevskij partizanskij rajon v 1919 g. (1937), S. 112.
941 M. Lukašov, Ju. Tintera, Bronepoezd No. 2 «Udarnik» (Úderník). In: SIA, 2 (2011), S. 222–239.
942 Marmyšev, Eliseenko, Graždanskaja vojna (2008), S. 147–189.
943 P. S. Troickij (1869–1937), Mitglied der Partei der Konstitutionellen Demokraten, ehemaliger Richter am Krasnojarsker Kreisgericht und seit 1915 Stadtverordneter der Städtischen Duma, 1918/19 Gouvernementskommissar; vgl. S. P. Zvjagin, P. S. Troickij – upravljajuščij Enisejskoj guberniej (1918–1919 gg.). In: Vlast' i obščestvo (2002), S. 67–70.
944 Taseevskij partizanskij rajon v 1919 g. (1937), S. 120.
945 Šekšeev, Vlast' i krest'janstvo (2007), S. 132.
946 Žurov, Graždanskaja vojna (1986), S. 112 f.
947 Marmyšev, Eliseenko, Graždanskaja vojna (2008), S. 205–241.
948 A. A. Makarov, Istorija Krasnojarskogo kraja (2013), S. 35.

## Teil III

1 Stefan Plaggenborg charakterisiert die sowjetische Modernisierung als integralistisch auf die Zentrale ausgerichtete Erfassung aller Lebensbereiche vom Staat über Partei, Wirtschaft, Wissenschaft, Recht, Moral, Kunst bis hin zum Alltag und zur Beeinflussung der Bürger, siehe Plaggenborg, Experiment Moderne (2006), S. 367.
2 Zu Unterschieden und strukturellen Ähnlichkeiten des zaristischen und sowjetischen Russland aus verschiedenen Perspektiven vgl. etwa Manfred Hildermeier, Die Sowjetunion 1917–1991. München 2001; Plaggenborg, Experiment Moderne (2006); Carsten Goehrke, Russland. Eine Strukturgeschichte. Paderborn-Zürich 2010, bes. S. 168–181, 216–237.
3 Šekšeev, Graždanskaja smuta (2006), Tab. S. 23.
4 Zur Psychologie des bäuerlichen Widerstandsgeistes: Žulaeva, Luščaeva, Sel'skoe naselenie (2007), S. 50–55, 77–81.
5 Tepljakov, Nepronicaemye nedra (2007), S. 35–37.
6 Überblick bei Žulaeva, Luščaeva, Sel'skoe naselenie (2007), S. 82–125; A. A. Makarov, Istorija (2013), S. 72–102.
7 T. V. Belošapkina, Krest'janskoe vosstanie v Serežskoj volosti Enisejskoj gubernii. In: Enisejskoj gubernii – 180 let (2003), S. 118–123.
8 Žulaeva, Luščaeva, Sel'skoe naselenie (2007), Tab. S. 265–268.
9 Tepljakov, Nepronicaemye nedra (2007), S. 122–127.
10 A. P. Šekšeev, Terrorističeskaja dejatel'nost' enisejskich krest'jan (1920–1929 gg.). In: SS, 6 (2010), S. 194–204, Tab. S. 197.
11 Šekšeev, Graždanskaja smuta (2006), S. 217–236.
12 A. P. Šekšeev, Chaschylar: protestnoe povedenie chakasov (konec 1919 – načalo 1930-ch gg.). In: Ot. ist. 2009, 2, S. 93–106.
13 Žulaeva, Luščaeva, Sel'skoe naselenie (2007), S. 57–68; Überblick über die Phase der NEP: A. A. Makarov, Istorija (2013), S. 103–135.
14 Žulaeva, Luščaeva, Sel'skoe naselenie (2007), S. 66.
15 Ebd., S. 70–72.
16 Šekšeev, Graždanskaja smuta (2006), S. 27, 29.
17 Statistische Daten ebd., S. 29–33.
18 Ebd., S. 46, 40–42.
19 Auflistung aller den «Kulaken» zugeschriebenen Merkmale bei Guščin, Raskulačivanie (1996), S. 48 f.
20 Politika raskrest'janivanija (2000), S. 10–14.
21 Guščin, Raskrest'janivanie (1996), S. 51.
22 Papkov, Obyknovennyj terror (2012), S. 36–50, 60, 62.
23 Tepljakov, Nepronicaemye nedra (2007), S. 223.
24 Ebd., S. 223 f.
25 Il'inych, Raskrest'janivanie (2012), S. 133.
26 Papkov, Obyknovennyj terror (2012), S. 53 f.
27 Guščin, Raskulačivanie (1996), S. 104.
28 Ebd., S. 106.
29 Ebd., S. 156 f.
30 Näher dazu Šekšeev, Antisovetskie vosstanija enisejskogo krest'janstva (1999); für Chakassien: Karlov, Massovye repressii (2011), S. 40–43.
31 Papkov, Obyknovennyj terror (2012), S. 64 f.
32 Šekšeev, V. G. Jakovenko (2013), S. 18 f.; A. A. Makarov, Istorija (2013), S. 147–151.
33 Ebd., S. 61.
34 Guščin, Raskulačivanie (1996), S. 133. – In Chakassien sank der Viehbestand während der Kollektivierung um die Hälfte, vgl. Karlov, Massovye repressii (2011), S. 43.
35 Ebd., S. 81–83, 95.
36 A. A. Makarov, Istorija (2013), S. 151.
37 Il'inych, Raskrest'janivanie (2012), S. 132.
38 Papkov, Obyknovennyj terror (2012), S. 144 f.
39 Ebd., S. 145–148; Denisov, Chronologija (2009), S. 180–183.
40 Šekšeev, Graždanskaja smuta (2006), S. 48.

41  A. A. Makarov, Istorija (2013), S. 136 f.
42  Ebd., S. 152–154.
43  Papkov, Obyknovennyj terror (2012), S. 228.
44  Karlov, Massovye repressii (2011), S. 177.
45  Šekšeev, V. G. Jakovenko (2013).
46  Michael Voslensky, Nomenklatura. Die herrschende Klasse der Sowjetunion in Geschichte und Gegenwart. 3., aktual. und erw. Ausgabe. München 1987.
47  Šekšeev, V. G. Jakovenko (2013), S. 129 f.
48  Tepljakov, Nepronicaemye nedra (2007), S. 238.
49  Ebd., S. 61.
50  Ebd., S. 131 f.
51  Ebd., S. 199–203.
52  Ebd., S. 232–243.
53  Die Lenin-Ecke *(Leninskij ugolok)* war eine dem Andenken an Lenin und der politischen Propaganda gewidmete Zimmerecke und ersetzte die zur Zarenzeit übliche Ecke mit Ikonen.
54  Papkov, Trojki (2012), S. 36.
55  Šeludčenko, Proščaj (2011), S. 65.
56  V. G. Sirotinin, Pravoslavnye svjaščenniki. God – 1937. In: Cerkov' i gosudarstvo (2001), S. 51–56.
57  Kozodoj, Sibirskij razlom (2011), S. 405 f.
58  Komaricyn, Opyt (2001), S. 126–129.
59  Ebd., S. 129–136; Yorke, Business and Politics (2003).
60  Ebd., S. 250 f.
61  Ežegodnyj doklad «O položenii detej» (2004), S. 17, 77.
62  Yorke, Business and Politics (2003), S. 256 f.
63  Byt i iskusstvo russkogo naselenija Vostočnoj Sibiri, 1 (1971), S. 33–48.
64  Il'inych, «Masljanaja vojna» (1996), bes. S. 78 f.
65  Ebd., S. 33.
66  Moskovskij, Promyšlennoe osvoenie Sibiri (1975), Tab. S. 86, 87.
67  Ebd., S. 92 f., 96 f., 144, 150 f.
68  A. A. Nikolaev, Melkaja promyšlennost' (2000), S. 25, 28 f., 133.
69  Ebd., S. 38 f., 42–46, 55, 63–70, 99–106, 117.
70  Alekseev, Ėlektrifikacija Sibiri, 1 (1973), S. 161.
71  Ebd., S. 162 f., 178.
72  Ebd., S. 127, 132.
73  E. V. Demčik, Predprinimatel'skaja dejatel'nost' nėpmanov v Sibiri. In: VIst 1999, 7, S. 28–40.
74  Mežėtničeskie svjazi, 2 (2007), Dokument Nr. 96, S. 145 f.
75  Dazu Il'inych, Raskrest'janivanie (2012).
76  Il'inych, Raskrest'janivanie (2012), bes. S. 138.
77  A. A. Makarov, Istorija Krasnojarskogo kraja (2013), S. 152 f.
78  Il'inych, Raskrest'janivanie (2012), S. 136 f.
79  Sergeev, Nekapitalističeskij put' (1955), S. 405.
80  Goehrke, Die Gegenwart der Vergangenheit (1995), S. 101 f.
81  Štajner, 7000 Tage (1975), S. 482–485.
82  Petri, Nemcy Tajmyra (2006), S. 16 f.
83  Laut Sitzungsprotokoll des Exekutivkomitees des Rayonsowjets von Dudinka vom 9. Juni 1942: Dudinka. Vremja (2012), S. 71.
84  Parvilahti, In Berias Gärten (1960), S. 236–248.
85  Mironov, Lesnoe Krasnojar'e (2010), S. 5.
86  Ebd., bes. S. 8, 16.
87  Ebd., S. 16 f.
88  Ebd., S. 19.
89  Giese, Klüter, Entwicklung (1986), S. 68.
90  Zum ganzen Abschnitt: Mironov, Lesnoe Krasnojar'e (2010), bes. S. 14, 18, 21, 24 f., 32, 42, 101, 178–186.
91  Ebd., bes. S. 31, 48–50, 196 f.; Svetlana Tulaeva, Forest auctions in Russia. In: Environmental Crime (2013), S. 42–54.
92  Mel'nikova, Stanovlenie (2007), S. 14–16.

93 Moskovskij, Promyšlennoe osvoenie Sibiri (1975), S. 190, Tab. S. 233, 239, 240, 243 sowie S. 252.
94 Industrial'noe razvitie Sibiri (1982), S. 72.
95 Moskovskij, Promyšlennoe osvoenie Sibiri (1975), S. 252.
96 Vgl. Krasnojarskij kraj v gody Velikoj Otečestvennoj vojny (2010), S. 5–7, Dokument Nr. 7, S. 35 f.; Mel'nikova, Stanovlenie (2007), S. 16–18.
97 Dolgoljuk, Korrektirovka programmy (2000), S. 49, 52–57, 62–64.
98 V. G. Paršenok, I. N. Cenjuga, «Ottepel'» i techničeskoe tvorčestvo v Krasnojarskom krae. In: SS, 3 (2007), S. 165–171.
99 Erschienen in Tomsk 1919, 54 S., vgl. Predtečenskaja, V 1919 godu v Tomske vyšla (2012), S. 206–221.
100 Vladimir Dolgov, «I pri ėtom Nikolaj Nikolaevič Urvancev tak i ostalsja dlja menja zagadočnym čelovekom». In: OVONOS, 10 (2008), S. 140–163; Šekšeev, Tragedija Sotnikova (2012).
101 OVONOS, 10 (2008), S. 293; Urvancev, U istokov Noril'ska (2012), S. 236, 238.
102 Die zeitgleich errichteten Anlagen zur Gewinnung von Nickel bei Orsk im Südural und Montschegorsk auf der Halbinsel Kola basierten auf keinen vergleichbaren Erzvorkommen, siehe Ertz, Zwangsarbeit (2006), S. 64 f.
103 Ebd., S. 21–33.
104 Kurzbiographie in: OVONOS, 5 (2004), S. 42–47.
105 Štajner, 7000 Tage (1975), S. 105–107.
106 Ertz, Zwangsarbeit (2006), S. 65–67.
107 Dar'jal'skij, Noril'sk (2008), S. 479.
108 Bährens, Deutsche in Straflagern (1965), S. 177–179.
109 Ertz, Zwangsarbeit (2006), S. 123.
110 Ebd., S. 126–129.
111 Ebd., S. 56–63.
112 Dar'jal'skij, Noril'sk (2008), S. 447–449.
113 Kucher, Der Fall Noril'sk (2011), S. 138 f.
114 Clement, Nichtenergetische Rohstoffe (1986), S. 196.
115 Kucher, Der Fall Noril'sk (2011), S. 139–141.
116 Kaganskij, Kul'turnyj landšaft (2001), S. 234–240.
117 Kucher, Der Fall Noril'sk (2011), S. 140 f.
118 Zu Definition und Beschreibung der TPK generell: Johanna Roos, Zum Begriff «Territorialer Produktionskomplex». In: Sibirien (1986), S. 143–148.
119 V. V. Alekseev, Ėlektrifikacija Sibiri, 2 (1976), S. 44–54. – Karte der ursprünglich geplanten Stauwerke in: Territorial'no-Proizvodstvennye Kompleksy (1992), S. 200.
120 Ebd., S. 96–99, 136 f.; Bratskaja GĖS. Internet: ru.wikipedia.org; Ust' Ilimskaja GĖS, ebd.; Angara-Jenissei Kaskade Gas. Internet: baikalake.ru (2013).
121 Boguchanskaia GES. Aus Internet.
122 Krasnoiarskaia GES. Aus Internet.
123 Dazu im Überblick: Razvitie narodnogo chozjajstva Sibiri (1978), S. 326–349; Cykunov, Angaro-Enisejskie TPK (1991), S. 11 f.
124 Štajner, 7000 Tage (1975), S. 489 f.
125 Parvilahti, In Berias Gärten (1960), S. 230.
126 Internet: www.igarka.ru.
127 Problemy Svernogo morskogo puti (2006), S. 279 f.
128 Dazu eingehend, mit zahlreichen Abbildungen: Zolotoe serdce Sibiri (2002), Karten in Bd. 1, S. 39/40.
129 Lamin, Zolotoj sled (2002), S. 131.
130 Aleksandr Dunajskij, Krasnojarskij kraj – zoloto. In: NKK. Naš Krasnojarskij kraj. Kraevaja gosudarstvennaja gazeta, 4. September 2014 (im Internet unter: gnkk.ru); Lamin, Zolotoj sled (2002), S. 125–127.
131 T. L. Leonova, Istorija ugol'nogo razreza «Nazarovskij» Krasnojarskogo kraja v 1951–2006 gg. In: Social'no-ėkonomičeskoe razvitie Krasnojarskogo kraja (2007), S. 42–49.
132 Dolgoljuk, Naučnaja razrabotka (1998), S. 78–85.
133 Cykunov, Angaro-Enisejskie TPK (1991), S. 41–45.
134 Kučin, Podpiska (2006), S. 13–15.

135 Zur Stadt und zum privilegierten Leben dort vgl. die Erinnerungen Poduschkows in: Poduškov, Krasnojarsk-26 (2013), S. 28–37, Abb. S. 226.
136 Zu Lebens- und Arbeitsbedingungen der Soldaten und Gulaghäftlinge: Kučin, Podpiska (2006), S. 145–152.
137 Poduškov, Krasnojarsk-26 (2013), S. 20, 24, 27 f., 164 f.
138 Kučin, Podpiska (2006), S. 184.
139 Auflistung bei Poduškov, Krasnojarsk-26 (2013), S. 135–171.
140 Volobuev, Tarakskie rossypi (2011), chronologische Übersicht S. 188.
141 Territorial'no-Proizvodstvennye Kompleksy (1992), Karte S. 182; Korporacija razvitija Krasnojarskogo kraja: Prirodnye resursy. Internet: www.krdc.ru.
142 Dolgoljuk, Korrektirovka programmy (2000), S. 66–70, 77.
143 Dolgoljuk, Naučnaja razrabotka (1998), S. 75–77.
144 Jurubčeno-Tochomskoe neftegazokondensatnoe mestoroždenie. Internet: www.trubagaz.ru, 4. August 2012; www.neftyaniki.ru.
145 Ivanova, Krasnojarskij kraj (2006), S. 58.
146 Internet: http://mssdelka.ru/publ/messojakha_vperjod_k_proshlomu/6-1-0-769.
147 Informationen im Internet unter: www.neftyaniki.ru; veraltet: Wilson, Exploration (1989), S. 237.
148 Guščin, Tendencii demografičeskogo razvitija Sibiri (1991), S. 81.
149 Krasnoiarski krai. Aus Internet.
150 Cykunov, Angaro-Enisejskie TPK (1991), S. 46–69.
151 Alekseev, Ėlektrifikacija Sibiri, 2 (1976), S. 170.
152 Bernd Knabe, Aspekte der gegenwärtigen Arbeitskräftepolitik in Sibirien. In: Sibirien (1986), S. 123–137; Cykunov, Angaro-Enisejskie TPK (1991), S. 88, 94–111.
153 Wein, Landwirtschaft (1986), S. 34 f., 37, 39, 45.
154 Im Überblick: Cykunov, Angaro-Enisejskie TPK (1991), S. 111–130; Stadelbauer, Nachfolgestaaten (1996), S. 408–414.
155 Ežegodnik. Sostojanie zagrjaznenija atmosfěry v gorodach na territorii Rossii v 2000 g., SPb 2001, S. 94, 115.
156 Kuksanova, Ėkologičeskaja situacija (1999), S. 179–186; zu den einzelnen Komponenten der Schadstoffbelastung vgl. für die Jahre 1991–1993: Environmental and Health Atlas of Russia (1995), Karten 2.54, 2.55, 2.58, 2.61, 2.65, 2.81.
157 Environmental History (2013), S. 189–286, 318 f.
158 Environmental and Health Atlas of Russia (1995), Karten 2.62, 2.63, 2.66, 2.103.
159 Kuksanova, Ėkologičeskaja situacija (1999), S. 182.
160 Remejko, Noril'sk (2008), S. 413.
161 G. A. Cykunov, E. G. Cykunov, Problemy vzaimodejstvija (2002), S. 52.
162 Ganzer Abschnitt nach M. Važnov, «… i sejčas izbavit'sja …» (2007), S. 353–355, 361–375.
163 Environmental and Health Atlas of Russia (1995), Karten 3.68, 3.70–3.72, 3.98.
164 Kuksanova, Ėkologičeskaja situacija (1999), S. 183.
165 Denisov, Chronologija (2009), S. 141. – Genaue Auflistung aller Schiffe für die Jahre 1913/14 in: Safronov, Stolypinskaja agrarnaja reforma (2006), Anhang, Tab. S. 674–676.
166 Enisejskie parochody prošlych stoletij, S. 12 f.
167 Heller, Sibirien (1931), S. 99, 111.
168 Enisejskie parochody prošlych stoletij, S. 24.
169 R. H. Greenwood, The Soviet Merchant Marine. In: Russian Transport (1975), S. 106–126, bes. S. 109; Bulava, Vstreči (2010), S. 131–133.
170 Ebd., S. 133.
171 Ebd., S. 264.
172 Ebd., S. 181.
173 Anton Čechov (teplochod, proekt Q-056). Internet: ru.wikipedia.org.
174 Bulava, Vstreči (2010), S. 199.
175 Ebd., S. 72.
176 Augenzeugenbericht aus dem Jahr 1929: ebd., S. 70–75.
177 Igarka drevnjaja (2013), S. 6–45.
178 Dudinka. Vremja (2012), S. 48 f.
179 Parvilahti, In Berias Gärten (1960), S. 364 f.
180 Štajner, 7000 Tage (1975), S. 282.

181 Problemy Severnogo morskogo puti (2006), S. 190–197.
182 Podtësovskaja remontno-ėkspluatacionnaja baza flota OAO «Enisejskoe rečnoe parochodstvo». Internet: www.e-river.ru/about/filials/podtesovo.
183 Ermolaevskaja remontno-ėkspluatacionnaja baza flota OAO «Enisejskoe rečnoe parochodstvo». Internet: www.e-river.ru/about/filials/ermolaevo.
184 Rečnye suda v period s 1945 po 1985 gg. Internet: riverforum.net//showthread.php?t=138&page=2; Zarja (tip rečnych sudov). Aus dem russischen Internet; Aktual'nye problemy razvitija skorostnogo passažirskogo flota dlja VVP i pribrežnych morskich linij Rossii (2014). Internet: www.korabel.ru/news/comments/aktualnye_problemy.
185 Bulava, Vstreči (2010), S. 34 f.
186 Alekseev, Ėlektrifikacija Sibiri, 2 (1976), S. 174 f.
187 Bulava, Vstreči (2010), S. 18.
188 *En passant* aufgelistet bei Bulava, Vstreči (2010), S. 26–86.
189 Ebd., S. 29 f.
190 OVONOS, 9 (2007), S. 101 f.
191 Bulava, Vstreči (2010), S. 34.
192 Parvilahti, In Berias Gärten (1960), S. 280 f.; in der Erinnerung eines beteiligten Retters: Raudsepp, «Mne ne mogli skazat' …» (2007), S. 411–413.
193 Gretta Safronec-Ol'chovskaja, «… udivitel'nym obrazom … sočetalis' čelovečnost' i ideologičeskij oficioz». In: OVONOS, 4 (2003), S. 182–203, hier S. 189–193.
194 Garmaš, Noril'skaja istorija (2012), S. 66; Geschichte des Zweiten Weltkrieges 1939–1945. Aus dem Russischen. 1–12, Berlin [Ost] 1973–1985, hier 5, S. 319, 579; Rodionov, Vladimir, «V kakom-to zdanii naskoro razvernuli gospital'». In: OVONOS, 1 (2008), S. 224–239 (Erinnerungen eines beteiligten Chirurgen); A. A. Baev, «Ėto tol'ko dokumental'nye svidetel'stva o žizni moego otca Aleksandra Aleksandroviča Baeva». In: OVONOS, 12 (2012), S. 292–379, hier S. 337 f. (Erinnerungen des Anästhesiearztes).
195 Štajner, 7000 Tage (1975), S. 179–182.
196 Steiners Erinnerung, die Menschikow zum Kommandanten einer Küstenbatterie auf Nowaja Semlja macht, hat zwei verschiedene Vorgänge miteinander vermischt: das Schicksal des Konvois PQ 17, der von deutschen U-Booten und Fernbombern im Juli 1942 vor Nowaja Semlja weitgehend vernichtet wurde, und den oben geschilderten Raid des deutschen Schweren Kreuzers *Admiral Scheer* gegen Port Dickson. Steiner hat offensichtlich den erst am 18. August 1942 errichteten sowjetischen Flottenstützpunkt auf Nowaja Semlja mit Port Dickson verwechselt, dessen Hafen durch eine Küstenbatterie verteidigt wurde. Von einem Artilleriekommandanten Menschikow ist allerdings nichts bekannt. Bei dem Angriff getötet wurden hingegen sieben Besatzungsmitglieder des Hafenschutzschiffes *Deschnjow*, dessen Artillerieoffizier S. Krotow schwere Verletzungen erlitt; vgl. Illjustrirovannaja istorija Kranojar'ja 1917–1991 gody (2014), S. 140. Er ist es vermutlich, der bei Steiner unter dem Namen Menschikow auftaucht.
197 Krasnojarskij kraj v gody Velikoj Otečestvennoj vojny (2010), Dokument Nr. 123, S. 192.
198 Ebd., S. 191 f.
199 Ganzer Abschnitt nach Krasavcev, Morskoj transport (2003); Horensma, The Soviet Arctic (1991).
200 Armstrong, Northern Sea Route (1975), S. 137.
201 North, The Role of Water Transport (1989), S. 211 f.
202 Armstrong, Northern Sea Route (1975), S. 133–136.
203 Mit 0,9 km Eisenbahn und 8,8 km Autostraßen auf 1000 Quadratkilometer bildete der Krasnojarsker Krai in den 1970er Jahren das Schlusslicht aller ostsibirischen Regionen; mit 5,8 km Wasserwegen auf 1000 Quadratkilometer lag er sogar hinter der Region Irkutsk (9,7 km) zurück, siehe Ogly, Stroitel'stvo (1980), S. 202.
204 Železnodorožnyj transport Vostočnoj Sibiri, 1 (2001), S. 348, 350.
205 Alekseev, Ėlektrifikacija Sibiri, 2 (1976), S. 158; Železnodorožnyj transport Vostočnoj Sibiri, 2 (2001), S. 6–8.
206 Ebd., S. 136 f., 140 f.
207 Ebd., S. 165 f., 189–191.
208 Ebd., S. 212 f., 402, 414 f.
209 Trassa mužestva (Stroitel'stvo trassy Abakan-Tajšet). Internet: www.rzd-expo.ru/history/Abakan-Taishet.

210 Vgl. Streckenkarte «Krasnojarskaja železnaja doroga». Internet: http://gorod-moskva.ru/transport/zd/images/zd/krasnoyarskaya.jpg.
211 Eindrückliche fotografische Streckenbeschreibung unter: Dokhly zhurnal – Železnaja doroga «Novokuzneck – Abakan». Internet: griphon-275.livejournal.com/228333.html.
212 Vetka Novokuzneck – Abakan – Tajšet (1034 km). Internet: www.transsib.ru/way-abakan.htm.
213 Vetka Ačinsk – Lesosibirsk (274 km). Internet: www.transsib.ru/way-lesosibirsk.htm.
214 Vetka Rešoty – Karabula (257 km). Internet: www.transsib.ru/way-karabula.htm.
215 Internet: npriangarie.ru/project/karabula.
216 Dolgoljuk, Korrektirovka programmy (2000), S. 69 f.
217 Noril'skaja uzkolinejnaja železnaja doroga. Internet: infojd.ru/23/njd_ist.html.
218 OVONOS, 1 (2. Aufl. 2008), S. 145.
219 Zacharov, Noril'sk (2003), S. 342.
220 Noril'skaja železnaja doroga. Istorija. Internet: infojd.ru/23/njd_ist.html.
221 Mit kleinen Änderungen nach: Goehrke, Reise in drei Lebenswelten (2002), S. 31 f.
222 Fotokopie des Originaldokuments in: Strojka No. 503, vyp. 1 (2000), S. 188. – Zu Stroika 501/503 generell: Gricenko, Kalinin, Istorija (2012); Kurzüberblick: Mildenberger, Polarmagistrale (2000); zu Stroika 501: Gol'dberg, 501-ja (2003).
223 Dazu S. V. Slavin, K istorii železnodorožnogo stroitel'stva na Severe v dorevoljucionnoj Rossii. In: Letopis' Severa, 2, M. 1957, S. 188–205, bes. Karte S. 203; Mote, Siberia (1998), S. 98.
224 Näheres bei Mildenberger, Polarmagistrale (2000), bes. S. 408–412; Strojka No. 503, vyp. 1 (2000), S. 7 f.
225 Stalinskie strojki (2005), S. 320.
226 Gricenko, Kalinin, Istorija (2012), S. 49.
227 Strojka No. 503, vyp. 1 (2000), S. 8.
228 Stalinskie strojki (2005), S. 314.
229 Ebd., S. 35.
230 Auf den 1. Januar 1953 verfügte allein die Eisenbahnabteilung des GULAG über mehr als eine Viertelmillion Zwangsarbeiter, siehe Strojka No. 503, vyp. 1 (2000), S. 8.
231 Gricenko, Kalinin, Istorija (2012), S. 45.
232 Snovskij, Palači (2010), S. 30 f.; ders., Strojka No. 503 (2012), S. 104–108.
233 Lominadze, Rasskaz (2007), S. 119.
234 Strojka No. 503, vyp. 1 (2000), S. 21.
235 Snovskij, Palači (2010), S. 25 f.
236 Strojka No. 503, vyp. 1 (2000), S. 9.
237 Snovskij, Palači (2010), S. 14 f., 17 f.; ders., Strojka No. 503 (2012), S. 46–49, 138–140; N. Nemčenko, Štrichi k portretu V. A. Barabanova. In: Strojka No. 503, vyp. 1 (2000), S. 37–46.
238 Gol'dberg, 501-ja (2003), S. 278 f.
239 Mildenberger, Polarmagistrale (2000), S. 411.
240 Strojka No. 503, vyp. 1 (2000), S. 20 f.
241 Snovskij, Palači (2010), S. 36; ders., Strojka No. 503 (2012), S. 84–95.
242 Pobožij, Mertvaja doroga (1964), S. 153 f.
243 Snovskij, Palači (2010), S. 25 f., ähnlich: Lominadze, Rasskaz (2007), S. 123.
244 Snovskij, Palači (2010), S. 30.
245 Pavinskij, Vorkuta – Igarka (2000), S. 130.
246 Ebd., S. 133.
247 Mildenberger, Polarmagistrale (2000), S. 412.
248 Pavinskij, Vorkuta – Igarka (2000), S. 131–133.
249 Gricenko, Kalinin, Istorija (2012), S. 108.
250 Ebd., S. 49 f.
251 Bährens, Deutsche in Straflagern (1965), S. 148.
252 Gol'dberg, 501-ja (2003), S. 66. – Zum Alltag der Lagerhäftlinge an der Stroika 503 aus eigenem Erleben ausführlich: Snovskij, Palači (2010); Ergänzungen und Vertiefungen: ders., Strojka No. 503 (2012).
253 Salangin, O prebyvanii (2000), S. 52.
254 Pobožij, Mertvaja doroga (1964), S. 162 f.
255 Gricenko, Kalinin, Istorija (2012), S. 155.

256 Salangin, O prebyvanii (2000), S. 54; ähnlich speziell zu Stroika 501: Gol'dberg, 501-ja (2003), S. 33, 44.
257 Alfërova-Ruge, Iz pisem (2000), S. 108.
258 Gricenko, Kalinin, Istorija (2012), S. 110–116.
259 Strojka No. 503, vyp. 2 (2007), S. 127.
260 Lominadze, Rasskaz (2007), S. 122.
261 Dobrovol'skij, Mertvaja doroga (1994), S. 207.
262 V. D. Basovskij, in: Strojka No. 503, vyp. 2 (2007), S. 127.
263 Bährens, Deutsche in Straflagern (1965), S. 147.
264 Lominadze, Rasskaz (2007), S. 122 f.
265 Snovskij, Strojka No. 503 (2012), S. 19 f.
266 Ebd., S. 62–68; Snovskij, Palači (2010), S. 29.
267 Bericht eines in Salechard als Häftling eingesetzten Ingenieuroffiziers bei: Gol'dberg, 501-ja (2003), S. 108.
268 Bährens, Deutsche in Straflagern (1965), S. 149.
269 Snovskij, Strojka No. 503 (2012), S. 12 f.
270 Lominadze, Rasskaz (2007), S. 125.
271 Dazu Gricenko, Kalinin (2012), S. 119–127; Gol'dberg, 501-ja (2003), S. 30.
272 Ebd., S. 32 f.
273 Snovskij, Palači (2010), S. 30.
274 Salangin, O prebyvanii (2000), S. 54.
275 Pavinskij, Vorkuta-Igarka (2000), S. 139.
276 Lagpunkt 29 an einem Nebenfluss des Turuchan, Juni 1989, siehe Gol'dberg, 501-ja (2003), S. 133–135.
277 Snovskij, Strojka No. 503 (2012), S. 13.
278 Ebd., S. 124.
279 Gricenko, Kalinin, Istorija (2012), S. 125.
280 Snovskij, Palači (2010), S. 18 f.
281 Snovskij, Strojka No. 503 (2010), S. 19.
282 Stalinskie strojki (2005), S. 320 f.
283 Strojka No. 503, vyp. 1 (2000), S. 34 f.
284 Ebd., S. 34.
285 Pavinskij, Vorkuta-Igarka (2000), S. 136.
286 Raudsepp, Mne ne mogli skazat' (2007), S. 413 f.
287 Snovskij, Palači (2010), S. 32–34, 36 f.
288 Strojka 503 «mertvaja doroga», Igarka 1993, S. 4.
289 Gol'dberg, 501-ja (2003), S. 67.
290 Snovskij, Palači (2010), S. 22.
291 Mildenberger, Polarmagistrale (2000), S. 414.
292 Gricenko, Kalinin, Istorija (2012), S. 218–223; Gol'dberg, 501-ja (2003), S. 40 f.
293 Ebd., S. 70–74.
294 Internet: http://nurcbs.ru/doroga.php?clear_cache=Y (Abfrage vom 16. August 2013).
295 Pavinskij, Vorkuta-Igarka (2000), S. 139.
296 Snovskij, Palači (2010), S. 30; ders., Strojka No. 503 (2012), S. 94 f.
297 Frederick Kempe, Sibirische Odyssee. Reise in die Seele Russlands. Berlin 1993, S. 244–250; Dobrovol'skij, Mertvaja doroga (1994); Pavinskij, Vorkuta-Igarka (2000); Gol'dberg, 501-ja (2003).
298 Ebd., S. 19.
299 Stroika No. 503, vyp. 2 (2007), S. 6.
300 Ebd., Fotodokumentation S. 24 f.
301 Ebd., S. 14–20.
302 Goehrke, Gegenwart der Vergangenheit (1995), S. 103.
303 Vgl. interaktive Karte «Schema avtodorog Krasnojarskogo kraja i respubliki Chakasija». Internet: nashkrai.narod.ru/Atlas.html.
304 Vgl. Fotoreportage über die Magistrale Dudinka–Norilsk im Internet unter: uritsk.livejournal.com/60778.html.
305 Territorial'no-Proizvodstvennye Kompleksy (1992), Karte S. 252 (auch mit projektierten Straßen).
306 Most v tajgu čerez Angaru. Internet: npriangarie.ru/2012/957.

307 Wilson, Exploration (1989), S. 236; Internet: www.trubagaz.ru/gkm/jurubcheno-tokhomskoe-neftegazokondensatnoe-mestorozhdenie.
308 Symons, Soviet Air Transport (1975), S. 143–150.
309 Ebd., Karte S. 154; Vozdušnye puti soobščenija. In: Atlas SSSR, 2-e izd. Moskau 1969, S. 104.
310 Allies in Wartime: The Alaska – Siberia Airway during World War II. Ed. by Alexander B. Dolitsky. Juneau 2007; D. Orlov, K. Orlov, D. Filippov, Ot Sibiri do pobedy. Krasnojarskaja vozdušnaja trassa Aljaska – Sibir'. Kr. 2015.
311 Territorial'no-Proizvodstvennye Kompleksy (1992), S. 23.
312 Železnodorožnyj transport Vostočnoj Sibiri, 2 (2001), S. 387.
313 Ebd., S. 388 f., 422.
314 Ebd., S. 12 f., 284–308, 387, 390.
315 Bulava, Vstreči (2010), S. 202.
316 Problemy Severnogo morskogo puti (2006), S. 37, Tab. S. 242.
317 Karlov, Massovye repressii (2011), S. 39.
318 Dazu im Überblick Žulaeva, Luščaeva, Sel'skoe naselenie (2007), S. 125–233.
319 Kuznecov, Na puti k «Velikomu perelomu» (2001), S. 116–133.
320 Žulaeva, Sel'skaja ženščina (2011), S. 63–67, 73–77.
321 Dazu eingehender Kuznecov, Na puti k «Velikomu perelomu» (2001), S. 19–38.
322 Žulaeva, Sel'skaja ženščina (2011), S. 55–79.
323 Kuznecov, Na puti k «Velikomu perelomu» (2001), S. 72–94.
324 Žulaeva, Sel'skaja ženščina (2011), S. 79.
325 Žulaeva, Luščaeva, Sel'skoe naselenie (2007), S. 147.
326 Ebd., S. 183 f.
327 Ebd., S. 182, 184 f.
328 Im Jahre 1927 entfielen in der UdSSR auf einen Bauernbetrieb im Mittel 6,1 ha Ackerland und 1,2 ha Heuschläge, in Sibirien 12,2 ha Ackerland sowie 3,1 ha Heuschläge. Noch krasser zeigte sich die Differenz bei Einbezug der Appertinenzien (vor allem Wald) pro Hof: Im europäischen Russland entfielen im Mittel auf einen Hof 13,2 ha Gesamtnutzfläche, in Sibirien 47,3 ha; nach Guščin, Raskulačivanie (1996), S. 21.
329 Goehrke, Alltag, 3 (2005), S. 80–82, 95.
330 Karlov, Massovye repressii (2011), S. 45–47.
331 Goehrke, Alltag, 3 (2005), S. 98 f.
332 Stephan Merl, Bauern unter Stalin. Die Formierung des sowjetischen Kolchossystems 1930–1941. Berlin 1990, S. 410.
333 Šeludčenko, Proščaj (2011), S. 66–70, Zitat S. 66.
334 Žulaeva, Luščaeva, Sel'skoe naselenie (2007), S. 170.
335 Goehrke, Alltag, 3 (2005), S. 76–80.
336 Krasnojarskij kraj v gody Velikoj Otečestvennoj vojny (2010), Dokument Nr. 68, S. 127.
337 Ebd., Dokument Nr. 70, S. 131.
338 A. A. Makarov, Istorija Krasnojarskogo kraja (2013), S. 159–161.
339 Ebd., S. 161.
340 Krasnojarskij kraj v gody Velikoj Otečestvennoj vojny (2010), Dokument Nr. 325, S. 473 f.
341 Ebd., Dokument Nr. 243, S. 341–343.
342 Ebd., Dokument Nr. 252, S. 353 f.
343 Šeludčenko, Proščaj, bezzabotnoe detstvo (2011), S. 80.
344 Dorf Soloucha, Rayon Pirowskoje.
345 Bajgutdinov, Ubej menja, mamočka (2011), S. 90, 92.
346 Sentjabova, Russkaja pravoslavnaja cerkov' (2013), S. 26.
347 Ebd., S. 64, 71, 107 f., 119 f.
348 Prichod'ko, Sel'skoe naselenie Sibiri (1991), S. 25 f.
349 Goehrke, Russischer Alltag, 3 (2005), S. 316–318.
350 Industrial'noe razvitie Sibiri (1982), S. 190.
351 Melent'eva, Uslovija žizni sel'skogo naselenija (1999), S. 192 f.
352 Guščin, Tendencii demografičeskogo razvitija (1991), S. 72.
353 Prichod'ko, Sel'skoe naselenie Sibiri (1991), Tab. S. 33.
354 Melent'eva, Uslovija žizni sel'skogo naselenija (1999), S. 196.

355 1989 lebten noch 2 Prozent der Landbevölkerung in Siedlungen mit maximal 100 Einwohnern; 44,2 Prozent konzentrierten sich in Dörfern mit 100 bis 500 Einwohnern und 53,8 Prozent in noch größeren Siedlungen.
356 Slavina, Krasnojarskaja derevnja (2012), S. 165–170.
357 Guščin, Tendencii demografičeskogo razvitija Sibiri (1991), S. 90–92.
358 Ebd., S. 63, 86 f.
359 Ebd., S. 51, 56–58.
360 Estestvennoe dviženie naselenija krasnojarskogo kraja. Internet: www.krasstat.gks.ru/wps/wcm/connect/rosstat_ts/krasstat/ru/statistics/population.
361 Vgl. den rapiden Männerschwund bei den älteren geschlechtsspezifischen Alterskohorten in: Raspredelenie čislennosti naselenija Krasnojarskogo kraja po polu i otdel'nym vozrastnym gruppam na načalo goda, in: ebd.
362 Im Jahre 2014 wuchs die Bevölkerung der Städte um 14 345 Personen, während die auf dem Dorfe um 7378 schrumpfte, siehe Internet: http://krasnoyarsk.dk.ru/news/naselenie-krasnoyarskogo-kraya-prirastaet-svoimi-236919964.
363 Dazu eingehend M. A. Šabanova, Novaja svoboda na sele: problemy institucionalizacii i internalizacii. In: Sibirskaja derevnja v period transformacii (1996), S. 3–32. – Mehr als die Hälfte der Befragten lehnte in der Mitte der neunziger Jahre politische und wirtschaftliche Veränderungen entschieden oder weitgehend ab, vgl. N. L. Mosienko, Opyt analiza sistemy cennostej naselenija kak social'nogo reguljatora funkcionirovanija territorial'noj obščnosti. In: ebd., S. 165–176.
364 I . Martynova, Zametki o social'nych izmenenijach v agrarnom sektore Rossii. In: ebd., S. 201–209; Kalugina, Sel'skoe naselenie Sibiri (1996), S. 35.
365 Ebd., S. 46 f.
366 Ebd., S. 41.
367 Sel'skoe chozjajstvo Krasnojarskogo kraja. Aus Internet: www.geodesire.ru/dgirs-685-1.html.
368 N. V. Černina, Ėkskljuzija sel'skogo naselenija: opyt sociologičeskogo issledovanija. In: Sibirskaja derevnja v period transformacii (1996), S. 80–96, hier S. 84 f.
369 Ežegodnyj doklad «O položenii detej» (2004), S. 6–8.
370 Kak obstojat dela v sel'skom chozjajstve Krasnojarskogo kraja. In: *Gorodskie novosti* 27. November 2014 / No. 3083. Internet: www.gornovosti.ru/tema/stroim-gorod/kak-obstoyat-dela-v-selskom-khozyaystve-krasnoyarskogo-kraya444445546.htm.
371 Im Jahre 2007 wurden pro Hektar geerntet: in den Niederlanden fast 7 Tonnen, in der Schweiz 6,6 Tonnen, in Deutschland 6,4 Tonnen und sogar in Polen 3,2 Tonnen, vgl. Schweizer Landwirtschaft. Taschenstatistik 2010. Neuchâtel 2010, S. 33.
372 Internet: http://docs.cntd.ru/document/465805355.
373 Štajner, 7000 Tage (1975), S. 444–449.
374 Peskow, Die Vergessenen (1994), S. 14.
375 Ebd., bes. S. 55–61, 87–100.
376 Vgl. dazu Goehrke, Russischer Alltag, 1 (2003), bes. S. 82–97, 170–185.
377 Peskow, Die Vergessenen (1994), bes. S. 65–75, 78–85, 263 f.
378 www.google.ru unter Lykova, Agafja.
379 www.logoslovo.ru/forum/all/topic_8639/ «Agafja Lykova prosit pomošči».
380 Goehrke, Reise (2002), S. 32, 49 f.
381 Nansen, Sibirien (1916), S. 187.
382 Goehrke, Gegenwart der Vergangenheit (1995), S. 77–80 (leicht modifiziert).
383 Ebd., S. 82–84; Mattes, Lienau, Natur und Mensch (1994), S. 82 f.
384 Ebd., bes. S. 66–71.
385 Internet: http://ru.wikipedia.org/wiki/Mirnoe_(Turuchankij_rajon).
386 Goehrke, Gegenwart der Vergangenheit (1995), S. 84–86 (aktualisiert).
387 Goehrke, Reise (2002), S. 28 f.
388 Happy people. Ein Jahr in der Taiga (2013).
389 Vgl. dazu den schönfärberischen Rapport des stellvertr. Vorsitzenden des Turuchansker Rayon-Exekutivkomitees vom Winter 1929/30 in: Mežėtničeskie svjazi, 2 (2007), Dokument Nr. 115, S. 177–181.
390 M. A. Sergeev, Nekapitalističeskij put' (1955), S. 328 f., 336 f., 343.
391 Bolina-Ukočër, Chantajskie Ėvenki (2011), S. 57 f.
392 Sergeev, Nekapitalističeskij put' (1955), S. 424.

393 Krasnojarskij kraj v gody Velikoj Otečestvennoj vojny (2010), Dokument Nr. 74, S. 134 f.
394 Sergeev, Nekapitalističeskij put' (1955), S. 423.
395 Litvjakova, Trofimova, Korennye maločislennye narody (2007), S. 21, 67.
396 Mežėtničeskie svjazi, 2 (2007), Dokument Nr. 152, bes. S. 237.
397 F. S. Donskoj, Korennye maločislennye narody Severa, Sibiri i Dal'nego Vostoka vo vtoroj polovine XX veka, 1. Jakutsk 2002, S. 14–24.
398 Am Beispiel des Sowchos *Chantaiski* siehe Anderson, Tundroviki (1998), S. 27–45.
399 Ebd., S. 21.
400 Sergeev, Nekapitalističeskij put' (1955), S. 381.
401 Ebd., S. 392 f.
402 Bolina-Ukočër, Chantajskie Ėvenki (2011), S. 12 f.
403 Anderson, Tundroviki (1998), S. 16–22.
404 Ebd., S. 18–20.
405 Bolina-Ukočër, Chantajskie Ėvenki (2011).
406 Beispiele für den Bildungsaufstieg ebd., S. 33–35.
407 Klokov, Olenevodstvo (2001), S. 20–23, 40.
408 Ebd., S. 40–43.
409 Ebd., S. 24–31, 80 f.
410 Anna A. Sirina, Oil and Gas Development in Russia and Northern Indigenous People. In: Russia and the North (2009), S. 187–202.
411 Krušel'nickij, Šakirzjanova, V kraju golubych ozer (2008), bes. S. 32 f., 70, 82–85.
412 Heller, Sibirien (1931), S. 158.
413 Makarov, Batašev, Istorija i kul'tura (2007), S. 182–205, Fotos.
414 Die ethnographische Expedition von 1948/49 musste feststellen, dass die Keten keine Hausboote mehr benutzten, siehe Vajnštejn, Kety (2015), bes. S. 55.
415 Krivonogov, Kety na poroge (1998), bes. S. 10, 13, 24, 27, 32.
416 Krivonogov, Kety: desjat' let spustja (2003), bes. S. 29, 145.
417 Goehrke, Die Gegenwart der Vergangenheit (1995), S. 86, 90 f. (leicht überarbeitet).
418 Eingehend: Krivonogov, Ėtničeskie processy (1998).
419 K. V. Istomin, «Atributivnyj stil'» i problema p'janstva i samoubijstv sredi maločislennych narodov Severa i Sibiri. In: ĖO 2011, 2, S. 89–106.
420 Mežėtničeskie svjazi, 2 (2007), Dokument Nr. 181, bes. S. 287.
421 Bei einer Befragung in den Jahren 2008/09 waren je ein Drittel der Meinung, dass die Chakassen als Ethnie in absehbarer Zeit verschwinden, nicht verschwinden oder möglicherweise verschwinden würden, siehe Krivonogov, Chakasy (2011), S. 243.
422 Ebd., bes. S. 9, 17, 19, 23, 29–32, 35, 84–89, 111–119, 142, 146 f.; ders., Ėtniceskie processy (1998), S. 63–118 (Tschulym-Tataren).
423 Im Jahre 2010 waren von den knapp 308 000 Einwohnern der Republik Tywa 82 Prozent Tuwinzen und 16,3 Prozent Russen, siehe Novye issledovanija Tuvy, 25 fevralja 2012 «Skol'ko nas i kakich v Tuve: čto pokazala perepis'?», Internet: www.tuva.asia.
424 Tyva, Internet: ru.wikipedia.org.
425 Krivonogov, K voprosu o perspektivach (2009), Tabellen S. 169, 173.
426 Von 110 674 (1923) auf 158 784 (1929), siehe I. I. Krylov, Izmenenija demografičeskogo sostava naselenija Prienisejskogo regiona v gody NĖPa. In: Enisejskaja gubernija – Krasnojarskij kraj (2012), S. 117–119.
427 I. V. Kopylov, Osobennosti (2012), S. 172–176.
428 Krasnojarsk. In: «Moj gorod». Narodnaja ėnciklopedija gorodov i regionov Rossii. www.mojgorod. ru/krsnjar_kraj/krasnojarsk.
429 Krasnojarskij kraj v gody Velikoj Otečestvennoj vojny (2010), Dokument Nr. 200, S. 282.
430 Ebd., S. 18.
431 Papkov, Karatel'noe pravosudie (2011), S. 74, 77.
432 Krasnojarskij kraj v gody Velikoj Otečestvennoj vojny (2010), Dokument Nr. 97, S. 169 f.
433 Papkov, Karatel'noe pravosudie (2011).
434 Krasnojarskij kraj v gody Velikoj Otečestvennoj vojny (2010), Dokument Nr. 82, S. 147.
435 Ebd., Dokument Nr. 87, S. 152.
436 Ebd., S. 18; Dokument Nr. 277, S. 392 f.
437 Detstvo (2011), S. 114, 116.

438 Krasnojarskij kraj v gody Velikoj Otečestvennoj vojny (2010), Dokument Nr. 29, S. 73–75.
439 www.mojgorod.ru/krsnjar_kraj/krasnojarsk.
440 http://wiki.nashtransport.ru/wiki/Krasnojarskij_metropoliten.
441 Galina Sizova, Perepravy čerez Enisej / Èra krasnojarskich mostov. www.sibdom.ru/article.php?id=1214.
442 http://krasnoyarsk.dk.ru/news/zdanie-katekniiugol-v-krasnoyarske-dostroyat-v-etom-godu-236838832.
443 Aferenko, Krasnojarskaja starina (2011), S. 176–178.
444 Goehrke, Reise in drei Lebenswelten (2002), S. 52 f.
445 https://ru.wikipedia.org/wiki/Ачинск; www.mojgorod.ru/krsnjar_kraj/achinsk.
446 www.mojgorod.ru/krsnjar_kraj/kansk.
447 https://ru.wikipedia.org/wiki/%CA%E0%ED%F1%EA.
448 www.mojgorod.ru/krsnjar_kraj/minusinsk; http://russiasib.ru/minusinsk.
449 www.mojgorod.ru/r_hakasia/abakan.
450 www.mojgorod.ru/r_tyva/kyzyl.
451 Respublika Tyva. Internet: www.mojgorod.ru/r_tyva/index.html; Chakasija. https://ru.wikipedia.org/wiki/%D5%E0%EA%E0%F1%E8%FF.
452 Heller, Sibirien (1931), S. 161.
453 http://temples.ru/tree.php?ID=5048&mode=1&print=0&hide_icons=0&show_locate=0.
454 Enisejsk pravoslavnyj (1994), S. 88.
455 Štajner, 7000 Tage (1975), S. 473–476.
456 Goehrke, Gegenwart der Vergangenheit (1995), S. 76 f. (nachrecherchiert und leicht modifiziert).
457 Goehrke, Reise (2002), S. 50 f. (nachrecherchiert und leicht modifiziert).
458 O Bogojavlenskom sobore. http://красноярские-архивы.рф/articles/k_yubileyu_eniseyskoy_eparhii/207.
459 Heller, Sibirien (1931), S. 130 f.
460 Goehrke, Gegenwart der Vergangenheit (1995), S. 97 f. (nachrecherchiert und leicht modifiziert).
461 Turukhansk. https://ru.wikipedia.org/wiki/%D2%F3%F0%F3%F5%E0%ED%F1%EA.
462 Goehrke, Reise (2002), S. 30.
463 http://naov.ru/objects/troickaya-cerkov-turuhanskogo-troickogo-monastirya.html.
464 Heller, Sibirien (1931), S. 73.
465 Ebd., S. 84.
466 Nepokojčickij, Ja do poslednich dnej svoich (2008), S. 246. – Zur Aufbauphase der Siedlung von 1931 bis 1940 eingehender: Igarka drevnjaja (2013), S. 265–281.
467 www.mojgorod.ru/krsnjar_kraj/igarka.
468 Würdigungen in: Igarka drevnjaja (2013), S. 230–232, 326 f.
469 Igarka: https://ru.wikipedia.org/wiki/%C8%E3%E0%F0%EA%E0.
470 Goehrke, Gegenwart der Vergangenheit (1995), S. 103 f. (ergänzt).
471 www.mojgorod.ru/krsnjar_kraj/igarka.
472 Strojka No. 503, vyp. 2 (2007), S. 105.
473 Heller, Sibirien (1931), S. 102–105.
474 www.mojgorod.ru/krsnjar_kraj/dudinka.
475 Parvilahti, In Berias Gärten (1960), S. 275 f.
476 Ebd., S. 284 f.
477 Ebd., S. 279.
478 www.mojgorod.ru/krsnjar_kraj/dudinka.
479 Goehrke, Gegenwart der Vergangenheit (1995), S. 116.
480 Goehrke, Reise (2002), S. 28 (mit kleineren Modifikationen des Textes).
481 Dazu im Überblick: Kucher, Der Fall Noril'sk (2011) und Denisov, Istorija Noril'ska (2013), S. 210–420.
482 Golosa krest'jan: Sel'skaja Rossija XX veka v krest'janskich memuarach. M. 1996, S. 74.
483 OVONOS, 1 (2008), S. 438.
484 Japanische Kriegsgefangene, die in Norilsk gearbeitet haben, schätzten für das Jahr 1953 die Einwohnerzahl sogar auf 345 000, davon 225 000 ehemalige Häftlinge, 45 000 Zwangsarbeiter (zu einem Drittel aus politischen Gründen Verurteilte), 60 000 freiwillige Kontraktarbeiter sowie 15 000 Angehörige von Verwaltungs- und Wachpersonal, siehe Passin, Van Briessen, Streik (1956), S. 348. – Nach offizieller Statistik zählte die Stadt 1959 nur knapp 110 000 Einwohner, doch da waren die Lager

bereits aufgelöst und viele zur Ansiedlung Verbannte abgereist, siehe www.mojgorod.ru/krsnjar_kraj/noriljsk.
485 Ulinauskaite-Mureikiene, Vyžili (2005), S. 311.
486 Ferberg, Ja blagodarna sud'be (2008), S. 299–301.
487 Rassadin, Noril'sk (2012), S. 450 f.
488 Jurij Zacharov, I segodnja Noril'sk soedinjaet nas (2003), S. 342 f.
489 Ferberg, Ja blagodarna sud'be (2008), S. 305.
490 Passin, Van Briessen, Streik (1956), S. 349.
491 Korotaeva (Borun), My – deti (2008), S. 378 f.
492 A. S. Smirnov, «... ja s trudom dobilsja pereraspredelenija v Noril'sk». In: OVONOS, 5 (2004), S. 264–299, hier S. 275–277.
493 Ferberg, Ja blagodarna sud'be (2008), S. 316.
494 Neljubina, Na sekundočku (2008), S. 364 f.
495 Voroncova, V našej sem'e (2008), S. 358.
496 Ferberg, Ja blagodarna sud'be (2008), S. 316.
497 Ajvazov, Noril'čane (2008), S. 200.
498 Boris Titov, «Komsomol'skaja putevka ... s godami obrela dlja menja status putevki v bol'šuju žizn'» In: OVONOS, 4 (2003), S. 476–505, hier S. 485 f.
499 Jerofejew, Golgatha des Nordens (2009), S. 82–85, 87.
500 Kucher, Der Fall Noril'sk (2011), S. 141 f. – Die Einwohnerzahl der gesamten Agglomeration Norilsk hat sich von 213 200 im Jahre 2006 auf 176 600 im Jahre 2014 zurückgebildet, siehe www.mojgorod.ru/krsnjar_kraj/noriljsk.
501 Kucher, Der Fall Noril'sk (2011), S. 142–145.
502 Zadorin, Migracionnaja politika (2011), S. 37, Tab. 4, S. 39; Timothy Heleniak, Growth Poles and Ghost Towns in the Russian Far North. In: Russia and the North (2009), S. 129–163, bes. S. 132.
503 Goehrke, Gegenwart der Vergangenheit (1995), S. 118.
504 Remejko, Noril'sk navsegda (2008), S. 378 f.
505 Sistema ispravitel'no-trudovych lagerej (1998), S. 17, 25.
506 Text in: Ėkonomika GULAGa (1998), Nr. 4, S. 19 f.
507 Der folgende Überblick nach: Sistema (1998), S. 25–74.
508 Khlevnyuk, Economy (2003), bes. S. 50 f., 55–57, 60.
509 Abramkin, Česnokova, Tjuremnyj mir (1998), S. 15, 18.
510 Ebd., S. 17 f., 21 f.
511 Papkov, Stalinskij terror (1997), S. 119.
512 Ebd., S. 118; Sistema (1998), S. 392.
513 Istorija stalinskogo Gulaga, 4 (2004), S. 68 f.
514 Sistema (1998), Nr. 211, S. 303 f.
515 Genaue Auflistung bei Papkov, Stalinskij terror (1997), S. 142–144.
516 Sistema (1998), S. 349, 358.
517 Nähere Angaben zu den Lagern des Krasnojarsker Krai im systematischen Teil von: Sistema (1998), passim, Karten S. 549, 550.
518 Khlevniuk, History (2004), Dokument Nr. 71, S. 227–235.
519 Vgl. OVONOS, 1 (2000)–12 (2012). – Auszüge aus Norilsker Häftlingserinnerungen auch bei Ertz, Zwangsarbeit (2006), S. 194–211.
520 Den Quellenwert von Häftlingsmemoiren diskutiert Ertz, ebd., S. 189–194.
521 Ebd., S. 46–56.
522 Papkov, Stalinskij terror (1997), S. 140.
523 Das Folgende nach der 1960 anlässlich des 25-Jahres-Jubiläums des Kombinats herausgegebenen Festschrift in einem Neudruck, siehe Dar'jal'skij, Noril'sk (2008), bes. S. 462–465, Garmaš, Noril'skaja istorija (2012), S. 50–60, und nach OVONOS, 5 (2004), S. 20 f.
524 Der französische Kommunist Jacques Rossi erzählt, wie er auf dem täglichen Weg von der Wohn- zur Arbeitszone im Norillag beim Überqueren der Bahnlinie im Winter am Gleis merkwürdige Säcke aufgereiht gesehen habe. Normalerweise waren das Säcke, die – mit Stroh gefüllt – den Seki als Matratzen auf ihren Pritschen dienten. Diese waren aber oben abgebunden, so dass sie kürzer geworden waren. Zuunterst enthielten sie unter einem unförmigen Inhalt irgendetwas Rundes, Melonenähnliches. Rossi fragte einen Kumpel, ob er wisse, was das sei. «Das sind Souvenirs aus dem Kolargon», habe dieser geantwortet. Rossi: «Ich verstand nichts. – Na gut, diese versiegelten Säcke enthalten die Lei-

chen Geköpfter. Was wie Melonen aussieht, das sind die Köpfe.» So erfuhr Rossi, dass im Kolargon bei Bandenkämpfen den Umgebrachten noch die Köpfe abgeschnitten würden. Nach Lagerreglement dürften diese nicht begraben werden, bevor man sie korrekt identifiziert habe. Dies sei aber nur bei der Hauptverwaltung des Norillag möglich, die über alle anthropometrischen Daten verfüge. Daher würden die Zerstückelten in Säcken an der Bahnlinie deponiert, bis sie zur Identifizierung abtransportiert werden könnten. Vgl. Rossi, Qu'elle était belle (2000), S. 79 f.
525 Makarova, Noril'skoe vosstanie (2005), S. 12–14.
526 Häftlingszahlen des Norillag von 1936 bis 1953 bei: Ertz, Zwangsarbeit (2006), Tab. VI, S. 237.
527 Ebd., S. 69–74.
528 Ebd., S. 117–122. – Zur allgemeinen Praxis in dieser Hinsicht vgl. die Akten in: Istorija Stalinskogo Gulaga, 3 (2004), Nr. 156–160, S. 425–435.
529 Abbildung der Urkunde in: OVONOS, 9 (2007), S. 301.
530 Ertz, Zwangsarbeit (2006), S. 157–188.
531 Dzjubenko, Noril'sk (2003), S. 62.
532 Evzerov, Neraskajavšisja vrag (2008), bes. S. 86–122.
533 Ulinauskaite-Mureikiene, Vyžili (2005), S. 312–315.
534 Vgl. etwa Dzjubenko, Noril'sk (2003).
535 Antanas Navajtis, «My byli nečto, prednaznačennoe k istrebleniju». In: OVONOS, 7 (2005), S. 330–335.
536 Ertz, Zwangsarbeit (2006), S. 98.
537 Dzjubenko, Noril'sk (2003), S. 56.
538 Hrycjak, Noryl'ske povstannja (2004), S. 67.
539 Remejko, Noril'sk (2008), S. 378.
540 Hrycjak, Noryl'ske povstannja (2004), S. 67 f.
541 Remejko, Noril'sk (2008), S. 418 f. – 1999 wurde auf den Norilsker Massengräbern zum Gedenken ein schlichtes Holzkreuz errichtet. Ein Foto findet sich in Gricjak, Naiglavnejšim faktorom (2005), S. 78. Heute scheint dort eine regelrechte Gedenkstätte zu stehen mit einem Glockenturm mit 3 Glocken und mehreren Gedenkkreuzen, siehe Baev, Dokumental'nye svidetel'stva (2012), Abb. S. 355.
542 Ebd., S. 335.
543 Ertz, Zwangsarbeit (2006), Tab. IX, S. 240.
544 Ebd., S. 101 f. – Zur Opferbilanz des GULAG generell: Laut zentraler Buchführung starben 1931 je nach Lager zwischen 1,4 und 10,6, im Durchschnitt 2,9 Prozent der Häftlinge; doch 1932 betrug die durchschnittliche Sterberate bereits 4,8 Prozent. Die ersten Kriegsjahre mit ihren Ernährungsproblemen wirkten sich besonders verheerend aus. Im November 1941 starb jeder sechste Häftling, im gesamten Jahr 1942 jeder vierte – in Zahlen: 351 360; nach: Sistema (1998), S. 32, 47 f.
545 Im westsibirischen Siblag wurden zum Beispiel im Jahre 1947 insgesamt 330 Häftlinge zum Sterben in die Freiheit entlassen, welche die Statistik der Todesfälle im Lager natürlich nicht belasteten, vgl. Hedeler, Ökonomik des Terrors (2010), S. 149.
546 Ertz, Zwangsarbeit (2006), S. 28–30, 89–106.
547 Ebd., S. 106–117.
548 Ebd., S. 82–89.
549 Antanas Volungiavičius, in: OVONOS, 7 (2005), S. 264–283, hier S. 278 f.
550 Am Beispiel der GULAG-Sektionen des Siblag und Karlag dazu: Hedeler, Ökonomik des Terrors (2010).
551 Ertz, Zwangsarbeit (2006), S. 221–227, hier S. 227.
552 Nikulin, Vokrug čudes prirody (2008), S. 188 f.
553 Ebd., S. 188.
554 Netto, Lozung ‹Svoboda ili smert'› (2006); Interview mit Solowjow (2005): S. D. Solov'ev, A my ne znali (2008).
555 Text in: Netto, Lozung (2006), S. 312–323.
556 Solov'ev, A my ne znali (2008), S. 267.
557 Kurzbiographie siehe im Anhang unter «Zeitzeugen».
558 Štajner, 7000 Tage (1975), S. 116 f., 120–122, 132–134, 276–278.
559 Ebd., S. 109.
560 Ebd., S. 115.
561 Ebd., S. 118.
562 Ebd., S. 119.

563 Ebd., S. 206.
564 Ebd., S. 119.
565 Ebd., S. 133 f.
566 David Irving, The Destruction of Convoy PQ 17. London 1968.
567 Štajner, 7000 Tage (1975), S. 141 f.
568 Ebd., S. 236–242, 255–258.
569 Ebd., S. 281–287.
570 Ebd., S. 289.
571 Ebd., S. 295.
572 Ebd., S. 332–335.
573 Ebd., S. 506.
574 Ebd., S. 107 f.
575 Ebd., S. 310 f.
576 Zeugenaussagen der Autorin Viktoria Petri (1925–2005). In: Petri, Wahre Begebenheiten; dies., Nemcy Tajmyra (2006), S. 36.
577 Štajner, 7000 Tage (1975), S. 309 f.
578 Ebd., S. 287 f.
579 Zlatkus, Vosstaniju predšestvovala nemalaja podgotovka (2005), S. 290.
580 Die wichtigsten verfügbaren Quellen zum Norilsker Aufstand von 1953: offizielle Akten des GULAG: Istorija Stalinskogo Gulaga, 6 (2004), S. 320–423; OVONOS, 8 (2006), S. 193–236; ausführliche Darlegung der Voraussetzungen und des Verlaufs des Aufstandes in der Klageschrift des Streikführers im 3. Lager, Boris Aleksandrovič Šamaev, vom 30. April 1955 an den Vorsitzenden des Präsidiums des Obersten Sowjet gegen das über ihn wegen Rädelsführerschaft beim Aufstand verhängte Urteil des Gerichtes des Krasnojarsker Krai in: OVONOS, 8 (2006), S. 19–115. – Erinnerungen Ehemaliger in: OVONOS, 6–8 (2005/06); Klimovič, Konec Gorlaga (1999); Hrycjak, Noryl'ske povstannja (2004). – Auswertung der Befragung deutscher Kriegsgefangener, die im Norillag den Massenstreik von 1953 miterlebt haben, bei Bährens, Deutsche in Straflagern (1965), S. 198–208.
581 Zusammenfassung bei Passin, Van Briessen, Streik (1956).
582 Makarova, Noril'skoe vosstanie (2005).
583 Istorija Stalinskogo Gulaga, 6 (2004), Nr. 17, S. 136.
584 Ebd., Nr. 16, S. 135.
585 Ebd., Nr. 33, S. 169 f.
586 Makarova, Noril'skoe vosstanie (2005), S. 28 f.
587 Ebd., S. 29 f.
588 Ebd., S. 32–34.
589 Klimovič, Konec Gorlaga (1999), S. 248–251.
590 Šamaev, Žaloba (2006), S. 30–33. Der Zeuge war damals Streikführer im Lager 3.
591 Makarova, Noril'skoe vosstanie (2005), S. 34 f.
592 Krivuckij, Razgovory (2005), S. 124.
593 Remejko, Noril'sk (2008), S. 380.
594 Klimovič, Konec Gorlaga (1999), S. 251.
595 Hrycjak, Noryl'ske povstannja (2004), S. 42 f.
596 Volungjavičus, Vse vremja (2005), S. 280.
597 Makarova, Noril'skoe vosstanie (2005), S. 38 f.
598 Remejko, Noril'sk (2008), S. 380.
599 Valjum, U nas bylo tol'ko dva vychoda (2005), S. 124.
600 Makarova, Noril'skoe vosstanie (2005), S. 38.
601 Remejko, Noril'sk (2008), S. 380.
602 Hrycjak, Noryl'ske povstannja (2004), S. 36.
603 Makarova, Noril'skoe vosstanie (2005), S. 67.
604 Valjum, U nas bylo tol'ko dva vychoda (2005), S. 132 f.
605 Hrycjak, Noryl'ske povstannja (2004), S. 36 f.
606 Makarova, Noril'skoe vosstanie (2005), S. 38 f.
607 Brileva, Glavnoe bogatstvo (2008), S. 389.
608 Hauptforderungen der Streikleitung des Lagers 5 vom 29. Mai und 1. Juni: Bevollmächtigte Kommission aus Moskau, Achtstundentag, freier Briefwechsel, Beendigung der Willkür der Wachmannschaften, Ende der nächtlichen Verriegelung der Wohnbaracken, Überprüfung jedes Falles der Insassen und

Überführung des Gorlag in das allgemeine Regime der Arbeitslager, vgl. Istorija Stalinskogo Gulaga, 6 (2004), Nr. 124 und 125, S. 326–328.
609 Ebd., Nr. 125, S. 329.
610 Ebd., Nr. 140, S. 341 f.
611 Ebd., Nr. 144, S. 344 f.
612 Diskriminierende Bezeichnung der aus der Westukraine stammenden Häftlinge, denen zu Recht oder Unrecht unterstellt wurde, zur antisowjetischen nationalukrainischen Untergrundarmee Stepan Banderas gehört zu haben.
613 Makarova, Noril'skoe vosstanie (2005), S. 36, 54.
614 Istorija Stalinskogo Gulaga, 6 (2004), Nr. 150/151, S. 349–356.
615 Valjum, U nas bylo tol'ko dva vychoda (2005), S. 134.
616 Klimovič, Konec Gorlaga (1999), S. 313–315.
617 Ulinauskaite-Mureikiene, Vyžili (2005), S. 318 f.
618 Makarova, Noril'skoe vosstanie (2005), S. 78.
619 Ebd., S. 73.
620 Ebd., S. 78 f.
621 Ebd., S. 79 f.
622 Istorija Stalinskogo Gulaga, 6 (2004), Nr. 181, bes. S. 397 f.
623 Makarova, Noril'skoe vosstanie (2005), S. 81; dies., Èti imena (2005), S. 209.
624 Hrycjak, Noryl'ske povstannja (2004), S. 52 f.; Krivuckij, Razgovory (2005), S. 116–121. – Beide Autoren haben allerdings Details unterschiedlich in Erinnerung.
625 Krivuckij, Razgovory (2005), S. 118.
626 Makarova, Noril'skoe vosstanie (2005), S. 74.
627 Adler, Gulag Survivor (2002), S. 77–108, bes. S. 79, 94, 104.
628 Istorija Stalinskogo Gulaga, 6 (2004), Nr. 189–191, S. 415–423.
629 Parvilahti, In Berias Gärten (1960), S. 345–347. – In den publizierten Gulag-Akten findet sich allerdings kein Hinweis auf diese Revolte.
630 Istorija Stalinskogo Gulaga, 6 (2004), Nr. 251, S. 574.
631 Ebd., Nr. 195–250, S. 434–573; Nr. 259–283, S. 601–641.
632 Shifrin, UdSSR Reiseführer durch Gefängnisse (1980), S. 12, 19–21, 34, 176–181, Karte S. 177.
633 Ebd., S. 179.
634 Abramkin, Česnokova, Tjuremnyj mir (1998), S. 90–105.
635 *Wor* (eigentlich: Gauner, Dieb) bezeichnete während der Sowjetzeit im Lager- und Gefängnisjargon innerhalb der Hierarchie der Kriminellen die Prestigereichsten, die Chefs.
636 Anatoli Schtscharanski, sowjetischer Dissident und Menschenrechtler, 1986 nach 9 Jahren Haft im Austausch in den Westen entlassen.
637 Abramkin, Česnokova, Tjuremnyj mir (1998), S. 260.
638 Kaganskij, Kul'turnyj landšaft (2001), S. 238.
639 Parvilahti, In Berias Gärten (1960), S. 285.
640 Überblick bei Zuev, Krasil'nikov, Ssylka v Sibir'.
641 OVONOS, 5 (2004), S. 31 f.
642 Heller, Sibirien (1931), S. 127–130, 157, 218 f.
643 Krasil'nikov, Ssylka v Sibir'; Specposelenec. Internet: https://ru.wikipedia.org/wiki/%D1%EF%E5 %F6%EF%EE%F1%E5%EB%E5%ED%E5%F6.
644 Näheres bei Goehrke, Russischer Alltag 3 (2005), S. 53–61.
645 Vgl. zum Beispiel Kniga pamjati žertv političeskich repressij Krasnojarskogo kraja, 11 (Raskulačennye). Internet: www.memorial.krsk.ru/Articles/KP/11/P.htm.
646 Informationen darüber aus den Geheimakten der Jahre 1930/31 in: Specpereselency v Zapadnoj Sibiri 1930 – vesna 1931 g. N. 1992, bes. S. 49 f., 52, 103, 106, 119 f., 122, 187, 191, 236 f.
647 Istorija stalinskogo Gulaga 5 (2004), S. 46.
648 Ebd., Dokument Nr. 58, S. 249 f.
649 Ebd., Dokument Nr. 57, S. 247 f.
650 Ebd., Dokument Nr. 63, S. 260 f.
651 Schon das Stadtkomitee der KP von Igarka schätzte in einem Schreiben vom 25. Mai 1936 an Stalin und den Rat der Volkskommissare die Kinder der Spezialsiedler, die in den Sägereien arbeiteten, als «Rückgrat» der Stachanowbewegung ein und ersuchten darum, die Besten in den Komsomolverband

aufnehmen und ihnen die vollen bürgerlichen Rechte zurückgeben zu dürfen. Vgl. Khlevniuk, History (2004), Dokument Nr. 43, S. 135–137.
652 Das Folgende nach Zberovskaja, Specposelency (2010), S. 11–82.
653 Istorija Stalinskogo Gulaga 1 (2004), S. 75 f.
654 Ebd., S. 76 f.
655 Zberovskaja, Specposelency (2010), S. 19.
656 Istorija Stalinskogo Gulaga 1 (2004), S. 78, 80 f.
657 Zberovskaja, Specposelency (2010), S. 17–21; V. A. Diatlova, Nemcy Krasnojarskogo kraja: istoričeskij aspekt. In: Nemcy v Rossii. Ljudi i sud'by. SPb 1998, S. 40–47.
658 Trudarmija v gody Velikoj Otečestvennoj vojny. Internet: www.memorial.krsk.ru/Work/Konkurs/13/Yametova/0.htm.
659 Zberovskaja, Specposelency (2010), S. 69–76.
660 Ebd., S. 28.
661 L. O. Petri, V. T. Petri, Wahre Begebenheiten; dies., Nemcy Tajmyra (2006).
662 Erinnerungen von Leo Petri und Brigitta Wakker, in: Petri, Wahre Begenheiten, und in: Petri, Nemcy Tajmyra (2006), S. 8–18, 44 f.
663 Erinnerung von Viktoria Petri, ebd., S. 35.
664 Istorija Stalinskogo Gulaga 5 (2004), Dokument Nr. 111, S. 388.
665 Bajgutdinov, Ubej menja, mamočka (2011), S. 92 f.
666 Zberovskaja, Specpereselency (2010), S. 83–96.
667 Istorija Stalinskogo Gulaga 1 (2004), S. 83 f.
668 Von den 2 753 356 Betroffenen entfielen auf Deutsche 1 224 931, auf Nordkaukasier 498 452, auf Krimtataren 204 698, auf Westukrainer 175 063 und auf Balten 139 957 zuzüglich 14 301 schon 1940/41 Deportierter und 18 104 erst 1951 zwangsverschickter litauischer «Kulaken», nach Berdinskich, Specposelency (2005), S. 27–29, 37.
669 Zacharov, I segodnja Noril'sk soedinjaet nas (2003), S. 347.
670 Parvilahti, In Berias Gärten (1960), S. 285 f.
671 Istorija Stalinskogo Gulaga 5 (2004), Dokument Nr. 193, S. 629, 632.
672 Štajner, 7000 Tage Sibirien (1975), S. 462.
673 Ebd., S. 462–499.
674 Ebd., S. 479 f.
675 Slavina, Franc, Dinamika čislennosti nemcev (2012), S. 179–182.
676 Goehrke, Gegenwart der Vergangenheit (1995), S. 80.
677 Goehrke, Reise (2002), S. 30.
678 Istorija Stalinskogo Gulaga 1 (2004), S. 82.
679 Naselenie SSSR. Internet: www.encyclopaedia-russia.ru/article.php?id=172.
680 Vgl. Kaczyńska, Gefängnis (1994), bes. S. 256–259.
681 Näher dazu Adler, Gulag survivor (2002).
682 Näher dazu Junge, Gesellschaft (2009).
683 Ebd., S. 269.
684 Dazu Goehrke, Das «andere» Russland (1995).
685 I. S. Lysenko, Osobennosti mežětničeskich otnošenij v Krasnojarske (po rezul'tatam massovogo oprosa). In: SS, 6 (2010), S. 79–93, hier S. 89.
686 Kucher, Noril'sk (2011), S. 137, 142.
687 Vgl. Quelle 4.3 und russisches Internet unter *Eniseyski vals*.
688 Allerdings scheint das Jahrbuch 2015 im gleichfalls in Krasnojarsk verlegten Sammelband «Poèzija Sibiri» aufgegangen zu sein.
689 Enisejskaja novella XX–XXI vv. Kr. 2010, izd. 2-e, pererab. i dopoln. Kr. 2015.

## Quellen. Lebensschicksale am Jenissei

1 Zusatz Abschriftvariante: und eine Zufahrt aus dem Meer zur Jenisseimündung gibt es.
2 Zusatz Abschriftvariante: es wehte ohne Unterlass ein Nordwind, so dass sie wieder umkehren wollten.
3 Zusatz Abschriftvariante: denn der Jenissei ist tief, und große Schiffe können auch auf ihm fahren.

4 Zusatz Abschriftvariante: Und das Eis wurde vom Südwind an einem einzigen Tage ins Meer getrieben. Und als Fluss und Meer frei waren, trieb das Eis ins Meer. Sie aber wandten sich vom Jenissei weg nach rechts und fuhren unter dem Ufer in der Bucht zwei Tage und kamen in den Fluss Pjassida, die Pjassida aber fällt ins Meer mit nur einer Mündung. Als aber das Eis im Jenissei war, war Eis auch auf der Pjassida, und als das Eis aus dem Jenissei ins Meer trieb, trieb das Eis auch aus der Pjassida hinaus.

5 Zusatz Abschriftvariante: Der Strelitze Kondraschko berichtete auch: Als er in früheren Jahren einmal nach Mangaseja gefahren sei, habe er auf dem Ob vor der Biegung eine Schiffsplanke gesehen und angenommen, dass ein Schiff untergegangen sei; doch die Mündung des Ob kenne niemand genau, er zerteile sich in viele Richtungen, es gebe viele Inseln und es sei sehr seicht, so dass man nicht nur mit einem großen Schiff oder Kotschen nicht fahren könne, sondern auch nicht mit kleinen Schiffen.

6 Zusatz Abschriftvariante: Und wir, Deine Knechte, schließen auf Grund ihres Berichtes über den Versuch der ausländischen Handelsleute nach Mangaseja und an den Jenissei zu gelangen, dass der Jenisseifluss günstig ist, fischreich und dass an ihm ackerbauende Tataren leben und dass es dort viel Wild hat; der Jenissei-Fluss ist von den sibirischen Städten weit entfernt, so dass wer [auf dem Seeweg] mit ausländischen Waren dorthin geht, zollpflichtig ist; von Archangelsk nach Mangeseja in viereinhalb Wochen zu gelangen, ist möglich.

7 Zusatz: Falls, Herr, die Ausländer diese beiden Zugänge in Erfahrung bringen und sich mit vielen Kotschen und Hochseeschiffen nach Mangaseja aufmachen, dann wollest Du, Herr, uns, Deinen Knechten, darüber Deinen herrschaftlichen Ukas zukommen lassen: Ob man ihnen befehlen solle, von der Stadt Archangelsk aus mit Handels- und jeglichen Gewerbsleuten auf dieser Route mit Mangeseja Handel zu treiben und ob sie auch von Mangaseja aus mit Waren und jeglichem Gewerbsertrag (*promysel*) zurück zur Stadt [Archangelsk] reisen dürfen. Wenn aber, Herr, Dein herrscherlicher Ukas lautet, dass die Handelsleute von der Stadt Archangelsk mit Waren und Vorräten nach Mangaseja gehen dürfen, dann, Herr, kann ich auch Deine herrschaftlichen Vorräte nach Mangaseja schicken von Sol Wytschegodskaja und von Ustjug aus über die Flüsse Wytschegda und Dwina, von der Dwina auf dem Seeweg in die Kara-Bucht und zum Mutnaja-Fluss und dann über die Schleppstellen gemäß der Beschreibung Kondraschka Kurotschkins und Kondraschka Korelas, insgesamt anderthalb Werst, und auf diesem ganzen Wasserweg, weil er nahe bei der Stadt Archangelsk ist, wird man Mangaseja in viereinhalb Wochen erreichen.

8 Anspielung auf die offizielle Bezeichnung der Zwangsarbeitslager als «Arbeitsbesserungslager».

9 In Anlehnung an den Titel der gewählten Kosakenführer aus der Zeit autonomer Kosakenheere in der frühen Neuzeit Bezeichnung der Chefs krimineller Banden in den Straflagern.

10 Spitalabteilung zur Pflichtobduktion auf unnatürlichem Weg Verstorbener.

11 Wagner (1789); schon 1790 erschienen eine französische Übersetzung in Bern und eine schwedische in Stockholm.

12 Erman, Reise (1838), S. 42 f.

13 Nach: Bočanova et al., Očerki istorii blagotvoritel'nosti v Sibiri (2000), S. 47–104, 184–188. – Vgl. auch Mešalkin, Odincova, Predprinimateli (2004), S. 5–9.

14 Dieser Kurzbiographie liegen die Erinnerungen von Jewgeni Gramp zu Grunde (Gramp, Evgenij, «… uže čerez god …», 2008).

15 Alexander Gramp hieß ursprünglich Agadschanow und hatte sich «Gramp» als Decknamen während des Bürgerkrieges im Untergrund zugelegt.

16 Zusammenfassung einer Befragung Anschura Chochlowas im Sommer 1993; nach Mattes, Lienau, Natur und Mensch (1994), S. 65. Zum Dorf Mirnoje vgl. oben S. 445–447.

17 Dschambul Dschabajew (1846–1945), kasachisch-sowjetischer Dichter und Stalinpreisträger.

18 Lidija Smirnova, Sčitaju sebja … (2012).

# Personen-, Orts- und Sachregister

Abakan, Fluss 32, 40, 61, 89, 111, 112, 143, 180, 187, 188, 195, 214, 226, 405, 439, 440, 463, 642

Abakan, Abakansk, Fort, Stadt 45, 89, 95, 110, 111, 143, 218, 225, 236, 306, 385, 397, 404, 405, 421, 470, 520, 522

Aberglaube 97, 98, 132, 136, 137–140, 456, 548, 549

Abramkin, Waleri, Ex-Häftling 522

Abramowitsch, Roman, Oligarch 363

Adel 113, 175, 259, 262, 268–270, 278, 279, 291, 294, 296, 298–302, 343

*Admiral Scheer*, deutscher Kreuzer 401, 409, 656

Ästuar des Jenissei 22–25, 32, 54, 69, 72, 106, 115–117, 190, 197, 210–212, 238, 239, 244, 247, 248, 326, 396, 398, 449, 461, 539, 540

Ästuar des Ob 69, 78, 412

Agadschanow, S., Generalmajor 574, 668

Aginskoje, Kirchdorf (Krs. Kansk) 350

Agrarreformen 113

Akinfow, Archip, Wojewode 90, 91

Akulinuschkin, P.D., Parteisekretär 355

Alaska 96, 316, 401, 411, 423

Aldan, Fluss 87, 91

Aldegonde, 178

Aleüten 96

Alexander II., Kaiser 268, 278, 330

Alexander III., Kaiser 268

Alkohol 107, 109, 117, 125, 129, 137, 138, 141, 158, 159, 169, 170, 177, 193, 194, 197–199, 205, 206, 208, 220, 251, 269, 270, 330, 337, 339, 359, 367, 369, 372, **426**, 432, 436, 447, 456, 460, **463**, 483, 549–552, 574

Altai-Gebirge 45, 53, 61, 113, 226, 346, 347, 366, 440, 526

Altgläubige **134**, 135, 171, 438–441, 445

Altsiedler (Tschal-, Tscheldonen) 120–123, 128, 129

Altvölker (Indigene) 22, 31, 57, 69, 70, 73–75, 77, 80, 84–87, 89, 97, 103, 107, 113, 117, 132, 140, 142, 156, 168, 181–206, 208, 270, 276, 316, 347, 353, 354, 367, 371, 372, 457–465

Altyn Khane (Mongolenherrscher) 76, 88, 89, 187, 188

Amtsgemeinde *(volost')* **127**–132, 153, 262, 320, 321, 332–334, 336

Amur, Fluss 87, 187, 221, 223, 224, 254, 403, 410

Anadyr, Fluss 87

Anarchisten 297, 307, 315–318, 320, 335, 344, 502, 514, 523

Anderson, George, Ethnologe 459, 460

Angara, Fluss 23, 24, 31–33, 35, 40, 48, 58, 65, 76, 77, 84, 85, 87, 92, 95, 96, 109, 113, 126, 128, 141, 174, 184, 185, 199, 212, 220, 227, 232, 235–237, 239, 240, 260, 262, 263, 271, 274, 320, 329, 338, 351, 364, 373, 375, 381–383, 386, 388, 389, 397, 405, 422, 541–543, 578

Animismus 192, 195, 196, 554

Anna Iwanowna, Kaiserin 299

Anschero-Sudschensk, Kohlerevier 226

Antonow, M.P., Kaufmann 142

Anziferowskoje, Dorf, Wolost 170, 334

Arbeiter 175, 177, 209, 210, 216–220, 223, **226**, 256, 282–285, 296, 317, 321, 323, 328, 329, 331, 335, 338, 343, 344, 375, 379–381, 384, 410, 417, 431, 475, 478, 484, 485

Arbeitslager 287, 345, 354, 358, 388, 407, 408, 410–418, 438, 477, 487–522, **564**, **565**, 668

Archangelsk, Stadt 70, 72, 77, 335, 400–402, 423, 443, 539, 668

Argamakow, Wassili, Wojewode 541–543

Arktis 53, 54, 68, 114, 246, 403

Armut 177

Astaschew, Oberst, Unternehmer 219

Ataman der Kosaken 69, 80, 266, 542

Atkinson, Lucy, Reisende 176, 253, 301, 648

Atomare Sprengungen 392

Atombomben 386–388

Atschinsk, Kreis 122, 132, 195, 204, 209, 212, 220, 250, 263, 290, 333, 347–349, 352, 360, 425, 438

Atschinsk, Stadt 112, 113, 120, 149–152, 155, 178, 179, 181, 187, 249, 256, 258, 282, 297, 312, 331, 339, 385, 386, 388, 405, 421, 425, 434, 465, 469, 470, 520, 522

Aufstände 276–278, 280, 281, 283–285, 316, 337, 338, 352, 353, 484, 485, 490, 502, **509–518** (Norillag), 519, 520, 541–543, 650, 664, 665

Poln. Aufstand 1830/31 296, 299, 302

Poln. Aufstand 1863/64 280, 281, 296, 302, 304

Awwakum Petrowitsch, Priester 35

Babitschew, W.N., Kommunist 495

Bachta, Dorf am Jenissei 446, 447, **450–457**, 576

Bachta, Fluss 34, 450

Badajew, Aleksei, Bolschewik 308

Baer, Karl Ernst von, Forscher 243

Baibakow, Gendarmerieoberst 309

Baigutdinowa, Nail, Kolchosbäuerin 432, 433, 528

Baikalsee 31, 32, 33, 35, **87**, 88, 92, 185, 227, 228, 280, 328, 382
Baikit a.d. St. Tunguska 422
Bajew, A.A., Chirurg, Häftling 401
Balagansk, Dorf 36,
Balandina, Wera A., Unternehmerin 152, 153, 225
Balten, Baltische Republiken 345, 415, 484, 489, 498, 502, 503, 510, 511, 526, 528, 529, 577
Bandera, Stepan, ukr. Nationalist 515, 666
Banditismus 272, **315–317**, 324, 346, 347, 350, 359, 360, **541–545**, **650**
Baraba-Steppe 169
Barabanow, W.A. NKWD-Oberst 410, 411
Baranowski, Leopold 475, 476
Barchatow, R., Schamane 353
Barents, Willem, Arktisfahrer 72
Bargusin, Fluss und Fort 87
Barnaul, Stadt 128, 219, 226
Baschkowski, Aleksei, Wojewode 270, 277, 278
–, Miron, Wojewode 270, 277, 278
Bauern 70, 72, 80, 89, 90, 104, 109–111, 113, 114, 118–129, 135–137, 150, 166, 167, 169, 172, 175, 180, 202, 210, 212–215, 217, 218, 232, 234, 250–252, 259, 262, 271, 274, 278, 280, 282, 285, 287, 290, 291, 295, 296, 300, 312, 320–324, 329, 330, 333, 334, 336, **337**, 338, 343, 344, 346–357, 360, 364–370, 425–432, 543, 563
Bauernkongresse 332, 333, 338
Bauernunionen 287, 290
Bauernunruhen 330, 337
Beamte 113, 117, 126, 150, 152, 155, 175, 180, 259, 284, 286, 296, 343
Bebauungsstruktur (Stadt) 144–148, 174
Befestigungen (Fort, Festung) 142–144, 156, 163, 164, 168, 171, 172, 178, 179, 277, 633
Beketow, Pjotr, Kosakensotnik 84, 85, 541
Belgien 248, 501, 502
Bell, John, Reisender 167, 168, 236, 249
Belskoje, Kirchdorf 302, 307, 320–322
Berg, Lew Semjonow., Geograph 43
Bergbau, Bergwerke 128, 174, 224, 226, 274, 294, 361, 365, 491, 493, 495–497, 509, 520, 525, 646
Berija, Lawrenti, NKWD-Chef 378, 418, 515, 519, 520
Bering, Vitus, Seefahrer 87, 95, 96
Beringstraße 87, 95, 244, 316, 400, 409, 627
Berufsverbände 279
Bevölkerung 44
Biber 200
Birjussa, Fluss 200, 214, 219, 220, 405
Birkin, Iwan Iw., Wojewode 539
Biucki, Pawel, Jungbojar 302
Blagoweschtschensk, Stadt 254
Blizzard s. Stürme

Blumei, Anatoli, Trapper 450, 455
Blutsaugende Insekten 62–64, 107, 108, 120, 190, 231, 232, 254, 297, 372, 414, 452, 484, 492, 578
Bobrischtschew-Puschkin, N.S. 300, 301
Bodenschätze 215–225, 388, 389, 405, 487, 654
Bogotol, Dorf, Bahnbetriebswerk 112, 284, 421
Bogutschansk, Bogutschany, Dorf und Amtsgemeinde/Rayon 58, 60, 126–128, 131, 132, 141, 202, 209, 235, 237, 302, 330, 373, 382–384, 386, 388, 397, 405, 421, 422, 491, 548, 549
Bolina-Ukotschior, T., Ethnologin 460
Bologowski, J.D., Gouverneur 153
Bolschewiki 269, 487
Brand, Adam, Reisender 39, 212
Brände, Brandstiftungen 144, 147, 152, 157, 164, 166, 168, 172, 176, 177, 208, 209, 305, 306, 332, 333, 348, 374, 422 (Wald), 476
Braten s. Burjäten
Bratsk, Fort und Stadt 35, 36, 63, 85, 86, 185, 202, 276, 382–384, 390, 469
Bratsker Land 84
Brauchtum 136–139, 141, 192, 195, 197, 452, 455, 548–551, 633
Braunkohle 22, 385, 386, 390
Brechowski-Inseln im Ästuar 211, 557
Breschko-Breschkowskaja, Jekaterina, Altnarodnikin 329
Breschnew, Leonid, Parteichef 521
Brilliantow, A.I., Dumadeputierter 287, 289–291
Buda, S.M., NKWD-Offizier 359
Buddhismus 188, 464, 634
Bürgerkrieg 333–339, 343, 344, 346, 347, 354, 360
Bulawa, Ivan, Kapitän 25
Bulyga, Walentina, Arbeiterin 466
Bunakow, Andrei, Wojewode 89
Buntmetallvorkommen 225, 226, 491
Buran s. Stürme
Burjäten 84, 85, 88–90, 92, 93, 179, 185, 198, 199, 202, 261, 523, 624, 634
Burjätien 45, 391
Busa, Jelissei, Kosakendesjatnik 86
Busim, Fluss 195
Butaschewitsch-Petraschewski, M. 301, 302
Bychowski, N.J., Sozialrevolutionär 329
Bykow, Anatoli, Oligarch 362, 363
Byrrangagebirge 34, 46, 48, 54, 55

Castrén, Matthias, Forscher 61, 115, 117, 118, 155, 158, 159, 179, 180, 194, 230, 233, 236
Chabarowsk, Krai 45
Chakassen (Neuethnie) 111, 187, 188, 189, 195, 196, 306, 348, 425, 464, 470
Chakassien 45, 46, 347–349, 352, 356, 372, 375, 425, 439, 440, 464, 470

Chantaika, Fluss 33, 236, 383, 508, 526, 527
Chantaikasee 459, 460
Chantaiski am Chantaikasee 459–461
Chantaiski Pogost, Siedlung 106
Charbin, Stadt 293, 328
Chatanga, Fluss 33, 34, 46, 48, 56, 72, 73, 94, 97, 98, 106, 107, 186, 197, 317
Chatanga, Pogost, später Stadt 72, 107, 317, 353, 369, 423, 459
Cheta, Fluss 34, 106, 184, 186, 389
China 46, 61, 67, 74, 77, 167, 168, 173, 174, 203, 222, 223, 235, 236, 246, 267, 280, 293
Chloponin, Aleksandr, Gouverneur 363
Chochlowa, Anschura, Bäuerin 447, 576
Chodirew, Parfen, Jungbojar 91, 92
Chodorkowski, Michail 522
Cholmogory, Stadt 70, 72
Chorunschi, Sergei, Architekt 312, 313
Chorwat, I.D., General 292, 328
Chowanski, I.N., Truchsess 298
Chripunow, Jakow, Wojewode 83, 201
Chruschtschow, Nikita, Parteichef 309, 310, 313, 345, 368, 369, 375, 402, 433–435, 490, 521, 522, 575, 649
Cochrane, John, Reisender 173, 178, 252
Cottrell 205

Dan, F.I., Menschewik 329
Dänemark 77
Daurien 35, 87, 88
Daurskoje, Rayon am Jenissei 329, 432
Dekabristen 126, 158, 268, **299–301**, 305, 444
Demographie 109–114, 148, 149, 181, 182, 296, 389, 425, 434–436, 464, 465, 469, 470, 476–478, 485, 486
Denunziation, Spitzelei 270, 272, 273, 280, 281, 287, 290, 307, 316, 319, 323, 360, 508, 510, 515, 566, 567, 569
Depressionen 52, 159, 300, 301, 318, 319, 463
Deripaska, Oleg, Oligarch 363
Deschnjow, Semjon, Kosakenführer 86, 87, 93, 94, 95
Deutschsprachige, Deutschland 126, 155, 177, 230, 238, 239, 299, 350, 370, 371, 377, 393, 394, 402, 413, 443, 446, 450, 489, 494, 496, 505, 508–510, 512, **526–528**, 531, 532, 630, 634
Devier, A.M., Polizeigeneral 299
Dibikow, N.G., Ketischer Fischer 463
Dickson-Insel 22, 244, 248, 377
Dienstadel 83, 84, 86, 87, 135, 171, 203, 262, 277
Dienstleute *(služivye)* 80, 83–85, 90, 93, 104–106, 110, 156, 164, 165, 172, 187, 215, 262, 270, 276–278, 541–543
Dissidenten 109, 520, 522
Diwnogorsk, Kraftwerkstadt 383, 390, 397, 405, 422

Dolganen (Alt-Neuvolk) 34, 45, 186, 189–191, 196, 197, 204, 304, 353, 465, 477
Dolgich, B.O., Ethnograph 182–184, 186, 189
Donau 42, 394
Dostojewski, Fjodor 301, 302
Dschabajew, Dschambul, kasachischer Dichter 577, 668
Dschemilew, Reschat, Häftling 521, 522
Dsungarei 89, 111,
Dubenskoi, Andrei, Wojewode 171, 541, 542
Dubtschesskaja sloboda s. Worogowo
Dudinka, Dorf, Hafen, Stadt 18, 21, 31, 32, 48, 49, 56, 115, 117, 118, 186, 190, 197, 225, 230, 233, 236, 239, 245, 258, 263, 298, 304, 316–318, 326, 353, 371, 376–378, 392, 395, 396, 398, 399, 402, 403, 406, 415, 418, 419, 421, 459, 461, 477–479, 484, 486, 498, 504, 506, 508, 509, 512, 519, 520, 523, 527, 529, 543–545, 550, 551, 554, 556, 573
Dünger 107, 122, 129, 213

Einsiedler 438–441
Eisaufbruch 21–23, 26–30, 210, 237, 326, 451, 452, 477, 527
Eisbrecher 400, 402, 403
Eisenbahn, Eisenbahner 44, 45, 68, 112, 113, 148, 149, 152, 153, 175, 177, 179, 181, 209, 213, 216, 224–226, 239, 245, 246, **255–258**, 282–285, 293, 294, 297, 324, 325, 328, 335, 338, 348, 349, 365, 376–380, 382, 385, **386**, **403–419**, 421, **423, 424**, 468, 471, 472, 567, 568
Eisenbergbau, -schmelzen, -hütten 108, 164, 167, **217–219**, 226, 294, 491
Eisenverarbeitung 108, 164, 166, 167, 175, 188, 191, **217–219**
Eisfenster 115, **118**
Eismeerküste 22, 24, 53, 54, 69–79, 84, 86, 94, 96, 97, 99, 106, 268, 400, 409, 539
Eiszeit 22, 52, 103
Ekonda am Wiljui 462
Elektrizität, Elektroindustrie 147, 176, 224, 313, 366, 367, 371, 379, **380–385**, 404, 406, 407, 430, 436, 444, 448
Elfenbein (Walross, Mammut) 70, 73, 87, 92, 117
Elisabeth, Kaiserin 299
Ello, Otto, Kapitän 555, 556
England 25, 71, 74, 77, 167, 209, 238, 239, 243, 245, 246, 326, 393, 402, 506, 555
Enzen, Altvolk 183, 185, 190, 191, 193, 465
Erdöl, Erdgas 67, 68, 381, 388–390, 419, 422, 423, 461, 485
Erman, Adolph, Forscher 22, 49, 98, 174, 176, 192, 212, 216, 296, 571
Ertz, Simon, Historiker 499–501
Esten, Estland 296, 503, 517, 526

Ethnien s. Altvölker
Ewenken (s. auch Tungusen)  45, 64, 65, 184, 185, 190–192, 196, 457, 459, 460–463, 529, 624
Ewenken, Nationaler Bezirk der  45, 458, 461, 462, 486
Exporte  209, 213, 226, 245–248, 373, 380, 384, 385, 394, 395, 400, 402, 403

Faddeja-Inseln  73–75, 77
Falck, Johan Peter, Forscher  96
Falenberg, P.I., Oberstleutnant  301
«Farmer»  437
Februarrevolution 1917  291, 293, 312, 327, 329–333, 337
Febvre, Lucien, Historiker  17
Ferberg, Miriam, Metallurgin  49, 480, 481, 483
Ferner Osten  44, 113, 114, 135, 182, 278, 293, 423, 491
Filaret, Patriarch v. Russland  135
Finnischsprachige, Finnland  109, 384, 385, 402, 502, 526, 527, 555, 634
Fischer, Johann Eberhard, Forscher  31, 80, 81, 91, 92, 96, 137, 138, 164, 168, 169, 173, 198, 232, 262
Fischerei  54, 70, 81, 103, 106, 107, 115–117, 123, 142, 161, 168, 181–186, 190, 191–194, **210–212**, 239, 309, **370, 371**, 391, 443, 445–447, 449–459, 461–463, 526–528, 556, 557, 576
Flucht, Fluchthilfe  304, 308, 309, 315–317, 323–326, 335, 336, 507–509, 533
Flüsse, Flusswege, Seen  35–44, 46, 55–62, 67, **79**, 94, 95, 103, 112, 113, 134, 142, 149, 167, 169, 174, 191, 220, 227–237, 242, 243, 373, 423, 424
Flusskraftwerke  33, 39, 63, **380–384**, 388, 405, 422
Flussnomaden  183, 193, 194, 462, 463, 536
Folter  270, 317, 351, 492, 509, 542, **543**
Fornarini, Antonio, Keramiker  571
Forschungsexpeditionen  95–97, 265
Forstaufsicht  208, 209, 372–374
Frankreich, Franzosen  293, 300, 303, 324, 325, 501, 502, 663
Frauen  73, 75, 104, 107, 108, 116, 125, 127, 128, 130, 136, **140, 141**, 152–154, 171, 186, 192, 204–206, 271, 272, 279, 302, 304, 322, 339, 371, 415, 416, 426, 429, 430, 436, 449, 462, 466, 497, 510, 512, 513, 516, 520, 527, 551
Freihafen  247, 293, 570
«Freizügige» *(vol'nye guljaščie)*  104
Friedrich d. Gr., König v. Preußen  569, 570
Fries, Hans Jakob, Militärarzt  175, 176
«Frontier»  87–94, 103, 165
Fünfjahrpläne  350, 367, 404, 429, 487

Fuhrwesen  123, 141, 147, 169, 179, 232–235, 251–253

Gadalow, N.G., Kaufmann  176, 238, 288, 289
Gagarin, Grigori, Wojewode  539
Galanino b. Jenisseisk, Dorf  577, 578
Galkin, Iwan, Jungbojar  87, 91
von Gasenkampf, Distriktvorsteher  224, 225, 272, 273
Gebirgstaiga  57, 60–62, 114, 183, 189, 191
Gefängnis  280, 288, 291, 297, 299–302, 304, 305, 316, 324, 335, 337, 350, 351, 361, 384, 408, 457, 458, 487, 495, 505, 507, 517, 519, 521, 530
Geheimfabriken  386–388
Geheimpolizei  268, 269, 290, 300, 301, 305, 307, 316, 329, 358
Geheimzirkel  280, 281, 305
Geiseln *(amanaty)*  90, 91, 198, 199, 202, 203, 353
Geld  109, 181, 201, 214, 250, 262, 265, 269, 272–274, 309, 316, 318, 321, 428, 429, 434, 456, 460, 546, 547, 649
Gendarmerie  **268, 269**, 272, 281, 284, 285, 287, 288, 303, 304, 309, 319, 321, 322, 329, 330, 358
Geograph. Gesellschaft  115, 279
Georgi  228, 236, 254
Georgier  523, 562
Gesetzbuch von 1649  199
Gesetzgebende Kommission (1767)  128, 151, 169, 170
Gesundheit, Gesundheitswesen  124, 126, 130–132, 147, 154, 158, 159, 162, 175, 205, 220, 343, 351, 352, 422, 434, 435, 437, 442, 443, 448–450, 458–460, 465, 497, 500, 521, 528, 561
Getreide  105, 122, 123, 168, 176, 178, 179, 181, 202, 207, **212–214**, 239, 246, 312, 329, 335, 339, 344, 349–352, 364, 369, 370, 428, 431, 437, 438, 443
Gewerbe und Handwerk  81, 142, 149, 150, 156, 157, 163, 164, 166, 167, 175, 188, 208, 217, 295
Gewerkschaften  286–289, 333
Gmelin, Johann Georg, Forscher  31, 33, 34, 39, 42, 50–52, 62, 63, 96, 109, 137, 138, 156, 157, 161, 162, 173, 202, 207, 216–219, 227, 231, 236, 265, 271
Gold  76, 148–151, 170, 219, 221, 223, 224, 226, 335, 336, 385, 431, 536, 547
Goldminen  61, 114, 174, 177, 192, 208, 209, **219–224**, 226, 273, 274, 294, 322, 365, 385, 491, 642, 646, 648
Goloschtschekin, F., Bolschewik  308
Goltschicha, Fischersiedlung  23, 106, 116, 142, 197, 205, 210, 211, 244, 317, 326

Golubkow, A.P., Arzt 322–325
Gorbatschow, Michail 345, 358, 389, 576
Goremykin, A.D., Generalgouv. 15
Gorlag (Sonderlager mit verschärftem Regime in Norilsk) 494, 502, 509–519, 565, 566, 665, 666
Gouverneure, Generalgouverneure, 260–263, 271, 272, 274, 300, 302, 303, 308, 316, 319, 325, 326, 329
Gowing, Lionel, Reisender 176
Gramp, Alexander, Ingenieur 573–576, 668
–, Gertrude, geb. Cleavance 573–576
–, Jewgeni 573–576
Graphit 224, 225, 244, 555
Grey, Sir Edward, brit. Minister 326
Griechen 526
Grintschenko, Boris, Autor 322
Grischin, Nikolai, Handelsangest. 577
Grönland 22
Großer Jenissei 32, 40
Großer Sibirischer Trakt 249–255, 294, 296, 297
Groß-Nowgorod, Stadtstaat 70, 518
GULAG (Verwaltung) 488–495, 499, 520, 527, 528, 564, 565, 664
Gulag (Lager) 291, 313, 345, 373, 377, 406–408, 417, 433, **487–522**
Gussew, Pjotr, Tungusenhäuptling 202

Halbnomaden 45, 187, 188, 195, 463
Handel 70, 72, 74, 76, 77, 90, 106, 117, 149, 150, 152, 153, 155, 156, 158, 164, 166–170, 172, 173, 191, 192, 237, 238, 304, 366, 367, 442, 477, 539, 540
Hansteen, Christopher, Forscher 35, 36–39, 63, 157, 158, 161, 162, 230, 271, 272, 300, 301
Hausmann, Guido, Historiker 17
Haus und Hof, Unterkunft 115, 116, 118–**121**, 123–125, 129, 144–146, 158, 159, 174, 177, 180, 194, 196, 429, 430–433, 444, 447, 450, 451, 459, 467, 471–474, 476–481, 484, 496, 527, 528
Havarien 398, 399
Haviland, Maud, Ornithologin 23, 115, 116, 142, 197, 205, 555–557
Heller, Otto, Reisender 118, 122, 240, 241, 393, 462, 471, 474, 475, 477, 507, 557–559
Herberstein, Sigismund von 97
Herzog, Werner, Filmregisseur 450
Hilfspolizei 267, 268, 323, 358
Hill, Samuel, Reisender 175, 252
Hinrichtungen 316, 317, 324, 336–338, 345–348, 353, 355–357, 360, 361, 498
Hloba, Iwan, Heeresschreiber 299
Hochwasser 21–23, 36, 164, 173, 181, 215, 216, 258, 313, 395, 397, 398, 443, 444, 452, 563, 564
Hofmann, Ernst R., Mineraloge 174, 176, 220

Holland, Holländer 72, 74, 77, 167, 248, 393, 539
Holowaty, Pawel, Heeresrichter 299
Holz 247, 248, 400, 402, 423, 491
Hooligans 360
Hrischa, Lyda, Technikerin 576–579
Hrycjak, Evhen, Streikanführer 498, 518, 566, 567
Hundeschlitten 194, 559, 569
Hunger, Hungersnot 348, 349, 351, 352, 368, 432, 433, 527, 528, 577
Huygen van Linschoten, Jan 72

Identität als Jenissei-Anwohner 536, 537
Identität, ethnische 464, 465
Ides, Eberhard Isbrand, Reisender 235, 236
Igarka, Hafen- und Industriestadt 23, 56, 360, 361, 382, 384, 385, 389, 395, 398–403, 409–411, 415–421, 449, 471, 474–477, 486, 491, 514, 520, 525, 527, 556–558, 666
Ignatow, N.I., Rittmeister 330
Ilanskaja, Bahnbetriebswerk 179, 284, 285, 337
Ilim, Fluss 32, 33, 84, 85, 92, 382
Ilimsk, Fort 85, 93, 276
Importe 224, 245–247, 254, 377, 385, 400, 402, 403
Inbatskoje, Dorf 76
Indien 77, 302
Indigenenschutz 199, 200
Indigirka, Fluss 86
Industrie 175, 179, **226**, 365, 374–392, 466, 469, 470, 520
  Aluminium 362, 363, 382, 383, 385, 386, 390, 469
  Branntwein 213
  Chemie 386
  Eisen, Maschinenbau 382, 385, 386
  Energieverbünde 362, 375, 382–386, 536
  Glas 153, 174, 226
  Holz 209, 248, 293, 370, 374, 375, **382–386**, 388, 394–396, 460, 472, 475, 520, 531, 536
  Kohle (s. auch unter Norilsk) 375
  Kupfer (s. auch unter Norilsk) 217, 218
  Lebensmittel 214, 385, 386
  Nickel (s. auch unter Norilsk) 363
  Zellulose, Papier 210, 382, 386, 390
Ingermanland 109, 527
Intelligenzija 114, 187, 279, 280–282, 317, 322, 329, 337, 338, 517, 531
Intervention, alliierte 1918–1920 327, 328
Iran 423
Irba, Fluss 217
Irbeiskaja, Wolost 332
Irbit, Stadt 299
Irkutsk, Stadt 35, 36, 43, 44, **87**, 95, 96, 168, 170, 173–177, 213, 214, 227, 232, 235, 249, 254, 258, 272, 280, 281, 284, 299, 326, 328, 329, 333, 382, 391, 404, 422, 507

Irkutsk, Statthalterschaft, Gouv.  43, 44, 88, 129,
    182, 206, 223, 225, 274, 289, 291, 296,
    302, 375
Irscha b. Kansk, Bergbausiedlung  574
Irtysch, Fluss  24, 72, 84, 169, 183, 210, 403, 637
Ischimba b. Motygino  574, 575
Israel  520
Italien, Italiener  61, 402, 571

Jadrinzew, Nikolai, Regionalist  281
Jagd  54, 65, 70, 74, **80–83**, 103, 105–107, 115,
    126, 142, 161, 181–186, 190, 191–194,
    200, **207, 208**, 307, 309, 330, 364, 443,
    446–462, 529
Jakowenko, Wassili,
    Partisanenführer  338, 356, 357, 359
Jakuten (Altvolk)  74, 84, 86, 91–93, 107, 186,
    353
Jakutien  45, 85, 87, 91, 92, 97, 105, 114, 135,
    168, 260, 300, 304, 305, 315, 347
Jakutsk, Fort, Stadt  84–87, 91, 93, 109, 270, 271,
    299, 409
Jana, Fluss  86
Japan, Japaner  67, 283, 293, 328, 479, 489, 484,
    510, 662
Jarzewo, Kirchdorf  34, 231, 421, 442, 443, 491,
    577
Jassak  69, 70, 76, 77, 80, 82–86, 88, 90–94,
    142, 157, 159, 160, 165, 170, 193–195,
    **198–201**, 202–204, 261–263, 270, 276,
    539–541, 546
Jefferson, Robert L., Ingenieur  61, 62, 181,
    221–223, 255, 256, 551–553
Jekaterinburg, Stadt  108
Jelogui, Fluss  76
Jelowskoje, Kirchdorf  290
Jelzin, Boris  361–363, 485, 486
Jenissei: alternative Namen  31, 72
Jenissei, Wojewodschaft,
    Gouvernement  17, **44**, 84, 85, 87, 88, 113, 128,
    148, 187, 203, **260–263**, 300, 354
Jenissei-Ostjaken s. Keten
Jenisseisk, Fort und Stadt  31, 35, 36, 39, 41, 51,
    52, 76, 77, 83–88, 90–92, 94–96, 98, 104,
    105, 109, 111, 123, 144–146, 148–150,
    153, 155, 161, 163–171, 173–175, 199,
    202, 207, 208, 211, 212, 214–216, 218,
    219, 221, 227, 230, 232, 233, 235, 244,
    249, 258, 261–266, 268, 270–274, 277,
    279, 282, 292, 298–300, 302, 303, 305,
    315, 320–323, 326, 333, 336, 337, 351,
    361, 405, 421, 429, 432, 465, 471–473,
    541–543, 555, 556, 569, 570, 576, 577
Jenisseisk, Kreis  109–113, 123, 132, 148, 170,
    178, 208, 263, 287, 302, 307, 320–322,
    332, 351, 631
Jenisseisk-Krasnojarsk, Bistum  44, 171, 205, 304

Jenisseiwalzer  537, 550
Jenkinson, Anthony, Kartograph  97
Jerlykow, I.G., Kaufmann  170
Jermak Timofejew, Ataman  69, 79
Jermakowo (Krs. Minuss.)  323, 325, 368
Jermakowo (Krs. Turuchansk)  409–411,
    413–415, 418, 420
Jermolajew, S.A., Dumadeputierter  286, 287
Jermolajewo, Winterhafen  396
Jerofejew, Viktor, Schriftsteller  484, 485
Jessaulowo, Dorf  110
Jewsjorow, Moisei I., Ingenieur  496, 497, 559,
    560
Juden  126, 154, 155, 271, 272, 283, 284, 306,
    329, 347, 350, 531, 634, 646
Judin, I.K., Dumadeputierter  287–290
Jugoslawien  505, 507
Jukagiren, Altvolk  86
Jurten  107, 194–196, 464
Jurubtscheno-Tochomskoje,
    Industrierevier  388, 422

Kajerkan, Bergwerkskomplex  416
Kalinin, M.I., Staatspräsident  351
Kalmücken  371, 526
Kalnischewski, Petr, Ataman  299
Kalter Krieg  345, 409
Kamenew, Lew, Bolschewik  307, 308, 311, 312
Kamtschatka  96
Kan, Fluss  84, 88–90, 113, 179, 219, 224, 405
Kanada  380, 381, 411, 485
Kandalakscha, Hafenstadt  400
Kansk, Fort und Stadt  89, 90, 110, 113, 137,
    149–151, 155, 178, 179, 196, 198, 219, 249,
    250, 255, 256, 258, 266, 280, 282, 296, 331,
    335, 337, 421, 434, 465, 470, 491, 523
Kansk, Kreis  50, 90, 120, 132, 195, 207, 212,
    250, 263, 285, 287, 307, 308, 329, 330,
    332, 338, 349, 352, 356, 357, 359, 360,
    367, 369, 375, 385, 386, 425, 523
Kansk-Atschinsker Wärme-
    energetischer Komplex KATEK  386, 468, 469
Kap Tscheljuskin  74
Karasee, Karameer  23, 25, 33, 34, 54, 97, 225,
    238, 239, 243, 246, 292, 293, 326, 335,
    377, 394, 398–401
Karatuski, Bergbausiedlung  221, 222
Karaulny, Fort  110
Karaulow, W.A., Dumadeputierter  287, 291, 292
Karelski, A.G., Kapitän  398
Kartographie  94–97, 99
Kas, Fluss  242
Kasachstan  532
Kasatschinskoje, Dorf, Wolost  332, 426, 577
Katharina I., Kaiserin  299
Katharina II., Kaiserin  107, 128, 146, 151, 169,
    260, 269, 299

Katorga s. Zwangsarbeit
Katscha, Fluss  88, 171, 174, 195, 210, 542
Kaufleute  36, 38, 70, 72, 75, 77, 79, 81, 92, 117, 125, 142, **149, 150**, 151–153, 155, 156, 158, 160, 164, 167–170, 174, 175, 180, 205, 206, 208, 212, 230, 237, **272–275**, 279, 284, 288, 316–318, 321, 353, 359, 555, 668
Kaufmannsgilden  149–151, 153, 156, 170, 278
Kaukasier  131, 519
Kem, Fluss  31, 109, 174, 553
Kerenski, Aleksandr, Trudowik  327
Keschma, Kirchdorf und Wolost  65, 141, 236, 274, 302, 326, 351, 364, 383, 390
Ket, Fluss  31, 76, 95, 109, 144, 169, 242, 249
Keten, Altvolk  159, 183–188, 193, 194, 196, 197, 200, 206, 274, 456, 462, 463, 465, 536, 576, 624
Ketsk, Fort  76, 249
Kettenschleppschiff (Tujer)  40, 241, 393, 394, 397
Kibirow, Iwan, Polizeipräfekt  162, 163, 268, 269, 310
Kiladse, Micho, Häftling  562
Kiprian, Erzbischof v. Tobolsk  135, 155
Kirche (Gebäude)  106, 117, 118, 124, 125, **134**, 143, 144, 155, 156, 158, 163, 164, 166, 171–174, 178–181, 240, 241, 306, 316, 330, 430, 433, 444, 446, 468, 471–473, 479, 559
Kirche
    Katholisch  155, 304, 526, 634
    Lutherisch  155, 634
    Russ.-orthod.  44, 108, 111, 132–136, 155, 171, 186, 197, 259, 290, 302, 304, 330, 339, 361, 426
Kirchgemeinde  132–134, 151, 152, 171, 205, 302, 350, 433, 468
Kirgisen  88–90, 111, 155, 183, 186–188, 195, 198, 277, 541
Kjachta, Stadt  168
Kleidung  123, 125, 192, 431, 432, 495, 503, 504, 527, 528
«Kleinbürger» *(meščane)*  149, 150, 152, 155, 159, 296, 358
Kleiner Jenissei  32, 40
Klemenz, D.A., Narodnik  305
Klerus  106, 113, 114, 117, 129, 133–135, 137, 150, 155, 158, 160–163, 166, 171, 197, 204, 205, 272, 274, 284, 287, 290, 291, 343, 360, 361, 433, 472, 473, 559
Klima  43, 46–52, 60, 61, 67, 68, 77, 104, 113, 117, 139, 212–214, 305, 385, 390, 391, 422, 485
Klimowitsch, Ryhor, Häftling  512, 513, 516, 562
Kljukwennaja, Bahnstation  338
Klöster  135, 155, 299

Dreifaltigkeitskloster *(Troickij)* in
    Monastyrskoje  95, 105–107, 111, **160–163**, 168, 215, 216, 227, 231, 240, 299, 300, 473, 474
Christi-Geburts-Kloster *(Roždestvenskij)* in
    Jenisseisk  111, 171, 299
Erlöserkloster *(Spasskij)*
    in Jenisseisk  111, 161, 164, 168, 171, 215, 300, 471, 472
Knorre, Jewgeni, Ingenieur  256
Knox, Thomas W. Reisender  177, 221, 252
Kobalt  377, 379, 380, 507
Kodinsk a.d. Angara  382, 388, 397, 422
Kola, Halbinsel  70, 378, 380, 400, 654
Kolargon, Bergwerkskomplex  416, 494, 663, 664
Kolchosen  310, 350, 352, 353, 356, 366–370, 373, 390, **426–433**, 434, 435, 443–446, 453, 457, 458–462, 576
Kolesnikow, Wassili, Ataman  92
Kollektivierung  310, 345, 348, 350–353, 357, 360, 367–370, 426, 427, 438, 439, 457, 458, 461, 462, 487, 525
Kolonisten, russ. Siedler  46, 103–114, 186–188, 195, 202, 204, 214–216, 296
Kolowskoi, Stepan, Rittmeister  298
Koltschak, A.W., Admiral  293, 328, 336, 350, 376
Kolyma, Fluss  86
Kolywan, Bergbauregion  44, 213, 226
Kolzow, Iwan, Ataman  88, 542
Kombaraschwili, Hugo, Häftling  562
Kommunikation  103, 173, 186, 282
Kommunisten  347, 348, 353
Kommunistische Funktionäre  348, 351, 353–360, 460, 478, 529
Komsomolzen  355, 358, 360, 379, 405, 426, 466, 467, 484, 514, 666
Kon, F.J., poln. Sozialist  306
Kononowitsch, Georgi, Kapitän  398
Konowalowa, Anna G., Fabrikantin  153
Kooperativen  319, 321–323, 365
Kopylow, Dmitri, Kosakenführer  91, 92
Korobjin, S.W., Wojewode  261
Korotajewa, Maja, Schülerin  482, 549, 550
Korruption  128, 151, 199–201, 205, 206, 224, 225, 260, 262, **269–275**, 278, 346, 420, 432, 481, 482, 506, 521, 545–547, 646
Kosaken  31, 69, 79, **80–84**, 86, 87–89, 91–93, 103, 104, 110, 111, 143, 144, 156–159, 165, 172, 173, 175, 178, 179, 181, 200–203, 205, 251, 254, 262, 264, **266, 267**, 268–270, 274, 276–278, 296, 298, 302, 315, 316, 324, 328, 330, 332, 333, 337, 338, 348, 443, 542, 543, 554, 559, 648
Koslow, G.I., Fotograf  319
Kostino, Dorf  308
Kosulka, berüchtigter Teil des
    Großen Sibirischen Traktes  253, 254

Kotui, Fluss 34
Kraft, Iwan Iw., Gouverneur 325, 326
Krasnojarsk, Kreis 50, 109–112, 123, 132, 133, 148, 167–169, 212, 220, 250, 260, 263, 352, 385, 425, 523
Krasnojarsk, Stadt 18, 22, 40, 43, 44, 49, 50, 60, 61, **88**, 89–91, 94–96, 98, 104, 109, 113, 123, 142, 144, 146–155, 170–177, 180, 187, 200, 203, 210, 213, 214, 216, 221, 227, 231, 236, 238, 239, 247, 249, 254–256, 258, 262, 265–267, 270, 271, 276–280, 282, 284, 285, 287–291, 294, 296–300, 300–305, 308, 312, 314–317, 319, 320, 323, 325, 326, 328–339, 347, 351, 354, 361–363, 367, 371, 374, 375, 377, 382, 383, 390, 391, 395, 396, 404, 405, 421–423, 434, 442, 457, 465–469, 484, 490, 491, 507, 517, 521, 526, 530, 532, 534, 536, 541–543, 545–547, 551, 559–561, 637, 651
Krasnojarsk-26, Geheimfabrik 386–388
Krasnojarsker Krai Karte 3; ferner S. 17, 18, 35, **44–46**, 53, 354–356
Krawkow, M.O., Wojewode 271
Krestowskoje, Wüstung 115
Kriege
 Erster Weltkrieg 247, 248, 307–312, 320, 326–334, 344, 356, 376
 Russisch-Japanischer Krieg 247, 257, 283
 Siebenjähriger Krieg 569, 570
 Zweiter Weltkrieg 345, 348, 353, 378, 398, 400, 401, 409, 423, 431–433, 466, 467, 488, 489, 499, 502, 504, 505, 508–510, 525–528, 576, 577, 656
Kriegsgefangene 80, 345, 373, 379, 489, 484, 501, 510, 529, 571, 662
«Kriegskommunismus» 348
Kriegswirtschaft 345, 375
Kriminelle 315–318, 324, 347, 357, 359, 360, 416, 478, 481, 487, **490**, 492, 494, 496, 502, 505–507, 509–511, 513, 516, 519–521, **543–545**, 561, 567, 663, 664, 666, 668
Kropotkin, A.A., Fürst 305, 306
–, Pjotr, Fürst, Anarchist 305, 306
Kropotkina, Wera, Verschickte 180, 192, 221, 305, 306
Krupskaja, Nadeschda 306, 307
Krutowski, W., Regionalist 282, 284, 287, 331, 333
Kryvuckyj, Ivan, Häftling 518
«Kulaken» 334, 348, 349–352, 523, 525
Kulakow, P.Ch. Parteisekretär 355
Kulik, Leonard, Forscher 65, 66
Kultur 103, 148, 174, 176, 177, 188, 196–198, 319, 322, 353, 411, 446, 456, 461, 485, 501, 537, 549, 550
Kupferbergbau, -verhüttung 169, 376–380

Kurakin, Iwan S., Fürst, Wojewode 539
Kurbatow, P.M., NKWD-Offizier 360, 361
Kureika, Fluss 25–31, 33, 34, 42, 183, 224, 225, 234, 235, 272, 309, 383, 384, 555
–, Dorf 25, 140, 309–311, 369, 409, 649
–, Flusskraftwerk 383, 420
Kusnezbecken (Kusbass) 213, 225, 361, 375, 404, 525
Kusnezk, Fort 276, 277
Kusnezow, Innokenti Petrowitsch, Goldminenbesitzer 642
–, M.W., NKWD-Oberst 515, 516, 519
Kustargewerbe 365–367
Kuta, Fluss 85
Kysyl, Stadt 32, 405, 421, 470
Kytmanow (Familie) 211, 555
–, Ignatij P., Unternehmer 170
–, Aleksandr Ignatitsch, Mäzen 170

Labytnangi am Ob 409, 410, 418
Lagerkomplexe Sowjetzeit
 Jenisseilag 491
 Kraslag 491, 492
 Norillag 491–519, 573
 Steplag bei Karaganda 511, 512, 520
Lamaismus 188
Landarbeiter 353, 431, 437
Land-, Dorfgemeinde 121, **127**-133, 250, 259, 260, 262, 268, 295, 349, 350, 426, 457
Landflucht 369, 424, 434–436
Landsmannschaft *(zemljačestvo)* 280, 307, 534
Landwirtschaft 56, 61, 67, 77, 78, 104–111, 117, 118–123, 149, 157, 178, 188, 212–215, 232, 343, 348–350, 357, 364, 365, 367–370, 422, 425, 442, 443, 445–448, 452, 458, 459, 462, 463, 520, 631
Lansdell, Henry, Reisender 137, 176, 221, 253
Laptewsee (Teil des Eismeeres) 46, 54
Laso, Sergei, linker SR 333
Lebed, Dorf am Jennissei 58, 444–446, 450
Lebed, Aleksandr, General 362, 363
Lebenserwartung 113, 131, 132, 392, 463
Leibeigenschaft 104, 110, 112, 113, 139, 259, 261, 280, 411, 525
Leitungswasser 176, 430, 436, 465
Lena, Fluss 24, 25, 33, 43, 56, 72, 74–77, 79, 84–87, 91, 94, 95, 105, 162, 184, 212, 216, 226, 233, 243, 304, 316, 370, 403, 409
Lend-lease-Abkommen 402
Lenin, Wladimir Iljitsch 99, 128, 239, 282, 286, 291, **306, 307**, 311, 327, 334, 344, 345, 354, 357, 361, 366, 430, 649, 653
Leningrad 355, 369, 376, 394, 402
Lessosibirsk, Stadt 210, 383–385, 405, 421, 472
 s. auch Maklakowo
Letten 296, 318, 335, 336, 475, 476, 503, 516, 517, 526, 527, 531

Lewandowski, Walenty,
  polnischer Freiheitskämpfer 280
Leybourn-Popham, Francis 245, 246
Liberalismus 279, 281, 282, 287
Lied, Jonas, Unternehmer 209, 210, 247, 248,
  293, 326, 384, 395
Litauen, Litauer 480, 497, 498, 500, 503, 509,
  512, 514, 517, 526, 531, 575
Lominadse, Sergo, Lagerinsasse 415, 416
London 292
Lopatin, I.A., Geograph 115
Lotsenwesen 36–39, 240, 397
Luftverkehr 422, **423, 424**, 459, 462, 472, 473
Lugaja, Fluss 216
Lykow, Einsiedlerfamilie 438–441

Maina, Flusskraftwerk 383, 384
Maja, Fluss 87
Makarow, A.S., GPU-Offizier 359
Makarowa, Alla, Historikerin 510
Maklakowo, Industriedorf 209, 210, 248, 338,
  370, 384, 394, 431, 432, **531**, 635
Makowskoje, Fort 76, 95, 109, 144, 169, 174,
  249, 265
Maltschewski, Modest, Oberstleutn. 336
Mangaseika, Fluss 69
Mangaseja, Fort am Fluss Tas 69, 72, 76–**78**, 80,
  84, 85, 91, 92, 94, 103, 105, 155, 156, 167,
  205, 260, 539, 540, 627, 628, 668
Manufakturen 164, 174, 218
Marienglas 51, 117, 118, 146, 158, 217, **224**
Marijinsk, Stadt 335
Marks, M.O., Narodnik 305
Markt, Marktwirtschaft 107, 155, 158, 164,
  166–168, 173, 211, 213, 214, 272, 329,
  330, 384, 385, 392, 423, 424, 427, 429,
  469, 470, 486
Marmatow, Schmerka, Rabbiner 272
Martjanow, N.M., Apotheker 180, 305, 322
Marxismus 281, 290, 292, 533
Maschinen-Traktorenstationen MTS 430, 431
Maslow, Gendarmerieoberst 272
Meakin, Annette, Reisende 61, 176, 177, 180, 181
Medien 147, 154, 279, 281, 346, 362
Meller-Sakomelski, A.N., General 285
Mentalität 121, 122, 128, 135–137, **139–142**,
  169, 309, 310, **337**, 353, 510
Mersljakow, Michail, Wachmann 310
Meschduretschensk, Stadt 405
Mesen, Stadt 70
Messerschmidt, Daniel Gottlieb 22, 63, **95**, 98,
  138, 178, 191, 200, 227, 231, 232, 236,
  249, 263–265, 545–547
Messojacha, Fördergebiet Erdgas 389, 392
Michail Fedorowitsch, Zar 76, 84, 539, 541
Middendorff, Alexander von 22, 97, 225

Milchwirtschaft 214, 226, 364, 368, 371, 372,
  390, 431, 458, 462
Militär 80, 81, 85, 86, 89, 90, 104, 110, 113,
  143, 144, 150, 155, 156, 164, 165, 172,
  178, 202, 203, 217, 259, 260, 262, 267,
  276–278, 280, 283–286, 295, 297, 298,
  302, 312, 315–317, 327–339, 347, 352,
  355, 356, 384, 498, 502, 503, 510
Militarisierung der Grenze 90, 203, 267
Minussa, Fluss 180
Minussinsk, Stadt 60, 61, **111**, 149–152,
  179–181, 213, 219, 239, 249, 258, 259,
  266, 282, 288, 290, 299, 305, 306, 322,
  323, 329, 331, 348, 385, 405, 425, 465,
  470, 491, 523, 553
Minussinsk, Kreis und
Minussinsker Becken 60, 61, 88–90, 111–113,
  122, 129, 130, 132, 152, 153, 179, 181,
  182, 185, 195, 209, 212–214, 216,
  218–220, 225, 250, 263, 286, 287, 289,
  304, 307, 308, 322, 323, 329, 334, 337,
  338, 348, 349, 351, 352, 368, 425, 437,
  438, 463, 536, 552, 630
Minussinsker Kohlerevier 258
Mirnaja, Mirnoje, Kirchdorf 258, 445–447, 450,
  576
Mironowskoje, Nomadenzentrum 353
Mission 178, 204, 205
Mittelsibirien 43, 47, 53, 72, 76, 103, 148, 167,
  184, 189, 276, 423
Mittelsibirische Bahn 255–257
Mittelsibirisches Bergland 22, 25, 32, 33, 40,
  47, 48, 53, 109
Molotow, Wjatscheslaw, Minister 368
Moltschanow, N.A.,
  Gemeindeältester 126, 330
Monastyrskoje, Hauptort der
  Turuchanka seit 1912 105, 118, 160, 162, 163,
  258, 268, 269, 307–312, 318, 319, 326,
  336, 556
Monazit, Mineral 388
Mongolei, Mongolen 31, 60, 76, 87, 88, 93, 187,
  188, 347, 412, 464
Monopole 246, 247, 263, 381
Moslems 634
Moskau 69, 72, 86, 93, 112, 155, 217, 246, 256,
  260–262, 269, 270, 277, 298, 328, 344,
  352, 357, 362, 422, 423, 457, 481, 484,
  486, 491, 492, 507, 515, 531, 534, 573–575
Müller, Ferdinand, Forscher 212, 223, 230, 233,
  240
Müller, Gerhard Friedrich, Forscher 34, 40, 42,
  52, 96, 156, 161, 167, 172, 173, 202, 265
Münzen 73, 74, 174, 181
Muranow, Matwei, Bolschewik 308
Murmansk, Hafenstadt 381, 400, 401, 403, 423,
  505

Museen 170, 180, 305, 306, 312–314, 329, 409, 420, 444, 474–476
Mussin-Puschkin, P.S., Wojewode 89

Nachwalskoje, Krs. Krasnojarsk 123, 124, 633
Nadym, Fluss und Stadt 419
Nahrung 116, 119, 123, 126, 127, 190, 191, 194, 415, 429, 431–433, 452, 453, 456, 460, 466, 467, 482, 483, 495, 500, 503–505, 521, 527, 528, 531
Nansen, Fridtjof, Polarforscher 21, 42, 117, 122, 161–163, 193, 197, 206, 208, 225, 239, 240, 246, 247, 258, 268, 269, 293, 443, 444, 462, 471, 472, 477, 479
Narodniki 280–282, 291, 294, **304–306**, 320, 329, 649
Nasarowa, Larissa, Architektin 313
Naschiwoschnikow, Iwan, Offizier 194
Nebenerwerb, Nebenwirtschaft 123, 149, 157, 167, 212, 251, 252, 276, 368, 369, 427, 429–432, 434, 437
Nefelingestein 386, 469
Nenzen oder Juraken (Altvolk) 45, 54, 183, 185, 190, 197, 211, 353, 449, 461, 465, 477, 624
«Nepmänner» 360, 367, 523
Nepokoitschitski, Witold 475
Nertscha, Fluss 87
Nertschinsk, Fort 87, 174, 226, 270, 276, 294
Neue Ökonomische Politik 210, 312, 344, 345, 350, 357, 364–367, 374, 426
Neu-Mangaseja s. Turuchansk (alt)
Neusiedler 113, 121, 122, 128, 129, 333, 334, 348, 349, 425
Nganassanen, Altvolk 183, 185, 190, 191, 197, 458, 465
Nickelerze 376–381, 654
Nikolajewski, N.F., Dumadeput. 286, 287
Nikolaus I., Kaiser 204, 268, 300, 301
Nikolaus II., Kaiser 283, 295
Nischni Nowgorod 239, 274
«Noahholz» 22
Nördliche Dwina, Fluss 70, 539, 668
Nördlicher Seeweg 209, 238, **234–248**, 292, 293, 326, 376, 378, 380, 381, 384, 394, 395, **399–403**, 424, 504–506, 536
Nomenklatura 358
Nordamerika, USA 89, 90, 139, 224, 244, 317, 386–388, 400–402, 409, 423, 431, 438, 482, 500, 504–506, 573–576
Nordenskiöld, Adolf von 22, 23, 97, 109, 115, 117, 118, 211, 237, 238, 244, 477
Nordostpassage Eismeerküste 67, 97, 400, 401, 403
Nordrussland 104, 111, 113, 120
Norilka, Norilskaja, Flüsschen 377, 480
Norilsk, Stadt 48, 49, 51, 149, 313, 362, 381, 383, 389–392, 398, 399, 402, 406, 418,
421, 423, 459, 461, 465, 477, **479–486**, 487, 493, 514, 515, 517, 518, 520–522, 549, 550, 573–575, 578, 579, 662
–, Kombinat 362, 377–381, 384, 386, 400, 461, 491, 518, 529
–, Lagerkomplex (Gulag) 313, 377, 415–417, 419, 493–518, 663, 664
–, Nickel (Kombinat) 363, 380, 381, 406, 485, 536
–, Region 369, 371, 376–381, 383, 409, 461, 491, 493
Norwegen 243–245, 247, 248, 293, 326, 394, 400–402
Nowaja Semlja, Inselgruppe 22, 72, 97, 243, 246, 401, 424, 504, 505, 656
Nowakowskaja, Sofja, Narodnikin 304
Nowokreschtschenow, W., Wojew. 539
Nowokusnezk, Stadt 347, 405
Nowosibirsk, Region, Stadt 375, 442
Nowostroika b. Jenisseisk 530, 531
Nowy Urengoi, Förderzentrum 419

Ob, Fluss 23–25, 44, 60, 69, 71, 72, 76, 79, 84, 95, 97, 106, 109, 169, 185, 187, 210, 212, 237, 239, 243, 244, 246, 370, 400, 403, 409, 410, 418, 419, 637, 668
Ob-Jenissei-Kanal 242, 243
Obere Tunguska (Angara) 32, 33
Ochotskisches Meer 79, 87
Ochrana s. Geheimpolizei
Österreich 394, 505
Oka, Fluss (Sibirien) 85, 179
Oktoberrevolution 1917 293, 327, 333
Olekma, Fluss 86
Olekminsk, Fort 86
Olenjok, Fluss 86, 230
Oligarchen 362, 380, 381
Olminski, M.S., Bolschewik 562, 563
Omsk, Stadt 44, 172, 175, 273, 281, 301, 328
Opposition (politische) 280–293
Ona, Fluss 202
Ossa, Fluss 92
Ossinowo, Dorf 40, 118, 315–317, 382
Ossipow, S.M., Häftling 567, 568
Ostsibirien 43–45, 53, **84–86**, 96, 103, 111, 122, 129, 167, 209, 272, 276, 295, 316, 328, 352, 359, 374, **536**
Ostsibirisches Bergland 25

Packeis 28, 31, 72, 75, 247, 401, 403, 539, 540, 668
Palladium 380
Pallas, Peter Simon, Forscher 43, 49, 96, 106, 120, 143, 144, 166, 167, 173, 178, 179, 210, 213
Panowo, Kirchdorf 302
Paris 292, 325

Parteien 281–293, 346
　Bolschewiki 282, 283, 291, 297, **307–314**, 318–320, 327, 329–339, 343, 344
　Demokrat. Partei Russlands DPR 502
　Jüd. Arbeiterbund in Polen-Lit. 297, 318, 320
　Konstitutionelle Demokraten KD 279, 282–284, 287, 288, 290–293, 327, 328, 651
　KPdSU 344, 345, 350–361
　Menschewiki 283, 289, 297, 307, 318–320, 329, 331, 333, 335, 337, 523
　PPS (Poln. Sozialist. Partei) 297, 306, 318, 320
　PSR 282–284, 287, 288, 290–292, 296, 307, 318, 322, 327–339, 344
　RSDRP 282–285, 287–289, 306, 307, 318, 322, 329
　Russische Volksunion 284, 287
　Trudowiki, linke Dumafraktion 286, 287, 327
　Union für Frieden und Ordnung 284, 287
Partisanen 337–339, 346–348, 352, 356, 357, 359, 528
Parvilahti, Unto, Häftling 21, 371, 372, 384, 385, 395, 398, 399, 477, 478, 519, 529, 543–545, 550, 551
Paschkow, Afanasi, Wojewode 87, 88
Pawel, Metropolit v. Sibirien 133
Pawinski, W., Metallurg 413, 416, 418
Pazifik 79, 87, 97, 423
Pelztribut s. Jassak
Pelztierjagd, -zucht, Pelzwerk 73–77, **80–82**, 84, 90, 92–94, 105, 117, 155, 156, 167, 168, 173, 174, 179, 191, 192, 199, 200, 201, 207, 208, 226, 270, 276, 316, 317, 353, 367, 446, 448–451, 454, 456, 458, 459, 462, 546, 547
Pereprygin, Aleksandr, Sohn Stalins 311
Pereprygina, Lidija, Stalingeliebte 310–313, 649
Perestroika 361, 469, 470, 518, 576
Permafrostboden 52, 53–55, 57, 60, 67, 68, 97, 313, 406, 411, 412, 421, 445, 447, 451, 468, 476, 479, 484, 493, 495, **497**, 503, 627
Peschkow, Dmitri, Kosakensotnik 254
Peter d. Gr., Kaiser 44, 95, 133, 150, 151, 156, 168, 204, 260, 262, 269, 294,
Petraschewski-Zirkel 299–301
Petri, Leo, Wolgadeutscher 371, 526, 527
–, Viktoria, Wolgadeutsche 508, 509, 526, 527
Petrograd 327, 330, 334
Petrowski, Grigori, Bolschewik 308
Petschora, Fluss 25, 70, 567
«Pfahlbürger» 166
Pillau, Hafenstadt 569
Pintschuga, Kirchdorf 307
Pirowskoje, Krs. Jenisseisk 124–126, 136, 137, 432, 528, 548
Pitberge (Goldabbaugebiet) 220, 221, 223, 385, 421, 429

Pjassina (alt: Pjassida), Fluss 33, 46, 48, 94, 97, 106, 107, 377, 539, 624, 668
Pjassinasee 225, 377, 398
Platin 378–380
Plemjannikow, Andrei, Wojewode 85, 91
Plutonium 386–388
Poboschi, A. A., Ingenieur 412, 414
Pochabow, Iwan, Jungbojar 87
Pocken 58, 106, 132, 205, 206, 208
Podtjossowo, Winterhafen 396
Pogrom 329
Polarkreis 56
Polen 80, 126, 154, 155, 159, 166, 180, 181, 272, 280, 296, 298, **302–304**, 306, 318, 484, 489, 510, 517, 526, 528, 531, 577, 634
Polen-Litauen (Personalunion) 77, 302, 646
Polibin, F.P., Wojewode 262
Polizei, Miliz 126, 162, 163, 181, 197, 204, 220, 259, 260, 263, **267–269**, 280, 281, 285, 287, 291, 304–319, 322–325, 329, 330, 354, 362, 432, 544, 545
Poljanski, D.L., Dumasekretär 270
Poljubina, Ada, Schülerin 49
Polostjanoi, NKWD-Major 513, 516, 517
Poluektow, Wladimir, Bauingenieur 313
Pomoren *(pomorjane)* 69–80
Pomorje (nordruss. Küste) 70, 72, 77
Ponomarjow, Michail, Millionär 314
Popow, Fedot, Kaufmann 86, 87
–, Innokenti, Kolchosnik 431, 432
–, L.P., kommunist. Funktionär 426
–, Nikolai, Priester 468
Port Dickson, Hafen 23, 248, 353, 398, 400–402, 409, 486, 656
Possad 106, 150, 151, 156, 163–166, 168, 172, 173, 179, 262
Poststraßen 43, 49, 76, 112, 120, 123, 148, 173, 174, 178, 179, **249–255**, 294
Potanin, Grigori, Regionalist 281
–, Wladimir, Oligarch 363, 380
Potapowo, Potapowskoje, Dorf 167, 206, 527
Prediwinsk am Jenissei 398
Preise 174, 220, 223,
Preußen 269, 569, 570
Pribylew, A.W., Bakteriologe 322, 324, 325
Primorje, Krai 45
Prochorow, Michail, Oligarch 363, 380
Prokoptschuk, Semjon, Fischer 116
Proskurjakow, L.D., Brückenbauer 256
Prostitution 177
Provinzbürokratie 95, 128, 151, 156, 158, 159, 162, 163, 175, 179, 200, 205, 206, 222, **259–265**, 268, 269, 278, 300
Provisor. Regierungen (1917–20) 293, 327, 328, 331, 333, 336, 394, 395
Pugatschow-Aufstand 112
Purga s. Stürme

Puschkin, Sawluk, Wojewode 160
Pusse, Pelzhandelshaus 318
Pustosjorsk, Handelsort 70, 77
Putin, Wladimir 346, 362, 363, 389, 391, 449
Putoranmassiv 33, 34, 46–48

Radukowski, Mykołai, Jungbojar 302
Räte (Sowjets) 284, 285, 291, 327, 330–336, 338, **344**, 347, 349, 350, 354, 356, 457
Rasnotschinzen (Sonderständische) 114, 150, 279
Rassadin, Wladimir, Schüler 481
Regierung Russlands, UdSSR 69, 71, 78, 92, 94, 99, 104, 108, 246, 247, 286, 290, 292, 357, 358, 362
Regionalismus *(oblastničestvo)* 280–283, 287, 328, 331, 336, 337, 362, 363
Rehabilitationen 490, 519, 532, 570, 575
Reichsduma 247, 284, 285–293, 307, 308
Reiternomaden 88–90, 103, 143, 181–183, 185, 186, 194–196
Relief Karte S. 6; ferner S. 43, 46, 48, 53–62
Remeiko, Oleg, Schüler 391, 487, 498, 513, 514
Remesow, Semjon, Kartograph 94
Rentiere 48, 56, 184, **189–191**, 353, 457, 458, 459
  Wildes Ren 56, 184, 189, 191, 372, 460, 461
Rentiernomaden 56, 103, 106, 182, 184–186, 188–191, 204, 353, 354, 371, 372, 449, 458, 465, 508
Reschoty, Bahnknotenpunkt 491
Revolution von 1905 134, 282, 283, 296, 307, 319, 324, 327
Rhein, Fluss 17
Richter, Bürgermeister
  v. Krasnojarsk 272
Rochet, Pelzhandelshaus 315, 317
Rogow, G.F., Partisanenführer 346, 347
Rossi, Jacques, Kommunist 663, 664
«Rote» Armee 328, 338, 339, 344, 346–348, 356
Rote Garden 334–336, 347, 353
«Roter Dudinker», Fischereikolchos 371, 372
Rumänen, Rumänien 394, 402, 531
Ruml, F.V., Panzerzugkommandant 338
Russländ. Akademie d. Wiss. 31, 95–98, 170, 305, 447
Rybenskoi (Rybnoe), Fort 85, 201, 263

Sacha s. Jakutien
Sachalin, Insel 57, 294, 296, 371
Sacharow, Juri W., Schüler 481
–, Viktor W., Ingenieur 529
«Säuberungen» 312, 345, 357, 359, 360, 495, 502, 523
Safronez, Iossif F., Depotchef 399
Saisonarbeiter 114, 150, 177, 211
Sajan, Fort 89, 110, 144

Sajangebirge 22–25, 32, 40, 47, 48, 53, 60–62, 88, 111, 144, 188, 221–223, 267, 268, 302, 347, 348, 383, 404, 405, 439
Sajan-Samojeden 185, 186
Sajanogorsk, Industriestadt 469
Sajano-Schuschensk, Kraftwerk 383, 385, 390, 422
Salangin, Aleksei, Lagerinsasse 413, 414, 416
Salechard am Ob 409–411, 413, 416, 418, 419
Salz, Salzsiedereien 70, 81, 105, 161, 168, 172, 212, **215–217**, 386
Samoilow, Fjodor, Bolschewik 308
–, S.A., Kaufmann 169, 170
Samojeden (Altvolk) 69, 106, 117, 158, 159, 183, 185–188, 194, 197, 204, 205, 236, 353, 354, 473
Samuilow, Iwan, Hetman 298
Sandbänke 28, 31, 32, 396, 398
Sanitäre Verhältnisse 108, 147, 158, 159, 175, 180, 220, 460, 465–467, 528, 531
di Santi, Francesco, Graf 299
Saporoger Kosaken 298, 299
Sawenjagin, A., Bergingenieur 378
Sawin, Terech, Unterhauptmann 201, 202
Schachowskoi, F.P., Fürst 300
Schagow, Nikolai, Bolschewik 308
Schamanismus 188, 196, 197, 353, 458
Schauprozesse 345, 355, 368
Schechowskoi, Semjon, Wojewode 91
Schelesnogorsk, Geheimstadt 387
Scheludtschenko, Galina, Schülerin 429, 432
Schetnew, Dmitri K., Wojewode 545–547
Schiffbau 70, 71, 123, 128, 167, 193, **228, 229**, 244, **393, 394, 396**
Schifffahrt (Flüsse, Meer) 23, 30, 34–42, 49, 67, 69–80, 85, 94, 97, 107, 114–116, 122, 123, 141, 142, 152, 178–181, 193, 211, 213, 216, 225, **237–248**, 275, 288, 289, 293, 297, 298, 313–315, 318, 324–326, 335, 336, 377, 378, 381, 384, **393–403, 423, 424**, 450, 451, 472, 475, 478, 539, 540, 553–565, 578, 637, 668
Schigin, A.D., Chefbauleiter 413, 419
Schilin, Aleksei, Salzsieder 215, 217
Schilka, Fluss 87, 302
Schirjajew, NKWD-Oberleutnant 511, 517
Schleppstelle s. Wolok
Schlichter, Aleksandr, Ökonom 322
Schlittenreisen, -karawanen 42, 48, 61, 173, 174, **190**, 191, 196, 205, 225, **232–237**, 249, 252–254, 317, 376–378, 551–553
Schmidt, O.J., Polarforscher 400
Schmidticha, Berg bei Norilsk 376, 495, 498, 499
Schtscharanski, Anatoli, Dissident 522
Schukow, G.K., Marschall 515
Schuldknechtschaft 204, 205

Schulwesen 124, 125, 129, 130, 152–154, 170, 175, 178, 179, 263, 279, 303, 322, 339, 343, 429, 431, 434, 435, 442, 446, 448, 449, 458, 459, 482, 508, 509, 576–578
Schumjazki, Jakow, Bolschewik 117, 297, 298, 318, 326, 554
Schuschenskoje, Krs. Minussinsk 128, 239, 286, 302, 306, 307, 649
Schwanenberg, David, Kapitän 224, 225, 244, 245, 572
Schwarze Hundertschaften 284
Schweden 77, 269
Schweitzer, Wera, Bolschewikin 308, 311, 312, 649
Schweiz 61, 126, 305
Sczuka, Elisabeth, Schülerin 50, 63, 64, 123, 124, 176
Seebohm, Henry, Kaufmann 25–31, 42, 107–109, 118, 119, 211, 233–235, 272–275
Seja, Fluss 87
Sekten 134, 135
  Skopzen 107–109, 135
  Stundisten 117, 135
  Täufer 438
Selbstverwaltung 127, 128, 151, 152, 172, 203, 260, 276–278, 282, 331, 339, 649
Selen 380
Selenga, Fluss 87
Selengino bei Keschma, Dorf 563, 564
Seliwanicha, Seliwanowo, Dorf 107, 135, 308, 309, 315, 317, 318
Selkupen, Altvolk 185, 192, 193, 196, 197
Semjonow, Iwan P., Generalmajor, Kommandant Gorlag 511, 513
Semstwo 129, 130, 250, 331, 334
Seresch, Amtsgemeinde 347
Serno-Solowjewitsch, N., Narodnik 280
Sewero-Jenisseisk, Ort und Rayon 385, 421
Seweronickel, Kombinat 378, 400
Shifrin, Avraham, Ex-Häftling 520
Sibirjakow, A.M., Unternehmer 243, 244
Sibkrai 44, 312, 352, 364–366
Sidorow, M.K., Wirtschaftspionier 224, 237, 243, 244, 292, **571**, **572**
Siedlungsweise 107, 108, 115, 117, 118, 120, 123–125, 435, 436, 446, 447, 459, 460, 464, 466, 471–476, 478–483
Sievers, Johann 143, 176, 178
Signalisation Fahrrinne 40, 41, 240, 396, 397, 559
Silber 74–76, 92, 226
Simpson, James Young, Reisender 251
Simsa-Bucht (H.-I. Taimyr) 73, 75
Sitnikow, P.M., Verschickter 563, 564
Skalon, Wassili, Kartograph 99
Skorbut 25, 132, 190, 352, 415, 416, 493, 527
Smirnow, Aleksandr, Ingenieur 482, 483
–, Aleksandr Sergejew., Augenarzt 578, 579

Sneschnogorsk, Stadt 33
Snowski, A., Lagerinsasse 412, 415–419, 561
Sobolew, S.M., Parteisekretär 355
Sofronik, Emil, Häftling 511, 513
Solonin, Kreispolizeimeister 322, 323, 325
Solowjow, Gennadi, Trapper 450, 451, 455
–, Iwan, Partisanenführer 348
–, Sergei D., Häftling 501, 502
Solowki-Inseln 487
Solschenizyn, Alexander 488
Sonderlager (s. auch Gorlag) 489, 490, 494, 520
Sotnikow (Familie) 211, 477
–, Aleksandr A., Ataman 334, 376
–, Aleksandr K., Kaufmann 206
–, Innokenti, Kaufmann 206
Sowchosen 353, 366, 368, 371, 373, 390, 430, 431, 435, 437, 443, 458–460
Sowjetregierung 344, 357, 370, 377
Sozialbanditismus 160, 269, 315–317, 650
Sozialisten 159, **304–307**
Spandarjan, Suren, Bolschewik 307, 308, 311, 319, 649
Spanier 502
Speranski, Michail, Graf 44, 174, 261, 266, **271**
«Spezialsiedler» 525, 526
Spitzbergen, Inselgruppe 22, 71
Spitzelei s. Denunziation
Sprachen 57, 88, 107, 181–186, 189, 459–465, 532, 624, 638, 666
Staatsagenten 76, 77, 79
Staats-, Gnadengeschenke 83, 262
Staatssicherheitsorgane (sowjet.) (Tscheka, GPU, NKWD, MWD) 287, 291, 345, 353–361, 371, 372, 376–379, 410, 411, 414–417, 478, 487–489, 507–520, 523–525, 529, 530, 559, 564–566, 573–576
Stackelberg, Traugott von, Arzt 58–60, 124–127, 136, 137, 140, 141, 179, 209, 210, 237, 240, 330, 331, 548, 549
Stadling, Jonas, Reisender 56, 107, 117, 160, 197, 233, 236, 237, 304
Stadtduma 151, 152, 169, 170, 285, 291, 331, 333, 651
Staduchin, Michail, Kosakenführer 86
Stände 113, 114, 149–152, 259
Stalin, Josef 21, 140, 141, 210, 269, 290, 293, **307–317**, 344, 345, 349, 350, **352–355**, 357, 358, 368, 386, 387, 409, 418, 433, 446, 483, 488, 490, 511, 519, 523, 529, 532, 533, 562, 563, 579, 649
Stassowa, Jelena, Bolschewikin 181, 308, 329
Steiner, Karl, Kommunist 370, 384, 395, 401, 438, 471, 493, 502–508, 530, 531, 656
Steinige Tunguska, Fluss 24, 33, 34, 35, 40, 53, 64–67, 76, 77, 80, 105, 109, 117, 118, 183–185, 220, 382, 389, 397, 422, 450, 461, 462, 520, 624

Steinkohle 98, 152, 181, 188, 225, 258, 376–379, 383, 389, 400, 423
Steller, Georg Wilhelm, Forscher 96, 173
Stenka Rasin, Kosakenataman 277
Stepanow, A.P., Gouverneur 296, 300, 324
Steppe 45, 60–62, 89, 103, 144, 189, 194–196, 236, 278, 368, 626, 633
Sterblichkeit 113, 416, 417, 435, 436, 498–500, 525
Steuern und Lasten zugunsten
   Staat, Kloster, Gemeinde 104, 112, 127, 128, 149, 151, 161, 169, 170, 172, 203, 218, 232, 250, 262, 265, 285, 336, 337, 339, 348, 349, 427, 429, 432
Stolypin, Pjotr, Ministerpräsident 113, 287, 315
St. Petersburg 95, 98, 155, 169, 170, 173, 174, 219, 224, 244, 247, 254, 265, 268, 280, 281, 283, 288–293, 299, 303, 305, 319, 362
Sträflinge 230, 244, 255, 258, 268, 297, 373, 379, 487
Strafkodex der RSFSR 523
Strahlenberg, Joh. Philipp von 98, 167, 236
Straßen 44, 114, 128, 146, 147, 158, 164, 174, 175, 178, 179, 323, 324, 407, **420–422**, **423, 424**, 442, 444, 446, 472, 478, 479, 491
Streik 289, 329, 361, **509–517** (Norillag), 519, 520, 665, 666
Stroganow, Handelshaus 69
Stroika 501, 503 410, 411, 413–419, 567, 568
Stromschnellen *(porogi)* 33, 35–42
   der Angara 35–40, 85, 92, 95, 202, 242, 390, 541, 578
   des Jenissei 40–42, 88, 227, 238, 240, 241, 317, 394, 397
   der Steinigen Tunguska 397
   der Unteren Tunguska 229, 397
Stürme 34, 35, 48–51, 78, 298, 309, 318, 371, 398, 399, 495, 503, 553, 554, 569, 577
Subow, Dmitri B., Wojewode 546, 547
–, Waleri, Gouverneur 362
Suchobusim, Dorf, Wolost 114, 366, 426
Sujew, Wassili, Forscher 106
Sumarokowo, Kirchdorf 193, 197, 206, 316, 523
Surgut, Fort, Stadt 419, 539
Surikow, Wassili Iw., Maler 176
Swerdlow, Jakow, Bolschewik 269, 307–309, 311, 319, 562, 563, 649
Swerdlowa, Klawdija 309, 562
Swerjew, Wladimir Stepanowitsch,
   Chef des Norilsker Kombinats 519
Swetlogorsk, Kraftwerkstadt 33, 383
Sym, Fluss 227, 249,
Syphilis 205, 206
Syrjänen (Komi) 69

Taiga 44, 56–60, 67, 74, 75, 82, 88, 89, 103, 104, 110, 120, 122, 124, 182, 189, 227, 351,

356, 359, 368, 372–374, 411, 414, 421, 438–441, 445–457, 461–463, 508, 509, 525, 576, 578
Taimyr, Halbinsel 22, 33, 43, 46, 48, 54, 56, 67, 69, 72, 74, 75, 94, 96, 97, 99, 105, 106, 110, 185, 186, 260, 304, 353, 376, 392, 483, 576
Taimyr, Fluss 33, 34, 72, 106
Taimyr, Nationaler Bezirk 45, 458, 477, 486
Taimyrsee 55
Taischet, Eisenbahnknotenpunkt 404, 405, 438, 507, 511, 530
Tajoschny, Bergbausiedlung 388
Talnach, Bergwerkskomplex 380
Tara, Fluss 169
Taraka, Geheimkombinat 388
Tarassejewa, Anfissa, Bäuerin 309, 310
Tarkowski, Michail, Trapper 450, 457
Tas, Fluss 44, 69, 72, 78, 94, 99, 105, 156, 160, 185, 260, 410, 412, 413, 539
Tassei, Tungusenhäuptling 202, 203
Tassejewa, Fluss 109, 217, 224, 386
Tassejewo, Dorf und Wolost 50, 51, 120, 128, 137, 202, 338, 339, 349, 352, 386, 577, 578
Tataren 88–90, 111, 155, 171, 172, 178–181, 186–188, 194–196, 200, 202, 203, 240, 432, 638
Tatarenkhanat Sibir' 69, 72, 187
Tee (Ziegeltee) 107, 116, **125**, 246, 254, 255
Telefon 176, 419, 429
Telegraf 181, 258, 284, 330, 414,
Teljakowski, L.K., Gouverneur 153
Tellur 380
Territoriale Produktionskomplexe
   TPK 381–388, 390, 465
Terror 345, 355, 356, 368, 416, 488, 498
*Thames*, Dampfyacht 25–31
Tichon, Klostergründer 160–163
Tierwelt 43, 53–62, 67, 98, 483
Tiksi, Eismeerhafen 402
Timirjasew, I.N., Wirkl. Staatsrat 299
Tito, Josip Broz 507
Titowa, Ljudmila, Schülerin 467
Tjumen, Stadt 144, 439, 637
Tobolsk, Stadt 77, 78, 86, 93, 94, 98, 104, 144, 150, 167–169, 172, 213, 214, 216, 249, 265, 270, 271, 298, 299, 539, 543
Tobolsk, Gouvernement 43, 44, 84, 88, 113, 159, 164, 171, 182, 205, 260, 262
Tobolsk, Metropolie 132, 133, 161, 162
Tolstoi, D., Volksbildungsminister 303
Tolstyi Nos, Örtlichkeit am Ästuar 115, 233, 245
Tom, Fluss 183, 210, 405
Tomsk, Bistum 44
Tomsk, Gouvernement 44, 86, 91, 92, 113, 178, 182, 204, 218, 223, 271, 306, 523
Tomsk, Stadt 89, 154, 167–169, 173, 175, 178, 222, 254, 276, 277, 282, 290, 322, 376

Torgaschino, Torguschino, Dorf  271, 571
Transbaikalien  45, 60, 86–88, 112, 113, 135, 165, 182, 185, 218, 223, 226, 249, 276, 289, 302, 304, 328
Transhumance  190, 191, 195
Transpolarmagistrale («Tote Eisenbahn»)  407–420, 491, 500, 511, 567, 568
Transportwesen  36, 38, 67, 92, 93, 105, 122, 123, 128, 181, 216, 218, 380, 381, 400, 401, 404–407, 421, **423, 424**, 450, 451, 536
Trapper *(promyšlennik)*  59, 72, 76, 77, 79, **80–84**, 86, 91–93, 98, 105, 106, 155, 166, 186, 200, 207, 324, **450–457**, 539, 540, 542
Treibholz  22, 31
Treideln (Boot schleppen)  22, 39, 128, **227–232**
«Troika» (Repressionsorgan)  360, 361, 525
Troizki, P.S., Gouvernementschef  338, 339, 651
Trotzki, Leo, Bolschewik  311, 328,
Trusts  365, 368, 385
Tschcheidse, Schora, Häftling  562
Tschechow, Anton, Schriftsteller  57, 253
Tschechoslowakische Legion  327, 335, 338
Tscheljabinsk-Meteorit (2013)  66, 67
Tscheremchowo, Kohlerevier  225, 226, 258, 375
Tscherniak, J.A., Verschickter  304
Tschernobyl, Katastrophe von  391
Tschernogorsk, Stadt  385
Tschernoretschenskaja, Dorf  253
Tschernoswitow, R.A., Kaufmann  299
Tscherny, Lew, Anarchist  317
Tschita, Stadt  284, 285, 293, 391
Tschona, Fluss  84, 94
Tschuktschenhalbinsel  316
Tschulym, Fluss  60, 61, 88, 111, 113, 178, 187, 188, 195, 216, 229, 255, 390, 463, 521
Tschulymzen (Ethnos)  465
Tschum (Indigenenbehausung)  64, 65, 158, 190, 194, 196, 200, 211, 462
Tschuna, Fluss  202
Tuba, Fluss  61, 88, 111, 129, 183, 217, 219, 405
Türken  131
*Tufta* (Pfusch)  412, 413
Tumenez, Wassilei, Ataman  202
Tundra  21, 23, 24, 44, 48, 54–56, 67, 68, 87, 103, 104, 114, 142, 182, 185, 186, 189, 190, 208, 225, 227, 304, 317, 353, 371, 377, 389, 392, 406, 411, 413, 414, 419, 458–461, 480, 486, 493, 496, 508, 529
Tungusen (Altvolk)  31, 80, 81, 85, 86, 91, 93, 123, 184–186, 191, 194, 199, 201, 202, 473
Tunguska-Meteorit (1908)  64–66
Tura, Hauptort Ewenkiens  45, 388, 462
Turkvölker  88, 111, 172, 181–185, 187–189, 463–465, 634
Turuchan, Fluss  69, 72, 76, 78, 94, 155, 157, 158, 185, 227, 410, 539, 569

Turuchanka, Turuchansker Krai  106–110, 113, 114–119, 132, 160, 170, 206, 208, 216, 258, 262, 263, 269, 300, 307–320, 333, 523, 527, 649
Turuchansk (alt)  36, 72, 76, 78, 80, 84, 87, 91, 94–98, 103, 105, 106, 115, 143, 147, 149, **155–160**, 200, 204, 205, 207, 208, 212, 224, 225, 230, 231, 233–236, 260, 266, 268, 272, 273, 297, 299, 300, 315–318, 554, 569
Turuchansk (neu)  33, 48, 367, 419–421, 446, 448, 473, 474, 486, 532, 562
Tuwa, Tuwinien, Tywa  32, 40, 46, 60, 62, 88, 188, 189, 323, 405, 412, 421, 464, 470
Tuwinier  111, 188, 189, 306, 464, 470, 546

U-Bootkrieg  401, 505, 656
Übernutzung  460, 461
Uda, Fluss  88, 89, 113, 185, 214
Udinsk (Werchne-Udinsk), Stadt  89, 110, 113, 179, 185, 289
Ufa, Stadt  290, 291
Ukraine, Ukrainer  80, 155, 277, 296, 302, 305, 306, 322, 345, 399, 489, 503, 510–512, 514, 516, 517, 526, 528, 529, 531, 532, 554, 577–579, 666
Ulinauskaite, Johanna, Häftling  480, 497, 560
Ulja, Fluss  87
Umweltverschmutzung  67, 68, 379, 381, 386, **390–392**, 448, 460, **461**, 465, 469, 470
Untere Tunguska, Fluss  22–24, 30, 32–35, 45, 63, 76, 77, 80, 84, 94, 95, 105, 111, 118, 159–161, 184, 185, 191, 224, 227, 229, 231, 233, 307, 336, 382, 388, 389, 397, 407, 450, 461–463, 474, 572
Unternehmer  72, 76–79, 149–151, 170, 211, 217, 218, 222, 223, 247, 278, 391
Ural  33, 44, 69, 70, 72, 77, 79, 93, 97, 104, 112, 113, 218, 328, 345, 409, 525, 654
Urbanisierung  148, 149, 389, 465, 536
Urjanchaisker Krai (Tuwa)  46, 188
Urwanzew, N.N., Bergingenieur  376
USA s. Nordamerika
Uschakow, Moisei, Geodät  96
Ussolka, Fluss  109, 168, 215, 216, 577, 578
Ust-Chantaika, Fischersiedlung  371, 392, 508, 527
Ust-Ilimsk, Stadt  384, 390
Ust-Jenissei, Rayon am Ästuar  528
Ust-Kem, Industriedorf  531
Ust-Kut, Bahnknotenpunkt  85, 409
Ust-Port, Dorf am Jenissei  18, 23, 32, 54, 248, 395, 449, 450
Ust-Wiljuisk, Fort  299
Ust-Zilma, Handelsort  70, 77
Ustjug, Stadt  87, 668

*Vega*, Forschungsschiff  23, 97
Vegetation  Karte S. 7; ferner 43, 48, 52–62, 66, 67, 373, 391, 392, 460, 461
Verbannte s. Verschickte
Verkehr  **79,** 467, 468, 469, 478, 479
Verschickung *(ssylka)*  21, 80, 86, 104, 108–110, 112, 114, 117, 126, 128, 134, 150, 154, 155, 157–159, 171, 178, 180, 219, 220, 230, 268, 269, 277–279, 281, **294–296,** 297–326, 345, 360, 370–373, 379, 475, 476, 477, 480, 481, **523–533, 535,** 549, 550, 554, 559–564, 573–579
Versorgung  77, 78, 103–106, 219, 344, 346, 352, 371, 381, 384, 390, 395, 448, 476, 477, 479, 504, 505
Verwaltung, staatliche  72, 78, 86, 153, 154
Vieh, Viehwirtschaft  107, 195, 213, 214, 352, 368, 431, 453, 464, 563
«Volksfreunde» s. Narodniki
Volkskommissariate s. Regierungen
Volungiavičius, Antanas, Häftling  500, 514

Wachmann *(strážnik)*  269, 310, 311
Wagner, Joh. Ludwig, Verschickter  41, 114, 115, 118, 119, 157, 232, 233, 569, 570
Waigatsch, Insel  243
Waldsteppe  60, 88, 103, 195
Waldtundra  55, 56, 67, 74, 103, 114, 186, 190, 208, 313, 395, 409, 461
Waldwirtschaft  58, 129, 208–210, 372–374, 422
Waljok, Flusshafen bei Norilsk  377, 378
Wanawara, Dorf  65
Wankor, Förderzentrum Erdöl  389
Wasjukow, Dmitri, Filmemacher  450
Wassili von Mangaseja, Volksheiliger  160–163, 473, 474
Watin, W.A., Bolschewik  329
Webster, brit. Kapitän  326
«Weiße» Armeen  327, 328, 338, 339, 346, 347, 356
Weißes Meer  70, 487
Weißrussen, Weißrussland  80, 345, 489, 503, 510, 523, 526, 528, 529
Weltausstellungen  572
Wenyon, Charles, Reisender  178
Werchne-Inbatskoje, Kirchdorf  193, 241, 258, 263, 316, 319, 320, 559
Wercholensk, Fort  92, 299
Werchoturje, Zollstation  93, 104, 144, 217, 270
Wereschtschagino, Dorf am Jenissei  318, 447–449, 463
Werte  197, 198, 206, **269, 272–275,** 358, 532
Westeuropa  67, 168, 225, 244, 248, 302, 385
Westsibirien  43–45, 53, 69, 76, 105, 106, 110, 113, 135, 144, 168, 174, 185, 187, 214, 218, 225–227, 238, 249, 280, 308, 328,
346, 347, 359, 366, 374, **389,** 393, 405, 461, 485, 525, 532, **536**
Westsibirisches Tiefland  25, 32, 46, 60
Wetsche (Volksversammlung)  518
Widerstand  201, 202, 232, 276–278, 327, 328, 334, 336, 346–349, 352, 357, 431, 489, 509, 510, 516, 519, 520
Wiggins, Joseph, Kapitän  25–31, 234, 244, 245, 273
Wiljui, Fluss  84, 91, 94, 389, 462
Wilkizki, A.I., Hydrograph  246
Wischnewezki, Nikolai, Narodnik  273, 274, 553
Wladiwostok, Stadt  293, 328, 400, 401, 403
Wlassow-Armee  529
Wodolasski, Aleksei, Sozialist  321, 322
Wojewode (Statthalter)  76–78, 82–92, 94, 104, 138, 155, 156, 164, 169, 171, 178, 179, 187, 199, 200, 201, 205, 215, 261, 262, 270, 539–541, 545–547
Wolga  17, 80, 256, **260,** 267, 269–271, 276–278, 328, 370, 394, 532, 536
Wolok (Schleif-, Schleppstelle)  33, 76, 79, **80, 81,** 84–86, 94, 95, 144, 169, 174, 249, 668
Wolost s. Amtsgemeinde
Wolynskaja, Anna, Zwangsnonne  299
–, Marija, Zwangsnonne  299
Wolynski, A.P., Fürst  299
Workuta, Bergbaustadt  409, 520
Worogowo, Kirchdorf  34, **105,** 122, 212, 230, 258, 315, 369, 421, 443, 444, 532
Woroschilow, K.J., Staatspräsident  515
Wostrotin, S.W., Dumadeputierter  241, 242, 287, 292, 293
Wowschikowski, Karl, Schuster  577
Wrangel, Ferdinand von, Forscher  96
Wüstungen  106, 115, 444, 445, 447, 627, 628

Zehntacker  104
Zlatkus, Bronjus, Häftling  509
Zoll  76, 77, 83, 93, 155, 156, 168, 172, 201, 208, 246–248, 255
Zünfte *(cechy)*  150, 151
Zürich  256
Zygankow, W.I., NKWD-Feldwebel  511, 512, 517
Zwangsansiedlung  289, 294, 295, 298, 371, 372, 523–531
Zwangsarbeit *(katorga)*  180, 222, 223, 281, 289, 291, **294–296,** 297, 299, 302, 304–306, 324, 347, **379,** 438, 488, 489, 494–497, 501, 509, 519–522, **530 (Vergleich mit Verschickung), 533, 535,** 564–566
Zwangsmobilisierung  328, 336, 339, 347, 466
Zwangsrequisitionen  335, 336, 344, 347, 349, 357

Bücher zum Thema

Carsten Goehrke
**Russischer Alltag**
Eine Geschichte in neun Zeitbildern vom Frühmittelalter bis zur Gegenwart

I. Band: *Die Vormoderne*
2003. 471 S., 113 Abb. Geb. CHF 40 / EUR 36. ISBN 978-3-0340-0583-8
II. Band: *Auf dem Weg in die Moderne*
2003. 547 S., 159 Abb. Geb. CHF 40 / EUR 36. ISBN 978-3-0340-0584-5
III. Band: *Sowjetische Moderne und Umbruch*
2005. 560 S., 167 Abb. Geb. CHF 40 / EUR 36. ISBN 978-3-0340-0585-2


Carsten Goehrke, Bianka Pietrow-Ennker (Hg.)
**Städte im östlichen Europa**
Zur Problematik von Modernisierung und Raum vom Spätmittelalter
bis zum 20. Jahrhundert
2006. 414 S. Br. CHF 68 / EUR 44.80. ISBN 978-3-0340-0718-4


Bernard Degen, Julia Richers (Hg.)
**Zimmerwald und Kiental**
Weltgeschichte auf dem Dorfe
2015. 2. Auflage 2015. 280 S., 48 Abb. Br. CHF 38 / EUR 38. ISBN 978-3-0340-1298-0


Eva Maurer
**Wege zum Pik Stalin**
Sowjetische Alpinisten, 1928–1953
2010. 496 S., 24 Abb. Geb. CHF 78 / EUR 57.50. ISBN 978-3-0340-0977-5


Heiko Haumann
**Geschichte Russlands**
2003. 2. Auflage 2010. 568 S. Br. CHF 48 / EUR 43. ISBN 978-3-0340-0638-5

Eva Maeder, Peter Niederhäuser (Hg.)
**Von Zürich nach Kamtschatka**
Schweizer im Russischen Reich
Mitteilungen der Antiquarischen Gesellschaft in Zürich, Band 75
2008. 232 S., 100 Abb. Br. CHF 58 / EUR 35.20. ISBN 978-3-0340-0891-4


Ernst Derendinger
**Erzählungen aus dem Leben**
Als Graphiker in Moskau von 1910 bis 1938
Herausgegeben von Christine Gehrig-Straube und Carsten Goehrke unter
Mitwirkung von Claude Hämmerly
Beiträge zur Geschichte der Russlandschweizer, herausgegeben von Carsten Goehrke, Band 9
2006. 648 S. Geb. CHF 68 / EUR 44.80. ISBN 978-3-0340-0735-1


Peter Collmer (Hg.)
**Die besten Jahre unseres Lebens**
Russlandschweizerinnen und Russlandschweizer in Selbstzeugnissen, 1821–1999
Beiträge zur Geschichte der Russlandschweizer, herausgegeben von Carsten Goehrke, Band 8
2001. 397 S., 30 Abb. Geb. CHF 58 / EUR 36. ISBN 978-3-0340-0508-1

---

Chronos Verlag
Eisengasse 9
CH-8008 Zürich
www.chronos-verlag.ch
info@chronos-verlag.ch